| 제14판 |

글로벌 기업재무

David K. Eiteman, Arthur I. Stonehill, Michael H. Moffett 지음

양오석, 강신애, 권택호, 김수정, 김태중, 설원식, 정재만, 제정임, 최향미 옮김

Σ 시그마프레스

글로벌 기업재무, 제14판

발행일 | 2018년 9월 5일 1쇄 발행

저 자 | David K. Eiteman, Arthur I. Stonehill, Michael H. Moffett,
역 자 | 양오석, 강신애, 권택호, 김수정, 김태중, 설원식, 정재만, 제정임, 최향미
발행인 | 강학경
발행처 | Σ 시그마프레스
디자인 | 차인선
편 집 | 김문선

등록번호 | 제10-2642호
주소 | 서울특별시 영등포구 양평로 22길 21 선유도코오롱디지털타워 A401~403호
전자우편 | sigma@spress.co.kr
홈페이지 | http://www.sigmapress.co.kr
전화 | (02)323-4845, (02)2062-5184~8
팩스 | (02)323-4197

ISBN | 979-11-6226-096-8

Multinational Business Finance, 14th Edition

* 책값은 책 뒤표지에 있습니다.

* 이 도서의 국립중앙도서관 출판예정도서목록(CIP)은 서지정보유통지원시스템 홈페이지 (http://seoji.nl.go.kr)와 국가자료공동목록시스템(http://www.nl.go.kr/kolisnet)에 서 이용하실 수 있습니다. (CIP제어번호 : CIP2018025704)

추천사

지난 50여 년간 기업들의 생산, 매출, 투자 및 자금 운용 등 모든 측면에서 국제화가 급격하게 진전되어 왔다. 더구나 소규모 개방경제인 한국의 경우에는 기업의 수출입, 해외자금조달 및 투자, 해외직접투자 등 국제화의 정도가 어느 나라보다 심하다. 글로벌 기업재무란 이렇게 국제화된 기업들의 재무관리를 위하여 필요한 이론과 지식을 다루는 과목이다.

글로벌 기업재무의 연구는 크게 국경을 넘는 거래에서 자연적으로 발행하는 환율 및 이자율 변동위험을 포함한 국제금융체제에 대한 이해와 이러한 환경 속에서 국경을 넘는 차입, 투자 및 위험을 관리하는 이론적, 실무적 지식이 필요하다.

이렇게 국제경제에 대한 기초지식과 기업의 일반 재무관리에 대한 지식이 동시에 필요하기 때문에 미국에서도 글로벌 기업재무에 대한 좋은 교과서가 극히 드물며 그중 이 책이 가장 오래되었고 널리 보급된 교재이다.

이 책은 1973년에 초판이 발행되었는데, 본인이 미시간대학교 박사학위 과정에서 교과서로 사용한 인연이 있었고 1978년 서울대학교 교수로 재직하면서부터 제2판으로 강의를 시작한 후 글로벌 기업재무, 국제금융시장론 및 환위험관리론 강의에 주교재 또는 부교재로 40년간 사용해왔던 교재이다.

금번 서울대학교에서 본인과 같이 글로벌 기업재무를 연구하던 권택호, 정재만, 설원식, 김수정, 제정임, 강신애, 양오석, 김태중, 최향미 등 전국의 유수한 교수들이 함께 한글로 번역함으로써 이 책이 보다 널리 보급되어 국제화된 기업의 재무를 담당할 인력을 배출하는 데 큰 도움이 될 것으로 믿는다.

서울대학교 경영대학 명예교수

민상기

저자 서문

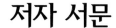책은 글로벌 경영과 재무 환경의 진화와 더불어 함께 발전해왔다. 금융기관, 시장 그리고 기업들이 빠르게 바뀌고 있고, 재무관리를 위한 전통적인 가정에 도전하고 있다. 이 책은 세 가지 강조점에 따라 내용을 구성했다.

- **다양한 조직**. 다국적 기업(Multinational Enterprise, 이하 MNE)은 온갖 종류의 조직, 즉 공기업, 민간기업, 국영기업, 국가소유기업 등 오늘날 글로벌 경영에 침투하고 있는 모든 유형에 적용된다.
- **신흥시장의 역할**. 모든 국가와 시장 출신 기업들은 오늘날 글로벌 경제와 신흥시장을 이끄는 경제적 동력으로서 그리고 경쟁과 기회 측면에서 자신들이 수행하는 새로운 많은 역할을 추구한다. 이 시장들은 국제경영과 재무에 관한 다양한 특정 위험과 도전을 드러낸다.
- **재무 리더십**. 다국적 기업의 리더들은 수많은 외환 및 정치적 위험에 직면한다. 이 위험은 심각할 수 있고, 제대로 이해한다면 가치를 창조하는 기회를 제시한다. 이 기회와 위험은 글로벌 경영이라는 맥락과 기업이 직면하는 전략 및 재무적 도전을 통합하는 경영 능력이라는 맥락 속에서 가장 제대로 이해된다.

제14판에 새롭게 등장하는 내용

이번 제14판에서는 신흥시장의 강점, 약점, 기회, 위협(SWOT) 분석이 일부 고려되고 있다. 선진국이나 산업국가에서는 성장이 느리고 일자리 창출이 어려워지고 있으며 글로벌시장에서의 경쟁력이 흔들리고 있는 반면, 신흥시장은 약속과 위험을 모두 제공한다.

제14판의 내용을 요약하면 구조, 강의, 내용, 이론적 구조, 신규 사례 제공 등으로 세분할 수 있다.

책의 구조와 강의

- 모든 장은 일련의 교육학적 학습목표로 구조화되어 있으며, 글로벌 기업재무 강의를 위한 플랫폼으로 이루어져 있다.
- 주요 초점은 선진시장과 신흥시장에서 관찰되는 다국적 기업의 재무 활동에서 나타나는 유사성과 차이점에 둔다.

- 새로운 장으로 제시된 제8장은 이자율위험과 이자율위험 관리를 집중적으로 다루며, 이자율 및 통화스왑에 초점을 두고 있다.
- 신규 사례는 현행 글로벌 금융시장의 변화를 고찰한다.
- 각 장의 끝에 제시된 질문과 문제가 새로이 조정 및 수정되었고, 다국적 기업(영리 및 비영리)의 글로벌 경영 및 경쟁 방식을 보여주는 온갖 증가하는 복잡성을 다룬다.

내용 및 이론적 구조

- 각 장이 보여주는 2단계 구조에 따라 다국적 기업재무의 주요 구성요소에 초점을 둔 각 장의 기본 내용이 제시된다.
- 각 장의 내용에서 엄선된 2단계 복잡성은 무엇보다 국제평가조건의 대수적 도출, 외환 선물고정가격이론, 거래 환노출 헤징에 관한 고급 주제, 해외자회사 자금조달과 자본화 등과 같은 주제에 집중하는 부록에서 찾아볼 수 있다.
- 기초적인 이론적 기반을 사용하여 외환/금리 상형도표와 불가능한 삼위일체 이론의 삼각 구조 등과 같은 논리에 확장된다.
- 국제재무 이론 원리를 지지하거나 때로는 상충되는 엄선된 기업 및 산업 실무가 각 장마다 "글로벌 금융 실무" 글상자에 담겨있다.

신설된 각 장의 사례

제14판의 18개 장에 제시된 9개의 사례는 다음과 같다.

- 제1장 다국적 기업의 재무관리 : 케냐의 크라우드펀딩
- 제2장 국제통화체제 : 아이슬란드 — 글로벌 위기에 처해있는 작은 나라
- 제3장 국제수지 : 국제송금
- 제7장 외환파생상품 — 선물과 옵션 : 키코와 한국 원화
- 제8장 이자율위험과 스왑 : 아르헨티나와 벌처펀드
- 제9장 환율의 결정 : 러시아 루블 룰렛
- 제10장 거래 환노출 : 중국 Noah Corporation
- 제15장 다국적 조세 관리 : 애플의 Global iTax Strategy
- 제18장 다국적 자본예산과 해외인수 : Elan과 Royalty Pharma

양식에 대해 마지막으로 밝혀두고자 하는 바는 다음과 같다. 국제재무는 복잡하고 지속적인 변화, 그러나 역사가 오래된 주제이다. 우리는 \$(달러), ¥(엔), £(파운드), €(유로) 등 현대 매체에서 여전히 사용되는 과거 통화 상징과 함께 미국 달러, 중국 위안, 유로 등 점차 공통적으로 사용되는 세 글자 통화 코드를 사용해서 책 전체를 통해 통화표시와 기호를 혼합하여 과거와 미래를 연결하고자 노력했다.

독자

이 책은 국제재무관리, 국제기업재무, 국제금융, 그 외 유사한 제목을 가진 대학 수준의 교과 과정을 겨냥한다. 기업 경영진 교육과 기업 사내교육 교과 과정뿐만 아니라 학부생 또는 대학원생 수준에서도 사용할 수 있다.

선행 교과 과정이나 기업재무 또는 재무관리에 관한 경력이 이 책을 공부하는 데 크게 도움이 될 것이다. 그러나 우리는 이 책에서 다국적 사례에 확장하기 전에 기초적인 재무 개념을 검토한다. 또한 국제경제와 국제경영에 관한 기본 개념을 검토한다.

수년이 지나고 많은 인쇄본이 출간되면서 번역과 판매가 확대되었고, 이 책의 글로벌 독자가 늘어나고 있다. 기업과 뉴스 통신(일화와 삽화 포함)에서 볼 수 있듯이 우리는 위대한 글로벌 독자들에게 이론 적용, 실례, 사례, 글로벌 금융 실무 등에서 다양한 국가의 기업과 시장을 제공하고자 노력하였다.

조직

이 책은 수많은 새로운 주제를 담고 있지만 간략하게 다루고 있다. 이는 재무관리 줄거리를 따라 수많은 예전 주제를 통합하는 작업이 수반된다. 이 책은 5개 부문으로 이루어져 있으며, 각 부문은 국내 기업에서 다국적 기업을 향해 발전하는 기업의 글로벌화 과정이라는 공통된 줄거리로 통합되어 있다.

- 제1부는 글로벌 금융환경을 소개한다.
- 제2부는 외환이론과 시장을 설명한다.
- 제3부는 환노출을 분석한다.
- 제4부는 글로벌 기업의 자금조달을 탐색한다.
- 제5부는 해외투자와 운영을 분석한다.

교육학적 도구

이 책을 가능한 한 알기 쉽게 만들기 위해, 우리는 입증된 수많은 교육학적 도구를 사용했다. 국제금융 분야에서, 특히 학부생 수준에서 개별적으로 우수하다고 인정받는 교수진들의 상세한 검토와 제안을 제공하려고 노력했다. 교육학적 도구는 다음과 같다.

- 각 장의 학습목표로 시작하여 이 학습목표가 어떻게 달성되는지 요약하는 것으로 끝맺음으로써 자료를 구조적으로 보여주는데, 여기에 학생친화적인 글쓰기 양식이 조화를 이룬다.
- 풍부한 삽화와 도표가 제시된 개념과 내용에 상응한 시각자료를 제공한다.
- 가상의 미국 회사인 Ganado Corporation에 대한 일련의 사례가 다국면적인 글로벌화 과정을 위한

응집된 분석틀을 제공하며, 이 사례는 각 장의 끝에 제시된 문제를 통해 보강된다.

■ 각 장 끝에 나와있는 사례는 18개 장 모두 각 장의 내용을 예시하며, 다국적 금융 기업환경으로 확장된다. 그리고 앞서 언급했듯이, 이번 판에서는 18개의 사례 중 9개가 신규 사례이다.

■ 모든 장에 제시된 "글로벌 금융 실무" 글상자는 실제 기업 실무를 고려하여 이론을 예시한다. 이러한 응용은 본문의 분량을 늘리지 않으면서 개념을 확장한다.

■ 인터넷의 힘과 자원은 다양한 응용을 통해 본문 전체에서 사용된다. 각 장의 끝에는 인터넷 사용이 필요한 수많은 실습문제가 있다. 그리고 다양한 인터넷 참고문헌들이 본문과 도표로 모든 장에 걸쳐 분산되어 있다.

■ 각 장의 결말에는 교재에 대한 학생들의 이해를 측정하는 다수의 질문과 문제가 포함되어 있다. 모든 장의 끝에 제시된 문제는 스프레드시트 해법을 사용하여 풀이된다. 엄선된 문제의 해답은 이 책의 뒷부분에 포함되어 있다.

요약 차례

차례

글로벌 금융환경

제 1 장

다국적 기업의 재무관리 : 기회와 어려움

자본가는 충분한 수익을 확보한 후, 정확히 판단하여 이를 공정하게 분배하고, 경제적으로 사용하는 것을 목표로 삼는다. 또한 필요하다면 신용을 활용하는데, 분명하고 공정한 절차, 정확한 계산과 견고한 자금을 통해 그 순간뿐만 아니라 영원히 안정적인 기반을 확보하고자 한다.

– Edmund Burke, *Reflections on the Revolution in France*, 1790, p. 467

학습목표

- 금융의 글로벌화와 관련된 위험의 복잡성을 이해한다.
- 글로벌 비즈니스가 실행될 때 재화, 서비스, 자본의 교환에 있어 글로벌 자본시장이 얼마나 중요한지를 이해한다.
- 비교우위이론이 국제무역의 정당성에 대한 기반을 어떻게 설명하는지를 이해한다.
- 국제재무관리는 어떤 점이 특별한지와 시장의 불완전성 중 어떤 특성이 다국적 기업의 발전에 기여했는지를 이해한다.
- 글로벌 시장의 불완전성이 어떻게 다국적 기업의 기회가 되는지 이해한다.
- 글로벌화를 통해 금융관계에 있어 자국 중심이던 경영이 전 세계로 확장되는 과정을 이해한다.

이 책의 주제는 다국적 기업의 재무관리이다. 다국적 기업(multinational enterprise, MNE)이란 영리법인과 비영리법인에 관계없이 2개 이상의 국가에 생산시설을 가지고 지점, 해외 종속회사, 본국 기업과의 합작투자법인을 통해 사업을 경영하는 기업을 의미한다. 미국의 소비재 기업인 Procter & Gamble Co.(P&G)에서 발표한 다음 뉴스는 다국적 기업이 마주하는 어려움을 보여준다.

"2014년 10~12월은 전례 없는 통화가치의 하락으로 어려움이 있었다." 이사회 의장이자 CEO인 A.G. Lafley는 전했다. "러시아의 루블을 시작으로 사실상 전 세계의 모든 통화가 달러에 대해 평가절하되었다. 12개의 핵심 제품군과 70~80개의 브랜드에 집중하고, 주요 브랜드의 성장과 제품 혁신 촉진 및 생산성 향상에 초점을 둔 P&G의 전략은 환율 문제를 극복하는 데 충분하지 못했다."

– P&G New Release, 2015년 1월 27일

P&G뿐만이 아니다. 전 세계에서 매일 새로운 다국적 기업이 출현하며 P&G와 같은 기존의 많은 기업들이 살아남기 위해 노력한다. 모든 기업들은 과거와는 다른 세상을 마주하게 된다. 오늘날의 다국적 기업은 보다 저렴한 노동력과 원재료를 구입하거나 생산을 아웃소싱하기 위해서뿐만 아니라, 제품을 판매하고 수익을 창출하기 위해서도 신흥시장에 의존한다. 이러한 시장은 최근에 생겨났는지, 개발이 덜 되었는지, 개발 중에 있는지에 관계없이 혹은 BRIC(브라질, 러시아, 인도, 중국), BIITS[브라질, 인도, 인도네시아, 터키, 남아프리카, '약한 5개국(Fragile Five)'이라고도 불림], MINT(멕시코, 인도네시아, 나이지리아, 터키) 중 어느 것에 속해있는지에 상관없이 전 세계 인구의 대부분을 차지하고 있으며, 이는 대다수의 잠재적 소비자임을 의미한다. 이렇게 변화하는 세계시장에 시장의 복잡성까지 더해져 장·단기적 관점에서 위험이 높은 국제 거시경제환경을 이루고 있다. 2008~2009년의 글로벌 금융위기는 이미 과거의 이야기가 되었으며 자본의 흐름은 유입과 유출의 모든 방향에서 계속 증가하고 있다.

이 책은 이러한 위험을 어떻게 정의하고 해결할 것인지에 초점을 두고 있다. 이러한 위험은 국제금융시장 모든 곳에서 발생하지만 여전히 기업이 복잡성을 해결하고 목표를 달성하는 데 있어서 풀리지 않은 문제이다.

금융의 글로벌화와 위험

지난 20세기 말과 21세기 초 평온했던 위기 이전의 시기에, 금융 글로벌화는 좋은 것으로 치부되었다. 하지만 이러한 믿음은 서브프라임(비우량주택담보대출) 위기와 유로존 드라마를 겪으며 흔들렸다.… 특히 유로존이 현재 겪고 있는 보다 큰 문제는 금융 글로벌화가 서로 연결되어 있는 위험한 시스템을 구축했다는 점이다.

－ "Crisis Fears Fuel Debate on Capital Controls," Gillian Tett, *Financial Times*, 2011년 12월 15일

오늘날 글로벌 금융시장의 화제는 금융 글로벌화와 관련된 위험의 복잡성으로, 단순히 좋고 나쁨을 떠나 빠르게 변화하는 시장에서 이것이 다국적 기업을 어떻게 이끌고 관리하는지이다. 다음은 위험의 복잡성에 대한 사례이다.

■ 다양한 변동환율 및 고정환율로 이루어진 국제통화시스템은 철저한 감독 아래에 있다. 중국 인민폐(RMB)의 증가는 세계의 환거래 전망과 준비통화 및 달러와 유로의 역할에 큰 변화를 야기한다(제2장 참조).

■ 현재의 유로존 위기와 더불어 대규모 재정적자는 세계 주요 무역국가의 재정 및 통화정책, 결국은 이자율과 환율을 복잡하게 만드는 골칫거리이다(제3장 참조).

■ 많은 국가들이 국제수지 불균형을 겪고 있다. 중국의 흑자와 독일의 흑자(유로존은 적자를 겪고 있지만)이든 혹은 미국의 계속되는 경상수지 적자이든, 결국 규모가 큰 적자와 흑자는 불가피하게 환율을 변화시킨다(제3장 참조).

■ 소유, 통제, 지배구조는 전 세계에서 빠르게 변화하고 있다. 일반적인 형태의 기업은 공공기업이 아닌 개인 또는 가족에 의해 소유되는 민간기업이며, 비즈니스 모델에 따라 성과 목표와 측정방법이 다양하다(제4장 참조).

■ 기업의 자본비용 감소를 돕고 자본의 활용 가능성을 높여주던 글로벌 자본시장은 그 규모가 축소되고 개방도가 낮아져 세계의 많은 기업들은 그 시장에 접근하기 어려워졌다(제2장 참조).

■ 오늘날 신흥시장들은 자본이 유입된 후, 대량의 자본이 빠르게 유출되는 새로운 딜레마를 겪고 있다. 금융 글로벌화는 선진국 시장과 신흥시장 모두에서 자본의 유입 및 유출이 원활할 수 있도록 만들어줌으로써 재무관리의 복잡성을 야기한다(제5장, 제8장 참조).

제1장에서는 금융 글로벌화와 관련된 위험의 복잡성을 간단하게 다룬다. 제1장 마지막 사례에서 다루는 "케냐의 크라우드펀딩"을 통해 오늘날 전 세계에서 자금이 이동하는 이유와 그 방법에 대해 생각해볼 수 있다.

글로벌 금융시장

국내, 국제, 글로벌 경영은 개인과 개별 기업 간의 상호작용을 야기시키는데, 이는 시장을 통한 재화와 서비스 및 자본의 교환을 통해 이루어진다. 글로벌 자본시장은 이러한 교환의 실행에 있어 매우 중요하다. 2008~2009년의 글로벌 금융위기는 이 시장이 얼마나 긴밀히 통합되어 있으며 또한 취약한지를 경고한 대표적인 사건이었다.

자산, 기관 그리고 연결성

도표 1.1은 글로벌 자본시장의 구조를 보여준다. 글로벌 금융시장은 자산, 기관 그리고 연결성을 통해 설명할 수 있다.

자산. 글로벌 자본시장의 핵심 자산(금융자산)은 정부에 의해 발행된 부채 증권(debt security)이며 그 예로 미국 재무부 채권(U.S. Treasury Bonds)이 있다. 이러한 저위험 혹은 무위험 자산은 은행 대출, 회사채, 주식과 같은 다른 금융자산의 생성과 거래 및 가격결정의 기반이 된다. 최근에는 기존 증권들로부터 많은 증권들이 새롭게 생겨나고 있는데, 보유한 증권의 시장가치 변화에 따라 가치가 결정되는 파생상품과 같은 증권들이 그 예이다. 글로벌 금융 시스템의 건전성과 안전성은 이러한 자산의 품질에 의해 영향을 받는다.

기관. 글로벌 금융을 수행하는 기관으로는 각국의 통화를 공급하고 통제하는 중앙은행, 현지시장과 글로벌 시장에서 예금을 받고 기업에 대출을 해주는 상업은행 그리고 증권 및 파생상품을 거래하는 다수의 금융기관들이 있다. 이러한 기관들은 여러 형태로 나타나며 다양한 규제의 대상이 된다. 글로벌 금융 시스템의 건전성과 안전성은 이러한 금융기관의 안정성에 의해 영향받는다.

글로벌 자본시장

글로벌 자본시장은 다양한 기관(중앙은행, 상업은행, 투자은행, IMF나 세계은행과 같은 비영리 금융기관)과 증권[채권, 담보 대출 (mortgage), 파생상품, 대출(loan) 등]의 집합체이며 '은행 간 시장(Interbank Market)'이라는 글로벌 네트워크를 통해 연결되어 있다. 모든 증권들이 거래되는 은행 간 시장은 자본의 이동에 있어서 매우 중요한 경로이다.

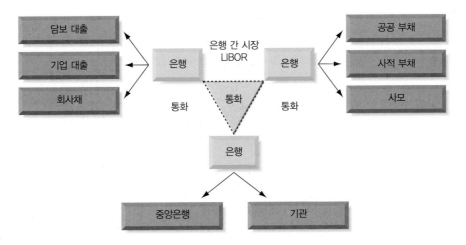

글로벌 금융 시스템에서 자본이 이동하는 방법의 하나인 증권 거래는 통화라는 수단을 통해 이루어지며, 통화 거래는 그 자체로 금융 시장에서 가장 규모가 크다. 통화를 통해 증권을 거래하는 은행 간 시장에서는 세계에서 가장 많이 사용되는 이자율인 런던은행 간 대출이자율(LIBOR)에 기초하여 가격을 매긴다.

연결성. 금융기관을 서로 연결하는 수단은 통화(currency)를 사용하는 은행 간 네트워크이다. 글로벌 시장에서 통화 거래는 금융 거래의 가장 중요한 요소이며 이러한 글로벌 통화시장은 전 세계에서 가장 큰 시장이다. 국제적인 은행 간 네트워크인 통화 거래와 그 통화를 이용한 다른 증권 거래는 런던은행 간 대출이자율(London Interbank Offered Rate, LIBOR)을 사용하며 글로벌 금융 시스템의 핵심 요소가 된다.

사업을 성사시키기 위해 통화와 물리적 공간의 제약을 뛰어넘은 자본 이동은 지난 수천 년 동안 다양한 형태로 존재해왔다. 자본이 디지털 시장에서 전자의 속도로 이동한 것은 지난 50년 이내이며, 이러한 시장에 대해 시간과 장소라는 제약 없이 접근할 수 있게 된 건 지난 20년에 불과하다. 하지만 그 결과로 좋든 나쁘든 혁신적인 재화 및 서비스가 나타났으며 글로벌 금융 실무 1.1에 나와있듯이 시장과 환경은 빠르게 변화하고 있다.

통화시장

다른 나라 통화에 대한 자국 통화의 가치를 환율이라고 한다. 예를 들어 미국 달러($ 또는 USD)와 유로(€ 또는 EUR) 사이의 환율은 '유로당 1.0922달러' 혹은 간단히 $1.0922/€로 표기할 수 있다. 또한 이는 'EUR1.00 = USD1.0922'와 같은 의미이다. 대부분의 국제경영 활동에서 적어도 한쪽의 거래 당사

글로벌 금융 실무 1.1

급증하는 스위스 프랑

스위스 프랑은 몇 년간 '유로'에 대해 통화가치 상승을 겪어왔다. 유럽연합에 속하지 않으며, 1세기 이상 세계에서 가장 안정적인 통화를 보유했던 스위스는 지금은 완전히 유로존(Eurozone)의 영향 속에 빠졌다.

스위스 중앙은행은 2011년 유로에 대한 스위스 프랑의 '통화가치 상승'을 멈추기 위한 시도로 1유로당 1.20스위스 프랑을 유로에 대한 스위스 프랑 환율의 '최저한도(floor)'라고 발표했다. 이 가치를 유지하기 위해 스위스 중앙은행은 환율이 낮아질 때면 시장에 개입하여 스위스 프랑을 통해 유로를 매입하였다. 도표 A에서 볼 수 있듯이 2015년 초까지 지난 3년간 스위스 중앙은행이 개입한 사례는 그리 많지 않다.

2015년 초 시장은 유로에 대한 스위스 프랑의 가치를 높였고 이는 유로에 대한 스위스 프랑의 환율이 1유로당 1.20스위스 프랑보다 낮아지도록 만들었다. 이에 스위스 중앙은행은 계속 개입하여 스위스 프랑을 팔고 유로를 매입하였으며 점점 더 많은 유로를 보유하게 되었다. 스위스 중앙은행은 중앙은행의 예금이자율을 '마이너스(-)'로 설정하였는데, 이는 예금주가 스위스 프랑 예금을 보유하면 손해가 되게 만들었을 뿐 아니라 예금주들이 유로를 포함한 다른 통화를 스위스 프랑으로 교환하지 않도록 막기 위이었다.

하지만 2014년 유럽연합의 경제는 계속된 불황을 겪었고 2015년 초에는 더 좋지 않은 경제상황을 보였다. 이에 투자자들은 앞으로 가치가 하락될 것으로 전망되는 유로로부터 벗어나기를 원했다. 여기에 유럽중앙은행이 부진한 유럽연합의 경제를 살리기 위해 통화정책을 확장하여 국가채무 매입을 늘릴 것을(즉, 양적완화를) 공표하면서 투자자의 근심이 더해졌다.

2015년 1월 15일 오전 스위스 중앙은행은 환율 최저한도 1.20 기준을 버리며, 현재 마이너스인 이자율을 더욱 낮출 것을 발표하여 충격을 주었다. 스위스 중앙은행은 다가올 유럽 중앙은행의 통화정책 확장을 보며 그 폭풍을 막을 수 없다고 결론 내렸다. 도표 B에 나와 있듯이 유로에 대한 스위스 프랑의 가치는 바로 상승하였으며, 이날은 세계적으로 주요한 두 통화의 다사다난한 하루였다.

도표 A ▍ 유로화에 대한 스위스 프랑의 환율 변화

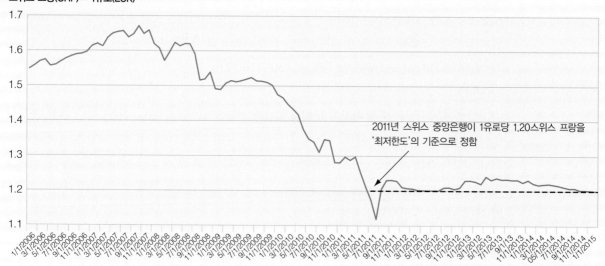

스위스 프랑(CHF) = 1유로(EUR)

2011년 스위스 중앙은행이 1유로당 1.20스위스 프랑을 '최저한도'의 기준으로 정함

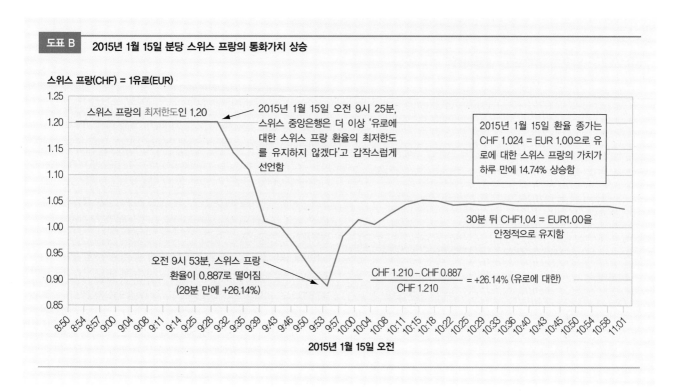

도표 B　2015년 1월 15일 분당 스위스 프랑의 통화가치 상승

스위스 프랑(CHF) = 1유로(EUR)

- 스위스 프랑의 최저한도인 1.20
- 2015년 1월 15일 오전 9시 25분, 스위스 중앙은행은 더 이상 '유로에 대한 스위스 프랑 환율의 최저한도를 유지하지 않겠다'고 갑작스럽게 선언함
- 2015년 1월 15일 환율 종가는 CHF 1.024 = EUR 1.00으로 유로에 대한 스위스 프랑의 가치가 하루 만에 14.74% 상승함
- 30분 뒤 CHF1.04 = EUR1.00을 안정적으로 유지함
- 오전 9시 53분, 스위스 프랑 환율이 0.887로 떨어짐 (28분 만에 +26.14%)

$$\frac{\text{CHF } 1.210 - \text{CHF } 0.887}{\text{CHF } 1.210} = +26.14\% \text{ (유로에 대한)}$$

2015년 1월 15일 오전

자는 다른 나라 통화로 지불하거나 지불받게 되기 때문에 글로벌 경영에 있어서 환율을 이해하는 것은 매우 중요하다.

통화 기호. 위에서 언급되었듯이 USD와 EUR은 각각 미국 달러와 유럽연합 유로의 기호로 사용된다. 이는 컴퓨터 기호(ISO-4217 코드)로 오늘날 전 세계적인 디지털 네트워크에서 사용된다. 하지만 국제 금융의 영역은 오랜 시간 동안 다양한 기호를 사용해왔으며 흔히 여러 약어들이 사용된다. 예를 들어 영국의 파운드는 £(파운드 기호), GBP(Great Britain Pound), STG(British pound sterling), ST£(pound sterling), UKL 또는 UK£(United Kingdom pound) 등으로 표기할 수 있다. 이 책에서는 흔히 사용되는 $(달러), €(유로), ¥(엔), £(파운드) 기호와 ISO 코드의 세 글자를 사용하며, 여기에는 글로벌 금융 실무 1.2에서 설명되어 있듯이 비트코인의 코드인 BTC가 포함되어 있다.

환율의 호가와 용어. 도표 1.2는 2014년 12월 31일 뉴욕과 런던시장의 환율을 보여준다. 표는 특정 국가 통화의 환율 목록으로 이루어져 있다. 예를 들어 아르헨티나의 통화인 페소(peso)의 경우 Peso 8.7851 = 1.00 U.S. dollar, Peso 9.5990 = 1.00 Euro, Peso 13.1197 = 1.00 British pound이다. 표에 제시된 환율은 일명 '중간가격(mid-rate)'으로, 이는 통화 거래자들의 매입률(bid rate)과 매도율(offer rate)의 중앙값 혹은 평균값이다.

미국 달러는 1940년대 이후로 대부분의 통화 거래에서 중심이었다. 그 결과 세계 다수의 통화들이 달러를 기준으로 그 가치가 정해진다[달러당 페소(peso), 달러당 브라질 헤알(real), 달러당 홍콩 달러

비트코인—암호화화폐 또는 실물화폐?

형태에 관계없이 법과 규제에 의해 그 가치가 결정되는 신용화폐(fiat currency)는 정부의 승인을 받는 반면 비트코인(Bitcoin)은 커뮤니티 통화(community currency)이며, 사용자의 자기 규제를 필요로 한다. 누군가에게 비트코인은 버그(bug)가 아닌 기능(feature)일 수 있다. 하지만 전체적으로 볼 때, 오픈소스의 사용을 필요로 하기 때문에 여전히 틈새시장으로 제한된다.

– "Bits and bob," *The Economist*, 2011년 6월 13일

비트코인은 오픈소스(open-source)이며 사용자 간 직접 접속 형태(peer-to-peer)인 디지털 화폐이다. 이는 고도의 암호화 방식을 사용하여 만들어지고 관리되는 '암호화화폐(cryptocurrency)'이며 세계 최초의 분산제어 디지털결제 시스템이다. 과연 이러한 비트코인을 실제 화폐라고 생각할 수 있을까?

비트코인은 2009년 스스로를 '사토시 나카모토'라고 칭하는 자에 의해 발명되었다. 그는 인터넷을 통해 비트코인이 어떠한 방식으로 운영되는지에 대한 총 아홉 장의 설명서를 공개하였다. 또한 디지털 코인을 만들고[비트코인의 용어로 '채굴(mine)'이라고 한다] 그러한 비트코인을 돈으로써 거래할 수 있는 오픈소스 코드를 제공하였다. (나카모토는 한 사람이 아닌 이를 이름으로 사용하는 '작은 조직'일 것으로 생각된다.)

비트코인을 채굴하는 것은 수학적인 과정을 따른다. '채굴자(miner)'는 비트코인의 해시 알고리듬(hash algorithm)이 적용되었을 때 특정한 패턴을 나타내는 '블록(block)'이라 불리는 일련의 데이터를 찾아야 한다. 적절한 조합을 찾으면 채굴자는 비트코인의 '분배(allocation)', 즉 포상을 받는다. 매우 복잡한 컴퓨터를 통해 이러한 과정을 반복적으로 실행하는 것을 해싱(hashing)이라고 한다. 채굴의 목적은 분명하다. 즉, 돈을 버는 것이다.

비트코인 소프트웨어 시스템은 비트코인의 수학적인 문제를 해결하는 사람에게 25코인을 상금으로 주도록 설계되어 있다. 문제가 해결되면 이는 네트워크를 통해 공개가 되고 바로 다음 25코인을 위한 경쟁이 시작된다. 시스템 프로토콜은 총 2,100만 개의 블록이 풀릴 때까지 매 10분간 새로운 블록이 풀리도록 되어있다. 채굴이 진행될수록 탐색이 어려워지며 비트코인은 희귀해진다. 이는 금을 통화가치의 기본으로 사용하던 시기에 사람들이 금에 대해 가지던 개념과 비슷하다. 하지만 궁극적으로 비트코인은 시간(매 10분)과 총 발행(2,100만)이 제한되어 있다. 이론적으로 마지막 2,100만 비트코인은 2140년에 채굴될 것으로 보인다. 한 번 채굴된 비트코인은 거의 '익명에 가까운' 암호화화폐가 된다. 소유자는 비트코인을 통해 물건을 살 수 있고 디지털 화폐를 통해 물건을 사거나 투기목적의 비채굴자들에게 비트코인을 팔 수 있다.

비트코인의 소유자들은 전체 네트워크의 노드(node)에 걸쳐 디지털 체인 타임스탬프(digital chain timestamp)를 통해 검증되고 등록된다. 모든 비트코인 거래는 현재 그 네트워크 노드가 2만 개로 알려진 비트코인 네트워크의 분산 제어를 통해 현금과 마찬가지로 이중 사용이 불가능하다. 하지만 현금과 달리 비트코인 시스템 내에서 이루어진 모든 거래는 거래자와 비트코인의 공개 키(public key)에 기록이 남는다. 이 기록은 '블록 체인(block chain)'이라 불리며 시간, 금액 그리고 2개의 익명에 가까운 IP 주소를 포함한다(공개 키는 당사자의 신분과는 관련이 없다).

전통적인 화폐를 발행하는 정부는 화폐의 양과 공급을 규제하는 동시에 암묵적으로 그 가치를 보증해준다. 그와 달리 비트코인은 보증인도, 발행인도, '최종대부자(lender-of-last-resort)'도 없다. 20세기 초 사용되었던 금본위제는 금을 기본으로 하며 이는 고유한 가치를 지닌 희소한 금속과 관련이 있다. 하지만 비트코인은 단순히 디지털 코드일 뿐 특별한 금속도 아니며 그 고유의 가치도 없다. 비트코인은 그 가치를 인정하는 사람들의 수요와 공급에 따라 그 가치가 결정되는데, 이러한 점이 비트코인으로 하여금 주요 통화와 비슷한 '신용화폐'로서의 역할을 하게 만든다.

정부를 통하지 않는 비트코인의 특성 때문에 이를 불법 마약이나 다른 불법 행위에 이용하지 않을까라는 우려가 존재한다. 그 하나의 예로 Silk Road라는 불법 마약을 거래하던 웹사이트는 비트코인을 주요 통화로 사용하였다. 결국 그 사이트는 미국 정부에 의해 폐지되었지만 비트코인이 불법으로 사용될 수 있다는 잠재성을 사회에 보여주었다. 물론 그 안에서 가능성을 보는 이들도 있다.

등]. 도표 1.2에 나와있듯이, 이러한 호가에 대한 관행은 세계의 주요 통화에 대해서도 적용된다. 예를 들어 일본의 엔화는 ¥119.765/$, ¥130.861/€, ¥178.858/£과 같이 표기된다.

호가에 대한 관행. 세계 주요 통화 중 어떤 경우는 전통과 역사를 기반으로 한 관습을 따라 환율을 표

기한다. 미국 달러와 유로 간의 환율은 도표 1.2의 "미국" 행의 $1.0926처럼 언제나 '유로당 달러' 혹은 $/€로 표기가 된다. 이와 비슷하게 미국 달러와 영국 파운드 간의 환율은 도표 1.2의 "미국" 행의 $1.4934처럼 '파운드당 달러' 혹은 $/£로 표기된다. 이 외에 영국 연방에 속했던 국가들은 종종 미국 달러에 대한 가치로 환율을 표기한다.

유로통화와 LIBOR

글로벌 단기금융시장과 자본시장의 중요한 연결고리 중 하나는 유로통화시장과 그 시장의 이자율인 런던은행 간 대출이자율(LIBOR)이다. 유로통화(eurocurrency)는 특정 통화가 하룻밤에서 1년 이상까지 다른 국가에 예금된 것을 의미한다. 양도성 예금증서(certificate of deposit)는 대개 3개월 이상의 만기를 가지며 기본 단위는 백만 달러이다. 유로달러예금(eurodollar deposit)은 입출금이 자유로운 요구불 예금이 아니며, 예금을 가진 은행에서 수표 발행을 통해 이전할 수 없다. 유로달러예금은 미국에 위치한 대리은행(correspondent bank) 잔고에서 전산망을 통해 이전된다. 대부분의 국가들은 비은행 저축조합이 보유하는 예금이전에 있어서 유사하다. 예금이전은 조합이 상업은행에 대해 수표를 발행할 때 이루어진다.

모든 태환통화(convertible currency)는 '유로'의 형태를 가질 수 있다. 이때 '유로'는 우리가 흔히 아는 유럽연합의 통화인 유로와는 다른 것임을 명심해야 한다. 유로통화시장은 eurosterling(영국이 아닌 곳에 예금된 영국 파운드), euroeuros(유로존이 아닌 곳에 예금된 유로), euroyen(일본이 아닌 곳에 예금된 일본 엔화), eurodollars(미국이 아닌 곳에 예금된 미국 달러)를 포함한다. 유로통화시장은 두 가지 중요한 의미가 있다. 즉, (1) 유로통화는 기업의 유동성이 초과되었을 때 이를 수용할 수 있는 효율적이고 간편한 단기금융시장 상품이다. (2) 유로통화시장은 무역금융을 포함하여 기업의 운전자본에 자금을 공급해주는 단기 은행대출의 핵심이다. 유로통화가 예금된 은행을 유로은행이라고 한다. 유로은행(eurobank)은 자국 통화 이외의 통화로 정기예금을 받고 동시에 대출을 해주는 금융 중개자 역할을 하며, 유로통화 관련 업무뿐 아니라 다른 모든 은행기능을 수행하는 세계 주요 은행이다. 즉, 유로통화 업무는 대규모 상업은행이 수행하는 역할 중 하나이며, 이 업무를 수행하는 은행만이 유로은행이라고 불리게 된다.

현대의 유로통화시장은 제2차 세계대전 직후 형성되었다. 소비에트연방의 상업은행을 포함한 동유럽의 달러 보유자들은 미국에 예금할 경우 공산주의 정부에 반하는 시민들에 의해 그 예금이 묶일 것을 염려하여 이를 꺼려 했다. 이에 따라 그들은 서유럽에 달러를 예금하기 시작했으며 주로 소비에트 은행인 런던의 Moscow Narodny Bank와 파리의 Banque Commerciale pour l'Europe du Nord에 예금했다. 이 은행들은 이러한 자금을 다른 서유럽, 특히 런던에 있는 다른 은행에 재예금하였다. 이에 더해 서유럽의 다른 중앙은행으로부터도 달러가 추가적으로 예금되었는데, 이는 더 높은 수익을 얻기 위함이었다. 또한 상업은행들 역시 특정 만기를 유로달러 시장에서 맞추기 위해 잔금을 시장에 배치했다. 이들은 고수익 유로달러 시장에 달러를 두는 것이 재정적으로 유리하다고 판단했다. 많은 국제난민기금들도 이 시장에 자금을 공급하였다.

도표 1.2 주요 통화의 환율

2015년 3월 23일

국가	통화	기호	코드	1달러당 통화	1유로당 통화	1파운드당 통화
아르헨티나	peso	Ps	ARS	8.7851	9.5990	13.1197
호주	dollar	A$	AUD	1.2744	1.3924	1.9032
브라질	real	R$	BRL	3.1610	3.4538	4.7206
캐나다	dollar	C$	CAD	1.2516	1.3676	1.8691
칠레	peso	$	CLP	625.98	683.97	934.84
중국	yuan	¥	CNY	6.2160	6.7919	9.2830
체코	koruna	Kc	CZK	25.0240	27.3424	37.3710
덴마크	krone	Dkr	DKK	6.8243	7.4566	10.1915
이집트	pound	£	EGP	7.6301	8.3369	11.3948
유럽연합	euro	€	EUR	0.9152	1.0000	1.3668
인도	rupee	Rs	INR	62.2650	68.0336	92.9870
인도네시아	rupiah	Rp	IDR	13,019.50	14,225.70	19,443.41
이스라엘	shekel	Shk	ILS	3.9655	4.3329	5.9221
일본	yen	¥	JPY	119.765	130.861	178.858
케냐	shilling	KSh	KES	91.90	100.41	137.24
말레이시아	ringgit	RM	MYR	3.6950	4.0373	5.5181
멕시코	new peso	$	MXN	14.9583	16.3441	22.3387
뉴질랜드	dollar	NZ$	NZD	1.3120	1.4335	1.9593
나이지리아	naira	₦	NGN	199.700	218.201	298.233
노르웨이	krone	NKr	NOK	7.8845	8.6149	11.7747
필리핀	peso	₱	PHP	44.7900	48.9396	66.8897
폴란드	zloty	—	PLN	3.7600	4.1084	5.6153
러시아	ruble	R	RUB	58.7450	64.1875	87.7302
싱가포르	dollar	S$	SGD	1.3671	1.4938	2.0416
남아프리카	rand	R	ZAR	11.9100	13.0134	17.7865
대한민국	won	W	KRW	1,114.65	1,217.92	1,664.63
스웨덴	krona	SKr	SEK	8.5016	9.2892	12.6963
스위스	franc	Fr.	CHF	0.9669	1.0565	1.4440
대만	dollar	T$	TWD	31.4350	34.3473	46.9452
태국	baht	B	THB	32.5450	35.5601	48.6029
터키	lira	YTL	TRY	2.5477	2.7837	3.8048
영국	pound	£	GBP	0.6696	0.7316	1.0000
우크라이나	hrywnja	—	UAH	22.6500	24.7484	33.8257
우루과이	peso	$U	UYU	25.5300	27.8952	38.1267
미국	dollar	$	USD	1.0000	1.0926	1.4934
베네수엘라	Bolivar fuerte	Bs	VEB	6.2935	6.8766	9.3988
베트남	dong	d	VND	21,525.00	23,519.23	32,145.66
특별인출권	—	—	SDR	0.7199	0.7867	1.0752

주 : 다른 통화를 가졌지만 공통의 기호를 사용하는 국가들이 있다. 예를 들어 중국과 일본은 전통적으로 ¥(엔 혹은 위안) 기호를 사용하는데 이는 동그란 모양을 뜻한다. 환율은 전부 중간가격이며 자료의 출처는 *Financial Times*이다.

비록 유로통화시장이 성장하게 된 근본적인 이유는 경제적 효율성이지만 1950년대와 1960년대에 발생한 많은 독특한 사건들 또한 시장의 발달에 기여했다.

■ 1957년 영국 통화당국은 파운드의 가치 하락이 일어나자, 영국 비거주자들에 대해 영국은행이 파운드화로 대출해주는 행위를 강력하게 통제하였다. 영란은행(영국의 중앙은행)의 이러한 조치에 따라, 영국은행들은 세계 금융시장에서 자신의 선도적 지위를 잃지 않기 위한 유일한 방법으로 달러 대출에 의지하기 시작했다. 이러한 이유로 그들은 달러 예금을 필요로 했다.

■ 비록 뉴욕이 달러의 '본거지'로 대량의 자국 통화와 자본시장을 가지고 있었지만, 국제 통화를 다루는 전문성과 주요 고객의 시간 및 장소에 대한 접근성 때문에 달러에 대한 국제거래는 런던이 중심이었다.

■ 1960년대 미국의 국제수지 적자는 유럽에 기초한 달러시장이 생성되는 데 일조했으며, 이는 일시적으로 미국 국내의 자본시장을 분리시켰다.

하지만 결국 유로통화시장이 번성하는 가장 궁극적인 이유는 상대적으로 정부의 규제와 간섭을 덜 받는 국제통화시장이기 때문이다.

유로통화 이자율. 유로통화시장은 런던은행 간 대출이자율(LIBOR)을 기준율로 사용한다. LIBOR는 호가, 대출 협정, 금융파생상품의 가치를 매기는 데 가장 널리 쓰이는 이자율이다. 은행 간 대출이자율은 런던시장에만 국한된 것이 아니다. 대부분 국가 내의 금융센터(financial center)는 그 지역의 대출 협정을 위해 자국만의 은행 간 대출이자율을 가진다. 몇 가지만 예를 들어보면, PIBOR(Paris Interbank Offered Rate), MIBOR(Madrid Interbank Offered Rate), SIBOR(Singapore Interbank Offered Rate), FIBOR(Frankfurt Interbank Offered Rate)가 있다.

예금주와 차입자 모두를 유로통화 대출시장으로 유인하는 요소는 유로통화시장이 예금이자율과 대출이자율의 차이인 **이자율 스프레드**(interest rate spread)가 작다는 점이다. 예금이자율과 대출이자율 간의 차이는 때로 1% 미만이다. 이처럼 유로통화시장에서 이자율 스프레드가 작은 데에는 몇 가지 이유가 있다. 대출이자율이 낮은 이유는 유로통화시장은 예금과 대출이 무담보로 최소 50만 달러 이상이 거래되는 도매시장이기 때문이다. 차입자들은 대부분 신용도가 높은 대기업이거나 정부기관으로 거래규모가 크며 따라서 낮은 이자율의 조건을 충족한다. 또한 유로통화 거래를 이용할 때 부과되는 비용 역시 높지 않은 편이다.

유로통화시장의 경우 예금이자율이 대부분의 국내시장에 비해 높은 편이다. 이는 유로통화 거래에 참여하는 금융기관들이 전통적인 국내 은행이나 국내 은행업무에 부과되어 온 지불준비제도와 같은 많은 규제로부터 벗어나 있기 때문이다. 이러한 비용이 절감되기 때문에 예금이자율은 높은 반면 대출이자율은 낮아진다. 이와 더불어 연방예금보험회사(Federal Deposit Insurance Corporation, FDIC)와 같은 예금보험비용이나 미국 예금에 부과되는 과세가 없다는 점은 유로통화시장을 이용할 때 비용이 절감되는 두 번째 주요한 영역이다.

비교우위이론

비교우위이론(Theory of Comparative Advantage)을 통해 완전경쟁, 확실성, 무비용 정보 그리고 정부개입이 없는 가상의 세계에서 자유무역의 의미를 설명하고 이를 정당화할 수 있다. 이론의 기원은 1776년에 출판된 애덤 스미스의 책인 **국부론**(*The Wealth of Nations*)과 관련이 있다. 애덤 스미스는 생산활동에 있어 분업과 이를 통해 만들어진 재화의 국제적 거래가 왜 모든 시민의 삶의 질을 높이는지를 설명하고자 하였다. 그의 책은 고유의 특화된 재화를 생산하는 국가와 절대우위를 기반으로 하고 있다. 특화된 재화는 적은 생산비용으로 더 많이 생산할 수 있다. 즉, 특화된 재화에 대해 절대우위를 가지고 있는 나라는 최종적으로 더 많은 양을 생산할 수 있으며 다른 재화의 경우 자신보다 더 저렴한 비용으로 생산하는 다른 나라로부터 수입할 수 있다는 것을 의미한다.

데이비드 리카도(David Ricardo)는 애덤 스미스의 이론을 바탕으로 더 나아가 1817년 자신의 책인 *On the Principles of Political Economy and Taxation*을 출판했다. 리카도는 한 나라가 두 가지 재화에 대해 모두 절대우위를 가지고 있다고 해도 다른 나라에 비한 상대적인 우위는 두 가지 중 하나의 재화가 다른 하나보다 더 클 수 있다고 주장했다. 그는 이를 비교우위라 불렀다. 각 나라는 두 재화 중 하나의 재화에 비교우위를 가지게 되며 두 나라는 비교우위를 가진 하나의 재화만을 생산한 뒤 서로 거래한다.

국제무역이 비교우위이론을 만족시켰던 19세기와는 달리 오늘날엔 여러 이유로 이론이 적용되지 않는다. 생산에 있어서 우위가 있는 재화만을 생산하지 않는 대신 정부는 완전 고용, 경제발전, 자주적인 국가방위, 농경 보호 등 여러 경제 · 정치적 요인을 고려하여 비교우위를 간섭한다. 이러한 정부의 개입은 관세, 수입할당제 그리고 다른 비관세 장벽의 형태로 나타난다.

생산요소 중 적어도 두 가지, 즉 자본과 기술은 간접적으로 거래되는 재화나 서비스와 달리 직접적이고 간편하게 거래된다. 이러한 직접적인 거래는 다국적 기업의 자회사와 계열사 간에 혹은 대출, 라이선스, 경영관리계약을 통해 기업들 간에 발생한다. 심지어 국가 간에는 노동력조차 이동하는데, 예를 들어 미국으로의 이민(합법, 불법 모두 포함), 유럽연합 내외로의 이민을 볼 수 있다.

현대의 생산요소는 비교우위 모델에 비해 훨씬 다양하다. 생산시설의 입지를 선택할 때 고려해야 할 요인으로는 현지의 기술수준 및 경영 기술수준, 계약 분쟁에 합의하기 위한 법적 구조, 연구개발 역량, 이용 가능한 종업원의 교육 수준, 에너지 자원, 브랜드 제품에 대한 수요, 광물 및 원자재에 대한 이용 가능성, 자본 접근성, 세금 격차, 사회기반시설(도로, 항구 및 통신시설) 등이 있다.

교역조건(terms of trade)은 수요와 공급에 의해 결정되며 그 과정은 전통적인 무역 이론의 내용과는 사뭇 다르다. 교역조건은 대개 과점적 시장의 관리가격에 의해 결정된다.

비교우위는 저개발 국가가 개발 과정에서 자신의 잠재적인 기회를 발견하게 됨에 따라 변화한다. 예를 들어 지난 150년 동안 면직물 생산의 비교우위는 영국에서 미국으로, 또 일본, 홍콩, 대만을 거쳐 중국까지 이동해왔다. 또한 고전적 비교우위 모델은 불확실성의 영향, 정보 비용, 불완전 경쟁시장에서의 제품 차별화와 규모의 경제를 고려하고 있지 않다.

고전적 무역 모델이 현실과는 동떨어진 이야기임에도 불구하고 여전히 비교우위의 원리는 유효하다. 소비자, 생산자, 정치 지도자를 만족하는 공정한 이익 분배가 이루어진다면, 국제적 분업이 이루어질수록 세계적 생산량과 소비량은 증가한다. 하지만 완전한 분업은 미시경제 이론의 완전경쟁만큼 비현실적인 극단적 사례이다.

비교우위의 글로벌 아웃소싱

비교우위 개념은 다국적 기업 및 국내 기업이 자신의 글로벌 공급망을 유지하는 제품 및 서비스를 수출하는 데 있어 왜 특정 국가가 가장 적합한지를 여전히 잘 설명할 수 있다. 하지만 21세기 비교우위의 경우 서비스 및 인터넷과 전자통신을 통한 국경을 초월한 소통에 더욱 중점을 두고 있다. 그러나 한 국가의 비교우위 원천은 여전히 노동력, 자본 접근성 그리고 기술의 조합으로부터 결정된다.

예를 들어 인도는 고효율 저비용 소프트웨어 산업이 발달되어 있다. 이 산업은 주문형 소프트웨어(custom software)를 개발할 뿐만 아니라 고객 응대 콜센터나 다른 정보기술 서비스를 제공한다. 인도의 소프트웨어 산업은 다국적 기업의 자회사 및 독립적인 개별 기업들로 이루어져 있다. 만일 당신이 Hewlett-Packard의 컴퓨터를 사용하고 있고 도움을 받기 위해 고객지원센터에 전화한다면, 인도에 있는 콜센터에 연결될 것이다. 전화를 받는 상담원은 그 문제에 대해 '잘 아는' 소프트웨어 엔지니어 혹은 프로그래머일 것이다. 인도의 많은 종업원들은 교육을 잘 받았고 영어를 할 수 있음에도 불구하고 동일 업종에 있는 미국 종업원이 받는 급여의 일부만을 지급받는다. 오늘날 국제적 전자통신 네트워크의 공급과잉과 저비용은 인도의 입지적 비교우위를 더욱 강화시킨다.

이미 세계 곳곳에서 글로벌 아웃소싱이 이루어지고 있다. 마닐라에 위치한 금융 지원부서에서부터 헝가리에 있는 정보기술 엔지니어까지 현대의 전자통신은 노동력을 이전시키는 대신 노동력이 있는 곳으로 사업 활동을 이동시키고 있다.

국제재무관리의 차별성은 무엇일까?

도표 1.3은 국내재무관리와 국제재무관리의 주된 차이점을 보여주고 있는데, 금융기관, 환율, 정치적 위험 그리고 재무이론과 금융상품의 수정이 이에 해당된다.

국재재무관리는 문화, 역사 그리고 기업지배구조 등에 영향을 미치는 제도적 차이에 관한 이해를 필요로 한다. 국내 기업과 다국적 기업은 모두 환위험에 노출되어 있기는 하지만 다국적 기업의 경우 국내 사업에서는 위협이 되지 않는 정치적 위험과 같은 특정 위험을 마주하게 된다.

또한 다국적 기업은 국내 재무이론의 연장선으로 분류할 수 있는 여러 위험들도 겪게 된다. 예를 들어 자본비용, 자본 및 부채의 조달, 자본 예산, 운전자본관리, 세금 그리고 신용분석에 대한 기존 국내 접근법은 해외시장의 복잡성을 수용하기 위해 수정되어야 한다. 국내에서 재무관리에 사용되던 다수의 금융상품들은 국제재무관리에도 사용하기 위해 수정되어 왔다. 그 예로 통화옵션과 선물, 이자율과 통

도표 1.3	국제 금융의 특징	
개념	국제재무관리	국내재무관리
문화, 역사, 제도	해외 각국은 각자의 특징이 있으며 다국적 기업의 경영진이 이를 모두 이해하지는 못한다.	각 나라마다 잘 알려진 사례가 있다.
기업지배구조	외국의 규제와 제도는 각자의 특징이 있으며 모두 다르다.	규제와 제도는 잘 알려져 있다.
환위험	다국적 기업은 수입/수출 및 외국과의 경쟁뿐 아니라 그들의 자회사로부터도 환위험을 겪는다.	수입/수출 및 외국과의 경쟁으로부터 환위험을 겪는다(자회사로부터의 위험은 없음).
정치적 위험	다국적 기업은 그들의 자회사를 가지고 있고 또한 높은 관심을 받기 때문에 정치적 위험을 마주하게 된다.	정치적 위험은 큰 영향을 미치지 않는 정도이다.
국내 재무이론의 수정	다국적 기업은 해외경영의 복잡성 때문에 자본비용이나 자본예산과 같은 재무이론을 수정해서 적용해야 한다.	전통적인 재무이론이 적용된다.
국내 금융상품의 수정	다국적 기업은 옵션, 선물, 스왑, 신용장과 같은 금융상품을 수정하여 활용한다.	환위험과 정치적 위험이 거의 없기 때문에 금융상품 및 파생상품의 사용이 제한적이다.

화스왑, 신용장이 있다.

이 책의 주된 내용은 글로벌 전략 기회를 추구하는 과정에서 새로운 제약이 나타남에 따라 다국적 기업의 재무관리가 어떻게 발전되는지를 분석하는 것이다. 이 장에서 우리는 국내 기업에서 다국적 기업으로 거듭나는 Ganado 기업이 마주하는 위험을 간단히 살펴보고자 한다. 하지만 기업이 다국적 운영을 시작함에 따라 마주하는 경영 및 지배구조 관련 제약에 관한 내용을 다루기에 앞서 다국적 기업이 가지는 가치와 이점을 짚고 넘어가야 한다. 글로벌 금융 실무 1.3에도 나와있듯이 근대 다국적 기업의 목적과 책무는 21세기에 훨씬 복잡해졌다.

글로벌 금융 실무 1.3

기업의 책임과 기업의 지속성

지속적인 발전은 미래 세대의 능력과 타협하지 않고 현재의 필요를 만족시키는 발전을 의미한다.

– Brundtland Report, 1987, p. 54

기업이 존재하는 이유는 무엇일까? 기업의 목적이 이윤창출 및 이해관계자의 가치 증대임은 확실하지만 이는 사회 및 환경에 비용을 초래하지 않는 선에서 행해져야 된다. 글로벌화의 결과로 이러한 기업의 사회적 책임은 더 중요해졌고 다국적 기업에 더욱 복잡한 리더십이 요구된다.

하지만 기업의 선행, 기업의 책임, 기업의 사회적 책임(corporate social responsibility, CSR), 기업의 공헌활동, 기업의 지속 가능성 등 용어에 대한 논란은 현재까지 이어지고 있다. 그러나 이러한 혼란은 '지속 가능성은 목표이며 책임은 의무'인 원칙을 통해 다소 해소될 수 있다. 현대의 다국적 기업에 있어 리더십의 의무는 이익 추구, 사회 및 환경에 대한 공헌 그리고 그 외의 지속 가능한 모든 것을 포함한다.

지난 10년간 글로벌 경영하에 지속 가능 경영은 크게 진화해왔다. 가족 소유 기업의 전통적이며 근본적인 목표는 기업이 후대에 이어서도 계속 상업적으로 성장하며 수익을 창출할 수 있는 '조직의 지속 가능성'이었다. 환경에서의 지속 가능성 개념은 기업, 문화, 크게는 지구까지 오랜 시간 동안 살아남는 것을 다룬다는 점에서 이와 비슷하다.

시장의 불완전성 : 다국적 기업의 존재 이유

다국적 기업은 국가단위 시장에서 제품, 생산요소 그리고 금융자산의 불완전성을 이용하기 위해 노력한다. 제품시장에서의 불완전성은 다국적 기업에는 기회가 된다. 규모가 큰 다국적 기업은 현지 경쟁자에 비해 규모의 경제, 경영 및 기술의 전문성, 제품 차별화, 자본력과 같은 점에서 보다 경쟁력이 높다. 사실상 다국적 기업은 위의 경쟁우위 요인들이 중요한 국제 과점경쟁에서 그 경쟁력을 가장 잘 발휘한다. 또한 다국적 기업이 현지에 자리를 잡았다는 것은 이미 자신의 내부 정보 네트워크를 통해 시장 기회를 포착하고 실행하는 데 있어 현지 기업들에 비해 우월한 상황에 있음을 의미한다.

왜 기업은 다국적 기업이 될까?

전략적 동기에 의해 기업은 해외로 진출하며, 그 결과 다국적 기업이 된다. 주요 동기는 다음과 같다.

1. 해외시장에서 생산하는 **시장추구 기업**(market seeker)은 현지의 수요를 충족시키거나 본국 이외의 다른 나라로 수출한다. 이처럼 시장 탐색의 동기를 가지는 기업의 예로 유럽에서 생산하여 현지의 수요를 충족시키는 미국의 자동차 기업을 들 수 있다.
2. **원자재추구 기업**(raw material seeker)은 원자재를 확보할 수 있는 모든 곳에서 이를 추출하며 수출하거나 그 현지에서 생산하여 판매한다. 석유업, 광업, 농업, 산림업이 이에 해당된다.
3. **생산효율추구 기업**(production efficiency seeker)은 생산성에 비해 가격이 저렴한 생산 요소들이 있는 국가에서 생산하는 경우이다. 대만, 말레이시아, 멕시코에서 전자부품을 노동 집약적으로 생산하는 것이 이에 해당된다.
4. **정보추구 기업**(knowledge seeker)은 기술 및 경영의 전문화를 위해 해외에서 운영하는 기업을 의미한다. 그 예로 독일, 네덜란드, 일본의 기업이 기술을 위해 미국의 전자기술 기업을 인수하는 경우가 있다.
5. **정치적 안정성추구 기업**(political safety seeker)은 사기업에 대한 정부 간섭이 없거나 수용의 위험이 없는 국가에 새로 공장을 짓거나 기존 생산설비를 인수한다. 그 예로 1997년 홍콩 반환 이후 홍콩 기업들이 미국, 영국, 캐나다, 호주에 크게 투자한 사례가 있다.

위의 다섯 가지 전략적 동기는 상호 배타적이지 않다. 예를 들어 특정 산림 기업의 경우 브라질에서 목질섬유 원자재를 얻고자 할 뿐만 아니라 브라질 내에서 그들이 생산한 제품의 시장을 찾고자 할 수 있다.

전 세계적인 과점경쟁 산업에서 위의 다섯 가지 전략적 동기는 공격적인 투자와 방어적인 투자로 분류할 수 있다. 공격적인 투자의 경우 기업의 성장성과 수익성을 높이는 방향으로, 방어적인 투자의 경우 경쟁 기업의 성장성과 수익성을 방해하는 방향으로 이루어진다. 방어적 투자의 경우 기업은 경쟁자에 비해 더 빨리 시장에 침투하여 원자재를 확보하고자 하는 것을 예로 들 수 있다.

글로벌화의 과정

이 책에서는 기업이 국내에서 해외로 이동하며 겪는 문제와 경영상의 변화, 즉 글로벌화의 과정을 가상의 미국 기업 Ganado의 사례를 통해 설명하고자 한다.

글로벌 기업으로의 전환 I : 국내 단계에서 국제무역의 단계로 변화하는 기업 Ganado

기업 Ganado는 전자통신 장비를 제조하고 유통하는 신흥 기업이다. 이 기업의 초기 전략은 미국시장에서 지속적인 경쟁우위를 구축하는 것이었다. 다른 신흥 기업과 마찬가지로 규모가 작고, 경쟁자가 존재하며, 충분하고 저렴한 자본조달이 어렵다는 제약을 가지고 있다. 도표 1.4에서 상단은 Ganado사의 초기 국내 단계를 보여준다.

Ganado사는 미국 소비자들에게 미국 달러로 제품을 판매하며 미국 공급자로부터 제조 및 서비스에 필요한 투입 요소를 역시 달러로 구매한다. 모든 공급자와 구매자의 신용도는 미국의 관행과 절차에 의해 결정된다. 현재 Ganado사가 겪고 있는 문제는 다음과 같다. Ganado사 자체는 국제적인 기업이 아니지만 그의 구매자, 공급자, 경쟁자는 국제적일 수 있다는 점이다. 이러한 점은 Ganado사와 같은 기업에 글로벌화의 첫 단계, 즉 국제무역으로 진입하는 자극제가 되기도 한다. Ganado사는 전자통신 장비 제조기업으로 1948년 로스앤젤레스에서 제임스 윈스턴에 의해 설립되었다. 가족이 경영하는 기업으로 시작하여 40년간 빠르지는 않지만 꾸준히 성장해 왔다. 하지만 1980년대에 들어서 기술투자에 대한 끊임없는 요구가 있었고, 기업은 경쟁에 대응하기 위해 자본을 증가시킬 수밖에 없었다. 이는 1988년 주식최초공개발행(Initial Public Offering, IPO)으로 이어졌다. Ganado사는 미국 기반의 뉴욕증권거래소의 상장기업으로서 주주들의 가치를 창출하기 위해 노력했다.

Ganado사는 미국시장에서의 입지가 어느 정도 확고해지자, 제품 및 서비스를 더 많은 해외시장으로 수출해 기업의 시장을 확장할 수 있는 전략적인 기회가 생기기 시작했다. 거기에 북미자유무역협정(North American Free Trade Agreement, NAFTA)이 발효되면서 멕시코 및 캐나다와의 무역 환경이 좋아졌다. 글로벌화의 두번째 단계는 도표 1.4의 하단에서 볼 수 있다. Ganado사는 이러한 글로벌화에 부응하여 멕시코의 공급자로부터 원자재를 수입하고 캐나다의 구매자에게 수출하기 시작했다. 글로벌화의 이러한 단계를 국제무역 단계(International Trade Phase)라 정의할 수 있다.

제품 및 서비스를 수입하고 수출하게 되면 기존 국내에서만 영업할 때에 비해 다음과 같은 두 가지 이유로 재무관리의 필요성이 증가한다. 첫 번째, 기업 자체가 직접적인 환위험을 부담하게 되었다. Ganado사는 이제 제품가격을 외화로 표시하고, 구매자로부터 외화를 받고, 공급자에게 외화로 지불하게 되었다. 글로벌 시장에서 통화가치는 수시로 변화하기 때문에 외화를 통해 지불하고 지불받는 Ganado사는 상당한 위기를 마주하게 된다.

두 번째로 이제 해외 구매자와 판매자의 신용도가 그 어느 때보다 중요해졌다. 국제무역 단계에서는 수출하고 대금을 받지 못하거나 수입할 때 제품을 인도받지 못할 가능성을 줄이는 것이 재무관리의

도표 1.4 Ganado : 글로벌화의 시작

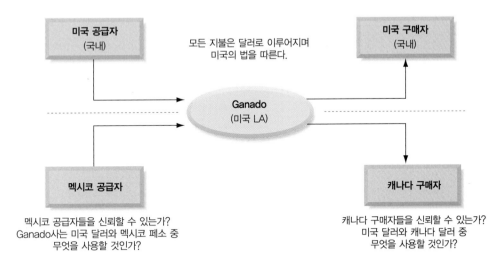

첫 번째 단계 : 국내 영업

미국 공급자 (국내)	**미국 구매자** (국내)

모든 지불은 달러로 이루어지며
미국의 법을 따른다.

Ganado
(미국 LA)

멕시코 공급자

멕시코 공급자들을 신뢰할 수 있는가?
Ganado사는 미국 달러와 멕시코 페소 중
무엇을 사용할 것인가?

캐나다 구매자

캐나다 구매자들을 신뢰할 수 있는가?
미국 달러와 캐나다 달러 중
무엇을 사용할 것인가?

두 번째 단계 : 국제무역으로의 확장

핵심이 된다. 서로 다른 사업 관행과 법률 시스템에 속해있는 구매자와 공급자는 낯설고 판단하기 어렵기 때문에, 신용위험을 관리하는 것은 매우 어렵고 까다롭다.

글로벌 기업으로의 전환 Ⅱ : 국제무역 단계에서 다국적 단계까지

기업 Ganado가 국제무역 단계를 성공적으로 마친다면 글로벌화의 과정 중 다음 단계로 넘어가게 된다. Ganado사는 곧 해외에 제품 및 서비스 계열사를 설립할 필요에 처한다. 이 단계에서는 대부분 해외에 생산시설을 설립하거나 해외 기업이 Ganado사의 제품을 생산하고 판매하도록 라이선싱 계약을 맺는다. 이러한 두 번째 글로벌화 단계와 관련된 주요 문제들이 바로 이 책의 핵심이라고 볼 수 있다.

글로벌화가 진행됨에 따라 Ganado사는 자신의 경쟁우위 요소를 분석하여 지식 자본과 입지를 넓히게 된다. Ganado사는 도표 1.5에서 볼 수 있듯 해외직접투자와 관련하여 다양한 전략적 대안을 가진다. 그중에는 해외 판매부서 설립, 기업명을 포함한 모든 기업자원에 대한 라이선싱, 해외시장에서 다른 기업이 자사의 제품을 제조하거나 유통시키는 것이 포함되어 있다. 도표 1.5에서 Ganado사가 우하향 방향으로 이동할수록 해외시장에서 Ganado사의 입지는 넓어진다. 이때 기업은 해외에 자신의 생산시설을 가지게 되고 궁극적으로 다른 기업을 인수하고자 한다. Ganado사가 해외에서 자신의 자산 및 기업을 소유한다면 글로벌화 과정에서 다국적 단계에 들어섰다고 볼 수 있다.

도표 1.5   Ganado사의 순차적인 해외직접투자

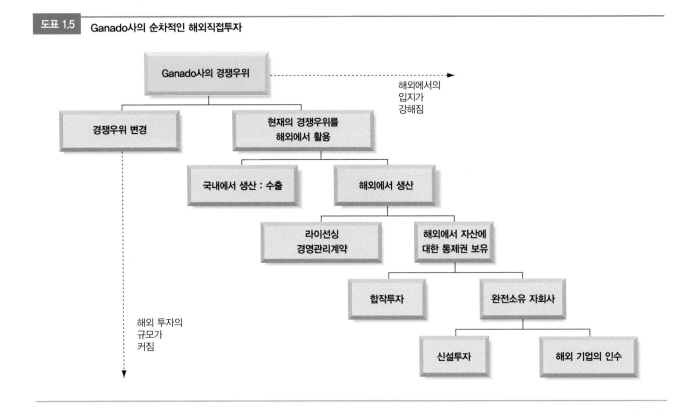

금융 글로벌화의 한계

이 장에 소개된 국제경영과 국제재무 이론들은 자본 이동이 개방적이며 자유롭고 또한 투명한 글로벌 시장에서는 자본 이동이 증가하고 그것이 비교우위이론에 입각하여 국가 및 기업발전에 기여할 것이라 주장해왔다. 특히 20세기 중반 이후 보다 많은 국가가 시장을 개방하고 경쟁을 추구하면서 이러한 주장은 더욱 지지되었다. 하지만 지난 10년간 내부자가 자신의 이익과 영향력을 증대시켜 오면서 금융 글로벌화를 방해하는 새로운 제약으로 등장했다.

이와 관련된 대표적인 과정을 도표 1.6에서 확인할 수 있다. 기업 및 국가에 있는 영향력이 큰 내부자들이 기업가치 증대를 추구한다면, 금융 글로벌화는 지속적이고 확실하게 추진된다. 하지만 내부자들이 자신의 영향력 혹은 부를 증가시키려 하거나 또는 개인적인 이익을 추구한다면, 자본은 이러한 기업이나 국가로 흘러가지 않을 것이다. 그 결과 금융 비효율성이 증가하고 글로벌화로 인해 승자와 패자로 나뉘게 된다. 이 책에서는 국제금융에 있어 이러한 장벽의 문제를 다루고 있다.

이와 더불어 딜레마의 증가 또한 이 책에서 다루고 있는 주요 문제이다. 금융 이론, 글로벌 경영, 경영진의 신념과 행동이라는 세 가지 근본적인 요소는 글로벌화의 이점에 대한 논쟁의 주제가 되거나 또는 해결책이 될 것이다.

도표 1.6	**금융 글로벌화의 한계**

글로벌 기업의 내부자 및 지도자가 기업가치 창출을 위해 힘을 쓰는지 아니면 자신의 이익이나 영향력 강화를 위해 힘을 쓰는지는 꾸준히 논의되어 오고 있다.

만일 이렇게 영향력 있는 내부자들이 기업가치가 아닌 자신의 부를 쌓고 있다면, 이는 국경을 넘은 자본과 통화의 흐름을 저해하며, 기관들이 보다 개방되고 통합된 글로벌 금융 커뮤니티를 만드는 것을 방해할 것이다.

출처 : "The Limits of Financial Globalization," Rene M. Stulz, *Journal of Applied Corporate Finance*, Vol. 19, No. 1, Winter 2007, pp. 8-15의 내용을 기반으로 저자가 작성함

제1장을 마무리하며, 그리고 이 책을 시작하며 한 동료의 다음과 같은 말을 소개한다.

미래에 오신 것을 환영합니다. 미래는 끊임없는 투쟁의 장일 것입니다. 우리에게 필요한 것은 리더십, 시민의식 그리고 대화입니다.

– Donald Lessard, *Global Risk, New Perspectives and Opportunities*, 2011, p. 33

요점

- 가치 창출은 세 가지 주요 요소인 (1) 개방된 시장, (2) 고품질 전략 경영, (3) 자본 접근성을 필요로 한다.

- 비교우위이론은 자유롭고 개방된 경쟁체제에서 국제무역의 이점을 설명하고 이를 정당화시키는 기반이 된다.

- 국제재무관리를 위해서는 기업지배구조에 영향을 미치는 문화, 역사, 제도적 차이를 이해해야 한다.

- 국내 기업과 다국적 기업은 모두 환위험에 노출되어 있지만 다국적 기업은 국내 기업에는 큰 위협요소가 되지 않는 정치적 위험과 같은 위험들을 마주하게 된다.

- 다국적 기업은 제품, 생산요소, 금융자산에 대해 국내시장이 가지는 불완전성을 이용하고자 한다.

- 다국적 기업의 해외 투자는 전략적인 동기에 의해 일어나며 라이선싱, 합작투자, 해외 인수, 신설투자의 행태로 나타난다.

■ 만약 기업 및 국가의 내부자들이 그들의 영향력과 부를 증가시키려는 의도를 가진다면, 자본은 이들 국가나 기업으로 흘러가지 않으며 결국 이는 금융 글로벌화의 장애물이 된다.

사례

케냐의 크라우드펀딩[1]

크라우드펀딩의 개념은 케냐의 문화와 매우 유사하다. 하람비(harambee)는 역사가 오래된 공동모금의 방식으로 여행이나 의료비용과 같이 개인이 부담해야 하는 기금을 모금하는 것이다. 다른 방법으로 카마(chama)가 있는데 이는 사적인 모임에서 대출이나 투자를 위해 모금하는 것이다. 이 둘은 모두 공동체의 근본적인 원칙과 관련이 있다. 그 공동체가 온라인일 때, 이는 크라우드펀딩이 된다.

크라우드펀딩(crowdfunding)이란 신생기업(startup)이 힘들고 비용과 시간이 많이 소요되는 기존의 자본조달 대신 인터넷을 기반으로 자본을 조달하는 방법이다. 최근 몇 년간 크라우드펀딩은 미국, 서유럽과 같이 체계화되고 발전된 시장을 기반으로 발전하였다. 때로 이러한 시장에서 규모가 작고 혁신적인 신흥 기업은 기존 금융권을 이용하는 데 제약을 받는다.

공동체나 단체로부터의 모금은 아예 새로운 개념은 아니다. 이러한 모금은 매우 오랜 시간 동안 개인, 기업, 심지어 정부를 통해 행해져 왔다. 예를 들어 베토벤과 모차르트는 사전 기부금 형식으로 그들의 작품을 위한 모금을 했으며, 미국과 프랑스는 자유의 여신상 건축비용을 크라우드펀딩 형식을 통해 모금하였다. 하지만 오늘날에는 중소기업(Small and Medium Enterprises, SMEs)을 위한 자본과 제도가 제한되어 있는 신흥시장에서 신생기업의 재정을 지원할 때, 크라우드펀딩이 활용될 실질적인 가능성이 높다고 볼 수 있

다. 보다 확대된 국경 간 금융생태계를 통해 크라우드펀딩이 많은 기업이 원하는 자본을 제공할 경우 그 신흥국가의 경영, 경제, 사회의 발전이 이루어질 수 있는데 그 예 중 하나가 바로 케냐이다.

자본 생애주기

지난 20년간 금융혁신의 핵심은 신생기업이 생애주기 초반에 조달이 가능한 자본에 접근하는 것이었다. 하지만 자본 생애주기, 즉 기업이 설립되어 성숙되는 과정에서 필요한 자본 및 제도에서 나타나는 여러 공백은 신생기업을 위험에 빠트리고 있다.

도표 A는 영리기업의 자본 생애주기를 보여준다. 첫 번째 단계인 'proof of concept'의 단계에서 기업의 설립자는 자신의 돈을 투자하게 된다. 다음 단계인 'pre-seed' 단계에서는 친구과 가족 혹은 엔젤 투자자로부터 자금을 조달받게 된다(angel financing). 엔젤 투자자는 개인 혹은 작은 집단의 전문투자자로 신생 사업의 가장 초기에 투자하여 '수호신(guardian angel)'의 역할을 한다. 이는 기업 소유자의 이익을 보호하면서 사업의 기회를 주기 위해 자본을 제공하는 것이다. 이러한 단계를 사업 발전의 'pre-seed' 단계라고 한다.

이후 'seed'의 단계에서는 많은 기업들이 자본 및 자본조달자의 공백으로 실패하게 된다. 이러한 공백을 죽음의 골짜기(Valley of Death)라 한다. 이 시기는 기업이 사업을 착수하는 데 있어서 매우 중요한 시기이다. 하지만 운영이 불가능

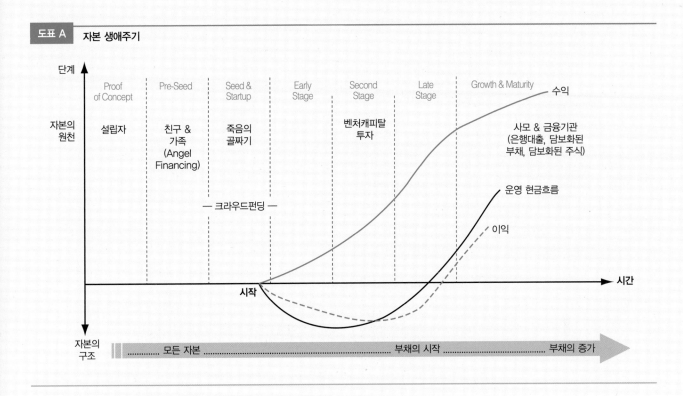

도표 A 자본 생애주기

해져 수익과 현금흐름이 없다면 추가적인 투자자와 자본의 접근성이 부족해진다. 많은 산업 국가의 시장에서 이러한 공백을 크라우드펀딩이 채우게 되었다.

유망한 기업의 경우 사업 착수 이후 빠른 성장에 필요한 자금조달의 근원으로 벤처캐피탈(venture capital)과 같은 자본의 출처가 확보된다. 벤처캐피털리스트(Venture Capitalists, VCs)는 이익을 내고 있지만 현금흐름이나 수익성에 있어서 반드시 긍정적이지만은 않은 신생기업의 지분율을 취득하는 투자기업들을 의미한다. 벤처캐피털리스트는 성장 가능성이 크지만 그들의 잠재적인 성장을 위해서는 자본을 필요로 하는 기업에 초점을 맞춘다.

자본 생애주기의 마지막 단계는 기업이 성장하고 성숙하는 단계이다. 이 시기가 되어야 기업은 자본을 빌려준 은행이 그 기업의 신용에 대해 확신할 수 있는 매출 기록, 이익, 현금흐름을 보유하게 된다. 또한 이 시기에는 기업이 주식을 발행하고 자본을 조달하기 위해 **주식최초공개발행(IPO)**을

고려해볼 수 있다. 이제 기업의 생산이 시작되고 기업이 경영상 현금흐름이 발생할 것이 입증되면 부채 및 은행 대출에 대한 접근이 가능해진다. 하지만 초기 성장 단계에서 가능한 한 많은 자본 보유를 필요로 하는 고성장 사업에서는 채무 상환 의무를 가지는 것이 바람직하지는 않다.

만약 사업이 성장 가능성의 가치를 가진다면 **사모(Private Equity, PE)**를 눈여겨볼 수 있다. 사모기업은 기업발전 단계의 후기에 크게 투자하는데 사모투자자들은 이미 성공적으로 설립된 기업들이 기업전략의 성공과 성장을 위해 자본을 필요로 할 경우 이를 제공한다. 신생기업에 투자하는 경우는 많지 않으며 대신 기존 상장기업에 대한 전통적인 투자보다 더 높은 수익률을 낼 수 있는 투자 기회를 탐색한다.

크라우드펀딩의 원칙

나는 크라우드펀딩이 개발도상국의 기업 문화 및 생태계 생성을 촉진한다고 생각한다. 이와 같은 자본제공의 멘토십, 역량 구축 그리고 계속적인 감독 및 보고를 제공하는

새로운 모델 생성에 있어서 세계은행과 같은 다른 개발 기구들이 '제3의 신뢰기관' 역할을 하게 된다.

– Steve Case, Chairman and CEO, Revolution, and
Founder, America Online[2]

크라우드펀딩은 사업을 발전시키기 위해 친구나 가족으로부터 자금을 지원받던 전통적인 'pre-seed' 단계가 온라인을 통해 확장된 것이다. 일명 **크라우드펀딩 생태계**(crowdfunding ecosystem)로 불리며 여전히 친구나 가족을 기반으로 하여 투자에 관심을 가지고 있는 투자자들을 찾아 자본을 필요로 하는 신생기업과 연결지어 준다. 이때 기존의 전 세계 모든 자본 모금이 가지는 규제, 제도 장벽, 제약, 비용을 생략하고자 한다.

크라우드펀딩의 구조는 기부형식(donation-based), 보상형식(reward-based), 대출 혹은 부채형식(loan or debt-based), 주식형식(equity-based) 등 총 네 가지 유형으로 나타난다.[3]

1. **기부형식.** 비영리기업은 자금조달의 방식으로 크라우드펀딩을 선택하곤 한다. 기부자들은 다른 대가 없이 좋은 감정과 정서적인 만족감을 얻는다.

2. **보상형식.** 보상형식의 크라우드펀딩 투자자들은 그 대가로 특전, 혜택, 티셔츠, 티켓, 백스테이지 패스 등의 작은 보상을 받는다. 이러한 방식을 사용하는 성공한 플랫폼의 예로 작품 및 프로젝트의 기금을 조달하는 미국의 Kickstarter가 있다. 기부형식과의 공통점은 프로젝트의 성공 여부가 불확실하며 그 대가가 전혀 없거나 특전이나 상품권과 같이 매우 적을 수 있다는 점이다.

3. **부채형식.** 부채 혹은 대출형식의 크라우드펀딩은 원금 회수를 대가로 개인과 기업에 자금을 조달하는 형식이다. Grameen Bank와 같은 소액금융기업은 신흥시장에

서 이러한 구조의 크라우드펀딩을 성공적으로 사용하였다. 투자자의 원금 회수는 대부분 보장이 되지만 kiva.org의 사례도 있었듯이 '투자자'에게 이자는 지급되지 않는 경우들이 있다.

4. **주식형식.** 투자자는 자신이 투자한 기업이나 프로젝트의 지분율을 가지게 된다. 이 경우 영리기업을 대상으로 하며 투자자는 의결권과 함께 비록 보장이 되지는 않지만 자금을 회수할 가능성을 가지게 된다. 이 경우 기부의 개념이 아닌 투자의 개념이며, 관심을 가지고 뜻을 같이 한 투자자들이더라도 기대하는 수익이 있으며, 사업 계획이나 그 전망은 엄격하게 평가받는다.

마지막 두 가지 형식은 기업 발전에 초점을 두고 있으며 이를 투자지향 크라우드펀딩(Investment-geared Crowdfunding, IGCF)이라고 한다. 장기적인 지속 가능 시장을 기반으로 한 경우 주식형식의 크라우드펀딩이 경제적 발전가능성의 극대화를 가져올 것으로 생각된다.

크라우드펀딩의 주요 필요요건

주식형식의 크라우드펀딩이 성공적으로 이루어지기 위해서는 (1) 명료하고 잘 갖춰진 크라우드소싱 생태계, (2) 믿을만한 사업 계획과 경쟁 분석, (3) 동기부여가 되어있으며 신뢰할 수 있고 몰입도가 높은 기업가와 같은 조건을 만족시켜야 한다.

크라우드펀딩의 진정한 장점은 인터넷을 통해 지역, 통화, 국적의 영향을 받지 않고 생태계의 확장이 가능하다는 점이다. 크라우드펀딩은 기존 국가의 재무 및 투자 구조가 아닌 소셜 네트워크와 인터넷 및 모바일을 통한 광고의 바이러스성 마케팅을 기반으로 한다. 하지만 시장에서 자금이 부족한 영리기업이 투자대상인 만큼 성공적인 크라우드펀

[2] *Crowdfunding's Potential for the Developing World*, infoDev/The World Bank, by Jason Best, Sherwood Neiss, and Richard Swart, Crowdfunding Capital Advisors (CCA), 2013.

[3] "Issue Brief: Investment-Geared Crowdfunding," CFA Institute, March 2014.

딩 생태계는 여전히 경험의 공유, 문화, 민족성, 디아스포라를 바탕으로 정의되어야 한다.[4] 전 세계 어느 곳에서든 영리기업을 위해 기금을 지원할 때 '좋은 일을 위한 선물'의 형식에서 투자의 형식으로 바뀔 때에는 그 관계나 연결망이 매우 중요한 역할을 한다.

두 번째로 사업 계획이 명료해야 한다. 크라우드펀딩은 그 집단의 무모한 행동이 아닌 참여자 수와 정보, 의지라는 장점을 기반으로 하고 있다. 신생기업을 지원하기 위한 적정 인원이 모였다면 그들은 그 기업의 발전과 성장을 위한 자금을 지원할 수 있다. 하지만 기업이 투자자들에게 사업을 제안하는 단계에 도달하기 위해서라도, 그 기업의 경영자는 정교한 사업 계획을 보여줄 수 있어야 한다. 사업 계획은 앞으로의 수익성, 재정적 전망, 경쟁분석을 포함해야 하며 모든 사업은 궁극적으로 수익을 내기 위해 판매, 비용관리, 경쟁 계획을 가지고 있어야 한다.

마지막으로 성공은 진정 믿을 수 있고 헌신적인 기업가에게서 이루어진다. 정교하며 매우 혁신적으로 계획된 사업도 성공을 위해 진정으로 노력하는 기업가가 없다면 성공할 수 없다. 록펠러, 게이츠, 잡스 혹은 저커버그의 이름을 가졌다 하더라도 반드시 헌신, 열정, 갈망이 그 DNA 속에 내재되어 있어야 한다.

케냐의 도전

케냐는 자본이 부족하고 새로운 사업 발전에 대한 관심이 적다는 점에서 다른 신흥시장과 다를 바 없었다. 규모가 크고 가장 발달된 선진공업국에서조차 중소기업과 같은 신생기업에 투자하는 것은 항상 도전적으로 받아들여졌다. 경제가 급성장하는 것과는 별개로 케냐의 자본 접근성은 매우 낮았다.

일련의 평가와 경쟁을 거쳐, Crowdfund Capital Advisors(CCA)의 지원하에 케냐기후혁신센터(Kenya Climate Innovation Center, KICC)를 통해서 네 가지 시험적인 크라우드펀딩 프로젝트가 시행되었는데, 이는 세계은행그룹의 '정보 및 개발 프로그램(infoDev)'에 의해 주도되었다.

■ **Lighting Up Kenya.** 케냐의 태양 발전에 동참하세요. 경유 램프에서 벗어나 더 나은 삶을 살 수 있도록 도와주세요. Skynotch Energy Africa의 공동 설립자인 Patrick Kimathi는 태양 램프를 통해 실내에 자급자족할 수 있는 전기를 공급하고자 한다.

■ **Wanda Organic.** 토양 살리기—기후 스마트 농업. 생명유기화학 비료와 생명공학을 통해 케냐의 농부들을 도와주세요. Wanda Organic의 설립자인 Marion Moon은 케냐의 토양 질을 높임과 동시에 농부들의 생산량을 늘리고 그들 가족의 소득을 올리고 영양 상태를 향상시키고, 새로운 일자리를 만들고자 한다.

■ **Briquette Energy Drive.** 농업 자원 폐기물로 만들어진 바이오매스 연탄은 석유, 석탄으로 만들어진 화석 연료의 대체물로 더 뜨겁고, 깨끗하게 오랫동안 탈 수 있습니다. Allan Marega는 Global Supply Solutions의 상무이사로 석탄과 장작을 대체할 수 있는 연탄을 만드는 목표를 가지고 있다.

■ **iCoal Concepts.** iCoal Concepts사의 전략 혁신 부문 이사인 James Nyaga는 재활용 석탄의 재를 사용하여 더 밀도가 높고 오래 타며 연기와 향이 없는 연탄을 만들어 실내의 공기오염을 줄이고자 한다.

케냐의 프로젝트들은 신흥시장에서 크라우드펀딩 시행을 시험하기 위한 프로그램들이다. 과연 크라우드펀딩이 글로벌 경제에 지속적인 금융발전을 가져올지는 시간과 경험만이 알려줄 것이다.

---

[4] *Crowdfunding Investing for Dummies*, Sherwood Neiss, Jason W. Best, Zak Cassady-Dorion, John Wiley & Sons, Inc., 2013.

사례 문제

1. 크라우드펀딩은 기업 발전의 자본 생애주기 중 어느 단계에 속하는가?
2. 크라우드펀딩은 모두 독특한가? 기존의 자금 유통 방식과 비교하여 크라우드펀딩이 제공하는 것과 제공하지 않는 무엇이 있는가?
3. 신흥시장의 크라우드펀딩 프로그램에서 성공과 실패를 결정하는 것은 무엇인가?

질문

1. **다국적 기업이 가지는 글로벌화의 위험.** 글로벌화는 2008년 금융위기 당시 다국적 기업의 쇠퇴에 영향을 미쳤는가?

2. **글로벌 시장에서의 다국적 기업 그리고 운영.** 글로벌 시장에서 다국적 기업의 운영을 결정짓는 요소는 무엇이 있는가?

3. **유로통화와 유로통화시장.** 주요 유로통화는 무엇이 있는가? 유로통화시장이란 무엇인가?

4. **글로벌 금융시장의 약점.** 글로벌 금융위기는 글로벌 시스템의 자산 및 기관의 약점을 어떻게 보여주었는가?

5. **다국적 기업과 런던은행 간 대출이자율(LIBOR).** 대부분의 다국적 기업은 유로통화로 대출을 받거나 런던은행 간 대출이자율(LIBOR)을 따르는 변동 이자율의 유로채를 발행한다. LIBOR 스캔들이 다국적 기업에 미치는 영향을 설명하라.

6. **LIBOR 스캔들, 그 이후.** 영국 정부가 LIBOR 스캔들 이후 런던은행 간 대출이자율 폐지에 반대한 이유는 무엇인가?

7. **비교우위의 한계.** 이론을 이해하기 위해 가장 중요한 것은 그 이론이 말하고자 하는 것 외에 말하지 않고 있는 것을 모두 알아야 한다는 것이다. 비교우위가 가지는 네 가지 주요 한계점을 설명하라.

8. **21세기의 비교우위.** 비교우위이론에 근거하여 다국적 기업이 신흥시장에서 일부 서비스를 아웃소싱하는 과정을 설명하라.

9. **Ganado사의 글로벌화.** Ganado사의 글로벌화 과정에 대한 이 장의 설명을 읽고 국제 기업, 다국적 기업, 글로벌 기업 간의 차이를 설명하라.

10. **다국적 기업과 아웃소싱.** 글로벌 아웃소싱이 기업이 다국적 기업으로 변하는 데 미치는 영향을 설명하라.

11. **시장 조건.** 다국적 기업이 새로운 시장으로 진입하는 데 시장의 불완전성과 비효율성이 이점으로 작용한다. 그 이유를 설명하라.

12. **왜 해외로 가는가?** 왜 기업은 다국적 기업이 되는가?

13. **기업의 투자 동기.** 공격적 투자와 방어적 투자의 동기의 차이는 무엇인가?

14. **Ganado사의 단계.** Ganado사가 글로벌 기업이 되면서 거친 단계를 설명하라. 각 단계의 장점과 단점은 무엇인가?

15. **금융의 글로벌화.** 한 쌍의 대리인 문제(twin agency problem)란 무엇인가? 그 문제가 금융의 글로벌화를 방해하는 이유는 무엇인가?

문제

1. **세계의 데이트 비용 비교하기.** 국가 간의 가격이나 비용을 비교하기 위해서는 현지의 통화를 하나의 공통 통화로 환산할 수 있어야 한다. 이는 국가 간에 동일한 제품이나 서비스를 비교할 때 매우 유용한 방법이다. Deutsche Bank는 최근 들어 저렴하게 데이트할 수 있는 방법을 제시한다(2명의 사람이 도시에서 맥도날드에서 식사하고, 영화를 보고, 맥주를 마시는 데이트). 총비용(cheap date)이 미국 달러로 환산될 때, 전 세계의 데이트 비용은 뉴욕의 데이트를 기준으로 비교가 가능해진다.

   아래의 표를 작성한 후 질문에 답하라.

   a. 표에 있는 도시 중 데이트 비용이 가장 저렴한 곳은 어디인가?

   b. 표에 있는 도시 중 데이트 비용이 가장 비싼 곳은 어디인가?

   c. 러시아 모스크바의 환율이 0.0283이 아닌 0.04200

나라	도시	현지 통화로 표시된 데이트 비용	환율 호가	2014년 4월 7일의 환율	USD 가격	뉴욕의 가격 대비 데이트 비용
호주	시드니	AUD111.96	USD = 1 AUD	0.9290	104.01	112%
브라질	리우데자네이루	BRL135.43	USD = 1 BRL	0.4363	_____	_____
캐나다	오타와	CAD78.33	USD = 1 CAD	0.9106	_____	_____
중국	상하이	CNY373.87	USD = 1 CNY	0.1619	_____	_____
프랑스	파리	EUR75.57	USD = 1 EUR	1.3702	_____	_____
독일	베를린	EUR76.49	USD = 1 EUR	1.3702	_____	_____
홍콩	홍콩	HKD467.03	USD = 1 HKD	0.1289	_____	_____
인도	뭄바이	INR1,379.64	USD = 1 INR	0.0167	_____	_____
인도네시아	자카르타	IDR314,700	USD = 1 IDR	0.0001	_____	_____
일본	도쿄	JPY10,269.07	USD = 1 JPY	0.0097	_____	_____
말레이시아	쿠알라룸푸르	MY 117.85	USD = 1 MY	0.3048	_____	_____
멕시코	멕시코시티	MX 423.93	USD = 1 MX	0.0769	_____	_____
뉴질랜드	오클랜드	NZD 111.52	USD = 1 NZD	0.8595	_____	_____
필리핀	마닐라	PHP1,182.88	USD = 1 PHP	0.0222	_____	_____
러시아	모스크바	RUB2,451.24	USD = 1 RUB	0.0283	_____	_____
싱가포르	싱가포르	SGD77.89	USD = 1 SGD	0.7939	_____	_____
남아프리카	케이프타운	ZAR388.58	USD = 1 ZAR	0.0946	_____	_____
영국	런던	GBP73.29	USD = 1 GBP	1.6566	_____	_____
미국	뉴욕	USD93.20	1 USD	1.0000	93.20	100%
미국	샌프란시스코	USD88.72	1 USD	1.0000	_____	_____

출처 : The Random Walk와 Mapping the World's Prices의 자료를 사용하였으며 2014년 5월 9일 Deutsche Bank Research의 그림 30과 그림 32를 바탕으로 저자가 계산하였다. '뉴욕의 가격 대비 데이트 비용'은 (미국 달러로 환산된 데이트 비용)/(93.20)로 계산되었다.

주 : 데이트 비용(cheap date)은 2명의 택시비, 맥도날드의 2개의 햄버거와 음료, 두 장의 영화표 그리고 두 잔의 맥주 비용을 현지 통화로 나타낸 것이다. 2013년 Deutsche Bank는 장미 한 다발을 보내는 비용까지 포함했었지만 2014년에 이 비용은 제외되어 두 해의 직접적인 비교는 불가능하다.

일 때, 미국 달러로 환산한 가격은 얼마인가?

d. 상하이의 환율이 CNY6.66=1USD일 때, 미국 달러로 환산한 가격은 얼마이며 이는 뉴욕에 비교하여 어떠한가?

2. **Blundell Biotech.** Blundell Biotech는 미국의 생명공학 기업으로 많은 나라에서 영업활동을 하고 있다. 다음 표 (a)에는 2013년과 2014년의 Blundell Biotech 자회사의 수익이 현지의 통화(백만)로 표시되어 있다.

통화별 환율은 표 (b)를 통해 확인할 수 있다. 다음 자료를 사용하여 질문에 답하라.

a. Blundell Biotech의 2013년과 2014년의 연결 수익은 미국 달러로 얼마인가?

b. 두 해의 환율이 동일했다면 '환율변동이 없다는 전제하에서' 기업 수익의 변화는 어떠한가?

c. 문제 (b)의 결과를 이용하여 Blundell Biotech의 수익 증가율을 현지 통화 소득과 환율의 영향으로 구분할 수 있는가?

(a)

순이익	일본 자회사	영국 자회사	유럽 자회사	중국 자회사	러시아 자회사	미국 자회사
2013	JPY1,500	GBP100.00	EUR204.00	CNY168.00	RUB124.00	USD360.00
2014	JPY1,460	GBP106.40	EUR208.00	CNY194.00	RUB116.00	USD382.00

(b)

환율	JPY = 1 USD	USD = 1 GBP	USD = 1 EUR	CNY = 1 USD	RUB = 1 USD	USD
2013	97.57	1.5646	1.3286	6.1484	31.86	1.0000
2014	105.88	1.6473	1.3288	6.1612	38.62	1.0000

비교우위

문제 3~7번은 비교우위의 영향을 받은 거래의 예를 들고 있다. 문제에서는 다음과 같이 가정한다. 중국과 프랑스는 각각 1,000단위의 생산시설을 보유하고 있다. 한 단위의 생산시설(토지, 노동, 자본 그리고 기술을 포함)당 중국은 장난감 10컨테이너, 와인 7병만큼 생산할 수 있고 프랑스는 장난감 2컨테이너, 와인은 7병만큼 생산한다. 즉, 장난감의 경우 중국이 프랑스보다 5배 효율적이며 와인은 두 나라의 효율성이 동일하다. 먼저 둘 간의 거래가 전혀 없음을 가정하자. 중국은 장난감 생산에 800단위의 생산설비를 사용하며 와인 생산에는 200단위의 생산설비를 사용한다. 반면, 프랑스는 장난감에 200단위, 와인에 800단위를 사용한다.

3. **생산량과 소비량.** 무역이 없을 경우 중국과 프랑스 각각의 생산량과 소비량은 어떠한가?

4. **전문화.** 중국은 장난감만을, 프랑스는 와인만을 생산하는 완전한 전문화를 가정할 때 총생산량은 어떻게 변하는가?

5. **중국 내 가격으로의 거래.** 중국 내 장난감 10컨테이너의 가격은 와인 7병과 동일하다. 중국이 장난감을 10,000컨테이너 생산하고 프랑스에 2,000컨테이너를 수출하며, 프랑스는 와인을 7,000병 생산하고 1,400병을 중국으로 수출한다고 가정할 때 총생산량과 소비량은 어떻게 변하는가?

6. **프랑스 내 가격으로의 거래.** 프랑스 내 장난감 2컨테이

너의 가격은 와인 7병과 동일하다. 중국이 장난감을 10,000컨테이너 생산하고 프랑스에 400컨테이너를 수출하며, 프랑스는 와인을 7,000병 생산하고 1,400병을 중국으로 수출한다고 가정할 때 총생산량과 소비량은 어떻게 변하는가?

7. **협상된 중간가격으로의 거래.** 아래의 표를 통해 중국과 프랑스의 협상된 중간가격을 구할 수 있다. 이때 총생산량과 소비량은 어떻게 변하는가?

가정	장난감(컨테이너/ 생산설비 1단위)	와인(병/생산 설비 1단위)
중국-생산설비 1단위당 생산량	10	7
프랑스-생산설비 1단위당 생산량	2	7
중국-총투입량	1,000	
프랑스-총투입량	1,000	

8. **Peng Plasma 가격결정.** Peng Plasma는 플라스마 절단 토치를 제조하는 중국의 사기업이다. 지난 8년간 PT350 토치의 가격은 중국의 인민폐 기준으로 개당 Rmb 18,000으로 고정되어 있었다. 생산비용을 절감하려 노력하였지만 여전히 높은 투입 비용 때문에 어려움을 겪었다. 그동안 미국 달러에 대한 중국 화폐의 가치는 계속 변하였다. 매년 인민폐 기준 제품 가격은 동일하다는 가정하에 아래의 표를 완성한 후 다음 질문에 답하라.

a. Peng의 가격 전략은 달러화 표시 가격(US$)에 어떠한 영향을 미치는가? 달러를 사용하는 고객은 이에 어떻게 반응할 것인가?

b. Peng의 가격 전략은 Peng의 이익에 어떠한 영향을 미치는가?

PT350 플라스마 절단용 토치에 대한 인민폐 가격은 동일함

연도	비용(Rmb)	이익(Rmb)	가격(Rmb)	이익(%)	평균환율 (Rmb/US$)	가격(US$)	US$ 가격의 변화율
2007	16,000	2,000	18,000	11.1%	7.61	2,365	—
2008	15,400	_____	_____	_____	6.95	_____	_____
2009	14,800	_____	_____	_____	6.83	_____	_____
2010	14,700	_____	_____	_____	6.77	_____	_____
2011	14,200	_____	_____	_____	6.46	_____	_____
2012	14,400	_____	_____	_____	6.31	_____	_____
2013	14,600	_____	_____	_____	6.15	_____	_____
2014	14,800	_____	_____	_____	6.16	_____	_____
누적							_____

9. **안드레아스 델론이 받게 될 보상.** 안드레아스 델론은 프랑스의 제약회사 LakePharma에 CEO로 와 달라는 제안을 받은 프랑스인이다. LakePharma는 전 세계의 제약회사에서 사용하는 고품질 화학 약품을 생산한다. LakePharma가 생산하는 대부분의 약품은 스위스에 판매된다. 즉, 이는 델론이 스위스 기업으로 제품을 판매하는 데 대부분의 시간을 보내게 될 것을 의미한다. 그는 자신의 보수를 스위스 프랑(CHF)이 아닌 유로로 지급받기를 원한다. LakePharma는 이에 동의하여 그의 보수를 유로화로 지급하기로 했지만, 그에게 지급될 판매수수료와 보너스(그가 받게 될 기본 보수의 약 25%)는 스위스 프랑으로 지급하겠다고 제안했다. 안드레아

스는 그 제안을 받아들일지, 혹은 보수 전체를 유로로 받을지에 대한 결정을 내리지 못했고 다음과 같은 표를 작성하였다. 당신은 안드레아스에게 어떠한 결정을 권유하겠는가?

연도	유로(백만)	환산	€1 = CHF	백만 CHF	환산
2015	€1,000		1.05	CHF	
2016	€1,100	%	1.06	CHF	%
2017	€1,250	%	1.07	CHF	%
2018	€1,300	%	1.08	CHF	%

EuroVirtual

문제 10~14번은 프랑스의 IT 관련 다국적 기업인 EuroVirtual에 관한 문제이다. EuroVirtual은 본국인 프랑스와 더불어 스위스, 영국, 덴마크에 자회사를 가지고 있다. 또한 범유럽 증권거래소인 유로넥스트(Euronext)에 650,000주가 상장되어 있다. 다음 표는 EuroVirtual의 경영성과를 보여준다.

	프랑스 모회사 (유로, €)	스위스 자회사 (스위스 프랑, CHF)	영국 자회사 (영국 파운드, GBP)	덴마크 자회사 (덴마크 크로네, DKK)
자국 통화로 표시된 세전이익(EBT, 천)	EUR2,500	CHF400	GBP2,100	DKK4,500
법인세율	33.3%	25%	20%	23%
EUR1당 평균 환율	–	1.0335	0.7415	7.4642

10. **EuroVirtual의 총소득.** EuroVirtual은 나라별로 다른 세율을 가지고 있다.
    a. 세금 공제 후 주당 이익은 몇 EUR인가?
    b. EuroVirtual의 총세전이익(EBT) 중 각 나라가 차지하는 정도를 구하라.
    c. 프랑스 외 다른 나라에서 발생한 이익이 총이익에서 차지하는 비율은 얼마인가?

11. **환율에 대해 EuroVirtual의 EPS가 가지는 민감도(A).** 2015년 1월 15일 스위스 중앙은행(SNB)은 2011년부터 CHF1.20/€로 유지된 스위스 프랑의 동결을 풀 것을 결정하였다. 스위스 중앙은행이 이런 결정을 뒤집고 이전의 환율연계제도(peg)를 다시 선택한다고 가정하자. 이는 환율, 세율 그리고 이득이 모두 일정할 때 EuroVirtual의 연결 EPS에 어떠한 영향을 미치는가?

12. **환율에 대해 EuroVirtual의 EPS가 가지는 민감도(B).** 스위스에 치명적인 기후재해가 발생하여 모든 농업 및 식품업 산업에 위기가 오고 경제적 쇠퇴기를 맞아 스위스 프랑의 가치까지 하락하게 된 상황을 가정하자. 스위스 프랑의 가치가 CHF1.2/€로 하락하고 스위스의 세전이익이 반으로 준다면 이는 EuroVirtual의 연결 EPS에 어떠한 영향을 미치는가?

13. **EuroVirtual의 EPS와 유로의 가치상승/가치 하락.** 2003년에 처음 나타난 이후 다른 통화와 비교된 유로의 가치는 계속 변해왔다.
    a. 유로에 대한 다른 주요 통화의 가치가 모두 15% 상승할 때 이는 EuroVirtual의 연결 EPS에 어떠한 영향을 미치는가?
    b. 유로에 대한 다른 주요 통화의 가치가 모두 20% 하락할 때 이는 EuroVirtual의 연결 EPS에 어떠한 영향을 미치는가?

14. **EuroVirtual의 글로벌 과세와 실효세율.** 모든 다국적 기업은 조세채무를 줄이고자 한다. 기본적으로 설정한 가정들을 기반으로 다음 EuroVirtual의 글로벌 조세채무와 관련된 문제에 답하라.

a. EuroVirtual이 지불하는 소득세는 전부 몇 유로인가?

b. 실효세율은 얼마인가?(세금 공제 전 소득에서 세금이 차지하는 비율)

c. 영국이 법인세율을 10%로 줄여 EuroVirtual의 영국 자회사가 이룬 세전이익이 GBP3,000,000으로 상승했다고 가정하자. 이는 EuroVirtual의 EPS에 어떠한 영향을 미치는가?

인터넷 문제

1. **국제자본 이동 : 공적과 사적.** 주요 다국적 기업은 글로벌 자본 투자의 상대적 움직임과 그 규모를 관측한다. 다음 사이트 및 다른 사이트를 참고하여 선진국의 자본이 저개발국가와 신흥시장에서 배치되는 과정을 두 장 분량으로 정리하라. 이때 '저개발국가'와 '신흥시장' 간 주요 차이점이 있는가?

세계은행	www.worldbank.org
OECD	www.oecd.org
European Bank for Reconstruction and Development	www.ebrd.org

2. **대외채무.** 세계은행은 전 세계 모든 나라의 대외채무를 분석하고 정리한다. 매년 World Development Indicators(WDI)에서는 폴란드와 같이 특정 국가를 대상으로 장·단기적 대외채무를 요약해서 제공한다. 다음 사이트를 방문하여 브라질, 멕시코, 러시아의 대외채무에 대해 찾아보라.

세계은행	www.worldbank.org/data

3. **세계 경제 전망.** 국제통화기금(International Monetary Fund, IMF)은 세계 경제의 전망에 대한 평가를 주기적으로 발표한다. 관심 있는 국가를 선택한 후 IMF의 최근 분석자료를 사용하여 다가올 경제 전망에 대한 개인적인 견해를 정리해보라.

IMF Economic Outlook	www.imf.org./external/index.htm

4. **Financial Times Currency Global Macromap.** *Financial Times*는 유용한 정보인 전 세계 통화의 실시간 가치와 그 변동사항을 온라인을 통해 제공한다. 이를 사용하여 통화의 변동 상황을 관측해보라.

Financial Times	markets.ft.com/research/Markets/Currencies

제 2 장

국제통화체제

모든 물건의 가격은 여기저기서 때로 오르고 또는 떨어진다. 그리고 그러한 변화들로 인해 구매력평가가 어느 정도 바뀐다.

— Alfred Marshall

학습목표

- 금본위제 시대부터 오늘날의 절충적 통화(eclectic currency) 방식에 이르기까지 국제통화체제의 변천과정을 살펴본다.
- 국제통화기금(이하 IMF)이 오늘날 전 세계에 걸쳐 운영되고 있는 다양한 환율제도를 어떻게 분류하는지를 상세하게 살펴본다.
- 경제적, 사회적 독립성 및 개방을 원하는 정도에 따라 특정 국가가 고정환율제도와 변동환율제도 중 어떤 것을 선택하는지를 살펴본다.
- 유럽연합(이하 EU) 회원국들에게 필요했던 유럽연합의 단일통화, 즉 유로를 만들어가는 극적인 선택과정에 대해 살펴본다.
- 오늘날 많은 신흥시장 국가들이 직면하고 있는 환율제도의 복잡성을 학습한다.
- 중국에 의해 추진되는 중국 인민폐의 점진적인 글로벌화 전략에 대해 구체적으로 살펴본다.

이 장에서는 고전적인 금본위제 시대부터 현재까지 국제통화체제의 간략한 역사를 소개한다. 첫 번째 부분에서는 현대 통화제도의 구조와 분류, 고정환율과 변동환율의 원리 그리고 이 장의 이론적 핵심이라고 간주되는 이상적인 통화의 속성과 각국이 그들의 통화제도를 정립해갈 때 선택해야만 하는 것들에 대해 설명한다. 두 번째 부분에서는 국제통화기금(IMF)의 분류체계에 따라 현재 활용되고 있는 다양한 환율제도를 설명한다. 세 번째 부분에서는 고정환율제도와 변동환율제도의 차이에 대해 상세하게 설명하며, 네 번째 부분에서는 유럽연합 참여 국가들을 위한 유로의 생성과 발전에 대해 설명한다. 다섯 번째 부분에서는 많은 신흥시장 국가들이 직면하고 있는 통화제도의 선택에 대해 다룬다. 여섯 번째와 마지막 부분에서는 현재에도 진행 중인 중국 인민폐의 급속한 글로벌화를 추적해본다. 이 장의 사례에서는 작은 국가인 아이슬란드의 글로벌 위기를 다룬다. 이 장을 통해 아이슬란드가 자신의 통화를 정의하는 데 이론적인 선택을 어떻게 했는지(불가능한 삼위일체)를 검토한다.

국제통화체제의 역사

수 세기 동안 통화는 금, 은 그리고 기타 품목들의 가치 관점에서 정의되어 왔으며, 이런 다양한 정의를 인정하기 위해 국가 간에는 다수의 합의가 존재해왔다. 도표 2.1에서 볼 수 있는 것과 같이, 국제통화체제의 발전과정은 왜 많은 국가들이 오늘날 고정환율, 변동환율, 크롤링 페그 등을 절충한 시스템을 도입하고 있는지를 이해하는 데 유용한 관점을 제공해주며, 글로벌 경영을 수행하는 기업이 겪게 되는 약점과 위험요인을 평가하는 데에도 도움을 준다.

금본위제, 1876~1913

파라오 시대(기원전 3000년경) 이래로, 금은 교환의 매개체이자 가치를 보관하는 역할을 해왔다. 그리스인들과 로마인들은 금화를 사용했고, 그들은 중상주의 시대를 거쳐 19세기에 이르기까지 이 전통을 계승했다. 19세기 후반의 자유무역 기간 동안 무역이 대폭 증가하게 되자, 국제무역수지의 안정을 위해 보다 공식화된 통화교환 방식이 필요해졌다. 한 나라씩 잇달아 자신의 통화가치를 평가한 후 금과의 교환비율을 정하면, 그다음에는 소위 이러한 '게임의 규칙'을 고수하려고 노력하였다. 이것은 나중에 고전적인 금본위제로 알려지게 되었다. 금본위제는 1870년대에 국제통화체제의 하나로 서유럽에서 받아들여지게 되었다. 미국은 뒤늦게 이 제도를 수용하게 되어, 1879년이 되어서야 금본위제를 공식

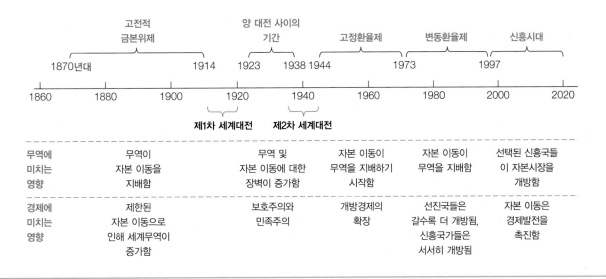

도표 2.1 글로벌 통화체제의 발전 과정

	고전적 금본위제		양 대전 사이의 기간	고정환율제	변동환율제	신흥시대
	1870년대 ~ 1914		1923 ~ 1938	1944 ~ 1973	1973 ~ 1997	1997 ~
무역에 미치는 영향	무역이 자본 이동을 지배함		무역 및 자본 이동에 대한 장벽이 증가함	자본 이동이 무역을 지배하기 시작함	자본 이동이 무역을 지배함	선택된 신흥국들이 자본시장을 개방함
경제에 미치는 영향	제한된 자본 이동으로 인해 세계무역이 증가함		보호주의와 민족주의	개방경제의 확장	선진국들은 갈수록 더 개방됨, 신흥국가들은 서서히 개방됨	자본 이동은 경제발전을 촉진함

제1차 세계대전 / 제2차 세계대전

적으로 받아들였다.

금본위제하에서 게임의 규칙은 명확하고 단순하다. 각 나라들은 주어진 무게의 금으로 환산될 수 있는 자국 화폐(종이 또는 동전)의 비율을 정한다. 예를 들어 미국은 금 1온스당 20.67달러로 환산한다고 공표했다(이 비율은 제1차 세계대전이 시작될 때까지 유효했다). 영국 파운드화는 금 1온스당 4.2474 파운드로 고정되었다. 두 통화 모두 자유롭게 금으로 교환될 수 있다면, 달러/파운드 환율은 다음과 같다.

$$\frac{\$20.67/\text{금 1온스당}}{\text{£}4.2474/\text{금 1온스당}} = \$4.8665/\text{£}$$

각국 정부가 금본위제에 따라 자국 통화와 금과의 교환비율로 금을 사거나 팔기로 동의했기 때문에 금으로 환산한 개별 통화의 가치, 즉 두 통화 사이의 환율은 고정되었다. 이 체제하에서는 통화와 금과의 교환을 위해 충분한 금 보유고를 유지하는 것이 매우 중요했다. 이 체제는 또한 개별 국가가 통화 공급을 확대할 수 있는 비율을 암묵적으로 제한하는 효과를 갖고 있다. 통화량 증가율은 공식적인 기관(재무부 또는 중앙은행)이 추가적인 금을 획득할 수 있는 비율 이내로 제한된다.

금본위제는 제1차 세계대전이 발발하여 무역과 금의 자유로운 이동을 방해할 때까지 적절히 작동되었다. 제1차 세계대전으로 인해 주요 무역국들은 금본위제의 운영을 중단하게 되었다.

양 대전 사이의 기간과 제2차 세계대전, 1914~1944

제1차 세계대전 기간과 1920년대 초반 동안, 통화는 금과 관련하여 상당히 넓은 범위의 변동폭이 허용되었다. 이론적으로 한 국가의 수출과 수입에 대한 수요와 공급은 환율을 그 중앙에 있는 균형가치로 적당히 변화시킨다. 이것은 이전의 금본위제하에서 금이 했던 것과 동일한 기능이다. 불행하게도 이러한 변동환율은 균형을 유지하는 방식으로 작동하지 않았다. 이와는 대조적으로 국제적인 투기꾼들은 취약한 통화를 매도하여 실질적인 경제적 요인에 의해 가치가 하락하는 것보다 가치를 더 하락시켰다. 공매도(selling short)는 개별 투기자가 미래의 인도일에 통화와 같은 자산을 넘겨주기로 약속하고 지금 자산을 판매하는 투기기술이다. 그러나 이 투기자는 아직 자산을 소유하고 있지 않으며, 투기자는 약속한 자산 인도를 위해 공개시장에서 자산을 구매하기 전에 해당 자산의 가격이 하락할 것으로 예상하고 있다.

강한 통화에서는 반대의 현상이 발생한다. 통화가치의 변동은 과도한 비용을 지불하지 않고는 선물환 시장(forward exchange market)을 이용하여 상쇄할 수 없는데, 이는 선물환 시장이 상대적으로 유동성이 부족하기 때문이다. 그 결과, 1920년대 세계 무역규모는 세계 국내총생산(GDP)에 비례하여 증가하지 않았다. 대신 1930년대에 대공황의 도래와 함께 매우 낮은 수준으로 하락했다.

제1차 세계대전 이전에 금 1온스당 20.67달러였던 미국은 1934년 금 1온스당 35달러로 수정된 금본위제를 채택하면서 달러를 평가절하시켰다. 이전의 관행과는 대조적으로 미국 재무부는 민간인이 아닌 외국의 중앙은행하고만 금을 거래했다. 1934년부터 제2차 세계대전이 끝날 때까지 환율은 이론상으로 금에 대한 각 통화의 가치에 의해 결정되었다. 그러나 제2차 세계대전과 그 후유증으로 인해 많은 주요 통화들은 다른 통화와의 태환성(convertibility)을 상실하였다. 달러는 지속적으로 태환되는 몇 개 안 되는 통화 중 하나였다.

브레턴우즈와 IMF, 1944

제2차 세계대전이 끝나가던 1944년, 연합군은 전후 새로운 국제통화체제를 도입하기 위해 뉴햄프셔 주 브레턴우즈에서 회담을 가졌다. 브레턴우즈 협정은 미국 달러를 기축통화로 삼고 국제통화기금과 세계은행이라는 2개의 새로운 기관을 설립하였다. 국제통화기금(IMF)은 회원국의 국제수지(balance of payment)와 환율문제를 지원한다. 나중에 세계은행(World Bank)으로 이름을 바꾼 IBRD(International Bank for Reconstruction and Development, 국제개발부흥은행)는 전후 재건을 위한 기금을 조성하고 경제발전을 지원해왔다. 글로벌 금융 실무 2.1은 브레턴우즈 회담에서 있었던 일부 내용을 소개하고 있다.

글로벌 금융 실무 2.1

브레턴우즈에서의 협정 타결

제2차 세계대전의 엄청나게 파괴적인 영향으로 인해 연합국 정부는 향후 신속하고 결단력 있는 정책이 필요하다는 것을 알게 되었다. 1944년 여름(7월 1~22일), 45개 연합군의 대표들은 미국 뉴햄프셔 주 브레턴우즈에서 열린 유엔통화금융회의(UNMFC)에 참석하였다. 그들의 목적은 전후 국제통화체제를 계획하는 것이었다. 그것은 어려운 과정이었고, 최종 결론은 실용적 측면의 영향을 받게 되었다.

브레턴우즈 회담에서 정책 입안을 주도한 측은 영국과 미국이었다. 영국 대표단은 '영국 경제에 영향력이 크다'고 알려진 John Maynard Keynes 경에 의해 주도되었다. 영국은 전후의 체제는 전쟁 전에 사용된 다양한 금본위제보다 더 유연해야 한다고 주장했다. Keynes는 제1차 세계대전 이후부터 통화가치를 금에 고정시키는 것은 전쟁으로 파괴된 경제에 디플레이션(deflation) 압력을 가할 것이라 주장해왔다.

미국 대표단은 미국 재무부 통화연구관인 Harry D. White와 Henry Morgenthau, Jr.가 이끌었다. 미국은 안정성(고정환율)을 주장했지만 금본위제로의 복귀를 원하지는 않았다. 사실 비록 당시에 미국이 연합국이 가진 금의 대부분을 보유하고 있었지만, 미국 대표단은 '통화가치는 고정'되어야 하며, 중앙은행과 같은 공식적인 당국자들 사이에서만 금의 현금화가 이루어져야 한다고 주장하였다.*

좀 더 실용적인 측면에서, 모든 당사자들은 국가가 무역수지 불균형이 있을 때 자국 통화가치를 방어할 수 있는 충분한 신용이 있는 경우에만 전후 체제가 안정적이고 지속 가능할 것이라는 데 동의하였

으며, 그들은 재건되는 세계 질서 속에서 이것이 불가피하다는 것을 알고 있다.

회의는 몇 주간의 협상을 위해 3개 위원회로 나누어졌다. 미국 재무부 장관 Morgenthau가 주도한 첫 번째 위원회는 환율안정을 위해 사용될 자금 조성을 맡았다. Keynes가 주도한 두 번째 위원회는 장기적인 재건과 개발을 목적으로 한 제2의 '은행' 설립을 맡았다. 세 번째 위원회는 새로운 제도하에서 은(silver)이 어떤 역할을 할 것인지와 같은 구체적인 사항들을 협의하였다.

몇 주간의 회의 끝에 참석자들은 세 부분으로 구성된 브레턴우즈 협정을 이끌어냈다. 구체적으로는 (1) 회원국들 사이에서 '조정 가능한 페그(adjustable peg)'라 불리는 고정환율제, (2) 각국 통화의 가치를 안정시키기 위해 회원국들이 이용할 수 있는 금과 새로운 통화로 구성된 기금, 즉 IMF(International Monetary Fund), (3) 장기발전 과제를 위해 자금을 공급해줄 은행(후에 세계은행으로 알려짐)을 만들었다. 미국이 비준하지는 않았지만, 이 회담의 결과 중 하나로 자유무역을 촉진하기 위한 국제무역기구 설립안이 제안되었다.

* 통화가치의 고정(fixed in parities)은 이 분야에서의 오래된 표현으로, 즉 통화가치는 두 통화의 가치를 균등하게 하는 비율로 설정되거나 고정되어야 함을 의미하며, 전형적으로는 두 통화의 구매력을 균등하게 하는 비율로 설정된다.

IMF는 새로운 국제통화체제의 핵심 기관이었으며, 이는 오늘날까지도 유지되고 있다. IMF는 주기적인, 계절적인 또는 무작위적인 사건들로부터 그들의 통화가치를 방어하려는 회원국들에 대해 단기적 운영자금을 제공하기 위하여 설립되었다. 또한 구조적인 무역적자 문제를 안고 있는 국가에 대해서도 그들이 자신의 문제를 해결하기 위하여 적절한 조치를 취하기로 약속한다면, 해당 국가를 지원한다. 하지만 지속적인 적자가 발생한다면 IMF도 결국 해당 국가의 통화가 평가절하되는 것을 구할 수 없다. 최근 몇 년간 IMF는 러시아, 브라질, 그리스, 인도네시아, 한국 등 금융위기에 직면한 국가들에 자금 공급뿐 아니라 컨설팅을 제공하여 도와왔다.

브레턴우즈 협정의 기존 조항하에서 모든 국가는 그들 화폐의 가치와 금과의 교환비율을 고정시켰지만, 자신의 통화를 금으로 바꿀 필요가 없었다. 오직 달러만이 금 1온스당 35달러의 가격으로 교환되었다. 이에 따라 각국은 자신의 통화와 달러와의 환율을 설정한 뒤, 자신의 통화와 금과의 교환 비율을 계산하였다. 참가국들은 필요한 외환과 금을 매입하거나 매도할 때 그들 통화의 가치를 1%(나중에 2.25%로 확대) 내에서 변동하도록 유지하기로 합의했다. 경쟁적인 무역정책으로 평가절하는 사용되지 않았지만, 만약 특정 통화의 가치가 너무 떨어져 이를 방어하기 어렵다면, IMF는 승인 없이도 10%까지 평가절하시키는 것을 허용하였다. 그 이상의 평가절하는 IMF의 승인을 받아야 했다. 이것이 금환본위제(gold-exchange standard)이다.

브레턴우즈 회담에서는 추가적인 혁신책으로 **특별인출권**(Special Drawing Right, SDR)이 도입되었다. 특별인출권은 현재의 외환보유액을 보완하기 위해 IMF에 의해 고안된 국제준비자산이다. 이는 IMF 및 다른 국제 및 지역단체들을 위한 계산화폐(unit of account) 역할을 한다. 또한 일부 국가들이 자국 통화의 환율을 고정시키는 기준이기도 하다. 초기에 확정된 금의 양으로 정의된 SDR은 현재 네 가지 주요 통화의 가중평균이다(미국 달러, 유로, 일본 엔화, 영국 파운드). 각각의 통화에 할당된 가중치는 IMF에 의해 5년마다 갱신된다. 개별 국가들은 IMF에 대한 예금 형태로 SDR을 보유하고 있다. 이는 공식적인 금 보유량, 외환, IMF의 준비포지션과 함께 각국의 국제통화준비자산(international monetary reserves)을 구성한다. 회원국들은 특별인출권을 거래하면서 그들 사이의 거래를 청산할 수 있다.

고정환율제, 1945~1973

브레턴우즈 협정에서 논의되고 IMF가 감독한 통화협정은 전후 재건기간 동안 잘 진행되었고 세계 무역은 급속한 성장세를 보였다. 하지만 국가별로 통화 및 재정정책이 폭넓게 갈라지고, 인플레이션율의 차이가 생기고, 예상치 못한 다양한 외부 충격이 발생하면서 결국 이 체제의 종말이 초래되었다. 미국 달러화는 각국 중앙은행이 보유하고 있는 주요 준비통화였고, 국가 간 환율의 핵심이었다. 불행하게도 미국은 무역수지 측면에서 적자가 지속적으로 증가하였다. 이러한 적자를 메우기 위해 그리고 투자자와 기업으로부터 증가하는 달러 수요를 충족시키기 위해 막대한 자본 유출이 필요했다. 결국 외국인들에게 주어야 할 막대한 달러화 채무는 미국이 금을 태환할 수 있는 능력에 대한 불신을 야기했다.

이러한 불신은 1971년 상반기에 발생했다. 불과 7개월 만에 미국은 달러가치에 대한 세계적인 신뢰도가 급락함에 따라 공식적인 금 보유량의 1/3에 가까운 손실을 겪는다. 대부분의 주요 통화와 미국 달러화 간의 환율은 변동하기 시작했고, 그리하여 간접적으로는 금에 대한 주요국 통화의 가치도 변화하였다. 1년 반 후에 미국 달러는 다시 한 번 공격받았으며, 1973년 2월 두 번째로 평가절하되었다. 이 시기의 교환비율은 금 1온스당 42.22달러이며, 변동폭은 10%였다. 1973년 2월 말, 통화의 투기적인 흐름을 감안할 때 고정환율제는 더 이상 실현 가능하지 않은 것으로 보였다. 1973년 3월 주요 외환시장은 사실상 몇 주 동안 문을 닫았다. 다시 개장했을 때, 대부분의 통화는 시장의 힘에 의해 결정된 수준으로 움직이는 것이 허용되었다.

변동시대, 1973~1997

1973년 3월 이래로 환율변동은 변화가 잦지 않았던 '고정'환율제 기간에 비해 변동폭이 훨씬 커졌고 예측하기 어려워졌다. 도표 2.2는 1964년 이래로 미국 달러의 명목환율지수로 표시한 넓은 변동폭을 보여준다. 분명히 1973년 이후 통화의 변동성은 증가했다.

도표 2.2는 최근 역사에서 가장 중요했던 몇 개의 충격을 보여준다. 즉, 1979년 유럽통화제도(European Monetary System, EMS)의 출범과 1985년 미국 달러의 급증과 정점, 1992년 유럽통화제도

도표 2.2 달러의 BIS 환율지수

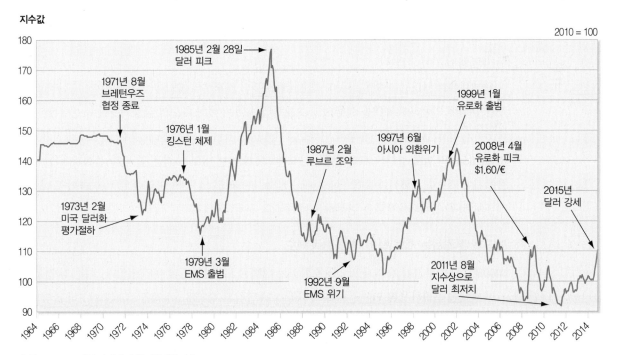

출처 : BIS.org. 미국 달러에 대한 명목환율지수

의 위기, 1997년 아시아 외환위기, 1999년 유럽연합의 유로화 출범, 2014년과 2015년 달러의 강세 등이다.

신흥시대, 1997~현재

1997년 아시아 외환위기 이후 신흥시장 경제 및 통화의 폭과 넓이는 크게 증가한 것으로 나타난다. 우리는 이 수치를 잘못된 것으로 판명할 수도 있지만, 이 장의 마지막 부분은 글로벌 통화체제가 이미 10년 전부터 중국 인민폐(RMB)로부터 시작하여 다수의 신흥시장 통화를 받아들이기 시작하였다는 것을 주장한다. 동의하지 않아도 괜찮다.

IMF의 통화제도 분류

글로벌 통화 시스템은 만약 정말로 유일한 '체제'가 있다면 환율제도와 협정의 절충적인 조합이다. 비록 단일한 통치 기구는 아니지만, IMF는 적어도 제2차 세계대전 이후에 '포고자(town crier)' 역할을 맡았다. 우리는 여기에서 현재 통용되는 통화체제에 대한 분류 체계를 소개한다.

간략한 분류 역사

IMF는 수년 동안 환율 분류를 위한 정보센터의 역할을 해왔다. 회원국들은 환율정책을 IMF에 제출했고, 그 제출물은 환율체제를 분류하는 기준이 되었다. 그러나 1997~1998년 아시아 외환위기와 함께 모든 것이 바뀌었다. 아시아 외환위기 동안 많은 나라들이 그들이 IMF에 약속한 것과 상이한 환율 관행을 따르기 시작했다. 그것은 실질적인 관행에 따른 행동이었으며, 공적인 것도, 공식적으로 약속한 법에 따른 체제도 아니었다.

1998년부터 IMF는 관행을 바꾸고 회원들로부터 체제분류 제안을 받지 않았다. 대신 내부에서 수행한 분석에 의존하여 체제를 분류하고 보고하였다[이는 세계 다수의 금융기관들이 수십 년간 의존해 온 문서인 환율협약과 제한에 대한 연차보고서(Annual Report on Exchange Arrangements and Exchange Restrictions)의 발행 중단도 포함한다]. 원칙적으로 오늘날 IMF는 최근 몇 년간 통화가치가 어떻게 변했는지에 기초한 사후적 분석을 활용하여 통화를 분류하고 있으며, 이러한 분석은 공식적으로 선언된 정부의 정책이 아니라 행위를 관찰하는 데 초점을 둔다.

IMF가 분류하는 실질적인 환율변동제도

2009년 1월 이후 IMF가 환율제도를 분류하는 방법은 도표 2.3에 제시되어 있다. 이는 각 정부의 공식적인 정책에 근거한 법에 의한 분류가 아니라 실제 관찰된 행위와 실질적인 결과에 기초하고 있다.[1]

---

[1] "Revised System for the Classification of Exchange Rate Arrangements," by Karl Habermeier, Annamaria Kokenyne, Romain Veyrune, and Harald Anderson, Monetary and Capital Markets Department, IMF Working Paper 09/211, November 17, 2009. 이 시스템은 IMF의 1998년 분류체계에 대한 수정된 버전이다.

도표 2.3	IMF의 환율 분류	
환율 분류	**2009 실질적 시스템**	**설명 및 필요조건**
강한 페그	별도의 독립된 법정통화가 없는 협정	다른 국가의 통화를 유일한 법정통화(legal tender)로 유통시킬 뿐 아니라, 그 통화는 통화동맹의 회원국들에 공유된다.
	통화위원회 협정	통화를 발행하는 기관에 대한 제약과 함께 고정환율을 이용하여 국내 통화를 특정 해외 통화로 교환하겠다는 명확한 법률적 약속에 기초한 통화협약. 국내 통화는 외환에 대응하여 발행하며, 해외자산에 의해 완전히 뒷받침되어야 한다는 암묵적인 제약이 있다.
약한 페그	전통적인 페그 협정	한 국가는 자신의 통화를 다른 통화나 주요 금융 또는 무역상대국들의 통화 바스켓에 고정환율로 연계시킨다. 국가 당국은 직접 또는 간접적인 개입을 통해 고정된 평가(fixed parity)를 유지한다. 환율은 중앙값으로부터 ±1% 내로 변동하거나 또는 6개월 동안 2% 이내에서 변동할 수 있다.
	안정된 협정	6개월 이상 기간 동안 2% 이내에서 움직인 현물환율은 변동환율이 아니다. 변동폭은 단일통화 또는 바스켓 통화로 충족할 수 있다(통계적인 측정을 전제로 함). 공식적인 행위의 결과로 환율은 안정세를 유지한다.
	중간 단계의 페그 : 크롤링 페그	통화는 고정환율이나 혹은 정량적 지표의 변화(예 : 인플레이션 격차)에 대응하여 소량으로 조정된다.
	크롤러–유사 협정	환율은 6개월 또는 그 이상의 기간 동안 통계적 추세에 따라 2% 이내의 좁은 마진폭 내에 있어야 한다. 환율은 변동환율로 간주할 수 없다. 최소 변화율은 안정된 협정하에서 보다 더 크게 허용된다.
	수평적 밴드 내에서의 고정환율	통화의 가치는 고정된 중앙값으로부터 1% 이내로 유지되거나, 환율의 최대치와 최소값 사이의 폭은 2%를 초과한다. 여기에는 현재 ERM II(Exchange Rate Mechanism II) 체제의 회원국이 포함된다.
변동협정	변동환율제	환율은 대체로 확인 또는 예측 가능한 경로 없이 시장에 의해 결정된다. 시장 개입은 직접적이거나 간접적일 수 있으며 변화율을 완화할 수 있다(하지만 목표는 아님). 환율은 다소간 변동할 수 있다.
	자유변동제	예외적으로만 변동이 발생한다고 가정하면 변동환율제는 자유롭게 변동하며, 개입에 대한 승인은 6개월 이내에 최대 세 번의 경우로 제한되며, 각 기간은 영업일 기준으로 3일 이내로 지속된다.
기타	기타 관리변동환율제	이 항목은 기타로, 환율이 다른 분류기준을 충족하지 않을 때 사용된다. 정책이 빈번하게 변한다는 특징을 가진 협정은 이 범주에 속한다.

출처 : "Revised System for the Classification of Exchange Rate Arrangements," by Karl Habermeier, Anamaria Kokenyne, Romain Veyrune, and Harald Anderson, IMF Working Paper WP/09/211, International Monetary Fund, November 17, 2009.

분류과정은 특정 통화의 환율이 시장이나 공식적인 행위에 의해 지배되는지 여부로부터 시작된다. 비록 분류 체계가 약간 도전적이긴 하지만, 기본적으로 네 가지 범주로 분류된다.

범주 1 : 강한 페그. 여기에 속한 국가들은 통화정책에 대한 자신의 주권을 포기했다. 이 범주에는 다른 국가의 통화를 채택한 국가와[예 : 짐바브웨의 달러화(dollarization), 즉 미국 달러를 채택], 외국환이 늘어 통화를 팽창시키는 것을 제한하기 위해 통화위원회를 활용하는 국가가 포함된다.

범주 2 : 약한 페그. 이 범주는 흔히 **고정환율**이라 불린다. 약한 페그를 구성하는 다섯 가지 하위범주는 특정 통화가 어떤 통화에 고정되는지와 고정율에 대한 변동은 허용되는지(만약 그렇다면 어떤 조건, 유형, 규모, 조정의 빈도가 허용/사용되는지, 그리고 고정율에 대한 변화의 정도는 어떠한지)에 따라 구별된다.

범주 3 : 변동협정. 시장의 영향을 확실히 받는 통화는 다시 정부의 영향력이나 개입이 없는 공개시장의 힘에 의해 가치가 결정되는 자유변동환율(free floating)과 정부가 환율목표나 목적을 추구하기 위해 가끔 시장에 개입하는 단순변동환율(simple floating) 또는 개입이 있는 변동환율(floating with intervention)로 구분된다.

범주 4 : 기타. 의심할 바 없이 이 범주에는 앞의 세 가지 범주의 기준을 충족하지 못하는 모든 환율협정이 속한다. 정책이 빈번히 변화하는 국가체제는 전형적으로 이 범주에 속한다.

도표 2.4는 이러한 주요 체제가 글로벌 시장에서 고정 또는 변동으로 해석됨을 보여준다. 세로줄의 수직 점선은 크롤링 페그[crawling peg, 점진적인 평가(平價) 변경 방식]로 이곳은 일부 통화가 상대적 안정성에 따라 들어오거나 나가는 영역이다. 분류 체계가 명확하고 뚜렷하게 보이지만, 종종 시장에서는 그 차이를 구분하기가 어렵다. 예를 들어, 2014년 1월 러시아 중앙은행은 루블화 가치에 관해 더 이상 개입하지 않을 것이며 루블화의 자유로운 거래를 허용할 방침이라고 발표했다.

글로벌 절충형

IMF가 환율제도에 대해 엄격하게 분류하고자 노력했음에도 불구하고, 오늘날 글로벌 통화체제는 사실상 모든 의미에서 글로벌 절충형이다. 제5장에 자세히 설명되어 있듯이, 현재 통용되고 있는 통화시장은 미국 달러화와 유럽의 유로화라는 2개의 주요 통화가 지배하고 있으며, 그 이후 다수의 시스템, 협정, 통화권, 지역으로 구성된다.

도표 2.4 환율제도의 분류

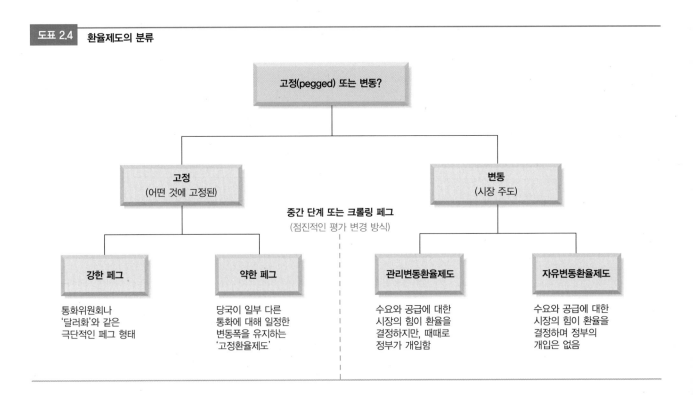

유로화 자체는 회원국들에게는 단일통화로 작동하며, 이는 엄격한 고정환율체제를 적용한 하나의 사례이다. 그러나 유로화는 또한 다른 모든 통화에 대해 독립적으로 변동하는 통화이기도 하다. 엄격한 고정환율제를 사용하는 또 다른 예로는 미국 달러를 공식적인 통화로 사용하는 에콰도르, 파나마, 짐바브웨와 유로에 고정된 프랑(franc)을 사용하는 말리, 니제르, 세네갈, 카메룬, 차드와 같은 중앙아프리카 프랑화권(CFA zone)에 속하는 국가들 그리고 동부 카리브해 달러를 사용하는 국가들로 구성된 동부 카리브해통화동맹(ECCU) 등이 있다.

다른 쪽 극단은 독립적으로 변동환율제를 사용하는 국가들이다. 여기에는 일본, 미국, 영국, 캐나다, 호주, 뉴질랜드, 스웨덴, 스위스와 같은 많은 선진국들이 포함되어 있다. 하지만 이 범주에도 마지못해 참여한 다수의 국가들이 포함되어 있다. 이들은 고정환율을 유지하기 위해 노력했지만 시장의 힘에 의해 어쩔 수 없이 변동환율제도를 채택한 신흥국가들로 한국, 필리핀, 브라질, 인도네시아, 멕시코, 태국 등이 그 예이다.

도표 2.5에서 볼 수 있는 바와 같이, IMF 회원국들(2014년 188건 보고) 중 변동환율제(관리변동환율제와 자유변동환율제)를 채택한 비율은 약 34%이다. 약한 페그체제가 2014년 모든 회원국의 43.5%를 차지할 정도로 지속적으로 압도적이다. 비록 현대의 국제통화체제는 일반적으로 '변동환율제'라고 일컫지만, 이는 분명히 세계의 대다수 국가들에 해당되지 않는다.

도표 2.5 IMF 회원국의 환율제도 선택

IMF 회원국의 제도 선택 비율

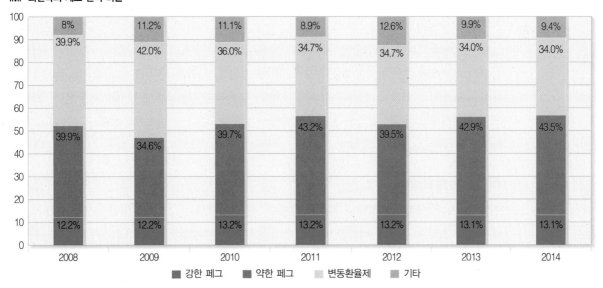

출처 : *Annual Report on Exchange Arrangements and Exchange Restrictions 2014*, International Monetary Fund, 2014, Table 3, Exchange Rate Arrangements 2008-2014.

고정환율제 대 변동환율제

특정 국가가 통화체제를 선택할 때에는 인플레이션, 실업률, 금리 수준, 무역수지, 경제성장 등 경제의 모든 측면에 대한 국가적 우선순위에 의해 영향을 받는다. 고정환율과 변동환율 간의 선택은 시간이 지나 우선순위가 변화함에 따라 달라질 수 있다. 지나친 일반화라는 위험요소가 있기는 하나, 국가가 왜 특정한 환율체제를 추구하는지를 다음과 같은 점을 통해 부분적으로 설명할 수 있다. 다른 조건이 같다면 국가는 고정환율제를 선호한다는 전제를 바탕으로 하고 있다.

- 고정환율은 무역행위에 대한 국제가격의 안정성을 제공한다. 안정된 가격은 국제무역의 성장과 모든 비즈니스에 수반된 위험을 줄이는 데 도움이 된다.

- 고정환율제는 본질적으로 인플레이션을 억제하며, 국가가 금융긴축정책과 재정정책을 따르도록 요구하고 있다. 하지만 이는 때로 높은 실업률 또는 낮은 경제성장과 같은 내부 경제문제를 완화하기 위한 정책을 추구하는 국가에 부담이 될 수 있다.

고정환율제하에서 중앙은행들은 간혹 고정환율 방어를 위해 사용할 많은 양의 국제 준비금[태환통화(hard currency)와 금]을 유지해야 한다. 국제통화시장의 규모와 양이 급속도로 성장하고 있는 가운데, 보다 많은 준비금을 보유해야 하는 것은 많은 국가에 상당한 부담이 되고 있다.

고정환율은 일단 자리를 잡으면 근본적인 경제여건과 관련 없이 유지될 수 있다. 국가경제의 구조가 변화하고 무역관계와 수지가 진전됨에 따라 환율 자체도 바뀌어야 한다. 변동환율제하에서는 환율이 점진적이고 효율적으로 변동할 수 있는 반면, 고정환율은 정책당국에 의해 변화할 수밖에 없다. 그러다 보니 고정환율의 변화는 대개 너무 늦고, 지나치게 공개적이며, 국가경제에 한 번에 미치는 비용이 지나치게 크다.

통화가치의 변화와 관련된 용어는 기술적으로도 구체적이다. 정부가 공식적으로 자국 통화를 다른 통화와 비교하여 상대적 가치상승과 가치 하락을 선언할 때 이를 각각 **평가절상**(revaluation)과 **평가절하**(devaluation)라고 부른다. 이것은 정부에 의해 가치가 통제되는 통화에 명백히 적용된다. 통화가치가 정부에 의해서가 아니라 공개된 통화시장에서 변동할 때에는 이를 **통화가치 상승**(appreciation)과 **통화가치 하락**(depreciation)으로 부른다.

불가능한 삼위일체

만약 오늘날의 세계에 이상적인 통화가 존재한다면, 그것은 도표 2.6에 설명된 다음과 같은 세 가지 속성을 가지고 있을 것이다. 하지만 이러한 속성들은 종종 **불가능한 삼위일체**(Impossible Trinity)라고 언급된다.

1. **환율의 안정성**(exchange rate stability). 통화가치는 다른 주요 통화와 관계되어 고정되기 때문에 무역가들과 투자자들은 현재와 가까운 미래에 있어 각 통화를 외환으로 환산한 가치를 비교적 확신할 수 있다.

| 도표 2.6 | **불가능한 삼위일체** |

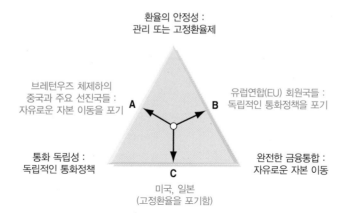

국가는 중앙에서 A, B 또는 C로 이동할 방향을 선택해야 한다. 그들의 선택은 무엇을 추구하는지와 피라미드의 반대편에 있는 것을 포기할 것인지를 선택하는 것이다. 미미한 타협은 가능하지만, 그 영향도 미미하다.

2. **완전한 금융통합**(full financial integration). 통화가 완전히 자유롭게 이동할 수 있다면, 무역가들과 투자자들은 경제적 기회 또는 위험을 감지하고 이에 대응하여 한 국가로부터 다른 국가로 자금이나 통화를 쉽게 이동할 수 있다.

3. **통화정책의 독립성**(monetary independence). 각국은 이상적인 국가경제정책, 특히 인플레이션 억제, 불경기 방지, 번영, 완전고용을 촉진하기 위한 국내 통화정책 및 이자율 정책을 설정할 것이다.

경제적 힘은 한 국가가 이 세 가지 목표를 동시에 달성하도록 허용하지 않기 때문에, 이러한 속성은 **불가능한 삼위일체** 또는 국제금융의 삼자택일의 궁지(trilemma of international finance)라 불린다. 예를 들어 고정환율제를 포기한 미국과 같은 나라는 도표 2.6에서 볼 때 피라미드 중심에서 C지점을 향해 이동하는데, 미국은 독립적인 통화정책을 원하기 때문에 국내외로 자본이 이동하는 데 있어 높은 수준의 자유를 허용하고 있다.

오늘날 중국은 자국 통화의 가치를 지속적으로 통제하고 독립적인 통화정책의 시행을 선택한 국가의 대표적인 사례로(피라미드 중심부에서 A지점으로의 이동), 국내외로의 자유로운 자본 이동을 계속하여 제한할 것이다. 중국은 지난 세기에 자본 이동에 대해 실질적인 자유를 허용한 적이 없었으므로, 자본의 자유로운 이동을 '포기했다'고 말하는 것은 부정확한 표현이다.

많은 전문가들의 의견에 따르면, 자유로운 자본 이동을 요구하는 힘은 보다 많은 국가들로 하여금 자국 경제 부양 및 자국 출신 다국적 기업(MNE)의 자본 욕구 충족을 위해 금융통합에 참여하도록 촉진한다. 결과적으로, 그들의 통화체제는 미국처럼 순수한 변동환율제로 가거나 유럽연합처럼 통화동맹 내 다른 국가들과 통합되어 가고 있다. 글로벌 금융 실무 2.2는 이 점을 다룬다.

글로벌 금융 실무 2.2

삼위일체/삼자택일의 궁지에서 무엇을 선택할 것인가?

2008~2009년 글로벌 금융위기는 통화가치, 어떤 경우에는 '통화전쟁(currency wars)'이라는 불리는 것에 대한 논쟁을 불러일으켰다. 중국을 제외한 대부분의 국가에서는 경제성장 둔화를 겪고 경제부양과 실업률 완화에 대한 높은 압력을 받았기 때문에, 약하거나 저평가

된(과소평가된) 통화를 가지기 위한 노력과 많은 논쟁이 있었다. 불가능한 삼위일체는 각 경제가 각자 자신에게 필요한 처방을 선택해야한다는 것을 매우 분명하게 보여준다. 표는 많은 논쟁 중에서 주요한 글로벌 경제 주체 중 3개를 선택한 사례이다.

EU에 의해 만들어진 선택은 분명히 더 복잡하다. 서로 다른 주권국의 조합으로서 EU는 공동통화(common currency)인 유로의 통합과 노동 및 자본의 자유로운 이동을 추구해왔다. 그 결과 불가능한 삼위일체에 의하면, EU 회원국들은 개별 중앙은행을 '유럽중앙은행(European Central Bank, ECB)'으로 대체하면서 독립적인 통화정책을 포기해야 했다. 최근 그리스, 포르투갈 및 아일랜드에서 볼 수 있는 재정적자 및 정부의 채권발생 사태는 협정의 실효성에 대한 의문을 제기한다.

	선택 1	선택 2	암묵적 조건 3
미국	독립적인 통화정책	자본의 자유로운 이동	통화가치의 변동
중국	독립적인 통화정책	고정환율제	자본의 제한된 이동
유럽(EU)	자본의 자유로운 이동	고정환율제	통합된 통화정책

유럽의 단일통화 : 유로

1957년 로마조약에서 시작되어 1987년 단일유럽의정서(Single European Act, 유럽 통합 법안 또는 단일유럽법), 1991~1992년의 마스트리히트 조약(Maastricht Treaty), 1997년 암스테르담 조약(Treaty of Amsterdam)까지 유럽연합은 개별 국가들을 하나의 크고 더 효율적인 국내시장으로 통합하는 방향으로 꾸준히 달려왔다. 하지만 1992년 단일 유럽 프로그램이 출범한 이후에도 다양한 통화의 사용을 포함하여 진정한 개방을 저해하는 많은 장벽이 남아있다. 서로 다른 통화의 사용은 소비자와 기업 모두에게 개별 국가시장을 분리하여 취급할 것을 요구했다. 국경을 넘어선 무역에서 환위험은 여전히 계속되었다. 단일통화의 설립은 분리된 시장의 마지막 잔재를 넘는 수단으로 인식되었다.

유럽연합(EU)의 기존 15개 회원국은 유럽통화제도(European Monetary System, EMS)의 회원이기도하다. EMS는 회원국 통화에 대해 고정환율제도를 형성했고, 양자의 책임하에 기준시세(central rate)를만들고 ±2.5%의 변동폭 내에서 환율을 유지하였다. 이러한 고정환율제도는 중간에 조정되기도 했지만, 1979~1999년까지 그 효력을 유지하였다. 이 시스템의 회복력은 1992년과 1993년에 발생한 외환위기에 의해 심각하게 검증되었지만, 이후에도 유지되고 계속 진행되었다.

마스트리히트 조약과 통화동맹

1991년 12월 EU의 회원국은 네덜란드 마스트리히트에서 만나 유럽 통화의 미래를 바꾸는 조약을 체결했다. 마스트리히트 조약에서 명시한 일정에 따라 모든 개별 EMS 회원국의 통화를 단일통화로 대체할 계획을 세웠고, 단일통화는 후에 '유로(euro)'로 명명되었다. 이 조약의 다른 측면은 완전한 유럽

경제통화동맹(European Economic and Monetary Union, EMU)을 이끌어내는 것이다. EU에 따르면, EMU는 현재 단일 유럽연합 시장 내에 있는 단일통화 지역으로, 비공식적으로는 유로존(eurozone)으로 알려져 있으며, 역내에서 노동, 상품, 서비스, 자본이 제약 없이 이동할 수 있다.

각국의 개별적인 통화체제를 통합시키는 일은 결코 쉽지 않다. EMU를 준비하기 위해 마스트리히트 조약에서는 회원국들의 통화 및 재정정책의 통합과 조정을 요구했다. EMU는 수렴(convergence)이라고 불리는 과정에 의해 시행되었다.

EMU의 정회원이 되기 전, 각 회원국들은 상대적으로 동일한 성과 수준에서 시스템을 통합하기 위해 일련의 수렴기준을 충족시켜야 했다. 즉, (1) 명목 인플레이션율은 전년도에 EU에서 가장 낮은 인플레이션율을 보였던 3개국 평균보다 1.5% 이상 높아서는 안 된다. (2) 장기 이자율은 최저 이자율을 가진 3개 회원국의 평균보다 2% 이상 높아서는 안 된다. (3) 개별 정부의 예산적자/재정적자는 GDP의 3% 이내여야 한다. (4) 미상환 정부 부채는 GDP의 60% 이하여야 한다. 수렴기준이 너무 까다로워 그 당시에는 해당 조건을 충족시킬만한 국가가 거의 없었으며, 1999년이 다 되어서야 11개 국가가 가까스로 조건을 충족시킬 수 있었고, 그리스는 2년 후에 이를 충족시켰다.

유럽중앙은행(ECB)

모든 통화체제의 초석은 강하고 규율이 잡힌 중앙은행이다. 마스트리히트 조약은 1998년 EMU를 위해 단일기관인 유럽중앙은행(European Central Bank, ECB)을 설립하였다[EU는 1994년 ECB를 설립하는 과도기적인 단계로 유럽통화기관(European Monetary Institute, EMI)을 창설한 바 있다]. ECB의 구조와 기능은 독일연방은행(German Bundesbank)을 모델로 삼은 것이었는데, 독일연방은행은 다시 미국연방준비제도(U.S. Federal Reserve System)를 모델로 삼아 만들어진 것이다. ECB는 개별 국가의 중앙은행 활동을 지배하는 독립적인 중앙은행이다. 개별 국가의 중앙은행은 자국 내에 있는 은행을 계속하여 규제하지만, 모든 금융시장 개입과 단일통화의 발행은 ECB의 단독 책임이다. ECB의 가장 중요한 권한은 EU 내의 물가안정을 도모하는 것이다.

유로의 출범

1999년 1월 4일, EU의 11개 회원국들에 의해 EMU가 출범했다. 그들은 참여 회원국의 개별 통화를 대체하는 단일통화인 유로를 출범시켰다. 11개국은 오스트리아, 벨기에, 핀란드, 프랑스, 독일, 아일랜드, 이탈리아, 룩셈부르크, 네덜란드, 포르투갈, 스페인이다. 그리스는 그 당시에 EMU에 참여할 자격을 갖추지 못했지만, 2001년에 유로존에 합류했다. 1998년 12월 31일 11개 참여국의 통화와 유로 간의 최종 고정환율(final fixed rate)이 동의를 얻었고, 1999년 1월 4일 유로는 공식적으로 출범했다.

영국, 스웨덴과 덴마크는 각자의 개별 통화를 유지하기로 결정했다. 영국은 EU가 자주권을 침해하는 것에 대해 회의적인 태도를 취해왔기 때문에 참여하지 않기로 결정했다. EU 회원국이 되는 것으로부터(비록 가장 최근에 회원국이 된 국가 중 하나임에도 불구하고) 특별한 혜택을 얻지 못한 스웨덴 또한 EMU 참여에 대해 회의적이었다. 영국, 스웨덴 및 노르웨이와 같이 덴마크는 지금까지 참여하지 않기로 결정했다[그러나 덴마크는 ERM II(Exchange Rate Mechanism II, 환율조정 메커니즘)의 회원국으로, 이는 자국 화폐와 통화의 자주권을 효율적으로 유지할 수 있게 했지만, 자국 통화 크로네(krone)를 유로에 고정시키고 있다].

유로의 공식 통화기호는 EUR이며 국제표준화기구(International Standards Organization)에 등록되어 있다. 유로의 공식적인 화폐기호는 €이다. EU에 따르면 € 기호는 그리스 문자 엡실론(ε)에서 영감을 얻었고, 동시에 유럽 문명의 근원지 역할을 한 그리스와 관련되며, 나아가 유럽이라는 단어의 첫 번째 문자를 떠올리게 한다.

유로는 참가국들을 위해 많은 이익을 창출하고자 했다. 즉, (1) 유로존 내 국가는 거래비용이 저렴해진다. (2) 불확실한 환율로 인한 환위험 및 관련 비용이 감소한다. (3) 유로존 역내/역외의 모든 소비자와 기업은 가격이 투명해지고 가격기반 경쟁이 증진되었다. 통화의 독립성을 포기하고 유로를 채택한 주된 '비용'은 향후 몇 년간 회원국들의 지속적인 도전과제가 될 것이다.

1999년 1월 4일 유로는 세계통화시장에서 거래되기 시작했고, 도입은 순조로웠다. 출범 이후 유로화의 가치는 꾸준한 하락세를 보였는데, 이는 주로 미국 경제와 미국 달러의 강세 그리고 EMU 국가들

도표 2.7 　미국 달러-유럽연합 유로의 현물환율

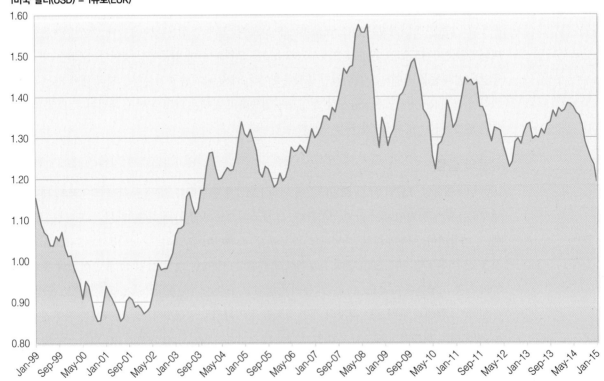

1미국 달러(USD) = 1유로(EUR)

글로벌 금융 실무 2.3

유로와 그리스/EU의 부채 위기

유럽경제통화동맹(EMU)은 경제학 101 강좌(Economics 101 course)에 기술된 전통적인 국가의 재정 및 통화정책기관과 비교할 때 복합적인 유기체이다. EU 회원국은 독립적인 통화정책을 시행할 능력이 없다. EU가 유로를 채택하여 단일통화로 전환할 때, 회원국들은 단일통화를 사용하는 것(통화의 안정성)에 동의했는데, 이는 그들의 경제(경제통합)에서 언제든지 자본의 자유로운 이동을 허용하는 대신 그들 자신의 통화 공급(통화의 독립성)에 대한 개별 통제권을 포기한 것이다. 다시 한 번 강조하지만, 불가능한 삼위일체의 세 가지 경쟁차원 중 하나를 선택해야 한다. 이 경우, 단일통화정책의 중심부인 ECB를 구성하여 모든 EU 회원국의 이익을 대표하는 통화정책을 수행할 수 있다.

하지만 재정정책과 통화정책은 여전히 약간의 혼선이 있다. 국제금융시장에 채권을 발행하여 자금을 조달하는 것은 재정적자를 초래하여 통화정책에 영향을 미친다. 그리스, 포르투갈, 아일랜드에서 발행된 국채로 인한 부채 급증은, 예를 들어 유로로 표기될 수도 있지만 그것은 각 개별 정부의 부채이다. 하지만 만약 하나 또는 더 많은 정부가 채권을 발행하여 시장에 영향을 미친다면, 이는 다른 회원국에는 비용이 증가하고 자본 가용성이 떨어지는 결과가 초래될 수 있다. 결국 통화 독립성이 보장되지 않으면, 불가능한 삼위일체의 요소 중 하나 또는 둘 모두(자본의 이동성 또는 환율의 안정성) 실패할 수 있다.

의 부진한 경제부문의 결과였다. 2002년이 시작되면서 유로는 달러 대비 강세를 보였다. 그 이후, 도표 2.7에서 볼 수 있는 것처럼 그것은 대략 1유로당 1.2~1.5달러의 범위에서 유지되었다. 하지만 이는 상당한 변동성을 의미한다.

유로가 도입된 이후, 유로의 사용은 계속해서 확장되고 있다. 2012년 1월 기준으로 EU의 27개 회원국 중 17개 회원국이 유로를 공식적인 통화로 채택하고 있을 뿐만 아니라, EU에 합류할 수 있는 5개 다른 국가(몬테네그로, 안도라, 모나코, 산마리노, 바티칸)도 현재 유로를 사용하고 있다. 유로화를 사용하는 17개 국가는 소위 '유로존'이라 불리며, 해당 국가는 오스트리아, 벨기에, 키프로스, 에스토니아, 핀란드, 프랑스, 독일, 그리스, 아일랜드, 이탈리아, 룩셈부르크, 몰타, 네덜란드, 포르투갈, 슬로바키아, 슬로베니아 그리고 스페인이다. 비록 EU의 모든 회원국들이 결국 유로로 대체할 것으로 예상되지만, 최근 몇 년간은 유로 채택을 지향했던 새로운 회원국들이 논쟁을 키우거나 유로 채택을 거듭 연기하는 모습을 볼 수 있다. 글로벌 금융 실무 2.3에서 논의하고 있듯이, 유럽의 국가부채는 지속적인 문제로 유로를 추가로 확대하는 데 심각한 과제를 제기하고 있다.

신흥시장과 제도의 선택

1997~2005년은 분명 신흥국가들에 있어 보다 극단적인 환율제도를 선택하도록 압박하던 시기였다. 앞서 언급한 자본 이동성(capital mobility)의 압박은 많은 국가들로 하여금 자유변동환율제(2002년의 터키)를 채택하거나 그와는 정반대인 통화위원회(앞으로 다룰 내용인 1990년대의 아르헨티나) 혹은 심지어 2000년 에콰도르에서 볼 수 있었던 달러화와 같은 고정환율제를 채택하게 만들었다. 이러한 체제에 대해 조금 더 깊게 다루어본다.

통화위원회

통화위원회(currency board)는 한 국가의 중앙은행이 언제든 외환보유고를 통해 통화량을 조정하고자 할 때 존재한다. 이 약속은 추가적인 외환보유고를 먼저 확보하지 않는 한 국내 통화량을 증가시킬 수 없다는 것을 의미한다. 홍콩을 포함한 8개의 국가에서는 그들의 환율을 고정하기 위한 수단으로 통화위원회를 활용한다.

아르헨티나. 1991년에 아르헨티나는 기존 페소(peso)에 대한 관리변동환율제에서 통화위원회 방식으로 변경하였다. 통화위원회는 페소의 가치를 미국 달러에 대해 일대일로 고정시켰다. 아르헨티나 정부는 아르헨티나 은행시스템을 통해 발행된 모든 페소에 대해 아르헨티나 은행 계정에 미국 달러 또는 금으로 그만큼을 보유하도록 함으로써 고정환율제를 유지했다. 이 같은 100% 준비제도는 아르헨티나의 통화정책이 무역과 투자를 통해 얻는 미국 달러에 의존하도록 만들었다. 아르헨티나는 무역을 통해 미국 달러를 확보해야만 통화 공급량을 그만큼 증가시킬 수 있었다. 이러한 미국 달러의 필요조건을 통해 아르헨티나는 급격한 화폐 공급의 증가로 인한 인플레이션 유발 가능성을 제거하였다.

또한 이러한 제도는 모든 아르헨티나 국민과 외국인들이 아르헨티나의 은행 내에 달러 표시 계정 소유를 가능하게 하였다. 이러한 계정은 실제로는 유로달러 계정으로, 미국 외 국가 은행에 있는 달러 표시 예금이다. 이로 인해, 예금주들은 페소를 소유할지 말지 선택할 수 있다.

처음에는 과연 아르헨티나 정부가 고정환율을 유지할 수 있을 것인지에 대한 의문이 많았다. 아르헨티나 은행은 페소 표시 계정에 대해 달러 표시 계정보다 약간 더 높은 이자율을 부과하였다. 이러한 이자율 차이는 아르헨티나 금융시스템에 내재된 위험에 대한 시장의 평가를 보여주는 척도이다. 예금주들은 페소 표시 계정을 소유하는 위험을 감수하는 대신 보상을 받는 것이다. 2002년 1월, 경제적 · 정치적 혼란과 3년간 이어진 경제 불황이 지나간 지 몇 달 후, 아르헨티나의 통화위원회는 결말을 맺었다. 페소의 가치는 처음으로 Peso1.00/\$에서 Peso1.40/\$로 평가절하되었으며 완전한 변동 상태가 되었다. 며칠 내로 통화가치는 더욱 하락하였다. 엄격한 고정환율에 대한 아르헨티나의 10년간의 실험은 그렇게 끝이 난 것이다.

달러화

몇몇 국가들은 오랜 시간 동안 인플레이션에 의해 통화의 평가절하를 겪었으며, 이는 달러화(dollarization)로 나아가는 초석이 되었다. 달러화는 그 나라의 고유 통화로 미국 달러를 사용하는 것을 의미한다. 파나마는 1907년부터 자국의 공식 통화로 달러를 사용하였다. 에콰도르는 1998년과 1999년에 금융 및 인플레이션 위기를 겪은 이후 2000년 1월부터 공식 통화로 달러를 사용하기 시작했다. 달러화를 받아들이는 주된 이유 중 하나는 2000년 12월 11일 "달러 클럽(The Dollar Club)"이라는 제목의 *Business Week* 기사에 잘 설명되어 있다.

달러화의 매력 중 하나는 건전한 통화 및 환율정책을 세우는 데 있어 더 이상 자국 내 정치인들의 지식과 규율에 의존하지 않아도 된다는 것이다. 그들의 통화정책은 본질적으로 미국의 정책을 따르게 되며 환율은 영원히 고정된다.

달러화를 지지하는 주장은 논리적으로는 앞서 논의한 불가능한 삼위일체를 따른다. 달러화를 받아들이는 국가는 모든 통화 변동성(달러에 대한)으로부터 벗어나며, 이론적으로는 미래 통화위기의 가능성을 모두 제거할 수 있다. 또 다른 장점은 생산과 금융에 있어서 다른 달러 기반 시장과 더 큰 경제적 통합을 기대할 수 있다는 점이다. 이 점은 많은 사람들에게 지역 달러화를 옹호하도록 이끌었으며, 지역 내에서 경제적으로 강하게 통합된 국가들은 달러화로부터 상당한 이익을 얻을 것이다.

달러화를 반박하는 주장으로는 세 가지가 있다. 첫 번째, 통화정책에 대한 주권이 사라진다는 것이다. 달러화의 요점이 문제가 되는 것이다. 두 번째, 자신의 화폐로부터 수익을 만드는 인세가 사라진다는 것이다. 마지막으로, 더 이상 통화를 발행하지 않기 때문에 중앙은행은 최종 대부자(lender of last resort)로서의 역할을 할 수 없다. 이는 금융위기 동안 도산 직전의 금융기관을 구제하기 위해 유동성을 공급할 능력이 더 이상 존재하지 않음을 의미한다.

에콰도르. 에콰도르는 2000년 9월 법정통화를 에콰도르의 화폐인 수크레(sucre)에서 미국 달러로 공식적으로 대체하였다. 그 결과 에콰도르는 미국 달러를 사용하는 가장 큰 시장이 되었으며, 이를 주의 깊게 지켜보던 다른 신흥시장 국가에 달러화의 표본이 되었다. 이는 직전 2년 동안 대폭락을 했던 수크레의 마지막 단계였다.

1999년 에콰도르는 높은 인플레이션에 시달렸으며 경제적인 불황을 겪었다. 1999년 3월 에콰도르 은행은 모든 예금주들이 혼란에 빠져 동시에 모든 예금을 인출하는 '예금인출사태(bank run)'로 인해 엄청난 손해를 입었다. 비록 에콰도르 은행 시스템에 문제가 많기도 했지만, 가장 안정적이었던 금융기관조차 이 사태로 인해 무너지고 말았다. 에콰도르 대통령은 모든 예금을 동결시켰다(이는 'bank holiday'라 하는데 1930년대 미국이 모든 은행의 문을 닫은 이후 그렇게 불리기 시작했다). 3월 초 수크레의 가치는 급락하였고, 에콰도르는 1999년에만 130억 달러 이상의 외채를 상환하지 못하였다. 이에 에콰도르 대통령은 경제적 위기로부터 벗어나기 위해 달러화 방안을 제시하였다.

2000년 1월 쿠데타 등을 겪은 후 새로운 대통령이 취임했을 때, 수크레의 가치는 Sucre 25,000/$로 하락하였다. 새로운 대통령은 달러화를 지속했으며, 미국 정부와 IMF의 지원 없이 이후 9개월 동안 자국 통화를 모두 달러로 대체하였다. 에콰도르의 달러화 결과는 아직 알 수 없다. 에콰도르가 달러화를 택한 지 몇 년이 지난 오늘날, 에콰도르는 여전히 새로운 통화체제하에서 경제적·정치적 균형을 이루기 위해 노력하고 있다.

신흥시장의 통화제도 선택

대부분의 신흥시장들이 달러화나 통화위원회와 같은 강한 페그와 자유변동환율제도라는 양 극단 사이에서 통화제도를 선택한다는 것은 분명하다. 하지만 많은 전문가들은 글로벌 금융시장의 환경이 신흥시장으로 하여금 보다 극단적인 선택을 유도할 것이라고 수년 동안 주장해왔다. 도표 2.8에서도 볼 수

도표 2.8 신흥시장의 제도 선택

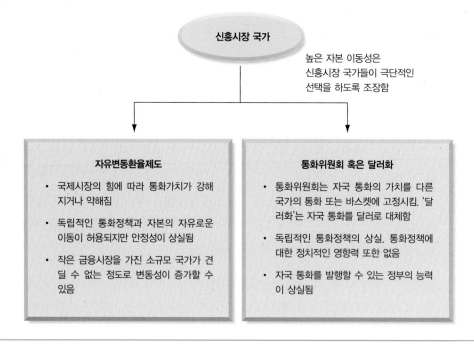

신흥시장 국가

높은 자본 이동성은
신흥시장 국가들이 극단적인
선택을 하도록 조장함

자유변동환율제도

- 국제시장의 힘에 따라 통화가치가 강해
  지거나 약해짐
- 독립적인 통화정책과 자본의 자유로운
  이동이 허용되지만 안정성이 상실됨
- 작은 금융시장을 가진 소규모 국가가 견
  딜 수 없는 정도로 변동성이 증가할 수
  있음

통화위원회 혹은 달러화

- 통화위원회는 자국 통화의 가치를 다른
  국가의 통화 또는 바스켓에 고정시킴. '달
  러화'는 자국 통화를 달러로 대체함
- 독립적인 통화정책의 상실. 통화정책에
  대한 정치적인 영향력 또한 없음
- 자국 통화를 발행할 수 있는 정부의 능력
  이 상실됨

있듯이 고정환율과 변동환율 사이의 선택이 매우 적은 것을 볼 수 있다. 소위 양극단 선택이라 불리는 이 양극화 현상은 불가피한 현상일까?

신흥시장 국가가 특정 통화제도를 선택하는 데 어려움을 겪게 만드는 세 가지 공통적인 특징이 있다. 즉, (1) 국가재정, 금융, 통화기관의 취약성, (2) 상업적 거래에 있어 통화 대체 및 달러표시 부채를 용인하는 경향, (3) 외부로부터의 자본 이동이 갑자기 끊기는 것에 대한 신흥시장의 취약점 등이 그것이다. Calvo와 Mishkin은 이를 다음과 같이 잘 표현하고 있다.[2]

우리는 신흥시장 국가들이 환율제도를 선택하는 것은 건전한 국가재정, 금융 및 통화기관의 발전을 위해 두 번째로 중요하다고 생각합니다. 환율제도의 선택을 가장 중요시하기보다는 은행 및 금융영역의 규제, 국가 재정 규제, 지속적이고 예측 가능한 통화정책을 위한 합의, 더 개방된 무역과 같은 제도개혁에 보다 신경 써야 합니다.

이러한 주장을 지지하는 일화적 사례로, 1999년 멕시코의 한 여론조사에서는 10명 중 9명이 변동성 높은 페소보다 달러화를 더 선호하는 것으로 나타났다. 명백하게도, 다수의 신흥시장 국가에서는 그들의 지도자와 금융기관이 효과적인 환율정책을 실행할 수 있는지에 대한 신뢰가 낮은 것으로 보인다.

[2] "The Mirage of Exchange Rate Regimes for Emerging Market Countries," Guillermo A. Calvo and Frederic S. Mishkin, *The Journal of Economic Perspectives*, Vol. 17, No. 4, Autumn 2003, pp. 99–118.

중국 인민폐의 글로벌화

논리적으로 볼 때, 중국은 통화 국제화라는 궁극적인 목표를 달성하기 이전에 RMB를 완전히 태환 (convertible) 가능한 통화로 만드는 것이 합리적일 것이다. 하지만 중국은 국제무역과 투자에서 통화 사용을 먼저 촉진하기 위해 역외시장을 조성함으로써 '본말(本末)을 전도'한 것으로 보인다. 그리고 이 역외무역(offshore trade)은 역내시장을 주도하고 있다.

– "RMB to Be a Globally Traded Currency by 2015,"
John McCormick, RBS, 2013년 5월 3일, China Briefing

중국 인민폐(RMB) 또는 위안(CNY)은 글로벌화되고 있다.[3] 비록 RMB의 거래는 중화인민공화국 (PRC)에 의해 엄밀히 통제되고 있으나[중국 내의 RMB와 외국 통화(주로 미국 달러) 간의 모든 거래는 중국의 규정에 의해서만 이루어지나], 그 범위는 확산되고 있다. 도표 2.9에 나와있듯이 인민폐(RMB) 의 가치는 엄밀하게 통제되고 있지만 점진적으로 달러 대비 평가절상을 허용하고 있다. 이제 인민폐는

도표 2.9　**중국 위안의 평가절상(1994~2015)**

1미국 달러(USD) 대비 중국 위안(CNY)

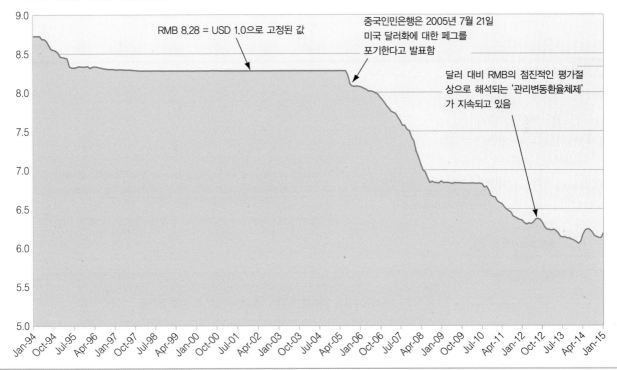

---

[3]　중화인민공화국은 공식 통화 명칭을 인민폐(RMB)와 위안(CNY)으로 공식적으로 인정하고 있다. 위안은 장부상으로만 사용되는 계산 화폐(unit of account)로 사용되며, 물리적인 통화는 인민폐라 부른다.

대부분의 사람들이 진정한 국제통화로서 필연적인 역할이라고 생각하는 방향을 향해 빠르게 움직이고 있다.

두 시장에서의 통화 발전

인민폐(RMB)는 도표 2.10과 같이 중화인민공화국의 규제를 받는 역내/역외(onshore/offshore)라는 2개의 시장 구조를 따라 지속적으로 발전하고 있다. 역내시장(중국 RMB의 ISO 공식코드는 CNY)은 이중시장(two-tier market)으로 소매 거래소와 은행 간 도매 거래소로 분류된다. 통화는 2005년 중반 이 래로 관리변동환율체제로 운영되고 있다. 내부적으로, 통화는 중국외환 거래소시스템(China Foreign Exchange Trade System, CFETS)을 통해 거래되고 있는데, 중국인민은행은 여기에서 달러에 대한 일일 기준 환율(central parity rate)을 정한다. 실제 거래는 일별 기준 환율의 ±1% 변동폭 내에서 허용된다. 이 내부시장에서는 이제 은행 간에 양도성 예금증서(negotiable certificates of deposit)의 교환이 허용되 며, 이자율 제한을 줄이는 등 점차 규제를 완화하고 있다. 시장에서는 서로 다른 9개의 통화가 서로 거 래되거나 RMB와 교환되고 있다.

RMB의 역외시장은 홍콩(비공식 기호인 CNH로 표기)을 시작으로 하여 성장하고 있다. 정부가 규 제하는 역내시장에 비해 규제가 없는 역외시장에서 자금을 조달하거나 역외시장에서 조달한 자금을 역내투자(back-flow)하는 일이 선호되고 있다. 이 시장은 맥도날드, Caterpillar, 세계은행 등이 발행한

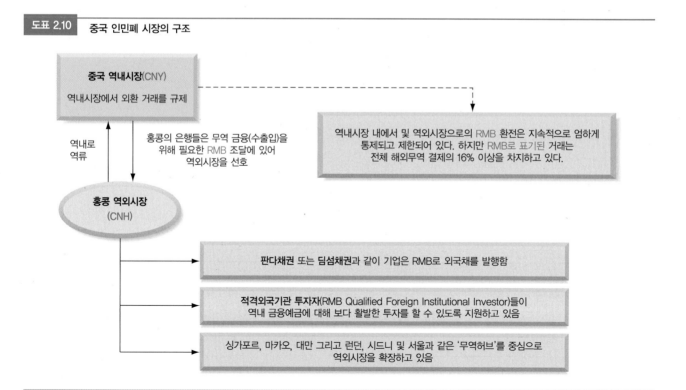

도표 2.10 　중국 인민폐 시장의 구조

RMB 채권[소위 판다채권(Panda Bonds)이라 불리는]의 발행에 힘입어 성장이 가속화되고 있다. 중국 정부가 홍콩의 기관 투자자들에게 그들이 가진 역외 예금을 이용하여 역내 예금시장에 참여하는 것을 허용하였다. 중화인민공화국은 또한 역외시장이 싱가포르나 런던과 같은 글로벌 금융센터나 지역의 금융센터로 확장되도록 촉진하고 있다.

이론적 원칙과 실질적인 관심사

세계 최대 규모의 상업적인 거래자이자 두 번째로 큰 경제규모를 가진 국가로서, 중국의 통화가 국제 통화가 되는 것은 필연적이다. 그러나 국제화에도 다양한 단계가 있다.

무엇보다도 국제통화는 거래를 위해 쉽게 접근할 수 있어야 한다[이것은 기술적으로 경상계정 (current account)의 사용을 말하며, 다음 장에서 상세하게 설명한다]. 도표 2.11에서 언급하고 있는 바 와 같이, 현재 중국무역의 16% 이상이 RMB로 표기된 거래로 추정되고 있으며, 이는 비록 작지만 불 과 4년 전만 해도 1%였던 것에 비해 급속히 증가한 것이다. 중국의 수출업자는 일반적으로 미국 달러 로 지불받지만, 그 달러를 은행계좌에 넣어 보관하는 것이 허용되지 않았다. 수출업자들은 중국이 정 한 공식적인 환율로 모든 외국환을 RMB로 교환하고 이를 중국 정부에 제출하도록 요구받았다(외환보 유고로 누적됨). 이제 중국정부는 수입업자와 수출업자에게 무역과 결제를 위해 RMB를 사용하라고 권장하고 있다.

국제화의 두 번째 단계는 국제투자, 즉 자본투자와 시장활동을 위한 통화 사용과 함께 발생한다. 이

도표 2.11 환율제도의 트레이드오프

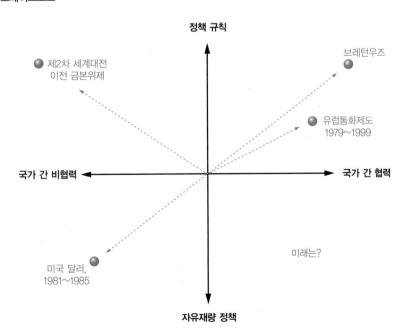

것은 중국이 상당한 관심과 주의를 가져야 할 영역이다. 중국시장은 세계 많은 기업의 관심을 끌고 있는데, 만약 시장과 통화에 대한 자유롭고 개방적인 접근이 허용된다면 RMB의 가치를 상승시켜 결국 중국의 수출 경쟁력을 약화시킬 것이라는 우려가 존재한다. 동시에 달러와 유로 같은 주요 자본시장에서 이자율이 증가한다면, 많은 중국예금이 보다 높은 수익률을 찾아 국내에서 빠져나가는 자본 도피(capital flight)가 발생할 우려가 있다.

국제화의 세 번째 단계는 통화가 준비통화[또는 기축통화(anchor currency)라고도 함]의 역할을 할 때, 즉 세계중앙은행에서 외환준비금으로 보유할 수 있는 통화가 될 때 발생한다. 미국과 EU에서 계속되는 재정적자 딜레마는 시간이 지나면서 달러와 유로가 그들의 가치를 유지할 수 있는 능력이 있는지에 대한 불안감으로 증대되었다. 그렇다면 RMB가 준비통화로 제공될 수 있는가? 전 세계 준비금에서 RMB가 차지하는 비중은 2020년까지 15~50% 사이에 있을 것으로 전망된다.

트리핀 딜레마. 준비통화가 되는 것에 대한 하나의 이론적인 관심사는 트리핀 딜레마(Triffin Dilemma, 때로는 트리핀의 역설이라 부르기도 함)이다.[4] 트리핀 딜레마는 한 국가의 통화가 준비통화로 사용될 때 국내의 통화정책 목표와 외부 혹은 국제적 정책 목표 간에 발생할 수 있는 잠재적 갈등이다. 국내통화와 경제정책은 간혹 경상수지 흑자를 만들거나 축소시킬 것을 필요로 한다.

만약 특정 통화가 글로벌 준비통화의 지위로 격상될 경우, 지구상의 몇 안 되는 핵심적인 가치 저장 수단(아마도 IMF의 SDR의 정의와 같은)으로 간주되며, 이는 다른 국가의 경상수지 적자를 초래할 것이고 결과적으로 해당 통화는 글로벌 시장에서 거래량이 크게 증가할 것이다. 이는 그 국가가 준비통화를 가진 국가로서의 역할의 일부로 전 세계적으로 빚을 지게 됨을 의미한다. 간단히 말해서, 세계가 특정 통화를 준비통화로 채택한다면 그 통화의 사용에 대한 수요가 있지만, 많은 국가는 그 수요에 대처하는 것을 선호하지 않는다. 사실 일본과 스위스 둘 다 부분적으로 이러한 복잡한 문제 때문에 그들의 통화가 국제적으로 보다 광범위하게 사용되는 것을 막기 위해 수십 년 동안 노력해왔다. 그러나 중국의 인민폐는 궁극적으로 글로벌 시장의 선택에 의해 선택권이 없다는 것을 알게 될 것이다.

환율제도 : 무엇이 앞에 놓여있는가

모든 환율제도는 협력과 독립성 간에서뿐 아니라 규칙과 재량권 사이에서도 균형을 유지해야 한다. 도표 2.11은 규칙, 재량권, 협력 및 독립성에 근거한 환율제도 간의 상충을 보여준다.

1. 수직적으로는, 서로 다른 환율협정은 한 국가의 정부가 개입 요건(규칙)을 엄격하게 제정할 수 있는지 아니면 외환시장에 언제, 어느 정도로 개입할지 혹은 개입하지 않을지(재량권)에 대한 문제이다.

2. 수평적으로는, 특정 시스템에 참여하는 국가가 가지는 상충은 다른 국가와 상의하고 조화를 이

---

[4] 이 이론은 창설자인 벨기에 태생 미국의 경제학자 로버트 트리핀(Robert Triffin, 1911~1963)의 이름에서 유래되었으며, 그는 유럽통화제도(EMS)의 개발에 협력하고 강한 지지를 보낸 것은 물론이고, 브레턴우즈 협정을 거침없이 비판한 사람이다.

루어 행동하거나(협력) 또는 시스템의 일원이지만 스스로 결정하여 행동하는 것(독립성) 사이에 있다.

금본위제와 같은 체제의 구조는 국가 간 정책 협력을 필요로 하지 않았다. 단지 모두가 '게임의 규칙'을 준수할 것이라는 확신만 필요했다. 금본위제 아래 이러한 확신은 정부가 수요에 따라 패리티환율(parity rate)로 금을 구매하거나 또는 판매할 의지로 해석되었다. 1944~1973년 사이에 적용된 브레턴우즈 협정은 금이 더 이상 '규칙'이 아니었기에 협력을 더 요구해야 했으며, 달러 기반 체제를 유지하기 위해 각국에 보다 높은 수준의 협력을 요구했다. 1979~1999년까지 사용된 유럽통화제도(EMS)의 고정환율 밴드 시스템에서 볼 수 있는 것처럼, 환율제도는 협력과 규칙 체제를 혼용하고 있다.

현재의 국제통화체제는 다양한 수준의 협력과 함께 규칙성이 없다는 특징을 가진다. 비록 새로운 국제통화체제가 어떤 형태를 취해야 할지에 대한 지속적인 토론은 현재 해결책을 제시할 수는 없지만, 많은 사람들은 국내의 사회적, 경제적, 재정적 목표를 추구하기 위해 개별적인 재량권과 국가 간 협력이 결합하는 경우에만 성공할 것이라 믿는다.

요점

- 금본위제(1876~1913)하에서 '게임의 규칙'은 각국 통화단위와 금과의 태환 비율을 정하는 것이다.

- 전쟁기간 동안(1914~1944), 통화와 금과의 교환 비율은 상당히 넓은 범위에 걸쳐 변동이 허용됐다. 공급과 수요의 힘이 교환 비율을 결정했다.

- 브레턴우즈 협정(1944년)은 미국 달러에 기반한 국제통화제도를 확립했다. 브레턴우즈 협정의 기존 조항하에서, 모든 국가는 자신의 통화가 가진 가치를 금에 대해 고정했지만, 그들은 자신의 통화를 금으로 교환할 필요는 없었다. 오직 달러만이 금으로 태환할 수 있었다(금 1온스당 35달러).

- 다양한 경제요인으로 인해 1971년 8월에 달러와 금과의 태환성이 정지되었다. 대부분의 주요 무역국의 환율은 달러에 대해, 따라서 간접적으로는 금에 대해 변동이 허용되었다.

- 만약 오늘날의 세계에 이상적인 통화가 존재한다면, 그 것은 세 가지 특성을 가질 것이다(고정된 가치, 태환성

그리고 독립적인 통화정책). 하지만 이론적으로나 현실적으로나 세 가지 특성 모두가 동시에 유지되는 것은 불가능하다.

- 신흥시장 국가들은 종종 두 극단적인 환율체제, 즉 자유변동환율체제 또는 통화위원회나 달러화와 같은 극도의 고정환율체제 중 하나를 선택해야 한다.

- EU 회원국들은 유럽통화제도(EMS)의 회원국이기도 하다. 이 그룹은 변동환율제라는 바다로부터 고정환율제라는 섬을 형성하려고 노력해왔다. 유럽통화제도의 회원들은 상호 교역에 크게 의존하고 있기 때문에 그들 사이에서 고정환율제로 인한 일상적인 혜택은 매우 크다고 인식된다.

- 유로화는 세 가지 방식으로 시장에 영향을 미친다. (1) 유로존 내 국가들은 보다 저렴한 거래비용을 누리고 있다. (2) 통화위험 및 환율과 관련된 불확실성 비용이 감소한다. (3) 유로존 안팎의 모든 소비자와 기업체는 가격투명성 및 증가된 가격 기반 경쟁을 누릴 수 있다.

사례

아이슬란드—글로벌 위기에 처해있는 작은 나라[5]

짧은 이야기와 더 길고 복잡한 이야기가 있다. 아이슬란드는 이 두 가지 이야기 모두에 해당된다. 과연 이 두 이야기의 교훈은 무엇일까? 작은 물고기는 큰 연못에서 수영을 하지 말아야 한다. 혹은 한 번 불에 덴 아이는 불을 무서워한다. 아니면 다른 교훈을 얻을 수도 있다.

아이슬란드는 불과 30만 명의 인구를 가진 나라였다. 지리적으로는 비교적 고립되었지만 그 문화와 경제는 유럽, 특히 북유럽 및 스칸디나비아와 밀접하게 관련되어 있었다. 이전에 덴마크의 지배를 받았었기 때문에 자신을 독립국가이면서도 여전히 어느 정도는 덴마크로 인식하던 때였다. 아이슬란드의 경제는 역사적으로 어업과 천연자원 개발을 중심으로 이루어졌다. 비록 어떤 의미에서는 호화스럽지는 않았지만, 그들의 산업은 견고하고 지속적이었으며 이전 몇 년 동안에는 꾸준히 수익을 올렸다. 적어도 아이슬란드가 '은행업'을 발견하기 전까지는 그랬다.

아이슬란드의 위기 : 짧은 이야기

아이슬란드의 경제는 2000~2008년까지 매우 빠르게 성장해왔다. 성장은 너무나도 빠르고 강력했고 그 결과 과거 대부분의 경제계에서 병적인 존재였던 인플레이션은 아이슬란드에도 큰 문제였다. 작고 산업화되고 개방된 경제로서 자본은 경제적 변화와 함께 아이슬란드의 역내와 역외로 흐를 수 있었다. 인플레이션의 압박이 고조되자 아이슬란드의 중앙은행은 통화정책을 강화했고 이자율은 상승했다. 더 높은 이자율은 아이슬란드 역외의 자본, 주로 유럽자본을 끌어들였으며, 은행시스템 내에서 자본은 넘쳐났다. 은행들은 부동산에서 랜드로버(Land Rovers)에 이르기까지 모든 것에 막대한 투자를 했다[게임오버(Game Overs)로 알려지게 됨].

그리고 2008년 9월이 되었다. 글로벌 금융위기는 주로 미국에서 비롯된 부동산-담보화-모기지-부채-신용-채무불이행-스왑 위기로 인해 시작되었으며, 국제금융시스템과 주요 선진공업국의 상당 부분을 마비시켰다. 미국, 유럽과 아이슬란드에서의 투자는 실패했다. 그러한 불량투자를 위한 대출금이 연체되었고 아이슬란드의 경제와 아이슬란드의 통화인 크로나(krona)는 붕괴됐다. 도표 A에서 제시된 바와 같이 크로나는 대략 30일 안에 유로에 대해 40% 이상, 90일에 50% 이상 그 가치가 하락했다. 기업들과 은행들은 도산했으며, 실업률이 증가했고, 인플레이션은 치솟았다. 길고 느리며 고통스러운 회복이 시작된 것이다.

아이슬란드의 위기 : 긴 이야기

아이슬란드의 위기에 대한 긴 이야기는 많은 다른 주요 선진공업국들이 그랬듯 아이슬란드가 민영화와 규제완화를 받아들인 1990년대 중반을 배경으로 한다. 한때 정부가 완전히 소유하고 운영하고 있던 금융부문은 2003년 민영화되었고 상당 부분의 규제가 철폐되었다. 주택담보대출은 2003년에 규제가 철폐되었고, 신규 주택담보 대출은 10%의 계약금만을 요구했다. 해외직접투자(Foreign Direct Investment, FDI)가 아이슬란드로 빠르게 흘러들어 왔다. 새로운 투자의 대부분은 아이슬란드의 자연(거대한 댐의 건설 후) 수력발전소를 활용할 수 있는 에너지 집약적인 과정의 알루미늄 생산을 대상으로 이루어졌다. 하지만 곧 모든 종류의 FDI가 가계와 사업 자본을 포함한 국내시장으로 유입되었다.

새로운 아이슬란드 금융부문은 3개의 은행인 Glitnir, Kaupthing, Landsbanki Islands의 차지였다. 성장과 수익성에 대한 기회는 국내외에서 모두 무한한 것처럼 보였다. 아

도표 A 아이슬란드의 짧은 이야기—크로나의 하락

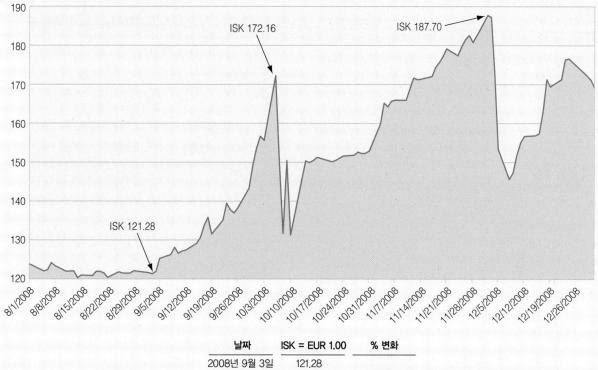

아이슬란드 크로나(ISK) = 유로 1.00(EUR)

날짜	ISK = EUR 1.00	% 변화
2008년 9월 3일	121.28	
2008년 10월 6일	172.16	−42.0%
2008년 12월 2일	187.70	−54.8%

이슬란드가 유럽경제지역(European Economic Area, EEA)의 회원국이라는 점은 아이슬란드 은행이 보다 큰 유럽시장 전체에 걸쳐 입지를 넓힐 수 있도록 금융여권(financial passport)을 제공했다.

2003~2006년 동안 아이슬란드로 자본이 급격히 유입되면서 크로나는 상승하였고, 아이슬란드인의 구매력은 높아졌지만 그와 동시에 투자자와 정부의 우려가 증가하였다. 국내총생산(Gross Domestic Product, GDP)은 2004년 8%, 2005년 6% 그리고 2006년에도 4% 이상을 유지할 만큼 성장했다. 주요 경제 강대국의 평균 실업률은 대략 6%였지만 아이슬란드의 과열된 경제는 겨우 3%의 실업률을 기록했다. 그러나 작은 경제에서의 급속한 경제성장은 경제 역사

상 자주 발생하는 인플레이션을 야기시켰다. 그리고 아이슬란드 정부와 중앙은행은 다음과 같은 표준적인 처방을 내렸다. 즉, 인플레이션의 영향력을 통제하기 위하여 통화 공급의 확대를 늦춘 것이다. 그 결과는 예상한 바와 같이 높은 이자율로 이어졌다.

어제 브라질과 남아프리카와 같이 먼 곳에서 일련의 진동 사태가 발생하면서 아이슬란드에서 금융위기가 눈덩이처럼 불어났다. 어느 순간 아이슬란드 크로나는 15개월 동안 최저인 달러당 IKr69.07로 4.7% 하락했으며, 이는 화요일의 4.5%보다 낮아져 지난 5년간 가장 높은 일일 하락세를 기록했다. 이러한 크로나의 붕괴는 레이캬비크(Reykjavik)의 10% 이자율을 얻기 위해 유로로 빌려온 차입거래 투자

자들이 1년 반 동안 차입거래(carry trade)를 통해 얻은 이익이 불과 이틀 만에 사라진 것을 의미한다.

위기는 Fitch가 아이슬란드의 '지속 불가능한' 경상수지 적자와 1997년 아시아 외환위기 이전과 유사한 불균형을 우려하며 아이슬란드의 신용등급이 하락할 것을 전망하면서 시작되었고 이는 아이슬란드의 자산 매각으로 이어졌다….

– "Iceland's Collapse Has Global Impact,"
Financial Times, 2006년 2월 23일. p. 42

배우지 못한 교훈

한 번 불에 덴 아이는 불을 무서워한다.

– 아이슬란드 속담

2006년 아이슬란드가 겪은 작은 충격은 오래가지 않았고, 투자자들과 시장은 재빨리 그 영향에서 벗어났다. 은행대출은 되돌아왔고, 2년 내에 아이슬란드 경제는 그 어느 때보다 많은 어려움을 겪었다.

2007년과 2008년 아이슬란드의 시장이자율(은행 콜금리와 같은)과 중앙은행이자율 모두 지속적으로 상승했다. 국제신용평가기관들은 아이슬란드 주요 은행들을 AAA로 평가했다. 자본은 아이슬란드 은행으로 흘러들어 갔고, 은행들은 그 자본을 국내와 국제적으로 가능한 모든 투자(그리고 대출)에 쏟아부었다. 아이슬란드 은행들은 영국과 네덜란드에 있는 예금자에 접근할 수 있는 인터넷뱅킹 시스템인 Icesave를 만들었다. 효과가 있었다. 아이슬란드 은행의 잔고(balance sheet)는 2003년 GDP의 100%에서 2008년 GDP의 1,000% 바로 아래까지 증가했다.

아이슬란드 은행들은 아이슬란드라는 국가 자체보다 더 국제적이었다(2007년 말 그들의 총예치금은 영국 파운드 45%, 아이슬란드 크로나 22%, 유로 16%, 달러 3%와 기타 통화 14%였다). 아이슬란드 부동산과 주가는 폭등했다. 증가하는 소비자와 사업지출은 상품과 서비스 수입의 증가를 가져왔고, 크로나의 상승은 수출을 부진하게 만들었다. 경상수지계정의 상품수지, 서비스수지, 소득수지는 모두 적자로 돌아섰다. 아이슬란드인들은 마치 신흥시장국이 석유를 발견한 것처럼 행동했고, 그들의 낚싯바늘과 배를 버리고 은행가가 되었다. 모든 사람들이 파이 한 조각을 원했고, 파이는 무한한 크기로 성장하는 것처럼 보였다. 모두 부자가 될 수 있었다.

그런데 갑자기 아무 예고 없이 모든 것이 멈췄다. 그것이 미국 리먼 브라더스의 실패로 인한 것인지 아니면 동일한 사건의 피해자인지는 말하기 어렵다. 어쨌든 2008년 9월 크로나는 하락하기 시작했고, 자본은 빠져나가기 시작했다. 돈이 아이슬란드와 크로나에 머물도록 유도(혹은 '매수')하고 노력하기 위해 이자율을 더욱더 올렸다. 효과가 없었다. 도표 B가 묘사한 바와 같이 크로나의 하락은 극적일 만큼 대폭락하였고 장기적이었다. 돌이켜 생각해보면, 2008년에 몰아친 쓰나미에 비해 2006년의 위기는 소나기에 불과했다.

시장과 정책에 의해 유도되었던 이전의 높은 이자율과 이 자율이 동일한 이때, 어떠한 형태의 재개도 불가능했다. 모기지 대출은 감당할 수 없거나 불가능할 수밖에 없었으며, 사업대출은 제한된 사업전망을 감안하면 너무 비쌌다. 2008년 9월과 10월의 위기가 한창일 때 크게 얼어붙었던 국제 은행 간 시장은 이제 아이슬란드의 금융부문을 마치 나병환자 다루듯 했다. 도표 C에서 볼 수 있듯이 이자율이 최고로 올라 바닥으로 떨어지려면 먼 상태였다(아이슬란드 중앙은행의 콜금리는 20% 이상 상승했다).

후유증 : 정책 대응

정부와 중앙은행이 금융위기의 희생양이 될 때마다 공통된 교훈을 얻는다. 은행을 구제하라. 은행과 은행가들이 위기의 원인으로 간주되든 또는 연루되었든 간에(아이슬란드 중앙은행의 은행가 중 한 명은 그들을 유력한 용의자라고 불렀다), 모든 경제 주체들이 기업의 부활과 고용 회복에 대한 희망을 갖고 있기 위해 은행 시스템의 기능이 필요하다는 것은 일반적인 믿음이다. 이는 1930년대 미국과 1997년

도표 B　아이슬란드 크로나—유럽 유로 현물환율

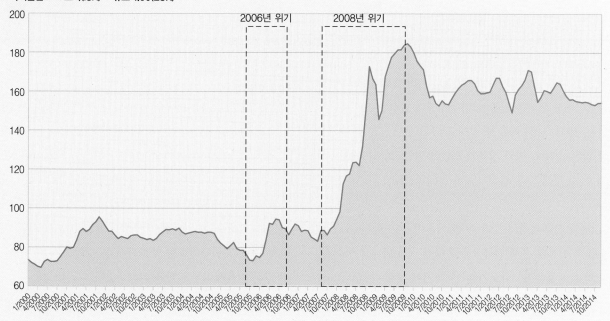

도표 C　아이슬란드 중앙은행 이자율

과 1998년 사이의 남아시아에서 사용된 규칙과 동일한 규칙이다.

그러나 아이슬란드 사람들은 일반적인 약을 처방하지 않았다. 그들은 차라리 은행들이 파산하도록 놔두었다. 사람들은 은행, 은행가, 은행감독원을 원하지 않았으며 심지어 수상까지도 원하지 않았다(이는 소위 팬와 냄비의 혁명이라고 불린다). 이러한 논리는 일종의 '자유시장이 일할 수 있도록 허용하는 것'과 '나는 복수를 원해요'의 조합이라고 볼 수 있다(이것은 실제로 미국 정부가 리먼이 망하도록 놔두었던 시기에 이에 대해 많은 분석가들이 논의한 것과 상당히 유사하다).

2008년 금융위기의 시작 이후 미국이 '대마불사(too big to fail)'의 이유로 은행 긴급구제에 나선 것과 반대로 아이슬란드의 은행들은 '그 규모가 너무 크기에 구할 수 없다(too big to save)'라는 이유로 구제받지 못했다. 2008년 10월 둘째 주에 사실상 국유화된 3개의 주요 은행들은 모두 문을 닫았다. 도표 D에서 보여주듯이 비록 아이슬란드의 은행자산과 외부부채는 크고 빠르게 증가하였지만, 세계에서 아이슬란드만 그런 것은 아니었다. 실패한 개별 은행은 정부에 의해 자산 측면에서는 좋은 은행과 나쁜 은행들로 재편되었지만, 하나의 좋은 은행과 하나의 나쁜 은행으로 합해지지는 않았다.

2008년 가을, 살아남은 정부당국은 다음과 같은 세 가지 긴급계획을 실시했다. (1) 환율을 안정화하고, (2) 국가 재정의 지속 가능성을 회복하고, (3) 금융부문을 재건한다. 주요 수단은 자본 통제(capital control)였다. 아이슬란드 국가 안팎으로 자본의 유입 및 유출에 사용될 수 있는 국경과 인터넷 라인을 폐쇄하였다. 가장 시급한 문제는 환율이었다. 하락하는 크로나는 구매력을 약화시켰고, 수입품의 가격상승은 더 많은 인플레이션 압박을 더해주었다.

2008년 12월 초 은행 간 외환시장이 재가동되는 당시의 상당한 거시경제적 위험을 감안할 때, 매우 유감스럽지만 자

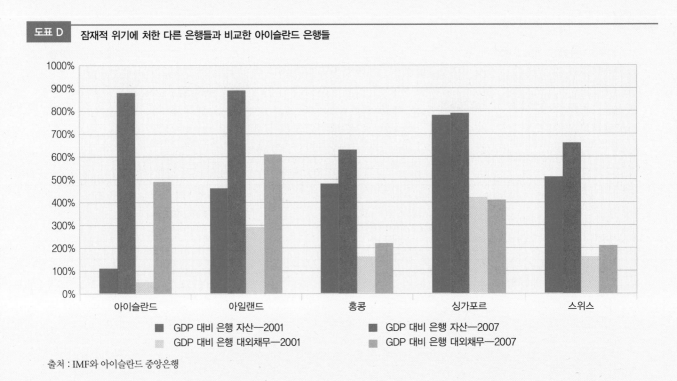

도표 D 잠재적 위기에 처한 다른 은행들과 비교한 아이슬란드 은행들

■ GDP 대비 은행 자산—2001 ■ GDP 대비 은행 자산—2007
■ GDP 대비 은행 대외채무—2001 ■ GDP 대비 은행 대외채무—2007

출처 : IMF와 아이슬란드 중앙은행

본 통제는 크로나를 안정화시키기 위한 정책(policy mix)에 있어서 피할 수 없는 한 요소였다.

– *Capital Control Liberalisation*, Central Bank of
Iceland, 2009년 8월 5일, p. 2

은행파산(구제불능)은 영국, EU, 네덜란드 등과 아이슬란드 간에 심각한 논쟁을 불러일으켰다. 아이슬란드 은행의 예금계좌에는 외국인의 예금이 많았기에, 외국 정부당국은 자국민의 금융자산이 보호되기를 원했기 때문이다. 아이슬란드에서는 정부가 자국민의 예금은 보험에 가입(한도까지)시켜 보장했지만, 외국인 예금주들은 예외였다. 아이슬란드 금융기관의 계좌를 보유하고 있는 외국인 거주자들이 아이슬란드 밖으로 돈이나 크로나를 인출하는 것이 금지되었다.

자본 통제는 IMF의 권고에 따라 10월에 도입되었고, 2008년 11월과 12월 개정되었다가 2009년 3월에 다시 수정되었다.

당좌거래를 통한 지급과 FDI의 유입에 대한 규제는 짧은 기간이 지난 뒤에 해제되었다. 이에 따라 명시된 기간 내에 교환할 경우에는 재화와 용역의 실제 수입과 수출을 수반하는 거래와 이자지불금이 허용되었다. 대부분의 자본거래는 거주자와 비거주자 모두 통제되는데, 즉 ISK와 FX 간 교환은 제한된다. 크로나로 표시된 채권과 다른 상품은 만기가 되면 외국 통화로 환산할 수 없으며 돈은 다른 ISK 상품에 재투자되어야 한다. 또한 거주자들은 그들이 획득한 모든 외환을 본국으로 송환하도록 요구된다.

– *Capital Control Liberalisation*, Central Bank of
Iceland, 2009년 8월 5일, p. 2-3

또한 위기 자체가 그리 급작스러운 일이 아니었다는 것도 밝혀졌다. 아이슬란드 중앙은행은 외환보유고가 불충분해질 경우 외환스왑협정을 체결하기를 희망하며, 2008년 봄(위기가 발생하기 몇 달 전)에 유럽중앙은행과 영란은행, 미국연방준비제도 이사회와 접촉했다. 그들은 이를 거절하였으며, 결론적으로 그들의 답은 'IMF와의 대화할 것'으로 요약될 수 있다. 결국 아이슬란드는 IMF의 도움을 받게 되었고 IMF는 아이슬란드 정부가 회복할 수 있도록 외국자본시장을 이용할 수 있도록 해주고, 추가신용과 신용도를 제공하기 위한 차입예약협정(Stand-By Arrangement)을 규정하였다.

크로나의 가치는 도표 B에서 나타난 바와 같이, 가치는 낮지만 확실히 안정이 되었다. 이는 수년간 상품무역 계정을 흑자로 전환하는 데 도움이 되었다. 인플레이션은 통제되는 데 약간 더 오래 걸렸지만 2010년 말 2% 정도로 성공적으로 감소하였다. 아이슬란드는 GDP 대비 공공 부채(public debt)와 개인 부채(private debt) 비율이 높기 때문에 여전히 부채가 많은 작은 나라(*Financial Times*에 의하면 소인국)로 남아있다.

소 잃고 외양간 고치기

흥미롭게도 위기 이후 몇 년 동안, 위기에 대한 아이슬란드의 대응에 대한 평가에는 반전이 있었다[한 작가는 이를 소 잃고 외양간 고치기(20-20 hindsight)라고 표현한다]. 초반 몇 년 동안 아이슬란드는 2009년과 2010년 위기에 처한 아일랜드, 에스토니아와 같은 다른 유럽국가보다 더 빨리 회복하고 강력해질 것으로 여겨졌다. 하지만 실제로 아이슬란드의 회복은 느리고, 약하며, 다른 나라들보다 덜 성공적이었다. 이는 부분적으로 은행들의 파산을 허용해준 결과이며, 부분적으로는 국가의 자본 통제에 대한 '중독' 때문이다.

여기서의 교훈은 무엇인가? 아이슬란드의 일련의 사건에서 얻을 수 있는 교훈은 과연 무엇인가? 금융체제의 규제완화는 위험하다는 것인가? 은행과 은행가들은 신뢰할 수 없다는 것인가? 국제적인 은행 업무는 위험하다는 것인가? 불충분한 국제은행 업무의 규제는 은행이 과도하게 차입하게 하고, 그들이 투자하지 말아야 할 곳에 과도하게 투자하게 만든다는 것인가? 은행의 대출과 자본은 규제할 필요가 있다는 것인가? 작은 나라들은 독립적인 통화정책을 시행할 수 없다는 것인가? 작은 물고기는 큰 연못에서 수영을 하지 말아야 한다는 것인가? 또는 ….

그 논문은 이와 비슷한 미래 위기를 예방하기 위해서 작은 나라가 대형 국제은행 업무 분야를 갖거나, 자국 통화를 갖거나, 독립된 통화정책을 갖고 있는 것은 불가능하다는 결론을 내렸다.

– Rob Spruk의 "Iceland's Economic and Financial Crisis:
Causes, Consequences and Implications,"
European Enterprise Institute,
2010년 2월 23일

사례 문제

1. 당신은 아이슬란드와 같이 규모가 작은 국가는 글로벌 자본 이동의 잠재적 영향에 대해 다소 민감하다고 생각하는가?

2. 많은 나라들이 수년간 자국 통화를 보호하기 위해 이자율 인상을 사용해왔다. 이 전략을 사용하는 데 있어 장단점은 무엇인가?

3. 아이슬란드 이야기가 앞서 다룬 불가능한 삼위일체의 내용에 부합하는가? 삼위일체의 세 요소 중 어느 것에 대해 아이슬란드가 더 많은 통제 조치를 취해야 한다고 생각하는가?

4. 아이슬란드의 경우 수년간 대규모 경상수지 적자를 지속하였고 그와 동시에 이자율이 점점 높아지고 자국 통화는 더욱더 강력해지고 있었다. 그러던 어느 날 모든 것이 뒤바뀌었다. 이러한 일은 어떻게 발생하게 되었는가?

질문

1. **게임의 규칙.** 금본위제하에서 모든 국가 정부들은 '게임의 규칙'을 따르겠다고 약속했다. 이것이 의미하는 바는 무엇인가?

2. **고정환율제 옹호.** 금본위제에서 '고정환율제 옹호'가 의미하는 것은 무엇인가? 그리고 이것은 국가의 통화 공급에 어떠한 영향을 미치는가?

3. **브레턴우즈.** 국제통화시스템인 브레턴우즈 체제의 토대는 무엇이며 실패 이유는 무엇인가?

4. **기술적 변동.** 변동환율이 의미하는 바는 무엇인가? 정부의 역할은 무엇인가?

5. **고정환율.** 왜 많은 신흥시장 국가들은 고정환율 채택을 선호하는가?

6. **실질적/법률적.** IMF의 용어 사용과 관련하여, 용어들의 실질적이고 **법률적**인 의미는 무엇인가?

7. **환율.** 왜 많은 신흥시장 국가들은 크롤링 페그(crawling peg)를 적용하는 반면, 왜 많은 개발도상국들은 그들의 통화를 고정시키는가?

8. **글로벌 절충.** 오늘날의 국제통화체제가 글로벌 절충(global eclectic)이라고 말할 때 이는 무엇을 의미하는가?

9. **불가능한 삼위일체.** 불가능한 삼위일체를 참고하여 국가가 취할 수 있는 가능한 정책(policy-mix)을 설명하라.

10. **유로존 중앙은행.** 유럽중앙은행은 어떻게 운영되고 있는가? 유로존의 다양한 관할권은 중앙은행과 어떠한 관계인가?

11. **통화위원회.** 중앙은행과 통화위원회의 차이점은 무엇인가?

12. **아르헨티나 통화위원회.** 아르헨티나 통화위원회는 1991년부터 2002년 1월까지 어떻게 기능하였으며, 왜 붕괴됐는가?

13. **특별인출권.** 특별인출권(SDRs)의 장점과 단점은 무엇인가?

14. **통화 강세.** 통화가 강세이면 국내경제에 좋은가, 아니면 나쁜가?

15. **신흥시장경제의 고정환율.** 만약 고정된(pegged) 환율제

의 적용을 선택한다면 이를 신흥시장경제에 이용할 수 있는 방법은 무엇인가? 인플레이션과 경제성장을 관리하기 위한 이상적인 시스템은 무엇인가?

16. **준비통화로서의 위안.** 준비통화란 무엇인가? 당신은 중국의 위안이 준비통화 지위가 될 것이라고 생각하는가?

17. **트리핀 딜레마.** 트리핀 딜레마란 무엇인가? 이는 중국의 위안이 진정한 글로벌 통화가 되는 데 어떠한 영향을 미치는가?

18. **중국 그리고 불가능한 삼위일체.** 중국이 글로벌 무역의 확대와 위안화 사용을 계속하면서 불가능한 삼위일체에 관하여 어떤 선택을 할 것이라 생각하는가?

문제

1. **앨버트의 캐나다 여행.** 앨버트는 토론토를 방문하여 1영국 파운드(GBP)로 1.74캐나다 달러(CAD)를 구매했다. 그가 영국 집으로 돌아왔을 때, CAD1을 GBP0.59로 바꿨다. 새로운 환율은 유리한가, 불리한가?

2. **복권 당첨자.** 에이샤는 호주 멜버른에 살고 있다. 그녀는 목요일 온라인 복권 150유로에 당첨되었으며, 그 금액을 호주 달러(AUD)로 환산하기를 바란다. 만약 환율이 1AUD에 0.5988유로라면, 그녀는 얼마의 AUD를 받을 수 있으며, 언제 AUD를 지급받게(value date) 되는가?

3. **금.** 1923년에 금 1온스의 가격이 380프랑스 프랑(FRF)일 때, 금 1온스를 영국에서 GBP4.50에 구입할 수 있었다면, 프랑스 프랑과 영국 파운드 간의 환율은 얼마인가?

4. **브렌트유.** 2015년 브렌트유(Brent oil) 1배럴은 GBP 42.5 그리고 남아프리카공화국 랜드(ZAR) 790에 거래됐다. 파운드와 랜드 간의 환율은 얼마인가? 만약 유가가 배럴당 GBP50으로 상승할 경우 환율은 어떻게 바뀌는가? (남아프리카공화국의 가격은 변화가 없을 것이라고 가정한다.)

5. **도요타의 영국 수출.** 도요타는 영국에서 판매하는 대부분 차량들을 일본에서 생산한다. 도요타 툰드라(Tundra) 트럭 라인의 기초 플랫폼은 1,650,000엔이다. 영국 파운드화에 대한 일본 엔화의 현물환율은 최근 ¥197/£에서 ¥190/£으로 바뀌었다. 이는 도요타 영국 자회사의 툰드라 가격(파운드)에 어떠한 변화를 가져오는가?

6. **온라인 쇼핑.** 타마라는 이집트에 살고 있으며, 그녀는 영국 아마존(Amazon.co.uk) 계정의 장바구니에 물건들을 담았다. 그녀는 이집트 파운드(EGP 1844) 또는 GBP(151.17)로 지불할 수 있는 선택권이 있다. 두 통화 간의 환율은 얼마이며 그녀는 어느 통화로 지불해야 하는가?

7. **이스라엘 셰켈(Shekel)의 가치 변동.** 2013년 이스라엘 셰켈(ILS) 5.82에 1영국 파운드(GBP)가 거래되었지만, 2014년 말에는 환율이 6.78까지 상승했다. ILS의 변화율(%)은 얼마이며 셰켈의 통화가치는 상승하였는가, 하락하였는가?

8. **홍콩 달러와 중국 위안.** 홍콩 달러는 HK$7.80/$에 오랜 시간 동안 고정되어 있었다. 2005년 7월 중국 위안화와 달러의 환율이 Yuan8.28/$에서 Yuan8.11/$으로 재평가되었을 때, 위안화에 대한 홍콩 달러의 가치는 어떻게 바뀌었는가?

9. **중국 위안화의 재평가.** 많은 전문가들은 2005년 7월과 마찬가지로 미국 달러에 대한 중국 통화가 재평가될 뿐만 아니라 20% 또는 30% 정도 평가절상되어야 한다고 한다. 위안화의 가치가 초기의 평가절상 비율인 Yuan8.11/$에서 추가로 20% 또는 30% 평가절상될 때,

새로운 환율은 어떻게 되는가?

10. **영국의 TEXPAK(파키스탄).** TEXPAK은 파키스탄 소재 직물회사로 유럽에서 판매하는 기타 신흥국 제조업체들과의 경쟁 심화에 직면하고 있다. 모든 의류는 파키스탄에서 생산되며, 비용과 가격은 처음에는 파키스탄 루피(PKR)로 제시되지만, 영국에서는 유통과 판매를 위해 영국 파운드(GBP)로 환산된다. 2014년 정장 한 벌은 PKR11,000로 책정되었고, 영국 파운드로는 GBP95에 책정되었다. 2015년에 GBP는 PKR에 대해 평균 PKR120/GBP로 평가절상되었다. GBP 가격과 제품의 이익을 유지하기 위한 새로운 가격(루피)은 얼마인가?

11. **베트남 커피, 코요테.** 많은 사람들은 최근 베트남이 브라질에 이어 세계에서 두 번째로 큰 커피 생산국이라는 것에 놀란다. 베트남 동(VND 또는 d)은 미국 달러 대비 그 가치가 관리되고 있지만 널리 거래되지는 않는다. 만약 당신이 도매시장(업계용어로 '코요테')에서 커피를 구매하기 위해 여행하는 사람이라면 베트남 여행을 떠날 때 다음 표의 환율과 환전 수수료 중 당신에게 최대의 이익을 주는 것은 어느 것인가?

환율	비율	수수료
베트남 은행	d19,800	2.50%
사이공 공항 환전소	d19,500	2.00%
호텔 환전소	d19,400	1.50%

12. **영불 해협터널 선택.** 영불 해협터널(Channel Tunnel)은 유럽대륙과 영국제도를 잇는 영국과 프랑스 간 해저터널로 해협을 통과한다. 그러므로 한쪽은 영국 파운드 경제이고, 다른 한쪽은 유로 경제이다. 터널 철도 티켓의 인터넷 요금은 미국 달러(USD)로 표시되어 있다. 예를 들어 유레일을 통해 터널을 경유하여 런던에서 파리까지 가는 1등석 왕복 가격은 성인 1인당 USD170.00이다. 이러한 통화 중립성은 터널 양쪽 끝에 있는 고객들이 날마다 자국 통화로 서로 다른 환율에 따라 요금을 지불한다는 것을 의미한다. 다음 *Financial Times*에서 제시한 표에서, 현물환율로 구입할 경우 표시된 왕복운임 USD170.00은 요일별로 몇 파운드이며 몇 유로인가?

날짜	영국 파운드 현물환율(£/$)	유로 현물환율 (€/$)
월요일	0.5702	0.8304
화요일	0.5712	0.8293
수요일	0.5756	0.8340

13. **바르셀로나의 수출.** 바르셀로나 근처에 있는 튼튼한 전동공구 제조업체인 Oriol D'ez Miguel S.R.L.은 요르단의 바이어에게 주문한 제품을 출하한다. 제품 가격은 425,000유로이며 요르단은 EU에서 구입한 모든 제품에 대해 13%의 수입관세를 부과한다. 요르단의 수입업자는 그 제품을 사우디아라비아의 수입업자에게 재수출하며 이때 전매수수료 28%를 부과한다. 2010년 4월 11일의 현물환율을 감안할 때 사우디아라비아 수입업자는 SAR(사우디아라비아 리얄)로 얼마를 지불하는가? 그리고 그에 상응하는 달러는 얼마인가?

인터넷 문제

1. **국제통화기금(IMF)의 특별인출권.** IMF의 웹사이트를 이용하여 SDR의 현재 가중치와 가치를 찾으라.

   International   www.imf.org/external/np/tre/sdr/
   Monetary Fund   sdrbasket.htm

2. **말레이시아 통화 규제.** 아시아 외환위기 이후 말레이시아 정부에 의한 통화규제제도는 불안정한 통화상태에 대한 정부의 전형적인 대응 방안이다. 다음 웹사이트를 사용하여 통화 규제가 어떻게 이루어지는지 알아보라.

   International   www.imf.org/external/pubs/ft/bl/
   Monetary Fund   rr08.htm

3. **개인 송금.** 해외여행을 해본 사람은 누구나 알 수 있듯이 개인 소매고객이 이용하는 환율은 기업이 이용하는 환율만큼 매력적이지 않다. OzForex 웹사이트에는 그 차이점을 보여주는 '대고객 매매율(customer rates)' 항목이 있다. 이 사이트를 이용하여 호주 달러/미국 달러 현물환율이 소매고객 간 환율과 은행 간 환율 사이에서 차이가 얼마나 나는지 계산하라.

   OzForex   www.ozforex.com.au/exchange-rate

4. **환율의 역사.** 지난 15년간 영국 파운드, 미국 달러 및 일본 엔의 가치 변화양상을 추적하기 위해 태평양 환율(Pacific Exchange Rate) 데이터베이스를 이용하여 그림을 그려보라.

   태평양 환율 서비스   fx.sauder.ubc.ca

제 3 장

국제수지

상업거래와 같이 교환으로 인해 생기는 의존성은 상호적으로 나타난다. 외국인이 우리에게 의존하지 않는데 우리가 외국인에게 의존할 수는 없다. 지금 바로 이것이 사회의 근간을 구성하는 것이다. 자연적인 상호 관계를 끊어버리는 것은 자신을 독립적으로 만드는 것이 아니라, 자신을 완전히 고립시키는 것이다.

— Frederic Bastiat

학습목표

- 정부와 다국적 기업 경영이 의사결정 과정에서 국제수지와 국제수지계정을 어떻게 사용하는지 알아본다.
- 국제수지표가 어떻게 국경을 넘어 기초적인 경제 및 재무 활동을 반영하는지 알아본다.
- 국제수지 변화가 어떻게 환율 및 이자율과 같은 주요 거시경제 지표에 영향을 주는지 알아본다.
- 환율 변화로 인해 국제무역 가격과 경쟁력이 어떻게 달라지는지 분석한다.
- 정부가 자본 이동을 막기 위한 자본규제를 사용하면서 자본시장 국제화에 어떻게 대응하는지 평가한다.

한 나라의 거주자와 외국 거주자 사이에서 일어나는 모든 국제적인 경제 거래를 측정한 것을 국제수지(balance of payment, BOP)라고 한다. 이 장에서는 국제수지 그리고 국제수지와 관련된 수많은 경제적 정치적 경영 이슈들을 해석하도록 도와주는 네비게이션 지도를 제공한다. 무역과 자본 이동에 대한 깊은 이해가 다국적 기업의 경영에 필수적이므로 이 장에서 일일이 역점을 두고 서술하지는 않는다. 이 장 후반부에서 국제수지 요소들이 어떻게 무역 규모와 가격에 영향을 주는지 그리고 자본의 이동과 통제 및 자본 도피가 국제적 비즈니스를 함에 있어 비용과 경쟁력에 어떻게 영향을 주는지 자세히 분석하고자 한다. 이 장에서는 각국 정부들이 국경을 넘는 자본 이동을 감시하고 통제하기 위해 최근 깊이 주시하고 있는 '국제송금' 사례로 마무리한다.

본국과 현지국 국제수지 데이터와 하위계정들은 국내총생산(GDP), 고용 수준, 가격 수준, 환율, 이자율 등 주요 거시경제 변수와 동시에 영향을 주고받으므로 경영자, 투자자, 소비자 그리고 정부 공무원에게 중요한 자료이다. 통화정책과 재정정책은 반드시 국가적 수준의 국제수지를 고려하여야 한다. 경영자와 투자자는 국제수지에 영향을 받을 수 있는 현지국의 경제정책 변화를 예측하기 위해서 국제수지 데이터를 필요로 한다. 또한 국제수지는 다음의 이유 때문에 중요하다.

■ 국제수지는 한 나라의 환율에 영향을 주는 중요한 지표이고, 따라서 그 나라와 거래하고 투자하는 기업의 환손익에 대한 잠재적 지표이다. 국제수지의 변화는 외환 통제 도입 또는 해제를 예측하게 한다.

■ 국제수지 변화는 배당금, 이자, 라이선스 사용료, 저작권 사용료, 기타 외국 기업 및 외국 투자자들에게 이루어지는 현금 지급에 대한 규제 도입 또는 해제에 대한 신호를 준다.

■ 국제수지는 특히 단기적으로 한 나라의 시장 잠재력을 예측할 수 있도록 도와준다. 심각한 무역적자를 겪고 있는 나라는 무역수지가 흑자일 때처럼 수입을 확대하지 않고, 수출을 증가시키는 투자를 환영할 것이다.

국제수지계정의 기초

국제수지계정은 다른 의미를 가지고 있는 기업회계 용어를 차용하였다. 국제수지(balance of payment)에서 'balance'라는 말은 기업의 재무상태표(balance sheet)와 혼동할 수 있는 이미지를 만들어냈다. 국제수지표(balance of payment statement)는 손익계산서, 특히 현금주의에 기반한 특정 기간 동안의 현금흐름에 대한 표이다. 국제수지계정은 역시 독특한 방법으로 차변과 대변이라는 용어를 사용한다. 국제수지상의 대변(credit)에는 상품 및 서비스의 수출처럼 외화가 한 나라 안으로 공급되는 이벤트가 기록된다. 차변(debit)은 상품이나 서비스를 수입할 때처럼 비용 지급으로 인한 외화의 지출을 기록한다.

국제적 거래는 많은 형태로 나타난다. 다음의 예시는 미국 국제수지에 기록되는 경제적인 국제거래의 예이다.

■ 미국 기업 Fluor Corporation은 태국 방콕의 주요 정수처리 설비 건설을 관리한다.
■ 프랑스 기업 Saint Gobain의 미국 자회사는 파리의 모회사로 이익을 보낸다.
■ 미국인 여행자가 핀란드에서 작은 라포니아 목걸이를 구매하였다.
■ 미국 정부가 군사동맹국인 노르웨이를 위해 군사설비 구매자금을 조달하였다.
■ 멕시코의 변호사가 미국 회사채를 구매하였다.

국제수지는 이러한 거래들을 분류하는 체계적인 방법을 제공한다. 경험적으로 국제수지계정을 이해하도록 도와주는 가장 중요한 원칙은 **현금흐름**을 따르는 것이다.

국제수지는 세가지 주요한 하위계정들이 있다. **경상계정**(current account), **자본계정**(capital account), **금융계정**(financial account)이 그것이다.

국제수지는 항상 균형을 이루어야 한다. 만약 균형을 이루지 않으면, 무엇인가 빠졌거나 혹은 잘못 기록된 것이다. 그러므로 "국제수지가 불균형 상태이다."라는 이야기는 정확하지 않은 표현이다. 국제수지는 불균형일 수가 없다. 한 나라의 통화에 대한 수요와 공급은 불균형일 수 있다. 그러나 전체 국

도표 3.1	미국의 국제수지계정, 요약								
국제수지	2005	2006	2007	2008	2009	2010	2011	2012	2013
경상수지	−740	−807	−719	−687	−381	−444	−459	−461	−400
자본수지	13	−2	0	6	0	0	−1	7	0
금융수지	687	807	617	735	283	439	532	428	368
오차 및 누락	26	−1	101	−50	150	7	−55	30	30
준비자산	14	2	0	−5	−52	−2	−16	−4	3
합계	0	0	0	0	0	0	0	0	0

출처 : International Monetary Fund, *Balance of Payments Statistics Yearbook*, 2013.

제수지에 대해서는 불균형일 수 없다. 상품과 서비스 계정과 같이 국제수지의 하위계정(한 국가 경상계정의 하위계정)은 흑자이거나 적자로 불균형일 수 있으나, 한 나라의 전체 국제수지는 항상 균형을 이룬다.

도표 3.1은 2005~2012년까지 미국 국제수지가 실제 균형 상태임을 보여준다. 도표 3.1에 제시된 경상계정, 자본계정, 금융계정, 오차 및 누락 그리고 준비자산을 더하면 실제로 모두 0이 된다.

국제적 경제 행위들을 측정하는 실제 과정에서 세 가지 주요 요소들이 있다. 이는 (1) 무엇이 국제적인 경제 거래이고 무엇이 아닌지를 식별하고, (2) 상품, 서비스, 자산 그리고 자금의 흐름이 어떻게 전체 국제수지의 차변과 대변으로 기록되는지를 이해하며, (3) 국제수지계정의 부기 방법을 이해하는 것이다.

국제적 경제 거래의 정의

국제적 거래를 식별하는 것은 일반적으로 어렵지 않다. 트럭, 기계 설비, 컴퓨터, 통신 설비 등과 같은 상품의 수출은 명백하게 국제적 거래이다. 프랑스 와인, 일본 카메라, 독일 자동차와 같은 상품의 수입 역시 확실하게 국제적 거래이다. 그러나 이런 상품무역은 매년 미국과 다른 나라에서 일어나는 수천 종류의 국제적 거래의 아주 작은 일부에 불과하다.

많은 국제적 거래들이 그렇게 확실한 것은 아니다. 한 미국 관광객이 이탈리아 베니스에서 유리공예품을 구매하였다면, 이것은 미국에서 상품 수입으로 분류된다. 사실 미국 관광객이 세계 전역에서 지출하는 모든 비용, 예를 들어 레스토랑이나 호텔에서 지불하는 비용은 미국의 국제수지에서 경상계정의 여행 서비스 수입으로 기록된다.

현금흐름표로서의 국제수지

위에서 살펴본 대로, 많은 사람들이 국제수지(balance of payment)라는 이름으로부터 그것이 재무상태표(balance sheet)인 것으로 자주 오해를 하지만 사실상 국제수지는 현금흐름표이다. 예를 들어 1년처럼 일정 기간 동안에 이루어진 모든 국제적인 거래들을 기록함으로써 국제수지는 한 나라와 다른 모든 나라 사이에 이루어진 구매와 지출의 지속적인 흐름들을 추적한다. 국제수지는 어떤 기업의 재무상태표처럼 특정 시점에서 한 나라의 모든 자산과 부채의 가치를 더하지 않는다[이는 뒷부분에 나올 한 나라의 순국제투자포지션(net international investment position, NIIP)에 해당한다]. 두 가지 종류의 비즈니스 거래가 국제수지를 지배한다.

1. **실물자산의 교환.** 상품(예 : 자동차, 컴퓨터, 섬유 등)이나 서비스(예 : 금융, 컨설팅, 여행 서비스 등)를 다른 상품과 서비스로 교환(바터) 또는 화폐로 교환

2. **금융자산의 교환.** 금융 청구권(예 : 주식, 채권, 대출 또는 기업 매수 혹은 기업 매각)을 다른 금융 청구권이나 화폐로 교환

비록 자산이 실물자산이나 금융자산으로 구분되지만, 모든 자산을 사거나 팔 수 있는 상품으로 간주하는 것이 더 쉽다. 미국 여행객이 방콕의 한 상점에서 수제 러그를 구입하는 것은 월스트리트 은행가가 투자 목적으로 영국 정부 채권을 매수하는 것과 크게 다르지 않다.

국제수지계정

한 나라 안 혹은 한 나라 밖에서 일어나는 모든 거래를 측정하는 것은 매우 힘든 일이다. 실수와 오류 그리고 통계적 불일치가 일어나기 마련이다. 국제수지에 있어 이론상으로 복식부기가 사용될 뿐, 실제로는 복식부기가 사용되지 않기 때문이다. 개별 구매와 판매 거래는 이론상으로 국제수지에서 대응되는 자금 기입과 함께 이루어져야 한다. 그러나 현실적으로 경상, 자본 그리고 금융계정 기입은 함께 복식부기로 기입되지 않고 서로 독립적으로 기록된다. 따라서 완곡하게 이야기하자면 차변과 대변 사이의 불일치가 생겨난다.

국제수지계정

국제수지는 경상계정(current account), 자본계정(capital account), 금융계정(financial account)의 세 가지 주요 하위계정으로 이루어진다. 또한 공식준비계정(official reserves account)은 정부의 통화 거래를 추적하고 다섯 번째 통계적 하위계정인 오차 및 누락계정(net errors and omissions account)이 국제수지의 균형을 맞추기 위해 포함된다. 계정 명칭의 '순(net)'이란 말은 이 계정 내에서 지출과 수입, 즉 차변과 대변 사이의 차를 의미한다.

경상계정

경상계정은 한 해 동안 일어난 소득 및 지출과 관련된 모든 국제적 경제 거래를 포함한다. 경상계정은 네 가지 하위계정으로 이루어진다.

1. **상품수지.** 상품의 수출과 수입이 상품수지에 해당한다. 상품수지는 가장 전통적이고 가장 오래된

형태의 국제적 경제 행위이다. 많은 나라가 상품의 수출과 수입 모두에 의지하고 있음에도 불구하고, 대부분의 국가는 상품수지에서 흑자를 내거나 혹은 균형을 이루려 한다.

2. **서비스수지.** 서비스의 수출과 수입이 서비스수지에 해당한다. 일반적인 국제 서비스에는 은행이 해외 수출입업체에 제공하는 금융 서비스, 항공사의 여행 서비스 또는 국내 기업이 해외에서 행하는 건설 서비스 등이 해당한다. 주요 산업 국가에서 이 하위계정이 지난 몇십 년 동안 가장 빠른 성장을 보이고 있다.

3. **소득수지.** 이는 이전 기간 동안 행한 투자와 관련된 현재 소득이 주를 이룬다. 만약 미국 회사가 한국에 자회사를 설립한 후, 현재 시점의 배당금과 같이 순수익의 일부를 본사로 송금한다면 이는 현재의 투자소득에 해당한다. 추가적으로 해당 국가의 거주자가 아닌 근로자에게 지급되는 임금과 보수 역시 소득계정에 포함된다.

4. **경상이전수지.** 실물 자원이나 금융 항목에 대한 소유권 변화와 관련된 금융 정산은 경상이전이라 불린다. 선물이나 보조금과 같이 두 나라 사이에 일방향의 이전이 이루어질 때에도 경상이전에 해당한다. 예를 들면, 저개발 국가 원조를 위해 미국 정부가 제공하는 펀드는 이전 거래이다. **국제송금,** 즉 이민자나 이주노동자가 본국으로 보내는 이전 지출(transfer payment) 또한 경상이전의 예이다.

모든 국가는 일정한 양의 무역 거래를 하고 그 상당수가 상품과 관련되어 있다. 많은 저개발국가는 서비스수지 또는 소득이나 이전의 하위계정에 속하는 항목이 크지 않다. 경상계정은 특히 위에 서술한 구성요소 중 첫 번째 항목인 상품 수출입이 지배적이다. 이러한 이유로, 비즈니스 언론 등에서 널리 인용되는 **무역수지**(balance of trade, BOT)는 상품 거래 수출입만을 의미하는 것이다. 고도로 산업화된 국가의 BOT는 서비스 거래가 포함되어 있지 않다는 점에서 다소 오해의 소지가 있다.

도표 3.2는 2000~2012년 기간 동안 미국의 경상계정 중 주요한 2개 항목인 (1) 상품 거래와 (2) 서비스 거래 및 투자 소득을 제시한다. 도표 3.2에서 가장 먼저 눈에 띄는 것은 엄청난 규모의 상품 거래 적자이다. 지난 20년 동안 순상품무역 적자와 비교할 때 크지는 않지만, 서비스와 소득 면에서 작지만 지속적인 흑자를 보이고 있다.

상품 거래는 국제무역의 핵심이다. 상품 제조는 산업혁명의 근본이며, 국제무역에서 **상대적 비교우위론**이 집중하는 분야이다. 제조는 전통적으로 한 나라 근로자의 대부분을 고용하는 경제의 한 분야이다. 미국 무역수지(BOT)의 하락은 철강, 자동차, 자동차 부품, 섬유, 신발 제조 등 특정 분야에서 기인하며, 이는 경제적 사회적 붕괴를 심각하게 가져왔다.

상품 수출입 성과를 이해하는 것은 단일 제품을 파는 시장을 이해하는 것과 비슷하다. 수출입을 일으키는 수요 요인은 소득, 구매자의 경제성장률 그리고 환율을 감안한 후 소비자의 눈에 비친 제품의 가격이다. 미국 상품 수입은 미국 소비자의 소득 수준과 산업 발전을 반영한다. 소득이 오르면, 수입품에 대한 요구도 증가한다. 수출 역시 같은 원리를 따르되 반대로 작용한다. 미국 상품 수출은 미국 거주자의 소득이 아니라 미국 제품을 사용하는 세계 각국 소비자의 소득에 따라 달라진다. 이 나라들의

| 도표 3.2 | 미국의 상품 및 서비스수지 |

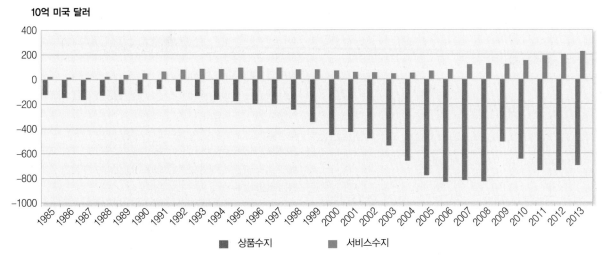

출처 : *Balance of Payments Statistics Yearbook*, International Monetary Fund, December 2014, p. 1,060.

경제가 성장하면, 미국 제품에 대한 수요도 증가한다.

도표 3.2가 제시하듯이, 미국은 서비스수지에서 흑자를 기록해왔다. 서비스의 주요 분야는 여행 및 여객 운임, 수송 서비스, 미국 학생들의 해외 지출, 미국 내 유학생들의 유학비용 그리고 통신 서비스와 금융 서비스 등을 포함한다.

자본과 금융계정

국제수지의 자본과 금융계정은 금융자산과 관련된 모든 국제적 경제 거래를 측정한다. 자본계정은 금융자산의 이전과 비생산 비금융자산의 취득 및 처분으로 이루어진다. 자본계정은 최근에 이르러서야 IMF 국제수지에 별도의 구성요소로 도입되었다. 자본계정에 기록되는 자본 거래의 규모는 상대적으로 미미하나 원칙상 다음의 금융계정 논의에 자본 거래를 포함한다. 그러나 글로벌 금융 실무 3.1에 나타나듯이 국제계정에 이해할 수 없는 점이 존재한다.

금융계정

금융계정은 네 가지로 구성되는데, 직접투자, 포트폴리오 투자, 순금융파생상품(net financial derivatives) 그리고 기타 자산투자이다. 금융자산은 자산의 수명(만기)으로 분류하거나, 공공 소유인지 사적 소유인지처럼 소유권의 속성에 따라 분류하는 등 다양한 방법으로 분류할 수 있다. 그러나 금융계정에서 금융자산은 자산이나 운영에 대한 **지배 정도**(degree of control)로 분류한다. 자산의 수명이 길거나 만기가 길 때, 그리고 투자자가 그 자산에 대해 어느 정도 확실한 지배력을 행사할 때에는 **직접투자**(direct investment)라고 정의한다. 반대로 **포트폴리오 투자**는 만기가 짧고, 투자자가 해당 자산에 대해

글로벌 금융 실무 3.1

글로벌 경상계정의 흑자

거짓말에는 세 가지 종류가 있다. 거짓말, 새빨간 거짓말 그리고 통계가 그것이다.

– Lord Courtney, Sir Charles Dilke
또는 Mark Twain의 말로 자주 인용되나 작자 미상

한 나라의 흑자는 다른 나라의 적자이다. 즉, 개별 국가는 경상계정이 적자이거나 흑자이고, 이론적으로 제로섬 게임이어야 한다. 그러나 가장 최근의 IMF의 세계경제전망(World Economic Outlook)에 따르면, 세계는 경상계정 흑자를 기록하고 있다. 적어도 통계적으로는 말이다.*

이성적으로 설명하자면, 최근 IMF 가입국이 IMF에 보고한 통계에 오류가 있다는 것이다. 이 오류는 아마도 실수이면서 동시에 의도된 것일 가능성이 높다. 오랫동안 IMF는 운송 및 화물 요금의 과소신고와 부유한 산업화 국가 거주자의 해외투자소득 과소신고가 가장 가능성 높은 설명이라고 믿었다.

다른 많은 설명은 국제적인 경상계정 활동에 대한 의도적인 보고 오류에 주목한다. 송장가격을 실제보다 낮게 표시하거나 높게 표시하는 것은 세금, 자본 통제, 구매 제한 등을 피하기 위해 국제무역에서 오랫동안 사용된 방법이었다. 세금 회피와 복잡한 기업 내부거래 및 이전 가격 때문에 해외 소득을 과소 보고한다는 주장은 일부 가능성 있는 설명이다.

결론적으로, 이론적으로 가능하지 않지만 숫자는 그렇다고 이야기한다. *The Economist*가 지적했듯이, 지구라는 행성은 외계인과의 무역거래에서 경상계정 흑자를 기록하는 것으로 보인다.**

---

* *World Economic Outlook: Slowing Growth, Rising Risks*, International Monetary Fund, September 2011

** "Economics Focus, Exports to Mars," *The Economist*, November 12, 2011, p. 90

지배력을 가지고 있지 않을 때로 정의한다.

직접투자. 직접투자는 자산에 대해 지배력을 행사하기 위한 목적으로 미국처럼 한 나라에서 다른 나라로 투입된 순자본을 말한다. 만약 미국 회사가 다른 나라에 신규 자동차 부품 설비를 건설한다면 또는 다른 나라의 기업을 매입한다면, 이것은 미국 국제수지의 직접투자에 해당한다. 자본이 미국 밖으로 나갈 때, 그것은 국제수지의 자본 유출로 기록된다. 반대로 외국 기업이 미국에 있는 기업을 매입한다면, 그것은 국제수지에 플러스로 기록되는 자본 유입에 해당한다.

해외 거주자의 자산 매입은 언제나 약간의 논란을 일으킨다. 미국을 포함하여 해외에 외국인이 투자하는 것에 대해 우려스러운 점을 지배력과 이익 두 가지 면에서 살펴볼 수 있다. 어떤 나라는 외국인이 그 나라에서 소유할 수 있는 것에 대해 규제를 하는데, 이는 그 나라의 영토와 자산 및 산업은 일반적으로 그 나라 거주자가 소유해야 한다는 전제에 기반한다. 한편 미국은 국가 안보 문제와 관련한 것이 아니라면, 전통적으로 외국 거주자나 외국 기업이 미국 내에서 자산을 소유하고 지배하는 것에 대해 거의 규제하지 않는다. 국제무역 자유화에 대한 전통적인 논쟁 케이스와 달리 국제투자에 대해서는 합의점을 찾지 못하고 있다.

해외직접투자에 대한 두 번째 중요한 우려점은 누가 그 투자로부터 이익을 받느냐의 문제이다. 미국에서 기업을 소유하는 외국 회사들은 궁극적으로 그 기업활동으로부터 이익을 얻는다. 다르게 말하면, 외국 회사들이 미국 노동자의 노력으로 이익을 얻게 된다는 말이다. 미국 내 많은 외국 기업들이

실제로 미국 기업들보다 더 높은 비율로 이익 대부분을 미국 내 사업에 재투자하고 있음을 알려주는 많은 증거들에도 불구하고, 잠재적 이익 유출에 대한 논쟁은 계속되고 있다. 실제 선택과는 상관없이 노동자들은 그들의 노동에 대한 이익이 그 국가 내, 그들의 손에 남아있어야 한다고 느낀다.

해외투자를 설명하기 위해 사용된 표현들도 공공 여론에 영향을 줄 수 있다. 만약 거대한 자본 유입을 '미국 산업 전망에 대한 확신을 보여주는 전 세계 곳곳에서의 자본 투자'라고 표현한다면, 순자본 흑자는 확실히 긍정적으로 표현된 것이다. 그러나 순자본 흑자가 '세계에서 가장 큰 부채국인 미국'을 만들었다고 설명한다면, 이는 명백하게 부정적인 의미를 내포한다. 두 가지 모두 본질적으로 동일한 경제 원리에 대해 제시되는 의견들이다.

장기이든 단기이든 상관없이, 자본은 동일 수준의 리스크에 대해 가장 고수익을 낼 수 있다고 믿는 곳으로 움직인다. 자본 유입이 직접투자의 형태일 때 회계적 관점에서는 '국제 부채'임에도 불구하고, 고용, 생산, 서비스, 기술 투자 및 경쟁력 등에 대한 장기적 투자로 그 나라 산업의 경쟁력은 높아진다. 미국에서의 순직접투자 현금흐름은 도표 3.3에 제시되어 있다.

포트폴리오 투자. 직접투자의 기준인 10% 소유권을 넘지 않는 순자본투자를 말한다. 만약 미국 거주자가 일본 기업의 주식을 매수하였는데 10% 기준에는 부족하다면, 우리는 이를 포트폴리오 투자(그리

도표 3.3 미국 금융계정, 1985~2013

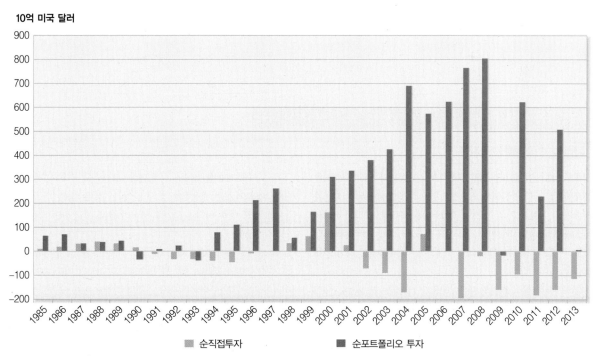

10억 미국 달러

■ 순직접투자   ■ 순포트폴리오 투자

출처 : *Balance of Payments Statistics Yearbook*, International Monetary Fund, 2013.

고 자본 유출)로 정의할 수 있다. 미국 재무부 증권처럼 해외에서 부채증권을 매수하거나 매각할 때 역시 포트폴리오 투자로 분류된다. 부채증권은 정의상 매수자에게 소유권이나 지배권을 주지 않기 때문이다.

포트폴리오 투자는 투자대상을 지배하거나 관리하기 위한 활동이 아니라 순수하게 이익만을 추구하는 활동에 투자되는 자본이다. 부채증권, 채권, 이자가 붙는 예금계정 등을 매수하는 활동은 오직 이익을 얻기 위해서이다. 이러한 투자상품은 이 채무를 발행한 당사자에 대해 어떤 의결권이나 지배권도 가지고 있지 않다. 외국인 투자자가 재정증권이나 장기채권 등 미국 정부가 발행한 채권을 매수한다면 이는 미국 내 순포트폴리오 투자에 해당한다. 외국인이 매수한 대부분의 미국 부채는 채권 발행국 통화인 미국 달러로 표기된다는 것을 주목할 필요가 있다. 러시아, 브라질, 동남아시아 국가들이 발행한 해외 부채도 상당수가 외국 통화인 미국 달러로 표기되어 있다. 따라서 이 국가들은 외국인이 보유한 부채를 갚기 위해 전형적으로 수출을 통해 달러를 벌어야만 한다.

도표 3.3에서 나타나듯이, 포트폴리오 투자는 지난 수십 년 동안 순해외직접투자보다 훨씬 더 큰 변동성을 보인다. 모든 종류의 외국인 투자자들은 미국의 재정증권이나 회사채와 같은 미국 부채증권에 대해 높은 수요를 보이고 있다. 포트폴리오 투자를 불러일으키는 힘은 언제나 수익과 리스크이다. 이러한 부채증권들 역시 글로벌 금융 실무 3.2에 나타난 대로 국제 투자활동의 다양한 측정에 영향을 주었다.

기타 자산투자. 금융계정의 마지막 구성요소인 기타 자산 투자는 다양한 단기 및 장기 무역 신용, 금융기관으로부터의 역외 대출, 외화 예탁금 및 은행 예탁금, 역외무역과 관련한 미수금과 미지급금 등으로 구성된다.

글로벌 금융 실무 3.2

한 나라의 순국제투자포지션

순국제투자포지션(NIIP)은 시민, 기업 그리고 정부가 해외에서 소유한 자산에서 그 나라 안에서 외국인이 공적/사적으로 소유한 자산을 차감한 연간 지표이다. 한 나라의 국제수지를 자주 한 나라의 국제적 '현금흐름표'로 설명하는 반면, NIIP는 한 나라의 국제 '재무상태표'로 해석할 수 있다. NIIP는 한 나라의 해외 자산 보유량에서 해외 부채 보유량을 차감한 값이다.

기업의 현금흐름이 기업의 재무상태표와 연결되는 방식처럼, NIIP는 국제수지표에 사용되는 자본계정과 금융계정에 기반하여 분류할 수 있다(직접투자, 포트폴리오 투자, 기타 투자 및 준비자산). 최근 국제자본이 통화 간에 그리고 국경 간에 움직이는 것이 더 쉬워짐에 따라 자산 및 증권의 소유가 큰 호황을 누리고 있다.

한 나라의 NIIP를 바라보는 방법은 그 나라의 전체 경제 규모인 GDP 대비 비율로 측정하는 것이다. 여기 제시된 대로, 미국의 NIIP는 2005년 이후 극적인 증가를 보이며 현재 미국 GDP 대비 평균 25%에 이른다.

미국을 전 세계 최대 채무국이라고 부르는 것처럼 일부에서는 이런 수치가 미국 경제의 위기를 보여준다고 하지만, 여러 방식으로의 이러한 자산투자는 미국과 미국 경제의 미래에 대한 외국인 투자자들의 믿음을 보여준다. 외국인 투자의 대부분은 커지는 미국 정부의 재정 적자를 부분적으로 조달하기 위해 발행하는 미국 정부 채권에 대한 매입으로 이루어진다. 따라서 외국인 투자자들은 미국 정부의 재정 적자를 메꾸는 데 도움을 주고 있는 것이다.

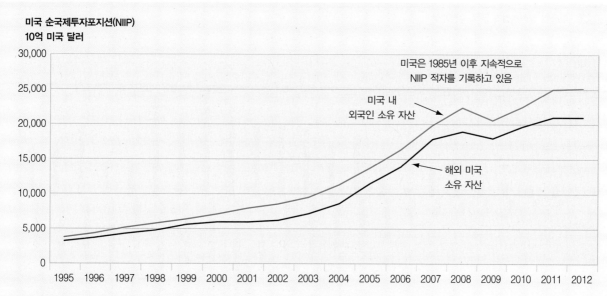

출처 : Congressional Research Service.

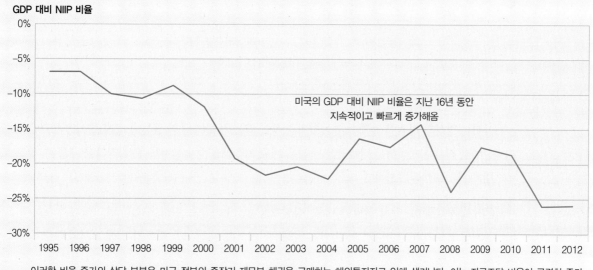

이러한 비율 증가의 상당 부분은 미국 정부의 중장기 재무부 채권을 구매하는 해외투자자로 인해 생겨났다. 이는 자금조달 비용이 급격히 증가하는 것을 막는 한편, 미국 정부의 재정 적자를 메우는 데 도움이 되었다.

오차 및 누락계정과 공식준비계정

도표 3.4는 최근 미국의 경상계정과 자본/금융계정을 보여준다. 이 도표는 국제수지의 기본적인 경제적 회계적 관계, 즉 경상계정과 금융계정의 역관계를 보여준다.

이 역관계는 우연히 나타난 게 아니다. 국제수지표의 복식 부기 방법에서 경상계정과 금융계정은 정부 당국이 환율을 과도하게 조작하지 않는다면 서로 상쇄되어야 한다. 다음 절의 중국에 대한 설명

| 도표 3.4 | 미국의 경상계정과 금융/자본계정 |

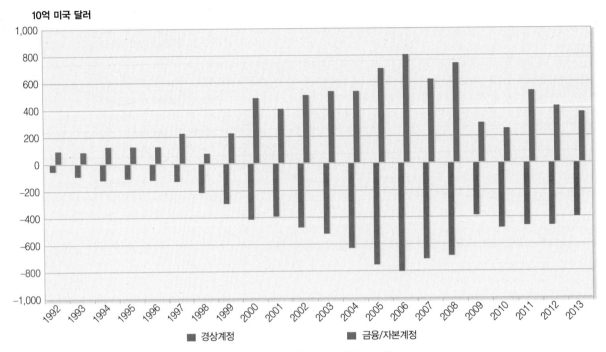

10억 미국 달러

■ 경상계정   ■ 금융/자본계정

출처 : *Balance of Payments Statistics Yearbook*, International Monetary Fund, December 2013, p. 1,032.

에서는 정부의 정책이 경제를 왜곡하여 이목을 끄는 사례(중국의 쌍둥이 흑자)를 설명한다. 대규모 경상계정 적자를 경험하는 나라들은 똑같은 대규모의 금융계정 흑자를 통해 적자를 채울 수 있고, 그 반대의 경우도 마찬가지이다.

오차 및 누락계정. 앞서 설명한 대로, 경상계정과 금융계정은 따로 수집하고 기록되기 때문에 오차나 통계적 불일치가 나타나기 마련이다. 국제수지에서 항상 균형을 맞추기 위해 오차와 누락계정이 사용된다.

공식준비계정. 공식준비계정(Official Reserves Account)은 한 나라의 공식 통화 당국이 보유하는 전체 준비금이다. 이 준비금은 일반적으로 국제무역 및 금융 거래에 사용되는 주요 통화(미국 달러, 유로화, 일본 엔화, 금, 특별인출권 SDR과 같이 소위 '기축통화'라고 불리는 통화)로 구성된다.

공식준비금의 의미는 일반적으로 그 나라의 통화가 고정환율제인지 또는 변동환율제인지에 따라 달라진다. 한 나라의 통화가 고정되어 있다면, 정부는 공식적으로 그 나라의 통화가 다른 나라 통화 얼마로 바꿀 수 있는지를 공식적으로 선언하는 것이다. 예를 들어, 중국 위안화의 경우 오랜 시간 동안 미국 달러에 대해 고정되어 있었다. 이렇게 고정된 환율 또는 패리티환율을 유지하는 것은 중국 정부의 책임이다. 어떤 이유로 통화시장에 과도한 위안화 공급이 이루어졌다면, 위안화 가치가 떨어지는 것을 막기 위해 중국 정부는 공개시장에서 위안화를 구매함으로써 위안화 가치를 유지해야만 한다. 이를 위해 중국 정부는 과도한 위안화 공급량이 없어질 때까지 기축통화 준비금을 쓸 것이다. 변동환율제하에서라면 중국 정부는 그런 책임이 없고, 공식준비금의 역할도 줄어든다. 그러나 다음 절에서 논의할 것처럼, 중국 정부의 외환보유금은 세계 최대 규모이고, 필요하다면 중국 정부는 향후에도 위안화 가치를 관리하기 위해 충분한 준비금을 보유할 것이다.

룰을 따르지 않는 중국의 쌍둥이 흑자

도표 3.5는 오랜 시간 동안 국제적으로 관측된 놀라운 국제수지 현상인 최근 중국의 쌍둥이 흑자를 보여준다. 경상계정과 금융계정 모두에서 나타난 중국의 흑자를 가리켜 비즈니스 언론에서는 **쌍둥이 흑자**라는 용어를 사용하는데 이는 매우 이례적인 일이다. 예를 들어 미국, 독일, 영국의 경우와 같이, 일반적으로 한 나라는 이 두 가지 계정 사이에서 역관계를 보인다. 이러한 역관계는 우연적인 것이 아니라 대규모의 성숙한 산업 국가들이 전형적으로 경상수지 적자를 똑같은 대규모의 금융계정 흑자로 보전하고 있다는 것을 설명한다. 일본과 같은 일부 국가들은 반대 현상이 나타나기도 해서 경상계정 흑자가 금융계정의 적자와 함께 나타난다.

그러나 중국은 대규모의 경상계정 흑자를 경험하면서도 대규모의 금융계정 흑자를 동시에 경험해

도표 3.5 1998~2013년 동안 중국의 쌍둥이 흑자

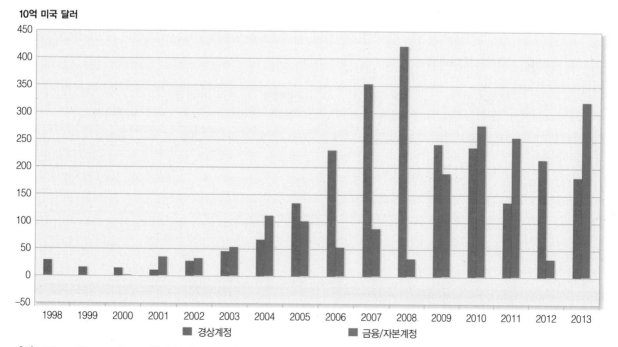

출처 : *Balance of Payments Statistics Yearbook*, International Monetary Fund, December 2013.

왔다. 이것은 매우 특이한 경우이자 중국 경제성장이 얼마나 예외적이었는지를 보여주는 지표이다. 이런 규모의 경상계정 흑자는 일반적으로 금융계정 적자를 만들어내지만, 중국 경제에 대한 긍정적 전망은 최근 중국으로 엄청난 규모의 자본 유입을 만들어내어 금융계정 역시 흑자가 되었다. 2012년에 금융계정 흑자가 크게 감소했지만, 중국으로의 자본 유입 규제 완화로 2013년 금융계정 흑자가 기록적으로 다시 증가한 것을 확인할 수 있다.

중국 경제성장은 경상계정 흑자의 증가를 가져왔고, 결과적으로 외환보유금이 축적되었다. 중국의 외환보유금은 2001~2013년 사이에 2,000억 달러에서 거의 3조 7,000억 달러로 16배나 증가하였다. 전 세계 금융 역사상 외환보유금을 이렇게 축적한 전례는 없었다. 외환보유금을 통해 중국 정부는 중국 위안화의 가치를 조정할 수 있고, 세계 경제에서 중국의 경쟁력에 영향을 줄 수 있을 것이다. 또한 대규모의 외환보유금으로 중국 정부는 원하기만 한다면 미국 달러와 같은 주요 통화에 대한 위안화의 고정환율을 비교적 안정적으로 유지할 수 있을 것이다.

주요 거시경제 비율에 대한 국제수지의 영향

한 나라의 국제수지는 국제재무의 세 가지 거시경제 비율인 환율, 이자율, 인플레이션에 영향을 주고받는다.

국제수지와 환율

한 나라의 국제수지는 환율제도에 따라서 그 나라의 환율 수준에 중요한 영향을 미치고, 반대로 환율 역시 국제수지에 중요한 영향을 미친다. 국제수지와 환율의 관계는 국제수지 데이터를 요약한 간단한 공식으로 나타낼 수 있다.

경상계정 잔액		자본계정 잔액		금융계정 잔액		준비금 잔액		국제수지
$(X - M)$	$+$	$(CI - CO)$	$+$	$(FI - FO)$	$+$	FXB	$=$	BOP

X = 상품 및 서비스의 수출

M = 상품 및 서비스의 수입

CI = 자본 유입

CO = 자본 유출

FI = 금융 유입

FO = 금융 유출

FXB = 외환이나 금과 같은 공식적인 통화준비금

국제수지 불균형의 결과는 그 나라가 고정환율제, 변동환율제, 관리환율제 등을 가지고 있느냐에 따라 다르게 나타난다.

고정환율제 국가. 고정환율제하에서 정부는 국제수지가 0이 되도록 균형을 이룰 책임을 지고 있다. 만약 경상계정과 자본계정의 합계가 대략 0이 아니라면, 정부는 공식외환준비금을 사거나 팔 수 있도록 외환시장에 개입할 것이다. 만약 경상계정과 자본계정의 합계가 0보다 크다면, 이는 국내 통화에 대한 요구가 더 많은 것이다. 고정환율을 유지하기 위해 정부는 이때 외환시장에 개입하여 국내 통화를 팔고 외국 통화나 금을 매입함으로써 국제수지를 다시 0으로 돌아가게 할 것이다.

만약 경상계정과 자본계정의 합계가 음수라면, 세계시장에서 국내 통화에 대한 초과 공급이 있으므로 정부는 시장에 개입하여 외환보유금과 금으로 국내 통화를 매입하여야 한다. 정부가 효과적으로 개입할 수 있도록 상당한 외환보유금을 유지하는 것은 매우 중요하다. 만약 어떤 나라의 외환보유금이 부족해지면, 정부는 국내 통화를 매입할 수 없고 통화가치는 떨어질 수밖에 없을 것이다.

변동환율제 국가. 변동환율제하에서 한 나라의 정부는 환율을 고정시킬 책임이 없다. 경상계정과 자본계정을 더했을 때 0이 되지 않는다는 사실은 이론상 자동적으로 국제수지를 거의 0으로 만드는 데 필요한 방향으로 환율을 바꿀 것이다. 예를 들어, 대규모의 경상계정 적자를 가지고 있고 자본 및 금융계정은 0인 어떤 나라는 순국제수지 적자를 가지게 된다. 국내 통화의 초과 공급이 세계시장에 나타날 것이다. 상품의 초과 공급에서와 같이, 시장은 가격을 낮춤으로써 불균형을 해소하려 할 것이다. 따라서 국내 통화의 가치는 떨어질 것이고, 국제수지는 0으로 돌아갈 것이다.

외환시장이 항상 이 이론대로 작용하는 것은 아니어서, 특히 중·단기 기간 동안에는 이대로 나타나지는 않는다. 시장의 반응이 늦어지는 것을 J 커브라고 하는데, 이후 절에서 자세히 나타나듯이 적자는 단기적으로 더 악화되지만 장기적으로는 균형을 찾게 된다.

관리환율제. 많은 나라들이 매일매일의 환율 결정에 있어 시장 상황에 여전히 의지하기는 하지만, 관리환율제를 가진 나라들은 바람직한 수준의 환율가치를 유지하기 위한 조치를 취할 필요가 있다고 판단한다. 이 나라들은 외환시장에 직접적인 개입을 하기보다는 종종 시장이 움직이는 동기에 영향을 줌으로써 그 나라 통화에 대한 시장의 평가를 바꾸려고 한다.

이때 정부가 취하는 가장 중요한 조치는 상대적 이자율을 변화시킴으로써 환율 결정의 경제적 펀더멘털(fundamental)에 영향을 주는 것이다. 앞서 제시된 수식에서, 국내 이자율 변화는 자본계정 수지($CI - CO$)를 바꾸게 되는데, 이는 경상계정의 적자로 생긴 불균형을 복구하기 위해 자본계정, 특히 자본 이동의 단기 포트폴리오 구성을 바꾸려는 시도이다.

국제 자본 이동과 환율 변동에 대해 이자율 변화는 상당히 큰 영향력을 미친다. 관리변동환율제를 가지면서도 자국 통화를 보호하려는 나라는 국내 이자율을 높여서 해외로부터 추가적인 자본을 유치하려 할 것이다. 이러한 단계는 시장의 힘을 변화시켜서 국내 통화에 대한 시장의 추가 수요를 만들어낼 것이다. 이러한 과정을 통해, 정부는 특정 범위 내에서 자국 통화가치를 보호하려 한다는 신호를 시장에 보내게 된다. 한편 이런 과정은 국내에서 사업을 하는 이들이 자금을 빌리는 비용을 증가시키기 때문에, 이런 정책은 국내 비판에 직면하게 된다.

국제수지와 이자율

외환시장에 개입하기 위해 이자율을 사용하는 것과 별개로, 다른 나라와 비교한 한 나라의 전반적 이자율 수준은 국제수지의 금융계정에 영향을 준다. 상대적으로 낮은 실질금리는 대개 더 높은 이자율을 주는 다른 통화를 찾아 자본이 유출되도록 만든다. 그러나 미국의 경우 전혀 반대의 현상이 나타나고 있다. 상대적으로 낮은 실질금리와 대규모의 국제수지 경상계정 적자에도 불구하고, 미국의 국제수지 금융계정은 매력적인 미국의 성장 전망, 높은 수준의 생산성 혁신 그리고 정치적 안정으로 인한 금융 유입을 경험해왔다. 따라서 금융계정 유입으로 미국은 더 낮은 이자율을 유지하고 전례 없이 과도한 재정 적자를 조달할 수 있었다. 그러나 경상계정 수지가 더욱 악화되면서 금융계정의 호의적인 자금 유입이 줄어들기 시작했다.

국제수지와 인플레이션

수입은 한 나라의 인플레이션을 낮출 수 있는 잠재력을 가진다. 특히 낮은 가격의 상품과 서비스가 수입되면, 국내 경쟁자들은 비슷한 상품과 서비스에 대해 부과하는 가격을 올리는 데 한계를 갖는다. 따라서 해외의 경쟁품들은 수입품들이 없었을 때의 인플레이션보다 더 낮은 인플레이션을 유지할 수 있도록 국내 경쟁품들을 대체하게 된다.

반면, 가격이 더 낮은 수입품이 국내의 생산과 고용을 대체하는 정도에 따라 국내총생산은 더 낮아질 것이고, 경상계정 수지는 더 악화될 것이다.

무역수지와 환율

상품과 서비스에 대한 한 나라의 수입과 수출은 환율의 변화에 영향을 받는다. 변화의 과정은 원칙상 매우 간단하다. 환율의 변화는 수입품과 수출품의 상대적 가격을 변화시킨다. 그리고 가격 변화는 차례로 수요의 가격탄력성으로 인한 필요 수량의 변화를 가져온다. 이론은 간단하게 보이지만, 글로벌 비즈니스는 실제로 더 복잡하다.

무역과 평가절하

지속적인 대규모 무역 적자로 인해 각 국가들은 때로 자국의 통화가치를 내린다. 그리 오래지 않은 과거에 많은 국가들은 그 나라의 수출품들이 보다 경쟁력 있는 가격을 갖게 하려고 의도적으로 통화가치를 내렸다. 그러나 이러한 경쟁적 평가절하는 보통 수입품들의 가격을 상대적으로 비싸게 만들기 때문에 자기파괴적일 수 있다. 무역수지를 개선하기 위해 자국 통화가치를 의도적으로 절하하는 것의 논리와 결과는 무엇인가?

J 커브 조정 과정

국제경제 분석가들은 무역수지 조정 과정을 세 가지 단계로 특징짓는다. 즉, (1) 통화 계약 단계, (2) 전가 단계, (3) 수량 조정 단계가 그것이다. 이 세 가지 단계가 도표 3.6에 제시되어 있다. 평가절하 전에 무역수지가 이미 적자라고 가정하면, t_1 시점에서의 평가절하는 무역수지가 궁극적으로 개선되기 전 초기에는 무역적자의 악화로 이어진다. 이러한 조정 과정은 그림에 보여지듯이 납작한 'j' 모양처럼 나타난다.

초기의 통화 계약 단계에서는 수입품과 수출품의 모든 계약이 이미 체결되어 있으므로 예상치 못한 국내 통화의 갑작스러운 평가절하의 영향이 확실히 나타나지 않는다. 이미 체결된 계약하에서 기업들은 이익이 나든 손실이 나든 상관없이 계약사항을 이행하여야 한다. 미국의 경우를 예로 들어 갑작스럽게 미국 달러가치가 떨어진 경우를 가정해보자. 대부분의 수출품들은 미국 달러로 가격이 표기되어 있으나 대부분의 수입품들은 계약 시 외국 통화로 표기되었다. 수입품에 대한 대금을 지불하여야 하는 미국 수입업체는 대금을 지불하기 위한 외화를 살 때 더 많은 달러가 필요하기 때문에 수입업체들의 비용은 증가하는 반면, 미국 수출업체들이 벌어들이는 수익은 그대로이다. 따라서 갑작스러운 평가절하의 결과, t_1 시점의 무역 적자 규모는 더욱 커지게 되는 것이다. 그러나 대부분의 수입품이 외국 통화로 표기되고, 대부분의 수출품이 달러로 표기된다고 믿을 근거는 많지 않다.

무역 적자 조정 과정의 두 번째 단계는 전가 단계라고 부른다. 환율 변화에 따라, 수출·수입기업은 결국 환율 변화를 상품 가격으로 전가하여야 한다. 예를 들어, 미국 달러가치가 크게 하락한 후에 미국

도표 3.6 환율에 따른 무역 조정 : J 커브

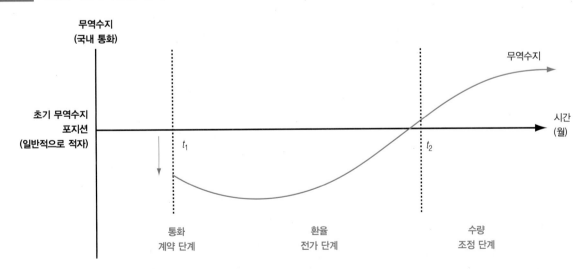

수출상품은 대부분 국내 통화로 가격을 결정하고 청구하는 반면 수입상품은 대부분 외국 통화로 가격을 매기고 청구한다면, 국내 통화의 갑작스러운 평가절하는 아마 초기에 무역적자를 악화시킬 것이다. 환율 변화가 상품 가격으로 전가되고, 시장이 가격 변화에 대해 수요 변화로 반응할 수 있는 시간이 흐른 이후에 무역수지는 개선될 것이다. 통화 계약 단계는 3~6개월 정도 지속되다가 이후 3~6개월 동안 환율 전가 및 수량 조정이 이루어질 수 있다.

시장에서 제품을 판매하는 해외 생산업체는 현지의 생산비용을 부담해야 할 것이다. 현지 통화로 충분한 수입을 올리기 위해 이 업체는 더 높은 달러 가격을 청구하게 될 것이다. 이 업체는 미국시장에서 가격을 올려야만 한다. 미국의 수입 가격은 그 후 오르고, 결국 전체 환율 변화는 가격으로 전가된다. 비슷하게 달러가치가 하락하기 때문에 미국 수출품의 가격은 해외 경쟁기업과 비교할 때 더 저렴해진다. 미국 수출업체에는 안타깝게도, 최종 제품에 투입하는 많은 자원들이 실제로는 수입될 수도 있는데 이는 달러가치 하락의 긍정적인 효과를 상쇄시킨다.

세 번째이자 마지막 단계인 수량 조정 단계에서는 국내 통화의 평가절하나 가치 하락으로 예상할 수 있는 무역수지 조정이 이루어진다. 전가 단계의 결과로 수출품과 수입품의 가격이 변함에 따라 미국과 미국 수출시장의 소비자들은 모두 새로운 가격에 따라 수요를 조정하게 된다. 수입품들은 상대적으로 더 비싸지고, 따라서 수입품에 대한 수요 물량이 줄어든다. 수출품들은 상대적으로 저렴해지고 따라서 수출품에 대한 수요 물량이 늘어난다. 수출품과 수입품 대금의 차이인 무역수지는 개선된다.

안타깝게도 이러한 세 단계의 조정이 하룻밤에 일어나지는 않는다. 심각한 환율 변화를 겪어왔던 미국과 같은 나라 역시 이러한 조정이 오랜 시간에 걸쳐 일어나는 것을 확인하였다. 실증분석 결과, 산업국가의 경우 t_1 시점과 t_2 시점 사이의 시간은 3~12개월까지 달라질 수 있다고 한다. 이 과정은 더 복잡해질 수도 있어서, 때로는 조정이 완전히 이루어지기 전에 새롭게 환율이 변화할 수도 있다.

무역수지 조정 과정 : 등식

한 나라의 무역수지는 본질적으로 수입과 수출의 소득 차이로, 각각은 수출품 가격 $P_x^\$$와 수입품 가격 P_m^{fc}의 배수이다. 수출품 가격은 미국 달러로 표기되고, 수입품 가격은 외국 통화로 표기된다고 가정한다. 수출 물량과 수입 물량은 각각 Q_x와 Q_m으로 표기한다. 이때 수입품 대금은 외국 통화로 표기한 대금에 현물환율 $S^{\$/fc}$를 곱하여 미국 달러로 표시할 수 있다. 미국 달러로 표시한 무역수지는 따라서 다음과 같이 나타난다.

$$\text{미국 무역수지} = (P_x^\$ Q_x) - (S^{\$/fc} P_M^{fc} Q_M)$$

국내 통화 평가절하의 즉각적인 영향은 현물환율 $S^{\$/fc}$의 가치를 증가시켜 즉각적으로 무역수지의 악화를 가져온다(통화 계약 단계). 현재 계약이 만기가 되고, 새로운 가격이 부분적으로 혹은 완전히 환율 변화에 전가된 이후에야 무역수지 개선이 분명해진다(전가 단계). 실제 무역수지는 수요의 가격 탄력성이 작동할 만큼 시간을 갖게 된 마지막 단계(수량 조정 단계)에서 도표 3.6의 시작점 위로 올라갈 것으로 예상된다.

자본의 이동

자본이 국경을 넘어 자유롭게 이동하는 정도는 한 나라의 국제수지에 매우 중요하다. 우리는 이미 미국이 금융계정 흑자를 기록하면서도 지난 20년 동안 경상계정 적자에 시달려왔으며, 중국이 지난 10

년 동안 경상계정과 금융계정 모두 흑자를 향유해온 것을 확인하였다. 그러나 이 두 가지 예시는 단지 두 나라의 경우이고, 많은 나라들, 특히 더 작은 나라나 신흥시장에 무역수지와 자본수지 변화가 가져오는 도전을 반영하지 못할 수도 있다.

경상계정 대 금융계정 자본 흐름

자본 유입은 경제 발전에 크게 기여할 수 있다. 자본 유입으로 새로운 프로젝트, 새로운 인프라 개발 그리고 생산성 향상에 더 많은 자본을 사용할 수 있게 된다. 이는 차례로 일반적인 경제성장을 가져오고 고용 창출로 이어질 수 있다. 자국의 자본 보유자가 국내 경제 외부에 투자할 수 있는 능력을 가짐으로써 더 높은 투자 수익과 포트폴리오 다각화를 거둘 수 있고, 국내 기업은 상업적으로 더 발전하게 된다.

한편, 경제 안팎으로의 자유로운 자본 이동은 잠재적으로 경제 활동을 불안정하게 만든다. 몇 세기 동안 자유로운 자본 이동의 혜택만큼이나 자본 이동의 부작용 또한 알려져 왔다. 바로 이런 이유로, 브레턴우즈 체제 창설자들은 경상계정 거래를 위한 자본인 외환, 은행 예탁금, 단기금융시장 상품의 자유로운 이동을 촉진하고 요구할 때 매우 조심스러웠다. 그러나 그들은 해외직접투자와 지분투자 같은 자본계정 거래를 위한 자유로운 이동을 요구하지는 않았다.

한 나라 경제 안팎으로 자본이 이동하고 단기 이자율 차이에 의존하는 통화 및 환율 예측에 따라 경상계정과 관련된 자본 이동은 더욱 변동성이 크다는 것을 경험적으로 알게 되었다. 이러한 변동성은 실물자산 투자와 고용 또는 장기적 경제성장에 직접적인 영향을 주지 않아 약간은 그 영향력이 제한된다. 더 장기적인 자본 이동은 성장 전망과 정치적 안정성에 대한 인식처럼 더 근본적인 경제에 대한 기대를 반영하기 때문이다.

그러나 많은 신흥시장들의 역경을 생각해본다면, 문제는 상당히 복잡하다. 제2장에 나온 **불가능한 삼위일체**(impossible trinity, 고정환율제를 유지하면서 나라 안팎으로의 완전한 자본 이동을 허용하고 독립적인 통화정책을 동시에 수행할 수 있는 나라는 없음을 일컫는 이론적 구조)를 상기해보라. 많은 신흥시장국들은 고정환율제에 가까운 환율제도(약한 페그)를 유지하고 엄격하게 독립적인 통화정책을 유지하였으며, 자본 유입과 유출에 대해 규제를 하면서 개발을 지속해왔다. 상품 및 서비스 수출입과 같은 경상계정 활동이 성장하면서 경상계정과 관련된 자본 이동은 규제가 완화되었다. 그러나 그 나라가 만약 환율 페그나 통화정책 목표에 잠재적으로 영향을 줄 만큼 단기적 자본 이동에 있어 심각한 변동을 경험하게 된다면, 정부 당국은 보통 재빨리 자본 통제를 재도입하게 된다.

지난 30년 동안 자본 개방이 늘어나면서, 국제적인 자본에 대해 많은 국가의 금융계정 분야를 더 개방하라고 요구하는 정치적인 압력이 증가해왔다. 그러나 1997/1998년 아시아 금융위기를 겪으며 이러한 흐름은 멈추게 되었다. 작은 경제들이 수출 위주의 무역 전략하에서 아무리 성공적으로 성장하고 발전할 수 있었다고 하더라도, 경제위기와 금융위기 전염의 시기에는 갑작스럽고 파괴적인 자본 유출에 크게 좌우된다는 것을 확인하게 된 것이다.

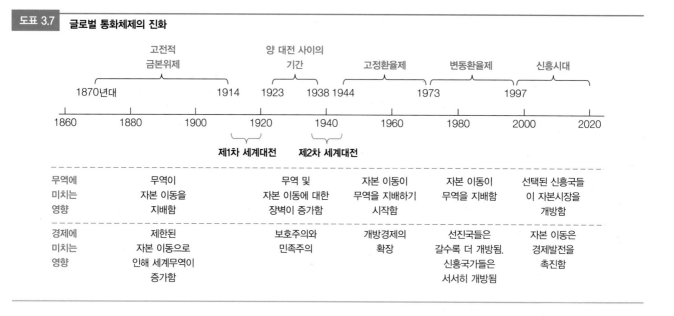

도표 3.7 글로벌 통화체제의 진화

	고전적 금본위제	양 대전 사이의 기간	고정환율제	변동환율제	신흥시대
무역에 미치는 영향	무역이 자본 이동을 지배함	무역 및 자본 이동에 대한 장벽이 증가함	자본 이동이 무역을 지배하기 시작함	자본 이동이 무역을 지배함	선택된 신흥국들이 자본시장을 개방함
경제에 미치는 영향	제한된 자본 이동으로 인해 세계무역이 증가함	보호주의와 민족주의	개방경제의 확장	선진국들은 갈수록 더 개방됨. 신흥국들은 서서히 개방됨	자본 이동은 경제발전을 촉진함

자본 이동의 역사적 유형

국제수지에 대한 논의를 마치기 전에, 우리는 자본 이동의 역사와 자본 유출(자본 도피)이 국제수지 위기에 미치는 영향에 대해 추가적으로 이해할 필요가 있다. 자본은 언제나 한 나라 안팎으로 자유롭게 움직여왔는가? 당연히 그렇지 않다. 외국인 투자자가 부동산을 소유하고, 사업체를 사들일 수 있거나 혹은 주식이나 채권을 살 수 있는지 여부는 많은 나라에서 이제까지 논란거리였다.

제2장에서 처음 소개한 것처럼, 도표 3.7은 지난 150년 동안의 자본 이동에 대해 역사적으로 시대를 구분하여 보여준다. 도표에서는 경제사를 5개의 특징적인 환율제도에 따라 시대를 구분하고, 이와 관련하여 자본 이동 혹은 자본 이동의 결핍에 미치는 영향에 대해 보여준다. 이러한 환율에 따른 시대 구분은 우리가 제2장에서 자세히 살펴본 환율제도를 명확히 반영하고 있을 뿐 아니라, 이 시기를 거치며 산업국과 신흥시장 모두의 정치적 경제 신념과 정책이 어떻게 진화해왔는지 보여주고 있다.

금본위제(1860~1914). 무역과 자본이 자유롭게 이동하기 시작한 경제 개방의 시대임에도 불구하고, 이 체제를 유지하기 위해 금 태환에 의존하는 산업국 경제가 지배하는 시대였다.

제1, 2차 세계대전 사이 시기(1914~1945). 이 시기는 주요 경제 세력들이 고립주의와 보호주의 정책으로 회귀하여 무역을 제한하고 자본 이동을 거의 금지한 긴축의 시대였다. 그 결과는 참혹하여, 금융위기, 글로벌 경제불황, 국제적인 정치경제 분쟁의 증가로 이어져 결국 제2차 세계대전이 발발하게 된다.

브레턴우즈 시대(1945~1971). 브레턴우즈 체제하에서 달러 기반 고정환율제는 오랜 시간 동안의 경제 회복과 국제무역 및 국가 안팎으로의 자본 이동의 개방을 증가시켰다. 많은 연구자들(예를 들어 Obstfeld와 Taylor, 2001)은 브레턴우즈 체제의 실패를 가져온 것은 궁극적으로 자본 이동이 속도와 양면에서 빠르게 증가하였기 때문이라고 믿었다. 글로벌 자본은 더 이상 억제될 수 없었던 것이다.

변동환율제 시대(1971~1997). 변동환율제 시대에서 산업화 국가와 신흥시장 국가 사이의 분열이 증가하기 시작하였다. 산업화 국가(주요 통화)는 자본 이동에 의해 변동환율제로 변경하거나, 변경하도록 요구받았다. 신흥시장(2차적 통화)은 경제발전을 촉진하고 그 나라의 경제와 통화에 대한 지배를 유지하기 위해 무역을 개방하였으나, 자본 이동에 대해서는 규제를 유지하였다. 그러나 이러한 규제에도 불구하고, 이 시대는 1997년 아시아 금융위기의 기습으로 끝나게 된다.

신흥시대(1997~현재). 중국과 인도가 이끄는 신흥 경제는 그들의 시장을 글로벌 자본에 대해 점진적으로 개방하려고 한다. 그러나 지난 시간 동안 불가능한 삼위일체가 산업국가들에게 알려주었듯이, 자본 이동의 증가는 그들이 통화가치를 관리하는 능력이나 독립적인 통화정책을 수행하는 능력 둘 중 하나를 포기하게 만든다. 현재 이 시대의 가장 심각한 단면은 많은 신흥시장국 통화들에 대해 포트폴리오 자본이나 '핫머니(hot money)'라는 이름을 가진 엄청난 규모의 비경상계정 자본 흐름이 완충 역할을 해주고 있다는 점이다. 그리고 자본 이동의 규모가 더 커짐에 따라 신흥시장국의 통화는 가치 상승과 가치 하락 사이에서 크게 변동하는 문제점을 가지게 되었다.

2008~2014년 사이의 시기는 글로벌 자본 이동을 양날의 검이라 부르는 이유를 더욱 강화시켰다. 미국에서 시작한 2008~2009년의 신용위기는 글로벌 경제로 빠르게 퍼져나가 산업국가와 신흥시장국 모두에 타격을 주었다. 그러나 신용위기 이후 글로벌 자본은 신흥시장 쪽으로 흘러들어 가고 있다. 비록 빠른 경제 회복을 위해 자금조달을 하고 연료를 공급하고 있음에도 불구하고, 한 저널리스트의 표현에 따르면 글로벌 자본은 '짐을 가져왔다'. 신흥시장국의 통화가치를 올리라는 압력이 증가하면서 부분적으로 신흥국들의 수출 경쟁력이 약화되고 있다. 마침 이때 자본은 갑자기 왔다가, 갑자기 가버렸다. 2013년 후반, 미국 연방준비은행이 통화 공급 증가를 늦추고 미국 이자율을 인상할 것이라고 발표한 것이다. 이번에는 신흥시장에서 미국이나 유럽과 같이 더 전통적인 산업국가로 자본이 다시 한 번 움직였다.

자본 통제

자본 통제는 한 나라로 혹은 그 나라 밖으로 움직이는 자본 이동의 속도나 방향을 제한하고 변화시키는 규제를 말한다. 자본 통제는 다양한 형태로 나타날 수 있는데, 때로는 어떤 쪽에서 어떤 종류의 자본 거래를 무슨 목적으로 하는지, 즉 투자에 대해 누가, 무엇을, 언제, 어디서, 왜 하는지에 대해 지시할 수도 있다.

자본이 국경을 넘어 자유롭게 움직일 수 있다고 믿는 쪽은 많은 경우 신문과 학계 언론의 편견이다. 한 나라 안팎으로의 자유로운 자본 이동은 원칙이라기보다는 예외에 더 가깝다. 미국은 상대적으로 오랜 시간 동안 자본 유출입에 개방적이었으나, 중국은 같은 시기 동안 가장 폐쇄적인 나라 중 하나였다. 자본 이동과 관련해서 이야기하자면, 세상은 필수사항, 규제, 세금 그리고 서류 심사로 가득 차 있다.

도표 3.8	자본 통제의 목적		
통제 목적	방법	통제 대상 자본 이동	사례
일반 재원/금융 전쟁 노력	자본 유출 통제는 고정환율제하에서 높은 인플레이션을 허용하고 또한 국내 이자율을 억제한다.	자본 유출	제1차 세계대전과 제2차 세계대전의 대부분 교전국들
금융 억압/신용할당	수혜산업에 보상하기 위해 혹은 수입을 늘리기 위해 금융 시스템을 이용하는 정부는 자본이 고수익을 추구하며 해외로 이동하는 것을 막기 위해 자본 통제를 사용할 수 있다.	자본 유출	개발도상국에 흔하게 나타남
국제수지 적자 정정	자본 유출 통제는 긴축 통화정책이나 평가절하 없이 해외 자산에 대한 수요를 줄인다. 이는 기존에 가능한 수준보다 더 높은 인플레이션을 허용한다.	자본 유출	1963~1974년 미국의 이자 평형세
국제수지 흑자 정정	자본 유입 통제는 팽창 통화정책이나 평가절상 없이도 국내 자산에 대한 해외 수요를 줄인다. 이는 기존에 가능한 수준보다 더 낮은 인플레이션을 허용한다.	자본 유입	1972~1974년 독일의 현금 예탁법(Bardepot Scheme)
잠재적으로 불안정한 자본 유입 방지	자본 유입 제한은 위기 시 해외로 유출될 수 있는 자본을 줄임으로써 거시경제 안정성을 개선한다.	자본 유입	1991~1998년 칠레의 엔카헤(encaje)
금융 불안정 방지	자본 통제는 국내 금융 시스템의 왜곡된 인센티브를 악화시킬 수 있는 국제자본 이동의 구성을 제한하거나 바꿀 수 있다.	자본 유입	1991~1998년 칠레의 엔카헤
실질 평가절상 방지	자본 유입 통제는 실질적인 통화 평가절상을 유발하는 통화 팽창의 필요성 및 국내 인플레이션 상승의 필요성을 예방한다.	자본 유입	1991~1998년 칠레의 엔카헤
국내 자산에 대한 해외 소유권 제한	천연자원 같은 특정 국내 자산에 대한 해외 소유는 적대감을 불러일으킬 수 있다.	자본 유입	멕시코 헌법 제27조
국내 사용을 위한 예금 보호	국내 경제에 투자하여 얻은 효익은 저축자에게 완전히 누적되지 않을 수 있고, 따라서 자본 유출을 제한함으로써 경제 전체가 혜택을 받아야 한다.	자본 유출	—
국내 금융회사 보호	국내 금융 부문을 일시적으로 세계시장에서 분리하는 통제 방법은 국내 기업들이 세계시장에서 경쟁할 수 있도록 규모의 경제에 도달할 수 있게 한다.	자본 유출 및 자본 유입	—

출처 : "An Introduction to Capital Controls," Christopher J. Neely, *Federal Reserve Bank of St. Louis Review*, November/December 1999, p. 16.

국내 통화나 자본 통제에 대한 동기에는 외부 시장으로부터 국내 통화와 금융경제를 보호하기 위한 이유부터 소유권과 이익에의 접근 등에 대한 정치적인 동기까지 다양하다. 도표 3.8에 나타나듯이 자본 통제는 자본 유출에 대해서처럼 자본 유입에 대해서도 나타나는 것으로 보인다. [아마도 '통제(control)'라는 말 자체에 대한 편견처럼] 자본 통제가 부정적 의미를 동반하는 경향이 있음에도 불구하고, 한 나라가 고정환율제를 유지하고 독립적인 통화정책을 갖는다면 불가능한 삼위일체에 따라 자본 이동은 통제될 수밖에 없다.

자본 통제는 무역에 대한 규제를 반영하는 다양한 형태로 나타날 수 있다. 자본 통제는 단순히 특정 거래에 대한 세금의 형태일 수도 있고, 특정 자본 거래량이나 자본 거래의 규모를 제한할 수도 있고, 또는 거래 자체를 모두 금지할 수도 있다. 자본 통제 그 자체는 국제수지의 경상계정 거래 대 금융계정 거래의 단순한 이분법을 따르는 경향이 있다.

어떤 경우에는 자본 유출과 통화 평가절하 및 통화가치 하락을 막기 위해 자본 통제가 사용된다. 1997~1998년 아시아 금융위기 동안의 말레이시아가 그 예이다. 말레이시아 통화가 공격을 받고, 자본이 말레이시아 경제를 떠나기 시작했을 때, 정부는 자본 유입이든 유출이든 단기 자본의 이동을 막기 위한 자본 통제를 실시하였지만, 장기적인 투자 유입을 막거나 규제하지는 않았다. 외환에 대한 모든 무역 관련 요청들은 승인되었고, 경상계정과 관련한 자본 흐름은 계속될 수 있었다. 그러나 단기금융시장이나 자본시장 안팎으로의 투자를 위한 외환 접근은 제한되었다. 금융자산이 아니라 실물자산으로 말레이시아 자산에 투자하고 싶어 하는 외국인 거주자는 자유롭게 투자할 수 있었다.

자본 통제는 반대의 경우, 즉 대규모의 빠른 자본 유입이 통화가치를 상승시키거나(수출 경쟁력이 약화됨), 통화정책을 교란시켜(단기금융시장과 은행 예탁금으로 자본 유입이 넘쳐남) 큰 우려를 자아내는 경우에도 시행할 수 있다. 1990년대 칠레가 바로 이런 예이다. 새롭게 정립된 정치경제적 건전성이 국제 자본을 끌어들이기 시작했다. 칠레 정부는 **엔카헤 프로그램**(encaje program)으로 대처하였는데, 이는 자국 금융기관들이 외화로 융자나 대출을 받는 것을 규제할 뿐 아니라 1년 이내의 단기 유입 자본에 세금과 규제를 부과하는 것이었다. 비록 국내 통화정책을 유지하고 칠레 페소화의 급격한 가치 상승을 막는 데 일조하였다고 하더라도, 이 프로그램은 칠레 기업들, 특히 소기업들에 큰 부담이 되었다.

국내 통화가치 상승을 막기 위해 비슷하게 자본 통제를 사용한 경우가 소위 네덜란드병(Dutch Disease)이라 부르는 사례이다. 1970년대 네덜란드에서 천연가스 산업이 급속히 발전하면서, 거대한 자본 유입으로 네덜란드 길더화에 대한 수요가 늘어났고, 따라서 심각한 통화가치 상승에 대한 두려움이 생겨났다. 길더화의 가치가 증가하면 다른 네덜란드 제조업은 타격을 받을 것이고 제조업은 결국 천연가스 산업에 비해 더 쇠퇴하게 되는 것이다. 몇 가지 예를 들자면, 아제르바이잔, 카자흐스탄, 나이지리아에서의 석유 및 가스 개발 사례처럼, 이는 상대적으로 크지 않은 규모의 경제와 수출 분야를 가진 많은 자원 부국들이 최근 당면하고 있는 과제이다.

자본 통제가 관리하고자 하는 여러 사안들 중 국제금융 역사상 여러 번 등장했던 아주 심각한 문제가 **자본 도피**(capital flight) 문제이다. 자본 도피를 정의하기란 조금 어렵지만, 가장 일반적으로 국내 정치 경제적 상황과 정책에 반대하여 혹은 그러한 상황 및 정책에 대한 두려움으로 이루어지는 급격한 자본 유출이라 정의할 수 있다. 비단 심각한 대외 채무국에 한정된 문제가 아님에도 불구하고, 급격하게 그리고 때로는 불법적으로 태환통화를 한 나라 밖으로 이전시키는 것은 그 나라에 심각한 정치경제적 문제를 야기한다. 대규모 대외 채무를 가지고 있는 나라들 상당수는 그들의 채무 상환 문제를 더욱 악화시키는 심각한 자본 도피로 고통을 받았다.

적법하게 또는 일부는 불법적으로 한 나라에서 다른 나라로 자본을 이동시키는 많은 메커니즘들이 있다. 일반적인 국제 지불 메커니즘을 통한 이체(보통의 은행 이체)는 당연히 적법하면서도 제일 쉽고 싼 비용으로 이루어진다. 경제적으로 가장 건전한 나라들은 통화의 자유로운 교환을 허용하고, 자본 도피가 당연히 큰 문제가 되지 않는다. 반대의 경우 (널리 알려져 있듯이 여행용 가방의 이중 바닥을 통해 현금을 밀수하는 것처럼) 보유자가 현금을 가지고 직접 이동하는 것은 훨씬 비용이 많이 들며, 그 나라 밖으로의 이러한 자본 유출은 많은 나라에서 불법이다. 이러한 자본 이동은 국제수지 때문에 혹은 마약 거래나 다른 불법 활동에서 자본 이동을 어렵게 하기 위해 불법으로 간주된다.

　그리고 더 많은 기발한 해결책들이 있다. 하나는 수집품이나 귀금속을 통해 국경을 넘는 방법으로 현금을 이동시키는 것이다. 자금 세탁은 국경을 넘어 자산을 구입하고 나서 자금의 흐름과 소유권을 숨기는 방식으로 관리된다. 그리고 마지막으로 국제무역 거래에 대한 부정 송장 작성은 수출품에 대해 송장 가격을 실제보다 낮게 작성하거나, 수입품에 대해 송장가격을 실제보다 높게 작성함으로써 자본이 움직이는 경우로, 송장가격과 실제 대금 지불 가격 사이의 차액은 다른 나라의 금융기관에 예치된다.

자본 이동의 글로벌화

　이러한 혜택에도 불구하고, 많은 신흥시장경제(Emerging Market Economy, EME)는 최근 자본 유입의 급격한 증가가 그들의 경제에 문제를 야기할 것이라 우려한다. 많은 자본 흐름은 이자율 차이를 반영한 일시적인 것으로 여겨져서, 만약 선진국의 정책금리가 일반적인 수준으로 돌아간다면 적어도 일부는 반대의 자금 유출이 이루어질 수 있다. 이러한 배경으로 자본 통제가 다시 뉴스에 등장하고 있다.

　거대한 자금 유입은 환율의 오버슈팅(혹은 단순히 경제 운영을 매우 복잡하게 만드는 강한 가치 상승)을 야기하거나, 자산가격 거품을 부풀려서 금융 취약성이나 위기 리스크를 확대할 우려가 있다. 더 광범위하게 위기를 거치며 정책입안자들은 규제 없는 자본 이동이 근본적으로 좋은 현상이며, 모든 금융 흐름은 이성적 투자/차입/대출 결정의 결과물이라는 관점을 다시 재고하고 있다. 외국인 투자자들은 군집 행동을 따를 수 있고, 지나친 낙관주의에 시달릴 수 있다는 우려가 더 커져왔다. 그리고 심지어 자본 흐름이 근본적으로 건전할 때조차 그들은 거품과 자산 호황 및 실패를 포함한 부수적 피해를 일으킬 수 있다고 인식된다.

– "Capital Inflows: The Role of Controls," Jonathan D. Ostry, Atish R. Ghosh,
Karl Habermeier, Marcos Chamon, Mahvash S. Qureshi, Dennis B.S. Reinhardt,
IMF Staff Position Note, SPN/10/04, 2010년 2월 19일, p. 3

전통적으로 자본 유입에 대한 주요 걱정거리는 자본 유입의 기간이 단기이고, 갑자기 자금이 빠져나갈 수 있으며, 정치적으로 그리고 경제적으로 불안정한 신흥시장의 특징이라는 점이다. 그러나 앞선 인용문에서 설명한 대로, 최근의 가장 큰 두 번의 자본 이동 위기는 규모가 가장 크고, 가장 발전한 성숙한 자본시장인 미국과 서유럽에서 발발하였다.

　미국이 핵심에 있었던 2008년 글로벌 신용위기 그리고 뒤이은 유럽의 국가채무위기 모두 가장 성숙하고 가장 세련되고 가장 '안전하다'고 오랫동안 생각해왔던 시장에 닥쳐왔다.

요점

- 국제수지(BOP)는 일정 기간 동안, 전형적으로는 1년 동안 한 나라와 다른 나라 사이의 모든 국제 거래를 요약한 표로서 현금흐름표이다.

- 가장 주목받는 BOP의 2개 하위계정은 경상계정과 금융계정이다. 이 계정들은 그 나라의 경상무역과 국제 자본 흐름을 각각 요약한다.

- 전형적으로 경상계정과 금융계정은 반대로 균형을 이루어 하나가 흑자이면 다른 하나는 적자이다. 그러나 중국은 양자 모두에서 지속적인 흑자를 이루어왔다.

- 한 나라의 BOP 활동의 다양한 하위계정을 관찰하는 것은 그 나라의 국제 경제 활동을 만들어내는 기초 경제 역량의 근본적 트렌드와 움직임을 감지한다는 점에서 정부와 산업 모든 단계의 의사결정자나 정책입안자에게 도움이 된다.

- 환율 변화는 수출품과 수입품의 상대적 가격에 영향을 주고, 가격 변화는 차례로 수요의 가격 탄력성에 따라 수요 물량의 차이를 만들어낸다.

- 통화의 평가절하는 초기에 무역수지를 더 악화시키고 이후 궁극적으로 무역수지 개선이 이루어지는데, 이러한 조정 과정은 기울어진 'j' 모양과 비슷하다.

- 자본이 즉각적으로 그리고 대규모로 국경을 넘어 움직이는 능력은 최근의 심각한 통화위기의 주요 요인 중 하나였다. 1997년 말레이시아나 2001년 아르헨티나의 경우에서처럼, 중앙정부는 자본의 이동에 과감한 규제를 부과하는 방법 말고는 대안이 없다고 결론지었다.

- 한 나라 밖으로 태환통화를 빠르게 그리고 때로는 불법적으로 이전하는 것은 비단 대규모 채무국이 아니더라도 심각한 경제 문제를 일으킨다. 많은 대규모 채무국은 심각한 자본 도피에 시달려왔고 이는 부채 상환 문제를 더욱 악화시켜 왔다.

사례

국제송금[1]

과거 10년 동안 집중적인 관심을 받은 국제수지의 한 분야가 바로 송금 분야이다. 송금(remittance)이라는 용어는 약간 까다롭다. 국제통화기금(IMF)에 따르면 송금은 이주 노동자가 그들이 일하는 국가로부터 그들의 출신 국가에 있는 사람들, 대표적으로 가족들에게 보내는 자금의 국제 이전에 해당한다. IMF에 따르면, 이주자는 1년 이상 다른 나라에 와서 머무르는 혹은 머무르려 시도하는 사람을 뜻한다. 도표 A에 나타나듯이, 거의 6,000억 달러가 2014년 국경을 넘어 송금된 것으로 추정된다.

송금은 미국처럼 보내는 나라 입장에서는 무시할 만큼 매우 작은 현금 유출에 해당한다. 그러나 송금받는 작은 나라나 전형적인 개발도상국의 입장에서는 상당한 양이 되는데, 예를 들어 GDP 비율로 볼 때 때로는 25% 이상이 되기도 한다. 많은 경우에 이는 그 나라로 흘러 들어오는 개발 자본이나 원조보다도 더 크다. 그리고 도표 A에 나타난 대로, 국제 송금에 대한 역사적 기록이 짧음에도 불구하고 국제송금은

| 도표 A | 전 세계 송금 유입, 1970~2014(단위 : 백만 미국 달러) |

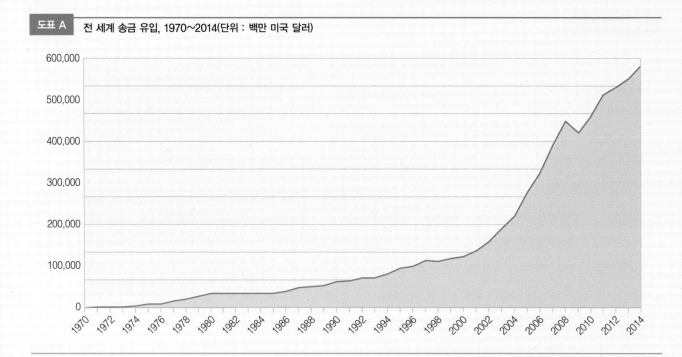

2000년 이후 극적인 증가를 보여왔다. 국제송금은 이렇게 빠르고 극적으로 증가하여 2008~2009년 글로벌 금융위기 때에만 일시적으로 떨어졌을 뿐, 2010년 이후로는 계속해서 다시 급격한 성장세를 보이고 있다.

송금은 대개 이주 노동자나 외국인 노동자들이 한 나라(송금 국가)에서 벌어들인 후 고국(송금받는 나라)의 가족이나 관련 사람들에게 보내는 소득을 말한다. 따라서 개발도상국에 더 많은 이주 노동자가 있음에도 불구하고, 고소득의 선진국 경제가 주로 송금을 보내는 나라라는 것은 놀랍지 않다. 2009년의 글로벌 경제 불황은 송금을 보내는 많은 나라의 건설이나 제조 같은 경제 활동을 위축시켰다. 그 결과, 2009년의 송금액은 떨어졌으나 2010년에 약간 반등하였다.

대부분의 송금은 전신송금이나 다양한 비공식적 통로(때로는 심지어 직접 손으로 전달)를 통해 이루어지는 빈번한 소액 지급의 형태로 일어난다. 미국 국제수지 통계의 취합 및 보고를 담당하는 미국 경제분석국(Bureau of Economic Analysis, BEA)은 이주자의 송금을 경상계정의 '경상이전'으로 분류한다. 송금의 정의를 넓게 보면 이주자들이 이주하는 나라로 가져가는 자본 자산과 이주자들이 본국으로 가져오는 비슷한 자산 역시 포함할 수 있다. 통계를 낼 때 이러한 것들의 가치는 일반적으로 국제수지 자본계정 아래 보고된다. 그러나 일반적으로 '이주자'를 정확하게 구별하는 것 역시 논란의 여지가 있다. 외국에서 일하고 있지만(예를 들어, 다국적 조직의 해외 파견자처럼) 그 나라의 '거주자'로 간주되지 않는 사람들이 본국으로 보내는 송금은 경상계정의 경상이전에 해당하는 국제송금이라고 생각할 수 있다.

송금 가격

송금 흐름의 발전을 고려하여, 우리는 더 효율적인 이전과 개선된 방식의 송금이 원활하게 이루어지도록 할 것이다. 그리고 국가기관과 국제조직 간에 협력을 증진시켜 2007년 베를린 G8 컨퍼런스와 2009년에 설립하고 세계은행이 조직화한 글로벌 송금작업반(Global Remittances Working Group)의 권고사항이 잘 지켜지도록 할 것이다. 우리는 이민자들과 개발도상국에서 송금을 받는 이들이 더 잘 이용할 수 있는 금융서비스를 만들고자 한다. 우리는 특히 개선된 정보, 투명성, 경쟁 및 파트너와의 협력을 통해 향후 5년 안에 글로벌 평균 송금 비용을 현재의 10%에서 5%로 줄이는 목표를 달성하기 위해 노력할 것이다. 이는 이민자들과 개발도상국의 가족들에게 상당한 순소득 증가를 가져올 것이다.

> – 지속 가능한 미래를 위한 책임 있는 리더십에 대한
> G8 최종 선언, 134단락

이주자들이 본국으로 자금을 송금하는 데 부담하는 비용을 이해하기 위해 많은 조직들이 지난 5년 동안 상당한 노력을 기울였다. 가장 큰 우려점은 잦은 소액 송금과 관련하여 많은 사람들이 착취적이라고 생각하는 요금 부과처럼 과도한 송금 비용이다.

G8 국가들은 2008년 '5 × 5'라 이름 붙인 계획안을 도입하였는데, 이는 10%인 글로벌 평균 송금 비용을 5년 안에 (2014년까지) 5%로 줄이는 것이다. 세계은행은 지리적 구역에 걸쳐 송금 비용 활동들을 감독하는 국제 데이터베이스인 Remittance Prices Worldwide(RPW)를 만들어서 이 계획안을 지지하였다.[2] 투명성 개선과 송금 비용 정보 접근을 통해 시장의 힘이 이러한 비용들을 낮출 것이라 기대할 수 있다. 비록 글로벌 평균 비용이 2014년 가을 최저치인 7.9%까지 떨어졌으나, 이 프로그램은 여전히 5%라는 목표에서 한참 떨어져 있다. G8 국가들로부터 송금된 자금은 2014년에 7.94%까지 떨어졌으나, 같은 기간의 G20 국가들은 7.98%였다. 대부분의 송금 자금이 이 나라들로부터 송금되는 것을 고려할 때, 이는 특히 의미 있는 내용이다.

세계은행이 RPW 데이터베이스 자료를 수집하기 시작할 때까지 글로벌 송금 비용에 대해 거의 알려진 바가 없었다. 이 데이터베이스는 세계적으로 다양한 국가별 회랑(두 국가)을 따라 행해지는 평균 거래비용에 대한 자료를 수집하

였다. 도표 B는 이러한 비용 조사가 어떤 형태인지 샘플을 보여준다. 남아프리카에서 말라위까지 ZAR 1370(남아프리카공화국 통화인 랜드화로 그 당시 약 USD 200에 해당하는 금액)의 송금과 관련된 회랑 거래가 RPW에서 가장 높은 비용의 회랑이다.

도표 B에 제시된 송금 비용은 두 가지 유형으로, (1) 이 경우에는 ZAR 43~390 사이의 범위에 있는 거래 수수료 그리고 (2) 그 조직 자체의 통화 비용 위에 더해지는 추가 비용인 환율 마진이 이에 해당한다. 그 결과 거래 총비용은 이 특정한 회랑에 대하여 30.6%만큼 더 상승하는 것으로 나타난다. 대부분의 송금이 이민자나 이주 노동자가 그들의 본국과 가족들에게로 보내는 것임을 감안할 때 그리고 그들이 일반적으로 최저 보수를 받는 그룹의 구성원이라는 것을 고려할 때, 30%라는 추가 비용은 착취에 가깝게 보인다.

한편 이러한 비용들이 원천지의 송금을 보내는 사람에게 부과되는 것 또한 주목해야 한다. 다른 수수료나 비용들은 목적지에 있는 수신인에게 부과될 수도 있다. 도표 B의 조사 자료에서 또한 명확하게 나타나는 것은 수수료와 비용들이 기관에 따라 극적으로 다르게 나타난다는 점이다. 그렇기에 이 프로그램의 목적은 매우 명백하게도, 송금을 하는 사람들에게 공개적으로 가용할 수 있는 더 많은 정보를 제공하여 해당 과정에 투명성을 증진시키려는 것이다.

RPW 비용 조사 계획의 또 다른 결과들은 다음과 같다.

■ 송금 시 G20 국가 중 중국으로 송금할 때 가장 비용이 많이 들고, 송금을 받을 때에는 G20 국가 중 남아프리카 공화국으로부터 송금받을 때 가장 비용이 많이 든다.

■ 남아시아로 돈을 송금하는 데 가장 비용이 저렴하고, 한편 전 세계적으로 사하라 이남 아프리카 지역으로 송금하는 비용이 가장 비싼 것으로 나타났다.

■ 가장 비용이 비싼 5개의 회랑(항상 RPW 웹사이트에서 확인 가능)은 지속적으로 아프리카 내부에서 발생하

---

[2] 최근의 회랑비용에 대한 조사내용을 RPW 웹사이트인 http://remittanceprices.worldbank.org에서 확인할 수 있다.

| 도표 B | 남아프리카공화국에서 말라위까지의 송금가격 비교 |

기업	기업 형태	상품	수수료	환율마진 (%)	총비용 퍼센트 (%)	총비용 (통화)	순송금 (통화)
MoneyGram	MTO	지점	149.60	2.10	13.02	178.37	1,191.63
Mukuru	MTO	지점	123.30	6.76	15.76	215.91	1,154.09
Mukuru	MTO	지점, 콜센터	123.30	6.76	15.76	215.91	1,154.09
Western Union	MTO	지점, 콜센터	194.84	1.70	15.92	218.13	1,151.87
Nedbank	은행	지점, 콜센터	228.00	6.06	22.70	311.02	1,058.98
ABSA	은행	지점, 콜센터	193.80	9.39	23.54	322.44	1,047.56
Standard	은행	은행지점, 콜센터	235.00	10.35	27.50	376.80	993.21
Bidvest	은행	은행지점, 콜센터	356.00	2.10	28.09	384.77	985.23
Bank of Athens	은행	지점, 콜센터	390.00	1.96	30.43	416.85	953.15
FNB of South Africa	MTO	지점, 콜센터	235.00	19.45	36.60	501.47	868.54
남아프리카 우체국*	우체국	지점	43.10	0.00	3.15	43.10	1,326.90
은행 평균			280.56	5.97	26.45	362.38	1,007.62
송금회사 평균			165.21	7.35	19.41	265.96	1,104.04
우체국 평균			43.10	0.00	3.15	43.10	1,326.90
총평균			206.54	6.06	21.13	289.52	1,080.48

MTO : 송금전문회사(money transfer operator)

수수료 : USD 200에 해당하는 ZAR 1370(남아프리카공화국 랜드화), 거래당 고객 부과 수수료

환율마진 : 은행 간 환율에 덧붙여 고객에게 부과하는 추가 마진(퍼센트 차이)

총비용(%) : 단일 거래당 거래 수수료와 환율마진을 포함하여 고객에게 부과되는 총비용

총비용(통화) : ZAR 1370.00 단일 거래 × 총비용 퍼센트로 계산한 ZAR 표시 총비용

순송금(통화) : 총비용 계산 후 순송금액(ZAR1370.00 − ZAR 표시 총비용)

* 남아프리카공화국 우체국은 투명하지 않음. 남아프리카공화국 우체국은 거래를 실행하기 전 사용된 환율을 밝히지 않기 때문에 실제로 0은 아님

출처 : World Bank, "Sending money from South Africa to Malawi," remittanceprices/worldbank.org/en/corridor, data collected by World Bank on November 11, 2014, and author calculations.

였다.

■ 인력과 자본 이동을 금지하는 규제로 야기된 광범위한 경제 둔화 속에서도 2013년 인도는 이주 노동력으로부터 700억 달러가치의 외환 송금을 받음으로써 1위의 자리를 유지하였다.

■ 2013년 인도에 이어서 송금을 많이 받는 상위 10개 국가들은 중국(600억 달러), 필리핀(250억 달러), 멕시코(220억 달러), 나이지리아(210억 달러), 이집트(170억 달러), 파키스탄(150억 달러), 방글라데시(140억 달러), 베트남(110억 달러), 우크라이나(100억 달러) 순이었다.

상품의 유형과 혁신

RPW는 상업은행, 송금전문회사(money transfer operator, MTO) 그리고 우체국 등 서비스 제공자 유형에 따른 비용과

현금/계좌 거래로 분류되는 상품 유형에 따른 비용을 포함하여 이러한 성장 산업에 있어서의 많은 다양한 차원의 데이터를 수집한다. 세계은행에 따르면 상업은행들이 가장 비용이 비싸고, 비록 지역이나 회랑에 따라 아주 달라지기도 하지만 평균적으로 MTO가 가장 비용이 저렴한 것으로 나타났다.

도표 C는 2013년 글로벌 송금시장에서 수행된 거래 유형별 분석 내용을 보여준다. 놀랍지 않게도, 송금의 거의 50%를 여전히 현금으로 주고받았는데, 이는 송금 보내는 쪽과 받는 쪽 모두에 해당한다. 온라인 서비스는 점점 증가해왔고, 가장 비용이 저렴한 것으로 나타나고 있다. 계좌와 계좌 간 서비스는 틀림없이 조직적으로 가장 공식적인 거래(고객이 보유하는 은행계좌들 간의 거래)를 대표함에도 불구하고, 큰 차이로 비용이 가장 비쌌다.

그러나 이러한 글로벌 분야는 곧 전 세계적으로 사용이 증가하고 있는 가상화폐인 비트코인의 사용처럼 상품 혁신을 위한 유용한 토대가 되어야 한다. 많은 기업들이 현재 비트코인과 같은 디지털 통화를 이용하여 역외 송금 플랫폼을 건설하려고 시도하고 있으나, 아직 어떤 단일 기업이나 플랫폼도 확실한 우세를 보이지는 않는다. 많은 정부가 금융 서비스 결합에 대한 접근을 제한하는 것처럼, 지속적인 장애물 중 하나는 규제이다. 그 결과 HelloBit와 같은 일부 플랫폼은 기존의 규제적 접근을 이용하면서도 전통적인 국가 통화보다는 비트코인 사용을 허용하는 하위 플랫폼을 구성하려고 시도하고 있다.

커져가는 논란

글로벌 송금이 증가하면서, 송금이 한 나라의 국제수지에 그리고 보다 중요하게 한 나라의 경제발전에 어떤 역할을 하고 있고, 해야 하는지에 대한 논란도 커져왔다. 인도와 같은 경우 송금 처리를 위해 PayPal과 같은 온라인 지불 서비스를 허용하는 것에 대해 중앙정부와 다른 은행의 저항이 커져가고 있다. 온두라스, 과테말라, 멕시코와 같은 다른 나라에서는 송금이 가족들에게로 흘러가는지 아니면 실제로 다양한 중앙아메리카의 인신매매 밀수업자들에게 가는지에 대한 논란이 커지고 있다.

예를 들어 멕시코에서 송금은 석유 수출에 이어 두 번째로 큰 외환 수입원이다. 멕시코 정부는 점점 더 송금을 멕시

도표 C 송금 상품 사용과 비용

상품 유형	거래 퍼센트	평균 비용
현금에서 현금으로	45%	7.0%
계좌에서 계좌로(은행계좌)	19%	12.5%
온라인	17%	5.9%
현금에서 계좌로	8%	5.6%
계좌에서 현금으로	4%	7.8%
계좌에서 계좌로(동일 은행 내 계좌)	2%	7.9%
모바일	1%	6.5%
선불카드	1%	8.4%
기타	3%	9.5%
	100%	

출처 : *Remittance Prices Worldwide*, Issue No. 11, September 2014, Figures 11 and 12, p. 7.

코 국제수지에 필수적인 구성요소로 보고 있고, 어떤 면에서는 점점 감소하는 수출 경쟁력과 급감하는 외국인 직접투자를 대신 막아줄 수 있는 '마개'라고 보고 있다. 그러나 송금이 가장 필요한 이들, 즉 멕시코 인구에서 최저 수입을 가진 이들에게로 흘러가고, 그리하여 빈곤을 줄이고 개인의 소비를 지원하는 증거 역시 증가하고 있다. 빈센테 폭스 전 대통령이 멕시코의 집으로 수입을 송금하는 다른 나라 멕시코 노동자들을 가리켜 '영웅'이라고 언급한 것이 회자되었다. 멕시코의 통계기관들은 송금받는 전체 자금 규모에 대해서 그리고 송금 수입이 가족이나 혹은 가족이 아닌 사람의 수익 중 누구에게로 돌아가는지에 대해서 역시 합의에 이르지 못하고 있다.

사례 문제

1. 국경을 넘는 송금은 국제수지표에서 어디에 포함되는가? 이들은 경상계정의 구성요소인가 아니면 금융계정의 구성요소인가?

2. 어떤 조건에서, 예를 들면 현재 어떤 나라에게 송금이 그 나라의 경제 및 전체적인 국제수지에 상당히 중요한 공헌을 하고 있는가?

3. 왜 송금비용이 이렇게 국제 정밀 조사의 집중적인 주제가 되었는가?

4. 비트코인과 같은 가상화폐, 즉 새로운 디지털 통화는 해외 송금에 어떠한 잠재력을 가지고 있는가?

질문

1. **국제수지 정의.** 국제수지란 무엇인가?

2. **BOP 데이터.** 중앙은행이 BOP에 대한 데이터를 발표할 때, 중앙은행은 어떤 다른 분석 자료들을 함께 제시하는가?

3. **BOP의 중요성.** 경영자와 투자자들은 BOP 이벤트로 만들어질 현지국의 경제정책 변화를 예측하기 위해 BOP 데이터를 필요로 한다. 경영자와 투자자의 관점에서, 한 나라의 BOP 데이터가 제공할 수 있는 세 가지 특정 신호를 나열하라.

4. **BOP 적자 관리.** 중앙은행은 BOP의 적자를 어떻게 관리하는가?

5. **경제활동.** 한 나라의 BOP는 그 나라의 경제에 관해 어떤 데이터를 제공하는가?

6. **균형.** BOP가 항상 '균형' 상태라면, 국가는 BOP 적자와 흑자를 어떻게 가질 수 있는가?

7. **공식준비계정.** 한 나라의 중앙은행은 왜 공식준비계정을 보유하는가? 공식준비계정의 주요 구성요소는 무엇인가?

8. **경상계정 흑자.** 아시아 신흥국들이 지난 20년 동안 경상계정 흑자를 유지할 수 있었던 주요 원인에 대해 설명하라.

9. **BOP 적자.** BOP 적자는 반드시 나쁜 것만은 아니지만, 비즈니스 사이클이나 경제와 관련하여 분석되어야 한다. 이를 설명하라.

10. **경상계정.** 경상계정은 무역수지(BOT)와 같은 것인가? 독일 자동차 다국적 기업의 BOT 거래와 경상계정의 차변과 대변의 예를 들라.

11. **음의 순국제투자포지션.** 한 나라가 지속적으로 음의 순국제투자포지션을 보일 때 이것이 의미하는 바는 무엇인가?

12. **BOP와 외환.** 스위스 프랑은 2015년 1월 공식적으로 유로화와의 연동을 폐지하였다. 이 결정의 이유를 스위스 BOP와 관련하여 설명하라.

13. **거래의 분류.** 두 나라가 관련된 거래로, 경상계정이나

자본 및 금융계정의 하위 구성요소로 보고된 다음의 거래를 각각 분류하라.

a. 미국의 식품체인이 칠레로부터 와인을 수입함

b. 미국 거주자가 독일 회사로부터 유로로 표기된 채권을 구입함

c. 싱가포르 부모가 딸이 미국 대학에서 유학하는 금액을 지불함

d. 미국 대학이 싱가포르에서 유학 온 외국 학생에게 수업 보조금을 줌

e. 영국 기업이 스페인 오렌지를 수입하고 런던에 있는 예금에서 유로달러로 지불함

f. 스페인 과수원이 수익금의 반을 런던의 유로달러 계좌에 예금함

g. 런던에 있는 보험회사가 투자 포트폴리오를 위해 미국 회사채를 삼

h. 미국 다국적 기업이 런던의 보험 브로커에게서 보험을 삼

i. 런던의 보험회사가 국제 테러 공격으로 미국에서 발생한 손실을 지불함

j. 케세이퍼시픽 항공사가 홍콩으로 돌아가는 비행을 위해 로스앤젤레스 공항에서 제트 연료를 삼

k. 캘리포니아에 있는 뮤추얼펀드가 도쿄와 런던 증권거래소의 주식을 삼

l. 미국 육군이 남아시아의 현지 공급자로부터 부대원을 위한 음식을 삼

m. 예일대학교 졸업생이 보스니아에 있는 적십자 국제위원회에 고용된 후 스위스 프랑으로 월급을 받음

n. 러시아 정부가 침몰한 잠수함을 인양하기 위해 노르웨이 구조회사를 고용함

o. 콜롬비아 마약 카르텔이 미국으로 코카인을 밀수하고 현금이 들어있는 여행가방을 받은 후 현금과 함께 비행기를 타고 콜롬비아로 다시 돌아옴

p. 미국 정부가 베이루트의 미국 대사관에서 근무하는 외국인 공무원의 월급을 지급함

q. 노르웨이 해운회사가 수에즈 운하를 통과한 것에 대해 이집트 정부에 미국 달러로 돈을 지불함

r. 독일 자동차 회사가 디트로이트의 자회사에서 일하는 임원에게 월급을 지불함

s. 미국인 관광객이 아메리칸 익스프레스 카드로 파리의 호텔비를 지불함

t. 지방에서 온 프랑스 여행객이 아메리칸 익스프레스 카드로 파리의 호텔비를 지불함

u. 미국 교수가 풀브라이트 장학금을 받고 1년 동안 해외에 파견됨

14. **경상계정 적자.** 경상계정 적자는 해외 부채를 증가시킨다. 왜 이것이 브라질 같은 나라보다 유로존 국가들에 더 우려스러운 일인지 설명하라.

15. **쌍둥이 흑자.** 경상계정과 금융계정 모두에서 흑자를 보이는 중국의 쌍둥이 흑자가 왜 흔치 않은 일인가?

16. **재무부 채권.** 특히 글로벌 금융위기 이후, 신흥국 시장경제의 국부투자나 포트폴리오 투자자들은 상당한 규모의 유럽 국채를 매수하였다. 유럽의 BOP에 대한 장기 및 단기적 영향을 설명하라.

17. **자본 이동 — 유로존.** 낮은 이자율은 일반적으로 더 높은 이자율을 추구하며 다른 나라 및 다른 통화로의 자본 유출로 이어진다. 유로존에서 그 반대 현상이 일어난 이유에 대해 설명하라.

18. **BOP 거래.** 다음 각각의 거래를 올바른 BOP 계정으로 분류하라.

a. 독일에 있는 연금펀드가 투자 포트폴리오를 위해 30년 만기의 미국 국채를 삼

b. 스칸디나비아 항공시스템(SAS)이 코펜하겐으로 가는 비행을 위해 뉴어크 공항에서 제트연료를 구매함

c. 홍콩 학생들이 캘리포니아 버클리대학교에 수업료

를 지불함

d. 미국 공군이 비행사들에게 공급하기 위해 한국에서 음식을 삼

e. 일본 자동차 회사가 미국 자회사에서 일하는 임원들의 월급을 지불함

f. 미국 관광객이 방콕의 식당에서 음식값을 지불함

g. 콜롬비아 시민이 미국으로 코카인을 밀수하여 현금을 받고, 콜롬비아로 그 달러를 다시 밀수함

h. 영국 회사가 이탈리아의 다국적 기업으로부터 유로로 표기된 채권을 구매함

19. **BOP와 인플레이션.** 국제수지와 인플레이션 사이의 직접적 관계와 간접적 관계는 무엇인가?

20. **J 커브.** J 커브 조정 경로란 무엇인가?

21. **전가.** 환율이 전가되는 과정과 그것이 항상 참인지에 대해 설명하라.

22. **자본 이동 규제.** 자본 이동을 규제하기 위한 정부의 선택에서 무슨 요인이 작용하는가?

23. **네덜란드병.** 자원이 풍부한 나라에서 자본 유입 통제가 네덜란드병을 해결할 수 있을까?

24. **국제화와 자본 이동.** 산업화 국가와 신흥시장국 사이에 자본 이동은 전형적으로 어떻게 다른가?

문제

호주의 경상계정

다음 IMF의 호주 국제수지 데이터를 이용하여 문제 1~4까지 답하라.

가정 (백만 US$)	2000	2001	2002	2003	2004	2005	2006	2007	2008	2009	2010	2011	2012	2013
상품, 대변 (수출)	64,052	63,676	65,099	70,577	87,207	107,011	124,913	142,421	189,057	154,777	213,782	271,719	257,950	254,164
상품, 차변 (수입)	−68,865	−61,890	−70,530	−85,946	−105,238	−120,383	−134,509	−160,205	−193,972	−159,216	−196,303	−249,238	−270,136	−249,774
서비스, 대변 (수출)	18,677	16,689	17,906	21,205	26,362	31,047	33,088	40,496	45,240	40,814	46,968	51,653	53,034	53,344
서비스, 차변 (수입)	−18,388	−16,948	−18,107	−21,638	−27,040	−30,505	−32,219	−39,908	−48,338	−42,165	−51,313	−61,897	−65,405	−67,399
본원 소득 : 대변	8,984	8,063	8,194	9,457	13,969	16,445	21,748	32,655	37,320	27,402	35,711	47,852	47,168	45,910
본원 소득 : 차변	−19,516	−18,332	−19,884	−24,245	−35,057	−44,166	−54,131	−73,202	−76,719	−65,809	−84,646	−102,400	−88,255	−83,618
이전 소득 : 대변	2,622	2,242	2,310	2,767	3,145	3,333	3,698	4,402	4,431	4,997	5,813	7,510	7,271	7,206
이전 소득 : 차변	−2,669	−2,221	−2,373	−2,851	−3,414	−3,813	−4,092	−4,690	−4,805	−5,799	−7,189	−9,723	9,635	9,390

주 : IMF는 최근 항목 명명법을 조정하였다. 수출은 모두 현재 대변으로, 수입은 차변으로 표기된다.

1. 호주의 상품거래 수지는 얼마인가?

2. 호주의 서비스거래 수지는 얼마인가?

3. 호주의 상품 및 서비스거래 수지는 얼마인가?

4. 호주의 경상수지는 얼마인가?

인도의 경상계정

다음 IMF의 인도 국제수지 데이터를 이용하여 문제 5~9에 답하라.

가정 (백만 US$)	2000	2001	2002	2003	2004	2005	2006	2007	2008	2009	2010	2011	2012	2013
상품, 대변 (수출)	43,247	44,793	51,141	60,893	77,939	102,175	123,876	153,530	199,065	167,958	230,967	307,847	298,321	319,110
상품, 차변 (수입)	−53,887	−51,212	−54,702	−68,081	−95,539	−134,692	−166,572	−208,611	−291,740	−247,908	−324,320	−428,021	−450,249	−433,760
서비스, 대변 (수출)	16,684	17,337	19,478	23,902	38,281	52,527	69,440	86,552	106,054	92,889	117,068	138,528	145,525	148,649
서비스, 차변 (수입)	−19,187	−20,099	−21,039	−24,878	−35,641	−47,287	−58,514	−70,175	−87,739	−80,349	−114,739	−125,041	−129,659	−126,256
본원 소득 : 대변	2,521	3,524	3,188	3,491	4,690	5,646	8,199	12,650	15,593	13,733	9,961	10,147	9,899	11,230
본원 소득 : 차변	−7,414	−7,666	−7,097	−8,386	−8,742	−12,296	−14,445	−19,166	−20,958	−21,272	−25,563	−26,191	−30,742	−33,013
이전 소득 : 대변	13,548	15,140	16,789	22,401	20,615	24,512	30,015	38,885	52,065	50,526	54,380	62,735	68,611	69,441
이전 소득 : 차변	−114	−407	−698	−570	−822	−869	−1,299	−1,742	−3,313	−1,764	−2,270	−2,523	−3,176	−4,626

5. 인도의 상품거래 수지는 얼마인가?

6. 인도의 서비스거래 수지는 얼마인가?

7. 인도의 상품 및 서비스거래 수지는 얼마인가?

8. 인도의 상품, 서비스, 소득 수지는 얼마인가?

9. 인도의 경상수지는 얼마인가?

중국 본토의 국제수지

다음 IMF의 중국 본토 국제수지 데이터를 이용하여 문제 10~14에 답하라.

가정 (백만 US$)	2000	2001	2002	2003	2004	2005	2006	2007	2008	2009	2010	2011	2012	2013
A. 경상수지	20,518	17,401	35,422	45,875	68,659	134,082	231,844	353,183	420,569	243,257	237,810	136,097	215,392	182,807
B. 자본수지	−35	−54	−50	−48	−69	4,102	4,020	3,099	3,051	3,938	4,630	5,446	4,272	3,052
C. 금융수지	1,958	34,832	32,341	52,774	110,729	96,944	45,285	91,132	37,075	194,494	282,234	260,024	−36,038	323,151
D. 오차 및 누락	−11,748	−4,732	7,504	17,985	10,531	15,847	3,502	13,237	18,859	−41,181	−53,016	−13,768	−87,071	−77,628
E. 준비자산	−10,693	−47,447	−75,217	−116,586	−189,849	−250,975	−284,651	−460,651	−479,554	−400,508	−471,658	−387,799	−96,555	−431,382

10. 중국은 순자본 유입과 순자본 유출 중 어느 쪽에 해당하는가?

11. 중국의 그룹 A 및 그룹 B의 총액은 얼마인가?

12. 중국의 그룹 A~C까지의 총액은 얼마인가?

13. 중국의 그룹 A~D까지의 총액은 얼마인가?

14. 중국의 국제수지는 균형을 이루는가?

러시아(러시아 연합)의 국제수지

다음 IMF의 러시아(러시아 연합) 국제수지 데이터를 이용하여 문제 15~19에 답하라.

가정 (백만 US$)	2000	2001	2002	2003	2004	2005	2006	2007	2008	2009	2010	2011	2012	2013
A. 경상수지	46,839	33,935	29,116	35,410	59,512	84,602	92,316	72,193	103,935	50,384	67,452	97,274	71,282	34,141
B. 자본수지	10,676	−9,378	−12,396	−993	−1,624	−12,764	291	−10,641	−104	−12,466	−41	130	−5,218	−395
C. 금융수지	−34,295	−3,732	921	3,024	−5,128	1,025	3,612	97,108	−139,705	−28,162	−21,526	−76,115	−25,675	−44,983
D. 오차 및 누락	−9,297	−9,558	−6,078	−9,179	−5,870	−7,895	11,248	−9,732	−3,045	−6,392	−9,135	−8,651	−10,370	−10,842
E. 준비자산	−13,923	−11,266	−11,563	−28,262	−46,890	−64,968	−107,466	−148,928	38,919	−3,363	−36,750	−12,638	−30,020	22,078

15. 러시아는 순자본 유입을 보이고 있는가?

16. 러시아의 그룹 A 및 그룹 B의 총액은 얼마인가?

17. 러시아의 그룹 A~C까지의 총액은 얼마인가?

18. 러시아의 그룹 A~D까지의 총액은 얼마인가?

19. 러시아의 국제수지는 균형을 이루는가?

유로지역의 국제수지

다음 IMF의 유로지역 국제수지 데이터를 이용하여 문제 20~24에 답하라.

가정 (백만 US$)	2000	2001	2002	2003	2004	2005	2006	2007	2008	2009	2010	2011	2012	2013
A. 경상수지	−81.8	−19.7	44.5	24.9	81.2	19.2	−0.3	24.9	−195.9	−12.5	12.2	16.0	171.4	305.4
B. 자본수지	8.4	5.6	10.3	14.3	20.5	14.2	11.7	5.4	14.2	11.2	7.3	14.0	7.3	27.9
C. 금융수지	50.9	−41.2	−15.3	−47.6	−122.9	−71.4	−28.5	−3.4	175.3	73.8	−12.2	−103.2	−213.6	−345.2
D. 오차 및 누락	6.4	38.8	−36.5	−24.4	5.6	15.0	19.6	−21.3	11.2	−12.6	−7.2	38.4	33.7	1.8
E. 준비자산	16.2	16.4	−3.0	32.8	15.6	23.0	−2.6	−5.7	−4.9	−59.7	−0.1	34.8	1.3	10.1

20. 유로지역은 순자본 유입을 보이고 있는가?

21. 유로지역의 그룹 A 및 그룹 B의 총액은 얼마인가?

22. 유로지역의 그룹 A~C까지의 총액은 얼마인가?

23. 유로지역의 그룹 A~D까지의 총액은 얼마인가?

24. 유로지역의 국제수지는 균형을 이루는가?

25. **무역 적자와 J 커브 조정 경로.** 아랍에미리트(UAE)는 다음의 수입/수출량과 수입/수출액을 보이고 있다고 가정하자. UAE 디르함(AED)은 모든 주요 무역 상대국 통화에 대해 평균 6% '평가절하'를 보이고 있다. 평가절하 전과 평가절하 후의 무역수지는 얼마인가?

기초 교환환율(AED/€)	4.2	수입량, 단위	200
수출액(AED)	1,000억	AED의 평가절하 퍼센트	6%
수입액, 유로(€)	1,120억	수요의 가격탄력성, 수입품	−0.85
수출량, 단위	300		

인터넷 문제

1. **국제기구와 경제전망.** IMF, 세계은행(World Bank) 그리고 국제연합(UN)은 세계 경제와 금융 발전을 추적하고 보고하며 원조하는 몇 안 되는 주요 국제기구이다. 이들의 웹사이트 및 관련된 다른 웹사이트를 이용함으로써 선진국과 신흥국의 경제 전망을 간략하게 요약할 수 있다. 예를 들면, 세계은행이 매년 발표하는 세계경제전망(World Economic Outlook)의 제1장은 IMF 웹사이트를 통해 얻을 수 있다.

IMF	www.imf.org/
UN	www.unsystem.org/
세계은행그룹	www.worldbank.org/
EU 홈페이지	europa.eu/
Bank for International Settlement	www.bis.org/

2. **세인트루이스 연방준비은행.** 세인트루이스 연방준비은행(St. Louis Federal Reserve)은 최근 개방경제의 많은 거시경제 데이터를 온라인으로 제공한다. 다음 주소들을 통해 최근 BOP와 GDP 데이터를 확인할 수 있다.

최근의 국제경제 데이터	research.stlouisfed.org/publications/iet/
국제수지 통계	research.stlouisfed.org/fred2/categories/125

3. **미국 경제분석국.** 다음의 미국 경제분석국(U.S. Bureau of Economic Analysis, 미국 정부)과 일본 재무성(일본 정부)의 웹사이트를 이용하여 미국과 일본의 국제수지 통계를 확인할 수 있다.

미국 경제분석국	www.bea.gov/international/
일본 재무성	www.mof.go.jp/

4. **세계무역기구(WTO)와 도하.** 서비스 무역과 지적재산권의 국제 승인 이슈에 대한 WTO 회담의 진전에 대해 WTO 웹사이트를 방문하여 WTO가 제시한 최근 증거 자료를 확인하라.

WTO	www.wto.org

5. **전 세계의 국제송금.** 국제송금에 대한 세계은행의 웹사이트는 국경 간 송금 활동에 대한 새로운 연구 및 진행 중인 연구 그리고 통계를 위해 중요한 자료를 제공한다.

세계은행	http://remittanceprices.worldbank.org/

제 4 장

재무의 목적과 기업지배구조

요기 베라는 하버드비즈니스스쿨에 다니지는 않았지만, 중요한 원리를 이해하고 있었다. '이론적으로는 이론과 실제 사이에 차이가 없으나, 실제로는 차이가 있다'는 것을.

– Peter Rose, CEO이자 회장, Expeditors International, 8k, 2006년 11월 20일 p. 4

학습목표

■ 글로벌 경영을 위한 여러 소유구조를 알아보고, 이것이 소유와 경영의 분리, 즉 대리인 문제에 어떤 영향을 미치는지 알아본다.
■ 주주 부의 극대화 대 이해관계자 자본주의(stakeholder capitalism)와 같이 경영의 다양한 목적에 대해 탐구한다.
■ 공개기업과 비공개기업의 재무관리가 어떻게 다른지를 분석한다.
■ 글로벌 재무관리의 다양한 목적, 구조, 흐름에 대해 분석한다.

이 장에서는 법률적, 문화적, 정치적, 제도적 차이점이 기업의 재무적 목적과 기업지배구조 선택에 어떻게 영향을 미치는지를 분석해본다. 영리사업체의 소유주와 그의 특별한 개인적, 직업적 이익은 기업과 기업지배구조의 목적에 중요한 영향을 미친다. 따라서 차례로 사업 소유권, 목적, 기업지배구조를 살펴본다. 그리고 기업지배구조의 실패가 규제와 기타 방법으로 기업지배구조를 개선하기 위해 전 세계에서 어떻게 다른 접근 방법으로 이어졌는지를 알아본다. 이 장은 가족기업으로 남아있는 프랑스의 에르메스가 최근 겪은 투쟁을 보여주는 "명품 전쟁 — LVMH 대 에르메스" 사례로 마무리한다.

누가 사업을 소유하는가

우리는 두 가지 기본적인 질문과 함께 기업의 재무적 목표에 대해 먼저 토론해보고자 한다. (1) 누가 사업을 소유하는가? 그리고 (2) 사업의 소유자 스스로가 사업을 경영하는가? 오늘날의 글로벌 경영에서 한 기업의 소유와 지배는 국가별로 그리고 문화별로 극적으로 다르게 나타난다. 이러한 사업들이 어떻게 그리고 왜 운영되는지를 이해하기 위해, 먼저 많은 다양한 소유구조에 대해 이해해야만 한다.

소유구조의 유형

사업의 소유권과 관련한 용어는 복잡하다. 정부, 국가가 소유한 사업은 공기업(public enterprise)이다. 사적 개인, 비공개기업 또는 단순히 비정부기구가 소유한 사업은 사기업(private enterprise)이다.

소유권에 대한 두 번째 구분은 그 용어를 명확하지 않게 만든다. 사적인 단체, 사적 개인들로 이루어진 작은 그룹, 사적 기업체가 소유한 비즈니스는 사적 소유라고 이름 붙인다. 그러나 그 소유주들이 예를 들어 상장하거나, 거래소에서 그 회사의 주식을 교환하는 등의 방법으로 자본시장에서 그들의 소유권 일부를 팔려고 할 때, 그 회사의 주식은 이제 공개거래된다. 그러므로 공개거래되는 기업의 주식을 사적인 집단이 구매하고 보유할 수 있음을 이해하는 것이 중요하다. 도표 4.1은 이러한 소유권 구분에 대해 간략한 개관을 보여준다.

소유권은 다양한 그룹이나 조직이 보유할 수 있다. 비즈니스는 1명의 사람이 소유할 수도 있고(개인기업), 2명 이상의 사람들이(파트너십), 한 가족이(가족 소유 비즈니스), 2개의 회사가(합작투자법인), 수천 명의 개인들이(공개거래 회사), 정부가(국유기업) 또는 다양한 결합을 통해 소유할 수 있다.

다음의 세 가지 다국적 기업들은 시간이 흐름에 따라 단일 기업 내에 소유권이 어떻게 진화하는지 그리고 소유권이 글로벌 비즈니스에서 어떻게 달라지는지를 보여주는 예이다.

■ Petróleo Brasileiro, S.A. 또는 Petrobras는 브라질의 국립 석유회사이다. 1953년에 설립되었고, 처음

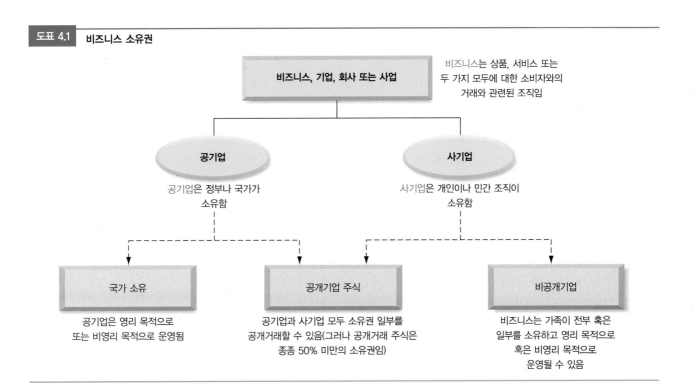

도표 4.1 비즈니스 소유권

에는 브라질 정부가 100% 소유하고 있는 국유기업이었다. 그러나 시간이 흐르면서 정부는 일반에게 소유권의 일부를 팔았고, 이 회사는 상파울루증권거래소에서 공개적으로 거래되게 되었다. 오늘날 브라질 정부는 Petrobras 지분의 약 64%를 소유하고 있고, 나머지 36%는 전 세계의 개인 투자자, 즉 주주들이 보유하고 있다.

■ 애플은 1976년 스티브 잡스와 스티브 워즈니악 그리고 로널드 웨인의 파트너십으로 설립되었다. 1977년 1월 3일, 로널드 웨인은 그의 소유권을 다른 두 사람에게 팔았고, 애플은 미국에서 법인 설립을 하였다. 1980년 애플은 주식최초공개발행(Initial Public Offering, IPO)을 통해 처음으로 일반에게 지분을 팔았고, 나스닥 주식시장에 상장하여 거래하게 되었다. 오늘날 애플의 발행주식 수는 대략 9억 주이고, 어떤 특정 투자자도 5% 이상의 주식을 소유하지 않아 소유권이 '분산된' 회사로 간주된다. 최근 애플은 시가총액(발행주식 수에 주가를 곱한)으로 계산하였을 때, 주기적으로 세계에서 가장 가치 있는 공개거래 기업으로 뽑히곤 했다.

■ 에르메스 인터내셔널은 프랑스의 사치품 다국적 생산회사이다. 티에리 에르메스가 1837년에 설립한 이래로, 이 회사는 대부분 에르메스 가족이 소유하고 운영해왔기에 가족 소유기업이었다. 1993년 이 회사는 지분의 27%를 일반 대중에 매각하면서 처음으로 공개기업이 되었다. 그러나 가족들이 73%를 보유하고 있어서 여전히 이 회사를 지배하고 있다. (이 장의 마지막에 있는 사례는 이 가족들이 2010년 지배권을 유지하기 위해 싸워온 투쟁에 대해 상세히 소개한다.)

소유권과 지배권은 다른 개념이기 때문에, 일단 비즈니스의 소유권이 설정되면 어디에 지배권이 있는지를 이해하는 것이 더 쉬워진다. Petrabras는 브라질 정부가 지배하면서, 공개적으로 거래되는 브라질 기업이다. 애플은 공개적으로 거래되고, 소유권이 분산된 기업이라서 이사회와 이사회가 고용한 최고경영자가 지배권을 가진다. 애플 주식을 가지고 있는 개인 투자자들은 매년 그들에게 제시되는 이슈들에 대해 의결권을 가질 수 있고 따라서 높은 수준의 일정 영향력을 가지지만, 매일매일의 전략과 전술, 운영 그리고 애플의 지배구조는 최고경영진과 이사회의 지배력 아래에 놓여있다.

도표 4.1에 보이듯이, 처음에 국가가 소유하든 가족이 소유하든 또는 개인 투자자나 기관 투자자가 소유하든, 어떤 비즈니스도 소유권 일부가 공개시장에서 주식으로 거래되도록 선택할 수 있다. (소유권의 100%가 시장에서 거래되는 기업은 정의상 이미 국유기업이나 비공개기업일 수가 없기 때문에 소유권의 일부라고 언급한 것에 주목하라.) 예를 들어, 많은 국유기업(SOEs)은 역시 공개적으로 거래된다. 국가 소유의 PetroChina의 모회사 중국석유천연가스집단공사(China National Petroleum Corporation, CNPC)가 그 예로서, 이 회사의 주식은 상하이, 홍콩, 뉴욕의 증권거래소에서 거래되지만 여전히 대다수의 소유권과 지배권은 중국 정부에 있다.

만약 기업이 소유권의 일부를 공개시장에서 매각하기로 결정했다면, 그 회사는 주식최초공개발행, 즉 IPO를 시행하게 된다. 처음에는 전형적으로 10~20% 사이의 상대적으로 작은 비율이 일반에게 매각되고, 그 결과 이 기업은 일부 지분이 공개적으로 거래되지만, 여전히 소수의 개인 투자자, 가족 또는 정부에 의해 지배된다. 시간에 따라 기업은 더욱더 많은 지분을 공개시장에서 매각하고, 궁극적으로는 완전히 시장에서 거래되는 기업이 될 수도 있다. 그렇지 않으면 개인 소유주나 가족이 주요 지분을 보유하나 지배권은 가지지 않는 것을 선택할 수도 있다. 한 기업의 지배지분이 주식을 재매입하여 발행주식 수를 줄임으로써 공개 지분 상황을 다시 되돌리려 시도하는 것 역시 가능하다.

다른 기업이 한 기업을 인수하는 것은 소유권과 지배권이 바뀔 수 있는 또 다른 방식을 보여준다. 예를 들어, 2005년 매우 큰 규모의 개인회사였던 Koch Industries(미국)는 큰 규모의 상장 회사 Georgia-Pacific(미국)의 발행주식 모두를 매수하였다. Koch는 Georgia-Pacific을 비공개 회사로 만들었다.

비록 기업이 공개적으로 거래된다고 하더라도, 기업은 여전히 주요 기관 투자자를 포함하여 개인 투자자나 소수의 투자자에 의해 지배될 수도 있다. 이것이 의미하는 바는 공개거래 기업의 지배권이 지배권을 가진 개인 투자자나 가족의 이익 및 목표를 반영한다는 점에서 비공개기업과 상당히 비슷하다는 점이다. 많은 신흥시장에서 지속적인 특징은 상장되어 있는 기업들 중에서도 가족지배 기업이 우세하다는 점이다. 많은 가족지배 기업들은 공개거래 기업보다 성과가 뛰어날 수도 있다.

이 장 후반부에 논의되겠지만, 주식을 최초로 대중에게 공개 발행하는 것은 중요한 의미가 있다. 기업은 증권의 매각 및 거래와 관련하여 늘어나는 많은 법적, 규제 당국의 보고 의무를 따라야만 한다. 예를 들면, 미국에서 상장기업은 상당한 정도의 재무적인 그리고 운영상의 세부사항에 대해 공개하고, 적어도 분기별로 이러한 정보들을 공시하여야 하며, 증권거래위원회(Securities and Exchange Commission, SEC)의 규정 및 규제를 준수하여야 한다. 또한 주식이 거래되는 특정 거래소의 특수한 운영 및 보고 요구사항을 따라야 한다.

소유와 경영의 분리

기업 재무관리에 있어서 가장 도전적인 이슈 중 하나는 경영으로부터 소유가 분리될 수 있는 가능성이다. 고용된 또는 전문가의 경영은 어떤 소유권 구조하에서도 나타날 수 있으나, 국유기업이나 소유권이 분산된 기업에서 자주 관찰된다. 소유와 경영의 분리는 소유와 경영을 담당하는 두 개체가 서로 다른 운영과 재무적 목표를 가질 수 있는 가능성을 높인다. 이것이 소위 주인 대리인 문제 또는 단순히 대리인 문제라고 불리는 것이다. 주주와 경영자의 이익을 일치시키는 데 사용되는 여러 가지 전략들이 있는데, 그중에서 가장 대중적인 방법은 고위 경영진이 주식을 소유하거나 또는 스톡옵션을 소유하게 하는 것이다. 그렇게 되면 경영자 자신의 개인적인 부에 도움이 되는 것이 일반 주주의 부에도 도움이 된다.

주식 소유권이 널리 분산된 특징을 가진 양대 시장이 미국과 영국이다. 경영진이 그들 회사의 주식 일부를 소유할 수도 있으나, 대개 경영진은 주주의 이익을 대변하기 위해 고용된 대리인이다. 반대로, 다른 글로벌 시장의 많은 기업들은 정부, 기관(예를 들어, 독일의 은행들), 가족(예를 들어, 프랑스, 이탈리아, 아시아와 라틴아메리카 전반) 그리고 이익 컨소시엄(일본의 케이레츠나 한국의 재벌)과 같은 지배주주를 가진 것을 특징으로 한다. 동일인이 소유하고 경영하는 비즈니스는 대리인 문제를 가지지 않는다.

많은 경우에, 이중 의결권 주식 소유, 겸임이사, 이사회의 시차임기제, 인수합병 보호책 그리고 영미권 시장에서는 사용되지 않는 다른 기법들로 기업에 대한 지배권을 강화할 수 있다. 그러나 최근 미국과 영국에서 대규모의 주식투자 펀드나 헤지펀드가 등장하면서 세계에서 유망한 공개거래 기업들이 사유화되기도 했다.

경영의 목적

기업들이 점점 더 다국적 운영에 전념하게 되면서 새로운 제약이 생겨났다. 이 제약은 기업지배구조의 역할뿐 아니라, 최고경영진 관점에서의 기업 전체 목적에 관해 전 세계의 의견들과 관행들이 달라지면서 발생하였다.

투자자들이 원하는 것은 무엇인가? 물론 첫 번째로, 투자자들은 성과를 원한다. 즉, 예측 가능한 높은 수익 그리고 지속 가능한 성장이 그것이다. 두 번째로 그들은 투명성, 책임감, 열린 소통 그리고 효과적인 기업지배구조를 원한다. 이러한 영역에서 국제 기준을 따르지 못하는 기업들은 국제 자본을 유인하고 보유하는 데 실패하게 될 것이다.

– "The Brave New World of Corporate Governance," *Latin Finance*, 2001년 5월

재무관리 입문 과정은 대개 경영의 목적이 주주 부의 극대화라는 가정에 기반하여 가르친다. 사실상 모든 경영학 전공 학생들은 대학 교육 중 한 번쯤은 주주 부의 극대화라는 개념을 암기한다. 그러나 주주 부의 극대화는 적어도 두 가지 주요한 도전을 가진다. (1) 주주 부의 극대화가 모든 나라에서 반드시 경영의 목적으로 인정받는 것은 아니다. 다른 이해관계자들이 실질적인 영향력을 행사할 수도 있다. (2) 주주 부의 극대화를 이행하는 것은 극히 어렵다. 많은 고귀한 목표들처럼, 주주의 부를 창출한다는 것은 말보다 실행하기가 더 어렵다.

영미권 시장에서는 주주 부의 극대화라는 개념이 이론과 실제 모두에서 현실적일 수도 있지만, 다른 곳에서는 항상 그렇지는 않다. 영미권 시장과 영미권을 제외한 다른 세계 사이에는 기업과 투자자에 대한 철학에 있어 근본적인 차이점이 존재한다.

주주 부 극대화 모델

영미권 시장에서 기업의 목적은 주주 부 극대화 모델(shareholder wealth maximization model, SWM)을 따라야 한다는 신념을 가지고 있다. 더 구체적으로, 기업은 주주들에게 돌아가는 수익, 즉 주어진 위험 수준에서 자본이득과 배당의 합으로 측정한 수익률을 극대화하기 위해 노력해야 한다. 다르게 설명하면, 기업은 주어진 수익률을 위해 주주들이 부담하는 위험을 최소화하여야 한다.

이러한 SWM 이론 모델은 주식시장이 효과적이라는 것을 보편적 진실로 가정한다. 이는 투자자가 인식하는 대로 위험과 수익률에 대한 기대를 주가가 반영하기 때문에, 주가는 항상 정확하다는 것을

의미한다. 이 모델에서는 주가가 새로운 정보를 재빨리 반영한다. 따라서 거시경제에서 주가는 자본을 가장 잘 분배하는 지표로 여겨진다.

SWM 모델은 또한 위험의 정의를 보편적 진실로 간주한다. 위험은 기업의 주식이 분산투자된 포트폴리오에 가져올 수 있는 수익률 변화의 추가적인 확률로 정의된다. 개별 기업의 사업 분야와 관련되어 있는 운영 위험(operational risk)은 투자자가 행하는 포트폴리오 분산투자를 통해 제거될 수 있다. 그러므로 개별 증권의 위험인 비체계적 위험(unsystematic risk)은 파산 가능성을 높이는 정도가 아니라면 경영의 주요한 관심사가 되어서는 안 된다. 반면 전반적인 시장의 위험에 해당하는 체계적 위험(systematic risk)은 포트폴리오 분산투자를 통해 제거될 수 없고, 주가는 주식시장의 함수로 나타난다는 위험을 의미한다.

대리인 이론. 대리인 이론 분야는 경영자가 SWM 모델의 처방을 따르도록 하기 위해 주주가 어떻게 경영자를 동기 부여할 수 있는지에 관한 연구이다.[1] 예를 들면, 스톡옵션을 자유롭게 사용하게 되면 경영자는 주주처럼 생각하게 될 것이다. 이러한 방법들이 성공할 것인지는 논란의 여지가 있다. 그러나 만약 경영자가 주주에게 최대 수익을 돌려주려는 SWM의 목적에서 벗어난다면 이사회는 경영진을 교체할 책임이 있다. 이사회가 이런 조치를 취하기에는 너무 약하고 수동적일 때, 주식시장에서의 인수를 통해 경영자가 교체될 수 있다. 이런 방법은 대부분의 영미권 시장에 존재하는 1주 1투표권(one-share-one-vote) 원칙으로 인해 가능해진다.

장기 대 단기 가치 극대화. 1990년대 세계시장 대부분의 경제 호황과 주가 상승은 SWM 모델의 단점을 노출시켰는데, 이는 특히 미국시장에서 나타났다. 일부 대규모 미국 기업은 장기적인 가치 극대화를 추구하기보다 단기적 가치 극대화를 추구하였다(예를 들어, 시장의 분기별 기대 수익을 맞추는 것에 대한 지속적인 논란 등). 이러한 전략은 최고 경영진을 동기 부여하기 위해 과도하게 사용된 스톡옵션으로 인해 일부 생겨났다.

이러한 단기적 관점은 때때로 왜곡된 경영 인센티브를 만들어냈다. 단기 수익 증가율을 최대화하기 위해 그리고 투자자의 과장된 기대를 충족시키기 위해 Enron, Global Crossing, Health South, Adelphia, Tyco, Parmalat 그리고 WorldCom과 같은 기업들은 부채를 숨기고 수익을 기록하려고 위험하고 기만적이며 때로는 정직하지 않은 방법들을 행하였고, 이는 궁극적으로 이들 기업의 종말을 가져왔다. 또한 CEO, CFO, 회계법인, 법률 자문사 그리고 다른 관련자들에 대한 매우 가시적인 고발 조치로 이어졌다.

이렇게 경영자와 투자자 입장에서 때로는 파괴적일 만큼 단기적 성과에 초점을 두는 것을 가리켜 성급한 자본주의(impatient capitalism)라고 한다. 또한 수익을 얻기 위해 얼마나 오랫동안 기업 활동 및 투

---

[1] Michael Jensen and W. Meckling, "Theory of the Firm: Managerial Behavior, Agency Costs, and Ownership Structure," *Journal of Financial Economics*, No. 3, 1976, and Michael C. Jensen, "Agency Cost of Free Cash Flow, Corporate Finance and Takeovers, *American Economic Review*, 76, 1986, pp. 323-329.

자, 운영을 하여야 하는지와 관련하여 이런 논란의 초점은 기업의 투자 시계(investment horizon)라고도 언급된다. 성급한 자본주의와는 반대로, 인내하는 자본주의는 장기적인 주주 부의 극대화에 집중하는 것이다. 전설적 투자자 워런 버핏은 그의 투자회사 Berkshire Hathaway를 통해 인내하는 자본주의의 가장 좋은 예를 보여준다. 버핏은 코카콜라처럼 경제와 함께 천천히 그러나 꾸준히 성장하는 주류 기업에 포트폴리오를 집중함으로써 억만장자가 되었다.

이해관계자 자본주의 모델

비영미권 시장에서는 지배주주 역시 지분에 대해 장기 수익을 극대화하려 애쓴다. 그러나 그들은 다른 강력한 이해관계자들의 제약을 받는다. 특히 영미권 시장 밖에서는 노동 조합이 더 강력하고, 정부는 지역 사회, 환경, 고용과 같은 주요 이해관계자 단체들을 보호하기 위해 시장에 더 자주 개입한다. 추가로 은행 및 다른 금융기관들은 증권시장보다 더 중요한 채권자이다. 이 모델을 가리켜 이해관계자 자본주의 모델(stakeholder capitalism model, SCM)이라고 부른다.

시장 효율성. SCM 모델은 주식시장이 효과적인지 효과적이지 않은지를 가정하지 않는다. 이는 별로 중요하지 않은데, 왜냐하면 기업의 재무적 목표가 다른 이해관계자의 제약을 받으면서 주주 중심의 배타적인 목표로 설정되지 않기 때문이다. SCM 모델은 어떤 경우에도 일시적인 포트폴리오 투자자보다 지배주주처럼 전형적으로 장기적인 '충성도 높은' 주주들이 기업 전략에 영향을 미쳐야 한다고 가정한다.

위험. SCM 모델은 전체 위험, 즉 운영 위험이 중요하다고 가정한다. 기업 강령과 목적을 고려할 때, 가능한 확실하게 장기적인 수익과 배당의 성장을 만들어내는 것이 구체적인 기업의 목표이다. 위험은 수익과 주가의 단기적 움직임이 아니라 상품시장 변동성으로 측정한다.

단일 대 다중 목표. 전형적으로 SCM 모델이 SWM 모델의 단기적이고 성급한 자본주의의 단점을 피하고 있음에도 불구하고, SCM 모델 역시 그 나름의 단점을 가진다. 다수 이해관계자들의 바람을 충족시키는 것은 경영자에게 트레이드오프에 대한 명확한 신호를 주지 않는다. 대신 경영자는 서면으로 또는 구두로 공표하거나, 복잡한 보상 시스템을 통해 이러한 트레이드오프에 영향을 주려고 시도한다.

스코어카드. SCM 모델과 반대로, SWM 모델은 잘 정의된 스코어카드와 함께 가치 극대화라는 단일 목표를 필요로 한다. Michael Jensen이 서술한 SWM의 이론적 모델에 따르면, 경영의 목적은 기업의 전체 시장가치를 극대화하는 것이다.[2] 이것이 의미하는 바는 추가적으로 1달러를 투자하였을 때 그것이 기업의 지분, 부채 그리고 그때그때 그 기업에 대한 청구권의 시장가치에서 1달러 이상의 가치를 창출한다면, 기업 대표들은 적극적으로 더 많이 소비하고 더 투자하여야 한다는 것을 의미한다.

---

[2] Michael C. Jensen, "Value Maximization, Stakeholder Theory, and the Corporate Objective Function," *Journal of Applied Corporate Finance*, Fall 2001, Volume 14, No. 3, pp. 8-21, p. 12.

비록 양쪽 모델 모두 강점과 약점이 있지만, 최근에는 두 가지 흐름이 주주의 부 유형(SWM)에 더 많이 집중하도록 이끌고 있다. 첫 번째는 많은 비영미권 시장들이 점점 더 그들의 산업을 민영화함에 따라 외부 투자자, 특히 그중에서도 해외 투자자들로부터 국제 자본을 끌어들이기 위해서는 주주의 부에 집중할 필요가 있어 보인다는 점이다. 두 번째는 여전히 논란이 되기는 하지만, 많은 분석가들이 주주 중심의 다국적 기업들이 점점 더 글로벌 산업을 지배하고 있다고 믿는 점이다.

운영 목표

기업 대표자의 목적이 주주 부의 극대화라고 이야기하는 것과 그것을 실제로 행하는 것은 또 다른 문제이다. 이익 극대화라는 경영의 목적은 들리는 만큼 간단하지 않다. 왜냐하면 소유자/경영자가 사용하는 이익의 측정방법이 비공개기업과 공개기업 사이에 서로 다르기 때문이다. 다른 말로 하면, 경영자는 당기순이익과 자본의 가치 상승 중 어느 것을 극대화하고자 하는가, 아니면 양자 모두를 극대화하고자 하는가의 문제이다.

공개기업에서 주주의 수익은 배당의 형태인 당기순이익과 주가 상승으로부터 오는 자본이득을 결합한 것이다.

$$\text{주주 수익률} = \frac{D_2}{P_1} + \frac{P_2 - P_1}{P_1}$$

이때 최초 가격 P_1은 주주가 최초에 투자한 금액인 기초가격이고, P_2는 기말 주가이며, D_2는 기말에 지급된 배당금이다. 주주는 이론적으로 이 두 구성요소로부터 수익을 얻는다. 예를 들면 1990년대 미국에서 분산투자한 투자자는 평균적 연 14%의 수익을 얻었는데, 그중 2%는 배당에서 그리고 12%는 자본이득에서 수익을 올렸다. 그러나 주주 수익 중 배당과 자본이득의 '분할' 비중은 시간에 따라 전 세계 주요 시장에서 상당히 다르게 나타난다.

경영자는 일반적으로 그들이 첫 번째 구성요소인 배당수익률(dividend yield)에 가장 직접적인 영향을 미친다고 믿는다. 경영자는 매출을 증대하고 이익을 만들어내는 전략적 운영 의사결정을 한다. 그리고 경영자는 배당의 형태로 소유권을 가진 이들에게 이익을 배분한다. 자본시장에서 거래될 때 주가의 변화를 나타내는 자본이득(capital gain)은 훨씬 더 복잡하고, 경영자가 직접 통제하지 않는 많은 다른 영향력들을 반영한다. 시장점유율이나 이익의 증가 또는 사업 성공을 나타내는 기타 전통적인 측정치에도 불구하고, 시장은 이러한 것들을 주식가치 상승으로 직접 보상하지 않을 수도 있다. 많은 최고경영자들은 주식시장이 이해할 수 없는 방식으로 움직이고, 그들의 가치평가와 늘 일치하는 것은 아니라고 믿는다. 결국에는 공개거래 기업의 대표자들은 전형적으로 기업 자체의 성장, 즉 제일 위 줄의 매출과, 제일 아래 줄의 당기순이익 성장이 주가를 상승시킬 수 있는 희망을 가져온다고 결론짓는다. 그러나 이는 오랜 시간에 걸쳐 성공이 계속된다면 변할 수 있다.

비공개기업은 훨씬 더 간단한 주주 수익 목표 함수를 가지고 있다. 즉, 소유주에게 돌아가는 지속 가

글로벌 금융 실무 4.1

Dixons Carphone PLC는 왜 부채를 사용하고 배당을 늘렸는가?

2014년 8월 7일, Dixons Retail과 Carphone Warehouse Group 사이의 38억 파운드 규모의 합병은 전자업계의 거대 소매업체 Dixon Carphone PLC를 탄생시켰다. 런던에 본부를 둔 이 새로운 다국적 기업은 유럽 12개국 3,000개의 소매점에서 기술 서비스 제공과 컴퓨터, 전화기에서 냉장고까지 판매하면서 매년 100억 파운드 가치의 매출을 올린다. PC World, Currys 그리고 Carphone Warehouse 와 같은 영국 또는 아일랜드의 브랜드 소매업체는 동종업계에서 가장 높은 세전 이익과 매출 수익을 올린다.

기존 주주들에게 50:50의 소유권을 주는 구조로 합병한 이후, Dixons의 주주들은 Dixons 주식 한 주에 대해 0.155의 Dixons Carphone 주식을 받았다. Dixons Carphone의 시가총액이 증가하면서 새 주식은 영국의 기준 지수인 런던증권거래소 FTSE 100에 편입되었다.

이 합병은 주요한 성장 전략 및 재무적 정비 전략을 연상시켰다. 심각한 포화시장에서 수평적 성장을 이루는 것은 어렵기 때문에, Dixons Carphone의 성장 전략은 하이테크 제품과 알맞은 가격대의 장치들 그리고 통합 고객 서비스에 집중함으로써 빠른 수직적 확장과 인터넷 확장을 이루는 것이었다. 일단 합병이 이루어진 후, 경영진은 2014년에 1,910억 파운드 규모의 대규모 장기 부채를 조달하였다. 또한 이 새로운 다국적 기업은 지난 4년에 걸쳐 20%가 늘어난 주당 배당금을 더 많이 지급하기로 계획하였다. Dixons Carphone 의 5년 평균 주당 배당금 증가율은 산업 내 최고였음을, 그리고 다른 전자제품 소매업 기업들은 거의 배당을 지급하지 않았음을 언급할 필요가 있다.

이러한 재무적 의사결정은 Dixons Carphone PLC가 합병 전 2개의 성장 기업인 Dixons와 Carphone에서 시가총액 기준 영국 100대 기업에 속하는 단일 가치 기업으로 진화하였다는 사실로 설명될 수 있다. 성장 기업은 비즈니스 단계 중에서 빠르게 성장하며 주당 순이익과 자본이득의 증가를 누리는 중소 규모의 기업이다. 반대로, 가치 기업은 확장 영역이 적지만 적절한 매출 수익과 현금흐름을 올릴 수 있는 성숙 단계의 대규모 기업을 말한다. 이러한 기업의 주가는 거의 변동하지 않기 때문에, 주주는 더 높은 배당금을 받을 수 있도록 부채를 사용하는 것을 선호한다. 비싼 재무 부채가 누적되는 것을 피하기 위해 Dixons Carphone 경영진은 부채 총자본 비율을 전해의 45.51%에서 2015년 13.36%로 신중하게 줄였다.

능한 당기의 재무적 수익을 극대화하는 것이다. 비공개기업은 주식의 가격이 따로 없다(주식이 가치를 가지고는 있지만, 이것은 우리가 믿는 시장의 작동 방식으로 시장에서 결정된 확정적인 가치가 아니다). 그러므로 이런 기업은 소유주의 수익을 위해 당기의 재무적 수익과 배당 수입(소유주에게 제공되는 임금 및 다른 형태의 수입을 포함하여)을 만들어내는 데 집중한다. 만약 비공개기업의 소유주가 가족이라면 그 가족이 기업 경영을 할 것이며, 기업은 느린 속도의 성장을 유지하는 한편, 오래도록 이러한 수익을 유지할 수 있는 능력을 매우 중요하게 생각할 수도 있다. 주식 가격이 없기에, 비공개기업에게 '성장'은 전략적으로 크게 중요하지 않다. 그러므로 경영의 전략적 재무적 목표와 목적을 이해하고자 한다면, 소유주 및 소유주의 특정한 재무적 이해관계를 처음부터 이해하는 것이 매우 중요하다.

비공개기업은 또한 공개거래 기업보다 더 적은 위험을 감수하고 덜 공격적이다. 공개 주가가 없고, 그래서 그 기업의 사업 개발과 관련한 위험 및 수익률에 대해 외부 투자자가 추정할 능력이 없기에, 비공개기업(소유주와 사업자)은 더 적은 위험을 감수하려 할 것이다. 이는 다시 말해, 이런 기업은 매출과 이익을 빠르게 성장시키려 시도하지 않고, 그러므로 빠른 성장을 위해 필요한 장기 자본(자본과 부채)을 필요로 하지 않을 수도 있다는 뜻이다. McKinsey의 최근 연구에서는 비공개기업이 공개거래 기업보다 상당히 더 낮은 수준의 부채(부채자기자본비율이 평균 5% 더 낮은)를 지속적으로 사용해왔다고 밝혔다. 흥미롭게도, 이러한 미공개기업들은 또한 더 낮은 부채비용을 가졌는데, 회사채 발행에 근거할 때 대략 부채비용이 30베이시스 포인트 더 낮았다.[3]

도표 4.2는 국유기업, 공개거래 기업 그리고 비공개기업 사이에 특징적으로 나타나는 다양한 재무적 운영상의 차이점을 제시한다.

다국적 기업의 운영 목표. 다국적 기업은 기업의 여러 단계에 적합한 운영 목적을 따라야 한다. 기업의 목적이 주주 가치의 극대화라고 하더라도, 투자자가 기업을 평가하는 방식이 기업의 최고경영진에게 항상 명확한 것은 아니다. 그러므로 대부분의 기업은 성과를 내는 방법으로 통제할 수 있는 운영 목표의 달성에 대해 투자자들이 호의적으로 반응하기를 기대하고, 또한 이 용어를 사용할 수 있다면 시장이 결과에 대해 보상하기를 기대한다. 다국적 기업은 세 가지 공통적인 운영상의 재무 목표 사이에서 적절한 균형을 잡아야만 한다.

1. 세후 연결 이익의 극대화
2. 기업의 효과적인 국제 조세 부담 최소화
3. 기업의 수익, 현금흐름 그리고 국가 및 통화에 대한 사용 가능한 자금의 정확한 포지셔닝

이러한 목표들은 하나를 추구하면 다른 것의 결과에 좋지 않은 영향을 미치게 되어 종종 양립할 수 없다. 경영진은 이 목표들 사이의 적절한 트레이드오프에 대해 매일 의사결정을 하여야 한다(이것이 컴퓨터가 아니라 사람이 기업을 경영하여야 하는 이유이다).

도표 4.2	공개적 소유권 대 사적 소유권		
조직 특성	국가 소유 기업	공개거래 기업	비공개기업
기업가 정신	없음	없음. 핵심 경쟁력에 집중	있음. 소유자가 원하는 어떤 것도 가능
장기적 또는 단기적 관점	장기적 관점, 정치적 주기	단기적 관점으로 분기 이익에 초점	장기적 관점
이익 증가에 집중	없음	있음. 수익 증가가 핵심	없음. 소유자 이익 필요에 의해 필요성이 정의됨
충분한 자금조달	국가별로 다름	자본 및 자본시장에 충분한 접근성	과거에는 제한적이었으나 점차 가능해짐
리더십의 질	매우 가변적	전문적. 내외부에서 고용	매우 가변적. 가족 경영기업은 부족함
수익(이익)의 역할	수익은 정부를 위한 자금을 형성함	수익은 주식시장에 신호를 줌	수익은 소유주와 가족에게 제공됨
소유주의 대표성	소유주가 아니라 관리자가 대표함	최소한의 이해관계. 일부는 스톡옵션을 가짐	대표성 있음. 소유와 경영은 보통 같음

---

[3] "The five attributes of enduring family businesses," Christian Caspar, Ana Karina Dias, and Heinz-Peter Elstrodt, *McKinsey Quarterly*, January 2010, p. 6.

연결 이익. 다국적 기업의 주요한 운영상 목표는 세후 연결 이익을 극대화하는 것이다. 연결 이익이란 다른 나라의 여러 통화로 발생하였지만 모회사 통화로 표기된 기업의 모든 개별 단위의 이익이다. 이 것은 경영진이 모든 미래 현금흐름의 현재가치를 극대화하기 위해 애쓰지 않는다는 말은 아니다. 간 단히 말하면, 이는 글로벌 경영에 있어 대부분의 일별 의사결정이 당기 이익에 관한 것이라는 이야 기이다. 다국적 기업의 대표나 기업의 전략을 실행하는 경영진은 당기 이익을 넘어서 멀리 생각해야 한다.

예를 들면, 해외 자회사는 그들만의 전통적인 재무제표를 가진다. (1) 한 해 동안 그 조직이 행한 수 익과 비용을 요약하는 손익계산서, (2) 그 조직의 수익 발생에 사용된 자산과 그 자산들의 자금조달을 요약하는 재무상태표, (3) 한 해 동안 현금흐름을 만들어내고 사용한 조직의 활동을 요약하는 현금흐 름표 등이 그것이다. 이러한 재무제표는 처음에는 세금 및 현지 정부로의 보고 목적으로 그 조직의 현 지 통화로 표기된다. 그러나 그것들은 역시 주주에게 보고하기 위해 모회사 재무제표와 연결되어야 한다.

공개/비공개 하이브리드. 한 분석가가 이름 붙인 대로, 글로벌 경영환경은 '뒤섞인 장소'이고, 다국적 기 업을 포함하여 모든 종류의 기업이 소유권 면에서 반드시 공개기업이거나 또는 순수하게 비공개기업 인 것만은 아니다. 글로벌 경영에 대한 최근 한 조사에서는 S&P 500 기업의 3분의 1이 엄밀히 말하면

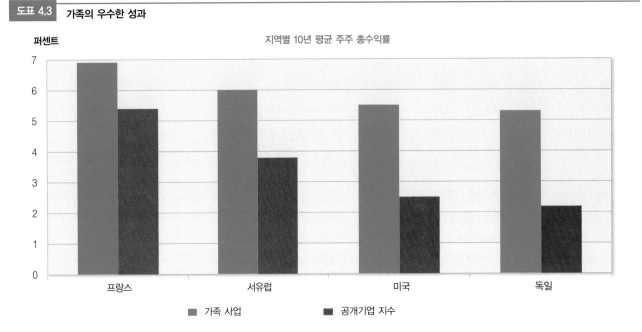

도표 4.3   **가족의 우수한 성과**

출처 : "The Five Attributes of Enduring Family Businesses," Christian Caspar, Ana Karina Dias, and Heinz-Peter Elstrodt, *McKinsey Quarterly*, 2010년 1월 7페 이지에 제시된 데이터에 근거하여 저자가 구성함. 지역별 공개 기업 지수 : 프랑스 SBF120, 서유럽 MSCI Europe, 미국 S&P500, 독일 HDAX

가족 사업임을 보고하였다. 그리고 이것이 단지 미국에만 해당되는 문제는 아니었다. 프랑스와 독일의 대규모 기업들의 대략 40%가 가족 소유권과 가족 경영에 크게 좌우되었다.

다르게 말하면, 기업은 공개적으로 거래되지만 한 가족이 여전히 그 기업의 전략과 운영상 결정에 실질적인 지배력을 가질 수 있다는 것이다. 이것이 바람직한 것으로 증명될 수도 있다. 도표 4.3에 나타나듯이, 세계 5개의 다른 지역에서 공개기업이지만 가족이 지배하는 사업체가(주주에게 돌아가는 총수익률로 측정할 때) 가족 기업이 아닌 공개거래 기업보다 재무적 성과가 더 우수한 것으로 나타났다.

왜 가족 지배 기업이 다른 기업들보다 더 우수한 성과를 보이는 것으로 나타날까? Credit Suisse에 따르면, 가족 지배 기업 주식(stocks with significant family influence, SSFI)의 성과에 도움을 주는 세 가지 주요한 촉매재가 있다. 이는 (1) 장기적 관점의 경영, (2) 경영자와 주주 이익의 일치, (3) 기업 핵심 사업으로의 강력한 집중이다.

공개거래 기업 대 비공개기업 : 글로벌 변화

공개거래 기업의 미래는 정말 위기에 처해있는가, 아니면 쇠퇴기에 있는 것은 단지 미국의 공개기업 주식인 것인가? 도표 4.4는 미국 거래소와 다른 거래소 사이의 상장회사 수를 분리하여 글로벌 주식

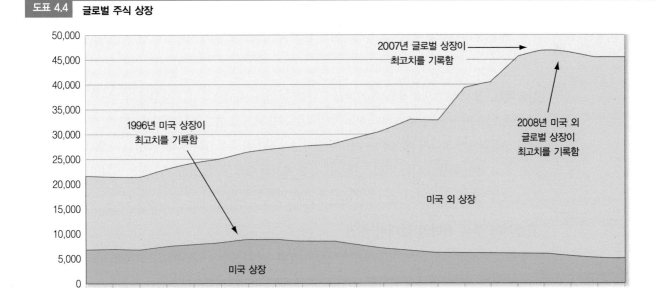

도표 4.4 **글로벌 주식 상장**

출처 : 세계거래소연맹(WFE), www.world-exchanges.org가 수집한 통계치로 저자가 작성

상장의 개요를 넓게 보여준다.

도표 4.4는 세계거래소연맹(WFE)의 상장 자료에 근거하여 글로벌 주식시장 전반에 걸친 흐름과 경향에 대해 많은 의문을 제기한다.

■ 글로벌 주식 상장은 지난 20년 동안 크게 성장하였으나, 2008년에 최고치에 도달했다. 2008~2009년 글로벌 금융위기의 실질적인 영향이 얼마나 남아있는지 아직 알려지지 않았음에도 불구하고, 다른 요인 중에서 금융위기가 공개 주식 상장의 성장을 늦추었다는 것만은 명확하다.

■ 글로벌 주식 상장을 하는 미국 주식들은 1990년대 중반 이후 극적으로 계속 줄어들었다. 2010년 말 기준, 전 세계 54개 증권거래소에 상장된 45,508개 주식 중 미국 상장사는 11%를 차지하였다. 이 수치는 미국이 33.3%를 차지했던 1996년과 비교할 때 극적인 하락을 보여준다.

■ 미국 공개 주식 상장은 최고점 이래 지난 14년 동안 3,767개 그리고 42.9%나 하락하였다(1996년 8,783개에서 2010년 5,016개로). 미국 주식거래소에 상장된 공개거래 기업의 매력도가 극적으로 명백하게 하락한 것이다.

상장 요건

증권거래소에서의 신규 상장은 상장 추가의 결과로, 거래소에 상장하는 신규 기업들과 거래소에서 나가는 상장 폐지 기업들을 합한 것이다.

상장 추가. 증권거래소 상장 추가는 네 가지로 나타난다. 즉, (1) 주식최초공개발행(IPO), (2) 한 거래소에서 다른 거래소로 주식 상장 이동, (3) 대규모 기업에서의 분사, (4) 장외주식 호가전산망과 같이 더 작은 장외시장으로부터 새롭게 상장 등이다. 거래소 간 이동은 전형적으로 한 나라 안에서는 제로섬이고, 분사나 장외시장 호가전산망에서의 이동은 거의 없기 때문에 실질적인 상장 증가는 IPO로 발생한다.

상장 폐지. 상장 폐지된 주식은 세 가지로 분류할 수 있다. 즉, (1) 주가나 재무적 가치평가 면에서 주식이 거래소의 요구사항을 충족하지 못하여 강제로 상장 폐지될 때, (2) 두 기업이 결합 합병을 하면서 하나의 상장회사가 없어질 때, (3) 인수를 통해 하나의 상장회사가 없어질 때 등이다. 파산하는 기업이나 또는 주요 인수 대상이 되는 기업은 대부분 상장 폐지를 하게 된다. 상장 폐지되는 기업이라고 해서 반드시 파산하는 것은 아니고 장외시장을 통해 계속 거래될 수도 있다.

공개거래 주식 쇠퇴의 잠재적 원인

미국에서 주식 상장의 쇠퇴가 공개거래 기업의 형태로부터 또는 미국 중심의 경제적 시대로부터 벗어나는 글로벌 경영의 근본적 변화를 나타내는지에 대해 상당한 논란거리를 만들어왔다.

미국시장은 그 자체로 많은 국가 특유의 요인들을 반영할 수 있다. 사베인스-옥슬리법(Sarbanes-

Oxley)의 비용과 반경쟁적 효과는 이제 잘 알려져 있다. 미국에서 공개 발행을 할 때 사베인스-옥슬리 법과 다양한 추가적 규제 및 요구사항들을 따르는 것은 공개 상장의 매력도를 떨어뜨렸다. 기업이 공개 상장을 하지 않고도 다른 형태의 자기자본을 모을 수 있는 사모시장이 지속적으로 발전하고 성장함에 따라, 공개 발행의 매력도 저하는 미국의 상장 쇠퇴에 지대한 영향을 줄 가능성이 있다. 글로벌 금융 실무 4.2는 공개기업에서 비공개기업으로 변신한 Dell Computer의 사례를 논의한다.

　최근의 한 연구는 상장 쇠퇴 현상이 점점 더 부담스러워지는 미국 규제 환경 때문이 아니라 중소 규모의 주식을 위한 시장 형성, 매출 그리고 연구 지원을 하락시킨 요인들이 급증한 탓이라고 주장하였다. 1996년 온라인 중개 및 1997년 온라인 거래 규칙의 도입과 함께, 미국에서 더 많은 주식 거래가 전자증권거래 시스템(electronic communication network, ECN)으로 이동하였고, 이는 모든 시장참가자가 중개인이나 증권회사를 통하지 않고도 직접 거래소 주문장으로 거래할 수 있게 만들었다. 이러한 경쟁 증가가 거래비용을 획기적으로 줄였지만, 이는 중소 규모 주식들의 연구, 시장 형성 그리고 판매와 홍보를 항상 지원했던 소매 증권회사의 수익성 역시 악화시켰다. 이러한 재무적 지원이 없어지자, 주요 사모펀드들은 더 이상 소규모 주식들을 보호하거나 홍보하지 않았다. 연구, 마케팅, 홍보 및 보호가 없어지자 소규모 주식들의 거래량과 거래가치는 떨어지고 말았다.

글로벌 금융 실무 4.2

왜 Dell은 비공개기업이 되었는가?

1990년대 공개거래 기업 중에서 진정한 스타기업 중 하나였던 Dell Computer는 2013년 11월 비공개기업이 되었다. Dell의 창업자 마이클 델은 헤지펀드 Silver Lake Partners의 자본과 150억 달러의 부채로 Dell을 244억 달러에 매수하여 비공개기업으로 만들었다. 왜 그랬을까? 마이클 델과 그의 팀이 공개거래 기업으로서 달성할 수 없었던 그 무엇을 비공개기업으로서 다르게 할 수 있었을까?

　전략적으로 마이클 델은 거의 5년 동안 Dell Computer를 PC회사에서 사업 기업으로 바꾸려고 하였다. 그러나 주식시장은 Dell을 여전히 PC 회사로 보고 있었고, PC 회사로서 Dell은 실패하고 있었다. 한때 PC 산업의 마켓 리더였던 Dell은 3위로 떨어졌고 계속 하락하고 있었다. 마이클 델의 관점에서, 공개거래 시장은 참을성이 없으며 너무 단기적 관점을 가지고 있었고, Dell의 전략적 변화를 이해하고 Dell의 성공적인 변신을 기다리기엔 지나치게 단순했다. 새로운 장기 미래를 창출할 장기적 투자를 하기 위해 마이클 델은 Dell이 더 큰 리스크를 감수할 필요가 있으며, 단기적 재무 수익을 희생할 필요가 있다고 믿었다. 그러나 그는 이 회사의 주식을 사들인 칼 아이칸과 같은 많은 행동주의 투자자들과 정면으로 부딪치게 되었는데, 이들이 새로운 기업의 전략적 미래를 지지하는 장기적 관점의 투자보다는 더 큰 배당금을 위해 부채를 늘릴 것을 요구하였기 때문이다.

　마이클 델은 상장 폐지하고 1년 후 *Wall Street Journal* 의견란을 통해 "주주들은 점점 더 수익을 위한 단기적 결과만을 요구하였고, 그 결과 혁신과 투자는 자주 무시되었으며 주주의 이익과 고객의 이익이 분리되었다."라고 언급하였다.* 더 장기적 관점이 새롭게 변신한 경쟁력 있는 Dell을 만들어낼지는 시간이 말해줄 것이다.

* "Going Private Is Paying Off for Dell: A year later, we're able to focus on customers and the long term, rather than activist investors," Michael Dell, *Wall Street Journal*, Nov. 24, 2014.

기업지배구조

기업지배구조(corporate governance)는 조직을 규제하고 통제할 때 사용하는 규칙, 관행, 절차의 시스템이다. 국내 기업이든, 국제적 기업이든, 다국적 기업이든, 기업지배구조가 기업의 존재에 핵심적임에도 불구하고, 다양한 형태의 기업지배구조 실패가 기업 사기와 실패로 이어져 왔기 때문에 이 주제는 지난 몇 년 동안 정치 및 경영 논란의 피뢰침 역할을 하였다. 기업지배구조의 남용과 실패가 최근 전 세계 경영 뉴스의 대다수를 차지해왔다. 2001년 가을, 파산으로 막을 내린 Enron의 회계 부정과 의심스러운 경영 윤리를 시작으로, 기업지배구조의 실패는 경영활동의 윤리와 문화에 대한 문제들을 제기해왔다.

기업지배구조의 목표

영미 시장에서 기업지배구조의 단 하나의 최우선 목표는 시간에 따른 주주의 수익률 최적화이다. 이를 이루기 위해 좋은 기업지배구조 관행은 기업의 성장과 자본가치 창출을 보장하는 기업 전략을 개발하고 이행함으로써 이사회의 관심이 이 목적에 집중되도록 만들어야 한다. 동시에, 좋은 기업지배구조는 이해관계자와의 효과적인 관계를 보장하여야 한다. 경제협력개발기구(Organization for Economic Cooperation and Development, OECD)를 포함한 다양한 조직들은 기업지배구조의 다섯 가지 주요 영역에 관한 조언을 다음과 같이 지속적으로 정리하였다.

1. **주주의 권리.** 주주는 기업의 소유주이며, 그들의 이익은 다른 이해관계자에 우선하여야 한다.
2. **이사회의 책임.** 이사회는 경영에 대한 적절한 감독을 포함하여 기업을 위한 최종적이고 완전한 법적 책임을 가진 독자적 개체로 간주된다.
3. **주주에 대한 공정한 대우.** 지배 주주와 소액 주주뿐 아니라, 국내 거주자와 해외 거주자 모두 주주로서 명확하게 공정한 대우를 받아야 한다.
4. **이해관계자의 권리.** 기업지배구조 관행은 종업원, 채권자, 지역사회 그리고 정부와 같은 다른 이해관계자의 이익을 공식적으로 인정하여야 한다.
5. **투명성과 정보 공개.** 기업의 영업 및 재무 실적과 특성에 대해 공개적이고 공정한 보고가 적기에 이루어져야 하고, 이러한 정보는 모든 이해관계자가 공평하게 사용할 수 있어야 한다.

이러한 원칙은 명확하게 몇 가지 주요 영역, 즉 주주의 권리와 역할, 정보 공개와 투명성 그리고 이사회의 책임에 집중하는데, 이들에 대해 곧 더 자세하게 논의할 것이다.

기업지배구조

우리의 첫 번째 도전은 사람들이 '기업지배구조'라는 표현을 쓸 때 그것이 의미하는 바를 이해하는 것이다. 도표 4.5는 현대 기업의 지배구조와 관련된 다양한 집단들과 그들의 책임에 대한 개요를 보여준다. 현대 기업의 활동과 행위는 내부와 외부의 힘에 의해 지시되고 통제된다.

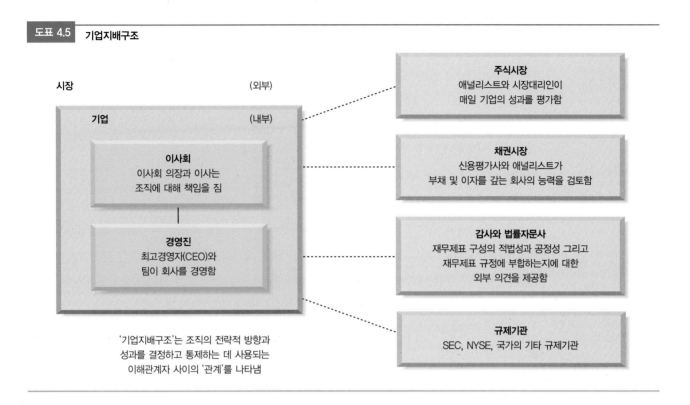

도표 4.5 기업지배구조

시장 (외부)

기업 (내부)

이사회
이사회 의장과 이사는
조직에 대해 책임을 짐

경영진
최고경영자(CEO)와
팀이 회사를 경영함

주식시장
애널리스트와 시장대리인이
매일 기업의 성과를 평가함

채권시장
신용평가사와 애널리스트가
부채 및 이자를 갚는 회사의 능력을 검토함

감사와 법률자문사
재무제표 구성의 적법성과 공정성 그리고
재무제표 규정에 부합하는지에 대한
외부 의견을 제공함

규제기관
SEC, NYSE, 국가의 기타 규제기관

'기업지배구조'는 조직의 전략적 방향과
성과를 결정하고 통제하는 데 사용되는
이해관계자 사이의 '관계'를 나타냄

내부의 힘(internal force)인 기업의 임원들(최고경영자나 CEO)과 기업의 이사회(이사회 의장을 포함)는 기업의 미래에 대한 전략적 방향과 실행을 결정할 책임이 있다. 그러나 이들이 아무것도 없는 공백 상태에서 일하는 것은 아니다. 내부의 힘은 시장에서 끊임없이 엿보면서 내부의 힘이 내린 결정의 타당성과 건전성 및 그 성과에 대해 의문을 제기하는 외부의 힘(external force)에 따라 달라질 수 있다. 외부의 힘은 기업의 주식이 거래되는 자본시장(주식시장), 기업의 주식을 담당하고 평가하는 투자은행 애널리스트, 기업의 채권자, 기업의 부채나 지분 증권에 대해 신용등급을 설정하는 신용평가기관, 기업 재무제표의 공정성과 적법성을 증명해주는 감사기관과 법률자문사 그리고 기업의 활동을 감독하는 많은 규제기관을 포함하는데, 이는 모두 투자자에게 제시된 정보의 유효성을 보장하기 위한 시도이다.

이사회. 기업지배구조에 대해 책임지는 법적인 기구는 이사회이다. 이사회는 그 조직의 종업원(사내이사)과 영향력 있는 고위 비종업원(사외이사)으로 구성된다. 이사회를 둘러싼 논란은 다음과 같다. (1) 사내이사와 사외이사 사이의 적절한 균형 문제, (2) 이사회 이사들에 대한 보상 방법, (3) 1년 중 이사회 활동을 하는 며칠 동안 이사회 이사들이 적절하게 기업을 관리 감독할 수 있느냐에 관한 실제적 능력 문제 등이다. 다른 주요 기업의 전현직 최고경영자들이 주로 맡는 사외이사는 건전한 거리와 공정성을 가져올 수 있지만, 한편 새로운 관점에서는 그 기업 내부의 진정한 이슈와 사건에 대한 이해가 제한된다는 단점도 불러일으킬 수 있다.

경영진. 최고경영자(CEO), 최고 재무책임자(CFO), 최고 운영책임자(COO)와 같은 기업의 고위 경영진은 사업에 대해 가장 잘 알고 있을 뿐만 아니라 기업의 전략적 운영 방향을 만들어내고 지시한다. 이론에 따르면 기업의 경영진은 가치 창출을 추구하는 주주와의 계약자로서, 즉 대리인으로서 행동한다. 경영진은 급여, 보너스, 스톡옵션 등에는 긍정적으로 그리고 직업을 잃을 수도 있다는 리스크에 대해서는 부정적으로 동기 부여받는다. 그러나 이들은 스스로 부를 쌓거나 개인적인 의도로 편견을 가질 수도 있어 이사회나 다른 이해관계자들이 이에 대해 감독할 책임이 있다. 흥미롭게도, 포춘 500대 기업의 80% 이상이 CEO가 이사회 의장을 겸하고 있다. 많은 이들은 이것이 이해관계의 충돌을 가져오며, 기업과 주주의 최선의 이익에 부합하지 않는다고 여긴다.

주식시장. 공개거래 기업은 거주지와는 무관하게 시장의 의견 변화에 매우 민감하다. 뉴욕증권거래소이든 멕시코시티 볼사(Bolsa)이든 간에 주식시장은 개별 회사의 약속과 성과에 대한 끊임없는 평가를 반영하여야 한다. 애널리스트는 많은 투자은행이 고용한 전문가로, 고객 회사의 주식 역시 거래한다. 애널리스트는 기업의 전략과 전략의 실행을 위한 계획 그리고 그 기업의 재무적 성과를 실시간으로 평가하는 것으로 (때로는 순진하게) 예상된다. 그리고 애널리스트는 정보를 위해 재무제표 및 다른 공개 공시자료에 의존한다.

부채시장. 부채시장(은행 그리고 그 밖에 대출과 회사채와 같이 다른 형태로 증권화된 부채를 공급하는 금융기관)은 주주가치를 만드는 데 특별히 관심이 없지만, 그 기업의 재정적 건전성에 크게 관심을 가지고 있다. 특히 부채시장의 관심사는 적시에 부채를 갚을 수 있는 기업의 능력에 있다. 주식시장처럼, 부채시장은 함께 일하는 기업의 재무제표와 공시내용(공개 정보이든 비공개 정보이든)에 의존하여야 한다.

감사 및 법률자문사. 감사와 법률자문사는 기업 재무제표의 공정성, 적법성, 정확성에 대하여 외부 전문가로서 의견을 줄 책임이 있다. 이들은 회계적 절차와 관련하여 기업의 재무 기록과 관행이 미국에서 GAAP(Generally Accepted Accounting Principles)라 부르는 일반적으로 인정되는 회계원칙을 따르는지 판단하려 한다. 그러나 감사와 법률전문가는 그들이 감사를 맡고 있는 바로 그 기업에 의해 고용되기 때문에, 이들은 그들의 고용주를 감시하는 아주 특수한 상황에 놓이게 된다.

규제기관. 미국 및 그 외 지역의 공개거래 기업은 정부기관과 비정부조직 양자 모두의 규제 감시를 받게 된다. 미국에서는 증권거래위원회(Securities and Exchange Commission, SEC)가 공개적으로 거래되는 주식시장 그리고 이 시장에 상장된 기업의 행동과 이 시장에 참여하는 다양한 투자자의 행동에 대해 주의 깊게 감시한다. SEC와 미국 밖의 비슷한 규제당국은 기업 성과에 대한 공시를 정기적으로 규칙에 따라 할 것을 요구한다. 따라서 모든 투자자는 적절하고, 정확하고, 공정하게 알려진 정보로 기업의 투자가치를 평가할 수 있을 것이다. 이러한 규제 감시는 회사들이 언제, 어떤 정보를 누구에게 발표하였는지에 대해 자주 집중한다.

미국의 공개거래 회사는 또한 주식들이 거래되는 거래소[뉴욕증권거래소/유로넥스트(New York Stock Exchange/Euronext), 미국증권거래소(American Stock Exchange), 나스닥(NASDAQ) 등이 가장 큰 거래소이다]의 규칙과 규제를 따른다. 사실상 전형적인 자율규제로 분류되는 이러한 조직은 소속 기업과 주식거래 행위에 있어서 자신만의 행동 규범을 만들고 강제한다.

상대적 기업지배구조

기업지배구조 필요성에 대한 시작은 소유와 경영의 분리 그리고 누가 이해관계자이며 그들의 중요성에 대한 다양한 문화적 관점으로부터 시작된다.[4] 이는 기업지배구조 제도들이 국가에 따라 그리고 문화에 따라 달라질 것이라고 확신한다. 도표 4.6에 나타나듯이, 기업지배구조 제도는 시간에 따른 비즈니스 소유권의 진화에 따라 분류될 수 있다.

미국, 캐나다, 영국의 경우처럼 시장 중심의 제도는 공개거래 기업의 소유권이 넓게 분포된 자본시장이 상대적으로 효율적이라는 특징을 가진다. 많은 신흥시장이나 아시아 시장 그리고 남미 시장에서와 같은 가족 중심 제도(파트너십이나 가족 중심이 아닌 작은 투자그룹과 반대되는)는 가족 소유에 매우 집중하면서 시작되었을 뿐 아니라, 심지어 기업공개를 한 이후에도 가족이 계속해서 기업을 주로 통제해왔다. 은행 중심 제도와 정부 중심 제도는 자산과 산업에 대한 정부의 소유권이 시간이 흘러도 변함없었고, 그래서 기업의 소유권이 제한되었으며, 그마저도 비즈니스 관행에 대해 심각한 규제를 받아왔던 시장을 의미한다.

모든 거래 제도는 그러므로 세계적으로 기업지배구조 원칙과 관행의 진화에 있어 적어도 네 가지 주요 요인의 함수이다. 바로 (1) 금융시장 발전, (2) 소유와 경영의 분리 정도, (3) 정보공개와 투명성에 대한 개념, (4) 법률 제도의 역사적 발전이다.

도표 4.6	상대적 기업지배구조 제도		
제도의 기준	특성		예
시장 중심	효율적 주식시장, 분산된 소유권		미국, 영국, 캐나다, 호주
가족 중심	소유와 경영이 결합됨, 가족/최대 주주와 소액주주		홍콩, 인도네시아, 말레이시아, 싱가포르, 대만
은행 중심	정부는 은행 대출에 영향을 줌, 투명성 부족, 가족 경영		한국, 독일
정부 연계	국유기업, 투명성 부족, 소수 영향 없음		중국, 러시아

출처 : Based on "Corporate Governance in Emerging Markets: An Asian Perspective," by J. Tsui and T. Shieh, in *International Finance and Accounting Handbook*, Third Edition, Frederick D.S. Choi, editor, Wiley, 2004, pp. 24.4 – 24.6.

---

[4] 상대적 기업지배구조 요약을 위해 다음을 참조할 것. R. La Porta, F. Lopez-de-Silanes and A. Schleifer, "Corporate Ownership Around the World," *Journal of Finance*, 54, 1999, pp. 471-517. 또한 다음을 참조할 것. A. Schleifer and R. Vishny, "A Survey of Corporate Governance," *Journal of Finance*, 52, 1997, pp. 737-783, and the *Journal of Applied Corporate Finance*, Vol. 19, No. 1, Winter 2007.

금융시장 발전. 자본시장의 깊이와 넓이는 기업지배구조 제도의 진화에 매우 중요하다. 상대적으로 저성장을 보였던 신흥시장 또는 인근의 자본시장을 이용하여 급격히 산업화했던 서유럽 국가의 시장은 대규모의 공개 주식시장 시스템을 형성하지 않을 수도 있다. 상당한 규모의 공개거래 지분이 없다면 높은 소유권 집중이 계속될 것이고, 기업지배구조의 규율 절차도 발전하지 못할 것이다.

소유와 경영의 분리. 기업의 소유권이 계속해서 경영의 핵심인 국가와 문화에서는 대리인 이슈와 실패가 덜 문제시된다. 소유가 경영으로부터 상당히 분리된(그리고 넓게 분산된) 미국과 같은 나라에서는 경영과 소유의 목적을 일치시키는 것이 훨씬 더 어렵다.

정보공개와 투명성. 기업의 운영과 재무적 결과에 대한 정보공개 정도는 국가에 따라 극적으로 다르다. 정보공개 관행은 소유권이 공개된 정도, 정부가 소유자의 권리에 대비하여 투자자의 권리 보호 필요성을 느끼는 정도 그리고 가족 중심 비즈니스와 정부 중심의 비즈니스가 문화의 중심으로 남아있는 정도를 포함하여 넓은 범위의 문화적·사회적 힘을 반영한다. 정보공개와 유사한 개념인 투명성은 비즈니스 조직 내부의 의사결정 과정의 투명성을 의미한다.

법률 제도의 역사적 발전. 전형적으로 프랑스와 독일에서처럼 성문화된 민법과 비교할 때(소위 나폴레옹 법전), 영국의 관습법이 법률 시스템의 기준인 나라에서 전형적으로 더 좋은 투자자 보호가 이루어진다. 영국의 관습법은 전형적으로 영국, 미국, 캐나다를 포함하여 과거 영국 식민지 국가 법률 시스템의 기준이 된다. 나폴레옹 법전은 전형적으로 과거 프랑스 식민지와 나폴레옹이 한때 지배했던 벨기에, 스페인, 이탈리아와 같은 유럽 국가의 법률 시스템 기준이다. 투자자 보호가 취약한 국가에서 지배주주의 소유권은 자주 법적 보호 부족을 대신한다. 윤리를 언급하지 않았음에 주의하라. 지금까지 설명한 모든 원칙과 관행은 개인이 책임감과 리더십 역할에 있어 진실하고 공정하게 그것들을 추구하고 있음을 가정한다. 그러나 언제나 그런 것만은 아니다.

가족 소유권과 기업지배구조

기업지배구조에 관한 논의의 많은 부분이 시장 중심 제도에 집중하고 있지만(도표 4.6 참조), 가족 중심 제도는 확실히 세계적으로 보다 흔하고 중요하다. 예를 들면, 13개 서유럽 국가의 5,232개 기업에 대한 연구에서 소유권이 넓게 분포된 37%의 기업과 비교할 때, 가족 중심 기업은 표본의 44%를 차지하였다.[5] 글로벌 금융 실무 4.3은 가족의 힘에 대한 일부 역사로, 거의 60년 동안 이탈리아를 지배했던 가족 카르텔을 조명한다.

---

[5] Mara Faccio and Larry H.P. Lang, "The Ultimate Ownership of Western European Corporations," *Journal of Financial Economics*, 65 (2002), p. 365. 또한 다음을 참조할 것: Torben Pedersen and Steen Thomsen, "European Patterns of Corporate Ownership," *Journal of International Business Studies*, Vol. 28, No. 4, Fourth Quarter, 1997, pp. 759-778.

글로벌 금융 실무 4.3

이탈리아의 순환출자와 Salotto Buono의 종말

제2차 세계대전 이후 몇 년간 이탈리아는 금방이라도 붕괴할 듯한 상황이었다. 산업 활동을 안정화시키려는 노력으로 Agnellis(피아트의 명성을 가진), Pesentis, Pirellis, Ligrestis 그리고 이후의 Benettons와 같은 북부의 강력한 가문들은 Salotto Buono('훌륭한 거실')를 형성하여 상대적으로 적은 지분으로 이탈리아 금융, 산업 그리고 미디어를 지배하고자 하였다. 이 관계의 핵심은 각각의 가족 비즈니스가 서로 맞물린 순환출자 형태로 다른 가족의 비즈니스에 상당한 소유권과 지배권을 가지고 있어서, 어떤 외부자도 소유권과 영향력을 얻을 수 없었다는 데 있었다.

Salotto Buono를 만든 사람은 밀라노에 있는 투자은행 Mediobanca의 창립자인 엔리코 쿠치아였다. 특히 체사레 제론치는

이탈리아 금융의 최고자리에 올랐다. 그리고 매 순간 제론치는 새빨간 의자 3개를 가지고 다녔다. 이 의자들은 Mediobanca의 대기실에 놓았고 결국에는 이탈리아의 최대 금융 그룹인 Generali로 옮겨졌다. 제론치는 Parmalat을 포함하여 두 번이나 주요한 금융 및 회계 부정 사건의 대상이었음에도 불구하고 권력의 정점에 올랐다. 이후 반세기 동안 영향력을 갖고자 한 사람은 누구든지 '3개의 의자들'인 Salotto Buono를 거쳐야만 했다.

그러나 2008~2009년의 글로벌 금융위기는 사적 권력을 위한 전세계 많은 최후의 보루를 와해시켰다. 점점 더 많은 기존 가문이 부채와 파산으로 무너지면서, Salotto Buono도 하나의 피해사례가 되었다.

기업지배구조의 실패

기업지배구조의 실패는 최근에 이르러 점점 더 눈에 띄고 있다. 미국의 Enron 사태가 잘 알려져 있다. Enron에 이어 경영진의 부정이득뿐 아니라 주요 회계 및 정보공개 실패가 드러난 다른 기업들로는 WorldCom, Parmalat, Tyco, Adelphia, HealthSouth 등이 있다. 각각의 경우, 아서 앤더슨과 같은 일류 감사회사는 아마도 수익성이 높은 컨설팅 관계 때문에 혹은 다른 이익의 충돌 때문에 기업의 위반사항을 놓치거나 최소화하였다. 게다가 증권 애널리스트나 은행은 투자자에게 이 기업들 혹은 그들이 알기에도 매우 리스크가 높거나 심지어 파산 직전에 있는 기업의 주식과 채권을 사도록 권유하였다. 더 지독한 것은 기업을 파멸시킨 경영 실책에 대해 책임이 있는 최고경영진 대부분이 (처음에는) 그 기업들이 몰락하기 전에 주식을 팔고, 심지어 너무나 후한 고용계약 해지 조건으로 거대한 이익을 받은 채 빠져나갔다는 점이다.

좋은 기업지배구조와 기업 명성

좋은 기업지배구조가 중요한가? 이는 사실 매우 어려운 질문이고, 현실적인 대답은 대개 역사적인 결과에 따라 다르다. 예를 들면, Enron의 주가가 오르는 한 투명성, 회계 적절성 그리고 심지어 재무적 사실에 대한 의문은 그 회사의 이해관계자 모두에게 간과되었다. 그러나 사기, 기만 그리고 많은 기업지배구조 관행의 실패는 궁극적으로 파산으로 귀결되었다. 이는 단지 투자자의 부를 없앨 뿐 아니라, 기업의 다수 종업원의 커리어, 소득, 저축액을 없애버린다. 결국 좋은 기업지배구조는 중요하다.

기업이 투자자 시장에 좋은 기업지배구조에 대한 신호를 보낼 수 있는 방법 중 하나는 핵심적인 일련의 기업지배구조 정책과 관행을 채택하고 이를 발표하는 것이다. 기업의 웹사이트를 방문할 때 명백

하게 나타나듯이, 거의 모든 공개거래 기업은 이러한 방식을 채택해왔다. 이는 또한 도표 4.7에 제시된 것처럼 표준화된 일반적인 원칙들을 만들어냈는데, 이는 좋은 기업지배구조 관행에 대한 합의가 증가한 것으로 간주될 수 있다. 이러한 제도들(이사회 구성, 경영진 보상구조와 관리, 기업 회계 감사제도, 정보 공개)은 널리 인정되어 왔다.

원칙적으로, 이 발상은 좋은 기업지배구조(국가 수준과 기업 수준 모두에서)가 자본 비용(감소), 주주 수익률(상승), 기업 수익성(상승)과 연결되어 있다는 것이다. 이익에 대한 추가적인 관점은 국가지배구조의 역할인데, 국가지배구조는 국제적 투자자들이 투자하는 국가 선택에 영향을 미칠 수 있기 때문이다. 그러나 신기하게도, 기업의 순위가 지배구조와 상관관계가 없을 뿐만 아니라 많은 학술 연구 역시 기업의 지배구조 순위와 미래의 소득, 주주 소송, 자산수익률 그리고 다양한 주가 성과지표의 개선 가능성 사이에 관계가 거의 없음을 지적하고 있다.

비영미권 기업의 경우, 좋은 기업지배구조라는 신호를 주는 또 한 가지 방법은 1명 이상의 영미권 이사회 멤버를 선출하는 것이다. 이는 노르웨이와 스웨덴 기업들을 대상으로 한 Oxelheim과 Randøy의 연구에서 지지되는 것으로 드러났다.[6] 영미권의 이사회 멤버를 포함한 회사들은 더 높은 시장가치를 가지는 것으로 나타났다. 이는 더 좋은 감시 기회를 보여주는 기업지배구조를 의미하며 투자자가 이를 인정하였다는 것이다.

도표 4.7　좋은 기업지배구조에 대해 합의 증대

세계적으로 기업지배구조에 사용되는 문화적·법적 접근방식의 다양성에도 불구하고, 좋은 기업지배구조 구성요소에 대한 합의가 커지고 있다.

- **이사회 구성.** 이사회는 사내이사 및 사외이사로 구성되어야 한다. 더 중요한 것은 이사회는 규정과 책임뿐 아니라 기업 비즈니스의 본질과 경영에 대해 정확한 지식과 경험을 가진 개인들로 구성되어야 한다.

- **경영진 보상.** 경영진 보상 시스템은 재무적 성과 및 그 밖의 기업 성과에 맞추어야 하고 이사회로부터 감독을 받아야 하며 주주 및 투자자에게 공시하여야 한다.

- **기업 회계감사.** 기업의 재무적 결과에 대한 독립적 회계감사가 유의미한 실시간 기준하에 이루어져야 한다. 주로 사외이사로 구성된 이사회 위원회의 감독으로 회계감사 절차는 더 개선될 것이다.

- **공개 보고 및 공시.** 투자자들이 투자 전망을 평가하는 데 활용할 수 있는 재무적·비재무적 경영 성과에 대해 적시에 공개하여야 한다. 또한 상당한 잠재적 부채와 관련하여 투명하게 보고하여야 한다.

마지막으로 주의해야 할 국제적 주의점 : 좋은 지배구조에 대한 내부적 기업 관행의 특성과 신뢰성은 여전히 해당 국가 회사법의 특성, 채권자와 소액주주를 포함한 주주 권리 보호 그리고 충분하고 적절하게 집행할 수 있는 해당 국가의 능력에 달려있다.

---

[6]　Lars Oxelheim and Trond Randøy, "The Impact of Foreign Board Membership on Firm Value," *Journal of Banking and Finance*, Vol. 27, No. 12, 2003, pp. 2,369-2,392.

기업지배구조 개혁

미국과 영국에서 기업지배구조의 주요 문제는 대리인 이론으로 설명할 수 있는 내용이다. 넓게 분포된 주주 소유권으로 어떻게 기업이 경영진의 이익을 주주의 이익과 일치시킬 수 있을 것인가? 개별 주주들은 경영진을 감독할 자원도 힘도 가지고 있지 않기 때문에, 미국과 영국시장은 대리인 문제와 이해관계의 충돌을 감독하는 데 있어 규제당국의 도움에 의지한다. 미국과 영국 이외의 시장에서는 대규모의 지배 주주들이(캐나다를 포함하여) 다수를 차지한다. 어떤 측면에서는 그들이 규제기관보다 더 경영진에 대해 잘 감독할 수 있다. 그러나 지배주주들은 또 다른 대리인 문제를 제기한다. 지배 주주들이 주요 기관이든, 대규모의 부유한 개인 투자자이든 또는 심지어 지배 가족이든 간에, 지배 주주의 권력에 반하여 소액 주주(적은 수의 주식을 보유하고, 따라서 의결권이 거의 없는 투자자들)의 이익을 보호하는 것이 극도로 어렵다.

최근 미국과 캐나다의 개혁은 대개 규제를 하는 쪽이다. 다른 지역의 개혁들은 엄격한 법률 규제보다는 대체로 원칙 채택에 초점을 맞추고 있다. 이러한 원칙으로의 접근 방식은 더 부드럽고, 적은 비용을 수반하며, 기존 규제와 갈등을 일으킬 소지가 적은 것으로 보인다.

사베인스-옥슬리법. 미국 의회는 사베인스-옥슬리법(Sarbanes-Oxley Act, SOX)을 2002년 7월 통과시켰다. 2명의 주요한 의회 후원자들의 이름을 딴 것으로, SOX는 네 가지 주요한 요구사항을 가지고 있다. (1) 공개기업의 CEO와 CFO는 그 기업이 발표한 재무제표의 진실성을 보장하여야 한다. (2) 기업의 이사회는 독립적인 (사외) 이사로 구성된 감사위원회와 보상위원회를 가지고 있어야 한다. (3) 기업은 기업의 임원과 이사들에게 대출을 해서는 안 된다. (4) 기업은 부정이 일어나지 않도록 내부의 재무적 통제를 시험하여야 한다.

첫 번째 조항(소위 서명 조항)은 이미 기업들이 재무제표를 준비하는 방식에 상당한 영향력을 발휘하고 있다. 이 조항은 고위 경영진들에게 책임감과 신뢰성을 주입하기 위한 것이었다(그리고 그러함으로써 경영진이 "감사인이 거기에 서명했습니다."라고 해명하는 것을 막기 위해서였다). 기업은 조직 내에서 아래로도 똑같은 과정을 요구하였고, 더 낮은 단계에 있는 사업단위 매니저나 관리자에게 자주 재무제표에 서명할 것을 요구하였다. 글로벌 금융 실무 4.4에서 논의된 대로, 기업지배구조 개혁의 형태와 상관없이 좋은 기업지배구조는 여전히 논쟁 중인 주제이다.

낮은 경영성과는 일반적으로 경영, 소유권 또는 양자 모두의 변화를 요구한다. 도표 4.8은 주주가 기업 성과에 만족하지 않았을 때, 주주에게 가능한 대안적인 경로를 보여준다. 문화와 관행에 따라 많은 투자자가 더 오랜 시간 동안 주가 실적에 관하여 큰 불만 없이 조용히 있는 것이 그리 예외적인 경우는 아니다. 더 적극적인 반응은 주식을 파는 것이다. 경영진이 더 큰 불만족의 '목소리'를 듣는 경우는 세 번째와 네 번째 가능한 조치들로, 경영진을 교체하고 인수를 시도하는 것이다.

좋은 기업지배구조는 세계적으로 좋은 비즈니스인가?

'좋은 기업지배구조'라는 말은 많은 경우 정치적으로 요구되는 용어이다. 언론과 이야기할 때, 많은 이사와 임원진은 좋은 지배구조제도의 추구가 세계적으로 비즈니스에 도움이 된다고 주장한다. 그러나 이들은 또한 사베인스–옥슬리법하에 미국에서 부과된 요구사항처럼, 엄격한 보고와 정보공개 요구사항들이 사업의 경쟁력과 성장에 해가 되고, 궁극적으로 미국에서 상장하여 거래되는 증권의 매력도를 떨어뜨린다고 주장할 수 있다. 결국 문제는 정말 세부적인 부분에서 생겨날 수 있다.

그러나 하나의 사이즈가 모든 것에 맞을 수는 없다. 문화는 비즈니스 행위에 엄청난 영향을 미치고, 많은 국가들은 필연적으로 미국이나 유럽의 관행을 따르지 않고도 자신의 방식을 찾아간다. 예를 들면, 많은 일본의 리더들은 일본 기업의 지배구조 시스템이 서구의 시스템과 다르며 일본의 문화와 역사를 지키면서 진화해왔다는 점에 주목한다. 이들은 글로벌 스탠더드, 규제 그리고 관리감독을 개선하고 실행할 때, 문화적 배경과 역사를 간과해서는 안 된다고 주장한다.

기업의 책임과 지속 가능성

지속 가능한 발전은 필요를 충족하기 위해 미래 세대의 능력과 타협하지 않고도 현재의 필요를 충족시키는 발전이다.

– Brundtland Report, 1987, p. 54

기업의 목적은 무엇인가? 이익과 이해관계자를 위한 가치를 확실히 창출하는 것이 기업의 목적이라는 인식이 증가해왔으나, 기업의 책임은 사회와 환경에 어떤 비용도 가하지 않는 방법으로 기업의 목적을 행하는 것이다. 국제화의 결과로, 사회에서 기업의 책임감과 역할이 더욱 커지면서 현대 기업에는 기존에 볼 수 없었던 복잡성이 더 추가되었다.

도표 4.8 주주 불만에 대한 잠재적 반응

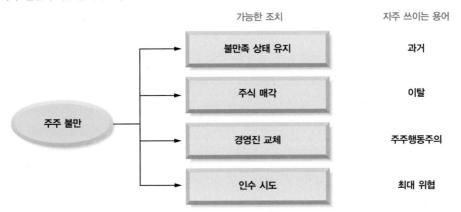

중요한 것은 성과가 좋지 않을 때 기업이 적대적 인수 시도의 대상이 될 수 있다는 것을 공개상장회사 경영진과 이사회가 알고 있다는 점이다. 차입매수가 다시 흔해지면서 최근 미국 등지에서 나타난 주식형 펀드와 헤지펀드의 성장은 이러한 위험을 더욱 크게 만들고 있다.

이러한 논의는 지금까지 상충되는 많은 용어와 이름들로 다소 어지러운 면이 있었다. 몇 개만 예를 들자면, 기업의 선량함(corporate goodness), 기업의 책임(corporate responsibility), 기업의 사회적 책임(corporate social responsibility, CSR), 기업의 자선활동(corporate philanthropy) 그리고 기업의 지속 가능성(corporate sustainability) 등이 그것이다. 단순화하자면, 책임(responsibility)은 기업의 의무인 반면, 지속가능성(sustainability)는 종종 목적으로 설명된다. 의무는 이익과 사회적 발전 그리고 환경을 추구하되, 지속 가능한 원칙에 따라 행하는 것이다.

거의 20년 전에 많은 대규모 기업은 공식적으로 인정된 그들의 기업 목적을 '세 가지 핵심사항(triple bottom line)의 추구'로 정하였다. 이 세 가지 핵심사항(수익성, 사회적 책임, 환경 지속성)은 현대 자본주의의 개화된 발전으로 간주되었다. 일부 비평가들이 시장자본주의의 더 부드럽고 온화한 형태라고 언급했던 것은 재무적인 이익을 얻기보다 다른 어떤 것을 위한 기업의 역할을 점점 더 인정하게 된 것이다. 기업의 책임에 대한 관점의 확장을 설명하는 한 가지 방법은 이 주장을 두 가지 채널로 구분하는 것인데, 경제적 채널(economic channel)과 도덕적 채널(moral channel)이 그것이다.

경제적 채널은 지속 가능성 목적을 추구함으로써 기업이 실질적으로 여전히 수익성을 추구할 수 있으면서도, 더 현명한 장기 관점인 '계몽된 이기심'을 가지고 수익성을 추구할 수 있다고 주장한다. 책임감 있는 조직은 법이나 시장이 요구하든 그렇지 않든 간에 시간에 따라 기업의 행동이 미래의 선택안을 줄이지 않음을 확인하여야 한다. 반면 도덕적 채널은 기업의 수익성에 끼치는 영향과 무관하게 사회의 최대 이익을 위해 행동하는 도덕적 책임감을 포함하여, 시민으로서의 권리와 책임을 가지고 있기 때문에 그리하여야 한다고 주장한다. 그런데도 여러분은 기업의 경영이 단순하다고 생각했던 것이다!

요점

- 대부분의 영리 기업들은 기업가(사기업)나 정부(공기업)와 같은 기원을 가지고 있다. 이러한 기원과는 상관없이 영리 기업들이 이윤을 목적으로 한다면, 시간이 흘러 주식최초공개발행(IPO)을 통해 (전체든 일부이든) 공개기업이 되길 선택하기도 한다.

- 기업의 소유권이 넓게 분산되었을 때, 전형적으로 고용된 전문가가 기업을 경영하게 된다. 전문 경영인의 이익은 소유주의 이익과 일치하지 않을 수도 있기에 대리인 문제가 발생한다.

- 영미권 시장은 기업의 목적이 주주 부 극대화(shareholder wealth maximization, SWM)라는 철학을 지지한다. 더 구체적으로, 기업은 주어진 수준의 위험에서 주주에게 돌아가는 수익인 자본이득과 배당의 합계를 극대화하기 위해 노력해야 한다.

- 영미권 시장에서의 주주들처럼, 비영미권 시장의 지배주주들은 자기자본 대비 장기 수익률을 극대화하려 한다. 그러나 이들은 종업원, 고객, 공급자, 채권자, 정부 그리고 지역사회와 같은 다른 이해관계자들의 이익 또한 고려한다. 이를 이해관계자 자본주의라고 한다.

■ 공개거래 기업의 주주 수익률은 배당의 형태인 당기 소득과 주가 상승에서 오는 자본이득을 합한 것이다. 비공개기업은 주가가 없기 때문에 당기의 지속 가능한 소득을 극대화하고자 한다.

■ 다국적 기업은 세 가지 공통적인 운영 목표 사이의 균형을 스스로 결정하여야 한다. 공통적인 운영 목표란 연결 세후 이익의 극대화, 기업의 실질 국제 조세 부담의 최소화 그리고 국가와 통화에 대해 기업 수익, 현금흐름 그리고 가용 자금 등의 적절한 배분을 말한다.

■ 전략적 방향과 조직의 성과를 결정하는 데 사용되는 이해관계자들 사이의 관계를 기업지배구조라고 한다. 기

업지배구조의 한 측면은 대리인 이론을 포함하는데, 이는 이사회의 구성 및 통제 그리고 문화, 역사, 제도적 변수들을 포함한다.

■ 이사회 구조, 보상, 투명성, 감사 그리고 소액 주주의 권리를 포함하여, 미국, 영국, EU의 많은 기업지배구조 관행들이 오늘날 많은 주요 신흥국들로 전파되고 있다.

■ 기업지배구조 관행은 일부 나라와 문화권에서는 너무 과도하고 때로는 기업의 경쟁력에 해를 끼치는 것으로 보여지기도 한다. 그 결과, 특정 시장에서는 공개기업이 되지 않으려는 경향이 증가하고 있다.

사례

명품 전쟁—LVMH vs. 에르메스[7]

충분한 장기 성장을 보장하는 환경에서 유망한 기회를 잡기 위한 가장 기본적인 규칙은 적절한 시기에, 적절한 장소, 바로 거기에 있는 것이다.

– 베르나르 아르노, 회장이자 CEO, LVMH

패트릭 토머스는 조용하게 전화를 끊으며, 손을 떨지 않도록 굉장히 애를 썼다. 휴대폰이 울렸을때, 그는 프랑스 중남부의 오베르뉴 교외에서 자전거를 타고 있었다. 그는 깊은 숨을 쉬고 생각하려고 했다. 그는 직업적 인생의 대부분을 에르메스 인터내셔널, SA에서 일하며 보냈고, 장 루이 뒤마의 퇴직 후 2006년에 CEO 직위를 맡았다. 이 회사를 운영하는 최초의 비가족 CEO는 지금 173년 가족기업의 역사에서 가장 큰 위험에 직면하고 있었다.

LVMH의 포지션

수화기 너머의 상대는 프랑스에서 가장 부자이면서 주요 경쟁자인, 세계에서 가장 큰 명품 브랜드 회사 LVMH(Moët Hennessy Louis Vuitton)의 회장이자 CEO인 베르나르 아르노였다. 아르노는 토머스에게 LVMH가 에르메스 지분 17.1%를 매수한 것을 2시간 내에 공시한다고 알려주기 위해 전화를 한 것이다. 토머스는 자신이 모르는 상태로 LVMH가 그렇게 상당한 지분에 대한 지배권을 갖는 것은 불가능하다고 판단하며, 처음 몇 분간은 단순히 아르노의 말을 믿지 않았다. 아르노는 농담이 아니며, 자신이 주주로서 향후 이 회사의 지속적 성공에 참여하겠다고 토머스에게 확언하였다. 패트릭 토머스는 이것이 진정 위험인지 이 잠재적 위험에 대해 가늠해보기 시작했다.

에르메스 인터내셔널. 에르메스 인터내셔널, SA는 여성복과 남성복, 시계, 가죽 제품, 보석 및 향수 등 많은 종류의 상품 항목에 대해 사치품을 만들어 파는 수십억 달러가치의 프랑스 기업이다. 최고의 안장과 마구를 만드는 것으로 파리에서 유명했던 티에리 에르메스는 1837년 회사를 설립하였다. 유럽 전역, 북아프리카, 러시아, 아시아 그리고 미국의 고위층에게 최고급품을 공급하기 시작하면서 기업의 명성은 높아졌다. 시간이 흘러, 이 기업은 상품 라인을 확장하여 최고급 가죽 가방과 실크 스카프를 시장에 내놓았고, 그런 가운데에서도 기업은 세대를 거치며 가족 경영을 유지해왔다.

1993년 공개기업이 되었음에도 불구하고, 티에리 에르메스의 5~6대 후손인 약 60명의 자손들이 여전히 기업의 73%를 지배하고 있다. 그리고 2006년, 가족 멤버가 아닌 패트릭 토머스가 처음으로 CEO를 맡을 것으로 예상하고 있었다.

베르나르 아르노

아르노는 상황 판단이 빠른 사람이다. 그는 포트폴리오를 검토하였고, 무엇이 필요한지(아직도 진정한 사치품을 생산하는 회사)를 알았다. 그래서 그는 그런 회사를 찾았던 것이다.

– 익명의 사치품 브랜드 CEO가 LVMH의 공시에 대해 언급하며

베르나르 아르노는 곤경에 빠진 가족 경영기업을 인수하기를 좋아하였고, 이런 방식으로 큰 수익를 만들곤 했다(그래서 그는 '캐시미어 속의 늑대'라는 생생한 별명을 가지게 되었다). 프랑스 루베의 상류층 가정에서 태어난 아르노는 학생 때부터 두각을 나타냈고 프랑스의 명문 공대인 에콜폴리테크니크를 졸업한 후 엔지니어로 일하다 가업인 건축 일을 이어받았다. 프랑스 정부가 파산한 Boussac(그리고 이 회사의 명품 라인 크리스찬 디올)을 인수할 사람을 찾았을 때, 아르노는 재빨리 Boussac을 인수하였다. 이것이 바로 나중에 명품 거물이 된 LVMH의 시작이자, 아르노에게 프랑스 최대 거부라는 이름을 가져다준 LVMH의 첫걸음이었다.

그때부터 아르노는 고급 브랜드를 가진 약한 가족 소유 기업을 먹이로 삼아 그의 경쟁자들이 '사악한 제국'이라 부르는 것을 만들기 시작하였다. 그가 루이뷔통을 인수한 것은 너무나 개인적이고 잔인해서, 마지막 이사회 이후 뷔통 가족은 소지품을 챙긴 후 울면서 건물을 떠났다고 알려졌다. 루이뷔통에 이어, 아르노는 지난 30년 동안 Krug(샴페인), Pucci(패션), Chateau d'Yquem(포도원), 셀린느(패션) 등과 같은 가족 소유 명품 브랜드들을 인수하였다.

아르노의 유일한 실패는 1999년 구찌 인수가 프랑수아 피노로 인해 좌절된 것이었는데, 이때 프랑수아 피노의 회사 PPR이 구찌를 위한 백기사로 등장하여 아르노에게서 그 계약을 빼앗아왔다. 이것이 LVMH의 기업 인수 역사에서 유일한 한 번의 실패로 남아있다.

Autorité des Marchés Financiers(AMF). LVMH가 에르메스 주식을 소유하고 있다는 아르노의 이야기는 에르메스의 가족 주주들과 패션 산업 모두에 충격으로 다가왔다. 도표 A는 LVMH의 행동에 대해 에르메스가 공시한 내용이다. 프랑스 주식시장의 규제 당국인 Autorité des Marchés Financiers(AMF)는 공개거래 기업의 주식 5% 혹은 그 이상을 취득하는 투자자에게 그들의 소유권 비율과 취득 목적 서류 등을 공개적으로 제출할 것을 요구하였다. 그러나 아직 그러한 통지가 이루어지지는 않았다.

10월 23일 보도자료 이후, LVMH는 본 거래에 있어서 LVMH가 모든 현행 규정과 규제를 지켰음을, 그리고 할당된 시간 안에 모든 필요한 서류를 제출할 것임을 확인하였다. AMF는 LVMH의 에르메스 주식 인수를 조사할 것이라고 밝혔다. 그러나 이것은 토머스와 에르메스 가족들에게 조금의 위로도 되지 않았다. 비록 위반 사항이 밝혀진다고 하더라도, LVMH가 받을 유일한 처벌사항은 2년 동안의 의결권 상실이었다.

주식 스왑. LVMH는 주식 스왑을 통해 에르메스 가족, 회사 경영진 그리고 산업 애널리스트의 레이더 아래에서 이

2010년 10월 24일 보도 자료를 통한 에르메스의 반응

에르메스는 LVMH가 에르메스의 주식 17%를 인수하였음을 통지받았습니다. 에밀 에르메스의 후손인 에르메스 인터내셔널의 주주들은 1993년 이 회사를 파리증권거래소에 상장하기로 결정하였습니다. 이 결정은 (1) 회사의 장기 발전을 지원하고, (2) 주주들의 주식 거래를 더 용이하게 하기 위한 두 가지 목적으로 이루어졌습니다.

지난 10년 동안, 에르메스 그룹은 평균 10%의 연간 성장률을 이루었고, 현재 700만 유로 이상의 잉여현금을 가진, 매우 강력한 재무 포지션을 유지하고 있습니다. 오늘날 에르메스 가족 주주들은 거의 주식의 3/4 이상에 대한 강한 다수 지배권을 보유하고 있습니다. 그들은 공통의 비즈니스 비전에 대해 완전히 단결하고 있습니다. 에르메스 인터내셔널에 대한 그들의 장기적 지배권은 지분에 의한 유한합자회사라는 에르메스의 재정 상태로 보장받고 있으며, 가족 주주들은 지분 매도를 조금도 고려하고 있지 않음을 확인하였습니다. 주식의 상장은 소액주주가 되고자 하는 투자자에게 그것을 허용하고 있습니다. 가족기업으로서 에르메스는 주주들을 최선의 존중으로 대할 것이고 앞으로도 그러할 것입니다.

최고경영진,
2010년 10월 24일 일요일

출처 : Hermès.com

러한 대규모 주식을 인수한 것으로 드러났다. 주식 스왑이란 두 당사자가 현재 시점에서 미래의 현금흐름을 교환하기로 약속한 파생상품 계약이다. 이 현금흐름을 스왑의 '레그(leg)'라고 부른다. 대부분의 주식 스왑에서, 하나의 레그는 LIBOR와 같은 변동금리와 연동되어 있고, 또 다른 레그는 주식이나 주가 지수의 성과와 연동되어 있다(주식 레그). 현재 프랑스 법에서, 기업이 다른 기업의 지분을 5% 혹은 그 이상 가질 때 또는 주식 스왑처럼 파생상품을 이용하여 5%나 그 이상의 지분을 얻을 권리를 가질 때 이를 알려야 한다.

그러나 여기에도 구멍이 있었다. 스왑의 가치가 지분 상품에만 연동되도록 스왑을 구조화할 수 있었다. 만기 시 이 계약은 주식이 아니라 현금으로 정산될 수 있다. 이러한 구조를 사용하여 스왑의 보유자는 실제로 주식을 소유하지 않을 것이므로, AMF에 관련 내용을 제출할 필요가 없었다.

LVMH 매입. 아르노는 오래도록 에르메스 브랜드를 갖고 싶어 한 것으로 널리 알려져 있었다. 사실 아르노는 예전에 1990년대 처음 LVMH를 인수하였을 때, 에르메스 주식 15%를 소유했다. 그때 아르노는 LVMH를 인수한 후 LVMH를 재조직하고 재편성하느라 매우 바빠서 그 당시에 르메스 CEO였던 장 루이 뒤마가 에르메스 기업공개를 하려고 할 때, 그에게 주식을 팔기로 했다.

그러나 그때 이후로 LVMH와 아르노의 상황이 변했다. 아르노는 LVMH를 한 해 매출 550억 달러 이상인 세계 최대의 명품 대기업으로 키웠다. 그는 브랜드의 자생적 성장과 전략적 인수를 통해 이를 이루었다. 오래도록 바랐던 것을 대상으로 기회를 발견했을 때, 인내심과 영민한 사업감각으로 유명한 그는 기회를 잘 활용하였다.

에르메스 주식에 대한 공격은 아르노가 가장 은밀하게 지켜온 비밀 중 하나로, 그의 제국에서 오직 3명만이 이 주식 스왑 계약에 대해 알고 있었다. 2008년 총 1,280만 주의 에르메스 주식 물량이 3개의 별도 프랑스 은행들에 의해 조용하게 시장에 나왔을 때, 아르노는 움직이기 시작했다. 이 주식들의 출처는 알려지지 않았으나, 많은 이들이 에르메스 가족 구성원들로부터 나온 것이라고 의심하였다.

아르노는 이 은행들과 계약을 맺었고, 이 주식들을 살지 말지 24시간 안에 결정해야 했다고 한다. 아르노는 특히 AMF가 요구하는 규정 때문에 그런 대규모의 에르메스 소유권을 사는 것에 대해 주저하였다. 그때 아르노와 은행이 전략을 만들었는데, 아르노가 현금을 지불하는 한, 주식 스왑을 통해 주식에 대한 권리를 보유하도록 한 것이다. 계약 만기에 LVMH는 주가의 등락에 따라 이익이나 손실을 실현할 수 있도록 하였다. 그러나 은행과의 합의서 중 일부 조항에 LVMH는 대신 주식을 가질 수 있는 옵션을 넣었다. 계약이 주식 정산을 필요로 한다면, 프랑스 법에 따라 LVMH는 공개적으로 에르메스에서의 잠재적 지분 포지션을 알려야 했다.

이 계약의 설계는 LVMH가 에르메스의 소유 지분을 공개적으로 알렸던 2010년 10월까지 주식을 실질적으로 보유하지 못하도록 하였다. 이 기간 동안 에르메스 주가는 60~102유로 사이에서 움직였다. 이것이 어떻게 10월 22일 금요일 종가 176.2유로에서 거의 54%나 할인된 가격인 주당 평균 80유로에 LVMH가 에르메스 주식을 인수할 수 있었는지를 설명해주었다.

LVMH는 정산과 공개를 연기하고 스왑 계약을 더 오래 유지할 수도 있었다. 그러나 지난 몇 달 동안의 에르메스 주가 급상승이 이러한 결정을 내리게 만들었다(많은 애널리스트는 시장이 LVMH의 인수 시도를 추측하고 있었기 때문이라고 한다). 만약 LVMH가 정산을 연기했었다면, 2011년 2월 연말 계정에서 이 계약으로 장부상 이익 20억 유로를 벌 수 있었을 것이다.

공개 전쟁이 되다

LVMH의 실제 보도자료는 이 회사가 에르메스를 지배하려는 어떤 계획도 없음을 밝혔지만, 에르메스의 경영진은 그것을 믿지 않았고 재빠르게 움직였다. 에르메스 리더들 사이에서의 짧은 컨퍼런스 콜 이후, 에르메스 CEO인 토머스와 이사장 푸에시는 10월 27일 *Le Figaro*와 인터뷰를 진행하였다.

> 아르노의 의도는 이 회사를 인수하려는 것이 명백하고, 이 가문은 그것에 저항할 것이다.
>
> – 에르메스 CEO 패트릭 토머스, *Le Figaro*,
> 2010년 10월 27일

우리는 이것이 올바른 방법이 아니고 우호적인 방법이 아니라고 아르노를 설득하고 싶다. 만일 그가 우호적인 방법으로 들어왔다면, 우리는 그가 우호적인 방법으로 떠나기를 바란다.

> – 에밀 에르메스 SARL 이사장 푸에시, *Le Figaro*,
> 2010년 10월 27일

아르노는 그다음 날 같은 신문에 실린 인터뷰에서 이에 대해 대답하면서 시간을 허비하지 않았다. 나는 상장 회사 대표가 주주에게 주식을 팔라고 요구할 자격이 있는지 이해할 수 없다. 반대로 그는 모든 주주의 이익을 보호하여야 한다.

> – LVMH CEO 베르나르 아르노, *Le Figaro*,
> 2010년 10월 28일

피에르 고데, LVMH 부사장. LVMH의 의도에 관하여 많은 추측이 이루어진 후 11월 10일, LVMH의 부사장 피에르 고데는 (LVMH가 소유한) *Les Echos* 신문과 인터뷰를 가졌다. 인터뷰에서 LVMH의 잠재적인 적대적 인수 시도에 관한 언론의 추측을 없애고 이 거래가 어떻게 그리고 왜 이러한 방식으로 이루어졌는지에 대해 논의하였다. 인터뷰에서 고데는 왜 LVMH가 애초에 에르메스에 대한 주식 스왑 계약을 체결하였는지, 그리고 왜 현금보다는 에르메스 주식으로 계약을 체결했는지에 대해 질문을 받았다.

고데는 LVMH가 금융위기가 시작되고 주식 거래가 떨어지기 시작했던 2007년부터 에르메스를 주시해왔음을 털어놓았다. LVMH는 전문성이 있는 분야였던 명품 산업에서의 재무적 투자처를 찾고 있었고, 에르메스가 다른 잠재적 투자안보다 금융위기를 더 잘 견뎌낼 것이라고 결론 내렸다. LVMH가 주식 레그로서 에르메스 주식과 주식 스왑을 체결하기로 한 것은 바로 이 이유 때문이었다.

고데는 현금 지급 및 정산을 하는 주식 스왑이 그 당시 유행이었고 실제로 모든 은행들이 이 파생상품을 제안하였다고 주장하였다. LVMH가 이미 당시 이 파생상품이 조성된

5% 아래의 에르메스 주식을 가지고 있었음에도 불구하고, 고데는 LVMH가 주식으로 스왑을 마무리할 가능성을 조금도 고려하지 않았다고 말했다. 예를 들면, (고데에 따르면) 계약상으로도 할 수 없었고 LVMH도 은행에 주식 정산을 요구하길 바라지 않았다. 그러나 2010년까지 상황은 바뀌어서, LVMH는 그들의 에르메스 주식 스왑 계약을 재평가하기에 이르렀다. 계약 자체는 끝나가고 있었고, LVMH는 거의 10억 유로의 프리미엄을 가지고 있었다. 고데에 따르면, LVMH와 계약을 맺었던 은행들은 에르메스 자본의 12%를 차지했던 주식을 지금 팔고 싶어 했다.

고데는 주식을 파는 것이 저절로 그 자체로 LVMH에게 걱정거리가 되는 것은 아니었다고 설명했다. 그러나 LVMH가 가장 걱정한 것은 주식이 어디에서 끝나는지였다. 고데는 그 당시 '다른 산업의 강력한 그룹'과 중국 투자펀드 모두 에르메스 주식에 흥미를 가지고 있다는 루머가 있었음을 강조하였다. LVMH 경영진은 에르메스의 주가가 상승하는 것이 이러한 루머에 힘을 싣고 있다고 느꼈다. 게다가 시장은 점점 개선되고 있었고, LVMH는 계약에 대해 모두 지불하고 주식으로 정산할 수 있는 재정적 방법들을 가지고 있었다. 그 결과, LVMH는 그들의 포지션을 평가하기 위해 은행들과 이야기를 나누었고, 몇 주 동안의 회담 이후 LVMH는 10월 은행들과 주식에 관해 합의에 이를 수 있었다.

이때, 고데가 설명하였다. "이사회는 주식 스왑에 대해 상당한 양을 받든지, 아니면 이 유망한 그룹에 일부 참석하지만 가족이 모든 것을 지배하기 때문에 우리의 힘이 제한적일 수 있든지 사이에서 선택하여야만 했다. 심각한 논쟁이 있었고, 결국 이사회는 주식 지급을 선택하였다." 고데는 특히 LVMH가 1990년대 초반 에르메스 지분 15%를 소유했었다는 것을 생각하면 에르메스가 이렇게 부정적인 반응을 보이는 것이 놀랍다고 언급하며 인터뷰를 마쳤다.

에르메스 인터내셔널의 진화와 지배. 에르메스는 미국 유한합자회사의 프랑스 판이라고 할 수 있는 Société en Commandite로 조직되었다. 에르메스의 경우, 가족이 지배하는 집권 이사회에 힘을 집중시키는 구조이다.

Société en Commandite 구조뿐 아니라, 에르메스의 전임 CEO 장 루이 뒤마는 1989년 파트너 회사인 에르메스 SARL을 설립하였다. 이 회사는 가족 주주들(에르메스의 직계 후손만이 소유주가 될 수 있었다)의 이익을 대표하였고, 경영진을 임명하고 기업 전략을 세우는 유일한 권한을 갖고 있었다. 이렇게 특수한 구조 때문에, 비록 단 1명의 가족 구성원이 주주로 남아있다고 하더라도, 에르메스 가족이 의사결정의 권한을 가져갈 수 있게 되었다. 이러한 구조는 베르나르 아르노가 뷔통 회사 인수 시 뷔통 가족을 다루는 방식을 목격하고 난 후 뒤마가 적대적 인수 시도에 대한 보호책으로 채택하였다.

가족 구성원을 달래고 가족 사이의 내분을 최소화하기 위한 시도로, 뒤마는 1993년 프랑스증권거래소에 에르메스 SA의 주식 25%를 상장하였다. 이것은 가족 구성원에게 회사 내 그들 주식에 대한 가치를 평가하고, 가족에 대한 배당금이 충분치 않다고 느낀다면 일부 현금화할 수 있는 방법을 제공하기 위해 행해졌다(일부 가족 구성원들은 호화롭게 사는 것으로 알려져 있었고, 뒤마는 그들의 생활방식이 그들의 재력을 넘어설까 봐 걱정했다). 뒤마는 이런 이중 구조가 에르메스를 잠재적인 적대적 인수 시도로부터 보호할 것이라고 적어도 그때는 믿었다.

그러나 애널리스트는 지금 에르메스 SARL이 6대를 거치며 보호책을 제공하기만 하였고, 대략 현재 시장가치로 1,800만 유로 정도 하는 0.1%의 지분만으로도 일부 가족 구성원이 지분을 버리고 떠날까 봐 두려워할만하다고 추측하고 있었다. 이러한 걱정은 에르메스 감사위원회 구성원인 르노 페의 형제 로랑 모메자가 주당 189유로의 가격으로 10월 25일 주식을 180만 유로에 팔았다고 AMF가 밝혔을 때 정말 현실이 되었다.

상당한 논란 끝에 에르메스 가족은 그들의 주식을 지주회사 형태의 신탁자산으로 통합하기로 결정하였는데, 이 지주

회사 체제는 73%의 소유지분을 언제나 하나의 목소리로 투표할 것이고 궁극적으로 회사에 대한 가족의 지배를 지켜낼 수 있을 것이다. 12월 21일, LVMH는 에르메스의 전체 지분을 20.21%로 높였고, 20% 기준점을 넘자마자 AMF와 관련된 모든 필요 문서를 제출하였다고 공시하였다. LVMH는 에르메스를 지배하고자 하는 어떤 목적도, 주식 공모 의도도 전혀 없음을 강조하였다. 프랑스 법 체계하에서 일단 LVMH가 1/3의 소유권에 도달하게 되면, LVMH는 모든 남아있는 주식들에 대해 경쟁 입찰을 하여야만 했다.

사례 문제

1. 에르메스 인터내셔널은 오랜 시간 동안 가족 소유 기업이었다. 에르메스 인터내셔널은 왜 공개시장에 상장하였는가? 상장으로 어떤 리스크와 보상이 왔는가?

2. 베르나르 아르노와 LVMH는 아무도 모르게 에르메스 주식을 대량으로 인수하였다. 어떻게 그렇게 할 수 있었으며, 그러한 상황에서 공시를 요구하는 프랑스 규정을 어떻게 피할 수 있었는가?

3. 에르메스 가족들은 그들 가족의 주식을 위한 지주회사를 만들어서 스스로를 방어하였다. 이것이 어떻게 작동할 것이며 얼마나 오래 지속될 수 있으리라 생각하는가?

질문

1. **경영 소유.** 글로벌 비즈니스에서 지배적인 소유형태들은 무엇인가?

2. **경영 지배.** 소유권이 기업 조직의 지배권을 어떻게 바꾸는가? 비공개기업에 대한 지배가 공개거래 기업의 지배와 다른가?

3. **기업지배구조.** 기업지배구조는 경영자들의 보수 문제를 해결하기 위해 그리고 주주들에게 합당한 가치를 가져다주기 위해 어떻게 진화해왔는가?

4. **기업의 목적 : 주주 부의 극대화.** 주주 부 극대화 모델의 가정과 목적에 대해 설명하라.

5. **기업지배구조 모델.** 기업지배구조란 무엇인가? 기업지배구조 모델은 나라마다 어떻게 다른가?

6. **경영진의 시계.** 주주 부의 극대화와 이해관계자 자본주의가 기업의 전략적, 경영적 그리고 재무적 목적을 위한 동일한 시계를 가지고 있는가? 어떻게 다른가?

7. **영업 목적.** 다국적 기업의 주요한 영업 목적(들)은 무엇인가?

8. **배당금과 AGM 결정.** 배당금은 전형적으로 기업의 연간 주주총에서 제일 먼저 공시된다. 누가 이 배당금을 결정하는가? 배당금이 주는 신호는 무엇인가?

9. **성장과 배당 주식.** 기업지배구조 모델이 투자자의 포트폴리오를 어떻게 다양한 유형의 주식들로 다각화하는지를 설명하라.

10. **소유권 하이브리드.** 하이브리드란 무엇인가? 그것은 어떻게 다르게 관리될 수 있는가?

11. **기업지배구조.** 누가 기업 내부의 기업지배구조 실행에 책임을 지는가? 기업지배구조의 주요한 기능은 무엇인가? 기업지배구조는 무엇을 수반하는가?

12. **지배구조 제도.** 기업지배구조의 네가지 주요한 유형은 무엇이고, 그들은 어떻게 다른가?

13. **지배구조 발전 요인.** 세계적으로 기업지배구조를 발전시킨 요인은 무엇인가? 일부 요인들의 상대적 중요성이나 무게가 다른 것들에 비해 더 커지고 있는가?

14. **좋은 지배구조 가치.** 좋은 기업지배구조는 시장에서 '가

치'가 있는가? 투자자들이 진정 좋은 기업지배구조에 보상을 주고, 좋은 지배구조는 특정 분야의 투자자를 끌어들이는가?

15. **자회사의 기업지배구조.** 자회사는 이해관계자의 요구를 충족시키면서 동시에 다국적 기업의 기업지배구조를 따를 수 있는가?

16. **신흥시장국의 기업지배구조 실패.** 기업지배구조 실패가 신흥시장에 위치한 유명 기업의 성장성과 수익성을 저

해하였다는 주장이 있었다. 기업지배구조에서 이러한 실패의 전형적인 원인은 무엇인가?

17. **신흥국의 기업지배구조.** 투자자는 대개 인수합병의 과정에서 기업지배구조에 관심을 보인다. 당신이 신흥시장의 한 기업을 인수할지 말지 다국적 기업에 자문을 하는 경영 컨설턴트라고 가정하라. 당신은 이 기업의 기업지배구조 성과를 어떻게 평가할 수 있을까?

문제

주주의 수익률 문제를 답하기 위해 다음 공식을 이용하라. 이때, P_t는 t시점의 주가이고, D_t는 t시점에 지급된 배당금이다.

$$주주\ 수익률 = \frac{D_2}{P_1} + \frac{P_2 - P_1}{P_1}$$

1. **BritMart의 수익률.** 지난해 FTSE에 상장한 이후, BritMart의 시장가격은 21파운드에서 23.5파운드로 상승하였다. 다음 각각에 경우에 대해 배당수익률과 자본이득을 구분하여 수익률을 계산하라.
   a. BritMart가 배당금을 지급하지 않는다.
   b. BritMart가 한 주당 0.85파운드의 배당금을 지급하기로 결정한다.
   c. BirtMart가 이 배당금을 지급하였으나, 주주의 총수익률을 배당수익률과 자본이득으로 나누어 계산한다.

2. **Romiana의 수익률(A).** 제니 스미스는 런던의 투자자이다. 제니는 2012년 2월 상장된 이탈리아 기업 Romiana에 1,000주 투자한 것을 유심히 지켜보고 있다. 그녀가 한 주당 20유로에 1,000주를 매수하였을 때, 유로는 £0.8375/€에 거래되고 있었다. 현재는 한 주당 가격이 25.25유로에 거래되고 있고 환율은 £0.722/€이다.

   a. 제니가 오늘 주식을 판다면, 주가는 몇 퍼센트 변화하였는가?
   b. 같은 기간 동안 파운드 대비 유로 가치는 몇 퍼센트 변화하였는가?
   c. 이 환율로 주식을 판다면, 이 주식에서 제니가 얻을 수 있는 총수익률은 얼마인가?

3. **Romiana의 수익률(B).** 제니 스미스는 문제 2에서 언급한 시점에 주식을 팔지 않기로 한다. 제니는 분기 수익 공시 이후 주가가 더 오를 것이라 기대하며 기다리고 있다. 그녀의 예상대로, 주가는 공시 이후 35유로로 오른다. 제니는 자신의 수익률을 지금 다시 계산해보고 싶다.

4. **Romiana의 수익률(C).** 현재 현물환율은 £0.75/€로 가정한다. 문제 3에서 제시된 가격을 이용할 때, 파운드화로 Romiana 투자의 총수익률은 얼마인가?

5. **주택금융조합(Building Society)의 배당.** 다음 쪽의 표는 영국의 주택금융조합의 시장 주가를 보여준다. 2004년 9월 출범한 이후, 경영진은 매년 주당 0.5파운드의 고정 배당금을 지급하고자 한다. 이 기간 동안 연간 고정 배당금으로 주택금융조합의 주주 수익률이 어떻게 변화하는가?

날짜	주가
9월 4일	200파운드
9월 5일	205파운드
9월 6일	216파운드
9월 7일	196파운드
9월 8일	150파운드
9월 9일	193파운드

6. **Deutschelander의 수익률.** Deutschelander Motor Co.는 신주를 발행하고 매년 1.5유로의 배당금을 지급하기로 약속했다. 재무 분석가는 1년 후 주가가 100유로에서 120유로로 오를 것이라 예측한다. 투자자들은 독일 자동차 기업으로부터 12%의 수익률을 기대하고 있다. 당신이 1년 동안 이 주식을 포트폴리오에 포함하려 한다고 가정할 때, 당신은 이 주식에 투자하여야 하는가?

7. **제약회사 인수.** 주가수익비율(price/earnings ratio, P/E)은 같은 분야의 기업들을 비교하는 데 사용하는 지표이다. 높은 P/E 비율은 투자자들이 특히 해당 기업의 미래 가능성에 대해 믿을 때, 당기순이익 1스위스 프랑에 대해 투자자들이 더 높은 값을 지불한다는 것을 의미한다. 제약회사의 높은 연구개발 비용 때문에, 제약회사의 P/E 비율은 대개 다른 산업보다 높다.

   SmallPhar와 EuroPhar는 취리히의 스위스거래소에 등록된 가상의 제약회사이다. EuroPhar는 SmallPhar의 미래 성장성과 신약 제조에 대한 가능성 때문에 SmallPhar 인수를 고려 중이다. 아래의 표는 두 회사의 재무 상황을 요약한 것이다.

   EuroPhar는 SmallPhar를 인수하려 한다. 현재 시장가격 CHF75,000,000의 EuroPhar 주식 2,500,000주와 SmallPhar의 모든 주식에 대해 7.14%의 프리미엄을 제안하였다.

   a. SmallPhar를 인수한 후 EuroPhar가 가지게 될 총주식 수는 무엇인가?
   b. 인수 후 연결 이익을 계산하라.
   c. 자본전입 이후 P/E 비율이 계속 20이라면, EuroPhar의 새로운 시장가치는 얼마인가?
   d. EuroPhar의 새로운 EPS는 얼마인가?
   e. EuroPhar 주식의 새로운 시장가격은 얼마인가?
   f. EuroPhar 주가는 얼마나 오를 것인가?
   g. 시장이 인수를 부정적으로 보아서 EuroPhar의 P/E 비율이 10으로 낮아졌다고 가정하라. 주식 한 주당 새로운 시장가격은 얼마가 되겠는가? 한 주당 손실은 몇 퍼센트인가?

8. **기업지배구조 : 이익의 과대계상.** 많은 회계부정 사건이 발생한 이후 많은 기업은 오류나 회계부정으로 인한 기존 재무제표의 이익을 줄여야만 했다. 문제 7에서 EuroPhar는 이익을 기존의 CHF15,000,000에서 CHF10,000,000으로 조정하였다고 가정하자. 인수 전 EuroPhar의 새로운 시장가치는 얼마일까? EuroPhar는 여전히 SmallPhar를 인수할 수 있을까?

9. **Yehti Manufacturing(A).** 많은 나라에서 두 가지 종류의 보통주가 일반적이다. Yehti Manufacturing은 장부가격으로 다음의 자본 구조를 가진다. A-Share는 주당 10개

회사	P/E 비율	주식 수	주당 가격	이익	EPS	시가총액
SmallPharw	35	2,000,000	CHF 35	CHF 2,000,000	CHF 1.0	CHF 70,000,000
EuroPhar	20	10,000,000	CHF 30	CHF 15,000,000	CHF 1.5	CHF 300,000,000

의 의결권을 가지고 B-Share는 주당 1개의 의결권을 가진다.

Yehti Manufacturing	현지 통화(백만)
장기부채	200
이익잉여금	300
보통주 주식발행초과금 : 100만 A-Shares	100
보통주 주식발행초과금 : 400만 B-Shares	400
총장기자본	1,000

   a. 총장기자본에서 A-Share로 조달된 비율은 얼마인가?

   b. A-Share가 대표하는 의결권의 비율은 얼마인가?

   c. A-Share가 받아야 하는 배당금의 비율은 얼마인가?

10. **Yehti Manufacturing(B)**. Yehti Manufacturing의 모든 부채와 자본가치가 문제 9에서 제시된 것과 같다고 가정하자. 한 가지 예외는 A-Share와 B-Share가 한 주당 1개의 동일한 의결권을 갖는다는 점이다.

   a. 총장기자본에서 A-Share로 조달된 비율은 얼마인가?

   b. A-Share가 대표하는 의결권의 비율은 얼마인가?

   c. A-Share가 받아야 하는 배당금의 비율은 얼마인가?

11. **Softie BabyTex(A)**. Softie BabyTex는 모든 재무제표를 인도 루피화(INR)로 작성하는 인도의 섬유회사이다. Softie BabyTex의 영업이사인 사이먼 스마트는 영국에서의 매출 감소에 대한 책임을 추궁받았다. 사이먼은 이에 동의하지 않았고 영국 매출이 꾸준히 증가하였다고 주장하였다. 사이먼이 옳은지 확인하기 위해 다음 표를 완성하라.

	2013	2014	2015
총매출, INR	2,000,000	2,100,000	2,250,000
영국 매출 (전체 매출 중 %)	50%	45%	40%
전체 영국 매출, INR	_____	_____	_____
평균 환율, INR/£	100	100	100
총 영국 매출, £	_____	_____	_____
영국 매출 성장률	_____	_____	_____

12. **Chief Auto Lubricants**. Chief Auto Lubricants의 자한기르 아마드는 2013년 유로로 대출을 받았다. 새로운 재무이사 에드 애덤스는 최근 Chief Auto Lubricants에 합류하였다. 에드는 기존 대출이 저렴하지 않다고 판단하였기에 자한기르에게 대출금을 갚으라고 요구하였다. 아래 표를 이용하여 에드가 옳은지를 확인하라.

	2013	2014	2015
대출 계약에 따른 연간 유로 지급액(€)	20,000,000	20,000,000	20,000,000
평균 환율, €/INR	0.011	0.012	0.014
연간 원리금 상환 (INR)	_____	_____	_____

13. **Mattel의 글로벌 성과**. Mattel(미국)은 2001~2004년 사이에 주요 국제시장에서 주목할만한 매출 성장을 기록하였다. 미국 증권거래위원회(SEC)에 제출하기 위해, Mattle은 지역 매출량과 환율 변화에서 기인한 매출 변동률을 보고하였다.

   a. 지역별로 미국 달러 매출 변동은 몇 퍼센트였는가?

   b. 지역별로 통화 변경의 순효과에 따른 매출 변동은 몇 퍼센트였는가?

   c. 통화 변경은 2001~2004년까지 연결 매출액 수준과 성장에 어떤 영향을 주었는가?

문제 13.
Mattel의 글로벌 매출

(1,000 US$ 기준)	2001년 매출($)	2002년 매출($)	2003년 매출($)	2004년 매출($)
유럽	$933,450	$1,126,177	$1,356,131	$ 1,410,525
라틴아메리카	471,301	466,349	462,167	524,481
캐나다	155,791	161,469	185,831	197,655
아시아태평양	119,749	136,944	171,580	203,575
해외매출 총액	$ 1,680,291	$ 1,890,939	$ 2,175,709	$ 2,336,236
미국	3,392,284	3,422,405	3,203,814	3,209,862
매출 조정액	(384,651)	(428,004)	(419,423)	(443,312)
순매출액	$ 4,687,924	$ 4,885,340	$ 4,960,100	$ 5,102,786

지역	환율 변화의 영향		
	2001~2002	2002~2003	2003~2004
유럽	7.0%	15.0%	8.0%
라틴아메리카	−9.0%	−6.0%	−2.0%
캐나다	0.0%	11.0%	5.0%
아시아태평양	3.0%	13.0%	6.0%

출처 : Mattel, Annual Report, 2002, 2003, 2004.

14. **중국 구매와 위안화.** 콜로라도 덴버의 Harrison Equipment는 중국 본토의 제조업체로부터 모든 유압 배관을 구매한다. 이 기업은 최근 전사 차원의 식스시그마/린 제조를 위한 계획을 완성하였다. 완성된 유전의 유압 시스템 비용은 1년 동안 880,000달러에서 844,800달러로 4% 감소하였다. 만약 워싱턴에 있는 일부 사람들이 마음대로 할 수 있다면, 이 시스템에 들어가는 모든 유압 배관이(총비용의 20%를 차지) 중국 위안화의 잠재적 통화가치 상승으로 타격을 입을 수 있어서 Harrison Equipment는 이를 우려하고 있다. 달러 대비 위안화 가치가 12% 상승한다면 전체 시스템 비용에 어떤 영향을 미칠 것인가?

15. **S&P 주식 수익률의 역사.** 미국 주식시장은 지난 90년 동안 매우 다른 수익률을 기록하였다. 10년 단위로 정리한 다음 데이터를 이용하여 미국 주식투자 수익률에 관한 다음 질문에 답하라.

a. 어느 시기에 가장 높은 총수익률을 보였는가? 가장 낮은 시기는 언제인가?

b. 어느 시기에 가장 높은 배당수익률을 보였는가? 배당금이 공개거래 기업에 가장 중요한 우선순위가 아니었던 시기는 언제였는가?

c. 1990년대는 미국 주식시장의 호황기였다. 배당금 지급 면에서 기업은 어떻게 행동하였는가?

d. 2000년대에는 어떻게 되었는가? 공개거래 기업이 결과적으로 배당금 지급 관행을 바꾸기 시작했다고 보는가?

문제 15.

S&P 500 주식 수익률, 1926~2014(평균 연간 수익률, 퍼센트)

시기	1930년대	1940년대	1950년대	1960년대	1970년대	1980년대	1990년대	2000년대	1926~2014
자본가치 상승	−5.3%	3.0%	13.6%	4.4%	1.6%	12.6%	15.3%	−2.7%	5.9%
배당수익률	5.4%	6.0%	5.1%	3.3%	4.2%	4.4%	2.5%	1.8%	4.0%
총수익률	0.1%	9.0%	18.7%	7.7%	5.8%	17.0%	17.8%	−0.9%	9.9%

출처 : "JP Morgan Guide to the Markets, 2015,"의 데이터, JP Morgan Asset Management.

인터넷 문제

1. **다국적 기업과 글로벌자산/이익.** 다국적 기업들 사이에 차이가 현저하게 나타난다. 다음의 예시 기업들을 이용하여, 이 기업들의 홈페이지에서 각 기업이 설립된 국가 외부에서 얻은 이익의 비율을 확인해보라. (네슬레가 어떻게 스스로 '초국적기업'이라 이름 붙였는지 주목하라.)

월트 디즈니	disney.go.com
네슬레	www.nestle.com
인텔	www.intel.com
미쓰비시	www.mitsubishi.com
노키아	www.nokia.com
로열 더치/셸	www.shell.com

   또한 국제 비즈니스가 지금은 인터넷을 통해 이루어지고 있음을 주목하라. 제시된 홈페이지 중 일부는 사용자가 웹사이트의 언어를 선택하도록 되어있다.

2. **기업지배구조.** 오늘날 기업지배구조보다 더 뜨거운 주제는 없을 것이다. 다음 웹사이트를 이용하여 최신 연구, 시사와 뉴스 그리고 비즈니스와 이해관계자 사이의 관계에 관련된 정보를 확인하라.

   Corporate Governance Net   www.corpgov.net

3. **포춘 글로벌 500.** 포춘(*Fortune*)지는 글로벌 시장에서 포춘 500대 기업 리스트로 비교적 유명하다. 포춘 웹사이트를 이용하여 이 유명한 클럽에 포함된 가장 최근의 글로벌 기업 리스트를 확인하라.

   포춘   www.fortune.com/fortune

4. **파이낸셜 타임스.** 글로벌 국제 금융 중심지인 런던에 본사를 둔 파이낸셜 타임스(*Financial Times*)는 풍부한 정보를 담은 웹사이트를 가지고 있다. 홈페이지를 방문한 후, "Market"으로 가서 "Markets Data" 페이지를 확인하라. 전 세계적으로 최근 주식시장 활동을 조사하라. 세계의 주요한 주식시장에서 나타나는 일별 움직임의 유사성을 확인하라.

   파이낸셜 타임스   www.ft.com

외환시장과 외환이론

제 5 장

외환시장

"자본주의 체제를 파괴하는 가장 빠른 길은 통화를 타락시키는 것이다. 지속적인 인플레이션을 통해 정부는 비밀스럽게, 눈에 띄지 않고, 시민들이 가진 부의 중요한 부분을 몰수할 수 있다."

– John Maynard Keynes

학습목표

- 외환시장의 다양한 기능을 탐색한다.
- 글로벌 통화시장의 구조가 어떻게 변화해왔는지 상세히 알아본다.
- 외환시장에서 금융적 · 업무적 거래가 어떻게 수행되는지 설명한다.
- 글로벌 경제와 함께 글로벌 통화시장의 크기가 어떻게 변화했는지 살펴본다.
- 통화 거래자, 금융기관 그리고 모든 종류의 대리인들이 외환을 거래할 때 사용하는 환율표기의 형식을 배운다.

외환시장은 한 나라의 통화가 다른 나라의 통화로 교환될 수 있는 물리적이고도 제도적인 구조를 제공한다. 통화 간의 교환비율이 여기에서 결정되며, 물리적인 거래가 여기서 완료된다. 외환이란 외국의 돈을 의미한다. 그것은 은행의 외환 잔고일 수도 있고, 지폐나 수표, 어음일 수도 있다. 외환 거래란 한 나라의 통화가 지정된 시점에 특정한 환율로 다른 나라의 통화와 교환될 것임을 매수자와 매도자 간에 합의하는 일을 말한다. 이 장은 다음과 같은 외환시장의 특징을 서술한다.

- 외환시장의 세 가지 주요 기능
- 외환시장의 참여자들
- 외환시장의 거대한 일일거래량
- 외환시장의 지리적 범위
- 현물환, 선물환, 스왑 등 거래의 유형
- 환율표기의 관행

이 장은 '베네수엘라의 볼리바르 암시장'에 대한 사례로 마무리한다. 이 사례는 통제된 외환시장에서 경화를 얻기 위해 애쓰는 사업가의 고군분투를 다루고 있다.

외환시장의 기능

돈(money)이란 상품과 용역 그리고 때로는 과거 부채(debt)에 대한 결제수단으로 통용되는 물질을 말한다. 일반적으로 돈에는 세 가지 기능이 있다. 가치의 척도, 가치저장의 수단, 교환의 매개가 그것이다. 외환시장은 참가자들이 통화를 교환함으로써 나라 간에 구매력을 이전하고, 국제무역 거래를 위한 신용을 얻거나 제공하고, 환율변동에 따른 위험노출을 최소화하는 장치이다.

■ 구매력 이전은 국제무역과 자본 거래가 통상 다른 통화를 쓰는 참가자들 간에 이루어지기 때문에 필수적이다. 보통 양쪽은 각자 자신의 통화로 거래하기를 바라지만 무역이나 자본거래는 하나의 통화로만 청구될 수 있다. 그래서 둘 중 한쪽은 반드시 외국 통화로 거래해야 한다.

■ 국가 간의 상품 거래에는 시간이 걸리기 때문에 수송 중인 재고에 대해 금융적인 뒷받침이 필요하다. 외환시장은 신용의 수단을 제공한다. 특수한 수단들, 예를 들어 은행인수어음과 신용장이 국제무역 지원을 위해 제공될 수 있다.

■ 외환시장은 위험(risk)을 좀 더 많이 감수하려는 의지를 가진 누군가에게 환거래의 위험을 전가할 수 있도록 '헤징' 수단을 제공해준다.

외환시장의 구조

다른 모든 시장과 마찬가지로 외환시장도 시간의 흐름에 따라 극적으로 진화해왔다. 플로렌스(피렌체)와 베니스의 길거리 환전소에서 시작해 20세기 뉴욕과 런던의 트레이딩룸에 이르기까지, 외환시장은 수요와 공급, 시장정보와 기대 그리고 협상력을 기반으로 가동됐다.

오늘날 글로벌 외환시장은 경천동지(驚天動地)의 변화를 겪고 있다. 그러한 변화는 거래 시간, 장소, 참가자, 목적, 수단에 이르기까지 시장의 모든 측면에서 일어나고 있다. 외환시장의 변화를 추동하는 힘은 전자 거래 플랫폼, 알고리듬화한 거래 프로그램과 통상절차 그리고 하나의 자산 종류로서 중요성이 커지고 있는 통화 등 근본적인 것들이다. 이런 힘과 다른 촉진요소들이 합쳐서 외환시장의 깊이와 너비, 범위를 확대해왔다.

영업시간과 통화 거래

외환시장은 지구 전역을 망라한다. 모든 영업일의 모든 시간 중 어딘가에선 가격이 변동하고 통화가 거래된다. 도표 5.1이 보여주듯, 세계의 통화 거래는 매일 아침 시드니와 도쿄에서 시작하여 서쪽의 홍콩과 싱가포르로 이동한 뒤 중동 지역으로 갔다가 프랑크푸르트, 취리히, 런던 등 유럽시장으로 옮겨

| 도표 5.1 | 글로벌 통화 거래 : 지역별 시간대 구성 |

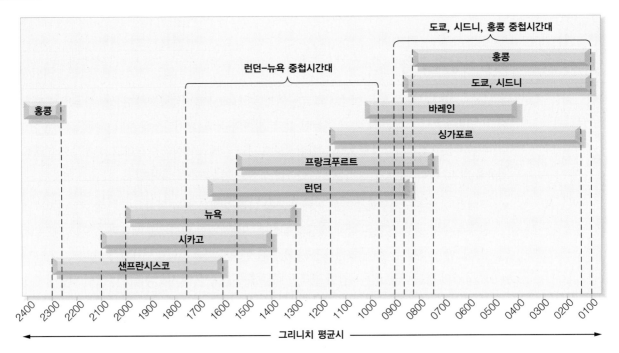

통화 거래는 말 그대로 하루 24시간 계속된다. 과거엔 런던과 뉴욕의 거래가 겹치는 시간대가 가장 바빴지만, 최근엔 도쿄와 홍콩의 거래가 겹치는 시간대로 '동진(東進)'이 일어나기 시작했다.

간다. 그리고 대서양을 뛰어넘어 뉴욕과 시카고로 이동한 뒤 샌프란시스코와 로스앤젤레스에서 끝난다. 많은 대형 국제은행들은 매일 24시간 고객들의 거래와 자신들의 전매 거래(proprietary trading)를 할 수 있도록 이런 주요 지역거점센터에서 외환트레이딩 룸을 운영한다.

비록 글로벌 통화 거래가 매일 24시간 내내 이뤄진다고 해도 그중에는 다른 곳보다 더 붐비는 시간대가 있기 마련이다. 역사적으로 19세기와 20세기에는 런던과 뉴욕이 주요 금융거점으로서 외환 거래를 지배했다. 그러나 오늘날에는 글로벌 상업 전반이 그렇듯 도쿄와 홍콩으로 대변되는 극동 지역이 그러한 지배력을 위협하고 있다. 이러한 도시 기반 트레이딩 센터들의 활동이 겹치는 시간대에 글로벌 통화시장은 가장 거대한 깊이와 유동성을 보여준다.

거래 플랫폼과 절차

통화 거래는 다양한 방법으로 이뤄진다. 개인과 개인의 사적인 거래, 공개 입찰에 의한 공식 트레이딩 플로어 거래 그리고 점점 늘어나는 전자 플랫폼 거래 등이다. 비록 끊임없는 거래가 진짜로 가능하고 점점 보편화하고 있지만 여러 가지 기록상의 목적과 계약상의 목적 때문에 종종 하나의 '종가(closing price)'가 필요하다. 이런 종가들은 대개 공식 가격 혹은 그날의 '고정 가격(fixing price)'으로 발표되는 데 특정한 상업적, 투자목적 거래는 이런 공식 가격을 토대로 이뤄진다. 중국처럼 외환통제가 이뤄지는 나라에서는 기업들이 종종 수출 거래에서 번 외화를 그날의 고정가격으로 중앙은행에 넘겨주어야 한다.

통화 거래자들은 고도로 정교한 통신망을 통해 연결되어 있다. 이 망을 통해 외환딜러와 브로커들은 즉각적으로 환율 호가를 교환한다. 갈수록 많은 기업 간 통화 거래가 주요 거래기관이 제공하는 인터넷 기반 시스템을 통해 자동적이고 전자적으로 이뤄진다. 비록 대규모 통화 거래의 일정 부분이 여전히 전화를 통한 사람들 간의 거래로 이뤄지긴 하지만 최근 들어 컴퓨터를 통한 거래는 극적으로 증가하고 있다. 환율정보 및 거래시스템의 가장 큰 공급자인 로이터(Reuters), 텔러레이트(Telerate), EBS, 블룸버그(Bloomberg) 같은 전통적인 대형 기업들이 아직 핵심적인 역할을 하지만 최근 들어 외환시장에는 새로운 서비스공급자들이 물밀 듯 들어오고 있다. 그러나 모든 기술에도 불구하고 글로벌 금융 실무 5.1이 보여주는 것처럼 외환시장엔 여전히 인간적인 요소들이 존재한다.

시장참가자들

지난 10년간 외환시장에서 일어난 가장 큰 변화 중 하나는 은행 간 거래(도매시장)와 대고객 거래(소매시장)로 양분됐던 시장이 단일시장으로 통합된 것이다. 전자 플랫폼과 정교한 트레이딩 알고리듬의 발전은 모든 종류와 규모의 거래자들이 시장에 접근하는 것을 촉진했다.

글로벌 금융 실무 5.1

외환시장 조작 : 고정가격 손보기

은행 간 시장의 LIBOR 금리 설정과 관련한 소란에 이어, 2013년과 2014년에 외환시장에서도 벤치마크 환율이 조작됐을 가능성에 대한 의혹이 제기됐다.

주된 초점은 많은 기관들이 사용하는 오후 4시의 일일 벤치마크 환율인 '런던 픽스'와 가격 표시를 위한 지수들이었다. 시장분석가들은 오후 4시의 픽스 직전에 거래량이 급증하는 현상을 눈치챘고, 그 다음 시간대나 다음 날에는 그것이 유지되지 않는다는 것을 알았다. 트레이더들이 이메일, 소셜네트워킹 사이트, 전화 등을 통해 결정적인 시간대에 시장의 움직임이나 호가설정에 협력했다는 혐의가 제기됐다. 통화 거래자들이 영업시간 후에 개인적으로 거래하는 것은 과거에 별 관심의 대상이 아니었으나 이제 점검의 대상이 되었다. (전화를 통한) 음성 거래에서 전자 거래로 이동하는 것이 하나의 해결책이 될 것으로 생각되었으나 통화시장은 전자 거래 면에서 오랫동안 수수께끼를 안고 있었다. 'FICC 거래'[채권(fixed income), 통화(currency), 상품(commodity)]는 1990년대 중반 가장 먼저 전자 거래를 적용한 부문이었지만 시장의 변화는 매우 느렸다.

하지만 마침내 변화가 도래했다. 2014년까지 거의 75%의 통화 거래가 전자적으로 이뤄졌다. 픽스의 논리는 간단했다. 컴퓨터 알고리듬은 픽싱을 위해 사기성 거래를 할 가능성이 낮다. 그리고 연구결과는 전자 거래가 음성 거래에 비해 시장을 안정화하는 방향으로 이뤄진다는 강력한 증거들을 보여주었다. 왜냐하면 컴퓨터 알고리듬 코드가 시간이 흐를수록 시장평균으로 회귀하는 방향으로 만들어졌기 때문이다.

하지만 많은 기술적 픽스의 사례가 보여주듯, 픽스는 문제를 제거한 것이 아니라 아마도 변화시킨 듯하다. 이트레이딩(E-trading)은 시장 조작을 여전히 촉진할 수 있는데, 아마도 그것은 조금 더 정교한 종류의 조작일 것이다. 예를 들어, 가장 큰 트레이딩 플랫폼 몇 곳에서 다른 트레이더들이 마우스를 어떻게 움직이는지 간파하는 소프트웨어가 개발되고 있다는 소문이 있다. 이 소프트웨어는 사람이 연결되어 있는 컴퓨터의 마우스가 거래를 실행하기 전에 매수와 매입 버튼을 어떻게 맴도는지 파악할 수 있게 만들어주는 것이다. 결국 트레이딩에는 항상 인간적인 요소가 있는 것이다. 좋은 의미로든, 나쁜 의미로든 말이다.

외환시장 참가자들은 2개의 주요그룹으로 단순하게 나눌 수 있다. 유동성 추구자들, 즉 상업적인 목적에서 통화 거래를 하는 그룹이 있고, 이익 추구자들, 즉 수익을 내기 위해 거래하는 그룹이 있다. 비록 외환시장이 원래 상업무역과 투자 행위를 위해 통화 거래를 촉진하는 유동성 목적으로 시작됐지만, 외환시장이 이례적으로 성장한 것은 이익을 추구하는 대리인들의 팽창 때문이다. 예상할 수 있는 것처럼, 이익 추구자들은 대개 시장에 대해 더 많은 정보를 갖고 시장의 향후 움직임에 따라 수익을 올릴 기회를 찾는다. 반면 유동성 추구자들은 단순히 거래에 필요한 통화를 확보하길 원한다. 그 결과 이익 추구자들은 일반적으로 유동성 추구자들로부터 이익을 얻는다.

외환시장의 참여자들은 크게 다섯 부류로 나눌 수 있다. (1) 은행과 비은행 외환딜러, (2) 상업과 투자목적의 거래를 수행하는 개인과 기업, (3) 투기 거래자와 차익 거래자, (4) 각국의 중앙은행과 재무부, (5) 외환브로커 등이다.

은행과 비은행 외환딜러

은행 및 비은행 트레이더와 딜러들은 매수가격에 외환을 사고, 이보다 약간 높은 매도가격에 이를 다시 팔아 이익을 남긴다. 전 세계적으로 딜러들 간의 경쟁은 매수와 매도가격의 차이인 스프레드를 줄여 증권시장과 마찬가지로 외환시장을 '효율적'으로 만드는 데 기여한다.

대형 국제은행의 외환부서 딜러들은 종종 '시장조성자'로 기능한다. 그런 딜러들은 항상 자신들이 특화한 통화를 사고팔 의사가 있으며, 그래서 그런 통화의 '재고' 포지션을 유지한다. 그들은 은행 정책으로 정해진 일정 한도 내에서 자기네 금융거점(monetary center)에 있는 다른 은행들은 물론 전 세계의 다른 금융거점들과도 거래를 한다. 거래 한도가 중요한데, 왜냐하면 많은 은행들의 외환 거래 부서는 각 은행의 수익센터 역할을 하고, 개인 딜러들은 수익 인센티브를 기반으로 보상을 받기 때문이다.

많은 금융기관들에 통화 거래는 수익성이 높다. 미국의 주요 통화 거래 은행들은 그들의 연간 순익 중 10~20%를 통화 거래에서 얻는다. 통화 거래는 또 은행의 트레이더들에게도 매우 높은 수익을 안겨주는데, 그들은 보통 개별적인 거래 활동의 결과로 은행에 얼마나 많은 이익을 냈는지에 따라 보너스를 받는다.

중소규모 은행과 기관들은 외환 거래에 참여하지만 은행 간 거래에서 시장조성자가 되진 못한다. 큰 규모의 외환 재고를 유지하는 대신, 그들은 주로 자기네 소매 고객과의 거래를 상쇄하기 위해 좀 더 큰 기관을 대상으로 외환을 팔거나 사며, 혹은 자기네 계좌를 통해 단기적인 차익을 추구하는 거래를 한다. 글로벌 금융 실무 5.2는 통화 거래 데스크 '신참'의 경험을 통해 약간의 통찰을 제공한다.

상업 및 투자 거래를 하는 개인과 기업

수입업자와 수출업자, 국제 포트폴리오 투자자, 다국적 기업, 관광객 등은 상업 혹은 투자 목적의 거래를 성사시키기 위해 외환시장을 이용한다. 그들의 외환시장 활용은 필수적이지만 상업 혹은 투자 목적에 따른 일회성 사건이다. 이들 중 일부 참여자들은 외환시장을 환위험 헤지를 위해 활용하기도 한다.

글로벌 금융 실무 5.2

나의 외환트레이딩 첫날

인턴기간 중 나는 월스트리트에 있는 대형 투자은행 뉴욕지점의 재무부서와 관리부서(백오피스)에서 일했다. 인턴기간의 첫 절반 동안 나는 모든 외환상품, 단기금융시장상품, 채권 그리고 파생상품에 대해 신속하게 기록하고 검증하는 일을 했다. 후반부는 좀 더 흥미로웠다. 나는 통화트레이딩 부서에서 훈련을 받았다.

나는 현물환 데스크에서 시작했다. 거기서 2주 정도 일하고, 인턴기간의 나머지 3주는 스왑 거래 데스크로 이동했다. 첫날부터 나는 팽팽한 긴장감 속에서 일해야 한다는 것을 알았다. 첫 2주의 훈련기간 동안 나는 현물환 데스크에 배치됐는데, 나의 선임은 23세밖에 되지 않은 매우 야심 찬 시니어 트레이더였다.

첫날 오전 11시쯤 그녀는 새로운 일본 총리의 당선 직후 일본 엔화가 상승한다는 데 베팅을 했다. 그녀는 엔에 대해 매수 포지션을 취했고, 달러에 대해 매도 포지션을 취했다. 불행히도 그녀는 10분도 채 되지 않아 700,000달러를 잃었다. 지금도 나는 왜 그녀가 그런 베팅을 했는지 이해할 수 없다. 트레이딩룸에서 많이 참고하는 *The Wall Street Journal*과 *Financial Times* 모두 새 총리가 일본의 금융위기를 역전시킬 능력이 없다고 생각하고 있었다. 그녀의 포지션은 경제 펀더멘털과 무관한 감정, 본능, 요령에 근거한 것임이 분명했다.

700,000달러 손실이 어느 정도 심각한지 이해하기 위해서는 현물환 데스크에 있는 모든 트레이더가 자기 수입의 8배를 수수료로 벌어야 한다는 사실을 알아야 한다. 내 선임이 연간 80,000달러를 받는다고 가정해보자. 그녀가 일을 잃지 않으려면 그 해 스프레드에서 얻는 수수료로 640,000달러는 벌어야 한다. 700,000달러를 잃었다는 것은 그녀를 매우 나쁜 상황에 놓이게 하는 것이며, 그녀는 그것을 알았다. 하지만 그녀는 매우 확신에 차 있었고 흔들리는 모습을 보이지 않았다.

하지만 첫날을 지내고 나는 매우 흔들렸다. 이 경험을 한 후 나는 트레이더가 되는 것이 내게 어울리는 일이 아니라는 것을 깨달았다. 그것은 일이 주는 스트레스 때문이 아니었다. 물론 그 일은 매우 스트레스가 심했다. 그러나 더 중요한 것은 그 일에서 요구되는 대부분의 기능이 내가 학교에서 오랫동안 배워온 것과 무관하다는 점이었다. 또 이 사람들이 뉴욕의 밤거리를 오가며 얼마나 과한 파티를 하고, 그다음 날 곧바로 몇 분 만에 수십억 달러 단위의 거래를 얼마나 쉽게 해치우는지를 봤을 때, 나는 이 일이 내가 갈 길이 아니라는 것을 알 수 있었다.

출처 : 익명 인턴의 회고담

투기 거래자와 차익 거래자

투기 거래자와 차익 거래자는 시장 그 자체 내에서 거래를 통해 수익을 얻고자 한다. 이들은 고객에게 봉사하거나 지속적인 시장을 확보하기 위한 필요나 목적에 의해서가 아니라, 진정한 이익 추구자로서 자기 자신의 이해에 따라 움직인다. 딜러들이 환율의 변화에서 차익을 얻는 것과 함께 매도와 매수 가격 차이에서도 이익을 얻는 반면, 투기 거래자는 모든 수익을 환율변화에서 얻는다. 차익 거래자는 여러 시장에서 동시간대에 발생하는 환율 차이에서 이익을 얻으려 한다.

주요 은행들에 고용된 트레이더들은 그 은행들을 위해 투기와 차익 거래를 수행한다. 그래서 은행들은 외환딜러인 동시에 투기 거래자와 차익 거래자로서 행동한다. (은행들은 투기 거래를 한다는 사실을 좀처럼 인정하지 않는다. 그들은 대신에 자신들이 '공격적인 포지션을 취한다'고 표현한다.)

중앙은행과 재무부

각국의 중앙은행과 재무부는 자기네 통화가 거래되는 가격에 영향을 미치기 위해, 또 자기네 외환보유고를 확보하거나 사용하기 위해 외환시장을 활용한다. 이 관행을 외환시장 개입이라고 한다. 그들은 국가정책 때문에 또는 환율관계나 지역 통화협정을 맺은 다른 나라들과의 약속을 지키기 위해 자국 통화의 가치를 유지하려 한다. 결과적으로 중앙은행과 재무부의 동기는 수익을 내는 것이 아니고 자국민에게 이익이 되는 방향으로 자국 통화 환율에 영향을 미치는 것이다. 많은 경우에 그들은 외환 거래 활동의 결과로 기꺼이 손실을 볼 때 일을 가장 잘한 게 된다. 적극적인 손해 감수자로서, 중앙은행과 재무부는 그 동기와 행동이 다른 모든 시장참가자들과 다르다.

외환브로커

외환브로커는 스스로 거래의 주체가 되지 않고 딜러 간의 거래를 촉진하는 대리인을 말한다. 그들은 이러한 서비스에 약간의 수수료를 부과한다. 그들은 전화망을 통해 전 세계 수백 명의 딜러와 즉각적으로 연결할 수 있는 접근성을 유지한다. 때때로 한 브로커가 단일 고객 은행을 위해 12개 이상의 전화선을 가동해야 하는 경우도 있다. 각각의 전화선은 각각 다른 통화들과 현물환, 선물환 시장 등을 위한 것이다.

　매 순간 브로커들은 어떤 딜러가 어떤 통화를 사거나 팔고 싶은지 정확히 알아야 한다. 이러한 정보는 해당 브로커가 하나의 거래가 합의될 때까지 각 거래 주체의 정체를 드러내지 않고 특정 고객을 위해 거래 상대방을 찾을 수 있게 해준다. 딜러들은 거래를 하면서 익명성을 보장받기 위해 브로커들을 활용한다. 왜냐하면 거래참여자들의 정체가 드러날 경우 단기적인 호가에 영향을 줄 수 있기 때문이다.

연속연계결제

2002년에 연속연계결제(Continuous Linked Settlement, CLS) 시스템이 도입됐다. 이 시스템은 외환 거래 주체들이 각각 상대방과 결제를 성사시키지 못할 경우 입을 수 있는 손실을 제거해준다. 이 시스템은 실시간으로 가동되는 여러 개의 결제 시스템을 연결해줌으로써 마침내 전통적인 '2영업일' 대신 당일 결제를 가능하게 만들 것으로 기대되고 있다.

　CLS 시스템은 또한 외환시장에서 계약사기를 막는 데 도움을 줄 것이다. 미국에서 외환 거래를 규제하는 책임은 **상품선물거래위원회**(CFTC)가 맡고 있다.

외환시장에서의 거래

외환시장에서의 거래는 현물환, 선물환, 스왑으로 이루어질 수 있다. 주요 파생상품을 포함한 좀 더 폭넓은 시장의 정의에는 통화옵션과 통화선물, 통화스왑이 포함될 수 있다.

현물환 거래

은행 간 시장에서 **현물환 거래**란 통상 계약체결로부터 2영업일 안에 은행 간의 인도와 결제가 이뤄지는 외환 구매를 말한다. 캐나다 달러와 미국 달러의 거래는 계약일의 다음 영업일에 결제가 이뤄진다. 도표 5.2는 글로벌 외환시장에서 전형적으로 이뤄지는 장외 거래의 세 가지 주요 유형, 즉 **현물환 거래**,

외환의 거래와 결제

외환의 운용은 타이밍, 즉 인도하기로 한 '미래 시점'에 의해 규정된다. 미래 인도 시점에 따라 분류한 장외 거래의 주요 종류는 원칙적으로 세 가지이다. 즉, 현물환('오버나이트'일 수도 있는), 선물환(단일선물환 포함) 그리고 스왑 거래이다.

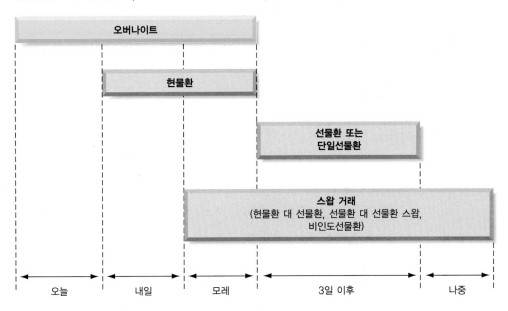

선물환 거래, 스왑 거래에 대해 시간개념을 보여주는 지도이다. 물론 다음에서 설명하는 것처럼 이 세 가지 유형에 어느 정도 예외가 존재하지만, 모든 거래 유형은 미래의 인도 시점과 관련해서 규정된다. (여기서 통화선물을 포함시키지 않는다는 것을 유념하라. 통화선물은 선물환과 시간 개념에서 비슷하지만, 장외에서 이뤄지는 거래가 아니라는 차이가 있다.)

결제가 이뤄지는 날은 결제일(value date)이라고 한다. 결제일에 전 세계 대부분의 달러 거래는 뉴욕의 은행 간 결제시스템(CHIPS)이라고 하는 컴퓨터화한 시스템에 의해 한 은행이 다른 은행에 주어야 할 순지급분을 정산하는 방식으로 이뤄진다. 지불은 뉴욕연방준비은행 기금에서 당일 오후 6시까지 이뤄진다. 전 세계의 다른 통화들에 대해서는 다른 중앙은행과 결제서비스 제공기관들이 비슷하게 작동한다.

은행 간 시장에서 전형적인 현물환 거래는 월요일에 10,000,000파운드를 런던의 한 은행계좌에 보내기로 계약한 미국 은행을 예로 들 수 있다. 만일 현물환율이 파운드(£)당 1.8420달러라면 그 미국은행은 수요일에 런던 은행에 10,000,000파운드를 송금하고 런던 은행은 동시에 18,420,000달러를 미국은행에 송금하게 된다. 은행과 그의 상업적 고객 사이에서 일어나는 현물환 거래는 결제를 위해 이틀씩 기다릴 필요가 없다.

단일선물환 거래

선물환 거래(보다 공식적으로는 단일선물환 거래)는 일정량의 한 통화를 일정량의 다른 통화로 미래의 결제일에 인도할 것을 요구한다. 환율은 거래 합의시점에 결정되지만 지불과 인도는 만기가 될 때까지 요구되지 않는다. 선물환율은 보통 1개월, 2개월, 3개월, 6개월, 12개월 후의 결제일에 대해 결정된다. 보통 만기 1년 이하의 선물환에 대해 수요가 가장 많지만 최근의 선물환 계약은 최장 20년짜리로도 이뤄진다. 국제통화기금(IMF)에 따르면 2014년을 기준으로 전 세계 127개국에 선물환 거래시장이 있다.

선물환 계약에서 지불은 해당 거래의 계약상 만기일 후 2영업일째에 이뤄진다. 따라서 3월 18일에 시작된 2개월 만기 선물환 거래는 5월 20일이 결제일이 된다. 만일 5월 20일이 주말이거나 공휴일이라면 그다음 영업일이 결제일이 된다.

개념상 우리는 같은 거래를 놓고 '선물환을 산다'고도, '선물환을 판다'고도 말할 수 있음을 유념하자. 6개월 후에 유로를 받고 달러를 인도하는 거래는 "달러에 대해 유로 선물환을 산다."라고도 할 수 있고 "유로에 대해 달러 선물환을 판다."라고 표현할 수도 있다.

스왑 거래

은행 간 시장에서의 스왑 거래는 일정한 양의 외환을 2개의 다른 결제일에 사고파는 거래를 동시에 하는 것이다. 매수와 매도는 같은 거래 상대방 사이에서 이뤄진다. 스왑 거래에는 몇 가지 유형이 있다.

현물환 대 선물환. 가장 흔한 스왑 유형은 현물환 대 선물환이다. 딜러는 현물환 시장에서(현물환율에) 하나의 통화를 사고, 동시에 같은 양의 통화를 선물환 시장에서(선물환율에) 동일한 은행에 되판다. 이 거래는 하나의 거래 상대방과 하나의 거래로 이뤄지기 때문에, 딜러는 예상치 않았던 환위험을 겪을 일이 없다. 스왑 거래와 단일선물환 거래의 합은 최근 모든 외환시장에서 전체 거래량의 절반 이상을 차지한다.

선물환 대 선물환 스왑. 좀 더 정교한 스왑 거래는 선물환–선물환 스왑으로 불린다. 예를 들어 한 딜러가 두 달 후 인도 조건으로 20,000,000파운드를 $1.8420/£에 파는 계약을 맺고, 동시에 3개월 후 인도 조건으로 $1.8400/£에 20,000,000파운드를 사들이는 계약을 맺는 것이다. 매수 가격과 매도 가격의 차이는 두 통화 간의 이자율 차이와 같은 것으로, 제6장에서 설명하는 금리평가를 의미한다. 따라서 스왑이란 완전한 담보를 제공하는 조건으로 다른 통화를 빌리는 기법이라고 말할 수 있다.

비인도선물환(NDF). 1990년대 초반에 만들어진 비인도선물환(NDF)은 이제 외환파생상품을 제공하는 초대형 기관들이 취급하는 상대적으로 흔한 파생상품의 하나이다. NDF는 오직 미국 달러로만 결제가 가능하다는 점과 선물환으로 사고팔리는 외국 통화가 인도되지 않는다는 점 외에는 전통적인 선물환 계약과 동일한 특징과 서류상의 요구조건을 갖는다. 달러 결제라는 특징은 NDF가 역외에서 계약된다는 사실을 반영한다. 예를 들어 멕시코 투자자를 위해 뉴욕에서, 본국 정부(이 경우는 멕시코 정부)

의 규제 틀과 범위를 벗어난 곳에서 거래된다. NDF는 국제스왑파생상품협회(ISDA)에 의해 설정된 기준에 따라 국제적으로 거래된다. 비록 처음에는 통화 헤징수단으로 구상되었지만, 지금은 70% 이상의 NDF거래가 투기목적인 것으로 추정되고 있다.

NDF는 주로 신흥시장 통화나, 베네수엘라처럼 심각한 외환통제의 대상이 되는 통화를 대상으로 거래된다. 신흥시장 통화는 종종 공개적인 현물환 거래시장이나 유동성 있는 단기금융시장 또는 유로통화 금리가 존재하지 않는다. 비록 대부분의 NDF 거래가 1990년대에 라틴아메리카에서 집중적으로 거래됐지만, 최근에는 중국의 인민폐를 포함한 많은 아시아 지역 통화가 광범위하게 거래되고 있다. 일반적으로 NDF 시장은 국경을 넘는 자본 거래가 많지만, 아직 호환성에 제약을 갖고 있는 국가 통화들에 대해 발달되어 있는 편이다.

NDF의 가격결정은 일반적인 선물환의 경우와 마찬가지로 기본적인 금리차이와 달러 결제를 위해 은행이 물리는 부가적 프리미엄을 반영한다. 그러나 만일 금리결정을 위해 접근 가능한, 발전된 단기금융시장이 없다면 NDF의 가격결정은 상당히 투기적인 요소를 갖게 된다. 실제 금리가 없는 상태에서 거래자들은 향후에 현물환율이 어떻게 될 것이라는 자신들의 믿음에 근거해서 NDF의 가격을 정할 것이다.

NDF는 통화가 소속된 국가 밖에서 거래되고 결제되기 때문에 해당 정부의 통제를 벗어난다. 과거에 이것은 그 통화를 거래하는 회색시장과 같은 기능을 함으로써 어려운 상황을 초래했다. 예를 들어 2001년 후반에 아르헨티나는 달러당 1페소로 묶어놓은 고정환율체제를 포기하라는 압력이 커지고 있었다. NDF 시장은 그다음 해에 결제될 NDF에 대해 ARS1.05/USD와 ARS1.10/USD를 기록하기 시작, 페소를 실질적으로 평가절하했다. 이것은 페소에 불리한 투기적 압력을 증대시켰다(아르헨티나 정부는 분노했다).

그러나 NDF는 전통적인 선물환 계약을 대체하는 수단으로서 불완전하다는 것이 입증됐다. NDF의 문제는 주로 '지정 날짜에 현물환율을 고정(fixing)하는' 일과 관련되는데, 그 현물환율은 계약 만기일에 결제액을 산출하는 데 사용된다. 2003년 베네수엘라의 볼리바르 사태와 같은 금융위기에는 해당 통화의 정부가 현물시장에서 상당 기간 외환 거래를 중단시킬 수 있다. 공식적인 지정환율(fixing rate)이 없는 상태에서 NDF는 결제가 될 수 없다. 베네수엘라의 경우, 새롭고 공식적인 '평가절하 볼리바르'가 발표되었는데, 여전히 거래가 되지 않는 상황이어서 문제가 더 복잡해졌다.

외환시장의 크기

국제결제은행(BIS)은 전 세계의 중앙은행들과 함께 매 3년마다 통화 거래 활동에 대한 조사를 한다. 2013년 4월에 있었던 최신 조사에 따르면 국제 외환시장에서 일일 글로벌 순거래량은 5조 3,000억 달러로 추정된다. 1989~2013년의 BIS 조사 데이터가 도표 5.3에 있다.

도표 5.3의 글로벌 외환 거래량은 앞에서 거론된 3개 유형의 거래(현물환 거래, 선물환 기래, 스왑

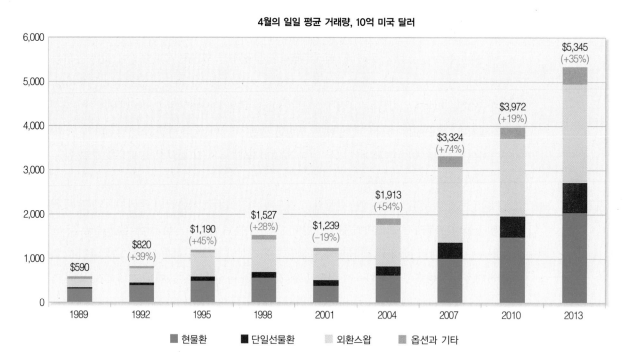

도표 5.3 글로벌 외환시장 거래량, 1989~2013

4월의 일일 평균 거래량, 10억 미국 달러

범례: ■ 현물환   ■ 단일선물환   ■ 외환스왑   ■ 옵션과 기타

출처 : Bank for International Settlements, "Triennial Central Bank Survey: Foreign Exchange and Derivatives Market Activity in April 2013: Preliminary Results," December 2013, www.bis.org.

거래)에 네 번째인 옵션 거래 및 기타 가변가치 외환파생상품들로 구성된다. 성장세는 극적이다. 1989년 이후 외환시장은 연평균 9.6% 성장해왔다.

2013년 기준으로(4월의 일일거래량), 외환시장은 하루 5조 3,000달러라는 사상 최대 거래량을 기록했다. 비록 2000~2001년 글로벌 경기침체에 따라 시장활동의 기세가 꺾이긴 했지만, 2008~2009년 글로벌 금융위기 때는 그렇지 않았다. 이 데이터를 수집하고 판독하는 기관인 BIS에 따르면 최근 외환시장의 급속한 성장을 이끈 원동력은 전자 거래 확대와 더 큰 시장으로의 접근성이 촉발한 이익 추구 활동(profit seeker activity)의 증가이다.

지리적 분포

도표 5.4는 1992~2013년 사이, 세계에서 가장 중요한 국가별 시장의 외환 거래량 비중을 보여준다(비록 이 데이터가 국가 단위로 수집되고 보고되기는 했으나 여기서 '미국'과 '영국'은 각각 '뉴욕'과 '런던'으로 해석되어야 한다. 왜냐하면 외환 거래의 대부분은 각 나라의 주요 금융도시에서 일어나기 때문이다).

영국(런던)은 전통적인 외환 거래 영역에서 글로벌 시장의 40.9%를 차지하며 세계의 주요 외환시

도표 5.4 **외환시장의 세계 10대 지리적 거래센터, 1992~2013**

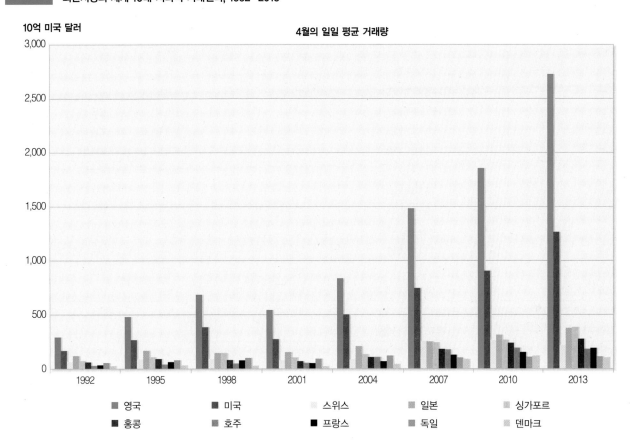

10억 미국 달러

4월의 일일 평균 거래량

범례: ■ 영국 ■ 미국 ■ 스위스 ■ 일본 ■ 싱가포르
■ 홍콩 ■ 호주 ■ 프랑스 ■ 독일 ■ 덴마크

출처 : Bank for International Settlements, "Triennial Central Bank Survey: Foreign Exchange and Derivatives Market Activity in April 2013: Preliminary Results," December 2013, www.bis.org.

장 지위를 계속 유지하고 있다. 영국 다음으로 미국이 18.9%의 비중을 차지하고 있으며 싱가포르가 5.7%, 일본(도쿄)이 5.6%, 스위스 3.2% 그리고 홍콩이 4.1%의 글로벌 거래를 담당한다. 영국과 미국의 거래량을 합하면 세계 일일 통화 거래량의 거의 60%에 이른다. 최근 15년간 유럽에 대비한 아시아의 상대적인 외환 거래 증가도 두드러지는데, 이것은 유로화 도입(회원국 간 외환 거래수요 제거)과 아시아의 경제 및 시장 발전이 결합해 외환 거래활동을 이동시켰기 때문이다.

통화의 구성

도표 5.5에 보이는 것처럼 거래 통화의 구성도 의미 있는 글로벌 차원의 변화를 보여준다. 모든 통화는 다른 통화와 짝을 지어 거래되는 것이므로, 도표 5.5에 나온 모든 퍼센티지는 해당 통화와 다른 한 통화와의 거래가 전체에서 차지하는 비중을 보여준다. 달러는 지속적으로 글로벌 거래를 지배하면서 궁극적으로 모든 통화 거래의 85.9%에 관여하고 있다. USD/EUR이 24.1%, USD/JPY가 18.3%, USD/

| 도표 5.5 | 통화조합별 일일 외환거래량(전체에서 차지하는 비율) | | | | | |

거래 통화구성	달러 거래 상대방	2001	2004	2007	2010	2013
USD/EUR	유로	30.0	28.0	26.8	27.7	24.1
USD/JPY	일본 엔	20.2	17.0	13.2	14.3	18.3
USD/GBP	영국 파운드	10.4	13.4	11.6	9.1	8.8
USD/AUD	호주 달러	4.1	5.5	5.6	6.3	6.8
USD/CAD	캐나다 달러	4.3	4.0	3.8	4.6	3.7
USD/CHF	스위스 프랑	4.8	4.3	4.5	4.2	3.4
소계		73.8	72.2	65.5	66.2	65.1
USD/MXN	멕시코 페소	—	—	—	—	2.4
USD/CNY	중국 인민폐	—	—	—	0.8	2.1
USD/NZD	뉴질랜드 달러	—	—	—	—	1.5
USD/RUB	러시아 루블	—	—	—	—	1.5
소계		73.8	72.2	65.5	67.0	72.6
기타/USD	미국 달러 대 기타 통화	16.0	15.9	16.7	18.8	13.3
달러 합계		89.8	88.1	82.2	85.8	85.9
거래 통화구성	유로 거래 상대방					
EUR/JPY	일본 엔	2.9	3.2	2.6	2.8	2.8
EUR/GBP	영국 파운드	2.1	2.4	2.1	2.7	1.9
EUR/CHF	스위스 프랑	1.1	1.6	1.9	1.8	1.3
EUR/SEK	스웨덴 크로나	—	—	0.7	0.9	0.5
기타	비달러 · 비유로 통화 간 거래	4.1	4.7	11.2	6.9	8.1
비달러 합계		10.2	11.9	17.8	14.2	14.1
전 세계 합계		100.0	100.0	100.0	100.0	100.0

출처 : Triennial Central Bank Survey, 11쪽의 표 3의 데이터를 기반으로 저자들이 작성, Foreign exchange turnover in April 2013: preliminary global results, Bank for International Settlements, Monetary and Economic Department, September 2013.

GBP는 8.8% 그리고 USD/AUD가 6.8%이다. BIS에 따르면 '빅 3'(달러, 유로, 엔)는 조사된 모든 거래의 총 92%를 차지하면서 글로벌 통화 거래를 계속 지배하고 있다.

그러나 최근 들어 몇몇 신흥시장의 화폐가 급속히 발전하고 있는데, 바로 멕시코 페소, 중국 인민폐 그리고 러시아 루블 등이다. 아마 얼마 되지 않아 이들 중 몇몇(대부분의 분석가들은 인민폐에 베팅한다)은 글로벌 시장에서 두각을 나타내는 통화가 될 것이다.

환율과 표기법

환율은 한 통화의 가격이 다른 통화로 표시된 것을 말한다. 환율의 호가는 공표된 값에 사거나 팔겠다는 의지의 표현이다. 통화 거래의 개념을 생각할 때에는 오렌지 값을 기준으로 가격표시의 원리를 유념하자. 만일 가격이 $1.20/오렌지라면 '가격'은 1.20달러이며 '단위'는 오렌지이다.

통화의 상징

환율표기는 전통적인 화폐의 상징이나 ISO 코드로 지정될 수 있다. 국제표준협회(ISO)는 세계에서 가장 큰 자발적 표준화 개발기관이다. ISO 4217은 통화 코드를 위한 국제표준인데, 가장 최근에 업데이트된 것이 ISO 4217:2008이다.

ISO 코드는 전자 통신에서 활용하기 위해 개발되었다. 전통적인 상징과 통화 코드는 이 책의 마지막 부분에 자세히 제공되는데, 이 장 전체에서 사용되는 주요 통화의 상징들은 다음과 같다.

통화	전통적 상징	ISO 4217 코드
미국 달러	$	USD
유럽 유로	€	EUR
영국 파운드	£	GBP
일본 엔	¥	JPY
멕시코 페소	Ps	MXN

오늘날 글로벌 시장에서 기관 간에 이뤄지는 통화의 모든 전자 거래는 알파벳 세 글자의 ISO 코드를 사용한다. 비록 비즈니스 정기간행물이나 소매시장에서 시행하는 엄격한 규칙은 없지만 유럽과 미국의 정기간행물들은 전통적인 통화 상징을 사용하는 경향이 있다. 반면 아시아와 중동의 출판물들은 ISO 코드를 즐겨 쓴다. 대부분의 나라에서 지폐(은행권)에는 그 나라의 전통적인 통화 상징이 사용된다. 글로벌 금융 실무 5.3에서 설명된 대로, 러시아 같은 나라들은 전통적인 상징을 사용하는 관행으로 돌아가려 노력하고 있다.

환율의 표기

환율의 표기는 다소 혼란스럽고 얼핏 직관을 벗어난 듯 보이는 몇 가지 원칙을 따른다. 모든 통화 거래에는 2개의 통화가 개입하는데, 통화 1(CUR1)과 통화 2(CUR2)이다.

CUR1/CUR2

사선의 왼쪽에 있는 통화는 기준통화 또는 단위통화라고 한다. 사선의 오른쪽은 가격통화 혹은 호가통화라고 한다. 표기는 언제나 한 단위의 기준통화(CUR1)를 받는 데 필요한 가격통화(CUR2)의 단위량을 표시한다.

글로벌 금융 실무 5.3

러시아의 상징

각국 통화가 세 자리의 ISO 코드로 점점 더 많이 규정되던 기간 동안, 러시아 정부는 러시아 루블화(혹은 그냥 루블)가 자체적인 상징을 가져야 한다고 결정했다.

 2013년 12월 러시아중앙은행은 투표를 통한 콘테스트를 했는데, 이는 5개의 다른 상징 중에서 새로운 통화의 얼굴을 뽑는 것이었다. (왼쪽에 있는) 승자는 61%의 표를 얻은 러시아 알파벳 R이었다. 러시아중앙은행 총재는 이 새로운 상징이 "통화의 안정성과 신뢰성을 체화하고 있다."라고 말했다. 새로운 상징이 라틴 알파벳 P와 헷갈리지 않겠느냐는 질문을 받았을 때 총재는 달러도 S자처럼 보이니 그런 건 문제될 일이 아니라고 답했다.

루블의 새로운 상징은 통화가치의 선언으로서 달러의 $, 영국 파운드 스털링의 £, 일본 엔의 ¥, 그리고 상대적으로 얼마 안 된 유럽연합의 € 등과 함께 역사적 화폐 상징의 대열에 합류했다. 점점 많은 나라들이 민족주의적 자존심을 드러내 보이기 위해 자기네 통화 상징을 홍보한다. 인도는 2010년에 루피의 상징(₹)을, 터키는 2012년 리라의 상징(₺)을 채택했다.

예를 들어 가장 흔히 표기되는 통화 거래는 미국 달러와 유럽의 유로화 간 거래이다. 예를 들어 다음 표기를 살펴보자.

EUR/USD1.2174

여기서는 유로(EUR)가 기준통화이며 달러(USD)는 가격통화이다. 그리고 환율은 USD 1.2174 = EUR 1.00이다. 사선의 왼쪽이 항상 기준통화라는 것을 기억한다면, 그리고 그것이 항상 한 단위라는 것을 기억한다면 혼란을 피할 수 있을 것이다. 도표 5.6은 유럽의 유로와 미국 달러를 사용한 사례들을 통해 전 세계적으로 환율을 표기하기 위해 사용되는 다양한 개념들에 대해 간략한 개요를 제공한다.

도표 5.6 **외환의 표기법**

유럽식 표기
1달러(USD)당 외국 통화의 가격

> USD/EUR 0.8214
> 또는
> USD 1.00 = EUR 0.8214

USD는 기준 혹은 단위통화
EUR은 호가 또는 가격통화

미국식 표기
1유로(EUR)당 미국 달러의 가격

> EUR/USD 1.2174
> 또는
> EUR 1.00 = USD 1.2174

EUR은 기준 혹은 단위통화
USD는 호가 혹은 가격통화

$$\frac{1}{\text{EUR } 0.8214 \text{ / USD}} = \text{USD } 1.2714 \text{ / EUR}$$

시장의 관행

국제통화시장은 세계에서 가장 큰 금융시장이긴 하지만 역사와 관습의 영향을 많이 받고 있다.

유럽식 표기. 1달러당 특정 화폐의 양을 표시하는 유럽식 표기는 60년 이상 동안 시장의 관행이었다. 세계적으로 한 통화의 가치를 표기하기 위해 써온 기준화폐는 달러였다. 유럽식 표기란 한 통화의 가치를 표시할 때 1달러에 맞먹는 해당 통화의 숫자를 표시하는 것이다.

예를 들어 스위스 프랑(CHF)이 모국 화폐인 취리히의 한 트레이더가 오슬로에 있는 트레이더에게 노르웨이 크로네(NOK)의 호가를 알려주도록 요청했다면, 노르웨이 트레이더는 NOK의 호가를 달러에 대해 표기하지 스위스 프랑에 대해 표기하지 않는다. 그 결과는 대부분의 통화가 미국 달러에 대해 표기되는 것이다. 즉, 일본 엔화 대 미국 달러, 노르웨이 크로네 대 미국 달러, 멕시코 페소 대 미국 달러, 브라질 헤알 대 미국 달러, 말레이시아 링깃 대 미국 달러, 중국 인민폐 대 미국 달러 등이다.

미국식 표기. 유럽식 표기법을 활용하는 규칙에 크게 두 가지 예외가 있다. 바로 유로와 영국 파운드의 경우이다(파운드 스털링은 역사적인 이유가 있다). 두 화폐 모두 통상 미국식 표기법으로 표시된다. 1유로당 달러 값과 1파운드 스털링당 달러 값을 표기하는 것이다. 추가적으로 호주 달러와 뉴질랜드 달러도 보통 미국식 표기를 따른다.

수 세기 동안 영국의 파운드 스털링은 20실링으로 구성되어 있었고, 1실링은 12펜스였다. 십진수를 쓰지 않는 통화를 곱하거나 나누기 하는 것은 어려웠다. 이 관습은 당시 다툼의 여지없이 세계의 금융 수도였던 런던에서 외환 거래를 하는 과정에서 발전했는데, 외화를 1파운드당 얼마라고 표기하는 것이었다. 이 관행은 스털링이 1971년 십진수 단위로 바뀐 후에도 지속되었다.

유로는 독일 마르크나 프랑스 프랑과 같은 국내 통화를 대체하는 화폐로 도입됐다. 이런 역사적인 통화의 사용자들과 거주자들이 통화 전환을 순조롭게 할 수 있도록 모든 표기는 1유로당 해당 화폐의 수로 표기됐다. 이는 미국 달러화에 대한 표기에도 적용됐다. 따라서 '1유로당 몇 달러'가 오늘날도 일반적으로 통용되고 있다.

미국식 표기법은 대부분의 통화옵션과 통화선물 호가에도 활용된다. 또 관광객과 개인 송금자들이 이용하는 소매시장에서도 사용된다. 다시 말해, 이것은 크게 봐서 오랜 시간 동안 지속되어 온 관행의 결과이지 자연의 법칙이나 금융의 법칙에 따른 것은 아니다.

통화의 별명. 외화 거래자들은 주요 통화에 대해 별명을 쓰기도 한다. '케이블(Cable)'은 미국 달러와 영국 파운드 스털링 간의 환율을 의미하는데, 이는 오래전 달러와 파운드의 거래가 대서양을 관통하는 전신 케이블을 통해 이뤄졌기 때문이다. 캐나다 달러는 '루니(loonie)'라고 불리는데 이것은 캐나다 1달러 동전에 새겨진 물새의 이름을 딴 것이다. 뉴질랜드 달러는 '키위(Kiwi)'라고 불리고, 호주 달러는 '오씨(Aussie)'로 불리며 스위스 프랑은 '스위씨(Swissie)', 싱가포르 달러는 '싱 달러(Sing dollar)'로 불린다.

직접법과 간접법. 직접표기법은 외국 통화의 한 단위의 가격을 자국 통화로 표기한 것이다. 간접표기법은 국내 통화의 한 단위의 가격을 외국 통화로 표기한 것이다.

많은 나라의 소매 거래에서(호텔이나 공항에서의 환전) 외국 통화 한 단위의 가격을 자국 통화로 표시하는 경우가 많다. 프랑스 파리의 샹젤리제 거리를 걷는 여성은 다음과 같은 표기를 볼 수 있을 것이다.

$$EUR\ 0.8214 = USD\ 1.00$$

프랑스에서 **자국 통화**는 유로(가격)이고 **외국 통화**는 달러(단위)이므로 파리에서 이 표기법은 달러에 대한 직접표기법이거나 달러에 대한 가격표시라고 할 수 있다. 그녀는 혼잣말로 "1달러당 0.8214유로구나." 혹은 "1달러를 사려면 0.8214유로가 들겠네."라고 할 것이다. 이런 것들은 유럽식 표기이다.

동시에 뉴욕 브로드웨이를 걸어가는 남자는 은행 창문에서 다음과 같은 표시를 볼 수 있다.

$$USD\ 1.2174 = EUR\ 1.00$$

미국에서 **자국 통화**는 달러(가격)이고 **외국 통화**는 유로(단위)이므로, 뉴욕에서 이것은 유로에 대한 직접표기법(한 단위의 외국 통화에 대한 자국 통화 가격)이고 달러에 대한 간접표기법(한 단위의 자국 통화에 대한 외국 통화의 가격)이다. 남자는 혼잣말로 "나는 1유로당 1.2174달러를 지불할 거야."라고 할 수 있을 것이다. 이것이 미국식 표기이다. 그 두 표기는 분명히 동등한 것이며(적어도 소수점 아래 네 자리까지는), 하나는 다른 하나의 역수이다.

$$\frac{1}{EUR\ 0.8214/USD} = USD\ 1.2174/EUR$$

매도율과 매입률. 신문이나 잡지의 기사가 환율이 하나의 값인 것처럼 말하고 있어도, 소매든 도매든 통화의 매수와 매도를 위한 시장은 2개의 다른 환율을 사용한다. 도표 5.7은 이런 표기법들이 달러/유로시장에서 어떻게 보이는지 표본을 제시하고 있다.

매수호가(bid)는 딜러가 한 통화로 다른 통화를 사고자 하는 가격(환율)을 말한다. **매도호가**(ask)는 딜러가 통화를 팔고자 하는 가격을 말한다. 딜러는 하나의 가격에서 사고(buy) 그보다 조금 높은 가격에 판다(sell). 그럼으로써 두 가격 차이의 스프레드에서 이익을 내는 것이다. 매수-매도 스프레드는 자주 거래되지 않거나 거래되는 양이 적은 통화들(혹은 둘 다)일수록 큰 편이다.

외환시장에서 매수와 매도율 표기는 한 통화의 매입이 반대편 통화의 매도라는 점에서 표면적으로 복잡해 보인다. 유로를 갖고 달러를 사려는 트레이더는 달러를 구매하기 위해 유로를 파는 거래를 동시에 제안하는 것이다. 도표 5.8에는 *The Wall Street Journal*에 나온 47개 통화(플러스 SDR)의 종가환율이 표기되어 있다.

*The Wall Street Journal*은 'USD 등가'라는 제목으로 미국식 표기 호가를, 'USD당 통화'라는 제목으로 유럽식 표기 호가를 제공하고 있다. 호가는 현물환에 대해서는 아웃라이트 베이시스(숫자 전체 표

도표 5.7 매수, 매도 그리고 중간값 표기

예를 들어 *Wall Street Journal*은 다음 통화들에 대해 아래와 같이 표기할 수 있다.

	마지막 매수호가		마지막 매수호가
유로(EUR/USD)	1.2170	브라질 헤알(USD/BRL)	1.6827
일본 엔(USD/JPY)	83.16	캐나다 달러(USD/CAD)	0.9930
영국 파운드(GBP/USD)	1.5552	멕시코 페소(USD/MXN)	12.2365

도표 5.8 환율 : 뉴욕 종가 스냅 샷

2015년 2월 18일

국가	통화	상징	코드	USD 등가	USD당 통화
아메리카					
아르헨티나	peso	Ps	ARS	0.1151	8.6904
브라질	real	R$	BRL	0.3529	2.8338
캐나다	dollar	C$	CAD	0.8029	1.2455
칠레	peso	$	CLP	0.001614	619.6
콜롬비아	peso	Col$	COP	0.0004114	2430.74
에콰도르	U.S. dollar	$	USD	1	1
멕시코	new peso	$	MXN	0.0673	14.8638
페루	new sol	S/.	PEN	0.3241	3.0855
우루과이	peso	$U	UYU	0.04062	24.62
베네수엘라	bolivar fuerte	Bs	VND	0.15885497	6.2951
아시아-태평양					
호주	dollar	A$	AUD	0.7812	1.2801
중국	yuan	¥	CNY	0.1598	6.2564
홍콩	dollar	HK$	HKG	0.1289	7.7586
인도	rupee	₹	INR	0.01611	62.0568
인도네시아	rupiah	Rp	IDR	0.0000778	12857
일본	yen	¥	JPY	0.00842	118.79
말레이시아	ringgit	RM	MYR	0.2764	3.6175

(계속)

2015년 2월 18일

국가	통화	상징	코드	USD 등가	USD당 통화
뉴질랜드	dollar	NZ$	NZD	0.7545	1.3254
파키스탄	rupee	Rs.	PKR	0.00986	101.45
필리핀	peso	₱	PHP	0.0226	44.2375
싱가포르	dollar	S$	SGD	0.7376	1.3558
대한민국	won	W	KRW	0.000902	1108.62
대만	dollar	T$	TWD	0.03159	31.65
태국	baht	B	THB	0.0307	32.57
베트남	dong	d	VND	0.00004688	21333
유럽					
체코	koruna	Kc	CZK	0.04182	23.912
덴마크	krone	Dkr	DKK	0.1531	6.5326
유로	euro	€	EUR	1.1398	0.8774
헝가리	forint	Ft	HUF	0.00372537	268.43
아이슬란드	krona	kr	ISK	0.007569	132.11
노르웨이	krone	NKr	NOK	0.1328	7.5279
폴란드	zloty	—	PLN	0.2724	3.671
루마니아	leu	L	RON	0.2562	3.9039
러시아	ruble	₽	RUB	0.01624	61.579
스웨덴	krona	SKr	SEK	0.1196	8.3619
스위스	franc	Fr.	CHF	1.061	0.9425
터키	lira	₺	TRY	0.4093	2.4433
영국	pound	£	GBP	1.5438	0.6478
중동/아프리카					
바레인	dinar	—	BHD	2.6524	0.377
이집트	pound	£	EGP	0.1312	7.6241
이스라엘	shekel	Shk	ILS	0.2595	3.8542
쿠웨이트	dinar	—	KWD	3.3835	0.2956
사우디아라비아	riyal	SR	SAR	0.2665	3.7518
남아프리카	rand	R	ZAR	0.0862	11.5995
아랍에미리트	dirham	—	AED	0.2723	3.673

주의 : 국제통화기금(IMF)의 특별인출권(SDR)은 미국, 영국, 일본 통화의 환율에 근거함

호가들은 100만 달러 이상의 은행 간 거래를 기초로 한 것이며 로이터에 의해 오후 4시 기준으로 작성됨. 환율은 2015년 2월 19일 *The Wall Street Journal* 온라인에서 인용

기)로 제공되며, 몇 개의 선별된 통화에 대해 1개월, 3개월, 6개월 선물환율이 제공된다. 호가는 100만 달러 이상의 은행 간 거래에 대해, 로이터가 미국 동부시간 오후 4시를 기준으로 제공한다. *The Wall Street Journal*은 이것이 매수환율인지, 매도환율인지, 아니면 중간환율인지(매수와 매도의 평균값)인지에 대해 밝히지 않는다.

트레이더들이 환율을 표기할 때 쓰는 통화의 순서는 혼란을 줄 수 있다(적어도 이 책의 저자들은 그렇게 생각한다). 한 주요 국제은행의 출판물은 이렇게 지적했다. EUR/USD는 트레이더들이 사용하는 시스템이지만 수학적으로는 순서를 거꾸로 하는 것이 좀 더 정확하다. 왜냐하면 그것은 1유로를 얻기 위해 얼마

나 많은 달러를 지불해야 하는지를 보여주는 것이기 때문이다.

도표 5.7에서 보여주었듯이 비즈니스에서는 EUR/USD, USD/JPY 또는 GBP/USD로 표기하지만 이 책의 나머지 부분에서는 (수학적 개념에 맞게) \$1.2170/€, ¥83.16/\$ 그리고 \$1.5552/£로 표기했다. 국제재무는 심약한 사람을 위한 것이 아니다!

교차환율

많은 통화의 짝(pair)들은 아주 드물게 거래되기 때문에, 그들 간의 환율은 보다 널리 거래되는 제3통화와의 관계를 통해 결정된다. 예를 들어 한 멕시코 수입업자는 도쿄에서 구매한 것을 결제하기 위해 일본 엔화를 필요로 한다. 멕시코의 페소(MXN 또는 오래된 상징인 Ps)와 일본 엔화(JPY, ¥)는 보통 미국 달러(USD, \$)에 대해 호가가 기록된다. 도표 5.8에 나오는 호가를 활용하면,

		USD당 통화
일본 엔	USD/JPY	118.79
멕시코 페소	USD/MXN	14.8638

멕시코 수입업자는 1달러를 MXN14.8638에 살 수 있고 그 달러로 JPY118.79를 살 수 있다. 교차환율 계산은 다음과 같다.

$$\frac{\text{일본 엔} = 1\text{미국 달러}}{\text{멕시코 페소} = 1\text{미국 달러}} = \frac{¥118.79/\$}{\text{Ps}14.8638/\$} = ¥7.9919/\text{Ps}$$

교차환율은 또한 역수로도 계산할 수 있다. USD/MXN 환율을 USD/JPY 환율로 나눠주면 Ps0.1251/¥이 나온다.

교차환율은 계산을 단순화하기 위해 종종 매트릭스의 형태로 다양한 금융출판물에 나온다. 도표 5.9는 도표 5.8의 환율들로부터 몇 개의 주요 교차환율을 계산한다. 여기엔 바로 위에서 설명한 멕시코 페소와 일본 엔화 간의 환율계산이 포함되어 있다(Ps0.1251/¥).

시장 간 차익 거래

교차환율은 시장 간 차익 거래의 가능성을 파악하는 데 활용될 수 있다. 아래와 같은 환율이 제시되었다고 하자.

Citibank의 유로당 미국 달러 환율	USD1.3297 = 1EUR
Barclays Bank의 파운드 스털링당 미국 달러 환율	USD1.5585 = 1GBP
Dresdner Bank의 파운드 스털링당 유로 환율	EUR1.1722 = 1GBP

Citibank와 Barclays Bank의 호가로부터 도출된 유로-파운드 교차환율은 다음과 같다.

도표 5.9	2015년 2월 18일 주요 통화의 교차환율 계산						
	계산 결과						
	달러	유로	파운드	스위스 프랑	페소	엔	캐나다 달러
캐나다	1.2455	1.4195	1.9227	1.3215	0.0838	0.0105	—
일본	118.786	135.384	183.368	126.033	7.9916	—	95.372
멕시코	14.8638	16.9407	22.9450	15.7706	—	0.1251	11.9340
스위스	0.9425	1.0742	1.4549	—	0.0634	0.0079	0.7567
영국	0.6478	0.7383	—	0.6873	0.0436	0.0055	0.5201
유로	0.8774	—	1.3544	0.9309	0.0590	0.007	0.704
미국	—	1.1397	1.5437	1.0610	0.0673	0.0084	0.8029

주의 : 교차환율은 첫 번째 열의 '달러'에 제시된 호가로부터 계산됨

$$\frac{USD1.5585/GBP}{USD1.3297/EUR} = EUR\ 1.721/GBP$$

계산된 교차환율은 Dresdner Bank의 EUR1.1722/GBP라는 호가와 같지 않음을 유념하라. 그래서 그 세 시장으로부터 차익 거래를 통해 이익을 볼 기회가 존재하는 것이다. 도표 5.10은 삼각 차익 거래(triangular arbitrage)라고 하는 절차를 보여준다.

　뉴욕의 Citibank에서 일하는 한 시장 트레이더는 USD1,000,000을 Barclays Bank에 파운드 스털링을 받고 현물환으로 팔고, 이 파운드를 Dresdner Bank에 유로를 받고 팔 수 있다. 세 번째이자 마지막

도표 5.10	한 시장 트레이더에 의한 삼각 차익 거래

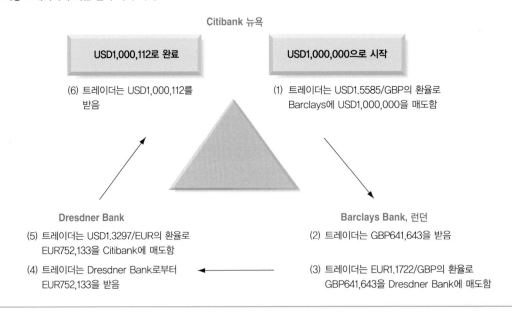

동시 판매에서 트레이더는 그 유로를 Citibank에 USD1,000,112를 받고 팔 수 있다.

그런 '순차적' 거래를 통해 얻을 수 있는 이익은 위험이 없는 USD112이다. 즉, \$1,000,112 − \$1,000,000이다. 물론 큰돈은 아니지만, 그것은 디지털 거래의 결과이다! 그런 삼각 차익 거래는 환율의 균형점이 다시 확립될 때까지 계속될 수 있다. 이 사례에서 '재확립'이라는 것은 계산된 교차환율이 거래비용을 위한 약간의 마진을 제외한 후의 실제 호가와 동등해지는 것을 말한다.

현물환율의 퍼센티지 변화

멕시코의 페소가치가 최근 USD/MXN 10.00에서 11.00으로 변했다고 가정하자. 여러분의 자국 통화는 미국 달러이다. 여기서 멕시코 페소가치는 몇 퍼센트나 변했는가? 계산은 지정된 자국 통화가 무엇인지에 따라 달라진다.

외국 통화 기준. 자국 통화(단위통화, \$)에 대한 외국 통화 가격(가격통화, Ps)이 사용될 때, 이 경우에는 1달러당 페소 값이 쓰일 때, 외국 통화가치의 퍼센트 변화(%Δ)를 구하는 공식은 다음과 같다.

$$\%\Delta = \frac{\text{시작 환율} - \text{마지막 환율}}{\text{마지막 환율}} \times 100 = \frac{\text{Ps}10.00/\$ - \text{Ps}11.00/\$}{\text{Ps}11.00/\$} \times 100 = -9.09\%$$

멕시코 페소는 달러에 대해 가치가 9.09% 떨어진 것이다. 그것은 1달러를 사는 데 더 많은 페소가 필요하다는 얘기임을 유념하라. 또 계산의 결과 값은 음의 부호를 가진다. 이 두 가지는 통화가치 하락의 주요한 특징이다.

자국 통화 기준. 외국 통화(단위통화)에 대한 자국 통화(가격통화)의 값이 쓰일 때(위에 나온 숫자의 역수) 외국 통화가치의 퍼센트 변화를 구하는 식은 다음과 같다.

$$\%\Delta = \frac{\text{마지막 환율} - \text{시작 환율}}{\text{시작 환율}} \times 100 = \frac{\$0.09091/\text{Ps} - \$0.1000/\text{Ps}}{\$0.1000/\text{Ps}} \times 100 = -9.09\%$$

계산은 페소가치가 9.09% 하락했다는 똑같은 결과를 보여준다. 비록 많은 사람들이 자국 통화 기준으로 계산한 두 번째 수식이 많은 퍼센트 변화 계산을 상기시키기 때문에 보다 '직관적'이라고 생각하지만, 이것들은 통화 대 통화의 교환이며, 자국 통화로 지정되는 통화가 중요하다는 것을 유의해야 한다.

선물환율 표기법

현물환율이 전형적으로 숫자 전체를 표기하는 아웃라이트 베이시스 방식을 따르는 반면, 선물환율은 통화의 종류에 따라 주로 포인트(point)나 핍(pip), 즉 환율의 마지막 단위 숫자들만 표기한다. 선물환율 중 만기 1년이나 그 미만의 환율은 **현금환율**(cash rate)이라고 하고 1년을 넘는 만기에 대해서는 **스왑률**(swap rate)이라고 한다. 포인트로 표기된 선물환율은 사실 환율 그 자체는 아니다. 그것은 선물환율과 현물환율의 **차이**이다. 결과적으로, 현물환율 자체는 결코 포인트 베이시스로 주어질 수가 없다.

도표 5.11에 있는 현물환율과 선물환 포인트 호가를 보자. 매수 및 매도 현물환 호가는 아웃라이트 지만 선물환율은 현물환율로부터 도출된 포인트로 기재되어 있다. 도표 5.11에서 일본 엔화의 3개월물 포인트는 매수율 및 매도율이다. 첫 번째 숫자는 현물환 매수율과의 차이를 보여주는 포인트이며 두 번째 숫자는 현물환 매도율과의 차이를 보여주는 포인트이다. 아웃라이트 현물환 매수율 118.27과 매도율 118.37이 주어졌을 때 3개월 단일선물환율은 다음과 같이 계산된다.

	매수	매도
아웃라이트 현물환	JPY118.27	JPY118.37
플러스 포인트(3개월)	1.43	1.40
아웃라이트 선물환	JPY116.84	JPY116.97

도표 5.11의 만기 2년 이상 선물환 매수율과 매도율은 스왑률이라고 불린다. 이미 언급한 것처럼, 은행 간 시장의 많은 선물환 거래는 한 날짜의 구매와 다른 날짜의 판매(거래를 뒤집는 것)를 동시에 수행한다. 이러한 '스왑'은 제한된 기간 동안 다른 통화의 사용을 포기하면서 한 통화를 빌리는 방법이다. 다른 말로 하면 그것은 한 통화를 단기간에 빌리면서 동시에 같은 양의 다른 통화를 빌려주는 것이다. 양쪽 거래자는 그들이 원하는 경우 각각의 통화에 대해 시장 금리를 부과할 수 있다. 그러나 실제로는 높은 금리를 물어야 하는 쪽이 상대에게 두 금리 간의 순수한 차이를 지불하는 게 더 쉽다. 스왑

도표 5.11 유로와 일본 엔화의 현물환율 및 선물환율

	기간	유로 : 현물환과 선물환($/€)				일본 엔 : 현물환과 선물환(¥/$)			
		매수		매도		매수		매도	
		포인트	환율	포인트	환율	포인트	환율	포인트	환율
현금환율	현물환율		1.0897		1.0901		118.27		118.37
	일주일	3	1.0900	4	1.0905	−10	118.17	−9	118.28
	1개월	17	1.0914	19	1.0920	−51	117.76	−50	117.87
	2개월	35	1.0932	36	1.0937	−95	117.32	−93	117.44
	3개월	53	1.0950	54	1.0955	−143	116.84	−140	116.97
	4개월	72	1.0969	76	1.0977	−195	116.32	−190	116.47
	5개월	90	1.0987	95	1.0996	−240	115.87	−237	116.00
	6개월	112	1.1009	113	1.1014	−288	115.39	−287	115.50
	9개월	175	1.1072	177	1.1078	−435	113.92	−429	114.08
	1년	242	1.1139	245	1.1146	−584	112.43	−581	112.56
	2년	481	1.1378	522	1.1423	−1150	106.77	−1129	107.08
스왑률	3년	750	1.1647	810	1.1711	−1748	100.79	−1698	101.39
	4년	960	1.1857	1039	1.1940	−2185	96.42	−2115	97.22
	5년	1129	1.2026	1276	1.2177	−2592	92.35	−2490	93.47

률은 하나의 이자율이 아닌, 이러한 순이자율 차이를 포인트 베이시스로 표현한다.

퍼센티지 개념의 선물환율 표기. 현물환율로부터 선물환율이 연율 몇 퍼센트나 차이 나는지 보여주는 것을 **선물환 프리미엄**이라고 한다. 그러나 현물환율에서의 퍼센티지 변동을 계산하는 것과 마찬가지로 선물환 프리미엄[양수일 수도 있고(프리미엄) 음수일 수도 있는 값(할인)]은 지정된 자국(기준) 통화가 무엇인지에 따라 달라진다.

외국 통화 조건과 자국 통화 조건에 대한 토론을 위해 다음 현물환율을 가정하자.

	외국 통화(가격)/ 자국 통화(단위)	자국 통화(가격)/ 외국 통화(단위)
현물환율	¥118.27/$	USD/JPY0.0084552
3개월 선물환율	¥116.84/$	USD/JPY0.0085587

외국 통화 조건. 자국 통화를 기준통화로 하고 외국 통화로 가격을 표시할 때, JPY/USD 현물환율과 선물환율, 90일 선물환율을 활용해서 엔화에 대한 선물환 프리미엄(f^{JPY})을 다음과 같이 도출한다.

$$f^{\text{JPY}} = \frac{\text{현물환} - \text{선물환}}{\text{선물환}} \times \frac{360}{90} \times 100 = \frac{118.27 - 116.84}{116.84} \times \frac{360}{90} \times 100 = +4.90\%$$

미국 달러화에 대해 4.90% 프리미엄으로 엔화가 선물환 매도된다는 것을 의미하는 양의 부호가 나타난다.

자국 통화 조건. 자국 통화(달러)를 외국 통화(엔)에 대해 가격을 표시하는 통화로 사용하고, 앞의 수식에서 쓰인 현물환율과 선물환율의 역수를 취하면 엔화의 선물환 프리미엄(f^{JPY})은 다음과 같이 계산된다.

$$f^{\text{JPY}} = \frac{\text{현물환} - \text{선물환}}{\text{선물환}} \times \frac{360}{90} \times 100 = \frac{\dfrac{1}{116.84} - \dfrac{1}{118.27}}{\dfrac{1}{118.27}} \times \frac{360}{90} \times 100$$

$$f^{\text{JPY}} = \frac{\text{현물환} - \text{선물환}}{\text{선물환}} \times \frac{360}{90} \times 100 = \frac{0.0085587 - 0.0084552}{0.0084552} \times \frac{360}{90} \times 100 = +4.90\%$$

다시 한 번, 결과는 앞의 프리미엄 계산과 같다. 달러에 대한 엔화의 프리미엄이 4.90%라는 양의 값을 갖는다.

■ 외환시장의 3대 기능은 구매력 이전, 신용 제공, 환율변동 위험 최소화이다.

■ 지난 10년간 외환시장의 가장 큰 변화 중 하나는 이중 시장(은행 간 시장 혹은 도매시장과 고객시장 혹은 소매시장의 분리)에서 단일 시장으로의 전환이다.

■ 전자 플랫폼과 정교한 거래 알고리듬의 발전은 모든 종류와 규모의 트레이더들이 시장에 접근할 수 있도록 만들어주었다.

■ 지리적으로 외환시장은 전 지구를 아우른다. 매 영업일, 매시간, 어디선가는 가격이 변동하고 통화가 거래된다.

■ 환율이란 한 통화의 가격을 다른 통화로 표현한 것이다. 외환 호가라는 것은 제시한 가격에 통화를 사거나 팔겠다는 의사 표시를 말한다.

■ 외환시장에서의 거래는 거래일로부터 2영업일에 결제하는 현물환이나 미래의 특정한 시점에 결제를 요구하는 선물환 혹은 스왑 베이시스로 이뤄진다.

■ 유럽식 표기법은 1미국 달러당 외국 통화의 가격을 표시하는 것이다. 미국식 표기법은 외국 통화 1단위당 달러 가격을 표기하는 것이다.

■ 환율표기법은 또한 직접표기법과 간접표기법으로 나눌 수 있다. 직접표기법은 한 단위의 외국 통화에 대한 자국 통화 가격이다. 반대로 간접표기법은 한 단위의 자국 통화에 대한 외국 통화의 가격이다.

■ 직접표기법과 간접표기법이 미국식 표기법과 유럽식 표기법의 동의어는 아니다. 왜냐하면 자국 통화는 누가 계산을 하는지에 따라 달라지는데, 유럽식 표기법은 항상 1달러에 대한 외국 통화의 가격이기 때문이다.

■ 교차환율은 두 통화의 환율이 제3통화와의 공통적인 관계에서 계산되는 것이다. 교차환율이 두 통화 간의 직접적인 환율과 차이가 있을 때, 시장 간 차익 거래가 가능하다.

베네수엘라의 볼리바르 암시장[1]

2004년 3월 10일의 늦은 오후, 산티아고는 베네수엘라의 카라카스에 있는 자신의 사무실 창문을 열었다. 그는 즉시 광장에서 올라오는 소리에 노출된다. 차들은 경적을 울리고, 시위하는 사람들은 각자의 냄비와 팬을 두드린다. 길거리 상인들은 물건을 팔려고 호객한다. 2002년 우고 차베스 대통령의 새로운 경제정책이 도입된 이후 그런 광경과 소리는 카라카스의 도시생활에서 일상적인 것이 됐다. 산티아고는 과거 카라카스의 단순한 삶을 그리워하며 한숨을 내쉬었다.

한때 잘나가던 산티아고의 의약품 공급업은 큰 어려움에 처해있다. 2003년 2월 자본 통제가 시작된 후 달러를 구하기가 어려워졌기 때문이다. 그는 어쩔 수 없이 달러를 구하기 위한 몇 가지 방법을 찾아야 했다. 그런 방법은 더 비싸고, 늘 합법인 것도 아니었다. 이런 이유로 그의 마진은 50%나 줄었다. 이런 압박에 더해 베네수엘라의 통화 볼리바르

(Bs)는 최근 반복적으로 평가절하되었다. 환율 때문에 비용이 계속 올라갈수록 그의 마진은 즉각적으로 줄어들었다. 그는 자신에게 달러를 팔 사람을 찾을 수가 없었다. 그의 고객들은 약품 공급을 시급히 필요로 했지만, 그가 최근 주문을 소화하기 위해 필요한 30,000달러의 경화를 어디서 구할 수 있단 말인가.

정치적인 혼돈

우고 차베스 대통령의 통치 기간은 1998년 당선 이후 격동의 연속이었다. 반복적인 소환과 사임, 쿠데타 그리고 재임명 등 정치적 소용돌이는 베네수엘라 경제 전체에 악영향을 끼쳤고, 특히 통화에 큰 문제를 초래했다. 2001년에 짧게 지속되었던 반차베스 쿠데타의 성공 그리고 이후 거의 즉각적인 그의 권좌 복귀는 그간의 고립주의적 경제, 금융정책을 단축시키는 계기를 만들었다.

2003년 1월 21일, 볼리바르는 기록적 최저치인 Bs1853/$에 마감됐다. 다음날 차베스 대통령은 2주일 동안 달러의 판매를 중지시켰다. 거의 즉각적으로, 베네수엘라 볼리바르를 외국 통화(주로 미국 달러)와 교환하기 위한 비공식적인 시장 혹은 암시장이 생겨났다. 모든 종류의 투자자들이 베네수엘라를 탈출하려고 길을 찾으면서 혹은 단순히 자신들의 사업을 지속하기 위해 필요한 경화를 얻을 방법을 찾으면서(산티아고의 경우처럼), 점증하는 자본 도피는 볼리바르의 암시장 교환가치를 몇 주 안에 Bs2500/$로까지 추락하게 만들었다. 시장이 붕괴되고 통화 교환가치가 떨어지면서 베네수엘라의 인플레이션은 연 30%까지 치솟았다.

자본 통제와 CADIVI

볼리바르의 추락 압력에 맞서기 위해 베네수엘라 정부는 2003년 2월 5일 '2003 외환규제법령'을 공표했다. 이 법령은 다음과 같은 조치를 취했다.

1. 달러에 대해 Bs1596/$의 매입률과 Bs1600/$의 매도율을 공식환율로 정했다.
2. 외환 분배를 통제하기 위해 Comisin de Administracin de Divisas(CADIVI)라는 기관을 만들었다.
3. 볼리바르 약세와 외환통제로 인한 상품수입 위축 때문에 초래된 인플레이션을 막기 위해 엄격한 가격통제를 실시했다.

CADIVI는 외화를 확보하려는 베네수엘라 시민들에게 가장 저렴하고도 공식적인 수단이었다. CADIVI에서 달러를 살 수 있는 허가를 얻으려면, 지원자는 일련의 지원 서류를 작성해야 했다. 사업과 자산의 소유권에 대한 증명을 제시하고, 회사 자산에 대한 리스 계약을 제출하고, 사회보장 기여금에 대한 납부 증명도 내야 했다.

하지만 비공식적으로, 외화 확보 허가를 얻기 위해 명문화되지 않은 추가 조건이 있었다. 외화 인가는 차베스 지지자들을 위해 예약되어 있었다. 2003년 8월, 반차베스 청원이 광범위하게 돌았던 일이 있다. 100만 명이 거기에 서명했다. 정부는 그 청원이 무효라고 판정했지만, CADIVI가 경화 신청자의 신분을 파악하기 위해 서명자 리스트를 이름과 사회보장번호를 확인하는 데이터베이스로 활용했다. 차베스 대통령은 "단 1달러도 반란참가자에게 가선 안 된다. 볼리바르는 인민에게 속한 것이다."라고 말한 것으로 알려졌다.[2]

산티아고의 대안

산티아고는 CADIVI를 통해 자신의 수입대금을 위한 달러를 조달할 운이 없었다. 그는 차베스 제거를 위한 청원에 서명했기 때문에, CADIVI 데이터베이스에 반차베스주의자로 올라가 있었다. 그래서 달러와 볼리바르의 환전을 위한 허가를 받을 수 없었다.

문제의 거래는 미국에 있는 그의 공급선으로부터 의약품을 수입하기 위한 30,000달러의 청구서였다. 산티아고는 이

의약품들을 수입해서 국내 배급을 맡을 베네수엘라 사업자에게 재판매할 계획이었다. 이 거래는 산티아고가 달러를 확보하기 위해 대안을 찾아야 했던 첫 사례는 아니었다. 자본 통제가 시작된 후 달러 찾기는 그에게 매주 해야만 하는 활동이 되었다. CADIVI를 거치는 공식 경로 외에 그에겐 달러를 얻을 수 있는 회색시장(gray market)과 암시장(black market)이 있었다.

회색시장 : CANTV 주식

2003년 5월, 외환통제가 시작된 지 3개월이 지나 베네수엘라 국민들을 위한 하나의 기회가 열렸다. 그것은 카라카스 주식시장 투자자들이 엄격한 외환 규제를 피할 수 있는 기회였다. 이 구멍(loophole)은 투자자들이 굴지의 통신사 CANTV의 국내 지분을 카라카스증권거래소에서 사고, 그 지분을 뉴욕증권거래소(NYSE)에서 거래되는 달러 표시 미국 주식예탁증서(ADR)로 바꿀 수 있도록 함으로써 정부 규제를 우회할 수 있도록 하는 것이었다.

NYSE에서 CANTV의 ADR을 관리하는 회사는 Bank of New York으로, ADR 발행과 미국에서의 관리를 주도하는 은행이었다. Bank of New York은 2월에 법령이 발효된 후 새로운 통제체제에서 합법성을 판단하기 위해 CANTV ADR의 거래를 유예해놓고 있었다. 5월 26일, (외환통제)법령 아래서도 거래는 합법적이라는 결론이 난 뒤 CANTV 주식의 거래가 재개되었다. CANTV 주가와 거래물량은 그 다음 주에 치솟았다.[3]

CANTV의 주식 가격은 금세 회색시장의 환율을 계산하는 주된 방법이 됐다. 예를 들어 2004년 2월 6일 CANTV 주식은 카라카스증권거래소에서 Bs7945/주에 마감됐다. 같은 날 뉴욕에서 CANTV ADR은 $18.84/ADR에 마감됐다.

뉴욕 ADR 1단위가 카라카스의 CANTV 7주와 맞먹는 것이었다. 따라서 암묵적인 회색시장의 환율은 다음과 같이 계산되었다.

$$\text{암묵적인} \atop \text{회색시장 환율} = \frac{7 \times \text{Bs7945/주}}{\text{\$18.84/ADR}} = \text{Bs2952/\$}$$

해당 일자의 공식적인 환율은 Bs1598/$였다. 이것은 회색시장 환율이 베네수엘라 정부가 공표한 통화가치보다 볼리바르를 46% 저평가한다는 것을 의미했다. 도표 A는 2002년 1월부터 2004년 3월까지 기간 중 (CANTV 주식을 활용해서 계산한) 회색시장의 환율과 공식적인 환율을 비교해서 보여준다. 공식시장과 회색시장 환율 간의 분리는 2003년 2월 자본 통제가 부과된 시점과 일치한다.[4]

암시장

베네수엘라 국민들이 경화를 얻을 수 있는 세 번째 방법은 급속히 번성하는 암시장을 통하는 것이었다. 암시장은 다른 나라들의 경우와 마찬가지로 본질적으로 눈에 띄지 않고, 불법적인 것이었다. 그러나 그것은 역외에 미국 달러계좌를 갖고 있는 베네수엘라의 주식브로커나 은행원의 서비스를 활용하는 상당히 정교한 것이었다. 암시장의 브로커를 선택하는 것은 결정적으로 중요했다. 만일 거래를 적절히 마무리 짓는 데 실패한다면 법적으로 해결할 방법은 없었다.

만일 산티아고가 암시장에서 달러를 사기 원한다면 그는 베네수엘라에 있는 브로커의 계좌에 볼리바르를 예탁한다. 합의된 암시장의 환율은 예탁하는 날 결정되는데, 보통 CANTV 주가에 따라 결정되는 회색시장의 환율에서 20% 범위 안에 있다. 산티아고는 그다음에 약정한 금액만큼 베네수엘라 밖에 있는 달러계정에 접근할 수 있게 된다. 평균적으로 그 거래는 결제하는 데 2영업일이 걸렸다. 비공식적

---

[3] 실제로 CANTV의 주가는 하나의 환율메커니즘으로 활용된 탓에 2002~2004년까지 계속 올랐다. CANTV ADR을 베네수엘라의 개인과 조직들이 달러를 확보하는 수단으로 활용한 것은 대체로 '불법이 아니다'고 설명된다.

[4] 2003년 11월 26일 Morgan Stanley Capital International(MSCI)은 2003년 베네수엘라 볼리바르의 표준적인 현물환율을 볼리바르로 표시된 국내시장 CANTV Telefonos de Venezuela D의 주가와 미국 달러로 표시된 ADR 가격과의 관계에 근거한 개념적 환율로 전환한다고 발표했다.

| 도표 A | 베네수엘라 볼리바르의 공식 환율과 회색시장 환율 |

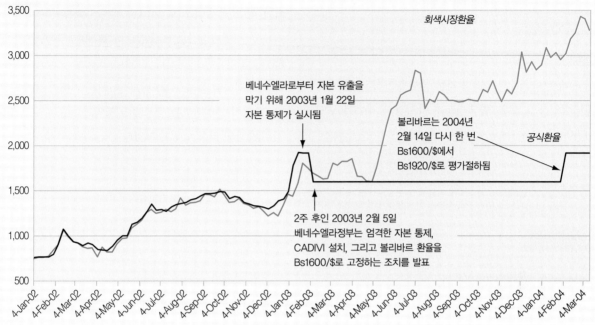

인 암시장의 환율은 Bs3300/$였다.

2004년 초반 차베스 대통령은 베네수엘라 중앙은행이 보유하고 있는 210억 달러의 외환 중에 '약간인 10억 달러(millardito)'를 자신에게 달라고 요청했다. 차베스는 그 돈이 사실상 인민의 것이므로 자신은 그것의 일부를 농업부문에 투자하고 싶다고 밝혔다. 중앙은행은 거절했다. 자금을 마련하겠다는 의지를 꺾지 않고, 차베스 정부는 2004년 2월 9일 또 다른 평가절하를 공표했다. 볼리바르는 17% 평가절하되어, 공식적인 가치가 Bs1600/$에서 Bs1920/$로 떨어졌다(도표 A를 보라). 베네수엘라의 모든 원유수출은 미국 달러화로 구매되기 때문에 볼리바르의 평가절하는 원유수출로 인한 수익이 평가절하 폭과 같은 17%나 늘어난다는 것을 의미했다.

재무장관 토비아스 노리에가에 따르면 차베스 정부는 볼리바르의 평가절하가 필수적이었다고 주장했다. 이유는 '볼리바르의 가치가 수출에 해롭게 작용하고 국제수지에 부담을 주기 때문이며 볼리바르는 동결될 수 없는 변수이기 때문'이라는 것이다. 분석가들은 그러나 베네수엘라 정부가 자국의 국제수지에 실제로 상당한 통제를 가했다고 지적했다. 원유는 주된 수출품이고, 정부는 수입에 필요한 경화에 대한 공식 접근을 지속적으로 통제해왔다. 그래서 중앙은행의 외환보유고는 이제 210억 달러를 넘어섰다.

시간이 부족했다

산티아고는 3월 10일 오후에 그가 최근에 낸 달러매입 신청이 승인되었으며 Bs1920/$의 공식환율로 10,000달러를 받게 될 것이라는 확인을 CADIVI로부터 받았다. 산티아고는 CADIVI 내부자에게 자신의 신청이 받아들여질 수 있도록 달러당 500볼리바르의 추가비용을 지불했기 때문에 이런 행운을 얻을 수 있었다고 생각했다. 산티아고는 웃으면서 말했다. "차베스 패거리도 돈을 벌어야겠죠."

해가 저물면서 거리의 소음도 잦아들었다. 이제 산티아고가 결정을 내릴 시간이었다. 어떤 대안도 탐탁진 않았지만 그가 자신의 사업을 보전하려면, 볼리바르는 어떤 가격에서든 확보되어야 했다.

사례 문제

1. 왜 베네수엘라 같은 나라가 자본 통제를 가하는가?

2. 베네수엘라의 경우, 회색시장과 암시장의 차이는 무엇인가?

3. 산티아고의 선택에 대해 금융적 분석을 해보라. 이를 활용해 그의 문제에 대해 해법을 제시하라.

후기. 이 사례가 나온 후 2013년 차베스 대통령이 숨졌고, 볼리바르는 평가절하를 거듭했으며 볼리바르 푸에르테(bolivar fuerte)로 이름이 바뀌었다. 그러나 그것은 여전히 정부에 의해 과대평가된 통화로 남아있으며 외환 거래가 통제되고 있다. 그래서 볼리바르는 공식적인 영역과 비공식적인 영역에서 이중적인 삶을 이어가고 있다.

질문

1. **정의.** 다음 개념들을 정의하라.
   a. 외환시장
   b. 외환 거래
   c. 외환

2. **외환시장의 기능.** 외환시장의 세 가지 주요 기능은 무엇인가?

3. **외환시장의 구조.** 글로벌 외환시장은 어떻게 구조화되었는가? 디지털통신은 인력을 대체하고 있는가?

4. **시장참가자들.** 외환시장의 각 참여자별로, 그들이 외환을 사거나 파는 동기가 무엇인지 설명하라.

5. **외환 거래.** 다음 외환 거래의 각 유형에 대해 정의하라.
   a. 현물환
   b. 단일선물환
   c. 선물환–선물환 스왑

6. **스왑 거래.** 외환시장에서 여러 종류의 스왑 거래를 정의하고 차이점을 설명하라.

7. **비인도선물환.** 비인도선물환은 무엇이며, 그것은 왜 존재하는가?

8. **외환시장의 특성.** 2013년의 외환 거래량을 참고해서 다음 각각의 순위를 매겨라.
   a. 현물환, 선물환, 스왑의 상대적인 규모
   b. 외환 거래량 측면에서 가장 중요한 5대 지리적 장소
   c. 가장 중요한 3개의 표시 통화

9. **환율표기.** 다음을 정의하고 예를 제시하라.
   a. 매수호가
   b. 매도호가

10. **역수.** 호주가 자국이라고 가정하라. 다음 호가가 직접표기법인지 간접표기법인지 밝혀라. 그리고 직접표기(간접표기)법을 간접표기(직접표기)법으로 전환하라.
    a. 유로 : AUD1.4462/EUR
    b. 캐나다 : CAD0.9812/AUD

11. **지리적 위치와 외환시장.** 다음에 대해 답하라.
    a. 외환시장의 지리적 위치는 어떻게 구성되었는가?
    b. 외환 거래시스템의 두 가지 주요 유형은 무엇인가?
    c. 외환시장은 거래활동과 어떻게 연결되어 있는가?

12. **조직.** 외환시장이 이중시장(은행 간/도매시장과 고객/소매시장)에서 단일시장으로 변동한 것에 대해 설명하라.

13. **교차환율.** 다음 통화들에 대해 교차환율을 계산하라.

    a. 현물환율 JPY104.8/USD과 CAD1.06/USD로부터 JPY/CAD의 교차환율을 찾으라.

    b. 현물환율 MXN2.81/USD와 USD0.42/BRL로부터 MXN/BRL의 교차환율을 찾으라.

14. **기준통화와 가격통화.** 기준통화(base currency), 단위통화(unit currency), 가격통화(price currency), 호가통화(quote currency)를 정의하라.

15. **교차환율과 시장 간 차익 거래.** 시장 간 차익 거래를 논의할 때 왜 교차환율이 특별한 관심사가 되는가?

16. **환율에서의 퍼센트 변화.** 왜 퍼센트 변화 계산은 때때로 혼란스러운 결과를 낳는가?

문제

1. **이삭 디에스.** 이삭 디에스 페리스는 리우데자네이루에 산다. 스페인에 있는 학교에 다닐 때 그는 과테말라에서 온 후안 카를로스 코르데로를 만났다. 여름방학동안 이삭은 과테말라시티에 있는 후안 카를로스를 몇 주간 방문하기로 했다. 이삭의 부모는 그에게 R$4,500을 용돈으로 준다. 이삭은 그것을 과테말라 케찰(GTQ)로 환전하길 원한다. 그는 다음과 같은 환율을 수집했다.

   GTQ/€ 교차환율의 현물환율 GTQ10.5799 = €1.00

   €/R$ 교차환율의 현물환율 €0.4462 = R$1.00

    a. 브라질 헤알/과테말라 케찰의 교차환율은 무엇인가?

    b. 이삭은 자신의 헤알에 대해 얼마의 케찰을 받게 되는가?

2. **Victoria Exports.** 캐나다 수출업체인 Victoria Exports는 지금부터 앞으로 12개월 이내에 6번에 걸쳐 12,000유로를 받게 된다. 이 회사는 캐나다 달러와 미국 달러로 현금 밸런스를 유지하기 때문에 회사는 각 만기별로 유로를 어떤 통화와 교환할 것인지 선택할 수 있다. 어떤 통화가 선물환 시장에서 좀 더 나은 환율을 제공하는 것으로 보이는가?

기간	선물환 기간	C$/euro	US$/euro
현물환	–	1.3360	1.3221
1개월	30	1.3368	1.3230
2개월	60	1.3376	1.3228
3개월	90	1.3382	1.3224
6개월	180	1.3406	1.3215
12개월	360	1.3462	1.3194

3. **일본 엔화에 대한 선물환 프리미엄.** 다음에 제시되는 2014년 10월 1일부터의 엔화/달러화(¥/$) 현물환 및 선물환 매입–매도환율을 활용해서 다음 질문에 답하라.

    a. 각 만기의 중간환율은 무엇인가?

    b. 모든 만기에 대해 연간 선물환 프리미엄은 얼마인가?

    c. 어떤 만기의 선물환 프리미엄이 가장 작거나 가장 큰가?

기간	¥/$ 매입률	¥/$ 매도율
현물환	109.30	109.32
1개월	109.05	109.09
2개월	108.80	108.90
3개월	107.97	108.34
6개월	107.09	107.40
12개월	103.51	104.19
24개월	96.82	97.35

4. **Credit Suisse Geneva.** 안드레아스 브로지오는 스위스 제네바의 Credit Suisse에서 애널리스트로 막 일하기 시작했다. 그는 달러에 대한 스위스 프랑의 호가를 현물환, 1월물 선물환, 3월물 선물환, 6월물 선물환에 대해 다음과 같이 받았다.

현물환율 :

매입률	SF1.2575/$
매도율	SF1.2585/$
1개월 선물환	10~15
3개월 선물환	14~22
6개월 선물환	20~30

a. 매도와 매입에 대해 아웃라이트 호가를 계산하고, 둘 사이 스프레드의 포인트를 계산하라.

b. 현물환에서 6개월물로 호가가 진화함에 따라 스프레드는 어떻게 바뀌는가?

c. 6개월 스위스 채권금리(Swiss bill rate)는 무엇인가?

5. **뮌헨에서 모스크바까지.** 졸업 기념으로 당신은 독일 뮌헨에서 러시아 모스크바로 여행을 가기로 했다. 당신은 지갑에 15,000유로를 갖고 뮌헨을 떠난다. 전액을 러시아 루블로 바꾸려는 상황에서 다음과 같은 환율을 얻었다.

달러/유로 교차환율은 현물환율로	$1.3214/€
루블/달러 교차환율은 현물환율로	Rb130.96/$

a. 루블/유로의 교차환율은 무엇인가?

b. 당신이 소지한 유로로 얼마의 루블을 얻을 수 있는가?

6. **일본으로 점핑.** 런던에서 한 주를 보낸 후 당신은 일본에 있는 친구로부터 이메일을 받는다. 그는 아주 좋은 조건으로 당신의 항공권을 사줄 수 있고 당신의 졸업기념 여행을 계속하는 차원에서 다음 주 일본 오사카에서 만나기를 원한다. 당신의 지갑에는 GBP2,000이 남아 있다. 여행을 준비하기 위해 당신은 영국 파운드를 일본 엔으로 바꾸기를 원하며, 다음과 같은 호가를 입수했다.

파운드/달러 교차환율은 현물환율로	£0.6178/$
엔/달러 교차환율은 현물환율로	¥109.31/$

a. 엔/파운드의 교차환율은 얼마인가?

b. 당신이 가진 파운드로 엔을 얼마나 살 수 있는가?

7. **아시아태평양 위기.** 1997년 7월에 시작된 아시아 금융위기는 동아시아의 통화시장에 엄청난 혼란을 일으켰다.

a. 아래 통화 중 7~11월 중 가장 큰 가치 하락 혹은 평가절하를 겪은 통화는 무엇인가?

b. 어떤 통화가 첫 5개월 동안 가장 작은 충격을 받으며 살아남았는가?

국가 및 통화	1997년 7월 (US$당)	1997년 11월 (US$당)
중국 위안	8.40	8.40
홍콩 달러	7.75	7.73
인도네시아 루피아	2,400	3,600
한국 원	900	1,100
말레이시아 링깃	2.50	3.50
필리핀 페소	27	34
싱가포르 달러	1.43	1.60
대만 달러	27.80	32.70
태국 바트	25.0	40.0

8. **블룸버그 통화 교차환율.** 다음 쪽에 있는 표를 참조해서 다음을 계산하라.

a. 미국 달러당 일본 엔화값?

b. 일본 엔화당 미국 달러값?

c. 유로당 미국 달러값?

d. 미국 달러당 유로값?

e. 유로당 일본 엔화값?

f. 일본 엔화당 유로값?

g. 미국 달러당 캐나다 달러값?

문제 8.

통화	USD	EUR	JPY	GBP	CHF	CAD	AUD	HKD
HKD	7.7736	10.2976	0.0928	12.2853	7.9165	7.6987	7.6584	—
AUD	1.015	1.3446	0.0121	1.6042	1.0337	1.0053	—	0.1306
CAD	1.0097	1.3376	0.0121	1.5958	1.0283	—	0.9948	0.1299
CHF	0.9819	1.3008	0.0117	1.5519	—	0.9725	0.9674	0.1263
GBP	0.6328	0.8382	0.0076	—	0.6444	0.6267	0.6234	0.0814
JPY	83.735	110.9238	—	132.3348	85.2751	82.9281	82.4949	10.7718
EUR	0.7549	—	0.009	1.193	0.7688	0.7476	0.7437	0.0971
USD	—	1.3247	0.0119	1.5804	1.0184	0.9904	0.9852	0.1286

h. 캐나다 달러당 미국 달러값?

i. 미국 달러당 호주 달러값?

j. 호주 달러당 미국 달러값?

k. 미국 달러당 영국 파운드값?

l. 영국 파운드당 미국 달러값?

m. 스위스 프랑당 미국 달러값?

n. 미국 달러당 스위스 프랑값?

9. **달러/유로 선물환.** 아래 표에 나온 2010년 12월 10일의 미국 달러/유로(US$/€)의 현물환 및 선물환 매입률과 매도율을 이용해서 다음 질문에 답하라.

a. 각 만기의 중간환율은 무엇인가?

b. 중간환율에 기초했을 때 모든 만기의 연간 선물환 프리미엄은 무엇인가?

c. 중간환율에 기초했을 때 어떤 만기가 가장 작거나 가장 큰 선물환 프리미엄을 갖고 있는가?

기간	매입률	매도율
현물환	1.3231	1.3232
1개월	1.3230	1.3231
2개월	1.3228	1.3229
3개월	1.3224	1.3227
6개월	1.3215	1.3218
12개월	1.3194	1.3198
24개월	1.3147	1.3176

10. **스위스 프랑 삼각 차익 거래.** 당신은 아래 환율을 이용할 수 있다(표시된 환율에 사거나 팔 수 있다). 당신이 SF12,000,000을 갖고 있다고 가정하자. 당신은 삼각 차익 거래를 통해 이익을 낼 수 있는가? 만일 그렇다면 그 절차를 보여주고 이익의 규모를 스위스 프랑(Swissie)으로 계산하라.

Mt. Fuji Bank	¥92.00/$
Mt. Rushmore Bank	SF1.02/$
Mt. Blanc Bank	¥90.00/SF

11. **호주 달러 선물환.** 다음 질문에 답하기 위해 2010년 12월 10일의 미국 달러/호주 달러(US$ = A$1.00)의 현물환 및 선물환 매입률과 매도율을 활용하라.

a. 각 만기의 중간환율은 무엇인가?

b. 중간환율에 기초했을 때 모든 만기의 연간 선물환 프리미엄은 무엇인가?

c. 중간환율에 기초했을 때 어떤 만기가 가장 작거나 가장 큰 선물환 프리미엄을 갖고 있는가?

기간	매입률	매도율
현물환	0.98510	0.98540
1개월	0.98131	0.98165
2개월	0.97745	0.97786
3개월	0.97397	0.97441
6개월	0.96241	0.96295
12개월	0.93960	0.94045
24개월	0.89770	0.89900

12. **대서양 차익 거래.** 비엔나 본사를 위해 뉴욕에서 일하는 기업의 재무담당자가 뉴욕의 Citibank와 런던의 Barclays에 동시에 전화를 했다. 두 은행은 유로에 대한 다음과 같은 호가를 동시에 제공했다.

Citibank 뉴욕   Barclays 런던

$1.2624–25/€ $1.2622–23/€

100만 달러나 그에 상응하는 유로화를 썼을 때, 이 재무담당자가 2개의 다른 환율을 활용해서 지리적 차익 거래의 수익을 낼 수 있을지 판단하라.

13. **베네수엘라 볼리바르(A).** 베네수엘라 정부는 2002년 2월 공식적으로 볼리바르(Bs)를 자유변동하게 만들었다. 몇 주 안에, 볼리바르의 가치는 자유변동환율 도입 이전의 고정환율 Bs778/$에서 Bs1025/$로 변동했다.

    a. 이것은 평가절하(devaluation)인가, 가치 하락(depreciation)인가?

    b. 볼리바르의 가치는 몇 퍼센트 변동했는가?

14. **베네수엘라 볼리바르(B).** 베네수엘라의 정치경제적 위기는 2002년 말과 2003년 초에 더 심해졌다. 2003년 1월 1일, 볼리바르는 Bs1400/$에 거래됐다. 2월 1일까지, 볼리바르 가치는 Bs1950/$로 떨어졌다. 많은 통화 분석가와 관측통들은 2003년 여름까지 볼리바르의 가치는 2월 1일의 가격에 비해 추가적으로 40% 더 떨어질 것이라고 내다봤다.

    a. 1월의 퍼센티지 변동은 얼마인가?

    b. 2003년 6월의 전망치는 얼마인가?

15. **달러의 간접표기법.** (달러가 자국화폐일 때) 현물환율이 €1.3300/$이고 3개월 선물환율이 €1.3400/$라면 달러의 선물환 프리미엄은 얼마인지 계산하라.

16. **달러의 직접표기법.** (달러가 자국화폐일 때) 선물환율이 $1.5800/£이고 6개월 선물환율이 $1.5550/£라면 달러에 대한 선물환 할인은 얼마인지 계산하라.

17. **어라운드 더 혼(Around the Horn)(A).** 아래의 호가를 가정해서, Citibank의 트레이더가 1,000,000달러로 시장 간 차익 거래에서 어떻게 이익을 낼 수 있는지 계산하라.

은행	현물환율
Citibank	$1.6194/£
National Westminster	€1.2834/£
Deutschebank	$1.2615/€

18. **어라운드 더 혼(Around the Horn)(B).** 아래의 매수–매도 호가를 가정한 뒤 트레이더가 어떻게 시장 간 차익 거래 이익을 낼 수 있는지 계산하라.

은행	현물환율
Citibank	$1.6192–96/£
National Westminster	€1.2833–35/£
Deutschebank	$1.2614–16/€

19. **어라운드 더 혼(Around the Horn)(C).** 아래의 호가를 가정하고, 1,000,000달러를 가진 Citibank의 마켓 트레이더가 어떻게 시장 간 차익 거래 이익을 낼 수 있을지 계산하라.

Citibank의 파운드당 달러 호가	$1.5900 = £1.00
National Westminster의 파운드당 유로 호가	€1.2000 = £1.00
Deutschebank의 유로당 미국 달러 호가	$0.7550 = €1.00

20. 그레이트 피라미드. 최근의 그레이트 피라미드 여행에 감명을 받아서, Citibank의 트레이더 루민더 딜론은 자신이 리비아의 디나르(LYD)와 사우디 리얄(SAR)의 시장 간 차익 거래를 통해 이익을 낼 수 있는지 궁금해한다. 그는 USD1,000,000을 갖고 있으며 다음과 같은 호가를 입수했다. 차익 거래에서 이익을 낼 기회가 있을까?

Citibank의 리비아 디나르당 미국 달러 호가	$1.9324 = LYD1.00
National Bank of Kuwait의 리비아 디나르당 사우디 리얄 호가	SAR1.9405 = LYD1.00
Barclay의 사우디 리얄당 미국 달러 호가	$0.2667 = SAR1.00

인터넷 문제

1. 국제결제은행. 국제결제은행(BIS)은 상당히 풍부한 실효 환율 지수들을 발표한다. BIS의 데이터베이스와 분석을 활용해서 달러와 유로 그리고 엔(3대 거대 통화)이 현재 어느 정도나 과대 혹은 과소평가됐는지 분석하라.

국제결제은행   https://www.bis.org/statistics/eer.htm

2. 뱅크오브캐나다 환율지수(CERI). 뱅크오브캐나다는 정기적으로 캐나다 달러의 가치에 대한 지수인 CERI를 발표한다. CERI는 캐나다 경제와 산업지형에 적합하도록 주요 글로벌 통화에 대해 다면적으로 무역 가중치를 준 캐나다 달러의 가치지수이다. 뱅크오브캐나다 웹사이트에 나오는 CERI를 활용해서 최근 몇 년간 루니(loonie)의 상대적인 강세를 평가하라.

뱅크오브캐나다   www.bankofcanada.ca/rates/
환율지수   exchange/ceri

3. 선물환 호가. FXStreet 환율 서비스는 온라인으로 여러 통화에 대한 대표적 선물환율을 제공한다. 아래 웹사이트를 활용해서 여러 가지 통화에 대한 선물환율을 찾아보라.

FXStreet   www.fxstreet.com/rates-
charts/forward-rates/

4. 연방준비제도의 통계 발표. 미국의 연방준비제도(Fed)는 웹사이트에서 미국 달러와 거래되는 주요 통화의 가치를 매일 업데이트한다. Fed 웹사이트를 활용해서 Fed가 달러가치 인덱스를 결정하는 데 활용하는 상대적 가중치들을 판단하라.

연방준비제도   www.federalreserve.gov/
releases/h10/update/

5. 일일 시장 논평. 여러 다양한 온라인 통화 거래와 컨설팅 서비스들이 매일매일의 글로벌 통화시장 활동에 대한 일일 평가를 제공한다. 아래 GCI 사이트를 활용해서 유로가 미국 달러와 캐나다 달러에 대해 어떻게 거래되고 있는지에 대한 시장의 최신 평가를 파악하라.

GCI Financial Ltd.   www.gcitrading.com/fxnews/

6. 태평양 환율 서비스. 브리티시컬럼비아대학교의 Werner Antweiler 교수가 운영하는 The Pacific Exchange Rate Service 웹사이트는 최근의 환율과 연관된 통계에 대해 풍성한 정보를 갖고 있다. 해당 서비스를 활용해서 최근에 심각한 평가절하나 가치 하락을 경험한 통화, 예를 들어 아르헨티나의 페소, 베네수엘라의 볼리바르, 터키 리라 그리고 이집트 파운드 등의 실태를 파악하라.

태평양 환율 서비스   fx.sauder.ubc.ca/plot.html

국제평가조건

"…만일 자본이 가장 수익성 있게 활용될 수 있는 나라로 아무 제약 없이 흘러갈 수 있다면 수익률에는 아무런 차이가 없을 것이다. 그리고 상품의 실질가격, 노동가격에도 아무런 차이가 없을 것이다. 오직 상품이 팔리는 다양한 시장으로 그것들을 운반하는 데 필요한 추가적인 양의 노동만이 문제가 될 것이다."

– David Ricardo, *On the Principles of Political Economy and Taxation*, 1817, 제7장

학습목표

- 각 나라의 물가수준 및 물가수준의 변화(인플레이션)가 그들의 통화가 거래되는 환율을 어떻게 결정하는지 살펴본다.
- 금리가 각 나라 및 통화 내에서 어떻게 인플레이션 압력을 반영하는지 보여준다.
- 선물환 시장이 미래의 현물환율에 대한 시장참가자들의 기대를 어떻게 반영하는지 설명한다.
- 균형상태에서 현물환과 선물환 시장이 금리 차이와 기대인플레이션 차이에 따라 어떻게 조정되는지 분석한다.

환율을 결정하는 요인들은 무엇인가? 환율의 변화는 예측 가능한가? 다국적 기업의 경영자, 국제 포트폴리오 투자자, 수입업자와 수출업자 그리고 정부 관료들은 이런 근본적인 질문들을 매일 다루어야 한다. 이 장은 환율 결정을 둘러싼 핵심적 금융이론을 설명한다. 제8장은 통화가치 평가에 대한 2개의 다른 주요 학파를 소개하고, 세 가지 다른 이론을 다양한 실제 사례에 적용해서 결합시킬 것이다.

환율과 물가와 금리를 연결하는 경제이론을 국제평가조건이라고 부른다. 많은 사람들이 보기에 이 국제평가조건은 국제재무 분야에서 독특하다고 여겨지는 금융이론의 핵심을 형성한다. 이런 이론들은 학생들이나 실무자들이 현실 세계에서 관찰할 수 있는 것들과 비교했을 때 항상 '진실'인 것은 아니다. 그러나 그것들은 오늘날 세계에서 다국적 비즈니스가 어떻게 수행되고 자금조달이 어떻게 이뤄지는지를 이해하는 데 핵심적이다. 그리고 종종 있는 일처럼, 잘못은 언제나 이론 그 자체에 있는 것이 아니라 그것이 이해되고 실무에 적용되는 방식에 있다. 이 장은 "와타나베 부인과 일본 엔 캐리 트레이드"라는 사례와 함께 마무리된다. 이 사례는 국제평가정리의 이론과 실제가 위험을 감수하려는 사람들에게 때때로 어떻게 비정상적인 수익 기회를 만들어주는지 보여준다.

물가와 환율

만일 동일한 상품과 서비스가 2개의 다른 시장에서 팔릴 수 있다면 그리고 두 시장 간에 상품의 판매 및 수송과 관련한 제약이 존재하지 않는다면, 양 시장에서 두 물건의 가격은 같아야 한다. 이것을 **일물일가의 법칙**이라고 한다.

경쟁시장의 기본 원칙 중 하나는 만일 시장 간에 상품과 서비스를 이동하는 데 따르는 제약이나 비용이 없다면 모든 시장에서 가격이 같아진다는 것이다. 만일 두 시장이 2개의 다른 나라에 있다면 두 상품의 가격은 아마도 다른 통화로 표기되겠지만 그 상품의 가격은 여전히 동일해야 한다. 가격 비교를 위해 필요한 것은 오로지 한 통화를 다른 통화로 교환하는 것뿐일 것이다. 예를 들어,

$$P^\$ \times S = P^\yen$$

미국 달러로 표시된 상품의 가격($P^\$$)이 있을 때, 여기에 달러당 일본 엔화의 현물환율을 곱하면(S, 달러당 엔) 일본 엔으로 표시된 상품의 가격($P^\yen$)이 되는 것이다. 거꾸로 말하면, 두 상품의 가격이 자국 화폐로 표시되고 시장이 효율적이어서 한 시장에서 다른 시장보다 높은 가격이 제거된다면, 환율은 두 시장의 상대적 상품가격으로부터 도출될 수 있다.

$$S = \frac{P^\yen}{P^\$}$$

구매력평가와 일물일가의 법칙

만일 모든 상품과 서비스에 대해 일물일가의 법칙이 적용된다면, 어떤 개별적인 가격 묶음에서도 **구매력평가(PPP)** 환율을 도출할 수 있을 것이다. 다른 통화로 표시된 동일한 물건의 가격을 비교함으로써, 시장이 효율적일 경우 존재해야 하는 '진짜' 혹은 PPP 환율을 결정할 수 있다. 이것이 절대적인 의미의 구매력평가이다. **절대적 구매력평가**는 현물환율이 유사한 상품바스켓의 상대적 가격으로 결정됨을 말한다.

1986년 이후 영국의 경제주간지 *The Economist*가 정기적으로 발표하고 있는 '빅맥지수'(도표 6.1을 보라)는 일물일가의 법칙을 보여주는 주요 사례이다. 조사 대상인 모든 나라에서 빅맥이 동일 상품이라고 가정했을 때, 이 지수는 현재 각국 통화들이 현지 통화로 표시된 빅맥 가격에 암시된 환율과 가까운 시장 환율로 거래되고 있는지 비교할 수 있는 수단이 된다.

예를 들어 도표 6.1을 사용하면 중국에서 빅맥 하나는 17.2위안(현지 통화)인데, 미국에서는 같은 빅맥이 4.79달러이다. 이 시점의 실제 현물환율은 Yuan6.2115 = \$1였다. 따라서 중국의 빅맥 가격을 미국 달러화로 표시하면 다음과 같다.

$$\frac{\text{위안으로 표시된 중국의 빅맥 가격}}{\text{Yuan/\$ 현물환율}} = \frac{\text{Yuan17.2}}{\text{Yuan6.2115/\$}} = \$2.77$$

이것은 중국에 대해 도표 6.1 세 번째 열이 표시하고 있는 가격이다. 우리는 이제 미국에서 실제 팔리고 있는 빅맥 가격(4.79달러)과 중국에서 팔리는 실제 빅맥 가격(17.2위안)을 비교해서 암시된 구매력평가환율을 계산할 수 있다.

$$\frac{\text{위안으로 표시된 중국의 빅맥 가격}}{\text{달러로 표시된 미국의 빅맥 가격}} = \frac{\text{Yuan}17.2}{\$4.79} = \text{Yuan}3.591/\$$$

이것은 중국에 대해 도표 6.1의 네 번째 열에 나오는 값이다. 원칙적으로는 이것이 이론에 따라 빅맥지수가 위안과 달러의 환율이라고 말하는 값이다.

이제 이 암시된 PPP 환율 Yuan3.591/$을 당시의 실제 시장환율(Yuan6.2115/$)과 비교하면 위안이 미국 달러에 비해 저평가(−%)됐는지 고평가(+%)됐는지를 다음과 같이 계산할 수 있다.

$$\frac{\text{암시된 환율} - \text{실제 환율}}{\text{실제 환율}} = \frac{\text{Yuan}3.591/\$ - \text{Yuan}6.2115/\$}{\text{Yuan}6.2115} \approx -42.2\%$$

이 경우, 중국 위안은 중국에 대해 도표 6.1의 다섯 번째 열에 표시되어 있는 것처럼 미국 달러 대비 42.2% 저평가됐음을 알 수 있다. 이것은 관리된 중국 위안의 가치가 달러에 비해 상당히 저평가되어 있

도표 6.1 빅맥지수의 주요국 환율

국가 및 통화		(1) 현지 통화 빅맥 가격	(2) 2015년 1월 실제 달러환율	(3) 달러 빅맥 가격	(4) 달러의 암시된 PPP	(5) 달러 대비 고평가/저평가**
미국	$	4.79	—	4.56	—	—
영국	£	2.89	1.5115*	4.37	1.6574*	−8.8%
캐나다	C$	5.70	1.2286	4.64	1.190	−3.1%
중국	Yuan	17.2	6.2115	2.77	3.591	−42.2%
덴마크	DK	34.5	6.4174	5.38	7.203	12.2%
유로 지역	€	3.68	1.1587*	4.26	1.302*	−11.0%
인도	₹	116.3	61.615	1.89	24.269	−60.6%
일본	¥	370	117.77	3.14	77.244	−34.4%
멕시코	Peso	49.0	14.6275	3.35	10.230	−30.1%
노르웨이	kr	48.0	7.6225	6.30	10.021	31.5%
페루	Sol	10.0	3.008	3.32	2.088	−30.6%
러시아	₽	89.0	65.227	1.36	18.580	−71.5%
스위스	SFr	6.50	0.86165	7.54	1.357	57.5%
태국	Baht	99.0	32.605	3.04	20.668	−36.6%

* 이 환율들은 해당국 통화 한 단위당 US$로 표기됨. $/£ 그리고 $/€.

** 달러에 대한 저평가, 고평가 비율은 (암시환율 − 실제환율)/(실제환율)의 식에 따라 계산됨. 다만 영국과 유로 지역 간의 계산은 (실제환율 − 암시환율)/(암시환율)로 계산함

출처 : 열 (1)과 (2)의 데이터는 "The Big Mac Index", *The Economist*, 2015년 1월 22일에서 인용

음을 보여주지만, 구매력평가 이론은 장기적으로 통화가치가 어느 쪽으로 움직일 것인지를 시사하는 것이며 반드시 오늘의 가치에 대해 말하는 것은 아니라고 *The Economist*는 지적한다.

빅맥이 일물일가의 법칙 적용과 통화 저평가 혹은 고평가의 측정에 왜 좋은 후보가 될 수 있는지를 이해하는 것은 중요하다. 첫째, 상품 그 자체가 거의 모든 시장에서 동일하다. 이것은 상품의 통일성과 생산과정의 탁월성, 맥도날드의 브랜드 이미지와 자부심에 기인한다. 두 번째, 마찬가지로 중요한 것은 상품이 대부분 해당 지역 재료와 투입비용의 산물이라는 것이다. 이것은 각 시장에서 빅맥 가격은 해당 지역의 비용과 가격을 대변하는 것이며 수입된 것이 아니라는 뜻이다. 수입품이라면 그 자체가 환율의 영향을 받았을 것이다. 이 지수는 그러나 여전히 한계를 갖는다. 빅맥은 국경을 넘어 거래될 수 없고, 비용과 가격은 부동산임대료나 조세 같은 각국 시장의 다른 다양한 요소들에 의해 영향을 받는다.

이 원칙과 관련해 조금 덜 극단적인 방법은 상대적으로 효율적인 시장에서 한 바구니의 상품이 각 시장마다 동일할 것이라고 보는 것이다. 단일 상품 대신에 하나의 가격지수를 채택하면 두 나라 간의 PPP 환율은 다음과 같이 표기될 수 있다.

$$S = \frac{PI^{¥}}{PI^{\$}}$$

여기서 $PI^{¥}$과 $PI^{\$}$는 각각 일본과 미국 통화로 표시된 가격지수들이다. 예를 들어 동일한 상품 바스켓의 가격이 일본에서는 1,000엔이고 미국에서는 10달러라면, PPP 환율은 다음과 같을 것이다.

$$\frac{¥1000}{\$10} = ¥100/\$ \text{ 또는 } ¥100 = \$1.00$$

만일 여러분이 PPP가 단지 숫자에 관한 이야기라고 생각하기 시작했다면, 글로벌 금융 실무 6.1은 이 방정식의 인간적 측면을 상기시켜 줄 것이다.

상대적 구매력평가

절대적 버전의 PPP 이론을 약간 완화한다면, 우리는 상대적 PPP라는 개념을 관찰하게 된다. 상대적 PPP는 오늘의 현물환율이 얼마인지 결정하는 데에는 PPP가 특별히 도움이 되지 않지만, 일정 기간 두 나라의 상대적 가격 변화가 그 기간 동안 환율의 변화를 결정한다고 설명하는 개념이다. 좀 더 구체적으로 말하면 다음과 같다.

만일 두 나라의 현물환율이 균형에서 출발했다면 두 나라 간 물가상승률 차이에 일어나는 어떤 변화도 장기적으로 현물환율의 동일한 크기, 그러나 반대방향의 변화에 의해 상쇄되는 경향이 있다.

도표 6.2는 상대적 PPP의 일반적 사례를 보여준다. 수직축은 외국 통화 현물환율의 퍼센티지 변화를 보여주고, 수평축은 기대 물가상승률의 퍼센티지 차이(자국 대비 외국)를 보여준다. 대각선은 환율의 변화와 상대적인 물가상승률 간의 균형 상태를 보여준다. 예를 들어, P점은 외국인 일본의 인플레

글로벌 금융 실무 6.1

북한 주민의 궁핍화─북한 원화의 '재평가'

구매력의 원칙은 이론적인 것에 그치지 않고, 한 나라 국민의 문제와 가난과 비참함을 포착할 수 있다. 2009년 11월 북한 원화(KPW)의 재평가는 이와 관련한 하나의 사례이다.

북한 정부는 수십 년 동안 장마당(거리시장)의 성장과 활동을 중단시키고자 했다. 여러 해 동안 장마당은 대다수 북한 주민들에게 생활비를 벌 수 있는 유일한 기회였다. 공산당 정부의 관리하에서 2,400만 주민들의 삶의 질은 뒷걸음질쳐 왔다. 1990~2008년 사이, 북한의 영아사망률은 30%나 증가했고, 기대수명은 3년 줄었다. 유엔의 추정에 따르면 다섯 살 이하 어린이 중 3분의 1이 영양실조에 시달리고 있다. 비록 공식적으로 대부분의 경제활동인구가 정부를 위해 일하는 것으로 되어있지만, 많은 노동자들이 제대로 보수를 지급받지 못하고 있다(혹은 아예 아무것도 받지 못하고 있다). 노동자들은 종종 상사에게 뇌물을 주고 일찍 일터에서 돌아와 지하경제의 장마당에서 생계를 근근이 이어간다.

(지금은 고인이 된) 지도자 김정일과 그 정권은 이런 아주 기초적인 시장경제를 근절하고 싶어 했다. 2009년 11월 30일, 북한 정부는 인민들에게 놀라운 공지를 했다. 새롭고 보다 가치 있는 북한 원화가 기존 원화를 대체할 것이라고 발표한 것이다. "오늘 저녁까지 여러분이 가진 원화를 새로운 원화로 교환하라." 구형 1,000원 지폐는 이제 새로운 10원짜리 지폐와 교환됨으로써 0이 2개 줄어들게 됐다. 이것은 현금이든 예금의 형태이든 구권을 갖고 있는 사람들은 이제 공식적으로 과거의 100분의 1에 해당하는 가치만 소유하게 됐음을 의미한다. 신구 화폐의 교환은 구권 100,000원 한도 내에서만 허용되었다. 수십 년 동안 북한 바깥에서 200달러 혹은 300달러의 가치가 있는 저축을 위해 돈을 벌고 모아온 사람들은 전멸당했다. 그들이 평생 모아온 저축은 실질적으로 무가치하게 돼버렸다. 공식적으로 구권이 폐기됨으로써, 북한 주민들은 새로운 원화로 자신들이 가진 돈을 바꿀 수밖에 없게 됐다. 정부는 정말로 지하경제를 파괴하려 했다.

그 결과는 재앙이었다. 며칠간의 거리 시위를 겪은 후, 정부는 100,000원 한도를 150,000원으로 올렸다. 2010년 1월까지 인플레이션이 너무 급속하게 진행돼서 김정일은 화폐 재평가가 인민의 삶에 미친 영향에 대해 사과를 할 수밖에 없었다. 화폐 재평가를 추진했던 정책책임자는 체포되었고, 2010년 2월 '반역죄'로 처형됐다.

도표 6.2 상대적 구매력평가

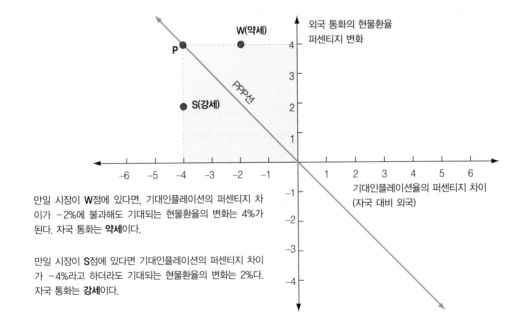

만일 시장이 **W**점에 있다면, 기대인플레이션의 퍼센티지 차이가 −2%에 불과해도 기대되는 현물환율의 변화는 4%가 된다. 자국 통화는 **약세**이다.

만일 시장이 **S**점에 있다면 기대인플레이션의 퍼센티지 차이가 −4%라고 하더라도 기대되는 현물환율의 변화는 2%다. 자국 통화는 **강세**이다.

이션이 자국인 미국의 인플레이션보다 4% 낮은 상태인 균형점을 보여준다. 따라서 상대적 PPP는 엔의 가치가 미국 달러에 비해 연 4% 상승할 것임을 예측한다. 만일 현재의 시장 기대가 도표 6.2의 W나 S점으로 이끈다면, 자국 통화는 약하거나(W점) 강하다(S점)고 여겨질 것이며 시장은 균형 상태에 있지 않게 된다.

현물환율의 변화에 PPP를 적용하는 배경에 있는 논리는 만일 한 나라가 주요 무역 파트너들의 인플레이션보다 높은 수준의 물가상승을 경험하면서 환율에는 변화가 없다면, 그 나라의 상품과 서비스 수출은 다른 곳에서 생산되는 상품과 비교했을 때 경쟁력이 떨어질 것이란 얘기이다. 외국에서 수입된 상품은 가격이 높게 책정된 국산품에 비해 가격 경쟁력을 갖게 될 것이다. 이런 가격 변화는 자본이나 금융 흐름에 의해 상쇄되지 않는 한 국제수지에서 경상 적자를 초래하게 된다.

구매력평가의 실증분석

절대적 버전과 상대적 버전의 구매력평가 그리고 일물일가의 법칙에 대해서는 수많은 실증분석이 시도됐다. 이런 검증은 대부분 PPP가 미래의 환율을 정확히 예측한다는 것을 입증하지 못했다. 상품과 서비스는 실제로 나라 간에 비용 없이 이동하지 못하고, 많은 서비스는 채무삭감처럼 '교역' 불가능 품목이다. 많은 상품과 서비스는 여러 나라에서 동일한 품질을 갖추고 있지 않다. 이것은 제조와 소비에 있어서 각 나라별로 자원과 취향이 다르다는 사실을 반영한다.

이러한 검증으로부터 두 가지 일반적인 결론을 도출할 수 있다. (1) PPP는 아주 장기간에는 성립하지만 단기간에는 잘 성립하지 않는다. 그리고 (2) 이 이론은 상대적으로 물가상승률이 높고 자본시장이 덜 발달된 나라에 더 잘 맞는다.

환율지수들 : 실질과 명목

어떤 나라든 수많은 다른 나라들과 교역을 하기 때문에, 상대적 구매력평가를 판단하려면 우리는 그 나라의 통화가치를 모든 다른 나라의 통화가치와 비교해서 평가해야 한다. 목적은 PPP 관점에서 한 나라의 환율이 '고평가'됐는지, 아니면 '저평가'됐는지 발견하는 것이다. 이 문제를 다루는 주된 방법의 하나는 환율지수들을 계산하는 것이다. 이 지수들은 교역을 통해 형성되는데, 자국과 교역상대국들 사이의 양자 간 환율에 가중치를 주는 방법으로 계산된다.

명목실효환율 지수는 가중평균의 기조에서 해당 기간 동안 대상 통화의 실제 환율을 사용해 산출한다. 그것은 그 통화의 '진정한 가치'에 대해 어떤 것도 실제로 시사하지 않으며 PPP와 관련해서도 말하지 않는다. 명목지수는 단지 그 통화가치가 인위적으로 선택된 기준 기간과 어떻게 관련되는지를 계산하는 것이며, 실질실효환율 지수를 생산하는 데 사용된다. **실질실효환율** 지수는 해당 통화의 가중평균구매력이 인위적으로 설정된 기준 기간 동안 어떻게 변화하는지를 보여준다. 도표 6.3은 1980~2012년 기간 동안 일본과 유로 지역, 미국에 대한 실질실효환율 지수를 정리하고 있다.

미국의 실질실효환율 지수 $E_R^\$$는 명목실효환율 지수 $E_N^\$$에 외국 통화의 비용 C^{FC}에 대한 미국 달러의 비용 $C^\$$의 비율을 곱해서 다음과 같이 도출한다.

$$E_R^\$ = E_N^\$ \times \frac{C^\$}{C^{FC}}$$

만일 환율의 변화가 인플레이션율 차이를 상쇄한다면(구매력평가가 성립한다면), 모든 실질실효환율 지수는 100에 머물 것이다. 만일 하나의 환율이 인플레이션 격차보다 더 강화된다면 그 지수는 100 위로 올라갈 것이다. 만일 실질실효환율 지수가 100보다 위라면, 그 통화는 경쟁적 관점에서 '고평가 됐다'고 여겨질 것이다. 그리고 반대도 성립한다.

도표 6.3은 지난 35년 동안 미국 달러와 일본 엔화 그리고 유럽 유로의 실질실효환율이 어떻게 변화해왔는지를 보여준다. 1980년대에 달러의 지수 값은 100보다 상당히 높았고(고평가), 1988~1996년에는 100 아래에 있었으며(저평가) 그리고 다시 100 위로 올라갔다. 달러는 2012년 이후 아주 약하게 고평가된 상태이다. 유로는 2009년 이후 '적정한 평가'에서 크게 벗어나지 않았지만, 일본의 엔화는 2012년 중반 이후 현저히 저평가된 상태이다.

PPP로부터의 이탈을 측정하는 것과 별도로, 한 나라의 실질실효환율은 경영자가 한 나라의 국제수지와 환율이 얼마나 상승 혹은 하강 압력을 받고 있는지 가늠하는 데 중요한 수단이 된다. 또한 그 나라에서 수출을 위해 생산을 하는 것이 경쟁력이 있을지 가늠하는 지표이기도 하다.

도표 6.3 실질실효환율 지수(기준 연도 2010 = 100)

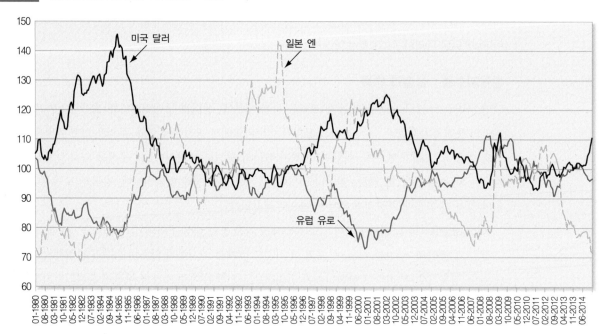

출처 : Bank for International Settlements, www.bis.org/statistics/eer/

환율전가

환율전가란 환율의 변화에 따른 수입품 혹은 수출품의 가격반응을 측정하는 것이다. 만일 가격전가가 부분적이라면, 즉 환율 변화분이 가격에 전부 반영되는 것이 아니라면, 그 나라의 실질실효환율 지수는 PPP 균형 수준인 100으로부터 벗어날 수 있다. 비록 PPP가 모든 환율 변화는 교역 상대방과 동등한 가격변화를 통해 전가될 수 있음을 암시하고 있지만, 자유변동환율을 적용하는 통화들이 늘어나는 가운데 이루어진 수년간의 실증연구는 이렇게 오랫동안 유지되어 온 가정에 의문을 던지고 있다.

완전 대 부분 전가. 환율전가를 설명하기 위해서, 볼보가 벨기에에서 자동차를 생산하고 모든 생산비용을 유로로 지급한다고 가정하자(볼보는 현재 북미지역에서 생산을 하지 않고 있다). 이 특정 모델의 가격은 50,000유로이다. 이 회사가 자동차를 미국으로 수출할 때, 볼보의 미국시장가격은 유로가격을 단순히 현물환율에 미국 달러로 환전한 가격과 같아야 한다.

$$P^{\$}_{볼보} = P^{€}_{볼보} \times S^{\$/€}$$

여기서 $P^{\$}_{볼보}$는 달러로 표시된 볼보의 가격, $P^{€}_{볼보}$는 유로로 표시된 볼보의 가격 그리고 $S^{\$/€}$은 유로당 달러의 숫자로 표시된 현물환율이다. 만일 유로가 미국 달러에 비해 20% 오른다면, 즉 \$1.00/€에서 \$1.20/€로 오른다면 미국시장에서 볼보의 가격은 이론적으로 60,000달러가 되어야 한다. 만일 달러 가격이 환율 변화와 같은 퍼센티지로 오른다면 환율변화가 완전하게(또는 100%) 전가되는 것이다.

$$\frac{P^{\$}_{볼보,2}}{P^{\$}_{볼보,1}} = \frac{\$60,000}{\$50,000} = 1.20 \text{ 또는 20\% 증가}$$

그러나, 만일 볼보가 이렇게 큰 가격 상승이 미국시장의 판매량을 심각하게 감소시킬 것이라고 우려한다면, 회사는 미국시장에서 해당 모델의 가격이 그만큼 오르지 않도록 작업을 할 것이다. 만일 볼보의 같은 모델 가격이 미국시장에서 58,000달러로 오르는 데 그쳤다면 그 퍼센티지 증가분은 달러에 대한 유로의 20% 가치 상승에 못 미치는 것이다.

$$\frac{P^{\$}_{볼보,2}}{P^{\$}_{볼보,1}} = \frac{\$58,000}{\$50,000} = 1.16 \text{ 또는 16\% 증가}$$

만일 미국 달러가격이 환율의 변화보다 덜 오른다면(실제 국제무역에서 흔히 일어나는 것처럼), 그때는 오직 **부분적 환율전가**가 일어난 것이다.

예를 들어 유로의 가치가 외국 공급업자의 통화에 비해 상승했을 때, 벨기에로 수입되는 부품과 원자재의 가격은 낮아진다. 또 모든 환율변화가 교역되는 상품에 최종적으로 반영되는 데에는 이미 성사된 계약에 따라 제품이 인도되는 것을 포함해서 상당한 시간이 걸릴 수 있다. 볼보 입장에서는 유로가치 상승으로 인해 주요 수출시장에서 자동차가격이 오르는 것을 최대한 막는 것이 확실하게 이롭다.

수요의 가격탄력성. 바람직한 환율전가 수준을 결정하는 데 있어서 수요의 가격탄력성이라는 개념이 유용하다. 수요의 가격탄력성이란 상품의 가격이 1% 변화할 때 상품의 수요량이 몇 퍼센트나 변화하는지를 말한다.

$$수요의 \ 가격탄력성 = e_p = \frac{\%\Delta Q_d}{\%\Delta P}$$

여기서 Q_d는 수요량이며 P는 상품의 가격이다. 만일 e_p의 절대값이 1.0보다 작다면 그 상품은 상대적으로 '비탄력적'이다. 만일 그것이 1.0보다 크다면 그 상품은 상대적으로 '탄력적'이다.

상대적으로 가격 비탄력적인 벨기에 생산품(가격의 변화에 비해 수요량이 상대적으로 크게 변화하지 않는다는 의미)은 종종 높은 수준의 환율전가를 나타낼 수 있다. 이것은 미국에서의 달러가격이 높아져도 소비자들의 상품 수요에는 눈에 띄는 영향을 주지 않기 때문이다. 달러 매출은 늘어나는 반면 유로 매출은 그대로일 것이다. 하지만 상대적으로 가격탄력성이 큰 상품은 반대로 반응할 것이다. 만일 20%의 유로화 가치 상승이 20%의 달러표시 상품가격 상승으로 이어졌다면, 미국 소비자들은 볼보의 구매량을 줄일 것이다. 만일 미국에서 볼보 수요의 가격탄력성이 1보다 크다면 볼보의 전체 달러 매출은 하락할 것이다.

환율전가와 신흥시장 통화. 최근에 몇몇 신흥시장 국가들이 (제2장에서 소개하고 구체적으로 설명한) '불가능한 삼위일체'와 관련해 정책의 목적과 선택을 바꾸었다. 이 나라들은 자본의 자유로운 흐름 대신 환율 페그와 독립적 통화정책을 선택하는 것(도표 6.4의 A점)에서 페그 혹은 고정환율을 희생하고 좀 더 많은 자본 유입을 허락하는 정책(도표 6.4의 C점)으로 이동했다.

도표 6.4 **환율전가, 불가능한 삼위일체 그리고 신흥시장**

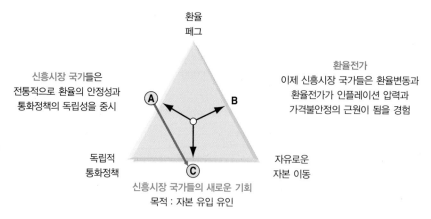

많은 신흥시장 국가들은 더 많은 자본 유입을 위해 고정환율을 포기하는 것, 즉 A점으로부터 C점으로 이동하는 것을 선택했다. 그 결과 이들 나라들은 이제 다양한 수준에서 환율전가의 영향을 받게 됐다.

이러한 초점의 변화는 이들 신흥시장에서 환율전가를 하나의 이슈로 만들었다. 환율의 변동과 이들 나라로 드나드는 무역상품, 금융상품의 증가와 함께 가격이 변동하고 있다. 가격변동은 그 자체로 근심의 요소지만, 물가상승 압력으로 작용하는 가격변동은 좀 더 심각한 불안정을 초래한다. 이러한 문제의 근본 원인은 신흥시장 국가들 자신의 선택에 있는 것이 아니라 그들이 교역을 하는 주요 산업국가들의 금리 선택에 있다.

2009년 이후 달러, 유로, 엔 등 주요 산업국가의 통화시장은 경제성장과 고용에 대한 우려가 지배하면서 극단적인 저금리로 특징지어졌다. 몇몇 신흥시장 국가들은 어떤 경우 통화의 가치 상승을 경험했다(그들의 금리가 선진 산업국가 통화에 비해 높기 때문이다). 그런 환율변화는 수입품의 환율전가, 즉 가격 상승을 초래하고 인플레이션 압력을 높였다.

금리와 환율

우리는 환율을 통해 여러 다른 나라의 상품가격이 어떻게 서로 연관되는지를 이미 살펴봤다. 우리는 이제 금리가 환율과 어떻게 연결되는지를 생각해보고자 한다.

피셔효과

경제학자 Irving Fisher의 이름을 딴 피셔효과란 각국의 명목금리가 요구되는 실질수익률에 기대인플레이션에 대한 보상을 합한 것과 같다는 것을 말한다. 좀 더 공식적으로 이것은 $(1 + r)(1 + \pi) - 1$로부터 다음과 같이 도출된다.

$$i = r + \pi + r\pi$$

여기서 i는 명목이자율이며 r은 실질이자율 그리고 π는 해당 자금이 대출되는 기간의 기대인플레이션율을 말한다. 식의 마지막에 나오는 곱셈항목 $r\pi$는 상대적으로 미미한 값이기 때문에 종종 식에서 빠진다. 따라서 피셔효과는 (약식으로) 다음과 같이 줄일 수 있다.

$$i = r + \pi$$

미국과 일본에 적용되는 피셔효과는 다음과 같이 표현할 수 있다.

$$i^{\$} = r^{\$} + \pi^{\$}, \quad i^{¥} = r^{¥} + \pi^{¥}$$

여기서 위첨자인 $\$$와 ￥은 각각 달러와 엔으로 표시된 금융상품들의 명목(i), 실질(r) 그리고 기대인플레이션(π) 요소를 표시한다. 우리는 인플레이션이 지금까지 어느 정도였는지가 아니라 미래의 인플레이션율을 예측하는 게 필요하다. 하지만 미래를 예측하는 것은 어렵다.

사후적으로 측정한 국가 인플레이션율을 이용한 실증분석에 따르면 피셔효과는 단기 재무부 증권

(Treasury bills)이나 중기 재무부 증권(Treasury notes)처럼 만기가 짧은 정부 증권에서 대체로 존재하는 것으로 나타난다. 좀 더 만기가 긴 증권을 기초로 한 비교는 만기가 되기 전에 해당 증권의 시장가치가 오르락내리락하는 속성으로 금융 위험이 증가하기 때문에 잘 들어맞지 않는다. 민간부문의 증권을 대상으로 한 비교 결과는 발행자의 신용도가 동일하지 않다는 사실에 영향을 받는다. 모든 분석결과는 최근의 인플레이션율이 미래의 기대인플레이션을 측정하는 정확한 수단이 아닌 만큼, 확정적이지 않다.

국제피셔효과

시간에 따른 현물환율의 퍼센티지 변화와 다른 나라 자본시장 간에 비교할 수 있는 금리차이의 관계는 국제피셔효과로 알려져 있다. 보통 '피셔 오픈'이라고 하는 것은 현물환율이 두 나라 간의 금리차이와 같은 정도로, 방향은 반대로 움직여야 한다는 것을 의미한다. 보다 공식적으로는 다음과 같이 표시한다.

$$\frac{S_1 - S_2}{S_2} \times 100 = i^\$ - i^\yen$$

여기서 $i^\$$와 $i^\yen$은 각국의 금리를 말하고, S는 각 기간의 처음(S_1)과 마지막(S_2)에 간접법으로 표기한 현물환율(달러에 대한 간접표기법은 예를 들면, ¥ = \$1.00)을 말한다. 이것은 산업계에서 보통 사용되는 축약식이다. 정확한 공식은 다음과 같다.

$$\frac{S_1 - S_2}{S_2} = \frac{i^\$ - i^\yen}{1 + i^\yen}$$

국제피셔효과가 타당하려면 투자자가 환율의 변화를 상쇄하기 위해 반드시 보상을 받거나 손해를 봐야 한다. 예를 들어, 달러로 투자하는 사람이 6% 금리를 받는 10년짜리 달러 증권에 투자하는 대신 4%의 금리가 적용된 10년짜리 엔화 증권을 산다면, 그 투자자는 엔이 달러에 대해 향후 10년 동안 최소 연평균 2%씩 가치가 상승할 것이라고 기대하는 것임에 틀림없다. 만일 그렇지 않다면, 달러를 기반으로 투자하는 사람은 달러 상태로 남아있는 것이 더 낫다. 만일 향후 10년 동안 엔이 3% 가치 상승한다면, 달러 기반 투자자는 1% 더 높은 수익을 보너스로 벌게 될 것이다. 그러나 국제피셔효과는 자본유입규제가 없는 경우 투자자가 그의 증권이 달러표시인지 엔화표시인지 상관하지 않을 것이라고 예측한다. 왜냐하면 전 세계의 투자자들이 같은 기회를 발견할 것이고, 그 기회를 경쟁적으로 없앨 것이기 때문이다.

실증분석은 단기적으로 일탈이 일어나긴 해도, 국제피셔효과가 상정하는 관계가 성립한다는 것을 보여준다. 그러나 대다수의 주요 통화에서 외환 리스크 프리미엄이 존재한다는 것을 보여주는 최근의 연구는 보다 심각한 비판을 제기한다. 또한 위험 금리차익거래에서의 투기는 통화시장의 왜곡을 초래한다. 따라서 환율에서 기대되는 변화는 금리의 차이보다 지속적으로 클 가능성이 있다.

선물환율

선물환율(또는 제5장에서 표현된 것처럼 단일선물환율)은 미래의 특정 시점에 결제할 것을 전제로 오늘 정해지는 환율이다. 통화 간의 선물환 약정은 미래의 특정한 날짜에(전형적으로 30, 60, 90, 180, 270, 360일 후에) 외국 통화를 '선물로 팔거나' '선물로 사는' 환율을 정하는 것이다.

선물환율은 특정한 만기에 대해 두 대상 통화와 같은 만기를 가진 유로통화의 금리 비율에 따라 현물환율을 조정함으로써 계산된다. 예를 들어 스위스 프랑/미국 달러의 90일물 선물환율($F^{\text{SF/\$}}$)은 현재의 현물환율($S^{\text{SF/\$}}$)에 90일물 유로-스위스 프랑 예금금리($i^{\text{SF}}$)와 90일물 유로달러 예금금리의 비율을 곱해줌으로써 찾을 수 있다.

$$F_{90}^{\text{SF/\$}} = S^{\text{SF/\$}} \times \frac{\left[1 + \left(i^{\text{SF}} \times \dfrac{90}{360} \right) \right]}{\left[1 + \left(i^{\$} \times \dfrac{90}{360} \right) \right]}$$

현물환율이 SF1.4800/\$, 90일물 유로 스위스 프랑 예금금리가 연 4.00% 그리고 90일물 유로달러 예금금리가 연 8.00%, 90일물 선물환율은 SF1.4655/\$라고 가정하자.

$$F_{90}^{\text{SF/\$}} = \text{SF}1.4800/\$ \times \frac{\left[1 + \left(0.0400 \times \dfrac{90}{360} \right) \right]}{\left[1 + \left(0.0800 \times \dfrac{90}{360} \right) \right]} = \text{SF}1.4800/\$ \times \frac{1.01}{1.02} = \text{SF}1.4655/\$$$

선물환 프리미엄 또는 할인율은 현물환율과 선물환율 사이의 연율 퍼센티지 차이를 말한다. 자국 통화에 대한 외국 통화 가격이 사용될 경우, 이 경우에는 SF/\$인데, 연율 퍼센티지로 표시된 프리미엄 혹은 할인율의 공식은 다음과 같다.

$$f^{\text{SF}} = \frac{\text{현물환율} - \text{선물환율}}{\text{선물환율}} \times \frac{360}{\text{날짜 수}} \times 100$$

SF/\$의 현물환율과 선물환율 그리고 (90일) 선물환 날짜 수를 넣어주면 다음과 같다.

$$f^{\text{SF}} = \frac{\text{SF}1.4800/\$ - \text{SF}1.4655/\$}{\text{SF}1.4655/\$} \times \frac{360}{90} \times 100 = \text{연} +3.96\%$$

부호는 양인데, 이는 스위스 프랑이 달러에 대해 3.96%의 연율 할증으로 **선물환 매도**가 된다는 것을 말한다(90일 선물환율로 1프랑을 사는 데 3.96% 더 많은 달러가 필요하다는 것을 의미).

도표 6.5에 묘사한 것처럼, 유로달러 선물환에 대한 선물환 프리미엄은 유로달러와 스위스 프랑의 금리 차이에서 발생한다. 어떤 특정한 만기에 대한 선물환율은 그 기간 동안의 특정한 금리를 활용하

| 도표 6.5 | 통화 수익률 곡선과 선물환 프리미엄 |

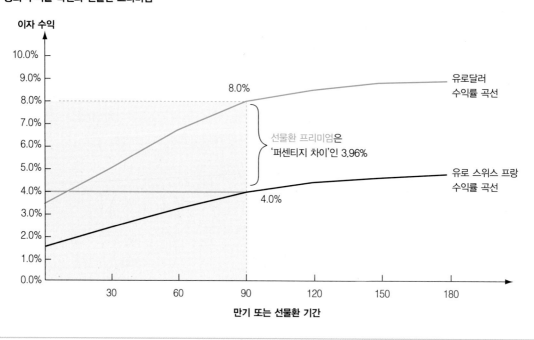

는 것이므로, 한 통화의 선물환 프리미엄이나 할인율은 명확하게 보인다. 금리가 더 높은 통화(이 경우엔 미국 달러)는 할인되어 선물환 매도가 이뤄지고, 금리가 낮은 통화(이 경우는 스위스 프랑)는 프리미엄에 선물환 매도가 이뤄진다.

선물환율은 세 가지 관찰 가능한 데이터로부터 계산된다(현물환율, 외국 통화의 예금금리, 자국 통화의 예금금리). 그리고 그것은 미래의 현물환율에 대한 예측이 아니다. 하지만 선물환율은 경영자들에 의해 종종 예측치로 활용된다. 그 결과는 다음 절에서 묘사하듯 혼합적인 것이다.

금리평가(IRP)

금리평가(IRP) 이론은 외환시장과 국제단기금융시장 사이에 연결을 만들어준다. 이 이론은 다음과 같이 말한다.

비슷한 위험과 만기를 가진 증권의 국가 간 금리 차이는 해당 외국 통화의 선물환 할인율이나 프리미엄에서 거래비용을 뺀 것과 같고, 부호는 반대여야 한다.

도표 6.6은 금리평가 이론이 어떻게 작동하는지 보여준다. 어떤 투자자가 1,000,000달러와 스위스 프랑(SF) 단기투자상품과 비교할만한 몇 가지 대안을 갖고 있다고 가정하자. 만일 그 투자자가 달러로 표기된 단기투자상품에 투자하기로 선택한다면, 그 투자자는 달러 이자를 벌게 될 것이다. 이것은 해당 기간의 만기에 $(1 + i^\$)$를 손에 넣게 되는 것이다. 여기서 $i^\$$는 소수점 형식으로 된 달러의 금리를 의미한다.

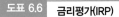 **금리평가(IRP)**

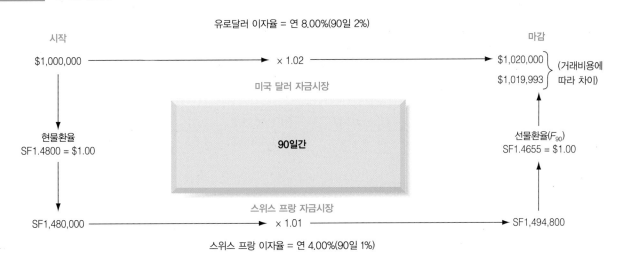

그러나 그 투자자는 아마도 같은 기간 동안 동일한 위험과 만기를 가진 스위스 프랑 표기의 단기금융상품에 투자하는 것을 선택할 것이다. 이 행동은 그 투자자가 현물환율로 스위스 프랑을 달러로 교환하는 과정을 필요로 한다. 그리고 그 프랑을 단기금융상품에 투자하고, (환율이 초래하는 위험을 회피하기 위해) 스위스 프랑 선물환을 매도하고, 만기가 됐을 때 해당되는 금액을 다시 달러로 바꾸는 과정을 필요로 한다.

달러 기반의 투자자는 왼쪽 상단 구석에서 시작해서 달러시장에 투자하는 것(박스의 상단을 곧장 가로지르는 것)과 스위스 프랑 시장에 투자하는 것(아래로 내려와서 빙 돌아 오른쪽 상단 구석으로 가는 것)의 상대적인 수익률을 평가할 것이다. 수익률의 비교는 다음과 같을 것이다.

$$(1 + i^{\$}) = S^{\mathrm{SF/\$}} \times (1 + i^{\mathrm{SF}}) \times \frac{1}{F^{\mathrm{SF/\$}}}$$

여기서 S는 현물환율이고 F는 선물환율이다. 도표 6.6에서 현물환율(SF1.4800/\$)과 선물환율(SF1.4655/\$) 그리고 관련되는 금리를 가져와 이 식에 대입하면 금리평가조건은 다음과 같다.

$$(1 + 0.02) = 1.4800 \times (1 + 0.01) \times \frac{1}{1.4655}$$

방정식의 왼쪽은 투자자가 달러에 투자했을 때 얻을 수 있는 총수익이다. 오른쪽은 투자자가 현물환율에 달러를 스위스 프랑과 교환하고, 그 프랑을 스위스 프랑 단기금융시장에 투자하며, 동시에 스위스 프랑의 원금과 이자를 선물환 시장에서 90일 만기 선물환율에 달러와 교환하는 매도를 수행했을 때 얻을 수 있는 총수익이다.

거래비용을 무시했을 때, 만일 달러의 수익이 서로 대체 가능한 두 단기금융상품 사이에서 동일하다면, 현물환과 선물환은 IRP에 있다고 여겨질 것이다. 이 같은 거래는 '무위험'이다. 왜냐하면 90일 후에 달러로 다시 교환하는 환율이 보장되어 있기 때문이다. 따라서 도표 6.6이 보여주는 것처럼 두 가지 대안이 동일하려면 금리에 있어서 어떤 차이도 현물환율과 선물환율 간의 차이에 의해 상쇄되어야 한다(대략의 식을 보면).

$$\frac{F}{S} = \frac{(1 + i^{\text{SF}})}{(1 + i^{\$})} \quad \text{또는} \quad \frac{\text{SF}1.4655/\$}{\text{SF}1.4800/\$} = \frac{1.01}{1.02} = 0.9902 \approx 1\%$$

무위험 금리차익거래(CIA)

현물환과 선물환 시장이 금리평가에 의해 설명된 것처럼 항상 균형상태에 있는 것은 아니다. 시장이 균형상태에 있지 않을 때, '무위험' 혹은 차익 거래 이익의 가능성이 존재한다. 이러한 불균형을 간파한 차익 거래자는 어느 통화건 무위험 기조에서 보다 높은 수익을 제공하는 통화에 투자함으로써 불균형상태의 이익을 얻기 위해 움직인다. 이것을 무위험 금리차익거래(CIA)라고 말한다.

도표 6.7은 대개 대형 국제은행의 차익 거래 부서에서 일하는 통화트레이더가 무위험 거래를 수행하기 위해 취하는 단계를 설명한다. 통화트레이더인 페 홍은 차익 거래 투자를 하기 위해 자기 은행이 보유하고 있는 몇 개의 주요 유로통화를 활용할 수 있다. 아침의 상황은 페 홍에게 100만 미국 달러를 6개월짜리 유로엔 계좌에 투자했다가 달러에 대해 다시 선물환 매도된 일본 엔화로 교환하면 유로달러 투자에서 벌 수 있는 것보다 $4,638($1,044,638 − $1,040,000) 더 많은 수익을 낼 수 있다는 것을 보여준다. 그러나 외환시장과 유로마켓에서의 상황 조건은 매우 빨리 바뀌기 때문에 페 홍이 몇 분만

도표 6.7 **무위험 금리차익거래(CIA)**

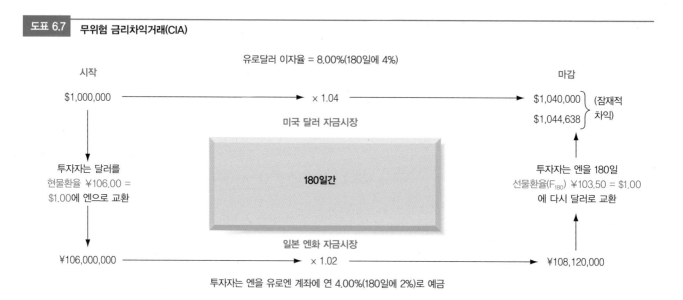

더 지체한다면 수익의 기회는 사라지고 말 것이다.

페 홍은 이제 다음과 같은 거래를 실행한다.

1단계 : 1,000,000달러를 현물환율 ¥106.00/$에 106,000,000엔으로 교환한다(도표 6.7에서 "시작").

2단계 : 106,000,000엔을 6개월 유로엔 계좌에 투자해서 연 4.00% 혹은 180일간 2%의 수익을 얻는다.

3단계 : 동시에 미래의 엔 수입(108,120,000엔)을 180일 선물환율 ¥103.50/$에 선물환 매도한다. 이 조치는 총달러 수입을 1,044,638달러로 확정한다(도표 6.7의 "마감").

4단계 : 연 8.00% 혹은 180일에 4%인 이자율을 적용했을 때 총 1,040,000달러가 되는 원리금을 가지고 펀드의 비용(기회비용)을 계산한다. CIA의 이익("마감")은 $4,638($1,044,638 − $1,040,000)가 된다.

모든 수익은 맨 처음 거래가 시작됐던 통화로 표시되었음을 유념하라. 그러나 트레이더는 미국 달러, 일본 엔 또는 다른 주요 통화로 투자를 할 수 있다. 무위험 차익거래 수익이 발생하기 위해 필요한 조건은 금리평가가 성립하지 않는 것이다. 상대적인 금리와 선물환 프리미엄에 따라서 페 홍은 일본 엔으로 시작해서 미국 달러에 투자하고 달러 선물환을 매도해 엔화를 살 수도 있다. 그러면 엔화로 수익을 얻는 것이다. 그렇다면 페 홍은 도표 6.7에서 어느 방향으로 갈 것인지를 어떻게 결정해야 할까?

경험 법칙. 달러로 시작할 것인지 엔으로 시작할 것인지를 결정하는 열쇠는 엔화에 대한 선물환 프리미엄과 금리 격차를 비교하는 것이다(무위험의 비용). 예를 들어 도표 6.7에서 180일물의 금리 차이는 2.00%였다(달러의 이자율이 2.00% 높았다). 180일물 엔화 선물환의 프리미엄은 다음과 같다.

$$f^{¥} = \frac{\text{현물환율} - \text{선물환율}}{\text{선물환율}} \times \frac{360}{180} \times 100 = \frac{¥106.00/\$ - ¥103.50/\$}{¥103.50/\$} \times 200 = 4.8309\%$$

다른 말로 하면, 엔에 투자하고 엔화 수익금을 선물환 매도함으로써, 페 홍은 그냥 달러에 계속 투자하는 것보다 금리 차익 거래와 선물환 프리미엄을 결합해 더 많은 돈을 벌 수 있는 것이다.

> **차익 거래의 경험 법칙 :** 만일 금리 차이가 선물환 프리미엄(또는 기대되는 현물환율의 변화)보다 크다면, 더 높은 금리를 제공하는 통화에 투자하라. 만일 금리 차이가 선물환 프리미엄(또는 기대되는 현물환율의 변화)보다 작다면, 이자율이 낮은 통화에 투자하라.

이러한 경험법칙을 활용함으로써 페 홍은 도표 6.7에서 박스의 어느 방향으로 가야 할지 선택할 수 있다. 그것은 또한 그가 바른 방향으로 가면 항상 이익을 얻을 수 있음을 보증한다. 이 법칙은 차익 거래의 이익이 수반되는 거래비용보다 크다는 것을 가정한다.

이러한 CIA 과정은 국제통화시장 및 자금시장이 금리평가에서 묘사하는 균형 상태를 향하도록 이끌어간다. 균형 상태로부터 약간의 일탈은 차익 거래자들에게 작은 무위험 이익을 취할 기회를 제공한다. 그러한 일탈은 시장이 균형(평가)을 향해 되돌아가도록 하는 수요와 공급의 힘을 제공한다.

무위험 금리차익거래의 기회는 금리평가가 다시 확립될 때까지 계속된다. 왜냐하면 차익 거래자들이 가능한 한 자주 그 사이클을 반복함으로써 무위험이익을 얻을 수 있기 때문이다. 그들의 행동은 다음과 같은 이유로 외환시장과 자금시장이 균형 상태로 돌아가도록 이끌게 된다.

1. 현물환 시장에서의 엔 매입과 선물환 시장에서의 엔 매도는 선물환 엔의 프리미엄을 줄인다. 이것은 현물환 엔이 추가적인 수요 때문에 강세가 되고 선물환 엔은 추가적인 매도 때문에 약세가 되기 때문이다. 선물환 엔에서 축소된 프리미엄은 엔화에 투자함으로써 이전에 얻을 수 있었던 환거래 이익을 감소시킨다.

2. 엔화표시 증권에 대한 수요는 엔의 이자율을 떨어뜨리고, 미국에서 높아진 대출 수준은 달러의 이자율을 높인다. 그것의 종합적 결과는 달러에 투자하는 것이 유리하도록 금리차가 더 확대되는 것이다.

위험 금리차익거래(UIA)

무위험 금리차익거래의 변종은 **위험 금리차익거래(UIA)**라고 하는데, 여기서 투자자들은 상대적으로 금리수준이 낮은 국가의 통화를 빌리고 그 돈을 한참 높은 이자율을 제공하는 통화로 교환한다. 이러한 거래를 '위험' 거래라고 하는데, 왜냐하면 투자자가 이자율 높은 통화를 선물환으로 매도하지 않고, 만기가 됐을 때 고금리 통화를 저금리 통화로 교환하는 위험을 감수하기 때문이다. 도표 6.8은 '엔 캐리 트레이드'라고 불리는 위험 금리차익거래를 트레이더가 수행하는 단계를 보여준다.

'엔 캐리 트레이드'는 UIA의 오래된 적용 사례이다. 일본 국내외 투자자들은 (연 0.40%라는) 극단적으로 낮은 엔 금리를 이용해서 자본을 조달한다. 투자자들은 그렇게 조달한 자본을 미국 달러나 유로 같은 다른 통화로 바꾼다. 그리고 그들은 이 달러나 유로를 유로자금시장이나 달러자금시장에 투자해 (도표 6.8에서 연 5.00%에 이르는) 높은 수익을 올린다. 만기가 됐을 때(이 경우에는 1년) 그들은 달러 수익금을 현물환 시장에서 팔아 엔으로 다시 교환한다. 그 결과는 당초의 엔화 대출을 갚고도 남는 짭짤한 수입이다.

그러나 중요한 것은 연말의 현물환율이 연초의 환율에 비해 크게 변하지 않아야 한다는 것이다. 만일 엔화가 달러에 비해 상당히 절상된다면, 1999년 ¥120/$에서 ¥105/$이 됐던 것처럼, 이런 '위험' 투자자는 엔화를 갚기 위해 달러를 엔으로 교환할 때 큰 손해를 볼 수밖에 없다. 높은 수익에 따르는 높은 위험인 셈이다. 이 장 끝에 나오는 사례는 가장 흔한 캐리 트레이드 구조의 하나인 호주 달러 대 일본 엔화 교차환율에 대해 자세히 말해준다.

금리와 환율 간의 균형

도표 6.9는 금리와 환율 간의 균형에 필요한 조건을 표현한다. 수직축은 외국 통화를 중심으로 한 금리차이를 보여주고, 수평축은 해당 통화에 대한 선물환 프리미엄 또는 선물환 할인을 보여준다. 금리평가선은 균형 상태를 보여주는데, 거래비용 때문에 그 선은 가느다란 단선이기보다는 하나의 띠를 이

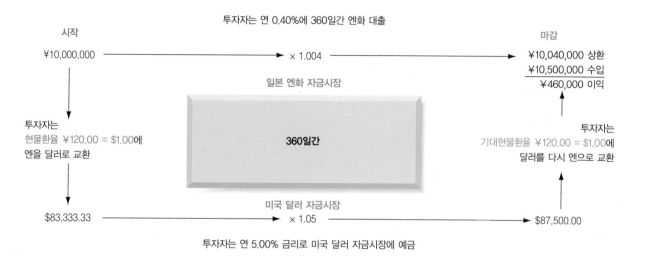

도표 6.8 위험 금리차익거래(UIA) : 엔 캐리 트레이드

투자자는 연 0.40%에 360일간 엔화 대출

시작   마감

¥10,000,000   × 1.004   ¥10,040,000 상환
¥10,500,000 수입
¥460,000 이익

일본 엔화 자금시장

360일간

투자자는
현물환율 ¥120.00 = $1.00에
엔을 달러로 교환

투자자는
기대현물환율 ¥120.00 = $1.00에
달러를 다시 엔으로 교환

미국 달러 자금시장

$83,333.33   × 1.05 $87,500.00

투자자는 연 5.00% 금리로 미국 달러 자금시장에 예금

룬다.

거래비용은 증권을 살 때와 팔 때 외환 거래와 브로커 비용 등이 드는 것을 말한다. 최근의 전형적인 거래비용은 연간 기준으로 0.18~0.25% 사이에 있다. 도표 6.7에 묘사된 페 홍의 무위험 금리차익거래 (CIA)와 같은 개인적 거래에서는 거래당 뚜렷한 거래비용은 없다. 단지 페 홍의 활동을 지원하기 위한

도표 6.9 금리평가와 균형

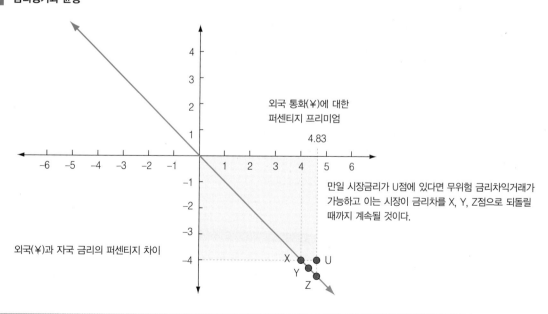

외국 통화(¥)에 대한
퍼센티지 프리미엄

4.83

만일 시장금리가 U점에 있다면 무위험 금리차익거래가
가능하고 이는 시장이 금리차를 X, Y, Z점으로 되돌릴
때까지 계속될 것이다.

외국(¥)과 자국 금리의 퍼센티지 차이

은행의 비용이 거래비용이라고 할 수 있다. 도표 6.9의 X점은 하나의 가능한 균형포지션, 즉 4% 낮은 엔화 증권 금리가 엔 선물환의 4% 프리미엄으로 상쇄되는 지점을 보여준다.

앞에 나오는 도표 6.7의 CIA 사례에서 금리차익거래를 유발하는 불균형 상황은 도표 6.9의 U점으로 나타난다. U점은 엔에 적용되는 낮은 금리가 (연간 기준) 4%인 반면 엔 선물환에 대한 프리미엄은 (연간 기준) 4.8%를 약간 넘기 때문에 금리평가선 바깥에 위치해있다. 앞서 제시된 선물환 프리미엄 계산 공식을 활용해서, 우리는 다음과 같이 일본 엔화의 선물환 프리미엄을 계산한다.

$$\frac{¥106.00/\$ - ¥103.50/\$}{¥103.50/\$} \times \frac{360일}{180일} \times 100 = 4.83\%$$

모든 투자자들이 똑같은 무위험 금리차익거래를 수행할 인센티브를 갖고 있기 때문에 U점으로 묘사된 상황은 불안정하다. 은행 실패를 제외하면 차익 거래의 이익은 사실상 무위험이다.

어떤 관찰자들은 해당 정부 중의 하나가 선물환 계약의 이행을 막을 자본 통제를 실시할 수 있기 때문에 정치적 위험이 존재한다고 말한다. 이러한 위험은 세계 주요 금융센터 간의 무위험 금리차익거래에 있어서는 꽤 먼 얘기이다. 특별히 무위험 금리차익거래에 활용되는 자금의 대부분은 유로달러로 돼 있기 때문이다. 그러한 우려는 아마도 정치적·재정적 안정성이 확보되지 않은 나라 간의 거래에 있어서는 유효할 것이다.

불균형의 종합적 결과는 자금의 흐름이 금리 간의 격차를 줄이고 엔 선물환의 프리미엄을 감소시키는 것이 될 것이다. 다른 말로 하면, 시장의 압력은 도표 6.9의 U점이 금리평가 띠를 향해 다가가도록 만들 것이다. 선물시장의 프리미엄이 금리 차이보다 쉽게 변화하는지 여부에 따라, 균형은 Y점에서 이뤄지거나 X와 Z 사이의 다른 어떤 지점에서 이뤄질 것이다.

위험 금리차익거래는 오늘날 글로벌 금융시장에서 여러 가지 형태로 나타나며 위험을 감수할 의사가 있는 사람(그리고 잠재적으로 그 대가를 치르는 사람)에게 기회는 존재한다. 글로벌 금융 실무 6.2는 그런 투기 중의 하나인 헝가리의 외국 통화 주택 모기지를 설명한다. 이 투기는 순진한 주택보유자를 외국 통화 투기꾼으로 만들 수 있다.

글로벌 금융 실무 6.2

헝가리의 모기지

헝가리의 주택소유자들보다 금리와 통화와의 관계를 잘 이해하는 사람도 없을 것이다. 모기지를 자국 통화(헝가리 포린트)로 받을 것인지 아니면 외국 통화(예를 들면 스위스 프랑)로 받을 것인지 하는 선택에서 많은 헝가리 사람들은 금리가 낮은 스위스 프랑을 선택했다.

그러나 실제 금리가 얼마였는지를 떠나, 스위스 프랑 대비 헝가리 포린트의 가치가 40% 이상 하락했기 때문에, 헝가리 포린트로 갚아야 하는 모기지 부담이 급격하게 늘어났다. 이 대출자들은 이제 증가하는 빚 부담에서 벗어나기 위해 자신들의 모기지가 '위헌'이었다는 선언을 받아내고자 애쓰고 있다.

(계속)

헝가리 포린트 대 스위스 프랑의 환율 변화(월간, 2000년 1월~2014년 1월)

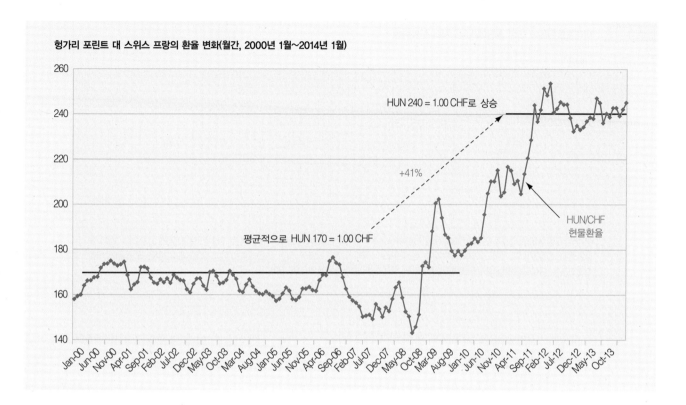

미래현물환율에 대한 불편예측치로서의 선물환율

어떤 예측가들은 주요 변동환율 통화들에 대해 외환시장이 '효율적'이며 선물환율은 미래의 현물환율에 대한 불편예측치(unbiased predictor)라고 믿는다.

도표 6.10은 선물환율이 어떻게 미래의 현물환율을 예측하는지의 관점에서 '불편예측치'의 의미를 보여준다. 만일 선물환율이 미래의 현물환율에 대한 불편예측치라면 시기 2에서의 미래 현물환율의 기대값은 지금 구할 수 있는 시기 2에 인도되는 선물환율의 현재값과 동일하다. 즉, $E_1(S_2) = F_{1,2}$이다.

직관적으로, 이것은 미래에 가능한 실제 현물환율의 분포가 선물환율로 집중된다는 것을 의미한다. 그러나 이것이 불편예측치라는 사실이 미래의 현물환율이 실제로 선물환율이 예측하는 것과 동일함을 의미하는 것은 아니다. 불편예측이라는 것은 단지 그 선물환율이 평균적으로 동일한 정도와 빈도로 미래의 실제 현물환율을 과대평가하거나 과소평가한다는 것을 말한다. 사실상 선물환율은 아마도 미래의 실제 현물환율과 결코 같지 않을 것이다.

이 관계의 근거는 외환시장이 상당히 효율적이라는 가정에 기초하고 있다. 시장효율성은 다음과 같은 가정을 한다. (1) 모든 관련 정보는 현물시장과 선물시장에 모두 신속하게 반영된다. (2) 거래비용은 낮다. 그리고 (3) 다른 통화들로 표시된 금융상품들은 서로에게 완벽한 대체재가 될 수 있다.

효율적인 외환시장에 대한 경험적 연구는 충돌하는 결과들을 보여준다. 그럼에도 불구하고, 효율적

도표 6.10	미래현물환율에 대한 불편예측치로서의 선물환율

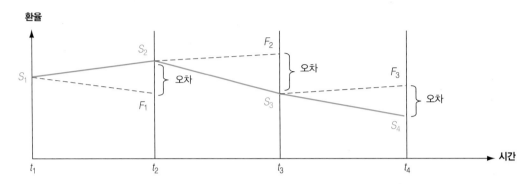

미래의 일정 시점($t + 1$)에 인도될 '오늘'(t)의 선물환율은 $t + 1$기의 현물환율에 대한 추정 혹은 '예측치'로 사용된다. 미래 시점의 현물환율과 선물환율의 차이는 관측 오차이다. 선물환율이 '미래의 현물환율에 대한 불편예측치'라고 불릴 때, 그것은 오차들이 미래 현물환율의 중간값 주변으로 정규분포되어 있다는 것을 의미한다(오차들의 합은 0이다).

시장 가설을 거부하는 합의가 자리를 잡아가고 있다. 선물환율은 미래 현물환율의 불편예측치가 아니며 환율을 예측하기 위해 자원을 쓰면 보상이 있다는 사실이 드러나고 있다.

만일 효율적 시장 가설이 정확하다면, 금융담당 임원은 미래의 환율을 예측함으로써 지속적으로 이익을 얻는 것을 기대할 수 없다. 왜냐하면 선물환 시장에서 현재의 호가는 알려진 모든 미래의 환율들을 다 반영하고 있기 때문이다. 비록 미래의 환율이 현재의 선물시장 호가에 암시된 기대와 다르다고 하더라도, 우리는 미래의 실제 환율이 오늘의 선물환율과 어떤 방식으로 달라질지 알 수 없다. 기대되는 편차의 중앙값은 0이다. 따라서 선물환율은 미래의 현물환율에 대한 '불편' 추정치가 된다.

긴 시간 분석을 활용한 외환시장의 효율성에 대한 테스트는 외환시장의 효율성이 검증 불가능하거나, 만일 검증이 가능하다면 시장은 효율적이지 않다고 결론 내린다. 더 나아가 환율예측 서비스의 존재와 성공은 경영자들이 아무 비용을 치르지 않고 선물환율을 예측치로 사용할 수 있음에도 불구하고 환율예측정보에 대가를 치를 의사가 있음을 보여준다. 이러한 정보를 사는 '비용'은 많은 경우 선물환율을 포함해서 자기 자신의 예측치를 사용했다가 그 예측이 부정확한 것으로 드러나 해고될 가능성이 있는 재무담당자들의 '보험료'라고 할 수 있다. 만일 그들이 전문적인 조언을 '샀는데' 그것이 틀린 것으로 판명된다면, 잘못은 그들 자신의 예측에 있지 않은 것이다!

만일 외환시장이 효율적이지 않다면, 기업이 환율을 예측하기 위해 자원을 사용하는 것은 당연한 일이다. 이것은 외환시장을 효율적이라고 간주하는 결론과 반대되는 것이다.

물가, 금리 그리고 환율의 균형

도표 6.11은 미국 달러와 일본 엔을 활용해서 균형에서의 기본적인 평가 관계를 동시에 묘사한다. 일본과 미국의 예측 인플레이션율은 각각 1%와 5%로, 4% 포인트 차이이다. 미국 달러시장(1년 만기 정부증권)에서 명목금리는 8%로, 일본의 명목금리 4%와 4% 포인트 차이가 난다. 현물환율은 ¥104/\$이며, 1년 만기 선물환율은 ¥100/\$이다.

관계 A : 구매력평가(PPP). 상대적 개념의 구매력평가에 따르면, 지금부터 1년 후의 현물환율 S_2는 ¥100/\$으로 기대된다.

$$S_2 = S_1 \times \frac{1 + \pi^¥}{1 + \pi^\$} = ¥104/\$ \times \frac{1.01}{1.05} = ¥100/\$$$

이것은 4%의 변화이며, 기대인플레이션율 차이(1% − 5% 또는 −4%)와 같고 부호는 반대이다.

관계 B : 피셔효과. 실질수익률은 명목금리에서 기대인플레이션율을 뺀 것이다. 효율적이고 공개적인 시장을 가정했을 때, 실질수익률은 모든 통화에서 동일해야 한다.

여기서 미국 달러시장의 실질수익률은 3%($r = i - \pi$ = 8% − 5%)이고 일본 엔 시장에서도 3%(4% − 1%)이다. 도표 6.11에서는 3%의 실질수익률이 나오기보다 피셔효과의 관계[명목금리 차이는 기대인플레이션율의 차이(−4%)와 같다]가 나온다는 것을 유의하라.

도표 6.11 **균형에서의 국제평가조건(축약식)**

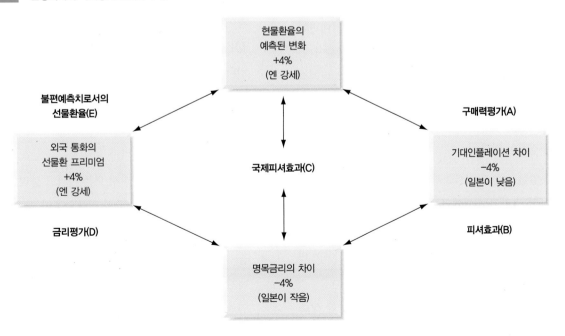

관계 C : 국제피셔효과. 예측된 현물환율의 변화(4%)는 명목금리 차이와 같고 부호는 반대이다.

$$\frac{S_1 - S_2}{S_2} \times 100 = i^{¥} - i^{\$} = -4\%$$

관계 D : 금리평가(IRP). 금리평가 이론에 따르면 명목금리의 차이는 선물환 프리미엄과 같고 부호는 반대이다. 다음의 수식 예에서 엔의 명목금리(4%)는 달러의 명목금리(8%)보다 4% 포인트 작다.

$$i^{¥} - i^{\$} = 1\% - 5\% = -4\%$$

그리고 선물환 프리미엄($f^{¥}$)은 플러스 4%이다.

$$f^{¥} = \frac{S_1 - F}{F} \times 100 = \frac{¥104/\$ - ¥100/\$}{¥100/\$} \times 100 = 4\%$$

관계 E : 불편예측치로서의 선물환. 마지막으로 일본 엔의 1년 만기 선물환율(F)은 미래의 현물환율에 대한 불편예측치로 가정한다면, 역시 ¥100/$으로 예측된다.

요점

■ 평가 조건은 경제학자들이 환율의 장기적인 흐름을 설명하기 위해 사용해왔다.

■ 자유변동환율제의 조건 아래에서 현물환율의 기대변화율, 국가별 인플레이션과 금리 차이 그리고 선물환 할인율(디스카운트)과 할증률(프리미엄)은 모두 상호 비례적으로 결정된다. 이런 변수들 중 하나의 변화는 가장 먼저 움직인 변수에 대한 피드백을 통해 모두의 변화를 초래하는 경향이 있다.

■ 만일 동일한 상품과 서비스가 2개의 다른 시장에서 팔릴 수 있다면 그리고 시장에 상품을 이동시키기 위한 교통비용과 판매에 따르는 제약이 없다면, 두 시장에서 상품의 가격은 같아야 한다. 이것을 일물일가의 법칙(law of one price)이라고 한다.

■ 절대적 의미의 구매력평가는 현물환율이 비슷한 상품 바스켓의 상대 가격에 의해 결정된다는 것이다.

■ 상대적 의미의 구매력평가는 두 나라의 현물환율이 균형 상태에서 출발했을 때, 두 나라 간의 인플레이션율 차이에 어떤 변화가 생길 경우 장기적으로 현물환율이 같은 정도, 반대방향의 변화로 그것을 상쇄한다는 것이다.

■ 경제학자 Irving Fisher의 이름을 딴 피셔효과는 각 나라의 명목금리가 기대실질수익률에 기대인플레이션에 대한 보상을 합한 것과 같다고 말한다.

■ 국제피셔효과, 때때로 '피셔 오픈'이라고 불리는 것은 두 나라 간의 금리 격차에 맞춰 현물환율이 같은 정도, 반대 방향으로 변화해야 한다는 것을 말한다.

■ 금리평가(IRP) 이론은 같은 위험과 만기를 가진 증권에 대한 각 나라의 금리 차이가 외국 통화에 대한 선물환 할인율 혹은 선물환 프리미엄에서 거래비용을 뺀 것과 크기가 같고 부호는 반대라고 말한다.

- 현물환과 선물환 시장이 금리평가로 설명한 것과 같은 균형 상태에 있지 않을 때, 잠재적인 '무위험' 혹은 차익거래 수익의 기회가 존재한다. 이것을 무위험 금리차익거래(CIA)라고 한다.

- 어떤 관측가들은 주요 자유변동환율 통화에 있어서 외환시장이 '효율적'이며 선물환율은 미래의 현물환율에 대한 불편예측치라고 믿는다.

와타나베 부인과 일본 엔 캐리 트레이드[1]

¥1,500,000bn(약 $16,800bn) 이상에 달하는 이 저축은 세계에서 가장 거대한 투자가능 부(wealth)의 저장고이다. 그것의 대부분은 보통의 일본 은행계좌에 잠겨있다. 그리고 놀랄 만큼 많은 양의 현금이 집에 보관되어 있는데, 이는 전통적으로 사람들이 소지품을 넣어두는 나무 찬장의 이름을 따서 '찬장 저축'이라고 불린다. 그러나 2000년대 초반부터 일본에서 흔한 성씨인 '와타나베 부인'으로 불리는 주부들이 좀 더 높은 수익률을 찾아 나서기 시작했다.

—"Shopping, Cooking, Cleaning Playing the Yen Carry Trade," *Financial Times*, 2009년 2월 21일

지난 20년 이상, 글로벌 기준에서 일본의 엔화 금리는 극단적으로 낮은 상태에 머물러있었다. 여러 해 동안 일본 중앙은행은 쉼 없이 주식시장 붕괴, 디플레이션 압력, 경기침체와 싸우면서 엔화 금리를 연 1% 수준 혹은 그 이하로 유지해왔다. 규모와 깊이를 갖춘 정교한 금융산업과 결합해서, 이러한 저금리는 엔 캐리 트레이드라고 불리는 국제 금융투기를 낳았다.

이런 트레이딩 전략은 교과서에서 좀 더 공식적으로 위험 금리차익거래(UIA)라고 범주화된다. 그것은 꽤 간단한 투기 포지션이다. 이자율이 싼 곳에서 돈을 빌린 다음 이자율이 높은 다른 통화시장에서 투자한다. 한 가지 관건은 적절한 타이밍인데, 이자율이 높은 곳에서 빌린 돈이 원래의 통화로 교환될 때, 환율은 원래대로 머물러있거나 투기자에게 우호적인 방향으로 움직여야 한다. '우호적'이라는 말은 금리가 높은 통화가 빌린 통화에 비해 강세여야 한다는 것이다. 그리고 셰익스피어가 말한 것처럼, "아, 그것이 문제로다."

엔의 가용성

그런데 왜 일본에 초점을 맞추는가? 금리가 주기적으로 낮아지는 다른 주요 통화시장들도 있지 않은가? 일본과 일본 엔은 캐리 트레이드를 하는 투자자와 투기 거래자들에게 몇 가지 독특한 매력을 갖고 있다.

첫째, 일본은 수십 년간 세계에서 저축률이 가장 높은 나라의 하나로 계속 자리매김해왔다. 이것은 엄청나게 많은 자금이 전통적으로 매우 보수적인 성향의 민간 저축자들 손에 축적되어 있다는 것을 의미한다. 그 자금들은 저축 계좌에 있든 침대 매트리스 속에 숨겨져 있든 거의 수익을 내지 못한다. (사실 극단적으로 낮은 금리를 생각했을 때, 매트리스나 은행이나 실질적인 차이가 없다.)

엔 캐리 트레이드를 촉진하는 두 번째 요소는 일본 금융부문의 절대적인 규모와 정교함이다. 일본 경제는 전 세계에서 가장 크고 산업화한 경제 중 하나일 뿐 아니라 매우 강력한 국제적 요소를 갖고 성장, 발달한 경제이다. 일본의 비

---

[1] Copyright 2014 © Thunderbird School of Global Management. All rights reserved. 이 사례는 Michael Moffett 교수의 수업 중 토론을 목적으로 준비한 것으로, 효율적이거나 비효율적인 경영을 시사하지 않는다.

즈니스와 국제금융을 둘러싸고 있는 발전되고 확립된 사회 기반시설을 이해하기 위해서는 도요타나 소니의 규모와 글로벌 활동범위를 생각해봐야 한다. 그러나 일본의 은행부문은 종종 실의에 빠진 국내 경제와 균형을 찾을 수 있는 새롭고도 다양한 투자를 지속적으로 모색해왔다. 그래서 일본 은행산업은 매력적인 고객인 외국 투자자와 차입자를 찾아 나섰다. 다국적 기업들은 엔화로 표시된 부채, 다시 한 번 강조하지만 매우 극단적으로 낮은 금리에 쓸 수 있는 대출금에 아주 쉽게 접근할 수 있었다.

엔 캐리 트레이드의 세 번째 촉진자는 일본 엔의 가치 그 자체이다. 엔은 오랫동안 아시아 통화 중 가장 국제화한 것으로 정평이 나있으며, 폭넓게 거래되고 있었다. 그러나 엔화는 시간이 지남에 따라 엄청난 변동성을 보였다. 물론 변동성 그 자체는 금리차익거래를 하룻밤에 망칠 수 있기 때문에 캐리 트레이드를 촉진하는 요소가 아니다. 열쇠는 엔이 상대적으로 오랜 기간 동안 미국 달러나 다음 사례에서

나오는 호주 달러 등 주요국 통화에 대해 보여주고 있는 변화의 추이이다.

호주 달러 대 일본 엔의 환율

도표 A는 2000~2013년까지 13년 동안 일본 엔화와 호주 달러 간 환율의 움직임을 보여주고 있다. 이 현물환율의 움직임과 장기간 이어진 주기적 트렌드는 금리차익거래가 매우 수익성이 높았던 몇 개의 확장된 기간을 제공해주었다.

두 기간에 걸친 호주 달러의 가치 상승은 명백하다. 그 기간들 동안 엔을 매도하고 호주 달러를 매입한 투자자(그리고 상대적으로 높은 호주 달러 금리를 즐겼던)는 상당한 수익을 즐겼을 것이다.

하지만 1년 정도의 짧은 기간이라면 어땠을까? 투기 거래자는 현물환율의 장기 추세를 내다볼 수 있는 수정구슬이 없었고(오직 추정만 가능했다면? 도표 B에 자세히 나오는 1년 투기 거래를 생각해보자. 2009년 1월의 환율을 보는 투자자는 엔화 환율이 최근에 역사상 '최저'에 다다랐음을 알

도표 A   **JPY와 AUD 현물환율의 추이**

호주 달러당 일본 엔(월간)

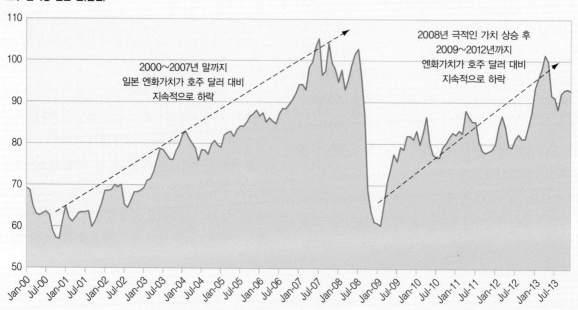

게 된다), 이는 호주 달러에 대비해 엔화의 강세를 의미하는 것이다. 엔화 환율이 다시 상승할 것이라는 데 내기를 걸고, 즉 호주 달러에 비해 엔이 약세가 될 것이라는 것을 전망하고, JPY50,000,000을 1년간 연 1%의 금리로 빌릴 수 있다. 그다음 JPY50,000,000을 JPY60.91 = AUD1.0의 환율에 호주 달러와 교환하고, 그렇게 해서 받은 AUD820,883을 호주 금리 연 4.50%로 예금한다. 투자자는 환율이 변화하지 않더라도 금리차에 따라 연 3.50%의 수익을 올릴 수 있다고 자신의 투자를 합리화할 수 있다.

나중에 밝혀진 것처럼, 1년 후인 2010년 1월의 현물환율은 JPY83.19 = AUD1.00으로 당초보다 엔이 훨씬 약세가 됐다. 1년간의 호주 달러–일본 엔 캐리 트레이드의 포지션은 이제 JPY50,000,000을 투자해서 41.7%에 해당하는 JPY20,862,296.83의 이익을 낸 매우 만족스러운 결과로 나타났다.

2009년 금융위기 이후

2008~2009년 글로벌 금융위기는 미국연방준비제도와 유럽중앙은행(ECB)이 시장에서 완화적인 금융정책을 추구하도록 만들었다. 두 중앙은행은 높은 수준의 유동성을 유지하고 취약한 상업은행 시스템을 지원하기 위해 거의 제로(0)에 가까운 금리를 고수했다. 이제 빈혈에 빠진 글로벌 경제에서 수익을 얻을 기회를 본 투자자들은 위험 금리차익거래를 위해 미국과 유럽의 저비용자금을 활용하고 있다. 하지만 이 '신흥시장 캐리 트레이드'를 매우 독특하게 만드는 것은 금리가 아니라 투자자들이 세계의 두 핵심 통화인 달러와 유로를 매도(short)하고 있다는 것이다.

도표 C에서 개요를 설명한 유로–인도 루피 캐리 트레이드 전략을 생각해보자. 투자자는 EUR20,000,000을 믿기 어려울 만큼 낮은 금리에(다시 한 번 말하자면, 침체에 빠진 유럽 경제를 활성화하기 위한 ECB의 전략), 이를테면 연 1.00%나 180일 0.50%의 금리에 빌린다. 이제 EUR20,000,000은 인도의 루피(INR)로 교환되는데, 2012년 초의 현물환율은 INP67.4 = EUR1.00으로 놀랄 만큼 낮았다. 이렇게 교환한 INR1,348,000,000은 자본을 끌어들이고자 하는 인도 은행들에 이자가 있는 예금으로 적립되었다. 금리는 연 2.50%(180일 1.25%)로 그리 높은 수준이 아니었으나 당시 달러, 유로, 엔 시장에서 얻을

도표 B   호주 달러–엔 캐리 트레이드

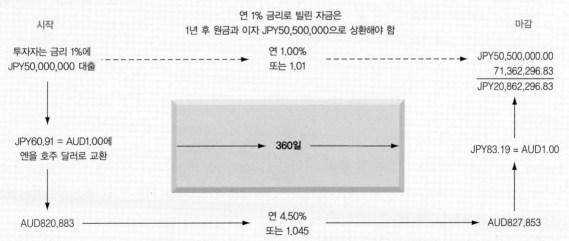

호주 달러는 1년간 연 4.50%의 높은 금리에 투자된다. 그 결과 원금과 AUD827,853의 이자가 현물환율에 다시 일본 엔화로 교환된다.
운, 능력 혹은 둘 다 작용해서 이익을 냈다.

유로-루피 캐리 트레이드

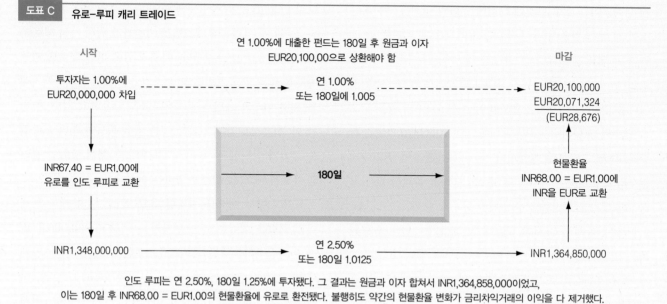

연 1.00%에 대출한 펀드는 180일 후 원금과 이자
EUR20,100,00으로 상환해야 함

시작

투자는 1.00%에
EUR20,000,000 차입

연 1.00%
또는 180일에 1.005

마감

EUR20,100,000
EUR20,071,324
(EUR28,676)

INR67.40 = EUR1.00에
유로를 인도 루피로 교환

180일

현물환율
INR68.00 = EUR1.00에
INR을 EUR로 교환

INR1,348,000,000

연 2.50%
또는 180일 1.0125

INR1,364,850,000

인도 루피는 연 2.50%, 180일 1.25%에 투자됐다. 그 결과는 원금과 이자 합쳐서 INR1,364,858,000이었고,
이는 180일 후 INR68.00 = EUR1.00의 현물환율에 유로로 환전됐다. 불행히도 약간의 현물환율 변화가 금리차익거래의 이익을 다 제거했다.

수 있는 것에 비해서는 컸다. 180일 후에 계좌에 쌓인 돈 INR1,364,850,000은 이제 INR68.00 = EUR1.00에 유로로 전환된다. 그러나 이것은 손해였다. 비록 루피가 많이 변동한 것은 아니지만 금리차익을 제거할 만큼은 변했기 때문이다.

캐리 트레이드는 국제적인 언론에서 종종 쉽고 위험이 없는 수익인 것처럼 묘사된다. 그렇지 않다. 방금 설명한 유로-루피 사례에서처럼, 금리와 환율의 결합은 움직이는 변수가 매우 많고 변화무쌍한 글로벌 시장에 좌우된다. (미래를 예견하는) 정확한 수정구슬이 있다면 매우 유용할 것이다.

사례 문제

1. USD와 EUR의 전통적인 핵심 시장에서 이자율은 왜 그렇게 낮은가?
2. 무엇이 이 '신흥시장 캐리 트레이드'를 다른 전통적인 위험 금리차익거래와 그토록 다르게 만드는가?
3. 왜 많은 투자자들이 달러와 유로를 매도하고 있는가?

1. **일물일가의 법칙.** 기본적 가정들을 감안해서 일물일가의 법칙을 주의 깊게 정의하라. 이론을 활용하려 할 때 이 가정들은 왜 현실 세계에 적용하기가 어려운가?

2. **구매력평가.** 절대적 구매력평가와 상대적 구매력평가를 각각 정의하라.

3. **빅맥지수.** 빅맥지수는 구매력평가의 일물일가의 법칙 측정을 위해 필요한 이론적 요구조건들에 얼마나 가깝게 부합하는가?

4. **저평가와 구매력평가.** 구매력평가 이론에 따르면 저평가된 통화에는 어떤 일이 일어나야 하는가?

5. **명목실효환율 지수.** 명목실효환율 지수는 어떻게 만들어지는지 설명하라.

6. **실질실효환율 지수.** 명목실효환율 지수를 실질실효환율 지수로 전환하는 데 사용되는 공식은 무엇인가?

7. **환율전가.** 환율전가란 무엇인가?

8. **부분적 환율전가.** 부분적 환율전가란 무엇이며, 효율적인 글로벌 시장에서 어떻게 부분적 환율전가가 일어날 수 있는가?

9. **수요의 가격탄력성.** 수요의 가격탄력성은 환율전가와 어떻게 관련되는가?

10. **피셔효과.** 피셔효과를 정의하라. 시장이 개방적이고 효율적인 경우 피셔효과는 실질금리에 대해 뭐라고 말하는가?

11. **피셔효과의 축약 공식.** 왜 피셔효과의 엄밀한 공식 대신 축약 공식이 자주 사용되는가? 이것은 중대한 분석 오차를 낳는가?

12. **국제피셔효과.** 국제피셔효과를 정의하라. 그것은 국내 투자자들이 외국의 보다 높은 금리를 활용하는 것을 말리는가?

13. **금리평가.** 금리평가를 정의하라. 만일 현물환율과 선물환율이 동일하다면 금리평가는 이자율에 대해 뭐라고 말하는가?

14. **무위험 금리차익거래.** 거래비용을 무시했을 때, 어떤 조건하에서 무위험 금리차익거래가 타당한가?

15. **위험 금리차익거래.** 위험 금리차익거래를 수행하려면 투자자나 투기 거래자가 어떤 기대를 가져야 하는가?

16. **선물환율 계산.** 만일 당신과 함께 일하고 있는 사람이 특정 통화에 대한 현재의 선물환율은 미래의 현물환율이 어떻게 결정될 것인지에 대한 시장의 기대라고 주장한다면 당신은 무엇이라고 말하겠는가?

17. **불편예측치로서의 선물환율.** 어떤 관측가들은 주요 변동환율 통화를 거래하는 외환시장이 '효율적'이며, 선물환율은 미래의 현물환율에 대한 불편예측치라고 믿는다. 미래의 현물환율을 추정하는 데 있어 선물환율의 신뢰성이라는 관점에서 '불편예측치'의 의미는 무엇인가?

18. **거래비용.** 만일 무위험 금리차익거래나 위험 금리차익거래에서 거래비용이 크다면, 그것은 차익 거래 활동에 어떤 영향을 미칠 것이라고 보는가?

19. **캐리 트레이드.** 캐리 트레이드는 경제지에서 자주 언급되는 개념이다. 그것의 의미는 무엇이며, 캐리 트레이드 거래를 수행하기 위해서 투자자들에게 필요한 조건과 기대는 무엇인가?

20. **시장의 효율성.** 많은 학자들과 전문가들이 외환시장과 금리시장이 과연 효율적인지 알아보기 위해 실증분석을 했다. 그들의 결론은 무엇인가?

문제

1. **Pulau Penang Island Resort.** 테레사 눈은 지금으로부터 1년 후에 말레이시아의 풀라우 피낭에서 30일간 휴가를 보내려고 한다. 고급스러운 방과 음식에 대한 현재 시점의 비용은 말레이시아 링깃(RM)으로 하루 RM1,000이다. 말레이시아 링깃은 현재 RM5.2522/GBP에 환전되고 있다. 그녀는 30일간의 체류 비용이 현재가로 GBP6,000 정도가 될 것으로 계산한다. 호텔 측은 그녀에게 방값의 변화는 말레이시아의 생활물가 상승분 정도에 국한될 것이라고 알려주었다. 영국의 기대인플레이션이 연 1%인 반면 말레이시아의 인플레이션은 연 3% 정도가 될 것으로 예상되고 있다.

   a. 테레사가 30일간 휴가를 보내려면 지금부터 1년 후

에 얼마가 필요한가?

b. 파운드로 계산한 비용은 몇 퍼센트 정도 올라가는 가? 왜 그런가?

2. **아르헨티나의 눈물.** 1990년대 내내 아르헨티나의 페소 는 통화위원회(currency board)에 의해 Ps1.00/$의 비 율로 고정되어 있었다. 2002년 1월, 아르헨티나 페소 는 자유변동제로 바뀌었다. 2003년 1월 29일, 페소는 Ps3.20/$에 거래됐다. 그 1년 동안 아르헨티나의 인플 레이션은 연간 20%에 이르렀다. 같은 기간 미국의 인 플레이션은 연 2.2%였다.

a. 만일 PPP가 성립한다면 2003년 1월의 환율은 얼마 여야 하는가?

b. 연간 기준으로 아르헨티나 페소는 몇 퍼센트 저평 가됐는가?

c. 저평가를 초래한 개연성 있는 이유는 무엇인가?

3. **일본/호주 평가조건.** 윌리엄 레온은 일본과 호주의 금 융조건이 등가상태에 있는지 가늠해보려고 한다. 현재 의 현물환율은 ¥108.33/A$이고, 1년 만기 선물환율은 ¥106.50/A$이다. 예상되는 인플레이션은 일본의 경 우 5.00%, 호주는 6.80%이다. 1년 만기 일본 엔 예금 금리는 7.85% 그리고 1년 만기 호주 달러 예금금리는 9.70%이다.

a. 다이어그램을 그리고 일본과 호주 사이에 국제평 가조건이 성립하는지 계산하라.

b. 지금부터 1년 후 일본 엔 대 호주 달러(¥/A$) 환율 에 예상되는 변화를 찾으라.

4. **시드니에서 피닉스로.** 테리 라모어오는 호주 시드니와 미국 피닉스에 집을 갖고 있다. 그는 1년에 최소한 두 번 두 도시 사이를 여행한다. 잦은 여행 때문에, 그는 고품질의 새 여행가방을 사려고 한다. 그는 조사를 거 쳐 Briggs and Riley의 3종 세트 여행 가방을 사기로 결 심했다. 시드니와 피닉스에 소매점이 있다. 테리는 재 무 전공자답게, 어디에서 구매하더라도 같은 값을 지불

하는지 알아보기 위해 구매력평가를 활용하려고 한다.

a. 만일 피닉스에서 가방 3종 세트가 850달러이 고 시드니에서 930호주 달러이면, 현물환율이 A$1.094/$일 때 구매력평가를 감안해서 두 곳의 가방가격은 정말 동등한 것인가?

b. 만일 그 가방의 가격이 지금으로부터 1년 후 피닉 스에서 같은 상태로 남아있다면, PPP가 성립할 때 시드니에서의 가방 가격은 얼마인지 계산하라. 미 국의 인플레이션은 1.15%이고, 호주의 인플레이션 은 3.13%이다.

5. **크로아티아의 스타벅스.** 스타벅스는 2010년 10월 크로 아티아 자그레브의 첫 점포를 열었다. 자그레브에서 톨 사이즈 바닐라라떼 한 잔의 가격은 25.70크로아티아 쿠나(kn 또는 HRK)이다. 미국 뉴욕에서 톨사이즈 바 닐라라떼의 가격은 2.65달러이다. 크로아티아 쿠나와 미국 달러의 환율은 kn5.6288 = $1이다. 구매력평가에 따르면 크로아티아의 쿠나는 저평가됐는가, 고평가됐 는가?

6. **코롤라 수출과 환율전가.** 일본 오사카에서 도요타 코롤 라 1대를 수출하는 가격이 2,150,00엔이라고 가정하자. 환율은 ¥87.60/$이다. 미국의 예상인플레이션은 연 2.2%이고 일본의 인플레이션은 0.0%이다. 이 데이터 를 활용해서 환율전가에 대한 다음 질문에 답하라.

a. 연초에 미국 달러로 표시된 코롤라의 수출가격은 얼마인가?

b. 구매력평가가 성립한다고 가정했을 때, 연말의 환 율은 얼마인가?

c. 100% 환율전가를 가정했을 때, 달러로 표시된 연 말의 코롤라 가격은 얼마가 될까?

d. 75%의 환율전가를 가정했을 때, 달러로 표시된 연 말의 코롤라 가격은 얼마가 될까?

7. **가마다 다케시—CIA Japan(A).** Credit Suissse(도쿄)의 외 환트레이더인 가마다 다케시는 무위험 금리차익거래

의 기회를 찾고 있다. 그는 5,000,000달러 혹은 그에 상응하는 엔화를 활용해서 미국 달러와 일본 엔화 간 무위험 금리차익거래를 하길 원한다. 그에게는 아래와 같은 환율과 금리 표가 주어졌다. 여기서 무위험 금리차익거래가 가능한가? 만일 그렇다면 어떻게 가능한 것인가?

가용 차익 거래 자금	$5,000,000
현물환율(¥/$)	118.60
180일 선물환율(¥/$)	117.80
180일 미국 달러 이자율	4.800%
180일 일본 엔 이자율	3.400%

8. **가마다 다케시—UIA Japan(B).** Credit Suissse(도쿄)의 가마다 다케시는 지난주 동안 ¥/$의 현물환율이 변화 없이 일정하고, 달러와 엔의 금리도 상대적으로 고정된 상태임을 파악했다. 다케시는 자신이 위험 금리차익거래(UIA)를 시도해서 선물환계약의 비용을 아낄 수 있는지 궁금해한다. 다케시의 리서치 동료직원들은(그리고 그들의 컴퓨터 모델은) 향후 180일 동안 현물환율이 ¥118.00/$에 가깝게 머물 것이라고 예측하고 있다. 문제 7의 데이터를 활용해서 UIA의 가능성을 분석하라.

9. **코펜하겐 무위험 금리차익거래(A).** JPMorgan Chase의 외환트레이더인 하이디 옌센은 덴마크와의 무위험 금리차익거래에 회사의 단기자금 5,000,000달러 혹은 그에 상응하는 외국 통화를 투자할 수 있다. 다음의 호가들을 활용했을 때, 하이디는 무위험 금리차익거래(CIA)를 통해 수익을 낼 수 있을까?

가용 차익 거래 자금	$5,000,000
현물환율(kr/$)	6.1720
3개월 선물환율(kr/$)	6.1980
미국 달러 3개월 이자율	3.000%
덴마크 크로네 3개월 이자율	5.000%

10. **코펜하겐 무위험 금리차익거래(B).** 하이디 옌센은 이제

동일한 시장에서 금리가 변동한 후의 차익 거래 수익가능성을 평가하고 있다. (금리 차이가 선물환 프리미엄과 동일하지 않을 때, 언제 어느 방향으로든 CIA 수익을 내는 것이 가능하다는 것을 명심하라.)

가용 차익 거래 자금	$5,000,000
현물환율(kr/$)	6.1720
3개월 선물환율(kr/$)	6.1980
미국 달러 3개월 이자율	4.000%
덴마크 크로네 3개월 이자율	5.000%

11. **코펜하겐 무위험 금리차익거래(C).** 하이디 옌센은 또 다른 금리변동이 발생한 후 같은 시장에서 다시 한 번 무위험 금리차익거래의 가능성을 계산하고 있다. (언제든 금리 차이가 선물환 프리미엄과 동일하지 않을 때, 어느 방향으로나 CIA 수익을 내는 것이 가능하다는 것을 기억하라.)

가용 차익 거래 자금	$5,000,000
현물환율(kr/$)	6.1720
3개월 선물환율(kr/$)	6.1980
미국 달러 3개월 이자율	4.000%
덴마크 크로네 3개월 이자율	6.000%

12. **캐스퍼 랜드슨—CIA(A).** 캐스퍼 랜드슨은 뉴욕에 있는 한 은행의 외환트레이더이다. 그는 단기금융시장 투자를 위해 1,000,000달러(혹은 그에 상응하는 스위스 프랑)을 갖고 있다. 다음에 주어진 호가를 활용했을 때, 그는 90일간 미국 달러에 투자해야 하는가, 아니면 스위스 프랑에 무위험 금리차익거래(CIA) 투자를 해야 하는가?

가용자금	$1,000,000
현물환율(SFr/$)	0.9502
90일 선물환율(SFr/$)	0.9410
미국 달러 90일 이자율	3.80%
스위스 프랑 90일 이자율	5.30%

13. **캐스퍼 랜드슨—UIA(B).** 문제 12의 같은 값과 가정들을 활용해서 캐스퍼 랜드슨은 선물환을 통한 위험회피 없이, 즉 위험 금리차익거래(UIA)를 통해 미국 달러의 3.80% 수익 전액을 노리기로 했다. 이 결정을 평가하라.

14. **캐스퍼 랜드슨—30일 후.** 문제 12와 13에서 묘사한 사건이 지난 후 한 달이 됐을 때 캐스퍼 랜드슨은 90일간 투자할 수 있는 자금 1,000,000달러(혹은 그에 상응하는 스위스 프랑)을 다시 갖게 됐다. 그는 이제 다음과 같은 환율과 금리를 마주하고 있다. 그는 다시 CIA 투자를 해야 할까?

가용자금	$1,000,000
현물환율(SFr/$)	0.9452
90일 선물환율(SFr/$)	0.9410
스위스 프랑 90일 이자율	4.30%
미국 달러 90일 이자율	6.80%

15. **노르웨이 Statoil의 차익 거래.** 노르웨이의 국영 석유회사인 Statoil은 석유화학과 통화시장 양쪽에서 상당히 대규모로, 정교하면서도 적극적인 참여를 하고 있다. 이 회사는 비록 노르웨이 회사지만 글로벌 석유시장에서 사업을 하고 있기 때문에, 노르웨이 크로네보다는 미국 달러를 기능통화(functional currency)로 간주하고 있다. Statoil의 통화트레이더인 아리 칼센은 3,000,000 달러(혹은 이에 상응하는 노르웨이 크로네)의 즉시 가용한 자금을 갖고 있다. 그는 다음과 같은 시장 지표를 갖고 90일 동안 차익 거래 이익을 낼 수 있는지 생각하고 있다.

가용 차익 거래 자금	$3,000,000
현물환율(Nok/$)	6.0312
3개월 선물환율(Nok/$)	6.0186
미국 달러 3개월 이자율	5.000%
노르웨이 크로네 3개월 이자율	4.450%

16. **대서양에 의한 분리.** 해양으로 3,000마일이나 떨어지고, 5개의 시간대 차이가 있지만 런던과 뉴욕의 통화 및 외환시장은 양쪽 모두 효율적이다. 다음 정보는 각각의 지역에서 수집된 것이다.

가정	런던	뉴욕
현물환율($/€)	1.3264	1.3264
1년 만기 미국국채 금리	3.900%	4.500%
기대인플레이션율	알 수 없음	1.250%

a. 금융시장은 내년도 유럽의 인플레이션에 대해 무엇을 시사하고 있는가?

b. 오늘자로 달러와 유로 간의 1년 만기 선물환율을 계산한다면 얼마인가?

17. **샤모니의 성 빌리기.** 당신은 1년 후 프랑스의 샤모니에 있는 몽블랑산의 스키 리조트로 휴가를 가려고 한다. 당신은 성(chateau)을 하나 빌리려고 협상하고 있다. 그 성의 주인은 인플레이션과 환율변화에 대비해서 그의 실질수익을 보장받고 싶어 한다. 그래서 (크리스마스 시즌) 현재의 주당 임대료인 9,800유로는 지금과 그 때 사이 프랑스의 생활물가 수준 변화에 따라 오르거나 내릴 수 있다. 당신은 구매력평가(PPP)를 토대로 예산을 짜고 있다. 내년에 프랑스의 인플레이션은 평균 3.5%로 예상되는 반면 미국 달러의 인플레이션은 2.5%로 관측되고 있다. 지금 현물환율은 $1.3620/€이다. 일주일 임대료로 당신은 미국 달러 기준 얼마의 예산을 잡아야 하는가?

현물환율($/€)	$1.3620
내년의 미국 기대인플레이션	2.500%
내년의 프랑스 기대인플레이션	3.500%
현재의 명목 주당 임대료(€)	9,800.00

18. **East Asiatic Company—태국.** East Asiatic Company (EAC)는 아시아 전역에 자회사를 둔 덴마크 회사인데,

방콕 자회사의 자금조달을 주로 미국 달러 부채로 했다. 태국의 바트로 표시된 부채에 비해 비용과 가용성 면에서 유리했기 때문이다. EAC-태국의 재무담당자는 250,000달러의 1년 만기 은행 대출을 고려하고 있다. 현재의 현물환율은 B32.06/$이고 1년 만기 달러 대출에 대한 이자율은 6.75%이다. 바트 표시의 1년 대출 금리는 12.00%이다.

a. 내년에 태국과 미국의 기대인플레이션이 각각 4.3%와 1.25%라고 가정할 때, 구매력평가에 따르면 태국 바트로 조달한 자금의 실효 비용은 얼마인가?

b. 만일 EAC의 외환자문역이 내년에 태국 정부가 달러에 대해 바트의 가치를 5% 떨어뜨릴 것이라고 믿는다면(달러시장에서 자국 수출품의 경쟁력을 높이기 위해), 바트 기준으로 자금의 실효 비용은 얼마인가?

c. 만일 EAC가 연 13%의 금리로 바트를 빌릴 수 있다면 (a)나 (b)의 경우에 비해 싼 것인가?

19. **몰타의 매.** 몰타의 기사들이 1530년 스페인 국왕의 몰타섬 선물에 대한 감사의 표시로 헌정하려 했던 것으로 알려진, 순금으로 조각된 신화 속의 매가 최근에 발굴되었다고 상상해보자. 그 매는 14인치 높이이고, 순금으로 만들어졌으며 무게는 약 48파운드이다. 정치적인 긴장 때문에 금값이 온스당 440달러로 올랐다고 가정하자. 그 매는 현재 이스탄불에 있는 개인 투자자가 갖고 있으며, 그는 매를 사서 고향인 섬으로 귀환시키려는 몰타 정부를 상대로 적극적인 협상을 하고 있다. 판매와 지불은 지금으로부터 1년 후 이뤄질 것이고, 양측은 가격과 결제 통화에 대해 협상을 하고 있다. 그 투자자는 선의의 표시로 그 매의 판매가격을 오직 금값에만 근거해서 판단하기로 했다.

현재의 달러당 몰타 리라(ML)의 현물환율은 0.39ML/$이다. 몰타의 인플레이션은 내년에 8.5%에

이를 것으로 기대되고 있고, 미국의 인플레이션은 이중 침체의 영향으로 1.5%에 머물 것으로 예상된다. 만일 투자자가 미국 달러에 기반해서 가치를 매긴다면 그 투자자는 1년 후에 리라로 그 값을 받는 것이 나은가(구매력평가를 가정해서), 아니면 (1년 후의 금값이 온스당 420달러일 것을 가정해서) 보장된 달러를 받는 것이 나은가?

20. **말레이시아 리스크.** 클레이턴 무어는 런던 바깥에서 운용되는 국제 단기금융시장펀드의 매니저이다. 다양한 금리수익과 함께 거의 무위험 투자를 보장하는 많은 단기금융펀드와는 달리, 클레이턴 무어의 펀드는 어느 정도의 위험을 감수하고 전 세계에서 상대적으로 높은 금리수익을 추구하는 공격적인 펀드이다. 표기 화폐는 영국 파운드화이다. 클레이턴은 요즘 말레이시아에서의 흥미로운 기회를 평가하고 있다. 1997년의 아시아 위기 이후, 말레이시아 정부는 말레이시아 링깃의 가치를 보호하기 위해 몇 가지 통화 및 자본 규제를 시행했다. 링깃은 7년 동안 RM3.80/$에 고정되어 있었다. 2005년에 말레이시아 정부는 몇 개의 주요 통화를 상대로 링깃이 자유변동하도록 허용했다. 오늘자 현물환율은 RM3.13485/$이다. 180일 만기 국내 예금은 연 8.900%의 이자를 지급하고 있다. 비슷한 180일 만기의 파운드 예금에 대해 런던의 유로통화시장은 연 4.200%의 수익을 제공하고 있다. 현재의 영국 파운드 현물환율은 $1.5820/£, 180일 만기 선물환율은 $1.5561/£이다. 클레이턴은 말레이시아에서 투자하는 것이 좋을까?

21. **맥주 표준.** 1999년에 *The Economist*는 현지 맥주 가격을 활용해서 아프리카 통화의 가치를 평가하는 지표 혹은 표준이 개발됐다고 보도했다. 빅맥 대신에 맥주가 선택된 것은 빅맥이 남아프리카공화국을 넘어 아프리카 대륙에 침투하지 못했기 때문이고, 맥주가 통화지표 구성에 요구되는 적절한 제품 및 시장 특성들을 대부분

문제 21.

국가	맥주	맥주 가격			PPP 암시환율	현물환율
		국가별 통화	현지 가격	랜드 가격		
남아프리카	Castle	Rand	2.30	—	—	—
보츠와나	Castle	Pula	2.20	2.94	0.96	0.75
가나	Star	Cedi	1,200.00	3.17	521.74	379.10
케냐	Tusker	Shilling	41.25	4.02	17.93	10.27
말라위	Carlsberg	Kwacha	18.50	2.66	8.04	6.96
모리셔스	Phoenix	Rupee	15.00	3.72	6.52	4.03
나미비아	Windhoek	N$	2.50	2.50	1.09	1.00
잠비아	Castle	Kwacha	1,200.00	3.52	521.74	340.68
짐바브웨	Castle	Z$	9.00	1.46	3.91	6.15

갖췄기 때문이다. 남아공의 투자은행인 Investec은 *The Economist*가 빅맥지수를 산출하듯 아프리카의 구매력평가(PPP) 측정수단을 만들기 위한 절차를 복제했다.

이 지수는 사하라 이남 아프리카 전역에서 375ml의 맑은 라거 맥주 가격을 비교했다. PPP의 측정수단으로서 상대적인 구매력 비교가 가능하게 하려면 맥주는 나라마다 품질이 비슷해야 하고, 해당 지역에서 상당 부분 제조, 원료 투입, 유통, 서비스가 되어야 한다. 맥주는 처음에 지역통화로 가격이 매겨져야 한다(가격이 비싼 관광센터가 아니라 지역의 술집에서 구매되어야 한다). 그 가격은 다음으로 남아공의 랜드(rand)로 환산되고, 랜드로 환산된 가격을 지역통화로 매겨진 가격과 비교해서 해당 통화가 랜드에 비해 고평가되었는지 저평가되었는지 판단하게 된다. 위에 있는 표의 데이터를 활용해서 개별 통화들이 저평가되었는지 고평가되었는지를 계산하라.

22. **Grupo Bimbo(멕시코).** 멕시코시티에 본사가 있는 Grupo Bimbo는 세계에서 가장 큰 제과회사 중 하나이다. 1월 1일 현물환율이 Ps10.80/$일 때, 이 회사는 뉴욕에 있는 은행으로부터 1년 만기 6.80% 금리에 25,000,000달러를 빌린다(멕시코 은행들은 같은 성격의 대출에 9.60%의 이자를 받는다). 그 한 해 동안 미국의 인플레이션은 2%이고 멕시코의 인플레이션은 4%이다. 연말에 회사는 달러 대출을 갚는다.

a. 만일 Bimbo가 1년 후 현물환율이 구매력평가에 맞을 것으로 기대한다면, 페소 표기 이자로 계산한 Bimbo의 달러 대출 비용은 얼마인가?

b. 역시 구매력평가를 가정했을 때, Bimbo가 달러를 1년간 빌린 실질 금리비용(인플레이션을 감안한)은 페소 표기로 얼마인가?

c. 만일 연말에 실제 현물환율이 Ps9.60/$가 됐다면, 그 대출의 실제 금리비용은 페소 표기로 얼마인가?

23. **러시아 AvtoVAZ의 Kalina 수출가격 분석.** 러시아의 대표적 자동차회사인 AvtoVAZ OAO는 2001년에 새로운 자동차 모델을 출시하고 국내시장과 수출시장에 대해 완전한 가격 분석을 완료하려는 중이다. 새로운 차 Kalina는 러시아 국내가격이 당초 260,000루블로 고려됐고, Rouble30 = $1.00의 현물환율에 따라 수출했을 때 미국 달러 가격은 8,6667.67달러가 될 전망이다. AvtoVAZ는 시간이 흐르면 인플레이션을 고려해서 러시아 국내가격을 올릴 생각인데, 미국의 인플레이션과 미래 환율에 따라 그에 대응한 수출가격은 어떻게 해야

문제 23.

연도	2001	2002	2003	2004	2005	2006
Kalina 가격(루블)	260,000					
러시아 인플레이션(예상)		14.0%	12.0%	11.0%	8.0%	8.0%
미국 인플레이션(예상)		2.5%	3.0%	3.0%	3.0%	3.0%
환율(roubles = USD1.00)	30.00					

할지를 걱정하고 있다. 주어진 데이터를 활용해서 다음의 가격분석 질문에 답하라.

a. 만일 Kalina의 국내가격이 인플레이션율에 따라 오른다면, 2002~2006년 기간 동안 그 가격은 어떻게 될까?

b. 미국과 러시아의 인플레이션 예측이 정확하다고 가정했을 때, 구매력평가가 성립하는 경우 향후 몇 년간 루블의 가치는 어떻게 될까?

c. 구매력평가에 맞는 루블-달러의 환율 예측에 따라 Kalina의 수출가격이 결정된다면 2002~2006년 기간의 수출가격은 얼마가 될까?

d. 만일 러시아의 인플레이션에 따라 차 가격이 변동하고, 이 기간 동안 달러 대 루블의 환율이 상대적으로 안정된다면 Kalina의 수출 가격은 시간에 따라 어떻게 달라질까?

e. 새로 고용된 가격전략가인 블래드는 국내시장과 수출시장에서 자동차 가격은 모두 인플레이션에 따라 인상될 것이며 루블과 달러의 환율은 고정적일 것이라고 믿는다. 이것은 향후 Kalina의 수출 가격에 어떤 영향을 줄까?

f. 만일 당신이 AvtoVAZ라면, Kalina를 수출하는 기간 동안 루블과 달러의 관계에 어떤 일이 벌어지기를 희망할까? 만일 당신의 그러한 '희망'에 경쟁에 관한 가정(달러시장에서 시간에 따라 다른 회사 자동차가격이 어떻게 변동하는지)을 결합한다면, 당신의 전략은 어떻게 전개될까?

g. 결과적으로 실제 러시아 루블은 2001~2006년 기간 동안 어떻게 변동했는가?

인터넷 문제

1. **빅맥지수 업데이트.** *The Economist*의 웹사이트를 활용해서 통화 고평가와 저평가에 대한 빅맥지수의 최신판을 찾으라. ('Big Mac Currencies'라는 키워드를 넣어야 할 것이다.) 이 장에서 보여준 버전 이후에 영국 파운드, 유로, 스위스 프랑, 캐나다 달러가 어떻게 변동했는지를 보여줄 수 있도록 워크시트를 작성하라.

   The Economist   www.eonomist.com/markets-data

2. **구매력평가 통계.** 경제협력개발기구(OECD)는 회원국들의 물가와 구매력에 대한 구체적인 척도들을 발표한

   다. OECD의 웹사이트에 가서 회원국들의 구매력에 대한 역사적 데이터를 수록한 스프레드시트 파일을 내려받으라.

   OECD   www.oecd.org/std/prices-ppp

3. **국제금리.** 몇 개의 웹사이트는 통화와 만기별로 현재의 금리를 발표한다. 여기 소개한 *Financial Times*의 웹사이트를 활용해서 미국 달러와 영국 파운드 그리고 유로 간의 금리 차이를 1년 혹은 그 이하의 만기를 가진 상품을 대상으로 분리해 작성하라.

Financial Times   market.ft.com/RESEARCH/
                   Markets/Interest-Rates

*Financial Times*에 나오는 데이터 :

- 국제 단기금리(주요 통화 예금에 대한 은행의 콜 금리)

- 단기자금 금리(LIBOR, CD 금리, 기타)

- 10년 물 스프레드(유로와 미국의 10년 만기 국채에 대한 각국의 스프레드). 어느 나라들이 실제로 미국과 유로보다 더 낮은 10년 만기 국채 금리를 가졌는지 확인하라. 아마도 스위스와 일본일 것이다.

- 벤치마크 정부채권들(주요국들의 대표적인 국채 발행 사례와 최근의 가격 변동). 어떤 나라들이 더 만기가 긴 벤치마크 금리를 사용하는지 파악하라.

- 신흥시장 채권(정부 발행, 브래디 본드, 기타)

- 유로존 금리(유럽에 근거지를 둔 회사들의 다양한 채권 금리와 대출 등급)

4. **세계은행의 국제비교 프로그램.** 세계은행은 전 세계 107개국 경제의 상대적 구매력에 초점을 둔 연구 프로그램을 진행하고 있다. 최신 데이터 테이블을 내려받아서 어떤 경제가 최근에 상대적 구매력이 가장 커졌는지 표시하라. 인터넷에서 세계은행의 ICP 프로그램 사이트를 찾으라.

제6장 부록 :
국제평가조건에 대한 수학적 입문

다음은 이 장에서 설명한 평가조건을 순수하게 대수적으로 표현한 것이다. 이 내용은 이론과 개념에 대한 구체적 설명을 원하는 사람들이 다양한 조건들의 단계적 변형에 쉽게 접근할 수 있도록 하려고 마련된 것이다.

일물일가의 법칙

일물일가의 법칙은 자유무역이 존재하고 상품의 완벽한 대체가 가능하며, 거래비용이 없을 때 두 통화 간의 균형환율은 2개의 다른 통화로 표시된 상품의 가격 비율로 결정된다는 것을 말한다. 공식은 다음과 같다.

$$S_t = \frac{P_{i,t}^\$}{P_{i,t}^{SF}}$$

여기서 $P_i^\$$와 P_i^{SF}는 각각 t시기에 동일상품 i의 미국 달러와 스위스 프랑 표시가격을 말한다. 현물환율 S_t는 단순히 두 통화 가격의 비율이 된다.

구매력평가

2개의 가격지수에 의해 결정되는 환율에 관한 보다 일반적인 공식은 절대적 버전의 **구매력평가**(PPP)로 표현된다. 각 가격지수는 각 나라의 동일한 상품 '바스켓'의 화폐적 비용을 반영한다. 동일한 상품 조합에 대한 구매력을 동일하게 만드는 환율은 따라서 다음과 같이 표현된다.

$$S_t = \frac{P_t^\$}{P_t^{SF}}$$

여기서 $P_t^\$$와 P_t^{SF}는 각각 t시기의 미국 달러와 스위스 프랑 가격지수를 말한다. 만일 $\pi^\$$와 π^{SF}가 각 나라의 인플레이션율을 표현한다면 $t+1$기의 현물환율은 다음과 같을 것이다.

$$S_{t+1} = \frac{P_t^\$ (1 + \pi^\$)}{P_t^{SF}(1 + \pi^{SF})} = S_t\left[\frac{(1 + \pi^\$)}{(1 + \pi^{SF})}\right]$$

그러면 t시기에서 $t + 1$시기의 변화는 다음과 같다.

$$\frac{S_{t+1}}{S_t} = \frac{\dfrac{P_t^\$(1 + \pi^\$)}{P_t^{SF}(1 + \pi^{SF})}}{\dfrac{P_t^\$}{P_t^{SF}}} = \frac{S_t\left[\dfrac{(1 + \pi^\$)}{(1 + \pi^{SF})}\right]}{S_t} = \frac{(1 + \pi^\$)}{(1 + \pi^{SF})}$$

t시기에서 $t + 1$시기 사이의 현물환율의 퍼센티지 변화를 분리시키면 다음과 같다.

$$\frac{S_{t+1} - S_t}{S_t} = \frac{S_t\left[\dfrac{(1 + \pi^\$)}{(1 + \pi^{SF})}\right] - S_t}{S_t} = \frac{(1 + \pi^\$) - (1 + \pi^{SF})}{(1 + \pi^{SF})}$$

이 방정식은 종종 오른쪽 변의 분모값이 미미할 경우 이를 빼고 축약해서 쓰기도 한다. 그러면 다음과 같이 표현할 수 있다.

$$\frac{S_{t+1} - S_t}{S_t} = (1 + \pi^\$) - (1 + \pi^{SF}) = \pi^\$ - \pi^{SF}$$

선물환율

선물환율은 외환과 대출상품을 다루는 예금기관과 여타 금융중개기관 등 사적 대리인들이 활용할 수 있는 계약상의 환율이다. 연율로 계산된 선물환율과 현물환율의 퍼센티지 차이를 **선물환 프리미엄**이라고 한다.

$$f^{SF} = \left[\frac{F_{t,t+1} - S_t}{S_t}\right] \times \left[\frac{360}{n_{t,t+1}}\right]$$

여기서 f^{SF}는 스위스 프랑에 대한 선물환 프리미엄이고, $F_{t,t+1}$은 t시기에 $t + 1$시기 인도를 약속한 선물환율을 말하며, S_t는 현재의 현물환율 그리고 $n_{t,t+1}$은 계약일(t)과 인도일($t + 1$) 사이의 날짜 수를 말한다.

무위험 금리차익거래(CIA)와 금리평가(IRP)

무위험 금리차익거래(CIA)의 과정은 투자자가 국내 통화를 현물환 시장에서 외국 통화와 교환한 뒤 해당 통화를 이자를 받는 금융상품에 투자하고, 그 외국 통화의 원리금(총액)을 다시 국내 통화와 교환하기 위해 미래의 환율을 '고정'하는 선물환 계약을 체결하는 것이다. CIA의 순수익은 다음과 같이 계산한다.

$$\text{순수익} = \left[\frac{(1 + i^{\text{SF}})F_{t,t+1}}{S_t} \right] - (1 + i^{\$})$$

여기서 S_t와 $F_{t,t+1}$은 현물환율 및 선물환율($\$$/SF)이며, i^{SF}는 스위스 프랑으로 표시된 단기금융상품의 명목금리(또는 수익률) 그리고 $i^{\$}$는 비슷한 달러 표시 금융상품의 명목수익률이다.

만일 그들이 정확히 같은 수익률을 갖는다면, 즉 만일 CIA가 제로(0)의 무위험 수익을 낸다면 **금리평가(IRP)**가 성립하며, 다음과 같이 표현된다.

$$(1 + i^{\$}) = \left[\frac{(1 + i^{\text{SF}})F_{t,t+1}}{S_t} \right]$$

또는 다음과 같이 표현할 수도 있다.

$$\frac{(1 + i^{\$})}{(1 + i^{\text{SF}})} = \frac{F_{t,t+1}}{S_t}.$$

만일 이 방정식의 양변에서 퍼센티지 차이를 찾는다면(현물환율과 선물환율의 퍼센티지 차이는 선물환 프리미엄), 선물환 프리미엄과 상대적인 금리 차이의 관계는 다음과 같다.

$$\frac{F_{t,t+1} - S_t}{S_t} = f^{\text{SF}} = \frac{i^{\$} - i^{\text{SF}}}{1 + i^{\text{SF}}}.$$

만일 이런 수치가 일치하지 않는다면(그래서 시장이 균형 상태에 있지 않다면), 거기엔 무위험 이익의 가능성이 존재한다. 그러면 그런 차익 거래 가능성을 활용하려는 대리인들에 의해 CIA가 더 이상 이익을 내지 않을 때까지 무위험 차익거래가 일어남으로써 시장은 균형으로 돌아가게 된다.

피셔효과

피셔효과란 모든 명목금리가 암묵적인 실질금리와 기대인플레이션율로 분해될 수 있다는 것을 말한다.

$$i^{\$} = [(1 + r^{\$})(1 + \pi^{\$})] - 1$$

여기서 $r^\$$는 실질금리이며 $\pi^\$$는 달러로 표기된 자산의 기대인플레이션율이다. 부분요소들은 따라서 다음과 같이 찾아낼 수 있다.

$$i^\$ = r^\$ + \pi^\$ + r^\$\pi^\$$$

PPP와 마찬가지로 이 공식에는 널리 받아들여지는 축약형이 있다. 곱셈항목인 $r^\$\pi^\$$는 종종 아주 미미하기 때문에 빼고 다음과 같이 표현한다.

$$i^\$ = r^\$ + \pi^\$$$

국제피셔효과

국제피셔효과는 국내 금리 관계를 국제통화시장으로 확장한 것이다. 만일 자본이 무위험 금리차익거래(CIA)를 통해 현재의 실질금리 차이로부터 초래되는 높은 국제적 이익의 기회를 찾으려고 한다면, 각 통화들의 실질금리는 같아질 것이다(예 : $r^\$ = r^{SF}$).

$$\frac{S_{t+1} - S_t}{S_t} = \frac{(1 + i^\$) - (1 + i^{SF})}{(1 + i^{SF})} = \frac{i^\$ - i^{SF}}{(1 + i^{SF})}$$

만일 명목금리가 각각 실질금리와 기대인플레이션 부분으로 분해될 수 있다면, 현물환율의 퍼센티지 변화는 다음과 같다.

$$\frac{S_{t+1} - S_t}{S_t} = \frac{(r^\$ + \pi^\$ + r^\$\pi^\$) - (r^{SF} + \pi^{SF} + r^{SF}\pi^{SF})}{1 + r^{SF} + \pi^{SF} + r^{SF}\pi^{SF}}$$

국제피셔효과는 다음 조건들이 충족되는 경우 몇 가지 추가적인 시사점을 갖는다. (1) 자본시장은 자유롭게 유출입이 가능하다. (2) 자본시장은 대체가 가능한 투자기회를 갖고 있다. (3) 시장참가자들은 이런 가능성에 대해 완벽하고 동등한 정보를 갖고 있다.

이런 조건이 주어졌을 때, 국제 차익 거래자들은 시장 간의 실질금리가 똑같아질 때까지($r^\$ = r^{SF}$) 모든 무위험 수익기회를 활용할 수 있다. 따라서 현물환율에서 기대되는 환율 변화는 기대인플레이션율의 차이를 줄인다.

$$\frac{S_{t+1} - S_t}{S_t} = \frac{\pi^\$ + r^\$\pi^\$ - \pi^{SF} - r^{SF}\pi^{SF}}{1 + r^{SF} + \pi^{SF} + r^{SF}\pi^{SF}}$$

축약된 공식이 결합된다면(분모 제거와 상호적 개념인 r과 π를 제거함으로써) 현물환율의 변화는 다음과 같이 표현된다.

$$\frac{S_{t+1} - S_t}{S_t} = \pi^{\$} - \pi^{\text{SF}}$$

국제피셔효과와 구매력평가의 축약 공식이 유사하며(공식의 형태가 같다), 앞에서 거론한 것처럼 유일한 잠재적 차이는 **사전적** 인플레이션과 **사후적**(기대된) 인플레이션의 차이라는 것을 유념하라.

외환파생상품 : 선물과 옵션

파생상품 계약에 담보나 보장이 없다면, 이들의 궁극적인 가치는 거래상대방의 신용도에 달려있다. 계약이 종료되기 전에도 거래당사자들은 조금의 현금거래도 없이 종종 대규모의 손익을 현재의 손익계산서에 기록한다. 파생상품 계약의 범위는 (때로는 미치광이로 보이는) 사람의 상상력에 의해서만 제한된다.

– Warren Buffett, *Berkshire Hathaway Annual Report*, 2002

학습목표

- 외환선물이 어떻게 호가되고, 가격이 산정되며, 투기목적에 사용되는지를 설명한다.
- 위험과 수익률 측면에서 외환옵션의 매수와 매도를 살펴본다.
- 외환옵션의 가치가 환율의 움직임에 따라 어떻게 변하는지 설명한다.
- 외환옵션의 가치가 가격 구성요소의 변화에 따라 어떻게 변하는지 분석한다.

21 세기 다국적 기업의 재무관리는 **금융파생상품**(financial derivatives)의 사용을 확실히 포함할 것이다. 주식이나 통화와 같은 기초자산에서 파생되어 그 이름이 유래된 파생상품들은 투기 (speculation)와 헤징(hedging)이라는 두 가지 매우 분명한 관리 목적을 위해 오늘날 경영에서 사용되는 강력한 도구들이다. 다국적 기업의 재무관리자는 이익을 기대하며 금융파생상품들을 구매하거나(투기) 일상의 기업 현금흐름의 운용에 동반되는 위험을 감소시키기 위하여 이들 수단을 사용하기도 한다 (헤징). 그러나 이들 금융 도구들을 효과적으로 사용하기 전에 재무관리자들은 이들의 구조와 가격결정에 관한 기초를 이해하여야만 한다.

이 장에서는 다국적 기업의 재무관리에서 오늘날 사용되는 주요 외환금융파생상품을 다룬다. 여기서는 이들에 대한 가치산정의 기초와 투기적 목적의 사용에 초점을 둔다. 제9장은 이들 외환파생상품들이 상업적 거래를 헤지하는 데 쓰이는 방법을 설명한다. 이 장 말미의 사례인 "키코와 한국 원화"는 어떻게 통화옵션이 다른 상품들과 결합하여 구매자들에게조차 복잡한 상품이 될 수 있는지를 보여준다.

더 나아가기 전에 주의할 점이 있다. 금융파생상품들은 신중하고 능력 있는 재무관리자들의 손에서 강력한 도구이며, 또한 부주의하게 사용될 때에는 파괴적인 수단이 될 수 있다. 금융의 역사는 의도적이든 의도적인 것이 아니든 재무관리자들이 거대한 포지션을 취하여 그들의 회사에 막대한 손실과 때로는 명백한 몰락을 초래한 사례들로 가득 차 있다. 그러나 적합한 사람과 적절한 통제하에서 파생상품들은 경영자가 기업의 재무성과를 향상시키고 보호하는 기회를 제공할 수도 있다. 사용자가 조심하기를 바란다.

외환선물

외환선물계약(foreign currency futures contract)은 고정된 시간, 장소, 가격으로 표준 금액의 외환을 미래에 인도하는 선도 계약의 대안이다. 이는 상품(돼지, 소, 목재 등), 이자지급예금 및 금에 대해 존재하는 선물 계약과 유사하다.

대부분의 세계 주요 금융센터들은 외환선물시장을 설립하였다. 미국의 외환선물시장 중 가장 중요한 시장은 시카고상품거래소(Chicago Mercantile Exchange, CME)의 한 부문인 International Monetary Market(IMM)이다.

계약명세서

계약명세서는 선물 계약이 거래되는 거래소에서 제정된다. 시카고 IMM을 예로 들자면 표준화된 선물 거래의 주요 특징은 도표 7.1의 시카고상품거래소(CME)에서 거래되는 멕시코 페소 선물로 설명할 수 있다.

각각의 선물 계약은 50만 멕시코 페소 단위로 거래된다. 이것은 명목원금이다. 각 통화의 거래는 통화 단위의 배수로 이루어져야 한다. 환율을 나타내는 방법은 미국식 호가인 외국 통화 한 단위에 대한 미국 달러의 비용(가격), 즉 $/MXN로 CME는 페소에 대하여 ISO 4217코드인 MXN과 이전 달러 기호를 혼용하고 있다. 도표 7.1에서는 멕시코 페소당 미국 달러이다. 계약은 1월, 3월, 4월, 6월, 7월,

도표 7.1 멕시코 페소(CME)(MXN 500,000, 10MXN당 $)

만기	시가	고가	저가	종가	변화분	계약기간 고가	계약기간 저가	미결제약정
3월	0.10953	0.10988	0.10930	0.10958	. . .	0.11000	0.09770	34,481.00
6월	0.10790	0.10795	0.10778	0.10773	. . .	0.10800	0.09730	3,405.00
9월	0.10615	0.10615	0.10610	0.10573	. . .	0.10615	0.09930	1,481.00

모든 계약은 500,000멕시코 페소이다. '시가'는 해당일의 개시가격, '고가'는 최고가, '저가'는 최저가, '종가'는 종료 시 가격이며, '변화분'은 전일의 종가와 해당일 종가의 차이이다. '변화분'의 오른편에 위치한 '고가'와 '저가'는 해당 상품의 기래기간 동안에 이루어진 값을 나타낸다. '미결제약정'은 결제되지 않은 계약 수를 나타낸다.

9월, 10월, 12월의 세 번째 수요일에 만료된다. 계약은 만료되는 수요일 이전 두 번째 영업일까지 거래될 수 있다. 휴일이 없으면, 마지막 거래일은 만기일 이전의 월요일이다.

선물의 결정적 특징 중 하나는 구매자가 개시증거금(initial margin) 또는 보증금(collateral)으로 일정 금액을 예치해야 한다는 것이다. 이 요구사항은 계약이행 보증금을 요구하는 것과 유사하며 은행의 신용장, 재무부 증권 또는 현금을 통해 충족될 수 있다. 또한 유지증거금이 필요하다. 계약의 가치는 일일 정산되며, 모든 가치의 변화는 매일 현금으로 지급된다. 일일정산(marked-to-market)은 계약의 가치가 당일 종가를 이용하여 재평가된다는 의미이다. 지불할 금액을 변동증거금이라고 한다.

모든 선물 계약의 약 5%만이 구매자와 판매자 간 실물 외환의 인도로 결제된다. 대부분 구매자와 판매자는 인도일 이전에 반대 포지션을 취해서 원래 포지션을 상쇄한다. 즉, 투자자는 보통 동일한 인도일을 가진 선물 계약을 매도하여 선물 포지션을 정리한다. 계약기간 끝까지 완료된 구매/판매 또는 판매/구매를 '라운드 턴'이라고 한다.

고객은 라운드 턴을 실행하기 위해 중개인에게 수수료를 지불하고, 단일 가격이 호가된다. 이 관행은 딜러가 매도 및 매수 호가를 제시하고 수수료를 청구하지 않는 은행 간 시장의 관행과 다르다. 모든 계약은 관련된 2명의 고객 사이가 아니라 고객과 거래 청산소 간의 계약이다. 결과적으로, 고객은 시장의 특정 거래 상대방이 상대방 위험(counterparty risk)이라고 하는 계약을 지키지 못할 것이라고 걱정할 필요가 없다. 청산소는 거래소의 모든 회원이 소유하고 보증한다.

외환선물 사용하기

멕시코 페소 대 미국 달러의 움직임에 투기를 원하는 투자자들은 다음의 선물 전략 중 하나를 추구할 수 있다. 선물 계약의 원리를 염두에 두자. 선물 계약을 사는 투기자는 미래 특정일에 해당 통화를 사야만 하는 가격에 고정되어 있다. 선물 계약을 파는 투기자는 미래에 해당 통화를 팔아야만 하는 가격에 고정되어 있다.

쇼트포지션. International Currency Traders에서 근무하는 투기자인 앰버 매클레인이 3월까지 멕시코 페소가 미국 달러에 대해 가치가 하락한다고 믿는다면, 그녀는 3월물 선물 계약을 매도하여 쇼트포지션을 취할 것이다. 앰버는 3월물 계약을 매도하여 500,000멕시코 페소를 정해진 가격에 팔 권리를 고정시킨다. 그녀가 기대하는 대로 만기까지 페소가격이 하락하면, 앰버는 현물시장의 시세보다 높은 가격으로 페소를 파는 계약을 가지게 되어 이익을 얻는다.

도표 7.1의 멕시코 페소(MXN) 선물에 대한 호가를 사용하여, 앰버는 500,000페소에 대한 3월물 선물 계약 1개를 정산가격인 $.10958/MXN의 종가에 팔았다. 3월 만기인 이 선물 계약의 만기일 포지션의 가치는 다음과 같다.

$$\text{만기가격(쇼트포지션)} = -(\text{명목원금}) \times (\text{현물가격} - \text{선물가격})$$

쇼트포지션은 음(−)의 명목원금으로 가치평가에 들어가는 것을 주목하라. 만약 만기의 현물환율이

$.09500/MXN이면, 결산 시 포지션의 가치는 다음과 같다.

$$가치 = -MXN500,000 \times (\$.09500/MXN - \$.10958/MXN) = \$7,290$$

앰버의 기대가 맞았다. 멕시코 페소는 미국 달러에 대해 가치가 떨어졌다. 이는 "앰버가 페소당 0.09500달러에 사고 0.10958달러에 팔았다."라고 이야기할 수 있다.

앰버가 멕시코 페소가치에 투기하기 위해 진정으로 필요한 것은 멕시코 페소의 미국 달러에 대한 미래 환율 가치에 대한 견해를 표명하는 것이다. 이 경우에 그녀는 선물계약의 3월 만기일까지 가치가 하락한다고 주장했다.

롱포지션. 만약 앰버 매클레인이 조만간 멕시코 페소가 미국 달러에 대해 가치가 상승한다고 믿는다면, 그녀는 멕시코 페소에 대한 3월물 선물 계약을 매수하여 롱포지션을 취할 것이다. 3월물 계약을 매수한다는 것은 앰버가 500,000멕시코 페소를 정해진 가격에 살 권리를 고정시킨다는 의미이다. 만기 시 앰버의 선물계약은 다음의 가치와 같다.

$$만기가격(롱포지션) = (명목원금) \times (현물가격 - 선물가격)$$

도표 7.1의 멕시코 페소(MXN) 선물에 대한 3월 종가 가격인 $.10958/MXN를 다시 사용하여, 만약 만기의 현물환율이 $.1100/MXN이면, 앰버의 추측은 옳았다. 결산 시 포지션의 가치는 다음과 같다.

$$가치 = MXN500,000 \times (\$.11000/MXN - \$.10958/MXN) = \$210$$

이 경우 앰버는 1개의 선물 계약으로 몇 달새 210달러를 벌었다. 이는 "앰버 매클레인이 페소당 0.10958달러에 사고 0.11000달러에 팔았다."라고 이야기할 수 있다.

그러나 만약 앰버의 기대가 틀렸다면 어떻게 되었을까? 만약 멕시코 정부가 멕시코의 인플레이션율이 갑자기 급격히 상승하였다고 발표하고, 멕시코 페소가 $.08000/MXN까지 하락한다면, 결산일에 앰버 매클레인의 선물 계약의 가치는 다음과 같다.

$$가치 = MXN500,000 \times (\$.08000/MXN - \$.10958/MXN) = (\$14,790)$$

이 경우 앰버 매클레인은 투기적 손실을 입는다. 선물 계약은 분명히 더 복잡한 포지션을 형성하는 데 사용될 수도 있다. 계약들을 연결할 때, 가치평가는 매우 직관적이고 부가적인 것이 특징이다.

통화선물과 선물환

통화선물 계약은 선물환과 여러 중요한 방식에서 다르다. 개개인은 보통 선물환에 접근할 수 없어서 투기적 목적으로 통화선물이 더 유용하다는 것을 안다. 기업 차원에서 통화선물은 계약기간 동안 일일 정산을 하기 때문에 종종 효율적이지 않고 힘이 든다. 이것은 기업이 매일 현금을 지불하거나 수취할 것을 요구하지는 않지만 일반적으로 기업이 원하는 것보다 금융 서비스 제공업체로부터 마진콜이 더 자주 발생한다.

통화옵션

외환옵션(foreign currency option)은 옵션 구매자에게 일정기간 동안(만기일까지) 단위당 고정 가격으로 일정 금액의 외환을 사거나 파는 권리(그러나 의무는 아님)를 부여하는 계약이다. 이 정의의 주요 구절은 '그러나 의무는 아님'으로, 옵션의 소유주가 가치 있는 선택을 한다는 것을 의미한다.

여러 가지 면에서 옵션을 사는 것은 자선음악회 티켓을 사는 것과 같다. 구매자는 콘서트에 참석할 권리가 있지만 의무는 없다. 콘서트 티켓 구매자는 티켓값을 지불하는 것 이상의 위험은 없다. 마찬가지로 옵션 구매자는 옵션에 대해 지불한 것 이상을 잃을 수 없다. 티켓 구매자가 나중에 콘서트 전날에 콘서트에 참석하지 않기로 결정한 경우 티켓을 다른 사람에게 판매할 수 있다.

옵션 기초

옵션에는 두 가지 기본 유형인 콜(call)과 풋(put)이 있다. 콜은 외화를 살 수 있는 옵션이고, 풋은 외화를 팔 수 있는 옵션이다. 옵션 구매자는 소유자(holder), 옵션 판매자는 매도자(writer) 또는 양도인(grantor) 이라고 한다.

모든 옵션에는 세 가지 가격 요소가 있다. (1) 외화를 구매(콜) 또는 판매(풋)할 수 있는 환율인 행사가격(exercise price 또는 strike price), (2) 옵션 자체의 비용, 가격 또는 가치 그 자체인 프리미엄(premium), (3) 시장에서 기초가 되는 실제 현물환율이 그것이다.

미국식 옵션(American option)은 구매자에게 작성일과 만기일 사이에 언제든지 옵션을 행사할 수 있는 권리를 부여한다. 유럽식 옵션(European option)은 만료일 이전이 아닌 만료일에만 행사할 수 있다. 그럼에도 불구하고 보통 미국식 옵션과 유럽식 옵션은 옵션 보유자가 일반적으로 옵션 자체를 만기 전에 판매하기 때문에 거의 같은 가격으로 책정된다. 옵션을 행사하면 옵션은 '본질적인 가치'에 더하여 여전히 얼마간의 '시간가치'를 가질 수 있다(이 장의 뒷부분에서 설명).

프리미엄 또는 옵션 가격은 일반적으로 구매자가 판매자에게 미리 지불한 옵션 비용이다. 장외시장(over-the-counter market, OTC, 은행이 제공하는 옵션)에서 보험료는 거래 금액의 비율로 표시된다. 거래소에서 거래되는 옵션에 대한 프리미엄은 외화 단위당 국내 통화로 표시된다.

행사가격이 기초 통화의 현물 가격과 동일한 옵션을 등가격(at-the-money, ATM) 옵션이라고 한다. 즉시 행사할 경우 프리미엄 비용을 제외하고 수익을 낼 수 있는 옵션은 내가격(in-the-money, ITM) 옵션이라고 한다. 즉시 행사할 경우 프리미엄을 제외하고 수익성이 없는 옵션을 외가격(out-of-the-money, OTM) 옵션이라고 한다.

외환옵션시장

지난 30년 동안 외환옵션을 헤지 수단이나 투기 목적으로 사용하는 것이 주요 외환 활동으로 꽃을 피우게 되었다. 미국 및 기타 자본시장의 많은 은행들은 100만 달러 이상의 거래에 대해 유연한 외환옵션을 제공한다. 은행시장 또는 장외시장은 모든 주요 거래 통화에 대해 최대 1년 동안, 경우에 따라 2~3

년 동안 사용자 지정 맞춤형 옵션을 제공한다.

필라델피아증권거래소(Philadelphia Stock Exchange, PHLX)는 1982년에 미국에서 표준화된 외환옵션 계약을 거래하기 시작했다. 이어 시카고상품거래소와 미국 및 해외의 다른 거래소가 뒤를 이었다. 거래소에서 거래되는 계약은 일반적으로 장외시장에 일반적으로 접근할 수 없는 투기자 및 개인에게 특히 매력적이다. 또한 은행도 거래소 거래가 고객이나 다른 은행과의 거래에 따른 옵션의 위험을 상쇄할 수 있는 여러 방법 중 하나이기 때문에 거래소에서도 거래한다.

외환옵션의 사용 증가는 다른 종류의 옵션 사용의 폭발적 증가와 옵션가격결정 모델의 개선을 반영한다. 1973년 Fischer Black과 Myron Scholes가 개발한 원래의 옵션가격결정 모델은 그 이후로 수백 가지 형태로 확장, 적용 및 상용화되었다. Black과 Scholes가 그들이 만들었을 수도 있는 괴물을 정말로 높이 평가했는지 궁금하다!

장외시장의 옵션. 은행은 장외시장 옵션(OTC)에서 영국 파운드화, 캐나다 달러, 일본 엔, 스위스 프랑, 유로화 대 미국 달러를 가장 많이 사용하지만, 점점 거의 모든 주요 통화가 이용 가능해지고 있다. 글로벌 금융 실무 7.1에 따르면, 최근 몇 년 동안 중국 인민폐의 상승으로 인해 최근 옵션성장이 촉발되었다.

OTC 옵션의 주요 이점은 회사의 특정 요구에 맞춰져 있다는 것이다. 금융기관은 금액[명목원금(notional principal)], 행사가격 및 만기에 따라 다양한 옵션을 팔거나 구매하고자 한다. OTC 시장은 초창기에는 상대적으로 유동성이 낮았지만 시장이 상당히 성장하여 현재 유동성은 상당히 좋다. 반면에 구매자는 옵션 계약을 이행하는 은행의 능력을 평가해야 한다. 거래 상대방과 관련된 재정적 위험(거래상대방 위험)은 옵션 및 스왑 같은 금융 계약의 사용 증가로 인해 국제시장에서 항상 존재하는 문제이다. 거래소에서 거래되는 옵션은 기업보다는 개인과 금융기관의 영역에 더 가깝다.

투자자가 장외시장에서 옵션을 구매하기를 원할 경우, 투자자는 보통 주요 머니센터뱅크의 통화옵

글로벌 금융 실무 7.1

유로–인민폐(EUR-RMB) 옵션의 성장

중국 인민폐 통화옵션의 일일 거래량은 다양한 이유로 2014년과 2015년에 호황을 누렸다. 가장 중요한 요인은 무역의 성장과 중국 기업과의 국경 간 거래에서 인민폐 결제의 증가였다. 과거에는 이 거래가 미국 달러에 의해 주도되었지만, 중국 정부와 중국 기업들은 통화 거래 부담을 외부 거래 상대방에게 더 많이 전달하는 과정에 있다.

유로 대 인민폐 교차환율은 특히 급속한 성장을 보였다. 많은 유럽 회사들이 인민폐로 더 많은 거래를 결제하도록 강요받았지만, 그들도 USD/RMB 이후 EUR/USD로 가는 일반적인 관행인 미국 달러를 거치지 않고 그렇게 하고자 한다.

선물에 더하여, 옵션은 인민은행이 미국 달러에 대한 인민폐를 관리했기 때문에(비록 2014년에 인민폐가 달러에 비해 하락하여 일시적으로 변화하였음에도 불구하고) 수요와 유동성이 증가해왔다. 인민폐가 천천히 그리고 꾸준히 달러에 대해 재평가되자, 수년 동안 달러에 대한 초점은 한쪽 면에서만의 움직임을 창출했다. 그러나 인민폐에 대한 유로의 움직임은 일방의 움직임만이 아니어서, 양측 간의 통화옵션에 대해 점점 더 많은 수요와 더 많은 관심을 불러일으켰다.

션 데스크에 전화를 걸어 화폐, 만기, 행사가격을 지정하고 매수-매도 호가(indication)를 요구한다. 은행은 보통 몇 분에서 몇 시간이 걸려서 옵션 가격을 산정하고, 전화를 준다.

조직화된 거래소에서의 옵션. 물리적(기초) 통화에 대한 옵션은 필라델피아증권거래소(PHLX) 및 시카고상품거래소를 비롯하여 전 세계 여러 조직화된 거래소에서 거래된다. 거래소에서 거래되는 옵션은 청산소를 통해 결제되므로, 구매자가 판매자와 직접 거래하지 않는다. 청산소는 모든 옵션 계약의 상대방이며 이행을 보장한다. 청산소의 의무는 차례로 많은 은행들을 포함한 거래소의 모든 구성원의 의무이다. 필라델피아증권거래소의 경우 청산소 서비스는 Options Clearing Corporation(OCC)이 제공한다.

통화옵션 호가와 가격

*The Wall Street Journal*의 스위스 프랑 옵션에 대한 일반적인 호가는 도표 7.2에 나와있다. 저널의 호가는 전날 필라델피아증권거래소에서 완료된 거래를 나타낸다. 행사가격과 만기일이 여러 번 표시되지만(도표에서 보는 바와 같이), 모든 거래가 실제로 이전 거래일에 거래된 것은 아니며 이 경우 프리미엄 가격이 표시되지 않는다. 통화옵션의 행사가격과 미국 달러의 프리미엄은 일반적으로 미국 달러에 대한 직접호가법과 외화에 대한 간접호가법($/SF, $/¥ 등)으로 표시된다.

콜옵션 매수자

옵션은 다른 모든 유형의 금융상품과는 생성하는 위험 패턴이 다르다. 옵션 소유자는 옵션을 행사하거나 미사용으로 만료되도록 선택할 수 있다. 소유자는 행사 시 수익성이 있는 경우에만 행사하게 되며, 이는 옵션이 내가격에 있을 때만을 의미한다. 콜옵션의 경우 기초 통화의 현물 가격이 올라감에 따라

도표 7.2 　**스위스 프랑 옵션 호가**(U.S.cents/SF)

현물환율	행사가격	콜옵션			풋옵션		
		8월	9월	12월	8월	9월	12월
58.51	56.0	–	–	2.76	0.04	0.22	1.16
58.51	56.5	–	–	–	0.06	0.30	–
58.51	57.0	1.13	–	1.74	0.10	0.38	1.27
58.51	57.5	0.75	–	–	0.17	0.55	–
58.51	58.0	0.71	1.05	1.28	0.27	0.89	1.81
58.51	58.5	0.50	–	–	0.50	0.99	–
58.51	59.0	0.30	0.66	1.21	0.90	1.36	–
58.51	59.5	0.15	0.40	–	2.32	–	–
58.51	60.0	–	0.31	–	2.32	2.62	3.30

각 옵션 = 62,500스위스 프랑. 8월, 9월, 12월은 옵션 만기 또는 종료일이다.

소유자는 무제한으로 수익을 낼 가능성이 있다. 그러나 불리할 경우 소유자는 옵션을 포기하고 지불한 프리미엄보다 더 큰 손실을 피할 수 있다.

도표 7.2는 외환옵션을 특징짓는 세 가지 다른 가격을 보여준다. '8월 58.5 콜옵션'(도표 7.2에서 강조된 부분)을 특징짓는 세 가지 가격은 다음과 같다.

1. **현물환율.** 도표의 "현물환율"은 전일 거래 마감 시의 1스위스 프랑에 대한 현물 달러 가격인 58.51 센트(0.5851달러)를 의미한다.

2. **행사가격.** 도표의 "행사가격"은 옵션 행사 시 지불해야 하는 프랑당 가격을 의미한다. 프랑에 대한 8월 콜옵션 58.5는 $0.5850/SF를 의미한다. 도표 7.2는 그날 거래 가능한 다른 행사가격들 중에서 $0.5600/SF에서 $0.6000/SF까지의 아홉 가지의 다른 행사가격을 나열하고 있다.

3. **프리미엄.** 프리미엄은 옵션의 비용 또는 가격이다. 스위스 프랑의 8월 58.5 콜옵션의 가격은 프랑 당 0.50미국 센트 또는 $0.0050/SF이다. 그날 9월과 12월의 58.5 콜에 대한 거래는 없었다. 프리미 엄은 옵션의 시장가치이므로 프리미엄, 비용, 가격, 가치라는 용어는 옵션을 언급할 때 모두 상호 교환할 수 있다.

8월 58.5 콜옵션 프리미엄은 프랑당 0.50센트이며, 이 경우 8월 58.5센트의 프리미엄은 프랑당 0.50 센트이다. 필라델피아증권거래소에서 한 옵션 계약은 62,500프랑으로 구성되어 있기 때문에 콜에 대 한 옵션 계약(또는 이 경우)의 총비용은 SF62,500 × $0.0050/SF = $312.50이다.

한스 슈미트는 취리히의 통화 투기자이다. 한스의 콜 구매자로서의 위치는 도표 7.3에 설명되어 있다. 이전에 설명한 스위스 프랑과 행사가격이 0.585달러, 프리미엄이 $0.005/SF인 8월 통화옵션을 구매한다고 가정해보자. 수직축은 만기 시점까지 여러 가지 현물가격으로 옵션 구매자의 손익을 측정한다.

행사가격인 0.585달러 이하의 모든 현물가격에서 한스는 옵션을 행사하지 않기로 할 것이다. 예를 들어 0.580달러의 현물환율에서는 0.585달러로 프랑을 사는 옵션을 행사하기보다는 현물시장에서 0.580달러로 스위스 프랑을 사기를 선호하기 때문에 이것은 분명하다. 옵션이 만료되는 8월까지 현물 가격이 0.580달러 이하로 유지되면 한스는 옵션을 행사하지 않을 것이다. 그의 총손실은 옵션에 대해 지불한 $0.005/SF 구매가격만으로 제한될 것이다. 현물가격이 얼마나 떨어졌는지에 관계없이 그의 손실은 원래 $0.005/SF 비용으로 제한된다.

반대로, 행사가격인 0.585달러를 초과하는 모든 현물가격에서 한스는 각 스위스 프랑에 대한 행사가격만을 지불하며 옵션을 행사할 것이다. 예를 들어, 현물환율이 만기 시 프랑당 0.595달러라면 그는 0.595달러로 현물시장에서 매수하는 대신 그의 콜옵션을 행사하여 스위스 프랑을 각각 0.585달러에 살 것이다. 그는 스위스 프랑을 현물시장에서 즉시 0.595달러에 판매할 수 있으며 총이익은 $0.010/SF 또는 옵션 비용 $0.005/SF를 제한 순이익이 $0.005/SF이다. 한스의 이익은 현물가격이 행사가격보다 높으면, 행사가격이 0.585달러, 프리미엄이 0.005달러, 현물환율이 0.595달러인 경우 다음과 같다.

도표 7.3 **콜옵션 매수자의 이익과 손실**

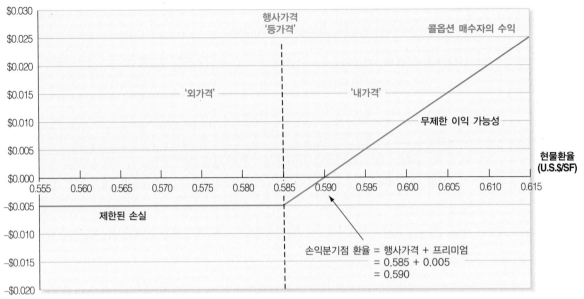

콜옵션 매수자는 무제한 이익 가능성('내가격')과 프리미엄만큼의 제한된 손실 가능성('외가격')을 가진다.

$$\text{이익} = \text{현물환율} - (\text{행사가격} + \text{프리미엄})$$
$$= \$0.595/\text{SF} - (\$0.585/\text{SF} + \$0.005/\text{SF})$$
$$= \$0.005/\text{SF}$$

좀 더 현실적으로, 한스는 통화 실물의 전달보다는 옵션 거래에 대한 반대 계약을 실행하여 이익을 실현할 것이다. 프랑의 달러 가격은 무한대 수준으로 상승할 수 있기 때문에(도표 7.3의 오른쪽 위 부분) 최대 이익은 무제한이다. 따라서 콜옵션의 구매자는 제한된 손실과 무제한의 이익 잠재력의 매력적인 조합을 보유한다.

한스가 옵션을 행사할 때 얻지도 잃지도 않는 가격은 $0.590/SF의 손익분기점 가격이다. 0.005달러의 프리미엄 비용과 0.585달러의 옵션 행사비용은 현물시장에서 0.590달러에 프랑을 판매하는 수익과 정확히 같다. 한스는 손익분기점 가격으로 통화옵션을 행사할 것이다. 이는 행사를 통해 적어도 지불한 프리미엄을 회복할 수 있기 때문이다. 행사가격을 초과하지만 손익분기점 이하의 모든 현물 가격에서 옵션 행사 및 기초 통화 판매로 얻은 총이익은 프리미엄 비용의 일부(전부는 아님)를 커버한다.

콜옵션 판매자

동일한 콜옵션 판매자의 포지션은 도표 7.4에 설명되어 있다. 기초 통화의 현물 가격이 행사가격인 0.585달러보다 낮을 때 옵션이 만료되면 옵션 보유자는 행사하지 않는다. 보유자가 잃은 것이 매도자

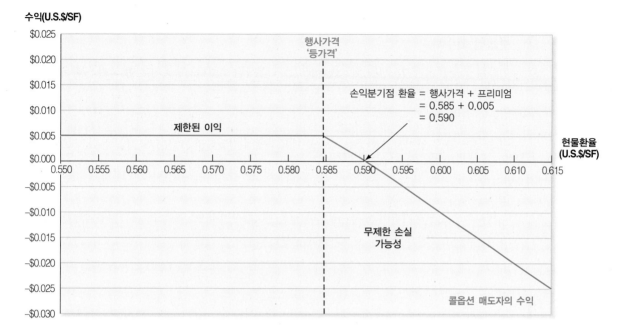

도표 7.4   **콜옵션 매도자의 이익과 손실**

콜옵션 매도자는 무제한 손실 가능성과 프리미엄 금액만큼의 제한된 이익 가능성을 가진다.

가 얻는 것이다. 매도자는 이익으로 $0.005/SF의 전체 프리미엄을 유지한다. 58.5의 행사가격보다 높은 경우, 콜 매도자는 프랑 가치가 0.585달러 이상일 때 $0.585/SF에 기초 통화를 전달해야 한다. 매도자가 통화를 소유하지 않고 '벌거벗은 채' 옵션을 매도했다면, 매도자는 현물가격에 통화를 살 필요가 있으며, 이 시나리오에서는 손실을 감수해야 한다. 이러한 손실 금액은 무제한이며 기초 통화의 가격이 올라감에 따라 증가한다.

다시 한 번, 매수자가 얻는 것은 매도자가 잃는 것이며, 그 반대의 경우도 마찬가지이다. 매도자가 이미 통화를 소유하고 있더라도, 매도자는 공개시장에서 더 높은 가격에 팔릴 수 있는 기회를 상실하여 기회 손실을 경험하게 된다. 예를 들어, 행사가격 0.585달러, 프리미엄 0.005달러, 현물환율 $0.595/SF의 콜옵션 매도자의 이익(손실)은 다음과 같다.

$$이익(손실) = 프리미엄 - (현물환율 - 행사가격)$$
$$= \$0.005/SF - (\$0.595/SF - \$0.585/SF)$$
$$= (\$0.005/SF)$$

그러나 이는 현물가격이 행사가격보다 크거나 같을 때만 그렇다. 행사가격보다 낮은 현물환율에서 옵션은 쓸모없게 되고 콜옵션 매도자는 프리미엄 수익을 유지한다. 콜옵션 매도자가 할 수 있는 최대 이익은 프리미엄으로 제한된다. 콜옵션 매도자는 제한된 수익 잠재력과 무한한 손실 잠재력과 같은 잠재적 결과의 다소 매력 없는 조합을 가지고 있지만, 이 장의 뒷부분에서 설명할 다른 상쇄 기술을 통해 그러한 손실을 제한할 수 있는 방법이 있다.

풋옵션 매수자

한스의 풋옵션 구매자로서의 입장은 도표 7.5에 예시되어 있다. 이 풋의 기본 조건은 콜을 설명하기 위해 방금 사용한 것과 유사하다. 그러나 풋옵션 매수자는 콜옵션의 경우인 통화가 상승할 때가 아니라 통화의 시장가격이 하락할 경우 행사가격으로 기초 통화를 판매할 수 있기를 원한다. 프랑의 현물가격이 $0.575/SF로 떨어지면 한스는 프랑을 매도자에게 전달하고 $0.585/SF를 받는다. 프랑은 현물시장에서 각각 0.575달러에 구입할 수 있으며 옵션 비용은 $0.005/SF였으므로 $0.005/SF의 순이익을 얻게 된다.

명시적으로 현물가격이 행사가격보다 낮을 때, 행사가격 $0.585/SF, 프리미엄 $0.005/SF, 현물환율 $0.575/SF인 경우 풋옵션 보유자에게 발생하는 이익은 다음과 같다.

$$이익 = 행사가격 - (현물환율 + 프리미엄)$$
$$= \$0.585/SF - (\$0.575/SF + \$0.005/SF)$$
$$= \$0.005/SF$$

도표 7.5 **풋옵션 구매자의 이익과 손실**

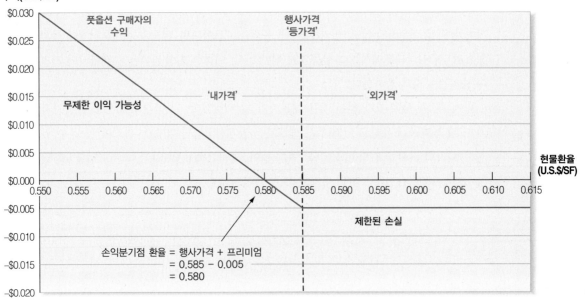

풋옵션 매수자는 무제한 이익 가능성('내가격')과 프리미엄만큼의 제한된 손실 가능성('외가격')을 보유한다.

풋옵션의 손익분기점은 행사가격에서 프리미엄을 뺀 것으로, 이 경우에는 $0.580/SF이다. 현물환율이 행사가격보다 더 떨어지면 수익 잠재력은 계속 증가할 것이고 프랑의 가격이 0일 때 한스의 이익은 최대 $0.580/SF가 될 수 있다. 행사가격 58.5를 초과하는 환율에서는 한스가 옵션을 행사하지 않으므로 풋옵션에 대해 지불한 $0.005/SF 프리미엄만 잃게 된다. 풋옵션의 구매자는 잠재적 손실이 제한되어 거의 무제한의 수익 잠재력을 가지고 있다. 콜옵션의 구매자와 마찬가지로 풋옵션의 구매자는 지불한 프리미엄보다 더 많은 것을 잃을 수 없다.

풋옵션 매도자

한스에게 풋을 팔았던 매도자의 입장은 도표 7.6에 나와있다. 구매자와 작성자 사이의 이익/손실, 행사가격, 손익분기점 가격의 대칭에 주목하라. 프랑의 현물가격이 프랑당 0.585달러 이하로 떨어지면 한스가 옵션을 행사할 것이다. 프랑당 0.585달러의 가격 아래에서, 매도자는 옵션 매도에서 얻는 프리미엄($0.005/SF)보다 더 손해를 보게 될 것이며, 손익분기점 이하로 떨어질 것이다. $0.580/SF와 $0.585/SF 사이에서 매도자는 받은 프리미엄의 전부는 아니지만 일부를 잃게 된다. 현물가격이 스위스 프랑당 0.585달러 이상이면 한스는 옵션을 행사하지 않을 것이며 옵션 매도자는 $0.005/SF의 전체 프리미엄을 벌게 된다.

도표 7.6 **풋옵션 매도자의 이익과 손실**

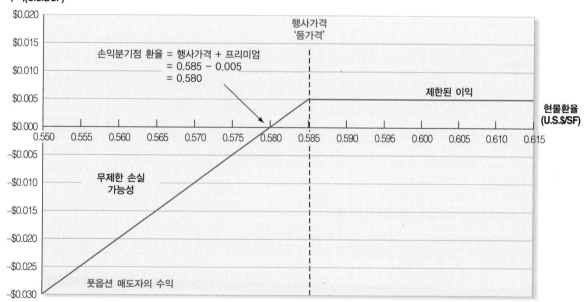

풋옵션 매도자는 프리미엄만큼의 제한된 이익 가능성과 무제한 손실 가능성을 보유한다.

글로벌 금융 실무 7.2

뉴질랜드 키위, 키, 크리거

1987년 앤드루 크리거는 Bankers Trust of New York(BT)의 31세 통화 거래자였다. 1987년 10월 미국 주식시장이 폭락하자 세계 통화 시장은 달러에서 빠져나가기 위해 빠르게 움직였다. 뉴질랜드와 같은 안정적이고 개방적이며 산업화된 시장과 같은 작은 시장들을 포함한 세계의 많은 다른 통화가 관심대상이 되었다. 세계 통화 거래자들이 달러를 버리고 키위(kiwi)를 샀을 때 키위의 가치는 급격히 상승했다.

크리거는 시장이 과잉반응하고 있다고 믿었다. 그는 키위가 결국 가치가 하락할 것에 베팅을 하여, 키위에 대해 매도포지션을 취하였다. 그리고 그는 현물, 선물, 옵션 포지션을 결합하여 대량으로 포지션을 취하였다. 크리거는 규모가 거의 7억 달러에 달하는 포지션에 대한 승인을 받았다고 추정되며, 반면 다른 모든 BT 거래자들은

5,000만 달러로 제한되었다. 크리거는 BT를 위해 그 당시 뉴질랜드의 전체 통화공급보다 많은 2억 키위를 매도하였다고 추정된다. 그의 견해가 옳았다는 것이 입증되었다. 키위가 하락했고, 크리거는 BT에 대한 통화 이익으로 수백만 달러를 벌 수 있었다. 역설적이게도 불과 몇 달 후, 크리거는 연 상여금이 발표되었을 때 BT에서 사임했으며, 그는 3억 달러 이상의 이익에 대해 300만 달러밖에 받지 못했다고 전해졌다.

결국 뉴질랜드중앙은행은 BT에 항소를 제기했다. 당시 CEO인 찰스 S. 스탠퍼드 주니어는 한술 더 떠서 "우리는 Bankers Trust를 위해 너무 큰 포지션을 취하지는 않았지만, 그 시장을 위해 너무 큰 포지션을 취했을지도 모른다."라고 하였다.

풋옵션 매도자가 얻은 이익(손실)은 행사가격 0.585달러, 프리미엄 0.005달러, 현물환율 0.575달러일 때 다음과 같다.

$$이익(손실) = 프리미엄 - (행사가격 - 현물환율)$$
$$= \$0.005/SF - (\$0.585/SF - \$0.575/SF)$$
$$= (\$0.005/SF)$$

그러나 이는 행사가격 이하의 현물가격에 대해서만 적용된다. 행사가격보다 높은 현물가격에서 이 옵션은 외가격에서 종료되며, 매도자는 프리미엄을 유지한다. 풋옵션 매도자는 콜옵션 매도자에게 적용 가능한 동일한 결과물인 제한된 잠재적 이익과 무한대의 손실의 조합을 가진다.

글로벌 금융 실무 7.2에서는 지금까지 이뤄졌던 가장 크고 성공적인 사례 중 하나인 앤드루 크리거 대 뉴질랜드 키위를 다룬다. 우리 모두 다 잘해야 한다.

옵션 가격결정과 가치평가

도표 7.7은 영국 파운드에 대한 유럽식 콜옵션의 이익/손실 개요를 보여준다. 콜옵션을 통해 구매자는 $1.70/£의 가격으로 영국 파운드를 살 수 있다. 이것은 90일 만기이다. 이 콜옵션의 값은 실제로 두 구성 요소의 합계이다.

$$총가치(프리미엄) = 내재가치 \times 시간가치$$

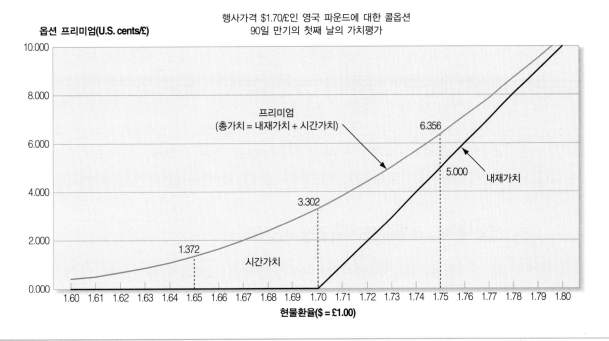

도표 7.7 | **옵션의 내재가치, 시간가치, 총가치**

행사가격 $1.70/£인 영국 파운드에 대한 콜옵션
90일 만기의 첫째 날의 가치평가

모든 통화옵션의 가격결정은 여섯 가지 요소를 결합한다. 예를 들어 영국 파운드화의 유럽식 콜옵션은 현물환율 $1.70/£에서 $0.033/£(파운드당 3.3센트)의 프리미엄을 가진다. 이 프리미엄은 다음과 같은 가정을 사용하여 계산된다. 즉, $1.70/£의 현물환율, 90일 만기, $1.70/£ 선물환율, 미국 달러와 영국 파운드 금리 모두 연율 8.00%, 옵션 변동성 연간 10.00% 등이다.

내재가치(intrinsic value)는 옵션이 즉시 행사되는 경우의 금전적 이득이다. 이는 도표 7.7에서 실선으로 나타나며, 행사가격에 도달할 때까지 0이고, 이후 선형적으로 상승한다(현물가격이 1센트 오를 때마다 1센트 오른다). 옵션이 외가격(out-of-the-money)이 될 때, 즉 행사가격이 시장가격 이상일 때에는 옵션을 행사해서 오는 이익이 없으므로 내재가치는 0이다. 현물가격이 행사가격을 상회할 때, 옵션이 행사될 경우 항상 최소한 이 가치는 있기 때문에 내재가치는 양(+)이 된다. 만기일에 옵션은 내재가치와 동일한 값을 가진다(0시간이 남은 것은 0의 시간가치를 의미함).

도표 7.7(그래프) 및 도표 7.8(표)은 현물가격의 스펙트럼에서 영국 파운드화에 대한 $1.70/£ 행사 90일 통화옵션의 세 가지 가치 요소를 모두 보여준다. 현물가격이 $1.75/£일 때 옵션은 내가격(in-the-money)이고, 양의 시간가치(¢1.356/£)와 내재가치(¢5.000/£)를 가진다. 현물가격이 $1.70/£, 즉 옵션 행사가격과 같을 때, 옵션은 등가격(at-the-money)으로 내재가치는 없지만 시간가치(¢3.302/£)를 가진다. 현물가격이 $1.65/£일 때, 옵션은 외가격이고, 내재가치가 없지만 시간가치(¢1.372/£)를 가진다.

기초 통화의 가격, 즉 현물환율이 잠재적으로 옵션의 만료 전까지 돈을 창출할 수 있는 쪽으로 더 이동할 수 있기 때문에 옵션의 시간가치(time value)가 존재한다. 시간가치는 도표 7.7에서 옵션의 총가치와 그 내재가치 사이의 영역으로 표시된다. 투자자는 만기 전 현물환율이 옵션이 내가격으로 움직이도록 충분히 움직일 수 있는 기회에 대하여, 외가격 옵션(즉, 0의 내재가치)을 위해 오늘 얼마만큼을 기꺼이 지불한다. 결과적으로 옵션의 가격은 내재가치보다 항상 더 크다. 왜냐하면 항상 기회가 있기 때문이다. 일부는 이는 내재가치가 만료일까지 상승할 것이라는 점 때문에 '영원한 희망'이라고 말한다.

투자자는 옵션이 내가격으로 움직이기 위해 만기 전에 현물환율이 충분히 움직일 수 있는 기회에 대해 외가격 옵션(즉, 0의 내재가치)에 오늘 얼마만큼을 기꺼이 투자한다. 결과적으로 옵션의 가격은 내재가치보다 항상 더 크다. 내재가치가 현재와 만기일 사이에 증가할 가능성이 항상 있기 때문이다.

심화 주제 : 외환옵션 가격결정 민감도

투기나 위험관리(다음 장에서 다룬다) 목적으로 통화옵션을 효과적으로 사용하려면, 개별 거래자는 옵션 가치인 프리미엄이 다양한 구성 요소에 어떻게 반응하는지를 알아야 한다. 다음에서는 이러한 여섯 가지 기본 민감도를 분석한다.

1. 선물환율 변화의 영향
2. 현물환율 변화의 영향
3. 만기까지 시간의 영향
4. 변동성 변화의 영향
5. 이자율 차이 변화의 영향
6. 대안적 옵션 행사가격의 영향

선물환율 민감도

비록 거의 언급되지는 않았지만 현재의 현물환율과 국내외 금리(국내 통화 및 외화 환율)가 옵션 프리미엄 계산에 포함되어 있기 때문에 표준 외환옵션은 선물환율을 중심으로 가격이 책정된다.

도표 7.8 콜옵션 프리미엄 : 내재가치와 시간가치 구성요소

행사가격 ($/£)	현물환율 ($/£)	가격	콜 프리미엄 (U.S. cents/£)	=	내재가치 (U.S. cents/£)	+	시간가치 (U.S. cents/£)	옵션 델타 (0~1)
1.70	1.75	내가격(ITM)	6.37	=	5.00	+	1.37	0.71
1.70	1.70	등가격(ATM)	3.30	=	0.00	+	3.30	0.50
1.70	1.65	외가격(OTM)	1.37	=	0.00	+	1.37	0.28

제4장에서 선물환율은 현재의 현물환율과 원하는 만기에 대한 2개의 관련 통화의 이자율로부터 계산된다는 것을 상기하라. 예를 들어 위에 설명된 영국 파운드 통화옵션의 90일 선물환율은 다음과 같이 계산된다.

$$F_{90} = \$1.70/\pounds \times \frac{\left[1 + \left(0.08 \times \dfrac{90}{360}\right)\right]}{\left[1 + \left(0.08 \times \dfrac{90}{360}\right)\right]} = \$1.70/\pounds$$

선택된 구체적 행사가격과 가격산정에 관계없이 선물환율은 가치평가의 핵심이다. 옵션 가격책정 공식은 선물환율을 중심으로 한 주관적인 확률분포를 계산한다. 이 접근법은 선물환율이 미래의 현물환율과 동일할 것으로 시장이 기대한다는 것을 의미하지는 않으며, 옵션의 차익가격결정 구조의 결과일 뿐이다.

또한 선물환율은 포지션을 관리하는 트레이더에게 유용한 정보를 제공한다. 국내 통화에 대하여 상대적인 외국 통화가치의 방향에 대한 공세적 또는 보수적 태도와 관계없이 시장은 외환옵션의 가격을 산정한다. 만약 트레이더가 미래의 현물환율의 방향에 대해 특별한 기대치를 가지고 있다면, 그러한 기대치를 일에 적용할 수 있다. 트레이더는 본질적으로 시장에 반해 베팅하지 않는다. 다음 절에서는 통화 간의 이자율 차이가 선물환율의 이론적 기반인 옵션의 가치를 바꾸는 것을 설명한다.

현물환율 민감도(델타)

도표 7.8에 묘사된 영국 파운드 콜옵션은 행사가격을 둘러싼 현물가격의 전 범위에 걸쳐 옵션의 내재가치를 초과하는 프리미엄을 가지고 있다. 옵션의 만료 전에 시간이 남아있는 한, 이 옵션에는 시간가치 요소가 있다. 이 특성은 행사일을 포함하여 만기일까지의 모든 날에 행사될 수 있는 미국식 옵션이 실제로 만기 전에 행사되는 것이 드문 주된 이유 중 하나이다. 옵션 보유자가 청산하려는 경우, 보통 옵션을 행사하지 않고 판매하여 조금의 잔여시간가치도 포착할 수 있다. 현재 현물가격이 옵션 보유자가 옵션을 만기에 행사하도록 유도하는 행사가격 쪽에 떨어지면, 이 옵션은 또한 내재가치가 있다. 도표 7.7에서 묘사된 콜옵션은 행사가격 $1.70/£의 오른편은 내가격(ITM), $1.70/£에서는 등가격(ATM), $1.70/£보다 낮으면 외가격(OTM)이다.

파운드 콜옵션의 시장가격과 내재가치 사이의 수직 거리는 $1.70/£의 현물환율에서 최대이다. $1.70/£에서 현물환율은 행사가격(등가격)과 같다. 파운드당 3.30센트의 이 프리미엄은 전적으로 시간가치로 구성된다. 실제로 현재 외가격인 옵션의 가치는 전적으로 시간가치로 구성된다. 옵션의 행사가격이 더 높을수록 옵션가격이나 프리미엄이 낮아진다. 이것은 시장이 실제로 이 옵션이 만기 전 행사가격 범위로 이동할 확률이 이미 등가격인 옵션보다 상당히 낮다고 믿기 때문이다. 현물환율이 $1.68/£로 떨어지면 옵션 프리미엄은 순전히 시간가치인 ¢2.39/£로 떨어진다. 현물환율이 행사가격보다 높은 $1.72/£로 상승할 경우 프리미엄은 ₵4.39/£로 상승한다. 이 경우 프리미엄은 ₵2.00($1.72/£ − $1.70/£)의 내재가치와 2.39센트의 시간가치 요소를 나타낸다. 행사가격의 왼쪽과 오른쪽에 시간가치 프리미엄(2.39센트)의 대칭을 주목하라.

행사가격에 대한 옵션 가치평가의 대칭성은 옵션 프리미엄을 각각의 고유한 내재가치 및 시간가치로 분해함으로써 관찰될 수 있다. 도표 7.8은 현재의 현물가격을 $1.70/£의 행사가격에 대하여 ±0.05달러만큼 변화시켜서 각 옵션의 내재가치와 시간가치가 어떻게 변화하는지 보여준다.

현물환율의 작은 변화에 대한 옵션 프리미엄의 민감도를 델타(delta)라고 한다. 예를 들어, 현물환율이 $1.70/£에서 $1.71/£로 변경될 때 $1.70/£ 콜옵션의 델타는 단순히 프리미엄의 변화를 현물환율의 변화로 나눈 것이다.

$$\text{델타} = \frac{\Delta \text{ 프리미엄}}{\Delta \text{ 현물환율}} = \frac{\$0.038/£ - \$0.033/£}{\$1.71/£ - \$1.70/£} = 0.5$$

특정 옵션의 델타가 알려진 경우 현물환율의 변화에 따라 옵션의 가치가 어떻게 변하는지 계산하는 것은 쉽다. 현물환율이 ₵1($0.01/£)만큼 변경되면, 델타가 0.5인 경우 옵션 프리미엄은 0.5 × $0.01 또는 0.005달러로 변경된다. 초기 프리미엄이 $0.033/£이고 현물환율이 ₵1($1.70/£에서 $1.71/£로) 증가한 경우 새 옵션 프리미엄은 $0.033 + $0.005 = $0.038/£가 된다. 델타는 콜옵션의 경우 +1과 0 사이에 있고 풋옵션의 경우 −1과 0 사이이다.

옵션 트레이더들은 내가격, 등가격, 외가격 대신 델타로 개별 옵션을 분류한다. 옵션이 내가격으로 더 움직이면, 델타는 1.0으로 상승한다. 옵션이 외가격으로 더 움직이면, 델타는 0으로 하락한다. 도표 7.8의 외가격 옵션은 단지 0.28의 델타를 가지고 있다.[1]

경험 법칙 : 델타가 높을수록(.7 또는 .8 이상의 델타는 높다고 생각된다) 옵션은 내가격에서 행사될 확률이 더 높다.

만기까지 시간 : 가치와 감가상각(세타)

옵션가치는 만기일까지의 시간에 따라 증가한다. 만기까지 시간의 작은 변화로 인한 옵션 프리미엄의 예상되는 변화를 세타(theta)라고 한다.

세타는 시간의 변화에 대한 옵션 프리미엄의 변화로 계산된다. $1.70/£ 콜옵션이 초기 90일 만기일로부터 1일이 경과하면, 이 통화옵션의 세타는 두 프리미엄 ₵3.30/£ 및 ₵3.28/£(현물환율 $1.70/£로 가정)의 차이가 될 것이다.

---

[1] 현물환율의 작은 변화로 인한 옵션 델타의 예상 변화를 감마(gamma)라고 한다. 특정 옵션의 델타의 안정성 측정값으로 자주 사용된다. 감마는 델타(델타중립전략)에 초점을 둔 보다 정교한 헤징 전략의 구축에 활용된다.

$$\text{세타} = \frac{\Delta \text{ 프리미엄}}{\Delta \text{ 시간}} = \frac{\cancel{C}3.30/\pounds - \cancel{C}3.28/\pounds}{90-89} = 0.02$$

세타는 시간과의 선형 관계가 아니라 시간의 제곱근을 기반으로 한다. 옵션 프리미엄은 만기가 가까워질수록 증가하는 비율로 약화된다. 실제로 옵션 프리미엄의 대다수는 개별 옵션에 따라 만료되기 마지막 30일 이내에 손실된다.

옵션 프리미엄과 시간 사이의 이러한 지수 관계는 3개월과 1개월 만기 등가격 옵션들 사이의 옵션값의 비율에서 볼 수 있다. 등가격 콜옵션에 대한 비율은 다른 모든 구성 요소를 일정하게 유지하면, 3:1이 아니라 가격의 1.73배이다.

$$\frac{3\text{개월 프리미엄}}{1\text{개월 프리미엄}} = \frac{\sqrt{3}}{\sqrt{1}} = \frac{1.73}{1.00} = 1.73$$

만기까지 남은 시간이 15일에서 14일로 바뀌는 경우 $1.70/\pounds 콜옵션의 세타를 다시 한 번 더 계산하여, 만기 전 마지막날들에서 옵션가치의 급격한 감소를 찾아볼 수 있다.

$$\text{세타} = \frac{\Delta \text{ 프리미엄}}{\Delta \text{ 시간}} = \frac{\cancel{C}1.37/\pounds - \cancel{C}1.32/\pounds}{15-14} = 0.05$$

이제 만기까지 하루의 감소로 옵션 프리미엄은 만기가 90일일 때 $\cancel{C}0.02/\pounds$가 감소하는 대신 $\cancel{C}0.05/\pounds$가 감소한다.

트레이더에게 시간가치 저하의 의미는 상당히 중요하다. 만기까지 1~2개월 남은 옵션을 구매하는 트레이더는 옵션가치의 급격한 악화를 보게된다. 만약 트레이더가 옵션을 팔게 된다면, 구매 직후의 기간에 시장가치가 현저하게 줄어들 것이다. 그러나 동시에 더 긴 만기 옵션을 사는 트레이더는 더 긴 만기 옵션에 대해 더 많이 지불하지만, 비례적으로는 더 많이 지불하지 않을 것이다. 6개월 옵션의 프리미엄은 1개월보다 약 2.45배 더 비싸며, 12개월 옵션은 1개월보다 3.46배 더 비싸다. 이것은 2개의 3개월 옵션이 1개의 6개월 옵션과 같지 않음을 의미한다.

경험 법칙 : 상인은 만기까지 시간이 많이 남은 옵션이 가치가 더 큼을 발견하여, 이들이 상당한 시간가치 저하를 겪지 않으면서 옵션 위치를 변경할 수 있는 능력을 상인에게 제공한다.

변동성에 대한 민감도(람다)

변동성(volatility)보다 금융분야에서 더 사용되거나 남용되는 단어도 없을 것이다. 옵션 **변동성**은 기초 환율의 일일 변동률의 표준편차로 정의된다. 옵션이 행사될 범위에 들어가거나 나갈 환율의 지각된 확률 때문에 변동성은 옵션가치에 중요하다. 환율 변동성이 높아져 행사될 위험이 증가하는 경우 옵션 프리미엄이 증가할 것이다.

변동성은 연간 퍼센트로 표시된다. 예를 들어, 옵션은 연간 변동성이 12.6%인 것으로 설명될 수 있다. 하루 동안의 비율 변경은 다음과 같이 확인할 수 있다.

$$\frac{12.6\%}{\sqrt{365}} = \frac{12.6\%}{19.105} = 0.66\% \text{ 일일 변동성}$$

$1.70/£ 콜옵션의 경우, 연간 변동성 1% 포인트 증가로 인해(예 : 10.0%에서 11.0%로), 옵션 프리미엄이 $0.033/£에서 $0.036/£로 증가한다. 옵션 프리미엄의 한계 변화는 옵션 프리미엄 그 자체의 변화를 변동성의 변화로 나눈 것과 같다.

$$\frac{\Delta \text{ 프리미엄}}{\Delta \text{ 변동성}} = \frac{\$0.036/£ - \$0.033/£}{0.11 - 0.10} = 0.3$$

변동성의 주된 문제는 관찰할 수 없다는 것이다. 변동성은 옵션가격결정 공식에서 유일하게 옵션가격을 결정하는 트레이더가 주관적으로 결정하는 것이다. 계산에 대한 올바른 방법이 하나도 없다. 문제는 예측이다. 역사적 변동성이 반드시 환율 움직임의 미래 변동성을 정확하게 예측하는 것은 아니지만, 역사적인 것을 제외하고는 알 수 없다.

　변동성은 세 가지 방식으로 나타난다. 즉, 최근 기간 동안 도출된 변동성으로부터 온 역사적 방법, 옵션이 존재하는 미래기간에 대한 기대를 반영하여 역사적 변동성을 변경하는 전진법 그리고 옵션의 시장가격으로 뒷받침한 내재된 방법 등이 그것이다.

- **역사적인 변동성.** 역사적 변동성은 일반적으로 이전 10일, 30일, 90일 동안 일일, 6시간 또는 12시간 단위로 현물환율의 백분율 움직임으로 보통 측정된다.
- **미래지향적인 변동성.** 대안으로, 옵션 트레이더는 예상되는 시장 변동이나 이벤트에 대한 최근의 역사적 변동성을 상향 또는 하향 조정할 수 있다.

　옵션 거래자가 즉시 다가올 미래가 최근의 과거와 같다고 믿는다면, 역사적인 변동성은 미래지향적인 변동성과 동일할 것이다. 그러나 미래 기간의 변동성이 크거나 작을 것으로 예상되는 경우 옵션 가격결정을 위해 역사적 방법을 변경해야 한다.

- **내재된 변동성.** 내재된 변동성은 테스트에 대한 답을 갖는 것과 같다. 내재된 변동성은 거래되는 시장 옵션 프리미엄 가격에서 뒷받침되어 계산된다. 변동성은 옵션 프리미엄 가격에서 관찰할 수 없는 유일한 요소이기 때문에 다른 모든 구성요소를 고려한 후에, 가격에서 암시된 변동성의 잔존가치가 발견된다.

　다수의 통화 쌍에 대해 선택된 내재 변동성이 도표 7.9에 나열되어 있다. 이 도표는 옵션 변동성이 통화별로 상당히 다르다는 것과 변동성과 만기(만기까지의 시간) 간의 관계가 한 방향으로만 움직이는 것은 아니라는 것을 분명히 보여준다. 예를 들어, 첫 번째 환율(US$/euro 교차환율)의 경우 일주일은 8.1% 변동성에서 1개월 및 2개월 만기의 7.4%로 하락한 후 3년 만기까지 9.3%로 상승한다.

도표 7.9	외환에 내재된 변동성(퍼센트)								
통화(교차)	부호	일주일	1개월	2개월	3개월	6개월	1년	2년	3년
유럽 유로	EUR	8.1	7.4	7.4	7.4	7.8	8.5	9.0	9.3
일본 엔	JPY	12.3	11.4	11.1	11.0	11.0	11.2	11.8	12.7
스위스 프랑	CHF	8.9	8.4	8.4	8.4	8.9	9.5	9.8	9.9
영국 파운드	GBP	7.7	7.3	7.2	7.1	7.3	7.5	7.9	8.2
캐나다 달러	CAD	6.4	6.4	6.3	6.4	6.7	7.1	7.4	7.6
호주 달러	AUD	11.2	10.7	10.5	10.3	10.4	10.6	10.8	11.0
영국 파운드/유로	GBPEUR	6.7	6.4	6.5	6.4	6.8	7.3	7.6	7.8
유로/일본 엔	EURJPY	11.6	11.1	11.2	11.3	11.8	12.6	13.4	14.1

출처 : Federal Reserve Bank of New York.

주 : 이러한 내재 변동성 비율들은 해당 월의 마지막 거래일인 2013년 9월 30일 오전 11시에 선택된 통화의 등가격 호가의 매수와 매도 호가에 대한 중간값의 평균이다.

변동성은 옵션 매도자가 기여하는 유일한 판단 요소이기 때문에 옵션의 가격 결정에 중요한 역할을 한다. 모든 통화 쌍에는 옵션 매도자의 기대 형성에 기여하는 역사적인 기록들이 있다. 그러나 결국 진정으로 재능 있는 옵션 매도자는 직관력과 통찰력을 발휘하여 미래의 가격을 효과적으로 책정한다.

모든 선물시장과 마찬가지로, 옵션 변동성은 경제적 및 정치적 사건(또는 소문)을 불안정하게 만드는 것에 즉각적이며 부정적으로 반응한다. 등가격 옵션에 대한 변동성의 2배는 옵션 가격이 2배가 되는 결과를 낳는다. 대부분의 통화옵션 거래자는 단기적으로 통화 변동성의 움직임을 예측하는 데 집중한다. 예를 들어 걸프 전쟁 이전, 유럽통화제도(EMS)가 위기에 처한 1992년 9월, 아시아 금융위기가 발발한 1997년, 2001년 9월 미국에 대한 테러 공격 이후와 2008년 9월 글로벌 금융위기가 발생한 이후 몇 개월 동안에 옵션 변동성이 크게 증가했다. 모든 경우에 주요 외환 조합에 대한 옵션 변동성은 오랜 기간 동안 거의 20%까지 상승했다. 결과적으로 프리미엄 비용은 해당 금액만큼 증가했다.

경험 법칙 : 단기적으로 변동성이 크게 떨어질 것이라고 생각하는 거래자는 변동성이 떨어져 옵션 프리미엄이 하락하는 즉시 이익을 위해 다시 사기를 희망하며, 지금 옵션을 매도하려고 한다.

변화하는 이자율 차이에 대한 민감도(로 그리고 파이)

이 절의 시작에서 우리는 통화옵션 가격과 가치가 선물환율에 중점을 둔 것임을 지적하였다. 선물환율은 또한 제6장에서 논의한 금리평가(Interest Rate Parity) 이론을 기반으로 한다. 어느 통화로든 금리를 변경하면 선물환율이 변경되어 옵션의 프리미엄이나 가치가 변경된다. 국내 금리(모국 통화)의 작은 변화로 인한 옵션 프리미엄의 예상되는 변화는 로(rho)라고 한다. 외국 이자율의 작은 변화(외화)로 인한 옵션 프리미엄의 예상 변화는 파이(phi)라고 한다.

수치 사례를 계속하면, 미국 달러 금리를 8.0%에서 9.0%로 올리면 영국 파운드화의 등가격 콜옵션 프리미엄이 \$0.033/£에서 \$0.035/£로 상승한다. 이것은 양수 0.2의 로(rho) 값이다.

$$\text{로} = \frac{\Delta \text{ 프리미엄}}{\Delta \text{ 미국 달러이자율}} = \frac{\$0.035/£ - \$0.033/£}{9.0\% - 8.0\%} = 0.2$$

외국 이자율이 비슷하게 1% 증가하면, 이 경우 파운드 스털링 이자율은 옵션 가치(프리미엄)가 \$0.033/£에서 \$0.031/£로 감소한다. 따라서 이 통화옵션 프리미엄에 대한 파이는 −0.2이다.

$$\text{파이} = \frac{\Delta \text{ 프리미엄}}{\Delta \text{ 외국 이자율}} = \frac{\$0.031/£ - \$0.033/£}{9.0\% - 8.0\%} = -0.2$$

예를 들어, 1990년대 내내 미국 달러(국내 통화) 금리는 파운드 스털링(외화) 금리보다 상당히 낮았다. 이는 파운드가 지속적으로 미국 달러 대비 할인되어 판매되었음을 의미한다. 이 이자율 차이가 확대되면(미국 금리 하락 또는 외화 금리 상승 또는 둘의 조합), 파운드 선물은 더 크게 할인되어 팔릴 것이다. 선물환 할인의 증가는 선물환율의 감소(외화 단위당 미국 달러화)와 동일하다. 위의 옵션 프리미엄 조건은 금리차이가 증가함에 따라 프리미엄이 증가해야 한다고 명시한다(현물환율이 변하지 않는다고 가정할 때).

옵션 트레이더의 경우 옵션 가치가 어디로 향하는지를 평가할 때 금리 간의 차이에 대한 예측이 분명히 도움이 될 수 있다. 예를 들어, 외국 이자율이 국내 이자율보다 높으면 외화는 할인된 가격으로 선물을 판매한다. 그 결과 상대적으로 콜옵션 프리미엄이 낮아진다(풋옵션 프리미엄이 낮아짐).

경험 법칙 : 외화에 대한 콜옵션을 구매하는 트레이더는 국내 금리가 오르기 전에 구입해야 한다. 이렇게 하면 트레이더는 가격 인상 전에 옵션을 구입할 수 있다.

대안적 행사가격과 옵션 프리미엄

옵션 가치평가에서 중요한 여섯 번째이자 마지막 요소(고맙게도 그리스어 별칭이 없다)는 실제 행사가격의 선택이다. 행사가격 \$1.70/£(선물–등가격 행사비율)을 사용하여 모든 민감도 분석을 실시했지만, 장외시장에서 옵션을 구매하는 회사는 자체 행사가격을 선택할 수 있다. 이미 내가격인 행사가격의 옵션은 내재가치와 시간가치 요소를 모두 가질 것이다. 외가격인 행사가격의 옵션은 시간가치 구성요소만 갖는다.

도표 7.10에서는 이전 절에서 논의된 다양한 '그리스어' 요소와 그 영향을 간략하게 요약한다. 옵션 프리미엄은 금융 이론에서 가장 복잡한 개념 중 하나이며, 환율에 옵션 가격결정을 적용해도 더 간단하지는 않다. 상당한 시간과 노력을 투입한 경우에만 개인이 통화옵션 포지션 관리에서 '감각'을 얻을 것으로 기대할 수 있다.

도표 7.10	옵션 프리미엄 구성요소 요약	
그리스어	정의	해석
델타(delta)	현물환율의 작은 변화에 대한 옵션 프리미엄의 기대 변화	델타가 더 높을수록, 옵션이 내가격으로 이동할 가능성이 더 높음
세타(theta)	만기까지 시간의 작은 변화에 대한 옵션 프리미엄의 기대 변화	만기 30일 전까지 프리미엄은 상대적으로 민감하지 않음
람다(lambda)	변동성의 작은 변화에 대한 옵션 프리미엄의 기대 변화	변동성 증가와 함께 프리미엄도 증가함
로(rho)	국내이자율의 작은 변화에 대한 옵션 프리미엄의 기대 변화	국내이자율 상승으로 콜옵션 프리미엄 상승
파이(phi)	외국이자율의 작은 변화에 대한 옵션 프리미엄의 기대 변화	외국이자율 상승으로 콜옵션 프리미엄 감소

실행에서의 근검

다음 장에서는 국제재무관리 수행과 관련된 위험을 줄이기 위해 파생상품을 어떻게 사용할 수 있는지 설명한다. 그러나 금융파생상품을 비롯한 모든 금융도구 또는 기법을 사용하는 사용자는 건전한 원칙과 관행을 따르는 것이 중요하다. 파생상품의 오용의 결과로 많은 회사가 망가졌다. 지혜로운 한마디 : 많은 사람들이 이야기하는 도박사의 딜레마(재능과 행운을 혼동하는)에 희생되지 말라.

금융파생상품과 관련된 주요 기업의 재무적 재앙들은 글로벌 경영에서도 계속해서 문제이다. 이는 현대 사회의 많은 문제처럼 기술의 잘못이 아니라 사용하는 인간의 실수 때문이다.

요점

- 외환선물계약은 표준화된 선도 계약이다. 그러나 선도 계약과 달리 은행과 고객 간의 거래가 아닌 조직된 거래소에서 거래가 발생한다. 선물은 또한 담보가 필요하며 일반적으로 반대거래 포지션의 구매를 통해 정산된다.

- 기업 재무관리자는 일반적으로 사용 및 포지션 관리가 간편하여 선물보다 외환선도거래를 선호한다. 금융 투기자는 선물시장의 유동성 때문에 보통 선물환보다 통화 선물을 선호한다.

- 외환옵션은 보유자에게 일정 금액의 외환을 특정 만기일 이전에 구매(콜옵션의 경우) 또는 매각(풋옵션의 경우)할 (의무가 아닌) 권리를 부여하는 계약이다.

- 옵션의 구매자를 위한 투기적 장치로서 통화옵션을 사용하는 것은 기초 통화가 상승하거나(콜의 경우) 또는 하락할 경우(풋의 경우) 옵션의 가치가 상승하기 때문에 발생한다. 기초 통화가 원하는 방향과 반대 방향으로 움직일 때의 손실 금액은 옵션 프리미엄으로 제한된다.

- 옵션의 매도자(판매자)를 위한 투기적 장치로 통화옵션의 사용은 옵션 프리미엄에서 발생한다. 옵션(풋 또는 콜 중 하나)이 외가격(가치 없는)으로 끝나면, 옵션 매도자는 전체 프리미엄을 번다.

- 투기는 미래의 가격에 대한 기대에 기반하여 거래함으로써 이익을 얻으려는 시도이다. 외환시장에서는 외화

포지션을 취한 후 그 포지션을 종결하는 것으로 투기가 이루어진다. 예상한 방향으로 움직이는 경우에만 이익이 발생한다.

■ 통화옵션 가치평가(옵션의 프리미엄 결정)는 현재 현물환율, 특정 행사환율, 선도환율(이 자체도 현재 현물환율 및 이자율 차이에 따라 다름), 통화 변동성 및 만기까지 시간의 복잡한 조합이다.

■ 옵션의 총가치는 내재가치와 시간가치의 합이다. 내재가치는 어떤 단일 시점에서의 옵션의 행사가격과 현재 현물환율 간의 관계에 따라 달라지며, 시간가치는 만기 전에 내재가치가 어떻게 변할 수 있는지에 대해 추정한다.

사례

키코와 한국 원화[2]

그러한 가능성은 어떤 법조문에도 기록되지 않은 국제법의 근본적인 원리에서 비롯된다. 극단적인 경우 지역 주민이 이긴다.

– "Bad Trades, Except in Korea," Floyd Norris,
The New York Times, 2009년 4월 2일

2006년, 2007년 및 2008년의 한국 수출업체들은 환율 추세에 특히 만족하지 않았다. 한국 원화(KRW)는 수년 동안 천천히 그러나 꾸준히 미국 달러화에 대해 가치가 상승했다. 매출의 상당 부분은 미국 달러로 지불하는 구매자에 대한 수출품으로, 한국 제조업자들에게는 큰 문제였다. 달러화가 계속 약세를 보였을 때, 1달러당 원화는 더 적었으며, 거의 모든 원가는 원화였다. 한국 은행들은 이러한 헤지 요구에 대한 서비스 노력으로 Knock-In Knock-Out 옵션 계약(키코, KiKo)을 판매 및 홍보하기 시작했다.

Knock-In Knock-Outs(키코)

많은 한국 제조업체들이 수년간 판매량 감소로 어려움을 겪었다. 경쟁이 치열한 시장에서 이미 영업을 하고 있어서, 원

화 절상은 통화 결제 후 마진을 더욱더 끌어내렸다. 도표 A에서 볼 수 있듯이 원화는 수년간 좁은 범위에서 거래되었다. 그러나 달러에 대한 1,000원에서 930원 사이의 차이는 큰 마진이었기 때문에 이는 큰 도움이 안 되었다.

한국 은행들은 이러한 통화 위험을 관리하는 방법으로 키코를 홍보하기 시작했다. Knock-In Knock-Out(키코)은 복잡한 옵션 구조로 KRW(knock-in 구성요소)에 콜옵션을 판매하고 USD(knock-out 구성요소)에 풋옵션을 구매하는 것을 결합하였다. 이러한 구조는 도표 A에서 볼 수 있는 거래 범위를 확립하였다. 은행과 수출업자들은 원화가 그 안에 머무를 것이라고 믿었다. 한 예로 은행 영업사원은 한국 제조업체에 "원화가 이 거래범위 내에서 계속 유지될 것이라는 것을 99% 확신하고 있다."라고 말했다.[3]

그러나 그것이 키코 구조의 전부는 아니었다. 범위의 바닥, 특히 달러에 대한 방어적 풋(protective put)에서는 수출업자가 원화가 지속적으로 상승한다면 정해진 환율에 달러를 팔 수 있을 것이라는 것을 확신시켰다. 이 행사가격은 현 시장에 근접하게 결정되어 상당히 비쌌다. 구매 자금을 조달

---

3 "KIKO Hedges Slay Korean Exporters, Threaten Banks," *Bomi Lim, Bloomberg BusinessWeek*, October 17, 2008.

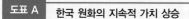

도표 A 한국 원화의 지속적 가치 상승

한국 원화(KRW) = USD1.00

- 원화가 달러에 대해 강세가 됨에 따라, 달러를 받는 수출업자들은 더 적은 원화를 벌었음. 만약 이러한 추세가 계속된다면, 수출업자들은 보호가 필요함. 키코는 근본적으로 환율이 현재 거래범위에서 멀리 움직이지 않을 것이라는 데 베팅함
- Knock-In : 만약 환율이 여기보다 오른다면, 수출업자들은 이 환율을 받아들여야함   *Knock-In Rate*
- 미국 달러를 버는 한국 수출업체에 좋음
- 미국 달러를 버는 한국 수출업체에 나쁨
- Knock-Out : 만약 환율이 여기보다 내려간다면, 수출업자는 보호를 못 받음(모든 옵션이 만료됨)   *Knock-Out Rate*

하기 위해 knock-in 환율에 콜을 판매하는 것은 배수(때로는 터보 기능이라고 부름)였는데, 이는 수출업자가 콜옵션을 환노출 금액의 배수, 때로는 2~3배에 판매하는 것을 의미하였다. 수출업체에는 '과다 헤지(over-hedged)'였다. 이 배수는 구매한 풋에 자금을 조달하고 최종 키코 기능에 기여할 수 있는 추가기금을 제공한 콜옵션에서 더 많은 수익을 올렸다. 이 마지막 특징은 환율이 범위 내에 머물러있는 한, 키코가 수출업자에 원화에 대한 달러 교환에 대해 단일 '시장보다 나은 환율'을 보장했다. 이러한 결합구조로 인해 한국 수출업체들은 현물시장 금리가 910원에 불과했을 때 1달러당 980원으로 달러를 원화로 계속해서 바꿀 수 있었다.

그러나 이것은 '고정된 금리'가 아니었다. 환율은 더 높은 '보증된' 환율을 얻기 위해 상한선과 하한선 안에 머물러 있어야 했다. 현물 가격이 knock-out 환율 이하로 극적으로 움직였다면 knock-out 기능으로 계약을 취소할 수 있다. 이

것은 수출업자들에 보호가 필요한 범위였기 때문에 특히 골칫거리였다. 상한선에서 knock-in 기능은 만약 현물환율이 knock-in 환율 이상으로 움직인다면, 이 방향의 움직임은 실제로는 수출업자에게 유리하게 작용하지만, 수출업자가 특정 환율로 은행에 달러를 전달하도록 요구되었다. knock-in 포지션의 잠재적 비용은 노출의 배수가 팔리면서 수출업자를 순수하게 투기적 포지션으로 몰아넣기 때문에 본질적으로 무제한이었다.

2008년과 글로벌 금융위기

모든 것이 잘못되기까지 오래 걸리지 않았다. 2008년 봄, 원화는 미국 달러 대비 빠르게 하락하기 시작했다. 도표 B에서 볼 수 있듯이 원화의 현물환율은 전형적인 상위 knock-in 환율 경계를 빠르게 깨뜨렸다. 2008년 3월까지 원화는 달러당 1,000원 이상에 거래되었다. 판매된 knock-in 콜옵션은 한국 제조업체에 대해 행사되었다. 엄청난 손실이 있었다.

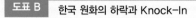

도표 B 한국 원화의 하락과 Knock-In

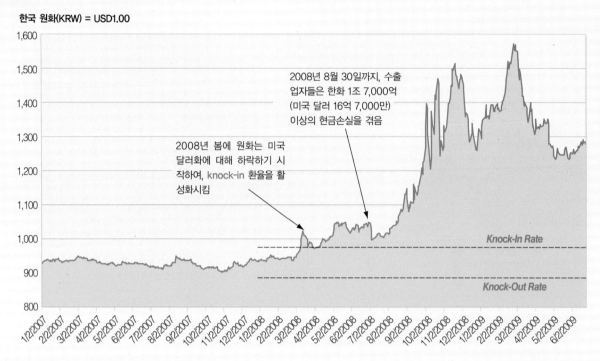

한국 원화(KRW) = USD1.00

2008년 8월 30일까지, 수출업자들은 한화 1조 7,000억 (미국 달러 16억 7,000만) 이상의 현금손실을 겪음

2008년 봄에 원화는 미국 달러화에 대해 하락하기 시작하여, knock-in 환율을 활성화시킴

Knock-In Rate

Knock-Out Rate

미국의 금융위기 전날인 8월 말에는 한국 수출업체가 이미 1조 7,000억 원(10억 6,700만 달러)의 손실을 입었다고 추정된다.

구매자 위험부담원칙

손실 규모가 빠르게 커지면서 한국 법원에 수백 건의 소송이 제기되었다. 키코를 구입한 한국 제조업자들은 손실을 피하기 위해 한국 은행들을 상대로 소송을 제기했으며, 많은 경우 손실로 인해 기업 파산이 발생했다.

수출업자들은 한국 은행들이 이해할 수 없는 복잡한 제품을 판매했다고 주장했다. 이해의 부족은 최소한 두 가지 수준에서 있었다. 첫째, 많은 키코 계약은 영어로만 이루어졌으며 많은 한국 구매자들은 영어를 이해하지 못했다. 계약이 영어로 된 이유는 키코가 원래 한국 은행들에 의해 만들어지지 않았기 때문이다. 그들은 다수의 주요 서구 헤지펀드들에 의해 만들어졌고, 한국의 은행, 점점 더 많은 키코

판매에 대한 수수료를 더 많이 받는 한국 은행들을 통해 제품을 판매했다. 그러나 한국 은행들은 키코에 대한 지불을 책임졌다. 수출 기업이 지불하지 않거나 지불할 수 없는 경우, 은행이 지불해야 할 것이었다.

둘째, 수출업자들은 키코와 관련된 위험, 특히 기본 노출과 관련된 배수의 명목원금에 대한 knock-in 위험이 그들에게 적절히 설명되지 않았다고 주장했다. 수출업자들은 한국 은행들이 위험에 대해 적절하게 설명할 의무가 있으며 더 중요하게는 자신들의 필요에 맞는 제품만을 판매해야 한다고 주장했다[미국법에 따르면 이는 신탁책임(fiduciary responsibility)이라고 한다].

한국 은행들은 그러한 구체적 의무가 없고, 그럼에도 불구하고 그들은 위험을 충분히 설명했다고 주장했다. 은행들은 또한 이것이 단순히 구매자가 복잡한 제품을 이해하지 못하는 경우는 아니라고 주장했다. 구매자와 판매자 모

두 이러한 구조의 복잡한 작동과 위험을 이해하기에 충분히 지적 수준이 높았다. 은행들은 실제로 수출업자들이 자신의 입장을 정리하고 손실을 제한할 수 있는 방법에 대해 세부적으로 설명했지만, 수출업자들은 그렇게 하지 않기로 결정했다.

결국 한국 법원은 경우에 따라 수출업체를 선호하거나, 다른 경우 은행에 유리하게 판결했다. 법원이 따른 한 가지 원칙은 수출업자는 현물환율의 변화가 예측할 수 없는 '변화된 상황'에 놓였고, 결과적으로 손실이 너무 컸다는 것이다. GM 대우와 같은 일부 기업들은 10억 1,100만 달러의 손실을 냈다. 일부 한국 은행들도 상당한 손실을 입었고, 실제로

2008년 금융위기를 미국과 유럽연합으로부터 세계의 신흥시장으로 전파하는 데 도움을 줄 수 있었다.[4]

사례 문제

1. 키코를 구매하는 한국 수출기업의 기대와 두려움은 무엇이었는가?

2. 이러한 파생상품을 고객에게 제공하고 홍보하는 은행의 책임은 무엇인가? 그들의 이익을 보호할 의무가 있는가? 이 사건에 누가 잘못했다고 생각하는가?

3. 여러분이 외환파생상품 사용에 대한 컨설턴트인 경우 이 사례에서 어떤 교훈을 얻을 것이며 여러분의 고객에게 이를 어떻게 전달할 것인가?

질문

1. **외환선물.** 외환선물은 무엇인가?

2. **선물 용어.** 국제경영에서 다음 계약사항의 의미와 가능한 중요성을 설명하라. (a) 명목원금, (b) 마진, (c) 일일정산

3. **롱과 쇼트.** 어떻게 외환선물을 사용하여 환율 움직임을 추측할 수 있으며, 롱포지션과 쇼트포지션은 투기에서 어떤 역할을 하는가?

4. **선물 및 선도.** 통화선물과 선물환은 어떻게 비교되는가?

5. **선물로 헤지하기.** 기업의 노출을 헤지하기 위한 선물 계약의 단점은 무엇인가?

6. **옵션과 선물.** 외환옵션과 선물의 차이점과 어느 것이 가장 적절하게 사용될지 설명하라.

7. **풋 계약 요소.** CME에서 거래되는 미국식 풋옵션의 계약 규모는 125,000유로이다. 행사가격 1.2900인 12월

풋은 현재 0.0297로 호가된다. 이 숫자는 풋 구매자에게 어떤 의미인가?

8. **프리미엄, 가격, 비용.** 옵션 가격, 옵션 가치, 옵션 프리미엄, 외환옵션 비용 간의 차이점은 무엇인가?

9. **세 가지 가격.** 모든 외환옵션 계약에 필수적인 세 가지 가격 또는 '요율'은 무엇인가?

10. **옵션 매도.** 옵션 프리미엄을 받는 이익이 고정되어 있지만, 기초가격이 잘못된 방향으로 가는 경우 손실이 매우 클 수 있다는 것을 아는 사람이 왜 옵션을 판매하는가?

11. **결정 가격.** 옵션을 구매한 후에는 두 가지 가격 또는 요율만이 소지자의 의사 결정과정에 포함된다. 두 가지 이유는 무엇인가?

12. **옵션 현금흐름 및 시간.** 미국 달러 기반의 투자자에게 유

---

[4] "Exotic Derivatives Losses in Emerging Markets: Questions of Suitability, Concerns for Stability," by Randall Dodd, International Monetary Fund, IMF Working Paper WP/09, July 2009.

로에 대한 콜옵션과 관계된 현금흐름이 서로 다른 시간 순서로 발생한다. 이것은 무엇이며 얼마나 중요한가?

13. **옵션 가치평가.** 옵션의 가치는 내재가치와 시간가치의 합으로 명시되어 있다. 이 용어들이 의미하는 바를 설명하라.

14. **시간가치 악화.** 옵션의 가치는 시간이 지남에 따라 감소하지만 감소가 그렇게 균등하지는 않다. 옵션 가치평가에서 이것이 무엇을 의미하는지 설명하라.

15. **옵션 가치와 돈.** 옵션은 종종 내가격, 등가격, 외가격으로 표현된다. 이것의 의미는 무엇이며 어떻게 결정되는가?

16. **옵션 가격결정과 선물환율.** 선물환율과 외환옵션 프리미엄 간의 관계는 무엇인가?

17. **옵션 델타.** 옵션 델타란 무엇인가? 옵션이 내가격, 등가격, 외가격일 때 이것은 어떻게 변하는가?

18. **역사적 변동성 대 내재적 변동성.** 역사적 변동성과 내재적 변동성의 차이점은 무엇인가?

문제

1. **Saguaro Funds.** 시카고에 본사를 둔 Saguaro Funds의 통화 거래자인 토니 베게이는 파운드 가치에 투기하기 위해 영국 파운드(£)에 대한 선물 호가를 사용한다. 아래 표의 선물 호가를 사용하여 다음 질문에 답하라.

   a. 토니가 6월 5일 파운드 선물을 사고, 만기일의 현물환율이 $1.3980/£라면, 그녀의 포지션 가치는 얼마인가?

   b. 토니가 3월 12일 파운드 선물을 팔고, 만기 시 현물환율이 $1.4560/£라면, 그녀의 포지션 가치는 얼마인가?

   c. 토니가 3월 3일 파운드 선물을 사고 만기일 현물환율이 $1.4560/£라면, 그녀의 포지션 가치는 얼마인가?

   d. 토니가 6월 12일 파운드 선물을 판매하고 만기일 현물환율이 $1.3980/£라면 그녀의 포지션 가치는 얼마인가?

2. **앰버 매클레인.** 우리가 이 장에서 만난 화폐 투기업자 앰버 매클레인은 도표 7.1에서 호가된 종가로 50만 페소의 6월 선물 계약을 8개 팔았다.

   a. 최종 현물환율이 $0.12000/Ps이면 만기 시 그녀의 포지션 가치는 얼마인가?

   b. 최종 현물환율이 $0.09800/Ps이면 만기 시 그녀의 포지션 가치는 얼마인가?

   c. 최종 현물환율이 $0.11000/Ps이면 만기 시 그녀의 포지션 가치는 얼마인가?

3. **자카르타의 시시 카오.** 시시 카오는 자카르타에서 Sumatra Funds를 위해 통화를 거래한다. 그녀는 거의 모든 시간과 관심을 미국 달러/싱가포르 달러($/S$) 교차환율에 집중한다. 현재 현물환율은 $0.6000/S$이다. 상당한 연구 끝에 그녀는 싱가포르 달러가 향후 90일

문제 1.

영국 파운드화 선물, U.S.$/pound(CME)   계약 = 62,500파운드

만기	시가	고가	저가	종가	변화	고가	미결제 약정
3월	1.4246	1.4268	1.4214	1.4228	0.0032	1.4700	25,605
6월	1.4164	1.4188	1.4146	1.4162	0.0030	1.4550	809

동안 미국 달러 대비 $0.7000/S$에 이를 것으로 전망했다. 그녀는 싱가포르 달러에 대해 선택할 수 있는 다음과 같은 옵션을 가지고 있다.

옵션	행사가격	프리미엄
싱가포르 달러에 대한 풋	$0.6500/S$	$0.00003/S$
싱가포르 달러에 대한 콜	$0.6500/S$	$0.00046/S$

a. 시시는 싱가포르 달러 풋옵션과 싱가포르 달러 콜옵션 중 무엇을 사야 하는가?

b. (a)에서 구입한 옵션에 대한 시시의 손익분기점 가격은 얼마인가?

c. (a)의 답을 사용하여, 90일 만기일의 현물환율이 $0.7000/S$일 때 시시의 총이익 및 순이익(프리미엄 포함)은 무엇인가?

d. (a)의 답을 사용하여 90일의 만기일의 현물환율이 $0.8000/S$일 때 시시의 총이익과 순이익(프리미엄 포함)은 무엇인가?

4. **Kapinsky Capital Geneva(A).** 크리스토프 호프먼은 Kapinsky Capital에서 환율을 거래하고 있다. 그는 투자할 1,000만 달러를 갖고 있고, 어떤 거래도 끝나면 모든 이익을 미국 달러로 명시해야 한다. 유로화의 현물환율은 $1.3358/€이며, 30일 선물환율은 $1.3350/€이다.

a. 크리스토프가 미국 달러화 가치 대비 유로화 가치가 계속해서 상승할 것으로 믿어서, 30일이 끝날 때 현물환율이 $1.3600/€가 될 것으로 예상한다면 그는 어떻게 해야 할까?

b. 크리스토프가 유로화 가치가 미국 달러 대비 가치가 하락할 것으로 믿어서, 30일이 끝날 때 현물환율이 $1.2800/€가 될 것으로 예상한다면 그는 어떻게 해야 할까?

5. **Kapinsky Capital Geneva(B).** Kapinsky Capital의 크리스토프 호프먼은 향후 3개월 동안 스위스 프랑이 미국 달러 대비 강세를 보일 것으로 전망하고 있다. 그는 10만 달러의 투자자금이 있다. 현재 현물환율은 $0.5820/SF이고, 3개월 선물환율은 $0.5640/SF이며, 그는 현물환율이 3개월 만에 $0.6250/SF에 이를 것으로 예상한다.

a. 순수현물시장 투기전략을 가정하고 크리스토프의 예상 수익을 계산하라.

b. SF 3개월 선물환을 매입하거나 매각한다고 가정할 때 크리스토프의 예상 수익을 계산하라.

6. **펠레의 풋.** 펠레는 행사가격 $0.9100/A$에 프리미엄 $0.0245/A$인 지금부터 6개월 만기인 호주 달러(A$)에 대한 풋옵션을 구매하였다. 이 옵션은 A$100,000이다. 만기일 현물환율이 $0.8500/A$, $0.8800/A$, $0.9100/A$, $0.9400/A$ 및 $0.9700/A$인 경우 펠레의 만기 수익은 얼마인가?

7. **Chavez S.A.** 베네수엘라 기업인 Chavez S.A.는 18주 동안 10,000,000달러를 빌리고자 한다. 뉴욕, 스위스 및 런던의 잠재적인 대출기관들은 각각 연율 8.25%, 8.30% 및 8.35 %의 국제, 스위스(유로장기채권) 및 영국식 이자율(날짜 계산 규칙) 견적을 각각 사용한다. Chavez는 어디서 빌려야 하는가?

8. **Vatic Capital의 카치타 헤인스.** 카치타 헤인스는 로스앤젤레스의 Vatic Capital에서 통화 투기자로 일하고 있다. 그녀의 최근 투기적 포지션은 미국 달러가 일본 엔화에 비해 크게 상승할 것이라는 기대에서 이익을 얻는 것이다. 현재 현물환율은 ¥120.00/$이다. 그녀는 일본 엔에 대한 다음 90일 옵션 중에서 선택해야 한다.

옵션	행사가격	프리미엄
엔에 대한 풋	¥125/$	$0.00003/S$
엔에 대한 콜	¥125/$	$0.00046/S$

a. 카치타가 엔에 대한 풋옵션 또는 콜옵션을 사야 하는가?

b. (a)에서 구입한 옵션에 대한 카치타의 손익분기점 가격은 얼마인가?

c. (a)의 답을 사용하여 90일이 끝날 때의 현물환율이 ¥140/$인 경우 카치타의 총이익 및 순이익(프리미엄 포함)은 무엇인가?

9. **Calling All Profits**. 뉴질랜드 달러(NZ$)에 대한 미국식 콜옵션을 $0.8100/NZ$의 행사가격으로 NZ$당 0.0192의 프리미엄으로 거래하며, 만기는 3개월 후로 가정하자. 옵션은 NZ$ 100,000이다.

a. 그런 콜옵션을 구입했다고 가정하자. NZ$ 현물환율이 $0.7000/NZ$~$0.9200/NZ$ 사이에 거래되는 시점에서 만기 전에 행사할 경우 여러분의 손익을 그래프로 그려보라. 손익분기점 환율을 찾자.

b. 만약 이러한 콜옵션을 판매한 경우 (a)를 반복하라.

10. **Baker Street의 아서 도일**. 아서 도일은 런던의 민간 투자회사인 Baker Street의 통화 거래자이다. Baker Street의 고객은 최소한 25만 파운드의 지분을 보유한 부유한 민간 투자자들의 모임으로 통화의 움직임에 투기하고자 한다. 투자자들은 연간 수익률이 25%를 초과 할 것으로 예상한다. 런던에서 근무하지만 모든 계좌와 기대액은 미국 달러 기준이다.

아서는 앞으로 30~60일 사이에 영국 파운드가 $1.3200/£로 크게 하락할 것이라고 확신한다. 현재 현물환율은 $1.4260/£이다. 아서는 그의 투자자가 기대하는 25%의 수익률을 낼 파운드 풋옵션을 사기를 원한다. 다음 중 당신이 그에게 구입할 것을 권하는 풋옵션은 무엇인가? 당신의 선택이 행사가격, 만기 및 선결제 프리미엄 비용의 바람직한 조합임을 증명하라.

행사가격	만기	프리미엄
$1.36/£	30일	$0.00081/£
$1.34/£	30일	$0.00021/£
$1.32/£	30일	$0.00004/£
$1.36/£	60일	$0.00333/£
$1.34/£	60일	$0.00150/£
$1.32/£	60일	$0.00060/£

11. **CIBC의 칼란드라 파나가코스**. 칼란드라 파나가코스는 토론토의 CIBC Currency Funds에서 근무한다. 칼란드라는 대부분의 예측과는 반대입장인 역투자자의 일종으로, 캐나다 달러(C$)가 향후 90일 동안 미국 달러 대비 상승할 것이라고 생각한다. 현재 현물환율은 $0.6750/C$이다. 칼란드라는 캐나다 달러로 다음 옵션 중 하나를 선택할 수 있다.

옵션	행사가격	프리미엄
캐나다 달러에 대한 풋	$0.7000	$0.00003/S$
캐나다 달러에 대한 콜	$0.7000	$0.00049/S$

a. 칼란드라는 캐나다 달러에 대한 풋옵션과 콜옵션 중 어떤 것을 사야 하는가?

b. (a)에서 구매한 옵션에 대한 칼란드라의 손익분기점 가격은 무엇인가?

c. (a)의 답을 사용하여, 90일 만기일의 현물환율이 $0.7600이라면, 칼란드라의 총이익 및 순이익(프리미엄 포함)은 무엇인가?

d. (a)의 답을 사용하여 90일 만기의 현물환율이 $0.8250일 때 칼란드라의 총이익과 순이익(프리미엄 포함)은 무엇인가?

인터넷 문제

1. **금융파생상품과 ISDA.** International Swaps and Derivatives Association(ISDA)는 금융파생상품, 이들의 가치평가 및 사용에 대한 풍부한 정보와 당사자 간의 계약상 사용을 위한 방대한 정보를 제공한다. 다음의 ISDA 인터넷 사이트를 사용하여 31가지의 기본적인 금융파생상품 질문과 용어에 대한 정의를 찾아보자.

   ISDA   www.isda.org/educat/faqs.html

2. **위험 관리와 금융파생상품.** 이 책이 길다고 생각한다면 금융파생상품의 관리 및 사용과 관련된 위험 관리에 관한 무료 다운로드 가능한 미국 Comptroller of the Currency의 핸드북을 살펴보라!

   Comptroller of   www.occ.gov/publications/
   the Currency   publications-by-type/comptrollers-
                         handbook/deriv.pdf

3. **옵션 가격결정.** OzForex Foreign Exchange Services는 엄청나게 강력한 외환파생상품 계산이 가능한 웹사이트를 가진 개인 회사이다. 다음 사이트를 사용하여 통화옵션 가격결정과 관련된 다양한 '그리스 문자들'을 평가하라.

   OzForex   www.ozforex.com.au/forex-tools/
                        tools/fx-options-calculator

4. **Garman-Kohlhagen 옵션 공식.** 대담한 마음과 양적으로 숙련된 사람들을 위해 다음 인터넷 사이트에서 오늘날 비즈니스 및 금융 분야에서 널리 사용되는 Garman-Kohlhagen 옵션 공식에 대한 자세한 프레젠테이션을 확인하라.

   Riskglossary.com   www.riskglossary.com/link/garman_
                      kohlhagen_1983.htm

5. **시카고상품거래소(CME).** 시카고상품거래소는 브라질의 레알화를 포함하여 다양한 통화로 선물과 옵션을 거래한다. 다음 사이트의 거래 탭에서 FX로 이동하여 이러한 통화파생상품의 사용을 평가하라.

   시카고상품거래소   www.cmegroup.com

6. **암시된 통화 변동성.** 입력되는 변동성 변수들은 다가오는 옵션의 만기일에 대한 일별 현물환율의 예상 표준편차이기 때문에, 통화옵션 가격결정에서 관찰할 수 없는 하나의 변수는 변동성이다. New York Federal Reserve의 웹사이트를 사용하여 주요 교차환율 쌍들의 거래에 대한 현재 암시된 통화 변동성을 구하라.

   Federal Reserve   www.ny.frb.org/markets/
   Bank of New York   impliedvolatility.html

7. **Montreal Exchange.** Montreal Exchange는 캐나다에서 금융파생상품을 지원하는 캐나다 거래소이다. 웹사이트를 사용하여 최근 거래시간과 일에 대한 MV 변동성(Montreal Exchange 지수 자체의 변동성)을 확인하라.

   Montreal   www.m-x.ca/marc_options_en.php
   Exchange

제7장 부록 :
외환옵션 가격결정 이론

여기서 제시된 외환옵션 모형은 유럽식 옵션으로 Black과 Scholes(1972), Cox와 Ross(1976), Cox, Ross, Rubinstein(1979), Garman과 Kohlhagen(1983), Bodurtha와 Courtadon(1987)의 연구 결과이다. 우리가 다음 옵션가격결정 모델의 이론 도출과정을 설명하지는 않지만, Black과 Scholes가 도출한 원래 모델은 증권, 자산 또는 통화를 이용한 하나의 롱포지션과 유럽식 콜옵션 하나로 구성된 위험이 없는 헤지 포트폴리오 형성을 기반으로 한다. 이 모델의 기대 수익률에 대한 답으로 옵션 프리미엄이 산출된다.

유럽식 콜옵션의 가격결정에 관한 기본 이론 모형은 다음과 같다.

$$C = e^{-r_f T} SN(d_1) - E_e^{-r_d T} N(d_2)$$

여기서

C 유럽식 콜옵션의 프리미엄

e 연속시간 할인

S 현물환율($/외화)

E 행사가격

T 만기까지 시간

N 누적 정규분포 함수

r_f 외국 이자율

r_d 국내 이자율

σ 자산가격의 표준편차(변동성)

$\ln$ 자연로그

두 밀도 함수 d_1과 d_2는 다음과 같이 정의된다.

$$d_1 = \frac{\ln\left(\dfrac{S}{E}\right) + \left(r_d - r_f + \dfrac{\sigma^2}{2}\right)T}{\sigma\sqrt{T}}$$

그리고

$$d_2 = d_1 - \sigma\sqrt{T}$$

이 식은 유럽식 콜옵션의 프리미엄이 선물이자율로 작성되도록 재정렬할 수 있다.

$$C = e^{-r_f T} FN(d_1) - e^{-r_d T} EN(d_2)$$

여기서 현물환율과 외국 이자율은 선물이자율 F로 대체되고, 첫 번째와 두 번째 조건 모두가 연속시간 e로 할인된다. 이제 정리하면, 옵션 프리미엄이 2개의 누적 정규분포 함수의 차이의 현재 값이라는 것을 알 수 있다.

$$C = [FN(d_1) - EN(d_2)]e^{-r_d T}$$

두 밀도 함수는 다음과 같이 정의된다.

$$d_1 = \frac{\ln\left(\dfrac{F}{E}\right) + \left(\dfrac{\sigma^2}{2}\right)T}{\sigma\sqrt{T}}$$

그리고

$$d_2 = d_1 - \sigma\sqrt{T}$$

d_1과 d_2에 대한 이들 방정식을 각각 풀면 유럽식 콜옵션 프리미엄을 결정할 수 있다. 유럽식 풋옵션 P에 대한 프리미엄은 유사하게 도출된다.

$$P = [F(N(d_1) - 1) - E(N(d_2) - 1)]e^{-r_d T}$$

유럽식 콜옵션 : 수치 예제

옵션 프리미엄의 실제 계산은 앞의 방정식들에서 나타난 것처럼 복잡하지 않다. 다음과 같은 기본 환율 및 이자율 값을 가정할 때, 옵션 프리미엄 계산은 비교적 간단하다.

현물환율	= \$ 1.7000/£
90일 선물환율	= \$ 1.7000/£
행사가격	= \$ 1.7000/£
미국 달러 이자율	= 8.00%(연간)
파운드 스털링 이자율	= 8.00%(연간)
시간(일)	= 90
표준편차(변동성)	= 10.00%
e(무한 할인)	= 2.71828

두 밀도함수의 값은 먼저 다음과 같이 도출된다.

$$d_1 = \frac{\ln\left(\dfrac{F}{E}\right) + \left(\dfrac{\sigma^2}{2}\right)T}{\sigma\sqrt{T}} = \frac{\ln\left(\dfrac{1.7000}{1.7000}\right) + \left(\dfrac{0.1000^2}{2}\right)\dfrac{90}{365}}{0.1000\sqrt{\dfrac{90}{365}}} = 0.025$$

그리고

$$d_2 = 0.025 - 0.1000\sqrt{\frac{90}{365}} = -0.025$$

d_1과 d_2의 값은 누적 정규확률분포표에서 찾을 수 있다.

$$N(d_1) = N(0.025) = 0.51, \quad N(d_2) = N(-0.025) = 0.49$$

'선등가(forward-at-the-money)' 행사가격과 유럽식 콜옵션의 프리미엄은 다음과 같다.

$$C = [(1.7000)(0.51)] - (1.7000)(0.49)]2.71828^{-0.08(90/365)} = \$0.033/\text{£}$$

이것이 콜옵션 프리미엄, 가격, 가치 또는 비용이다.

제 8 장

이자율위험과 스왑

시장과 기관에 대한 신뢰는 산소와 비슷하다. 공기가 있다는 것을 생각조차 하지 않지만, 없어서는 안 될 것이다. 이를 생각하지 않고도 몇 년이고 지낼 수 있다. 공기가 5분 동안 사라진다면, 당신이 생각할 수 있는 것은 유일하다. 신용시장과 기관에서 신뢰가 빠져나오고 있다.

– Warren Buffett, 2008년 10월 1일

학습목표

- 기본적인 변동이자율이과 고정이자율 등의 이자율의 기본원리를 설명한다.
- 기업의 이자율위험을 정의하고 이를 관리하는 방법을 보여준다.
- 이자율위험 관리를 위해 이자율선물 및 선물환 거래를 탐색한다.
- 다국적 기업의 이자율위험을 관리하기 위해 이자율스왑의 사용을 검토한다.
- 다국적 기업의 재무관리에서 외환 및 이자율위험을 관리하는 데 교차통화스왑이 어떻게 사용될 수 있는지 자세히 살펴본다.

국내기업, 다국적 기업, 중소기업, 대기업, 부채를 사용하거나 사용하지 않는 회사들 모두 이자율 변화에 민감하다. 다양한 이자율위험이 존재하지만, 이 책은 비금융권 다국적 기업의 재무관리에 중점을 둔다. 이 다국적 기업들이 사용하는 국제금융시장은 주로 이자율과 환율에 의해 정의되며, 이들의 이론적인 연계는 제6장의 평가(parity) 관계들에 의해 확립되었다. 우리는 이제 이자율 구조와 다중통화 이자율 세계에서 활동하는 기업들의 도전에 주목한다.

이 장의 첫 번째 부분인 이자율 기초는 모든 다국적 기업이 다루는 다양한 기준이자율과 변동이자율을 상세히 다룬다. 다음은 자본의 비용과 가용성을 정의하는 정부와 기업 간의 이자율 관계이다. 세 번째로는 다국적 기업이 직면하는 다양한 형태의 이자율위험에 초점을 맞추고있다. 네 번째와 마지막에서는 이자율스왑을 비롯한 다양한 금융파생상품이 이러한 이자율위험을 관리하는 데 어떻게 사용될 수 있는지 자세히 설명한다. 사례 "아르헨티나와 벌처펀드"에서는 과도한 채무와 채무불이행으로부터 회복하려는 주권국가의 위험을 설명한다.

이자율 기초

이자율에 대한 논의를 몇 가지 정의로부터 시작하자. 기준율(reference rate, 예 : 미국 달러 LIBOR)은 표준화된 호가, 대출 계약 또는 금융파생상품 평가에 사용되는 이자율이다. LIBOR(London Interbank Offered Rate)는 가장 널리 사용되고 이용되는 기준율이다.

British Bankers Association(BBA)에 의해 정의된 바와 같이, LIBOR는 하룻밤, 일주일, 1개월, 2개월 등에서 12개월 만기까지 호가된다. 이 중 1개월, 3개월 및 6개월 LIBOR는 다양한 대출 및 파생상품 계약에서 광범위하게 사용되기 때문에 가장 중요한 만기이다. 비록 BBA가 런던에서 은행들로부터 엔화 LIBOR 및 기타 통화들의 LIBOR를 동시에 계산하지만, 달러와 유로가 가장 널리 사용되는 통화이다. 글로벌 금융 실무 8.1에서 설명하는 것처럼, LIBOR는 최근 몇 년간 논란의 대상이었다.

그러나 은행 간 이자율 시장은 런던에 국한되지 않는다. 대부분의 주요 국내 금융센터들은 지역 대출 계약 목적으로 자체 은행 간 이자율을 구성한다. 이러한 이자율들에는 PIBOR(Paris Interbank Offered Rate), MIBOR(Madrid Interbank Offered Rate), SIBOR(Singapore Interbank Offered Rate),

---

글로벌 금융 실무 8.1

LIBOR의 문제

"내 말이 LIBOR(보증서)라는 생각은 죽었다."

– Mervyn King, Bank of England 총재

어떤 단일이자율도 런던 은행 간 이자율(LIBOR)보다 세계 금융시장의 운영에 더 기본적인 요소는 아니다. 그러나 2007년 초부터 시작하여 대서양 양안의 은행 간 시장에 참여한 많은 사람들은 LIBOR에 문제가 있다고 의심하기 시작했다.

LIBOR는 British Bankers Association(BBA)의 지원하에 공표된다. 매일 16개 주요 다국적은행으로 구성된 패널들은 요청된 무담보 은행 간 시장에서 예상 차입이자율을 제출하고, 이후 3단계로 수집, 발급 및 공시 과정을 거친다.

1단계 : LIBOR 패널의 은행들은 런던 시간으로 오전 11시 10분까지 예상 차입이자율을 제출해야 한다. 제출은 BBA를 대신하여 과정을 실행하는 Thomson Reuters에서 직접 이루어진다.

2단계 : Thomson Reuters는 제출된 이자율의 최저 25%와 최고 25%를 폐기한다. 그런 다음 차입이자율의 나머지 50%를 사용하여 만기 및 통화별 평균 환율을 계산한다.

3단계 : BBA는 20분 후인 런던 시간으로 오전 11시 30분에 그날의 LIBOR를 발표한다.

이와 동일한 과정이 여러 통화에 대해 다수의 만기로 LIBOR를 발표하는 데 사용된다. 가장 널리 사용되는 통화인 달러 및 유로와 같이, 3개월 및 6개월 만기는 다양한 대출 및 파생상품 계약에서 널리 사용되기 때문에 가장 중요한 만기이다.

LIBOR의 한 가지 문제점은 은행이 제출한 이자율의 출처이다. 첫째, 각 은행이 매일 모든 만기 및 통화로 실제 거래를 수행하지 않을 수 있으므로, 실제 거래만 보고하는 것을 피하기 위해 이자율은 '예상 차입이자율'을 기준으로 한다. 결과적으로 각 은행이 제출한 이자율의 원천은 어느 정도는 임의로 결정된다.

둘째, 은행들, 특히 은행 내 금융시장 및 파생상품 거래자들은 당일 은행이 보고한 차입이자율의 영향을 받을 수 있는 많은 이해관계가 있다. 그러한 예가 신용위기가 만발한 2008년 9월의 은행 간 시장의 은행들의 이해관계에서 발견될 수 있다. 다른 은행이 해당 은행에 더 높은 이자율을 부과했다고 해당 은행이 보고한다면, 이는 실제로 해당 은행이 점점 위험해지고 있다는 시장의 분석을 자기보고 하는 것이었다. 한 분석가의 말에 따르면, '누군가의 목에 전염병을 앓고 있다는 표지판을 거는 것'과 유사한 것이다. 시장 애널리스트들은 LIBOR 패널의 많은 은행들이 금융위기 전반에 걸쳐 실질이자율보다 30~40 베이시스 포인트 낮은 이자율로 차입이자율을 보고한 것으로 추산하고 있다. 법원 문서에서는 조작의 시도가 어느 정도까지 성공했는지는 알 수 없지만, 시장 조작의 깊이를 계속해서 설명하려고 한다.

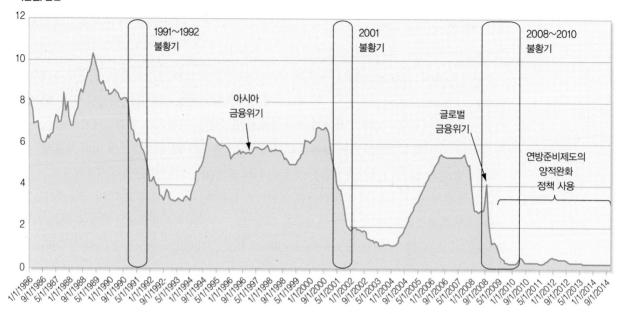

출처 : Federal Reserve Economic Data (FRED)의 LIBOR 데이터, Federal Reserve Bank of St. Louis.

FIBOR(Frankfurt Interbank Offered Rate) 등이 포함된다.

도표 8.1은 지난 30년 동안의 3개월 USD-LIBOR를 보여준다. 1980년대 후반 11% 이상에서 2008년 금융위기 이후 거의 0%로 큰 범위로 이동했다. 미국연방준비제도(U.S. Federal Reserve)가 양적완화(QE)를 추구한 가장 최근의 기간에, 연방준비제도는 금융시스템에 유동성을 계속 공급해서 3개월 LIBOR를 매우 낮은 수준으로 유지했다.

그러나 제6장에서 국제평가조건에 대해 언급했듯이, 이자율은 통화에 따라 다르다. 이는 도표 8.2를 통해 분명히 알 수 있다. 여기서는 미국 달러, 유로, 스위스 프랑, 영국 파운드, 일본 엔 등 세계 최대 금융시장 5개에 대해 3개월 LIBOR 이자율을 보여주고 있다. 단기이자율의 진정한 변동성은 주요 대출이자율이 지난 15년 동안 7.00%대에서 최근에는 0%, 몇몇의 경우 그 이하로 급락했다는 점에서 분명하다.

기업의 차입비용

개별 차용인은 정부 또는 기업이든 간에 적시에 빚을 갚을 수 있는 능력에 대한 시장의 평가라는 자체 신용도(credit quality)를 가지고 있다. 이러한 신용평가는 비용 및 자본접근(cost and access to capital)의 차이를 초래한다. 이는 개별 조직의 차용인이 대출에 다른 이자율을 적용할 뿐만 아니라, 다른 금액의 자본이나 부채에 접근할 수 있음을 의미한다.

도표 8.2 몇 개 통화들의 3개월 LIBOR(일별, 1999년 1월~2015년 1월)

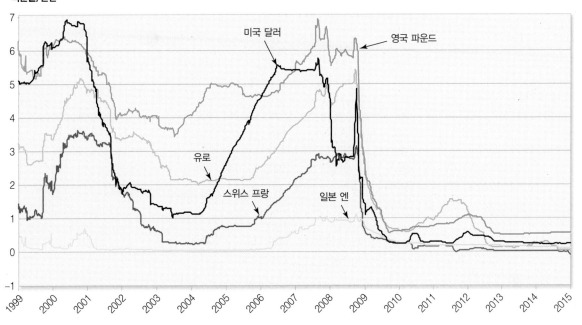

따라서 개별 차용인의 채무비용은 개별 차용인의 신용평가 품질을 반영한 무위험이자율(risk-free rate of interest, $k_{US}^{\$}$)과 신용위험 프리미엄(credit risk premium, $RPM^{\$}_{등급}$)의 두 가지 요소로 구성된다. 미국 내 개인 차입자의 경우 부채비용($k_{부채}^{\$}$)은 다음과 같다.

$$k_{부채}^{\$} = k_{US}^{\$} + RPM^{\$}_{등급}$$

신용위험 프리미엄은 개별 차용인의 신용위험을 나타낸다. 신용시장에서 이는 일반적으로 주요 신용평가기관인 Moody's, Standard & Poors, Fitch 중 하나가 지정한 차용인의 신용등급을 기준으로 한다. 신용등급의 개요는 도표 8.3에 제시되어 있다. 각 기관은 다양한 방법론을 사용하지만, 모두 회사가 운영하는 산업, 현재의 부채 수준, 과거, 현재 및 예상 운영 성과 및 기타 여러 요인을 고려한다.

분명 광범위한 신용등급이 있지만 **투자등급**(investment grade)과 **투기등급**(speculative grade)의 지정은 매우 중요하다. **투자등급** 차입자(Baa3, BBB- 이상)는 높은 수준의 차입자로 간주되며, 시장 상황이나 비즈니스 성과에 관계없이 적시에 신규 부채를 갚을 수 있다고 기대된다. 투기등급 차용인(Ba1 또는 BB+와 그 이하)은 더 위험하다고 생각되어, 시장침체 또는 비즈니스 충격의 성격에 따라 신규 부채를 청산하는 데 어려움이 있을 수 있다.

도표 8.3은 부채비용이 신용도에 따라 어떻게 변하는지를 보여준다. 현재 미국 재무부 증권은 5년간

도표 8.3 신용등급과 차입비용

투자등급	Moody's	S&P	Fitch	5년 평균 이자율	미국 재무부 증권* 이자율에 대한 가산 이자율
프라임(prime)	Aaa	AAA	AAA	1.92%	0.18%
상위등급(high grade)	Aa1	AA+	AA+		
	Aa2	AA	AA	2.24%	0.50%
	Aa3	AA−	AA−		
중상등급(upper medium grade)	A1	A+	A+		
	A2	A	A	2.35%	0.61%
	A3	A−	A−		
중하등급(lower medium grade)	Baa1	BBB+	BBB+		
	Baa2	BBB	BBB	2.81%	1.07%
	Baa3	BBB−	BBB−		
투기등급					
투기등급(speculative Grade)	Ba1	BB+	BB+		
	Ba2	BB	BB	4.69%	2.95%
	Ba3	BB−	BB−		
고수준 투기(highly speculative)	B1	B+	B+		
	B2	B	B	7.01%	5.27%
	B3	B−	B−		
실질적 위험(substantial risks)	Caa1	CCC+	CCC	8.56%	6.82%
극도 투기(extremely speculative)	Caa2	CCC			
습관성 부도(default imminent)	Caa3	CCC−			
부도 상태(in default)	C	C, D	DDD, DD, D		

* 이들은 장기 신용등급이다. 이자율들은 모두 5년 만기에 대한 2014년 10월의 호가이다. 5년 만기 미국 재무부 증권 이자율은 1.74%이다.

펀드에 1.74%를 지불하고 있다. 평균적인 A등급 차입자('A')는 5년 만기 대출에 대해 미국 재무부 증권에 비해 0.61% 높은 연율 2.35%를 지급한다. 신용등급(신용스프레드)은 투자등급의 차입자에게는 아주 미미하다. 그러나 투기등급 차용인은 시장에서 엄청난 프리미엄을 부여받고 있다. 예를 들어 평균적인 B등급('B') 차용자는 5년 만기 대출에 미국 재무부 증권보다 5.27% 높은 연율 7.01%를 지불한다.

기업 대출자에 대한 부채비용도 만기에 따라 변한다. 도표 8.4는 이전 표에서 제시된 동일한 신용등급 및 비용의 만기의 전체 범위를 그래프로 보여준다. 이 그래프 또한 다양한 만기에 대한 미국 정부의 자본차입비용인 미국 재무부 증권 수익률곡선으로, 이를 통해 모든 기업대출의 가격이 결정되는 기준이자율을 결정한다. AAA등급 기업들(현재는 ExxonMobil, Microsoft, Johnson & Johnson의 3개뿐이다)은 미국 정부가 빌리는 것과 비슷하게 지불한다. 현재 미국에서 운영되는 대기업의 대부분은 S&P500을 포함해서 A, BBB, BB 중 하나이다. 미국 재무부 증권의 채권수익률 곡선은 상당히 평평하지만 여전히 상승추세로, 단기자금은 장기자금보다 저렴하다. (그림에서는 만기 10년으로 제한하였으나, 미

도표 8.4 **미국 기업 신용스프레드(2014년 10월 28일)**

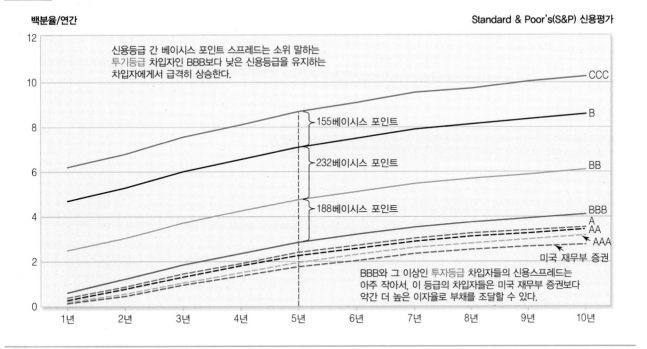

국 재무부 증권은 실제 30년까지 연장한다.)

　　체계적인 금융시스템을 보유한 모든 국가는 이와 동일하게 정부 수익률곡선과 기업 차용 스프레드 구조를 더한 비슷한 체계를 갖고 있다. 미국과 더불어 세계에서 가장 큰 금융시스템을 가진 국가는 유럽연합, 영국, 일본이다. 이 장의 뒷부분에서 보게 되겠지만, 다른 나라들과 화폐들은 매우 다른 자본비용을 보유하고 있다.

신용위험과 가격재설정 위험

기업 대출자의 경우 신용위험(credit risk)과 가격재설정 위험(repricing risk)을 구별하는 것이 특히 중요하다. 롤오버 위험(roll-over risk)이라고도 하는 신용위험은 신용 갱신시점의 차용인 신용도(신용등급)가 대출기관에 의해 재분류될 가능성이다. 이로 인해 수수료가 변경되거나, 이자율이 변경되거나, 신용한도 약정이 변경되거나 거부될 수 있다. 가격재설정 위험은 금융계약의 이자율이 다시 설정될 때 이자율이 변하는 위험이다. 대출을 갱신하는 차입자는 차입에 사용되는 기준이자율인 진정한 변동이자율로 현재 시장상황에 직면하게 된다.

국가부채

정부가 발행한 부채인 **국가부채**(sovereign debt)는 역사적으로 동일한 국가 내의 비정부 차입자보다 높은 최고 수준의 부채로 간주된다. 이러한 선호도는 정부가 국민에게 세금을 부과하고 필요한 경우 더 많은 돈을 인쇄할 수 있는 능력에서 비롯된다. 첫 번째는 실업의 형태로 상당한 경제적 손실을 일으킬 수 있고, 두 번째는 인플레이션의 형태로 큰 재정적 해로움을 줄 수 있지만, 이들은 국가가 모두 사용할 수 있는 도구이다. 따라서 정부는 부채가 자국 통화로 표시된 경우 이런저런 방법으로 자체 채무를 갚을 수 있는 능력을 보유하고 있다. EU와 같은 특정 주권 조합의 경우, 유럽의 국가부채에 관한 글로벌 금융 실무 8.2에서 설명된 것처럼 이러한 펀더멘털은 변경될 수 있다.

글로벌 금융 실무 8.2

유럽의 국가부채

유럽연합은 전형적인 경제학원론 과정에서 설명된 재정 및 통화정책 기관의 관례적인 구조와 비교했을 때 복잡한 유기체이다. 유로에 참여한 EU 회원국들은 공동통화를 채택함으로써(부채 탕감을 위해) 돈을 인쇄할 수 있는 능력에 대한 독점권을 포기했다. 유로가 공동통화이기 때문에 어떤 EU 회원국도 더 많은 유로를 인쇄할 권리는 없다. 이는 유럽중앙은행(ECB)의 정책 영역이다. EU 회원국은 상대적으로 정부의 지출, 세제, 정부의 흑자 또는 적자의 창출과 같은 자국만의 재정정책에 대해 상대적 자유를 가진다.

2008~2009년 세계 금융위기의 맹공격에 따라 EU 회원국의 상당수가 심각한 경제위기를 겪었다. 이들의 경제적 고민들 중에는 해결되지 않은 국가부채를 갚을 수 있는 능력에 대한 커지는 두려움도 있었다. 아래에서 볼 수 있듯이, 이러한 시장의 두려움과 우려는 국제시장에서의 자금조달 비용을 상승시켜, 국가부채 비용의 극적인 분리로 나타났다.

유럽의 국가부채 이자비용

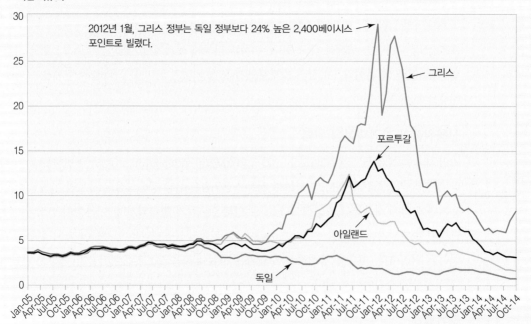

출처 : Long-term interest rate statistics for EU member states, European Central Bank, www.ecb.int/stats/money/long. 10-year maturities.

정부는 일반적으로 중앙은행 권한을 통해 자체 통화정책을 수행한다. 이 정책은 성장 및 인플레이션의 경제 여건과 함께 모든 만기에 대한 자체 이자율구조를 결정할 것이다. 국내 금융시장의 정교함, 국내 금융시장의 깊이와 폭에 따라 만기가 매우 짧거나 길 수도 있다. 미국과 일본과 같은 큰 산업국가는 30년 이상 만기에 자체 채무 증서를 발행할 수 있다. 모두 자신의 통화로 표기하고, 글로벌 시장에서 국내 및 외국인 구매자에게 판매할 수 있다. 예를 들어, 미국은 미국 재무부 증권을 전 세계 개인 투자자, 조직, 심지어 정부에도 판매함으로써 정부 부채의 상당 부분 자금을 조달해왔다.

국내이자율은 국내 통화로 되어있으며 제6장의 "국제평가조건"에서 논의된 바와 같이, 이자율 자체가 통화에 따라 다르다. 국가 간 이자율의 직접 비교는 이자율이 모두 하나의 통화로 변환된 경우(예 : 위험 금리차익거래에 대한 다양한 기회에서의 사례와 같이), 다른 국가들이(미국 달러와 같이) 공통 통화로 부채를 늘릴 경우 또는 환율이 절대로 변하지 않을 경우에만 진정으로 경제적으로 가능하다.

국가신용 스프레드

많은 신흥국 정부는 종종 국제시장에서 부채를 조달하며, 일반적으로 미국 달러, 유로화, 일본 엔과 같이 세계에서 가장 널리 거래되는 통화 중 하나를 이용한다. 도표 8.5는 지난 20년 동안 여러 주권국가들이 미국 달러자금에 대해 미국 재무부 증권, 미국 달러 국가신용 스프레드(U.S. dollar sovereign spread), 이상으로 지불해야 했던 것을 비교한 것이다.

도표 8.5의 세부 내용은 세계금융시장의 국가신용위험(sovereign credit risk) 평가가 적절히 이루어졌

도표 8.5 미국 재무부 증권에 대한 몇몇 국가신용 스프레드

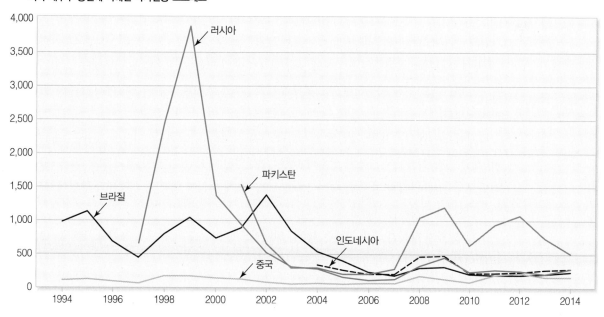

미국 재무부 증권에 더해진 국가신용 스프레드

는지에 관한 것으로, 국가신용위험은 주권국가들의 외화부채상환 능력(여기서는 미국 달러 부채)을 말한다.

예를 들어 브라질 정부가 세계시장에서 미국 달러부채를 늘리는 데 드는 비용인 브라질의 국가부채($k_{브라질}^{\$}$) 비용은 두 가지 기본 요소로 분해할 수 있다. 즉, (1) 미국정부의 자체 달러부채($k_{US}^{\$}$) 비용, (2) 빚을 갚기 위해 달러를 벌어야 하는 달러차입자의 위험프리미엄인 브라질 국가신용 스프레드($RPM_{브라질}^{\$}$)이다.

$$k_{브라질}^{\$} = 미국 재무부 증권 달러이자율 + 브라질 국가신용 스프레드 = k_{US}^{\$} + RPM_{브라질}^{\$}$$

도표 8.4에서 볼 수 있듯이, 파키스탄과 같은 일부 국가차입자들에 대한 국가신용 스프레드는 주기적으로 극도로 높았다. 유럽연합(그리스, 포르투갈, 아일랜드)을 비롯한 여러 회원국들이 최근 경기침체 및 채무비용 증가로 어려움을 겪고 있다. 2015년 초 러시아는 주요 신용평가기관에 의해 '투기적'지위로 등급이 낮아졌다. 이러한 등급 하락은 (우크라이나와 관련된) 서방국의 제재와 관련된 경제적 악화와 (러시아 정부수입의 50% 이상을 차지하는) 석유 가격 하락으로 인한 것으로 러시아의 자본 접근성을 감소시켰다.

이자율위험

비금융 기업의 가장 큰 단일 이자율위험은 부채상환이다. 다국적 기업의 부채구조는 부채만기, 고정이자율과 변동이자율과 같은 다양한 이자율구조 그리고 액면가가 다른 통화를 가질 것이다. 따라서 이 부채포트폴리오의 관리는 매우 복잡할 수 있고, 모든 경우 매우 중요하다.

다국적 기업의 두 번째로 가장 광범위한 이자율위험 원천은 이자율에 민감한 유가증권의 보유이다. 기업의 대차대조의 오른쪽(부채)에 기록된 빚과는 달리, 회사의 시장성 있는 증권포트폴리오는 왼쪽(자산)에 표시된다. 유가증권은 회사에 대한 잠재적 수입 또는 이자 유입을 나타낸다. 끊임없이 증가하는 경쟁압력으로 인해 재무관리자는 회사의 대차대조표 왼쪽과 오른쪽 모두에서 이자율 관리를 강화하게 되었다.

국제이자율 계산은 또한 기업의 차입이나 투자 시 매우 중요하다. 이자율 계산은 (재무적 목적에서) 해당 기간의 계산에 사용된 일수와 1년이 며칠인지 대한 정의에 따라 다르다. 도표 8.6은 정확히 28일 동안 1,000만 달러의 대출, 연 5.500%의 이자율에 대하여 세 가지 이자지급 방법에 따라 서로 다른 1개월간의 이자지급 결과를 보여준다.

도표 첫 번째 항목인 국제 관행은 360일 회계연도에 28일을 한 달로 사용한다. 결과는 42,777.78달러의 이자지불이다.

$$0.055 \times \$10,000,000 \times (28/360) = \$42,777.78$$

| 도표 8.6 | 국제이자율 계산 |

국제이자율 계산은 (재무적 목적에서) 해당 기간의 계산에 사용된 일수와 1년이 며칠인지 대한 정의에 따라 다르다. 다음의 예제는 정확히 28일 동안 1,000만 달러의 대출, 연 5.500%의 이자율에 대하여 이자지급 방법에 따라 서로 다른 1개월간의 이자지급 결과를 보여준다.

| 관행 | 기간 내 일수 계산 | 일수/년 | $1,000만@ 5.500% 연 이자율 | |
			사용된 일수	이자지급액
국제	정확한 일수	360	28	$42,777.78
영국	정확한 일수	365	28	$42,191.78
스위스(유로장기채권)	30일 가정/한 달	360	30	$45,833.33

그러나 이자율 산정 시 표준 30일 계산 관행의 스위스(유로장기채권) 관행을 사용한 경우 동일한 1개월 기간의 이자 비용은 45,833.33달러가 될 것이며, 상당한 금액인 3,055.56달러가 더 높을 것이다. 분명히 계산방법이 중요하다.

부채구조 및 전략

미국 의료장비 제조업체인 MedStat에서 고려 중인 세 가지 은행 대출구조를 고려해보자. 각각은 3년간 1,000만 달러의 자금을 제공하기 위한 것이다.

전략 1 : 고정이자율로 3년간 100만 달러를 빌린다.

전략 2 : 3년 동안 100만 달러를 변동이자율, LIBOR + 2%로 빌리며, LIBOR는 매년 다시 설정된다.

전략 3 : 고정이자율로 1년간 100만 달러를 빌리고 매년 신용을 갱신한다.

펀드의 최저 비용은 항상 중요한 선택 기준이지만, 유일한 선택은 아니다. MedStat이 전략 1을 선택하면 알려진 이자율로 3년 동안 자금을 확보할 수 있다. 그것은 채무에 대한 현금흐름의 예측 가능성을 극대화했다. 이자율이 기간에 떨어질 경우 낮은 이자율을 즐길 수 있는 능력이 어느 정도 희생되었다. 물론 이자율이 그 기간에 걸쳐 상승했다면 이자율 상승에 직면할 위험도 사라졌다.

전략 2는 전략 1이 하지 못한 것인 유연성을 제공한다. 전략 2도 MedStat에 3년 동안 완전한 기금을 제공한다. 이것은 신용위험을 제거한다. 그러나 가격재설정 위험은 전략 2에서 잘 나타나고 있다. LIBOR가 2년 또는 3년 후에 극적으로 변화하면 LIBOR 변경이 차입자인 MedStat으로 완전히 전달된다. 그러나 스프레드는 고정되어 있다(신용상태는 3년 동안 고정되어 있다). 유연성은 이 경우 비용이 발생하는데, 이자율이 상승하고 하락할 위험이 있다.

전략 3은 MedStat에 더 많은 유연성과 더 많은 위험을 제공한다. 첫째, 회사는 수익률 곡선의 단기 기간에서 차입 중이다. 주요 산업시장에서 흔히 볼 수 있듯이, 수익률 곡선이 양의 기울기를 가지면 기본 이자율이 낮아진다. 그러나 수익률 곡선의 단기기간 쪽은 또한 더 불안정하며, 장기간의 현상보다는 단기간의 현상에 훨씬 더 뚜렷한 반응을 보인다. 또한 이 전략으로 인해 회사는 신용 재산정 기간에 더 좋든 나쁘든 회사의 신용평가가 급격히 변화할 가능성에 노출된다. 일반적으로 신용평가가 악화된 경제상황에서 기업이 부채상환의무를 감당할 수 있는지에 대한 것임을 고려할 때, 신용등급이 높은(투자등급) 기업은 전략 3을 저품질(투기등급) 기업보다 더 적절한 대안으로 볼 수 있다.

위의 예는 회사 내에서 자금조달의 결정과 선택의 복잡성에 대한 부분적인 그림만을 제공하지만, 신용위험과 가격재설정 위험이 불가분의 관계로 얽혀있다는 것을 보여준다. '이자율 노출'이라는 표현은 복잡한 개념으로, 관리하기 전에 노출을 적절하게 측정하는 것이 중요하다. 이제 가장 일반적인 형태의 기업 부채인 변동이자율의 이자율위험을 설명할 것이다.

MedStat의 변동이자율 부채

변동이자율 대출은 전 세계 기업들에 널리 사용되는 부채이다. 이들은 또한 가장 크고 가장 자주 관찰되는 기업 이자율노출의 원천이기도 하다. 도표 8.7은 MedStat이 실행할 3년 변동이자율 대출에 대한 비용과 현금흐름을 보여준다. 미화 1,000만 달러의 대출은 연간 이자지급과 3년의 기간이 끝날 때 총 원금상환으로 처리될 것이다.

대출금은 미국 달러 LIBOR + 1.250%로 책정된다. 자본비용인 이자는 종종 가격이라고도 한다.

도표 8.7   MedStat의 변동이자율 대출

3년간 1,000만 달러를 변동금리로 매년 이자를 지급하는 경우와 관련된 예상이자율과 현금흐름. MedStat은 선불로 원금의 1.500%의 발급수수료를 지급함

차입이자율		0년	1년	2년	3년
LIBOR(변동)			5.000%	5.000%	5.000%
신용스프레드(고정)			1.250%	1.250%	1.250%
총지급이자율			6.250%	6.250%	6.250%
원금 지급					
대출 원금		$10,000,000			
발급수수료	1.50%	(150,000)			
대출금		$9,850,000			
원금상환금					($10,000,000)
이자 현금흐름					
LIBOR(변동)			($500,000)	($500,000)	($500,000)
신용스프레드(고정)			(125,000)	(125,000)	(125,000)
총지급이자율			($625,000)	($625,000)	($625,000)
총지급 현금흐름		$9,850,000	($625,000)	($625,000)	($10,625,000)
총비용(AIC) 또는 IRR		6.820%			

주 : MedStat의 세전 유효자금조달 비용(총비용, AIC)은 대출금 및 상환금과 관련된 총현금흐름의 내부수익률(IRR)을 찾아서 계산된다. 수수료를 제외한 원대출금의 AIC는 6.250%이다.

LIBOR 기준은 합의된 날짜에 매년(보통 지불하기 2일 전) 재설정된다. LIBOR 구성요소가 진정으로 유동적인 반면, 1.250%의 스프레드는 실제로 대출기간 동안 이자지불에서 확실하게 알려진 고정된 구성 요소이다.

MedStat은 대출금이 완전히 상환될 때까지 대출의 실제 이자비용을 알 수 없다. MedStat의 CFO인 케이틀린 켈리는 LIBOR가 대출기간 동안 어떻게 될지 예측할 수 있지만, 모든 지불이 완료될 때까지 그녀는 확실하게 알지 못할 것이다. 이 불확실성은 이자율위험뿐만 아니라 이자지불과 관련된 실제 현금흐름 위험이기도 하다. (고정이자율도 이자율위험이 있으며, 이 경우는 기회비용이며 실제 현금흐름을 위험에 빠뜨리지는 않는다.)

도표 8.7은 변동이자율 대출의 현금흐름과 **총비용**(all-in-cost, AIC)을 보여준다. AIC는 선지급금과 시간에 따른 상환을 포함하여 총현금흐름의 내부수익률(IRR) 계산으로 찾을 수 있다. 이 기본분석에서는 LIBOR가 대출기간 동안 5.000%로 유지된다고 가정한다. 발급수수료 1.50%를 포함하여 MedStat에 대한 AIC는 6.820%(또는 수수료 없이 6.250%)이다. 그러나 MedStat과 은행 모두 LIBOR가 시간이 지남에 따라 변할 것이라고 추정하기 때문에 이것은 단지 가설이다. 어느 방향으로 변화할 것이며, 1년에 얼마만큼일지는 당연히 알려지지 않았다. 부채의 신용스프레드가 아닌 LIBOR 구성요소가 MedStat의 시간경과에 따른 부채상환 현금흐름 위험을 생성한다.

MedStat Corporation이 대출을 받은 후에 대출계약과 관련된 이자율위험을 관리하기를 원한다면 관리대안이 많이 있다.

- **리파이낸싱**(refinancing). MedStat은 대출기관과 다시 전체 계약을 재구성하고 리파이낸싱할 수 있다. 항상 가능한 것은 아니며 종종 비용이 많이 든다.
- **선도이자율 계약**(forward rate agreements, FRAs). MedStat은 외환선물환 계약과 비슷한 이자율 계약인 FRA로 미래 이자율 지급을 고정시킬 수 있다.
- **이자율선물**(interest rate futures). 이자율선물은 기업 부문에서 상당한 지지를 얻고 있다. MedStat은 이자율선물 포지션을 취함으로써 미래의 이자율 지급을 고정시킬 수 있다.
- **이자율스왑**(interest rate swap). MedStat은 변동이자율 대출에 대한 이자율 지급이 고정될 수 있도록 교환된 미래 현금흐름을 교환(swapped)하는 은행 또는 스왑 딜러와 추가 계약을 체결할 수 있다.

다음 절에서는 세 가지 이자율파생상품 관리솔루션(리파이낸싱을 제외한 위의 세 가지)이 어떻게 작동하며 기업차입자가 활용할 수 있는지 자세히 설명한다.

이자율선물과 선도이자율 계약

외환과 마찬가지로 많은 이자율 기반 금융파생상품이 있다. 우리는 먼저 이자율스왑으로 이동하기 전에 이자율선물 및 선도이자율 계약을 설명할 것이다.

이자율선물

외환선물과 달리 **이자율선물**은 비금융회사의 재무관리자와 자금담당자에게 비교적 널리 사용된다. 이들의 인기는 이자율선물 시장의 높은 유동성, 사용의 간편함, 대부분의 기업이 보유하고 있는 다소 표준화된 이자율 노출에 기인한다. 가장 널리 사용되는 두 가지 선물계약은 시카고상품거래소(CME)에서 거래되는 유로화선물과 Chicago Board of Trade(CBOT)의 미국 재무부 증권 채권선물이다. 이자율 위험 관리를 위한 선물 사용을 설명하기 위해, 우리는 3개월 유로달러 선물계약에 중점을 둘 것이다. 도표 8.8은 2년 동안의 유로달러 선물을 보여준다(이들은 실제로 10년 후 미래까지 거래한다).

선물계약의 수익률은 해당 거래일의 마감가격인 결제가격을 통해 계산된다. 예를 들어, 2011년 3월 계약에 대한 도표 8.8의 유로달러 견적을 검토하는 재무관리자는 전날의 결제가격이 94.76이며, 연간 수익률은 5.24%임을 볼 수 있다.

$$수익률 = (100.00 - 94.76) = 5.24\%$$

각 계약은 3개월 기간(분기)이고 명목원금은 100만 달러이기 때문에 각 베이시스 포인트는 실제로 2,500달러(0.01 × \$1,000,000 × 90/360)에 해당한다.

재무관리자가 2011년 3월에 만기가 되는 변동이자율 지불을 헤징하는 데 관심이 있다면, 쇼트포지션을 취하기 위해 선물을 팔아야 할 것이다. 이 전략은 매니저가 자신이 소유하지 않은 것을 팔고 있기 때문에 쇼트포지션이라고한다(보통주를 공매도하는 것과 같다). 관리자가 두려워하는 것과 같이 3월 까지 이자율이 오르면, 선물가격이 떨어지고 수익을 내면서 포지션을 마감할 수 있게 된다. 이 이익은 부채와 관련된 이자지급 증가분과 관련된 손실을 대략 상쇄할 것이다. 그러나 관리자가 틀렸고, 이자율이 실제로 만기일까지 하락하여 선물가격이 상승하면, 예상보다 낮은 변동이자율 지급분으로부터 발생하는 '저축'을 없애버리는 손실을 감내해야 한다. 따라서 2011년 3월 선물계약을 매각함으로써 관

도표 8.8 유로달러 선물가격

만기	시가	고가	저가	종가	수익률	미결제약정
6월 10일	94.99	95.01	94.98	95.01	4.99	455,763
9월	94.87	94.97	94.87	94.96	5.04	535,932
12월	94.60	94.70	94.60	94.68	5.32	367,036
3월 11일	94.67	94.77	94.66	94.76	5.24	299,993
6월	94.55	94.68	94.54	94.63	5.37	208,949
9월	94.43	94.54	94.43	94.53	5.47	168,961
12월	94.27	94.38	94.27	94.36	5.64	130,824

*The Wall Street Journal*의 전형적인 표기법. 이 중 정기적인 분기 만기만 보여줌. 모든 계약은 백만 달러 단위이고 100% 포인트임. 오픈은 남아있는 계약의 수임

리자는 5.24%의 이자율을 유지한다.

분명히 이자율선물 포지션은 투기목적만으로도 정기적으로 구입할 수 있다. 이것이 관리적 맥락의 초점은 아니지만, 이 예는 이자율에 대한 방향성을 가진 투기자가 포지션을 취하여 기대이익을 취할 수 있는 방법을 보여준다.

앞에서 언급했듯이, 비금융회사의 가장 일반적인 이자율노출은 부채에 대한 이자이다. 그러나 이러한 노출은 유일한 이자율위험이 아니다. 점점 더 많은 회사들이 전체 대차대조표를 관리함에 따라, 좌변으로부터의 이자수입은 점점 더 엄격해지고 있다. 재무관리자들이 이자지급 유가증권(시장성 있는 유가증권)에 대해 높은 이자를 얻을 것으로 예상하는 경우, 이자율선물 시장에서 미래 이자율수입을 고정시키는 두 번째 사용법을 발견하기 마련이다. 도표 8.9는 이 두 가지 기본 이자율노출과 관리전략의 개요를 제공한다.

선도이자율 계약

선도이자율 계약(FRA)은 명목원금에 대한 이자지급을 사고파는 은행 간 거래이다. 이 계약은 현금으로 결제된다. FRA의 구매자는 미래의 날짜에 시작하며, 원하는 기간 동안 이자율을 고정시킬 수 있는 권리를 얻는다. 이 계약은 FRA의 판매자가 이자율이 합의된 이자율을 초과하면 화폐의 명목금액(명목원금)에 대해 증가된 이자비용을 구매자에게 지불할 것을 명시하며, 이자율이 합의된 비율 이하로 떨어지면 구매자는 판매자에게 차액 이자비용을 지불하게 된다. 이용 가능한 만기들은 일반적으로 1, 3, 6, 9, 12개월이다.

외환선도계약과 마찬가지로 FRA는 개별 노출에도 유용하다. 이들은 이전 절에서 설명한 것처럼 LIBOR가 하락하는 경우와 같은 우호적인 움직임을 즐기는 데 거의 유연성을 제공하지 않는 계약이다. 또한 기업은 미래에 유가증권에 투자할 계획이라면 FRA를 사용하지만, 투자일 이전에 이자율이 떨어질 수 있음을 두려워한다. 그러나 이용 가능한 만기와 통화가 제한되어서 FRA는 가장 큰 산업국가와 통화들 이외에는 널리 사용되지 않는다.

도표 8.9	**공통적인 노출에 대한 이자율선물 전략들**		
노출 또는 포지션	**선물 행동**	**이자율**	**포지션 결과**
미래에 이자지급	선물 매도(쇼트포지션)	이자율이 상승한 경우	선물가격 하락, 쇼트포지션 이익
		이자율이 하락한 경우	선물가격 상승, 쇼트포지션 손실
미래에 이자수취	선물 매수(롱포지션)	이자율이 상승한 경우	선물가격 하락, 롱포지션 손실
		이자율이 하락한 경우	선물가격 상승, 롱포지션 이익

이자율스왑

스왑(swap)은 일련의 현금흐름을 교환하거나 스왑을 위한 계약상의 합의이다. 이러한 현금흐름은 고정이자율 및 변동이자율 부채 의무와 관련된 부채상환과 관련된 가장 공통적인 이자지급이다.

스왑구조

다음 세 가지 핵심 개념은 스왑계약의 차이점을 명확히 한다.

1. 한쪽 당사자가 고정이자율 지불을 다른 사람의 변동이자율 지불과 교환하는 계약이면, 이를 보통 **이자율스왑**(interest rate swap)이라고 하며, **단순스왑**(plain-vanilla swap)이라고도 한다.
2. 예를 들어 스위스 프랑 이자지급과 미국 달러 이자지급과의 교환과 같이, 계약이 부채상환의 통화를 교환하는 것이면 **통화스왑**(currency swap) 또는 **교차통화스왑**(cross-currency swap)이라고 한다.
3. 단일 스왑은 이자율스왑과 통화스왑의 요소를 결합할 수 있다. 예를 들어, 스왑계약은 고정이자율의 달러 지급을 변동이자율의 유로 지급으로 대체할 수 있다.

모든 경우에 스왑은 기존의 채무와 관련된 변동이자율 지급을 고정이자율 지급으로 변경하는 것과 마찬가지로 회사의 현금흐름 의무를 변경하는 역할을 한다. 스왑 그 자체는 자본의 원천이 아니라 지급과 관련된 현금흐름의 변경이다.

양 당사자는 계약 체결을 위해 다양한 동기를 가질 수 있다. 예를 들어, 매우 일반적인 포지션은 다음과 같다. 양호한 신용상태의 회사 차용인은 기존의 변동이자율 채무 지불의무가 있다. 차입자는 현재 시장상황을 검토하고 미래에 대한 기대를 형성한 후에 이자율이 곧 상승할 것이라고 결론을 내릴 수 있다. 부채 상환에 대비하여 회사를 보호하기 위해 회사의 재무담당자는 고정이자율을 지급하고 변동이자율을 받는 스왑계약을 체결할 수 있다. 즉, 회사는 이제 고정이자율을 지급하고 스왑 상대편으로부터 변동이자율을 받는 것을 의미한다. 회사가 받는 변동이자율은 회사의 채무를 이행하는 데 사용되므로, 상계하면 이제 회사는 고정이자율을 지급하게 된다. 파생금융상품을 이용하여 회사는 변동이자율을 고정이자율로 변환하였다. 이 과정은 기존의 채무상환에 대한 비용과 복잡함을 겪지 않고 이루어졌다.

이자율스왑의 현금흐름은 일정 금액의 자본(명목원금)에 적용되는 이자율이다. 이러한 이유로 이러한 현금흐름을 **쿠폰스왑**(coupon swap)이라고도 한다. 이자율스왑을 체결한 회사는 명목원리금을 설정하여 이자율스왑에서 발생하는 현금흐름으로 이자율 관리 수요를 충당한다.

이자율스왑은 회사와 스왑딜러 간의 계약적 약속이며 회사의 이자율노출과는 완전히 독립적이다. 즉, 회사는 어떤 이유로든 스왑을 체결하고, 그다음에는 관리되는 총 포지션보다 작거나 같거나 더 큰 명목원금을 교환할 수 있다. 예를 들어, 회계장부에 다양한 변동이자율을 가진 회사는 원한다면 기존 원금의 70%만 이자율스왑을 체결할 수 있다. 스왑 명목원금의 크기는 회사경영진의 순전한 선택이고, 기존의 변동이자율 대출 채무의 크기에 국한되지 않는다. 또한 이자율스왑 시장은 시장효율성의 차이를 메꾸고 있음을 주목해야 한다. 모든 기업들이 이자율구조나 통화의 종류에 관계없이 자본시장에 자유롭고 평등하게 접근한다면, 스왑시장은 거의 존재하지 않을 것이다. 스왑시장이 존재할 뿐만 아니라 번성하고 모든 사람들에게 이익을 제공한다는 사실은 어떤 면에서는 속담처럼 '무료 점심'이다.

사례 : MedStat의 변동이자율 대출

MedStat은 4,000만 달러의 변동이자율 은행 대출을 보유한 미국계 회사이다. 이 회사는 대출 계약의 첫 2년(2017년 3분기 말)을 끝내고 3년이 남아있다. 대출금은 LIBOR + 1.250 %, LIBOR 3개월 이자율에 신용위험 프리미엄 1.250%로 책정된다. LIBOR와 MedStat의 변동이자율 부채의 최근 움직임은 도표 8.10에 묘사되어 있다.

도표 8.10에서 볼 수 있듯이, LIBOR는 작년에 상승세로 출발했다. MedStat의 경영진은 이자율이 계속 상승하고 회사의 이자비용이 상승할 것이라고 우려하고 있다. 경영자는 고정지급 변동수취(pay-fixed receive-floating) 단순이자율스왑을 고려 중이다. MedStat의 뉴욕 은행은 LIBOR와 교환하는 고정이자율 3.850%을 제시했다. 이자 현금흐름을 계산하기 위한 기초인 스왑의 명목원금(notional principal)은 MedStat이 선택해야 한다. 이 사례에서 이들은 4,000만 달러의 변동이자율 대출 총액에 상응하는 명목원금에 가입하기로 결정한다.

도표 8.10 단순이자율스왑을 고려 중인 MedStat

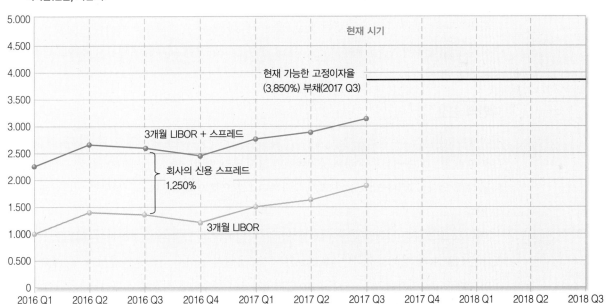

MedStat은 4,000만 달러의 변동이자율 부채가 있으며, 변동이자율로 LIBOR + 1.250%를 지급하고 있다. 지난 몇 년간 LIBOR는 계속 상승 중이다. 회사 경영진은 현재 변동이자율 부채를 고정이자지급으로 교환하는 단순 스왑을 고려하고 있다. 지금 스왑을 한다면, LIBOR(변동 구성요소 수취)에 대하여 3.850%의 고정이자율을 지급(고정 구성요소 지급)하는 계약에 고정시킬 수 있다.

제안된 스왑의 이자율은 MedStat의 현재 변동이자율 부채와 결합할 때 다음과 같이 나타난다.

부채/스왑 구성요소	변동	고정
변동이자율 대출	(LIBOR)	(1.250%)
스왑(고정지급, 변동수취)	LIBOR	(3.850%)
스왑 이후 변동이자율 대출	—	(5.100%)

MedStat은 이제 은행에서 LIBOR 변동이자율을 지급받게 되며, LIBOR는 회사의 변동이자율 대출의 LIBOR 구성요소로 지불하기 위해 사용된다. MedStat에 남은 것은 대출에 대한 고정이자율 스프레드 (1.250% 스프레드)와 스왑의 고정이자율(3.850%) 지불이다.

MedStat에 제시된 고정이자율은 변동이자율을 커버하기 위해 스왑이 필요한 기간인 3년 만기에 대한 AA 등급의 기업 발행자를 기준으로 한다. 따라서 스왑시장에서 사용 가능한 고정이자율은 항상 적절한 통화시장(이 경우 미국 달러)의 현재 정부 및 기업 수익률 곡선을 반영한다.

스왑계약은 변동이자율 구성요소인 LIBOR만 교환하며 어떤 방식으로든 신용 스프레드를 교환하거나 처리하지 않는다. 이는 두 가지 원칙에 기인한다. (1) 스왑시장은 개인차입자의 신용리스크를 처리하는 것을 원하지 않고 핵심적인 기본 고정이자율과 변동이자율만 처리한다. (2) 고정이자율 신용 스프레드가 실제로 고정이자율 구성요소이며, 대출기간 동안 변경되지 않는다. 스왑시장은 진정한 변동이자율 구성요소만을 대상으로 하므로, 스왑 이후의 MedStat의 최종 결합 고정이자율 채무는 순전히 5.100%의 고정이자 지급이다.

단순이자율스왑은 부채와 관련된 현금흐름을 변경하는 매우 저렴하고 효과적인 방법이다. 이들은 회사가 상환 및 리파이낸싱 비용(시간과 돈)을 겪지 않고도 모든 채무와 관련된 이자율을 변경할 수 있도록 허용한다.

대안적 선물

MedStat의 지불이 고정된 스왑이 올바른 전략인지 여부는 향후 분기에서 발생할 일에 달려있다. LIBOR가 앞으로 2~3분기에 걸쳐 증가하지만 단지 약간 변한다면, 스왑에 대한 결정이 최선의 결과가 아닐 수도 있다. 그러나 LIBOR가 크게 상승하면 스왑으로 인해 MedStat은 상당한 이자비용을 절약할 수 있다.

MedStat이 스왑을 실행하지 않기로 결정한 경우 일어날 수 있는 일을 고려하는 것도 중요하다. 도표 8.11은 LIBOR가 계속 상승하여 MedStat의 이자비용관리 옵션이 악화될 가능성을 제시한다. 이제 변동이자율과 고정이자율 모두 높다. 이는 단기이자율이 상승하면 시장에서 고정이자율도 상승하기 때문이다. 이 경우 3개월 LIBOR가 1.885%에서 2.250%로 올랐을 때, 단순스왑에서 제공되는 고정이자율은 3.850%에서 4.200%로 증가했다. 회사는 여전히 스왑을 시작할 수 있지만 고정이자율과 변동이자율은 모두 더 높다.

| 도표 8.11 | LIBOR가 상승함에 따라 악화되는 MedStat의 선택들 |

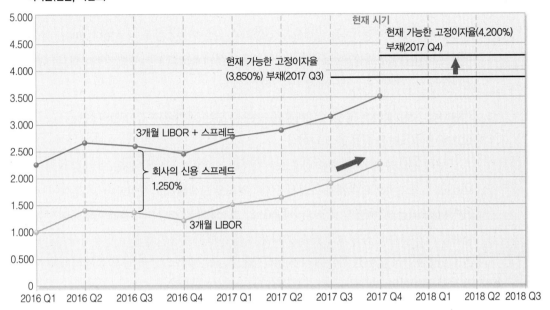

MedStat이 스왑을 하지 않기로 결정하고, LIBOR가 계속해서 상승하면, MedStat이 선택할 수 있는 변수들은 계속 악화될 것이다. 만약 MedStat이 지금 고정지급 변동수취의 스왑계약을 한다면, 현재 가능한 고정이자율은 이전 3.850%보다 더 높은 4.200%이다. 이것은 LIBOR와 같은 단기 변동이자율이 상승해서 시장에서의 고정이자율도 상승하기 때문이다.

단순스왑 전략

단순스왑시장의 사용은 두 가지 기본 항목인 부채구조와 부채비용으로 나눌 수 있다.

부채구조. 모든 회사는 만기, 통화 구성요소, 고정/유동 가격산정을 결합한 목표 부채구조를 추구한다. 고정/유동 목표는 많은 기업이 자신감을 가지고 판단하기가 가장 어려운 것 중 하나이며, 종종 업계 평균을 따라 하려고 시도한다.

매우 높은 신용을 보유하여 고정이자율 채권시장에 유리하게 접근할 수 있는 월마트나 IBM과 같은 A나 AA 기업들은 종종 고정이자율로 긴 만기의 많은 양의 부채를 조달한다. 그런 다음 원하는 목적을 달성하기 위해 단순스왑시장을 사용하여 선택한 양의 고정이자율 부채를 변동이자율 부채로 변경한다. 스왑을 사용하면 부채시장에서 조달할 때의 개시수수료 및 등록수수료 없이 고정/변동 구성을 쉽고 빠르게 변경할 수 있다.

신용 등급이 낮은 회사들, 때로는 투자 등급 아래의 회사들은 종종 고정이자율 부채시장이 그들에게 개방되어 있지 않음을 발견한다. 고정이자율 부채를 얻는 것은 불가능하거나 너무 비싸다. 이들은 일반적으로 변동이자율로 부채를 조달한 다음 단순스왑시장이 변동이자율 지급을 고정이자율 지급으로 전환할 수 있는 매력적인 대안을 제공하는지 주기적으로 평가한다.

단순스왑시장은 물론 기업들이 변동이자율 기대치에 대한 고정/변동 부채구조를 조정하는 데 자주 사용된다. 이는 이전에 설명한 MedStat의 경우이다. 상승하는 이자율에 대한 기대로 인해 회사는 변동이자율 지급에서 고정이자율 지급으로 전환하기 위해 단순스왑을 사용했다. 2009~2014년 기간 동안 미국 달러와 유럽의 유로 채권시장에서 이자율이 역사적으로 최저치를 기록하여, 더 많은 기업들이 스왑시장을 사용하여 고정이자율 채무로 교환하였다.

부채비용. 모든 회사는 항상 부채비용을 낮출 수 있는 기회에 관심이 있다. 단순스왑시장은 접근하기 쉽고 비용이 저렴한 방법 중 하나이다.

두 번째 용도의 예로, 저렴한 비용으로 자금을 조달하기 위해 MedStat의 예를 다시 사용할 수 있다. MedStat은 정기적으로 부채와 스왑시장에서 기회를 모색한다고 가정한다. 이전 예에서 2017년 3/4 분기에 MedStat은 5.100%의 총고정이자율(스왑 고정이자율 + 남은 신용스프레드)로 기존 부채 4,000만 달러를 스왑할 수 있음을 발견했다. 그와 동시에 은행들은 동일한 규모의 부채에 3년 고정이자율 대출을 5.20% 또는 5.30%로 제안했을 수 있다. MedStat은 원한다면 더 낮은 고정이자율에 고정시키기 위해 변동이자율 부채를 고정이자율 부채와 교환할 수 있다.

단순스왑시장을 통해 이루어진 이러한 낮은 비용은 단기금융시장의 불완전성과 비효율 또는 선택적인 금융서비스 제공업체를 통한 특정 시장에서의 차입자의 비교우위를 단순히 반영할 수 있다. 절약 금액은 경우에 따라 30, 40, 심지어 50베이시스 포인트가 될 수도 있고 매우 작을 수도 있다. 스왑을 수행하는 데 필요한 시간과 노력을 들일 가치가 있도록 하기 위해 얼마나 많은 비용 절감이 필요한지를 결정하는 것은 회사 및 회사 재무 담당자의 책임이다. 은행들은 스왑시장을 촉진하고 정기적으로 기업재무 담당자에게 거래를 제공한다. 한 회계 담당자가 저자에게 "제시된 구조나 협상으로 내가 최소 15~20베이시스 포인트를 절약할 수 없다면, 나에게 전화해서 협상을 밀어붙이는 수고를 하지 말라." 라고 말하였다.

교차통화스왑

모든 스왑 이자율은 각 주요 통화의 수익률곡선에서 파생되므로, 각 통화에 존재하는 고정−변동이자율스왑은 기업이 통화를 스왑할 수 있게 한다. 도표 8.12는 유로화, 미국 달러화, 일본 엔화, 스위스 프랑화의 전형적인 스왑률을 보여준다. 이러한 스왑률은 각 개별 통화시장의 정부채권 수익률과 투자등급 차입자에게 적용되는 신용스프레드를 기준으로 한다.

도표 8.12의 스왑률은 등급이 부여되지 않았거나 신용등급에 따라 분류되지 않았음을 유의하자. 이는 스왑시장 자체가 개별 차입자와 관련된 신용위험을 지지 않기 때문이다. LIBOR에 스프레드를 더한 가격으로 산정된 채무를 보유한 개별 채무자는 스프레드를 유지한다. 고정스프레드[신용위험 프리

도표 8.12	이자율스왑 호가표(2014년 12월 31일)									
	유로 €		£ 스털링		스위스 프랑		미국 달러		일본 엔	
년	매수	매도	매수	매도	매수	매도	매수	매도	매수	매도
1	0.14	0.18	0.63	0.66	−0.14	−0.08	0.42	0.45	0.11	0.17
2	0.16	0.20	0.91	0.95	−0.18	−0.10	0.86	0.89	0.11	0.17
3	0.20	0.24	1.11	1.15	−0.14	−0.06	1.26	1.29	0.13	0.19
4	0.26	0.30	1.28	1.33	−0.07	0.01	1.55	1.58	0.15	0.21
5	0.34	0.38	1.42	1.47	0.02	0.10	1.75	1.78	0.19	0.25
6	0.42	0.46	1.53	1.58	0.11	0.19	1.90	1.93	0.24	0.30
7	0.51	0.55	1.62	1.67	0.21	0.29	2.02	2.05	0.30	0.36
8	0.60	0.64	1.69	1.74	0.30	0.38	2.11	2.10	0.36	0.42
9	0.70	0.74	1.76	1.81	0.39	0.47	2.19	2.22	0.42	0.48
10	0.79	0.83	1.82	1.87	0.47	0.55	2.26	2.29	0.49	0.55
12	0.95	0.99	1.91	1.98	0.59	0.69	2.37	2.40	0.61	0.69
15	1.12	1.16	2.02	2.11	0.75	0.85	2.48	2.51	0.82	0.90
20	1.30	1.34	2.12	2.25	0.95	1.05	2.59	2.62	1.09	1.17
25	1.39	1.43	2.15	2.28	1.06	1.16	2.64	2.67	1.22	1.30
30	1.44	1.48	2.17	2.30	1.11	1.21	2.67	2.70	1.29	1.37
LIBOR										

*Financial Time*에 의한 전형적인 표기임. 매도매수 호가 차이는 런던 금융시장 종가로 이루어짐. 미국 달러는 3개월 LIBOR에 대해, 일본 엔화는 6개월 LIBOR에 대해, 유로화와 스위스 프랑은 6개월 LIBOR에 대해 호가가 이루어진다.

미엄(credit risk premium)]는 여전히 회사 자체가 부담한다. 예를 들어, 낮은 등급의 회사는 LIBOR보다 3% 또는 4%의 스프레드를 지불할 수 있으며, 반면 세계에서 가장 크고 재정적으로 건전한 대부분의 다국적 기업은 실제로 LIBOR로 자본을 조달할 수 있다. 스왑시장은 참여자로 이자율을 차별화하지 않는다. 모두 LIBOR와 고정이자율로 교환한다.

통화스왑의 일반적인 동기는 원하지 않는 통화로 예정된 현금흐름을 원하는 통화로 대체하는 것이다. 원하는 통화는 회사의 향후 운영수익이 생성되는 통화일 것이다. 기업들은 종종 상당한 수입이나 자연적 현금흐름이 발생하지 않는 통화로 자본을 조달한다. 이들이 그렇게 하는 이유는 비용 때문이다. 특정 회사는 특별한 조건하에서 특정 통화의 자본비용을 발견할 수 있다. 그러나 자본을 조달한 회사는 향후 영업수입이 있는 통화로 상환금을 교환하고자 원할 수 있다.

다국적 기업에 통화스왑시장의 유용성은 중요하다. 10년 고정 2.29% 미국 달러 현금흐름을 교환하려는 다국적 기업은 유로 고정 0.83%, 영국 파운드 고정 1.87%, 스위스 프랑 고정 0.55%, 일본 엔 고정 0.55%에 교환할 수 있다. 고정이자율을 다양한 통화의 고정이자율뿐만 아니라 변동 LIBOR 이자율로도 교환할 수 있다. 이러한 거래들은 단지 몇 시간 안에 실제 통화를 빌리는 데 들어가는 거래비용과 수수료의 일부만으로 이루어질 수 있다.

MedStat Corporation : 변동이자율 달러를 고정이자율 영국 파운드와 교환하기

MedStat Corporation으로 돌아가서 교차통화스왑을 사용하는 방법을 살펴보자. 변동이자율로 자금 1,000만 달러를 조달한 후, 연이어 고정이자율 지급으로 스왑한 뒤 MedStat은 부채상환을 영국 파운드로 하는 것이 더 좋을 것이라는 결정을 내렸다. MedStat은 최근에 다음 3년 동안 MedStat에 파운드를 지불할 영국 구매자와 판매계약서에 서명했다. 이것은 앞으로 3년간 영국 파운드가 자연스럽게 유입될 것이며, 따라서 MedStat은 교차통화스왑을 통해 표시통화의 현금흐름을 일치시키고자 한다.

MedStat은 3년간 영국 파운드를 지불하고 미국 달러 통화를 받는 교차통화스왑을 체결했다. 두 이자율은 모두 고정되어 있다. MedStat은 1.15% 고정 영국 파운드(매도이자율)를 지불하고 1.26% 고정 달러(매수이자율)를 받을 것이다. 이 스왑률은 도표 8.12에서 가져온 것이다.

도표 8.13에 나와있듯이, MedStat이 체결한 3년 통화스왑은 단순이자율스왑과 두 가지 중요한 방식에서 다르다.

1. 계약일에 효력이 있는 현물환율이 대상통화(target currency)의 명목원금을 결정한다. 대상통화는 MedStat이 교환하는 통화이며, 이 경우 영국 파운드이다. 10,000,000달러의 명목원금은 6,410,256 파운드의 명목원금으로 변환된다. 이것은 MedStat이 (1.15% × £6,410,256 = £73,718) 지급하기로 약속한 실제 현금흐름을 확립하는 데 사용된 원금이다.

2. 명목원금 자체가 스왑계약의 일부이다. 단순이자율스왑에서 양쪽 이자지급 현금흐름은 동일한 명목원금(동일한 통화)을 기준으로 한다. 따라서 계약서에 원금을 포함시킬 필요가 없었다. 그러나

도표 8.13 MedStat의 교차통화스왑

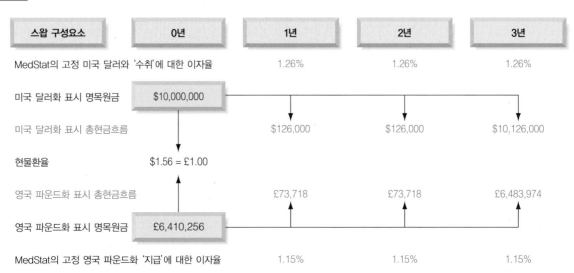

주 : 미국 달러화 수취에 사용된 고정이자율은 도표 8.12의 3년 매수이자율이다. 영국 파운드화 지급에 사용된 고정이자율은 도표 8.12의 3년 매도이자율이다. 모든 이자율은 연율이며, 매년 이자를 지급하고, 만기에 원금을 모두 상환한다.

통화스왑의 경우 명목원금이 두 가지 다른 통화로 지정되어 있고 두 통화 간의 환율이 시간이 지남에 따라 변경될 수 있기 때문에 명목원금은 스왑계약의 일부이다.

스왑 개시시점에 두 포지션의 순현재가치는 같다. MedStat의 스왑은 미국 달러로 3회 받는 대가로 3회 파운드로 미래현금을 지불한다. 회계관행에 따라 MedStat은 현재 환율 및 이자율을 기준으로 정기적으로 시장의 포지션을 추적하여 시장가격을 산정하고, 스왑을 일일 정산해야 한다. 스왑이 시작된 후 영국 파운드화가 달러 대비 상승하면 MedStat은 파운드를 지불하고, MedStat은 회계 목적상 스왑에 손실을 기록할 것이다. (유사하게, 거래에서 스왑 딜러 측면에서는 이익을 기록할 것이다.) 만약 영국 파운드 시장의 이자율이 상승하고 MedStat의 스왑이 1.15%의 고정이자율이라면 스왑 가치의 이자 구성요소에서 이익이 발생한다. 간단히 말해, 적어도 회계목적에서는 스왑의 이익과 손실은 스왑의 생존기간 동안 지속될 것이다. 여기서 설명된 스왑은 비상각스왑(non-amortizing swap)으로, 스왑 계약기간 전체에 걸쳐서가 아니라 스왑참여자들이 만기에 전체 원금을 지급하는 것이다. 이것이 시장에서의 일반적인 표준 관행이다.

MedStat Corporation : 스왑 중도해지

모든 원래의 대출계약과 마찬가지로, 미래에 스왑 파트너가 만기 전에 계약을 해지하고자 할 수도 있다. 예를 들어 MedStat Corporation의 영국 판매계약이 1년 후에 종료되면 MedStat은 더 이상 헤지 프로그램의 일부로 스왑을 필요로 하지 않는다. MedStat은 스왑딜러와 스왑을 종료하거나 **중도해지**할 수 있다.

통화스왑을 중도해지하는 경우 스왑계약에 따른 잔여 현금흐름을 현재 이자율로 할인한 다음 대상 통화(이 경우 영국 파운드)를 회사의 자국 통화(MedStat의 경우 미국 달러)로 다시 변환해야 한다. MedStat이 스왑계약(이자만 지불하는 것과 원금과 이자를 지불하는 것)에 두 번의 지불이 남았고, 파운드에 대한 2년 고정이자율이 현재 1.50%이면, 영국 파운드로 된 MedStat 약정의 현재가치는 다음과 같다.

$$PV(\pounds) = \frac{\pounds73,717.95}{(1.015)^1} + \frac{\pounds6,483,974.36}{(1.015)^2} = \pounds6,366,374.41$$

동시에 스왑의 달러 측면에 남아있는 현금흐름의 현재가치는 현재 2년 고정이자율인 1.40%를 사용하여 결정된다.

$$PV(\$) = \frac{\$126,000.00}{(1.04)^1} + \frac{\$10,126,000.00}{(1.04)^2} = \$9,972,577.21$$

MedStat의 통화스왑은 현재 중도해지하지 않는 경우 9,972,577.21달러의 순유입액(스왑하에서 받는 금액)과 6,366,374.41파운드의 유출 금액(스왑하에서 지불하는 금액)이 산출된다. 환율이 현재

$1.65/£이면, 이 통화스왑의 순결제액은 다음과 같다.

$$결제액 = \$9,972,577.21 - (£6,366,374.41 \times \$1.65/£) = -\$531,940.56$$

따라서 MedStat은 스왑딜러에게 531,941달러의 현금을 지불해야 스왑을 중도해지할 수 있다. 이 스왑에 대한 MedStat의 현금손실은 크게 달러화에 대한 영국 파운드화의 상승에 기인한다(이자율은 모두 소폭 상승했다). MedStat이 현재 더 강세인 통화인 파운드로 지불하겠다고 약속했기 때문에 스왑을 중도해지하는 것은 비용이 많이 든다. (예를 들어, 환율이 여전히 $1.56/£이면, MedStat은 포지션을 41,033달러의 이익으로 마감했을 것이다.) 그러나 MedStat의 영국 파운드 포지션에 대한 롱포지션을 헤지하기 위해 스왑이 체결되었음을 기억하는 것이 중요하다. 그것은 재무적 투자로 의도한 것이 아니었다. 한 가지 악명 높은 중도해지의 사례는 법원을 필요로 했으며, 글로벌 금융 실무 8.3에 설명된 Bankers Trust에서 구입한 Procter & Gamble의 스왑이다.

글로벌 금융 실무 8.3

Procter & Gamble과 Bankers Trust

1994년 Procter & Gamble(P&G)은 Bankers Trust와 체결한 이자율스왑 거래를 마감함으로써 1억 5,700만 달러의 세전 손실을 입었다고 발표했다. 이 손실은 3분기 수익에 세금공제 후 1억 200만 달러가 되었다. P&G에 따르면, 이 스왑은 보수적으로 부채 포트폴리오를 관리하는 P&G의 정책에 반하는 매우 복잡하고 투기적인 거래였다. 이러한 파생상품은 위험하며 우리는 심하게 데였다. 우리는 이것이 다시는 일어나지 않도록 할 것이다. 우리는 이러한 스왑을 설계하고 우리에게 가져온 금융기관인 Bankers Trust에 대한 법률 옵션을 진지하게 고려하고 있다.

P&G는 고정이자율 채무와 변동이자율 채무 간의 균형을 유지하기 위해 고정이자율 지급 수취에 대한 대가로 변동이자율을 계속 지급하기를 원했다. 이 스왑은 P&G가 보유하고 있는 기존 고정이자율 부채를 변동이자율 부채로 근본적으로 변화시킬 수 있었다. Bankers Trust에 따르면, P&G는 이자율이 내년에 크게 상승하지 않을 것이라고 확신했다(그 당시 이자율은 역사적으로 낮은 수준이었지만). P&G는 막 만기가 된 다른 스왑(CP - 40베이시스 포인트)의 경우와 마찬가지로 동일한 유리한 변동이자율을 실현하고자 했다. 그러나 P&G는 중대한 위험을 초래하기를 원하지 않았다.

Bankers Trust는 2억 달러의 명목원금을 가진 5년 스왑 구조인 '5/30 Year Linked Swap'을 P&G에 매각했다. Bankers Trust는 P&G에 반기 기준으로 5.30%의 고정이자율을 지불한다. P&G는 스왑계약의 첫 6개월 동안 Bankers Trust commercial paper(CP)에서 75베이시스 포인트를 빼고 지급하고, 그 이후 CP에서 75베이시스 포인트를 빼고, 추가 스프레드(문제의 '스프레드')를 더하기로 했다. 이 추가 스프레드는 0보다 작을 수는 없었으며, 첫 번째 6개월 끝에 고정될 것이다. 이 스프레드는 다음과 같이 계산되었다.

$$스프레드 = \frac{98.5 \times \dfrac{(\text{5년 만기 재무부 증권 수익률})}{5.78\%} - \begin{array}{c}\text{30년 만기수익률}\\ \text{6.25\%의}\\ \text{재무부 증권 가격}\end{array}}{100}$$

이 스프레드 공식은 실제로 전체 미국 재무부 채권 수익률 곡선에 대한 투기적 경기였다. 5년 만기 국채가 대략 예상대로 머물렀다면, 스프레드는 거의 0에 머물렀다. 그러나 이 스프레드는 표준적인 이자율 움직임의 통상적인 산술적 증가 대신 이자율 증가에 따라 기하학적으로 증가할 수 있어서, 이 도구는 레버리지가 매우 높은 것으로 여겨졌다.

이 스프레드 공식은 또한 5년 만기 국채수익률 상승에 매우 민감했다. 5년 수익률이 1% 증가할 때마다 레버리지 스왑하에서 P&G의 지급은 매년 명목원금의 17%(CP + 1,700베이시스 포인트) 이상 증가한다. 반면 장기채권 가격의 1% 감소는 P&G에 명목원금의 1% 손실을 가져온다. P&G는 이것을 17%가 아니라 0.17%로 해석했다. 많은 분석가들은 스프레드가 표현된 다소 독특한 방식에 주목했다. 100으로 나눈 값은 1보다 작은 숫자가 되는데, 이는 1%의 부분으로 나타나는 것처럼 보였다.

상대방위험

상대방위험(counterparty risk)은 모든 개별 회사에 노출된 잠재위험으로, 거래상대방이 금융계약의 의무사항을 이행할 수 없게 될 가능성이 있는 잠재적 위험이다. 상대방위험에 대한 우려는 주기적으로 증가하며, 대개 잘 알려진 파생상품 및 스왑 채무불이행과 관련이 있다. 통화 및 이자율 금융파생상품 시장의 급속한 성장은 사실상 원칙적으로 규제가 없는 세계시장에서 놀라울 정도로 현저히 낮은 부도율을 수반해왔다.

상대방위험은 장외파생상품이 아닌 장내거래 사용을 선호하는 주요 원인 중 하나였다. 통화옵션에서의 필라델피아증권거래소 또는 유로달러 선물을 위한 시카고상품거래소와 같은 대부분의 거래소는 그 자체로 모든 거래의 상대방이다. 이를 통해 모든 회사는 거래 자체의 신용품질에 대한 염려 없이, 신속하게 교환 상품을 사고 파는 것에 대한 높은 확신을 가질 수 있다. 금융거래소들은 일반적으로 모든 당사자를 보호하기 위해 명시적으로 작성된 보험 기금을 지불하기 위해 거래소의 모든 거래자로부터 약간의 수수료를 요구한다. 그러나 장외파생상품은 구매회사와 판매 금융기관 간의 계약이기 때문에 회사에 대한 직접적인 신용노출이다. 오늘날 세계금융센터의 대부분의 금융파생상품들은 가장 크고 건전한 금융기관에 의해서만 판매되거나 중개된다. 그러나 이러한 구조가 기업이 어느 정도의 재정적 위험과 우려 없이 이러한 기관과 지속적인 계약을 체결할 수 있음을 의미하지는 않는다.

통화 또는 이자율스왑 계약을 체결하는 회사는 자체 채무 상환에 궁극적인 책임을 지닌다. 스왑 계약이 미국 달러 지급을 유로 지급으로 교환하는 계약으로 구성되었다고 해도, 실제 달러 부채를 보유하고 있는 기업은 여전히 법적으로 지급해야 할 의무가 있다. 원래의 채무는 차입자의 차용증서에 남아있다. 스왑거래 상대방이 동의한 대로 지불하지 않는 경우, 법적으로 채무를 보유한 회사는 채무상환에 대한 책임이 있다. 이러한 실패의 경우, 유로화 지급은 상쇄의 권리에 의해 중단될 수 있으며, 실패한 스왑과 동반된 손실은 완화될 것이다.

이자 또는 통화스왑의 실질적인 노출은 총명목원금이 아니라 스왑계약 체결 이후 이자나 통화 이자(대체 비용)의 차액에 대한 시장가치이다. 이는 이전에 설명된 스왑을 중도해지할 경우 발견되는 스왑 가치의 변화와 유사하다. 이 금액은 통상 원금의 2~3%에 불과하다.

요점

■ 비금융회사의 가장 큰 이자율위험은 부채 상환이다. 다국적 기업의 부채구조는 다양한 만기, 고정이자율과 변동이자율과 같은 다양한 이자율 구조, 다양한 통화를 보유할 것이다.

■ 전 세계 기업들이 단기 및 변동이자율 부채를 사용하는 것과 더불어 세계 이자율의 변동성이 커지면서 많은 기업들이 이자율위험을 적극적으로 관리하게 되었다.

■ 다국적 비금융회사의 주요 이자율위험 원천은 단기차

입, 단기투자, 장기부채상환이다.

■ 이자율위험 관리에 사용되는 기법과 도구는 여러 가지 면에서 통화위험 관리에 사용되는 기법 및 도구와 유사하다. 이자율위험 관리에 사용되는 주요 수단에는 선도이자율 계약(FRA), 선도스왑, 이자율선물, 이자율스왑이 포함된다.

■ 이자율 및 통화스왑시장은 특정 통화 및 이자율 구조에 대한 접근이 제한적인 기업이 상대적으로 낮은 비용으로 접근할 수 있게 한다. 이는 기업들이 통화 및 이자율 위험을 보다 효과적으로 관리할 수 있게 해준다.

■ 교차통화 이자율스왑은 회사가 부채상환에서의 현금흐름의 화폐 및 고정-변동 또는 변동-고정 이자율 구조를 모두 변경할 수 있게 한다.

사례

아르헨티나와 벌처펀드

2001년 아르헨티나의 외화표시국채에 대한 채무불이행은 끝이 없는 악몽으로 판명되었다. 채무불이행 후 13년이 지난 2014년 6월, 미국연방대법원은 하급판결을 확정하여 아르헨티나가 국제 부채에 대하여 다시 채무불이행을 생각하도록 강요하였다. 그러나 이야기는 전 세계 투자자들, 국제금융법, 뉴욕과 유럽연합의 법원들, 헤지펀드와 벌처펀드와의 싸움을 포함하여 엉망이 되었다. 벌처펀드는 위기에 처한 국가부채를 싼 가격에 사서 소송을 통해 원금을 반환받는 것을 추구한다. 시간이 다 되어가고 있었다.

채무불이행

아르헨티나의 통화와 경제는 1999년에 거의 붕괴되었다. 아르헨티나 정부의 상승하는 국가부채(미국 달러와 유럽의 유로화로 표시되는 부채)는 경기 둔화로 인해 해결될 수 없었다. 2001년 12월 말, 아르헨티나는 공식적으로 외채를 채무불이행하였다[개인부채 818억 달러, 파리클럽에 대한 63억 달러, 국제통화기금(IMF)에 95억 달러].

부채는 1994년에 처음 발행되었으며 뉴욕주 준거법에 따라 등록되었다. 아르헨티나가 연속적인 채무불이행자(serial defaulter)로 알려졌기 때문에 뉴욕법이 특별히 선택되었다. 이 채권은 뉴욕의 에스크로 계좌를 통해 모든 채무를 이행하도록 요구하는 특정 구조인 Fiscal Agency Agreement(FAA

채권)에 따라 발행되었다.

채무불이행에 따른 정상적인 절차는 채무자가 채권자와의 협상을 시작하여 채무를 재조정하는 것이다. 그러나 국가부채 구조조정에 대한 합의는 국내 파산법과 유사한 국가 채무불이행에 대한 국제법적 제도가 없기 때문에 어려울 수 있다. 여기에는 세 가지 옵션이 있다. 즉, (1) 집단적 해결책, (2) 구조조정 의무에 대한 구 채무의 자발적인 교환, (3) 소송 등이다.

첫 번째 선택방안인 집단해결은 일반적으로 채권자의 특정 비율(75~90%)이 구조조정 조건에 동의하면 모든 채권자에 유사한 재구성 조건을 부여하는 집단행동조항(collective action clauses, CCAs)을 사용하여 수행된다. 이 CCAs는 소수의 채권자가 구조조정을 막는 것(holdout)을 방지한다. 불행히도, 아르헨티나 채권에는 집단행동조항이 없었다.

집단행동조항이 없다면, 아르헨티나는 새로운 채무에 대해 오래된 부채를 자발적으로 교환하는 두 번째 옵션이 있다. 부채구조조정 자체는 일반적으로 네 가지 핵심 요소를 포함한다. 즉, (1) 지급 원금 감소, (2) 이자율의 감소, (3) 채무 만기연장, (4) 미지급이자 지불의 자본화 등이다. 총 결과는 30~70%까지의 범위일 수 있는 이른바 채무삭감(haircut)이라는 부채 의무의 순현재가치의 감소이다.

국가부채에 포함된 두 번째 공통 조항인 'pari passu' 조항('동등한 단계'라는 뜻의 라틴어로, 영어로는 'equal among equals'라고 읽음)은 다른 이들에 비해 특정 채권자의 선호에 의해 개별 거래가 이루어지지 않는 것을 확실히 하기 위해 모든 채권자들이 공평하게 다루어질 것을 요청한다 [Argentine Fiscal Agency Agreement(1994), Clause 1ⓒ].

> "이들에 대한 어떤 선호도 없이 항상 'pari passu'를 우선순위에 두고, 증권은 공화국의 직접적, 무조건적, 무담보, 비종속적 의무를 […] 지킬 것이다. 증권에 대한 공화국의 상환의무는 항상 최소한 다른 모든 현재와 미래의 무담보 및 후순위의 외부 채무(본 협정에 정의된 바에 따라)를 동등하게 둔다."

구조조정

2001년 12월 채무불이행 이후, 아르헨티나는 채권단과 구조조정 논의를 시작했으며, 처음부터 강경노선을 취했다. 제안된 구조조정의 거의 모든 것들이 논쟁 중에 있었지만,

아르헨티나가 제안한 70% 채무삭감이 가장 큰 문제였다. 도표 A에서 볼 수 있듯이, 이를 뒤따른 것은 부채 해결을 위한 길고 뒤틀린 길이었다. 2차 시장에서 이 채권을 구매하는 많은 사람들은 원래의 투자자가 아니었다. 그들은 의도적으로 채무불이행 채권을 사고 있었다.

논란이 된 3년간의 회담과 두 건의 실패한 제안 끝에 아르헨티나는 2005년 초에 모든 채권단에게 일방적인 구조조정안을 제안했다. 제안을 준비하면서 아르헨티나는 자물쇠법(Lock Law, *Ley cerrojo*)을 통과시켰다. 자물쇠법은 아르헨티나가 미조정채권을 지불하기 위한 어떤 조치도 취하는 것을 금지했다. "국가는 FAA 채권과 관련하여 어떠한 형태의 재판, 법정 밖, 개인 정산도 금지되어 있다." 자물쇠법은 모든 채권자가 오래된 부채를 새로운 채무로 즉시 교환하도록 추가적인 인센티브를 제공하기 위한 것이었다.

이는 '받아들이거나 떠나는' 제안으로 묘사할 수 있는데, 채권자들은 채권채무의 원래 액면가의 순현재가치의

도표 A   아르헨티나 국가채권 가격과 채무불이행

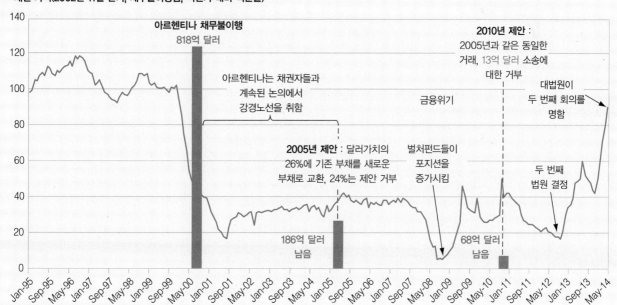

채권 가격(2002년 11월 만기, 채무불이행됨, 액면가 대비 백분율)

26~30%를 제공받고, 자물쇠법의 결과로 1회만 제공하였다. 이 제안은 아르헨티나 채권단의 75%가 받아들였고 민간 채무가 818억 달러에서 186억 달러로 감소했다. 이 제안은 원래 채권을 새로운 아르헨티나 채권으로 교환함으로써 실행되었다.

이듬해 아르헨티나는 IMF에 빚진 95억 달러의 채무를 상환했다. 2010년, 아르헨티나는 남아있는 현저한 민간 채무를 제거하기 위해 잠정적으로 민간 채무 보유자에게 동일한 채권 교환 조건을 허용하는 자물쇠법을 유예했다. 이 두 번째 제안은 사적인 부채원금을 86억 달러로 줄였다. 모든 처음 채권자의 92%가 이제는 감소된 가치의 새로운 채무 증서로 교환했다. 그러나 많은 이들이 여전히 협조를 거부하고 대신 소송을 추진했다.

아르헨티나는 2005년 및 2010년 교환 제안에 관한 안내서에서(도표 B는 두 가지 제안 모두에 대해 보여줌) 원래의 FAA 채권에 대한 추가 지급을 의도하지 않았음을 분명히 했다.

채무불이행이며 공개매수되지 않은 (FAA 채권)은 무기한으로 채무불이행 상태로 유지될 수 있다. … 아르헨티나는 교환 제안 만료 후 미결 상태인 (FAA 채권)에 대한 지불을 재개할 것으로 기대하지 않는다. … (교환되지 않은 FAA 채권 소지자가) 향후 지급금을 수령하거나 소송을 통해 징수할 것이라는 보증은 할 수 없다.

헤지펀드들과의 다툼

부실국채는 희귀한 것이 아니므로, 많은 헤지펀드가 공개적으로 거래되는 부실채권 매매를 사업으로 만든 것은 놀라운 일이 아니다. 그러나 기업부실 부채와 국가부실 부채에 투자하는 헤지펀드에는 근본적인 차이가 있었다. 부실기업 부채의 상당 부분을 구매하는 펀드는 기업을 완전히 호전시킬 수 있다. 그러나 이는 부실한 국가부채의 경우는 아니다.

Gramercy. 국가부채 투자자 중 하나가 Gramercy였다. Gramercy는 도표 C에 제시된 부실채권 기금에 대한 홍보를 통해, 아르헨티나 부채에 대한 그의 투자를 강조했다. 명시된 목표 수익률(target return)이 발행 시 잠정 투자자가 만기까지 보유할 경우 기대하는 수익률인 만기수익률(yield to maturity)을 훨씬 초과한다. 목표 수익률이 더 높은 것은 Gramercy가 미래에 판매하기를 희망하는 증권의 가격에 비해 증권의 높은 할인가격을 기반으로 한다. Gramacy는 2012년에 아르헨티나 채권 4억 달러를 보유하고 있으며, 2014년에도 여전히 보유하고 있다고 보고되었다.

부실국가채무 매입 외에도 Gramercy는 신용디폴트스왑(CDS)의 사용을 통해 투자의 단점을 적극적으로 보호했다. 신용디폴트스왑은 특정 자산의 신용품질과 성과로부터 그

도표 B	2010년 아르헨티나 채권 교환 조건	
채권 성격	**소매 투자자들**	**기관 투자자들**
채권 형태	액면발행채권(액면가 지불)	할인채권(액면가에서 66.3% 축소)
금액	최고 20억 달러	최고 163억 달러
만기	Dec-38	31-Dec-33
연간 이자율	2.5~5.25% 시간흐름에 따라 증가	8.28%
기한이 지난 이자(PDI)	현금 지불	8.75% 이자율에 2017년 글로벌 채권은 별도
은행 커미션	0.40%	0.40%

출처 : Securities and Exchange Commission, Amendment #5 to Argentina 18-K, April 19, 2010, and Prospectus Directive, April 27, 2010, pp. 11, 33 - 42, and 106 - 112.

도표 C	Gramercy's Holdings의 아르헨티나 부채					
증권	만기	만기 수익률	평균 진입가격	목표 청산가격	목표 수익률
Argentina Par 2.5% (USD)	2038년 12월	11.82%	$32.67	$59.00	88.25%
Argentina Bonar 7% (USD)	2017년 4월	14.42%	$66.20	$100.00	61.63%
Argentina Discount 8.28% (USD)	2033년 12월	12.81%	$65.79	$107.50	75.99%

출처 : Abstracted from "Gramercy Distressed Opportunity Fund II," September 2012, Current Investments, p. 12.

가치를 도출하는 파생상품 계약이다. CDS는 특정 증권이 시간에 따라 지불하지 않거나 전혀 지불하지 못할지 여부를 내기하는 방법이다. 어떤 경우에는 차용인이 지불하지 않을 가능성에 대한 보험을 제공했다. 다른 경우에는 투기자가 점점 더 위험한 증권에 대항할 수 있는 방법이었다. 이는 자산 소유자가 자산에 대한 보험을 구입한 전통 보험과는 달리, CDS 투자자는 자산을 소유할 필요가 없다는 의미이다 (이웃이 당신 집에 대한 보험을 구매하는 것과 같이).

Gramercy의 최고투자책임자는 이전에는 Lehman Brothers의 국가부채 구조조정 팀장이었던 로버트 쾨닉스버거였다. 쾨닉스버거는 미국과 유럽의 법원에서 아르헨티나 자문위원으로 활동했다. 실제로 2010년에 2005년 구조조정 협상을 재개하도록 아르헨티나를 설득한 것이 바로 Gramercy였다.

Gramercy는 2010년 구조조정 제안을 지지하면서 시장이 GDP 대비 정부부채 기준으로 아르헨티나 부채 가격을 잘못 결정했다는 주장을 펼쳤다. 아르헨티나의 부채/GDP 비율은 중간 수준인 46.4%이지만 아르헨티나의 CDS 스프레드는 미국 재무부 증권보다 7.00% 높았다. 동시에 브라질의 CDS 스프레드는 61.7%의 부채/GDP 비율을 보였고, 터키는 150베이시스 포인트의 CDS 스프레드를 49.0%의 부채/GDP 비율로 보급했다. Gramercy가 정확하고 시장이 '그 오류를 바로 잡으면' 아르헨티나 채권가격이 급격히 상승할 것이다.

Elliot. 두 번째 헤지펀드인 Elliot Management Corp는 수년간 아르헨티나와 그 부채에 대해 전쟁을 벌였다. 68세의 억만장자이자 미국 공화당 지지층인 폴 싱어가 이끄는 Elliot은 아르헨티나에 대한 주요 소송원 중 하나였다. 싱어는 벌처펀드의 아버지라고 불렸으며 최근 몇 년 동안 페루, 콩고민주공화국, 파나마에서 동일한 투자 전략을 사용했다.

Elliot의 펀드인 NML Capital Ltd.은 2001년 부도 이전에 아르헨티나 채권에 처음 투자했지만, 대부분의 자산을 세계 금융위기를 겪고 있는 2008년 말 채권을 최저가격에 매입했다. (일각에서는 Elliot이 8억 3,200만 달러 채권에 대해, 1달러당 0.06달러로 계산하여 4,870만 달러를 지불했다고 보고된다.) 이제 25억 달러의 상환만기가 되었다고 주장했다. 저항의 리더로서 Elliot은 2005년이나 2010년에 제안된 거래를 거부했다. Elliot은 담보를 추가하려는 노력으로 2개월 이상 가나 항구에 있는 'ARA Libertad'라는 아르헨티나 해군훈련함을 실제로 구금하는 강경책으로 유명했다.

NML Ltd. 대 아르헨티나

부실채무가 뉴욕주법, 특히 Fiscal Agency Agreement(FAA)의 관할하에 있었기 때문에 결국 이 사건은 미국 지방법원에서 제기되었다. FAA는 채권에 대한 상환금이 뉴욕에 소재한 수탁자를 통해 아르헨티나에 의해 제기되어 미국 법원 관할권을 부여한다고 규정했다. 2012년 10월 25일 뉴욕 남부지방법원 판사인 토머스 P. 그리사는 NML Capital, Ltd. 대 아르헨티나의 사건에서 원고에 유리한 판결을 하였다.

도표 D	교환 채권가치에 대한 지방법원 판결의 영향					
	Republic Global Bond(교환), 8.75%, 2017			Republic Global Bond(2005 교환), 8.28%, 2033		
날짜	가격	변화	미국 재무부 증권 대비 스프레드	가격	변화	미국 재무부 증권 대비 스프레드 변화
2012년 10월 25일	$100.053		3.04%	$80.428		
2012년 10월 26일	$90.157	−9.9%		$72.125	−10.3%	1.5%
2012년 11월 2일	$76.483	−23.6%	7.79%	$61.278	−23.8%	3.74%

출처 : Petition for a Write of Certiorari, Supreme Court of the United States, No. 13, Exchange Bondholder Group v. NNL Capital., Ltd., February 21, 2014.

… 지방법원의 판결 (1) 동등한 처우 조항의 위반에 대한 청구에 대하여 원고에게 약식재판을 허가함 및 (2) 2005년과 2010년 구조조정 부채의 보유자에게 지급과 함께 또는 그 이전에 아르헨티나가 원고에게 '비율에 따른 지급'을 명함

법원의 결정의 영향은 극적이었다. 아르헨티나는 법원의 결정을 따르지 않을 것이라고 즉시 발표했다. 1개월 후 아르헨티나는 첫 번째 항소심에서 패했고, 그리사 판사는 아르헨티나에게 법원의 판결을 신속히 준수할 것을 명했다. 다시 아르헨티나는 준수를 거부했다. 3대 글로벌 국가신용평가서비스 중 하나인 Fitch는 현재 아르헨티나의 신용등급(장기 외환)을 B에서 CC로 하향 조정했으며 "아르헨티나 디폴트가 발생할 가능성이 있다."라고 지적했다.

시장은 이 사건을 면밀히 주시했다. 도표 D에서 볼 수 있듯이, 아르헨티나의 미상환 교환 채권의 가치는 판결 후 몇 달 동안 급락했다. 예를 들어, 2005년부터 8.75% 쿠폰을 소지하고 있는 Argentina 2017 Global Bond는 법원 판결 후 하루 동안 9.9%, 다음 주에 누적 24% 하락했다.

계속되는 심리에서 그리사 판사는 아르헨티나가 채권에 대한 지급 절차를 변경하는 것에 대해 경고했다. 이것은 미국 이외의 금융기관을 통해 사채권자에게 지불하여 미국 법원을 우회하는 아르헨티나의 최신 전략에 대한 응답이었다. FAA 채권 및 그 준거법은 뉴욕 금융 기관을 통한 처리를 명시적으로 요구했다.

항소에서 아르헨티나는 지방법원이 'pari passu' 조항을 잘못 해석했다고 주장했지만, 2심 법원은 설득되지 않았다. 법원은 상환 거부자들에게 동일한 지급 없이 교환 채권의 발행과 상환의 결합과 동시에 자물쇠법에 따라 상환 거부자들이 지급받을 수 없을 것이라고 이야기하는 것은 실제로는 원래 부채에 대하여 순위를 매기는 것이라는 데 주목하였다. 법원은 'pari passu' 조항이 특히 중요한 역할을 하는 것에 계속 주목했다.

주권자가 채무불이행을 하는 경우, 부채의 법적 순위로 채권자에 대한 지급의 순서를 결정하는 파산절차에 돌입하지 않는다. 대신 주권자는 채권자가 지불될 순서를 스스로 선택할 수 있다. 이러한 의미에서 (Pari Passu 조항)은 아르헨티나가 다른 후순위가 아닌, 외국채권들을 위해 FAA 채권을 차별하는 발행인이 되는 것을 막는다.

아르헨티나는 외부세계와의 관계를 복구하기 위해 상당한 노력을 기울였다. 5월 말 파리 클럽에 빚진 97억 달러를 상환하기로 약속했으며, 2013년 초에 아르헨티나 자회사를 압류한 것에 대하여 Repsol of Spain에 채권 50억 달러를 지불하기로 합의했다.

2014년 6월 25일 월요일, 아르헨티나는 교환 채권에 대한 이자 지불준비를 위해 뉴욕은행에 8억 3,200만 달러를 입금했다. 이것은 법원의 판결과 직접적으로 충돌한다. 아르헨

티나 경제장관은 "판결을 준수한다고 해서 우리가 의무를 이행하지 못하는 것은 아니다. 아르헨티나는 의무를 이행하고 부채를 갚고, 약속을 지킬 것."이라고 말했다.

Financial Times에 전면으로 낸 공식 성명서가 그 나라의 입장을 설명했다. 그러나 법원 명령은 협조를 거부하는 채권자에게도 지급되지 않는 한, 은행이 구조조정 부채에 대한 지급을 금지했다. 아르헨티나는 지불을 위해 계좌에 돈을 예치했기 때문에 채권자에게 돈을 지불했다고 주장했다. 법원은 이에 동의하지 않았다.

지금은?

가장 최신의 미국 법원 판결에 대하여 아르헨티나는 분노했다. 며칠 내로 아르헨티나는 미국 법이 적용되는 기존 채권을 아르헨티나 법에 따라 발행된 채무로 교환할 계획이라고 발표했다. 국가부채시장에서 전례가 없었지만, 시장 분석가들은 이러한 움직임을 예상했다. 투자자가 교환을 기꺼이 수락한다면, 세계 채무불이행 중 가장 높은 이자수익을 얻을 수는 있지만 미국 법하에서 제공되는 합법적인 모든 권리와 보호를 포기하는 것이다.

그리사 판사는 아르헨티나가 협조를 거부하는 채권자들을 먼저 조정하지 않고 부채를 상환하려는 시도는 불법이라고 발표했다. 아르헨티나는 계속해서 이것이 불가능함을 주장했다. 아르헨티나의 재무장관에 따르면 아르헨티나가 협조거부자들과 타결을 하면, 교환 채권 보유자는 RUFO(Rights Upon Future Offer) 조항에 의해 동등한 대우를 요구할 수 있다. 요구액은 총 120억 달러에 이른다. 2005년과 2010년에 발행된 교환 채권에 포함된 RUFO 조항은 협조거부자들에게도 동일한 권리와 지불을 보장한다. 국가가 현재 고통 받고 있는 새로운 통화위기를 감안할 때, 아르헨티나의 경화 보유액은 RUFO 이익을 위협할정도는 아닌 300억 달러로 추산된다.

2014년 6월 30일 아르헨티나는 미결제 교환 채권에 대한 지불을 하지 않았다. 현재 이 나라는 선택적 채무불이행에 들어가기 전 30일간의 유예 기간을 가졌다. 7월 초에 아르헨티나 재무부 대표들과와 Elliot 대표자들이 해결책을 찾을 수 있는지를 알기 위해 만났다.

사례 문제

1. 국가부채 발행에서 **집단행동조항** 및 '**pari passu**' 조항과 같은 법적 조항이 수행하는 역할은 무엇인가?
2. 국가부채에 투자하는 전형적인 헤지펀드(채무불이행된 국가부채의 경우도)와 소위 벌처펀드의 차이점은 무엇인가?
3. 법원에서 해결책을 찾기 위해 중재자로 임명된 경우, 위기를 해결하기 위해 어떤 대안이나 대안을 제안하겠는가?

질문

1. **기준이자율.** '기준이자율'은 무엇이며 개인차입자의 이자율을 설정하는 데 어떻게 사용되는가?
2. **나의 말은 나의 LIBOR이다.** 왜 LIBOR는 국제 비즈니스 및 금융 계약에서 중심적인 역할을 했는가? 그 가치에 대한 최근의 논쟁에서 무엇이 의문시되었는가?
3. **신용위험 프리미엄.** 신용위험 프리미엄은 무엇인가?
4. **신용 및 가격재산정 위험.** 차입기업의 관점에서 볼 때 신용 및 가격재산정 위험은 무엇인가? 회사가 두 가지를 최소화하기 위해 취할 수 있는 조치를 설명하라.
5. **신용스프레드.** 신용스프레드란 무엇인가? 어떤 신용등급 변경이 기업차입자가 지불한 신용스프레드에 가장 큰 영향을 미치는가?

6. **투자등급 대 투기등급.** 투자등급과 투기등급의 일반적인 범주는 무엇을 나타내는가?

7. **국채.** 국채는 무엇인가? 국가부채의 어떠한 특성이 국채발행자에게 가장 큰 위험을 초래하는가?

8. **변동이자율 대출위험.** 왜 신용도가 낮은 차입자는 종종 변동이자율 대출에 대한 접근이 제한적인가?

9. **이자율선물.** 이자율선물은 무엇인가? 차입자가 이자율 위험을 줄이기 위해 어떻게 사용할 수 있는가?

10. **이자율선물 전략.** 이자율 상승을 기대한다면 미래의 이자를 지불하는 차입자가 선호하는 전략은 무엇인가?

11. **선도이자율 계약.** 변동이자율로 차입한 기업은 이자율 위험을 줄이기 위해 선도이자율 계약을 어떻게 사용할 수 있는가?

12. **단순스왑.** 단순스왑이란 무엇인가? 스왑은 다국적 기업의 중요한 자본 원천인가?

13. **스왑 및 신용도.** 이자율스왑이 정부 차입비용이 아니라면, 어떤 신용도를 나타내는가?

14. **LIBOR 플랫.** 변동이자율 대 고정이자율의 스왑은 왜 변동이자율의 신용스프레드 구성요소를 교환하지 않는가?

15. **부채구조 스왑전략.** 다국적 기업이 부채구조를 관리하기 위해 이자율스왑을 어떻게 사용할 수 있는가?

16. **비용기반 스왑전략.** 기업 차입자는 부채비용을 줄이기 위해 이자율 또는 통화스왑을 어떻게 사용하는가?

17. **교차통화스왑.** 왜 파운드화로 인한 이자지급을 해야 하는 한 회사가 미국 달러로 이자지급을 해야 하는 회사와 이러한 지급들을 교환하기를 원하는가?

18. **교차통화스왑의 가치 변동.** 교차통화스왑의 가치가 단순이자율스왑보다 큰 이유는 무엇인가?

19. **스왑 중도해지.** 회사는 어떻게 스왑을 취소하거나 중도해지할 수 있는가?

20. **상대방 위험.** 스왑에서 조직화된 거래소 거래는 어떻게 거래상대방이 계약을 완료하지 못할 위험을 제거하는가?

문제

1. **미국 재무부 증권 경매율 ― 2009년 3월.** 미국 재무부 증권 채권수익률은 2009년 초반에 세계금융위기를 둘러싼 여러 가지 사건으로 인해 매우 낮은 수준으로 떨어졌다. 2009년 3월 9일에 경매된 3개월 및 6개월 재무부 증권에 대하여 단순 및 연간 이자율을 계산하라.

	3개월 재무부 증권	6개월 재무부 증권
재무부 증권, 액면가	$10,000.00	$10,000.00
판매가격	$9,993.93	$9,976.74
디스카운트	$6.07	$23.26

2. **2008년 신용위기.** 금융위기 동안 단기이자율은 시장이 심각한 스트레스를 받고 있다는 징후로 빠르게(일반적으로 상승) 변화한다. 다음 쪽의 표에 표시된 이자율은 2008년 9~10월의 특정 날짜에 대한 것이다. 서로 다른 발표기관들은 TED 스프레드를 여러 가지 방법으로 정의하지만, 한 가지 방법은 LIBOR 이자율과 3개월 미국 재무부 증권 이자율 간의 차이이다.

문제 2.

날짜	1일물 USD LIBOR	3개월 미국 재무부 증권	TED 스프레드
9/8/08	2.15%	1.70%	_____
9/9/08	2.14%	1.65%	_____
9/10/08	2.13%	1.65%	_____
9/11/08	2.14%	1.60%	_____
9/12/08	2.15%	1.49%	_____
9/15/08	3.11%	0.83%	_____
9/16/08	6.44%	0.79%	_____
9/17/08	5.03%	0.04%	_____
9/18/08	3.84%	0.07%	_____
9/19/08	3.25%	0.97%	_____
9/22/08	2.97%	0.85%	_____
9/23/08	2.95%	0.81%	_____
9/24/08	2.69%	0.45%	_____
9/25/08	2.56%	0.72%	_____
9/26/08	2.31%	0.85%	_____
9/29/08	2.57%	0.41%	_____
9/30/08	6.88%	0.89%	_____
10/1/08	3.79%	0.81%	_____
10/2/08	2.68%	0.60%	_____
10/3/08	2.00%	0.48%	_____
10/6/08	2.37%	0.48%	_____
10/7/08	3.94%	0.79%	_____
10/8/08	5.38%	0.65%	_____
10/9/08	5.09%	0.55%	_____
10/10/08	2.47%	0.18%	_____
10/13/08	2.47%	0.18%	_____
10/14/08	2.18%	0.27%	_____
10/15/08	2.14%	0.20%	_____
10/16/08	1.94%	0.44%	_____
10/17/08	1.67%	0.79%	_____

a. 2008년 9월과 10월에 표시된 두 시장 이자율 사이의 스프레드를 계산하라.

b. 스프레드가 가장 좁은 날짜는 언제인가? 가장 넓은 것은 언제인가?

c. 스프레드가 극적으로 넓어질 때에는 아마도 어떤 형태의 재정적 불안이나 위기를 보여줄 것이다. 어떤 이자율이 가장 많이 변하였으며, 왜 그런가?

3. **수중 모기지.** 버니 매더프는 네바다의 토너파 외곽에 있는 방 4개의 2,400평방피트 신규 주택에 대해 24만 달러를 지불한다. 그는 20%의 계약금을 낼 계획이지만 15년 고정이자율(6.400%) 또는 30년 고정이자율(6.875%) 담보대출 여부를 결정하는 데 어려움을 겪고 있다.

a. 모기지 기간 동안 전체 금액을 모두 동일한 금액으로 분할상환하는 것을 가정할 때, 15년과 30년간의 모기지에 대한 월별 지급액은 얼마인가? 결제에는 스프레드시트 계산기를 사용하라.

b. 20% 계약금을 내는 대신, 10% 선금을 내고 나머지는 15년 동안 7.125% 고정이자로 지출한다고 가정한다. 그의 월 지급금은 얼마인가?

c. 주택의 총가치가 25% 하락한다고 가정한다. 주택 소유자가 주택을 판매할 수 있지만 지금은 새로운 주택가치의 상황하에서 모든 모기지 원금이 남아 있다고 가정할때, 그의 주택 및 모기지에서의 이익이나 손실은 얼마인가? (a)와 동일한 가정을 사용하라.

4. **Botany Bay Corporation.** 호주 Botany Bay Corporation은 유로달러 시장에서 5,000만 달러를 빌리려고 한다. 자금은 2년간 필요하다. 조사를 해보니 세 가지 가능성이 있다.

a. 2.50% 고정이자율로 2년간 5,000만 달러를 빌린다.

b. LIBOR + 0.50%에서 5,000만 달러를 빌리고, 6개월마다 요금이 재설정된다.

c. 5.25%로 1년 동안 5,000만 달러를 빌린다. 첫해가 끝날 때, Botany Bay Corporation은 새로운 1년 대출을 협상해야 할 것이다.

대안을 비교하고 권장 사항을 작성하라. LIBOR는 현재 모든 만기에 대해 5.00%라고 가정한다.

5. **Chrysler LLC.** DaimlerChrysler가 판매하는 비상장 회사인 Chrysler LLC는 지금부터 3개월 동안 변동이자율을 지불해야 한다. 이자율선물계약을 사용하여 이자지급을 고정하려고 한다. 지금부터 3개월 동안의 이자율 선물은 96.77로 정산되어 연간 3.23%의 수익률을 기록했다.

   a. DaimlerChrysler가 이자율선물계약을 매매해야 하는가?

   b. 3개월 후의 변동이자율이 3.00% 또는 3.50%라면 DaimlerChrysler는 각 경우에 무엇을 얻거나 잃을까?

6. **CB Solutions.** CB Solutions의 재무이사인 헤더 오레일리는 이자율이 상승할 것으로 생각하여 고정이자율로 미래의 변동이자율 이자를 교환하기를 원한다. 현재, 그녀는 1년에 5,000,000달러의 부채를 6개월마다 이자를 지급하며 2년 동안 갚아야 한다. 현재 LIBOR는 연 4.00%이다. 헤더는 방금 이자 지불을 했으므로 다음 지불은 오늘부터 6개월 이후이다.

   헤더는 현재 고정이자율 7.00%로 변동이자율을 교환할 수 있음을 확인한다. (CB 솔루션의 가중평균 자본비용은 12%이며, 이는 6개월마다 6%로 계산되고, 반기마다 복리로 계산한다.)

   a. 내일부터 LIBOR가 6개월 동안 50베이시스 포인트의 비율로 상승한다면, 헤더는 이 스왑을 통해 얼마나 많이 절약하거나 또는 비용을 지불하는가?

   b. LIBOR가 6개월 동안 25베이시스 포인트의 비율로 하락할 경우, 내일부터 시작하여 헤더는 이 스왑을 통해 얼마나 많이 절약하거나 또는 비용을 지불하는가?

7. **이자율 협상.** 한 국가 차입자는 4년 만기에 1억 달러의 대출을 고려 중이다. 이것은 원금이 대출만기 동안 매년 일정 금액으로 지불되는 분할상환대출이 될 것이다. 그러나 적절한 이자율에 대한 논쟁이 있다. 차입자는 현재 시장에서의 신용평가에 대한 적절한 이자율이 10%라고 생각하지만, 협상 중인 많은 국제 은행들은 최소 11%이며, 12%일 가능성이 가장 높다고 주장하고 있다. 이러한 여러 이자율이 연간 지급액에 미치는 영향은 무엇인가?

8. **사하라의 빚 협상.** 사하라국은 국제은행컨소시엄과 새로운 대출을 협상 중이다. 양측은 원금 2억 2,000만 달러에 대해 잠정 합의했다. 그러나 최종 이자율에 대한 의견 차이는 여전히 광범위하다. 사하라국이 6년 만기의 장기를 선호하는 반면, 은행들은 4년 길이의 짧은 대출을 원할 것이다. 은행들은 또한 이자율이 12.250%일 필요가 있다고 생각하지만 사하라국은 이자율이 너무 높다고 하며 11.750%를 주장한다.

   a. 은행 컨소시엄의 제안에 대해 연간 상환대출금은 얼마인가?

   b. 사하라국의 대출 선호도에 대한 연간 상환대출금

문제 7.

대출		지급	1	2	3	4
원금	$100	이자	(10.00)	(7.85)	(5.48)	(2.87)
이자율	0.10	원금	(21.55)	(23.70)	(26.07)	(28.68)
만기(년)	4.0	합계	(31.55)	(31.55)	(31.55)	(31.55)

문제 8.

채무	0	지급	1	2	3	4	5	6
원금	$220	이자	(26,950)	(23,650)	(19,946)	(15,788)	(11,120)	(5,881)
이자율	12.250%	원금	(26,939)	(30,239)	(33,943)	(38,101)	(42,769)	(48,008)
만기(년)	6.0	합계	(53,889)	(53,889)	(53,889)	(53,889)	(53,889)	(53,889)

은 얼마인가?

c. 동일한 대출이 4년에서 6년으로 연장될 경우, 은행 컨소시엄의 제안에 의하면 연간 지불액이 얼마나 떨어질까?

9. **Delos 채무 재협상(A)**. Delos는 2년 전에 8,000만 유로를 빌렸다. 대출약정인 분할상환 약정은 6년간 연간 8.625%의 이자를 내는 조건이었다. Delos는 2년간의 채무상환을 성공적으로 마쳤지만, 지금은 연간지불액을 줄이기 위해 대출 기관과의 계약 조건을 재협상하기를 원한다.

   a. 최초의 대출 계약에 따른 Delos의 연간 원금 및 이자 지급액은 얼마인가?

   b. 2년 동안의 부채상환 후에, 원금은 아직도 얼마나 남아있는가?

   c. 대출 기간을 2년 연장하기 위해 대출을 재조정한 경우 연간 지불액(원금 및 이자)는 어떻게 되는가? 이것은 최초의 연간 지급액 조건에 비해 상당한 감소인가?

10. **Delos 채무 재협상(B)**. Delos는 이전 대출계약(6년간 8,200만 유로, 연 8,625%)을 2년간 진행하였고, 재협상하고 있다. Delos는 현재 심각한 세수 부족에 직면해 있고 채무를 이행할 능력이 없다는 것을 두려워하고 있다. 그래서 좀 더 공격적이 되기로 결정하고, 남아있는 대출금을 줄이기 위해 **채무삭감**을 요구하며 대출기관과 마주하였다. 은행들은 지금까지 향후 추가 2년의(나머지 주요 잔액에 대해서는 6년간의 새로운 대출) 대출 협정을 재조정하는 데에만 합의했고, 이자율은 200베이시스 포인트 높은 10.625%였다.

    a. Delos가 남은 원금에 대해 6년 동안 현재 은행 제안을 받아들인다면(원래의 6년 중 2년이 지난 후 2년을 연장하는 것), 새로운 이자율에서 연간 지급액이 얼마가 될까? 이것은 Delos가 매년 상환해야 하는 금액을 얼마나 감소시키는가?

    b. Delos의 **채무삭감** 요구는 새로운 연간 대출금 상환액을 낮추는 것에 근거를 두고 있다. Delos가 새로운 대출 조건에 동의하여 연간 1,000만 유로까지 지급을 낮추기 위해서는 대출 기관으로부터 어느 정도의 할인을 받아야 하는가?

11. **Raid Gauloises**. Raid Gauloises는 빠르게 성장하는 프랑스 스포츠용품 및 모험 경주용 의류업체이다. 이 회사는 4년 동안 유로-유로 변동이자율로 2,000만 유로를 빌리기로 결정했다. Raid는 2개의 은행으로부터 대출 제안 중에서 결정해야 한다.

    4년 만기 부채에 대해 Banque de Paris는 1.8%의 선불 수수료로 제시했다. 그러나 같은 기간과 원금에 대해 Banque de Sorbonne은 대출 개시 수수료가 없는 대신 높은 스프레드를 제안했다. 두 은행은 매년 연말에 이자율을 재설정한다.

    유로-LIBOR는 현재 4.00%이다. Raid의 이코노미스트는 LIBOR가 해마다 0.5% 포인트 상승할 것으로 예측한다. 그러나 Banque de Sorbonne은 공식적으로 유로-LIBOR가 연간 0.25% 포인트의 상승률을 보일 것으로 전망했다. Raid Gauloises의 자본 비용은 11%이다. Raid Gauloises에 어떤 대출제안을 권하고 싶은가?

12. Firenza Motors. 이탈리아의 Firenza Motors는 최근 4년 간 500만 유로를 변동이자율로 대출했다. 그러나 이제는 이자비용 상승에 대해 우려하고 있다. 대출을 실행 했을때에는 유로존의 이자율이 하락할 것이라는 전망이 있었지만, 최근의 경제지표는 인플레 압력이 커지고 있음을 보여주고 있다. 분석가들은 유럽중앙은행(ECB)이 이자율을 인상하는 통화팽창을 늦출 것이라고 예측하고 있다.

Firenza는 현재 유로-LIBOR의 상승에 대해 보호할 것인지를 검토 중이며 보험회사와 FRA(선도이자율 계약)를 고려 중이다. 계약에 따르면, Firenza는 연말에 보험회사에 초기이자 비용(6.50%)과 LIBOR 하락으로 인한 이자비용 감소액의 차액을 지불하게 된다. 반대로, 보험회사는 Firenza의 초기 이자비용과 LIBOR 상승으로 인한 이자비용 증가액의 차이의 70%를 Firenza에 지불하게 된다.

변동이자율 구매비용은 차입 당시 지급해야 하는 100,000유로이다. LIBOR가 상승하거나 하락하면 Firenza의 연간 재정비용은 얼마인가? Firenza는 12%를 가중평균 자본비용으로 사용한다. Firenza가 FRA를 구입할 것을 권장하는가?

13. Lluvia와 Paraguas. Lluvia Manufacturing과 Paraguas Products는 가능한 최저비용으로 자금조달을 모색한다. Lluvia는 변동이자율 차입의 유연성을 선호하지만 Paraguas는 고정이자율 차입의 보장을 원한다. Lluvia는 좀더 신용있는 회사이다. 이들은 다음과 같은 요금구조를 가지고 있다. Lluvia는 신용등급이 우수하고, 두 가지 경우 모두 차입 비용이 낮다.

Lluvia는 변동이자율 부채를 원하기 때문에 LIBOR + 1%에 빌릴 수 있다. 그러나 8% 고정이자율로 빌릴 수도 있고, 변동이자율 부채와 교환할 수도 있다. Paraguas는 고정이자율 부채를 원하기 때문에 12%로 빌릴 수 있다. 또는 LIBOR + 2% 변동이자율을 빌려 고정이자율 부채로 전환할 수 있다. 이들은 무엇을 해야 하는가?

14. Ganado의 외화 스왑 : 미국 달러에 대한 스위스 프랑. Ganado Corporation은 미국 달러를 받고 스위스 프랑을 지불하는 3년간 교차통화 이자율스왑을 시작했다. 그러나 Ganado는 1년 후 스왑을 중도해지하기로 결정했다. 그래서 스왑 개시 1년 후 2년이 남아서 이를 중도해지하는 비용에 감안해야 한다. 풀이를 위해 계산을 반복하되, 아래 도표에 표시된 이자율을 가정한다.

15. Ganado의 교차통화스왑 : 유로화를 위한 엔화. 이 장의 도표 8.12의 스왑이자율표를 사용하고, Ganado가 5,000,000유로의 명목원금에 유로화를 받고 일본 엔을 지불하는 스왑계약을 체결했다고 가정한다. 스왑시점의 현물환율은 ¥104/€이다.

a. 스왑 계약기간 동안 모든 원금 및 이자 지불을 유로

문제 14.

가정	가치	스왑률	3년 매수	3년 매도
명목원금	$10,000,000	최초 : 미국 달러	5.56%	5.59%
최초 현물환율, SFr/$	1.5000	최초 : 스위스 프랑	1.93%	2.01%
신규(1년 후) 현물환율, $/euro	5.5560			
신규 미국 달러 고정이자율	5.20%			
신규 스위스 프랑 고정이자율	2.20%			

화와 스위스 프랑으로 계산하라.

b. Ganado는 스왑계약 1년 후 스왑 계약을 중도해지
하고 유로화로 정산하기로 결정했다고 가정한다.
이제 일본 엔에 대한 2년 고정이자율이 0.80%이
고 유로화에 대한 2년 고정이자율이 3.60%이며 현
물환율이 ¥114/€이라고 가정하면, 스왑계약의 순
현재가치는 얼마인가? 누가 누구에게 돈을 지불하
는가?

16. **Falcor.** Falcor는 2000년 General Motors에서 분사한 미
국 기반의 자동차부품 공급업체이다. 연간 매출이 260
억 달러가 넘는 이 회사는 전통적인 자동차 외에 다양
한 판매 기반을 추구하는 제조업체이다. 일반적인 다변
화 노력의 일환으로, 회사는 부채포트폴리오의 통화단

위를 다변화하기를 원한다. Falcor는 7년간 5,000만 달
러의 교차통화 이자율스왑을 체결하여, 유로로 지급하
고 달러를 받는다. 도표 8.12의 데이터를 사용하여 다
음을 해결하라.

a. 스왑기간 동안 두 통화로 모든 원금 및 이자 지급액
을 계산하라.

b. 3년 후 Falcor는 스왑 계약을 중도해지하기로 결정
했다고 가정한다. 유로화에 대한 4년 고정이자율
이 현재 5.35%로 상승하고, 달러화에 대한 4년 고
정이자율이 4.40%로 하락하며, 현재 현물환율이
$1.02/€인 경우 스왑계약의 순현재가치는 얼마인
가? 두 당사자의 지불의무를 정확하게 설명하라.

인터넷 문제

1. **금융파생상품과 ISDA.** 국제스왑-파생상품협회
(International Swaps and Derivatives Association, ISDA)
는 금융파생상품, 그 가치평가 및 사용에 대한 풍부한
정보와 당사자 간의 계약 사용을 위한 원본 문서를 제
공한다. 다음의 ISDA 인터넷 사이트를 이용하여 31가
지의 기본적인 금융파생상품 질문과 용어에 대한 정의
를 찾아보자.

ISDA   www.isda.org/educat/faqs.html

2. **금융파생상품의 위험관리.** 이 책이 길다고 생각한다면
금융파생상품의 관리 및 사용과 관련된 위험관리에 관
한 지침서로 무료 다운로드가 가능한 U.S. Comptroller
of the Currency를 살펴보자!

Comptroller of   www.occ.gov/publications/
the Currency   publications-bytype/comptrollers-
                   handbook/deriv.pdf

3. **옵션 가격설정.** OzForex Foreign Exchange Services는 엄
청나게 강력한 외환파생상품이 가능한 웹 사이트가 있

는 개인회사이다. 다음 사이트를 사용하여 통화옵션 가
격과 관련된 다양한 '그리스어'를 평가하라.

OzForex   www.ozforex.com.au/forextools/
                 tools/fx-options-calculator

4. **Garman-Kohlhagen Option Formulation.** 대담한 마음과
양적 계산에 숙련된 사람들을 위해 다음 인터넷 사이트
의 Garman-Kohlhagen 옵션 정립에 대한 자세한 프레젠
테이션을 오늘날 비즈니스 및 금융 분야에서 널리 사용
되는 곳에서 확인하라.

Riskglossary.com www.riskglossary.com/link/
                  garman_-kohlhagen_1983.htm

5. **시카고상품거래소.** 시카고상품거래소(Chicago Mercan-
tile Exchange)는 브라질의 헤알을 포함하여 다양한 통
화로 선물과 옵션을 거래한다. 다음 사이트의 거래 탭
에서 FX로 이동하여 이러한 통화 파생상품의 사용을
평가하라.

시카고상품거래소   www.cmegroup.com

6. **내재된 통화 변동성.** 입력된 변동성은 옵션의 만기일에 대한 일별 현물환율의 예상 표준편차이기 때문에, 통화 옵션 가격산정에서 관찰할 수 없는 단일 변수는 변동성이다. 뉴욕 연방준비은행의 웹사이트를 사용하여 주요 거래 교차환율 쌍에 대한 현재의 내재된 통화 변동성을 구하라.

뉴욕 연방준비은행   www.ny.frb.org/markets/impliedvolatility.html

7. **Montreal Exchange.** Montreal Exchange는 캐나다에서 금융파생상품을 지원하는 캐나다 거래소이다. 웹사이트를 통해 최근 거래시간 및 일간 Montreal Exchange Index 변동성 자체인 MV 변동성에 대한 최신 정보를 볼 수 있다.

Montreal Exchange   www.m-x.ca/marc_options_en.php

제 9 장

환율의 결정

투자전문가들의 군집은 양떼들이 오히려 독립적인 것처럼 보이게 한다.

— Edgar R. Fiedler

학습목표

- 환율 결정에 대한 3개의 주요 이론을 학습한다.
- 중앙은행의 외환시장 직접 개입과 간접 개입의 구체적 방법을 학습한다.
- 신흥시장의 환율 불균형 원인을 학습한다.
- 환율 예측가들이 환율 결정에 대한 3개의 주요 이론과 기술적 분석(technical analysis)을 어떻게 활용하는지 학습한다.

무엇이 환율을 결정하는가? 이는 답하기 매우 어려운 문제이다. 기업은 수입을 위해 외화를 필요로 하기도 하고, 수출을 통하여 외화를 벌어들이기도 한다. 투자자는 해외에 상장된 주식이나 해외 채권에 투자하기 위해 외화를 필요로 한다. 여행자, 이민노동자, 환투기자도 외환시장의 참가자들 중 하나이다. 이 장에서는 환율 결정의 이론적 토대를 제공한다.

제6장에서는 글로벌 금융시장에서의 환율과 물가 상승률, 이자율을 통합하는 국제평가조건 (international parity condition)에 대해서 학습하였다. 제3장에서는 개별 국가의 경제 활동, 국제수지가 어떻게 환율에 영향을 미치는지를 다루었다. 이 장의 첫 번째 절에서는 환율 결정에 대한 여러 학설을 살펴본 후 세 번째 학설인 자산시장 접근법(asset market approach)에 대해 자세히 알아본다. 두 번째 절에서는 중앙은행의 외환시장 개입을 다룬다. 세 번째와 네 번째 절에서 여러 가지 이론이 실무에서 환율 예측에 어떻게 활용되는지 살펴본다. 마지막으로 러시아 루블화가 내적 요인과 외적 요인에 의해 어떻게 변화되었는지에 대한 사례인 "러시아 루블 룰렛"을 다룬다.

환율의 결정 : 이론적 접근

환율에 대해서는 기본적으로 세 가지 견해가 존재한다. 첫 번째는 환율을 통화의 상대가격으로 생각한다(통화 접근법, monetary approach). 두 번째는 환율을 재화의 상대가격으로 생각한다(구매력평가 접근법, purchasing-power-parity approach). 세 번째는 환율을 채권의 상대가격으로 생각한다(자산시장 접근법, asset market approach).

– Rudiger Dornbusch, "Exchange Rate Economics: Where Do We Stand?,"
Brookings Papers on Economic Activity 1, 1980, pp. 143-194

Dornbusch 교수가 환율 이론들을 세 가지로 범주화한 것은 좋은 출발점은 되지만, 우리 저자들의 견해로는 수많은 이론과 접근법을 너무 단순화하였다. 따라서 Dornbusch의 세 가지 범주를 기본으로 하여 여러 다른 생각들을 추가하고자 한다.

도표 9.1은 환율 결정에 대한 세 가지 접근법을 요약하고 있다. 도표에는 세 가지 접근법인 **평가조건 접근법, 국제수지 접근법, 자산시장 접근법**의 구체적 요인을 보여주고 있다. 얼핏 보기에는 세 가지 접근법이 서로 독립적으로 보이지만, 이들은 서로 배타적인 이론이 아니며 오히려 상호 보완적이다. 세 가지 접근법을 동시에 활용하지 않는다면, 환율 결정의 복잡성을 파악할 수 없다.

도표 9.1 **환율의 결정요인**

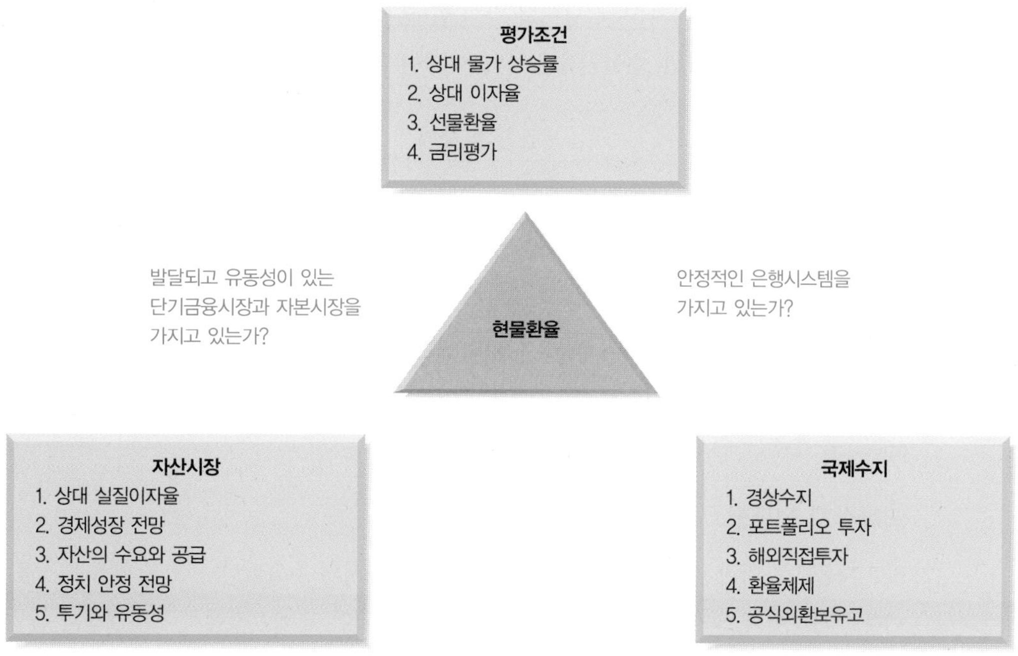

평가조건
1. 상대 물가 상승률
2. 상대 이자율
3. 선물환율
4. 금리평가

발달되고 유동성이 있는 단기금융시장과 자본시장을 가지고 있는가?

안정적인 은행시스템을 가지고 있는가?

현물환율

자산시장
1. 상대 실질이자율
2. 경제성장 전망
3. 자산의 수요와 공급
4. 정치 안정 전망
5. 투기와 유동성

국제수지
1. 경상수지
2. 포트폴리오 투자
3. 해외직접투자
4. 환율체제
5. 공식외환보유고

　　도표 9.1에서 보여주는 세 가지 접근법 이외에도 2개의 제도적 측면을 고려할 필요가 있다. 가치 발견을 위한 자본시장과 은행시스템이 그것이다. 마지막으로 현물환율을 결정하기 위한 요인들은 또한 현물환율의 영향을 받는다. 즉, 환율 결정요인과 환율은 서로 연관되어 있을 뿐만 아니라 상호 결정한다.

구매력평가 접근법

　　국제경제학자들의 피부 속에는 구매력평가 이론이 뿌리 깊게 자리 잡고 있다.

- Paul Krugman, 1976

가장 널리 받아들여지는 환율결정 이론인 구매력평가 이론에서는 제6장에서 설명한 바와 같이 장기균형 환율이 국내 물가와 해외 물가의 비율로 결정된다고 주장한다. 구매력평가 접근법(Purchasing Power Parity approach)은 가장 오래된 환율 이론이며, 대부분의 환율결정 이론들은 구매력평가 요소를 그들의 체계 안에 내포하고 있다.

　　PPP(Purchasing Power Parity, 구매력평가)는 여러 개의 버전이 있다. 일물일가의 법칙(Law of One Price), 절대 구매력평가(Absolute Purchasing Power Parity), 상대 구매력평가(Relative Purchasing Power Parity) 등이 그것이다. 이들 중 마지막 이론인 상대 구매력평가가 환율 변동을 가장 일관되고 적절하게 설명하는 것으로 알려져 있다. 본질적으로, 이 이론은 양국의 상대 물가의 변화가 환율 변화를 야기시킨다고 주장한다.

　　예를 들어, 일본 엔화와 미국 달러화 간의 현물환율이 ¥90.00 = $1.00이고 일본과 미국의 물가가 각각 2%, 1% 상승했다면, 현물환율은 ¥90.89/$이 되어야 한다.

$$S_{t+1} = S_t \times \frac{1 + \Delta \text{ 일본 물가}}{1 + \Delta \text{ 미국 물가}} = ¥90.00/\$ \times \frac{1.02}{1.01} = ¥90.89/\$$$

　　PPP는 상식적으로 보이지만, 적어도 단기적으로는 환율 예측을 잘하지 못하는 것으로 알려져 있다. 이는 이론과 실증 양면에서 문제가 있다. 이론적 문제는 상대 물가 만이 중요하다는 기본 가정에 있다. 그러나 투자유인, 경제성장, 정치상황 변화 등 다양한 요인이 외화의 수요, 공급에 영향을 미친다. 실증적 문제는 어떤 물가지표를 사용할 것인지와 해당 물가지표의 '변화 예측치(predicted change in prices)'를 추정할 수 있는 능력이 있는지이다.

국제수지 접근법

PPP 다음으로 가장 많이 사용되는 이론은 외환시장에서의 수요와 공급으로 환율 결정을 설명하는 것이다. 제3장에서 논의한 바와 같이 환율의 수요와 공급은 국제수지에서 경상계정과 금융계정에서 발행하는 거래에 의해 좌우된다. 기초적인 국제수지 접근법(balance of payments approach)에서 균형 환율은 경상계정에서 발생하는 외환의 순유입(순유출)과 금융계정에서 발생하는 순유출(순유입)을 일치시켜 준다.

국제수지상의 거래가 국제경제 활동을 대부분 포괄하고 있어 기초적인 국제수지 접근법은 널리 활용된다. 무역수지 흑자와 적자, 서비스 계정의 성장, 최근에는 국제 자본 이동의 성장 등에 따라 이론은 급속도로 발전하고 있다.

국제수지 접근법은 통화와 금융자산의 저량(stock)보다는 유량(flow)을 강조하고 있어서 비판을 받기도 한다. 통화와 금융자산의 저량은 환율 결정에 아무런 영향을 미치지 않는 것으로 모형화되기 때문에 다음에서 이야기할 통화−자산시장 접근법이 모색되고 있다. 흥미롭게도 학계에서는 국제수지 접근법에 대한 관심이 사라지고 있는 반면, 외환 거래자(currency trader)를 포함한 실무계에서는 여전히 의사결정의 상당 부분을 이 이론에 근거하고 있다.

통화 접근법

단순한 형태의 **통화 접근법**(monetary approach)에서는 통화 저량의 수요과 공급 그리고 미래 예상 수준, 통화량 증가율에 의해 환율이 결정된다고 주장한다. 국내 채권과 해외 채권은 완전 대체재(perfect substitutes)라고 보기 때문에 금융자산은 환율 결정에 영향을 미치지 않는다고 본다. 통화 저량이 환율의 모든 것을 결정한다.

통화 접근법에서는 물가 상승의 주요 결정요인으로 통화의 수요, 공급의 변화에만 집중한다. 상대 물가 상승률의 변화는 구매력평가 효과(PPP effect)를 통하여 환율 변화를 야기시키는 것으로 기대한다. 통화 접근법에서는 물가는 장기뿐만 아니라 단기에서도 신축적이라고 가정하여 물가 상승 압력의 전이 메커니즘을 통해 즉각적으로 영향을 준다고 본다.

통화 접근법의 약점은 통화의 수요 변화를 통해서만 환율에 영향을 미치는 것으로 실물 경제 활동의 역할을 격하시킨 것에 있다. 통화 접근법은 환율 결정에 있어서 중요하다고 인정되는 다음과 같은 요인들을 고려하지 않는다는 점에서 비판받는다. (1) PPP가 중 · 단기적으로는 성립하지 않는다. (2) 통화 수요는 시점에 따라 상대적으로 불안정적이다. (3) 경제활동의 수준과 통화 공급은 독립적이기보다는 상호 의존적이다.

자산시장 접근법 : 채권의 상대가격 접근법

채권의 상대가격 접근법(relative price of bonds approach) 또는 포트폴리오균형 접근법(portfolio balance approach)이라고도 불리는 **자산시장 접근법**(asset market approach)에서는 환율이 다양한 금융자산의 수요와 공급에 의해 결정된다고 주장한다. 금융자산의 수요곡선 또는 공급곡선의 이동은 환율을 변화시킨다. 통화정책과 재정정책의 변화는 금융자산의 기대수익과 위험을 변화시켜 환율도 변화시킨다.

최근 개발되고 있는 거시경제 이론의 상당수는 통화정책과 재정정책이 어떻게 금융자산의 수익과 위험에 대한 인식을 변화시켜 환율까지 변화시키는지에 집중되고 있다. 널리 인용되는 Mundell-Fleming의 연구도 여기에 해당한다. 포트폴리오의 구성을 변경하는 개인 또는 전문투자자의 능력, 즉 통화대체(currency substitution)에 대한 이론이 포트폴리오균형(portfolio balance) 및 재균형(rebalance) 모형의 기본 가정을 따르고 있다.

불행히도 지난 50년간의 훌륭한 연구들에도 불구하고, 단기로나 중기로 환율을 예측하는 데에는 큰 도움이 되지 못한다. 학계나 실무계가 구매력이나 통화가치에 대한 외부 균형요인 등과 같은 펀더멘털이 장기적으로는 환율을 결정한다는 데 동의하지만, 중·단기적으로는 펀더멘털 이론(fundamental theory)이 별 도움이 안 된다는 것이 증명되었다.

환율결정에 대한 거시경제 이론은 죄송한 수준이다. 통화 공급, 실질소득, 이자율, 물가 상승률, 경상수지 등과 같은 펀더멘털에 근거한 어떤 모형도 적어도 중·단기적으로는 환율의 변동의 상당 부분을 설명하거나 예측하는데 실패했고, 실패할 것이다.

– Jeffrey A. Frankel and Andrew K. Rose, "A Survey of Empirical Research on Nominal Exchange Rates," NBER Working Paper No. 4865, 1994

기술적 분석

펀더멘털 이론이 환율 예측에 실패함에 따라 기술적 분석(technical analysis)에 대한 관심이 커져왔다. 기술적 분석에서는 과거 가격의 행태에 대한 연구가 미래 가격 움직임에 대한 직관을 줄 것이라고 믿는다. 기술적 분석의 기본 가정은 환율 또는 시장에서 결정된 모든 가격은 추세(trend)를 따른다는 것이다. 그리고 이러한 추세를 분석하면 중·단기적인 가격 움직임에 대한 직관을 얻을 수 있다는 것이다. 글로벌 금융 실무 9.1은 일본 엔–미국 달러 환율에 대한 기술적 분석의 예를 보여주고 있다.

기술적 분석의 대부분 이론에서는 공정가치(fair value)와 시장가치(market value)를 구분한다. 공정가치는 가격이 궁극적으로 도달할 진정한 장기 가치이다. 시장가치는 시장참가자들의 심리로부터 발생하는 공정가치로부터의 이탈이다.

자산시장 접근법에서의 환율 예측

자산시장 접근법에서는 외국인이 보유하고자 하는 통화는 투자요인에 의해 결정된다고 가정한다. 도표 9.1에서 나열한 바와 같이 투자요인들에는 다음과 같은 것이 있다.

■ 상대 실질이자율은 투자자들이 해외 채권이나 해외 단기금융시장상품을 보유하는 데 있어 주요 고려 요인이다.
■ 경제성장과 수익성에 대한 기대는 해외주식투자나 해외직접투자에 있어서 중요한 결정 요인이다.
■ 자본시장의 유동성은 외국인 기관 투자자에게는 특히 중요하다. 외국인 투자자는 자산 매수가 용이한지뿐만 아니라 필요하다면 얼마나 용이하고 신속하게 자산을 매각할 수 있는지에 관심을 가진다.
■ 해당 국가의 경제적·사회적 인프라는 예상치 못한 외부 충격을 견디고, 급격히 변하는 세계 경제

글로벌 금융 실무 9.1

JPY/USD 환율의 기술적 분석(2011년 1월~2014년 2월)

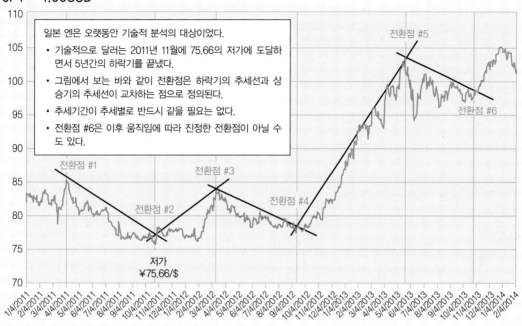

JPY = 1.00USD

일본 엔은 오랫동안 기술적 분석의 대상이었다.

• 기술적으로 달러는 2011년 11월에 75.66의 저가에 도달하면서 5년간의 하락기를 끝냈다.

• 그림에서 보는 바와 같이 전환점은 하락기의 추세선과 상승기의 추세선이 교차하는 점으로 정의된다.

• 추세기간이 추세별로 반드시 같을 필요는 없다.

• 전환점 #6은 이후 움직임에 따라 진정한 전환점이 아닐 수도 있다.

전환점 #1
전환점 #2
전환점 #3
전환점 #4
전환점 #5
전환점 #6

저가
¥75.66/$

환경에서 번영할 능력이 있는지에 대한 중요한 지표이다.

■ 정치적 안정은 외국인 포트폴리오 투자 및 외국인 직접투자에 있어 특별히 중요하다. 정치적 안정에 대한 전망은 해당 국가 증권에 대한 정치적 위험 프리미엄에 반영되어 있으며, 외국인 직접투자를 결정하는 데 있어 중요한 고려 요인이다.

■ 기업지배구조 관행에 대한 신뢰성은 외국인 포트폴리오 투자자에게 중요하다. 취약한 기업지배구조 관행은 외국인 투자자의 영향을 약화시키고, 결과적으로 기업이 주주 부의 극대화 목표에 집중하지 못하게 만든다.

■ 전염(contagion)은 한 국가의 위기가 인접 국가나 비슷한 특성을 가지고 있는 다른 국가로 퍼지는 것을 말한다. 전염은 '문제가 없는' 국가도 자본 도피(capital flight)를 경험하게 만들어 결과적으로 통화의 가치 하락을 야기시킨다.

■ 투기(speculation)는 외환 위기의 원인이 되거나 존재하는 위기를 더욱 악화시킨다. 우리는 아시아 위기, 러시아 위기, 아르헨티나 위기를 통해 그 효과를 살펴볼 것이다.

외국인 투자자들은 상대 실질이자율과 경제성장 및 수익성 전망에 근거하여 선진국의 증권을 보유하려 하고, 외국인 직접투자를 하려고 한다. 도표 9.1에서 언급한 모든 다른 요인들은 충족하는 것으로 가정하자.

예를 들어, 1981~1985년 기간 중 미국 달러는 경상수지 적자가 증가함에도 불구하고 상승하였다. 이러한 강세는 부분적으로는 미국 실질이자율이 상대적으로 높았던 것에 기인한다. 그러나 또 다른 요인은 미국의 성장 및 수익성에 대한 좋은 장기 전망으로 미국 주식시장과 부동산에 외국 자본이 급격히 유입되었기 때문이다.

동일한 사이클이 1990~2000년 기간에도 반복되었다. 경상수지 적자는 더욱 악화됨에도 불구하고 미국 달러는 명목으로도 실질로도 상승하였다. 그 이유는 상승하는 주가와 부동산 가격, 낮은 물가 상승률, 높은 실질이자율 그리고 미래 경제 전망에 대한 끝없어 보이는 '비이성적 열광(irrational exuberance)'에 있었다. 이번 '버블(bubble)'은 2001년 9월 11일 테러리스트의 쌍둥이 무역빌딩 공격으로 터졌다. 공격과 사후 진행과정은 미국의 장기 성장, 수익성 그리고 새로이 형성된 미국의 정치적 위험에 대한 부정적인 재평가를 야기하였다. 부정적인 전망은 미국 주식시장의 급격한 하락, Enron과 같은 몇몇 기업의 기업지배구조 실패로 인해 강화되었다. 국제수지 접근법과 자산시장 접근법에서 예측하고 있는 바와 같이, 미국 달러는 하락하였다.

여러 선진국과 미국의 경험은 왜 환율 예측가들이 경상수지보다는 경제 전망에 더 많이 영향을 받는지에 대한 좋은 예이다. 한 학자는 이러한 믿음을 비유를 통해 단적으로 보여주고 있다.

> 많은 경제학자들은 환율의 단기 움직임이 유량(flow)에 의해서 결정된다는 견해를 부정한다. 환율은 효율적 금융시장에서 거래되는 자산가격이다. 따라서 환율은 두 통화의 상대가격이며 각 통화를 보유하고자 하는 의향에 의해 결정된다. 다른 자산가격과 마찬가지로 환율은 경상거래의 유량(current trade flow)이 아니라 미래에 대한 기대에 의해 결정된다.
>
> 다른 자산가격으로 이러한 접근법을 비유해보자. 보르도증권거래소에서 거래되는 와인저장고의 주가에 대해 생각해보자. 늦봄의 서리는 수량 면에서나 품질 면에서 나쁜 작황을 야기시킨다. 수확 후 와인이 판매되고 나면, 수익은 전년보다 떨어질 것이다. 그러나 일단 판매가 되고 나면, 이러한 유량에 주가가 영향을 받을 이유는 없어진다. 우선, 수익의 악화는 이미 수개월 동안 주가에 반영되었다. 둘째, 주가는 현재뿐만 아니라 미래 전망에 영향을 받는다. 주가는 미래 수익의 기대에 근거하며, 주가가 변동한다면 그것은 기대가 변화하였기 때문이다.
>
> 동일한 논리가 환율에도 적용된다. 현재의 국제 유량(international flow)은 이미 예측된 정보이므로 환율에는 영향을 미치지 않아야 한다. 미래 경제 전망에 대한 새로운 정보만이 환율에 영향을 미쳐야 한다. 경제 전망은 변동성이 크고, 정치적 상황과 같은 많은 요인에 영향을 받기 때문에 환율은 단기적으로 변동성이 클 것이다.
>
> – Bruno Solnik, *International Investments*, 3rd Edition, Reading,
> MA: Addison Wesley, 1996, p. 58. Pearson Education, Inc.의 승인하에 수록

자산시장 접근법은 신흥시장 환율의 예측에도 활용할 수 있다. 이 경우에는 몇 가지 추가적인 요인이 환율 결정에 영향을 미칠 수 있다. 유동성이 낮은 자본시장, 경제적/사회적 인프라 부족, 정치적 불

안정, 기업지배구조, 전염효과, 투기 등이 그것이다. 이들 요인에 대해서는 통화위기(currency crisis)를 다루면서 살펴볼 것이다.

외환시장 개입

환율의 근본적인 문제는 널리 받아들여지는 외환시장의 공적 개입의 효과를 측정하는 방법이 존재하지 않는다는 데 있다. 상호 연관된 수많은 요인들이 환율에 영향을 미치고, 이들이 동시에 움직이고 있기 때문에 어떠한 계량모형도 개입과 환율 간의 인과관계의 크기를 측정해줄 수는 없다.

－ "Japan's Currency Intervention: Policy Issues," Dick K. Nanto, *CRS Report to Congress* *(United States)*, 2007년 7월 13일, CRS-7

통화가치는 정부의 경제적 · 정치적 정책에 있어서 중요한 관심 사항이다. 이러한 관심은 때때로 개별 국가를 넘어서 여러 국가들 간의 관심이 되기도 한다. 많은 국가들이 오래전에 고정환율제에서 변동환율제로 변경하였음에도 불구하고, 정부와 중앙은행은 여전히 시장에서 결정된 환율을 무시하고 적정 환율 수준에 대해 공적이나 사적으로 주장한다. 외환시장 개입은 그것이 적극적 관리(active management), 조작(manipulation) 또는 그야말로 개입(intervention)이든 간에 통화가치의 평가, 예측에 있어서 무시하지 못할 요소이다.

개입의 동기

"은행원이 걱정하는 것은 물가 상승이고, 관료가 걱정하는 것은 실업이다."라는 말이 있다. 이 말은 외환시장 개입의 동기를 이해하는 데 꽤나 유용하다. 중앙은행이 미국연방준비위원회(U.S. Federal Reserve)처럼 독립적인 조직인지 아니면 과거 수년간 그랬던 영국은행(Bank of England)처럼 선출된 정부의 산하 조직인지에 따라 중앙은행의 정책목표는 물가안정에 있거나 아니면 경제성장에 있지 2개를 동시에 추구하는 경우는 드물다.

역사적으로 정부가 낮은 통화가치를 유지하려고 하는 주요 동기는 외국인이 많이 살 수 있도록 자국 수출 상품의 가격을 싸게 만드는 것이었다. 이러한 정책은 '너의 이웃을 거지로 만들기(beggar-thy-neighbor)'라고 불렸는데, 다른 국가의 경쟁적인 평가절하(competitive devaluation)를 야기시키곤 한다. 2012년, 2013년, 2014년 경제성장이 둔화되고 실업률 문제가 계속되자, 미국과 유럽의 여러 정부들은 자국의 통화가치를 낮게 유지하려 하였다.

반대로 자국 통화가치의 하락은 자국민의 구매력(purchasing power)을 낮춘다. 국내에 대체재가 없어 원유를 수입하는 것과 같이 어쩔 수 없는 이유로 수입 상품의 구매가 계속된다면, 자국 통화의 평가절하(devaluation) 또는 하락(depreciation)은 물가 상승으로 이어지며, 극단적으로는 베네수엘라처럼 자국민들을 빈곤으로 빠뜨리게 된다.

많은 나라들은 안정된 환율을 선호하고 통화가치 조작(currency value manipulation) 논란에 연루되는 것을 싫어하는 것처럼 보인다. 그러나 반대로 이야기하면 환율로 국가 경쟁력을 유지하는 것을 좋아함을 의미하기도 한다. 미국과 중국 간에는 중국 위안의 가치에 대해 공방을 지속해왔다. 미국은 위안이 저평가되어 중국 수출 상품 가격이 미국에 비해 싸고 그 결과 미국의 경상수지 적자와 중국의 경상수지 흑자가 커지고 있다고 믿고 있다.

IMF는 회원국의 경쟁우위를 위한 통화 조작(currency manipulation)의 지양을 기본 원칙(제4조)으로 두고 있다. IMF는 '외환시장에서 한 방향으로의 장기간 대규모 개입'을 조작이라고 정의하고 있다. 그러나 많은 정부들이 IMF의 조언을 종종 무시하곤 한다.

개입 방법

개별 국가 또는 여러 국가가 통화가치를 변화시키는 방법은 여러 가지가 있다. 그러나 국가 경제 규모, 해당 통화의 국제 거래 규모, 금융시장의 발전 정도 등에 따라 시장 개입 방법이 달라진다. 직접 개입, 간접 개입, 자본 통제 등의 시장 개입 방법이 있다.

직접 개입. 직접 개입(direct intervention)은 중앙은행이 외화에 대해 자국 통화를 적극적으로 매수하거나 매도하는 것을 말한다. 직접 개입에서는 중앙은행이 외환시장에서 하나의 거래자, 그것도 대형 거래자로 행동하게 된다. 자국 통화가치의 상승이 목적이라면, 중앙은행은 외환보유고를 이용해 감내할 만한 한도까지 자국 통화를 매수한다.

반대로 자국 통화가치의 하락이 목적이라면, 달러와 유로 같은 주요 경화(hard currency)에 대해 자국 통화를 매도한다. 이론적으로는 '통화 발행'을 무제한으로 할 수 있기 때문에 자국 통화를 매도하는 데 물리적 한계는 없지만, 중앙은행은 통화량 증가가 문제가 되지 않도록 유의한다.

직접 개입은 오랫동안 주요 개입 수단이었지만, 1970년대에 들어서면서 세계 외환시장이 커져 중앙은행조차도 시장을 움직일 수 있는 충분한 자원을 가지지 못하는 지경에 이르렀다. 한 거래자는 "우리 은행은 시장이라는 해변의 모래 한 줌보다 못하게 되었다."라고 이야기한 바 있다.

시장 규모 문제에 대한 하나의 해결책으로 때때로 협조 개입(coordinated intervention)이 이루어진다. 협조 개입은 G8 국가 또는 여러 주요 국가가 공동의 이해에 따라 특정 통화의 바람직한 가치에 대해 동의할 때 이루어진다. 여러 국가가 공동으로 시장 개입을 실시하여 특정 통화의 가치를 바람직한 수준으로 조정하는 것이다. 1985년 9월에는 뉴욕 플라자호텔에서 G10 국가가 합의한 플라자협정(Plaza Agreement)이 이루어졌는데, 이것이 협조 개입의 대표적인 예이다. 협정 국가들은 건전한 경제 관리를 하기에는 통화가치가 너무 변동성이 크고, 극단적인 방향으로 가고 있다는 데 동의했다. 협조 개입의 문제는 협정 국가들이 실제 합의 사항을 이행하는지이다. 여러 번의 협조 개입에서 이 문제는 극명하게 드러난 바 있다.

간접 개입. 간접 개입(indirect intervention)은 특정 통화에 대한 자본 유출입 요인으로 생각되는 경제적·금융적 펀더멘털을 변화시킴으로써 환율을 조정하는 것이다. 중앙은행의 금융 자원에 비해 글로벌 외환시장의 규모가 급격히 증가한 상황에서 시장 개입이 합리적으로 발전한 결과가 간접 개입이다.

가장 명백하고 널리 사용되는 수단은 이자율이다. 이미 논의한 평가조건(parity condition)에 따르면 실질 이자율이 높아질수록 자본은 유입된다. 예를 들어 중앙은행이 자국 통화를 방어하기 원한다면, 긴축적인 통화정책을 통해서 실질 이자율을 올리는 것이다. 따라서 이 방법에서는 더 이상 외환보유고의 제약이 없다. 대신 자본 유입과 자국 통화가치를 방어하기 위해 올린 실질 이자율이 자국 경제에 악영향을 미친다는 제약을 가지게 되었다.

반대로 자국 통화가치 상승으로 인한 무역 경쟁력 약화를 염려하여 자국 통화가치의 하락을 원한다면, 중앙은행을 실질 이자율을 낮춤으로써 자본 수익률을 낮추면 된다.

간접 개입은 통화정책 수단을 사용하기 때문에 정책 효과의 크기와 범위는 단순한 통화가치의 조정을 넘어서게 된다. 과다한 경제 활성화 또는 실질 경제 활동을 넘어선 통화 공급의 증가는 물가 상승으로 이어진다. 통화가치를 조정하기 위해 이자율 같은 광범위한 영향을 가지는 정책 수단을 사용하는 것은 국제 경제 목표를 추구하기 위해 국내 경제 목표를 희생하는 선택의 문제를 야기시킬 수 있다.

자본 통제. 자본 통제(capital control)란 정부가 외화에 대한 접근을 통제하는 것이다. 자국 통화와 외화를 교환하는 것을 제한하는 것이다. 공식적인 승인을 받는 경우에만, 그것도 정해진 환율로의 교환이 이루어진다.

무역을 위한 외환 거래의 경우에는 특정 수입에 대해서만 허용된다. 이자지급 예금, 증권, 펀드 등 단기 포트폴리오 투자를 위한 외환 거래의 경우에는 금지되거나 극히 제한적으로 허용된다. 중국 위안에 대한 중국 정부의 규제는 자본 통제의 단적인 예이다. 정부가 환율을 정하고 있고, 외환 거래 역시 복잡하고 시간이 걸리는 관료적 절차에 의해 제한되고 있으며, 그것도 무역거래에 대해서만 허용된다.

시장 개입 실패. 시장 개입은 가끔 실패하기도 한다는 사실을 명심해야 한다. 2014년 터키 외환위기는 급격한 간접 개입이 자본 도피를 늦추었을 뿐, 결국에는 통화 붕괴(currency collapse)를 야기시킨 대표적인 예이다. 터키는 2012년, 2013년에 통화 안정의 혜택을 누렸지만, 경상수지 적자폭이 늘어나고 물가 상승의 문제를 안고 있는 '약한 5개국(Fragile Five)' 중의 하나였다. 남아프리카공화국, 인도, 인도네시아, 브라질이 나머지 4개국이다. 2013년 4분기에 들어서면서 신흥시장에 대한 불안감이 고조되고, 미국연방준비위원회가 테이퍼 프로그램(Taper Program), 본질적으로 통화긴축 프로그램에 의해 국채 매입을 완화하겠다고 발표함에 따라 자본이 터키에서 빠져나가기 시작했다. 터키 리라에 대한 하락 압력이 강해지게 되었다.

그러나 터키는 국내 정치 불안 가운데에 있었기 때문에 대통령은 중앙은행이 이자율 인하를 통해 터키 경제를 활성화시켜야 한다고 믿고 있었다. 이자율 인하는 자본 도피의 추가적인 유인이 되었다. 2014년 1월이 되자 압력은 더욱 거세졌고, 중앙은행은 일주일 은행 환매조건부 채권매입 이자율(bank repurchase interest rate, bank repo rate)을 4.5%에서 10.0%로 올렸다. 처음 몇 시간 동안에는 터키 리라가 달러나 유로에 대해 소폭 강세를 보이면서 시장에 안도감을 주었지만, 시간이 흐르면서 다시 약세로 돌아섰다. 이 사례에서의 간접 개입은 실패로 판명되었을 뿐만 아니라 오히려 경제를 악화시켰다.

　　외환시장 개입의 동기와 방법을 이해하는 것은 미래 환율에 대한 분석에서 매우 중요하다. 사전적으로 성공여부를 판단하기는 거의 불가능하지만, 시장 개입은 언제나 있어왔으며, 환율에 지대한 영향을 미쳤다. 정부는 언제나 경제가 취약한 시기에 자국 통화를 방어하려 해왔으며, 앞으로도 그럴 것이다. 성공 여부는 운과 능력 모두에 달려있다. 글로벌 금융 실무 9.2에서는 효과적인 개입의 원칙을 나열하고 있다.

　　논란은 2010년 9월, 일본이 거의 6년 만에 처음으로 외환시장을 개입하면서 다시 불거졌다. 엔 강세를 저지하기 위해 일본은 거의 200억 달러를 매입한 것으로 보도되었다. 대장성 관계자는 82엔이 엔 강세의 용인 한계라고 공식 발표하였고, 그 한계가 시장에 의해 시험받았다.

　　도표 9.2에서와 같이 일본은행은 환율이 82엔에 근접하자 9월 13일에 시장 개입을 하게 된다. (일본은행은 통화정책에 대한 독립성을 가지고 있지만, 조직상으로는 대장성 산하에 있기 때문에 일본 정부를 대신해 외환시장 개입을 한다.) 대장성은 미국과 EU 관계기관에 시장 개입을 통보하지만, 허가나 동의를 받지는 않는다.

　　일본은행의 시장 개입은 베이징에서부터 워싱턴, 런던에 이르기까지 '시장 개입의 새시대'라는 대중의 반응을 불러일으켰다. 시장 개입은 자유시장 옹호자에 의해 언제나 멸시되어 왔지만, 미국이 지속적으로 중국에 위안 재평가 압력을 가하는 상황에 나온 것이라 일본은행의 개입은 특히 그러했다. 경제학자 Nouriel Roubini의 "우리는 누구나 약한 통화를 원하는 세계에 살고 있다."라는 언급과 같이 모

글로벌 금융 실무 9.2

효과적인 개입의 원칙

많은 외환시장 참가자들에 의하면, 다양한 요인, 상황, 전술이 개입 효과에 영향을 미친다고 한다.

■ **바람을 거스르지 마라.** 2010년 가을에 일본 엔이 강세를 보인 것처럼 시장은 급격히 한 방향으로 몰리기도 하며, 이때는 방향을 돌리기가 매우 어렵다. 강한 시장 움직임에 대한 시장역행 개입('leaning against the wind')은 대부분의 경우 큰 희생을 치른 실패로 판명 난다. 시장참가자들은 중앙은행은 거래량이 작고 방향성이 약화된 시점을 잘 선택해 시장 개입을 해야 한다고 주장한다. 바람을 거스르지 마라.

■ **협조해서 시점을 선택하고, 개입하라.** 여러 지역의 시장참가자를 활용하라. 가능하다면, 다른 나라의 중앙은행들까지도. 시장은 한 중앙은행의 일시적 개입이 아니라 여러 나라의 중앙은행이 참여하는 뿌리 깊은 개입일 때 더 많이 영향을 받을 것이다.

■ **좋은 뉴스를 이용하라.** 통화가치의 하락을 저지할 때에는 긍정적인 경제, 금융, 기업 뉴스가 나올 때 개입하라. 어떤 시장참가자들은 '시장은 좋은 뉴스를 축하하기 원한다'고 주장하는데, 외환시장도 예외가 아니다.

■ **싸게 놀지 마라—시장참가자들을 압도해야 한다.** 시장참가자들은 시점을 놓칠까 두려워하고 있다. 대규모의 협조개입이 제때에 이루어진다면 시장참가자들은 자신들이 잘못된 방향으로 베팅한 것에 두려움을 느낀다. 성공적인 개입은 다각도의 심리게임이다, 불안감을 유발하라. 개입이 원하는 효과를 발휘하기 원한다면 좀 더 많은 금액을 쏟아부어야 한다. 싸게 놀지 마라.

도표 9.2 시장 개입과 일본 엔, 2010

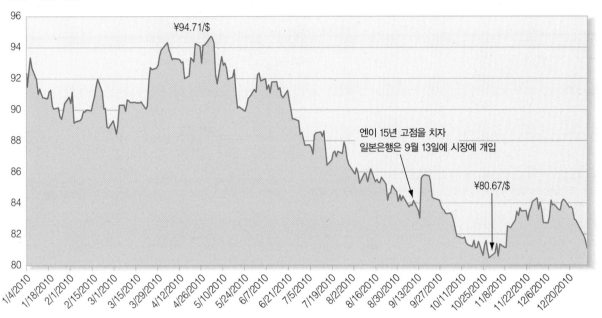

든 국가가 낮은 이자율과 약한 통화가치로 자국 경제를 활성화시키려는 상황, 즉 '바닥을 향한 글로벌 경쟁'에 놓여있었다.

역설적으로 도표 9.2에서 보는 바와 같이 개입은 실패로 끝났다. 엔 강세 시장에서 달러를 매입하기 시작했을 때, 일본은행은 엔 강세를 중단시키거나 엔 강세를 약세로 반전시킬 것을 기대했을 것이다. 어느 분석가가 언급했듯이, 일본은행의 시장 개입은 '장기 문제의 단기 처방'으로 판명났다. 며칠간은 달러가 치솟았지만, 일주일 만에 다시 엔 강세로 되돌아갔다.

도표 9.3에서 보는 바와 같이 일본의 잦은 시장 개입은 많은 연구의 주제가 되어왔다. IMF의 2005년 8월 연구에서는 1991~2005년 기간 중 일본은행은 340일, 미국연방준비위원회는 22일, 유럽중앙은행은 1998년 설립된 이래 4일 만에 시장 개입을 했다고 보고하고 있다. IMF의 연구에서는 일본의 개입에서 공식적인 '통화조작'의 증거를 찾지 못했지만, 2004년 Takatoshi Ito의 분석에서는 일본의 개입 결과 평균적으로 1%, 시장환율 1엔의 영향이 있었다고 결론 내리고 있다.

엔 매도 개입으로 일본 엔의 장기 상승 추세를 중단시킨 경우는 없었다.

– Tohru Sasaki, Currency Strategist, JPMorgan

도표 9.3 일본 시장 개입의 역사

JPY = USD 1.00

과거 20년간 일본의 시장 개입이 엔 강세 억제에
효과적이었는지는 확실하지 않다.

개입

개입

그러나 일본의 개입이 시장 조작(market manipulation) 시도의 유일한 예는 아니다. 시장의 수호자로 알려진 스위스국립은행(Swiss National Bank)조차도 2009년에 스위스 프랑이 달러 및 유로에 대해 강세를 보이는 것을 막기 위해 반복적으로 시장 개입을 한 바 있다.

경제통합조직(organizations of economic union)은 시장 개입의 극단적 예이다. 제2장에서 서술한 바와 같이 1999년 유로의 출범은 20년 동안의 경제, 통화 협력 및 개입으로 가입국 간의 수렴이 있었기 때문에 가능하였다. EMS(European Monetary System, 유럽통화제도)는 양국 정부가 평가환율(parity exchange rate)을 유지하도록 쌍방이 책임지는 정교한 시스템이다. 이 시스템하에서는 직접 개입과 간접 개입이 모두 사용되었다. 글로벌 금융 실무 9.3은 소위 '터널 속의 뱀'으로 불리는 EMS 시스템의 작동원리를 보여주고 있다.

신흥시장의 환율 불균형

이제까지 논의한 환율 결정에 대한 세 가지 다른 접근법(평가조건, 국제수지, 자산시장)에 의하면 환율은 쉽게 이해될 수 있지만, 실제는 그러하지 않다. 규모가 크고 유동성이 있는 자본시장과 외환시장에서는 이러한 원칙들이 적어도 중장기적으로는 잘 적용되는 것처럼 보인다. 그러나 규모가 작고 유동성

글로벌 금융 실무 9.3

EMS의 '터널 속의 뱀'

EMS는 1979년부터 1999년 유로 출범 전까지 사용되었으며, 장기 목표 환율인 '중심환율(central exchange rate)' 또는 '평가환율(parity exchange rate)'의 유지가 주요 내용이다. 환율이 중심환율로부터 ±2.25% 범위 내에 있는 한 자유롭게 거래되는 것이 허용되었다. 그러나 그림에서 보는 바와 같이 '상한개입률(upper intervention rate)'이나 '하한개입률(lower intervention rate)'을 벗어나게 되면, 두 국가는 개입을 통해 환율을 '중심환율' 거래구간(central rate trading zone)으로 되돌려놓아야 한다.

이 시스템의 근간은 환율을 유지하는 것이 '두 국가의 책임'이었다는 것이다. 예를 들어 프랑스 프랑(FF)이 독일 마르크(DM)에 대해 약세를 보이고 시장환율이 하한개입률을 하회하면 두 국가는 프랑스 프랑을 매입하거나 독일 마르크를 매도하는 직접 개입, 프랑스 이자율을 인상하고 독일 이자율을 인하하는 등의 간접 개입 또는 두 수단을 동시에 사용해서 중심환율 거래구간에서 거래가 일어나도록 유지해야 한다.

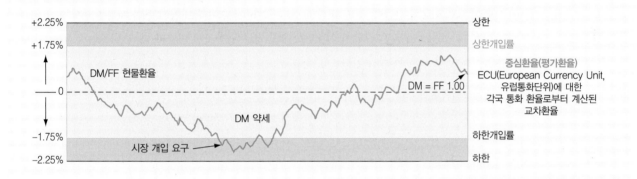

이 낮은 시장에서는 이론에 반하는 움직임이 자주 발생한다. 문제는 이론 그 자체에 있기보다는 이론에서의 기본 가정이 적절한지에 있다. 신흥시장 위기에 대한 분석을 통해 이러한 문제를 살펴보자.

수년간의 글로벌 경제안정이 마감되면서 1990년대 후반기에는 모든 신흥시장에서 일련의 외환위기가 발생했다. 1997년 7월 아시아 위기와 2002년 아르헨티나 페소의 급락은 신흥시장 경제 실패를 단적으로 보여준다. 각각은 그 자체의 복잡한 원인을 가지고 있으며, 위기가 지난 지 수년 후인 현재에도 여전히 정확한 설명이 어렵다. 이들 위기는 또한 자본 도피의 문제와 외환시장 및 증권시장에서 국제단기투기(short-run international speculation) 문제를 극명하게 보여준다. 우리는 개별 위기에서 원인과 결과의 특정 측면에 집중할 것이다.

1997년 아시아 위기

밀켄연구소의 1998년 학회에서 한 발표자는 '인도네시아의 국내총생산은 노스캐롤라이나주와 비슷한 규모'이기 때문에 인도네시아의 경제문제가 전 세계적으로 영향을 미친 것이 이해가 가지 않는다고 언급하였다. 그러나 이 발표자는 "노스캐롤라이나주는 인구가 2억 2,000만 명이 아니다."라는 사실을 발표 말미에 알게 되었다.

아시아 통화위기의 원인은 많은 아시아 국가들이 순수출국가에서 순수입국가로 바뀜에 따라 지역 경제의 펀더멘털이 변화한 데 있다. 극동 지역의 급속한 경제발전에 따라 1990년 초반부터 태국은 수출보다 수입이 많아지게 되었지만, 순자본 유입으로 통화가치는 유지하고 있었다. 공장, 댐, 사회간접자본, 심지어는 부동산 투기를 위한 자본이 유입되는 한, 고정환율은 유지될 수 있었다. 그러나 자본유입이 멈추면서 위기는 불가피했다.

위기의 가장 명백한 원인은 태국으로의 과다한 자본 유입이다. 급격한 경제 성장과 이윤 증대는 태국 기업, 은행, 금융회사들이 미국 달러를 역외에서 저렴하게 차입할 수 있는 환경을 만들어주었다. 태국 은행들은 해외에서 자본을 조달하여 태국 경제가 버틸 수 있는 수준을 넘어서는 대출을 국내 투자와 기업에 대해 제공했다. 태국으로의 자본 유입이 역사상 최고치에 도달함에 따라 모든 종류의 투자에 자금이 넘쳐흐르게 되었다. 투자 버블(investment bubble)이 확대됨에 따라 시장참가자들 중 일부는 태국 경제가 외채를 상환할 능력이 있는지에 대해 의문을 가지게 되었다. 태국 바트는 공격을 받게 되었다.

위기. 1997년 5월과 6월, 태국 정부는 외환보유고를 소진해가면서 외환시장에 반복적으로 직접 개입을 하였으며, 이자율을 인상함으로써 간접 개입을 하였다. 6월 말과 7월 초에 걸쳐 이루어진 2차 투기적 공격(speculative attack)은 태국 정부로는 감당하기 어려운 수준인 것으로 판명되었다. 1997년 7월 2일, 태국 중앙은행은 마침내 태국 바트의 고정환율제를 포기하였다. 불과 몇 시간 만에 태국 바트는 미국 달러에 대해 17% 하락하였고, 일본 엔에 대해 12% 하락하였다. 도표 9.4에서는 보는 바와 같이, 11월에 미국 달러는 25바트에서 40바트로 폭등하였으며, 바트 가치는 약 38% 폭락하였다.

수일 내로 아시아 버전의 데킬라효과(tequila effect)로 인해 인근 아시아 국가들이 태국과 비슷한 특성을 가지고 있든 가지고 있지 않든 투기적 공격을 받았다. 필리핀 페소, 말레이시아 링깃, 인도네시아 루피가 7월 태국 바트 평가절하에 이어서 수개월간 하락하였다. 1997년 10월 말에 대만이 경쟁력을 유지하기 위해 갑작스레 15%의 평가절하를 단행하면서 시장의 주목을 받았다. 그러나 대만의 평가절하는 위기의 모멘텀을 새롭게 부각시키는 정도였을 뿐이다. 홍콩 달러가 외환보유고를 엄청나게 소진하면서 생존한 반면, 한국 원은 그렇게 운이 좋지 않았다. 1997년 11월, 역사적으로 안정적이었던 한국 원에 대한 미국 달러는 900원에서 1,100원으로 치솟았다. 홍콩 달러를 제외하고 아시아 위기를 비켜간 통화는 중국 위안이었는데, 그 당시 중국 위안은 자유로이 교환이 가능한 통화가 아니었다.

복잡한 원인. 단순히 통화 붕괴만이 아니기 때문에 아시아 경제위기라고 불려야 하는 아시아 위기는 전통적인 국제수지 문제 이외에도 많은 문제를 가지고 있었다. 원인들은 국가별로 차이가 있지만, 상당한 유사점도 가지고 있어 비교가 가능하다. 기업 사회주의(corporate socialism), 기업지배구조(corporate governance) 그리고 은행 안정성(banking stability)이 그것들이다.

도표 9.4 **태국 바트와 아시아 위기**

태국 바트/미국 달러

태국 정부는 태국 바트가 급락할 것이라는 루머를 잠재우기 위해 5월, 6월에 걸쳐 강한 시장 개입을 실시하였다.

7월 2일, 태국 바트에 대한 고정환율제를 공식적으로 포기하였으며, 불과 몇 시간 만에 THB 25에서 THB 29로 달러가치가 급등하였다.

7월, 8월에 많은 아시아 통화들의 가치가 하락함에 따라 태국 바트에 대한 하락 압력은 계속되었다.

아시아 위기와 태국 바트의 급락은 수년간 지속되어 온 경상수지 적자를 무시할 정도로 국제금융시장이 근시안적임을 보여준다.

- 고성장 수출 주도 경제인 아시아 국가들은 안정만을 중요시해왔다. 기업부문에 대한 정부와 정치의 영향력이 절대적이어서 정부는 기업의 실패, 노동자의 실직, 은행의 청산을 허용하지 않을 것이라고 믿어져 왔다. 종신 고용과 같이 수십 년간 의문 없이 지속되어 온 관행은 더 이상 지속 가능하지 않게 되었다.

- 극동 지역의 많은 기업들은 가족이나 그룹에 의해 통제되어 왔다. 이러한 경향은 연고주의(cronyism)로 불려왔다. 연고주의(cronyism)에서 소액주주와 채권자의 이해는 기업 경영에 있어 부차적으로 간주된다.

- 은행 부문은 낙후되었다. 은행 규제 구조와 시장은 전 세계적으로 거의 예외 없이 탈규제화되었다. 그러나 아시아에서는 기업 활동에서 은행의 주요 감시 역할이 대부분 무시되었다. 아시아 전역에서 기업이 붕괴되면서 정부의 금고는 비워졌고, 은행은 도산하였다. 은행이 제 역할을 하지 못함에 따라 기업에 자금을 '수혈'하는 것이 사실상 중단되었다.

이 사건으로 국제적 투기가인 조지 소로스는 그와 다른 헤지펀드에 의한 대규모 투기 때문에 위기의 원인으로 비판받았다. 그러나 그는 단지 나쁜 소식을 전한 메신저일 뿐이었다.

2002년 아르헨티나 위기

대부분의 아르헨티나인들은 나라가 피폐해진 원인으로 부패한 정치인과 외국인 악마들을 비난하고 있다. 그러나 아무도 스스로를 되돌아보지는 않는다. 아르헨티나에는 'viveza criolla'¹라는 문화적 특성이 있는데, 이 문화 때문에 약삭빠른 교활한 행동이 칭찬을 받는다. 이것이 아르헨티나에서 만연한 조세포탈의 이유 중 하나이다. 3명 중 하나는 그렇게 하고 있으며, 많은 이들이 그것을 자랑으로 떠벌린다.

— "Once-Haughty Nation's Swagger Loses Its Currency," Anthony Faiola,
The Washington Post, 2002년 3월 13일

아르헨티나 경제의 부침은 역사적으로 아르헨티나 페소와 밀접하게 연결되었었다. 스스로를 남미인이기보다는 유럽인으로 생각하는 아르헨티나 국민들은 극심한 물가 상승, 외채부담, 1980년대의 경제붕괴로 1991년까지 충분한 고통을 받았다. 경제 개혁은 공동의 목표였다. 그들은 신속한 개혁을 원한 것이 아니라 영원한 변화와 안정적인 미래를 원했다. 그리고 그들은 그것을 거의 성취하는 것처럼 보였다.

글로벌 금융 실무 9.4

아시아 금융위기는 어떻게 전개되었는가?

1980년대와 1990년대의 급격한 산업화와 수출 증가로 대부분의 동남아시아 국가들은 매우 빠른 성장을 경험하였다. 수출 주도의 성장은 건설 붐으로 이어져 부동산 버블을 야기하였다. 대부분의 재벌과 투자자들은 투자 자금을 은행 차입에 의존하였다. 미국 달러와 유럽 통화의 낮은 이자율을 활용하기 위해 대부분의 기업과 은행은 외화로 차입하였다. 더욱이 기업들은 환위험에 대한 헤징 없이 장기 투자를 위해 단기 외화 차입을 하였다. 태국이나 말레이시아는 고정환율제를, 인도네시아와 한국은 관리변동환율제(managed floating exchange system)를 유지해왔기 때문에 이러한 차입은 영리한 면도 있다.

정부들도 비슷하게 인프라 프로젝트의 자금조달을 위해 외채를 증가시켜 왔으며, 무역 적자도 누적되었다. 경상수지 적자를 관리하기 위해 한국, 태국, 인도네시아, 말레이시아는 핫머니(hot money)의 유입도 허용했다. 그런데 이들은 신속하게 들어오고 나가는 투기자본 펀드였다.

비효율적인 은행 규제는 투기적 부동산 대출과 같은 불건전 대출 관행을 방관하였다. 인도네시아의 수하르토와 같은 통제받지 않는 정치인들과 정부, 은행, 기업이 유착된 중국과 한국의 재벌 네크워크는 많은 부채를 지고 사업을 하는 것을 가능케 했다.

아시아의 경우 자산과 부채의 표시통화 불일치는 특히 위험했다. 버블이 깨질 조짐을 보이자 조지 소로스와 같은 투기자들은 내국 통화에 압력을 가하기 시작했다. 최종적인 결과는 1997년 7월, 태국 바트의 붕괴였다. 외채는 통제 불가능한 부실대출이 되었다. 은행 담보는 대부분 과대 평가된 부동산이었기 때문에 은행위기가 터지게 되었다. 급속도의 전염효과는 아시아 국가들을 IMF로 가도록 만들었다. IMF는 구제금융의 조건으로 긴축 재정정책, 정부지출의 감축, 고세율, 민영화 등을 내걸었기 때문에 결과적으로 경기침체로 수많은 사람들이 빈곤으로 내동댕이쳐졌다. 아시아 위기는 심각한 탈글로벌화와 엄격한 규제체제를 야기했으며, 그 결과 아시아 국가들은 2007~2008년 글로벌 금융위기에서 상대적으로 안전할 수 있었다.

---

¹ 역주 : 'viveza criolla'의 사전적 의미는 '기발한 영리'로 아르헨티아인들의 극단적인 개인주의를 지칭한다. 다른 사람들에 대한 존중 결여, 불신, 비난 분위기는 윤리 의식 결여, 공동선 무시, 정치적 부패로 이어진다.

1991년 아르헨티나 페소는 미국 달러와 1:1로 고정되어 있었다. 아르헨티나의 환율체제는 전통적인 고정환율제에 비해 급진적인 편이었다. 아르헨티나는 단순히 고정환율을 약속하는 것이 아닌 **통화위원회**(currency board) 제도를 채용하였으며, 여기에서는 통화량 증가에 제약이 있었다. 통화위원회 제도하에서는 중앙은행이 통화 공급을 늘리기 위해서는 경화 외환보유고(hard currency reserve)를 늘려야만 했다. 아르헨티나의 경우, 경화는 미국 달러였다. 정부의 통화 공급 통제능력을 박탈함으로써 생활수준을 악화시키는 물가 상승의 원천 자체를 제거하였다고 아르헨티나 국민들을 믿었다. 이것은 보수적이고 신중한 금융시스템을 유지할 수 있는 처방이었으며, 선출되었든 선출되지 않았든 정치인이 옳고 그름을 판단하는 권력을 제거하는 의사 결정이었다. 이것은 자의성이 없고, 강경한 규칙이었다.

이 '처방'은 경제 성장을 낮추는 긴축 통화정책이었다. 실업률은 1994년에 두 자릿수로 올라간 이래 그 자리를 유지했다. 실질 GDP의 성장은 1998년 후반에 침체 수준에 들어섰고, 2000년까지 지속되었다. 아르헨티나 은행들은 예금자가 자신의 돈을 아르헨티나 페소 또는 미국 달러로 보유하는 것을 허용했다. 이 정책의 의도는 은행과 정치 시스템에 시장 원칙을 제공하고, 달러와 페소 가치를 1:1로 유지한다는 정부의 약속이 믿을만함을 보이는 것이었다. 금융시스템에 대한 신뢰를 부여하겠다는 의도와는 달리 이 정책은 결국 아르헨티나 은행 시스템을 파국으로 몰고 갔다.

경제 위기. 1998년 경기 침체는 끝나지 않았다. 3년 반 동안 아르헨티나의 경기침체는 여전히 계속되었다. 2001년, 아르헨티나는 통화위기에 봉착할만한 경제 문제를 노출하였다. (1) 아르헨티나 페소는 고평가되었다. (2) 통화위원회 체제는 통화정책의 여지를 봉쇄하였다. (3) 아르헨티나 정부의 재정 적자는 통제불능 상태가 되었다. 물가 상승은 완전히 제거되지 않았고, 세계는 아르헨티나를 주목하게 되었다.

당시 남미의 대부분 국가가 경기침체로 가고 있었다. 경제 활동이 침체되자, 다른 나라로부터의 수입부터 줄어들었다. 남미 국가 통화의 대부분은 미국 달러에 대해 하락하였지만, 아르헨티나 페소는 달러에 고정되어 있었기 때문에 아르헨티나 수출품의 가격 경쟁력은 계속 악화되었다. 경기가 침체되면 확장적 경제정책이 필요했지만, 통화위원회 체제하에서는 국가가 달러 보유고를 확보할 수 있는 한도 내에서만 통화 공급을 확대할 수 있었기 때문에 사실상 통화정책을 펼 수가 없었다.

그러나 정부 지출이 줄어든 것은 아니다. 실업률이 상승하고, 가난과 사회적 불안이 증대됨에 따라 정부는 경제적 · 사회적 격차를 해소해야 하는 압력에 직면했다. 정부 지출은 계속 늘어났지만, 조세수입은 그렇지 않았다. 아르헨티나는 국제시장에서 정부 부채로 자금을 조달하였다. 총외채는 급격히 늘어났다. IMF의 자본 투입만이 아르헨티나의 총부채가 기하급수적으로 증대되는 것을 막아줄 뿐이었다. 그러나 1990년대 말까지 총외채는 2배로 늘어났고, 경제의 수익성은 그러지 않았다.

경제 상황이 계속 악화되면서 은행 예금인출사태(bank run)가 발생했다. 아르헨티나 페소의 평가절하를 두려워하는 예금자들은 자신의 계좌에서 아르헨티나 페소, 미국 달러 모두를 인출했다. 아르헨티나 페소의 미국 달러로의 교환이 쇄도함에 따라 외환위기의 불씨는 더욱 거세졌다. 예금인출로 인

아르헨티나 페소의 붕괴

한 은행 도산을 두려워한 정부는 은행을 폐쇄하였다. 일주일에 250달러 이상을 인출하는 것이 불가능해진 국민들에게 일상 생활을 위한 거래에 대해서는 현금인출카드와 신용카드를 사용하도록 조치되었다.

평가절하. 2002년 1월 6일, 일요일에 에두아르도 두알데 대통령은 대통령령으로 아르헨티나 페소 환율을 1달러당 1.00에서 1.40으로 평가절하한다고 선포하였다. 그러나 경제적 고통은 계속되었다. 평가절하 2주일 후에도 은행은 여전히 폐쇄되어 있었다. 2002년 2월 3일, 정부는 도표 9.5에서 보는 바와 같이 아르헨티나 페소의 변동환율제 도입을 발표했다. 정부는 더 이상 환율을 고정시키거나 관리하는 시도를 하지 않고, 시장에서 환율이 정해지도록 만든 것이다.

아르헨티나 위기로부터의 교훈은 다소 복잡하다. 도입하는 시점부터 아르헨티나와 IMF는 통화위원회 체제가 위험한 전략이라는 점을 잘 알고 있었다. 그럼에도 불구하고, 오랜 기간 환율 불안정으로 고통받아 왔기 때문에 도입할만한 가치는 있었다. 최선의 노력을 기울였음에도 불구하고 자국의 통화시스템에 대한 모든 통제권을 포기하는 급진적으로 경직된 환율체제는 지속 가능하지 않음이 판명났다.

실무에서의 환율 예측

세상에는 은행이나 컨설팅회사가 제공하는 많은 환율 예측 서비스가 있다. 게다가 어떤 다국적 기업은 내부에 환율 예측 부서를 두고 있다. 예측은 주로 계량경제학 모형, 기술적 분석 등에 근거하지만, 직관, 심지어는 근거 없는 뻔뻔함으로 이루어지기도 한다.

도표 9.6은 예측기간, 환율체제에 따라 사용되는 다양한 환율 예측 방법을 정리하고 있다. (만약 우리 저자들이 환율을 제대로 예측할 수 있었더라면 교과서를 쓰고 있지는 않았을 것이라는 사실을 명심하라.) 어떤 예측 서비스가 비용을 지불할 가치가 있는지 여부는 예측 동기와 요구되는 정확성에 달려 있을 것이다. 예를 들어, 일본에 직접투자를 시작하거나 일본 엔으로 장기 자금을 조달하려는 다국적 기업에는 장기 예측이 필요할 것이다. 또는 일본 증권에 장기 분산투자를 하려는 포트폴리오 매니저도 마찬가지일 것이다. 예측기간이 장기일수록 더 부정확할 것이지만, 또한 예측의 정확성이 그렇게 심각한 문제가 되지는 않을 것이다.

외상매입금, 외상매출금 또는 3개월 후의 배당을 헤지할 목적이라면 단기 예측이 필요할 것이다. 이

도표 9.6 **환율 예측 방법**

예측기간	체제	권장 예측 방법
단기	고정환율제	1. 고정환율 유지 가정 2. 고정환율 붕괴 조짐 3. 자본 통제, 암시장 환율 4. 정부의 고정환율 유지 능력 지표 5. 공식 외환보유고의 변화
	변동환율제	1. 추세 포착을 위한 기술적 방법 2. 선물환 　(a) 30일 이하 : 무작위 행보 가정 　(b) 30~90일 : 선물환 3. 90~360일 : 기본적 분석과 추세를 결합 4. 물가 상승에 대한 기본적 분석 5. 환율 목표에 대한 정부 발표 6. 다른 국가와의 협력협정
장기	고정환율제	1. 기본적 분석 2. 국제수지 관리 3. 국내 물가 상승의 통제 능력 4. 시장 개입을 위한 경화보유고 창출 능력 5. 무역흑자 유지 능력
	변동환율제	1. 물가 상승률과 구매력평가(PPP) 2. 경제성장과 경제안정에 대한 지표 3. 장기 추세에 대한 기술적 분석, 최근 연구에 의하면 기술적 장기 파동의 예측 가능성이 있다.

경우, 경제의 장기 펀더멘털이 기술적 요인, 정부의 시장 개입, 뉴스, 시장참가자들의 심리만큼 중요해지는 않을 것이다. 환율 변동폭은 크지 않더라도 일일 변동성이 매우 높기 때문에 예측 정확성은 중요한 문제가 될 것이다.

환율 예측 서비스는 보통 장기 예측을 위한 경제 펀더멘털에 대한 분석에 근거하고 있으며, 단기 예측에서도 일정 부분은 장기 예측 모형을 활용한다. 단기 예측에 있어서는 기술적 분석에 근거하는 기관들도 있다. 싱관관계의 경제적 합리성에 대한 검토 없이 환율 변화와 상관관계를 가지고 있는 다른 여러 변수들에 근거하는 기관들도 있다.

이러한 예측들이 유용성과 수익성이 있을 가능성은 외환시장이 효율적인지 여부에 달려있다. 시장이 효율적일수록 환율은 '무작위 행보(random walk)'에 가까울 것이기 때문에 과거 가격 움직임은 미래에 대한 아무런 단서를 주지 못할 것이다. 시장이 비효율적일수록 예측이 맞을 가능성이 있으며, 적어도 단기적으로는 성립하는 변수 간의 관계를 찾을 수도 있을 것이다. 그러나 이러한 관계가 지속된다면, 누군가는 그것을 발견할 것이고, 이로부터 이익을 획득하려는 거래로 인해 환율이 변동함에 따라 시장은 효율적으로 바뀔 것이다.

기술적 분석

차트분석가(chartist)를 포함한 기술적 분석가(technical analyst)는 미래에도 지속될 것으로 기대되는 추세를 확인하기 위해 가격 데이터와 거래량 데이터에 집중한다. 기술적 분석에서 가장 중요한 요소는 미래 환율은 현재 환율에 기반한다는 믿음이다. 환율 움직임은 주가 움직임과 마찬가지로 세 기간으로 분류할 수 있다. (1) 무작위적으로 보이는 일일 움직임, (2) 수일에서 수개월에 달하는 추세를 형성하는 단기 움직임, (3) 장기 추세를 형성하는 장기 움직임 등이다. 변동환율제하에서 장기 파동(long-term wave)이 환율 예측력을 가진다는 최근 연구 결과에 따라 기술적 분석이 최근 새로이 인기를 끌고 있다.

예측기간이 장기일수록, 예측 정확도는 더 많이 떨어지는 경향이 있다. 장기예측은 환율 결정의 경제 펀더멘털에 근거하지만, 기업 니즈가 더 많은 중단기 예측은 이론적 근거 없이 예측되고 있다. 시계열기법(time series technique)을 이용해 이론이나 인과관계 없이 단순히 과거 자료로 미래를 예측하기도 한다. 경마에서처럼 예측가들은 펀더멘털과 기술적 분석을 자유롭게 결합하여 사용하고 있다. 글로벌 금융 실무 9.5는 3년 기간에 대해 한 권위 있는 기관의 환율 예측 정확성에 대한 분석을 보여준다.

예측에 있어서 교차환율 일관성

다국적 기업의 재무관리자는 영업을 하고 있는 국가들에 대한 환율 예측을 해야만 한다. 환율 예측은 헤지, 투자 의사결정뿐만 아니라 다국가 영업예산을 위해서도 필요하다. 해외 자회사 경영자의 성과는 다국가 영업예산을 근거하여 평가된다. 개별 환율 예측치로부터 교차환율을 계산하여 이들의 일관성을 체크하는 것도 환율 예측의 현실성을 확인하는 하나의 방법이 된다.

글로벌 금융 실무 9.5

JPMorgan Chase의 USD/EUR 예측

많은 기관들이 환율 예측 서비스를 제공하고 있다. JPMC(JPMorgan Chase)는 가장 권위 있고 널리 사용되는 서비스를 제공하는 기관 중의 하나이다. 2002~2005년 기간에 대한 JPMC의 90일 후 USD/EUR 현물환율 예측치의 정확성을 아래 도표에서 볼 수 있다. 도표에서는 실제 현물환과 JPMC의 환율 예측치를 보여주고 있다.

좋은 뉴스도 있고, 나쁜 뉴스도 있다. 좋은 뉴스는 JPMC가 2002년 5월과 11월에는 정확히 예측했다는 것이다. 그 이후에는 정확히 예측하지 못했다는 것이 나쁜 뉴스이다. 우려스러운 것은 잘못된 방향으로 예측했을 때이다. 예를 들어, 2004년 2월, JPMC는 현물환

이 현재 $1.27/€에서 $1.32/€로 갈 것이라고 예측했지만, 실제로는 달러가 강세를 보이면서 $1.19/€로 내려갔다. 예측과 실제치는 큰 차이를 보였다. 여기서 배울 수 있는 교훈은 예측기관이 전문적이고 권위 있으며, 과거에 잘 예측했을지라도 미래를 정확하게 예측하는 것은 여전히 도전적인 과제라는 것이다.

* 이 분석은 *The Economist* 기사에 나오는 분기 환율 데이터를 사용하였다. 환율 예측치는 *The Economist*에서 언급하고 있는 바와 같이 JPMC에서 제공한 것이다.

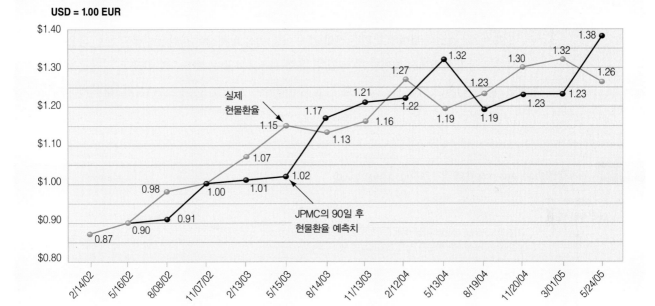

예측 : 무엇을 생각해야 하는가

다양한 이론과 기법이 존재함에도 불구하고, 미래 환율을 예측하는 것은 힘든 작업임이 명백하다. 우리의 생각과 경험을 종합하면 다음과 같다.

■ 수년간의 이론 연구와 실증 연구에 의한다면, 환율은 앞에서 서술한 펀더멘털 원칙과 이론에 부합하는 것처럼 보인다. 펀더멘털은 장기적으로 적용된다. 통화가치의 장기 균형 경로는 존재한다.

■ 또한 단기적으로는 무작위 사건, 기관 매매, 기술적 요소가 통화가치를 장기 균형 경로로부터 벗어

나게 만든다. 이러한 것들은 잡음(noise)이라 불린다. 장기 경로로부터의 이탈이 반복적으로 일어날 뿐만 아니라 상당한 기간 동안 지속되는 것도 명백하다.

도표 9.7은 이것을 한눈에 알 수 있게 해준다. 장기 균형 경로는 사후적으로는 잘 정의되지만, 단기적으로 항상 명확한 것은 아니다. 환율은 장기 경로부터 벗어나는 주기(cycle) 또는 파동(wave)을 가지고 있다.

만약 시장참가자들이 장기 균형에 대해서 동의하고, 시장은 안정될 것이라는 기대를 가지고 있다면, 통화가치는 장기 경로로 복원될 것이다. 그러나 여기에서 중요한 것은 통화가치가 장기 경로를 상회할 때, 대부분의 시장참가자들이 통화가치가 고평가되었다고 생각하고 해당 통화를 매도해야만 통화가치가 장기 경로로 복원된다는 것이다. 마찬가지로 통화가치가 장기 경로를 하회할 때, 대부분의 시장참가자들이 해당 통화를 매입해야만 통화가치가 장기 경로로 복원된다. 이것이 시장이 안정될 것이라는 기대가 의미하는 바이다. 시장참가자들이 장기 경로로부터의 이탈에 대해 지속적으로 매입과 매도를 함으로써 장기 경로로 복원시켜야 한다는 것이다.

도표 9.7의 점선이 보여주고 있는 바와 같이 어떤 이유로 시장이 불안정하게 된다면, 환율은 장기 경로로로부터 장기간 현저히 벗어날 수도 있다. 은행 시스템과 같은 인프라의 취약성, 경제적 행동을 촉발하는 정치 · 사회적 사건 등으로 인해 시장 불안정이 유발되지만, 그 근본 원인은 투기자의 매매와 시

도표 9.7 **단기 잡음(short-term noise) 대 장기 추세(long-term trend)**

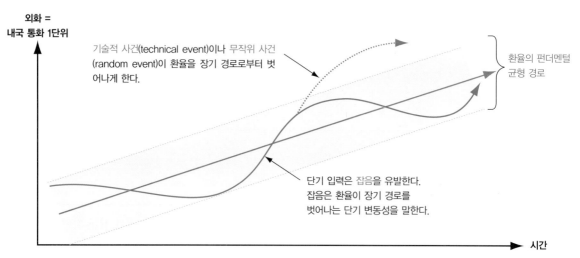

시장이 안정될 것이라는 기대를 가지고 있고, 통화가치를 장기 균형 경로로부터 벗어나게 하는 힘이 작용한다면, 시장참가자들은 통화가치가 장기 균형 경로로 복원하도록 매매할 것이다. 시장이 불안정해질 것이라는 기대를 가지고 있고, 통화가치를 장기 균형 경로로부터 벗어나게 하는 힘이 작용한다면, 시장참가자들은 즉각적으로 행동하지 않거나 통화가치를 장기 균형 경로로 복원할 수 있을 정도로 충분한 거래를 하지 않을 것이다. 그 결과, 통화가치가 장기 균형 결로로 복원되는 데 상당한 시일이 걸릴 것이다. 또는 새로운 장기 균형 경로를 형성하게 될 것이다.

장 비효율성에 있다.

환율 움직임 이해하기

환율 결정에 관한 여러 이론들이 명백하고 적절하지만, 외환시장에서는 이론에 크게 관심을 가지지 않는 것으로 보인다. 외환시장 참가자들은 이 책을 읽지 않는다! 문제는 어느 펀더멘털이 지금 시장을 움직이고 있는지 아는 게 어렵다는 데 있다.

환율 움직임에 대한 이해가 어려운 한 예가 오버슈팅(overshooting)이라고 알려진 현상이다. 달러와 유로 간의 현물환율이 도표 9.8에 나와있는 바와 같이 S_0이라고 하자. 미국연방준비위원회가 미국 달러 이자율 인하와 함께 팽창적 통화정책을 발표했다. 유로 이자율은 변하지 않아 새로운 현물환율은 이자율 차이를 반영하여 S_1이 되었다. 이러한 환율의 최초 반응은 명백한 경제적·정치적 사건에 대한 시장 반응의 전형적인 예이다. 그러므로, 유로 가치의 최초 변화는 이자율 차이에 근거하고 있다.

그러나 시간이 지나감에 따라 통화정책의 영향은 경제 전반에 미치게 된다. 물가가 중·장기적으로 변함에 따라 구매력평가(PPP)를 위해 현물환율은 S_1에서 S_2로 변하게 된다. S_1과 S_2 모두 시장에서 결정되었지만, 이들에는 다른 펀더멘털이 반영되어 있다. 따라서 최초 환율 S_1은 장기 균형 환율 S_2에 비해 오버슈팅이라 할 수 있다. 물론 이것은 사건과 시장 반응의 하나의 가능한 예이다. 외환시장에서는 매일, 매시간마다 새로운 뉴스가 들어오기 때문에 단기적으로 환율 움직임을 예측하기는 매우 어렵다. 도표 9.8에서 보는 바와 같이 장기적으로는 환율 결정의 펀더멘털로 복원한다.

도표 9.8 환율의 움직임 : 오버슈팅

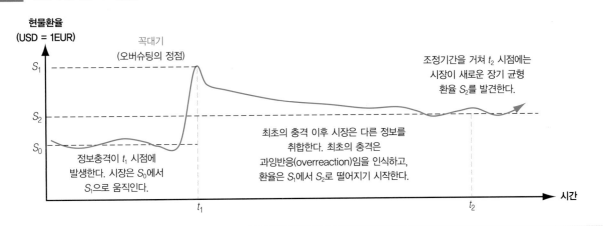

- 환율의 결정을 설명하는 세가지 접근법이 있다. 즉, 평가조건 접근법, 국제수지 접근법, 자산시장 접근법이다.
- 외환위기가 자주 일어나는 것을 보면 통화가치가 경제 펀더멘털에 얼마나 민감한지를 알 수 있을 뿐만 아니라 신흥시장 통화가 얼마나 취약한지를 알 수 있다.
- 외환시장 개입에는 직접 개입과 간접 개입이 있다. 직접 개입에서는 자국 통화를 직접 매입, 매도하고, 간접 개입에서는 이자율 조정 등과 같은 방법으로 자본 유출입 유인을 변화시킨다.
- 신흥시장 통화는 자주 환율 불균형을 경험해왔다. 과거 불균형의 주요 원인은 급격한 물가 상승이었지만, 최근에는 자본의 급격한 유출입이다.

- 환율 예측은 국제 경영의 중요한 업무 중의 하나이다. 국제 경영의 거의 모든 업무에 환율 예측이 적용된다.
- 실무에서는 환율의 단기 예측에서 시계열 추세와 현재 현물환율에 집중한다. 장기 예측에서는 국제수지, 물가 상승, 이자율, 구매력평가(PPP)와 같은 펀더멘털에 대한 분석이 요구된다.
- 단기적으로 무작위 사건, 기관 매매, 기술적 요인 등이 통화가치를 장기 균형 경로에서 벗어나게 만든다. 장기적으로는 환율 결정에 대한 펀더멘털 이론과 부합되는 장기 균형 경로를 따른다.

러시아 루블 룰렛[2]

러시아 루블(Russian ruble)은 1991년 페레스트로이카(Perestroika)로 러시아 경제가 개방된 이래 여러 번의 체제 변화를 경험해왔다.[3] 수년간 엄격한 자본 통제와 공식 환율에 대한 강한 통제를 해왔지만, 1998년 경제위기로 인해 관리변동환율제를 채용하게 되었다. 직접 개입과 간접 개입(이자율 정책)으로 2008년까지 루블은 놀라울 절도로 안정되었다. 그러나 이러한 상황은 2002년 미국에서 시작되어 러시아로 퍼진 글로벌 금융위기로 끝났다. 도표 A에서 보는 바와 같이 루블 가치에 대한 영향은 재앙이었다.

2008년 러시아 위기

루블의 가치를 방어하기 위해 러시아은행은 2008년 기간 중 외환보유고의 1/3에 해당하는 2,000억 달러를 소진하였다. 2009년 초에 시장은 안정되기 시작했지만, 러시아은행은 보다 효과적으로 루블을 관리하기 위해 보다 유연한 환율체제를 도입했다.

새로운 환율체제는 복수통화 변동환율 밴드(dual-currency floating rate band)였다. 복수통화 바스켓은 미국 달러(55%)와 유로(45%)였으며, 이에 대한 중심환율을 계산한다. 중심환

---

[3] 루블의 영어 철자에 대해서는 아직까지 통일된 의견이 없다. 북아메리카에서는 'ruble'을 사용하고, 유럽에서는 *Oxford English Dictionary*에서와 같이 'ruble'을 선호한다.

도표 A 러시아 루블 : 1995~2015년

러시아 무역과 투자에 대한 서방의 제재와 글로벌 유가의 붕괴는
루블의 가치를 신저점으로 가도록 만들었다.

2008~2009년 글로벌 금융위기는 루블 가치의
새로운 하락을 야기했다. 2009년 2월, 러시아은
행은 USD와 EUR 복수통화 변동환율 밴드를
설정하였다.

변동성이 높았던 시기에도 상대적으로
안정된 가치를 유지하는 가운데, 러시
아은행은 환율을 USD 1 = Ruble 32
로 보내기 위해 밴드를 확대했다.

2008년 러시아 경제
위기로 4주도 지나지
않아 USD 1 = Ruble
6에서 16으로 루블의
가치가 폭락했다.

통화 안정기에 관리 환율은 USD 1 = Ruble 30~35
수준을 유지하였다.

율 주변으로 **중립구간(neutral zone)**에서는 외환시장 개입이
없다. 최초의 중립구간은 중심환율로부터 1.00루블이었다.
중립구간 바깥에 시장 개입 **상한(upper band)**과 **하한(lower
band)**이 설정되었다.

 루블이 중립구간에 있으면 시장 개입은 없다. 그러나 루블
이 상한이나 하한을 치게 되면, 러시아은행은 루블 매입 개
입이나 루블 매도 개입을 하게 된다. 러시아은행은 하루에
7억 달러까지 루블 매입 개입을 하는 것이 허용되었다. 상한
이나 하한을 치게 되면 러시아은행은 밴드를 하루에 5코펙
(100코펙 = 1.00루블)만큼 확대하였다.[4]

 도표 B에서 알 수 있는 바와 같이 바스켓의 가치는 2009
년부터 2010년 초반까지 지속적으로 하락하였다. 이에 따라
복수통화 밴드는 지속적으로 낮아졌다. 그리고 2010년 후반
에 들어서면서 루블은 안정화되었다.

 루블을 국제통화로 성장시키고자 하는 프로그램의 일부

로 밴드의 크기는 시간이 지남에 따라 확대되어 왔다. 처음
에는 **변동 밴드**(도표 B의 상한과 하한의 범위)가 2루블이었
으나 최종적으로는 7루블까지 확대되었다.

 루블의 안정으로 2013년 10월에는 러시아은행이 중립구
간을 1루블에서 3.1루블로 확대한다고 발표했다. 2014년
1월, 러시아은행은 2015년 중에 일일 시장 개입을 중단하겠
다고 발표하였다. 그때까지 일일 시장 개입은 평균 6,000만
달러로 상당히 소규모였다. 그러나 루블이 밴드를 치게 되
면 러시아은행은 즉각적으로 시장 개입을 재개할 것임을 천
명했다.

 자유변동환율제를 도입한 것은 통화가치가 글로벌 경제
변화를 '흡수'할 수 있도록 하고, 중앙은행이 물가 상승 억제
에 집중하기 위함이었다. 러시아 물가 상승은 그때까지 상
당히 높은 수준이었으며, 더욱이 미국연방준비위원회도 물
가 상승 압력이 강해지면서 2008~2009년 금융위기로 인한

---

4 복수통화 변동환율제가 도입된 이래 일간 외환시장 개입 한도는 몇 번 축소되었다. 2014년 1월에는 3억 5,000만 달러로 축소되었다.

도표 B 러시아 루블의 변동밴드(2009년 1월~2014년 1월)

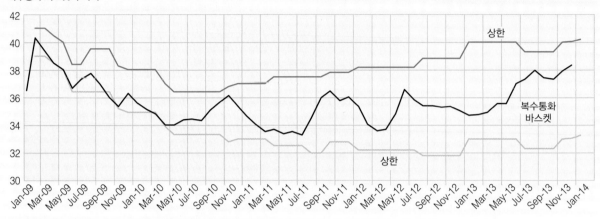

복수통화의 가치는 월평균 환율로 저자들이 계산하였다.

팽창적 통화정책을 중단하겠다고 발표한 상황이었다. 그러나 그때부터 환율체제 변경 계획을 실행하지 못하는 상황이 벌어지게 되었다.

2014년 서방의 제재와 유가

'외부 충격(external shock)'은 중앙은행이 가장 듣고 싶지 않아 하는 단어이다. 그러나 2014년 봄, 러시아 루블이 경험한 것은 정확히 외부충격이다. 2014년 3월 유럽연합, 미국 등 여러 서방국가들은 동 우크라이나에 대한 공격과 크림반도, 세바스토폴리 병합에 반대하며 러시아에 대해 정치적·경제적 제재를 가하게 된다. 이로 인해 러시아의 수출은 급감하였으며, 러시아에 대한 여러 개의 외국인 직접 투자 프로젝트가 중단된다.

그러나 외부충격은 제재만으로 그치지 않았다. 2014년 여름부터 원유 가격은 하락하기 시작했다. 석유는 러시아의 주요 수출품이었다. 국가, 정부, 기업 모두 석유에 크게 의존하고 있었으며, 석유 수출은 경제의 젖줄이었다. 석유에 대한 높은 의존 때문에 원자재 통화(commodity currency)라고까지 불리는 루블에 대한 압력이 거세졌다.

도표 C에서 볼 수 있는 바와 같이 2014년 가을, 루블의 하락세가 급해지기 시작했다. 경제 제재는 실제적인 비용이 되기 시작했고, 유가는 더 빨리 하락하고, 자본은 빠져나가기 시작했다. 러시아은행이 추산하기로 12월까지 1,300억 달러의 자본이 빠져나갔으며, 2015년에는 추가적으로 1,200억 달러가 빠져나갈 것으로 예상되었다. 나중에 '붉은 월요일(Red Monday)'로 불리는 12월 15일에는 루블 가치가 10% 이상 급락했다. 러시아은행은 즉각 은행 차입금리를 10.5%에서 17%, 다음 날에는 18%로 인상하였으나, 루블 하락세는 멈추지 않았다. 2014년 말까지 유가는 배럴당 50달러로 하락하였고, 러시아 루블은 1달러당 60루블에 거래되게 되었다.

이제 모든 신흥시장 통화에 대해 평가절하(devaluation) 또는 약세(depreciation)에 대한 염려가 고개 들기 시작했다. 이 국가들은 외채를 갚을 능력이 있는가? 2015년에만 러시아 정부와 기업의 달러와 유로로 표시된 경화 외채는 1,200만 달러로 추산되었다. 세계적 규모의 석유 회사를 포함하여 모든 종류의 러시아 기업은 국제시장에서 차입하는 데 제약이 가해졌다. 그래서 그들은 국내에서 차입하였으며, 그 결과 루블 부채의 규모는 급격하게 불어났다. 이것이 차

| 도표 C | 러시아 루블, 제재 그리고 유가(2014년 1월~2015년 1월) |

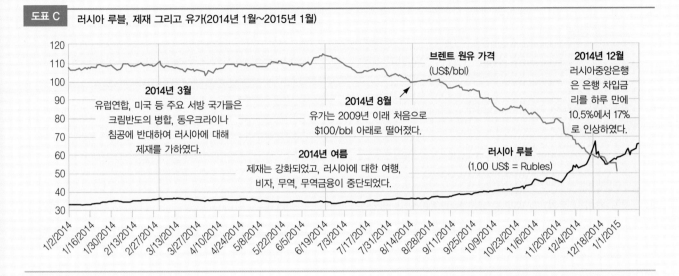

입자와 채권자에게 의미하는 바는 무엇이었을까?

러시아은행은 2009년 환율 체제로 되돌아가는 장기 전략을 계획하고 있었지만, 이제는 불탄 열차 잔해 같은 것이 되어버렸다. 루블 가치보다는 물가 상승 억제에 집중함으로써 러시아 경제의 장기 전망과 루블 가치를 개선시키겠다는 러시아은행의 이론은 유가가 $100/bbl이고 서방 국가들의 제재가 없는 세계에서는 경제적으로, 금융적으로 타당한 것이었다. 러시아은행의 많은 내부자들과 외부자들은 루블이 '신흥시장 통화'에서 외환보유고 구성 통화(reserve currency)로 갈 수 있는지 여부에 대해 의구심을 가지게 되었다.

사례 문제

1. 1991~2014년 동안 러시아 환율체제를 어떻게 분류할 수 있는가?

2. 환율변동 밴드의 설정은 투기자들에게 어떠한 기대를 하게 만드는가? 이러한 기대가 시장을 안정화시키는가, 불안정화시키는가?

3. 서방의 제재만으로 루블의 가치가 급락할 수 있는가? 아니면 유가의 급락이 루블의 가치 급락을 야기시켰는가?

질문

1. **환율 결정.** 환율 결정의 세 가지 이론 접근법은 무엇인가?

2. **PPP의 불완전성.** 환율 결정에 있어서 가장 널리 받아들여지는 이론은 PPP이다. 그러나 PPP의 미래 현물환율 예측력은 그렇게 강하지 않은 것으로 밝혀져 있다. 그 이유는 무엇인가?

3. **데이터와 국제수지 접근법.** 국제수지 통계는 신문, 기업에서 환율 예측에 많이 이용된다. 그러나 학계에서는 이에 대해 많은 비판을 한다. 그 이유는 무엇인가?

4. **수요와 공급.** 세 가지 주요 접근법 중 어느 것이 통화의 수요와 공급을 더 많이 강조하는가? 이 접근법의 주요 약점은 무엇인가?

5. **자산시장 접근법에서의 환율 예측.** 자산시장 접근법에서는 환율 예측을 어떻게 하는가? 자산시장 접근법이 환율을 예측하는 데 있어 국제수지 접근법과 다른 점은 무엇인가?

6. **거래자와 투자자.** 거래자(trader)와 투자자(investor)는 어떻게 구분하는가?

7. **금융분석.** 기술적 분석(technical analysis)과 기본적 분석(fundamental analysis)의 차이는 무엇인가?

8. **시장 개입의 동기.** 정부와 중앙은행이 외환시장 개입을 하는 이유는 무엇인가? 시장이 효율적이라면, 시장이 통화가치를 결정하도록 내버려두는 게 낫지 않을까?

9. **직접 개입의 유용성.** 어떤 경우에 직접 개입이 성공적일까? 언제 직접 개입의 성공 가능성이 떨어질까?

10. **자본 유입의 변동성.** 신흥시장에서 정부는 자본 유입의 변동성을 줄일 수 있는가?

11. **자본 통제.** 자본 통제는 외환시장 개입의 한 방법일까, 아니면 외환시장을 부정하는 것인가? 자본 통제는 '고정환율제–자본 이동의 자유–자주적인 통화정책의 불가능성(impossible trinity)' 개념과 어떻게 연결되는가?

12. **1997년 아시아 위기와 불균형.** 아시아 금융위기를 야기시킨 불균형 요인은 무엇인가? 이를 막을 방법이 있었다고 생각하는가?

13. **외환시장 개입의 동기.** 언제, 왜, 중앙은행은 외환시장 개입을 하는가?

14. **통화 위기.** 1998년 러시아 위기와 2002년 아르헨티나 위기를 비교하라.

15. **예측 조건.** 단기예측과 장기예측, 고정환율제하에서의 예측과 변동환율제하에서의 예측의 주요 차이는 무엇인가?

16. **물가 상승이 심한 국가.** 물가 상승이 심한 국가의 수출가격이 안정 통화로 호가되는 이유는 무엇인가?

17. **투기와 금융위기.** 통화 투기가 금융위기를 유발한 원인으로 많은 비판을 받았다. 극심한 투기가 금융위기를 유발한 사례 3개를 제시하라. 이 위기들의 원인으로 이야기되는 다른 요인들은 무엇인가?

18. **예측에 있어서 교차환율 일관성.** 다국적 기업에서 활용되는 '교차환율 일관성(cross-rate consistency)'의 의미를 설명하라. 다국적 기업은 실무에서 교차환율 일관성을 어떻게 확인하는가?

19. **안정 기대와 불안정 기대.** 안정 기대(stabilizing expectation)와 불안정 기대(destabilizing expectation)를 정의하라. 이들이 장기 환율의 결정에 어떠한 역할을 하는가?

20. **환율 예측 서비스.** 여러 개의 해외 자회사를 가지고 있는 다국적 기업은 영업의 확대, 축소를 계획하는 데 있어 환율 예측에 의존하고 있다. 미래 환율을 예측하고 분석하는 데 있어 기준은 무엇인가?

문제

1. **교차환율의 변동.** 2011년 1월 이집트혁명 이후 이집트 파운드(EGP)는 급격히 하락했다. 아랍에미리트 디르함(AED) 가치는 2011년 1월 25일, EGP1.5874/AED에서 2015년 5월 1일, EGP2.0803/AED로 급등하였다. 이집트 파운드는 몇 % 하락하였는가?

2. **신흥시장 통화.** 인도 루피(INR)는 세계에서 가장 활발하게 거래되는 20개 통화 중 하나이다. 그 가치는 영국 파운드(GBP)와 같은 주요 통화에 대해 하락하였다. 아래의 GBP/INR 도표를 이용해서 각 기간 중 영국 파운드에 대한 인도 루피의 환율 변화율을 계산하라.

    a. 1980~1985

    b. 1985~1990

c. 1990~1995

d. 1995~2000

e. 2000~2005

f. 2010~2015

g. 2010~2015

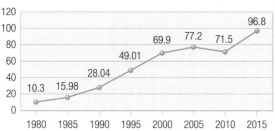

연도	ZAR/GBP
1961~1982	2
1982~1985	1.95
1985	2.99
1986~1988	3.47
1989~1993	4.51
1994	5.41
1999	9.07
2001	21.3
2002	13.85
2005	10.2
2008	17.82
2010	12.01
2015	18.27

3. **매 6년마다.** 멕시코는 매 6년마다 일어나는 두 가지 일(스페인어로 *cada seis años*)로 악명이 높다. 1976년, 1982년, 1988년, 1994년에 일어난 대통령 선거와 통화 평가절하(currency devaluation)가 그것이다. 가장 최근의 평가절하는 1994년 12월 20일에 이루어졌는데, 멕시코 페소(MXN)의 가치는 MXN5.08/GBP에서 MXN8.46/GBP으로 변하였다. 평가절하율은 얼마인가?

4. **남아프리카공화국 랜드(ZAR)에 무슨 일이?** 1961년 탄생 이래 남아프리카공화국 랜드(ZAR)는 정치적 · 경제적 상황에 따라 변화해왔다. 정치적 불안과 인종 차별로 많은 국가들이 남아프리카공화국 정부에 대해 제재를 함에 따라 남아프리카공화국 랜드는 점진적으로 하락하였다. 1994년에 최초의 원주민 정부가 권력을 장악할 때, ZAR/GBP는 5.41이었다. 9 · 11 테러 공격과 토지 개혁법으로 2002년에도 급격한 변동이 있었다. 글로벌 금융위기 때도 남아프리카공화국 랜드는 급격히 하락했다. 그 이후에도 남아프리카공화국 랜드는 하락했으며, 시장참가자들은 더 이상 이 통화를 가지고 싶어 하지 않는 것처럼 보인다. 이러한 이유로 남아프리카공화국 랜드는 세계에서 가장 과매도된 통화 중의 하나이다.

a. 통화 탄생부터 원주민 정부 수립 기간의 환율 하락율은 얼마인가?

b. 1994~2015년까지의 환율 변화율은 얼마인가?

5. **아르헨티나 페소의 고통.** 다음 쪽의 도표에서 알 수 있는 바와 같이 아르헨티나 페소는 2002년 1월 초반 수일 만에 고정환율 ARS1.00/$에서 ARS2.00/$로 움직였다. 변동성이 극심했던 짧은 기간이 지나고 난 후, 페소의 가치는 2.0~2.5페소 수준으로 안정화되었다. 2002년 3월 30일의 아르헨티나 페소 환율을 예측한다면, 도표의 정보를 어떻게 활용하겠는가? 평가절하(devaluation) 이후 자유변동환율제로 바뀌었음을 고려하라.

6. **은행 부도.** 2002년에 아르헨티나는 은행 부도 사태를 종결시키기 위해 몇 가지 대책을 실행하였다. 2002년 1월 변동환율제로 변경한 이후, 은행 예금인출 사태로 인해 환율은 ARS1.4464/GBP에서 2002년 12월 30일 5.3629로 변동하였다. 페소의 평가절하율은 얼마인가?

7. **한국 원.** 환율은 2014년 5월 977.30KRW/JPY에서 2015년 5월 11.1710으로 변동하였다. 원화의 환율 변동율은 얼마인가?

문제 5.

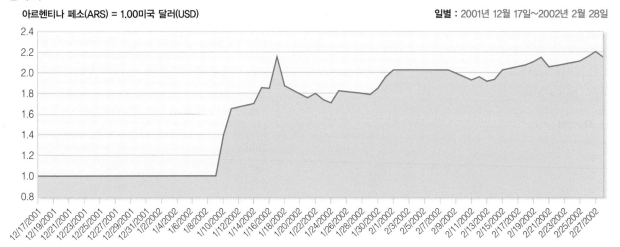

아르헨티나 페소(ARS) = 1.00미국 달러(USD)　　　　　　일별 : 2001년 12월 17일~2002년 2월 28일

2015년 러시아 루블(RUB)/스위스 프랑(CHF) 교차환율

스위스는 오랜 기간 은행 보수주의의 초석이었으며, 세계 통화 폭풍 중에도 안전 항구였다. 스위스은행은 전 세계 투자자들의 부를 익명으로 유지해주는 안정된 금융기관이었다. 안전의 주요 부분은 스위스 프랑의 그 자체의 안정성에 있었다. 러시아 내부 또는 외부(유럽연합과 미국)의 정치로부터 자신들의 부를 보호하기 위해 러시아 부호들은 최근에 스위스은행을 더욱 많이 이용하게 되었다. 그러나 2014년 러시아 루블의 가치가 스위스 프랑에 대해 하락하기 시작하면서 그들의 부는 위협받게 되었다. 아래의 도표를 이용해서 문제 8~9에 답하라.

환율	2013년 11월 7일	2014년 11월 7일	2014년 12월 4일	2014년 12월 16일	2014년 12월 24일	2015년 1월 16일
RUB/CHF	35.286	48.252	56.249	70.285	55.362	76.639
RUB/USD	32.408	46.730	54.416	67.509	54.619	65.071
USD/CHF	1.0888	1.0326	1.0337	1.0411	1.0136	1.1778

8. **미하일 호도르콥스키의 딜레마.** 미하일 호도르콥스키는 소련의 붕괴와 함께 1990년대 중반에 수십억 달러의 자산을 축적한 악명 높은 러시아 재벌 중의 하나이다. 그러나 2003년 정부에 의해 10년간 수감되었다. 2013년 출감하면서 그는 돈과 함께 스위스로 이주하였다.

　2014년 11월, 미하일은 스위스은행에 2억 달러, 1억 5,000만 스위스 프랑 그리고 러시아은행에 12억 러시아 루블의 계좌를 가지고 있었다. 표의 환율을 이용해

서 다음에 답하라.

　a. 러시아 루블로 측정한 포트폴리오 가치는 얼마인가?

　b. 스위스 프랑으로 측정한 포트폴리오 가치는 얼마인가?

　c. 미국 달러로 측정한 포트폴리오 가치는 얼마인가?

　d. 어떤 통화로 측정할 때 6일간 가치 변동이 가장 큰가?

9. **교차환율.** 2015년 5월 1일, 엔/달러 환율과 유로/달러 환율은 120.15엔과 0.8929유로였다. 유로/엔 교차환율

문제 8과 문제 9.

러시아 루블은 스위스 프랑에 대해 급락(1.00CHF = RUB, 2014년 11월~2015년 1월)

러시아 루블은 수년간 32~34 RUB/CHF에 거래되었다.

러시아중앙은행 외환보유고 부족 뉴스로 루블이 급락

스위스중앙은행이 유로에 대한 하한을 포기함에 따라 외환시장에 충격을 주었다. 스위스 프랑은 루블을 포함한 모든 통화에 대해 강세를 보였다.

러시아에 대한 서방 국가들의 제재로 2014년 중반에 환율은 40 RUB/CHF 이상으로 치솟았다. 2014년 후반에는 유가의 하락으로 환율은 더 상승한다.

은 얼마인가?

10. **BP와 Rosneft 2015.** 영국의 BP와 러시아의 Rosneft는 2013년에 합작투자를 청산하기로 하였다. Rosneft는 BP에 550억 달러 현금과 자신의 지분 20%를 제공하고 합작법인의 지분을 인수함으로써 이루어졌다. Rosneft는 차입을 통해 인수 자금을 마련하였다. 다음 해인 2014년 7월 BP는 Rosneft 지분에 대한 배당으로 240억 루블을 수취하였다.

그러나 이후 Rosneft의 실적은 러시아 루블이 떨어지는 것처럼 계속 떨어졌다. 2014~2015년 유럽의 겨울은 상대적으로 따뜻해서 천연가스의 가격도, Rosneft의 천연가스 매출량도 떨어졌다. 위의 도표에서 볼 수 있는 바와 같이 루블도 떨어지고 Rosneft의 매출액도 격심하게 떨어졌다. 상처를 덧내듯이 Rosneft는 2015년에 인수를 위해 차입한 195억 달러를 상환해야만 했다.

a. 2004년 7월 현물환율이 RUB34.78 = USD1.00이라면 BP가 수취한 배당은 미국 달러로 얼마인가?

b. 2015년 7월 동일 루블 금액의 배당을 지급해야 하고, 현물환율이 RUB75 = USD1.00이라면 BP가 수취할 수 있는 배당은 미국 달러로 얼마인가?

c. 러시아에 대한 서방의 제대와 유가 하락을 고려하고, 현물환율이 RUB75 = USD1.00이라면 BP가 수취할 수 있는 배당은 미국 달러로 얼마가 될 것으로 추산되는가? (b)의 답보다 증가하는가, 감소하는가?

11. **현재의 현물환율.** 현재의 현물환율을 교차환율로 계산하라.

a. JPY/USD 현물환율

b. JPY/AUD 현물환율

c. AUD/USD 현물환율

12. **PPP에 의한 예측.** PPP가 성립하고, 소비자물가지수의 변화율이 기대 물가상승률의 좋은 예측치라고 가정하자. 다음의 현물환율을 예측하라.

a. 1년 후 JPY/USD 현물환율

b. 1년 후 JPY/AUD 현물환율

c. 1년 후 AUD/USD 현물환율

환태평양 피라미드(호주, 일본, 미국) 예측하기

문제 11~15에 답하기 위해 2007년 10월 20일에 *The Economist*에 게재된 표 안의 경제, 금융, 지표를 이용하라.

환태평양 피라미드(호주, 일본, 미국) 예측하기

| 국가 | 국내총생산 | | | | 산업생산 | 실업률 |
	전분기 대비	전년 대비*	예측 2007년	예측 2008년	전분기 대비	최근
호주	4.3%	3.8%	4.1%	3.5%	4.6%	4.2%
일본	1.6%	-1.2%	2.0%	1.9%	4.3%	3.8%
미국	1.9%	3.8%	2.0%	2.2%	1.9%	4.7%

| 국가 | 소비자 물가지수 | | | 이자율 | |
	전년 대비	전분기 대비	예측 2007년	3개월	1년 정부채
호주	4.0%	2.1%	2.4%	6.90%	6.23%
일본	0.9%	-0.2%	0.0%	0.73%	1.65%
미국	2.1%	2.8%	2.8%	4.72%	4.54%

| 국가 | 무역수지 | 경상수지 | | 환율(1US$당) | |
	최근 1년간 (십억 달러)	최근 1년간 (십억 달러)	예측 2007년 (GDP 대비 %)	10월 17일	1년 전
호주	-13.0	-$47.0	-5.7%	1.12	1.33
일본	98.1	$197.5	4.6%	117	119
미국	-810.7	-$793.2	-5.6%	1.00	1.00

출처 : 2007년 10월 20일 *The Economist*에서 데이터 추출. 특별한 언급이 없으면 퍼센트는 1년 변화율

13. **국제피셔효과(International Fisher Effect)에 의한 예측.** 국제피셔효과가 성립된다고 가정하자. 정부채 수익률을 이용해서 미래 현물환율을 예측하라.
    a. 1년 후 JPY/USD 현물환율
    b. 1년 후 JPY/AUD 현물환율
    c. 1년 후 AUD/USD 현물환율

14. **내재 실질 이자율.** 정부채 수익률을 명목 이자율로 이용하고, 현재의 소비자물가지수 변화율을 기대 물가상승률로 이용한다면, 각국의 내재 실질 이자율은 무엇인가?
    a. AUD '실질' 이자율

    b. JPY '실질' 이자율
    c. USD '실질' 이자율

15. **선물환율.** 표에 나와있는 현물환율과 3개월 이자율을 이용해서 90일 선물환율을 계산하라.
    a. JPY/USD 선물환율
    b. JPY/AUD 선물환율
    c. AUD/USD 선물환율

16. **실질 경제 활동과 고통.** 각 국가의 고통지수(Misery Index = 실업률 + 물가상승률)을 계산하라. 그리고 이 자율 차이와 같이 이용하여 1년 후의 현물환율을 예측

하라.

  a. 1년 후 JPY/USD 현물환율

  b. 1년 후 JPY/AUD 현물환율

  c. 1년 후 AUD/USD 현물환율

17. **유로/파운드 환율.** 유로/파운드 환율은 최근 상당한 변동을 하였다. 아래 도표를 이용해서 다음 기간의 유로

환율의 변동률을 추정하라.

  a. 2004년 1월~2005년 1월

  b. 2007년 1월~2008년 1월

  c. 2011년 1월~2012년 1월

  d. 2013년 1월~2014년 1월

  e. 2014년 1월~2015년 1월

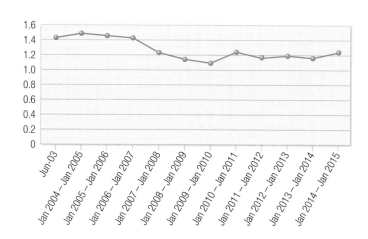

인터넷 문제

1. **Financial Forecast Center.** Financial Forecast Center는 기업 경영에 활용할 수 있는 다양한 환율과 이자율 예측치를 제공한다.

  Financial Forecast Center   www.forecasts.org/index.htm

2. **IMF 환율.** IMF는 환율 자료를 온라인으로 제공한다.

  IMF Exchange rates   www.imf.org/external/np/fin/ert/GUI/Pages/CountryDataBase.aspx

3. **최근 경제, 금융 데이터.** 이 장에서 제시한 환율 예측에 대한 모든 접근법을 위한 최근 경제, 금융 데이터를 웹사이트에서 구할 수 있다.

  Economist.com   www.economist.com/markets-data
  FT.com   www.ft.com
  EconEdLink   www.econedlink.org/economic-resources/focus-on-economic-data.php

4. **OzForex 주간 코멘트.** OzForex Foreign Exchange Services

의 웹사이트는 최근 시장을 움직인 정치적 · 경제적 요인과 사건에 대한 주간 코멘트를 제공한다. 이 웹사이트를 이용해 그들이 향후 달러, 엔, 유로에 어떤 일이 일어날지 예측하고 있는지 살펴보자.

  OzForex   www.ozforex.com.au/news-commentary/weekly

5. **환율, 이자율과 글로벌 시장.** 시장 데이터는 때때로 주체할 수 없을 정도로 넘쳐흐른다. 다음의 Bloomberg 시장 페이지를 이용해서 글로벌 시장 데이터를 정리해보자.

  Bloomberg Financial News   www.bloomberg.com/markets

6. **캐나다은행(Banque Canada)과 캐나다 달러 선물환율.** 다음 웹사이트에서 바하마 달러와 브라질 헤알에 대한 캐나다 달러의 최근 현물환율과 선물환율 호가를 찾아보자.

  Banque Canada   www.bankofcanada.ca/rates/exchange

환노출

거래 환노출

사람에게는 투기를 하지 말아야 할 때가 두 번 있다. 한 번은 투기를 할 여유가 없을 때이고 다른 한 번은 투기를 할 여유가 있을 때이다.

– "Following the Equator, Pudd'nhead Wilson's New Calendar," Mark Twain

학습목표

- 기업에 나타나는 세 가지 주요 환노출 유형을 구분한다.
- 거래 환노출 헤지에 대한 장단점을 이해한다.
- 기업이 거래 환노출을 관리하는 데 활용할 수 있는 대안들을 검토한다.
- 환위험관리의 제도적 관행과 이와 관련된 문제점을 파악한다.
- 외환헤지를 심도 있게 탐색한다.

환노출은 환율변동으로 인해 기업의 수익성, 현금흐름 그리고 시장가치가 변동할 가능성을 나타내는 척도이다. 재무담당자의 중요한 임무 중의 하나는 환노출을 측정하고 그것을 관리해 기업의 수익성, 순현금흐름 그리고 시장가치를 극대화시키는 것이다. 이 장에서는 기업의 회계적 환노출의 한 유형인 거래 환노출에 대하여 살펴본다. 이어지는 장들에서는 회계 환노출의 또 다른 유형인 환산 환노출 그리고 영업 환노출에 대해서 살펴본다. 그리고 China Noah Corporation의 사례를 통해 중국 기업의 통화 헤지 사례를 분석해보는 것으로 이 장을 마무리한다.

환노출의 유형

환율이 변동하면 기업에 어떤 일이 일어나겠는가? 기업의 환노출은 두 가지 범주로 구분할 수 있다. 하나는 회계에 기초한 것이고 다른 하나는 경제적 경쟁력에 기초한 것이다. 회계적 환노출은 거래 환노출과 환산 환노출로 구분되는데, 이는 외화로 표기된 계약(contract)과 계정(account) 때문에 발생한다.

경제적 환노출은(이하 영업 환노출이라 부르기로 한다) 환율에 의해 글로벌 경쟁력이 변화함으로써 나타나는 기업가치의 잠재적인 변화이다. 도표 10.1은 환노출의 세 가지 유형인 거래 환노출, 환산 환노출, 영업 환노출을 도표로 보여주고 있다.[1]

■ 거래 환노출(transaction exposure)은 환율변동 전에 체결되고, 환율변동 후에도 지속될 재무적 계약에서 환율이 변동하는 경우 발생할 수 있는 가치의 변동으로 측정한다. 따라서 거래 환노출은 계약상의 의무로부터 발생하는 현금흐름의 변동을 나타낸다.

■ 환산 환노출(translation exposure)은 연결재무제표를 작성하기 위해 외화로 표시된 해외 종속회사의 재무제표를 단일의 보고통화로 '환산'하는 과정에서 회계적으로 나타나는 소유자 지분의 변동 가능성이다.

■ 영업 환노출(operating exposure)은 경제적 환노출, 경쟁적 환노출 또는 전략적 환노출로도 불리는데, 예상하지 못한 환율변동으로 인해 기업의 미래 현금흐름이 변동함으로써 나타나는 기업 현재가치의

도표 10.1 **기업의 환노출**

	거래 환노출		**경제적/영업 환노출**
실현된 환노출	수취계정이나 지급계정과 같이 인식 가능한 계약의 기록되는 금액의 변화. 소득이나 세금에서 환이익이나 환손실로 실현됨	→ 단기, 중기, 장기 변화	예상하지 못한 환율변동으로 인한 기업의 미래 기대 현금흐름의 변화. 기업의 미래 기대 현금흐름 변화는 환율변동에 대한 경쟁자의 반응은 물론이고 이미 실현된 매출, 이익, 현금흐름의 변화로부터도 발생함

————————————————————————————————→ 시간

	환산 환노출
미실현된 환노출	기업이 주기적으로 보고하는 기업의 통합가치 변화. 현금흐름이나 글로벌 납세의무에 변화를 가져오지 않음. 단지 시장에 보고되는(상장기업의 경우) 통합된 재무 결과의 변화로 실현되지 않은 것임. '회계적 환노출'로 불리기도 함

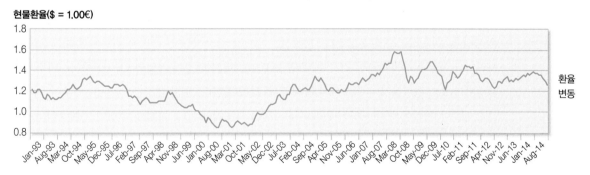

현물환율($ = 1.00€)

환율 변동

---

[1] 역주 : 환노출의 분류에서 경제적 환노출과 영업 환노출을 동일한 개념으로 정의하는 것은 오해의 소지가 있을 수 있다. 환노출을 분류하고 이를 정의하고자 한 기존의 연구 중에는 환율변동의 영향 중에 회계적으로 측정 가능한 영향을 회계적 환노출로 정의하고, 회계직으로 측정할 수는 없지만 기업의 경영에 영향을 주는 나머지 부분을 영업 환노출로 정의한 후에 회계적 환노출과 영업 환노출을 합한 환율변동에 의한 영향 전체를 경제적 환노출로 정의하는 연구도 있다.

변동으로 측정한다. 기업가치의 변동은 미래의 매출 가격, 수량 그리고 생산원가에 미치는 영향에 의해 결정된다.

거래 환노출과 영업 환노출은 모두 예상하지 못한 미래 현금흐름의 변화 때문에 발생한다. 그러나 거래 환노출은 이미 체결된 계약으로부터의 미래 현금흐름에 관한 것이고, 영업 환노출은 환율변동이 초래한 국제 경쟁력의 변화로 인한 기대(확정되지 않은) 미래 현금흐름의 변화에 초점을 둔다.

헤지는 왜 하는가

다국적 기업(MNE)에는 환율, 이자율, 상품가격 등의 변동에 민감한 현금흐름이 있다. 제10, 11, 12장은 환율변동에 대한 기업가치와 기업의 미래 현금흐름의 민감도에 초점을 두고 있다. 우선 환위험은 관리되어야 하는지에 대한 문제부터 검토해보자.

헤징의 정의

기업들은 환노출을 헤징을 통해 관리하고자 한다. 헤징은 자신의 노출 포지션의 가치가 상승(또는 하락)할 때 포지션의 가치가 하락(또는 상승)하도록 자산, 계약 또는 파생상품의 포지션을 취하는 것이다. 헤징은 보유하고 있는 자산으로부터 손실을 막아준다. 그러나 헤징은 헤지된 자산의 가치가 상승하는 경우 이익을 얻을 수 있는 기회 역시 차단한다. 그렇다면 헤지로부터 얻는 이득은 무엇일까?

재무이론에 따르면, 기업의 가치는 모든 미래 기대 현금흐름의 현재가치이다. 기대라는 말 속에는 미래가 확실하지 않다는 의미가 반영되어 있다. 만일 보고통화로 표시한 현금흐름의 가치가 환율의 변동에 따라 변동한다면 환노출을 헤지한 기업의 미래 기대 현금흐름의 변동성은 감소한다. 그러므로 환위험은 예상하지 못한 환율변동에 의한 미래 현금흐름의 변동성이라고 정의할 수 있다.

도표 10.2는 기업의 기대 순현금흐름의 분포를 나타낸 것이다. 현금흐름을 헤징하는 경우 현금흐름은 평균을 중심으로 좁게 분포된다. 환헤지는 위험을 감소시킨다. 그러나 위험의 감소가 가치를 증가시키거나 이득을 증가시키는 것은 아니다. 도표 10.2에서 헤징이 기업의 가치를 증가시키기 위해서는 헤징이 분포의 평균을 오른쪽으로 이동시킬 수 있어야 한다. 사실 헤징은 '공짜'로 이루어지는 것이 아니기 때문에 기업이 헤지를 하기 위해서는 자원을 사용해야 한다. 따라서 헤징이 기대수익의 관점에서 기업의 가치를 증가시키기 위해서는 헤징으로 인한 평균의 우측 이동이 헤징 비용을 보상하고 남을 만큼 충분히 커야 한다.

헤징에 관한 찬반양론

현금흐름의 변동성 감소로 환위험관리 이유를 충분히 설명할 수 있을까?

찬성론. 헤징을 지지하는 사람들의 논리는 다음과 같다.

■ 미래 현금흐름의 위험 감소는 기업의 기획력을 향상시킨다. 기업의 미래 현금흐름을 보다 정확하

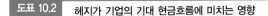

| 도표 10.2 | 헤지가 기업의 기대 현금흐름에 미치는 영향 |

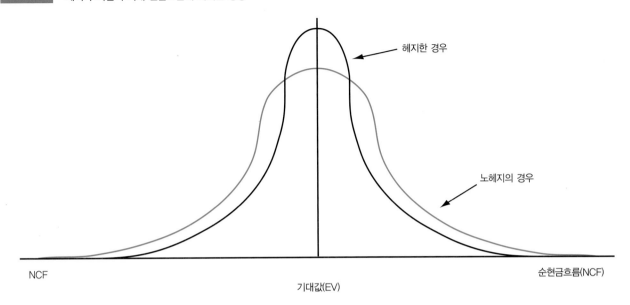

헤징은 기대 현금흐름의 평균으로부터의 변동성을 감소시킨다.
이와 같은 분포에서 변동성 감소는 곧 위험의 감소이다.

게 예측할 수 있다면 기업은 그렇지 않은 경우에 비해 투자나 영업활동에서 보다 구체적인 계획이 가능할 수 있다.

■ 미래 현금흐름의 위험 감소는 기업의 현금흐름이 부채상환능력 유지에 필요한 수준 아래로 떨어질 가능성을 감소시켜 준다. 이 최소한의 현금흐름 수준은 재무적 곤경 지점(financial distress point)이라고도 불리며 기대 현금흐름 분포의 왼쪽에 위치한다. 헤징은 기업의 현금흐름이 이 수준 이하로 떨어질 가능성을 감소시킨다.

■ 경영진은 개별 투자자에 비해 기업의 실질적인 환위험을 파악하는 것이 용이하다. 경영진은 기업이 공개하는 정보의 수준과 관계없이 항상 실질적 위험을 파악하는 데 필요한 정보의 폭과 깊이의 측면에서 개별 투자자보다 유리하다.

■ 시장은 예기치 못한 외적 충격(석유 파동이나 전쟁과 같은)은 물론이고 구조적·제도적 불완전으로 인해 불균형 상태에 있는 것이 일반적이다. 경영진은 일반 주주에 비해 불균형 조건을 이해하고 선택적 헤징을 통해 기업의 가치를 증가시킬 수 있다. 선택적 헤징은 예외적인 환노출에 한해 헤지를 하거나, 미래 환율변동에 대한 예측에 기반해 헤징을 수행하는 헤징 방법이다.

반대론. 헤징을 반대하는 사람들의 논리는 다음과 같다.

■ 주주는 기업의 경영진에 비해 환위험을 더 잘 분산시킬 수 있다. 만일 주주가 특정 기업의 환위험

을 부담하고 싶지 않다면, 자신의 선호와 위험에 대한 투자성향을 반영한 분산투자를 통하여 위험을 관리할 수 있다.

■ 환헤지가 기업의 기대 현금흐름을 증가시키지는 않는다. 환위험관리를 위해서는 기업의 자원을 사용하여야 하기 때문에 현금흐름을 감소시킨다. 기업가치에 미치는 효과는 현금흐름의 감소(기업가치 감소)와 위험의 감소(기업가치 증가)가 결합된 결과이다.

■ 경영진은 종종 주주의 비용으로 경영진의 이익을 도모하기 위해 헤징을 하기도 한다. 재무분야의 대리인 이론에서는 일반적으로 경영진이 주주보다 더 위험 회피적이라고 주장한다.

■ 경영자가 시장을 이길 수는 없다. 시장이 평가 조건을 기준으로 균형 상태에 있다면 헤징의 기대 순현재가치는 0이다.

■ 경영진이 변동성을 감소시키려는 동기는 종종 회계적인 이유 때문일 수 있다. 경영진은 높은 헤징비용보다도 외환손실에 대해 더 큰 비판을 받을 수 있다고 생각할 수 있다. 외환손실은 포괄손익계산서의 눈에 잘 띄는 곳이나 주석에 기재된다. 그러나 헤지에 들어가는 높은 비용은 영업비용이나 이자비용에 포함되어 직접 나타나지 않는다.

■ 효율적 시장론자들은 투자자들이 회계정보에 대해 정확한 분석을 하고 있기 때문에 외환이 기업가치에 미치는 영향도 잘 파악하고 있다고 믿는다. 헤징은 단지 비용을 추가할 뿐이다.

기업들은 결국 자신들이 헤지를 하고자 하는지, 왜 하려고 하는지, 어떻게 할 것인지를 결정한다. 그러나 글로벌 금융 실무 10.1에서 보는 바와 같이 헤지에 대한 결정은 종종 더 많은 질문과 더 많은 회의를 불러오곤 한다.

거래 환노출의 측정

거래 환노출은 조건이 외화로 설정되어 있는 재무적 채무가 청산될 때 발생하는 이득이나 손실로 측정

글로벌 금융 실무 10.1

헤징과 독일 자동차 산업

독일의 유명 자동차 제조사들은 세계적으로 잘 알려져 있는 환헤지 지지자들이다. BMW, 메르세데스, 포르쉐 그리고 포르쉐를 소유하고 있는 폭스바겐은 여러 해 동안 그들의 외화표시 이익을 적극적으로 헤지해오고 있다. 그들은 유로존에서 생산을 하지만, 달러, 엔 또는 다른 (비유로존) 통화를 사용하는 시장에서 판매가 증가하는 구조적 노출을 관리하기 위해 헤지를 해오고 있다.

그러나 헤지를 하는 방법은 기업별로 상당한 차이가 있다. BMW 같은 회사는 '이익을 지키기 위해' 헤지를 하는 것이며, 투기를 하지 않는다는 점을 분명하게 밝히고 있다. 그러나 포르쉐와 폭스바겐은 한때

이익의 40%를 '헤지'로부터 창출하기도 하였다.

돈을 버는 헤지는 규제나 감사를 담당하는 사람이나 전 세계의 투자자들에게 어려운 질문을 던지고 있다. 헤지를 어떻게 정의해야 하는가? 헤지는 '이익'이 아닌 '비용'만을 의미해야 하는가? 이와 같은 문제들은 2008년 금융위기 이후 미국과 유럽에서 여러 가지 새로운 규제를 실행하는 데 걸림돌이 되었다. 예를 들어, 공개기업인 한 자동차 제조회사가 헤징으로부터 지속적으로 이익을 얻을 수 있다면 그 기업의 핵심 역량은 자동차의 조립 및 제조라고 보아야 하는가, 아니면 환율변동에 대한 헤징/투기로 보아야 할 것인가?

한다. 거래 환노출은 다음에 열거하는 것들 중 하나에 해당되는 경우 발생한다.

1. 가격이 외국 통화로 표시된 재화나 서비스를 신용으로, 즉 미결산계정(open account)으로 구입 또는 판매하는 경우
2. 외국 통화로 상환이 이루어져야 하는 차입 또는 대출이 있는 경우
3. 만기가 도래하지 않은 선물환 계약의 당사자인 경우
4. 그 밖에 외화로 표시된 자산을 취득하거나 채무를 부담하게 된 경우

거래 환노출이 발생하는 가장 일반적인 예는 기업이 외화로 표시된 매출채권이나 지급계정을 보유하는 것이다. 도표 10.3은 거래 환노출의 발생 과정을 설명하고 있다. 전체 거래 환노출은 견적 환노출(quotation exposure), 수주 환노출(backlog exposure) 그리고 청구 환노출(billing exposure)로 구성된다.

거래 환노출은 매도자가 잠재적 고객에게 외화로 가격을 제시하는 순간 생성된다(t_1). 가격 제시는 전화를 이용하는 것과 같이 구두로 이루어질 수도 있으며, 인쇄된 가격표를 제시하는 방법으로 이루어질 수도 있다. 이것이 견적 환노출이다. 주문이 이루어지면(t_2), 견적 시점(t_1)에서 이루어진 잠재적 환노출은 실질적인 환노출로 전환되는데, 아직 물품이 선적되거나 대금이 청구된 것은 아니기 때문에 수주 환노출 상태가 된다. 수주 환노출은 물품이 선적되고 대금이 청구될 때까지(t_3) 지속된다. 물품이 선적되어 대금이 청구되면(t_3), 환노출은 청구 환노출이 되며 이는 매도자가 대금을 수취할 때까지(t_4) 지속된다.

미결산계정으로 구매 또는 판매. 미국 기업인 Ganado Corporation은 벨기에의 구매자에게 1,800,000유로에 상당하는 물품을 사후 결제방식으로 판매하고 대금은 60일 후에 결제하기로 하였다. 판매 시점의 현물환율이 \$1.1200/€라 매도자는 수취할 대금이 €1,800,000 × \$1.1200/€ = \$2,016,000일 것으로

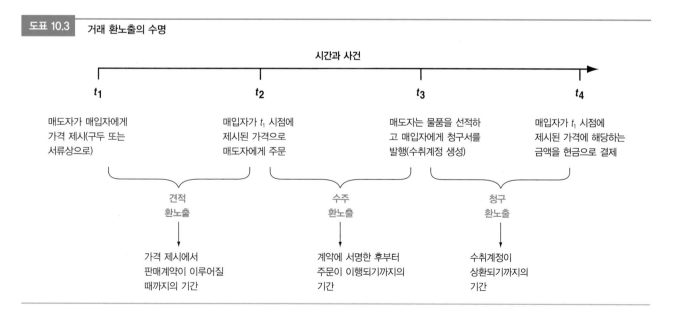

도표 10.3 거래 환노출의 수명

시간과 사건

| t_1 | t_2 | t_3 | t_4 |

매도자가 매입자에게 가격 제시(구두 또는 서류상으로)

매입자가 t_1 시점에 제시된 가격으로 매도자에게 주문

매도자는 물품을 선적하고 매입자에게 청구서를 발행(수취계정 생성)

매입자가 t_1 시점에 제시된 가격에 해당하는 금액을 현금으로 결제

견적 환노출

수주 환노출

청구 환노출

가격 제시에서 판매계약이 이루어질 때까지의 기간

계약에 서명한 후부터 주문이 이행되기까지의 기간

수취계정이 상환되기까지의 기간

예상하였다. 2,016,000달러는 판매대금으로 기업의 장부에 기재된다. 회계에서는 외환 거래를 거래가 발생한 날의 현물환율에 입각해 기재하도록 규정하고 있다.

Ganado Corporation의 거래 환노출은 기록해놓은 금액인 2,016,000달러와 다른 금액을 수취할 위험 때문에 발생한다. 예를 들어, 대금을 수취하는 시점에 유로화가 약세가 되어 환율이 $1.1000/€가 된다면 미국의 판매상은 €1,800,000 × $1.100/€, 즉 1,980,000달러를 수령하게 되어 판매 시의 기대한 금액보다 약 36,000달러를 덜 받게 된다.

$$거래정산 : €1,800,000 \times \$1.1000/€ \qquad = \$1,980,000$$
$$거래 기록금액 : €1,800,000 \times \$1.1200/€ \qquad = \$2,016,000$$
$$외환이익(손실) \qquad = (\$36,000)$$

그러나 유로화가 강세가 되어 환율이 $1.3000/€가 된다면 Ganado는 2,340,000달러를 수취하게 되어 예상했던 금액보다 324,000달러를 더 받는다. 결국 Ganado의 환노출은 달러화 수취 대금이 기장된 판매 대금에 비해 감소하거나 증가할 가능성이다.

Ganado는 벨기에 수입상과의 거래에서 미국 달러화로 송장을 작성함으로써 거래 환노출을 피할 수 있다. 물론 이 미국회사가 미국 달러화로만 판매하기로 고집한다면 판매의 기회는 줄어들 수 있다. 벨기에의 수입상이 달러화를 지급하는 데 동의한다 해도 거래 환노출이 사라지는 것은 아니다. 다만 거래 환노출이 벨기에의 수입상에게로 이전되어, 벨기에 수입상이 지급해야 할 달러 금액이 이후 60일 동안 결정되지 않고 남아있게 되는 것이다.

차입과 대출. 거래 환노출의 두 번째 예는 금액이 외화로 표시된 자금을 차입하거나 대출하는 경우이다. 예를 들어, 1994년에 미국 이외 지역에 소재하는 PepsiCo의 최대 음료메이커(보틀러)는 멕시코 회사인 Group Embotellador de Mexico(Gemex)였다. 1994년 12월 중순에 Gemex는 2,640억 달러의 부채를 가지고 있었다. 그 당시 멕시코의 뉴페소화('Ps')는 Ps3.45/$에 거래가 되고 있었는데, 뉴페소화가 도입된 1993년 1월 이후 연계환율제도 운용으로 소폭의 환율변동만이 나타나고 있었다. 1994년 12월 22일, 페소화는 멕시코 내부의 정치경제적 상황으로 인해 변동할 수 있게 되었고 단 하루 동안에 환율은 Ps4.65/$로 급등(페소화 가치는 급락)하였다. 다음 해 1월에는 대부분의 거래일에서 환율이 Ps5.50/$ 선에서 움직였다. 환율변동에 의한 부채의 변동을 계산해 보면 다음과 같다.

$$1994년 12월 중순 달러화 부채 : US\$264,000,000 \times Ps3.45/US\$ \quad = \quad Ps910,800,000$$
$$1995년 1월 중순 달러화 부채 : US\$264,000,000 \times Ps5.50/US\$ \quad = \quad Ps1,452,800,000$$
$$멕시코 페소화로 측정한 달러 부채의 증가 \qquad Ps541,200,000$$

페소화로 측정한 달러 부채 상환에 필요한 자금은 무려 59%나 증가하였다. 미국 달러 기준 페소화 가치 하락으로 Gemex는 부채를 상환하기 위해 98,400,000달러만큼을 더 준비해야 하는 상황이 되었다.

이행되지 않은 외화표시 계약. 기업이 선물환 계약을 체결하게 되면, 기업은 의도적으로 거래 환노출을 창출한 것이다. 이 위험은 이미 존재하고 있는 거래 환노출을 헤지하기 위해 발생시킨 위험이다. 예를 들어, 한 미국 기업이 90일 후에 지불해야 하는 일본으로부터의 수입대금 1억 엔의 채무를 상쇄시키고자 한다고 하자. 이 채무를 상쇄시킬 수 있는 방법 중의 하나는 선물환 시장에서 90일 후에 인도되는 1억 엔을 매입하는 것이다. 이렇게 하면 달러화에 대한 엔화의 가치 변동이 상쇄된다. 이것은 지급계정으로부터의 손실(이익)이 선물환 계약의 이익(손실)으로 상쇄된 예이다.

계약 헤지. 외환의 거래 환노출은 계약 헤지, 영업 헤지, 재무 헤지를 통해 관리할 수 있다. 계약 헤지는 주로 선도, 단기금융, 선물, 옵션시장에서 이루어진다. 영업 헤지는 기업의 영업활동 결과인 영업 현금흐름을 이용하는데, 위험공유 협약이나 지급 시의 리드와 래그(lead and lag) 전략이 활용된다. 재무 헤지는 기업의 자금조달 활동 결과인 자금흐름을 활용하는 것으로, 특정 형태의 부채와 스왑과 같은 통화파생상품을 활용한다. 영업 헤지와 재무 헤지는 이어지는 장에서 자세히 기술한다.

자연적 헤지는 영업현금흐름으로 경영에서 발생한 지급계정을 상쇄시키는 것이다. 재무 헤지는 채무(차입과 같은)를 상쇄시키거나 이자율스왑과 같은 재무파생상품을 사용하는 것이다. 재무관리에서 영업현금흐름과 자금조달에 의한 현금흐름을 구분하는 것과 같이 헤지에서도 이러한 구분이 있어야 한다. 다음의 사례는 계약 헤지를 사용해 거래 환노출을 관리하는 방법을 설명하고 있다.

Ganado의 거래 환노출

마리아 곤잘레스는 Ganado의 재무 담당자이다. 그녀는 영국회사 Regency에 터빈 발전기를 1,000,000파운드에 판매하기로 한 협상을 방금 전 마무리하였다. Ganado의 사업규모에 비추어볼 때 이 판매 계약은 상당히 큰 계약이다. Ganado는 다른 해외 고객이 없기 때문에 이 판매로부터의 환위험이 걱정이 되는 상황이다. 판매는 3월에 이루어지고 대금 결제는 3개월 후인 6월에 이루어진다. 이 거래의 환노출 문제를 분석하기 위해 마리아가 수집한 재무와 시장 관련 정보는 도표 10.4와 같다. 결정되지 않은 것은(거래 환노출은) 90일 후에 수취하는 달러화 표시 금액이다.

Ganado는 이윤이 적은 편이다. 마리아와 Ganado는 달러에 대한 파운드화의 가치가 상승하면 행복하겠지만, 정말로 걱정이 되는 것은 파운드화의 가치가 하락하는 것이다. Ganado는 재무적·전략적 이유로 이 거래를 원했기 때문에 최소한의 이윤을 얻을 수 있는 판매가인 1,700,000달러로 가격을 설정하였다. 따라서 받아들일 수 있는 최소한의 환율인 예산 환율(budget rate)은 $1.70/£이다. 환율이 이 예산 환율 아래에서 결정되는 경우 Ganado는 이 거래로부터 이익을 얻을 수 없다.

이 환노출을 관리하기 위해 Ganado가 선택할 수 있는 대안은 (1) 헤지를 하지 않음(이하 노헤지), (2) 선물환 시장에서 헤지, (3) 단기금융시장에서 헤지, (4) 옵션시장에서 헤지와 같이 네 가지가 있다.

도표 10.4 Ganado의 거래 환노출

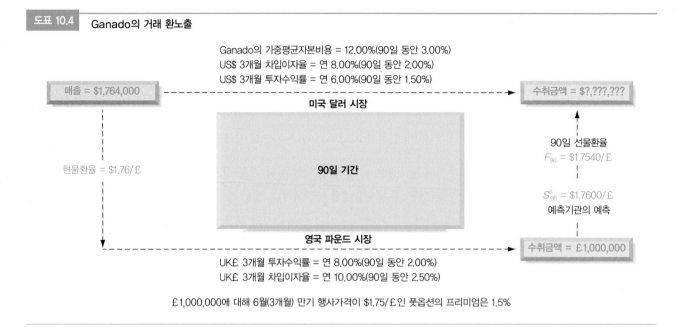

£1,000,000에 대해 6월(3개월) 만기 행사가격이 $1.75/£인 풋옵션의 프리미엄은 1.5%

노헤지(헤지하지 않음)

마리아는 거래 환위험을 부담할 수 있다. 그녀는 환율에 대한 정보를 토대로 3개월 후에 £1,000,000 × $1.76 = $1,760,000를 받을 수 있을 것으로 기대하고 있다. 그러나 이 금액은 확정된 금액이 아니다. 만약에 파운드화의 가치가 하락하여 환율이 $1.65/£가 된다면 받을 수 있는 금액은 1,650,000달러가 될 것이다. 그러나 환위험은 일방적인 것이 아니다. 거래가 헤지되지 않은 상태에서 파운드화의 가치가 예측한 것보다 더 상승한다면 Ganado는 1,760,000달러보다 훨씬 많은 금액을 받을 수도 있다.

노헤지의 경우 발생할 일들을 시점을 기준으로 표시하면 다음과 같다.

선물환 시장 헤지

선물환 헤지에는 선물환(또는 통화선물) 계약과 그 계약을 이행하는 데 필요한 계약 이행 자금이 수반된다. 선물환 계약은 계약 환노출이 생성되는 시점에 체결한다. Ganado의 사례에서는 판매를 하고 수취계정으로 계상한 3월이 계약 시점이다.

판매금액이 외화로 표시된 경우 장부에 기재할 때에는 당일의 현물환율로 환산해 금액을 기재한다.

앞의 예에서 판매일의 현물환율은 $1.7640/£이었기 때문에 판매 대금은 1,764,000달러였다. 선물환 계약을 이행하는 데 사용할 자금은 6월에 Regency가 Ganado에 지불하는 1,000,000파운드이다. 만일 선물환 계약을 이행하는 데 필요한 자금을 현재 보유하고 있거나 경영활동으로 확보할 수 있게 되어있 다면 그 헤지는 커버된(covered), 완전한(perfect) 또는 스퀘어(square) 헤지이다. 왜냐하면 이러한 헤지 에는 보유하고 있는 자금이나 수취하기로 되어있는 자금이 지급해야 할 자금과 일치해 환위험이 남아 있지 않기 때문이다.

어떤 경우에는 선물환 계약을 이행하는 데 필요한 자금이 확보되어 있지 않거나 이후에도 확보 계획 이 없어 미래 현물시장에서 자금을 확보해야 하는 상황이 있을 수 있다. 이러한 헤지는 오픈(open), 커 버되지 않은(uncovered) 헤지이다. 이 경우 헤저(hedger)는 선물환 계약의 이행에 필요한 외화 자금을 미래 외환시장에서 매입해야 하기 때문에 상당한 정도의 위험이 따르게 된다. 선물환 계약 이행에 필 요한 자금을 이후에 매입하는 것을 커버링(covering)이라 한다.

Ganado가 거래 환노출을 선물환으로 헤지한다면 Ganado는 오늘 3개월 만기 선물환율인 $1.7540/£ 로 1,000,000파운드를 선물환 매도를 할 것이다. 이것은 기업에 더 이상 환위험이 남아있지 않게 되 는 커버된 헤지이다. 기업은 3개월 후에 영국의 수입상으로부터 1,000,000파운드를 받을 것이고, 이를 가지고 선물환 계약을 이행해 1,754,000달러를 받을 것이다. Ganado의 포괄손익계산서에는 환손실 10,000달러(장부에 기장된 금액은 1,764,000달러이고, 정산 금액은 1,754,000달러)로 기장된다.

선물환 헤지에서 발생할 일들을 시점을 기준으로 표시하면 다음과 같다.

만일 마리아의 예측 환율이 선물환율, 즉 $1.7540/£과 동일하다면 기대 수취 금액은 헤지를 한 경 우와 하지 않은 경우가 동일하다. 그러나 헤지를 하지 않은 경우의 실제 수취 금액은 헤지를 한 경우 의 금액에 비해 상당한 차이가 있을 수 있다. 결과의 예측 가능성(90일간의 편안한 잠자리)을 과소평가 해서는 안 된다. 글로벌 금융 실무 10.2에서 보는 바와 같이 헤지를 하지 않은 경우에는 밤잠을 설치게 하는 많은 요인들이 있다.

단기금융시장 헤지

단기금융시장 헤지(재무상태표 헤지로 불리기도 함)도 선물환 시장 헤지에서와 같이 계약과 이를 실행할 자금으로 구성된다. 이 경우 계약은 바로 차입 계약이다. 단기금융시장을 이용해 헤지를 하고자 하는 기업은 한 통화로 차입을 하고 차입금을 다른 통화로 교환한다. 계약 이행(차입금 상환)자금은 영업활

글로벌 금융 실무 10.2

그린피스의 환손실

환손실은 글로벌 시장에서 이익을 찾아다니는 다국적 기업에 국한된 문제가 아니라 광범위하게 일어나고 있는 일이다. Rainbow Warrior 를 운영하고 있는 그린피스는 2014년 자신들이 공인되지 않은 거래로 인해 380만 유로의 환손실을 보았다고 발표하였다. 그린피스는 2014년 7월 14일 언론을 통해 다음과 같이 설명하고 사과하였다.

환손실은 국제재무 부서의 한 직원이 적절한 조치 없이 주어진 권한 밖의 업무처리를 하는 잘못을 저질러 발생하였습니다. 그린피스 인터내셔널은 유로화가 강세이던 기간에 고정환율로 외화를 매입하는 계약을 체결하였습

니다. 이 계약으로 인해 다양한 통화 대비 380만 유로의 손실을 입게 되었습니다.

이 사건은 직원이 인가받지 않은 선물환 매입거래를 함으로써(그린피스는 더 이상 자세한 내용을 밝히지 않았다) 발생한 것처럼 보이지만, 유로화 상승으로부터의 손실을 막기 위한 목적으로 선물매입 거래를 했다면 그것은 투기라기보다는 헤징과 관련해 손실이 발생한 것일 수 있다.

동으로부터 얻는데 이 예에서는 매출채권으로부터의 자금이다.

단기금융시장을 이용한 헤지는 Ganado가 수취금액 1,000,000파운드를 헤지하는 것과 같이 단일 계약을 헤지할 수도 있지만 연속된 계약들을 헤지할 수도 있다. 연속되는 계약들을 헤지하는 것을 매칭이라 한다. 매칭은 기업이 기대 현금유출과 유입의 통화와 만기를 맞추는 것이다. 예를 들어, Ganado가 영국의 고객과 파운드로 표시된 판매 계약을 장기간에 걸쳐 반복적으로 체결하는 상황이라면 이 회사는 영국 파운드화의 현금흐름을 어느 정도 예측할 수 있다. 이 경우 단기금융시장을 이용한 헤지는 기대 파운드 현금유입을 대표할 수 있는 금액과 만기를 기준으로 파운드를 차입하는 것이 적절한 방법이 될 수 있다. 파운드의 가치가 하락하거나 상승하는 경우 수취한 파운드의 가치는 파운드의 차입금과 이자 지급으로 상쇄된다.

단기금융시장 헤지의 구조는 선물환 헤지와 유사하다. 차이점은 단기금융시장 헤지 비용이 선물환율을 결정하는 이자율과는 다른 이자율에 의해 결정된다는 점이다. 기업이 2개의 서로 다른 통화시장에서 차입하면서 지불하는 이자율의 차이는 정부의 무위험 단기채권의 이자율 차이나 유로통화시장에서의 이자율 차이와는 다를 것이다. 효율적 시장에서의 금리평가 정리에 의하면 이들 비용은 차이가 없어야 하겠지만 모든 시장이 항상 효율적인 것은 아니다.

마리아가 단기금융시장에서 헤지를 하고자 한다면 그녀는 런던에서 파운드를 차입함과 동시에 차입한 파운드를 달러로 환전한다. 파운드 차입금과 이자는 3개월 후에 발전기 판매대금을 받아서 상환한다. 그녀는 발전기 판매 대금으로 차입금과 그 이자를 상환할 수 있도록 파운드를 차입해야 한다. 파운드 차입 이자는 연 10%이고 3개월은 2.5%이다. 따라서 지금 차입해야 하는 3개월 후 상환 금액은 다음과 같이 계산된다.

$$\frac{£1,000,000}{1 + 0.025} = £975,610$$

마리아는 지금 975,610파운드를 차입하고, 3개월 후에 이 금액에 이자 24,390파운드를 합산한 금액을 매출채권으로부터 받은 금액으로 상환한다. Ganado는 975,610파운드를 현물환율인 $1.7640/£로 환전해 1,720,976달러를 확보한다.

단기금융시장 헤지를 선택한다면 Ganado에는 파운드 표시 부채가 발생하고 이는 매출채권에 있는 파운드화 자산으로 상쇄된다. 단기금융시장 헤지는 표시통화별로 자산과 부채를 서로 맞추는 것이다. 간단한 T-계정을 사용하여 영국 파운드 부채가 매출채권의 파운드로 상쇄되는 것을 설명하면 다음과 같다.

자산		부채와 순가치	
매출채권	£1,000,000	은행차입(원금)	£975,610
		지급이자	24,390
	£1,000,000		£1,000,000

여기서 파운드 차입은 재무상태표상에 있는 파운드 표시 매출채권을 헤지하는 것이라 할 수 있다. 선물환 헤지를 단기금융시장 헤지와 비교하기 위해서는 Ganado가 차입금을 향후 3개월 동안 어떻게 사용할 것인지를 분석해야 한다. 기술한 것처럼 차입금은 오늘 받지만 선물환 계약은 3개월 후에 실행된다. 비교를 위해서는 차입금의 미래가치를 계산하든지 선물환 계약금의 현재가치를 계산해야 한다. 여기에서 불확실성의 주요 요인은 바로 3개월 후의 달러화의 가치이므로 미래가치를 사용해 설명하기로 한다.

선물환 계약 금액과 파운드 차입 금액은 상대적으로 확실한 것으로 볼 수 있으므로 달러화 금액의 크기가 두 대안 중에 하나를 선택하는 기준이 될 수 있다. 결국 가정하고 있는 파운드의 투자 수익률이 선택의 기준이다.

차입금을 향후 3개월 동안 투자하는 방법으로는 최소 다음과 같은 세 가지를 고려할 수 있다. 첫째, Ganado가 현금이 많은 기업이라면 차입에서 나온 자금을 미국 달러 단기금융시장에 투자해 연 6%의 이익을 얻을 수 있다. 두 번째 방법은 차입으로 얻은 자금을 현재 연 8%를 지불하고 있는 달러표시 차입금을 상환하는 데 사용할 수 있다. 세 번째 방법은 차입으로 나온 자금을 일반 영업비용으로 사용하는 것이다. 이 경우 자본비용인 12%가 수익률이 될 것이다. 재무관리에서는 일반적으로 기업 자금의 미래가치나 현재가치를 계산할 때 자본비용을 사용하기 때문에 가중평균 자본비용인 12%(90일 동안 3%)를 단기금융시장 헤지에서 자금의 미래가치를 계산하는 데 사용할 수 있다.

$$\$1,720,976 \times 1.03 = \$1,772,605$$

선물환 헤지와 단기금융시장 헤지의 결과를 동일하게 하는 투자수익률은 다음과 같이 계산한다. r이 찾고자 하는 3개월 투자수익률, 즉 선물환 헤지로 받는 자금과 단기금융시장에서 받는 자금을 동일하게 하는 투자수익률이다.

$$(차입금으로부터 받는 금액) \times (1 + 수익률) = (선물환 헤지로부터 받는 금액)$$
$$\$1,720,976 \times (1 + r) = \$1,754,000$$
$$r = 0.0192$$

1년을 360일로 하여 3개월(90일) 투자수익률을 연 수익률로 변환하면 다음과 같다.

$$0.0192 \times \frac{360}{90} \times 100 = 7.68\%$$

만일 마리아 곤잘레스가 대출을 통해 확보한 자금을 연 7.68%보다 높은 수익률로 투자할 수 있다면 단기금융시장 헤지를 선택할 것이다. 그러나 수익률이 연 7.68%보다 낮다면 그녀는 선물환 헤지를 선택할 것이다.

단기금융시장 헤지에서 발생할 일들을 시점을 기준으로 표시하면 다음과 같다.

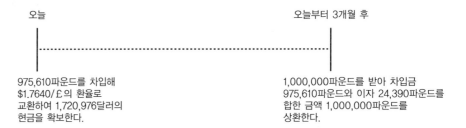

단기금융시장 헤지에서는 시작할 때 현금을 받기 때문에 다른 방법과 비교를 위해서는 그 현금을 미래가치로 변환해야 한다.

옵션시장 헤지

마리아 곤잘레스는 1,000,000파운드에 해당하는 환노출을 풋옵션 매입으로 헤지할 수도 있다. 이 옵션 헤지 방법은 파운드의 가치가 하락할 경우에 손실은 일정한 금액으로 제한하면서, 가치가 상승하는 경우에 얻을 수 있는 이익의 기회를 제한 없이 확보할 수 있는 방법이다. 마리아는 은행으로부터 3개월 만기 풋옵션 1,000,000파운드를 매입할 수 있다. 매입한 옵션은 행사가격이 $1.75/£인 등가격옵션(at-the-money option, ATM)으로 옵션 프리미엄(가격)은 1.5%이다. 옵션의 비용 즉, 프리미엄은 다음과 같다.

$$(옵션규모) \times (프리미엄) \times (현물환율) = 옵션비용$$
$$£1,000,000 \times 0.015 \times \$1.7640/£ = \$26,460$$

미래가치를 기준으로 헤징 방법들을 비교하고 있기 때문에 옵션 프리미엄을 3개월 후의 금액으로 나타낼 필요가 있다. 자본비용인 연 12%(분기별 3%)를 수익률로 사용한다. 따라서 풋옵션 프리미엄을 6월을 기준으로 나타내면 $26,460 × 1.03 = $27,254이다. 이 금액은 파운드당 $0.0273($27,254 ÷ £1,000,000)에 해당한다.

6월에 받는 1,000,000파운드의 달러 표시 금액은 당시의 현물환율에 의해 결정된다. 파운드가 상승하는 경우의 이익은 제한이 없어 헤지를 하지 않은 경우와 동일하다. 현물환율이 $1.75/£ 이상이 되면 Ganado는 풋옵션을 행사하지 않고 당시의 현물환율로 파운드를 달러로 교환할 것이다. 환율이 $1.76/£가 된다면 Ganado가 받는 금액은 1,760,000달러이다. 확보하는 순금액은 1,760,000달러에서 옵션 비용 27,254달러를 제외한 1,732,746달러이다.

노헤지와 비교할 때, 옵션 헤지는 파운드의 가치 하락 위험이 제한된다. 파운드 가치가 하락하여 환율이 $1.75/£ 이하가 되면 마리아는 옵션을 행사해 1,000,000파운드를 $1.75/£의 환율로 매도해서 1,750,000달러를 얻고 옵션비용 27,254달러를 제외한 1,732,746달러를 확보한다. 비록 이 성과는 선물환 헤지나 단기금융시장 헤지에 비해 낮은 성과이지만 잠재이익은 무한대가 된다.

등가격 풋옵션 시장 헤지의 주요 내용은 다음과 같다.

대안들과의 관계를 이용해 옵션 계약이 이루어지는 범위를 계산하면 다음과 같다. 상한은 선물환율과의 관계에서 결정된다. 파운드는 선물환율인 1.7540달러 이상으로 상승해야 한다. 옵션비용이 $0.0273/£이기 때문에 옵션 헤지가 유리해지는 현물환율은 $1.7540 + $0.0273 = $1.7813이다. 만약에 파운드화의 가치가 1.7813달러 이하가 되면, 사후적인 관점에서 선물환 헤지가 더 유리한 전략이 된다.

하한은 노헤지 전략에 의해 결정된다. 만약에 현물환율이 $1.75/£ 이하로 하락하면 마리아는 풋옵션을 행사해 받은 파운드화를 행사가격인 $1.75/£의 환율로 매도하여 실제로는 옵션비용 0.0273달러를 뺀 $1.7227/£로 매도하는 결과가 된다. 만약에 현물환율이 $1.7227/£ 이하로 하락하면 옵션의 행사는 현물시장에서 파운드를 매도하는 것보다 유리하게 된다. 현물환율이 $1.7227/£ 이상이면 현물시장에서 파운드를 매도하는 것이 옵션 헤지를 한 경우보다 유리하다.

통화옵션은 헤징에 다양하게 활용된다. 풋옵션은 건설회사나 무역업자가 낙찰 여부가 불분명한 상황에서 외화로 가격을 설정해 입찰에 응해야 할 때 사용할 수 있다. 콜옵션은 미래에 외화 대금 지급을 필요로 하는 입찰에 응할 때 유용할 수 있다. 두 경우 모두 낙찰이 되지 않으면 손실은 옵션 프리미엄에 국한된다.

대안들의 비교

도표 10.5는 Ganado의 매출채권 1,000,000파운드의 가치를 헤지 전략별로 종료시점의 현물환율과 함께 나타내고 있다. 도표에서 보는 바와 같이 기업의 미래 환율에 대한 예측과 헤지 전략의 선택은 다음과 같이 정리할 수 있다.

■ 환율이 Ganado에 불리하게 변해 $1.76/£보다 낮을 것으로 예상이 된다면, 1,772,605달러를 확보하는 단기금융시장 헤지가 좋은 대안이다.

■ 환율이 Ganado에 유리하게 변해 $1.76/£보다 높을 것으로 예상이 된다면, 유리한 대안은 노헤지, 단기금융시장 헤지, 풋옵션 헤지 사이에 위치하게 되어 대안의 선택이 분명하게 정리되지 않는다.

헤지를 하지 않고 있는 것은 최악의 선택일 수 있다. 만약에 환율에 대한 마리아의 예측이 잘못되어 현물환율이 $1.70/£ 아래에서 결정되는 경우 그녀는 예산환율에 이르지 못하게 된다. 풋옵션은 독특한 대안이다. 환율이 Ganado에 유리한 방향으로 변하면, 헤지비용을 제외하면 노헤지와 같은 수준으로 상승에 따른 이익을 얻을 수 있고, 불리한 방향으로 변하면 하락에 따른 위험을 1,722,746달러로 제한할 수 있다.

도표 10.5 **Ganado의 수취계정 거래 환노출 헤징 대안**

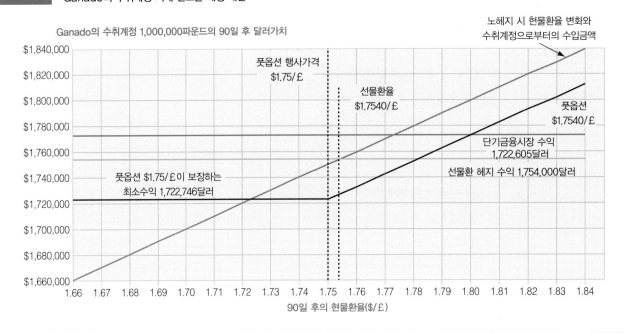

전략 선택과 결과

마리아 곤잘레스는 어떤 선택을 해야 하는가? 그녀의 결정 기준은 두 가지이다. (1) Ganado의 위험허용치(risk tolerance)와 (2) 향후 90일간의 환율변동에 대한 예측 결과이다.

Ganado의 위험허용치는 거래 환노출에 대한 경영자의 철학과 재무활동의 목적이 결합된 것이다. 많은 기업들은 환위험을 단지 국제경영활동의 수행 과정이라고 생각하고 노헤지를 기준으로 하여 분석을 시작한다. 그러나 기업 중에는 환위험을 용납할 수 없는 위험으로 간주하고 거래 환노출을 선물환을 통해 완전히 제거하는, 즉 다른 헤징 수단의 가치와 관계없이 모든 거래 환노출을 선물환 계약으로 모두 헤지하도록 규정하는 기업도 있다. 대부분의 기업에서 재무부서는 기업의 비용이나 서비스센터로 운영된다. 그러나 재무부서가 이익센터로서의 역할을 하고 있다면 더 큰 위험을 허용할 수도 있다.

헤지 전략 중에서 최종 선택은(마리아 곤잘레스가 파운드 환율이 상승할 것으로 기대하고 있다면) 기업의 위험허용치와 환율 예측에 대한 자신감에 의해 결정될 것이다. 거래 환노출을 계약 헤지를 통해 관리하기 위해서는 경영적 판단이 필요하다. 글로벌 금융 실무 10.3에는 수익성에 대한 고려와 선물환 프리미엄이 헤징의 선택에 미치는 영향에 대해 설명한다.

지불계정의 관리

기업이 미래에 외화를 지급해야 하는 지불계정의 관리는 매출채권의 관리와 유사하지만 차이점이 있다. Ganado가 90일 후에 1,000,000파운드를 지불해야 하는 상황이라면 헤징과 관련한 대안은 다음과 같다.

글로벌 금융 실무 10.3

선물환율과 헤지 비용

일부 기업에서는 헤지비용을 '헤지의 총현금비용'을 처음 기장한 외환 거래액의 비율로 계산해서 측정한다. 그들은 '헤지의 총현금비용'을 구입에 따른 비용(예를 들어, 처음에 지급하는 옵션 프리미엄의 시간가치를 고려한 금액) + 기장된 거래금액과 최종적인 수익의 차이로 정의한다.

만일 기업이 선물환 계약을 사용한다면 최초 비용은 없기 때문에 총현금비용(앞에서의 정의를 따른다면)은 단순히 기장된 거래 금액과 선물환 결제 금액과의 차이가 된다. 이것이 선물환 프리미엄이다. 기업은 선물환 프리미엄 때문에 선물환 계약을 체결하지 않는 경우도 있다.

한 미국 기업이 100만 영국 파운드(GBP1,000,000)를 1년 후에 받기로 했다고 하자. 현재의 현물환율은 USD1.6000 = GBP1.00이다. 미국과 영국의 이자율은 각각 2.00%, 4.00%이다. 이 경우 선물

환율은 USD1.5692가 된다. 이것은 선물환 프리미엄이 −1.923%(파운드가 달러에 대해 1.923% 할인되어 판매되는)인 것을 의미하기 때문에 기업은 이것을 헤지비용으로 인식할 수 있다.

그러나 영국 파운드화의 이자율이 월등하게 높아 예를 들어 8%라면, 1년 만기 선물환율은 USD1.5111이 되고 이 경우 선물환 프리미엄은 −5.556%이다. 일부 다국적 기업들은 이 경우에 선물환을 사용하면 5.5%가 넘는 '손실'이 발생해 헤지 비용이 너무 크다고 생각한다. 헤지 비용이 '너무 크다'는 말은 기업의 철학과 환위험의 위험허용치와 관련해서 정의되어야 한다. 사실 재무이론에서는 이 두 경우가 실질적으로는 차이가 없는 것으로 볼 수도 있다. 그러나 사업에 따라서는 5.56%의 손실이 판매에 따르는 순마진의 상당 부분을 잠식할 수도 있을 것이다.

노헤지. Ganado는 90일이 지난 후에 달러로 파운드를 매입해 상환금을 지불한다. 만일 Ganado가 90일 후의 현물환율이 $1.7600/£가 될 것으로 예상한다면 상환액은 1,760,000달러로 예상할 것이다. 그러나 90일 후의 현물환율은 예상과 크게 차이가 있을 수 있으므로 이 금액은 불확실한 금액이다.

선물환 헤지. Ganado는 1,000,000파운드를 선물환으로 매입해(선물환율 : $1.7540/£) 총 달러 지불비용을 1,754,000달러로 고정할 수 있다. 이 선물환 헤지의 경우 노헤지에서 예상한 금액 보다 6,000달러 적은 금액이기 때문에 노헤지보다는 우월한 내안이다.

단기금융시장 헤지. 단기금융기장 헤지의 경우에는 매출채권의 헤지의 경우와는 상당한 차이가 있다. 이 경우에 Ganado가 단기금융시장 헤지를 하기 위해서는 달러를 파운드로 교환하여 90일 후에 원금과 이자를 파운드로 받을 수 있는 투자를 한다. 90일 후에 파운드로 받는 투자 원금과 이자로 지불계정의 1,000,000파운드를 상환한다.

90일 후에 원금과 이자가 1,000,000파운드가 되는 투자금액은 1,000,000파운드를 이자율 8%로 할인하여 다음과 같이 계산한다.

$$\frac{£1,000,000}{1 + \left(.08 \times \dfrac{90}{360}\right)} = £980,392.16$$

현물환율이 $1.7640/£이므로 980,392.16파운드를 준비하기 위해서는 1,729,411.77달러가 필요하다.

$$£980,392.16 \times \$1.7640/£ = \$1,729,411.77$$

단기금융시장 헤지 결과를 다른 헤지 대안들과 비교하기 위해서는 오늘 시점으로 계산된 비용 1,729,411.77달러를 다른 헤지 대안들의 경우에서와 같이 90일 후의 미래가치로 전환하여야 한다. 현재의 달러 비용을 Ganado의 가중평균 자본비용(WACC)인 12%를 적용해 미래가치로 전환하면 단기금융시장 헤지의 비용은 1,781,294.12달러이다. 이 금액은 선물환 헤지의 경우보다 많은 금액이기 때문에 단기금융시장에서의 헤지는 선물환 헤지보다 우월한 헤지 방법이라고 할 수 없다.

$$\$1,729,411.77 \times \left[1 + \left(.12 \times \dfrac{90}{360}\right)\right] = \$1,781,294.12$$

옵션 헤지. Ganado는 지급계정을 1,000,000파운드의 콜옵션 매입을 통하여 헤지할 수 있다. 영국 파운드의 6월 만기 콜옵션에서, 행사가격이 등가격옵션에 근접한 $1.75/£인 콜옵션의 옵션 프리미엄(가격)이 1.5%이므로, 옵션 프리미엄은 다음과 같이 된다.

$$£1,000,000 \times 0.015 \times \$1.7640/£ = \$26,460$$

이 옵션 프리미엄은 콜옵션의 행사 여부와 관계없이 옵션의 계약 시점에 지불되어야 한다. 이 금액을 가중평균 자본비용(12%)을 이용해 90일 후의 미래가치로 전환하면 27,254달러이다.

만일, 90일 후의 현물환율이 $1.75/£보다 낮다면 옵션은 만료되고 지불해야 하는 1,000,000파운드는 현물시장에서 구입한다. 콜옵션 헤지는 콜옵션이 행사되지 않는다면 이론적으로 다른 대안(노헤지를 제외하면)에 비해 비용이 가장 낮은 대안이다. 현물환율이 90일 후에 $1.75/£보다 상승한다면 콜옵션은 행사된다. 콜옵션이 행사되는 경우의 총비용은 다음과 같다.

콜옵션 행사(£1,000,000 × $1.75/£)	$1,750,000
콜옵션 프리미엄(90일 후의 가치로 전환)	27,254
콜옵션 헤지의 최대 총비용	$1,777,254

지불계정 헤지 방법 선택. Ganado가 지불해야 하는 1,000,000파운드에 대한 네 가지 헤지 방법이 도표 10.6에 정리되어 있다. 선물환 헤지와 단기금융시장 헤지의 경우 비용이 확실하다. 콜옵션을 이용한 헤지의 경우에는 최대 비용이 확정되며, 노헤지의 경우에는 비용이 가장 불확실하다.

Ganado의 매출채권의 경우에서와 같이 최종 결정은 마리아의 예측 환율에 대한 확신 정도와 위험 수용에 대한 의향이다. 선물환 헤지는 지불계정을 상환하는 데 비용이 가장 적으며 확실하다. 달러가 파운드에 대해 강세가 되어 현물환율이 $1.75/£ 이하가 되면 콜옵션이 헤지 비용이 가장 낮은 방법이 된다. 그러나 예상한 현물환율인 $1.76/£에서는 선물환 헤지가 가장 우월한 방법이다.

도표 10.6 **Ganado의 지불계정 거래 환노출 헤징 대안**

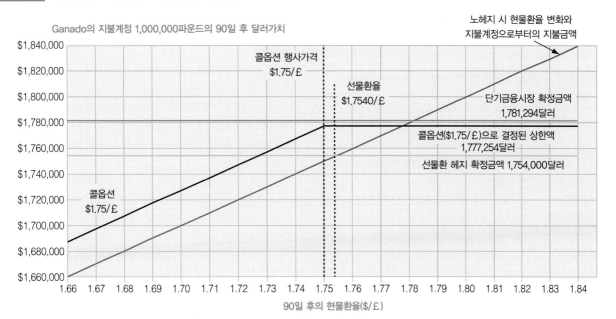

위험관리의 실제

환노출에 대응하는 방법은 기업의 수만큼이나 다양하다. 최근에 미국, 영국, 핀란드, 호주, 독일에서 행해진 기업의 위험관리에 대한 다양한 조사 결과를 보면 최선의 방법에 대한 공감대는 형성되지 못한 것으로 보인다. 다음의 내용은 조사의 기본적 내용에 저자들의 경험을 추가하여 정리한 것이다.

목표는 무엇인가

대부분의 사기업에서 거래 환노출의 책임은 그룹 차원에서 부담하고, 재무부서는 비용센터(cost center)로서의 역할을 한다. 기업은 실무부서가 이익을 추가하는 결정을 내리기를 기대하지 않는다(이것이 기업의 가치를 증가시키기를 기대하지 않는다는 것을 의미하는 것은 아니다). 환위험관리자는 기업의 자금을 관리하는 데 있어 보수적이어야 하기 때문이다.

어떤 환노출인가

거래 환노출은 외화표시 매출채권이나 지급계정으로 기장이 되기 이전부터 존재한다. 그러나 대부분의 기업들은 견적 환노출(quotation exposure)이나 수주 환노출(backlog exposure) 단계에서는 헤지를 하지 않는다. 그 이유는 간단하다. 기업의 장부에 거래로 기재가 되어있어도 거래가 일어나기 전에는 환노출이 실제로 발생할 확률은 100% 미만이라고 보기 때문이다. 보수적 헤지의 관점에서는 실재하는 환노출에 대해서만 계약 헤지를 해야 하기 때문이다.

어떤 계약 헤지인가

거래 환노출 관리 방법은 일반적으로 '옵션의 사용 여부'를 기준으로 구분할 수 있다. 통화옵션을 사용

글로벌 금융 실무 10.4

2009년의 신용위기와 옵션 변동성

2008년 후반에서 2009년 전반에 걸쳐 발생한 글로벌 신용위기는 기업의 외환 헤지 관행에 많은 영향을 주었다. 환율의 변동성은 전례를 찾기 어려울 정도로 크게 증가해 그 수준을 유지했다. 이러한 현상은 옵션 프리미엄을 크게 증가시켜 많은 기업들이 위험관리에서 옵션의 사용을 망설이게 하였다.

대표적인 예가 달러-유로 환율의 변동성이다. 2007년 7월까지 가장 광범위하게 거래되던 이 통화의 1주~3년의 내재변동성(implied volatility)은 7% 미만이었다. 그러나 2008년 10월 31일에는 1개월 내재변동성이 29%에 이르렀다. 2009년 1월 30일에도 1개월 내재변동성은 20%를 상회하는 수준에 머물렀다.

변동성의 증가는 옵션의 가격을 상승시켰다. 예를 들어, 유로화의 콜옵션의 2009년 1월 말 등가격옵션 가격은 $0.0286/£이었는데 이는 내재변동성이 7%였던 시기의 $0.0096/£에 비해 크게 상승한 가격이다. 계약 금액이 1,000,000파운드라면 가격이 9,600달러에서 28,600달러로 증가한 것이다. 이것은 재무부서의 예산에 문제를 야기시켰을 수도 있다.

그러나 점점 더 많은 기업들이 수주 환노출뿐만 아니라 견적 환노출이나 예측된 환노출에 대한 선택적 헤지를 적극적으로 수행하고 있다. 예측 환노출이란 현재 시점에서 상대방과 계약이나 협약을 체결한 것은 아니지만, 과거의 추세나 이어지는 사업 관계에 의해 예측할 수 있는 환노출이다. 기업의 입장에서 예측 환노출에 대한 헤지는 지나치게 투기적인 것일 수 있으나, 예측된 외화 매출채권이나 지급계정에 대해 헤지를 하는 것은 기업의 미래 영업현금흐름을 안정적으로 유지하기 위한 가장 보수적인 접근이라고 할 수 있다.

하지 않는 기업은 거의 모두 선물환이나 단기금융시장을 이용한다. 글로벌 금융 실무 10.4에서는 시장의 상황이 어떻게 기업의 헤징 선택에 영향을 줄 수 있는지를 보여준다.

많은 다국적 기업들(MNEs)은 헤지를 해야 하는 비율을 규정하는 것과 같은 비교적 엄격한 거래 환노출 위험 관리 규정을 갖고 있다. 이러한 규정은 거래 환노출 규모의 일정 비율(예를 들어 50, 60, 70%)에 대해서만 선물환 헤지를 하도록 하는 것이다. 환노출의 만기가 길어질수록 선물환으로 커버를 하는 비율은 낮아진다. 나머지 환노출에 대해서는 기업의 위험허용치와 미래 환율에 대한 예측을 기준으로 한 선택적 헤지로 관리한다. 비록 기업들이 잘 인지하지 못하는 경향이 있지만 선택적 헤지는 필연적으로 투기이다. 왜냐하면 선택적 헤지에는 기업 또는 재무담당자가 지속적으로 미래의 환율변동 방향을 예측할 수 있는지에 대한 의문이 남기 때문이다.

헤징 심화 주제

기업의 통화 헤징에서 자주 다루어지지 않는 이론들이 있는데 최적 헤지 비율, 대칭 헤지, 헤지 효과, 헤지 시점 선택 등이다.

헤지 비율

거래 환노출은 외화로 표시된 특정 금액의 가치가 미래 특정 시점에 실현되거나 인식될 때 나타나는 자산가치의 불확실성이다. 이 장에서 제시한 예에서, Ganado는 90일 후에 1,000,000파운드의 수취를 예측하고 있지만 90일 후에 이 금액이 미국 달러화로 얼마가 될지는(90일 후의 현물환율이 얼마가 될지는) 불확실하다.

통화 헤지의 목적은 환율 변동에 노출된 자산, 즉 환율변동의 영향을 받는 현금흐름의 가치변동을 최소화하는 것이다. 헤징은 **노출된 자산**과 환율변동에 대한 반응 정도는 동일하지만 방향이 반대인 **헤지 자산**을 결합하여 2자산 포트폴리오를 구성하는 것이다. 헤지의 일반적인 목적은 포트폴리오의 총가치 변동이 0이(완전헤지의 경우라면) 되는 2자산 포트폴리오(Δ포트폴리오 가치)를 구성하는 것이다.

$$\Delta포트폴리오\ 가치 = \Delta현물 + \Delta헤지 = 0$$

전형적인 선물환 헤지는 노출 현물과 헤지 선물환을 결합하여 2자산 포트폴리오를 구성하는 것이다. 2자산 포트폴리오의 가치는 현물환율에 의해 결정되는 외환 금액(환노출)과 선물환율로 매도한 헤지 금액을 합산한 결과이다.

$$2자산\ 포트폴리오 = [(환노출 - 헤지금액) \times 현물환율] + [헤지금액 \times 선물환율]$$

예를 들어, Ganado가 노출된 매출채권 1,000,000파운드 전액을 $t = 90$시점(정산까지 90일이 남은 시점)에서 선물환으로 100%를 헤지했다고 하자. 현물환율이 \$1.7640/£이고 선물환율이 \$1.7540/£라고 하면 2자산 포트폴리오 가치는 다음과 같다.

$$V_t = [(\pounds 1{,}000{,}000 - \pounds 1{,}000{,}000) \times \$1.7640/\pounds] + [\pounds 1{,}000{,}000 \times \$1.7540/\pounds] = \$1{,}754{,}000$$

노출액 전체를 선물환으로 커버한 경우 남아있는 환노출은 없다. 이 2자산 포트폴리오의 90일 후 현물환율 변동에 따른 가치 변동성은 0이다. 가치는 확실하게 정해진다. 이러한 경우를 완전헤지(perfect hedge)라고 한다.

그러나 Ganado의 마리아 곤잘레스는 환노출의 일부만을 헤지하는 선택적 헤지(selective hedge)를 고려할 수 있다. 이 경우 2자산 포트폴리오의 가치는 현물환율에 따라 변동한다. 가치는 상승할 수도 있고 하락할 수도 있다. 마리아 곤잘레스는 환노출 X_t 중에서 헤지를 하는 비율, 즉 헤지 비율을 결정해야 한다. 헤지 비율을 β로 표시하면 노출 중에 헤지되는 금액은 βX_t가 되고, 2자산 포트폴리오의 가치는 다음과 같다. S_t, F_t는 각각 현물환율과 선물환율이다.

$$V_t = [(X_t - \beta X_t) \times S_t] + [\beta X_t \times F_t]$$

여기서 헤지 비율 β는 다음과 같이 정의된다.

$$\beta = \frac{\text{헤지금액}}{\text{환노출}}$$

예에서와 같이 환노출 전체가 커버된다면 헤지 비율은 1, 즉 100%이다. 헤지 비율 β는 개별 환노출액 중에서 선물환 계약이나 통화옵션과 같은 재무적 수단에 의해 커버된 금액의 비율이다.

대칭 헤지

헤지는 환율변동에 의해 자산의 가치변동이 발생하지 않도록 설계될 수 있다. 이러한 헤지에서는 환율이 불리하게 변동해 현물에서 발생한 손실(현물 가격 변동)은 헤지 자산에서 발생하는 동일한 규모의, 그러나 방향이 반대인 헤지 자산의 가치변동에 의해 상쇄된다. 일반적으로 사용되고 있는 100% 선물환 커버가 이러한 헤지이다. Ganado의 예에서 매출채권 1,000,000파운드를 선물환으로 매도했다면 Ganado는 90일 후의 현물환율의 변화 방향과 관계없이 일정한 금액의 달러화를 확보한다.

그러나 현물환율이 항상 손실이 발생하는 방향으로만 변하는 것은 아니다. 이익이 되는 방향으로 변할 수도 있는 것이다. Ganado의 예에서 이후 90일 동안 달러가 파운드에 대해 약세가 되면, 매출채권의 달러표시 가치는 증가한다. Ganado는 환율변동에 대해 2자산 포트폴리오의 손실은 최소화하고 가치 상승은 허용하는 헤지를 설계할 수 있다. 통화옵션을 이용하면 이러한 헤지를 구축할 수 있다. Ganado는 파운드 풋옵션 매입을 통해 손실을 방지하고, 유리한 환율변동에 따르는 이득을 얻을 수 있다.

헤지 효과

헤지 효과는 환율변동에 의한 현물 자산의 가치 변동과, 이와는 반대 방향으로 움직이는 헤지 자산의 가치변동 간의 상관 정도에 의해 결정된다. 외환시장에서 현물환율과 통화선물환율은 완전하지는 않지만 거의 완전에 가까운 상관관계를 유지한다. 이처럼 상관관계가 완전하지 않은 부분을 베이시스 위험(basis risk)이라 부른다.

헤지 시점 선택

헤저(hedger)는 목표로 하는 헤지 시점을 결정해야 한다. 헤저는 환노출 자산의 만기 또는 정산 시점에서 환노출 자산의 가치를 헤지하려 하는가, 아니면 만기 이전의 어떤 시점에서 헤지를 하려 하는가? Ganado의 예에서 여러 대안들(선물환, 단기금융시장, 옵션매입)을 탐색할 때 90일 이후 시점에서의 달러표시 가치만을 검토하였다. 그러나 Ganado는 환노출 자산의 가치를 만기일 이전에 헤지하고자 할 수도 있다. 예를 들어, Ganado가 재무보고를 해야 하는 결산일이 만기일 이전에 돌아온다면 만기일이 도래하기 전 어떤 시점에서 환노출 자산을 헤지할 필요성이 있을 수도 있다.

요점

- 다국적 기업에는 세 가지 유형의 환노출이 있는데, 거래 환노출, 환산 환노출 그리고 영업 환노출이다.

- 거래 환노출은 계약 조건이 외화로 표시된 재무 계약이 정산될 때 이익이나 손실이 발생한다.

- 기업이 환위험을 헤지해야 하는지에 관해서는 많은 이론적 논쟁이 있다. 이론적으로, 헤지는 기업 현금흐름의 변동성을 감소시킨다. 헤지가 기업의 현금흐름을 증가시키지는 않는다. 사실 헤지비용은 현금흐름을 감소시킬 가능성이 있다.

- 거래 환노출은 계약이나 영업 전략을 통해 관리될 수 있다. 계약 헤지는 선물환 헤지, 단기금융시장 헤지, 옵션 헤지가 있다.

- 계약 헤지 중에서의 선택은 기업의 환위험 허용 정도치, 거래 환노출 기간에서의 환율변동에 대한 예측에 따라 다르다.

- 기업의 재무 담당자가 실제로 위험관리를 하기 위해서는 위험관리의 목적 설정, 사용하고자 하는 계약 선택 그리고 환노출 중에서 헤지를 하고자 하는 비율을 결정해야 한다.

중국 Noah Corporation[2]

중국의 다양한 소비자 선호는 이미 인도네시아의 곳곳에 퍼져있다. 모든 시장에서 중국의 비중이 증가하고 있는 것은 세계적인 수세가 되고 있지만, 특히 점증하고 있는 중국인의(인도는 물론이고) 수요는 인도네시아에 큰 충격을 주고 있다. 투자은행인 CLSA의 자카르타 사무실에 닉 캐시모어는 이 공생의 관계를 묘사하는 용어로 'Chindonesia'라는 용어를 만들었다.

－ "Special Report on Indonesia: More than a Single Swallow",
The Economist, 2009년 9월 10일

2010년 초, China Noah Corporation(Noah)의 사비오 초 씨는 Noah가 필요로 하는 목재의 구입처를 인도네시아로 이전하는 데 따르는 환위험에 대하여 걱정하고 있었다. Noah는 중국의 유명한 바닥판 제조사였는데 연간 USD100만 이상의 목재를 중국 현지에서 구매하고 있었다. 초 씨는 중국의 목재 공급시장 상황이 점점 나빠지고 있어 목재 자원이 풍부한 인도네시아로 구매처를 옮길 것을 계획하였다. 초는 환위험관리를 위한 분명한 대비책이 필요했다.

China Noah

개인 기업인 Noah는 설립자 가족이 소유하고 있으며 중국에서 가장 큰 바닥재 생산 기업 중의 하나이다. 이 회사는 현 회장인 Se Hok Pan이 1982년에 설립했는데 그는 마카오 거주자이다. 대부분의 고위간부들은 창업 멤버들이다.

Noah의 주력 품목은 천연 목재를 잘라 마루판을 만들고, 사포로 다듬고 광택막을 입혀 만드는 단단한 나무 바닥재이다. 중국의 급속한 경제 성장은 생활수준의 향상과 함께 환경보호에 대한 관심을 증가시켜 가정과 사무실에 목재 제품에 대한 수요를 증가시켰다. 목재 제품은 환경은 물론이

고 정신과 육체적 건강에 도움이 되는 것으로 인식되었다. Noah는 중국에 5개의 바닥재 공장과 1,500개의 지점으로 구성된 유통망을 운영하고 있다.

도표 A에서 보는 바와 같이 Noah는 최근에 급속하게 성장해 매출은 2006년 CNY9억 8,600만에서 2009년 CNY16억 300만(환율 CNY6.92 = USD1.00을 적용하면 약 USD2억)으로 상승했다. 순이익은 같은 기간 CNY1억 1,500만에서 CNY1억 8,700만(USD2,700만)으로 증가했다. 초 씨는 Noah가 도표 A에서와 같이 앞으로 5년 동안 연 20%의 성장을 할 수 있을 것으로 예상하고 있다. Noah는 금년도의 매출이익이 13.5%에 이를 것으로 예상했다. 그러나 초는 2015년에는 매출이익률이 3.7%까지 하락할 것으로 예상하고 있다.

공급사슬

마룻바닥 제조 산업의 중요한 특성 중의 하나는 목재가 주요 원자재이며, 원자재가 직접비의 대부분을 차지한다는 것이다. Noah는 지난 3년간 1제곱미터의 마룻바닥 제조를 위해 CNY60에서 CNY65의 비용을 지출하였다. 결국 판매 제품의 제조원가의 90%가 목재 구입에 사용된 것이다. 마룻바닥 산업의 경쟁 상황을 고려할 때 목재 구입비용을 관리하여 낮추는 것이 기업 수익성 확보에 있어서 관건이다.

Noah는 소유하고 있는 산림이 없어 목재를 중국 내에 숲을 소유하고 있는 사람이나 목재상으로부터 구입한다. 중국의 목재 가격은 국제 시세에 비해 상당히 저렴한 상태로 유지가 되고 있었는데 그 이유 중의 하나는 대규모 불법 벌목 산업 때문이었다. 그러나 중국이 환경보호 정책으로 선회하면서 임산자원의 희소성이 증가해 목재 공급은 감소했다.

도표 A	China Noah의 연결 손익계산서(실질 및 추정, 백만, 중국 위안)								

(CNY, 백만)	2007	2008	2009	2010e	2011e	2012e	2013e	2014e	2015e
매출액	1,290.4	1,394.6	1,602.7	1,923.2	2,307.9	2,769.5	3,323.4	3,988.0	4,785.6
매출원가	(849.4)	(943.4)	(1,110.0)	(1,294.0)	(1,610.3)	(2,000.7)	(2,491.1)	(3,096.8)	(3,848.2)
매출 총이익	441.0	451.2	492.7	629.3	697.6	768.8	832.2	891.2	937.4
매출 총이익률	34.2%	32.4%	30.7%	32.7%	30.2%	27.8%	25.0%	22.3%	19.6%
판매비	(216.0)	(208.0)	(201.8)	(242.3)	(290.8)	(349.0)	(418.7)	(502.5)	(603.0)
일반 관리비	(19.6)	(20.0)	(20.1)	(24.1)	(28.9)	(34.7)	(41.7)	(50.0)	(60.0)
EBITDA	205.7	223.6	271.1	362.8	377.9	385.1	371.8	338.7	274.4
EBITDA 이익률	15.9%	16.0%	16.9%	18.9%	16.4%	13.9%	11.2%	8.5%	5.7%
감가상각비	(40.3)	(45.3)	(49.4)	(57.5)	(60.8)	(64.0)	(67.3)	(70.5)	(73.7)
EBIT	165.6	178.4	221.9	305.3	317.1	321.1	304.5	268.2	200.7
EBIT 이익률	12.8%	12.8%	13.8%	15.9%	13.7%	11.6%	9.2%	6.7%	4.2%
지급이자	(7.1)	(12.0)	(15.1)	(15.9)	(13.9)	(11.2)	(7.7)	(4.4)	(2.2)
EBT	158.5	166.4	206.8	289.4	303.2	309.9	296.8	263.8	198.5
법인세	(8.4)	(18.0)	(20.0)	(28.9)	(30.3)	(31.0)	(29.7)	(26.4)	(19.9)
순이익	150.1	148.4	186.8	260.5	272.9	278.9	267.1	237.5	178.7
매출액 순이익률	11.6%	10.8%	11.7%	13.5%	11.8%	10.1%	8.0%	6.0%	3.7%

매출은 연 20% 성장하는 것으로 가정함. 추정비용은 INR 1344 = 1.00RMB로 계산함. 판매비용은 매출액의 12.6%, 일반 관리비는 매출액의 1.3%, 법인세는 EBT의 10%로 가정함. 2010e~2015e의 매출원가는 이어지는 도표 C에 근거해 추정함

이러한 공급의 축소는 목재 가격의 상승으로 이어졌다.

The World Wildlife Fund는 중국의 국내 목재 공급은 현재 소비의 절반밖에 충족할 수 없을 것으로 예측하였고, 발표 되는 가격에 대한 다양한 예측들은 초를 놀라게 하였다. 예를 들어, Morgan Stanley는 중국에서의 목재 가격이 향후 5년간 15~20% 상승할 것으로 예상하였다. Noah를 비롯한 중국의 주요 마룻바닥 생산자들은 목재를 지속 가능하며 합법적인 방법으로 저렴하게 구입하기 위해 브라질, 러시아, 인도네시아 등을 탐색하고 있다.

Noah의 인도네시아 거래

초는 지난 몇 달 동안 목재의 중국 내 조달을 대신할 수 있는 거래처를 찾기 위해 인도네시아 목재 공급자들을 접촉하고 있었다. 무엇보다도 견적서의 가격이 CNY62.6/m²로 현재 중국의 가격보다 약 8% 정도 저렴하다. 그는 지난주에 인도네시아 공급자가 보내온 거래조건(도표 B)을 이사회에 보고

하였다. 거래 조건은 Noah의 2010년 예상 매출의 30%를 생산하는 데 필요한 원료를 인도네시아에서 구매하기 위한 것이다.

초는 신속히 추진해서 금년부터 목재 구입비용을 낮추고자 한다. 현재 인도네시아 목재 생산 컨소시엄으로부터 받은 견적은 제곱미터당 84,090인도네시아 루피아(IDR/m²)이다. 이 금액은 중국 위안으로 제곱미터당 62.6(CNY/m²)이다.

$$가격^{CNY} = \frac{IDR84,080/m^2}{IDR1,344/CNY} = CNY62.6m^2$$

가격 CNY62.6는 현재 중국 내 가격 67.8을 기준으로 하면 동일한 목재에 대해 7.7% 할인된 가격이다. 중국 내 가격은 가까운 미래에 연간 4~5%씩 상승할 것으로 예상되지만 인도네시아 가격은 계약 조건에 의해 가격 상승이 연간 4%로 제한되어 있다. 따라서 IDR/CNY 환율이 변동하지 않는

도표 B	인도네시아의 목재 컨소시엄으로부터의 거래 조건

구매자	China Noah Corporation
판매자	인도네시아 목재 공급자 컨소시엄
수량	516만 m², Noah의 2010년 목재 생산의 30%
단가	IDR84,090/m²(= CNY62.6/m², 현물환율 적용)
총액	IDR4,338억 4,000만
상환조건	대금은 6개월 후 인도네시아 루피아(IDR)로 지급

다면 가격 할인의 정도는 확대될 수 있다.

초는 Noah의 생산이 2010년의 1,720만 m²에서 2015년 4,280만 m²로, 향후 5년 동안 2배 이상이 될 것으로 예상하고 있다(도표 C). 만일 Noah가 2010년에 필요한 목재의 30%를 인도네시아로부터 구입한다면 그 비율은 연 약10%씩 증가해 2015년에는 Noah가 필요한 목재의 절반 정도를 인도네시아로부터 조달하게 될 것이다.

인도네시아의 성장

인도네시아는 국토의 60%가 산림이다. 최근에 높은 인구증가와 급속한 산업화로 중국에서와 같이 대규모 불법 산림벌채와 같은 환경문제가 제기되고 있다. 인도네시아의 목재 수출은 급속하게 증가하고 있다.

거시경제학적 관점에서 인도네시아는 인근 국가에 비해 최근 발생한 경제침체의 영향을 적게 받았다. 통계를 보면 인도네시아의 GDP는 2009년 4.5% 성장했는데 향후 10년간은 연 7%의 성장을 이룰 것으로 예상되었다. 인도네시아는 머지않아 경제적으로 BRICs(브라질, 러시아, 인도, 중국)의 위상을 가질 수 있을 것이다. 안정적인 정치적 상황과 튼튼한 국내 수요가 성장을 견인할 수 있을 것이다.

환위험

인도네시아는 1997~1998년의 아시아 금융위기로 큰 충격을 입은 국가 중의 하나이다. 인도네시아 루피아는 미국 달러에 대해 IDR2,600/USD에서 IDR14,000/USD까지 가치가 하락했으며, 경제는 충격적으로 14%가 하락했다. 환율은 이후에도 회복되지 않았다. 근래에 루피아는 IDR8,000/USD~IDR10,000/USD 범위에서 안정화되었다.

도표 D에서 보는 바와 같이 최근 10년 동안 루피아와 위안은 글로벌 금융위기 기간을 제외하면 IDR1,000/CNY~IDR1,400/CNY의 비교적 좁은 범위 안에서 거래되고 있다. 인도네시아의 루피아는 변동환율제를 채택하고 있고, 중국의 인민폐는 높은 수준의 통제와 관리가 이루어지고 있기 때문에 위기 발생 시 루피아에 대한 충격이 훨씬 크다. 목재 수급 전략과 비용 구조에 근본적인 변화를 추진하고 있는 Noah에 있어 루피아와 위안의 장기적인 환율변동은 중요한 문제라고 할 수 있다.

환노출 헤징

Noah가 인도네시아로부터의 목재 조달 계약을 체결하면 6개월(2010년 3월, 2010년 9월, 2011년 3월, 등) 단위로 환위험에 노출된다. 초는 환위험관리 경험이 없기 때문에 Noah의 재무고문인 Morgan Stanley로부터 자문을 받았다.

Morgan Stanley는 중국 정부가 미국을 비롯한 많은 나라들로부터 위안의 가치 재평가에 대한 압력을 받고 있다는 점에 주목하였다. 위안과는 달리 루피아는 비록 미국 달러의 가치와 밀접하게 연결되어 움직이는 경우도 있기는 하지만 변동환율이다. 만일 인도네시아 루피아가 달러와 연결되어 움직이고 있는 상황에서 중국 위안이 달러에 대해 재평

| 도표 C | China Noah Corporation의 매출원가 구성 |

CNY/m² 마룻바닥	2007	2008	2009	2010e	2011e	2012e	2013e	2014e	2015e
목재원가									
중국 원가	59.9	61.8	65.2	67.8	70.5	73.3	76.3	79.3	82.5
중국 원가비율	100%	100%	100%	70%	67%	64%	60%	56%	52%
인도네시아 원가(IDR/m²) :				84,090	87,454	90,952	94,590	98,373	102,308
CNY/m²당 원가				62.6	65.1	67.7	70.4	73.2	76.1
인도네시아 비율	0%	0%	0%	30%	33%	36%	40%	44%	48%
가중평균원가	59.9	61.8	65.2	66.2	68.7	71.3	73.9	76.6	79.4
기타 원가									
포장	2.9	2.9	3.0	3.1	3.2	3.3	3.4	3.5	3.6
전기료	0.4	0.4	0.4	0.4	0.4	0.4	0.5	0.5	0.5
임금	1.0	1.0	1.1	1.1	1.2	1.2	1.2	1.3	1.3
배송	1.4	1.4	1.5	1.5	1.6	1.6	1.7	1.7	1.8
사포	0.9	0.9	0.8	0.8	0.8	0.8	0.8	0.9	0.9
기타	2.0	2.0	2.0	2.1	2.1	2.2	2.3	2.3	2.4
총원가(CNY/m²)	68.5	70.4	74.0	75.2	78.0	80.8	83.8	86.8	89.9
생산량(백만 m²)	12.4	13.4	15.0	17.2	20.6	24.8	29.7	35.7	42.8
목재원가 비중	87.4%	87.8%	88.1%	88.0%	88.1%	88.2%	88.2%	88.3%	88.3%
총원가(백만 CNY)	849.4	943.4	1,110.0	1,294.0	1,610.3	2,000.7	2,491.1	3,096.8	3,848.2

2010~2015년 동안 INR 1,344 = 1.00CNY, 바닥재 생산 증가율 20%, 중국 목재 가격 상승률 연 4%, 인도네시아 목재 가격 상승률 연 4%, 원자재에서 인도네시아 목재가 차지하는 비중은 2010년 30%에서 연 10%씩 증가함

가 된다면 루피아의 가치는 '하락'한다. 초는 헤징 대안을 선택하기 위해 먼저 인도네시아 루피아/중국 위안에 대한 환율과 파생상품 가격에 대한 정보를 수집하였다.

현물환율 예측. Morgan Stanley는 2015년까지 루피아가 위안에 대해 점차 가치가 상승할 것으로 예측하였다. 현물환율 예측 결과는 도표 E와 같다.

선물환율. 초는 거래 은행들로부터 선물환율을 받았다. 그들로부터 받은 선물환율의 평균을 도표 E에 나타내었다. 이자율의 차이를 기반으로 한 선물환율은 현물환율과는 달리 향후 5년간 루피아가 위안에 대해 가치가 급속하게 하락하는 것으로 나타났다.

통화옵션. 선물환 헤지는 Noah의 하방 위험을 제거하지만 인도네시아 루피아의 가치가 하락할 때 얻을 수 있는 이익의 기회도 제거한다. 초는 외환파생상품 거래에 경험이 없었기 때문에 통화옵션에 대해서는 자신이 없었다. 그러나 그는 회계 담당자에게 가능한 모든 방법을 검토하도록 했다.

도표 F는 Noah가 시장에서 조사한 6개월 만기 옵션 가격을 정리한 것이다. Noah가 헤지를 하기 위해서는 보다 긴 만기의 옵션 계약이 필요하다.

단기금융시장 헤지. Noah의 환노출은 매입채무로부터 나온 것이기 때문에 단기금융시장 헤지는 인도네시아 루피아 자금 예치와 이자를 받는 과정이 개입된다. 인도네시아의 이자율은 정부의 강력한 규제를 받고 있는 중국에 비해 지속적으로 높은 상태로 유지되고 있다. 도표 G에 나타나고 있는 것처럼 중국 CNY의 6개월 예금 이자율은 현재 1.98%이

도표 D 인도네시아 루피아와 중국 위안의 환율(월별)

도표 D 인도네시아 루피아와 중국 위안의 환율(월별)

인도네시아 루피아(IDR) = 중국 위안 1.00(CNY)

도표 E UDR/CNY의 예측 환율과 선물환율

인도네시아 루피아 = 1중국 위안

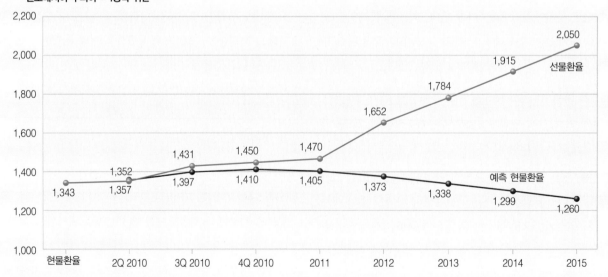

도표 F	통화옵션의 행사가격과 프리미엄	
행사가격 (IDR/CNY)	CNY 풋옵션 프리미엄 (1CNY당)	CNY 콜옵션 프리미엄 (1CNY당)
1300	2.82%	30.59%
1350	3.20%	28.16%
1400	3.73%	25.89%
1450	4.41%	23.77%
1500	5.23%	21.79%
1550	6.19%	19.94%
1600	7.32%	18.27%
1650	8.58%	16.73%
1700	9.98%	15.33%
1750	11.50%	14.05%
1800	13.13%	12.88%

주 : 백만 CNY 기준 고시임

지만 동일한 조건의 인도네시아 이자율은 훨씬 높은 6.74% 이다.

통화조정조항. 초는 은행 담당자로부터 통화조정조항(Currency Adjustment Clause, CAC)에 대한 이야기를 들었다. Noah 의 거래 은행 담당자는 만일 인도네시아로부터의 자원 조달이 Noah와 인도네시아의 컨소시엄 간에 장기 동업자 관계로 나아간다면 CAC는 기본적으로 환율의 변동에 따른 위험을 공동으로 부담하는 형태가 될 수 있다고 이야기했다. CAC는 이익/위험 공유 프로그램과 유사하다. 구매자와 판매자는 처음에 외화로 결정된 가격의 현지 가격을(우리의 예에서는 인도네시아 루피아 가격을) 합의한다. 환율이 결정한 기준환율의 일정한 범위, 예를 들어, 현재 환율인 IDR1,344/CNY의 ±5% 안에 있는 경우에는 루피아 가격을 그대로 적용한다. 그러나 결제 시점에 환율의 변화가 ±5% 범위를 벗어난다면 거래 당사자들은 현재 현물환율과 처음의 기준환율 간의 차이를 공동으로 부담한다.

초 씨는 이익/위험 공유가 필요한 현물환율 변동 기준을 4%로 추정하였다. 이 예에서 Noah는 CAC를 적용하는데 있어 최초의 가격을 CNY62.6/m²로 정할 수 있다. 만일 환율의 변동이 ±5% 범위를 벗어나면 CAC에서 결정한 방법에 따라(예를 들면, 현물환율과 결제일 환율의 중간 값을 선택하는 것과 같은) 자동적으로 가격이 조정된다. 초 씨는 향후 IDR이 CNY에 비해 가치가 하락할 것이라는 예측이 다수인 것을 고려할 때 인도네시아의 공급자들이 CAC에 대해 긍정적인 반응을 보일 것으로 생각하고 있다.

시간이 많지 않았다. China Noah의 이사회는 초 씨의 환위험관리 전략 안을 기다리고 있었다.

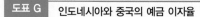

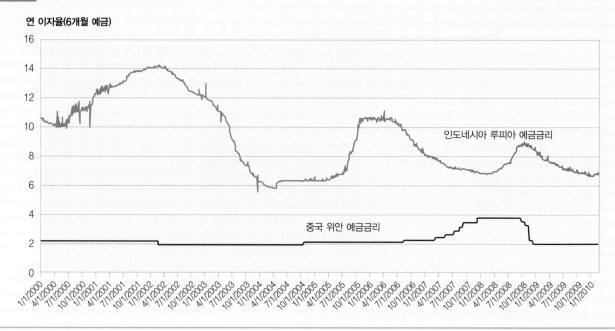

도표 G 인도네시아와 중국의 예금 이자율

연 이자율(6개월 예금)

인도네시아 루피아 예금금리

중국 위안 예금금리

사례 문제

1. China Noah가 잠재적으로 환노출을 갖게 된 경영상의 이유는 무엇인가? 이 회사는 실질적으로 환위험을 부담할 필요가 있는가? Noah에 있어 위험이 '문제'가 되는가? Noah는 헤지를 해야 하는가?

2. China Noah의 수익성(도표에서의 매출을 기준으로 한)이 IDR/CNY 환율에 따라 어떻게 변하는지를 (a) 예측 현물환율, (b) 선물환율, (c) 가정하고 있는 고정환율을 적용해 계산하라.

3. Noah가 인도네시아로부터의 구입에 대한 대금을 6개월 간격으로 지급한다고 가정하고 외화의 대금지급 일정을 제시하라.

4. 당신은 인도네시아 루피아와 중국 위안의 환율에 대해 어떻게 전망하는가? 이러한 전망이 Noah가 이용할 수 있는 헤징 전략에 영향을 줄 수 있는가?

5. 당신이 추천하는 헤징 선택은 무엇인가?

1. **환노출.** 세 가지 유형의 환노출을 정의하라.

2. **환노출과 계약.** 세 가지 환노출 중에 이미 체결된 계약의 현금흐름과 관련된 환노출은 무엇이고, 이와 관련되지 않은 환노출은 무엇인가?

3. **환위험.** 환위험을 정의하라.

4. **헤징.** 헤지는 무엇인가? 투기와의 차이점은 무엇인가?

5. **기업가치.** 재무이론적 관점에서 기업가치란 무엇인가?

6. **현금흐름 변동성.** 환헤지는 이론적으로 기업 기대현금흐름을 어떻게 변화시키는가?

7. **환헤지 찬성론.** 기업의 적극적인 환위험관리 활동 수행을 지지하는 주장의 근거를 4개 기술하라.

8. **환헤지 반대론.** 기업의 적극적인 환위험관리 활동을 반대하는 주장의 근거를 6개 기술하라.

9. **헤징과 투기.** 헤징과 투기의 차이는 무엇인가?

10. **선물환 계약을 이용한 헤지.** 싱가포르 기업이 파운드화 미수금을 선물환 계약으로 헤지할 수 있는 방법을 설명하라. 이 선물환 헤지에서 헤지비용은 무엇인가?

11. **미이행 계약.** 고객으로부터 받을 외화 미지급금과 국내통화와 외화를 교환하기로 은행과 체결한 선물환 계약 중 이행이 되지 않을 가능성이 높은 계약은 무엇인가?

12. **현금 잔고.** 외화 현금 잔고가 거래 환노출의 원인이 되지 않는 이유는 무엇인가?

13. **계약 외환 헤지.** 거래 환노출을 헤지하는 데 이용할 수 있는 주요 수단 4개를 설명하라.

14. **단기금융시장 헤지.** 단기금융시장 헤지에서 매출채권에 대한 헤지와 지급계정에 대한 헤지의 차이는 무엇인가? 이들 간에 유의미한 차이가 있는가?

15. **재무상태표 헤지.** 재무상태표 헤지, 자금조달 헤지, 단기금융시장 헤지의 차이점은 무엇인가?

16. **선물환 헤지와 단기금융시장 헤지.** 이론적으로 선물환 헤지와 단기금융시장 헤지는 결과가 동일해야 하지 않을까? 이 두 방법은 모두 초기 현물환율, 국내 자본사용비용, 해외자본 사용비용 정보를 동일하게 사용하지 않는가?

17. **통화옵션 프리미엄.** 많은 기업들이 통화옵션을 사용해 헤지를 하기 위해 비용을 지불하는 것을 꺼려 하는 이유는 무엇인가? 기업들은 선물환 헤지에 비용을 지불하는가? 옵션 헤지와 선물환 헤지 간에 차이가 있다면 무엇인가?

18. **결정기준.** 재무담당자는 거래 환노출을 관리하기 위해 대안 중에 선택을 해야 한다. 선택을 결정하는 데 필요한 2개의 기준을 설명하라.

19. **위험관리 실무.** 기업에 대한 조사 결과에 의하면, 환노출 중 기업이 주로 헤지를 하는 환노출은 무엇인가?

20. **헤지 비율.** 헤지 비율은 무엇인가? 헤지 비율이 1보다 작은 이유는 무엇인가?

1. **BioTron Medical, Inc.** 의료장비 유통업자인 BioTron Medical, Inc.의 CFO인 브렌트 부시는 일본 고객 누마타로부터 5%를 할인해주면 2개월마다 이어지는 주문에 대한 대금 1,000만 엔을 현금으로 결제하겠다는 제안을 받았다. 현재 누마타와는 90일 후 결제 조건이고 할인은 없다. 부시는 다음에 제시된 가격과 추정 자본비용을 근거로 수취하는 엔을 선물환 계약으로 헤지하는 방안을 고려하고 있다. 브렌트 부시는 누마타의 제

안을 받아들이는 것이 유리한가?

현물환율 :	¥107.91/$
30일 선물환율 :	¥107.66/$
90일 선물환율 :	¥106.81/$
180일 선물환율 :	¥105.89/$
누마타의 WACC	9.38%
BioTron의 WACC	7.85%

2. **Bobcat.** 산업설비를 생산하는 미국 기업인 Bobcat은 중장비용 플라스틱 볼트와 너트를 생산하는 한국기업을 매입했다. 매입 가격은 78억 원이었다. 금액 중 15억 원은 이미 지급했고 나머지 63억 원은 6개월 후에 지급할 예정이다. 현재 현물환율은 ₩1,071.95/$이고, 6개월 선물환율은 ₩1,103.28/$이다. 6개월 원(won)의 이자율은 연 12%이고, 6개월 미국 달러 이자율은 연 5%이다. 행사가격이 ₩1,100/$인 6개월 콜옵션의 프리미엄은 2.83%이고, 동일한 행사가격의 6개월 풋옵션의 프리미엄은 2.48%이다.

   Bobcat은 앞에서 주어진 이자율로 투자할 수 있으며, 이자율에 1%를 추가한 이자율로 차입을 할 수 있다. Bobcat의 가중평균 자본비용은 9%이다. Bobcat이 환노출을 관리할 수 있는 방법들을 비교하라. 어떤 방법을 추천하겠는가? 그 이유는 무엇인가?

3. **Siam Cement.** 방콕의 시멘트 생산업자인 Siam Cement는 1997년 아시아 금융위기 이후 큰 손실에 직면했다. 이 기업은 1990년대 중반 적극적인 성장전략을 구사했고 대규모로 외화표시 부채(대부분 미국 달러화임)를 조달했다. 미국 달러화에 연계되어 있던 태국 바트(B)는 1997년 7월 가치가 하락하기 전 환율이 B25.0/$이었고, Siam의 부채에 대한 지불이자는 5,000만 달러이었다(당시의 달러화 부채에 대한 이자율은 8.40%이었음). Siam Cement가 1997년 6월 5,000만 달러를 8.40%의 이자율로 차입을 해서 환율이 B42.0/$로 안정된 1년

후에 상환한다고 가정하면, 이 거래에서 발생한 외환손실은 얼마인가?

4. **P&G India.** 인도의 Procter and Gamble의 계열사인 P&G India는 상당량의 화장품류 제품을 베트남 기업으로부터 조달하고 있다. 인도에서는 운전자본 부족으로 대부분의 인도 수입상은 통상 180일 이상의 지불조건을 제시하고 있다. P&G India는 지불해야 할 1,000만 동(đ)에 대한 헤지를 고려하고 있다. 비록 인도 루피(₹)에 대한 옵션은 이용할 수 없지만 동에 대한 선물환은 이용 가능하다. 추가적으로, 인도에서는 통상적으로 외환 중개상과 거래를 하는 경우 3.85%의 수수료를 부담하여야 한다. 다음에 주어진 환율과 이자율 자료를 참고하여 헤징 전략을 추천하라.

현물환율 :	346.49đ/₹
180일 선물환율	318.49đ/₹
180일 후 현물환율	318.49đ/₹
180일 루피 투자수익률	6.00%
180일 동 투자수익률	1.80%
외환중개상 요율	3.85%
P&G India의 자본비용	10.00%

5. **Vizor Pharmaceuticals.** 미국의 다국적 제약회사인 Vizor Pharmaceuticals는 콜레스테롤 감소제를 인도네시아 판매상에게 판매할지 여부를 검토 중이다. 판매량은 18억 인도네시아 루피아(Rp)이고, 현재 현물환율인 Rp12,215/$로 환산하면 약 135,000달러이다. Vizor에게 큰 거래는 아니지만, 모든 거래는 최소한의 이윤을 확보할 수 있어야 한다는 회사의 방침에 따르면 이 거래에서는 133,000달러를 확보할 수 있어야 한다. 현재 90일 선물환율은 Rp12,472/$이다. Vizor는 환율이 마음에 드는 것은 아니었지만 루피아에 대한 선물환율을 제시하는 은행을 찾기 위해 여러 은행과 접촉을 해야 했다. 그러나 현재 시장에서의 예측을 종합해보면 루피

아는 비교적 안정적으로 유지될 것이고 향후 90일에서 120일 사이에 현물환율은 Rp12,400/$가 될 것이라는 예측이 지배적이다. 판매에 대해 분석하고 헤징 전략을 제시하라.

6. **Embraer of Brazil**. Embraer of Brazil은 소형항공기 (regional jet) 생산을 선도하는 2개의 글로벌 기업 중 하나이다(다른 한 기업은 Bombardier of Canada). Regional jets는 좌석이 50~100석 정도로, Airbus나 Boeing이 생산하는 일반적인 여객기에 비해 작은 규모의 항공기이다. Embraer는 미국의 한 국내 항공사와 항공기를 생산해 1년 후에 납품하고 8,000만 달러를 받기로 계약을 체결했다.

Embraer는 대금을 미국 달러화로 받지만, 1년 후에 2,000만 달러를 해외 공급업자에게 지불해야 하기 때문에(그들은 1년간 부품을 공급하게 되어있다) 원가 면에서도 환노출이 있다. 현재 브라질 헤알(R$)의 현물환율은 R$1.8240/$이지만 헤알은 과거 3년간 미국 달러에 대해 가치가 점차 상승해왔다. 선물환 계약을 이용하기는 어려운 상황이고, 비용도 높은 것으로 인식되었다. Citibank Brazil은 Embraer에 선물환율을 명시적으로 제시하지는 않았지만 미국 달러화의 유로금리 4%와 브라질 국채수익률 10.50%을 이용해 선물환율을 제공할 수 있다는 이야기를 했다. Embraer의 환노출에 대해 어떤 조언을 할 수 있겠는가?

7. **Krystal**. Krystal은 미국에 있는 정수기 제조 판매 및 설치 회사이다. 이 회사는 4월 11일 일본 나가사키시의 Glover Gardens에 설치할 정수기를 판매하였다. 정수기 가격은 2,000만 엔이고 3개월 후에 결제를 하기로 하였다.

현물환율 :	¥118.255/$(평균 종가)
1개월 선물환율 :	¥117.760/$, 연 5.04 프리미엄
3개월 선물환율 :	¥116.830/$, 연 4.88% 프리미엄
1년 선물환율 :	¥112.450/$, 연 5.16% 프리미엄

단기금리	미국	일본	차이
1개월	4.8750%	0.09375%	4.78125%
3개월	4.9375%	0.09375%	4.84375%
12개월	5.1875%	0.31250%	4.87500%

이자율 차이는 견적 기간에 따라 선물환율 프리미엄과 약간 차이가 있다. 예를 들어, 현물환율 ¥118.255/$는 평균 환율인데, 런던 외환시장에서 4월 11일 엔 현물은 ¥118.30/$ ~ ¥117.550/$에서 거래되었다. Krystal의 일본 경쟁업체는 일본 은행으로부터 일본의 단기금리에 2% 포인트를 가산한 금리로 자금을 조달할 수 있다. Krystal의 가중평균 자본비용은 16%인데 수취할 금액을 미국 달러로 확정하고 싶다.

큐슈 은행은 다음과 같은 3개월 옵션을 제시하였다. 20,000,000엔에 대한 콜옵션, 행사가격은 ¥118.00/$, 옵션 프리미엄은 1%, 20,000,000엔에 대한 풋옵션, 행사가격은 ¥118.00/$, 옵션 프리미엄은 3%

a. 각 헤지 대안의 비용과 이득은 무엇인가? 어떤 대안을 추천하겠는가? 그 이유는 무엇인가?

b. 선물환 헤지와 단기금융시장 헤지를 동일하게 하는 재투자 수익률은 얼마인가?

8. **Caribou River**. Caribou River Ltd.는 캐나다의 우비 제조업체이고 거래 환노출에 대해 선택적 헤지를 하지는 않는다. 이 회사는 거래 날짜가 확정되면 모든 외화표시 현금흐름은 다음과 같은 기준에 따라 선물환으로 헤지를 한다.

선물환 헤징 기준	0~90일	91~180일	180일 이상
지급 시 선물 환 비율	75%	60%	50%
수취 시 선물 환 비율	100%	90%	50%

Caribou는 이후에 덴마크 크로네로 여러 번 자금 유입이 있을 것으로 예상하고 있다. 이후 1년간의 자금 유입 일정은 90일 후에 DKr3,000,000, 180일 후에 DKr2,000,000, 1년 후에 DKr1,000,000이다. 다음의 현물환율과 선물환율을 참조하여 각 기간에 기업이 필요로 하는 선물환 헤지 금액을 계산하라.

현물환율, DKr/C$	4.70
3개월 선물환율, DKr/C$	4.71
6개월 선물환율, DKr/C$	4.72
12개월 선물환율, DKr/C$	4.74

9. **Pupule Travel.** 하와이 호놀룰루에 위치한 Pupule Travel은 100% 개인 소유의 여행사이다. 이 회사는 타이완에서 미국과 캐나다로부터 여행객을 유치하는 것을 주업으로 하는 개인 여행사 Taichung Travel의 지분 50%를 인수하기로 하였다. 인수 가격은 700만 타이완 달러(T$7,000,000)이고 대금은 3개월 후에 현금으로 지급하기로 하였다.

   Pupule Travel의 소유주인 토머스 카슨은 타이완 달러가 향후 3개월 동안 안정적으로 유지가 되거나 가치가 약간 하락할 것으로 예상하고 있다. 현재 현물환율이 T$35/$이므로 필요한 현금은 200,000달러이다. 비록 많은 금액은 아니지만 토머스 카슨은 이 금액을 개인적으로 차입해야 한다. 타이완의 비거주자 외화예금은 정부에 의해 규제를 받고 있는데 현재 금리는 연 1.5%이다. 그는 하와이 은행과 현재 차입금리 8%로 200,000달러를 차입할 수 있는 신용한도를 유지하고 있다. 그는 거래되는 주식도 없고 경쟁사들도 모두 같은 처지에 개인기업이기 때문에 가중평균 자본비용을 계산할 수 없는 상황이다. 인수를 하는 경우 자신의 신용한도가 모두 소진되는 상황이 되기 때문에 그는 거래 환노출을 헤지해야 하는 것이 아닌가 하는 생각이 들었다. 그는 하와이 은행으로부터 다음과 같은 시세를 받았다.

현물환율(T$/$)	35.00
3개월 선물환율((T$/$)	32.40
3개월 타이완 달러 예금금리	1.500%
3개월 달러 차입금리	8.00%
3개월 만기 T$에 대한 콜옵션	이용 불가

각 대안의 비용과 위험을 분석하고 토머스 카슨이 선택할 수 있는 대안을 추천하라.

10. **Mattel Toys.** Mattel은 미국 기업으로 매출의 2/3는 달러(아시아와 미국)로, 1/3은 유로(유럽)로 이루어지고 있다. Mattel은 9월에 대량의 완구(주로 바비인형과 완구용 자동차임)를 벨기에의 엔트워프에 있는 유통업자에게 선적하기로 되어있다. 대금 3,000만 유로는 90일 후에 받기로 되어있는데 이는 유럽의 완구 업계에서 통상적으로 적용하는 조건이다. Mattel의 재무팀은 다음과 같은 시세 정보를 수집하였다. Mattel의 외환 담당 고문은 90일 후에 유로 환율이 $1.4200/€가 될 것으로 전망하고 있다. Mattel의 경영진은 환위험관리에서 통화옵션을 사용하지는 않고 있다. 헤지 방법 중 어떠한 것이 유리하겠는가?

현물환율($/€)	$1.4158
Credit Suisse의 90일 선물환율($/€)	$1.4172
Barclays 90일 선물환율($/€)	$1.4195
Mattel Toy의 가중평균 자본비용	9.600%
유로달러 90일 이자율	4.000%
유로 90일 이자율	3.885%
유로달러 90일 차입금리	5.000%
유로 90일 차입금리	5.000%

11. **Chronos Time Pieces.** 보스턴에 위치한 Chronos Time Pieces는 여러 국가에 있는 시계 매장과 유통업자에게 현지 통화로 시계를 판매하는 수출 기업이다. Chronos는 재무 건전성에 자부심을 갖고 있는 기업이다. 각 거래에서 거래 환노출의 75%를 헤지하고 있는데, 옵션을

사용하는 경우도 있지만 대부분은 선물환을 이용한다. Chronos는 통화의 가치 하락이나 가치 상승이 임박해 있는 경우 75%를 125%로 상향 조정하는 정책을 운용하고 있다. Chronos는 방금 전 북미 지역의 유통업자에게 물품을 납품했다. 이 회사는 매입상에게 1,800,000 유로에 대해 90일부 송장을 발부했다. 현재 현물환율은 $1.2628/€, 90일 선물환율은 $1.2615/€이다. Chronos의 재무 담당자 매니 헤르난데스는 환율의 움직임을 잘 예측해오고 있다. 그는 향후 90~120일 사이 기간에 유로는 달러에 비해 약세가 되어 환율이 $1.2600/€이 될 것으로 예상하고 있다.

a. 헤징 대안의 결과를 매니의 예측이 옳은 경우 ($1.2600/€)와 옳지 않은 경우($1.2700/€)로 나누어 헤지 대안을 평가하라. 추천하는 대안은 무엇인가?

b. 거래 환노출에 대해 125%를 헤지한다는 것은 무엇을 말하는가?

c. 기업이 가장 보수적으로 환위험을 관리한다는 것은 무엇을 의미하는가? Chronos의 경우와 어떻게 다른 것인가?

12. **Farah Jeans**. 텍사스 샌안토니오에 있는 Farah Jeans는 과테말라시티 근처에 새로운 조립공장의 완공을 앞두고 있다. 건설 대금의 잔액 Q8,400,000은 6개월 후에 지급할 예정이다['Q'는 과테말라 통화 케찰(quetzal)의 통화 기호임]. Farah의 가중평균 자본비용은 연 20%이다. 당일의 환율과 이자율은 다음과 같다.

6개월 후 지급할 건설대금(케찰)	8,400,000
현재 현물환율(quetzals/$)	7.0000
6개월 선물환율(quetzals/$)	7.1000
과테말라 6개월 이자율(연)	14.000%
미국 달러 6개월 이자율(연)	6.000%
Farah의 가중평균 자본비용	20.000%

Farah의 재무 담당자는 과테말라의 경제에 대한 전망을 고려할 때 헤지를 해야 하는지 결정을 내리지 못하고 있다. 재무 담당자의 예측 정보는 다음과 같다.

6개월 후의 기대 현물환율(quetzals/$)

기대 최고환율(케찰의 가치가 가장 큰 폭으로 하락한 경우)	8.0000
기대 환율	7.3000
기대 최저환율(케찰의 가치가 상승한 경우)	6.4000

Farah가 대금을 상환하기 위해 선택할 수 있는 현실성 있는 대안들은 무엇인가? 어떤 대안을 추천하겠는가? 그 이유는 무엇인가?

13. **Burton Manufacturing**. Burton Manufacturing은 재고관리에 사용되는 소형 컴퓨터 시스템을 생산하는 미국 회사인데, 제이슨 스테드먼은 Burton Manufacturing의 재무이사이다. Burton의 시스템은 주문에 의해 설계된 저비용의 능동형 태그를 재고에 부착해(태그에서 극소량의 무선 주파수가 나옴) 재고관리를 하는 시스템이다. Burton은 재고관리 시스템을 영국 회사인 Pegg Metropolitan(영국)에 1,000,000파운드를 받고 판매하기로 하였다. Burton이 이 판매와 관련해 이용할 수 있는 환율 정보는 다음 쪽의 표와 같다. 1개월은 30일로 가정한다.

a. 정산 시 환손실(이익)은 얼마가 되겠는가?

b. 제이슨이 환노출을 선물환으로 헤지한다면 순환손실(이익)은 얼마가 되겠는가?

14. **Micca Metals, Inc**. Micca Metals, Inc.는 미시간 디트로이트에 위치한 특수 소재와 특수 금속을 취급하는 기업이다. 이 회사는 화장품, 가전, 금박제조설비 등에 사용되는 다양한 색소 제조에 사용되는 특수 소재와 금속을 취급하고 있다. Micca는 모로코로부터 인산염을 구입했는데 지불 금액은 6,000,000디르함이고 6개월 후 지급하기로 하였다.

문제 13.

날짜	항목	현물환율($/£)	선물환율($/£)	선물환일수
2월 1일	Pegg에 제시된 환율	1.7850	1.7771	210
3월 1일	판매 계약	1.7465	1.7381	180
	파운드 계약금액	£1,000,000		
6월 1일	Pegg에 제품 선적	1.7689	1.7602	90
8월 1일	Pegg의 제품 수령	1.7840	1.7811	30
9월 1일	Pegg Met.의 대금지급	1.7290	—	—

Bank Al-Maghrub가 제시한 행사가격이 10.00디르함/달러, 금액이 6,000,000디르함, 만기가 6개월인 콜옵션의 가격은 2%이다. 동일한 행사가격, 금액, 만기의 풋옵션 가격은 3%이다. Micca가 거래 환노출을 헤지할 수 있는 대안을 검토하고 결과를 비교하라. 어떤 대안을 추천하겠는가?

가정	값
모로코로부터 인산염 선적(모로코 디르함)	6,000,000
Micca의 가중평균 자본비용(WACC)	14.000%
현물환율(dirham/$)	10.00
6개월 선물환율(dirham/$)	10.40

15. 마리아 곤잘레스와 Ganado. 사례에서 살펴본 Ganado는 또 다른 대형 통신장비를 영국 기업인 Regency(영국)에 판매하기로 하였다. 총판매대금은 3,000,000파운드이고 90일 결제 조건이다. 마리아 곤잘레스의 Ganado가 영국 파운드를 차입하는 경우 이자율은 14%이다(영국 은행들의 신용에 대한 우려 때문임). 다음의 환율과 이자율 자료에 근거할 때 Ganado가 선택할 수 있는 최선의 거래 환노출 헤지 방안은 무엇인가?

가정	값	
90일 후 파운드 수취금액	£3,000,000.00	
현물환율($/£)	$1.7620	
90일 선물환율($/£)	$1.7550	
3개월 미국 달러 투자수익률	6.000%	
3개월 미국 차입금리	8.000%	
3개월 영국 투자수익률	8.000%	
3개월 영국 차입금리	14.000%	
Ganado의 가중평균 자본비용	12.000%	
90일 후 예상환율($/£)	$1.7850	
영국 파운드의 풋옵션	행사환율($/£)	가격
	$1.75	1.500%
	$1.71	1.000%

16. Larkin Hydraulics. 미국 회사 Caterpillar의 완전소유 종속회사인 Larkin Hydraulics는 5월 1일 12메가와트 압축 터빈을 네덜란드의 Rebecke Terwilleger Company에 판매하였다. 대금은 4,000,000유로이고, 2,000,000유로는 8월 1일에, 2,000,000유로는 11월 1일에 받기로 하였다. Larkin은 판매대금 4,000,000유로를 4월 1일에 결정했는데, 미국시장에서의 판매대금인 4,320,000달러를 당시의 현물환율인 $1.0800/€로 나누어 산정하였다.

주문을 받아 계약을 체결한 5월 1일에는 유로의 가치가 상승해 환율이 $1.1000/€가 되었고, 판매 대금의 달러화 금액은 €4,000,000 × $1.1000/€ = $4,400,000가 되었다. Larkin은 환율이 유리하게 변동해 이미 80,000달러의 추가적인 이득을 얻었다. 그러나 Larkin의 재무이사는 향후 환율의 변동이 역전될 것에 대비해 환노출 헤지를 고려하고 있다. 가능한 네 가지 대안은 다음과 같다.

1. 선물환 시장 헤지 : 고시된 선물환율은 3개월 만기 선물환이 $1.1060/€, 6개월 만기 선물환이 $1.1130/€이었다.

2. 단기금융시장 헤지 : Larkin은 미국 내 거래 은행의 프랑크푸르트 지점에서 유로를 연 8%의 이자율로 차입할 수 있다.

3. 통화옵션 헤지 : 8월 만기, 행사환율 $1.1000/€인 풋옵션 가격이 2%이다. 행사가격이 동일한 11월 만기 풋옵션 가격은 1.2%이다. 8월 만기 콜옵션 가격은 3%, 11월 만기 콜옵션 가격은 2.6%이다.

4. 노헤지 : Larkin은 최근의 유로의 강세 추세가 계속될 것을 기대하며 아무것도 하지 않고 기다렸다가, 8월과 11월에 수취한 판매대금을 현물시장에 매각할 수 있다.

Larkin은 자기자본비용을 연 12%로 추정하고 있다. Larkin Hydraulics는 소기업이기 때문에 장기로 자본을 조달할 수 없다. 미국의 단기채권 수익률은 3.6%이다. Larkin은 무엇을 선택해야 하는가?

17. **Navarro의 사내 헤징.** Navarro는 미국에 본사를 둔 다국적 기업으로 방음 공사용 특수 자재를 생산, 유통하는 기업이다. 이 회사는 최근 스페인 바르셀로나에 종속회사를 설립해 미국 본사와 바르셀로나 종속회사 간에 거래 규정을 설정해가고 있는 중이다. Navarro의 국제재무 담당자인 이냐시오 로페스는 새로운 종속회사의 거래 규정 수립에서 주도적인 역할을 하고 있다.

Navarro는 스페인 종속회사에 처음으로 제품 선적을 준비하고 있다. 이 선적 대금은 500,000달러의 사내 송장으로 처리할 예정이다. 회사는 이 송장 금액을 달러로 표시할 것인지 아니면 유로화로 표시하고 이를 헤지할 것인지를 결정하려 하고 있다. 이냐시오는 최근의 환율 변동과 추세를 근거로 시뮬레이션을 해보고 Navarro가 선택할 수 있는 방안을 찾아보려고 한다.

이냐시오는 지난 금요일 이전 90일간(대륙 간 사내 거래의 표준 거래 조건이 90일임)의 상황을 검토하였다. 지난 분기가 시작될 때 현물환율은 $1.0640/€이었고, 같은 날 90일 선물환율은 $1.0615/€이었다.

a. 사내거래의 송장이 미국 달러화로 표시된다면 본사와 종속회사 중 어느 쪽이 환손실(이익)을 부담하게 되는지 완전 헤지와 노헤지의 경우를 가정하고 추정하라.

b. 사내거래의 송장이 유로화로 표시된다면 본사와 종속회사 중 어느 쪽이 환손실(이익)을 부담하게 되는지를 완전 헤지와 노헤지의 경우를 가정하고 추정하라.

18. **Korean Airline.** Korean Airline(KAL)은 Boeing사와 747-400 2기를 60,000,000달러에 구입하기로 방금 전 계약을 체결하였다. 대금은 2회 분할로 상환하기로 하였는데 30,000,000달러는 이미 지불하였고 나머지 30,000,000달러는 3개월 후에 지급하기로 하였다. KAL은 현재 25,000,000,000원을 서울의 한 은행에 예금해놓고 있다. KAL은 이 예금으로 다음에 돌아오는 구입대금을 상환하려 한다.

현재의 현물환율은 ₩800/$이고 90일 만기 선물환율은 ₩794/$으로 제시받은 상황이다. 90일 유로달러 이자율은 6.000%이고, 한국 원화의 예금금리는(유로원은 없음) 5.000%이다. KAL은 원화를 은행으로부터 6.250%로 차입할 수 있으며 미국 달러는 9.375%로 차입할 수 있을 것으로 예상하고 있다.

행사가격이 ₩790/$이고 만기가 3개월인 달러화에 대한 콜옵션이 점두시장에서 프리미엄이 2.9%로 거래되고 있으며, 동일 조건의 풋옵션은 프리미엄이 1.9%로 거래되고 있다(변동성은 12%로 가정함). KAL의 외환부시는 3개월 후의 현물환율이 ₩792/$이 될 것으로

예상하고 있다.

KAL이 3개월 후에 은행에 있는 원화예금을 가장 많이 남기면서 Boeing에 남은 대금을 지불하는 방법은 무엇인가?

인터넷 문제

1. **현재변동성.** 옵션가격 산정을 하기 위해서는 유로, 영국 파운드, 일본 엔의 변동성을 알아야 한다. 다음의 웹사이트에서 등가격 풋옵션 가격설정에 필요한 현물환율과 변동성 자료를 수집하라.

Fedral Reserve Bank of New York	www.newyorkfd.org/market/foreignex.html
RatesFX.com	www.ratesfx.com/

2. **헤징 목표.** 모든 다국적 기업들은 연차보고서에 헤징 활동의 목표와 목적을 제시한다. 다음의 기업을 참고하여 "기업은 왜 헤지를 하는가?"와 관련된 토론에 필요한 기업들을 찾아보고 토론의 결과를 비교 정리하라.

Nestlé	www.nestle.com
Disney	www.disney.com
Nokia	www.nokia.com
BP	www.bp.com

3. **환산방법의 변화 : FASB.** Financial Accounting Standards Board는 미국 기업들이 재무성과를 보고하는 표준 방법을 공포하고 있다. 미국의 재무보고 표준은 다른 국가들의 재무보고 방법에 영향을 주기도 한다. 오늘날 제기되고 있는 중요한 문제 중의 하나는 기업이 소유한 재무 파생상품이나 협약에 대해 이의 가치를 평가하고 보고하는 문제이다. FASB의 홈페이지와 세계의 주요 회계법인과 관계기관의 웹페이지를 이용하여 현재의 회계기준과 이와 관련된 논의의 내용을 정리하라.

FASB home page	raw.rutgers.edu/
Treasury Management of NY	www.tmany.org/

제10장 부록 :
복합 옵션 헤지

앞에서 살펴본 Ganado는 90일 후에 정산할 매출채권 1,000,000파운드를 보유하고 있다. 도표 10A.1에는 부록에서 사용하게 될 가정과 노출 그리고 옵션 대안들이 정리되어 있다. 이 회사는 향후 90일 동안 환율이 유리하게 변동할 것으로(미국 달러에 대한 영국 파운드의 가치가 상승할 것으로) 예상하고 있다. 그러나 이 기업은 환율변동 방향에 대한 예상과 무관하게 파운드의 가치 하락에 대비할 방어책을 찾고 있다.

기업이 가장 관심 있는 환노출관리 구역은 노헤지와 선물환 헤지가 만들어내는 2개의 삼각형이다. 기업은 오른쪽 상단 삼각형에 나타난 잠재적 이익은 확보하고, 왼쪽 하단에 나타나고 있는 손실은 최

도표 10A.1 Ganado의 거래 환노출과 풋옵션 헤지

현물환율	$1.4790/£			
90일 선물환율	$1.4700/£	풋옵션	행사가격	프리미엄
90일 유로달러 이자율	3.250%	등가격선물환	$1.47	$0.0318/£
90일 유로파운드 이자율	5.720%	외가격 풋	$1.44	$0.0188/£
90일 $/£ 변동성	11.000%			

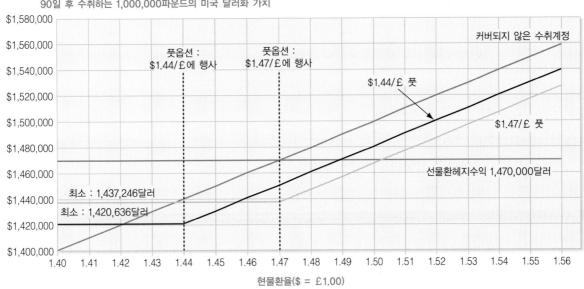

소화하고자 할 것이다. 풋옵션의 '꺾인 프로필'은 파운드 가치가 상승할 것으로 예상하는 기업의 소망에 부합하는 것이다.

기업은 여러 행사가격의 풋옵션을 고려할 수 있다. 도표 10A.1에는 2개의 서로 다른 풋옵션, 즉 행사가격이 $1.4700/£인 선물환−등가격 풋옵션과 행사가격이 $1.4400/£인 풋옵션을 보여주고 있다. 통화옵션은 실제로 현물환율이 아닌 선물환율 근처에서 가격이 형성되므로(제8장 참조), 옵션의 가격을 내가격, 등가격, 외가격으로 구분하는 기준은 동일 만기의 선물환율이 되어야 한다. 선불환−외가격 풋옵션은 비용이 낮지만 방어의 수준도 낮다.

합성 선물환

선물환율이 $1.4700/£일 때 90일 선물환 계약으로부터의 수익은 1,470,000달러이다. 기업이 선택할 수 있는 또 다른 선택은 옵션을 사용해 구성한 합성 선물환(synthetic forward)이다. 합성 선물환은 규모와 만기가 동일하고, 행사가격이 선물환율인 2개의 옵션을 결합하여 구성한다.

1. 행사가격이 $1.4700/£인 파운드 풋옵션을 $0.0318/£를 지불하고 매입한다.
2. 행사가격이 $1.4700/£인 파운드 콜옵션을 $0.0318/£를 수취하고 매도한다.

풋옵션을 매입할 때에는 프리미엄을 지불하고, 콜옵션을 매도할 때에는 프리미엄을 받는다. 만일 두 옵션이 선물환율에서 행사된다면(선물환−등가격), 프리미엄은 동일해야 하며, 프리미엄의 합계는 0이 되어야 한다.

도표 10A.2는 커버되지 않은 포지션, 기본 선물환 헤지, 합성 선물환을 구성하는 데 필요한 풋옵션과 콜옵션의 프로파일을 설명하고 있다. 결합된 포지션이 환율의 변동에 따라 어떠한 결과를 가져오는지는 $1.4700/£의 왼쪽과 오른쪽을 비교하면 확인할 수 있다.

환율이 $1.4700/£ 왼쪽에 있을 경우 :

1. 기업은 90일 후에 1,000,000파운드를 수취한다.
2. 기업이 매도한 콜옵션은 외가격 옵션으로 만료된다.
3. 기업은 수취한 파운드를 매입한 풋옵션을 행사해 매도한다.

환율이 $1.4700/£ 오른쪽에 있을 경우 :

1. 기업은 90일 후에 1,000,000파운드를 수취한다.
2. 기업이 매도한 풋옵션은 외가격 옵션으로 만료된다.
3. 기업은 수취한 파운드를 콜옵션 매입자에게 인도하고 콜옵션 매입자로부터 $1.4700/£를 수령한다.

따라서 현물환율이 $1.4700/£보다 높거나 낮거나에 관계없이 미국 기업은 1,470,000달러를 받는

도표 10A.2 Ganado의 합성 선물환을 이용한 거래 환노출 헤지

현물환율	$1.4790/£			
90일 선물환율	$1.4700/£	**풋옵션**	**행사가격**	**프리미엄**
90일 유로달러 이자율	3.250%	등가격선물환	$1.47	$0.0318/£
90일 유로파운드 이자율	5.720%	외가격 풋	$1.44	$0.0188/£
90일 $/£ 변동성	11.000%			

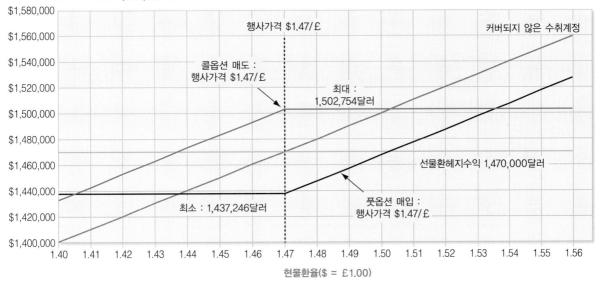

90일 후 수취하는 1,000,000파운드의 미국 달러화 가치

다. 현물과 옵션이 결합된 포지션은 선물환 계약과 동일하다. 90일 후에 1,000,000파운드를 상환해야 하는 기업은 유사한 방법으로 옵션을 사용한 합성 선물환을 구성할 수 있다.[3]

기업은 왜 단순한 선물환 계약을 합성하기 위해 복잡한 합성 포지션을 취하는 것인가? 그 답은 수취하고 지급하는 옵션 프리미엄에 있다. 우리의 예에서는 옵션의 행사가격이 선물환율과 같은 선물환-등가격 옵션을 가정했기 때문에 지불해야 하는 옵션 프리미엄과 수취하는 옵션 프리미엄이 정확하게 일치했다. 만약에 옵션 행사가격(매도하고 매입하는 두 옵션의 행사가격이 동일함을 기억하라)이 정확하게 선물환-등가격이 아니라면 두 옵션 프리미엄은 약간의 차이가 있을 수 있다. 순프리미엄의 차이는 프리미엄의 순수취금액이나 순지급금액이 발생하는 결과로 나타난다. 이 금액이 양수라면 이 금액은 수취금액에 더해져 선물환을 이용한 경우에 받을 수익보다 많은 금액을 받게 된다. 또 다른 가능성은 기업이 옵션 가격을 조사하기 위해 많은 금융기관들을 접촉하는 과정에서 선물환 계약보다 유리한

---

[3] 1,000,000파운드를 지불해야 하는 미국 기업은 선물환율이 $1.4700/£인 경우 다음과 같이 합성 선물환을 구성할 수 있다. (1) 콜옵션 1,000,000파운드를 행사가격 $1.4700/£로 매입한다. (2) 풋옵션 1,000,000파운드를 행사가격 $1.4700/£로 매도한다.

조건을 찾을 수 있다는 것이다. 옵션시장이 균형 상태가 아니라는 것을 전제로 하는 주장이기는 하지만 실제로 이러한 일이 일어나고 있다.

2세대 환위험관리 상품

2세대 환위험관리 상품은 지금까지 설명한 2개의 기본적 파생상품인 선물환과 옵션을 이용하여 구성한다. 이를 2개의 하위 그룹으로 구분하면, (1) 선물환율을 중심으로 한 제로 프리미엄 옵션 상품(zero-premium option product)과 (2) 다양한 가격 선택에 초점을 맞춘 변형 옵션(exotic option) 상품(더 좋은 이름이 필요하겠지만)이다. 위험관리를 필요로 하는 기업들은 선물환과 옵션을 개별적인 금융상품으로 거래할 수 있지만, 여기에서는 각각의 파생상품이 공통 구성요소 또는 말 그대로 LEGO®로 활용되어 복합 옵션을 구성하는 예를 제시한다.

제로 프리미엄 옵션 상품

기업의 입장에서 옵션을 위험관리 수단으로 사용하는 데 있어 기본적인 문제점은 시작할 때 비용을 지불해야 한다는 것이다. 비록 지불하는 비용이 헤지의 총수익 구조에서 차지하는 비중이 크지는 않지만, 많은 기업들이 이 비용 때문에 파생상품 구입을 포기하기도 한다. 반면에 기업이 환위험을 관리하기 위해 선물환 계약을 사용하는 경우 기업은 초기 비용을 부담하지 않아도 된다(또한 환율변동을 예측하기 위한 실질적인 노력이 필요한 것도 아니다).

   제로 프리미엄 옵션 상품(금융공학적 파생상품 결합 상품)은 초기에 비용을 지불하지 않아도 되도록 설계되었다. 범위선물환(range forward) 또는 옵션칼라(option collar) 그리고 참여선물환(participating forward) 등이 여기에 포함된다. 이들 상품은 (1) 선물환에 기초를 둔 가격결정, (2) 초기에 비용을 지불하지 않으며, (3) 헤저가 예측한 환율변동 방향에 의해 이익을 획득할 수 있도록 설계된 것이라는 특징이 있다. 다음에 소개되는 상품들은 미국 달러가 파운드에 대해 가치가 하락할 것이라는 예상하에 적용 가능한 것이다. 다른 예상을 하는 헤저라면 되돌아가서 선물환을 매입하거나 노헤지 전략을 선택해야 할 것이다.

범위선물환 또는 옵션칼라

기본적 범위선물환은 옵션칼라, 유연선물환(flexible forward), 실린더옵션(cylinder option), 옵션펜스(option fence) 또는 단순하게 펜스(fence), 미니맥스(mini-max), 제로코스트터널(zero-cost turnel)이라고도 불린다. 어떻게 불리든 두 단계를 거쳐 구성된다.

1. 롱포지션 전체 금액에 대해(100% 커버리지) 선물환율보다 낮은 행사가격의 풋옵션을 매입한다.

2. 선물환율보다 높은 행사가격으로 외환 롱포지션 전체(100% 커버리지) 금액을 콜옵션 매도한다. 만 기는 풋옵션과 동일하다.

헤저는 '범위' 또는 스프레드의 한쪽을 선택하는데 보통은 하방(풋 행사가격)을 선택한다. 이것이 콜 옵션의 행사가격을 결정하게 된다. 콜옵션에서 선물환율과의 거리는 풋옵션에서의 행사가격이 선물 환율과 갖는 거리와 동일하게 선택한다. 두 행사가격이 선물환율과 갖는 거리는 퍼센티지로 계산해 선 물환율로부터 ±3%와 같이 나타낸다.

헤저가 환율이 기업에 유리한 방향으로 변동할 것으로 예측한다면 제로 프리미엄을 유지하는 범위 에서 풋 하한을 낮게 설정하고 콜 상한을 높게 설정한다. 기업이 하방 보호를 어느 정도로 할 것인지를 결정하는 것은 쉽지 않은 문제이다. 기업의 재무담당자는 종종 기업이 영업활동에서 최소 이윤을 얻을 수 있는 환율, 즉 예산환율을 기준으로 하방 환율을 결정하기도 한다.

도표 10A.3은 행사가격 $1.4500/£로 풋옵션을 $0.0226/£에 매입하고, 행사가격 $1.4900/£에 콜옵션 매도를 통해 $0.0231/£의 프리미엄을 얻는 범위선물환을 구성한 결과를 보여준다. 헤저는 매 출채권의 가치가 매입한 풋옵션의 행사가격을 하한으로 하고 매도한 콜옵션의 행사가격을 상한으로

도표 10A.3 **Ganado의 범위선물환 거래 환노출 헤지**

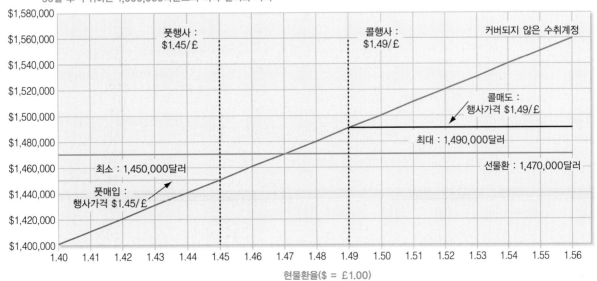

하는 범위에서 커버되지 않고 움직이도록 범위를 설정한 것이다. 이 예에서 풋옵션과 콜옵션의 프리미엄이 동일하지는 않지만 이들 간의 차이는 미미한 수준이다(프리미엄 차이는 500달러임).

$$순프리미엄 = (\$0.0226/£ - \$0.0231/£) \times £1,000,000 = -\$500$$

풋옵션 프리미엄이 22,600달러임을 고려할 때 포지션을 결합하는 데 따르는 이득은 상당하다고 할 수 있다. 옵션의 행사가격들을 시작 시점에 지불해야 하는 프리미엄이 제로가 되도록 독립적으로 결정한다면(역시 선물환율을 참고로 해서), 옵션칼라나 실린더옵션이라고 불린다.

참여선물환

참여선물환은 무비용 비율옵션(zero-cost ratio option)과 선물환 참여협정(forward participation agreement)이라고도 부른다. 이는 헤저가 하방을 방어하면서 환율 상승에 따른 이익을 공유, 즉 참여할 수 있도록 하면서 순옵션 프리미엄은 제로가 되도록 옵션을 결합해놓은 것이다. 참여선물환은 두 단계를 거쳐 구성된다.

1. 환노출 금액 전체에 대해(100% 커버리지) 선물환율보다 낮은 행사가격으로 풋옵션을 매입한다.
2. 환노출 금액의 일부에 대해(100% 미만 커버리지) 풋옵션과 동일한 행사가격의 콜옵션을 매도한다.

범위선물환과 유사하게 참여선물환 매입자는 먼저 풋옵션의 행사가격을 결정한다. 콜옵션의 행사가격은 풋옵션의 행사가격과 동일하기 때문에 남은 의사결정은 노출 포지션 중에 콜옵션으로 매도하는 비율이 된다.

도표 10A.4는 이 장에서 예로 들고 있는 참여선물환의 구성을 설명한 것이다. 기업은 먼저 풋옵션의 보장 수준을 결정한다. 이 경우에는 $1.4500/£로 프리미엄은 $0.0226/£이다. 동일한 행사가격으로 콜옵션을 매도하여 $0.0425/£의 프리미엄을 받는다. 콜옵션은 내가격 상태에 있기 때문에 프리미엄이 행사가격이 동일한 풋옵션의 프리미엄에 비해 상당히 높다. 이 기업은 풋옵션을 매입하기 위해 필요한 자금을 확보하는 데 필요한 만큼의 콜옵션을 매도하는 것이 목적이다. 풋옵션 매입에 따르는 총비용은 다음과 같다.

$$총 풋옵션 프리미엄 = \$22,600 = \$0.0425/£ \times 콜옵션 금액$$

콜옵션 금액을 계산하면 다음과 같다.

$$콜옵션 금액 = \frac{\$22,600}{\$0.0425/£} = £531,765$$

따라서 기업은 풋옵션 매입을 커버하기 위해 콜옵션을 531,765파운드만큼 매도해야 한다(행사가격은 $1.4500/£로 동일함). 이와 같은 옵션 거래 금액의 불일치로 참여선물환은 독특한 특성을 갖는다. 옵션 거래 금액의 비율은 물론, 옵션 프리미엄의 비율은 퍼센트로 나타낸다.

| 도표 10A.4 | Ganado의 참여물환 거래 환노출 헤지 |

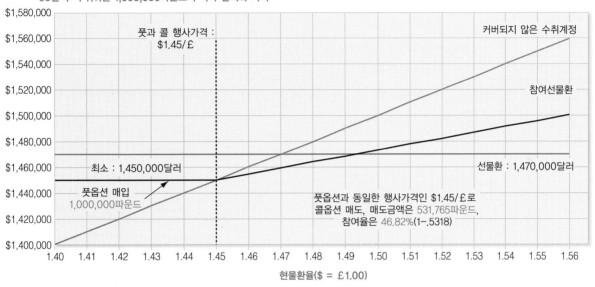

상품	행사가격	프리미엄	명목거래금액
풋매입	$1.4500/£	$0.0226/£	£1,000,000
콜매도	$1.4500/£	$0.0425/£	£531,765

90일 후 수취하는 1,000,000파운드의 미국 달러화 가치

$$퍼센트\ 커버 = \frac{\$0.026/£}{\$0.0425/£} = \frac{£531,765}{£1,000,000} = 0.5318 = 53.18\%$$

참여율은 환노출 중에서 콜옵션 매도계약으로 커버되지 않고 남아있는 부분이다. 예에서, 커버율이 53.18%이라면 참여율은 1−커버율, 즉 46.82%이다. 이는 헤저가 모든 유리한 환율변동($1.4500/£ 이상)에 대해 차이의 46.8%를 획득할 수 있다는 의미이다. 이 경우에도 다른 옵션 헤지에서와 같이 하방위험은 풋옵션의 행사가격으로 방어된다.

범위선물환에서 매입자는 외환의 가치가 보다 많이 상승하기를 기대한다. 환율이 헤저에게 유리한 방향으로 더 많이 변동할수록 참여선물환을 이용한 결과가 범위선물환을 이용한 결과보다 더 유리해진다.

비율스프레드

옵션을 결합해 제로 프리미엄을 얻을 수 있는 오래된 방법이면서, 헤저의 입장에서 가장 위험한 방법 중의 하나가 비율스프레드(ratio spread)이다. 이 구조에서는 헤저가 큰 규모의 노출 포지션을 부담해야 한다.

Ganado가 행사가격 $1.4700/£(선물환 등가격), 프리미엄 $0.0318/£(총비용은 $31,800)인 풋옵션을 매입해 보장 최저 유지 수준을 설정하였다고 가정하자. 이 경우 회사는 초기에 상당한 금액의 옵션 프리미엄을 지불해야 하고, 위험관리 담당부서는 예산이 없을 수도 있다. 기업이 미국 달러가 파운드에 비해 가치가 하락할 것으로 믿고 있다면 기업은 외가격 콜옵션을 매도해 풋옵션 매입자금을 조달하려 할 수 있다. 기업은 시장의 상황을 검토하면서 다양한 심외가격 옵션, $1.5200/£나 $1.5400/£ 또는 그보다 높은 행사가격의 콜옵션을 검토할 수 있다.

기업이 행사가격이 $1.5400/£인 콜옵션을 프리미엄 $0.0089/£를 받고 매도하여 풋옵션 매입자금을 마련하기로 했다고 하자. 그런데 외가격 콜옵션의 프리미엄은 선물환 등가격 풋옵션의 프리미엄보다 훨씬 작기 때문에 콜옵션 금액은 훨씬 커야 한다. 기업은 다음과 같은 프리미엄 등식을 이용해 콜옵션 거래 금액을 계산할 수 있다.

$$\text{풋옵션 프리미엄 비용} = \text{콜옵션 프리미엄 수익}$$

풋옵션과 콜옵션 프리미엄을 대입하면 다음과 같다.

$$\$0.0318/£ \times £1{,}000{,}000 = \$0.0089/£ \times £ \text{ 콜옵션.}$$

콜옵션 계약 규모를 계산하면 다음과 같다.

$$\frac{\$31{,}800}{\$0.0089/£} = £3{,}573{,}034$$

이 전략을 비율스프레드라고 부르는 이유는 최종적인 콜옵션 규모와 풋옵션 규모의 비율이 1보다 크기 때문이다(이 경우 £3,573,034 ÷ £1,000,000 ≒ 3.57).

비율스프레드를 사용하는 기업은 대단히 큰 위험을 부담한다. 비록 가능성이 높지는 않지만 옵션 만기일에 콜옵션이 내가격옵션이 되도록 현물환율이 변동할 수도 있기 때문이다. 이럴 경우 기업은 2,573,034파운드만큼의 커버되지 않은 콜옵션을 보유한 결과가 된다(£3,573,034 − £1,000,000). 이 노출 포지션으로부터의 손실 가능성은 무한대이다.

이 전략을 사용하는 경우 헤저 예상이 빗나가 현물환율이 콜옵션의 행사가격보다 높아진다면 기업은 없는 외화를 인도해야 하는 상황이 된다. 앞의 예에서 현물환율이 $1.5400/£ 이상으로 상승한다면 이 기업은 2,573,034파운드를 커버해야 하는 부담을 갖는다.

시간스프레드(calender spread)도 비율스프레드의 한 형태이다. 시간스프레드는 90일 풋옵션을 매입하고 만기가 더 긴(예를 들면, 만기가 120일 또는 180일인) 외가격 콜옵션을 매도하는 것이다. 기업이 만기가 긴 콜옵션을 매도하기 때문에 더 많은 프리미엄을 받을 수 있고 그래서 비율이 낮을 수 있다. 그러나 이 전략을 사용하는 헤저의 예측이 정확하지 않아 현물환율이 행사가격 이상으로 상승하면 기업은 보유하지 않은 현물을 인도해야 하는 어려움에 처할 수 있다. 이 예에서 현물환율이 $1.5400/£ 이상으로 상승하면 기업은 2,573,034파운드에 이르는 포지션을 커버해야 한다.

평균비율옵션

이들 옵션은 가치가 정해놓은 기간의 평균 현물환율에 의해 결정되므로 경로 의존적 통화옵션으로 분류된다. 여기에서는 경로 의존적 옵션 중에 **평균비율옵션**(average rate option)과 **평균행사가격옵션**(average strike option)을 소개한다.

1. **평균비율옵션(ARO)** 아시안옵션이라고도 불리며, 옵션의 행사가격을 먼저 정하고, 기간의 평균 현물환율(지정된 표본에서 관찰된)이 정한 행사가격에 미치지 못하는 경우 만기에 옵션을 행사한다.
2. **평균행사가격옵션(ASO)** 옵션 행사가격을 옵션기간의 평균환율로 정하고, 행사가격이 만기의 현물환율보다 높으면 옵션을 행사한다.

평균비율옵션은 그 가치가 종료일의 현물환율이 아니라 지정된 기간의 현물환율 변화에 의존하기 때문에 가치를 묘사하기가 쉽지 않다. 예를 들어, 행사가격이 $1.4700/£인 평균비율옵션의 프리미엄이 $0.0186/£일 수도 있다. 평균비율은 현물환율의 주별 관측치(12주, 첫 관측치는 옵션 구입부터 13일차 관찰치임)로 계산한다. 평균을 계산하는 방법이나 현물환율의 경로 설정에는 다양한 방법이 있다. 이해를 돕기 위해 ARO의 예를 살펴보자.

1. 처음 70~80일 동안은 현물환율에 변동이 크지 않았다. 그러나 만기를 앞두고 현물환율이 갑자기 변동해 $1.4700/£ 이하로 하락하였다. 마지막 현물환율이 $1.4700/£ 이하가 되기는 했지만 평균환율은 $1.4700/£ 이상이 되어 옵션은 행사되지 않았다. 결과적으로 옵션 프리미엄은 지불하였지만 수취한 금액은 현물환율($1.4700/£ 이하)로 환전하였다.
2. 달러가 파운드에 대해 서서히 가치가 하락하여 환율이 $1.4700/£에서 $1.4800/£, $1.4900/£로 상승하였다. 90일 후에 옵션은 외가격옵션으로 만료되었다. 수취금액은 유리한 현물환율로 환전하고 기업은 낮은 프리미엄으로 달러가치 상승의 위험을 방어할 수 있었다.

평균비율의 변형으로 행사가격을 정한 **룩백옵션**(lookback option)과 행사가격을 정하지 않은 **룩백옵션**이 있다. 행사가격을 정한 룩백옵션은 유러피언옵션의 한 형태로 행사가격을 만기시점에서 옵션기간의 현물환율의 최댓값이나 최솟값으로 정한다. 행사가격이 없는 룩백옵션은 전형적인 유러피언옵션으로 만기일의 행사가격을 콜옵션 기간에 형성된 최저 환율이나 풋옵션 기간에 형성된 최고 환율로 정하고 이 행사가격과 만기 현물환율이 옵션 행사의 기준이 된다.

금융기관에서 다양한 평균비율 통화옵션 상품들을 제공하고 있고 이들은 서로 다른 수익구조를 가지고 있다. 경로 의존적 옵션의 경우 가치 계산이 복잡하기 때문에 이들을 사용할 때에는 주의가 필요하다. 항상 그렇듯 점점 복잡해지는 금융파생상품 사용의 책임은 사용자의 몫인 것이다.

제 11 장

환산 환노출

측정할 수 있는 것은 관리할 수 있다.

– 익명

환산 환노출은 회계적 환노출의 하나로서, 연결재무제표 작성을 위해 외화로 표시된 해외 종속회사의 재무제표를 모기업의 보고통화로 재표시하는 과정에서 발생된다. 예를 들어, 미국 기업의 해외 종속회사는 외화로 표시된 재무제표를 모기업의 재무상태표와 손익계산서에 반영하기 위해 달러로 재표시하여야 한다. 이를 미국 기업인 Ganado를 예로 들어 개념적으로 표시한 것이 도표 11.1이다. 이러한 회계적 과정을 환산이라고 한다. **환산 환노출**은 직전 환산 시점 대비 환율의 변동에 의해 모기업의 자본이나 보고되는 순이익에 변동이 발생할 가능성이다.

환산의 주된 목적은 연결재무제표를 작성하는 것이지만 환산된 재무제표는 해외 종속회사의 경영성과를 평가하는 데에도 이용된다. 경영자는 해외 자회사의 경영 성과를 각각의 현지 통화로 된 보고서를 기준으로 평가를 하는 대신, 공통 기준인 단일통화로 해외 자회사들의 성과를 재표시하여 각 종속회사의 성과를 비교할 수 있다. 이 장에서는 환산에서 주로 사용되고 있는 환산 방법을 설명하고, 다국적 기업의 투자와 환산 환위험관리를 다루고 있는 맥도날드의 사례와 후버헤지(Hoover Hedge), 교차통화스왑 등을 설명하는 것으로 환산 환노출에 대한 설명을 마무리한다.

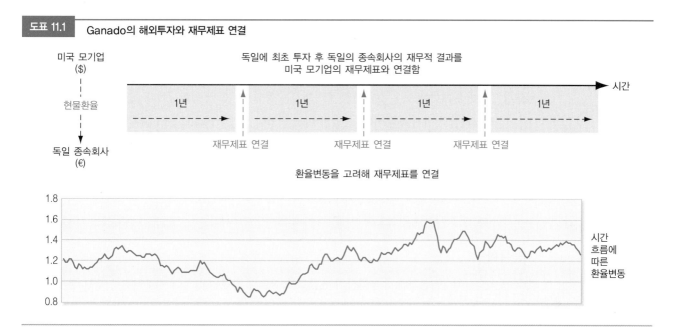

도표 11.1 Ganado의 해외투자와 재무제표 연결

환산의 개요

연결재무제표를 작성하기 위해 환산이 필요한 종속회사의 재무제표는 **재무상태표와 손익계산서이다.** 해외 종속회사의 현금흐름표는 환산하지 않는다. 연결현금흐름표는 연결손익계산서와 연결재무상태표를 이용하여 작성한다. 왜냐하면 다국적 기업의 연결재무제표는 해외 종속회사를 포함하여 그 기업의 모든 종속회사의 영업활동에 근거해 작성된 것이기 때문에 연결이익과 연결자본은 기간 간의 환율변동에 의해 변동할 가능성이 높기 때문이다.

각 재무제표(손익계산서와 재무상태표)를 재측정할 때 각 항목에 동일한 환율을 적용한다면 재측정으로 인한 불균형은 발생하지 않는다. 그러나 하나의 재무제표에서 항목별로 다른 환율이 적용된다면 불균형이 발생할 수 있다. 환산의 원칙에서는 역사적 환율과 현행환율을 선택하여 사용하는 것으로 되어있기 때문에 항목별로 사용하는 환율이 다르다. 환산에서 다음으로 제기되는 문제는 불균형을 어떻게 처리해야 하는지이다.

종속회사의 특성

대부분의 국가들은 기업이 해외 종속회사의 환산 방법을 선택할 때 그 회사의 영업활동을 기준으로 하도록 규정하고 있다. 해외 종속회사는 영업을 기준으로 통합해외법인과 자생해외법인으로 구분한다. **통합해외법인**은 현금흐름과 일반적인 사업 영역이 모기업의 그것들과 상당히 통합되어 운영되는 종속회사이다. **자생해외법인**은 모기업과는 독립적으로 현지의 경제상황에 따라 운영되는 종속회사이다. 환산에서 이 두 유형의 구분은 중요하다. 해외 종속회사의 가치는 원칙적으로 그 회사의 경제적 활동의 기반이 되는 통화를 기준으로 측정되어야 하기 때문이다.

한 기업 안에 통합법인과 자생법인 두 가지 유형의 해외 종속회사가 있는 경우가 많이 있다. 예를 들어, 미국의 회사가 조립부품을 생산해 그것을 스페인의 자회사로 보내 조립을 하고 조립된 제품을 유럽연합(EU)에 판매하는 경우 스페인의 종속회사는 통합법인인 종속회사이다. 경제적 활동의 주요 통화는 미국 달러일 것이기 때문이다. 동일한 미국 기업이 베네수엘라에 농업 판매 사업을 하고 있는데, 이 베네수엘라 종속회사가 모든 투입물품을 베네수엘라에서 조달하고 생산된 농산품을 베네수엘라 볼리바르로 판매하고 있다면 이 종속회사의 현금흐름이나 영업활동은 미국 달러와 관련이 높지 않을 수 있다. 이 경우 베네수엘라 종속회사의 운영은 모기업과는 독립적으로 이루어지고 있어 자생해외법인으로 보아야 하기 때문에 기능통화는 베네수엘라 볼리바르이다.

기능통화

해외 종속회사의 기능통화란 종속회사의 현금흐름 창출과 관련된 경영이 이루어지는 주된 경제환경의 통화이다. 다시 말하면, 기능통화란 해외 종속회사가 매일매일의 경영활동에서 주로 사용하고 있는 통화이다. 기능통화는 해외 종속회사의 지리적 위치와 다르게 결정될 수 있음에 주목할 필요가 있다. 미국 기업의 싱가포르 종속회사의 기능통화는 미국 달러가 될 수도 있으며(통합해외법인), 싱가포르 달러가 될 수도 있고(자생해외법인) 또는 제3의 통화인 영국 파운드가 될 수도 있다(이 경우도 자생해외법인).

미국은 해외 종속회사를 통합된 실체인지 아니면 독립된 실체인지로 구분하는 대신 기능통화를 결정하는 방법을 사용한다. 경영자는 해외 종속회사의 기능통화를 결정할 때 각 종속회사의 특성과 목적을 고려하여야 한다. 만일 미국 기업의 종속회사의 기능통화가 미국 달러로 결정되었다면, 그 기업은 당연히 모기업으로부터 확장된 기업이다(대부분의 국가에서는 통합해외법인으로 지정함). 그러나 해외 종속회사의 기능통화가 미국 달러 이외의 통화로 결정되었다면 그 기업은 모기업으로부터 독립된 실체로 간주된다(자생해외법인으로 지정한 것과 동일함).

환산방법

환산에서 사용되는 기본이 되는 두 가지 방법은 현행환율법(current rate method)과 시제법(temporal method)이다. 어떤 방법을 사용하든, 환산 방법은 재무상태표와 손익계산서의 각 항목에 적용할 환율을 정함과 함께, 환산 결과 나타난 차액을 당기의 손익에 반영할 것인지 아니면 재무상태표의 자본준비금 계정으로 처리할 것인지를 규정하고 있다.

현행환율법

현행환율법은 오늘날 세계적으로 가장 많이 사용되고 있는 방법이다. 이 방법에서는 재무제표의 모든 항목을 몇 가지 예외의 경우를 제외하고 모두 '현재' 환율을 적용해 환산한다.

- **자산과 부채.** 모든 자산과 부채는 재무상태표 작성일 기준 환율로 환산한다.
- **손익계산서 항목.** 감가상각, 매출원가를 포함한 모든 항목은 각각의 수익, 비용, 이익 그리고 손실이 발생한 날의 실제 환율이나 해당 기간의 가중평균 환율을 적용해 환산한다.
- **분배.** 지급 배당금은 배당지급이 이루어진 날의 환율로 환산한다.
- **자본항목.** 보통주와 납입자본금은 역사적 환율을 적용한다. 연말의 유보이익은 처음의 기초 유보이익에 기간의 손익을 가감하여 계산한다.

환산 조정에 의해 발생된 이익 또는 손실은 연결 손익에 포함하지 않는다. 환산 손익은 별도로 기록하여 '누적환산조정(cumulative translation adjustment, CTA)'이라는 이름의 별도의 계정에 누적시키는 방법으로 처리한다(국가별로 차이가 있을 수 있음). 이후 해외 종속회사가 매각되거나 청산되면 CTA에 누적되어 있는 환산 손익은 판매 또는 청산에 따른 총손익의 한 항목으로 기록된다. 이 총손익은 매각 또는 청산이 이루어진 기간의 순손익으로 기록된다.

시제법

시제법은 특정의 자산과 부채 항목에 대해서 그 항목이 생성된 시점과 일관성 있는 환율로 환산하는 방법이다. 시제법에서는 재고자산이나 순공장장비자산과 같은 다수의 자산 항목들이 시장가치를 반영하도록 재평가된다는 것을 가정한다. 만일 이러한 항목들이 재평가되지 않고 역사원가로 표시된다면 시제법은 화폐성/비화폐성법이 된다. 화폐성/비화폐성법은 오늘날에도 많은 국가에서 사용하는 환산 방법으로 구체적인 내용은 다음과 같다.

- **화폐성 자산**(주로 현금, 시장성 유가증권, 매출채권, 장기성 매출채권)**과 화폐성 부채**(주로 유동부채, 장기부채). 이 항목은 현재 환율로 환산. 비화폐성 자산, 부채는 역사적 환율로 환산한다.
- **손익계산서 항목.** 감가상각이나 매출원가와 같은 비화폐성 자산이나 부채와 직접적으로 연결된 항목들을 제외한 손익계산서 항목들은 기간 평균환율로 환산한다. 이 항목들은 역사적 환율로 환산한다.
- **분배.** 지급배당은 배당이 지급된 날의 환율로 환산한다.
- **자본 항목.** 보통주와 납입자본은 역사적 환율로 환산한다. 기말 유보이익은 기초 유보이익에서 당기의 이익과 손실을 가감하고, 환산 이익과 손실을 가감하여 계산한다.

시제법에서는 재측정에 의한 이익과 손실은 자본준비금 계정에 반영되지 않고 당기 연결손익에 직접 반영된다. 따라서 환산과정에서 발생한 이익과 손실은 연결손익의 변동성을 증가시킨다.

미국의 환산 절차

미국은 해외 종속회사를 기업의 특성이 아닌 기능통화를 기준으로 구분한다. 용어에 있어, 미국의 회계와 환산 규정에서는 현행환율법의 사용 시에는 '환산(translation)'이라는 용어를 사용하며, 시제법 사용 시에는 '재측정(remeasurement)'이라는 용어를 사용한다. 미국의 환산 기본원칙은 다음과 같다.

- 미국 해외 종속회사의 재무제표가 미국 달러로 표기되고 있다면 환산은 불필요하다.

- 미국 해외 종속회사의 재무제표가 현지 통화로 기록되고 있고 현지 통화가 기능통화라면 재무제표는 현행환율법에 따른다.

- 해외 종속회사의 재무제표가 현지 통화로 작성되고 있고 미국 달러가 기능통화라면 재무제표는 시제법으로 재측정되어야 한다.

- 해외 종속회사의 재무제표가 현지 통화로 작성되고, 현지 통화도 미국 달러도 기능통화가 아닌 경우에는 재무제표는 먼저 시제법에 따라 기능통화로 재측정되고, 다시 현행환율법에 따라 달러로 환산되어야 한다.

- 미국의 환산 규정을 요약하면 도표 11.2와 같다. 그러나 해외 종속회사가 고인플레이션 국가에서 영업활동을 하는 경우 환산에 특별한 규정을 두고 있다. 3년 누적 인플레이션율이 100% 이상인 국가에서 영업을 하는 경우에는 시제법을 사용하도록 하고 있다.

주석 : 기능통화는 종속회사 영업의 경제적 실체에 의해 결정되는 것으로, 선호나 선택에 의한 경영의 자의적 결정으로 정해지는 것은 아니다. 미국의 다국적 기업은 다수의 종속회사를 갖고 있다. 달러를 기능통화로 하거나 외화를 기능통화로 하는 종속회사의 외환 손익은 연결 손익에 반영이 되거나 자본 준비계정에 누적될 것이다.

도표 11.2 미국 환산 규정의 순서도

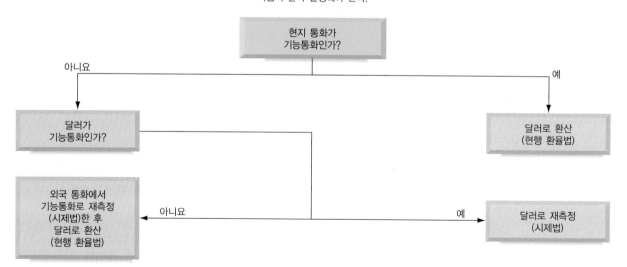

목적 : 외국 통화 재무제표는 미국 달러로 환산되어야 한다.

해외 종속회사의 재무제표가 외국 통화로 작성되어 있는 경우
다음과 같이 결정해야 한다.

* '재측정'은 측정의 단위를 외국 통화에서 기능통화로 바꾸는 것임

국제 환산 규정

세계의 주요 선진국들은 국제회계기준위원회(International Accounting Standards Committee, IASC)의 기준을 사용하고 있기 때문에 동일한 환산 규정을 사용한다. 해외 종속회사는 통합해외법인이거나 자생해외법인인데, 통합해외법인은 시제법을 사용하여(약간 변형된 방법을 사용할 수도 있음) 재측정하고, 자생해외법인의 경우에는 현행환율법(마감환율법이라고도 함)을 사용한다.

Ganado의 환산 환노출

제1장에 소개되었고, 도표 11.3에 정리된 Ganado Corporation은 미국 내는 물론이고 유럽과 중국에 해외 종속회사가 있는 미국의 기업이다. 이 기업은 뉴욕증권거래소(NYSE)에 상장된 기업이다.

Ganado의 종속회사(미국, 유럽, 중국에 소재하는)들은 각자의 재무제표를 가지고 있다. 각 기업이 갖고 있는 일련의 재무제표는 현지 통화(달러, 위안, 유로)로 작성되어 있지만 종속회사의 손익계산서와 재무상태표는 이 기업의 연결재무제표 보고통화인 달러로 환산되어 보고되어야 한다. 뉴욕증권거래소에 상장되어 주식이 거래되고 있는 미국 기업으로서 Ganado는 기업 경영의 최종 결과를 달러로 보고하여야 한다.

도표 11.3　Ganado Corporation : 미국의 다국적 기업

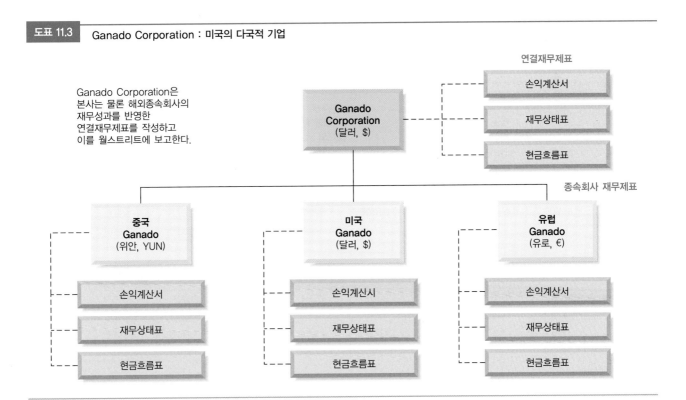

환산 환노출 : 소득

Ganado Corporation의 2009년과 2010년 영업에 의한 이익은 도표 11.4에 정리되어 있다.

- **연결매출.** 2010년에 매출은 미국에서 3억 달러, 유럽에서 1억 5,840만 달러(1억 2,000만 유로, $1.32/€), 중국에서 8,960만 달러(6억 위안, CNY6.70/$)이다. 2010년의 글로벌 총매출은 5억 4,800만 달러이다. 이는 2009년에 비해 2.8% 성장한 금액이다.
- **연결이익.** 이 회사의 이익은 2010년에 감소하였다. 이익이 2009년의 5,320만 달러에서 2010년에 5,310만 달러로 감소하였다. 큰 감소는 아니지만 월스트리트는 연결이익의 감소에 대해 부정적인 평가를 할 것으로 예상할 수 있다.

그러나 매출과 이익을 자세히 들여다보면 주목할만한 점이 있다. 미국에서의 매출과 이익은 증가했다. 매출은 7.1% 증가했고, 이익은 1.4% 증가했다. 이 기업의 매출과 이익에서 미국이 차지하는 비율이 절반 이상 되기 때문에 미국에서의 매출과 이익이 증가했다는 것은 주목할 필요가 있다. 중국 종속회사의 매출은 현지 통화를 기준으로 할 때 2009년과 2010년 사이에 변화가 없다. 그러나 중국 정부는 달러에 대한 위안의 가치를 CNY6.83/$에서 CNY6.70/$으로 재평가하였다. 결과적으로 달러로 표시된 중국의 매출과 이익은 증가했다.

유럽의 종속회사의 재무성과는 더욱 주목할 필요가 있다. 유로화로 표시된 유럽 종속회사의 매출과 이익은 2009년에 비해 2010년에 증가했다. 매출은 1.7% 증가했고, 이익은 1.0% 증가했다. 그러나 유로가 달러에 비해 가치가 하락하여 환율이 $1.40/€에서 $1.32/€로 하락하였다. 이와 같은 유로 가치의 하락(5.7%)은 달러로 표시한 유럽 경영 성과가 낮아지는 결과를 초래하였다. 결과적으로 달러로 표시

도표 11.4 Ganado Corporation의 재무성과 요약, 2009~2010년

	매출 백만, 현지 통화			평균 환율 ($/€와 YUN/$)			매출 백만, 미국 달러		
	2009	2010	%변동	2009	2010	%변동	2009	2010	%변동
미국	$280	$300	7.1%	—	—		$280.0	$300.0	7.1%
유럽	€118	€120	1.7%	1.4000	1.3200	−5.71%	$165.2	$158.4	−4.1%
중국	YUN 600	YUN 600	0.0%	6.8300	6.7000	1.94%	$87.8	$89.6	1.9%
합계							$533.0	$548.0	2.8%

	이익 백만, 현지 통화			평균 환율 ($/€와 YUN/$)			이익 백만, 미국 달러		
	2009	2010	%변동	2009	2010	%변동	2009	2010	%변동
미국	$28.2	$28.6	1.4%	—	—		$28.2	$28.6	1.4%
유럽	€10.4	€10.5	1.0%	1.4000	1.3200	−5.71%	$14.6	$13.9	−4.8%
중국	YUN 71.4	YUN 71.4	0.0%	6.8300	6.7000	1.94%	$10.5	$10.7	1.9%
합계							$53.2	$53.1	−0.2%

한 Ganado의 2010년 연결이익은 감소하였다. 당연히 Ganado를 분석하는 애널리스트는 월스트리트에 보고된 감소한 이익에 관해 의견을 제시하였다.

환산 환노출 : 재무상태표

Ganado 유럽 종속회사의 재무상태표를 살펴보자. 환산 이익과 손실의 특성을 이해하기 위해 시제법을 적용한 환산과 현행환율법을 적용한 환산을 함께 설명한다. Ganado 유럽 종속회사의 기능통화는 유로이고, 보고통화는 모기업의 통화인 미국 달러이다.

설명을 위해, 유럽 Ganado는 환율이 $1.2760/€일 때 공장과 시설을 구입하고 장기부채를 조달했으며 보통주식을 발행하였다고 가정한다. 현재의 재고자산은 직전 분기에 구입 또는 생산한 것이며 직전 분기의 평균환율은 $1.2180/€였다. 결산일인 2010년 12월 31일(월요일)의 환율은 $1.2000/€였다. 새해 연휴가 끝나고 새로운 장이 열린 2011년 1월 3일 유로는 달러에 대해 가치가 하락하여 환율이 $1.0000/€가 되었다.

현행환율법. 도표 11.5는 현행환율법에서의 환산 손실을 보여주고 있다. 유로의 가치가 하락하기 전에 재무상태표의 자산과 부채는 현재환율인 $1.2000/€를 적용하여 환산한다. 자기자본은 역사적 환율인 $1.2760/€를 적용하며, 유보이익은 유보이익을 구성하는 각 연도의 환율로 구성한 합성환율로 환산한다.

재무상태표에서의 유보이익과 CTA의 합산 금액은 부채와 자기자본과 함께 자산과 '균형'을 이루어

| 도표 11.5 | 유로가치 하락 후 유럽 Ganado의 환산 손실 : 현행환율법 |

		2010년 12월 31일		2011년 1월 2일	
자산	유로(€)	환율 (미국 달러/유로)	환산 결과 (미국 달러)	환율 (미국 달러/유로)	환산 결과 (미국 달러)
현금	1,600,000	1.2000	$ 1,920,000	1.0000	$ 1,600,000
매출채권	3,200,000	1.2000	3,840,000	1.0000	3,200,000
재고자산	2,400,000	1.2000	2,880,000	1.0000	2,400,000
순공장 시설	4,800,000	1.2000	5,760,000	1.0000	4,800,000
합계	12,000,000		$14,400,000		$12,000,000
부채와 자본					
매입채무	800,000	1.2000	$ 960,000	1.0000	$800,000
단기 은행부채	1,600,000	1.2000	1,920,000	1.0000	1,600,000
장기 부채	1,600,000	1.2000	1,920,000	1.0000	1,600,000
보통주	1,800,000	1.2760	2,296,800	1.2760	2,296,800
유보이익	6,200,000	1.2000(a)	7,440,000	1.2000(b)	7,440,000
환산조정(CTA)	—		$ (136,800)	(c)	$ (1,736,800)
합계	12,000,000		$14,400,000		$12,000,000

(a) 가치 하락 전 달러 유보이익은 이전 모든 연도의 유보이익을 합산한 것이며, 각 연도의 환율을 적용 환산한 금액임

(b) 유로의 가치 하락 전의 환율을 적용해 환산함

야 한다. 이 차이는 전년도의 유로 재무상태표를 달러로 환산하는 데 따르는 이익 또는 손실이다. 도표 11.5에 기술된 바와 같이 '가치 하락 직전' 누적환산손실은 136,000달러였다. 이것은 과거에 유로 재무상태표를 달러로 환산하는 과정에서 나타난 누적손실이다.

가치 하락 이후에 Ganado는 자산과 부채를 새로운 환율인 $1.0000/€를 적용하여 환산한다. 유보이익을 포함한 자본계정들은 가치 하락 이전의 환율로 한산하기 때문에 누적손실은 1,736,800달러로 증가한다. 누적손실 증가분 1,600,000달러(누적손실 136,000달러에서 새로운 누적손실 1,736,000달러를 제외한)는 현행환산법을 적용하여 환산한 결과 나타난 환산손실이다.

환산손실은 모기업의 보고통화로 측정했을 때 나타난 자본의 감소분인데 이 자본금이 '순노출자산'이다. 노출자산은 기능통화의 가치가 하락하면 가치가 감소하고, 기능통화의 가치가 상승하면 가치가 증가하는 자산이다. 순노출자산은 노출자산에서 노출부채를 빼서 계산한다. 순노출자산이 노출부채를 초과하면 순노출자산은 양수('롱')가 된다. 순노출자산이 노출부채보다 작을 경우 순노출자산은 음수('숏')가 된다.

시제법. 동일한 계정들을 시제법으로 환산한 결과는 환산 손익의 임의성을 잘 보여준다. 시제법을 적용한 결과는 도표 11.6에 나타나있다. 유로가치 하락 전에 유로로 작성된 재무상태표의 화폐성 자산과 화폐성 부채는 현행환율로 환산된다. 그러나 다른 자산과 자기자본 항목들은 역사적 환율로 환산된다.

도표 11.6 | 유로가치 하락 후 유럽 Ganado의 환산 손실 : 시제법

자산	유로(€)	2010년 12월 31일 환율 (미국 달러/유로)	2010년 12월 31일 환산 결과 (미국 달러)	2011년 1월 2일 환율 (미국 달러/유로)	2011년 1월 2일 환산 결과 (미국 달러)
현금	1,600,000	1.2000	$ 1,920,000	1.0000	$ 1,600,000
매출채권	3,200,000	1.2000	3,840,000	1.0000	3,200,000
재고자산	2,400,000	1.2180	2,923,200	1.2180	2,923,200
순공장 시설	4,800,000	1.2760	6,124,800	1.2760	6,124,800
합계	12,000,000		$14,808,000		$13,848,000
부채와 자본					
매입채무	800,000	1.2000	$960,000	1.0000	$800,000
단기 은행부채	1,600,000	1.2000	1,920,000	1.0000	1,600,000
장기 부채	1,600,000	1.2000	1,920,000	1.0000	1,600,000
보통주	1,800,000	1.2760	2,296,800	1.2760	2,296,800
유보이익	6,200,000	1.2437(a)	7,711,200	1.2437(b)	7,711,200
환산이익(손실)	—			(c)	$ (160,000)
합계	12,000,000		$14,400,000		$13,848,000

(a) 가치 하락 전 달러 유보이익은 이전 모든 연도의 유보이익을 합산한 것이며, 각 연도의 환율을 적용 환산한 금액임

(b) 유로의 가치 하락 전의 환율을 적용해 환산함

(c) 시제법에서는 160,000달러의 환산손실은 여기에서처럼 독립되어 표시하기보다는 손익계산서의 유보이익으로 산입됨. 실제 기말 유보이익은 $7,711,200 − $160,000 = $7,551,200가 됨

유럽 Ganado의 경우, 재고자산은 최근에 입고된 것이기 때문에 재고자산의 역사적 환율은 순공장설비의 역사적 환율과 다르다.

시제법에서는 환산 손실이 별도의 자본계정에 축적되지 않고 당해 분기의 손익계산서에 반영된다. 따라서 가치 하락 전에 환산된 달러 재무상태표의 유보이익은 이전에 각 연도의 역사적 환율로 환산한 이익의 누적 결과와, 이전 각 연도의 환산 이익 또는 환산 손실을 더한 결과이다. 도표 1.6에서 유로의 가치 하락 이전의 재무상태표에는 손실이 유보이익에 반영되고 있기 때문에 환산 손실이 없다.

유로의 가치 하락은 160,000달러의 환산 손실을 초래했다. 이 금액은 도표 11.6에 강조를 위해 별도의 줄에 표시했다. 시제법에서 이 160,000달러의 환산 손실은 손익계산서로 가서 순이익과 유보이익을 감소시킨다. 마지막에 유보이익은 7,711,200달러에서 160,000달러를 뺀 7,551,200달러이다. 시제법에서 환산손실 또는 이익을 손익계산서에 반영하는지 여부는 국가에 따라 차이가 있다.

Ganado의 경우, 환산 이익 또는 손실은 현행환율법을 적용하는 경우에 더 크게 나타나고 있다. 그 이유는 화폐성 자산은 물론이고 재고자산과 순공장 시설을 노출자산으로 보고 있기 때문이다. 노출된 자산이 클수록 환산으로부터의 이익이나 손실 또한 커진다. 경영자가 외국 통화의 가치가 하락할 것으로 예상한다면 노출자산을 감소시켜 환산 환노출을 줄일 수 있다. 경영자가 외국 통화가치가 상승할 것으로 예상한다면 노출자산을 증가시켜 이익을 증가시킬 수 있다.

경영자는 환산 방법을 고려하여 자산과 부채의 증가 혹은 감소를 선택할 수 있다. 결국 '실제' 투자와 자금조달 결정은 적용하고 있는 환산 방법을 고려하여 회계적 영향이 나타나지 않도록 결정되어야 한다.

글로벌 금융 실무 11.1에 나타난 것처럼 거래, 환산 그리고 영업 환노출은 해외 종속회사의 가치평가에서 서로 뒤얽혀 밀접하게 관련되어 있다.

글로벌 금융 실무 11.1

해외 종속회사 가치평가

다국적 기업의 종속회사가 기업 전체의 가치에 미치는 영향은 글로벌 재무관리에서 논쟁이 점증하고 있는 주제이다. 대부분의 기업들은 해외 영업의 결과가 기업 전체의 이익에 미친 영향이 상당한 수준에 이를 경우 이를 개별적으로 또는 지역을 단위로 보고한다. 환율의 변동이 종속회사에 미친 영향은 이익에 미친 영향과 자산에 미친 영향으로 분리할 수 있다.

종속회사 이익

종속회사의 이익은 일단 모기업의 모국 통화로 재측정된 후에 기업의 연결이익으로 반영된다. 환율변동은 글로벌 기업 종속회사의 이익의 변동성을 증가시킨다. 개별 종속회사가 연결이익에서 차지하는 비중이 크다면 다국적 기업이 보고하는 이익(주당이익, EPS)은 단순히 환율이 변동하는 것만으로도 변동할 수 있다.

종속회사 자산

보고통화로 나타낸 종속회사의 순자산 가치의 변동은 연결이익이나 자본에 반영된다. 해외 종속회사가 '달러 기능통화'로 지정되었다면 재측정의 결과는 환산 환노출이 되고 그것은 당기의 연결이익에 반영된다. 해외 종속회사가 '현지 기능통화'로 지정된 경우에는 환산결과가 환산 조정으로 연결 자본에 반영된다. 이 경우에는 연결이익에 변동을 가져오지 않는다.

환산 환노출 관리

룩셈부르크의 기업재무담당자협회 회장인 프랑수아 마스켈리에르는 "손익 관련 환산위험에 대처하는 것은 헤지보다 더 복잡하기 때문에 거래위험을 관리하는 정도로는 해결할 수 없습니다."라고 말한다. 그는 또한 "물론 기능통화와 대비되는 통화가 어떤 통화인지에 따라 보고 이익은 긍정적 혹은 부정적인 영향을 받을 수 있습니다. 만일 미국에서 손실이 발생한 경우라면 달러화가 유로에 비해 약세일 경우 환산은 손실을 감소시킬 수 있습니다. 그러나 이익이 발생한 경우라면 환산이 세전 이익과 순이익에 미치는 긍정적 효과는 감소될 수 있습니다."

– "Translation risk hits corporate earnings," *FX Week*, 2014년 5월 9일

환산 환노출을 최소화하기 위한 방안을 재무상태표 헤지라고 한다. 기업은 환산 환노출을 선물환 시장을 통해 헤지하려 할 수 있다. 이것은 환산에서의 비현금 손실을 상쇄하는 데 필요한 현금 이익이 선물환 시장에서 실현되기를 바라고 투기를 하는 것과 같은 것이다. 성공 여부는 미래 환율에 대한 정확한 예측 여부에 달려있기 때문에 미래 현물환율이 일정 범위에 있을 때에는 작동하지 않을 수 있다. 또한, 선물환 '헤지'(즉, 투기)로부터의 이익은 과세대상이 되지만, 환산 손실은 과세대상 소득에 해당되지 않는다.

재무상태표 헤지

재무상태표 헤지는 연결재무상태표에 동일한 금액의 환노출 자산과 부채를 필요로 한다. 만일 각 외국 통화에 대해 재무상태표 헤지가 성립된다면 순환산 환노출은 0이 된다. 환율의 변동은 노출된 부채의 가치를 변동시키지만, 이는 노출된 자산의 가치를 같은 크기로 반대 방향으로 변동시킨다. 기업이 시제법을 적용하여 환산을 한다면, 제로 순포지션을 '화폐 균형(monetary balance)'이라고 한다. 현행환율법에서는 완전한 화폐 균형은 이룰 수 없다. 왜냐하면 총자산은 부채금액과 균형을 이루어야 하는데 재무상태표의 자기자본은 역사적 환율로 환산되어야 하기 때문이다.

재무상태표 헤지의 비용은 상대적 차입비용의 영향을 받는다. 만일 환위험을 조정한 후의 외화 차입비용이 모기업 통화의 차입비용보다 높다면 재무상태표 헤지가 비용이 높은 선택이 되는 것이며, 낮다면 재무상태표 헤지가 저렴한 선택이 된다. 그러나 보통의 경우 재무상태표상 각 계정의 금액이나 통화는 경영과정에서 결정되어 있기 때문에, 재무상태표 헤지는 환위험으로부터의 보호를 위해 이자비용이나 영업 효율성을 비용으로 재무상태표의 표시통화를 바꾸는 타협으로 볼 수 있다.

Ganado Corporation이 재무상태표 헤지를 하기 위해서는 (1) 유로 부채를 감소시키지 않고 유로 노출자산을 감소시키거나, (2) 유로 자산을 증가시키지 않고 유로 부채를 증가시켜야 한다. 이러한 목적을 달성할 수 있는 방법 중의 하나는 보유하고 있는 유로를 달러로 교환하는 것이다. 유럽 Ganado가 대량의 유로를 현금으로 보유하고 있지 않다면, 유로를 차입하고 차입한 유로를 달러로 교환하는 방법을 사용할 수 있다. 다른 종속회사가 유로를 차입해 달러로 교환할 수도 있다. 즉, 재무상태표 헤지의 핵심은 모기업이나 종속회사가 유로 부채를 발생시키고 그 유로를 달러로 교환하는 것이다.

현행환율법. 현행환율법하에서 Ganado가 재무상태표 헤지를 하기 위해서는 8,000,000유로를 차입해야 한다. 이 첫 단계에서는 유럽 Ganado의 재무상태표상에 노출 자산(현금)과 노출 부채(지급어음)가 함께 증가한다. 다음 단계에서는 (1) 유럽 Ganado가 입수한 유로를 달러로 바꾸어 보유하거나, (2) 차입한 유로를 유로 배당이나 내부거래에서의 부채 상환 명목으로 Ganado Corporation으로 보낼 수 있다. Ganado Corporation은 이 유로를 달러로 교환한다. 그러나 국가에 따라서는 현지의 통화 당국이 화폐의 자유로운 교환을 허용하지 않는 경우도 있을 수 있다.

선택할 수 있는 또 다른 대안은 Ganado Corporation 또는 자매 종속회사가 유로를 차입하고 이를 Ganado의 부외 부채로 보유하는 것이다. 그러나 유로 환노출을 제거하기 위해서는 차입을 한 기업이 유로를 달러나 환노출이 없는 다른 통화로 교환하는 두 번째 단계가 필수적이다. 이처럼 유로 차입을 통해 유로 환노출을 제거하기 위해서는 한 종속회사는 환산 환노출을 제거하기 위해 유로를 차입하고, 다른 종속회사는 유로 부채를 상환하는 것과 같은 일이 발생하지 않도록 상호 협력 관계를 유지해야 한다(유로 부채의 상환을 연기하는 것만으로도 유로를 '차입'한 것과 같은 효과가 있음에 주목해야 한다. 목적은 유로 부채를 증가시키는 것이지 말 그대로 차입을 하는 것에 있는 것은 아니다).

시제법. 환산에 시제법을 적용한다면, 차입해야 하는 금액은 8,000,000유로보다 훨씬 적어진다. 앞에서와 같이 유럽 Ganado는 차입한 금액을 달러를 구입하는 데 사용할 수 있다. 그러나 유럽 Ganado는 차입 금액을 유럽에서의 재고자산이나 고정자산을 구입하는 데 사용할 수도 있다. 시제법에서는 이러한 자산들을 노출 자산으로 간주하지 않기 때문에 유로의 가치가 하락하더라도 달러 표시 가치가 하락하지 않기 때문이다.

재무상태표 헤지는 언제 유용한가

기업의 종속회사가 현지 통화를 기능통화로 사용하고 있다면, 다음의 상황에서 재무상태표 헤지의 사용이 유용할 수 있다.

- 해외 종속회사가 청산을 앞두고 있어 CTA의 가치가 실현될 경우
- 기업이 부채조항(debt covenant)이나 은행과의 협약에서 기업의 부채비율을 일정한 한도 내에서 유지하기로 정하고 있는 경우
- 경영에 대한 평가가 환산 손익의 영향을 받는 손익계산서나 재무상태표에 의해 이루어지는 경우
- 해외 종속회사의 영업이 물가상승이 매우 높은 국가에서 이루어지는 경우

기업이 모기업의 모국 통화를 해외 종속회사의 기능통화로 사용하고 있는 경우, 모든 환산이익/손실은 손익계산서에 반영된다. 연결손익의 변동성을 줄이기 위한 헤지는 투자자나 회사채 등급 결정에 중요할 수 있다. 결국 회계적 환노출은 모든 다국적 기업에 큰 관심의 대상이 되는 주제이며, 복잡한 문제이다. 글로벌 금융 실무 11.2에 나온 바와 같이 최선의 노력에도 불구하고 경영 상황은 헤징의 결과에 영향을 주기 마련이다.

글로벌 금융 실무 11.2

영업이 헤징 성과를 좌우할 때

미국 GM Corporation의 지역 총괄회사인 GM Asia는 여러 국가의 기업들을 통해 중요한 자산들을 보유하고 있다. 한국의 대우 오토도 그중 하나이다. GM은 2001년 대우의 지분을 인수하였다. 이후 대우의 사업은 호황을 맞이했고 2009년에는 100개가 넘는 국가에서 자동차 부품과 완성차를 판매하게 되었다.

대우의 성공은 전 세계의 수입상에게 판매(매출채권)를 하게 되는 결과로 이어졌다. 주목할 일은 글로벌 자동차 산업에서 국제 결제에 미국 달러를 과거보다 더 많이 사용하게 된 점이다. 따라서 대우는 다양한 통화를 보유할 필요가 없이 오직 달러만을 보유하면 되게 되었다. 대우는 2007년 말에서 2008년 초까지 일련의 선물환 계약을 체결해놓고 있었다. 이 계약은 이후 기대되는 해외 자동차 판매로부터 매출채권의 한국 원화 가치를 고정하기 위한 계약이었다. 이러한 조치는 이후 글로벌 금융위기로 글로벌 자동차 판매가 위축되기 전까지는 보수적이고 책임 있는 통화 헤지 전략으로 인식되었다.

대우의 문제는 한국 원화와 미국 달러화 간의 환율이 급격하게 변한 데 기인한 문제는 아니었다. 대우의 문제는 자동차 산업에 참여하고 있는 다른 사람들이 그러했듯이 매출이 감소한 데 있었다. 판매가 이루어지지 않았기 때문에 대우는 달러 매출채권을 기대한 만큼 확보하지 못했다. 그러나 대우는 선물환 계약을 이행해야 했고 결과적으로 2조 3,000억 원의 비용을 지불해야 했다. GM 대우는 잘못된 헤지로 인해 자본금이 잠식되는 상황에 이르게 되었다. GM Asia는 자금이 필요했고 잘나가는 중국과 인도의 자산을 매각해야 했다.

요점

■ 환산 환노출은 연결재무제표를 작성하기 위해 외화로 표기된 해외 종속회사의 재무제표를 모기업의 보고통화로 환산한 결과 나타난다.

■ 해외 종속회사의 기능통화는 종속회사의 영업활동과 현금흐름 창출에서 주된 경제적 환경이 되는 통화이다. 즉, 기능통화는 해외 종속회사의 일상적인 영업활동에서 주로 사용하는 통화이다.

■ 실제 환산을 하기 위해서는 손익을 인식해야 하는 시점, 기능통화와 보고통화의 구분, 고인플레이션 국가에 있는 종속회사의 처리 등을 결정해야 한다.

■ 환산 이익과 손실은 영업 이익과 손실과는 크기나 방향에서 상당한 차이가 있을 수 있다. 경영자는 노출을 관리하기에 앞서 어떤 것을 우선적으로 관리해야 할지를 결정해야 할 필요가 있을 것이다.

■ 환산 환노출을 관리하는 기본적인 방법은 재무상태표 헤지이다. 이 방법은 노출된 외화 자산과 외화 부채의 규모를 일치시키는 것이다.

■ 경영자가 환산 환노출을 적극적으로 관리하고자 한다 해도 거래 환노출과 환산 환노출을 동시에 상쇄시키는 것은 거의 불가능하다. 만일 선택을 해야 한다면 대부분의 경영자는 연결이익에 영향을 주는 거래 환노출을 관리하고자 할 것이다.

맥도날드, 후버헤지 그리고 교차통화스왑[1]

맥도날드 Corporation(NYSE: MCD)은 세계적으로 잘 알려진 브랜드가치가 높은 기업이다. 그러나 맥도날드가 글로벌 기업으로 성장하면서 100여 개 이상의 국가에 투자를 하게 되었고 이에 따른 투자위험에 노출되게 되었다. 대부분의 다국적 기업처럼 맥도날드는 해외 자회사에 대한 자본투자가 손실, 국유화 그리고 현지 통화의 가치 하락에 따른 위험에 노출되어 있다고 판단하고 있다. 맥도날드는 이러한 복합적인 환위험 헤지에 상당히 혁신적이어서 기존의 **후버헤지(Hoover Hedge)**는 물론 교차통화스왑 같은 새로운 헤징 기법을 검토하고 있다.

후버헤지

해외에 종속회사를 설립한 다국적 기업에는 국제적 사업 현황에 따라 투자한 자본에 위험이 발생한다. 재무적으로, 모기업이 투자를 해서 해외 종속회사를 설립하면 해외 종속회사의 재무상태표상에는 자본투자가 된다. 이 해외 종속회사에서의 자본투자는 해외 경영환경을 구성하는 현지 통화로 표기된다. 이 통화가 해외 종속회사의 경영에서 주요한 통화가 된다면 이 통화는 해외 종속회사의 **기능통화**가 된다. 이때, 모기업의 자본투자는 환위험에 노출된다.

많은 다국적 기업들은 이 자본투자에 따르는 위험을 소위 **재무상태표 헤지**를 통해 헤지하려고 시도한다. 모기업은 해외 통화를 장기간 보유하고 있는 것이므로, 이 기업은 동일한 통화로 장기 부채를 만들어 헤지하려 한다. 해외 종속회사의 통화로 장기 차입을 하는 것이 전형적인 방법이다. 이때 차입은 이자만을 상환하고 원금은 만기에 일시 상환하는

만기 일시상환 방법을 사용한다. 이렇게 해서 장기차입금은 장기 자본투자에 대응하게 된다.

이러한 헤지를 후버헤지라고 부르는데, 이 용어는 Hoover Company(진공청소기 제조업체)와 U.S. International Revenue Service 사이에 있었던 소송에서 유래되었다.[2] 소송에서의 주된 문제는 Hoover Company가 헤지를 위해 사용한 외환 공매도로부터 얻은 이익(손실)이 과세 목적상 통상적 손실, 영업비용 또는 자본손실(이익) 중 어디에 해당되는지를 결정하는 것이었다. 비록 현지 통화 차입이 빈번하게 이루어지기는 하지만, 자본투자 위험을 헤지하는 방법에는 공매도 또는 선물환이나 통화옵션 같은 전통적인 통화파생상품의 사용 등 다양한 방법이 있다.

맥도날드의 사업 형태

맥도날드는 시장에 따라서 다양한 사업구조를 설정해놓고 있다. 미국에서는 개인 투자자에게 영업권을 주는 프랜차이징 형태로 운영한다. 투자자는 프랜차이즈 지역에 대해 맥도날드 제품과 서비스의 판매와 공급에 대해 독점적 권한을 갖는다. 맥도날드는 토지와 건물의 소유권을 보유하며, 프랜차이지는 계약에 따라 모든 시설과 설비에 대해 책임을 진다. 소위 말하는 '그리기부터'이다. 맥도날드는 이 구조를 이용해 적은 자본으로 사업을 확장할 수 있었고(프랜차이지가 투자의 상당 부분을 담당했고), 프랜차이지가 매장의 성공적 운영을 위해 열심히 노력하게 하는 유인을 제공할 수 있었다. 맥도날드는 대가로 판매 대금의 5~5.5%에 이르는 로열티를 받는다.

---

[1] Copyright © 2015 Thunderbird, School of Global Management, Arizona University. All rights reserved. 이 사례는 Michael H. Moffett 교수가 수업 중 토론을 목적으로 준비한 것으로, 효율적이거나 비효율적인 경영을 시사하지 않는다. 맥도날드는 실재하는 기업이지만 이 사례에 등장하는 사람과 내용은 가상으로 구성한 것이다.

[2] *The Hoover Company, Petitioner v. Commissioner of Internal Revenue, Respondent*, 72 T.C. 206 (1979), United States Tax Court, Filed April 24, 1979.

이 기업이 더 많은 투자를 하고자 하는 시장에서는 직접 소유 형태의 투자를 한다. 매장을 설립하는 데 더 많은 자본이 필요하기는 하지만 경영을 직접 통제할 수 있는 이점이 있다. 맥도날드가 국제적으로 확장을 할 때에는 많은 경우에 이 직접 소유 방식을 택했기 때문에 상당한 규모의 위험에 노출되었다.

영국 종속회사와 환노출

맥도날드는 영국에 있는 대부분의 매장들을 소유하고 있다. 이 투자로 인해 모기업에는 세 가지 파운드 환노출이 발생한다.

1. 영국 종속회사의 자본금은 모기업에는 파운드화로 표기된 자산이다.
2. 모기업은 4년 만기의 사내 대출을 제공한다. 대출은 파운드로 표시되어 있고, 이자율은 고정되어 있다.
3. 영국 종속회사는 모기업에 매출의 일정 비율에 해당하는 로열티를 제공한다. 이 역시 파운드로 표시된 금액이다.

세부적으로 들어가면 좀 더 복잡한 문제들이 있다. 모기업이 영국 종속회사에 사내 대출을 할 때 모기업은 미국의 회계 조세 규정에 따라 그 대출이 그 국가에 '영구적으로 투자된' 것인지 여부를 지정해야 한다. 비록 표면적으로 볼 때 4년의 기간을 영구적인 것으로 간주하는 것이 비논리적일 수도 있겠지만, 모기업에 의한 대출은 계속해서 기한을 연장할 수 있기 때문에 실제로는 상환하지 않을 수 있기 때문이다.

대출이 영구적인 것으로 간주되지 않는다면 대출과 관련된 외환이득과 손실은 미국의 외환보고의 기본이 되는 미국 회계기준 #52(Financial Accounting Standard #52)에 따라 직접적으로 모기업의 손익계산서로 반영된다. 그러나 영구적인 대출로 지정된다면 사내 대출과 관련된 외환이익과 손실은 기업의 연결재무상태의 연결자본의 일부인 누적환산조정 계정(cumulative translation adjustment account, CTA)으로 처리된다. 이제까지 맥도날드는 이 대출을 영구적 대출로 지정했다. 연결재무제표의 목적상 영국 종속회사의 기능통화는 현지 통화인 영국 파운드이다.

교차통화스왑 헤징

앵카 고피는 맥도날드의 주주이자 재무부서의 부팀장이다. 그녀는 그동안 맥도날드가 파운드 환노출에 대응해 취하고 있던 헤징전략을 검토하고 있는 중이다.

맥도날드는 좀 복잡한 파운드 환노출을 달러와 파운드 간의 교차통화스왑을 이용해 헤징하고 있었다. 현재는 달러를 받고 파운드를 지급하는 7년간 스왑계약을 체결해놓고 있다. 모든 교차통화스왑이 그렇듯 이 계약은 맥도날드(미국)가 정기적으로 파운드 이자를 지급하고 스왑계약 마지막 날에 원금을 일시불로 상환하는 것으로 되어있다.

도표 A에는 교차통화스왑의 내용이 정리되어 있다. 교차통화스왑은 미국 모기업에 정기적으로 지급되는 파운드 로열티와 파운드 이자를 헤지할 뿐만 아니라, 명목원금에 대한 스왑계약이 맥도날드가 영국 종속회사에 투자한 금액에 대한 헤지로 사용된다. 회계 규정에 따르면 기업은 외화표시 부채 이자를 모기업의 연결손익계산서에 직접 반영할 수 있다. 맥도날드는 과거 이렇게 처리하여 왔고 이에 따른 이득도 있었다.

토론 주제

앵카가 염려하고 있는 것 중의 하나는 파생상품과 헤징활동을 규정하고 있는 FAS #133에서 기업은 전체 원금을 포함한 교차통화스왑 포지션 전체를 시가평가하고, 이를 **기타포괄이익**(other comprehensive income, OCI)에 반영하도록 하고 있는 점이다. 과거 경험에 비추어볼 때 교차통화스왑의 가치 변동성이 커서 시가평가를 한다는 것은 쉽지 않은 일이다.

앵카는 OCI가 투자자에게 갖는 의미를 생각해보았다. OCI는 미국 회계규정에서 보고해야 하는 '이익의 다음'에 나타나는 항목인데, 재무제표의 주석으로 보고된다. 이것은 순이익(시장에 보고되는 이익과 주당이익)의 아래에 위치하고 연결자본에 포함되는 각종 조정계정이 포함된 계정이다.

도표 A	맥도날드의 영국 교차통화스왑 전략

맥도날드(미국)   맥도날드(영국)

자산	부채와 자산	자산	부채와 자산
┄▶ 영국 종속회사에 대한 투자(파운드 지급 로열티)			미국 모기업이 소유한 지분 (파운드 지급 로열티) ┄┄
┄▶ 영국 종속회사에 대한 대출(파운드 지급 이자)			미국 모기업으로부터 차입 (파운드 지급 이자) ┄┄

기존 미국 달러 부채 →스왑→ 파운드 지급 달러 수취

영국 파운드 지급 이자(£)

영국 파운드 지급 로열티, 배당(£)

영국 종속회사가 모기업에 지급하는 모든 지급이 파운드로 이루어지기 때문에 미국 맥도날드는 영국 파운드 롱(long) 상태이다. 파운드를 지급하고 달러를 수취하는 스왑을 통하면 파운드 유출과 달러 유입이 발생한다. 교차통화스왑의 경우 한 가지 더 유리한 점은 만기에 일시 지급하는 원금이 영국 종속기업에 대해 이루어진 장기 투자에 대해서 헤지를 하는 역할을 할 수 있다는 것이다.

앵카 고피는 현재의 헤징 전략을 검토하려 한다. 그녀는 현재의 헤징 전략의 장단점을 기록하고 이를 대체적인 헤징 방법들과 비교하여 현재 시점에서 취할 수 있는 조치를 생각해보았다.

사례 문제

1. 교차통화스왑이 맥도날드의 세 가지 주요 파운드 환노출을 어떻게 효과적으로 헤지할 수 있는지 설명하라.
2. 교차통화스왑은 어떻게 해외 종속회사의 장기자본 포지션을 헤지할 수 있는가?
3. 앵카와 맥도날드가 OCI와 관련하여 염려하고 있는 것은 무엇인가?

1. **환산.** MNE가 연결재무제표 작성을 위해 외국 통화를 기능통화로 환산하는 방법을 설명하라.
2. **완화.** 기업이 환산 환노출을 완화시킬 수 있는 방법은 무엇인가?
3. **환노출 헤징.** MNE가 환산 환노출과 환노출을 헤징할 수 있는 방법을 설명하라.
4. **종속회사의 기능통화.** 자생해외법인과 통합해외법인의 기능통화에 대하여 설명하라.
5. **자생종속회사.** 모기업이 연결재무제표 작성 시에 사용하는 환산방법을 결정하는 데 적용하는 두 가지 차원에 대하여 설명하라.
6. **기능통화.** 기업의 기능통화를 결정하는 요인에는 어떤 것이 있는가?
7. **환산 방법.** 세계적으로 사용되는 두 가지 환산 방법을 설명하라.
8. **현행 대 역사적.** 환산 방법들 간의 주요한 차이는 재무

상태표상의 각 항목을 현행환율과 역사적 환율 중 어떤 환율을 적용해 환산하는가 하는 것이다. 회계기준에서 역사적 환율을 사용하는 이유는 무엇인가?

9. **자산 환산.** 자산을 환산하는 데 있어 현행환율법과 시제법의 중요한 차이는 무엇인가?

10. **부채 환산.** 부채를 환산하는 데 있어 현행환율법과 시제법의 중요한 차이는 무엇인가?

11. **선택적 헤징.** MNE가 자국의 통화가치가 상승하는 경우에 한해서 외화수취계정에 대해 헤지를 하는 선택적 헤지를 한다면 어떻게 평가할 것인가?

12. **환산 환노출관리.** 기업이 환산 환노출을 관리하는 데 있어 해야 하는 중요한 선택은 어떤 것이 있는가?

13. **환산 전략의 변경.** MNE가 해외 종속기업의 환산 환노출을 헤지하기 위해 이용할 수 있는 계약에는 어떠한 것들이 있는가? 만일 해외 종속회사의 기능통화가 모기업의 통화와 동일해진다면 적정 헤지전략이 변해야

한다고 생각하는가?

14. **MNE 환노출.** MNE와 그 해외종속회사가 직면하게 되는 위험에는 어떠한 것들이 있는가?

15. **실현과 인식.** 다국적 기업이 해외 종속회사와 관련해 누적되어 있는 환산 손실을 인식하는 시점과 실현하는 시점은 언제인가?

16. **조세의무.** 환산은 어떻게 기업의 글로벌 납세에 영향을 주는가? 다국적 기업의 연결이익이 환산과 연결재무제표 작성 결과 증가한다면 납세의무에는 어떤 영향을 주겠는가?

17. **물가상승과 고물가상승.** MNE는 영업활동을 하고 있는 현지의 물가상승과 고물가상승에 유의해야 하는가? 물가상승을 헤지할 수 있는 방법은 무엇인가?

18. **예측.** MNE는 이자율과 물가상승 예측을 주시하고 있어야 한다. MNE가 그러한 예측으로부터 이득을 얻을 수 있는 경우에는 어떠한 것이 있는가?

문제

1. **유럽 Ganado(A).** 유럽 Ganado에 대해 제시된 사실들을 이용하여, 도표 11.5에서 2011년 1월 2일 환율이 $1.2000/€에서 $0.9000/€($1.0000/€이 아니라)로 하락했다고 가정하고 현행환율법을 적용하여 Ganado의 2011년 1월 2일 환산 재무제표를 작성하라.
   a. 환산이익 또는 손실은 얼마인가?
   b. 재무제표의 어디에 표기해야 하는가?

2. **유럽 Ganado(B).** 앞의 문제 1에서 현행환율법 대신 시제법을 적용하여 환산 재무제표를 작성하라.
   a. 환산이익 또는 손실은 얼마인가?
   b. 재무제표의 어디에 표기해야 하는가?
   c. 시제법하에서의 환산 손실 또는 이익이 현행환율법에서의 손실 또는 이익과 다른 이유는 무엇인가?

3. **유럽 Ganado(C).** 앞의 문제 1에서 환율이 $1.5000/€로 변동했다고 가정하고 현행환율법을 적용하여 환산 재무제표를 작성하라.
   a. 환산이익 또는 손실은 얼마인가?
   b. 재무제표의 어디에 표기해야 하는가?

4. **유럽 Ganado(D).** 앞의 문제 3에서 현행환율법 대신 시제법을 적용하여 환산 재무제표를 작성하라.
   a. 환산이익 또는 손실은 얼마인가?
   b. 재무제표의 어디에 표기해야 하는가?

5. **Italianica S.A.(A).** 이 회사는 이탈리아에 있는 영국의 자동차 부품회사의 종속회사이다. 다음 쪽의 표는 유로와 영국 파운드 간의 환율이 €1.3749/£였던 12월 31일의 재무상태표이다. 현행환율법을 적용하여 이탈리아

의 종속회사(Italianica)가 영국 모기업의 환산 환노출에 기여하는 정도를 계산하라. 종속회사의 재무제표 항목은 연초의 값에서 변화가 없다고 가정한다.

재무상태표(천 유로)

자산		부채와 자본	
현금	€95,000	유동부채	€60,000
매출채권	180,000	장기부채	110,000
재고자산	125,000	보통주	350,000
순공장설비	250,000	유보이익	130,000
	€650,000		€650,000

6. Italianica S.A.(B). 문제 5에서 12월 31일의 환율이 €1.4/£일 경우 영국 모기업의 환산 손실에 Italianica가 기여한 부분을 계산하라. 지난 6개월간 종속기업의 유로 표시 각 계정의 금액에는 변화가 없다고 가정한다.

7. Italianica S.A.(C). 9월 30일의 환율이 €1.2/£일 경우 현행환율법을 적용하여 환산하고 Italianica가 모기업의 환산 손실 또는 이익에 기여한 부분을 계산하라. 지난 9개월간 종속기업의 유로 표시 각 계정의 금액에는 변화가 없다고 가정한다.

8. Bangkok Instruments, Ltd.(A). 미국 기업의 종속회사인 Bangkok Instruments, Ltd.는 태국에 위치하고 있으며 주로 석유와 가스 산업에 사용되는 장비들을 제조하고 있다. 최근에 구리를 포함한 모든 상품의 가격이 상승하였지만 회사는 급속하게 성장을 하고 있다. 판매는 주로 미국과 유럽에 있는 다국적 기업에 대해 이루어지고 있다. 바트(B)로 작성된 Bangkok Instruments의 3월 31일자 재무상태표는 오른쪽 위의 표와 같다(단위 : 천 바트).

Bangkok Instruments, Ltd.

재무상태표, 3월 31일, 천 바트

자산		부채와 자본	
현금	B24,000	유동부채	B18,000
매출채권	36,000	장기부채	60,000
재고자산	48,000	보통주	18,000
순공장설비	60,000	유보이익	72,000
	B168,000		B168,000

환율에 관한 정보는 다음과 같다.

B40.00/$ 4월 1일 환율, 25%의 가치 하락 후의 환율

B30.00/$ 3월 31일 환율, 25%의 가치 하락 전의 환율. 재고자산은 이 환율로 구입함

B20.00/$ 역사적 환율, 공장설비 구입은 이 환율을 적용함

태국 바트는 3월 31에서 4월 1일에 걸쳐 B30.00/$에서 B40.00/$으로 가치가 하락하였다. 이 이틀 동안 각 계정의 금액에 변동이 없다고 가정하고 현행환율법과 시제법을 적용하여 각각의 환산이익(또는 손실)을 계산하라. 환산 이익(또는 손실)을 노출된 계정별로 설명하라.

9. Bangkok Instruments, Ltd.(B). Bangkok Instruments의 처음 자료에서, 태국 바트가 3월 31일 B30.00/$에서 4월 1일 B25.00/$로 가치가 상승하고 다른 값들은 변화가 없다고 가정한다. 현행환율법과 시제법을 사용하여 환산이익(또는 손실)을 계산하라. 환산이익(또는 손실)을 노출된 계정별로 설명하라.

10. Cairo Ingot, Ltd. Cairo Ingot, Ltd.는 알루미늄을 사용하여 인기 있는 엔진 부속품을 생산하고 있는 영국기업 Trans-Mediterranean Aluminum의 이집트 종속회사이다. Trans-Mediterranean의 보고통화는 영국 파운드이다. Cairo Ingot의 12월 31일 재무상태표는 다음 쪽의 표와 같다. 재무상태표 작성일의 이집트 파운드와 영국 파운드 간의 환율은 £E5.50/UK£였다.

자산		부채와 자본	
현금	£E 16,500,000	매입채무	£E 24,750,000
매출채권	33,000,000	장기부채	49,500,000
재고자산	49,500,000	투자자본	90,750,000
순공장설비	66,000,000		
	£E165,000,000		£E165,000,000

현행환율법을 적용하여 12월 31일자로 환산을 하는 경우 Cairo Ingot가 Trans-Mediterranean의 환산 환노출에 기여하는 부분은 어느 정도인가? 다음 분기 말에 환율이 £E6.00/UK£로 변동한다면 환산 손실은 얼마가 되는지 계산하라. 분기 초와 분기 말에 다른 모든 값에는 변화가 없다고 가정한다.

인터넷 문제

1. **해외 소득.** 당신이 미국 시민이고 미국 이외의 국가에서 소득을 얻고 있다면(해외 소득), 이 소득을 어떻게 보고할 것인가? 조세 목적의 보고 규정에 대해서는 Internal Revenue Service의 웹사이트를 참고할 수 있다.

Internal Revenue Service	www.irs.gov/Individuals/International-Taxpayers/Foreign-Currency-and-Currency-Exchange-Rates/

2. **영국에서의 환산.** 영국에서 현재 사용되고 있는 재무제표의 환산 규정과 절차는 어떤 것인가? 다음의 사이트를 참고하라.

Institute of Chartered Accountants in England and Wells	www.icaew.com/en/technical/financial-reporting/uk-gaap/uk-gaap-standards/

3. **환산 규정의 변경 : FASB.** Financial Accounting Standards Board(FASB)는 미국에 있는 기업이 재무적 결과를 보고하는 데 필요한 표준 규정을 공표한다. 그러나 이 규정은 규정의 제정과 새로운 규정을 위한 논의에 있어 세계적인 영향을 미치고 있다. 오늘날 중요한 문제로 부각되고 있는 것이 파생상품과 파생상품 계약에 대한 가치 평가와 보고의 문제이다. FASB와 Treasury Management Association 웹사이트를 이용하여 현재 제안되어 있는 회계표준과 이에 대한 논의에 대해 살펴보자.

FASB 홈페이지	raw.rutgers.edu/raw/fasb/
Treasury Management	www.tma.org/Association/

4. **연평균 환율.** 외화표시 통화 금액을 미국 달러로 환산해 보고해야 할 때 어떤 평균환율을 사용해야 하는가? 다음의 웹사이트를 사용해 현재의 평균환율을 찾아보자.

U.S. Internal Revenue Service	www.irs.gov/Individuals/International-Taxpayers/Yearly-Average-Currency-Exchange-Rates/

제12장

영업 환노출

코요테는 항상 기다린다. 그리고 코요테는 항상 배고프다.

– 나바호 통속어

학습목표

- 예상치 못한 기업 현금흐름을 통해 어떻게 다국적 기업의 영업 환노출이 일어나는지 검토한다.
- 일련의 양, 가격, 비용 그리고 그 외 다양한 핵심 변화들을 통해 사업부에 대한 영업 환노출의 영향을 어떻게 측정할 수 있는지 분석한다.
- 영업 환노출을 관리하기 위한 전략적 대안을 검증한다.
- 영업 환노출 관리를 위해 기업이 사용하는 사전 정책을 상세히 알아본다.

이 장에서는 영업 환노출이라고 부르는 지속적인 기업의 경제적 환노출을 검토한다. 경쟁적 환노출 혹은 전략적 환노출이라고도 지칭되는 영업 환노출은 환율의 변화에 의한 미래 영업 현금흐름의 변화로부터 온 기업의 현재 가치의 변화를 측정한다. 영업 환노출 분석은 차후 월 및 연별 기업 고유의 영업과, 다른 기업에 대한 기업의 경쟁입지에 관한 환율 변화의 영향을 평가한다. 목표는 전략적 움직임이나 기업이 환율 변화에 대응하여 기업의 가치를 향상시키기 위해 습득하고자 하는 영업 기술을 파악하는 것이다.

영업 환노출과 거래 환노출은 둘 다 미래 현금흐름을 다룬다는 점에서 서로 연관이 있다. 이들은 환율 변화가 일어났을 때 어떤 현금흐름 관리법을 사용하는지와 왜 그런 현금흐름들이 변하는지에 관해서 차이가 있다. 우선 Ganado Corporation이라 불리는 기업의 구조와 그 구조가 기업의 예상 영업 환노출을 나타내는지에 관해 한 번 더 살펴보며 시작한다. 이 장은 영업 환노출 관리에 사용된 전략과 구조에 관한 내용들을 계속해서 이어나가며, 도요타의 유럽 영업 환노출에 관한 사례를 분석하는 것으로 끝마친다.

다국적 기업의 영업 환노출

다국적 기업의 구조는 영업 환노출의 속성을 결정짓는다. Ganado Corporation의 영업활동 기본 구조와 통화는 도표 12.1에 묘사되어 있다. 미국의 상장기업으로서 궁극적으로 모든 재무제표와 가치는 미국 달러로 표현되고 통합되어야 한다. 이 기업의 회계적 환노출(환산 환노출)은 제10장에서 설명하고 있다. 그러나 운영상 각각의 자회사들의 주거래 통화 조합이 전체적인 기업의 총 영업 환노출을 결정짓는다.

모든 개인 사업자나 사업부 영업 환노출은 통화에 의한 현금 유입과 유출을 제외한 것이며 어떻게 그것을 같은 시장에서 경쟁하는 다른 기업과 비교해야 하는지에 관한 것이다. 수취계정은 매출로부터의 현금흐름 수익을 의미하며 지급계정은 노동력, 기자재 그리고 다른 투입물의 구매와 관련된 모든 진행 중인 영업 비용을 말한다. 일반적으로 순산출은 지속적으로 기업에 의해 생성된 가치의 원천이며 모든 비즈니스 혈맥의 정수이다.

예를 들어 독일 Ganado는 현지에서 상품을 판매하며 수출하지만 모든 판매는 유로(euro)로 송장이 작성된다. 그러므로 모든 영업 현금 유입은 기업의 본국 통화인 유로로 이루어진다. 비용 측면에서 보면, 기업의 많은 현지 재료 투입 구매비용뿐만 아니라 인건비도 유로로 된 현지비용이다. 독일 Ganado는 또한 중국 Ganado에서 부품을 구매하지만 이것 또한 유로로 송장을 작성한다. 독일 Ganado는 모든 현금 유입과 유출이 유로로 이루어지는 분명한 유로화 주거래 기업이다.

미국 Ganado Corporation은 독일 Ganado와 비슷한 구조를 가지고 있다. 매출에서 오는 모든 현금

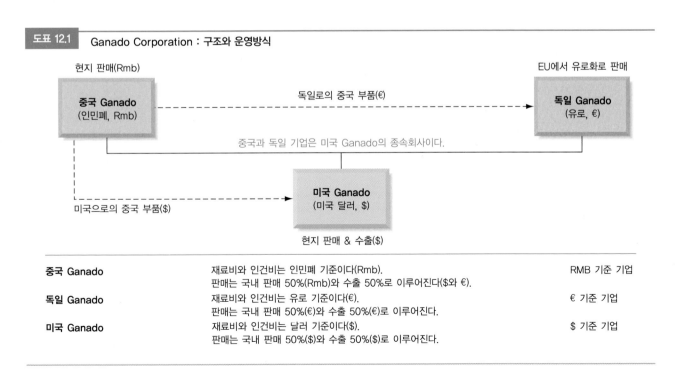

도표 12.1　Ganado Corporation : 구조와 운영방식

중국 Ganado	재료비와 인건비는 인민폐 기준이다(Rmb). 판매는 국내 판매 50%(Rmb)와 수출 50%로 이루어진다($와 €).	RMB 기준 기업
독일 Ganado	재료비와 인건비는 유로 기준이다(€). 판매는 국내 판매 50%(€)와 수출 50%(€)로 이루어진다.	€ 기준 기업
미국 Ganado	재료비와 인건비는 달러 기준이다($). 판매는 국내 판매 50%($)와 수출 50%($)로 이루어진다.	$ 기준 기업

유입은 국내적으로나 세계적으로나 미국 달러로 이루어진다. 국내외에서 발생되는 모든 비용, 인건비 그리고 재료비는 미국 달러로 송장에 기입된다. 이것은 중국 Ganado로부터의 구매를 포함한다. 그러므로 미국 Ganado Corporation은 명백히 달러 주거래 기업이다.

중국 Ganado는 조금 더 복잡하다. 현금 유출, 인건비, 재료비는 모두 국내 비용이며 중국 인민폐로 지불된다. 그러나 현금 유입은 기업이 독일에 유로로, 미국에 달러로 모두 수출할 뿐만 아니라 인민폐로 현지에 판매하기 때문에 서로 다른 세 가지 통화로 생산된다. 결국 달러와 유로 모두 얼마간의 현금 유입이 이루어졌지만 독점적인 현금흐름을 만드는 통화는 인민폐이다.

정태적 대 동태적 영업 환노출

Ganado와 같은 기업의 영업 환노출을 측정하는 것은 기업의 모든 경쟁자와 세계의 잠재 경쟁자들의 미래 환노출을 포함한 기업의 모든 미래 개별 거래 환노출의 예측과 분석을 필요로 한다. 단기적인 환율변화는 일반적으로 기간 거래라 불리는 경상계약과 맞계약(immediate contract)에 영향을 미친다. 그러나 장기적으로는 가격이 변하고 경쟁자가 반응함에 따라 더 많은 경제적이고 경쟁적인 근본적 비즈니스 유발요소가 모든 사업의 현금흐름을 바꿀 수 있다. 간단한 예시가 요점을 분명하게 할 것이다.

Ganado의 세 가지 사업부의 크기가 대략 비슷하다고 가정해보자. 2012년 시장에서 달러가 유로에 비해 가치가 하락하기 시작했다. 동시에 중국 정부는 인민폐의 점진적 평가절상을 이어나갔다. 그렇다면 각각의 사업부의 영업 환노출은 정태적(거래 환노출) 그리고 동태적(아직 도급을 받지 않은 미래 비즈니스 거래)으로 검토가 필요하다.

■ **중국 Ganado.** 달러 주거래 판매는 단기간에는 인민폐의 유동을 더 작게 만들 것이다. 유로화 주거래 판매는 유로와 관련한 인민폐의 동태성에 따라 대략적으로 비슷한 인민폐 유동량에 머물 것이다. 일반적 수익성은 단기적으로는 떨어질 것이다. 장기적으로는 기업의 제품시장과 경쟁환경에 따라 수출 제품을 파는 곳, 심지어는 미국 모회사 기업에도 가격을 올릴 필요가 있을 것이다.

■ **독일 Ganado.** 사업부의 현금 유입과 유출이 유로로 이루어지기 때문에, 즉각적인 거래 환노출이나 변화는 일어나지 않는다. 만일 중국 Ganado가 정말 결과적으로 부품 판매의 가격인상을 통해 압력을 가해 온다면 기업은 미래에 투입 비용의 증가로 인해 고통받을 수 있다. 수익성은 단기적으로는 영향을 받지 않는다.

■ **미국 Ganado.** 독일 Ganado와 같이 미국 Ganado도 모든 현지 통화 현금 유입과 유출을 겪는다. 달러가치의 하락은 즉각적인 영향이 없을 것이나(거래 환노출) 중국 자회사가 이윤을 우선적으로 되찾으려 함에 따라 중국에서의 투입 비용이 계속 증가하면서 중·장기에는 변할 수 있다. 그러나 독일과 같이 단기 수익성은 영향을 받지 않는다.

Ganado의 최종 결론은 우선적으로 중국 자회사의 수익 하락으로 인한 기업의 총수익성의 단기적 하락일 것이다. 다시 말해 단기적 거래/영업 환노출이 미치는 영향이다. 그러나 달러가치의 단기적 하락은 인민폐와 유로의 수익과 매출이 더 많은 달러로 전환되면서 긍정적인 영향을 줄 확률이 높다. 월가(Wall Street)는 신속한 수익을 선호한다.

영업과 재무활동 현금흐름

MNE의 현금흐름은 영업 현금흐름과 재무활동 현금흐름으로 나눌 수 있다. Ganado의 영업 현금흐름은 기업 간(연관되지 않은 기업 사이)과 기업 내(같은 기업 내 부서 사이) 수취계정과 채무, 시설과 장비 사용을 위한 임대와 임대료, 기술과 지적 자산의 사용을 위한 로열티와 라이선스료, 서비스 제공을 위한 갖가지 관리비로부터 발생한다.

재무활동 현금흐름은 기업 간과 기업 내 임대(원금과 이자) 사용과 주주 자본(신규 자본 투자와 배당금) 사용에 대한 지불이다. 각 현금흐름은 다른 시간 간격으로, 다른 양으로 그리고 다른 통화 액면가로 일어날 수 있으며 각각은 다른 발생 예측성을 가진다. 중국과 미국 Ganado의 현금흐름 가능성은 도표 12.2에 요약되어 있다.

현금흐름의 예상된 변화 대 예상하지 못한 변화

영업 환노출은 거래나 환산 환노출로 인한 변화보다 장기적 비즈니스의 건전성에 훨씬 더 중요하다. 그러나 영업 환노출은 임의적 시간대의 미래 현금흐름 변화에 대한 추정에 달려있기 때문에 필수불가결하게도 주관적일 수밖에 없다. 그러므로 이것은 회계 과정보단 오히려 영업 분석으로부터 비롯된다. 영업 환노출 계획은 재무, 마케팅, 구매, 생산활동에서 전략의 상호작용에 따른 총 경영 책임이다.

환율의 예상 변화는 영업 환노출의 정의에 포함되지 않는다. 경영진과 투자자 모두 이 정보를 예측된 영업결과와 시장가치에 대한 평가에 반영해야 하기 때문이다. 이 '예상 변화'는 다음과 같이 관점의 차이로부터 일어난다.

도표 12.2 **모회사와 종속회사 사이의 재무와 영업 현금흐름**

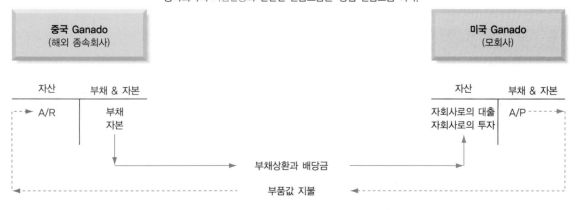

종속회사의 재무와 연관된 현금흐름은 '재무 현금흐름'이다.
종속회사의 기업활동과 연관된 현금흐름은 '영업 현금흐름'이다.

- 경영진 관점에서는 예산 조정된 재무제표가 이미 환율의 예상 변화에 따른 영향에 대한 정보를 반영하고 있다.
- 채무상환 관점에서는 채무분할상환의 예상 현금흐름이 이미 세계적 피셔(Fisher) 효과를 반영해야 한다. 예상 이자와 원금 지불 수준은 기존 현물환율보다는 예상 환율의 함수여야 한다.
- 투자자 관점에서는 만일 환율시장이 효과적이라면 환율 예상 변화에 대한 정보가 널리 알려져 있어야 하며 따라서 기업의 시장가치에 반영되어야 한다. 오직 환율의 예상치 못한 변화나 비효율적인 환율시장만이 시장가치의 변화를 야기해야 한다.
- 넓은 거시경제 측면에서 영업 환노출은 단지 예상치 못한 환율의 변화에 대한 기업의 미래 현금흐름의 민감성이 아니다. 그것은 다른 핵심 거시경제적 변수에 대한 민감성이다. 이 요소는 거시경제 불확실성이라 분류된다.

이것은 글로벌 금융 실무 12.1에서 더 탐구할 것이다. 제6장에서 환율, 이자율, 인플레이션율 사이의 동등한 관계에 대해 묘사하였다. 그러나 이 변수들은 서로에게 불균등하게 작용한다. 그러므로 예상치 못한 이자율이나 인플레이션율의 변화는 동시다발적으로 일어날 수 있지만 미래 현금흐름에 차등적인 영향을 끼칠 수 있다.

영업 환노출 측정

예상치 못한 환율 변화는 도표 12.3에 요약되어 있듯이 시간에 따라 기업의 예상 현금흐름에 네 단계로 영향을 준다.

단기. 첫 번째 단계는 한 해 영업 예산의 예상 현금흐름에 미치는 영향이다. 기업의 손익은 예상 현금흐름의 액면 통화에 따라 결정된다. 기존의 거래 환노출과 예상 환노출은 모두 존재한다. 표시 통화는 기존 책무나 심지어 구매나 판매 계약과 같은 암묵적 책무를 위해 변경될 수 없다. 실제 혹은 암묵적 책무를 떠나 단기적으로 판매가나 재협상 요소비용을 변경하기는 어렵다. 그러므로 실현된 현금흐름은 예산에서 예상한 것과 다를 것이다. 그러나 시간이 지날수록 가격과 비용은 환율 변화로 인한 새로운 경쟁 현실을 반영하기 위해 바뀔 수도 있다.

글로벌 금융 실무 12.1

가치 하락 예측 — 포드와 베네수엘라

영업 환노출 이해의 핵심은 예상된 환율 변화가 기업의 영업 환노출에 포함되어 있지 않다는 것이다. 여기서 시장은 이 가치 변화를 이미 고려하고 있다고 가정한다. 그렇지만 이 가정이 타당할까?

포드(Ford Motor Company)의 경우를 생각해보자. 2013년 12월 포드는 베네수엘라 통화에 어떤 일이 발생할지 예측한 것(추가 가치 하락)과 그것이 포드의 재무에 어떤 의미를 가지는지에 대해 공식적으로 공개하였다. 증권거래위원회(SEC)에 이어 포드는 베네수엘라 볼리바르가 달러당 6.3에서부터 12까지 떨어졌으며 그 결과 3억 5,000만 달러의 재정 손실로 인해 고통받을 수 있는데 베네수엘라에 8억 200만 달러를 투자했다고 발표했다. 회사는 경험으로부터 말한다. 연초에 기업은 베네수엘라 볼리바르가 달러당 4.3에서 6.3으로 평가절하되었을 때 1억 8,600만 달러를 손해 봤다.

도표 12.3		영업 환노출 구매의 조정과 대응			
단계	시기	가격 변화	양 변화		구조 변화
단기	1년 미만	고정/계약된 가격	양은 계약되어 있다.		경쟁적 시장 무변화
중기 : 균형	2~5년 사이	환율 변화의 완벽한 통과	양은 가격에 부분 대응을 시작한다.		기존 경쟁자들은 부분적 대응을 시작한다.
중기 : 불균형	2~5년 사이	환율 변화의 부분적 통과	양은 가격에 부분 대응을 시작한다.		기존 경쟁자들은 부분적 대응을 시작한다.
장기	5년 이상	완전히 유동적	완전히 유동적이다.		신규 진입 기업의 위협과 경쟁자 대응의 변화

중기 : 균형. 두 번째 단계는 평가조건이 환율과 국가 인플레이션율 그리고 국가 이자율에 따라 결정된다는 가정하에 2~5년 예산에서 나타난 것과 같은 중기적 예상 현금흐름에 대한 영향이다. 이 경우 액면 통화의 예상 현금흐름은 현금흐름이 발생한 국가만큼 중요하지 않다. 국가의 통화와 재정, 국제수지가 균형 상태로 있을 것인지 그리고 기업이 가격과 비용을 조정할 수 있을 것인지를 결정한다.

균형이 지속될 경우, 기업은 기대되는 경쟁 포지션을 유지하고 영업 환노출이 0값이 되도록 가격과 비용을 자유롭게 조정할 수 있다. 기대 현금흐름이 실현되면 환율 변화가 예측되기 때문에 시장가치가 불변한다. 그러나 균형 조건이 존재하지만 기업이 새로운 경쟁환경에 영업을 조정하지 않으려 하거나 조정하지 못할 수도 있다. 이 경우 기업은 실현 현금흐름이 기대 현금흐름과 다르기 때문에 영업 환노출을 경험하게 된다. 그 결과 시장가치 또한 바뀔 수 있다.

중기 : 불균형. 세 번째 단계는 불균형의 상태를 가정하며 중기적 예상 현금흐름에 대한 영향이다. 이 경우 기업은 환율 변화로 인한 새로운 경쟁 현실을 반영하는 가격과 비용을 조정하지 못할 수도 있다. 우선적인 문제는 기존 경쟁자들의 반응일 것이다. 기업의 실현된 현금흐름은 예상 현금흐름과 다를 것이다. 기업의 시장가치는 예상하지 못한 결과로 인해 바뀔 수도 있다.

장기. 네 번째 단계는 5년 이상을 의미하는 장기적 예상 현금흐름에 대한 영향이다. 이 전략적 단계에서 기업의 현금흐름은 불균형 상태에서 환율 변화에 대한 기존 경쟁자와 잠재 경쟁자(신규 진입 기업) 모두의 반응에 영향을 받을 것이다. 사실 그들이 순수 국내기업이든 다국적 기업이든 세계의 경쟁 대상인 모든 기업들은 해외 환율시장이 균형 상태로 지속되지 못할 때 장기적으로 환율의 영업 환노출에 노출되어 있다.

영업 환노출 측정 : 독일 Ganado

도표 12.4는 독일 자회사에 경제적으로 중요한 통화인 유로의 예상치 못한 가치 변화로 인해 Ganado가 직면한 딜레마를 나타내고 있다. Ganado는 유럽 자회사를 통해 월가에 보고한 대로 수입과 주당 수익(EPS) 등의 수익을 충분히 끌어내고 있다. 만일 유로가 예상치 못하게 가치 하락된다면 독일 Ganado의 비즈니스는 어떻게 변하겠는가?

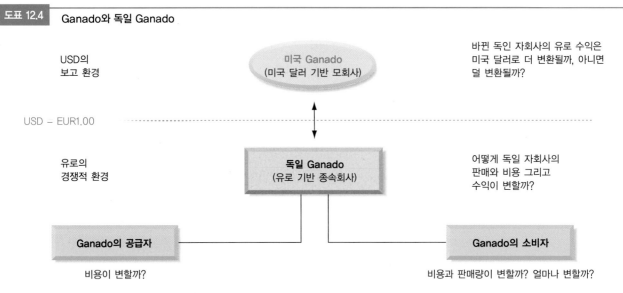

도표 12.4 Ganado와 독일 Ganado

금융 세계에서 가치란 영업 현금흐름에 의해 생성되는 것이다. 만일 Ganado가 예상치 못한 환율변화에 대비하기 위해 독일 Ganado의 영업 환노출을 측정하길 바란다면 독일 Ganado의 영업 현금흐름에 환율이 영향을 미칠 수 있는 바를 평가해야 한다. 구체적으로 어떻게 가격과 비용 그리고 판매량이 변할까? 어떻게 경쟁자와 그들 각각의 가격과 비용 그리고 판매량이 변할까? 다음 절에서는 단기와 중기적 관점에서 Ganado의 본국 통화, 달러에 비해 유로의 가치가 떨어지는 것에 이런 다양한 가치들이 어떻게 대응하는지에 관해 설명한다.

기초 사례

독일에 있는 독일 Ganado의 생산 공장은 국내 판매가 이루어지며 수출도 한다. 그리고 모든 판매는 유로로 청구된다. 도표 12.5는 2014~2018년 동안 (현재 2013년이라는 가정하에) 독일 Ganado의 수입과 영업 현금흐름에 대한 현지 기준 예측을 요약한 것이다. 판매량은 개당 12.8유로의 판매가와 9.60유로의 직접 비용을 포함하여 매년 지속적으로 100만 개라고 가정한다. 독일에서 기업 소득세율은 29.5%이며 환율은 $1.20/€이다.

이 가정은 12,800,000유로의 판매액과 1,205,550유로의 순수입을 발생시킨다. 순수입을 순운전자본의 변화와 가치 하락에 더하는 것은 $1.20/€일 때 1,805,550유로 혹은 2,166,660달러의 영업 현금흐름을 발생시킨다. Ganado의 경영진은 할인율이 15%라고 가정할 때 미국 달러로 다가오는 5년 동안 총 잉여 현금흐름의 현가를 찾는 것으로 자회사의 가치를 판단한다. 기준선 분석은 독일 Ganado의 현가가 7,262,980달러임을 찾아냈다.

도표 12.5	독일 Ganado의 가치평가 : 기준선 분석				
가정	**2014**	**2015**	**2016**	**2017**	**2018**
판매량(개당)	1,000,000	1,000,000	1,000,000	1,000,000	1,000,000
개당 판매가	€12.80	€12.80	€12.80	€12.80	€12.80
개당 직접비용	€9.60	€9.60	€9.60	€9.60	€9.60
독일 법인 세율	29.5%	29.5%	29.5%	29.5%	29.5%
환율($/€)	1.2000	1.2000	1.2000	1.2000	1.2000
손익계산서	**2014**	**2015**	**2016**	**2017**	**2018**
판매 수익	€12,800,000	€12,800,000	€12,800,000	€12,800,000	€12,800,000
판매 상품의 직접 비용	−9,600,000	−9,600,000	−9,600,000	−9,600,000	−9,600,000
현금 영업 환노출(고정)	−890,000	−890,000	−890,000	−890,000	−890,000
통화가치 하락	−600,000	−600,000	−600,000	−600,000	−600,000
세전 소득	€1,710,000	€1,710,000	€1,710,000	€1,710,000	€1,710,000
소득세 비용	−504,450	−504,450	−504,450	−504,450	−504,450
순이익	€1,205,550	€1,205,550	€1,205,550	€1,205,550	€1,205,550
평가 현금흐름					
순이익	€1,205,550	€1,205,550	€1,205,550	€1,205,550	€1,205,550
통화가치 하락 다시 추가	600,000	600,000	600,000	600,000	600,000
순운전자본의 변화	0	0	0	0	0
유로 평가 잉여 현금흐름	€1,805,550	€1,805,550	€1,805,550	€1,805,550	€1,805,550
달러 영업 현금흐름	$2,166,660	$2,166,660	$2,166,660	$2,166,660	$2,166,660
현가 @ 15%	$7,262,980				

주 : 단순히 분석을 위해 독일 Ganado가 부채가 없으며 따라서 이자 비용이 없다고 가정한다. 또한 도표에 나타난 5년 동안 필요한 추가적인 자본 지출이 없다고 가정한다. 또한 종가가 없다고 가정한다. Ganado의 가치는 향후 5년 동안의 기업의 예상 현금흐름에만 가치를 둔다. 순운전자본 자격요건(수취 + 재고 − 지급)은 지속적 판매 때문에 기초 사례에 어떤 추가적인 것도 요구하지 않는다. 이어지는 시나리오에서 수취계정은 45일의 판매, 재고는 10일의 판매상품 비용 그리고 지급계정은 38일의 판매를 유지하고 있다고 가정한다.

본격적인 영업 활동 전인 2014년 1월 1일 유로가 $1.2000/€에서 $1.0000/€로 예상치 못하게 떨어졌다. 영업 환노출은 예상치 못한 환율이 판매량과 판매가 혹은 영업비용의 이변을 야기하는지에 달려 있다.

유로화 가치 하락에 따라, 독일 Ganado는 국내 판매가를 유로 단위로 유지하기로 선택하거나 유럽에서의 경쟁 수입 가격이 높아졌기 때문에 국내 가격을 올리고자 할지도 모른다. 기업은 외화로 하거나, 유로화로 하거나, 아니면 양측의 중간 지점에서(부분적으로 경유해서) 수출 가격을 그대로 유지한다는 선택이 가능하다. 사용 전략은 경쟁기업의 대응에 대한 경영진의 평가를 포함하여 수요의 가격 탄력성에 대한 경영진의 의견이 상당한 영향을 끼친다. 비용 측면에서, 더 비싼 수입 원자재나 부품 혹은 모든 독일의 국내 가격이 올랐으며 노동자들도 이제 국내 인플레이션에 대한 보상으로 더 높은 임금을 요구하고 있기 때문에 독일 Ganado는 아마도 가격을 올릴 것이다.

독일 Ganado의 국내 판매량과 비용은 또한 부분적으로 수요에 따른 유로 가치 하락의 영향에 의해 결정된다. 가치 하락의 결과, 독일 제품의 가격을 초기에 더 경쟁적으로 만들면서 수입 경쟁 부문에서 유럽 상품의 구매와 독일 상품의 수출을 자극시켰고 독일 국내 소득이 증가하게 된다. 이는 유로화의 가치 하락에 따른 상대 가격에 미치는 우호적인 영향이 높은 국내 인플레이션에 의해 바로 상쇄되지는 않는다고 가정한 것이다. 그러므로 독일 Ganado는 국내적으로는 가격과 소득의 영향 덕분에 그리고 세계적으로는 가격의 영향으로, 더 많은 상품을 팔 수 있을 것이다.

통화가치 하락이 독일 Ganado의 영업 환노출에 미치는 영향에 대한 다양한 시나리오를 설명하기 위해 네 가지 간단한 사례를 생각해보자.

사례 1 : 통화가치 하락(모든 변수는 그대로)

사례 2 : 판매량 증가(다른 변수는 그대로)

사례 3 : 판매가 상승(다른 변수는 그대로)

사례 4 : 판매 가격, 비용, 양 증가

각 시나리오의 가치 변화를 계산하기 위해, 달러/유로 환율의 변화로 인해 유발된 현금흐름의 모든 변화에 대해 동일한 5년 기간을 사용할 것이다.

사례 1 : 통화가치 하락 — 모든 변수는 그대로일 때

앞으로 5년 내에 판매량과 판매가 혹은 영업 비용에 어떤 변화도 일어나지 않는다고 가정하자. 다가오는 해에 유로 수익은 예상한 대로 일어날 것이며 영업 현금흐름은 여전히 1,805,550유로일 것이다. 유로화에 미치는 모든 결과가 동일하기 때문에 NWC에는 어떤 변화도 일어나지 않을 것이다. 그러나 환율은 미국 달러로 표기된 영업 현금흐름이 1,805,550달러로 감소한다는 것을 의미한다. 독일 Ganado의 가치인 이 시나리오의 영업 현금흐름의 현가는 6,052,483달러이며 미국 달러로 측정했을 땐 1,210,497달러이다.

사례 2 : 판매량 증가 — 다른 변수는 그대로일 때

모든 다른 변수들이 그대로일 때, 유로의 통화가치 하락 이후 유럽 내 판매율이 1,400,000개 판매로 40% 향상되었다고 가정하자. 통화가치 하락은 이제 독일제 통신 부품의 수입을 더욱 치열하게 만들었다. 게다가 통화가치가 하락하지 않은 다른 국가에서 독일제 부품이 더 저렴해졌기 때문에 수출량도 증가했다. 독일 Ganado의 경영진이 현지 독일의 영업 비용에서 아무런 변화도 관찰하지 못했고 시장 점유율을 높일 수 있는 기회로 보았기 때문에 판매가는 유로 단위로 유지되었다.

독일 Ganado의 순수입은 2,107,950유로까지 올랐으며 203,397유로의 순운전자본의 일회성 증가(증가한 현금흐름의 비율을 사용) 이후 첫 해의 영업 현금흐름은 2,504,553유로로 올랐다. 영업 현금흐름은 앞으로 4년 동안 매년 2,707,950유로이다. 독일 Ganado의 현가는 기준선인 8,900,601달러에서 1,637,621달러로 향상되었다.

사례 3 : 판매가 상승 — 다른 변수는 그대로일 때

유로 판매가가 미국 달러 등가를 유지하기 위해 개당 12.80유로에서 15.36유로로 상승하였으며(이 변화는 유로의 가치 하락을 상쇄한다) 다른 모든 변수는 그대로라고 가정하자.

	이전	이후
유로 가격	€12.80	€15.36
환율	$1.20/€	$1.00/€
미국 달러 가격	$15.36	$15.36

또한 이런 가격 상승에도 불구하고 판매량(기준선 1,000,000개)이 계속 유지된다고 가정하자. 즉, 고객은 달러와 같은 가격을 지불하길 기대하고 현지 비용은 변하지 않는다는 것이다.

독일 Ganado는 이제 향상된 세계적 가격 수준과 연동되는 판매가 때문에 가치 하락 이후의 상황이 이전보다 더 낫다. 그리고 판매량도 떨어지지 않았다. 영업 현금흐름이 2014년 3,561,254유로로 오르고(운전 자본이 49,096유로로 향상된 이후) 향후 4년 동안은 연간 3,610,350유로만큼 올라 순이익은 연간 3,010,350유로로 오른다. 독일 Ganado는 현재가치가 12,059,761달러로 상승되었다.

사례 4 : 판매 가격, 비용, 판매량 증가

도표 12.6에 묘사된 것처럼 검토할 마지막 경우는 모든 가능한 결과들의 조합이다. 가격은 14.08유로로 10% 상승하였고 개당 직접비용도 10.00유로로 5% 증가하였으며 판매량도 1,100,000개로 10% 증가하였다. 수익은 비용보다 더 많이 증가하며 독일 Ganado의 순수입은 2,113,590유로로 증가한다. 영업 현금흐름은 2014년(NWC의 증가 이후) 2,623,683유로까지 증가하며 이후 4년 동안은 2,713,590유로일 것이다. 독일 Ganado의 현가는 현재 9,018,195달러이다.

다른 가능성

만일 다른 나라에서 판매수익 중 일부분이 발생한다면 상황은 달라질 것이다. 독일 Ganado는 아마도 사실상 유로 등가를 올리면서 해외 판매 가격을 그대로 놔둘 것이다. 또 다른 대안으로 기업은 유로 등가를 유지할 수도 있는데, 이를 위해 판매량을 늘리기 위해 해외 판매 가격을 낮출 것이다. 물론 기업은 이러한 극단적인 두 가지 선택 사이의 어딘가에 위치할 수도 있다. 탄력성과 해외 및 국내판매의 비율에 따라 총판매수익은 증가할 수도 하락할 수도 있다.

만일 몇 개 혹은 모든 원자재나 부품이 어려운 상황에서 수입되고 지불되었다면 유로 영업 비용은 유로의 가치 하락 이후 더 증가했을 것이다. 다른 가능성은 현지(수입되지 않은) 유로 비용이 통화가치 하락 이후에 오른다는 것이다.

도표 12.6	독일 Ganado : 사례 4 — 판매 가격, 판매량, 판매비용 증가 시				
가정	**2014**	**2015**	**2016**	**2017**	**2018**
판매량(개당)	1,100,000	1,100,000	1,100,000	1,100,000	1,100,000
개당 판매가	€14.08	€14.08	€14.08	€14.08	€14.08
개당 직접비용	€10.00	€10.00	€10.00	€10.00	€10.00
독일 법인 세율	29.5%	29.5%	29.5%	29.5%	29.5%
환율($/€)	1.0000	1.0000	1.0000	1.0000	1.0000
손익계산서	**2014**	**2015**	**2016**	**2017**	**2018**
판매 수익	€15,488,000	€15,488,000	€15,488,000	€15,488,000	€15,488,000
판매 상품의 직접 비용	−11,000,000	−11,000,000	−11,000,000	−11,000,000	−11,000,000
현금 영업 환노출(고정)	−890,000	−890,000	−890,000	−890,000	−890,000
통화가치 하락	−600,000	−600,000	−600,000	−600,000	−600,000
세전 소득	€2,998,000	€2,998,000	€2,998,000	€2,998,000	€2,998,000
소득세 비용	−884,410	−884,410	−884,410	−884,410	−884,410
순이익	€2,113,590	€2,113,590	€2,113,590	€2,113,590	€2,113,590
평가 현금흐름					
순이익	€2,113,590	€2,113,590	€2,113,590	€2,113,590	€2,113,590
통화가치 하락 다시 추가	600,000	600,000	600,000	600,000	600,000
순운전자본의 변화	−890,000	0	0	0	0
유로 평가 잉여 현금흐름	€2,623,683	€2,713,590	€2,713,590	€2,713,590	€2,713,590
달러 영업 현금흐름	$2,623,683	$2,713,590	$2,713,590	$2,713,590	$2,713,590
현가 @ 15%	$9,018,195				

손실 측정

도표 12.7은 $1.20/€에서 $1.00/€까지 유로가치의 즉각적이고 영구적인 변화에 관한 간단한 몇 가지 경우를 종합하여 독일 Ganado의 가치 변화를 요약하고 있다. 이 사례들은 향후 5년 동안 자회사의 영업 현금흐름의 현가에 의해 측정된 자회사의 가치 변화를 측정함으로써 독일 Ganado의 영업 환노출을 추정한다.

유로가치 하락이 발생하는 (모든 변수들은 그대로인) 사례 1에서는 독일 Ganado의 자회사 가치가 환율의 퍼센트 변화에 의해 16.7% 떨어진다. 가격 경쟁력 상승에 따라 판매량이 40% 증가한 사례 2에서는 독일 자회사의 가치가 22.5% 상승한다. 환율의 변화가 높은 판매가로 이어진 사례 3은 자회사 가치가 66%라는 큰 폭의 상승을 이루었다. 마지막 경우인 사례 4는 세 가지 수익 유발요인 모두의 증가를 결합한다. 자회사 평가에서 나타난 24.2%라는 최종 변화율은 '실현 산출물'이 되기까지 서서히 진

도표 12.7	유로 가치 하락에 의한 독일 Ganado의 가치 변화에 대한 요약						
사례	환율	가격	판매량	비용	평가	가치의 변화	가치의 변화 퍼센트
기준선	$1.20/€	€12.80	1,000,000	€9.60	$7,262,980	–	
1 : 변수 변동 없음	$1.00/€	€12.80	1,000,000	€9.60	$6,052,483	($1,210,497)	−16.7%
2 : 판매량 증가	$1.00/€	€12.80	1,400,000	€9.60	$8,900,601	$1,637,621	22.5%
3 : 판매량 증가	$1.00/€	€15.60	1,000,000	€9.60	$12,059,761	$4,796,781	66.0%
4 : 가격, 비용, 양 증가	$1.00/€	€14.08	1,100,000	€10.00	$9,018,195	$1,755,215	24.2%

행되겠지만, 자회사 영업을 줄여야 할 가능성은 매우 명백해진다. 끝으로 영업 환노출의 측정은 정말로 어렵지만 점진적인 재무관리에서는 불가능하지는 않다(시간과 노력을 들일 가치가 있을 것이다).

영업 환노출의 전략 경영

영업과 거래 환노출 모두 관리 목적은 기업의 미래 현금흐름에 대한 환율 변화에 따른 결과가 좋게 나타나기만을 바라보다 그것을 예측하고 영향을 미치기 위해서이다. 이 목적을 달성하기 위해 경영진은 기업의 영업과 재무 기반을 다각화할 수 있다. 또한 경영진은 기업의 영업과 재무정책을 바꿀 수도 있다. 글로벌 금융 실무 12.2는 고정 환율에 대한 관리 인식의 어려움 중 하나를 강조한다.

글로벌 금융 실무 12.2

고정 환율이 신흥시장에서 기업의 환위험을 증가시키는가?

환율이 변할 수 없거나 변하지 않을 것이란 사실을 알 때 기업은 환노출(최소한 기업의 자국 통화에 대한 주요 통화가 고정되었을 때)이 일어나지 않은 것처럼 사업을 한다는 사실에 대해 오랫동안 많은 논란이 있었다. 인도의 환위험에 대한 한 연구에서는 이렇게 언급한다. "이 결과는 고정된 환율이 도덕적 해이를 유발하고 재정적 취약성을 증가시킨다는 이론을 지지한다."

도덕적 해이는 어느 한 당사자(대리인이나 개인, 혹은 기업)가 제2의 당사자가 기업의 위험 감수적인 결정에 따른 부정적 파급 효과를 다루거나 이에 대해 보험을 들 것이라고 알고 있거나 믿을 때 더 큰 위험을 감수하게 된다는 개념이다. 다시 말해서, 기업은 다른 사람이 값을 치르게 될 것임을 알 때 위험을 더 감수할 것이다. 고정되거나 조정된 환율 체계에서 '어떤 다른 사람'이란 진행 중인 통화 간 계약 의무와 환노출에 관하여 환율은 바뀌지 않을 것이라 말하는 중앙은행에 의해 대표된다.

대부분의 신흥시장에 있어서 이러한 특정 관행에 대한 연구자료가 아직 부족하지만, 많은 신흥시장이 새로운 세계적 자본흐름(금융 세계화라 부른다)의 주요 목표가 되면서 몇 년 안에 다가올 매우 중요한 이슈를 증명할 수 있을지도 모른다. 만일 그 시장에서 국가 자체가 국제적 자본흐름에 문호를 개방함으로써 해당 국가 안팎에서 수반되는 위험을 인식하지 못한다면 그리고 그 위험이 국가 환율에 미칠 충격을 인식하지 못한다면, 기업은 아마도 몇 년 안으로 고생 좀 할 것이다.

출처 : "Does the currency regime shape unhedged currency exposure?," by Ila Patnaik and Ajay Shah, *Journal of International Money and Finance*, 29, 2010, pp. 760−769. See also "Moral Hazard, Financial Crises, and the Choice of Exchange Rate Regimes," Apanard Angkinand and Thomas Willett, June 2006; and "Exchange-Rate Regimes for Emerging Markets: Moral Hazard and International Borrowing," by Ronald I. McKinnon and Huw Pill, *Oxford Review of Economic Policy*, Vol. 15, No. 3, 1999.

영업 환노출을 전략적 수준에서 관리하는 비결은 평가가 일어날 때 경영진이 평가 조건의 불균형을 인지하고 가장 적합하게 행동할 수 있도록 사전에 준비하는 것이다. 이 일은 기업이 영업과 재무 기반 모두를 세계적으로 다각화시킬 때 가장 성공적으로 완수할 수 있다. 영업 다각화는 판매와 생산공정 장소 그리고 원자재 조달처를 다각화하는 것을 의미한다. 재무기반을 다각화하는 것은 1개 이상의 통화로 하나 이상의 자본시장에서 자금을 모으는 것을 의미한다.

다각화 전략은 경영진의 위험 선호나 외화, 사본 그리고 제품 시장의 불균형 조건 때문에 니터나는 기회에 따라서 기업이 적극적이거나 소극적으로 행동할 수 있게 해준다. 이 전략은 경영진이 균형을 예측할 필요가 없고 다만 발생했을 때 인지하기만 하면 된다. 이 전략은 경영진이 영업 환노출과 관련하여 어떻게 경쟁자들이 미리 준비하는지 고려하길 요구한다. 이 지식은 대안적 불균형 시나리오에 의해 어떤 기업이 도움을 받거나 타격을 입을지 밝혀낼 것이다.

영업 다각화

영업 다각화는 영업 환노출을 관리하기 위해 기업을 미리 준비시키는 하나의 구조적인 전략이다. 구매력 평가가 일시적으로 불균형한 경우를 고려해보자. 불균형은 예측 불가능하지만 경영진은 주로 그것이 일어났을 때의 증상을 인지할 수 있다. 예를 들어, 경영진은 다른 나라에 있는 공장의 상대 비용에서 나타나는 변화를 알아챌 수 있다. 그들은 또한 수요 가격과 소득 탄력성 및 경쟁자의 반응에 따라서 다른 지역과 비교해 한 지역에서 나타나는 이윤 폭이나 판매량의 변화를 관찰할 수도 있다.

세계적인 경쟁 조건의 일시적 변화를 인지하는 것은 경영진이 영업 전략을 변화시킬 수 있도록 한다. 경영진은 원자재, 부품, 완성품의 조달에서 작은 변화를 꾀할 수도 있다. 만약 여력이 된다면 생산공정을 한 국가에서는 늘리고 다른 곳에서는 줄일 수도 있다. 불균형 상황 때문에 기업의 제품을 더욱 가격경쟁력을 지닌 시장으로 수출하도록 마케팅 노력을 강화시킬 수도 있다. 어려운 것은 글로벌 금융실무 12.3에 나타나있듯이 언제 그 변화가 일시적인지 아니면 반영구적인지를 아는 것이다.

경영진이 환율이 변할 때 정상 영업을 적극적으로 변경하지 못하더라도 기업은 유익한 포트폴리오 효과를 경험할 수 있어야 한다. 기업의 현금흐름의 다양성은 기업의 생산과 용역 그리고 판매 부문에서의 세계적 다각화에 의해 줄어들 것이다. 이 경우 영업 환노출은 무효화될 것이다.

세계적으로 다각화된 MNE와는 대조적으로 순수 국내 기업은 외환 현금흐름을 가지고 있지 않더라도 외환 영업 환노출에 따른 영향을 받는 대상일 것이다. 예를 들어 기업은 통화가치가 낮은 국가에서 생산하는 국내시장의 경쟁기업으로부터 강렬한 수입 경쟁을 경험할 수 있다.

순수 국내 기업은 MNE와 같이 세계 불평등 조건에 대응할 수 있는 선택권이 없다. 사실 순수 국내 기업은 기업 내부 자원에서 비교 데이터가 부족하기 때문에 불평등의 존재를 인지할 수 있는 위치에 있지 않다. 외부 데이터를 이용할 수 있을 즈음에는 보통 대응하기에 너무 늦은 시점이 된다. 국내 기업이 불평등을 인지한다 해도 생산과 판매를 전에 없던 해외시장으로 빠르게 이전시킬 수 없다.

생산 입지의 다각화 가능성을 제한할 수 있는 제약들이 존재한다. 특정 산업의 기술은 규모의 경제

글로벌 금융 실무 12.3

영국과 유럽 : 채널 간 통화 변화

영국의 가장 큰 무역 파트너는 EU이고 이들이 수년간 서로 깊게 얽혀있는 사이라 해도 영국은 유로에 가입하지 않았다. 영국 파운드라는 구분된 통화를 유지하면서 영국의 통화정책과 통화를 정의하는 추가적 능력은 영국의 자부심과 독립성을 위한 근본적인 기둥 역할을 해왔다. 그러나 그 독립성은 채널 간(영국 채널을 생각해보자) 통화 변화라 불리는 대가가 따르고 있다.

지난 20년 동안 파운드와 유로 간의 상대적 힘은 적어도 세 가지 다른 통화 시대를 목격했다. 유로의 출범에 앞서 비교적 '약한 파운드' 기간이 있었다. 그러나 1996년 엄청난 변화(대략 GBP0.80 = EUR1.00에서 GBP0.65)가 있었고 이 변화는 10년 이상 지속되었다. 이 기간 동안 모든 영국 상품이 대륙에서 좀 더 비싸졌다. 영국에 대한 유럽 수출이 영국의 지출을 이끌어내는 동안 영국의 수출 가격은 확실히 비경쟁적이었다. 전 지구적으로 이런 경우가 많았기 때문에 무역 전환의 기본 조건은 근본적인 국가 경제를 바꾸어놓았다.

통화 변화의 채널 횡단 시대

영국 파운드(GBP) = 1.00 유럽 유로(EUR)

그러나 2008년 새로운 해협 횡단 통화 변화가 영국 파운드를 또다시 약하게 만들면서 지질 구조판은 또 한 번 움직였다. 이제 파운드는 GBP0.65 = EUR1.00에서 더 불안한 수준으로 약화되었으나 중장기 근본적 경로는 약 GBP0.85 = EUR1.00일 것으로 보인다. 영국 제품과 서비스(영국 파운드로 가격이 매겨진)는 또다시 대륙의 고객들에게 선호할만한 가격을 제시했다. 이 새로운 시대가 얼마나 갈지가 모두의 관심사였으나 벌써 7년이나 지속되고 있다. 양쪽 해협에 있는 각 다국적 기업들이 이러한 주기적인 해협 횡단 통화 변화를 관리하는 방법은 업무에서의 영업 환노출을 관리하는 것이다.

를 요구할 수도 있다. 예를 들어, 인텔과 같은 첨단 기술 회사는 첨단 기술 공급자와 고학력 인력 그리고 하나 이상의 선두 대학에 쉽게 접근할 수 있는 입지를 선호한다. 그들의 R&D 노력은 초기 생산 및 판매 활동에 밀접하게 연결되어 있다.

재무 다각화

만일 기업이 자금조달 원천을 다각화한다면 기업은 세계적 피셔 효과로부터 온 일시적 탈선의 이점을 이용하기 위해 미리 준비할 수 있을 것이다. 만일 이자율 차이가 예상 환율변화와 동일하지 않다면 기업의 자본 비용을 낮출 수 있는 기회가 존재할 것이다. 그러나 자금조달 원천을 바꾸려면 해당 기업은 은행과의 관계가 확고해야 하고 국제 투자 공동체 내에서 잘 알려진 기업이어야 한다. 다시 한 번 말하자면 이것은 보통 국내 기업에는 선택권이 없는 사항이다.

제13장에서 묘사된 것처럼, 자금 출처를 다각화하는 것은 명목상의 통화와 관계없이 기업의 자본 비용을 낮추고 자본의 이용 가능성을 증가시킬 수 있다. 자본을 세분화된 시장 밖에서 가져올 수 있는 능력은 특히 신흥시장에 상주하고 있는 기업들에게 중요하다.

영업 환노출의 능동적 관리

영업과 거래 환노출은 예상 환노출을 상쇄시킬 수 있는 영업 혹은 자금조달 정책을 적용함으로써 부분적인 관리가 가능하다. 이용되고 있는 가장 보편적인 다섯 가지 능동적인 정책으로 (1) 통화 현금흐름의 매칭, (2) 위험 분담 합의, (3) 국제상호 직접대출(back-to-back) 혹은 평행대출, (4) 통화 간 스왑 그리고 (5) 계약적 접근 등이 있다.

통화 현금흐름의 매칭

특정한 통화의 지속적인 예상 장기적 환노출을 상쇄시키는 한 방법은 그 통화로 표기된 대출을 받는 것이다. 도표 12.8은 캐나다로 수출 판매를 지속하고 있는 미국 기업의 환노출을 설명하고 있다. 캐나다 시장에서 효과적으로 경쟁하기 위해서 기업은 모든 수출 판매 송장을 캐나다 달러로 보내고 있다. 이 정책의 결과 매달 지속적으로 캐나다 달러를 인수할 수 있었다. 만일 수출 판매가 공급자 관계를 지속시키는 일의 한 부분이라면 장기적인 캐나다 달러 포지션은 비교적 예상 가능하고 불변적일 것이다. 이 끝없는 거래 환노출은 물론 제9장에서 얘기한 것처럼 지속적으로 추가 계약이나 다른 계약으로 헤지될 수 있다.

그러나 만일 기업이 캐나다 달러의 지속적 유입을 위해 지속적 사용(유출)을 모색한다면 어떻게 될까? 만약 미국 기업이 캐나다 달러시장의 부채 자본의 일부를 얻는다면 해당 기업은 캐나다 달러 부채의 원리금을 상환하고 현금흐름을 매칭시키기 위해서 수출 판매로부터 비교적 예상 가능한 캐나다 달러 현금 유입을 사용할 수 있을 것이다. 미국 기반 기업은 자금 현금 유출을 발생시킴으로써 영업 현금 유입을 헤지하고 있으며 향후 계약과 같은 계약 자금 수단의 노출을 적극적으로 관리하지 않아도 된다. 매칭으로 나타나기도 하는 이런 형태의 헤징은 환노출 현금흐름이 시간이 갈수록 비교적 지속적이고 예상 가능할 때 환노출을 제거하는 데 효과적이다.

잠재적 매칭 전략의 목록은 거의 끝이 없다. 두 번째 대안책은 미국 기업이 캐나다에 있는 미국이나

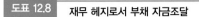

도표 12.8   재무 헤지로서 부채 자금조달

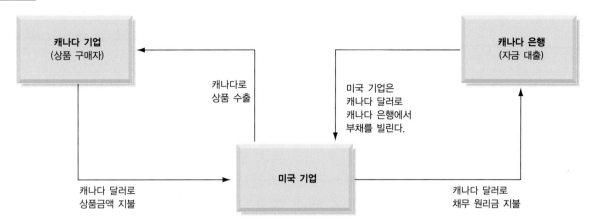

노출 : 캐나다로의 상품 판매는 캐나다 달러 유입으로부터
환노출을 발생시킨다.

헤지 : 캐나다 달러 부채 상환은 부채 상환 요구, 즉 캐나다
달러 유출에 따른 재정 헤지로 작용한다.

다른 외국 기업을 위한 대리자로서 원재료 혹은 잠재적 부품 공급자를 찾는 것이다. 그다음 그 기업은
영업 캐나다 달러 현금 유입(수취)과 캐나다 달러 영업 현금 유출(대금)을 보유할 것이다. 만일 현금흐
름의 시기와 규모가 대략적으로 같다면, 전략은 **자연적** 헤지가 될 것인데, '자연적'이라는 용어는 영업
기반의 활동을 나타낸다.

주로 **통화 전환**이라 불리는 세 번째 대안책은 해외 공급자에게 캐나다 달러로 지불하는 것이다. 예를
들어 만일 미국 기업이 멕시코에서 부품을 수입했다면 멕시코 기업은 캐나다 달러 지급을 반길 것이
다. 왜냐하면 기업의 현금흐름 네트워크에서는 캐나다 달러가 부족하기 때문이다.

위험 분담 합의

지속적인 바이어–공급자 관계에서 기업 간의 장기적 현금흐름 환노출을 관리하기 위한 대안책은 위험
분담이다. 위험 분담은 구매자와 판매자가 상호 지급에 대한 통화 이동에 따른 영향을 '분담'하거나 나
누기로 동의한 계약 방식이다. 만일 두 기업이 제품의 질과 공급자 신용을 기반으로 한 장기적 관계에
관심이 있고 통화시장의 변덕에 관심이 없다면, 통화 위험의 부담을 나누기 위한 협력적 동의는 그다
음 수순일 것이다.

만일 포드의 북아메리카 영업이 자동차 부품을 일본의 마쯔다로부터 매월, 매년 수입한다면 환율
의 주 변동은 한쪽의 희생하에 다른 한쪽에만 이익일 것이다. (포드의 대주주는 마쯔다이다. 그러나 기
업의 영업에는 통제를 가하지 않는다. 그러므로 위험 분담 합의는 부분적으로 적절하다. 쌍무 거래는

사실상 서로 다른 기업 간에 이루어지기도 하고 사내 형태로 이루어지기도 한다. 위험 분담 합의는 파트너십을 굳건히 한다.) 한 잠재적 해결방법은 포드와 마쯔다가 송장 작성일의 현물환율이 ¥115/$와 ¥125/$ 사이라면 포드의 모든 구매가 현재 환율에서 일본 엔으로 이루어진다고 동의하는 것이다. 만일 환율이 지불 날짜에 제시한 가치에 해당된다면 포드는 어떠한 거래 환노출이 존재하더라도 수취하는 것에 동의한다(외환으로 지불하기 때문에). 그러나 만일 지급날짜에 환율이 이 범위 밖으로 벗어난다면 포드와 마쯔다는 그 차이를 동일하게 나눌 것이다.

예를 들어 포드는 3월 지급계정에 25,000,000엔이 있다. 만일 송장 작성일 현물환율이 ¥110/$라면 일본 엔은 달러에 비해 가치 상승하며 포드의 자동차 부품 구매 비용을 증가시킨다. 이 비율이 계약상의 범위 밖에 있기 때문에 마쯔다는 모든 지급비용을 ¥5/$(예 : ¥115 − ¥110)의 차이를 낳는 일본 엔으로 받는 것에 동의할 것이다. 포드의 지불금은 다음과 같을 것이다.

$$\left[\frac{¥25,000,000}{¥115.00/\$ - \left(\dfrac{¥5.00/\$}{2}\right)}\right] = \frac{¥25,000,000}{¥112.50/\$} = \$222,222.22$$

현물환율이 ¥110/$일 때, 포드의 3월 비용은 위험 분담 합의 없이 227,272.73달러일 것이다. 그러나 동의가 있다면 포드의 지불금액은 환율 ¥112.50/$를 사용해 계산되며 222,222.22달러를 지불하게 될 것이다. 위험 분담 합의는 포드에 있어 5,050.51달러를 절약하는 것으로 여겨진다(이 '절약'은 진정한 비용절감이 아닌 비용증가 부문에서의 절감이다). 그러므로 양쪽 모두에 명시된 기준 밖의 환율 변동으로부터 비용과 이익이 발생한다. 이 변동은 만일 현물환율이 ¥130/$으로 움직였다면 분명히 마쯔다에 유리할 수 있었다는 점을 명심하라.

위험 분담 방식은 변덕스럽고 예상 불가능한 환율변동이 양쪽 모두에 미치는 영향을 완화하고자 하는 목적으로 이루어진다. 물론 한 통화의 지속적인 가치 상승은 새로운 분담 합의에 대한 협상을 필요로 하지만 궁극적인 합의의 목적은 비즈니스 관계를 지속시키는 데 있어 통화 압력을 완화하는 것이다.

이와 같은 위험 분담 합의는 시장에서 거의 50년 동안 사용해왔다. 이 조약은 1960년대 브레턴우즈 협정(Bretton Woods Agreement) 아래 환율이 비교적 안정적이었을 때에는 잘 쓰이지 않았었다. 그러나 1970년대에는 유동적인 환율의 귀환과 함께 국가 간에 장기적 고객−공급자 관계를 맺은 기업들이 상호 이익이 되는 장기 무역을 유지하기 위한 이전 방법으로 사용하게 되었다. 글로벌 금융 실무 12.4에서 독일의 자동차 제조사가 어떻게 위험을 대비했는지 설명하고 있다.

국제상호 직접대출 혹은 평행대출

평행대출이나 신용 스왑으로도 불리는 국제상호 직접대출은 다른 국가에 있는 두 비즈니스 기업이 특정 기간 동안 서로의 통화를 빌리려고 할 때 발생한다. 현물시세가 교환할 자금의 양을 결정하는 기준점

글로벌 금융 실무 12.4

독일 자동차 제조사 위험 헤징

왜 대형 자동차 제조사들이 지리적으로 생산설비를 본국 밖으로 확장하는지 궁금해한 적 있는가? 2014년 폭스바겐 AG(VW), Bayerische Motoren Werke AG(BMW) 그리고 다임러 AG는 이미 운영의 70%를 본국 밖에서 진행하고 있었다. 그러나 그들은 글로벌 발자취를 넓히기 위해 제조설비를 유럽 밖으로 옮기고자 2015~2017년까지 총합계 250억 유로를 사용하려고 계획하고 있다. 그들의 글로벌 확장은 2007~2008년 금융 붕괴에도 BMW와 VW의 영업이 성장하고 이익이 증가하도록 했다. 다른 한편으로 다임러와 푸조와 같은 제한된 세계적 운영설비를 가진 자동차 제조사의 시장가치는 떨어졌다.

말할 필요도 없이 이런 자동차 회사들은 목표시장에 가까운 곳에 위치하는 전통적인 방법을 사용했다. 유럽에서 생활 수준이 저하되고 BRICS 국가가 상승하면서 독일 자동차 제조사는 투자자금을 고성장 신흥시장으로 맞춰 옮기고 있다. 게다가 그들은 값싸고 능력 있는 노동력과 우호적인 세제로부터 이득을 보고 있으며 브라질, 중국, 러시아와 같은 신흥시장 경제의 운송수단 제조 라인의 운영에 대한 투자법으로부터 혜택을 얻는다. 그들은 또한 더 많은 자동차 부품을 현지 제조사로부터 공급받는다.

2008년 글로벌 경제위기로 인한 유로의 통화가치 하락이 독일 자동차 제조사가 본국에서 생산하기에 더 유리하도록 만든 것이 사실일지도 모른다. 그러나 독일은 다른 측면에 대해서도 인지하고 있다. 그들은 무엇보다 환율 위험성과 변동으로부터 단절시키는 것이 제일

중요하다는 것을 알고 있다. 폭스바겐 AG가 보고한 높은 수익성에도 불구하고 유럽 너머로 확장하고자 하는 결정은 자회사(포르쉐)가 1990년대 초반 부도위기에 처했을 때 어렵게 배운 교훈에 따른 통화 변동에 대한 헤징에 기초한다. 1990년대 대부분의 제조는 독일에서 이루어졌으며 대부분의 판매는 미국에서 이루어졌다. 달러의 가치가 떨어지며 매출은 곤두박질쳤고 재정은 매우 제한적이었다. 사실 이것은 독일 자동차 제조사가 글로벌 확장의 파도를 타기 시작하도록 자극한 사건이었다.

오히려 지리적으로 확장하려는 결정은 독일 자동차 제조사가 전통적인 재무 헤징을 사용해 단독으로 관리하는 것은 통화 위험이 너무 높다고 믿는다는 것을 암시했다. 사실 세 독일 자동차 제조사 각각의 헤징 전략들은 지리적 확장과 전통적 재무 헤징의 조합을 보여준다. 세 자동차 제조회사 중 세계적으로 가장 적게 다각화된 BMW는 위험 분담 합의, 통화 간 스왑, 계약적 접근을 사용해 거의 40%의 외환 운영을 헤지했다.

아직 많은 의심의 여지가 남아있다. 지리적 확장 전략은 외환 위험을 줄이며 운영 지출을 절감할 수 있다는 것이 사실일지도 모른다. 그러나 독일 자동차 제조사는 다른 위험과 독일 판정 표준(독일 차가 높은 평판과 시장 점유율을 얻게 한 기준)을 맞춰야 하는 어려움에 대처해야 한다. 그들은 또한 문화 장벽, 다면적 운영의 복잡성 그리고 국가 특유의 정책 위험과도 대면해야 한다.

으로 쓰일 것임에도 불구하고 그 과정은 환율시장 밖에서 일어난다. 각 회사가 장부에 상환할 것과 동일한 통화를 빌리기 때문에 그러한 교환은 환율손실에 대비한 헤지를 형성한다. 국제상호 직접대출은 또한 각 국가로부터 혹은 국가에 투자자금을 이체하는 것에 관한 실제 혹은 예상 법적 제한 시간에 사용된다.

전형적인 국제상호 직접대출의 구조는 도표 12.9에 묘사된 것과 같다. 네덜란드 자회사에 투자하길 원하는 영국 모기업은 영국에 투자하고 싶어 하는 네덜란드 모기업에 해당한다. 환율시장을 완전히 피하기 위해 네덜란드 자회사는 네덜란드에 있는 영국 자회사에 유로를 빌려주며 영국 모기업은 영국에 있는 네덜란드 자회사에 파운드를 빌려준다. 이 두 대출은 현재 현물환율과 명시된 만기일에 동일한 가치를 가진다. 만기일에는 2개의 다른 대출이 원래 대출기업에 상환되며 다시 한 번 환율시장을 사용할 필요가 없다. 대출은 어떤 환율 위험도 내포하지 않으며 보통 투자 목적의 외환 이용 가능성을 규제하는 어떤 정부기관의 허가도 받을 필요가 없다.

도표 12.9 통화 헤징을 위한 국제상호 직접대출

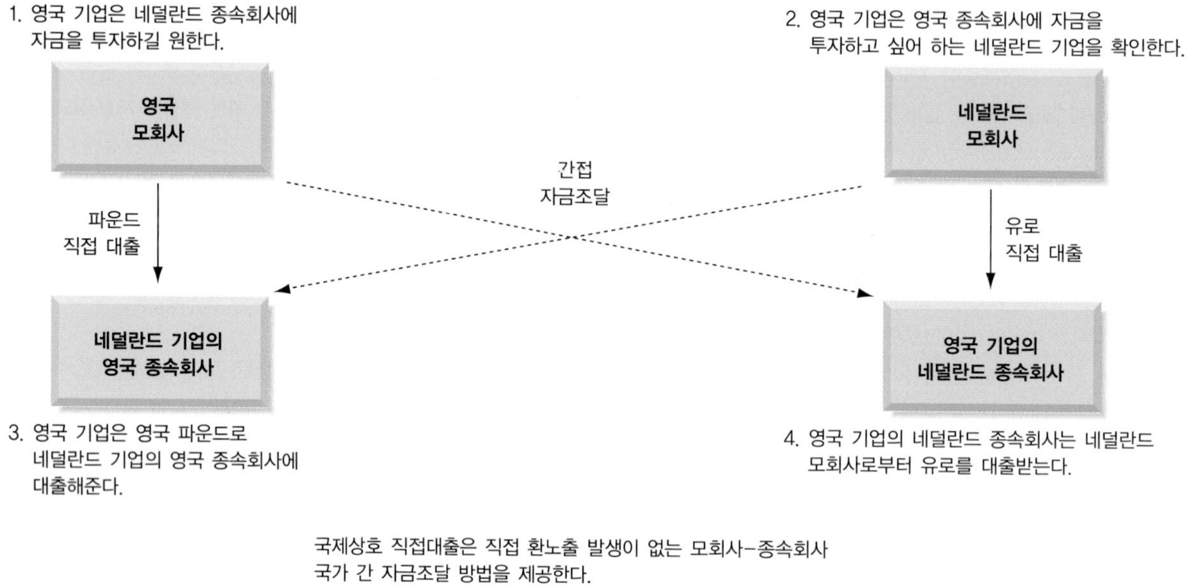

1. 영국 기업은 네덜란드 종속회사에 자금을 투자하길 원한다.

영국 모회사

파운드 직접 대출

네덜란드 기업의 영국 종속회사

3. 영국 기업은 영국 파운드로 네덜란드 기업의 영국 종속회사에 대출해준다.

간접 자금조달

2. 영국 기업은 영국 종속회사에 자금을 투자하고 싶어 하는 네덜란드 기업을 확인한다.

네덜란드 모회사

유로 직접 대출

영국 기업의 네덜란드 종속회사

4. 영국 기업의 네덜란드 종속회사는 네덜란드 모회사로부터 유로를 대출받는다.

국제상호 직접대출은 직접 환노출 발생이 없는 모회사-종속회사 국가 간 자금조달 방법을 제공한다.

각 대출이 다른 대출에 대해 채무불이행이 일어날 시 상쇄 권리가 있기 때문에 국제상호 직접대출에서 모기업 보증은 필요가 없다. 두 국가 간 현물환율이 변할 시 주요 평가를 유지하기 위해 추가 합의가 제공될 수 있다. 예를 들어 파운드가 30일 동안 6% 이상 떨어진다면 영국 모기업은 두 대출의 원리금 가치를 평가로 유지하기 위해 추가 파운드를 네덜란드 자회사에 지급해야 할 것이다. 만일 유로가 약화된다면 비슷한 충당금이 영국을 보호할 것이다. 이 평가 충당금이 양측이 합의기간 동안 반드시 대출해주어야 하는 본국 통화의 양을 변화시킨다고 해도, 모든 대출의 만기일에 빌려준 것과 동일한 통화로 지불되기 때문에 환율 위험을 증가시키지 않는다.

국제상호 직접대출 사용이 확산되는 것을 막는 근본적인 장애요소가 두 가지 있다. 첫째는 기업이 통화와 양과 원하는 시간에 **상대측**이라고도 하는 파트너를 찾기 어렵다는 것이다. 두 번째로 한쪽이 빌린 자금을 지정된 만기일까지 상환하지 못할 것이라는 위험이 존재한다는 것이다. 양측의 대출이 다른 통화라고는 해도 사실상 100% 담보물을 가지고 있기 때문에 위험이 최소화된다고 해도 말이다. 이러한 약점들이 통화 간 스왑의 빠른 발전과 넓은 보급을 가져왔다.

통화 간 스왑

통화 간 스왑은 기업의 대차 대조표에 나타나지 않는다는 점을 제외하면 연속 대출과 비슷하다. 제8장에서 자세히 설명했듯이 스왑이라는 용어는 세계 금융에서 다양한 방법으로 사용되며 특정한 경우에 명확한 사용을 주의해서 확인해야 한다. 통화스왑에서 기업과 스왑 딜러(혹은 스왑 은행)는 특정 기간 동안 다른 두 통화의 동일한 양을 교환하기로 동의한다. 통화스왑은 어떤 경우에는 최대 30년까지 되는 넓은 범위의 만기일로 협상될 수 있다. 스왑 딜러 혹은 스왑 은행은 스왑 합의를 하는 데 있어 중개인과 같은 역할을 한다.

보편적인 통화스왑은 첫 번째로 두 기업이 잘 알려진 시장에서 통화와 자금을 빌려야 한다. 예를 들어 일본 기업은 자국 시장에서 평상시에 자주 엔을 빌릴 것이다. 그러나 만일 일본 기업이 미국에 수출을 하고 미국 달러를 번다면 기업은 미국 달러 부채를 정기 상납하기 위해 미국 달러 수익을 사용하도록 해주는 매칭 현금흐름 헤지를 조치하길 바랄 것이다. 그러나 일본 기업이 미국 금융시장에서 잘 알려져 있지 않다면 미국 달러 부채에 접근할 수 있는 준비가 안 되어 있을 것이다.

일본 기업이 달러를 빌릴 수 있는 한 가지 방법은 도표 12.10에서 볼 수 있는 것처럼 통화 간 스왑을 예상하는 것이다. 기업은 엔으로 표기된 채무상환 지급을 미국 달러 채무상환 지급을 보유한 다른 기업과 교환할 수 있다. 이 스왑은 일본 기업의 '달러 지급'과 '엔 수취'를 취하게 될 것이다. 그럼 일본 기업은 달러 부채를 실제로 미국 달러를 빌릴 필요 없이 취하게 된다. 동시에 미국 기업도 반대 방향('엔 지급'과 '달러 수취')으로 통화 간 스왑에 실제로 진입하게 된다. 스왑 딜러는 중개인의 역할을 한다. 스왑 딜러는 '블라인드 기반'으로 대부분의 스왑을 진행하며 이것은 착수 기업(initiating firm)이 스왑 협정의 다른 쪽(상대편)이 누군지 모른다는 것을 의미한다. 착수 기업은 딜러나 은행을 거래 상대방으로 본다. 스왑시장은 세계적으로 주요 머니센터뱅크(money center bank)가 점유하고 있기 때문에 거래 상대방 위험이 받아들여지고 있다. 스왑 딜러의 비즈니스는 스왑을 주선하는 것이기 때문에 딜러는 보

도표 12.10 **통화 간 스왑 사용**

일본 기업과 미국 기업 모두는 채무 상환에 외환 현금 유입을 사용할 수 있도록
해주는 통화 간 스왑을 이용하길 바란다.

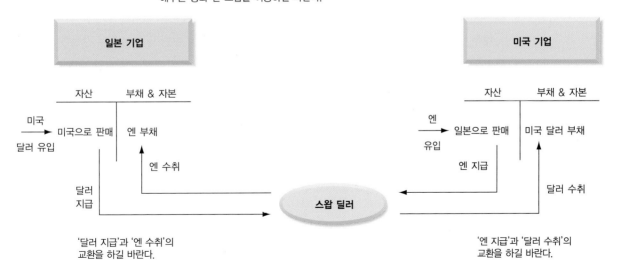

통 통화, 거래량 그리고 원하는 스왑 시점을 조정해준다.

미국의 회계사는 통화스왑을 부채보다는 오히려 해외 교환 거래로 처리하며 이후 스왑을 바꿔야 하는 의무를 미래 교환 계약으로 대응한다. 미래 교환 계약은 자산에 대응될 수 있으나 이는 대차대조표 항목보다는 기업의 주석에 들어간다. 그 결과 통화 변형과 영업 환노출 모두를 피할 수 있고 장기적 수취나 장기적 부채가 대차대조표에 생성되지 않는다.

계약적 접근 : 보호할 수 없는 것의 헤징

어떤 MNE는 현재 영업 환노출을 계약 전략으로 보호하려고 시도한다. Merck(미국)와 같은 몇몇 기업들은 장기적 통화옵션 포지션(부정적 환율 변화로 인한 수익 손실을 상쇄하기 위해 구상된 헤지)을 진행 중이다. 많은 이런 기업들이 전략적 환노출 혹은 경쟁적 환노출로 표현하는 이 헤징은 전통적인 이론을 정면으로 반박할 것으로 보인다.

'보호할 수 없는 것'을 헤지하는 기업들의 능력은 예측성에 달려있다. 즉, (1) 기업의 미래 현금흐름 예측성, (2) 경쟁자의 환율 변화에 대한 대응 예측성 등이다. 많은 기업 운영자들이 그들의 현금흐름에 대한 예측 능력을 믿는다고 해도 실제로는 경쟁자의 대응을 정확히 예측할 수 있는 기업이 거의 없다. 많은 기업들은 여전히 변화하는 환노출을 시기 적절하게 측정하고자 한다.

Merck는 운영진이 두 가지 모두에 능하다고 생각하는 기업의 한 예이다. 이 기업은 제약 산업의 제품 틈새 속성 덕분에 비교적 예측 가능한 장기적인 매출원을 소유하고 있다. 미국 기반의 해외시장 수출업자로서 제품의 매출 수준이 비교적 예측 가능하고 가격이 주로 정부에 의해 규제되는 시장에서 Merck는 미래 5년과 10년 동안 외환의 장기적 순 현금흐름을 정확하게 예측할 수 있다. Merck는 비교적 다각화되지 않은 영업 구조를 가지고 있으며 어디에 연구, 개발, 생산비용이 위치하는지에 관해선 매우 중앙집권화되어 있다. Merck의 관리자는 장기적인 예측 불가능한 환율 변화라면 기업이 실질적인 대안책이 아닌 계약적 헤징을 취하고 있다고 생각한다. Merck는 환율 변화로 인한 잠재 수익 손실에 대비해서 미국 달러 대비 외환의 장외거래 장기 풋옵션을 구매하고 있다.

매우 중요한 질문은 계약적 헤지로 영업 환노출을 헤징하는 수단이 보여주는 진정한 효과성이다. 두려운 환율 이동과 풋옵션 포지션 청산이 발생한 이후에도 기업은 경쟁적으로 불리하다는 진실이 여전히 남아있다. 상당한 규모의 풋옵션 포지션을 구매해야 하는 자본 지출 경비는 잠재적 영업 다각화를 위해 쓰이지 않을 자본이며 이것은 장기적으로 기업의 글로벌 시장 점유율과 국제 경쟁력을 더 효과적으로 유지시켜 준다.

요점

- 영업 환노출은 예상치 못한 환율 변화로부터 야기되는 미래 영업 현금흐름의 변화로 인한 기업의 가치 변화를 측정한다.

- 영업 환노출 관리를 위한 영업 전략은 통화에 의한 현금 흐름과 일치시키기 위한 기업 영업 구조를 강조한다.

- 영업 환노출 관리의 목적은 환율 변화에 수동적인 대응을 강요받는 것보다 기업의 미래 현금흐름의 예상치 못

한 환율 변화에 따른 결과에 영향을 미치고 예측하는 것이다.

- 능동적인 정책들은 통화 현금흐름의 매칭, 통화 위험 분담 조항, 연속 대출 구조 그리고 통화 간 스왑 합의를 포함한다.

- 계약적 접근(예 : 옵션과 선도)은 가끔 영업 환노출을 헤지하는 데 쓰이지만 비용이 많이 들고 비효과적일 수 있다.

사례

도요타의 유럽 영업 환노출[1]

2002년 1월에 Toyota Motor Europe Manufacturing(TMEM)에 문제가 생겼다. 더 자세하게는 TMEM의 새로운 회장인 도요다 슈헤이 씨에게 문제가 있었다. 그는 유럽의 제조업과 판매 영업에서 발생한 지속적인 손실을 설명하러 도쿄 외곽에 있는 Toyota Motor Company(일본)의 사옥으로 가는 중이었다. Toyota Motor Company의 CEO인 오쿠다 히로시 씨는 유럽 손실을 줄이고 궁극적으로는 제거하기 위해 슈헤이 씨의 제안서를 기대하고 있었다. TMEM이 손실로 고통받고 있는 유일한 주요 도요타 자회사라는 것을 고려하면 상황은 심각했다.

도요타와 자동차 제조업

Toyota Motor Company는 판매 수량에 있어서 세계에서 세 번째로 큰 제조사(550만 제품 혹은 6초마다 1개의 제품)이지만 유럽 대륙에서는 매출에서 여덟 번째인 일본 제일의 자동차 제조회사였다. 글로벌 자동차 제조 산업은 다른 산업과 마찬가지로 마진이 줄어들고 규모나 범위의 경제가 추

구되고 글로벌 매출이 저속화되면서 최근 지속적인 합병을 경험하고 있다.

도요타도 다를 것이 없었다. 기업은 지속적으로 지역 라인을 따라 경영을 합리화시켰다. 도요타는 북미에 현지 제조공장을 지속적으로 늘려나갔다. 2001년에는 도요타의 북미 판매의 60% 이상이 현지 생산되었다. 그러나 도요타의 유럽 판매는 아직 그렇게 되려면 한참 먼 상황이었다. 유럽을 위해 제조되는 도요타 자동차와 트럭은 대부분 아직 일본에서 만들어지고 있었다. 2001년에는 유럽에서 팔린 자동차 가운데 겨우 24%가 유럽에서 제작되었다(영국을 포함하여). 나머지는 일본에서 수입되었다(도표 A를 보라).

Toyota Motor Europe은 2000년에 634,000대의 자동차를 팔았다. 이것은 도요타에 있어서 두 번째로 큰 외국시장이었고 북미 안에서도 두 번째였다. TMEM은 유럽 판매의 고도 성장을 예견했고 유럽 생산을 기획하였으며, 매출을 2005년까지 800,000단위로 확장하려고 계획하였다. 그러나

---

[1] Copyright © 2005 Thunderbird School of Global Management. All rights reserved. 이 사례는 Michael H. Moffett 교수가 수업 중 토론을 목적으로 준비한 것으로, 효율적이거나 비효율적인 경영을 시사하지 않는다.

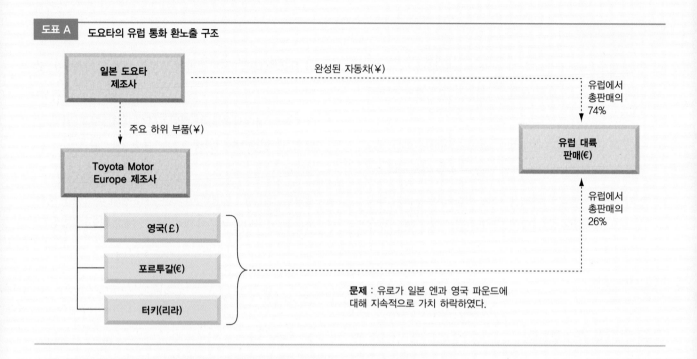

도표 A 도요타의 유럽 통화 환노출 구조

2001년 회계연도에 영업 손실로 보고된 단위가 90억 8,970만 엔(¥120/$일 때 8,250만 달러)이었다. TMEM은 영국에 조립 공장 3개를 가지고 있었고, 터키에 1개 그리고 포르투갈에 1개가 있었다. 2000년 11월 Toyota Motor Europe은 공개적으로 앞으로 2년 동안 유로의 약화로 인해 흑자를 내지 못한다고 발표하였다.

도요타는 최근 유럽시장에 Yaris라는 새로운 모델을 선보였고 이것은 매우 성공적이었다는 것을 입증했다. 1,000cc 엔진이 장착된 매우 작은 차량인 Yaris는 2000년에 180,000대 이상의 판매를 달성하였다. Yaris가 특별히 유럽시장을 위해 디자인 되긴 했지만, 일본에서 제조하기로 일찍 결정이 내려졌다.

환노출

TMEM의 지속적인 영업 손실의 주요 원인은 유로화의 가치 하락이었다. 최근 2년 동안 유로는 일본 엔과 영국 파운드에 비해 가치가 떨어졌다. 도표 A에서 설명하는 것처럼 유럽대륙 시장에서 팔린 대부분의 자동차의 비용 기반은 일본 엔이었다. 도표 B는 일본 엔에 대한 유로의 하락을 보여주고 있다.

유로 대비 엔이 상승하면서 유로로 측정했을 때 비용이 상당히 증가했다. 만일 도요타가 유럽시장에서 기업의 가격 경쟁력을 보존하길 바란다면, 기업은 환율 변화의 대부분을 흡수하고 유럽 제조센터로 운송되는 완성된 자동차와 주요 하위부품의 마진 감소를 겪어야 한다. Yaris를 일본에서 제조한다는 결정은 상황을 악화시키기만 할 뿐이었다.

경영 대응

도요타의 경영진은 가만히 있지 않았다. 2001년 그들은 프랑스 발랑시엔에서 조립 공정을 시작했다. 2002년 1월 총 유럽 판매에선 비교적 적은 퍼센트를 차지했지만 도요타는 지속적으로 유럽에서의 능력과 가능성을 확장하고 2004년까지 약 25%의 유럽 판매를 공급하기로 계획했다. 2002년에는 발랑시엔으로 Yaris 조립을 재배치하기로 예정되어 있었다. 그러나 지속적인 문제는 조립 시설이었다. 이것은 조립 자동차의 값비싼 부가 가치 부품이 여전히 일본 아니면 영국을 기반으로 한다는 의미이다.

오쿠다 씨가 승인함에 따라 슈헤이 씨 또한 현지 공급과

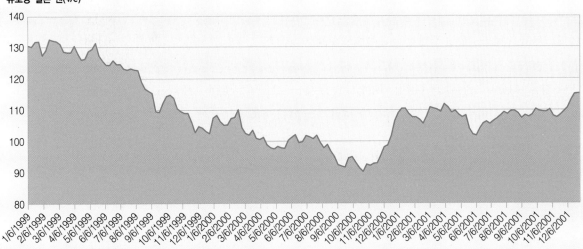

도표 B 유로당 일본 엔 현물환율(주당, 1999∼2001)

유로당 일본 엔(¥/€)

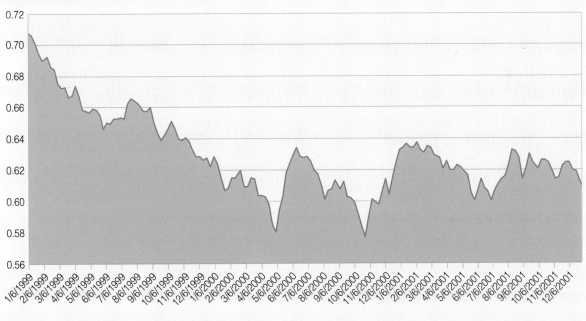

도표 C 유로당 영국 파운드 현물환율(주당, 1999∼2001)

유로당 영국 파운드(£/€)

영국 제조 공정을 위한 조달 프로그램을 개시했다. TMEM 은 영국 사업부의 환노출을 줄이기 위해 일본 도요타에서

수입하는 주요 부품의 개수를 줄이길 바랐다. 그러나 다시 말하지만 유로에 대한 영국 파운드의 가치에 관한 지속적인

문제는 도표 C에서도 보여지듯이 해결책의 효율성마저 줄인다는 것이다.

사례 문제

1. 왜 도요타가 오랫동안 유럽 판매를 위해 유럽으로 제조 공장을 옮기길 기다렸다고 생각하는가?

2. 만일 영국 파운드가 유럽통화동맹에 가입했다면 문제가 해결되었을까? 어떻게 생각하는가?

3. 만일 당신이 슈헤이 씨라면 어떻게 문제와 해결책을 분류했겠는가? 단기적 문제와 장기적 문제는 무엇인가?

4. 지속적인 영업 손실을 해결하기 위해 당신은 Toyota Europe에 어떤 방법을 제안할 것인가?

질문

1. **영업 환노출 측정.**
   a. 영업 환노출과 거래 환노출의 차이는 무엇인가?
   b. 어떻게 영업 환노출을 측정하는가?
   c. 왜 영업 환노출을 측정하는 것이 어려운가?

2. **영업 환노출 대 거래 환노출.** 영업 환노출과 거래 환노출의 주요 차이점과 유사점은 무엇인가? 두 환노출 중 어떤 것이 장기적 계획과 더 연관되어 있는가?

3. **예상치 못한 환율 변화.** 왜 MNE의 운영진이 영업 환노출을 수량화하고 헤징하는 것이 어려운지 설명하라.

4. **예상치 못한 환율 변화.** 왜 환율 불확실성은 기업이 환위험에 노출되지 않게 하는지를 설명하라.

5. **고정 대 변동.** 왜 고정 위험은 보험이 가능하고 동태적 위험은 그렇지 않은가?

6. **영업 대 재무 현금흐름 금융.** 이론에 따르면 재무 및 영업 현금흐름 중 어떤 것이 기업 가치에 더 중요한가?

7. **경제 환노출.** 경제 환노출은 다수의 외환 운영으로 인해 MNE에서 가장 높게 나타난다. 경제 환노출은 MNE에만 국한되는가 아니면 현지 기업도 포함되는가?

8. **전략 환노출.** 영업 혹은 전략 환노출은 장기적 기업 전략에서 우려하는 부분이다. 경영의 어떤 수준이 전략 환노출을 관리하고 완화시키는 데 책임이 있는가? 경영진이 전략 환노출을 관리하기 위해 사용하는 다양한 정책 옵션을 설명하라.

9. **영업 환노출 관리.** 영업 환노출을 전략 수준에서 관리하기 위한 핵심업무는 경영진이 평가 조건의 불균형이 발생했을 때 그것을 인지하고 가장 적절하게 대응하도록 미리 조치하는 것이다. 어떻게 이 업무가 가장 적절하게 이루어질 수 있는가?

10. **경영의 전략적 역할.** 기업 경영진이 거래와 영업 환노출을 완화시키기 위해 도입하는 다각화 전략과 재무 정책은 무엇인가?

11. **능동적 경영.** 영업 환노출은 예상 환노출을 상쇄시키는 영업 혹은 재무정책을 도입함으로써 부분적으로 관리될 수 있다. 가장 흔히 사용되는 능동적인 정책 네 가지는 무엇인가?

12. **통화 전환.** 어떻게 통화 전환이 장기적 환노출을 상쇄시킬 수 있는지 설명하라.

13. **통화 위험 분담.** 왜 공급자들이 MNE와 통화 위험 분담 협의를 하려고 하는지 설명하라.

14. **국제상호 직접대출.** 연속 대출은 1990년대 신흥경제에서 많은 은행 위험을 야기했다. 이런 형식의 외환 헤지를 사용하기 위해 기업은 어떤 보증을 얻을 수 있는가?

15. **통화스왑.** 통화스왑은 항상 환노출에 대비하는가? 효과적인 헤징을 위해 어떤 다른 예방책들이 필요한가?

16. **대비할 수 없는 것의 헤징.** 기업은 어떻게 장기적 영업 환노출을 계약적 헤지로 대비하려고 시도하는가? 영업 환노출의 계약적 헤징을 정의하기 위해 기업은 어떤 가정을 하는가? 이런 계약적 헤징이 얼마나 효과적이라고 생각하는가?

문제

1. **Momul 차 농장과 공장 주식회사.** Momul 차 농장과 공장 주식회사는 케냐 케리초에 위치해있다. Momul 가족은 지난 100년 동안 세계적으로 고품질의 차를 경작하고, 정제하고, 수출하고 있다. Momul 주식회사는 열대우림연맹의 회원이며 모든 재무와 소득은 유로로 표기된다. 다른 영국 고객들 사이에서 Momul은 각각 다른 등급의 녹차와 홍차에서 요크셔 차까지 다른 것과는 구분되는 영국 차 브랜드를 공급한다. 영국 파운드로 송장에 기입되는 요크셔 차의 연평균 판매금액은 12,000,000파운드이다. 영국 파운드와 유로의 현재 환율은 0.722파운드이다. 판매실적은 비교적 1년 동안 균등하게 분포되어 있다. 각 고객의 지불 조건은 상환 전 60일을 허락한다. 현금 수취는 매달 1,000,000파운드이다.

   Momul은 기업의 파운드 수취를 헤징하고 싶지만 각 미수금 선도 매각을 가능하게 만들기에는 고객과 거래가 너무 많다. 기업은 이러한 특정한 목적을 위해 사용하기에는 너무 자금이 많이 든다고 생각되어 옵션은 사용하지 않으려 한다. 그러므로 영국 파운드를 매년 3.5%의 이자율로 빌리면서 '매칭' 헤징을 사용하기로 결정했다.

   a. 어떤 방식으로 Momul이 영국 파운드를 빌려야 하는가?

   b. 파운드 대출의 상환 단위는 무엇이어야 하는가?

2. **패션 티셔츠 기업.** 패션 티셔츠 기업은 영국 맨체스터에 위치한 티셔츠 기업이며 이집트 카이로에 위치한 종신 공급자인 Mayada Expo로부터 면직사를 수입한다. 패션 티셔츠 기업은 이집트 파운드(EGP)로 지불하기로 합의가 되었다. 2003년 EGP가 가치 하락했을 때 2003년 초기 가치는 EGP 8.8/GBP로 심각하게 하락했다. 재무적 예측은 이집트 파운드 가치의 추가적인 가치 하락을 예상하며 부정적인 전망을 내놓았다. 이집트 수출업자와 영국 수입업자 모두 EGP 8.5/GBP~EGP 9.5/GBP 범위에서 주거래 환율을 고정하는 6개월 환위험 분담 합의 계약을 진행하기로 결정했다. 더욱이 이 합의는 송장일에 만일 환율이 이 범위 밖으로 벗어나면 양측이 동등하게 차이를 분담한다는 내용으로 되어있다. 양측은 또한 이 합의가 6개월 동안만 진행되며 이후에는 재협상해야 한다는 것에 동의한다. 맨체스터 주재 티셔츠 기업은 다가오는 6개월 동안 면직물을 이집트 기업으로부터 EGP 9/GBP의 현재 현물환율에서 EGP9,000,000 혹은 GBP1,000,000로 수입하는 계약을 맺었다.

   a. 만일 환율이 EGP11/GBP로 오른다면 6개월 동안 티셔츠 회사의 GBP 수입비용은 얼마인가?

   b. EGP11/GBP라는 이 새로운 환율에서 티셔츠 기업에 Mayada Expo의 이집트 파운드 수출 판매량은 얼마가 될 것인가?

3. **Lux Expo(A).** Lux Expo는 몇몇 중국 자동차 딜러에게 고급 스포츠카를 수출하는 영국 고급 자동차 제조사이다. 연 판매량은 대당 GBP 90,000과 같은 위안(CNY)으로 50,000대이다. 중국 위안(인민폐)은 CNY9.00/

GBP로 거래되어 왔지만 믿을만한 경제 전망사는 인민폐의 가치가 다음 주부터 Yuan10.00/GBP로 가치 하락하며 그 이후에는 몇 년간 안정화될 것이라고 예상했다. Lux Expo는 이 경제 전망사의 예측을 완전히 신뢰하며 가치 하락 예상과 일치하는 가격 결정을 하고자 한다. 기업은 다음과 같은 선택권이 있다. (1) 같은 위안 가격을 유지하며 따라서 더 낮은 파운드로 판매한다. 이 경우 중국 판매량은 변하지 않을 것이다. 혹은 (2) 같은 파운드 가격을 유지하며 가치 하락을 상쇄하기 위해 중국의 위안 가격을 올리고 20%의 판매량 저하를 겪는다. 직접비용은 영국 판매가로 82%이다.

a. 각 가격 전략의 단기적(1년) 영향은 무엇인가?

b. 두 대안 중 어느 것이 더 나은가?

4. **Lux Expo(B)**. 문제 3과 같은 요소를 가정하며 또한 파운드 가격이 변하지 않을 것이라고 가정하자. 재무관리팀은 만일 같은 위안 판매가를 유지한다면 8년 동안 매년 판매량이 20%씩 증가할 것이라고 믿는다. 10년이 되는 해 연말에 Lux Expo는 예상 무역장벽 때문에 중국에 수출하지 못하게 될 것이다. 위안이 Yuan10.00/GBP로 가치 하락한 이후 더 이상의 통화가치 하락은 예상되지 않는다. 만일 Lux Expo가 GBP 가격을 유지하기 위해 위안 가격을 올린다면 판매량은 50,000대라는 더 낮은 초기 기준으로부터 시작해 8년 동안 연간 5%만 증가할 것이며(달러 가격은 변하지 않을 것이다), 8년 이후 중국으로 수출을 하지 못하게 될 것이다. Lux Expo의 가중평균 자본비는 15%이다. 이러한 조건들 속에서 Lux Expo는 가격 정책을 어떻게 해야 한다고 생각하는가?

5. **MacLoren Automotive.** MacLoren Automotive는 영국 스포츠카를 생산하며 생산된 차는 영국 파운드로 지급되며 뉴질랜드로 수출된다. 판매업자는 뉴질랜드에 뉴질랜드 달러로 스포츠카를 판매한다. 뉴질랜드 판매업자는 모든 환위험을 부담할 수 없으며 MacLoren이 환위

험을 분담할 수 있지 않는 한 MacLoren을 팔지 않을 것이다.

MacLoren은 지정 모델 연도(신차년도)의 판매량이 해당 모델 연도 초기에 현물 중간 환율로 지정한 뉴질랜드 달러와 영국 파운드 간 '기본' 현물환율로 초기 가격이 책정된다는 것에 합의했다. 실제 환율이 기본율의 ±5% 안에 드는 한 지급은 영국 파운드로 이루어질 것이다. 다시 말해서 뉴질랜드 판매업자는 모든 환위험을 가정한다. 그러나 만일 선적 시의 현물환율이 ±5% 범위 안에 든다면 MacLoren은 기본율과 실제 현물환율 간 격차를 동일하게(50대50) 분담할 것이다. 현재 모델 연도 기본율은 NZ\$1.6400/£이다.

a. 뉴질랜드 수입업자가 현행 현물환율로 지급해야 하는 배제 범위(outside range)는 무엇인가?

b. 만일 MacLoren이 뉴질랜드 수입업자에게 현물환율이 NZ\$1.7000/£일 때 10대의 스포츠카를 선적하고 각각의 차는 32,000파운드의 가격이 송장으로 청구된다면 수입업자가 지불해야 할 금액은 뉴질랜드 달러로 얼마인가? MacLoren이 몇 파운드를 수취하며 어떻게 이것을 대당 32,000파운드라는 MacLoren의 예상 판매액과 비교할 것인가?

c. 만일 MacLoren Automotive가 현물환율이 NZ\$1.6500/£일 때 같은 차 10대를 뉴질랜드로 선적한다면 판매업자는 뉴질랜드 달러를 얼마나 지불해야 하는가? MacLoren Automotive는 몇 파운드를 지급받는가?

d. 이와 같은 환위험 분담 계약은 한쪽 거래 당사자에서 다른 쪽 거래 당사자로 환노출을 전환시키는가?

e. 왜 이런 환위험 분담 계약이 MacLoren에 이득인가? 왜 이것이 뉴질랜드 판매업자에게 이득인가?

6. **독일 Ganado — 모든 국내 경쟁자.** 유로의 통화가치가 하락하는 도표 12.5와 12.6에 나타난 독일 Ganado의 분석을 사용하여, 만일 독일 Ganado가 주요 국내 경쟁

문제 8.

(a)

날짜	1Q 2007	2Q 2007	3Q 2007	4Q 2007	1Q 2008	2Q 2008
가격(수천만 파운드, £)	£22.50	£22.50	£22.50	£22.50	£22.50	£22.50
현물 환율(유로 = 1.00파운드)	1.4918	1.4733	1.4696	1.4107	1.3198	1.2617
가격(수천만 유로, €)	€33.57	——	——	——	——	——

날짜	3Q 2008	4Q 2008	1Q 2009	2Q 2009	3Q 2009	4Q 2009
가격(수천만 파운드, £)	£22.50	£22.50	£22.50	£22.50	£22.50	£22.50
현물 환율(유로 = 1.00파운드)	1.2590	1.1924	1.1017	1.1375	1.1467	1.1066
가격(수천만 유로, €)	——	——	——	——	——	——

자들과 성숙된 국내시장에서 영업한다면 어떻게 가격, 비용, 판매량이 변화하겠는가?

7. **독일 Ganado — 모든 해외 경쟁자.** 독일 Ganado는 이제 몇몇 세계 수출시장, 대부분의 경쟁자는 외국 기업인 신흥시장에서 경쟁한다. 이제 독일 Ganado의 영업 환노출이 유로의 가치 하락에 어떻게 대응해야 하는가?

8. **Rolls-Royce Turbine Engines.** Rolls-Royce는 유럽 대륙의 몇몇 주요 고객, 특히 Airbus와의 가격 전략으로 고심하고 있다. Rolls-Royce는 대부분의 Airbus 엔진 제조가 영국에서 이루어지는 영국 기업이기 때문에 비용은 대체로 영국 파운드로 표기된다. 그러나 위쪽 도표 (a)에서 나타난 것처럼 2007~2009년 동안 파운드는 유로에 비해 서서히 약해진다. Rolls-Royce는 전통적으로 Airbus와의 판매 계약을 Airbus의 본국 통화인 유로로 표기해왔다. 도표를 완성한 이후 다음 질문에 답하라.

a. Airbus에 맞춰진 Rolls-Royce의 엔진이 2,250만 파운드였다고 가정하자. 현재 현물환율에서 유로로 가격이 책정될 때 제시된 기간 동안 엔진의 가격이 어떻게 바뀌겠는가?

b. 유로로 된 엔진 가격의 3년 기간 동안 누적된 퍼센트 변화는 얼마인가?

c. Airbus에 판매되는 Rolls-Royce 터빈에 관한 수요의 가격 탄력성이 비교적 탄력이 없다면, 그리고 영국 파운드로 된 엔진의 가격이 기간 내내 절대 변하지

문제 8.

(b)

	1Q 2007	1Q 2008	1Q 2009	% Chg
가격(수천만 파운드, £)	£22.50	£22.50	£22.50	——
현물환율(유로 = 1.00파운드)	1.4918	1.3198	1.1017	
가격(수천만 유로, €)	€33.57	€29.97	€24.79	——
판매량(엔진)	200	220	240	20.0%
총 Airbus 비용(수천만 유로, €)	€6,713.10	€6,533.01	€5,949.18	——
RP의 총수입(수천만 파운드, £)	£4,500.00	£4,950.00	£5,400.00	

않는다면 이 가격 변화가 Airbus에 대한 엔진 판매에 관한 Rolls-Royce의 총판매 수익에 대해 의미하는 것은 무엇인가?

d. 이전 쪽 아래에 있는 도표 (b)에 나타난 3년 동안의 각 연도별 1분기의 가격과 판매량을 비교하라. 환율로부터 가장 이득을 챙긴 기업은 어디인가?

9. **Rococo, Inc. France(A).** 프랑스의 Rococo, Inc.는 가죽소파를 TRY2.97/€로 거래되는 리라(TRY) 통화를 사용하는 터키에 수출한다. 터키로의 수출은 각 1,200유로와 동일한 리라로 연간 40,000개를 수출한다. 리라가 터키 정부에 의해 2주 내로 TRY3.2/€로 가치 하락할 것이라는 소문이 있다. 만일 가치 하락이 일어난다면 이후 10년 동안은 변화가 없을 예정이다.

이런 예상이 받아들여졌을 때 Rococo는 실제 가치 하락이 이루어지기 전에 반드시 가격 결정을 해야 한다. Rococo는 (1) 더 낮은 유로로 팔면서 같은 리라를 유지하고 터키 판매량은 변하지 않는다. 혹은 (2) 같은 유로 가격을 유지하고 가치 하락에 대한 보상으로 터키의 리라 가격을 올리며 판매량의 20% 하락을 경험한다. 프랑스의 직접비용은 프랑스 판매가의 50%이다. 각 가격 정책의 단기적(1년) 영향은 무엇인가? 무엇을 더 추천하는가?

10. **Rococo, Inc. France(B).** 문제 9와 같은 상황을 가정하자. Rococo는 또한 기업이 같은 터키 리라 가격을 영구 정책으로써 유지한다면, 판매량이 6년 동안 매년 10%씩 증가할 것이고 비용은 변하지 않을 것이라고 믿는다. 6년 이후에는 Rococo의 특허권이 소실되어 더 이상 터키에 수출할 수 없게 된다. TRY3.2/€로 리라가 가치 하락한 이후 추가적인 가치 하락은 일어나지 않을 것이라 예상된다. 만일 Rococo가 리라 가격을 올리고 유로 가격을 유지한다면 판매량은 32,000개라는 더 낮은 초기 판매량에서 6년 동안 매년 4%씩 감소할 것이다. 다시 말하지만 유로 비용은 변하지 않을 것이며 6년 이후 Rococo는 터키로 수출을 하지 않게 될 것이다. Rococo의 가중평균 자본비는 12%이다. 이러한 조건이 주어졌을 때 Rococo의 가격 정책을 위해 무엇을 추천하겠는가? 추천하는 이유를 설명하라.

인터넷 문제

1. **영업 환노출 : 최근 예제.** 다음과 같은 주요 정기 간행물을 출발점으로 하여 상당한 영업 환노출 문제를 가지고 있는 기업의 현재 예제를 찾아보라. 조사를 돕기 위해선 본국 통화의 가치 상승이나 가치 하락을 통해 최근 통화 위기를 겪고 있는 주요 국가에서 주요 영업을 하고 있는 기업에 초점을 맞추는 것이 좋을 것이다.

Financial Times   www.ft.com/

The Economist   www.economist.com/

The Wall Street Journal   www.wsj.com/

2. **SEC Edgar 파일.** 각 기업의 영업 환노출을 더욱 신중하게 분석하기 위해선 보통의 연간보고서에 있는 것보다 더 자세한 이용 가능 정보를 얻는 것이 필수적이다. 코카 콜라나 펩시 콜라와 같은 국제 경영을 하고 있는 특정 기업을 선택하라. 그리고 그들의 국제 경영에 대한 더 자세한 재무 보고서를 보려면 증권거래위원회의 Edgar 파일을 찾아보라.

Search SEC EDGAR   www.sec.gov/cgi-bin/srch-edgar Archives

글로벌 기업의 자금조달

제 13 장

글로벌 자본의 비용과 가용성

자본은 이익 추구 목적으로 움직인다. 결코 인정에 의해 유혹될 수 없다.

– Walter Bagehot, 1826~1877

학습목표

- 금융 글로벌화(financial globalization)와 기업의 전략이 어떻게 결합되는지 그 전개에 대해 알아본다.
- 자본자산가격 결정모형에서의 자본비용이 복수 국가 상황에서 어떻게 달라지는 검토한다.
- 시장 유동성과 분할이 자본비용에 미치는 효과를 평가한다.
- MNE(다국적 기업)의 가중평균 자본비용과 국내 기업의 가중평균 자본비용을 비교한다.

자본비용을 최소화하고 자본의 가용성을 극대화하기 위해 기업은 어떻게 글로벌 자본시장을 활용할 수 있을까? 왜 그래야만 하는 것일까? 글로벌 자본이 더 저렴한가? 이 장은 이러한 질문들에 대해 탐색하고 가장 영향력 있는 기업재무전략들 중 하나를 상세히 알려주는 Novo Industri A/S(Novo)의 사례를 살펴보는 것으로 마무리될 것이다.

금융 글로벌화와 전략

자본시장의 글로벌 통합으로 많은 기업들은 모국시장에서는 이용할 수 없었던, 새롭고 더 저렴한 자금의 원천에 접근하는 것이 가능해졌다. 이를 통해 이 기업들은 보다 긴 장기 투자안을 받아들이고 자본 개선과 확장에 더 많이 투자할 수 있다. 비유동적인 그리고/또는 분할된 자본시장을 가진 나라에 위치한 기업이라면, 전략을 제대로 설계하고 실행함으로써 글로벌 비용을 더 낮추고 자본의 가용성을 더 크게 할 수 있다. 도표 13.1은 자본비용과 자본의 가용성 차원을 보여주고 있다.

매우 비유동적인 국내 증권시장에서 장기 부채와 자기자본을 조달해야 하는 기업은 아마 상대적으로 높은 자본비용을 부담해야 하고 장기 자본의 가용성도 제한받을 것이다. 그 결과 그 기업의 경쟁력

| 도표 13.1 | **자본비용과 자본의 가용성 전략의 차원** |

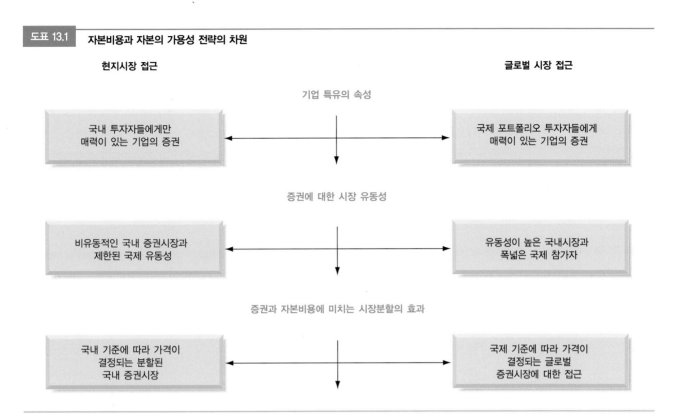

은 국제적으로도 그 기업의 모국시장에 진입하는 외국 기업과 비교해도 낮아질 것이다. 이 범주의 기업들로는 자본시장이 아직 개발되지 않은 신흥시장에 속한 기업들과 자신이 속한 국가의 증권시장에 접근하기에는 규모가 너무 작은 기업들이 있다. 장기 자본 수요를 충족하기 위해 증권시장을 이용하지 않기로 선택하는 많은 가족소유 기업들도 이 범주에 속한다.

자본시장 규모가 작은 선진국의 기업들은 때때로 장기부채와 자기자본을 부분적으로 유동적인 국내 증권시장에서 조달한다. 이들 기업의 비용과 자본 가용성은 비유동적인 자본시장을 가진 국가의 기업들보다 더 낫다. 그렇지만 이 기업들이 유동성이 높은 글로벌 시장을 활용한다면, 자본조달 원천에서 경쟁적 이점을 강화할 수 있다.

분할된 자본시장을 가진 국가에 거주하는 기업들은 장기 부채와 자기자본 수요에 대해 소속시장에 대한 의존성을 벗어나기 위한 전략을 고안해야만 한다. 한 국가의 자본시장에서 거래되고 있는 증권에 대한 요구수익률이 비슷한 기대수익률과 위험을 가진 다른 나라 증권에 대한 요구수익률과 다를 때 그 나라 자본시장은 분할되어 있다. 과도한 규제 통제, 인지되는 정치적 위험, 예상되는 환위험, 투명성 결여, 정보의 비대칭성 정도, 정실인사, 내부자 거래, 그 외 많은 다른 시장 불완전성과 같은 요인들 때문에 자본시장은 분할된다. 이러한 조건들 중 어떤 것 하나에라도 제약받는 기업이라면 제한된 국내 자본시장을 벗어나고 일부 장기 자본의 원천을 해외에서 찾기 위한 전략을 개발해야 한다.

자본비용

국내 기업은 보통 자본을 어디에서 그리고 누구로부터 조달하는지를 평가하여 자본비용(cost of capital)
을 측정한다. 자본비용은 분명 기업에 관심 있는 투자자들, 기업의 주식을 살 의도와 능력이 있는 투자
자들 그리고 국내 은행과 부채시장으로부터 조달되는 부채 중 기업이 이용 가능한 부채의 구성에 따라
달라질 것이다.

기업은 자기자본의 자본비용과 부채의 자본비용을 기업의 최석 장기 사본구조에서의 상내적 가중
치를 사용하여 **가중평균 자본비용**(weighted average cost of capital, WACC)을 계산한다. 구체적인 식은
다음과 같다.

$$k_{\text{WACC}} = k_e \frac{E}{V} + k_d(1 - t)\frac{D}{V}$$

여기서 k_{WACC} = 세후 가중평균 자본비용

k_e = 위험이 조정된 자기자본비용

k_d = 세전 부채비용

t = 한계세율

E = 기업의 자기자본의 시장가치

D = 기업의 부채의 시장가치

V = 기업의 증권의 시장가치($D + E$)

자기자본비용

현재 가장 폭넓게 받아들여지고 사용되고 있는 기업의 자기자본비용 계산 방법은 **자본자산가격 결정모
형**(capital asset pricing model, CAPM)이다. 다음 식과 같이, CAPM은 자기자본비용이 무위험이자율
요소와 무위험 요소를 초과하는 기업 특유 스프레드의 합과 같다고 정의한다.

$$k_e = k_{rf} + \beta_j(k_m - k_{rf})$$

여기서 k_e = 주식의 기대(요구)수익률

k_{rf} = 무위험 채권(예를 들어 미국 재무부 채권)의 이자율

β_j = 기업의 **체계적 위험 계수**(베타)

k_m = 시장 포트폴리오의 기대(요구)수익률

CAPM의 주요소는 체계적 위험의 측정치인 베타(beta, β_j)이다. **체계적 위험**(systematic risk)은 기업의
수익이 주식이 거래되는 시장의 수익과 어떻게 달라지는지를 측정한다. 베타는 시장 지수 기대수익률
(k_m)의 총변동성 대비 개별 주식 기대수익률의 총변동성 비율과 개별 기업의 기대수익률이 시장 지수
의 기대수익률과 상관되어 있는 정도의 함수로 계산된다. 구체적인 식은 다음과 같다.

$$\beta_j = \frac{\rho_{jm}\sigma_j}{\sigma_m}$$

여기서 β_j(베타) = 증권 j의 체계적 위험 측정치

ρ(로) = 증권 j와 시장과의 상관계수

σ_j(시그마) = 기업 j 수익률의 표준편차

σ_m(시그마) = 시장 수익률의 표준편차

　기업의 수익이 시장이 움직인 것보다 덜 변한다면 베타는 1.0보다 작은 값을, 시장만큼 변한다면 1.0의 값을, 시장이 움직인 것보다 더 변한다면(시장보다 위험하다면) 1.0보다 큰 값을 가질 것이다. CAPM 분석은 추정된 요구수익률이 고려되고 있는 주식에 대한 투자자의 자본 투자를 유지하기 위해 더 필요한 것이 무엇인지 말해주는 지표라고 가정한다. CAPM에서는 자기자본의 수익률이 기대 수익률에 못 미칠 경우 개인 투자자는 자신의 지분을 처분할 것이라고 본다.

　CAPM의 가장 큰 위협은 가장 유용해야 하는 베타가 과거가 아닌 미래의 지표여야 한다는 것이다. 잠재적 투자자는 개별 기업의 수익이 다가오는 기간 동안 어떻게 달라질지에 관심이 있다. 불행히도, 미래는 알 수 없기 때문에 개별 기업의 자본비용 추정에 사용되는 베타는 과거 자료에 근거한다.

부채비용

기업은 상업은행으로부터의 대출 형태(부채의 가장 흔한 형태)나 부채시장에 판매되는 노트나 채권과 같은 증권 형태로 부채를 취득한다. 부채비용을 측정하는 보통의 과정에서는 향후 몇 년간의 이자율 예측, 기업이 사용할 것으로 기대되는 다양한 부채군의 비율 그리고 기업 이익에 대한 세율을 알아야 한다. 다양한 부채 요소의 이자 비용들은 개별 요소 부채가 부채 구조에서 차지하는 비중에 따라 가중 평균된다. 이렇게 구한 세전 평균 k_d에 (1 − 세율)을 곱하여 법인세율에 대해 조정하면, 가중평균 세후 부채비용 $k_d(1 - t)$를 계산할 수 있다.

　가중평균 자본비용은 보통 기업의 신규 투자안의 위험이 기존 사업과 비슷할 때 위험조정 할인율로 사용된다. 반면 신규 투자안의 경영 또는 재무위험이 기존 사업과 다르다면, 투자안 고유의 요구수익률이 할인율로 사용되어야만 한다.

국제 포트폴리오 이론과 분산

글로벌 시장에서 자본을 조달하는 기업의 잠재적인 혜택은 국제 포트폴리오 이론에 근거한 국제분산의 혜택이다. 글로벌 시장에서 자본을 조달할 경우의 비용과 능력을 살펴보기 전에 간단하게 이 원리들에 대해 복습해보자.

포트폴리오 위험 감소

포트폴리오 위험은 시장 수익률 분산에서 포트폴리오 수익률의 분산이 차지하는 비율로 측정된다. 이를 포트폴리오의 베타라고 한다. 투자자가 포트폴리오에 포함하는 증권의 수를 늘리면 포트폴리오의 위험은 처음에는 급격히 감소되고 이후 점근적으로 시장의 체계적 위험 수준으로 가까워진다. 그러므로 개별 포트폴리오의 총위험은 체계적 위험(systematic risk, 시장)과 비체계적 위험(unsystematic risk, 개별 증권)으로 구성된다. 포트폴리오에 증권의 수를 늘리는 것은 비체계적 위험 요소를 감소시키나 체계적 위험 요소를 변화시키지는 않는다. 완전히 분산된 국내 포트폴로의 베타는 1.0일 것이다. 이것이 표준(국내) 재무이론이다.

도표 13.2는 국내에서 분산투자할 경우와 국제 분산투자할 경우의 증분 이익을 도식화한 것이다. 도표 13.2의 아래쪽 곡선(국제 주식들로 구성된 포트폴리오)은 해외의 주식들이 추가된 포트폴리오를 나타낸다. 이 경우 미국 주식들로 구성된 포트폴리오와 그림의 모양은 같으나, 더 낮은 포트폴리오 베타를 가진다. 이는 국제 포트폴리오의 시장 위험이 국내 포트폴리오의 시장 위험보다 더 낮음을 의미한다. 외국 주식들과 미국 주식들과 완벽하게 같이 움직이지 않기 때문에 이러한 상황이 나타난다.

환위험

포트폴리오의 환위험은 증권 포트폴리오나 MNE의 일반적인 사업 포트폴리오에 관계없이 국제적으로 분산함으로써 줄일 수 있다. 국제적으로 분산된 구성을 하는 것은 전통적인 국내 포트폴리오를 만

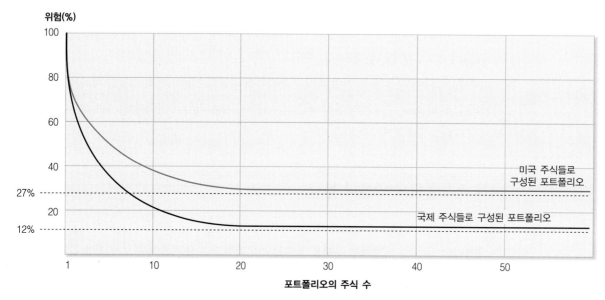

도표 13.2 시장 유동성(market liquidity), 분할 그리고 한계자본비용

포트폴리오가 국제적으로 분산될 때, 분산 불가능한 체계적 위험의 수준인 포트폴리오의 베타는 더 낮아진다.

드는 것과 같기도 하고 다르기도 하다. 투자자는 완벽한 정의 상관관계가 아닌 주식들을 결합하여 포트폴리오의 총위험을 줄이려 한다는 원칙 면에서는 동일하다. 국내와 다른 점은 모국시장이 아닌 해외 자산들(이전에는 포트폴리오의 기대수익률과 위험 산출에 포함되지 않았던 자산들)을 추가함으로써, 투자자가 고려할 수 있는 투자 가능 대상들이 더 많아졌다는 것이다.

국제 포트폴리오 구성이 국내와 또 다른 점은 투자자가 모국 외 자산이나 증권을 취득할 경우 이는 곧 외국 통화로 표시된 자산(foreign currency-dominated asset)[1]을 취득한 것일 수 있다는 점이다. 따라서 원칙적으로는 한 자산이나 위험과 기대수익 면에서는 두 자산인 셈이어서, 투자자는 실제 2개의 자산(표시 통화와 해당 통화로 매수한 자산)을 추가적으로 취득한 것이다.

일본 주식의 예. 수치적 예제를 통해 국제 포트폴리오 분산과 환위험과 관련된 어려움을 살펴보자. 미국에 기반을 둔 투자자가 1월 1일에 도쿄증권거래소(TSE)에서 거래되는 주식을 1,000,000달러어치 매입한다. 1월 1일의 현물환율(spot exchange rate)은 ¥130.00/$이다. 그렇다면 100만 달러를 환전하면 130,000,000엔일 것이다. 투자자는 130,000,000엔으로 도쿄증권거래소에서 거래되는 주식 하나를 주당 20,000엔에 6,500주를 매입하여 1년 동안 보유한다.

1년 후 투자자는 6,500주를 시장가격인 주당 25,000엔에 매도한다. 주가는 주당 5,000엔 상승한 것이다. 6,500주를 1주당 25,000엔에 팔면 매도대금은 162,500,000엔일 것이다.

일본 엔은 투자자의 모국 통화인 미국 달러로 다시 환전되어야 하는데, 이제 현물환율이 ¥125.00/$이라 하자. 이 현물환율로 매도대금을 환전하면 1,300,000달러가 된다. 그러면 투자의 수익률은 다음과 같다.

$$\frac{\$1,300,000 - \$1,000,000}{\$1,000,000} = 30.00\%$$

미국 달러 수익률은 실제 일본 엔 수익률(예제에서 양의 값을 가진다)과 도쿄증권거래소에 상장된 주식 수익률(이 또한 양의 값이다)의 결합이다. 이 값은 통화가치의 퍼센티지 변화($r^{¥/\$}$)와의 결합에서 주가의 퍼센티지 변화($r^{주식}$)를 분리함으로써 나타낼 수 있다.

$$R^{\$} = [(1 + r^{¥/\$})(1 + r^{주식, ¥})] - 1$$

예제에서의 일본 엔 가치는 미국에 기반을 둔 투자자 입장에서 보면 4.00% 상승했으며(¥130.00/$에서 ¥125.00/$ 변함. 제5장의 퍼센트 변화 계산을 보라), 도쿄증권거래소에 거래된 주식은 25.00% 상승했다. 미국 달러로 투자수익률을 구하면 다음과 같다.

---

[1] 항상 이렇지는 않다. 예를 들어, 미국에 기반을 둔 많은 투자자들은 유통시장에서만 일상적으로 유로달러 채권을 사고 보유하는데(발행시장에서의 거래는 불법이다), 이 경우에는 투자자의 모국 통화로 표시된 자산이기 때문에 미국에 기반을 둔 투자자들에게는 환위험을 발생시키지 않을 것이다.

$$R^\$ = [(1 + .0400)(1 + .2500)] - 1 = .3000 \text{ 또는 } 30.00\%$$

명백하게 국제 분산과 관련된 위험은 환위험을 포함하며 국내 투자 위험보다 본질적으로 더 복잡하다. 또한 환위험의 존재는 새로운 포트폴리오 구성과 분산 가능성을 제공하면서 국가와 통화가 다른 주식들 간의 상관관계가 달라지게 할 수도 있다는 점을 인지해야 한다. 결론적으로 다음과 같이 정리할 수 있다.

- 국제분산투자의 이점은 투자자의 외국 증권 수요를 자극한다[이른바 '바이 사이드(buy-side)'].
- 투자자의 기존 포트폴리오에 외국 증권 하나를 추가하는 것이 주어진 수익률 수준에서 위험 감소에 도움이 된다면, 또는 주어진 위험 수준에서 기대수익률을 향상시킨다면, 그 증권은 포트폴리오에 가치를 추가한다.
- 가치를 추가하는 증권에 대해 투자자는 수요를 가질 것이다. 증권의 잠재적인 공급이 제한되어 있다면 수요 증가는 해당 증권의 가격을 올릴 것이며, 그 결과 기업의 자본비용은 낮아질 것이다. 따라서 '셀 사이드(sell-side)'인 증권 발행 기업은 더 낮은 비용으로 자본을 조달할 수 있다.

국제 자본자산가격 결정모형(ICAPM)

CAPM의 전통적 형태인, 이전에 설명했던 국내 CAPM에서는 기업의 자기자본이 순수 국내시장에서 거래된다고 가정한다. 따라서 자기자본비용 계산에 사용되는 베타와 시장 위험 프리미엄 $(k_m - k_{rf})$는 순수 국내시장에서의 증권과 선택에 기반을 둔다. 그러나 글로벌화가 글로벌 시장의 문을 열고, 개별 시장을 통합하고, 투자자에게 글로벌 포트폴리오의 주식들 중에서 선택할 수 있도록 허용한다면 어떻게 될까?

ICAPM(국제 자본자산가격 결정모형, International CAPM)은 기업의 주식이 거래되는 글로벌 시장이 존재한다고 가정하여 기업의 베타 β_j^g와 시장 위험 프리미엄 $(k_m^g - k_{rf}^g)$의 추정치들이 이 글로벌 포트폴리오를 반영해야만 한다.

$$k_e^{\text{글로벌}} = k_{rf}^g + \beta_j^g (k_m^g - k_{rf}^g)$$

미국 재무부 중기채권(U.S. Treasury note)은 미국에 기반을 둔 투자자들에게는 국내 포트폴리오이든 국제 포트폴리오이든 관계없이 무위험이자율이기 때문에, 무위험이자율 k_{rf}^g는 같을 수 있다(즉, $k_{rf}^g = k_{rf}$). 시장 수익률 k_m^g은 향후 기간 동안 기대되는 글로벌 시장 수익률의 평균을 반영하여 달라질 것이다. 기업의 베타 β_j^g는 이제 더 큰 글로벌 포트폴리오에 대한 기대 변동을 반영할 것이기 때문에 가장 분명하게 변할 것이다. 그렇지만 어떻게 베타가 변할지는 경우에 따라 다르다.

계산 예제 : Ganado의 자본비용

Ganado의 재무담당자인 마리아 곤잘레스는 전통적 CAPM과 ICAPM을 이용하여 기업의 가중평균 자본비용을 계산하려 한다.

마리아는 10년 만기 미국 재무부 채권(Treasury bond) 수익률을 이용하여 무위험이자율(k_{rf})은 4%라고 가정한다. 시장 포트폴리오(k_m) 기대 수익률은 잘 분산시킨 국내 투자자들이 보유하는 시장 포트폴리오에 대한 기대수익률인 9%라고 가정한다. 국내 포트폴리오에 대한 Ganado의 체계적 위험 추정치(베타)는 1.2이다. 그러면 Ganado의 자기자본비용(때로 주식가격이라 부르기도 함)은 다음과 같다.

$$k_e = k_{rf} + \beta(k_m - k_{rf}) = 4.00\% + 1.2(9.00\% - 4.00\%) = 10.00\%$$

Ganado의 은행부채와 함께 미수채권의 현재 수익률을 관측하여 추정된 Ganado의 세전 부채비용(k_d)은 8%이다. 미국 법인세율 35%를 사용할 경우, Ganado의 세후 부채비용은 다음과 같다.

$$k_d(1 - t) = 8.00(1 - 0.35) = 8.00(0.65) = 5.20\%$$

Ganado의 장기 자본 구조는 60%는 자기자본(E/V)이고 40%는 부채(D/V)이다. 여기에서 V는 Ganado의 총시장가치이다. 따라서 Ganado의 가중평균 자본비용 k_{WACC}는 다음과 같다.

$$k_{\text{WACC}} = k_e\frac{E}{V} + k_d(1 - t)\frac{D}{V} = 10.00\%(.60) + 5.20\%(.40) = 8.08\%$$

이 값은 자기자본비용 추정에 전통적인 국내 CAPM을 사용하여 구한 Ganado의 자본비용이다.

그런데 마리아 곤잘레스는 이 방법이 Ganado에 적합한 접근법인지 의문이 들었다. Ganado 기업활동의 글로벌화에 따라 Ganado의 주식을 보유한 투자자 베이스도 글로벌하게 퍼져있다. Ganado의 주식은 현재 본국의 뉴욕증권거래소에 상장되어 있을 뿐 아니라 런던과 도쿄에도 상장되어 있다. Ganado 주식의 40% 이상이 (미국 이외의) 외국인 투자자들의 글로벌하게 분산된 포트폴리오들에 의해 보유되고 있다.

Ganado의 자기자본비용을 계산하는 두 번째 방법은 ICAPM을 이용하는 것이다. 이 방법은 다른 결과를 산출한다. 외국시장들과 외국 투자자들을 포함하여 국내보다 더 큰 글로벌 주식시장 지수에 대해 계산되는 Ganado의 베타는 더 작은 값을 가질 것이다. 0.9라고 가정하자. 더 크고 글로벌하게 통합된 주식시장에 대한 기대 시장 수익률 역시 8.00%로 더 작은 값을 가정한다. ICAPM을 사용하여 계산한 자기자본비용은 더 작은 값인 7.60%이다.

$$k_e^{\text{글로벌}} = k_{rf}^g + \beta_j^g(k_m^g - k_{rf}^g) = 4.00\% + 0.90(8.00\% - 4.00\%) = 7.60\%$$

마리아는 이제 ICAPM을 이용하여 구한 자기자본비용 추정치를 사용하여 Ganado의 WACC를 다시 계산하려 한다. 부채와 자기자본 비율은 이전과 동일하다고 가정하면, Ganado의 WACC는 6.64%로 추정된다. 이 값은 국내 CAPM을 이용할 때보다 더 낮아진 수치이다.

$$k_{\text{WACC}}^{\text{ICAPM}} = k_e^{\text{글로벌}} \frac{E}{V} + k_d(1-t)\frac{D}{V} = 7.60\%(.60) + 5.20\%(.40) = 6.64\%$$

마리아는 이 수치가 보다 더 적합한 Ganado의 자본비용 추정치라고 믿고 있다. 통신 하드웨어 산업 부문에서 Ganado의 주요 경쟁사들은 주로 미국, 영국, 캐나다, 핀란드, 스웨덴, 독일, 일본, 네덜란드에 본사가 위치해있는데, 이들 회사 간 경쟁은 세계적으로 매우 치열하다. 향후 Ganado의 글로벌 비용과 자본의 가용성을 유리하게 만들 수 있는 열쇠는 회사의 주식을 보유하고 있는 국제 포트폴리오 투자자들의 마음을 끌고 유지하는 기업의 능력이다.

ICAPM의 고려사항들

이론적으로, CAPM을 국제적으로 확장한 버전을 사용하여 개별 기업의 자기자본비용을 추정할 경우의 1차적인 차이는 '시장'의 정의와 그 시장에 대해 기업의 베타를 다시 계산하는 데 있다. CAPM의 3개의 기본 요소들이 그다음에 다시 고려되어져야 한다.

다양한 과자 제품을 생산하고 유통하는 스위스 기반 다국적 기업인 네슬레는 국제 투자자들이 국내 투자자들과 어떻게 글로벌 자본비용을 다르게 보는지, 이것이 네슬레의 자기자본비용 추정치에 의미하는 바가 무엇인지를 보여주는 아주 적절한 예로 제시된다.[2] 네슬레에 대한 수치적 예는 도표 13.3에 요약되어 있다.

네슬레의 경우에서, 잠재적 스위스 투자자는 스위스 프랑 무위험 수익률을 스위스 국채 지수 수익

도표 13.3	**스위스 기업 네슬레의 자기자본비용**

네슬레의 자기자본비용 추정치는 스위스 투자자들이 국내 주식들로 구성된 포트폴리오를 보유한다고 여겨지는지 아니면 글로벌 포트폴리오를 보유한다고 여겨지는지에 따라 달라진다.

스위스 투자자들의 국내 포트폴리오	스위스 투자자들의 글로벌 포트폴리오
k_{RF} = 3.3%(스위스 채권 지수 수익률)	k_{RF} = 3.3%(스위스 채권 지수 수익률)
k_{M} = 10.2%(SF 표시 스위스 시장 포트폴리오)	k_{M} = 10.2%(SF 표시 *Financial Times* 글로벌 지수)
$\beta_{\text{네슬레}}$ = 0.885(스위스 시장 포트폴리오 대비 네슬레)	$\beta_{\text{네슬레}}$ = 0.585(FTA-스위스 지수 대비 네슬레)

$$k_{\text{네슬레}} = k_{\text{RF}} + \beta_{\text{네슬레}}(k_{\text{M}} - k_{\text{RF}})$$

네슬레에 대한 요구수익률 :	네슬레에 대한 요구수익률 :
$k_e^{\text{네슬레}}$ = 9.4065%	$k_e^{\text{네슬레}}$ = 9.3840%

출처 : 모든 수치는 René Stulz의 논문, "The Cost of Capital in Internationally Integrated Markets: The Case of Nestlé," *European Financial Management*, Vol. 1, No. 1, March 1995, pp. 11-22에서 가져왔다.

---

[2] René Stulz, "The Cost of Capital in Internationally Integrated Markets: The Case of Nestlé," *European Financial Management*, Vol. 1, No. 1, March 1995, pp. 11-22.

률인 3.3%라고 가정할 것 같다. 또한 스위스 프랑으로 측정한 기대 시장 수익률을 스위스 주식들로 구성된 포트폴리오인 *Financial Times* 스위스 지수의 평균 수익률인 10.2%로 가정할 것 같다. 무위험 수익률은 3.30%로, 기대 시장 수익률은 10.2%로, $\beta_{네슬레}$는 0.885로 가정하면, 스위스 투자자는 네슬레가 다가오는 연도에 9.4065%의 수익률을 산출할 것으로 기대할 것이다.

$$k_e^{네슬레} = k_{RF} + (k_M - k_{RF})\beta_{네슬레} = 3.3 + (10.2 - 3.3)\,0.885 = 9.4065\%$$

그런데 만약 스위스 투자자가 국내 주식들로 구성된 포트폴리오 대신 국제적으로 분산된 포트폴리오를 보유할 경우에는 어떨까? 기대 시장 수익률과 베타 추정치가 다르게 정의되고 결정되어야 할 것이다. 앞과 동일한 기간에 대해, 스위스 프랑으로 표시한 *Financial Times* 지수(FTA-스위스)와 같은 글로벌 포트폴리오 지수가 13.7%의 시장 수익률(국내 스위스 지수 수익률은 10.2%인 것과는 대조적이다)을 보여줄 것이다. 이와 함께 글로벌 포트폴리오 지수 대비 네슬레 수익률로 추정한 네슬레의 베타는 훨씬 더 작은 0.585일 것이다(앞에서 보여준 0.885와 대조적이다). 국제적으로 분산한 스위스 투자자는 네슬레에 대해 다음과 같은 수익률을 기대할 것이다.

$$k_e^{네슬레} = k_{RF} + (k_M - k_{RF})\beta_{네슬레} = 3.3 + (13.7 - 3.3)\,0.585 = 9.3840\%$$

인정하건대, 이는 결국 큰 차이는 아니다. 그렇지만 시장 수익률 평균과 기업의 베타값 모두 상당히 변한다면, 그 결과는 쉽게 수백 베이시스 포인트만큼 변할 수 있다. 투자자의 포트폴리오를 제대로 구성하고 위험과 기회비용에 대한 투자자의 인식을 제대로 그리는 것은 기업의 글로벌 자기자본비용을 확인하는 데 명백히 중요하다. 결국 모든 것은 특정 사례(기업, 국가-시장, 글로벌 포트폴리오)에 따라 다르다.

여기서 우리는 국제적으로 분산된 포트폴리오를 세계 포트폴리오(world portfolio)라고 하기보다 글로벌 포트폴리오로 말하는 관행을 따르고 있다. 이 구별은 중요하다. 세계 포트폴리오는 세계의 모든 증권들로 구성된 지수이다. 규제완화와 금융 통합의 추세가 강화되고 있긴 하지만, 많은 증권시장들이 여전히 분할되어 있고 접근이 제한되어 있다. 투자자에게 실제 이용 가능한 증권들이 글로벌 포트폴리오이다.

실제 국제 자본비용을 계산하기 위해 제안된 다수의 각각 다른 공식화 방법들이 있다. 급속히 발전하고 있는 또는 신흥시장으로 분석을 확장할 때 공식화 방법과 자료와 관련된 문제는 극적으로 커진다. 만약 여기에 대해 문헌 읽기와 연구를 확장하고 싶다면 Harvey(2005)로 시작할만하다.[3]

---

[3] "12 Ways to Calculate the International Cost of Capital," Campbell R. Harvey, Duke University, October 14, 2005, 미출판물.

글로벌 베타

국제 포트폴리오 이론은 전형적으로 국제 주식을 국내 포트폴리오에 추가하면 포트폴리오의 위험을 감소시킬 것이라고 결론 내리고 있다. 이는 많은 국제 재무 이론들의 기본적 아이디어이지만, 여전히 개별 시장, 개별 기업에 따라 좌우된다. 네슬레의 베타값은 글로벌 주식 포트폴리오를 사용하여 계산할 경우 작아졌는데, 항상 그런 것은 아니다. 회사에 따라, 사업부 라인에 따라, 모국을 어디로 규정하는지에 따라, 국내 경쟁하는 산업이냐 글로벌 경쟁하는 산업이냐에 따라, 글로벌 베타는 커질 수도 있고 작아질 수도 있다.

연구자들에 의해 자주 언급되는 기업 중 하나는 브라질의 국영석유회사인 Petrobrás이다. 이 기업은 정부에 의해 통제되고는 있지만, 상장기업이다. 기업의 주식은 상파울루와 뉴욕에 상장되어 있다. 이 기업은 가격과 가치가 미국 달러로 표시되는 글로벌 석유 산업에서 사업을 전개하고 있다. 그 결과, 국내 또는 모국 베타는 1.3으로 추정되나, 글로벌 베타는 그보다 더 높은 1.7이다.[4] 이는 수많은 예의 하나에 불과하다.

시장이 재정의되고 전보다 더 커짐에 따라 몇 개 기업의 개별 기업 수익률이 시장 수익률과 상관관계가 덜해지는 것이 명백하긴 하지만, 상관계수와 공분산에 대해 미리 예상한 생각이 아니라 실증 분석해야 할 사례들은 더 많이 나타나고 있다.

주식위험 프리미엄

실무에서 기업의 주식위험 프리미엄(equity risk premium)을 계산하는 것은 보다 논란의 여지가 있다. 자본자산가격 결정모형(CAPM)은 이제 글로벌 사업체에서 기업의 자기자본비용을 계산할 때 선호되는 방법으로 널리 받아들여지고 있지만, 이것을 적용할 때, 특히 주식위험 프리미엄으로 어떤 수치값을 사용해야 할지에 대해서는 논의가 늘어나고 있다. 주식위험 프리미엄은 투자자에 의해 기대되는 연평균 시장 수익률이 무위험 채권을 초과하는 부분으로 기호로는 $(k_m - k_{rf})$이다.

재무 분야에서는 자기자본비용이 미래를 내다보는 계산에 의해 구해져야, 즉 등식의 인풋들이 적절한 미래에 일어날 것으로 기대되는 것을 대표해야 한다는 점에 동의한다. 그렇지만 전형적으로 그렇듯이 실무진들은 미래를 내다보는 투사의 기초로 역사적 증거를 사용한다. 현재의 논의는 과거에 일어났던 것에 대한 논의로 시작된다.

Dimson, Marsh, Stanton은 2001년에 완료된 대규모 연구(2003년에 업데이트됨)에서 1900~2002년 기간 동안 16개의 선진국들의 주식위험 프리미엄을 추정했다. 이들은 (무위험이자율에 대한 대용치인) 미국 재무부 단기채권(T-bill) 또는 미국 재무부 장기채권(T-bond) 수익률을 초과하는 시장 수익률이 나라마다, 시간에 따라 유의한 차이가 있음을 발견했다. 예를 들어, 가장 큰 주식위험 프리미엄을 보였던 나라는 이탈리아로 10.3%였으며 그다음은 9.4%의 독일과 9.3%의 일본이었다. 덴마크의 주식위험

---

[4] *The Real Cost of Capital*, Tim Ogier, John Rugman, and Lucinda Spicer, Financial Times Prentice Hall, Pearson Publishing, 2005, p. 139.

도표 13.4	β = 1이고 k_{rf} = 4%인 가상의 미국 기업의 자기자본비용에 대한 대안적 추정		

출처	주식위험 프리미엄 $(k_m - k_{rf})$	자기자본비용 $k_{rf} + \beta(k_m - k_{rf})$	차이
Ibbotson	8.800%	12.800%	3.800%
재무교과서	8.500%	12.500%	3.500%
투자자 조사	7.100%	11.100%	2.100%
Dimson, et al.	5.000%	9.000%	베이스라인

출처 : 주식위험 프리미엄은 "Stockmarket Valuations: Great Expectations,"(*The Economist*, January 31, 2002)에서 인용함

프리미엄은 가장 낮은 3.8%로 나타났다.

어떤 주식위험 프리미엄이 실제 사용되는지에 대한 논의를 위해 이들은 연구에서 다양한 대안들이 어떤 주식위험 프리미엄을 미국에 추천하는지를 살펴보았다. 도표 13.4에서 보듯이, 베타가 1.0인 (시장의 위험만큼 위험한 것으로 추정된) 가상의 회사는 대안적인 값들에 따라 낮으면 9.000%, 높으면 12.800%의 자기자본비용을 가진다. 여기에서 연구자들은 산술수익률이 아닌 기하수익률을 사용했다는 점을 주의하라. Fernandez와 del Campo(2010)는 애널리스트와 학자들이 사용하는 시장위험 프리미엄에 대한 연간 설문조사에서 미국과 캐나다 애널리스트들은 평균 위험수익률을 5.1%로, 유럽 애널리스트들은 5.0%로, 영국 애널리스트들은 5.6%로 사용한다는 것을 발견했다.

기업이 정확하게 자기자본비용을 예측하는 것이 얼마나 중요한가? 회사는 매년 제한된 자본 때문에 가능한 투자 중 어떤 것을 채택하고 어떤 것을 기각할지 결정해야만 한다. 기업이 자기자본비용을 정확하게 추정하지 않는다면, 그래서 전반적인 자본비용 추정도 정확하지 못하다면, 기업은 가능한 투자의 순현재가치를 정확하게 추정하지 못할 것이다.

외국 증권에 대한 수요 : 국제 포트폴리오 투자자들의 역할

과거 30년 동안 주식시장의 점진적인 규제 완화는 국내 기업들로부터 치열해지는 경쟁을 이끌어낼 뿐만 아니라 외국 경쟁자들에게 시장을 개방했다. 국제 포트폴리오 투자와 외국시장에 주식을 교차상장 (cross-listing)하는 일은 이제 아주 흔해졌다.

무엇이 포트폴리오 투자자들이 그들의 포트폴리오에 외국의 증권들을 매입하고 유지하게끔 할까? 이에 대한 답은 '국내' 포트폴리오 이론과 글로벌 포트폴리오 가능성을 다루기 위해 이것이 어떻게 확장될 수 있는지 이해하는 데 있다. 더 구체적으로 포트폴리오 위험 감소 원칙, 포트폴리오 수익률, 환위험에 대한 이해를 요구한다.

국내와 국제 포트폴리오 매니저들은 모두 자산을 배분하는 사람들이다. 그들의 목표는 위험 수준이 주어질 때 포트폴리오 수익률을 극대화하거나 수익률이 주어질 때 위험을 극소화하는 것이다. 국제 포

트폴리오 매니저들은 국내에만 자산을 배분하도록 제한받는 포트폴리오 매니저들보다 훨씬 더 큰 자산 묶음들로부터 선택할 수 있다. 그 결과, 개별 국가의 주식시장들은 서로서로 불완전하게 상관관계가 있기 때문에 국제적으로 분산된 포트폴리오들의 기대수익률은 보통 더 높고, 위험은 거의 항상 더 낮은 수준이다.

포트폴리오 자산 배분은 포트폴리오 매니저의 투자 목표에 따라 여러 차원에서 이루어질 수 있다. 예를 들어 포트폴리오들은 증권 유형에 따라 분산될 수 있다. 어떤 포트폴리오는 주식들로만 구성되고 어떤 포트폴리오는 채권들로만 구성될 수 있다. 아니면 주식과 채권을 결합하여 포트폴리오를 구성할 수 있다. 또한 산업별로 또는 시가 규모별(소형주, 중형주, 대형주로 구성한 포트폴리오)로 분산된 포트폴리오를 구성할 수 있다.

우리들의 목적상 가장 관련성 있는 차원은 국가, 지리적 지역, 경제 개발 단계 또는 이 기준들의 조합(글로벌)에 따라 분산하는 것이다. 코리아 펀드(Korea Fund)는 국가 분산의 예이다. 코리아 펀드는 한때 외국인 투자자들이 한국의 증권을 보유할 수 있는 유일한 수단이었으나, 이제는 외국인 지분 제한이 자유화되어 유일한 수단은 아니다. 전형적인 지역 분산은 아시아 펀드들일 것이다. 이 펀드들은 1990년대 중후반 일본과 동남아시아의 '거품'이 터질 때까지 예외적으로 성과가 좋았다. 신흥시장 증권들로 구성된 포트폴리오들은 경제 개발 단계에 따른 분산의 예이다. 이렇게 다양한 국가, 지리적 지역, 경제 개발 단계에 있는 증권들로 포트폴리오를 구성할 수 있다.

자본 비용과 자본의 가용성 간 관련성

Ganado의 가중평균 자본비용(WACC)은 Ganado의 자본예산이 확장될지라도 자기자본과 부채가 항상 같은 요구수익률로 이용 가능할 것이라는 가정하에 계산되었다. 이 가정은 Ganado가 NYSE를 통해 글로벌 자본시장의 국제 포트폴리오 투자자들에게 수월하게 접근할 수 있다면 합리적인 가정이다. 반면 비유동적이거나 분할된 자본시장에 거주하는 기업들, 소규모 국내 기업들 그리고 어떤 자본시장에 거주하든 관계없이 가족 소유 기업들에 대해서는 이는 부적절한 가정이다. 이제 우리는 시장 유동성과 시장 분할이 기업의 자본비용에 어떤 영향을 미치는지를 살펴볼 것이다.

시장 유동성 향상시키기

시장 유동성 정의와 관련된 합의는 존재하지 않지만, 우리는 어떤 기업이 새로운 증권을 기존 시장가격을 떨어뜨리지 않고 발행할 수 있는 정도에 주목함으로써 시장 유동성을 관측할 수 있다. 국내의 경우, 근본적인 전제는 개별 기업이 한 시점에 이용 가능한 총자본은 국내 자본시장의 수요와 공급에 의해 결정된다는 것이다.

기업은 기업의 최적 재무구조와 같은 비율로 자금을 조달함으로써 항상 자본예산을 확장해야 한다. 그렇지만 예산이 절대적으로 커질 때, 한계자본비용은 궁극적으로 높아질 것이다. 다른 말로, 동일한 최적 재무구조가 유지될지라도 자본 공급자들이 더 많은 자금을 제공하는 것을 망설이기 전에, 기업은 단기적으로 약간의 한정된 양을 위해 자본시장을 활용할 수 있다. 장기적으로 이것은 시장 유동성에 따라 한계가 아닐지도 모른다.

다국적 기업의 경우 유로시장(단기금융, 채권 그리고 주식)에서 자금을 조달함으로써 또는 해외에서 발행 증권을 판매함으로써 또는 외국 자회사를 통해 현지 자본시장을 이용함으로써 시장 유동성을 향상시킬 수 있다. 논리적으로 이런 활동들은 기업이 모국 자본시장에 제약되어 있는 경우보다 단기적으로 자금을 조달하는 MNE의 능력을 확장시킬 것이다. 이때 가정은 기업이 자신의 최적 재무구조를 유지한다는 것이다.

시장 분할

모든 자본시장이 완벽하게 통합된다면, 비슷한 기대수익과 위험을 가진 증권들은 환위험과 정치적 위험을 조정한 후 개별 국가시장에서 동일한 요구수익률을 가져야만 한다. 자기자본과 부채 중 하나가 다른 하나보다 더 통합되어 있는 일이 흔히 있긴 하지만, 이 정의는 자기자본과 부채 모두에 적용된다.

자본시장 분할은 주로 정부의 규제, 기관의 관례, 투자자 인식 등에 기인한 금융시장 불완전성이다. 다음 사항들이 가장 중요한 불완전성들이다.

■ 국내 투자자와 외국에 근거를 둔 투자자들 간 정보 비대칭성
■ 투명성의 결여
■ 높은 증권 거래비용
■ 환위험
■ 정치적 위험
■ 기업지배구조 차이
■ 규제적 장벽

시장 불완전성은 필연적으로 개별국의 증권시장들이 비효율적이라는 것을 의미하지는 않는다. 한 국가의 증권시장은 국내 상황에서는 효율적인데, 국제 환경에서는 분할되어 있을 수 있다. 재무이론에 따르면, 시장에서의 증권가격이 이용 가능한 관련 정보들을 모두 반영하고 관련된 새로운 정보에 신속하게 조정된다면 그 시장은 효율적이다. 그러므로 개별 증권 가격은 증권의 '내재가치(intrinsic value)'를 반영하고 모든 가격 변동은 이 가치 주변에서 '무작위 보행(random walk)'할 것이다. 시장 효율성은 거래비용이 낮고 다수의 시장참가자들이 존재하며 이 참가자들은 증권가격을 움직일 만큼 충분한 재무 능력이 있다고 가정한다. 시장 효율성에 대한 실증 결과들은 대부분의 주요 국가시장들이 상당히 효율적이라고 나타났다.

효율적인 개별국가 증권시장은, 그 시장에 참가하는 투자자들에게 이용 가능한 정보를 기초로, 거래되는 모든 증권들의 가격을 매우 정확하게 결정할 것 같다. 그런데 만약 그 시장이 분할되어 있다면, 외국 투자자들은 시장참가자가 아닐 것이다.

자본의 가용성은 기업이 회사의 부채와 자기자본 증권에 대한 유동성을 얻을 수 있는지, 그 증권들에 대한 가격이 국내 기준이라기보다 국제 기준에 근거하는지 여부에 의해 결정된다. 실제로, 이는 기

업이 국제 포트폴리오 투자자들을 유인하는 전략을 정의하여 비유동적이거나 분할되어 있는 개별 국가시장의 제약을 회피해야 함을 의미한다.

시장 유동성과 분할의 효과

자본시장이 비유동적이거나 분할되어 있는 정도는 기업의 한계자본비용과 가중평균 자본비용에 중요한 영향을 미친다. 한계자본비용은 조달되는 추가 통화 한 단위의 가중평균비용이다. 도표 13.5는 이를 도식화한 것으로 국내에서 글로벌 한계자본비용의 변천을 보여주고 있다.

도표 13.5에서 예산 수준에 따른 자본에 대한 MNE의 한계수익률은 MRR로 표시된다. 이 수요는 순현재가치 또는 내부수익률에 따라 잠재적 프로젝트들을 순위 매김으로써 결정된다. 수직선상의 눈금은 자본의 사용자와 공급자의 % 수익률을 나타낸다. 만약 기업이 국내시장에서 자금을 조달받도록 제한된다면, MCC_D 선이 다양한 예산 수준(수평축)에서의 한계국내자본비용(수직축)을 보여준다. 이때 기업이 예산을 확장할 때 부채비율은 동일하게 계속 유지하여 재무위험은 변하지 않는다는 것을 기억하라. 국내의 경우 최적 예산규모는 한계자본수익률(MRR)이 한계자본비용(MCC_D)과 교차하는 4,000만 달러이다. 이 예산 수준에서 한계국내자본비용 k_D는 20%이다.

MNE가 비유동적인 국내 자본시장 밖으로 자본의 추가 원천에 접근하게 된다면, 한계자본비용은 오른쪽으로 이동하게 된다(MCC_F). 다르게 말하면, 국내시장이 다른 차입자들이나 주식발행자들의 과도한 이용으로 포화상태일 때 또는 단기적으로 MNE의 또 다른 발행을 소화할 수 없을 때 장기 자금을 위해 외국시장들을 활용할 것이다. 도표 13.5는 외국 자본시장을 활용함으로써 기업이 추가 1,000

도표 13.5　시장 유동성, 분할 그리고 한계자본비용

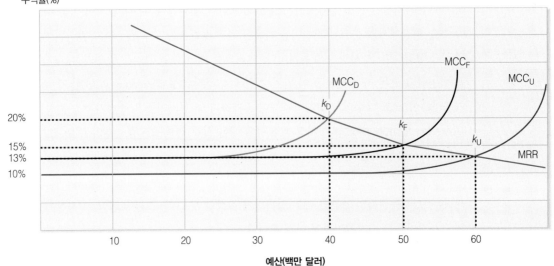

만 달러를 조달하여 한계국제자본비용을 15%로 감소시킴을 보여준다. 이 진술은 3,000만 달러 정도가 15% 한계자본비용으로 국내에서 조달될 수 있기 때문에 약 2,000만 달러가 해외에서 조달된다고 가정한다.

비유동적이면서 분할된 자본시장에 위치되어 있는 MNE가 다른 주식시장에 접근하게 된다면, 그래프는 감소되는 한계자본비용을 보여준다. 자본의 가용성이 더 커지는 효과와 증권가격이 국제적으로 책정되는 효과가 결합된 결과, 한계자본비용 k_U는 13%로 감소하고 최적 자본예산은 6,000만 달러로 올라간다.

시장 분할을 검증하는 대부분의 연구들은 모형에 대한 일반적인 어려움을 경험하게 된다. 즉, 검정 가능한 모형을 가지기 위해서는 현실에서 그것을 끌어낼 필요가 있다는 것이다. 우리의 견해로는 현실적인 검증은 국내시장에서만 거래되었던 어떤 증권이 외국인 투자자들에 의해 '발견'되어 외국시장에서 거래될 때 해당 증권의 가격에서 어떤 일이 발생하는지를 관측하는 것이다. 차익 거래는 두 시장에서의 가격을 같게 한다. 그렇지만 전환기 동안 원래 거래되었던 증권시장들 중 어느 한 시장에서의 가격 움직임과도 상관관계가 없는 증권가격의 유의한 변화를 관측한다면, 국내시장이 분할되어 있다고 추론할 수 있다.

학계에서는 관측된 것들을 설명하기 위해 어떤 이론이나 모형이 존재하지 않기 때문에 사례연구에 근거한 검증을 흔히 '가벼운 실증주의'로 간주한다. 그럼에도 불구하고, 과학자들이 통제되지 않은 환경에서 자연을 관찰함으로써 배우는 것처럼, 사례들로부터 배울 점들이 있다. 그뿐 아니라, 현실 세계의 복잡성을 보존하는 사례연구들은 시장 통합을 가로막는 특별한 종류의 장벽들과 그 장벽들을 극복하는 방법들을 분명히 보여줄지도 모른다.

불행히도, 기업이 분할되어 있는 자본시장으로부터 '탈출한' 것을 기록한 사례연구들은 거의 없다. 실제로, 탈출은 보통 뉴욕이나 런던과 같은 외국 주식시장에 상장되는 것 그리고(또는) 외국 자본시장에서 증권을 매도하는 것을 의미한다. 우리는 이 장의 마지막 부분에서 Novo의 사례를 토론하면서 분할되어 있는 자본시장으로부터 탈출한 기업에 대해 탐색하려 한다.

증권시장의 글로벌화

1980년대 동안 수많은 북유럽과 다른 유럽 기업들은 런던과 뉴욕과 같은 주요 외국 거래소에 교차상장했다. 이들은 주요 증권시장에서 자기자본과 부채를 발행했다. 대부분의 경우, 이 기업들은 기업의 WACC를 낮추고 자본 가용성을 증가하는 데 성공했다. 이 점이 이 장의 사례 주제이다.

1990년대 동안, 국경을 넘나드는 포트폴리오 투자에 대한 국가의 제한이 세계에서 가장 산업화된 국가들 대부분의 컨소시엄인 경제협력개발기구(OECD)로부터의 압력으로 점차 느슨해졌다. 유럽 증권시장들의 자유화는 장벽 없는 단일한 유럽연합 시장을 만들려는 유럽연합의 노력 때문에 가속화되었다. 신흥국가 시장들은 소련의 붕괴 이후 구 동구권 국가들이 했던 것을 따라 했다. 신흥국가 시장들은 대규모 민영화 재원을 마련하기 위해 외국자본을 얻어야 할 필요성에 자주 동기 부여되었다.

이제 개별 국가시장의 유동성은 아직 제한되어 있지만, 시장 분할은 유의하게 줄어들었다. 대부분의 관찰자들은 좋든 나쁘든 증권에 대해서는 글로벌 시장을 얻었다고 믿고 있다. 좋은 소식은 많은 기업들이 이제 글로벌 비용과 자본의 가용성에 접근하게 되면서 MNE가 되는 데 도움을 받게 되었다는 점이다. 나쁜 소식은 증권시장 간 상관관계가 커졌다는 점, 그래서 국제 포트폴리오 분산의 혜택이 제거되지는 않았지만 줄어들었다는 점이다. 또한 증권시장 글로벌화는 1995~2001년 기간 동안의 신흥시장 위기와 2008~2009년 글로벌 신용위기에서 나타났던 것처럼, 더 불안하고 투기적인 행농늘을 야기하였다.

기업지배구조와 자본비용. 글로벌 투자자들은 기꺼이 지배구조가 건전한 기업의 주식에 대해 프리미엄을 지급하려 할까? 노르웨이와 스웨덴 기업들을 대상으로 한 최근의 연구에서는 기업가치에 대한 외국인(영미계) 이사회 구성원의 영향을 측정했다. 이들은 자신들의 발견을 다음과 같이 요약했다.[5]

> 노르웨이와 스웨덴에 본사가 있는 기업들을 표본으로 활용한 이 연구의 결과는 다양한 기업-고유 요인들과 지배구조 요인들을 통제한 후에도, 이사회에 외부자인 영미계 이사(들)가 포함된 기업의 가치가 유의하게 더 높음을 보여주고 있다. 우리들은 이 우월한 성과가 이 기업들이 영미 지배구조 시스템을 '수입'함으로써 부분적으로 분할되어 있는 국내 자본시장으로부터 성공적으로 도망쳤다는 사실을 반영한 것이라고 주장한다. 그런 '수입'은 기업으로서는 기꺼이 향상된 지배구조에 기업을 노출시키고 금융시장에서 기업의 명성을 높이려는 마음을 표시하는 것이다.

전략적 제휴

전략적 제휴는 합작을 통해 시너지를 얻을 것이라고 기대하는 기업들에 의해 보통 만들어진다. 예를 들어, 제휴기업들은 기술을 개발하는 비용을 나누거나 상호 보완적인 마케팅 활동을 추구한다. 이 기업들은 규모 또는 범위의 경제를 얻거나 다양한 다른 영리적 이점을 얻을 수 있다. 그렇지만 때때로 간과될 수 있는 시너지들 중 하나는 재무적으로 강한 기업이 매력적으로 가격이 책정된 자기자본 또는 부채 조달을 제공함으로써 자본비용을 낮출 수 있도록 재무적으로 약한 기업을 도울 수 있는 가능성이다.

MNE의 자본비용과 국내기업의 자본비용의 비교

MNE의 가중평균 자본비용은 국내 기업의 가중평균 자본비용보다 더 높을까, 아니면 더 낮을까? 답은 한계자본비용, 상대적 세후 부채비용, 최적 부채비율, 상대적 자기자본비용의 함수이다.

---

[5] Lars Oxelheim and Trond Randøy, "The impact of foreign board membership on firm value," *Journal of Banking and Finance*, Vol. 27, No. 12, 2003, p. 2369.

자본의 가용성

이 장 앞부분에서 우리는 MNE 또는 국제 포트폴리오 투자자들을 유인할 수 있는 여타 대기업들에 있어 자본의 국제적 가용성은 이들 기업들의 자기자본비용과 부채비용을 대부분의 국내기업 대비 더 낮추게 함을 살펴봤다. 더군다나 국제적 가용성은 신규로 조달되어야 할 자금의 규모가 크더라도, MNE가 원하는 부채비율을 유지할 수 있게 해준다. 다르게 말하면, MNE의 한계자본비용은 상당한 자본예산의 범위에 대한 상수이다. 이 말은 대부분의 국내기업에는 적용되지 않는다. 국내기업들은 내부자금이나 상업은행으로부터의 단기와 중기 차입금에 의존해야 한다.

MNE의 재무구조, 체계적 위험 그리고 자본비용

이론적으로, MNE는 현금흐름이 국제적으로 분산되어 있기 때문에 부채비율을 더 높게 유지하는 데 있어 국내기업보다 더 나은 위치에 있어야 한다. 기업의 현금흐름 변동성이 최소화된다면, 제품시장, 금융시장 그리고 외환시장의 조건들이 변할 때 기업이 고정된 비용을 부담할 가능성은 높아져야 한다.

포트폴리오 투자자들이 증권 보유를 국제적으로 분산시킬 때 받는 것과 유사하게, MNE는 현금흐름을 국제적으로 분산함으로써 현금흐름 변동성을 줄일 수 있을 것 같다. 개별 국가 수익률 간에 완벽하게 상관관계가 있지 않다는 주장이 현금흐름 분산에도 적용된다. 예를 들어, 2000년에 일본은 불경기였는데 미국은 급속한 성장을 기록하고 있었다. 따라서 우리는 현금흐름이나 이익 중 어떤 것으로 계산하든 일본의 수익률은 부진하고 미국의 수익률은 유망할 것이라고 기대해야 할 것이다. 두 나라에서 모두 기업 활동을 영위하는 MNE라면 일본 자회사가 빈약한 순현금유입을 창출한다 할지라도, 미국 자회사의 강력한 현금유입에 의존하여 부채의무를 감당할 수 있을 것이다.

이 가설의 이론적 우아함에도 불구하고, 실증 연구들은 반대의 결론에 도달했다.[6] 현금흐름의 국제 분산의 우호적인 효과에도 불구하고, MNE의 파산위험은 국내 기업의 파산위험과 거의 같았다. 그런데 MNE들은 더 높은 대리인 비용, 정치적 위험, 환위험, 정보의 비대칭성에 직면한다. 이것들은 MNE의 부채비율과 심지어 더 비싼 장기 부채비용을 낮추도록 유도하는 요인들로 알려져 있다. 국내기업들은 수익률 곡선의 끝인 저비용의 단기와 중기 부채에 좀 더 많이 의존한다.

심지어 더 놀라운 것은 MNE가 국내 기업들보다 더 높은 수준의 체계적 위험을 가진다는 것을 발견한 한 연구결과[7]이다. MNE의 부채 비율을 낮게 만드는 요인이 이 현상을 야기했다. 이 연구는 국제화로 커진 현금흐름의 표준편차가 다각화로 더 작아진 상관관계를 상쇄하는 것 이상이라고 결론 내렸다.

---

[6] Kwang Chul Lee, and Chuck C.Y. Kwok, "Multinational Corporations vs. Domestic Corporations: International Environmental Factors and Determinants of Capital Structure," *Journal of International Business Studies*, Summer 1988, pp. 195–217.

[7] David M. Reeb, Chuck C.Y. Kwok, and H. Young Back, "Systematic Risk of the Multinational Corporation," *Journal of International Business Studies*, Second Quarter 1998, pp. 263–279.

앞에서 언급했던 것처럼, β_j라고 표시한 체계적 위험은 다음 식으로 정의된다.

$$\beta_j = \frac{\rho_{jm}\sigma_j}{\sigma_m}$$

여기서 ρ_{jm}은 증권 j와 시장 간 상관계수, σ_j는 기업 j 수익률의 표준편차, σ_m은 시장 수익률의 표준편차이다. 국제 분산으로 상관계수 ρ_{jm}이 줄어든 정도가 앞서 언급된 위험 요인들 때문에 표준편차 σ_j가 증가된 정도에 의해 상쇄되는 것 이상으로 크다면, MNE의 체계적 위험은 증가할 수 있다. 이 결론은 많은 MNE들이 외국 투자안의 기대 현금흐름을 할인할 때 더 높은 허들 레이트(hurdle rate)를 사용한다는 관측과 일치한다. 본질적으로, MNE들은 국내 투자안보다 더 위험하다고 생각하는 투자안들을 받아들여, 그들이 인지하는 체계적 위험을 상향으로 치우치게 할 것 같다. 적어도 MNE들은 자신들의 시장가치를 유지하기 위해 국내기업들보다 더 높은 수익률을 얻을 필요가 있다.

다른 연구들은 국제화가 실제 신흥시장 MNE들이 부채 수준을 높이고 체계적 위험을 낮추게 했음을 발견하였다. 이는 신흥시장 MNE들이 그들의 운영위험, 재무위험, 환위험, 정치적 위험을 낮추는 전략으로 해외에서 좀 더 안정적인 경제에 투자하기 때문에 발생한다. 위험 감소는 늘어난 대리인 비용을 상쇄하고 신흥시장의 기업들이 미국의 MNE들보다 더 높은 레버리지와 더 낮은 체계적 위험을 누릴 수 있게 한다.

수수께끼 : MNE의 자본비용은 더 높은가?

수수께끼는 MNE가 글로벌 자본비용에 접근할 수 있고 글로벌 자본을 이용할 수 있기 때문에 이들의 한계자본비용(MCC)이 국내기업보다 더 낮다고 가정된다는 것이다. 반면에, 우리가 언급한 실증연구들은 실제 대리인 비용, 환위험, 정치적 위험, 비대칭적 정보, 기타 외국 운영의 복잡성 때문에 MNE의 가중평균 자본비용(WACC)이 국내기업보다 더 높다는 결과를 보여주고 있다.

이 수수께끼에 대한 답은 자본비용, 자본의 가용성 그리고 투자 기회 집합 간의 연계에 있다. 투자 기회 집합이 커질 때, 궁극적으로 기업은 한계자본비용이 증가하는 지점까지 자본예산을 늘릴 필요가 있다. 최적 자본예산은 여전히 증가하는 한계자본비용이 투자 기회 집합에 대한 감소하는 수익률과 같아질 때이다. 그렇지만 이때 가중평균 자본비용은 최적 자본예산의 수준이 더 낮을 때보다 더 높을 것이다.

이 연계를 보여주기 위해 도표 13.6에서는 최적 자본예산이 주어졌을 때 한계자본비용을 도식화하였다. MNE와 국내기업(DC) 모두에 대해 투자 기회 집합에 근거하여 2개의 다른 수요표가 있다고 가정하자.

MRR_{DC} 선은 보통의 가능한 투자안 집합을 묘사한다. 이 선은 15%와 예산 수준 1억 달러에서 MCC_{MNE} 선과 만난다. MCC_{DC} 선과는 10%와 예산 수준 1억 4,000만 달러일 때 교차한다. 이 낮은 예산 수준들에서 MCC_{MNE}는 최근의 실증연구에서 발견된 것처럼, 국내기업(DC)보다 더 높은 MCC와

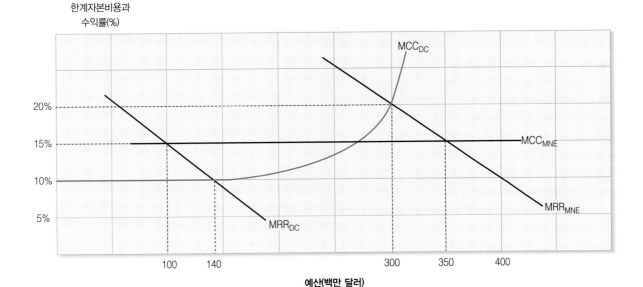

도표 13.6 **MNE와 국내기업의 자본비용**

아마 더 높은 가중평균 자본비용을 가질 것이다.

MRR_MNE 선은 MNE와 국내기업 모두에 가능한 더 어마어마한 투자안 집합을 그린 것이다. 이 선은 15%와 예산 수준 3억 5,000만 달러에서 MCC_MNE 선과 교차한다. 그렇지만 이 선은 20%, 예산수준 3억 달러일 때 MCC_DC와 만난다. 이 더 높은 예산 수준에서 MCC_MNE는 이 장 앞에서 예측한 대로, 국내기업(DC)보다 더 낮은 MCC와 아마 더 낮은 가중평균 자본비용을 가질 것이다. 이 결론을 일반화하기 위해, 우리는 어떤 조건일 때 국내 기업이 기업의 한계자본비용이 늘어남에도 불구하고 기꺼이 최적 자본예산을 책정하려 하는지 알아야 할 필요가 있을 것이다. 어느 순간 MNE 또한 MCC가 상승하고 있는 지점에서 최적 자본예산을 가질 수도 있다.

실증연구들은 성숙한 국내기업도 MNE도 모두 일반적으로 더 높은 MCC와 자본예산과 관련된 더 높은 대리인 비용이나 파산비용을 가정하려 하지 않는다는 것을 보여주었다. 사실 대부분의 성숙기 기업들은 어느 정도 기업의 부를 극대화하는 행위를 보여준다. 이들 기업은 다소 위험회피적이며 새로운 자기자본을 조달하기 위해 시장으로 돌아오는 것을 회피하는 경향이 있다. 이 기업들은 자사의 자본예산을 잉여 현금흐름(free cash flow)으로 조달될 수 있는 규모로 제한하는 것을 선호한다. 정말로, 이들 기업에게는 가능한 자금 원천들 중 우선되는 순서를 결정하는 소위 자금조달순서(pecking order)가 있다. 이 행위는 주주들이 좀 더 엄중히 경영진을 감시하게 하는 동기를 부여한다. 그들은 경영진의 보상을 주식의 성과(옵션)에 결부시킨다. 그들은 또한 집단적으로 대리인 비용의 일부인 다른 유형의 계약상 합의를 요구할지 모른다.

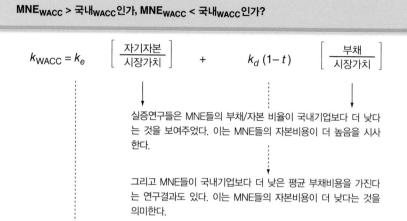

도표 13.7 | MNE는 국내기업보다 자본비용이 더 높은가, 더 낮은가?

MNE_WACC > 국내_WACC인가, MNE_WACC < 국내_WACC인가?

$$k_{WACC} = k_e \left[\frac{\text{자기자본}}{\text{시장가치}} \right] + k_d(1-t) \left[\frac{\text{부채}}{\text{시장가치}} \right]$$

실증연구들은 MNE들의 부채/자본 비율이 국내기업보다 더 낮다는 것을 보여주었다. 이는 MNE들의 자본비용이 더 높음을 시사한다.

그리고 MNE들이 국내기업보다 더 낮은 평균 부채비용을 가진다는 연구결과도 있다. 이는 MNE들의 자본비용이 더 낮다는 것을 의미한다.

투자자들이 요구하는 자기자본비용은 국내기업보다 다국적 기업에 대해 더 높다. 이에 대해 여러 국가의 경영 환경에서 사업을 수행할 때 나타나는 '정치적 위험, 환위험, 대리인 비용'이 더 높기 때문이라고 설명할 수 있다. 그렇지만 최적 자본예산의 상대적으로 높은 수준에서, MNE는 더 낮은 자본비용을 가질 것이다.

결론적으로, MNE와 국내기업 모두 실제 그들의 자본예산을 MCC의 상승 없이 조달될 수 있는 수준으로 제한한다면, MNE들이 더 높은 WACC를 가진다는 실증 결과들이 나타난다. 만약 국내기업이 너무나 좋은 성장기회를 가져 한계자본비용이 상승함에도 불구하고 성장을 취하는 것을 선택한다면, MNE는 더 낮은 WACC를 가질 것이다. 도표 13.7은 이러한 결론들을 요약한 것이다.

요점

■ 글로벌 자본시장에 접근하게 되면 기업은 자본비용을 더 낮출 수 있다. 이는 주식의 시장 유동성 증가에 의해, 모국 자본시장의 분할로부터의 탈출에 의해 이루어진다.

■ 자본비용과 자본의 가용성은 직접적으로 시장 유동성과 분할의 정도와 관련되어 있다. 높은 유동성과 낮은 수준으로 분할된 시장에 접근하는 기업은 더 낮은 자본비용과 신규 자본을 조달하는 더 큰 능력을 가져야만 한다.

■ 기업은 유로시장에서 부채를 조달함으로써(개별국의 자본시장에서 증권 발행을 판매함으로써, 유로주식들로) 그리고 현지 자회사를 통해 현지 자본시장을 활용함으로써 시장 유동성을 증가시킬 수 있다. 증가된 시장 유동성은 한계자본비용선을 조금 더 오른쪽으로 편편하게 이동시킨다. 그 결과 기업은 더 많은 자본을 더 낮은 한계비용으로 조달할 수 있게 된다.

■ 한 국가의 자본시장에서의 증권에 대한 요구수익률이 다른 나라 시장들에서 거래되면서 비슷한 위험과 기대 수익률을 가지는 증권에 대한 요구수익률과 다를 때, 해당 국가의 자본시장은 분할되어 있다.

■ 자본시장 분할은 정부 규제와 투자자 인식에 의해 야기되는 금융시장 불완전성이다. 분할은 자본비용을 상승시키고 자본의 가용성을 감소시킨다.

■ 기업이 분할된 자본시장에 입지를 정한다면, 부채와 자기자본을 해외에서 조달함으로써 분할된 시장으로부터 달아날 수 있다. 그 결과, 한계자본비용은 더 낮아지고 주식유동성은 향상되며 자본예산의 규모는 더 커지게 될 것이다.

■ MNE가 국내기업보다 더 낮은 자본비용을 가지는지 아닌지는 이들 기업의 최적 재무구조, 체계적 위험, 자본의 가용성, 최적 자본예산에 따라 결정된다.

사례

Novo Industri A/S(Novo)[8]

Novo는 산업용 효소와 약품(주로 인슐린)을 생산하는 덴마크의 다국적 기업이다. 1977년에 Novo의 경영진은 회사의 자본구조와 자금의 원천을 '국제화'하기로 결정했다. 이 결정은 덴마크 증권시장이 비유동적이고 다른 자본시장과 분할되어 있다는 관측에 근거한 것이었다. 특별히 덴마크 내에서 자본의 가용성이 부족하고 자기자본비용이 높았는데, 이로 인해 Novo의 자본비용은 Eli Lilly(미국), Miles Laboratories(미국, 독일의 Bayer의 자회사), Gist Brocades(네덜란드)와 같은 주요 경쟁자인 다국적 기업들보다 더 높았다.

자본비용을 제외하더라도, Novo가 추정한 성장기회들은 비유동적인 덴마크 시장에서 조달될 수 있는 것을 넘어선 신규 장기 자본을 조달해야 할 근본적인 필요성을 제기했다. Novo는 전문제품의 기술선도자였기 때문에, 공장, 설비, 연구에 계획한 자본 투자는 현금흐름에서 내부 자금조달이 가능해질 때까지 연기할 수 없었다. Novo의 경쟁기업들은 Novo가 공급하지 않는 어떤 시장이라도 먼저 차지하려 했을 것이다.

요구되는 규모의 주식 발행이 덴마크에서 이루어졌을지라도, 요구수익률이 받아들이기 어려울 정도로 높았을 것이다. 예를 들어, Novo의 주가수익비율은 보통 5 근처였다. 외국의 경쟁자들은 10 이상이었다. Novo의 경영위험과 재무위험은 경쟁자와 비슷한 것으로 여겨졌다. 5라는 주가수익비율은 덴마크 내에서 유사한 경영위험과 재무위험을 가진 다른 덴마크 국내 기업들과 비교할 때에만 Novo에 적절했다.

덴마크의 증권시장이 세계시장과 통합되어 있다면, 외국인 투자자들이 덴마크로 몰려와 '과소평가된' 덴마크 증권들을 샀을 것이라고 기대할 수 있다. 그런 경우 Novo와 같은 덴마크 기업들은 외국 경쟁자들의 자본비용에 맞먹는 국제 자본비용을 누릴 것이다. 충분히 특이하게도, 외국인 투자자들이 덴마크 증권을 보유하는 것을 금지하는 덴마크 정부 규제는 없었다. 따라서 투자자들의 인식이 당시 덴마크 시장의 분할에 주요 원인이었음에 주목해야 한다.

덴마크 주식시장의 적어도 다음 6개 특성이 시장 분할에 책임이 있다. 이는 (1) 덴마크 투자자들과 외국인 투자자들의 비대칭적 정보 기반, (2) 과세제도, (3) 가능한 포트폴리오의 대안적 집합, (4) 재무위험, (5) 환위험, (6) 정치적 위험 등이다.

비대칭적 정보

덴마크의 기관 특성은 덴마크 투자자들과 외국인 투자자들이 서로의 주식에 대한 정보가 부족하도록 만든다. 가장 중

[8] 이 사례는 Arthur Stonehill과 Kåre B. Dullum의 *Internationalizing the Cost of Capital in Theory and Practdice: The Novo Experience and National Policy Implications* (Copenhagen: Nyt Nordisk Forlag Arnold Busck, 1982; and New York: Wiley, 1982)를 압축한 버전이다. 허가받은 재인쇄임

요한 정보 장벽은 덴마크 투자자들의 외국 민간부문 증권 보유를 금지하는 덴마크의 규제였다. 따라서 덴마크 투자자들은 외국 증권시장의 성장을 쫓아가거나 그런 정보를 덴마크 증권의 평가에 요인으로 고려할 동기가 없었다. 그 결과, 덴마크 정보 기반을 고려하면, 덴마크 증권들은 서로에 대해서는 효율적 시장 의미에서 정확하게 가격이 책정되었을지 모르나, 외국과 덴마크의 정보 기반을 결합해서 고려하면 부정확하게 가격이 책정되었을 것 같다. 이 규제의 다른 악영향은 현지 판매제품이 없는 외국 증권사들이 덴마크 내에 사무실이나 직원을 배치하지 않게 했다는 것이었다. 물리적으로 덴마크에 그 존재가 없다는 사실은 덴마크 증권들을 지켜보는 외국 증권분석가들의 능력을 감소시켰다.

두 번째 정보 장벽은 덴마크 증권을 지켜보는 덴마크 증권 분석가들의 수가 너무 적었다는 것이다. 오직 단 하나의 전문적인 덴마크 증권 분석 서비스가 발표되었고(Børsinformation), 그것도 덴마크 언어로 이루어졌다. 몇몇 덴마크 기관투자자들은 내부 분석가들을 고용했는데, 그들의 분석결과는 일반인들에게는 이용 가능하지 않았다. 외국 증권 분석가들은 판매할 제품이 없고 덴마크 시장은 너무 작았기 때문에(소국 편의, small-country bias), 거의 덴마크 증권들을 지켜보지 않았다.

다른 정보 장벽으로는 언어와 회계원칙이 있다. 당연히 재무정보는 덴마크 회계원칙을 적용하여 보통 덴마크 언어로 발표되었다. Novo와 같은 몇몇 기업들이 영어 버전을 출판했는데, 미국 또는 영국 회계기준을 사용했다거나 그 나라들의 회계원칙과의 조화를 시도했던 경우는 거의 없었다.

과세

덴마크 과세정책은 개인의 보통주 투자를 거의 없앴다. 1981년 7월 세법 개정까지, 2년 이상 보유한 주식의 자본이득(capital gain)은 50% 세율로 과세되었다. 2년 미만 또는 '투기적' 목적으로 보유한 주식들은 개인 소득세율(최고 한계세율 75%)로 과세되었다. 대조적으로, 채권에 대한 자본이득은 비과세였다. 이러한 상황은 채권들이 대폭 할인되어 발행되는 결과로 이어졌는데, 이는 만기에 액면가 상환이 자본이득으로 여겨지기 때문이다. 따라서 대부분의 개인 투자자들은 주식보다는 채권을 보유했다. 이 요인은 주식시장의 유동성을 감소시켰고 채권과 경쟁하는 주식에 대한 요구수익률을 상승하게 만들었다.

가능한 포트폴리오

외국 증권 소유에 대한 금지 때문에, 덴마크 투자자들은 매우 제한된 증권 집합 중에서 포트폴리오를 구성해야 했다. 실제 덴마크 기관의 포트폴리오들은 덴마크 주식들, 국채, 모기지 채권들로 구성되었다. 덴마크 주가는 서로서로 매우 밀접하게 움직였기 때문에, 덴마크 포트폴리오들의 체계적 위험은 상당히 높은 수준이었다. 추가로 물가 조정 후 국채 실질수익률이 상대적으로 높은 수준이 되도록 정부정책이 제공되었다. 개인에 대한 과세와 국채의 매력적인 실질수익률이 합해진 결과, 주식에 대한 요구수익률은 국제기준으로 볼 때 상대적으로 높았다.

포트폴리오 관점에서 볼 때 덴마크 주식들은 외국인 투자자들에게 국제적으로 분산할 수 있는 기회를 제공했다. 덴마크 주가 움직임이 세계 주가 움직임과 밀접하게 같이 움직이지 않는다면, 외국 포트폴리오에 덴마크 주식을 포함할 경우 포트폴리오의 체계적 위험이 감소될 것이다. 나아가 외국인 투자자들은 일반적으로 배당 및 자본이득에 대해 외국인 투자자 세율을 15%로 제한하는 조세협약에 의해 보호받기 때문에 높은 덴마크 소득세율의 적용을 받지 않는다. 가능한 국제 분산투자 결과, 외국인 투자자들은 다른 조건들이 동일하다면 덴마크 주식에 대해 덴마크 투자자들이 요구하는 수익률보다 낮은 수익률을 요구할 것이다. 그렇지만 외국인 투자자들은 덴마크 주식들의 재무위험, 환위험, 정치적 위험이 그들의 자국 증권들보다 더 많다고 인식하기 때문에 다른 조건들이 동일하다고 볼 수 없었다.

재무위험, 환위험 그리고 정치적 위험

덴마크 기업들이 활용하는 재무 레버리지는 미국이나 영국 기준으로 볼 때 상대적으로 높았으나 스칸디나비아, 독일, 이탈리아, 일본만큼 비정상적이지는 않았다. 추가적으로 대부분의 부채는 단기의 변동 이자율 조건이었다. 외국인 투자자들이 덴마크 기업의 재무위험을 바라보는 방식은 그들의 모국에서 그들이 따르는 기준이다. Novo가 1978년에 유로채권시장을 이용했을 때 Novo의 영국인 투자 은행가 모건 그렌펠이 부채비율(부채/총시가총액)을 전통적인 덴마크 기업의 65~70%가 아니라 50%에 가깝게 유지하라고 Novo에 충고했음을 우리는 알고 있다.

덴마크 증권에 투자한 외국인 투자자들은 환위험을 겪게 된다. 이 요인이 플러스인지 마이너스인지는 투자자의 모국 통화, 덴마크 크로네(krone)의 미래 강세에 대한 인식 그리고 기업의 영업 환노출(operating exposure)에 대한 환율의 영향에 따라 달라진다. 외국인 투자자들과 은행가들과의 개별 접촉을 통해, Novo의 경영진은 회사의 영업이 국제적으로 분산된 것으로 여겨지기 때문에 환위험이 Novo의 주가에 영향을 주는 요인은 아닐 것이라고 믿었다. 회사 매출의 90% 이상이 덴마크 국외에 위치하는 소비자들에게 발생했다.

정치적 위험과 관련하여, 덴마크는 안정적인 서구의 민주주의 국가이나 외국인 투자자들에 대한 주기적인 문제가 나타날 가능성이 있는 국가로 간주되었다. 특히, 비록 덴마크의 유로통화 신디케이트 대출에서 위험 프리미엄의 형태로 아직까지 나타나고 있지는 않지만, 덴마크의 국가부채는 안심하기에는 너무 많은 것으로 생각되었다.

글로벌화로 가는 길

1977년 Novo의 경영진은 분할되고 비유동적인 덴마크 자본시장이라는 족쇄에서 빠져나가고 싶어 했지만, 많은 장벽들을 극복해야 했다. 분할되어 있는 시장에 있는 기업이 자본의 원천을 국제화하고자 할 때 직면하는 전형적인 장벽들이기 때문에 이러한 장벽들의 일부를 탐색해볼 가치가 있다.

정보 갭 없애기. Novo는 1920년대 2명의 페데르센 형제에 의해 설립되었을 때부터 가족 소유 기업이었다. 1974년에 기업을 공개하여 코펜하겐증권거래소(Copenhagen Stock Exchange)에서 'B'주를 상장시켰다. 'A'주는 Novo Foundation이 소유하고 있는데, 이 주식들은 투표 통제를 유지하기에 충분했다. 하지만 Novo는 기본적으로 덴마크 밖의 투자 사회에서는 알려지지 않았다. 정보 베이스에서의 불일치를 극복하기 위해 Novo는 덴마크어와 영어 버전으로 재무적 · 기술적 공개 수준을 증가시켰다.

정보의 격차는 모건 그렌펠이 1978년에 Novo의 2,000만 달러 유로전환채권을 인수하고 판매할 신디케이트를 성공적으로 구성하면서 사라졌다. 이 발행과 연결하여 Novo는 전환을 용이하게 하고 가시성(visibility)을 얻기 위해 런던증권거래소에 주식을 상장했다. 이 2개의 행보는 정보 장벽을 무너뜨리는 데 핵심이었으며, 또한 덴마크에서는 이용할 수 없었던 우호적인 조건으로 대규모 장기자본을 조달하게 했다.

자본의 가용성에 대한 유로채권 발행의 우호적인 효과에도 불구하고, 덴마크 투자자들이 전환권의 희석 효과 가능성에 부정적으로 반응했을 때 Novo의 자본비용은 실제 증가했다. 1979년 동안 Novo의 주식 가격은 주당 300덴마크 크로네에서 주당 220덴마크 크로네로 떨어졌다.

생명공학 붐. 1979년 중에 행운의 사건이 나타났다. Genentech, Cetus와 같은 신생기업들의 주식 발행에 모집액 이상으로 신청자가 몰려드는 일이 획기적으로 7번 발생하면서, 생명공학이 미국 투자 공동체의 관심을 불러일으키기 시작했다. 앞에 언급한 국내 정보의 갭 덕분에, 덴마크 투자자들은 이러한 사건을 알지 못했고 여전히 주가수익비율은 5로, Novo의 경쟁사들과 새롭게 등장한 잠재 경쟁자들의 주가수익비율이 각각 10이상, 30이상이었던 것과 비교하면 Novo의 가치를 낮게 평가했다.

입증된 실적을 가지고 생명공학 기업으로서 기업의 개

요를 알려주기 위해, Novo는 1980년 4월 30일에 뉴욕시에서 세미나를 준비했다. 세미나 직후 곧 노련한 미국의 개인 투자자 일부가 런던증권거래소를 통해 Novo의 주식과 전환채권을 매입하기 시작했다. 덴마크 투자자들은 매우 기분이 좋아 외국의 수요를 충족시켰다. 미국과 영국 투자자로부터 발생하는 상대적으로 강한 수요에도 불구하고, Novo의 주가는 단지 조금씩 상승하여 한여름쯤에 다시 Dkr300 수준까지 회복했다. 그렇지만 그다음 수개월 동안 외국의 관심은 눈덩이처럼 커지기 시작하여, 1980년 말에 Novo의 주가는 Dkr600 수준까지 상승했다. 그뿐 아니라, 외국인 투자자들은 지분율을 거의 0에서 30% 근처까지 늘렸다. Novo의 주가수익비율은 16으로 높아져 이제 덴마크 시장과 비슷하지 않고 국제 경쟁자들과는 비슷해졌다. 이 지점에서 Novo는 기업의 자본비용을 국제화하는 데 성공했다고 결론 내려야 한다. 다른 덴마크 증권들은 분할되어 있는 자본시장에 계속 갇혀있었다.

미국에서 직접 주식 발행. 1981년 상반기 동안, Goldman Sachs의 주도하에 모건 그렌펠과 Copenhagen Handelsbank의 지원을 받아, Novo는 미국에서 주식을 발행, 궁극적으로 뉴욕증권거래소에 상장하기 위한 SEC 등록 서류를 준비했다. 이러한 노력에서 맞닥뜨리게 된, 일반적으로 적용 가능하기도 한, 주요 장벽들은 미국 회계기준과 SEC에서 요구하는 더 높은 수준의 공시 수준에 부합되는 재무제표들을 준비하는 것과 관련되어 있었다. 특히 업종 부문 보고는 요구되는 양식의 회계 자료들이 내부적으로 이용 가능하지 않았기 때문에, 정보 공개 관점에서나 회계 관점에서나 문제였다. 나중에 밝혀진 것처럼, 미국에서의 투자 장벽은 비록 극복하기 위해 비용과 시간이 소요되기는 했지만 상대적으로 다루기 쉬웠다.

더 심각한 장벽은 덴마크에서의 기관과 정부 규제의 다양성 때문에 나타났다. 덴마크 기업들은 보통 신주인수권이 있는 액면가 주식을 발행했기 때문에, 기업이 시장 가격으로 주식을 발행할 수 있게 하는 정부 규정이 입안되지 않았다. 그러나 이때까지 외국인 매수 지속에 의해 Novo의 주가는 많이 상승하여 사실상 덴마크 내에서 어떤 사람도 외국인들이 지불하려 하는 가격의 가치가 있다고 생각하지 않았다. 실제로 1981년 7월 주식을 발행한 시점 전에, Novo의 주식 가격은 Dkr1500 이상 상승했고 이후 Dkr1400 근처 수준에 정착했다. 외국인 지분은 Novo의 발행 주식 주식들 중 50% 이상으로 늘어났다.

주식시장 반응. 시장 분할에 대한 마지막 가격 증거 하나는 덴마크와 외국인 투자자들이 1981년 5월 29일에 6,100만 달러 규모의 미국 주식 발행이 예정되어 있다는 발표에 대해 반응한 방식에서 얻을 수 있다. Novo의 주가는 그다음 날 코펜하겐에서 Novo 시가의 10% 정도에 해당하는 156포인트가 하락했다. 뉴욕에서는 거래가 시작되자마자 주가는 곧바로 이 손실 모두를 회복했다. 코펜하겐 반응은 비유동적인 시장에서 나타날 수 있는 전형적인 것이었다. 투자자들은 주식 발행으로 약 8% 정도 발행주식 수가 증가될 것이기 때문에 신주발행의 희석효과를 걱정했다. 그들은 Novo가 신규자금을 주당 미래 이익을 희석하지 않을 수익률로 투자할 수 있을 것이라고 믿지 않았다. 그들은 또한 생명공학이 광채를 잃어버리면 미국의 주식들이 결국에는 코펜하겐으로 되돌아올 것이라고 두려워했다.

신주발행 발표에 대한 미국의 반응은 유동적이고 통합된 시장에서 기대되는 반응과 일치했다. 대규모 공격적인 신디케이트의 주식 판매 노력 덕분에 Novo가 눈에 더 띄게 됨에 따라 미국 투자자들은 신주발행이 주식에 대한 추가 수요를 창출할 것이라고 보았다. 그뿐 아니라, 마케팅 노력이 Novo의 이전 미국 투자자들 중에서 그 비중이 작았던 기관투자자들을 향했다. 미국 기관투자자들은 원한다면 주가를 떨어뜨리지 않고 주식을 처분할 수 있기 위해 유동적인 시장임을 확신하고자 했기 때문에 그 비중이 작았던 것이다. SEC 등록 및 뉴욕증권거래소 상장과 함께 신주 발행으로 인한 광범위한 유통이 합해진 결과는 더 많은 유동성과 글로벌 자본비용이었다.

Novo의 가중평균 자본비용에 대한 효과. 1981년의 대부분과 그다음 해 기간 동안, Novo의 주가는 뉴욕, 런던, 코펜하겐 거래소에서 거래하는 국제 포트폴리오 투자자들에 의해 움직여졌다. 이는 Novo의 가중평균 자본비용을 감소시켰고 한계자본비용을 낮췄다. Novo의 체계적 위험은 (국제적으로) 분산되지 않은 덴마크 기관투자자들과 Novo Foundation에 의해 결정되었던 이전 수준보다 감소되었다. 회사의 적절한 부채비율 수준 또한 미국, 영국 그리고 주요 다른 시장에서 거래하는 국제 포트폴리오 투자자들이 기대하는 기준을 충족하는 정도로 낮아졌다. 본질적으로, 국제 투자자들이 Novo를 평가할 때 미국 달러는 Novo의 기능통화(functional currency)가 되었다. 이론적으로, Novo의 수정된 가중평균 자본비용은 덴마크 또는 해외에서 신규 자본투자를 평가할 때 새로운 기준 허들 레이트(hurdle rate)가 되었다.

Novo의 전략을 따르는 다른 기업들의 가중평균 자본비용 또한 국제투자자들의 요구에 따라 결정될 것 같다. 일부 신흥시장에 거주하는 기업들은 이미 무역과 운전자본 재원조달에서 '달러화(dollarization)'를 경험하고 있었다. 이 현상은 장기 자금조달과 가중평균 자본비용에도 나타날 수 있다.

Novo의 경험은 분할되고 비유동적인 모국 주식시장에서 빠져나가고 싶은 타 기업들에 본보기일 수 있다. 특히 신흥시장에 기반을 둔 MNE들은 Novo가 직면한 것과 유사한 장벽과 가시성 부족에 자주 부딪히게 된다. 이들은 국제 포트폴리오 투자자들을 유혹하기 위해 사용한 Novo의 혁신적인 전략을 모방함으로써 혜택을 볼 수 있다. 그렇지만 주의할 점이 있다. Novo는 탁월한 영업 실적과 인슐린과 산업효소라는 2개의 중요한 산업 섹터에서 매우 강력한 범세계적 틈새시장을 가졌다. 이 기록은 계속해서 덴마크와 해외의 투자자들의 관심을 끌었다. 유사한 결과를 얻기를 갈망하는 다른 기업들 역시 외국인 투자자들을 매혹시킬 그런 우호적인 실적을 가질 필요가 있을 것이다.

증권시장의 글로벌화. 1980년대 동안 수많은 다른 노르웨이와 유럽의 기업들이 Novo의 사례를 모방했다. 이들 기업들은 런던과 뉴욕과 같은 주요 외국 거래소에 교차상장했다. 또한 주요 증권시장에서 주식과 채권을 발행했다. 대부분의 경우, 그들은 WACC를 낮추고 가용성을 증가시키는 데 성공했다.

1980년대와 1990년대 기간 동안, 국경을 넘어선 포트폴리오 투자에 대한 개별 국가의 규제들이 세계의 주요 산업화된 국가들의 연합체인 경제협력개발기구(OECD)의 압력으로 점차 완화되었다. 장벽 없는 유럽 단일 시장을 개발하기 위한 유럽연합(EU)의 노력 때문에 유럽증권시장의 자유화가 가속화되었다. 신흥국가 시장들은 구 동구권 국가들이 소련의 붕괴 이후 했던 것처럼 금방 따라 했다. 신흥국가 시장들이 자주 그랬던 것은 대규모 민영화 재원을 마련하기 위해 외국 자본을 조달할 필요 때문이었다.

개별 국가시장의 유동성은 여전히 제한되어 있지만, 이제 시장 분할은 유의하게 줄어들었다. 대부분의 관찰자들은 좋든 나쁘든 증권에 대해서는 글로벌 시장을 얻었다고 믿고 있다. 좋은 소식은 많은 기업들이 글로벌 비용과 자본의 가용성에 이제 접근할 수 있기 때문에 MNE가 되는 데 도움을 받으리라는 것이다. 나쁜 소식은 증권시장들 간의 상관관계가 증가하여 국제 포트폴리오 분산의 이점이 제거되지는 않았지만 줄어들었다는 것이다. 증권시장의 글로벌화는 또한 1995~2001년 기간 동안의 신흥시장 위기에서 나타났던 것처럼, 더 큰 변동성과 더 투기적인 행위를 이끌었다.

사례 문제

1. 분할된 시장에서 영업한 결과 Novo에 미친 영향은 무엇인가?
2. 시장 분할의 주요 원인들은 무엇인가?
3. 궁극적으로, 분할된 시장을 빠져나가기 위해 Novo가 취한 행동은 무엇인가?

질문

1. **분할된 시장.** 분할된 시장에서 자본에 접근하기 위해 MNE가 받아들일 수 있는 전략들은 무엇인가?

2. **자본의 차원.** 글로벌 통합으로 많은 기업들은 모국시장에서 이용 가능했던 자본조달원의 범위를 넘어서 새롭고 더 저렴한 자본의 원천에 접근할 수 있게 되었다. 더 저렴한 비용과 더 커진 자본 가용성을 이용할 수 있는 전략은 무엇인가?

3. **MNE의 자본.** 국내기업과 비교할 때, MNE는 왜 더 많은 자본 가용성과 더 낮은 자본비용을 누릴 수 있을까?

4. **자기자본비용과 위험.** 기업의 자기자본비용 추정에서 위험을 정의하는 데 사용한 유형(범주)들로는 무엇이 있는가?

5. **주식위험 프리미엄.**
   a. 왜 투자자에게 주식위험 프리미엄이 중요한가?
   b. 왜 일관된 위험 프리미엄 측정을 사용할 필요가 있을까?

6. **포트폴리오 관리.** 포트폴리오 관리는 무엇인가? 포트폴리오 관리 과정에서 다양한 단계는 무엇인가?

7. **포트폴리오 관리 분산.** 왜 포트폴리오 매니저들은 흔히 신흥시장 주식에는 더 높은 위험이 관련되어 있음에도 불구하고 신흥시장에서 발행된 증권들을 추가할까?

8. **국제 CAPM.** 국내 CAPM에는 없는, 즉 국제 CAPM이 담아내려고 노력하는 근본적인 차별점들은 무엇인가?

9. **자산배분의 차원.** 포트폴리오 자산 배분은 포트폴리오 매니저의 투자 목표에 따라 여러 차원에서 이루어질 수 있다. 다양한 차원들을 확인해보라.

10. **시장 유동성.** 비유동적인 시장에서 확장되면 기업의 한계자본비용은 어떻게 되는가? 이 어려움들을 어떻게 극복할 수 있을까?

11. **시장 분할.** 시장 분할은 무엇이고, 시장 분할의 여섯 가지 주요 원인은 무엇인가?

12. **시장 비유동성과 분할.** 왜 비유동성과 분할이 금융시장 불완전성을 이끄는지 설명하라. MNE들은 시장 불완전성과 맞붙을 수 있을까?

13. **자본비용을 국제화하는 MNE.** 자본비용을 국제화하는 MNE의 전략 효율성을 결정하는 요인들은 무엇인가? 그런 전략들이 MNE뿐 아니라 글로벌 경제와 국가 경제에 이롭다는 것을 어떻게 증명할 수 있을지 설명하라.

14. **MNE의 자본비용.** 다국적 기업들은 그들의 국내 기업들보다 더 높은 자본비용을 가질까, 아니면 더 낮은 자본비용을 가질까? 이에 대한 답이 놀라운가?

15. **부채의 다국적 사용.** 다국적 기업들은 그들의 국내 기업들보다 부채를 상대적으로 더 많이 사용하는가, 아니면 더 적게 사용하는가? 그 이유는 무엇인가?

16. **MNE의 체계적 위험.** 왜 신흥시장 MNE들이 선진국 MNE들에 비해 더 낮은 체계적 위험을 가지는지 설명하라.

17. **'수수께끼'.** 수수께끼는 무엇인가?

18. **신흥시장 MNE.** 왜 일부 MNE들은 그들의 영업을 자신들의 국경 밖으로 확장하여 경영하는지 설명하라. 신흥시장의 MNE들은 기업 확장의 자금을 조달하는 추가 재원을 어떻게 마련할 수 있는가?

문제

1. **Ganado의 자본비용.** 마리아 곤잘레스는 이제 무위험이 자율을 3.60%로 추정하고 있으며, 회사의 신용위험 프리미엄은 4.40%이다. 국내 베타는 1.05, 국제 베타는 0.85로 추정되며 이제 회사의 자본구조는 부채가 30% 이다. 다른 모든 값들은 이 장의 "계산 예제 : Ganado의 자본비용"에 제시된 것과 같다. 국내 CAPM과 국제 CAPM에 대해, 다음 각각을 계산하라.

   a. Ganado의 자기자본비용

   b. Ganado의 부채비용

   c. Ganado의 가중평균 자본비용

2. **Ganado와 주식위험 프리미엄.** 이 장의 "계산 예제 : Ganado의 자본비용"에 사용된 Ganado에 대한 가중평균 자본비용 원자료를 이용하여, 주식위험 프리미엄 추정치가 각각 다음 수치일 때 CAPM과 ICAPM에서의 가중평균 자본비용을 계산하라.

   a. 8.00%

   b. 7.00%

   c. 5.00%

   d. 4.00%

3. **Pharos Papers.** Pharos Papers는 영국의 대기업이다. 이 회사의 부채비용은 12%이다. 10년 만기 미국 재무부 채권의 무위험이자율은 5%이다. 시장 포트폴리오에 대한 기대수익률은 9%이다. 실효과세 후 Pharos의 실효 세율은 20%이다. 회사의 최적 자본구조는 부채 65%, 자기자본 35%이다.

   a. Pharos의 베타가 1.2로 추정된다면, 회사의 가중평균 자본비용은 얼마인가?

   b. Pharos의 베타가 글로벌 제지 부문의 지속적인 이익 전망 때문에 유의하게 더 낮은 0.75로 추정된다면, 회사의 가중평균 자본비용은 얼마인가?

4. **스위스의 네슬레.** 2014년, 스위스의 네슬레는 자기자본 비용 분석을 다시 논의하고 있다. 스위스중앙은행(Swiss Central Bank)의 특별한 조치 결과, 스위스 채권지수 수익률(10년 만기)은 급락하여 0.520%라는 사상 최저를 기록했다. 스위스 프랑으로 측정한 *Financial Times* 글로벌 주식시장 수익률이 8.820%인 데 반해, 스위스 주식 시장은 평균 8.400% 수익률을 기록했다. 네슬레의 기업 자금부 스태프는 회사의 국내 베타를 0.825로, 더 큰 글로벌 주식시장 포트폴리오에 대해 계산한 글로벌 베타는 .515로 추정했다.

   a. 스위스 투자자의 국내 포트폴리오에 근거하여 네슬레의 자기자본비용을 구하면 얼마인가?

   b. 스위스 투자자가 보유하는 글로벌 포트폴리오에 근거하여 네슬레의 자기자본비용을 구하면 얼마인가?

5. **EuroAsia AutoPart Firm.** EuroAsia Auto Firm은 폴란드의 자동차 부품 제조업체이다. 회사의 부채비용은 16%이다. 무위험이자율은 8.5%이다. 터키시장 포트폴리오에 대한 기대수익률은 22%이다. 실효과세 후 EuroAsia의 실효세율은 25%이다. 회사의 최적 자본구조는 부채 80%, 자기자본 20%이다.

   a. EuroAsia의 베타가 1.1로 추정된다면, 회사의 가중평균 자본비용은 얼마인가?

   b. EuroAsia의 베타가 자동차 부품에 대한 높은 수요 때문에 유의하게 더 낮은 0.9로 추정된다면, 회사의 가중평균 자본비용은 얼마인가?

6. **Petro-U.K.(영국).** Petro-U.K.는 확장 프로젝트의 재원을 만들기 위해 1억 5,000만 파운드를 조달할 필요가 있는 영국의 에너지 기업이다. Petro-U.K.가 부채 30%, 자기자본 70%로 구성되는 자본구조를 추구하고 있다고 가정하라. 영국의 법인세율은 21%이다. Petro-U.K.는 국내 런던 주식시장에서 자금을 조달할 수 있는데, 부채와 자기자본 모두 5,000만 파운드의 배수로 매각

되어야만 한다(부채 30%와 자기자본 70%). 자기자본 과 부채 조달의 금융비용은 각각 영국시장에서는 8%와 6%이고 남미시장에서는 10%와 8%이다.

자문 회사는 Petro-U.K.에 증가해야 하는 자금은 (30/70 자본 구조를 유지하면서) 5,000만 파운드의 배수로 조달될 수 있다고 조언했다. 개별 증분 비용은 조달되는 자본의 총규모에 의해 영향받을 것이다.

(부채 30%와 자기자본 70% 비율로) 첫 번째 추가 5,000만 파운드의 비용은 자기자본과 부채에 대해 각각 영국시장에서는 10%와 8%이고 남미시장에서는 12%와 10%이다. 두 번째 추가 5,000만 파운드의 비용은 영국시장에서는 12%와 10%이고 남미시장에서는 16%와 14%이다.

a. Petro-U.K.가 4,500만 파운드는 주식시장에서, 추가적인 1억 500만 파운드는 부채시장에서 동시에 조달할 때 신규자본 1억 5,000만 파운드의 개별 증가에 대해 가장 낮은 평균자본비용을 계산하라.

b. Petro-U.K.가 단지 7,500만 파운드 확장을 계획한다면, 이는 어떻게 조달되어야만 할까? 이 확장에 대해 가중평균 자본비용은 얼마인가?

7. **Mobi-SA(남아프리카공화국)**. Mobi-SA는 남아공에 근거를 둔 대규모 휴대폰 공급자이다. 이 회사는 아직 나이지리아 시장에는 진입하지 않았지만, 100% 소유한 자회사를 통해 나이지리아에 네트워크와 유통시설을 설립하는 것을 고려하고 있다. 회사는 나이지리아증권거래소에 나이지리아 자회사를 상장시키려고 계획하면서 향후 몇 년간 회사의 자본비용 추정치를 얻기 위해, 2개의 다른 투자 은행 고문, 남아공의 Standard Chartered Bank와 나이지리아의 First Bank에 문의했다. 서로 다른 두 고문의 다음 가정들을 사용하여, Mobi-SA의 장래의 부채비용, 자기자본비용, WACC를 구하라.

가정	기호	남아공의 Standard Chartered Bank	나이지리아의 First Bank
증권과 시장 간 상관관계 추정치	β	0.75	0.7
Mobi-SA 수익률의 표준편차 추정치	ρ_{jm}	20%	25%
시장 수익률의 표준편차 추정치	σ_i	15%	18%
무위험이자율	k_{rf}	10%	10%
나이지리아 시장에서의 Mobi-SA의 부채 비용 추정치	k_d	15%	15%
미래 시장 수익률 추정치	k_m	11%	12%
법인세율	I	30%	30%
부채비율	D/V	40%	50%
자기자본비율	E/V	60%	50%

8. **샤오미의 자본비용.** 샤오미는 최근 5년 동안 급속히 성장하여 가장 큰 스마트폰 제조업체들 중 하나가 되었다. 매출의 대부분은 중국에서 발생하는데, 지난 5년 동안 회사의 연평균 매출액은 약 1,000억 위안(CNY)에 달했다. 이 회사는 중국을 벗어나서 글로벌 시장으로 확장하는 것을 계획하고 있기 때문에, 신규 투자 제안을 신중하게 결정하기 위해서는 주의 깊게 가중평균 자본비용을 측정할 필요가 있다.

무위험이자율은 4.375%, 실효 세율은 29%, 시장 위험 프리미엄은 5%라고 가정할 때 두 경쟁회사인 ChiFoSmart와 ChinaFone의 가중평균 자본비용은 얼마로 추정될까? 비교 가능한 샤오미의 WACC는 어떻게 추정될 수 있겠는가?

	ChiFoSmart	ChinaFone	샤오미
회사매출	100억 위안	150억 위안	1,000억 위안
회사의 베타	0.75	0.67	??
신용등급	A	A	AA
부채의 가중평균 비용	7%	6.625%	6.5%
부채/총자본	30%	38%	22%
해외매출/총매출	5%	15%	20%

9. **The Tombs.** 당신은 국제재무에 대한 주별 토론을 위해 현지 술집인 The Tombs에서 친구들과 만났다. 이번 주 주제는 자기자본비용이 부채비용보다 더 저렴할 수 있는지 여부에 관한 것이다. 그룹은 토론의 대상으로 1990년대 중반의 브라질을 선택했다. 그룹 구성원들 중 한 사람이 분석의 대상인 책에서 자료 표(아래에 제시되어 있음)를 찢어 왔다.

래리는 "이 모든 것이 기대되는 것 대 기대대로 결과가 나오는 것에 대한 것입니다. 우리는 주식 투자자들이 무엇을 기대하는지 말할 수 있습니다. 그런데 투자자들은 계속 수년에 걸쳐서 기대대로 결과가 나온 적이 너무 적어서(때로 부정적인 기대조차도) 실제 자기자본비용이 부채비용보다 더 저렴하다는 것을 흔히 발견합

니다."라고 주장했다.

모가 끼어들었다. "그런데 당신은 중요한 걸 놓치고 있어요. 자본비용은 투자자가 투자로 부담하는 위험에 대한 보상으로 요구하는 것이에요. 투자자가 결국 위험을 얻게 되지 않는다면, 그리고 그것이 여기에서 일어난다면, 투자자는 자기의 자본을 회수하고 빠져나갈 것입니다."

컬리는 이론가이다. "숙녀분들, 이것은 실증 결과에 대한 것이 아니라 위험조정 수익률의 기본적인 개념에 대한 것입니다. 주식 투자자는 모든 부채 제공자에게 보상이 이루어진 후에야 수익률을 수확할 것이라는 점을 알고 있습니다. 그러므로 투자자는 부채 수단보다는 더 높은 수준의 위험에 항상 종속되며, 자본자산가격결정모형에서 말하고 있는 것처럼, 주식 투자자들은 그들의 기대수익을 위험 조정요인만큼 무위험 자산의 수익률보다 더 높게 잡습니다."

이 지점에서, 래리와 모는 컬리를 단순하게 쳐다보고 (순간의 정적) 맥주를 더 주문했다. 제시된 브라질 자료를 사용하여 Tombs에서의 이번 주 토론에 대해 견해를 밝혀라.

브라질의 경제성과	1995	1996	1997	1998	1999
물가상승률(IPC)	23.20%	10.00%	4.80%	1.00%	10.50%
은행 대출이자율	53.10%	27.10%	24.70%	29.20%	30.70%
환율(reais/$)	0.972	1.039	1.117	1.207	1.700
자기자본 수익률(São Paulo Bovespa)	16.0%	28.0%	30.2%	33.5%	151.9%

Genedak-Hogan

문제 10~12에 답하기 위해 다음 쪽의 표를 사용하라. Genedak-Hogan은 영업활동의 국제적 다각화가 자본구조와 자본비용에 미치는 영향을 활발하게 토의하고 있는 미국의 대기업이다. 회사는 다각화 후 연결되는 부채를 감소시키는 것을 계획하고 있다.

가정	기호	다각화 전	다각화 후
G-H와 시장 간 상관관계	ρ_{jm}	0.88	0.76
G-H 수익률의 표준편차	σ_j	28.0%	26.0%
시장 수익률의 표준편차	σ_m	18.0%	18.0%
무위험이자율	k_{rf}	3.0%	3.0%
국제화에 따른 추가 주식위험 프리미엄	RPM	0.0%	3.0%
미국시장에서의 G-H의 부채비용 추정치	k_d	7.2%	7.0%
시장위험 프리미엄	$k_m - k_{rf}$	5.5%	5.5%
법인세율	t	35.0%	35.0%
부채비율	D/V	38%	32%
자기자본비율	E/V	62%	68%

10. **Genedak-Hogan의 자기자본비용.** Genedak-Hogan의 고위 경영진들은 다각화가 자기자본비용에 미치는 영향에 대해 활발히 토론하고 있다. 모든 사람들이 회사의 수익률이 앞으로 기준 시장 수익률과 덜 같이 움직일 것이라는 데 동의했다. 금융상담가들은 시장이 기본 CAPM에서의 자기자본비용에 '해외로 가는 것에 대해' 추가로 3.0%의 위험 프리미엄을 평가할 것이라고 믿고 있다. 기업의 운영을 국제적으로 다각화하기 전과 후, 가정한 추가 위험 프리미엄이 있는 경우와 없는 경우의 Genedak-Hogan의 자기자본비용을 계산하고 견해를 밝혀라.

11. **Genedak-Hogan의 WACC.** 국제적으로 다각화하기 전과 후의 Genedak-Hogan의 가중평균 자본비용을 계산하라.

a. 부채비용을 줄이는 것이 기업의 가중평균 자본비용을 감소시켰는가? 국제적 다각화가 자본비용에 미치는 영향에 대해 당신은 어떻게 말하겠는가?

b. 문제 10에서 가정한 대로 자기자본비용에 위험 프리미엄이 추가된다면(즉, 국제적인 다각화로 인해 자기자본비용에서 3.0%가 가산된다면), 회사의 WACC는 얼마인가?

12. **Genedak-Hogan의 WACC와 실효세율.** 많은 MNE들은 기업 활동을 국제적으로 확장할 때 실효세율을 통제하고 줄이는 능력이 더 커진다. 만약 Genedak-Hogan이 연결 실효세율을 35%에서 32%로 줄일 수 있다면, 이것은 WACC에 어떤 영향을 미치겠는가?

인터넷 문제

1. **뮤추얼 펀드를 경유한 국제적인 분산.** 모든 주요 뮤추얼 펀드 회사는 이제 다양한 국제적으로 분산된 뮤추얼 펀드들을 제공한다. 그런데 국제적인 구성 정도는 펀드마다 유의하게 상이하다. 아래 나열한 웹사이트와 다른 관심사들을 이용하여 다음을 답해보라.

   a. 국제 펀드, 글로벌 펀드, 범세계적 펀드, 해외 펀드를 구별하라.

   b. 순수한 국내 포트폴리오를 제공하는 뮤추얼 펀드에 비해, 미국 달러로 측정한 국제 펀드들의 성과가 어떻게 더 좋을까?

Fidelity	www.fidelity.com
T. Rowe Price	www.troweprice.com
Merrill Lynch	www.ml.com
Kemper	www.kempercorporation.com

2. **Novo Industri.** Novo Industri A/S는 1989년에 Nordisk Gentofte와 합병했다. Nordisk Gentofte는 Novo의 주요 유럽 경쟁기업이었다. 이제 Novo Nordisk라는 이름의 합병 회사는 전 세계적으로 선두적인 인슐린 생산업체가 되었다. 회사의 주요 경쟁기업은 미국의 Eli Lilly이

   다. 보통의 투자자 정보, Novo Nordisk와 Eli Lilly의 웹사이트를 이용하여 가장 최근 5년 동안 Novo Nordisk가 Eli Lilly에 뒤지지 않을 자본비용을 유지할 것인지 알아보라. 특히 P/E 비율, 주가, 부채비율, 베타를 살펴보라. 각 회사별 실제 자본비용을 계산하기 위해 노력해보라.

Novo Nordisk	www.novonordisk.com
Eli Lilly and Company	www.lilly.com
BigCharts.com	www.bigcharts.com
Yahoo! Finance	www.finance.yahoo.com

3. **자본비용 계산기.** Morningstar의 유닛인 Ibbotson and Associates는 시장 간 자본비용의 양적 추정치를 제공하는 선두업체들 중 하나이다. Ibbotson and Associates의 웹사이트[특히 자본비용센터(Cost of Capital Center)]를 이용하여 국경을 넘는 자본비용에 대한 Ibbotson and Associates의 수치 추정치와 주요 이론적 접근의 개요를 준비하라.

Ibbotson and Associates	corporate.morningstar.com

글로벌 자기자본과 부채 조달

당신이 할 일은 자본을 운에 맡기는 것이다. 신탁관리자에게 요구될 수 있는 모든 것은 그가 충실하게 행동하고 건전한 재량권을 행사하는 것이다. 신중함, 분별력, 지성을 갖춘 사람들이 투기가 아니라, 투자되는 자본의 안전과 수익을 고려하면서 자금을 장기적으로 배치하는 일을 어떻게 해내는지 관찰해야 한다.

– *Prudent Man Rule*, Justice Samuel Putnam, 1830

학습목표

- 글로벌하게 자기자본을 조달하는 전략을 설계한다.
- 국내기업과 다국적 기업의 최적 재무구조에서 잠재적 차이를 검토한다.
- 글로벌 주식시장에서 자기자본을 조달하는 데 사용될 수 있는 다양한 금융 수단을 서술한다.
- 미국시장에서 외국기업 상장의 다른 형태[주식예탁증서(depositary receipt)]들을 이해한다.
- 글로벌 자본을 조달할 때 사모가 누리는 독특한 역할을 분석한다.
- 외국에 주식을 상장하고 발행하려 하는 기업과 관련된 다양한 목표와 고려사항들을 평가한다.
- 글로벌하게 부채를 조달하는 데 사용될 수 있는 다양한 구조를 살펴본다.

우리는 제13장에서 글로벌 자본시장에 접근할 기회를 획득하는 것이 왜 기업의 자본비용을 낮추고, 자본에 대한 접근을 늘리며, 시장 분할을 극복함으로써 주식의 유동성을 향상해야만 하는지를 분석했다. 이 고상한 목표를 추구하는 기업은, 특히 분할되어 있는 시장이나 신흥시장에 속한 기업은 먼저 국제 투자자들을 끌어모을 재무전략을 설계해야 한다. 이것은 글로벌 자본시장에 접근하는 대안적 경로들 가운데 선택하는 것과 관련되어 있다.

이 장은 덜 유동적이고 분할된 시장 또는 신흥시장에 거주하는 기업들에 초점을 맞춘다. 이들은 글로벌 자본의 비용과 가용성을 획득하기 위해 유동적이고 분할되어 있지 않는 시장을 활용할 필요가 있는 기업들이다. 규모가 크고 고도로 산업화된 국가들에 거주하는 기업들은 그들의 국내시장, 유동적인 시장 그리고 분할되어 있지 않은 시장에 이미 접근했다. 그들 역시 해외로 자기자본과 부채를 조달하긴 하지만, 그것이 자본비용과 자본의 가용성에 미치는 영향에 유의할 것 같지는 않다. 사실 이 기업들이 해외에서 자금을 얻는 것은 대개 기존 영업자금조달이라기보다는 오로지 대규모 외국 인수자금조달의 필요 때문이다.

이 장은 글로벌하게 자기자본과 부채를 조달하는 재무 전략을 설계하는 것으로 시작된다. 다음으로 자본비용을 최소화하는 MNE와 그 자회사들의 최적 재무구조를 분석한다. 이후 글로벌 시장에서 자본을 조달하는 데 있어 기업이 따라야 하는 대안적 경로를 탐색할 것이다. 이 장은 국제시장이 다국적 기업들을 다룰 때 모국과 산업에 의해 어떻게 구별하는지를 검토하는 "브라질의 Petrobrás와 자본비용" 사례로 마무리된다.

글로벌 자본조달전략 설계

자본조달전략 설계는 경영진이 장기 재무목표에 대해 동의하고 목표에 도달하는 다양한 대안적 경로들 중에서 하나를 선택할 것을 요구한다. 도표 14.1은 글로벌 자본의 비용과 가용성을 획득하는 궁극적 목표로 가는 대안적 경로들을 시각적으로 제시한 것이다.

도표 14.1	자본비용과 자본가용성을 글로벌화하는 대안적 경로

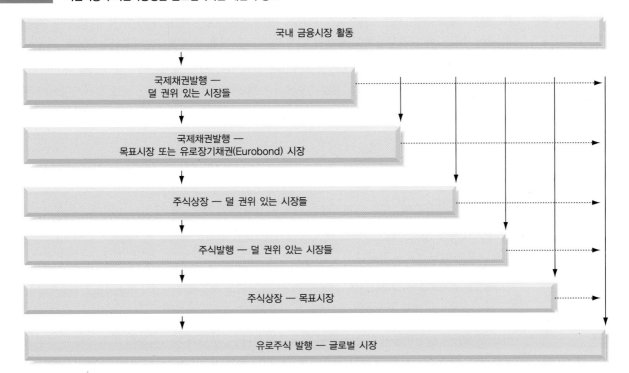

출처 : Oxelhiem, Stonehill, Randøy, Vikkula, Dullum, and Modén, *Corporate Strategies in Internationalizing the Cost of Capital*, Copenhagen: Copenhagen Business School Press, 1998, p. 119.

보통 조기에 투자은행 하나를 기업의 공식 고문으로 지정하면 경로의 선택과 실행에 도움이 된다. 투자은행가들은 잠재적 외국인 투자자들과 그들의 현 요구사항들을 살펴본다. 투자은행가들은 또한 충족되어야만 하는 다양한 제도적 요구사항과 장벽들을 다루는 것을 도와준다. 이들의 서비스는 교차 상장이 시작되어야 한다면 그 시기와 장소에 대해 조언하는 것도 포함한다. 이들은 대개 주식이나 부 채 발행이 요구될 경우 필요한 설명서도 준비하며, 발행 가격을 책정하는 것을 도와주고 공모가 아래 로 주가가 떨어지는 것을 막기 위해 신규증권 발행 후의 시장을 유지한다.

대부분의 회사들은 첫 자본을 그들이 속한 국내시장에서 조달한다(도표 14.1을 보라). 그다음에, 기 업들은 모든 중간 단계를 생략하고 가장 마지막 단계인 글로벌 시장에서 유로주식 발행하기로 곧장 가 고 싶은 유혹을 받는다. 이 순간이 바로 좋은 투자은행 고문이 '현실 점검'을 제공할 때이다. 자신의 국 내시장에서만 자본을 조달했던 기업들 대부분은 외국인 투자자들의 관심을 끌 만큼 충분히 잘 알려져 있지 않다. 제12장에서 Novo가 투자은행가들로부터 유로전환채권 발행으로 시작하고 동시에 런던에 서 회사의 주식과 채권을 교차상장하도록 조언받았음을 기억하라. 이는 Novo가 재무 및 경영 성과의 실적이 뛰어났다는 사실에도 불구한 것이었다.

도표 14.1은 대부분의 기업들이 국제 채권 발행으로 해외에서 자금조달을 시작해야 함을 보여준 다. 그것은 덜 권위 있는 시장들에 배치될 수 있다. 이다음에 목표시장 또는 유로장기채권 시장에서 국 제 채권이 발행될 수 있다. 다음 단계에서 국제투자자들의 관심을 끌기 위해, 덜 권위 있는 시장들 중 한 곳에서 주식을 교차상장하고 발행할 수 있다. 그 후 다음 단계에서 런던(LSE), NYSE, 유로넥스트 (Euronext) 또는 나스닥과 같이 매우 유동적이고 권위 있는 외국 증권거래소에 주식을 교차상장할 수 있다. 최종 단계에서는 권위 있는 목표시장에서 직접 주식을 발행하거나 글로벌 주식시장에서 유로주 식을 발행할 것이다.

최적 재무구조

수년 동안의 논의 후에, 재무 이론가들은 이제 기업의 최적 재무구조가 있다는 것에는 동의하며, 어떻 게 그것이 결정되는지에는 거의 동의하고 있다. 이른바 전통주의자와 Modigliani와 Miller 학파 간의 엄청난 논쟁은 타협으로 끝났다.

세금과 파산비용을 고려한다면, 기업은 주어진 경영위험 수준에서 기업의 자본비용을 최소화하는 부채 와 자기자본의 특정 조합에 의해 결정되는 최적 재무구조를 갖게 된다.

신규 투자안의 경영위험이 기존 사업의 위험과 다르다면, 부채와 자기자본의 최적 조합은 경영위험과 재무위험 간의 상충관계를 인식하는 것으로 달라질 것이다.

도표 14.2는 어떻게 자본비용이 사용된 부채의 양에 의해 변하는지 도식화한 것이다. 시장가치로 측 정한 총자산으로 총부채를 나눈 값으로 정의된 총부채비율이 증가함에 따라, 세후 가중평균 자본비용 (k_{WACC})은 높은 자기자본비용(k_e) 대비 낮은 부채비용[($k_d(1 - t)$)]에 대한 가중치가 커지면서 감소한다.

도표 14.2   **자본비용과 재무구조**

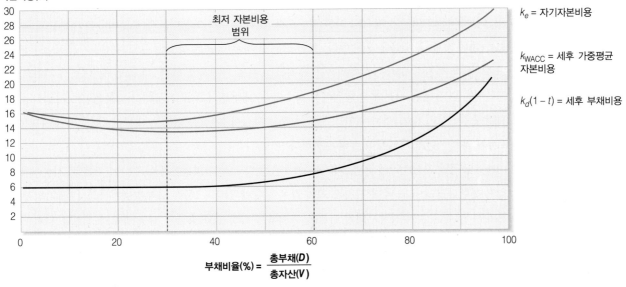

낮은 부채비용은 물론 $(1-t)$ 항에 의해 나타난 이자의 세금 공제 때문이다.

　　더 많은 부채의 유리한 효과를 부분적으로 상쇄하는 것은 자기자본비용(k_e)의 증가인데, 이는 투자자들이 더 큰 재무위험을 인지하기 때문이다. 그럼에도 불구하고, 세후 가중평균 자본비용(k_{WACC})은 재무위험이 너무나 심각해서 투자자들과 경영진들이 모두 실존하는 지급불능 위험을 감지하게 될 때까지 부채비율이 높아질수록 지속적으로 낮아진다. 이 결과는 신규 부채와 자기자본 비용의 급격한 상승의 원인이 되어 가중평균 자본비용 증가로 이어진다. 그 결과 나타나는 U자 형태의 자본비용 곡선에서 저점, 도표 14.2에서는 14%가 자본비용을 최소화하는 부채비율 범위를 규정한다.

　　대부분의 이론가들은 실제로 저점이 자본비용에서 차이가 없는 부채비율의 넓은 범위인 다소 광범위한 편평한 영역, 즉 도표 14.2에서는 30~60%라고 믿는다. 또한 그들은 일반적으로, 적어도 미국에서는 편평한 영역의 범위와 범위 안 특정 회사의 부채비율의 위치가 (1) 기업이 경쟁하고 있는 산업, (2) 기업 매출과 영업이익의 변동성, (3) 기업의 자산의 담보 가치와 같은 변수들에 의해 결정된다는 점에 동의하고 있다.

최적 재무구조와 다국적 기업

최적 재무구조에 대한 국내 이론을 다국적 기업의 경우에 적용하려면 4개의 추가 변수에 따라 수정할 필요가 있다. 이 변수들은 (1) 자본가용성, (2) 현금흐름의 분산, (3) 환위험, (4) 국제 포트폴리오 투자

자의 기대이다.[1]

자본가용성

제13장에서 글로벌 시장에서의 자본 접근으로 MNE는 자기자본비용과 부채비용을 대부분의 국내 기업들 대비 낮출 수 있음을 입증했다. 또한 글로벌 자본 접근은 상당한 규모의 신규자금이 조달되더라도 MNE가 자신이 원하는 부채비율을 유지하는 것을 가능하게 한다. 다시 말해, 다국적 기업의 한계자본비용은 꽤 넓은 자본예산 범위에서 상수이다. 대부분의 소규모 국내 기업들은 주식시장이나 부채시장에 접근하지 않기 때문에 이들에게 이 말은 사실이 아니다. 이들은 내부창출자금이나 상업은행으로부터의 중·단기 차입에 의존해야만 한다.

비유동적인 자본시장을 가진 국가에 거주하는 다국적 기업들은 글로벌 자본비용과 자본가용성을 얻지 못한다면 소규모 국내 기업과 거의 같은 상황에 있다. 그들은 내부창출자금과 은행 차입에 의존해야만 한다. 그들이 성장기회의 자금을 조달하기 위해 신규 자금의 상당 규모를 조달할 필요가 있다면, 자본비용을 최소화한다는 관점에서 최적인 것 이상으로 차입할 필요가 있을지 모른다. 이는 그들의 한계자본비용이 더 큰 자본예산에서 증가하고 있다고 말하는 것과 같다.

현금흐름의 분산

제13장에서 설명했던 것처럼, 이론적으로 다국적 기업은 현금흐름이 국제적으로 분산되어 있기 때문에 더 높은 부채 비율을 유지하는 데 있어 국내 기업들보다 더 나은 위치에 있을 가능성이 존재한다. 현금흐름의 변동성이 최소화되어 있다면 제품시장, 금융시장, 외환시장에서의 조건이 달라질 때 기업이 고정비를 커버할 가능성은 커져야 한다.

포트폴리오 투자자들이 보유증권을 국제적으로 분산하는 것으로부터 얻는 것과 유사하게, MNE는 현금흐름을 국제적으로 분산함으로써 현금흐름 변동성 감소를 달성할 수 있을 것 같다. 국가 간 수익률들의 상관관계는 완전하지 않다. 대조적으로, 예를 든다면 독일 국내 회사는 국제 현금흐름 분산의 이점을 누리지 않을 것이다. 이 회사는 그 대신에 국내 영업에서 나오는 순현금유입에 전적으로 의존할 필요가 있을 것이다. 이 독일 회사에 대해 인지된 재무위험은 독일의 국내 현금흐름 변동성이 세계 각지의 양의 현금흐름에 의해 상쇄될 수 없기 때문에 다국적 기업에 대해 인지된 재무위험보다 더 클 것이다.

제13장에서 논의한 것처럼, 분산 주장은 미국의 MNE들이 실제 그들의 국내 경쟁자들보다 더 낮은 부채비율을 가졌다는 실증연구 결과에 의해 도전받아 왔다. 정치적 위험, 환위험 그리고 비대칭적 정보가 있기 때문에, 부채의 대리인 비용은 MNE들에서 더 높다.

---

[1] 최적 자본구조의 실무적 차원에 관한 우수한 최근 논문은 다음과 같다. "An Empirical Model of Optimal Capital Structure," Jules H. Binsbergen, John R. Graham, and Jie Yang, *Journal of Applied Corporate Finance*, Vol. 23, No. 4, Fall 2011, pp. 34-59.

환위험과 부채비용

기업이 외국 통화로 표시된 부채를 발행할 때, 유효비용은 모국 통화로 원금과 이자를 상환하는 세후 비용과 같다. 이 크기는 외국 통화로 측정된 원금과 이자에 대한 명목비용이 환차익 또는 환차손에 대해 조정된 것이다.

예를 들어, 미국에 기반을 둔 기업이 1년 만기로 SF1,500,000을 5% 이자율로 차입했는데, 1년 동안 환율이 SF1.5000/\$에서 SF1.4400/\$으로 변해 스위스 프랑이 강세가 되었다면, 이 차입의 달러 비용 ($k_d^{\$}$)은 얼마일까? 최초 차입 시 달러금액은 현재의 현물환율인 SF1.5000/\$으로 계산된다.

$$\frac{\text{SF1,500,000}}{\text{SF1.5000/\$}} = \$1,000,000$$

1년 후에 미국 기업은 원금 SF1,500,000과 5% 이자, 즉 총 SF1,575,000을 상환할 책임이 있다. 그런데 이 상환은 기말 현물환율인 SF1.4400/\$에 따라 이루어져야 한다.

$$\frac{\text{SF1,500,000} \times 1.05}{\text{SF1.4400/\$}} = \$1,093,750$$

대출 상환의 실제 달러 비용은 스위스 프랑 이자율로 지급되는 명목비용인 5.00%가 아니라 9.375%이다.

$$\left[\frac{\$1,093,750}{\$1,000,000}\right] - 1 = 0.09375 \approx 9.375\%$$

달러비용은 달러 대비 스위스 프랑의 강세로 인해 기대된 것보다 더 높다. 총 모국 통화 비용은 실제로 부채의 % 비용과 외국 통화가치의 % 변화가 결합된 결과이다. 우리는 미국에 근거를 둔 기업이 스위스 프랑을 차입할 경우, 기업의 총차입비용 $k_d^{\$}$는 1에 스위스 프랑 이자비용 k_d^{SF}가 가산된 것에, 1에 SF/\$ 환율의 % 변화 s를 곱한 것임을 알 수 있다.

$$k_d^{\$} = [(1 + k_d^{\text{SF}}) \times (1 + s)] - 1$$

여기서 k_d^{SF} = 5.00%이고 s = 4.1667%이다. 미 달러 대비 스위스 프랑 가치의 퍼센티지 변화는 모국 통화가 미국 달러이므로 다음과 같이 구한다.

$$\frac{S_1 - S_2}{S_2} \times 100 = \frac{\text{SF1.5000/\$} - \text{SF1.4400/\$}}{\text{SF1.4400/\$}} \times 100 = +4.1667\%$$

명목 이자율과 환율의 % 변화를 결합한 총비용은 다음과 같다.

$$k_d^\$ = [(1 + .0500) \times (1 + .041667)] - 1 = .09375 \approx 9.375\%$$

자본비용은 단순히 외국 통화로 지급하는 이자 5%가 아니라 9.375%이다. 스위스 프랑으로 표시된 부채의 세후 비용은 미국 소득세율이 34%일 때 다음과 같다.

$$k_d^\$(1 - t) = 9.375\% \times 0.66 = 6.1875\%$$

이 회사는 미국 달러로 표시한 부채비용 중 추가된 4.1667%를 환거래 손실로 보고해야 하며 이는 세금 목적으로 공제받을 수 있을 것이다.

국제 포트폴리오 투자자들의 기대

제13장에서 글로벌 자본비용과 자본 가용성을 얻는 핵심은 국제 포트폴리오 투자자들을 유인하고 유지하는 것이라는 사실을 강조했다. 기업의 부채비율과 전반적인 재무구조에 대한 이 투자자들의 기대는 과거 30년 동안 개발해온 글로벌 규범에 근거를 둔다. 대부분의 국제 포트폴리오 투자자들은 미국과 영국같이 가장 유동적이고 분할되지 않은 자본시장에 기반을 두고 있기 때문에 그들의 기대는 개별 국가 규범보다 지배적이고 우선되는 경향이 있다. 그러므로 다른 요인들에도 불구하고 회사가 글로벌 시장에서 자본을 조달하기를 원한다면, 미국과 영국 규범에 가까운 글로벌 규범을 받아들여야 한다. 60%까지의 부채비율은 용인되는 것 같다. 더 높은 부채비율을 가질 경우 국제 포트폴리오 투자자들에게 판매하기는 더 어렵다.

글로벌 자기자본조달

다국적 기업이 재무전략을 수립하고 회사의 희망하는 그리고 목표하는 자본구조를 생각했다면, 그다음 일은 다양한 자본조달 경로와 수단을 사용하여 국내시장 밖에서 자본(부채와 자기자본)을 조달하는 것이다.

도표 14.3은 어떤 회사라도 자기자본을 조달하고자 할 때 마주치게 되는 3개의 중요한 핵심 요소를 보여주고 있다. 경제 언론은 대개 명확하게 구분하지는 않지만, 주식발행(equity issuance)과 주식상장(equity listing)은 근본적인 차이가 있다. 자기자본을 조달하고자 하는 기업은 궁극적으로 도표 14.3에 묘사된 IPO나 SPO 같은 발행을 추구한다. 발행은 사업 자금을 조달하고 실행하는 데 사용될 현금 유입을 창출한다. 흔히 주식을 발행하기 이전에 주식들을 거래소에서 거래할 수 있도록 상장이 선행되어야 한다. 그래야 특정 국가의 시장에서 인지도와 가시성을 획득하고 희망적으로 주식 발행을 위한 시장을 마련할 수 있다.

그렇긴 하지만, 주식 발행이 공개적으로 이루어져야 할 필요는 없다. 공기업 또는 사기업은 민간 투자자들에게 발행을 모집할 수 있는데, 이를 사모(private placement)라 한다. (사모는 주식 또는 채권 중

도표 14.3	**자기자본조달로 가는 길, 활동 및 속성**

주식발행

- **주식최초공개발행**(initial public offering, IPO) — 사기업 주식을 최초로 일반인들에게 판매. IPO는 자본을 조달하고 전형적으로 인수기관을 이용한다.
- **추가공개발행**(seasoned public offering, SPO) — 추가적으로 자기자본을 조달하기 위해, 상장회사의 추가 주식들을 뒤이어 판매
- **유로주식**(euroequity) — 동시에 2개 이상의 시장, 국가에서 주식을 최초로 판매
- **목표발행**(directed issue) — 상장회사가 보통 다른 국가에서 공적 또는 사적인 특정 목표 투자자나 시장에 주식을 판매

주식상장

- 상장회사의 주식들이 매입 또는 매도를 위해 거래소에 상장된다. 투자은행은 일반적으로 시장을 조성하기 위해 주식을 보유한다.
- **교차상장**(cross-listing)은 다른 나라 시장의 거래소에 기업의 주식을 상장하는 것이다. 이는 더 큰 다수의 투자자들로 주식들에 대한 잠재적 시장을 확장하려는 의도이다.
- **주식예탁증서**(depositary receipt, DR) — 기업의 주식 소유권을 나타내는 은행에 의해 발행된 증서로, 기초로 하는 외국 증권에 대한 권리를 대표한다. 미국에서는 *미국 주식예탁증서*(American Depositary Receipt, ADR)라 하며 글로벌하게 판매될 때 **글로벌 주식예탁증서**(Global Depositary Receipts, GDRs)라 한다.

사모

- 민간 투자자에게 증권(주식 또는 부채)을 판매하는 것. 민간 투자자들은 전형적으로 연기금, 보험회사, 순자산가치가 높은 독립체들과 같은 기관들이다.
- **미국증권거래위원회 규정 144A 사모판매**(SEC Rule 144A private placement sales)는 미국에서 미국증권거래위원회(SEC) 등록 없이 **적격 기관투자자**(qualified institutional buyers, QIBs)에게 증권을 판매하는 것이다. 적격 기관투자자(QIBs)들은 재량에 근거하여 1억 달러 이상 소유하고 투자하는 비은행 기관들이다.
- **사모**(private equity, PE) — 대규모 유한책임 동업자들, 기관투자자들, 부유한 개인투자자들이 사적으로 대상기업을 취할 의도를 가지고 기업의 주식에 투자하여 경영을 개선한 후 1~5년 사이에 공적 또는 사적으로 대상기업을 판매함

어느 것에도 적용된다는 점에 주목하라.) 사모는 다양한 형태를 취할 수 있으며 투자자들의 의도가 소극적(예 : 144A 규정 투자자들)이거나 적극적[예 : 투자자들이 회사를 통제하고 변화시킬 의도가 있는 사모(private equity)]일 수 있다.

상장회사들은 자기자본을 조달하는 것 이외에도 시장에서의 더 큰 가시성을 추구하고 훨씬 더 큰 잠재적 투자자 청중들에게 다가갈 수 있다. 투자자 청중들이 늘어나면 시간이 경과하면서 주식가격이 상승할 것(주주들의 수익률이 커질 것)이라는 기대가 있다. 사적으로 소유된 기업들은 목표가 좀 더 독특하다. 가장 낮은 가능한 비용으로 더 많은 양의 자기자본을 (사적으로) 조달하는 것이다. 제4장에서 논의한 것처럼, 신흥시장 국가의 많은 다국적 기업들은 기업을 공개하는 것에 점점 더 큰 관심을 보이고 있고 산업화된 시장에서의 지분구조 추세는 좀 더 사적 소유 쪽으로 가는 경향이 있다.

도표 14.4는 오늘날 다국적 기업들에 이용 가능한 4개의 주요 자기자본조달 대안들에 대한 개요를 제공한다. 모국시장 밖에서 자기자본을 조달하고 싶어 하는 기업은 **공적 통로**(public pathway) 또는 **사직 통로**(private pathway)를 취한다. 공적 통로는 목표공모(directed public share issue) 또는 유로주식 발행(euroequity issue)을 포함한다. 반대로, 지난 10년 이상 더 자주 사용되었던 것은 **사적 통로**인데, 이는 사모(private placement), 사모(private equity), 전략적 제휴에 따른 사적 주식 판매를 포함한다.

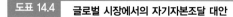

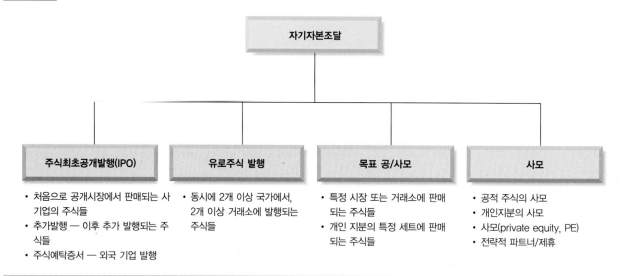

도표 14.4 글로벌 시장에서의 자기자본조달 대안

주식최초공개발행

사기업은 주식최초공개발행(Initial Public Offering) 또는 IPO를 통해 회사의 공적 소유를 개시한다. 대부분의 IPO들은 투자은행 서비스 제공자들로 구성된 신디케이트단과 인수조직으로 시작한다. 이 그룹은 회사가 이용하려는 증권거래소와 국가에 맞게 요구되는 공개 및 감독기관보고서를 회사가 준비하는 것을 지원한다. 회사는 IPO 시점보다 앞선 몇 달 전에 **사업설명서**(prospectus)를 발간한다. 사업설명서는 잠재적 구매자들이 회사를 평가하는 데 도움이 되기 위해 회사의 역사, 사업, 영업 및 재무 실적, 관련사업, 재무 또는 정치적 위험, 회사의 미래 사업계획에 대한 자세한 설명을 제공할 것이다.

회사에 의한 최초 주식 발행은 일반적으로 회사 지분의 15~25% 범위 내에서 이루어진다(최근 몇 년 동안 많은 경우 6~8% 정도의 낮은 수치였지만 말이다). IPO 이후 **추가발행**(seasoned offerings) 또는 **주식추가발행**(follow-on offering, FO)이라 불리는 추가 주식 판매가 이루어지면 좀 더 많은 회사 지분이 공개시장에서 판매될 것이다. 총주식 또는 공개시장에서 거래되는 주식의 비중은 보통 대중주식보유량(public float 또는 free float)이라 부른다.

일단 '기업을 공개'하면, 기업은 상당히 높은 수준의 공적 감시하에 있게 된다. 이 감시는 정부의 증권 규제 기관과 개별 증권거래소가 요구하여 주기적으로 만들어야 하는 상세한 공시와 재무 서류들에서 나타난다. 이 지속적인 공시는 비용 측면에서나 경쟁의 영향 측면에서나 결코 하찮은 것이 아니다. 공기업 재무 공시는 고객들, 공급자들, 파트너들 그리고 경쟁자들이 그들과 회사와의 관계에서 이용할지 모르는 막대한 양의 정보를 폭로하는 것으로 보일 수 있다. 사기업들은 이 경쟁의 장에서 뚜렷한 경

쟁우위를 가진다.[2]

상장회사의 주식과 관련하여 추가적인 특징은 발행 시점에만 회사로 자본이 조달된다는 것이다. 주식 가격의 일별 등락은 주식 보유자의 수익률에 영향을 미치지만, 일별 가격 움직임으로 회사의 자본은 변하지 않는다.

유로주식 발행

유로주식(euroequity) 또는 유로주식 발행(euroequity issue)은 동시에 복수의 국가, 복수 거래소에서 주식을 최초공개발행하는 것이다. 거의 모든 유로주식 발행은 국제 신디케이트에 의해 인수된다. 여기서 '유로(euro)'라는 용어는 발행자들 또는 투자자들이 유럽에 위치한다는 것을 의미하는 것도 아니고 유로화로 주식이 표시되는 것을 의미하는 것도 아니다. 이는 세계 어떤 곳에서나 시작되고 판매되는 국제 증권 발행을 의미하는 일반적인 용어이다. 유로주식은 가능한 많은 다수의 다양한 투자자들에 도달함으로써 발행에서 더 많은 자본을 조달하는 것을 추구한다. 세간의 이목을 끄는 유로주식 발행과 관련한 2개의 예로 British Telecommunications와 유명한 이탈리아 사치품 생산업체인 구찌를 들 수 있다.

가장 크고 가장 극적인 발행은 국유기업(state-owned enterprise, SOE)의 민영화 물결과 함께 이루어졌다. 영국의 대처 정부는 1984년 12월에 British Telecom을 민영화할 때 모델을 만들었다. 이 발행은 너무나 대규모여서 국내 투자자들에게 판매할 뿐 아니라 외국인 투자자들에게 **트랑셰**(tranche)로 판매하는 것이 필요했고 바람직했다. (트랑셰는 일반적으로 지정된 지역시장에서 투자자들에게 판매할 것으로 기대되는 인수기관들에 주는 주식의 할당이다.) 자금을 조달하고 발행한 이후 전 세계적인 유동성을 증대하는 것이 그 목적이다.

민영화 시점에 대부분의 회사들은 높은 신용등급과 수익성을 가진 거대 규모의 정부 독점기업들이었기 때문에 민영화를 위한 유로주식 발행은 특별히 국제 포트폴리오 투자자들에게 인기가 있었다. 영국의 민영화 모델은 매우 성공적이어서, 1996년에 주식을 최초공개발행하여 130억 달러를 조달한 Deutsche Telecom과 같이 다른 곳에서도 이를 따르는 경우가 매우 많았다.

국유기업(SOE)들(신흥시장의 정부 소유 기업들)은 이 외국 트랑셰로 성공적으로 대규모 민영화 프로그램을 시행했다. 거대 멕시코 전화회사인 Telefonos de Mexico는 1991년에 20억 달러 규모의 유로주식 발행을 완료했고 매우 유동성이 풍부한 NYSE 상장을 유지하고 있다.

비유동적인 시장에 거주하는 기업에 의한 가장 큰 유로주식 발행 중 하나는 1993년에 아르헨티나의 국유 오일회사인 YPF Sociedad Anónima의 30억 달러 규모의 주식판매이다. 주식의 약 75%는 아르헨티나 밖에서, 미국에서만 46%가 트랑셰로 배치되었다. 인수 신디케이트는 세계 일류 투자은행들의 인

---

[2] 월마트와 같은 상장회사는 분기별로 수백 쪽의 영업 세부 정보, 재무성과, 경영진 토론(보고) 사항을 만들어내야 한다. 이는 재무성과로 가득한 단일 페이지를 발견하는 것이 성과라 할 수 있는 Cargill이나 Koch와 같은 대규모 사기업(private firm)과 비교된다.

명록과 거의 다름없는 기관들로 구성되었다.

목표공모

목표공모(directed public share issue) 또는 목표발행(directed issue)은 단일 국가의 투자자들을 목표로 하고 그 나라의 투자기관에 의해 전체 또는 부분적으로 인수되는 것으로 정의할 수 있다. 이 발행은 목표시장의 통화로 표시되기도 하고 안 되기도 한데, 보통 목표시장의 증권기래소에서의 교차상장(cross-listing)과는 결합된다.[3]

목표발행은 외국시장에서 인수나 중요한 자본 투자의 자금을 모을 필요성 때문에 나타날 수 있다. 이는 특별히 소규모 자본시장에 거주하고 또 시장보다 더 규모가 커버린 기업의 중요한 자기자본 원천이다.

작지만 존경받는 노르웨이의 제약회사인 Nycomed는 교차상장과 결합된 목표발행의 이러한 유형의 동기를 가졌던 예였다. 이 회사의 성장을 위한 이윤 목적의 전략은 관련 기술, 인력 또는 틈새시장을 보유한 다른 유망한 회사들(주로 유럽과 미국에 있는 기업들)을 인수하여 제약 분야의 기술과 특정 틈새시장에 대한 수준 높은 지식을 얻는 것이었다. 인수자금은 부분적으로 현금으로, 부분적으로 주식으로 지급되었다. 회사는 인수 전략의 자금을 해외에서 두 번의 목표발행 판매로 마련했다. 1989년 런던증권거래소(LSE)에 교차상장하여 외국인 투자자들로부터 1억 달러를 주식으로 조달했다. Nycomed는 LSE 상장 이후, NYSE에 교차상장하며 주식을 발행하여 미국인 투자자들로부터 7,500만 달러를 더 조달했다. 글로벌 금융 실무 14.1에서는 스웨덴과 노르웨이의 상장기업이 최근의 원유 소유물 인수의 개발 자금을 부분적으로 마련하기 위해 유로주식을 발행했다는 목표발행의 또 다른 사례를 제공하고 있다.

글로벌 금융 실무 14.1

스웨덴의 PA Resources의 계획된 목표 주식 발행

목표공모를 이용한 예로, 스웨덴의 오일 및 가스 비축물 인수 및 개발 기업인 PA Resources(PAR.ST)의 2005년 발행을 들 수 있다. 2001년 노르웨이의 오슬로증권거래소에 처음 상장했던 PAR은 2005년에 특별히 노르웨이 투자자들과 국제(미국인이 아닌) 투자자들을 목표로 하는 700만 주에 달하는 주식들의 사모(private placement) 가능성을 발표했다. 발행으로 조달된 금액은 부분적으로 최근의 북해와 튀니지에서 회사가 만든 원유 및 가스 비축물 인수의 개발을 위한 자금으로 사용될 것으로 기대됐다.

전하는 바에 따르면, 목표발행은 발표 후에 과도하게 모집액 이상으로 신청되었다고 한다. 미국 밖에서 이루어진 많은 목표 발행들처럼, 동 오퍼는 1933년 미국의 증권법에 따라 미국에서 등록되지도 않았고 등록되지도 않을 발행이기 때문에, 미국에서 팔려고 제공되거나 판매되지 않을 것이라고 분명하게 언급했다.

---

[3] 1981년 Novo의 주식발행(제12장)은 Novo 주식의 유동성을 향상시키고 자본비용을 낮게 한 성공적인 목표 주식발행의 예이다.

주식예탁증서

주식예탁증서(Depositary Receipt, DR)는 외국의 보관은행(custodian bank)에 예탁된, 기초로 하는 주식(원주)임을 나타내는 양도 가능한 증서로 은행에 의해 발행된다. 글로벌 주식예탁증서(Global Depositary Receipt, GDR)는 미국 밖에서 거래되는 증서를, 미국 주식예탁증서(American Depositary Receipt, ADR)는 미국 달러로 표시되어 있고 미국에서 거래되는 증서를 말한다. 미국 밖에서 설립되었는데 미국증권거래소에 상장하기를 원하는 회사 입장에서, 그렇게 하는 1순위 방법은 ADR 프로그램을 통하는 것이다. 세계 어떤 곳에서 설립되었든 외국시장에 상장하고 싶어 하는 기업이라면 GDR 프로그램을 통하면 된다.

　ADR은 미국 국내 주식과 같은 방식으로 미국에서 판매되고 등록되고 이전되는데, 각 ADR은 외국 원주의 배수이거나 비율을 나타낸다. 배수/비율은 외국 주식의 가격이 곧장 미국 달러로 전환될 경우 적합하지 않을지라도, ADR이 미국시장에 적합한 주당 가격(일반적으로 주당 20달러 미만)을 가질 수 있도록 한다. 도표 14.5에 예시된 Telefonos de Mexico(TelMex)의 ADR처럼 많은 ADR들은 수년 동안 미국 거래소에서 가장 활발한 주식들 중 일부에 포함된다.

도표 14.5 **Telmex의 미국 주식예탁증서(샘플)**

첫 번째 ADR 프로그램은 1927년 유명한 영국의 소매기업인 Selfridges Provincial Stores Limited 라는 영국기업에 의해 시작되었다. J.P. Morgan에 의해 창출된 주식들은 수년 후에 American Stock Exchange(미국증권거래소)로 탈바꿈한 New York Curb Exchange에 상장되었다. 많은 금융혁신들처럼, 주식예탁증서도 제도적 규제를 타파하고자 나타났다. 이 경우에서는 영국 정부가 영국 기업들이 영국 명의개서대리인(transfer agent) 없이 주식을 외국시장에 등록하는 것을 금지했었다. 주식예탁증서는 본질적으로 해외에 주식 대용을 만든 것으로 영국 밖에서 주식의 실제 등록을 요구하지 않는다.

ADR 메커니즘

도표 14.6은 상장되어 있는 브라질 회사 주식을 구매하려는 미국 투자자의 관점에서 DR 프로그램, 즉 미국 주식예탁증서(ADR) 프로그램의 발행 과정을 보여준다.

1. 미국 투자자는 자신의 브로커에게 상장되어 있는 브라질 회사의 주식을 구매해달라고 의뢰한다.
2. 미국 브로커는 브라질에 있는 현지브로커에게 (브로커의 국제 사무실을 통하거나 직접) 연락하여 주문한다.
3. 브라질 브로커는 요구된 원주를 구매하고 원주를 브라질에 있는 보관은행에 인도한다.

도표 14.6 ADR의 구조적 실행

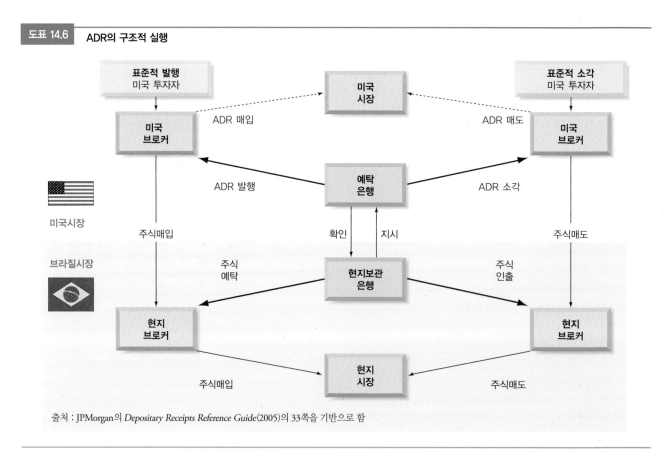

출처 : JPMorgan의 *Depositary Receipts Reference Guide*(2005)의 33쪽을 기반으로 함

4. 브라질 브로커에게 주식매입대금으로 지급하기 위해 미국 브로커는 투자자에게 받은 미국 달러를 브라질 헤알(real)로 바꾼다.

5. 주식이 브라질의 원주보관은행으로 인도되는 바로 그날, 원주보관은행은 미국에 있는 예탁은행 (depository bank)에 통지한다.

6. 통지를 받으면, 미국 예탁은행은 브라질 회사의 원주를 바탕으로 DR을 발행하고 미국 브로커에게 인도한다.

7. 미국 브로커는 DR을 미국 투자자에게 인도한다.

DR은 이제 미국의 다른 보통주들처럼 보유되고 거래될 수 있다. 지금까지 설명한 과정에 덧붙인다면, 미국 브로커는 새로운 발행을 요구하지 않고 기존 DR을 매입함으로써 미국인 투자자를 위해 DR을 획득하는 것도 가능하다. 도표 14.6에서는 반대 과정, 즉 ADR의 매도 또는 소각 과정도 보여주고 있다.

ADR이 일단 창출되면, ADR은 미국의 다른 증권처럼 미국시장에서 쉽게 매매 가능하다. 단순하게 기존 ADR 보유자(매도자)에서 다른 DR 보유자(매수자)로 이전됨으로써 ADR은 다른 미국인 투자자들에 매도될 수 있다. 이를 시장 내 거래(intra-market trading)라 한다. 이 거래는 다른 미국 거래와 같은 방식, 즉 거래 후 3영업일에 미국 달러로 그리고 전형적으로 예탁신탁회사(depositary trust company, DTC)를 이용하여 결제가 이루어질 것이다. 시장 내 거래는 현재 모든 DR 거래의 거의 95%를 설명한다.

ADR은 원주와 상호 교환될 수 있어 차익 거래는 특정 주식의 외국에서의 가격과 미국에서의 가격이 전환비용을 조정한 후에는 같도록 유지시킨다. 예를 들어, 한 시장에서 투자자 수요로 인해 가격이 상승했다면, 다른 시장의 투자자가 그 주식에 대해 그만큼 낙관적이지 않을지라도 차익 거래로 인해 다른 시장에서의 가격도 상승할 것이다.

ADR은 미국 주주들에게 몇몇 기술적 이점을 제공한다. 외국 기업이 지급하는 배당은 원주보관은행을 거쳐 ADR을 발행한 은행으로 전달된다. 발행은행은 외국 통화로 표시된 배당금을 미국 달러로 바꾼 후 달러 배당금을 ADR 보유자들에게 지급한다. ADR은 무기명 형태라기보다 기명 형태이다. 미국에서의 소유권 이전은 미국법과 절차에 따라 일어난다. 보통 거래비용은 원주를 원주의 모국시장에서 사거나 팔 때보다 더 저렴하고 결제는 더 빠르다. 원천세는 예탁은행이 처리하기 때문에 더 간단하다.

ADR 프로그램 구조

앞 절에서는 브라질 회사 주식을 매수하려는 미국 투자자의 요구에서 나타나는 브라질 회사의 주식을 기초로 하는 DR(이 경우에는 ADR)의 발행을 설명했다. 그런데 DR 프로그램들은 브라질 회사 입장에서, 즉 미국 투자자들에게 접근하기 위한 재무 전략의 일환으로 바라볼 수도 있다.

ADR 프로그램은 후원 여부와 보증(certification) 레벨에 따라 다양하다. **후원형 ADR(sponsored ADR)**

은 주식을 미국에 상장하거나 주식이 거래되기를 원하는 외국회사의 요구로 창출된다. 회사는 ADR 등록과 발행을 위해 미국 증권거래위원회(SEC)와 미국 은행에 지원한다. 후원형 ADR을 창출하는 데 들어가는 모든 비용은 외국회사가 부담한다. 외국회사가 자사의 주식을 미국에 상장하는 것을 추구하는 것은 아니지만 미국 투자자들이 관심을 가지고 있는 경우라면, 미국 증권사는 비후원형 ADR 프로그램(unsponsored ADR program)을 이용하여 ADR을 창출할 것 같다. SEC는 비후원 ADR에 대해서도 주식이 상장되는 기업의 승인을 획득할 것을 요구한다. 비후원 ADR 프로그램은 전체 DR 프로그램에서 차지하는 비중이 상대적으로 작다.

ADR 구별의 두 번째 기준은 도표 14.7에 자세히 설명된 보증 레벨이다. 세 가지 일반적 레벨은 정보 공개의 정도, 상장 대안, 자본을 조달하기 위해 사용되었는지(신주 발행) 여부 그리고 프로그램 실행에 일반적으로 소요되는 시간에 따라 구별된다. [미국증권거래위원회 규정 144A(SEC Rule 144A) 프로그램들은 이 장 후반부에 상세하게 설명되어 있다.]

레벨 I(장외 또는 핑크 시트) DR 프로그램. 레벨 I 프로그램은 실행하기 가장 쉽고 빠른 프로그램이다. 레벨 I 프로그램은 외국 증권이 SEC에 등록되지 않고 미국 투자자들에 의해 구매되고 보유될 수 있도록 한다. 비용 부담이 작은 유형이나, 유동성도 아주 작을 것 같다.

레벨 II DR 프로그램. 레벨 II는 미국증권거래소에 기존의 주식들을 상장하기를 원하는 기업들에 적용된다. 기업들은 SEC 완전 등록 요건들과 특정 거래소의 규정들을 충족해야만 한다. 이는 또한 회사의 재무 장부를 미국의 일반적으로 인정되는 회계 원칙(U.S. GAAP)에 맞게 조정해야 함을 의미하며, 이로 인해 비용은 상당히 증가할 것이다.

레벨 III DR 프로그램. 레벨 III는 미국에서 발행되는 신규 자기자본 판매(자기자본조달)에 적용된다. 이

도표 14.7 레벨별 미국 주식예탁증서(ADR) 프로그램

유형	설명	공시 정도	상장 대안	자본조달가능	실행소요시간
레벨 I	장외 ADR 프로그램	없음 : 모국 기준이 적용됨	장외(over-the-counter, OTC)	—	6주
레벨 I GDR	144A 규정/Reg. S GDR 프로그램	없음	상장 못함	가능, 적격기관투자자(QIB)들에게만 이용 가능함	3주
레벨 II	미국 상장 ADR 프로그램	상세한 사베인스–옥슬리	미국증권거래소 상장	—	13주
레벨 II GDR	144A 규정/Reg. S GDR 프로그램	없음	DIFX	없음	2주
레벨 III	미국 상장 ADR 프로그램	엄격한 사베인스–옥슬리	미국증권거래소 상장	가능, 공모발행	14주
레벨 III GDR	144A 규정/Reg. S GDR 프로그램	EU 투자설명서 지침(EU Prospectus Directive)과/또는 미국 144A 규정	런던, 룩셈부르크, 미국 포털	가능, 적격기관투자자(QIB)들에만 이용 가능함	2주

는 SEC 완전 등록과 정교한 투자설명서를 요구한다. 이 유형은 가장 비싸기는 하나, 세계의 가장 큰 자본시장에서 자본을 조달하고 아마 모든 주주들에게 더 큰 이익을 창출하기를 원하는 외국 회사에 가장 결실이 많은 대안이다.

현재의 DR 시장 : 누가, 무엇을 그리고 어디서

최근 몇 년 동안 신흥시장의 급속한 성장은 부분적으로 글로벌 주식시장에서 회사의 주식들을 상장하기도 하고 신주를 발행하기도 하는 신흥시장의 기업들의 능력의 결과였다. 많은 회사의 소유주들이 기존 가치를 현금화하려는 바람과 함께, 적당한 자본의 더 큰 풀(pool)에 접근하려는 바람은 신흥시장 기업들이 DR 시장으로 유입되는 것을 이끌었다.

누가. 현재 글로벌 DR 프로그램의 누가는 전 세계 각지의 주요 다국적 기업들이 뒤섞여 있는데, 최근 몇 년 동안의 참여는 산업국가의 기업들 쪽으로 다시 이동했다. 예를 들어, 2013년 가장 컸던 발행들은 BP, Vodafone, Royal Dutch Shell, 네슬레와 같은 저명한 다국적 기업들에서 나타났는데, 러시아의 Lukoil과 Gazprom, 대만의 Taiwan Semiconductor Manufacturing도 포함되었다. 원유와 가스업은 명확하게 2012년과 2013년에 가장 대규모였고 제약회사들과 통신회사들이 바로 그 뒤를 바싹 따랐다. 도표 14.8에서 나타나듯이, 최근 수년 동안 시장은 분명하게 쇠퇴하고 있다는 것을 언급하는 것 또한 중요한 점이다.

도표 14.8	주식예탁증서를 통해 조달된 자기자본

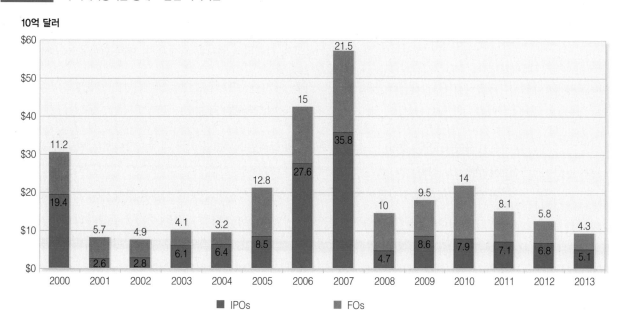

출처 : "Depositary Receipts, Year in Review 2013," JPMorgan, p. 5. JPMorgan from other depository banks, Bloomberg, and stock exchanges, 2014의 데이터.

무엇을. 현재 글로벌 DR 시장에서 무엇을은 IPO와 주식추가발행(follow-on offering, FO, IPO 이후 주식의 추가 발행)이 상당히 균등 배분되어 있다. IPO가 계속해서 DR 자기자본조달 활동의 다수를 이루는 것처럼 보인다.

어디서. 현재 DR 시장에서의 신흥시장 기업들의 지배를 고려한다면, DR 시장의 어디서가 뉴욕과 런던이 가장 두드러진 곳이라는 것은 놀랍지 않다. 2013년 말까지 86개국 이상에서 2,300개 이상의 후원형 DR 프로그램이 이용되었다. 이 2,300개 중의 절반 이상이 미국 프로그램(ADR)이었고, 나머지가 런던과 룩셈부르크증권거래소로 나눠진 GDR 프로그램이다.

DR 시장에 참여하는 프로그램의 수보다 더 중요한 것은 DR 프로그램을 통해 회사가 글로벌하게 조달하는 자본이다. 도표 14.8은 주식최초공개발행(IPO)과 추가발행(seasoned offering, 주식추가발행)을 통해 조달되는 자기자본을 구별하고 있다. DR 시장은 주기적으로 자본을 조달하는 경로로 매우 효과적이라고 드러났다. 또한 2000년, 2006~2007년과 같은 연도들이 주식을 발행하는 데 더 좋았다는 점은 명백하다.

글로벌 등록주식

글로벌 등록주식(global registered shares, GRS)은 전환 없이, 모국 거래소에서의 1주가 외국 거래소에서의 1주와 같은 국경과 시장을 넘나들며 거래되는 주식들이다. 동일한 주식이 다른 증권거래소에 상장되는데, 거래소의 통화로 상장된다. GRS는 이론적으로 '해가 뜨는 것과 더불어' 전 세계적으로 개장되고 폐장되는 시장들을 따라 24시간 내내 거래된다. 주식들은 컴퓨터로 거래되어 DR처럼 주식 발행 시 요구되는 예탁기관이나 특수 양식이 필요하지 않다.

GRS와 GDR의 차이는 다음 예에서 볼 수 있다. 프랑크푸르트증권거래소에서 주식을 상장한 어느 독일 다국적 기업의 주식이 현재 주당 4유로에 거래되고 있다고 가정하자. 현재 현물환율이 $1.20/€라면, 이 주식은 NYSE에 주당 4.80달러에 상장될 것이다.

$$€4.00 \times \$1.20/€ = \$4.80$$

이것이 표준 GRS일 것이다. 그러나 주당 4.80달러는 NYSE와 미국 주식시장에서는 지극히 낮은 주식 가격이다.

만약 독일 회사의 주식들이 NYSE에 ADR 형태로 상장된다면, 주식들은 목표시장(미국)에서 전략적으로 가격이 책정된 가치로 전환될 것이다. 미국에서의 전략적 가격은 주가가 투자자의 흥미와 유동성을 극대화한다고 오랫동안 여겨지고 있는 가격 범위인, 일반적으로 주당 10~20달러 사이에 있어야 함을 의미한다. 개별 ADR이 4개 원주를 대표하도록 ADR이 창출될 것이다.

$$\$4.80 \times 4 = \$19.20/ADR$$

이 구별이 중요한가? 분명히 GRS는 주식예탁증서에 비해 보통주와 훨씬 더 유사하고 더 용이한 비교와 분석을 허용한다. 그러나 만약 핵심 시장에서의 목표 가격책정이 미국에서처럼 중요하다면, 외국 기업이 더 큰 존재와 움직임을 얻는 데 있어 ADR이 더 나은 기회를 제공한다.[4]

ADR보다 GRS를 지지하는 사람들은 글로벌화의 순수한 영향력에 근거한 다음 두 가지 논거를 내세운다.

1. 투자자와 시장 모두는 증권들이 상품의 특성을 취해 시장을 가로질러 점점 더 동일해지기를, 그래서 현지 거래소 통화로 표시된다는 것만 다를 뿐이기를 계속해서 바랄 것이다.
2. 개별 국가시장을 넘나드는 증권거래를 통제하는 규제는, 현지시장 속성이나 요구에 맞춰진 증권에 대한 수요를 제거하면서, 공통의 글로벌 원칙들로 계속해서 수렴할 것이다.

가능한 다른 차이점들로는 투표권 보유 가능성(일부 ADR은 보유하지 않는 반면, GRS는 정의상 투표권을 보유한다)과 ADR은 미국이라는 하나의 단일한 문화적 · 법적 환경을 위해 디자인되었다는 일반적 원칙이다. 모든 논거는 제쳐두고, 적어도 지금까지 GRS는 ADR이나 GDR을 대체하지 않았다.

사모

자기자본을 사모(private placement)로 조달하는 것은 전 세계에서 점점 흔해지고 있다. 상장회사와 사기업(private firm) 모두 가끔 사모 자본을 조달한다. 사모는 소수의 적격기관 투자자들에게 증권을 판매하는 것이다. 투자자들은 전통적으로 보험회사와 투자회사들이다. 증권들은 일반인 판매를 위해 등록되지 않기 때문에, 투자자들은 일반적으로 '매입보유' 방침을 따른다. 부채의 경우, 보통 협상에 따라 조건이 맞춤 설계된다. 이제 사모시장은 대부분의 나라에 존재하고 있다.

미국증권거래위원회 규정 144A

1990년에 미국증권거래위원회(SEC)는 144A 규정을 승인했다. 이 규정은 적격기관 투자자(qualified institutional buyer, QIB)들이 이전의 보유기간에 대한 제약 없이 그리고 SEC 등록 없이도 사적으로 모집되는 증권들을 거래할 수 있도록 허용했다.

QIB는 재량적으로 비계열사의 주식에 1억 달러를 소유하고 투자하는 독립체(은행이나 저축대부는 제외)이다. 은행, 저축대부는 이 기준을 충족해야 하고 나아가 순가치가 최소 2,500만 달러여야 한다. SEC는 약 4,000개의 QIB들, 주로 투자자문사, 투자회사, 보험회사, 연기금, 자선기관들이 존재한다고 추정했다. 동시에 SEC는 외국인 발행자들이 미국증권거래위원회 규정 144A(SEC Rule 144A)에 의한 발행을 통해, 또한 SEC 등록 없이 미국의 사모시장의 문을 두드릴 수 있도록 규제를 수정했다.

---

[4] GRS는 여러 해 동안 미국에서 캐나다 주식들의 국경을 넘는 거래에 이용된 구조와 동일하기 때문에, 새로운 혁신은 아니다. 70개 이상의 캐나다 기업들이 NYSE-유로넥스트에 상장되어 있다. 물론 이는 미국 달러와 캐나다 달러가 수년간 거의 동등했기 때문에 가능했던 것이라는 주장이 있을 수 있다.

PORTAL이라 불리는 거래시스템이 최초 발행의 분배를 지원하고 이 발행들에 대한 유동적인 유통시장을 만들어내기 위해 마련되었다.

SEC 등록은 미국에서 자금을 조달하고자 하는 외국 회사에 주요 장벽으로 식별되었기 때문에, 미국 증권거래위원회 규정 144A에 의한 모집(placement)은 주식과 채무 증권의 외국 발행자에게 매력적인 것으로 드러났다. 스위스의 다국적 엔지니어링 회사인 Atlas Copco는 미국증권거래위원회 규정 144A를 이용한 첫 번째 외국 회사였다. 이 회사는 1990년에 2억 1,400만 달러라는 더 큰 규모의 유로주식 발행의 일부분으로 ADR 주식 모집을 통해 미국에서 4,900만 달러를 조달했다. 이후, 미국에서는 외국인 발행자들이 매년 주식 사모를 통해 수십억 달러를 조달했다. 그렇지만 이런 모집이 유동성 또는 주가에 긍정적인 영향을 미친 것으로 보이지는 않는다.

사모펀드

사모펀드(private equity fund)는 보통 가장 유동성이 풍부한 자본시장에서 자본을 조달하는 기관투자자와 대학 기부 기금과 같은 부유한 투자자들의 합자회사이다. 사모펀드는 상장회사들의 통제권을 사서 이들 기업들을 비상장화하고 경영을 개선하여 1~3년 후에 되파는 것으로 가장 잘 알려져 있다. 사모펀드는 대상 기업들을 다른 기업이나 다른 사모펀드에 매각하거나 다시 상장시켜 지분을 매각하는 등 다양한 방식으로 되판다. 사모펀드는 흔히 매우 규모가 크나, 인수 자금을 위해 또한 많은 양의 부채를 활용할 수 있다. '대안'으로 불린 사모펀드는 자산의 2%에 이익의 20%가 더해진 수수료를 요구한다. 사모펀드는 다소 눈에 띄는 성공을 거뒀다.

신흥시장에 거주하는 많은 성숙기 가족 소유 기업들은 이 장에 제시된 전략을 따를지라도 글로벌 자본비용과 자본의 가용성을 누릴 자격이 있을 것 같지 않다. 이들 기업들이 계속해서 수익성이 있고 성장할지라도, 이들은 여전히 규모가 작고, 여전히 외국인 투자자들 눈에 띄지 않으며, 경영진의 깊이도 결여되어 있고, 글로벌화 전략의 초기 투입 비용의 자금을 조달할 수 없다. 이 기업들에 대해서는 사모펀드가 해결책일 것이다.

사모펀드는 전통적인 벤처캐피탈 펀드와 다르다. 후자는 보통 주로 매우 선진화된 국가들에서 운영된다. 이들은 일반적으로 매우 유동성이 풍부한 시장에서 주식최초공개발행(IPO)이 이루어질 때 투자를 회수할 목적으로 신생기업들에 투자한다. 신흥시장에서 이용 가능한 벤처캐피탈은 거의 없는데, 이는 부분적으로 비유동적인 시장에서 IPO로 투자를 회수하기 어렵기 때문이다. 사모펀드들도 투자자금 회수에 있어 같은 문제에 직면하는데, 이들은 좀 더 긴 투자기간을 가진 것처럼 보인다. 사모펀드는 이미 성숙하고 수익성 있는 기업에 투자한다. 사모펀드는 경영 개선과 다른 회사와의 합병을 통해 성장 기업에 만족한다.

해외 주식 상장과 발행

앞서 도표 14.1에 보여준 글로벌 시장에서의 대안적 주식 경로에 따르면, 기업은 자사의 주식을 교차상장(cross-listing)하고 새로운 주식을 판매할 주식시장을 하나 이상 선택할 필요가 있다. 어디로 갈지는 주로 기업의 구체적인 동기와 기업을 기꺼이 받아들이는 현지 주식시장의 의향에 따라 좌우된다. 교차상장과 외국 거래소에서 주식을 발행함으로써, 기업은 일반적으로 다음 목표들 중 하나 이상을 달성하려고 한다.

■ 주식의 유동성을 증대시키고 외국시장에서 신주 발행에 대한 유동적인 유통시장을 존재하게 한다.
■ 분할되어 있고 비유동적인 모국 자본시장에서의 가격이 잘못 책정되어 있는 것을 극복함으로써 주가가 올라간다.
■ 소비자, 공급자, 채권자, 현지국(host country) 정부의 눈에 더 잘 띄게 하고 현지에서 기업이 수용되는 정도를 증대시킨다.
■ 현지 국가에서 다른 기업을 취득하고 외국 자회사들의 현지 경영진과 종업원들에게 보상하는 데 사용될 주식들의 유동적인 유통시장을 형성한다.[5]

유동성 향상

주식들이 투자자의 모국시장에 상장되어 있지 않거나 투자자들이 선호하는 통화로 거래되지 않고 있을지라도, 꽤 자주 외국인 투자자들은 정상적인 중개 채널을 통해 주식들을 취득해왔다. 교차상장은 이런 투자자들이 계속해서 이 주식들을 보유하고 거래하도록 고무시키는 방법으로, 유통시장의 유동성을 한계적으로 증대시킨다. 이는 보통 ADR을 통해 이루어진다.

작고 비유동적인 자본시장을 가진 국가에 거주하고 있는 기업들은 자주 그들이 속한 시장보다 더 성장하여 해외에서 새로운 자기자본을 조달하도록 강요받는다. 자금이 조달되는 시장의 거래소에 상장할 경우 보통 이 주식들의 발행 이후 유동성을 보장하라는 인수자들의 요구를 받는다.

이 장의 첫 번째 절에서는 기업들이 처음에는 덜 유동적인 시장에서 교차상장하고 그다음에 그 시장에서 주식을 발행한다고 말했다(도표 14.1 참조). 그런데 이상적으로 말하면 유동성을 극대화하기 위해서는 기업은 더 유동적인 시장에 교차상장하고 주식을 발행해야만 하며 궁극적으로 글로벌 주식 발행을 제공해야만 한다.

유동성을 극대화하기 위해서는 대부분의 유동적인 시장들에서 교차상장하고/하거나 주식을 발행하는 것이 바람직하다. 그런데 최근에 주식시장들은 자신들의 행동과 유동성을 변화시키는 2개의 주요

---

[5] 이 거래 확장 기회의 최근 예로 Kosmos Energy가 있다. 이 회사는 2011년 5월 미국에서 회사의 IPO(NYSE:KOS) 이후, 가나증권거래소에 주식을 상장했다. 가나는 이 원유회사가 주요 개발을 하고 거의 모든 수입을 창출하는 국가이다.

힘, 즉 주식회사화와 다각화에 영향을 받고 있다.

주식회사화(demutualization)란 많은 거래소에서 소수의 통제권을 가진 소유주들이 그들의 배타적인 권력을 포기하고 있는 현재진행 중인 과정이다. 그 결과, 거래소의 실제 소유권이 점점 더 공개되고 있다. 다각화(diversification)는 상품(파생상품, 통화 등)과 상장되고 있는 외국 기업/주식의 다양성이 확대되는 것을 의미한다. 이는 감소된 비용과 늘어난 서비스로 더 많은 글로벌 믹스를 동시에 제공하면서 많은 거래소의 활동성과 수익성을 높이고 있다.

증권거래소. 증권거래소에 관해서 말하자면, 뉴욕과 런던이 명백히 가장 유동적이다. 뉴욕증권거래소(NYSE)와 암스테르담, 브뤼셀, 파리의 증권거래소들의 합병체인 유로넥스트(Euronext) 간의 최근 합병은 나스닥(뉴욕)과 런던증권거래소(LSE)에 대한 NYSE의 우세를 더 강화했다. 도쿄는 많은 외국 기업들이 도쿄거래소에서 상장폐지를 선택했기 때문에 글로벌하게 거래금액 면에서 보면 지난 20년 동안 다소 쇠퇴했다. 이제 도쿄에서 교차상장되어 있는 외국 기업들은 거의 없다. Deutsche Börse(독일)는 국내 주식들에 대해서는 상당히 유동적이나 외국 주식들 거래에 대해서는 유동성이 좀 더 낮은 수준이다. 다른 한편으로 이곳은 유럽연합(EU)의, 특히 유로화를 채택한 국가의 기업들에 적합한 목표시장이다. 또한 LSE, NYSE, 나스닥에 이미 교차상장한 기업들이 추가로 교차상장할 지역으로 이용하고 있다.

왜 뉴욕과 런던이 지배적일까? 두 지역은 글로벌 금융회사들이 찾는 것들을 제공한다. 즉, 숙련된 사람들이 많고, 자본에 대한 접근이 준비되어 있고, 인프라가 좋고, 규제와 세금 환경이 매력적이고, 부패 수준이 낮다. 위치와 함께 갈수록 더 글로벌 금융의 언어로 인정받고 있는 영어 사용도 중요한 요인들이다.

전자 거래. 대부분의 거래소들은 최근에 전자 거래로 크게 이동했다. 실제로, 미국 주식시장은 이제 호가와 판매 가격이 공개되는 전자 시스템으로 연결되는 50개의 다른 현장들의 네트워크이다. 전자 거래로의 전환은 광범위한 영향을 미쳤다. 예를 들어, NYSE 플로어에서 **스페셜리스트**의 역할은 스페셜리스트 회사의 상응하는 고용감소로 크게 감소했다. 스페셜리스트들은 더 이상 그들의 주식들에 대해 정돈된 움직임을 보장할 책임이 없지만, 여전히 그들은 덜 거래되는 주식들에 대해 더 유동적인 시장을 조성하는 데 있어 중요하다. 같은 운명은 런던증권거래소(LSE)의 시장조성자의 중요성을 감소시켰다.

전자 거래로 인해 헤지펀드와 다른 고빈도 트레이더들이 시장을 지배할 수 있었다. 고빈도 트레이더들은 이제 일 거래량의 60%를 설명한다. 반대로 NYSE가 통제하는 거래량은 2005년 80%에서 2010년 25%로 감소했다. 거래는 컴퓨터에 의해 즉시 실행된다. 교차상장에 대한 결정은 완전한 정보공개와 지속적인 투자자 관계 프로그램을 제공해야 한다는 점과 견줘봐야 한다. 유동성은 크게 증가했지만, 가격에서 기대하지 못한 변동 위험이 있다. 예를 들어, 2010년 5월 6일에 다우 존스 평균 주가지수는 한순간 9.2% 떨어졌다가 그날 마지막에는 회복되었다. 단일 거래일 동안, 190억 주가 매입되고 매도되었다.

주식 홍보와 주가

교차상장과 주식발행은 동시에 일어날 수 있긴 하지만, 그 영향은 분리될 수 있고 각각 그 자체로 의미가 있다.

교차상장. 외국의 증권거래소에 교차상장하는 것만으로 주가는 긍정적인 영향을 받을까? 이것은 시장이 분할되어 있는 정도에 따라 다르다.

기업의 모국 자본시장이 분할되어 있는데 기업 또는 기업이 속한 산업을 모국시장에서보다 외국시장에서 더 가치 있게 생각한다면, 그 기업은 해당 외국시장에 교차상장할 경우 이론적으로 혜택을 볼 수 있다. Novo가 1981년 NYSE에 상장했을 때 경험한 상황이 확실히 여기에 해당된다(제12장 참조). 그런데 대부분의 자본시장들은 글로벌 시장과 더 통합되고 있다. 신흥시장들조차 불과 몇 년 전보다 덜 분할되어 있다.

주식발행. 교차상장과 동시에 이루어지는 신주 발행이 교차상장만 이루어지는 경우보다 주가에 좀 더 긍정적인 영향을 미친다는 것이 잘 알려져 있다. 이는 새로운 주식 발행이 즉시 주주기반을 확대하기 때문이다. 발행자에 앞서 인수자의 마케팅 노력이 더 높은 수준의 가시성을 불러일으킨다. 적어도 최초 공모가격을 유지하려는 인수자의 발행 후 노력 역시 투자자 위험을 감소시킨다.

가시성과 정치적 수용의 확대

다국적 기업들은 그들이 실질적이고 물리적으로 활동하는 시장에서 상장한다. 영리적 목적은 회사의 이미지를 향상시키고, 상표와 제품을 광고하고, 현지 언론 보도를 더 좋게 하고, 현지에서 운전 자본을 조달하기 위해 현지 금융 공동체와 더 친밀해지는 것이다.

정치적인 목적에는 다국적 기업의 외국 합작회사에 대한 현지의 소유 요구를 충족해야 할 필요성이 포함될 수 있다. 모회사 주식을 현지 소유하게 되면 기업의 활동들과 기업이 현지국을 어떻게 지원하고 있는지 알리는 장을 마련할 수 있다.

유동적인 유통시장 형성

회사의 주식에 대한 현지의 유동성 있는 시장을 형성하는 것은 인수 자금을 마련하고 자회사에서 주식-기반 경영진 보상 프로그램을 창출하는 데 도움이 될 것 같다.

인수에 의한 성장 자금조달하기. 주식인수에 의한 성장 전략을 따르는 기업은 인수 자금조달을 위해 현금을 대신하는 창조적인 대안들을 항상 모색하고 있다. 회사의 주식들을 부분적인 지급으로 제공하는 것은 그 주식들에 대해 유동성 있는 유통시장이 있는 경우 훨씬 더 매력적이다. 이 경우 인수대상회사의 주주들이 주식 스왑보다 현금을 더 선호한다면 그들이 취득한 주식들을 좀 더 쉽게 현금화할 수 있을 것이다. 그렇지만 주식 스왑은 보통 비과세 교환으로서 매력적이다.

경영진과 종업원들에 대한 보상. MNE가 현지 경영진과 종업원들에 대한 보상계획의 구성요소로 스톡옵션과 주식매입보상 제도를 활용하기를 원한다면, 유동성 있는 유통시장에 현지 상장하는 것이 이런 제도의 인지되는 가치를 증대시킬 것이다. 현지 수혜자들의 거래비용과 외환비용을 감소시켜야 한다.

교차상장과 해외 주식발행의 장벽

기업이 교차상장하고 해외에서 주식을 발행하기로 결정할지라도, 특정 장벽들이 존재한다. 가장 심각한 장벽들은 영업 결과 및 대차대조표의 완전하고 투명한 공개는 물론 지속저인 투자자 관계 프로그램을 제공하겠다는 미래의 약속이다.

정보공개 및 투자자 관계에 대한 약속. 교차상장에 대한 결정은 완전한 정보공개와 지속적인 투자자 관계 프로그램을 제공해야 한다는 점과 견줘봐야 한다. 영미 시장에 거주하는 기업들의 경우에는 해외 상장에 장벽이 없는 것처럼 보인다. 예를 들어, 미국에서의 상장에 대한 SEC의 정보공개 규정은 너무 엄격하고 비용이 많이 들어 다른 시장의 규정들이 아주 시시하게 느껴진다. 그런데 논리를 뒤집어보면, 미국 이외의 기업들은 미국에 교차상장하기에 앞서 주의 깊게 정보공개 요구사항들을 고려해야만 할 것이다. 정보공개 요구사항들은 숨이 턱 막힐 뿐만 아니라, 시기적절하게 분기별 정보가 미국 규제 당국과 투자자들에 의해 또한 요구된다. 그 결과, 외국 기업은 빈번한 '로드 쇼'나 시간소모가 큰 최고경영진의 개인적 관여와 같은 미국 주주들을 위한 고비용의 투자자 관계 프로그램을 지속적으로 유지해야만 한다.

정보공개는 양날의 검이다. 미국의 학파에서는 영업 결과와 재무 상태에 대한 재무정보 공개를 더 포괄적이고 투명하고 표준화시키는 전 세계적인 추세가 자기자본비용을 낮추는 바람직한 효과를 가져올 것이라고 생각한다. 2002년과 2008년에 관측한 것처럼, 투자자들이 미국 국채와 같은 더 안전한 증권들로 도피했을 때 완전하고도 정확한 정보공개 결여와 부족한 투명성은 미국 주식시장 하락의 원인이 되었다. 이러한 행동은 모든 기업의 자기자본비용을 증가시켰다.

반대 학파(검의 반대쪽)는 미국에서 요구되는 정보공개 수준이 번거롭고 비용이 많이 든다고 생각한다. 그래서 상장하려는 많은 잠재 기업들을 단념시켜 합리적인 거래비용으로 미국 투자자들에게 이용 가능한 증권들의 선택의 폭을 좁힌다.

글로벌 부채 조달

국제 부채시장은 차입자에게 다양한 만기, 상환구조, 표시 통화를 제공한다. 시장과 시장의 많은 다양한 수단들은 자금조달의 원천, 가격결정구조, 만기, 다른 부채와 자기자본 수단에 대한 종속 또는 결합에 따라 상이하다.

도표 14.9는 오늘날 국제 부채시장에서 발행되거나 거래되는 주요 구성요소와 함께, 다음 절에서 설명할 3개 기본 범주의 개요를 제공하고 있다. 도표에 보이듯이, 국제시장에서 부채로 자금을 조달하는

도표 14.9 국제 부채시장과 부채 수단

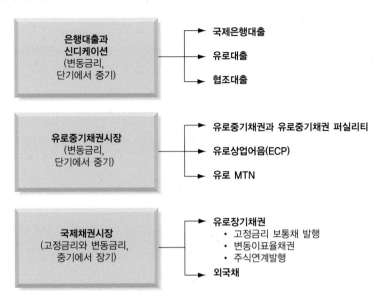

3개의 주요 원천은 국제은행대출 및 협조대출, 유로중기채권시장, 국제채권시장이다.

은행대출과 신디케이션

국제은행대출. 국제은행대출(international bank loan)은 전통적으로 유로통화(eurocurreny) 대출시장에서 공급된다. 유로달러예금(Eurodollar) 은행대출은 또한 '유로달러예금 대출(eurodollar credit)' 또는 단순히 '유로대출(eurocredit)'이라고도 한다. 후자의 명칭이 유로통화대출시장에서 달러가 아닌 대출을 포함하기 때문에 더 광범위하다. 예금자와 차입자 모두에게 유로통화대출시장이 매력적인 주요 요인은 해당 시장 내의 좁은 금리 스프레드 때문이다. 예금금리와 대출금리 간의 차이는 1% 미만이다.

유로대출. 유로대출은 MNE, 국가 정부, 국제기구, 은행들에 대한 유로통화로 표시된 은행 대출로 대출의 표시 통화국가가 아닌 국가에서 은행에 의해 제공된다. 유로대출의 기준 차입 이자율은 오랫동안 런던에서의 은행 간 대출에 적용되는 예금이자율인 런던은행 간 대출이자율(LIBOR)에 매여있다. 유로대출은 관례로 여겨지는 6개월 또는 그 이하의 만기를 가진 단기와 중기 만기 대출이다. 대부분의 유로대출은 조기 상환에 대한 규정이 없는 고정 만기를 위한 것이다.

협조대출. 대출 신디케이션(syndication)으로 은행은 대규모 대출의 위험을 다수의 은행들로 분산시킬 수 있다. 대출 신디케이션은 많은 대규모 MNE들이 개별 은행의 대출 한도를 초과하는 융자를 필요로 하기 때문에 특별히 중요하다. 협조은행대출(syndicated bank credit)은 고객을 대신하여 주간사은행(lead bank)에 의해 주선된다. 대출 계약서를 확정하기 전에, 주간사은행은 은행 그룹의 참여를 모색하고 개별 참가은행은 요구되는 총자금의 일부를 제공한다. 주간사은행은 차입자와 같이 협력하여 총융자금액, 변동금리에서의 기준금리와 가산 스프레드, 만기, 참여 은행 관리에 대한 수수료 체계를 결정한다. 협조대출(syndicated credit)의 주기적인 비용에는 두 가지 요소가 있다.

1. 대출의 실제 이자 비용. 보통 LIBOR와 같은 변동 이자율을 초과하는 스프레드로서 베이시스 포인트 단위로 표시된다.
2. 신용의 사용하지 않은 부분에 대해 지급된 약정 수수료(commitment fee). 차입자가 지불하는, LIBOR를 초과하는 스프레드는 차입자의 상환 능력에 적용되는 일반적인 경영 및 재무 위험을 반영하는 위험프리미엄으로 간주된다.

유로중기채권시장

유로중기채권시장(euronote market)은 유로통화시장이 원천인 단기에서 중기 만기의 부채 수단을 말할 때 사용되는 집합적 용어이다. 다수의 차별화된 금융상품들이 존재하긴 하지만, 그것들은 인수약정 퍼실리티(underwritten facility)와 비인수보증 퍼실리티(nonunderwritten facility)라는 2개의 주요 그룹으로 나눠질 수 있다. 인수약정 퍼실리티는 여러 다양한 형태의 유로중기채권을 판매하는 데 이용된다. 비인수보증 퍼실리티는 유로상업어음(eurocommercial paper, ECP)과 유로 MTN(euro medium-term note, EMTN)의 판매와 유통을 위해 사용된다.

유로중기채권과 유로중기채권 퍼실리티. 국제화폐시장의 주요 발전은 단기이고 양도 가능하며 지급이 보증된 유로중기채권의 판매를 위해 인수하는 퍼실리티를 확립한 것이었다. 이 상품들의 발행을 위한 퍼실리티로는 회전인수수단(revolving underwriting facility, ruf), 채권발행수단(note issuance facility, nif), 채권발행수단편의(standby note issuance facility, snif)가 있다. 이러한 퍼실리티들은 국제 투자은행 및 상업은행들에 의해 제공된다. 증권화되고 인수되는 방식은 유동적인 유통시장을 쉽게 형성하여 일반 투자자들이 중기채권을 직접 주문할 수 있게 만들었기 때문에 유로중기채권은 협조대출보다 훨씬 더 저렴한 단기자금의 원천이었다. 은행들은 초기에 인수 및 모집 서비스에 대해 상당한 수수료를 받았다.

유로상업어음. 유로상업어음(ECP)은 전 세계의 국내시장에서 발행된 상업어음처럼, 기업 또는 은행의 (인수되지 않는) 단기 채무이다. 만기는 전형적으로 1개월, 3개월, 6개월이다. 유로상업어음은 보통 할인되어 판매되고 가끔 명시된 쿠폰을 가지고 판매된다. 주요 통화로 표시된 발행은 가능하나, 발행 잔액의 90% 이상이 미국 달러로 표시된다.

유로 MTN. 유로 MTN(EMTN) 시장은 ECP와 ECP보다는 만기가 좀 더 길고 덜 유연한 국제채권(international bond) 간의 만기의 빈자리를 효과적으로 연결한다. 초기에는 인수 절차가 많이 있었으나, 이제는 대부분의 EMTN들이 인수 절차가 없다.

EMTN 시장의 급속한 초기 성장은 미국 SEC가 기업에 부채 발행에 대한 일괄등록(shelf registration)을 허용한 미국증권거래위원회 규정 415(SEC Rule #415)를 마련했을 때 미국시장에서 동일한 기본 수단이 나타나자마자 바로 뒤따랐다. 일단 그런 등록이 이루어지면, 기업은 추가 발행이 이루어질 때마다 새로 등록할 필요 없이 계속해서 노트를 발행할 수 있다. 이는 결국 회사가 훨씬 더 저렴하고 더 유연한 발행 퍼실리티를 통해 단기 및 중기 노트를 판매할 수 있도록 했다.

EMTN의 기본 특성은 채권과 유사하여 채권에 필적하는 액면가, 만기, 쿠폰구조, 금리를 가지고 있다. EMTN의 전형적인 만기는 짧게는 9개월부터 최대 10년까지의 범위를 가진다. 쿠폰은 일반적으로 6개월마다 한 번씩 지급되며, 쿠폰이자율은 유사한 채권 발행과 비교할만하다. 그러나 EMTN은 세 가지 독특한 특성을 가진다. (1) 본질적으로 한번에 매도되는 채권과는 다르게, EMTN은 일정기간 동안 연속적으로 발행하는 것이 가능한 퍼실리티이다. (2) EMTN은 연속적으로 판매되기 때문에, 부채 서비스(쿠폰 상환)를 관리하기 위해서 쿠폰은 발행일과 관계없이 달력 날짜에 따라 지급된다. (3) EMTN은 상대적으로 작은 200~500만 달러 사이로 발행되기 때문에 국제채권시장에서 관행적으로 요구하는 대단위 최소금액에 비해 중장기 부채 취득을 좀 더 유연하게 한다.

국제채권시장

국제채권시장(international bond market)은 국내자본시장에 영향을 주는 통상적인 통제와 규제에 의해 제약받지 않는 창의적인 투자은행가들이 만든 다양한 혁신적 수단들을 뽐낸다. 실제로, 국제채권시장은 국제차입자들에게 제공되는 자금의 양과 비용 측면에서 국제은행시장(international banking market)에 비할만하다. 모든 국제채권은 유로장기채권과 외국채라는 2개의 일반적인 범주에 속한다. 두 범주를 구분하는 것은 차입자가 국내 거주자인지 아니면 외국 거주자인지 여부와 발행채권이 현지 통화로 표시되는지 아니면 외국 통화로 표시되는지 여부에 따른다.

유로장기채권. 유로장기채권(eurobond)은 은행 및 다른 증권회사의 국제 신디케이트에 의해 인수되고 표시통화국 이외의 국가들에서만 판매된다. 예를 들어, 미국에 거주하는 기업이 발행한 채권인데 미국 달러로 표시되고 (미국의 투자자들에게가 아니라) 유럽과 일본의 투자자들에게 판매된다면, 이는 유로장기채권이다.

유로장기채권은 MNE, 대형 국내기업, 국가의 정부, 정부 기업, 국제기구에 의해 발행된다. 유로장기채권은 여러 국가의 자본시장에서 동시에 판매되지만, 채권의 표시통화 국가의 거주자나 자본시장에는 판매되지 않는다. 거의 모든 유로장기채권은 상환 조항(만기 이전에 발행자가 채권을 상환할 수 있음)과 상환 기금(채무 상환을 보증하기 위해 회사가 적립해야 하는 기금)이 있는 무기명 형태이다.

유로장기채권의 신규 발행을 판매하는 신디케이트는 유럽의 은행들, 미국 은행들의 외국 지점들, 역외금융센터 은행들, 투자은행들과 상업은행(merchant bank)들, 비은행 증권 회사들을 포함한 다수 국가들의 인수기관들로 구성되는 것 같다. 유로장기채권 발행에는 세 가지 유형이 있다.

■ **고정금리 보통채 발행.** 고정금리 보통채 발행(straight fixed-rate issue)은 대부분의 국내채권처럼 고정 쿠폰, 만기일 설정, 최종 만기에 원금 전체 상환이라는 구조를 가졌다. 보통 쿠폰은 6개월마다가 아

닌 1년마다 지급되는데, 그 이유는 주로 채권이 소지식 채권(bearer bond)이어서 연 단위 쿠폰 상환이 소유자에게 더 편리하기 때문이다.

- **변동이표율채권.** 변동이표율채권(floating-rate note, FRN)은 보통 변동금리 기준을 사용하여 결정되는 쿠폰을 6개월마다 지급한다. 전형적인 쿠폰은 LIBOR에 일정한 고정 스프레드가 가산되어 정해진다. 이 구조는 대부분의 변동금리 이자를 갖는 수단들처럼 투자자들이 금융투자의 이자율 위험을 차입자에게 더 많이 이전할 수 있도록 설계되었다. 많은 FRN들은 고정된 만기를 가졌지만, 최근 수년 동안 발행된 많은 FRN들은 원금상환이 없는 영구채여서 자기자본의 성격을 취하고 있다.

- **주식연계발행.** 주식연계 국제채권(equity-related international bond)은 사실 모든 가격과 지급 특성에서 고정금리 보통채와 흡사한데, 만기 이전에 정해진 1주당 가격으로 (또는 대안적으로 채권 하나당 몇 개의 주식으로) 주식으로 전환할 수 있는 특징이 추가된 것이다. 차입자는 주식 전환 특성에서 오는 추가 가치 때문에 더 낮은 쿠폰을 지급하는 부채를 발행할 수 있다.

외국채. 외국채(foreign bond)는 단일 국가의 멤버들로 구성된 신디케이트에 의해 인수되고 주로 그 나라에서 판매되며 그 나라 통화로 표시된다. 그렇지만 발행자는 다른 나라 출신이다. 스웨덴에 거주하는 기업에 의해 발행되고 미국 달러로 표시되며 미국 투자은행들에 의해 미국에서 미국 투자자들에게 판매되는 채권은 외국채이다. 외국채는 별명이 있다. 미국에서 판매되는 외국채는 양키채(Yankee bond)이다. 일본에서 판매되는 외국채는 사무라이 채권(Samurai bond)이다. 영국에서 판매되는 외국채는 불독채(Bulldog)이다.

유로장기채권시장의 독특한 특징들

유로장기채권시장은 대략 유로달러예금시장과 같은 시점에 나타났지만, 두 시장은 다른 이유로 존재하며 서로 독립적으로 존재한다. 유로장기채권시장은 몇 가지 독특한 요인 덕분에 존재하는데, 규제 간섭의 부재, 덜 엄격한 정보공개 관행, 우호적인 세금 처리, 신용등급 등이 그것이다.

규제 간접의 부재. 개별국 정부는 현지 통화로 표시되고 그 나라 국경 안에서 판매되는 증권을 발행하는 외국인에게 자주 엄격한 통제를 가한다. 그러나 일반적으로 정부는 외국 통화로 표시되고 자국 내에서 외국 통화 보유자들에게 판매되는 증권들에 대해서는 덜 엄격한 제한을 둔다. 실제로 유로장기채권 판매는 단일 국가의 규제 영역 밖에 있다.

덜 엄격한 정보공개. 유로장기채권시장의 정보공개에 대한 요구사항은 미국 내 판매에 대한 미국증권거래위원회(SEC)의 요구사항보다 훨씬 덜 엄격하다. 미국 기업들은 유로장기채권의 등록비용이 국내 발행보다 작고 신규 발행을 시장에 가져오기까지 소요되는 시간도 더 적게 걸린다는 것을 종종 발견한다. 비미국 기업들은 SEC에 등록하는 데 필요한 비용과 정보공개를 겪는 것을 원하지 않기 때문에 자주 미국 내 판매되는 채권들보다 유로달러장기채권(eurodollar bond)을 선호한다. 그런데 SEC는 특정 사모(private placement)에 대해 정보공개 요구사항을 완화(미국증권거래위원회 규정 144A)하여, 미국 국내 채권시장과 주식시장의 매력을 향상시켰다.

우호적인 세금 처리. 유로장기채권은 세금 익명성과 유연성을 제공한다. 유로장기채권의 이자는 일반적으로 소득 원천세 징수대상이 아니다. 예상할 수 있는 바와 같이, 유로장기채권의 이자는 항상 세무당국에 보고되는 것은 아니다. 유로장기채권은 일반적으로 소지식 채권(bearer bond) 형태로 발행되는데, 이는 채권 소유자의 거주 국가와 이름이 증서에 없음을 의미한다. 이자를 받기 위해서, 채권 소지자는 채권에서 이자 쿠폰을 잘라 발행 시 지불 에이전시로 열거된 금융기관에 이를 제출해야 한다. 유럽의 투자자들은 소지식 채권이 제공하는 개인정보 보호에 익숙하고 등록채권(registered bond)을 매입하는 것을 매우 꺼려 한다. 소지식 채권 여부는 종종 세금 회피와 관련이 있다.

타인자본에 대한 접근은 명백하게 법적 환경과 세금환경에서 기본적인 사회 규범에 이르기까지 모든 면에 의해 영향을 받는다. 실제로 종교조차도 타인자본의 사용과 이용 가능성에 역할을 수행한다. 글로벌 금융 실무 14.2는 서구인들에게는 거의 볼 수 없는 영역 중 하나인 이슬람 금융에 대해 보여주고 있다.

글로벌 금융 실무 14.2

이슬람 금융

무슬림, 즉 이슬람교도들은 이제 세계 인구에서 대략 1/4을 차지하고 있다. 인구 대부분이 이슬람교도들인 국가들은 글로벌 GDP의 약 10%를 창출하며 신흥시장에서 큰 비중을 구성하고 있다. 이슬람법은 경영을 포함하여 실무자들을 위해 개인과 조직 행동의 다양한 측면에 대해 이야기한다. 우리 관심의 특정 분야인 이슬람 금융은 이슬람교도들에게 많은 제약을 가하며 이슬람 기업의 자금조달 및 구조에 아주 많은 영향을 미친다.

이슬람 양식의 금융은 이슬람 자체의 종교만큼이나 오래되었다. 모든 이슬람 금융의 기초는 쿠란에서 취한 샤리아(Sharia), 즉 이슬람법의 원칙들에 있다. 이 원칙들을 준수하면 다음과 같이 경영 및 금융 실무에 제한이 가해진다.

- 돈으로 돈을 버는 것은 허용되지 않는다.
- 이자를 받는 것은 금지된다.
- 이익과 손실을 공유해야한다.
- 투기(도박)는 금지된다.
- 투자는 오로지 할랄(halal) 활동만 지원해야 한다.

사업 수행을 위해, 이자 수취에 대한 샤리아의 금지를 이해하는 핵심은 전통적인 서구의 투자에서의 수익이 위험 수반과 관련된 수익에서 나타난다는 것을 이해하는 것이다. 예를 들어, 전통적인 서구 은행은 기업 대출을 연장할 수 있다. 은행이 사업(차입자)의 궁극적인 수익성과 관계없이 원금과 이자를 수취한다는 것은 동의된 것이다. 사실 주식에 대한 수익이 발생하기 전에 부채는 상환된다. 유사하게, 서구 은행에 예금하는 개인은 은행과 은행의 관련 투자의 수익성과 관계없이 예금에 대해 이자수익을 받을 것이다.

그러나 샤리아 법에 따르면, 이슬람 은행은 예금자들에게 이자를 지급할 수 없다. 따라서 이슬람 은행의 예금자들은 실질적으로 주주들(서구의 신용조합과 매우 유사함)이며 그들이 받는 수익은 은행 투자 수익성의 함수이다. 이익과 손실은 공유되어야 하기 때문에 예금자들의 수익은 고정되거나 보장될 수 없다.

그런데 최근에는 많은 이슬람 금융기관들이 유럽과 북미 지역에 문을 열었다. 이슬람교도는 이제 이슬람 원칙에서 벗어나는 것 없이 집을 구매할 수 있다. 매입자가 부동산을 선택하면 이 부동산을 이슬람 은행이 매입한다. 은행은 결국 주택을 장래의 매입자에게 더 높은 가격으로 재판매한다. 매입자는 수년간에 걸쳐 구매대금을 지급할 수 있다. 서구 관점에서는 매입 가격의 차이가 내재된 이자라고 생각할 수 있지만, 이 구조는 샤리아 법을 준수하는 것이다. 불행히도, 미국과 영국 모두에서는 이 '내재된 이자'가 이자처럼 집주인을 위한 세금 공제 비용은 아니다.

신용등급. Moody's와 Standard and Poor's(S&P)와 같은 신용평가기관은 수수료를 받고 선택된 국제채권에 대한 신용등급을 평가하여 제공한다. 국제채권에 대한 Moody's의 신용등급이 말해주는 신용도는 미국발행자의 국내채권 경우와 동일하다. Moody's의 평가는 발행자가 채권의 원 조건에 따라 상환하기 위해 필요한 통화를 확보할 수 있는 능력이 있는지에 대해 이루어진다. 즉, Moody's는 환율 변동으로 투자자가 가질 수 있는 위험을 평가하는 것은 아니다.

Moody's는 발행자의 요청에 따라 국제채권의 신용등급을 평가한다. 재무제표와 발행자로부터 얻은 다른 자료들을 토대로 예비신용평정을 하고 예비결과에 대해 의견을 말할 기회가 있는 발행자에게 이를 고지한다. Moody's가 최종 신용등급을 결정한 후에 발행자는 신용등급을 발표하지 않기로 결정할 수도 있다. 결과적으로, 낮은 신용등급으로 평가된 발행자들은 이를 발표하지 않기 때문에 공개된 국제신용등급이 최우량 신용등급 범주에 해당되는 경우가 불균형적으로 많이 나타난다.

유로장기채권 매입자들은 채권신용평정 서비스나 재무제표 상세분석에만 의존하지 않는다. 발행기업의 일반적인 명성과 인수단이 우호적인 조건을 획득하게 하는 주요한 요인들이다. 이러한 이유로 더 규모가 크고 더 잘 알려진 MNE, 국영기업, 개별국 정부는 최저 이자율 조건을 얻을 수 있다. 회사 이름이 일반 대중들에게 잘 알려져 있는 기업은 아마 소비재를 생산하기 때문일 것이다. 이러한 기업들은 대등하게 자격이 있으나 취급하는 제품이 덜 알려져 있는 기업들보다 더 유리하다고 종종 여겨진다.

요점

■ 자본조달전략을 설계하려면 경영진이 장기 재무전략을 설계해야 한다. 그다음에 기업은 기업의 목표를 달성하기 위해 어디에서 주식을 교차상장할지, 새로운 주식을 어디에서 발행할 것인지 그리고 어떤 형태로 발행할 것인지를 포함한 다양한 대안 경로들 중에서 선택해야 한다.

■ 다국적 기업의 한계자본비용은 자본예산의 상당한 범위에서 상수이다. 이 진술은 대부분의 소규모 국내기업에는 사실이 아니다.

■ MNE는 현금흐름을 국제적으로 분산함으로써, 포트폴리오를 국제적으로 분산하여 포트폴리오 투자자가 얻는 것과 같은 종류의 현금흐름 변동성 감소를 이룰 수 있다.

■ 기업이 외국 통화로 표시된 부채를 발행할 때, 유효비용은 원금과 이자를 기업의 모국 통화로 상환하는 세후비용과 같다. 이 크기는 외국 통화로 측정된 원금과 이자에 대한 명목비용이 환차익 또는 환차손에 대해 조정된 것이다.

■ 한 국가의 자기자본의 글로벌 원천을 추구할 때 유로주식 발행, 직접 외국 발행, 주식예탁증서 프로그램, 사모(private placement) 등 기업이 선택할 수 있는 다양한 자기자본 경로가 있다.

■ 미국 또는 글로벌 주식예탁증서 프로그램은 선진국 시장 외부의 기업들이 기존 주식들의 유동성을 개선하거나 신주를 발행하는 데 있어 매우 효과적인 방법을 제공한다.

■ 사모는 신흥시장 기업들이 제한된 정보공개와 비용으로 가장 큰 자본시장에서 자본을 조달할 수 있게 하는 경로로 그 규모가 점점 커지고 있다.

■ 국제 부채시장은 차입자에게 다양한 만기, 상환구조, 표시통화를 제공한다. 시장과 시장의 많은 다양한 수단들은 자금조달원천, 가격결정구조, 만기, 다른 부채와 자기자본 수단에 대한 종속 또는 결합에 따라 상이하다.

■ 유로통화시장은 두 가지 귀중한 목적을 가지고 있다. (1) 유로통화는 기업의 초과 유동성을 보유하기 위한 효율적이고 편리한 화폐시장 고안품이다. (2) 유로통화시장은 기업에 수출과 수입을 포함한 필요 운전 자본을 공급하는 단기 은행 대출의 주요 원천이다.

사례

브라질의 Petrobrás와 자본비용[6]

브라질의 국영 원유기업인 Petrobrás는 신흥시장에서 흔한 질병인 경쟁력 없는 높은 자본비용에 시달렸다. 심해 기술(해수면 아래 1마일 이상 유전 및 가스전을 굴착하고 개발할 수 있는 능력)의 세계적인 리더로 널리 알려졌음에도 불구하고, 자본비용을 낮추는 전략을 고안할 수 없다면 진정한 조직적 경쟁우위를 활용할 수 없었을 것이다.

많은 시장 분석가들은 이 브라질 기업이 많은 멕시코 기업들이 취한 전략을 따라야 하며 딜레마에서 탈출해야 한다고 주장했다. Petrobrás가 많은 독립적인 북미 원유 및 가스회사 중 하나를 인수한다면, 자본시장의 관점에서 전적으로 '브라질 기업'에서 부분적으로 '미국 기업'으로 변모할 수 있으며 아마 가중평균 자본비용(WACC)을 6~8% 사이로 낮출 수 있을 것 같았다.

Petróleo Brasileiro S.A.(Petrobrás)는 브라질의 국영 원유회사로서 브라질 정부가 1954년 설립한 통합 원유 및 가스 회사이다. 이 회사는 1997년에 상파울루에서, 2000년에는 뉴욕증권거래소(NYSE: PBR)에 상장되었다. 주식상장에도 불구하고 브라질 정부는 여전히 총자기자본의 33%, 의결권 주식의 55%를 소유한 지배 주주였다. 브라질 국영 원유기업으로서 회사의 유일한 목적은 수입원유에 대한 브라질의 의존도를 줄이는 것이었다. 그러나 이런 집중의 부작용은 국제적

분산이 부족하다는 것이었다. 다수의 비평가들은 국제적으로 다각화하지 않은 채 브라질 기업으로만 있는 것은 경쟁력 없는 자본비용을 야기한고 주장했다.

다각화에 대한 필요성

2002년 Petrobrás는 브라질에서 제일 규모가 큰 기업이자 남미 지역에서 가장 큰 상장 원유회사였다. 그러나 영업은 국제화되어 있지 않았다. Petrobrás의 국제적 다각화가 본래부터 부족하다는 것은 국제 투자자들에게 너무나 분명하여 이들은 Petrobrás에 다른 브라질 기업들과 동일한 국가위험 요인과 프리미엄을 부여했다. 그 결과, 도표 A에서 볼 수 있듯이 Petrobrás의 2002년 자본비용은 도표의 다른 기업들보다 6% 포인트 정도 더 높았다.

Petrobrás는 과정을 이끄는 몇 가지 주요 거래와 함께 글로벌 전략에 착수했다. 2001년 12월, 아르헨티나의 Repsol-YPF와 Petrobrás는 5억 달러 상당의 영업 자산 교환계약을 체결했다. 이 교환으로 Petrobrás는 Eg3 S.A. 주유소 체인에서 99%의 지분을 받고 Repsol-YPF는 정제에서 30% 지분, 역외 유전에서 10% 지분, 브라질의 230개 주유소에 연료를 재판매할 수 있는 권리를 얻었다. 계약은 환위험을 8년간 보증하는 것을 포함했다.

2002년 10월 Petrobrás는 아르헨티나의 Perez Companc

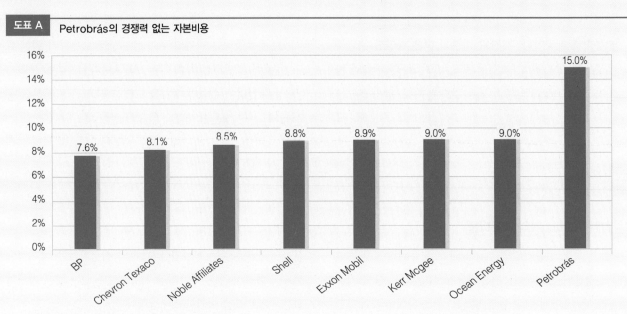

도표 A ┃ Petrobrás의 경쟁력 없는 자본비용

출처 : MorganStanley Research, 2002년 1월 18일, 2002, p. 5.

(Pecom)를 샀다. Pecom은 2002년 1월 아르헨티나 금융위기 이후 신속하게 움직였다. Pecom은 상당한 국제 매장량과 생산능력을 가지고 있었지만, 가치가 떨어지는 아르헨티나 페소, 대부분 달러로 표시된 부채 포트폴리오 그리고 수많은 아르헨티나 정부의 규제들이 혼합되어 경화(hard currency) 자원을 보유하고 활용하는 기업의 능력을 방해했기 때문에 기업의 재무구조를 차환할 구매자를 찾기 위해 재빨리 움직였다. Petrobrás는 기회를 이용했다. Pecom의 소유권은 지배주주인 가족 소유주들과 이들의 재단이 58.6%를, 나머지 41.4%는 주식상장에 따른 일반투자자들로 나뉘어져 있었다. Petrobrás는 지배 지분을, 즉 Pecom의 가족 소유주들에게 58.6%의 지분을 모두 인수했다.

향후 3년에 걸쳐, Petrobrás는 상당 부분의 부채(그리고 Pecom 인수를 통해 획득하게 된 부채)를 재조정하고 성장을 위해 투자하는 데 주력했다. 그러나 재무구조를 활성하기

위한 진전은 느리게 이루어졌고 2005년까지 기업의 자기자본을 늘리기 위한 신주 발행에 대해 재개된 논의가 있었다.[7] 그 비용은 얼마였을까? 기업의 자본비용은 얼마였을까?

국가위험

도표 A는 2002년도 Petrobrás를 포함하여 전 세계 주요 원유 및 가스 회사들의 자본비용을 보여주고 있다. 이러한 비교는 모든 자본비용이 공통된 화폐, 이 사례에서는 미국 달러로 계산될 경우에만 가능하다. 세계 원유 및 가스시장은 오랫동안 '달러로 표시'되어 왔고, 이 시장에서 활동하는 기업이라면 실제로 세계 어디에서 영업하든지에 관계없이 회사의 기능통화(functional currency)는 미국 달러로 간주되었다. 그 회사가 미국 주식시장에 주식을 상장한다면 자본비용의 달러화(dollarization)는 더욱 받아들여질 것이다.

브라질 사업에 대한 (달러로 측정한) 자본비용은 얼마일까? 브라질은 높은 인플레이션, 경제적 불안정 그리고 통화

---

[7]　2005년까지, 회사의 재무 전략은 유의한 다각화를 보여주고 있었다. 조달된 총기업자금은 채권 40억 달러, BNDES(브라질 경제 개발 에이전시의 후원하에 발행된 채권) 30억 달러, 프로젝트 파이낸스 50억 달러, 기타 40억 달러로 균형이 잘 잡혀졌다.

도표 B	브라질 국가 스프레드

미국을 초과한 스프레드(베이시스 포인트)

출처 : Latin Focus에 인용된 JPMorgan의 EMBI+스프레드, www.latin-focus.com/latinfocus/countries/brazilbisprd.htm, 2005년 8월.

의 가치 하락과 평가절하(체제에 따라 좌우됨)와 승부를 겨룬 오랜 역사를 가졌다. 브라질 국가위험에 대한 글로벌 시장의 의견을 주도하는 지표 중 하나는 브라질 정부가 글로벌 시장에서 달러를 조달할 때 미국 재무부보다 더 많이 지급해야 하는 추가 수익률 또는 비용인 국가 스프레드였다. 도표 B에서 보듯이, 지난 10년간 브라질 국가 스프레드는 높기도 했고 변동성도 높았다.[8] 스프레드는 최근 몇 년 동안 때로 400베이시스 포인트(4.0%)만큼 낮거나 브라질 헤알(real)화가 처음으로 평가절하되고 이후 자유롭게 결정되던 2002년 금융위기 기간 중에는 2,400베이시스 포인트(24.0%)만큼 높기도 했다. 이것은 단지 브라질 정부의 부채 비용일 뿐이었다. 이 국가 스프레드가 어떻게 Petrobrás와 같은 브라질 회사의 부채 및 자기자본비용에 반영될까?

미국 달러로 측정한 Petrobrás의 부채 비용($k_d^\$$)을 추정하는 한 가지 접근법은 브라질 정부의 달러조달비용을 민간 기업의 신용스프레드에 대해 조정하는 것이다.

$$k_d^\$ = \text{미국 무위험} + \text{브라질 국가} + \text{Petrobrás의}$$
$$\text{이자율} \qquad \text{스프레드} \qquad \text{신용 스프레드}$$

$$k_d^\$ = 4.000\% + 4.000\% + 1.000\% = 9.000\%$$

미국의 무위험이자율을 10년 만기 미국 재무부 증권(Treasury bond) 수익률로 측정한다면, 2005년 10월 기준 금리는 4.0%라 할 수 있다. 도표 B를 보면, 브라질 국가 스프레드는 400베이시스 포인트 또는 추가적인 4.0%인 것처럼 보인다. Petrobrás의 신용 스프레드는 단지 1.0%였을지라도, 회사의 달러로 표시한 부채비용은 9%일 것이다. 이 비용은

---

[8] 도표 B에서 제시된 국가 스프레드는 JP Morgan의 *Emerging Market Bond Index Plus*(EMBI +) 지수로 측정된 것이다. 이는 실무자들이 국가위험의 측정치로 가장 광범위하게 사용하는 측정치이다.

2005년 후반 동안 아마 평균 5%만 지급하는 대부분의 세계 주요 원유기업들의 부채비용보다 명백하게 더 높았다.

Petrobrás의 자기자본비용은 국가위험이 조정된 무위험이자율에 의해 유사하게 영향을 받을 것이다. 달러로 측정한 Petrobrás의 자기자본비용($k_e^\$$)을 추정하기 위해 자본자산가격 결정모형(CAPM)의 단순식을 사용하면 다음과 같다.

$$k_e^\$ = \text{무위험이자율} + (\beta_{Petrobrás} \times \text{시장위험 프리미엄})$$
$$= 8.0000\% + (1.10 \times 5.500\%) = 14.05\%$$

위의 계산에서는 앞의 부채비용에서 사용했던 것과 같은 무위험이자율을 가정했으며, 베타(NYSE 기준)는 1.10으로, 시장위험 프리미엄은 5.500%로 가정했다. 이러한 상대적으로 보수적인 가정들(많은 사람들은 베타가 실제 더 높거나 낮고 시장위험 프리미엄이 6.0% 이상이라고 주장할 것이다)을 했음에도, Petrobrás의 자기자본비용은 14%였다.

$$\text{WACC} = (\text{부채/자본} \times k_d^\$ \times (1 - \text{세율}))$$
$$+ (\text{자기자본/자본} \times k_e^\$)$$

장기 목표 자본구조가 자본의 1/3은 부채, 2/3는 자기자본이며 유효 법인세율(특별 세금감면, 추가세금 그리고 브라질 원유 및 가스 산업에 대한 인센티브 후 법인세율)은 28%라고 가정하니, Petrobrás의 WACC는 11.5%를 약간 넘은 것으로 추정되었다.

$$\text{WACC} = (0.333 \times 9.000\% \times 0.72)$$
$$+ (0.667 \times 14.050\%) = 11.529\%$$

기업을 국제적으로 분산하고 자본비용을 국제화하는 모든 노력 후에도 왜 Petrobrás의 자본비용은 여전히 글로벌 경쟁자들보다 더 높았을까? 가중평균 자본비용이 다른 주요 글로벌 경쟁자들에 비해 높기도 했지만, 이 높은 자본비용이 많은 잠재적 투자와 인수를 평가하는 데 있어 기본 할인율로 사용되었기 때문이다.

Petrobrás를 다룬 많은 투자 은행들은 이 회사의 주가가 여러 해 동안 0.84 근처에서 맴돌고 있는 EMBI+ 브라질 국가 스프레드(도표 B)와 매우 높은 상관관계를 보이고 있다고 언급했다. 유사하게 Petrobrás의 주가 역시 역사적으로 브라질 헤알/미국 달러 환율과 (역으로) 상관관계가 있었다. 이 상관관계를 2000~2004년 기간 동안 평균을 내면 0.88이었다. 마지막으로 Petrobrás가 원유회사로 또는 브라질 회사로 간주되는지 여부에 대한 질문도 다소 의문의 여지가 있었다.

Petrobrás의 주식 성과를 보면 브라질 주식시장 그리고 역사적 거래 패턴에 근거한 신용 스프레드와 매우 높은 상관관계가 있는 것처럼 보인다. 이는 이 회사에 대한 투자 결정을 내리는 데 전반적인 브라질 시장의 방향에 대한 견해가 중요하다는 것을 암시한다. 역사적 추세가 유지된다면, 브라질 위험에 대한 인식 개선이 Petrobrás의 주가 성과에 자극이 될 것이다.

– "Petrobrás: A Diamond in the Rough,"
JPMorgan Latin American Equity Research,
2004년 6월 18일, pp. 26–27

사례 문제

1. 왜 Petrobrás의 자본비용은 그렇게 높을까? 가중평균 자본비용을 계산하는 다른 방법 또는 더 나은 방법이 있는가?

2. 국가 스프레드를 사용하는 이 방법이 환위험에 대해서도 보상하는가?

3. 마지막 인용문인 "전반적인 브라질 시장의 방향에 대한 견해"는 잠재적 투자자가 자신의 투자 결정에 브라질의 상대적 매력도를 고려해야 함을 시사한다. 회사의 자본비용을 계산할 때 이 인식이 어떻게 나타날까?

4. Petrobrás와 같은 회사의 전략과 경쟁력에 있어 자본비용은 정말 관련 있는 요인일까? 기업의 자본비용은 진짜 경쟁력에 영향을 미칠까?

1. **글로벌 부채와 자기자본 시장에서의 조달.** 자기자본과 타인자본을 글로벌하게 확보하기 위해 사용되는 전략들의 순서는 무엇인가? 기업은 글로벌 부채시장 또는 글로벌 주식시장에서 조달하는 것으로 시작해야만 하는가?

2. **최적 재무구조.** 부채 비용이 자기자본비용보다 저렴하다면, 왜 더 많은 부채를 사용한다고 해서 기업의 자본비용이 계속해서 감소하는 것은 아닐까?

3. **다국적 기업과 현금흐름 분산.** 다국적 기업이 현금흐름을 다각화할 수 있는 능력이 어떻게 더 많은 부채를 사용할 수 있는 능력을 변경시키는가?

4. **외국 통화 부채.** 외국 통화로 대출을 받는 이점과 비용은 무엇인가?

5. **글로벌 자기자본에 대한 세 가지 핵심.** 글로벌 시장에서 자기자본을 조달하는 것과 관련된 세 가지 핵심요소는 무엇인가?

6. **글로벌 자기자본 대안들.** 글로벌 시장에서 자기자본을 조달하기 위해 이용 가능한 대안 구조는 무엇인가?

7. **목표공모.** 목표공모(directed public issue)란 무엇인가? 이런 종류의 국제 주식 발행의 목적은 무엇일까?

8. **주식예탁증서.** 주식예탁증서(depositary receipt)란 무엇인가? 이 형태로 외국의 주식시장에 상장되고 발행된 주식의 예를 들어보라.

9. **글로벌 주식예탁증서(GDR), 미국 주식예탁증서(ADR), 글로벌 등록주식(GRS).** GDR, ADR 및 GRS의 차이점은 무엇인가? 이 차이점들은 어떻게 중요한가?

10. **후원형과 비후원형.** ADR과 GDR은 후원형일 수도 있고 비후원형일 수도 있다. 이것이 의미하는 것은 무엇이며 이것이 주식을 구매하는 투자자에게 중요할까?

11. **주식예탁증서(DR).** 발행자와 투자자에게 DR의 이점은 무엇인가? DR 상장폐지와 관련된 위험은 무엇인가?

12. **주식최초공개발행(IPO)과 주식추가발행(FO).** FO 대비 IPO의 의미는 무엇인가?

13. **교차상장.** 복수의 주식거래소에 주식을 교차상장하는 기업에 있어 주요 이점과 단점은 무엇인가?

14. **GDR과 국내주가.** GDR 가격과 원주의 국내 주식 가격은 강하게 같이 움직여야만 하는가?

15. **교차상장 장벽.** 해외 교차상장의 주요 장벽으로는 어떤 것들이 있는가?

16. **사모.** 사모(private placement)란 무엇인가? 공모(public issue) 대비 사모의 장단점은 무엇인가?

17. **MNE 출구전략.** MNE가 일시적으로 신규시장에서 영업을 계획하고 있다고 가정하자. 이 다국적 기업은 현지의 벤처캐피탈(venture capital) 또는 사모(private equity)회사와 협력해야 할까?

18. **은행대출 대 증권화된 부채.** 다국적 기업 입장에서, 은행 차입 대비 시장에서 판매되는 증권화된 부채 수단의 이점은 무엇인가?

19. **국제부채수단.** 국제시장에서 부채를 조달하기 위해 이용 가능한 주요 대안적 수단들은 무엇이 있는가?

20. **유로장기채권 대 외국채.** 유로장기채권(eurobond)과 외국채(foreign bond)의 차이점은 무엇이며 왜 두 가지 유형의 국제채권이 존재할까?

21. **해외 종속회사 자금 제공.** 해외 종속회사(foreign subsidiary)에 자금을 제공하는 주요 방법은 무엇이며 이에 대한 선택에 현지 정부의 관여가 어떻게 영향을 미치는가?

22. **현지 규범.** 다국적 기업의 해외 종속회사는 자본구조에 관한 현지국의 규범 또는 모국 규범을 준수해야 하는가?

23. **해외 종속회사의 내부 및 외부 자금조달.** MNE가 종속회사를 위해 내부 또는 외부 자금조달 원천을 모색하는

것이 바람직한가?

24. **신용거래조건.** 왜 높은 신용등급을 보유한 MNE는 규모가 더 작은 기업들과 비교할 때 더 나은 신용거래조건을 얻는가?

문제

1. **Al-Niger Co.(나이지리아).** 아부자(나이지리아)에 본사가 있는 원유회사인 Al-Niger Co.는 1년 동안 연 이자율 8%에 1,000만 유로를 차입한다.

   a. 유로화가 1년 동안 NGN225/€에서 NGN200/€로 약세를 보인다면 나이지리아 나이라(NGN)로 이 부채비용은 얼마인가?

   b. 유로화가 1년 동안 NGN225/€에서 NGN250/€로 강세를 보인다면 나이지리아 나이라(NGN)로 이 부채비용은 얼마인가?

2. **환위험과 스위스 프랑 차입비용.** 이 장에서는 외국 통화로 차입하는 회사는 기대했던 것과 다른 유효이자율을 지급하는 것으로 끝날 수 있다는 것을 알았다. 부채 원금은 150만 스위스 프랑, 만기 1년, 기초 현물환율은 SF1.5000/$, 부채비용 5%, 법인세율 34%라 생각하고 기말 환율이 각각 다음 경우일 때 미국 달러 기반인 기업의 1년 만기 부채의 유효부채비용은 얼마인가?

   a. SF1.5000/$

   b. SF1.4400/$

   c. SF1.3860/$

   d. SF1.6240/$

3. **MAN Invest(영국).** 영국에 기반을 둔 투자 파트너인 MAN Invest는 환율이 $1.3460/€일 때 1억 유로를 차입했다. 원금은 3년 후에 상환되고 이자는 연 7%로 유로화로 1년마다 지급된다. 유로는 영국 파운드 대비 연 8%씩 약세가 될 것으로 기대된다. MAN Invest의 유효 차입 비용은 얼마인가?

4. **Inter-KSA(사우디아라비아).** Inter-KSA는 운전자본을 조달하기 위해 1년 동안 5,000만 유로가 필요한 국내선에 특화된 사우디아라비아의 항공회사이다. 이 항공회사는 다음 두 가지 차입 대안을 가지고 있다.

   a. 파리에서 연 7%로 5,000만 유로를 차입한다.

   b. 사우디아라비아에서 2억 2,500만 사우디 리얄(SAR)을 연 9% 이자율로 차입한 후 이 리얄을 교차환율(cross rate) 1EUR = 4.5SAR로 유로로 바꾼다.

   Inter-KSA에 유로 차입과 리얄 차입을 무차별하게 만드는 기말환율은 얼마일까?

5. **Great Empire Capital, S.A.** Great Empire Capital, S.A.이 다음 특성들을 가진 유로 MTN을 통해 자금을 조달하려 한다면, 판매되는 개별 1,000유로 어치의 노트에 대해 Great Empire가 유로화로 얼마를 받을까?

   쿠폰이자율 : 1년에 두 번, 6월 30일과 12월 31일에 지급되는 10.00%

   발행일 : 2015년 2월 28일

   만기 : 2017년 8월 31일

6. **British Bank.** British Bank는 프랑크푸르트에서 500만 파운드어치의 90일 만기 상업어음(commercial paper, CP)을 연 4.6%로 할인하여 판매할 계획이다. British Bank가 받는 즉각적인 금액은 얼마인가?

7. **M.M. Monroe Manufacturing, Inc.** 프랑스의 다국적 기업인 M.M. Monroe Manufacturing, Inc.은 대차대조표상 다음의 부채 요소를 가지고 있다. M.M. Monroe의 재무 담당자는 회사의 자기자본비용을 15%로 추정하

고 있다. 현재 환율은 아래에 있다.

공제를 허용한 후 전 세계 소득세율은 25%이다. M.M. Monroe의 가중평균 자본비용을 계산하라. 계산에 암시적인 가정이 있는가?

가정	값
세율	25%
10년 만기 영국 파운드 채권	1,000만 파운드
20년 만기 스위스 프랑 채권	2,500만 스위스 프랑
교차환율(€/£)	1.41
교차환율(€/CHF)	0.96
교차환율(€/CHF)	1.38

8. **Lake Petrol**. 유럽의 가스회사인 Lake Petrol은 협조유로대출(syndicated eurocredit)을 통해 10억 스위스 프랑을 6년 동안 CHF-LIBOR에 120베이시스 포인트 가산하는 조건으로 차입할 것이다. 대출에 대한 LIBOR는 매 6개월마다 재조정된다. 대출자금은 8개의 선도 투자은행들로 구성된 대출단(syndicate)이 제공할 것이며, 이들은 원금의 2%에 해당하는 선취수수료를 부과할 것이다. LIBOR가 첫 6개월 동안 8.5%이고 두 번째 6개월 동안 8.75%라면 첫해의 유효이자비용은 얼마인가?

9. **Adamantine Architectonics**. Adamantine Architectonics는 미국의 모회사, 말레이시아의 단독투자 종속회사(A-Malaysia), 멕시코의 단독투자 종속회사(A-Mexico)로 구성되어 있다. 미국 달러로 환산한 비연결 대차대조표의 선택된 비중이 아래 표에 제시되어 있다. Adamantine의 연결 대차대조표에서 부채와 자기자본 비중은 얼마인가?

A-Malaysia(링깃으로 표시)		A-Mexico(페소로 표시)	
장기부채	RM11,400,000	장기부채	PS20,000,000
자기자본	RM15,200,000	자기자본	PS60,000,000

Adamantine Architectonics (비연결 대차대조표 — 선택된 항목들)			
종속회사에 대한 투자		모회사 장기부채	$12,000,000
A-Malaysia	$4,000,000	보통주	5,000,000
A-Mexico	6,000,000	유보이익	20,000,000
현재 환율			
말레이시아	RM3.80/$		
멕시코	PS10/$		

브라질의 Petrobrás : 가중평균 자본비용 추정

Petrobrás Petróleo Brasileiro S.A. 또는 Petrobrás는 브라질의 국영 원유회사이다. 이 회사는 브라질 정부가 지배주주인 상장회사이다. 또한 시가총액 기준으로 남반구 및 남미에서 제일 큰 기업이다. 원유회사로서 이 회사가 생산하는 주력 제품은 글로벌 시장에서 가격(원유 가격)이 설정되며, 사업의 상당 부분은 원유의 글로벌 통화라 할 수 있는 미국 달러로 이루어진다. 문제 10~15는 Petrobrás의 자본비용을 추정하려는 다양한 금융기관의 시도를 검토한 것이다.

10. **JPMorgan**. JPMorgan의 Latin American Equity Research 부서는 2004년 6월 18일 보고서에서 러시아의 Lukoil 대비 브라질의 Petrobrás의 WACC를 다음과 같이 계산했다. 이 계산에서 사용된 방법론과 가정들을 평가하라. 두 회사 모두에 대해 세율은 28%를 가정하라.

	Petrobrás	Lukoil
무위험이자율	4.8%	4.8%
국가위험	7.0%	3.0%
주식위험 프리미엄	4.5%	5.7%
주식의 시장비용	16.3%	13.5%
(재무위험이 조정 반영된) 베타	0.87	1.04
부채비용	8.4%	6.8%
부채/자본 비율	0.333	0.475
WACC	14.7%	12.3%

11. **UNIBANCO**. UNIBANCO는 2004년 8월에 Petrobrás의 가중평균 자본비용을 브라질 헤알 기준으로 13.2%라고 추정했다. 이 계산에서 사용된 방법론과 가정들을 평가하라.

무위험이자율	4.5%	부채비용(세후)	5.7%
베타	0.99	세율	34%
시장 프리미엄	6.0%	부채/총자본	40%
국가위험 프리미엄	5.5%	WACC(R$)	13.2%
자기자본비용(US$)	15.9%		

12. **Citigroup SmithBarney(달러)**. Citigroup은 정기적으로 미국 달러를 기준으로 할인된 현금흐름(discounted cash flow, DCF) 평가를 수행하는데 여기에 Petrobrás도 그 대상에 포함된다. DCF 분석을 하려면 할인율을 사용해야 하는데, Citigroup에서는 기업의 가중평균 자본비용에 근거한 할인율을 사용한다. 아래 표에서 제시된 2003년 Petrobrás의 실제 WACC(2003A)와 2004년 WACC 추정치(2004E)에서 사용된 방법론과 가정들을 평가하라.

자본비용요소들	2005년 7월 28일		2005년 3월 8일	
	2003A	2004E	2003A	2004E
무위험이자율	9.400%	9.400%	9.000%	9.000%
재무위험이 반영된 베타	1.07	1.09	1.08	1.10
위험프리미엄	5.500%	5.500%	5.500%	5.500%
자기자본비용	15.285%	15.395%	14.940%	15.050%
부채비용	8.400%	8.400%	9.000%	9.000%
세율	28.500%	27.100%	28.500%	27.100%
세후 부채비용	6.006%	6.124%	6.435%	6.561%
부채/자본 비율	32.700%	32.400%	32.700%	32.400%
자기자본/자본 비율	67.300%	67.600%	67.300%	67.600%
WACC	12.20%	12.30%	12.10%	12.30%

13. Citigroup SmithBarney(헤알). 2003년 6월 17일자 보고서에서 Citigroup SmithBarney는 브라질 헤알(R$)로 표시된 Petrobrás의 WACC를 계산했다. 이 자본비용 계산에서 사용된 방법론과 가정들을 평가하라.

무위험이자율(브라질 C-Bond)	9.90%
Petrobrás의 재무위험이 반영된 베타	1.40
시장위험 프리미엄	5.50%
자기자본비용	17.60%
부채비용	10.00%
브라질 법인세율	34.00%
장기 부채비율(자본의 %)	50.60%
WACC(R$)	12.00%

14. BBVA Investment Bank. BBVA는 Petrobrás에 대한 2004년 12월 20일자 보고서에서 국가위험과 통화위험 모두를 다룬 다소 혁신적인 접근방식을 사용했다. 이 자본비용 계산에서 사용된 방법론과 가정들을 평가하라.

자본비용 요소	2003년 추정치	2004년 추정치
미국 10년 무위험이자율 (미국 달러 기준)	4.10%	4.40%
국가위험 프리미엄(미국 달러 기준)	6.00%	4.00%
Petrobrás 프리미엄 '조정'	1.00%	1.00%
Petrobrás의 무위험이자율 (미국 달러 기준)	9.10%	7.40%
시장위험 프리미엄(미국 달러 기준)	6.00%	6.00%
Petrobrás의 베타	0.80	0.80
자기자본비용(미국 달러 기준)	13.900%	12.20%
향후 10년 통화가치 하락률	2.50%	2.50%
자기자본비용(헤알 기준)	16.75%	14.44%
Petrobrás의 세후 부채비용(헤알 기준)	5.50%	5.50%
장기 자기자본 비율(자본의 %)	69%	72%
장기 부채비율(자본의 %)	31%	28%
WACC(헤알 기준)	13.30%	12.00%

15. Petrobrás의 WACC 비교. 브라질의 Petrobrás의 자본비용에 대한 다양한 추정치들은 매우 상이해 보이는데, 정말 그러한가? 문제 10~14에 대한 당신의 답을 브라질 헤알로 측정한 자본비용 대 미국 달러로 측정한 자본비용으로 다시 구성해보라. 비교 기준으로 2004년 추정치를 사용하라.

16. ChocTurk Co. ChocTurk Co.은 터키의 초콜릿 제조업체로 생산한 제품을 인접하는 유럽 국가들에 수출하고 있다. 고객들이 대부분 유럽에 있기 때문에 ChocTurk Co.은 모든 경영 결과와 재무 거래들을 유로화로 평가하고 있다. 회사는 4년 동안 500만 유로 또는 이에 상응하는 외국 통화를 차입할 필요가 있다. ChocTurk Co.는 매년 말에 이자를 연 지급하는 조건의 채권을 발행하려 한다. 다음 대안들이 있다.

a. 연 2% 수익률의 일본 엔 채권을 액면가에 발행하기. 현재 환율은 ¥136/€이고 엔은 연 3%씩 달러 대비 강세일 것으로 기대된다.

b. 연 5% 수익률의 파운드 표시 채권을 액면가에 발행하기. 현재 환율은 £0.7350/€이고 파운드는 연 4%씩 유로 대비 약세일 것으로 기대된다.

c. 연 4% 수익률의 유로 표시 채권을 액면가에 발행하기

당신은 ChocTurk Co.에 어떤 행동을 취하라고 권유하겠는가? 그 이유는 무엇인가?

인터넷 문제

1. **글로벌 주식들.** Bloomberg는 하루 24시간 글로벌 주식 시장에 대한 광범위한 정보를 제공한다. Bloomberg의 웹사이트를 사용하여, 전 세계의 동일한 시점에 동일한 주식 시장에서 성과 지표들이 얼마나 다른지 살펴보라.

   Bloomberg   www.bloomberg.com/markets/
                      stocks/world-indexes/

2. **JPMorgan과 Bank of New York Mellon.** JPMorgan과 Bank of New York Mellon은 미국시장에서 미국 주식예탁증서의 현재까지의 성과를 제공한다. 이 사이트는 하루 중 높은 성과를 보인 주식들을 강조 표시한다.

   a. 당신의 회사 고위 경영진들을 위한 브리핑을 준비하여 ADR을 이용해 회사의 유동적인 자산 포트폴리오를 국제적으로 다각화하는 것을 고려하도록 권해보라.

   b. 당신이 생각하기에 회사가 증권들을 고려하는 데 ADR 프로그램 레벨(I, II, III, 144A)이 중요한지 확인해보라.

   JPMorgan ADR   www.adr.com
   Bank of New York   www.adrbnymellon.com
   Mellon

3. **런던증권거래소.** 런던증권거래소(LSE)는 거래가 활발한 주식들 가운데 여러 가지 다양한 글로벌 주식 예탁증서들을 상장한다. LSE의 인터넷 사이트를 이용하여 현재 가장 규모가 큰 GDR의 성과를 추적해보라.

   런던증권거래소   www.londonstockexchange.com/
                      traders-and-brokers/security-types/
                      gdrs/gdrs.htm

제14장 부록 :
해외 종속회사의 재무구조

주어진 수준의 경영위험과 자본예산에 대해 자본비용을 최소화하는 것이 MNE 전체 관점에서 시행되어야 하는 목표라는 이론을 받아들인다면, 개별 종속회사의 재무구조는 이것이 전체의 목표에 영향을 미치는 정도만큼만 관련이 있다. 다시 말해서, 개별 종속회사는 실제로 독립적인 자본비용을 갖지 않는다. 따라서 종속회사의 재무구조는 자본비용을 최소화하는 목표에 기반을 두면 안 된다.

회사에 대한 재무구조 관련 규범은 나라마다 크게 다르지만 같은 나라에 거주하는 기업의 경우에는 크게 다르지 않다. 이 말은 어떤 요인이 재무구조를 유도하는지에 대한 의문을 조사한 많은 실증연구들의 결론이다. 이러한 국제적 연구들 대부분은 국가 특유의 환경 변수들이 부채비율을 결정하는 주요 변수라고 결론지었다. 이러한 변수들의 예로는 역사적 전개, 과세, 지배구조, 은행 영향력, 회사채시장 존재 가능성, 위험에 대한 태도, 정부 규제, 자본의 가용성, 대리인 비용 등이 있다.

현지 규범

전 세계적으로 연결된 자본비용을 최소화한다는 제약 내에서, MNE는 해외 종속회사의 바람직한 부채비율을 결정할 때 나라마다 다른 부채비율 규범을 고려해야만 할까? 정의상 여기서 고려하는 부채는 MNE의 외부 원천에서 차입한 자금만을 포함해야 한다. 이렇게 정의된 부채는 유로통화 대출뿐 아니라 현지 및 외국 통화로 이루어진 대출을 포함할 것이다.

이렇게 정의한 이유는 현지국과 투자회사 모두 해외 종속회사에 대한 모회사의 대출이 자기자본 투자에 상응하는 것으로 자주 간주되기 때문이다. 모회사 대출은 보통 다른 부채에 종속되며 외부 대출만큼 동일한 지급불능의 위험을 발생시키지 않는다. 그뿐 아니라, 부채 또는 자기자본 투자의 선택은 자주 (일부에 의한) 임의적인 것으로 간주되며 현지국과 모회사 간 협상에 영향을 받는다.

현지 부채 규범에 순응하는 해외 종속회사의 재무구조의 주요 이점은 다음과 같다.

- (현지 기준으로 판단할 때) 너무 높은 부채 비율로 운영되고 있는 해외 종속회사들은 현지국에 공정한 몫의 위험자본(risk capital) 또는 자기자본에 기여하지 않는다는 비난을 종종 불러일으키는데, 현지화된 재무구조는 해외 종속회사에 대한 이러한 비판을 감소시킨다.
- 현지화된 재무구조는 경영진이 같은 산업의 현지 경쟁기업들 대비 자기자본 수익률을 평가하는 데

도움이 된다.

■ 자본이 부족하여 이자율이 상대적으로 높은 경제에서는 높은 현지 자금 비용이 경영진에게 자산수익률이 자본에 대한 현지 가격을 초과할 필요가 있다는 것을 상기시킨다.

현지화된 재무구조의 주요 단점은 다음과 같다.

■ MNE는 보다 나은 자본의 가용성과 위험을 분산하는 능력을 통해 현지국가의 자본시장 불완전성을 극복하는 데 있어 현지 기업보다 비교우위를 가질 것으로 기대된다.

■ MNE의 개별 해외 종속회사가 재무구조를 현지화한다면, 그 결과 연결 대차대조표는 어떤 특정 국가의 규범도 준수하지 않는 재무구조를 보여줄 수 있다.

■ 대출기관들은 궁극적으로 모회사와 모회사의 전 세계적인 연결 현금흐름을 상환 원천으로 보기 때문에 해외 종속회사의 부채비율은 단지 보이는 것에 불과하다.

우리의 견해는 타협점이 있다는 것이다. 다국적 기업과 국내기업 모두 재무 이론이 제안한 것처럼 정해진 수준의 경영위험과 자본예산에 대해 전반적인 가중평균 자본비용을 최소화하기 위해 노력해야 한다. 그러나 부채를 다른 곳에서 조달할 때 환위험을 조정한 후의 비용과 같은 비용으로 해외 종속회사가 부채를 이용할 수 있다면, 해외 종속회사의 재무구조를 현지화하는 것은 비용 불이익 없이 위에 열거한 이점들을 누릴 수도 있을 것이다.

해외 종속회사 자금조달

다국적 기업의 재무 관리자는 해외 종속회사에 적합한 재무구조를 선택하는 것 이외에도, 해외 종속회사의 자금을 조달하기 위해 자금의 원천 대안들(다국적 내부와 외부) 중에서 선택할 필요가 있다.

이상적으로, 여러 자금원천들 중에서 선택할 때에는 환위험을 조정한 후의 외부 자금비용을 최소화해야 한다. 해외 종속회사의 경영의 동기 부여를 보장하기 위해서는 종속회사의 자본비용보다는 기업의 연결된 전 세계적인 자본비용을 최소화하는 방향으로 설정되어야 하는 반면, 기업이 전 세계적인 세금과 정치적 위험을 최소화하기 위해서는 내부자금 원천을 선택해야만 한다.

자금의 내부 원천

도표 14A.1은 해외 종속회사의 내부자금조달 원천의 개요를 보여준다. 일반적으로, 모회사로부터의 최소 자기자본이 요구되긴 하지만, 다국적 기업은 자주 자본 손실 위험을 제한하기 위해 해외 종속회사에 투자하는 자기자본의 양을 최소화하려고 노력한다. 자기자본 투자는 현금 또는 실제 재화(기계, 설비, 재고품 등)의 형태를 취할 수 있다.

부채는 종속회사 자금조달에서 선호되는 형태이긴 하지만, 현지 부채에 접근하는 것은 해외 종속

도표 14A.1 해외 종속회사의 내부자금 조달

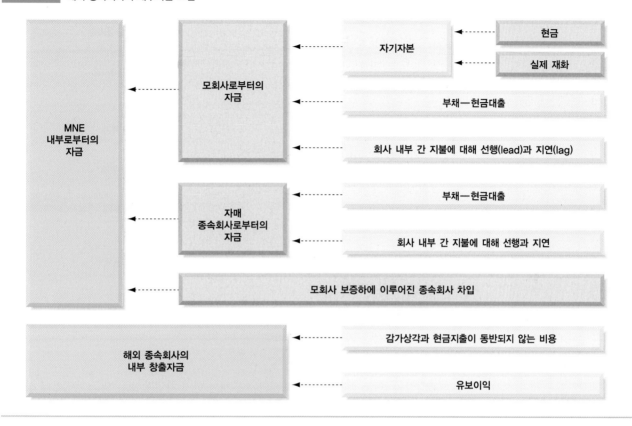

회사의 초기 단계에서는 제한적이다. 영업능력과 부채 관리 능력이 입증된 이력이 없다면, 해외 종속회사는 부채를 모회사 또는 (영업이 개시된 후에) 모회사의 보증하에 관련 없는 당사자로부터 취득할 필요가 있다. 일단 종속회사의 영업과 재무 능력이 확립되면, 현지에서 우선적으로 부채에 접근할 수 있다.

자금의 외부 원천

도표 14A.2는 MNE에 있어 외부인 해외 종속회사의 자금조달 원천에 대한 개요를 제공하고 있다. 원천은 3개 범주로 우선 나눌 수 있는 데, 이는 (1) 모회사로부터의 부채, (2) 모회사 국가가 아닌 다른 나라로부터의 부채, (3) 현지 자기자본이다.

　모회사의 국가에서 외부 당사자에게 획득한 부채는 이 경우 모회사가 명시적인 상환 보증을 제공하지 않는다 할지라도, 모회사에 대한 대출기관의 친밀감과 자신감을 반영한다. 현지 통화 부채는 현지 활동으로 발생하는 현지 통화로 표시되는 현금 유입이 상당히 있는 해외 종속회사에 특별히 중요하다.

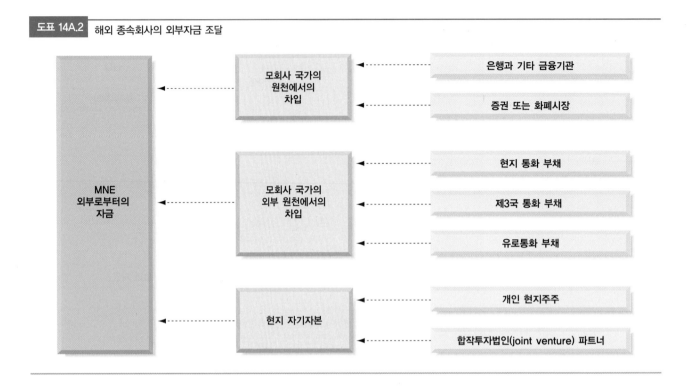

도표 14A.2 해외 종속회사의 외부자금 조달

그러나 일부 신흥시장의 경우, 현지 통화로 표시되는 부채는 현지 차입자 또는 외국 차입자에 상관없이 모든 차입자들에 대해 공급이 부족하다.

제 15 장

다국적 조세 관리

법원은 지속적으로 세금을 가능한 한 낮게 유지하는 것과 같은 사안을 정리하는 데 있어 불길한 것이 아무것도 없다고 말해왔다. 모두가 그렇게 하고, 부자여도 가난해도, 옳다. 아무도 법으로 요구하는 것 이상의 공적 의무를 지지 않는다. 세금은 자발적 기여가 아니라 강제적인 발췌이다. 도덕의 이름으로 더 많은 것을 요구하는 것은 단순한 위선자이다.

— Judge Learned Hand, Commissioner v. Newman, 159 F.2d 848 (CA2-1947)

학습목표

- 전 세계의 정부가 채택한 세금 제도의 다른 점과 다국적 기업에 미치는 영향에 대해 알아본다.
- 다국적 조세 관리의 독특한 특성을 알아본다.
- 다국적 조세 감면을 위한 역외국제금융센터의 사용을 설명한다.
- 구글이 글로벌 이익을 세금 관리 목적으로 재조정한 방법을 분석한다.
- 미국 이외의 지역으로 재통합하는 해외 모회사 설립의 과정과 동기에 대하여 알아본다.

다국적 기업의 조세 계획은 글로벌 비즈니스에서 매우 복잡하지만 상당히 중요하다. 효과적인 계획을 위하여, 다국적 기업은 세계적으로 운영되는 기업 경영활동의 복잡성뿐만 아니라 국가별 세제 부담의 구조와 법령 해석을 이해해야 한다. 다국적 조세 계획의 주요 목표는 회사의 (전 세계의) 세금 부담을 최소화하는 것이다. 하지만 이 목표는 항상 회사 내에서의 의사 결정이 기업의 경제적인 기본 원칙을 기반으로 이루어져야 하며, 순전히 세금 책임 감축을 위해 취해지는 난해한 정책이 아니라는 것을 완전히 인식하고 추구해야 한다. 이전 장에서 분명히 드러난 바와 같이 과세 대상은 외국인 투자 결정, 재무 구조, 자본 비용, 외환 관리 및 재무 관리에 대한 영향을 통해 기업 순이익과 현금흐름에 큰 영향을 미친다.

이 장에서는 전 세계적으로 다국적 기업에 세금을 적용하는 방법에 대한 개요를 제공한다. 미국에 본사를 둔 다국적 기업의 글로벌 수입에 어떻게 세금을 부과하는지 그리고 미국에 기반을 둔 다국적 기업들이 글로벌 과세를 관리하는지 등을 살펴본다. 우리는 네 부분을 통해 이 과정을 알아볼 것이다.

첫 번째 절에서는 전반적인 국제 조세 환경을 설명한다. 두 번째 절에서는 다국적 기업이 어떻게 글로벌 과세를 관리하는지 검토한다. 우리가 미국 세금을 예시로 사용하기는 하지만 이 장 또는 이 책을 미국 중심으로 만들려는 것은 아니다. 대부분의 미국 관행은 특정 국가 시스템에 맞게 수정되어 다른 나라에서 비슷한 패러다임을 가지고 있다. 세 번째 절에서는 세금 피난처 종속회사 및 역외국제금융센터의 사용에 대해 검토한다. 다음은 구글의 사례를 살펴본다. 이 사례는 글로벌 세금 축소를 위해 이익 포지셔닝이 어떻게 사용되는지를 보여준다. 다섯 번째이자 마지막 절은 빠르게 변화하는 해외 모회사 설립을 살펴본다. 이 장은 애플의 Global iTax Strategy 사례로 마무리된다.

세금 원칙

이 절에서는 국제 세금 환경의 가장 중요한 측면과 다국적 기업에 영향을 미치는 특정 기능에 대해 설명한다. 실제로 다국적 과세의 세부 사항을 살펴보기 전에 두 가지 기본 세금 원칙인 세금 도덕과 세금 중립성에 대하여 알아본다.

납세 윤리

다국적 기업은 외국 세금의 늪뿐만 아니라 윤리적 문제에 직면해있다. 많은 국가에서 개인이나 기업 납세자는 자발적으로 세법을 준수하지 않는다. 이것을 과세 윤리라고 한다. 작은 국내 기업과 개인이 주요 위반자이다. 다국적 기업은 세무 당국의 완전한 공개 여부를 따를지 결정하거나 '로마에 가면 로마법을 따르라'는 철학을 채택해야 한다. 대부분의 해외 종속회사들의 지역적 중요성을 감안할 때, 대부분의 다국적 기업은 완전한 공개 관행을 따른다. 그러나 일부 기업들은 국내 경쟁사와 동일한 수준으로 세금을 면제하지 않으면 경쟁우위가 사라질 것이라고 생각한다. 이 문제에 대하여 정해진 답은 없다. 비즈니스 윤리는 문화 유산과 역사의 발전과 관련된 부분이기 때문이다.

　일부 국가는 현지 세법을 위반한 다국적 기업에 가혹한 징벌을 부과한다. 외국 기업의 부동산 또는 부유세 평가는 현지 기업에 부과된 세금에 대한 평가와 비교할 때 지나친 것으로 인식되기도 한다. 문제는 '징벌적 또는 차별적인 조세 감면에 어떻게 대응하는지'이다. 다른 나라들은 세금 납부와 관련된 투명성을 제고함으로써 과세 윤리 준수의 문제를 더욱 어렵게 만들려고 노력해왔다.

세금 중립성

정부는 기업에 세금을 부과하기로 결정할 때, 세금으로 인한 잠재적 수입과 효율적으로 징수될 수 있는지뿐만 아니라 제안된 세금이 사적 · 경제적 행동에 미칠 수 있는 영향을 고려해야 한다. 예를 들어, 미국 정부의 외래 수입에 대한 과세에 관한 정책은 수입의 인상만을 목표로 하는 것이 아닌 다음과 같은 목표들을 가지고 있다.

■　선진국에서 미국의 민간 투자를 더 유인하거나(혹은 줄일 수 있는) 중립 세제 혜택

- 개발도상국에 대한 미국의 민간 투자에 대한 인센티브 제공
- 조세 피난처의 이점을 제거하고 자금 송환을 장려함으로써 미국의 국제수지를 개선
- 수익 증대

이상적인 세금은 효율적으로 수익을 올릴 뿐만 아니라 가능한 경제적 행동에 부정적인 영향을 미치지 않아야 한다. 일부 이론가들은 이상적인 세금은 사적 결정에 미치는 영향이 완전히 중립적이어야 하고 납세자들 간에 완전히 공평해야 한다고 주장한다. 이것이 세금 중립성이다. 그러나 다른 이론가들은 세금을 중립적이고 공평하게 요구하는 것과는 대조적으로 적극적인 세제상 인센티브 정책을 통해 개발도상국의 국제 수지 및 투자와 같은 국가 정책 목표를 장려해야 한다고 주장한다. 대부분의 세금 체계는 이 두 관점 사이에서 타협한다.

중립성을 바라보는 한 가지 방법은 다국적 기업이 자국 사업에서 얻은 수익(그 돈이 달러, 유로, 파운드, 엔이든 상관없이)에 대한 과세부담이 해외 사업장에서 벌어들인 현지 수익과 화폐가치상 동등하도록 요구하는 것이다. 이것은 국내 세금 중립이라고 한다. 중립성을 보는 두 번째 방법은 회사의 각 해외 종속회사에 대한 세금 부담이 동일한 국가의 경쟁 업체에 대한 세금 부담과 동일하도록 요구하는 것이다. 이것은 외국 세금 중립이라고한다. 두 번째 방법이 다국적 회사가 선호하는 방법인데, 개별 국가 시장에서 개별 기업의 경쟁력에 더 초점을 맞추기 때문이다.

세금 중립성은 세금 공평성과 혼동해서는 안 된다. 이론적으로, 공평한 세금이란 똑같은 세금 관할권의 모든 납세자에게 동일한 총세금(부담)을 부과하는 것이다. 외국인 투자 소득의 경우 미국 재무부는 미국 국적 원칙을 사용하여 세금 관할권을 주장하기 때문에 미국 소유의 해외 종속회사가 미국 국내 종속회사와 동일한 세금 관할권에 있다고 주장한다. 따라서 해외 사업에서 벌어들인 달러는 동일한 비율로 세금을 부과하고 동시에 국내 사업에서 벌어들인 달러와 동일한 금액을 지불해야 한다.

국가 세금 환경

국가 세제 당국의 근본적인 목표에도 불구하고, 세금이 다국적 기업의 경제적 의사 결정에 영향을 미친다는 것은 널리 알려져 있다. 국가 간의 조세 조약 및 차별적인 세금 구조, 요율 및 관행은 모두 세계 시장에서 경쟁하는 다국적 기업에 대한 평등한 경쟁 영역을 벗어난다. 다른 국가들이 다른 소득 구분(분배된 이윤과 미분배된 이윤)을 사용하고, 다른 세율을 사용하며, 적용하고, 다른 세금제도를 보유하고 있기 때문에 이에 맞춰 다국적 기업들은 다양한 글로벌 세무 관리 전략을 수립한다.

국가는 두 가지 기본 접근 방식을 통해 세제를 구성한다. 바로 전 세계적인 접근법 또는 영토적 접근법이다. 두 방식은 그 기업이 국내 혹은 해외에서 영업을 하는지 그리고 소득의 원천이 해외인지 국내인지에 대한 것을 결정하기 위해 투자국 세무 당국의 과세 대상이 되는지 여부를 결정하려는 시도이다.

전 세계적인 접근법. 전 세계적인 접근법은 거주지 접근법이나 국적 접근법이라고도 불린다. 이 접근법은

기업이 벌어들인 소득에 대한 세금이 국내 또는 해외 소득에 관계없이 호스트 국가에서 번 소득에 포함된다. 한 다국적 기업이 국내외에서 수입을 올리면 호스트 국가 세무 당국에 의해 소득이 과세된다.

예를 들어, 미국은 회사에서 벌어들인 소득이 국내에서 생산된 것이든 외국에서 생산 된 것이든 관계없이 미국 기반의 회사에서 벌어들인 소득에 세금을 부과한다. 미국의 경우 정규 외상 소득은 모기업에만 세금이 부과된다. 그러나 모든 세금 문제와 마찬가지로 수많은 조건과 예외가 존재한다. 가장 큰 문제는 이것이 미국 내에서 운영하는 외국 회사들이 벌어들인 소득을 다루지 않는다는 것이다. 이 경우 미국은 합법적인 관할권 내에 있는 외국 기업에 영토 과세 원칙을 적용하여 미국 내 외국 기업이 벌어들인 모든 소득에 과세한다.

영토적 접근법. 근원 접근법이라고도 불리는 **영토적 접근법**은 확고한 기업 설립 국가가 아닌 호스트 국가의 법적 관할권 내에 있는 기업이 얻는 소득에 초점을 맞춘다. 영토적 접근법을 따르는 독일과 같은 국가는 국내에서 벌어들인 소득에 대해 외국 기업이나 국내 기업에 동등하게 세금을 부과하지만 원칙적으로 국가 밖에서 벌어들인 소득에 대해서는 세금이 적용되지 않는다. 영토적 접근법은 전 세계적 접근법과 마찬가지로 거주 기업이 해외에서 소득을 벌지만 이윤을 얻은 국가(소위 조세 회피처에서의 운영)에 의해 과세되지 않는 경우 적용 범위에 있어서 큰 차이를 보인다. 이 경우 세무 당국은 현재 외국 세법 관할 구역에 포함되지 않는 경우 해외에서 벌어들인 소득에 대해 세금 적용 범위를 연장해야 한다. 다시 한 번, 전체 소득 보장에 두 가지 세금 접근법을 혼합해야 한다.

도표 15.1에서 OECD 내의 34개 국가 중 28개 국가는 현재 영토적 접근법을 사용하고 있다. OECD 국가 중 절반 이상이 전 세계적 시스템을 10년 전부터 사용했기 때문에 영토적 접근법의 우위는 급속히 증가해왔다. 2009년 한 해에만 일본과 영국이 전 세계적인 접근법에서 영토적 접근법으로 전환하였다.

도표 15.1 OECD 34개국의 조세 제도

영토적 접근법				전 세계적인 접근법
호주	프랑스	네덜란드	스웨덴	칠레
오스트리아	독일	뉴질랜드	스위스	아일랜드
벨기에	그리스	노르웨이	터키	이스라엘
캐나다	헝가리	폴란드	영국	대한민국
체코	아이슬란드	포르투갈		멕시코
덴마크	이탈리아	슬로바키아		미국
에스토니아	일본	슬로베니아		
핀란드	룩셈부르크	스페인		

출처 : 자료는 *Evolution of Territorial Tax Systems in the OECD*, PWC, April 2, 2013에서 발췌

세금 이연. 국제 조세에 대한 전 세계적인 접근법이 계속 사용된다면 많은 다국적 기업에 대한 과세 이연 특권은 종료될 것이다. 다국적 기업의 해외 종속회사는 호스트 국가 당국에 기업 소득세를 납부하지만 대부분의 모국은 모회사에 기업 소득세가 송금될 때까지 해당 외래 소득에 대한 추가 소득세를 청구를 이연한다. 이를 세금 이연이라고 한다. 예를 들어 해외에 있는 미국 기업의 해외 소득에 대한 미국 기업 소득세는 수입이 미국 모회사에 송금될 때까지 이연된다. 그러나 기업 소득세를 이연할 수 있는 능력은 매우 제한적이며 지난 30년간 세법 개정안의 주제 중 하나였다.

세금 이연 권한은 최근 미국 대통령 선거에서 여러 번 주요한 이슈로 논의되어 왔다. 후보자들은 세금 이연이 해외 기업 아웃소싱에 대한 인센티브를 창출한다고 주장했는데, 이를 'offshoring'이라고 부른다. offshoring은 미국 기업의 특정 제조 및 서비스 활동에 대한 아웃소싱이라고 할 수 있다. 미국의 일자리 손실 가능성에 대한 우려는 이미 상당 규모로 미국 정부의 재정 적자가 확대되어 미국의 세금 징수액이 축소될 가능성으로 인한 것이었다.

조세 조약

OECD가 제안한 정책을 토대로 만들어진 이중 조세 협약의 네트워크는 이중 과세를 줄이기 위한 수단을 제공한다. 조세 조약은 일반적으로 한 국가에서 다른 국가의 국민이 벌어들인 소득에 대해 어떻게 세금을 부과할지를 결정한다. 조세 조약은 양국 간 협상으로, 양국 간 소득 유형에 따라 어떤 비율이 적용되는지 명시하고 있다.

조세 협약을 통해 명시된 바와 같이, 개별적인 양국 관할권은 '고정 사업장'(예 : 제조 공장)을 통해 해당 국가에서 사업하는 회사보다는 다른 국가로 수출하는 회사에 중요하다. 수출에 주력하는 회사는 수입국 이외의 소득세를 원하지 않는다. 조세 조약은 과세 목적을 위해서 '고정 사업장'이 무엇인지 정의하고 세금 목적상 제한된 존재를 구성한다. 조세 조약은 또한 일반적으로 두 서명국 간에 원천 징수 세율이 축소되는 결과를 낳는다. 조약 자체의 협상은 양국 간 사업 관계 개방 및 확대를 위한(포럼) 역할을 한다.

조세 유형

세금은 직접적으로 소득에 적용되는 경우 직접세로, 다른 측정 가능한 성과의 특성에 근거한 경우 간접세로 분류된다. 도표 15.2는 오늘날 전 세계의 광범위한 기업 소득세율과 간접 세율을 보여준다.

소득세. 대부분의 정부는 1차적인 수입원으로 개인 및 기업 소득세에 의존한다. 기업 소득세 세율은 전 세계적으로 크게 다르며 다양한 형태를 취한다. 예를 들어 일부 국가의 경우 분산 소득(종종 낮은 소득)과 미분산 소득(종종 더 높은 소득)에 대해 서로 다른 기업세율을 부과하여 기업이 자신의 소득의 상당 부분을 소유주에게 분배하도록 유도한다. 기업소득세(법정세율)는 10년 동안 감소해왔다. 그러나 한동안 급락했던 기업소득세(법정세율)는 이제 잠잠해진 것으로 보인다. 산업화된 많은 국가의 정부들이 이제는 세금 수입을 늘려야 한다는 압력을 받고 있으며, 간접세의 다양한 변화를 추구하고

| 도표 15.2 | 특정 국가의 기업세 및 간접세율 |

국가	기업세	간접세	국가	기업세	간접세	국가	기업세	간접세
아프가니스탄	20%	na	가나	25%	17.5%	파키스탄	34%	17%
알바니아	15%	20%	지브롤터	10%	na	파나마	25%	7%
알제리	19%	17%	그리스	26%	23%	파푸아뉴기니	30%	10%
앙골라	35%	10%	과테말라	28%	12%	파라과이	10%	10%
아르헨티나	35%	21%	건지	0%	na	페루	30%	18%
아르메니아	20%	20%	온두라스	30%	15%	필리핀	30%	12%
아루바	28%	1.5%	홍콩	16.5%	na	폴란드	19%	23%
호주	30%	10%	헝가리	19%	27%	포르투갈	23%	23%
오스트리아	25%	20%	아이슬란드	20%	25.5%	카타르	10%	na
바하마	0%	na	인도	33.99%	**	루마니아	16%	24%
바레인	0%	na	인도네시아	25%	10%	러시아	20%	18%
방글라데시	27.5%	15.0%	이란	15%	na	신트마르턴(섬)	34.5%	5%
바베이도스	25%	17.5%	아일랜드	12.5%	23%	사모아	27%	15%
벨라루스	18%	20%	맨섬	0%	20%	사우디아라비아	20%	na
벨기에	33.99%	21%	이스라엘	26.5%	18%	세르비아	15%	20%
버뮤다	0%	na	이탈리아	31.4%	22%	시에라리온	30%	15%
볼리비아	25%	13%	자메이카	25%	16.5%	싱가포르	17%	7%
보나이러, 신트외스타티우스, 사바	0%	8%	일본	35.64%	8%	슬로바키아	22%	20%
보스니아 헤르체고비나	10%	17%	저지	0%	5%	슬로베니아	17%	22%
보츠와나	22%	12%	요르단	14%	16%	남아프리카공화국	28%	14%
브라질	34%	*	카자흐스탄	20%	12%	대한민국	24.2%	10%
불가리아	10%	20%	케냐	30%	16%	스페인	30%	21%
캄보디아	20%	10%	쿠웨이트	15%	na	스리랑카	28%	12%
캐나다	26.5%	**	라트비아	15%	21%	수단	35%	17%
케이맨제도(섬)	0%	na	레바논	15%	10%	스웨덴	22%	25%
칠레	20%	19%	리비아	20%	na	스위스	17.92%	8%
중국	25%	**	리히텐슈타인	12.5%	8%	시리아	22%	na
콜롬비아	25%	16%	리투아니아	15%	21%	대만	17%	5%
코스타리카	30%	13%	룩셈부르크	29.22%	15%	탄자니아	30%	18%
크로아티아	20%	25%	마카오	12%	na	태국	20%	7%
퀴라소	27.5%	6%	마케도니아	10%	18%	트리니다드토바고	25%	15%
키프로스	12.5%	19%	말라위	30%	16.5%	튀니지	25%	18%
체코	19%	21%	말레이시아	25%	10%	터키	20%	18%
덴마크	24.5%	25%	몰타	35%	18%	우간다	30%	18%
도미니카공화국	28%	18%	모리셔스	15%	15%	우크라이나	18%	20%
에콰도르	22%	12%	멕시코	30%	16%	아랍에미레트	55%	na
이집트	25%	10%	몬테네그로	9%	19%	영국	21%	20%
엘살바도르	30%	13%	모로코	30%	20%	미국	40%	**
에스토니아	21%	20%	모잠비크	32%	17%	우루과이	25%	22%
피지	20%	15%	나미비아	33%	15%	바누아투	0%	12.5%
핀란드	20%	24%	네덜란드	25%	21%	베네수엘라	34%	12%
프랑스	33.33%	20%	뉴질랜드	28%	15%	베트남	22%	10%
조지아	15%	18%	나이지리아	30%	5%	예멘	20%	5%
독일	29.58%	19%	노르웨이	27%	25%	잠비아	35%	16%
			오만	12%	na	짐바브웨	25.75%	15%

출처 : KPMG's Corporate and Indirect Tax Rate Survey, 2014.   * Bonaire, St. Eustatius, Saba는 ISO 기준에는 통합되어 있다.

** 국가는 주, 지방, 도시(또는 유사한) 수준으로 간접세를 부과하여 특정 세율을 결정한다.

있다.

이러한 차이는 빠르게 변화하는 글로벌 세금 환경을 반영한다. 기업 소득세는 지난 20년간 급속히 그리고 광범위하게 떨어졌다. 비OECD 국가의 평균 세율은 상대적으로 낮다. 고도로 산업화된 세계는 더 좋든 나쁘든 신흥시장 국가만큼 적극적으로 기업 소득세율을 줄이기를 꺼렸다. 상업 기업의 수익성에 대한 부담과 같은 기업 소득세율은 많은 국가가 해외 투자를 촉진하기 위한 경쟁 요소가 되었다. 그리고 도표 15.3에서 살펴볼 수 있듯 법인세율이 실제로 경쟁 요소인 경우 미국은 30개국 중 기업세율이 가장 높기 때문에 경쟁 전투에서 패배하고 있다. 2011년, 지난 50년 만에 처음으로 세계 평균 기업소득세율은 23% 이하로 떨어졌다.

원천세. 제2국의 관할권 내에 있는 한 국가의 거주자가 취득한 수동 소득(배당금, 이자 및 로열티 등)은 일반적으로 제2국의 원천 과세 대상이 된다. 원천 징수 기관의 이유는 사실 매우 간단하다. 정부는 대부분의 국제 투자자가 투자하는 각 국가에서 세금 환급서를 제출하지 않을 것임을 인정하기 때문이다. 따라서 정부는 최소한의 납세액을 보장받기를 원한다. '원천 징수'라는 용어가 암시하듯이, 투자자에게 지불한 세금은 회사가 원천 징수하고 세금을 면제받은 사람들은 정부 당국에 인계된다. 원천 징수 세금은 양국 조세 협약의 주요 대상이며 일반적으로 0~25%의 범위이다.

부가가치세. 큰 관심을 얻은 세금 유형 중 하나가 **부가가치세**이다. 부가가치세는 소비재의 생산 또는 판매의 각 단계에서 수집된 국가 판매세의 유형으로 해당 단계에서 부가된 가치에 비례한다. 일반적으로 플랜트 및 장비와 같은 (생산) 제품에는 부가가치세가 부과되지 않는다. 의약품 및 기타 건강 관련 비

도표 15.3 OECD 나라들의 법인세율 비교, 2014

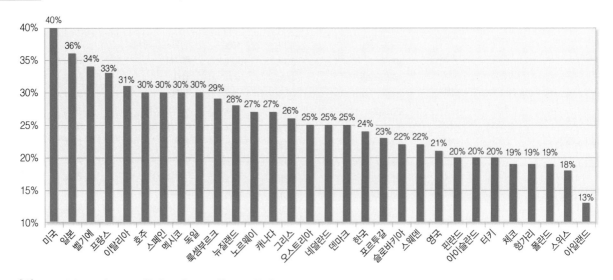

출처 : *KPMG Survey of Direct and Indirect Corporate Taxation*, 2014.

용, 교육 및 종교 활동과 같은 필수 용품은 일반적으로 면제되거나 낮은 세율로 과세된다.

부가가치세는 EU의 모든 회원, 유럽 대부분의 비EU 회원국, 여러 중남미 국가, 캐나다 등 다양한 국가의 간접세 수입의 주된 원천으로 채택되었다.

기타 세금. 각 국가는 중요성이 다른 다양한 국가별 세금이 있다. 대표적인 예로 일부 국가에서는 증권 매매세에 대한 세금(유가 증권 매매세에 대한 세금)과 유보 이윤에 대한 높은 세금(회사의 유보 소득에 대한 높은 소득세율)이 있다. 양도세라고도 불리는 재산 및 상속세는 수익을 창출하는 만큼 소득 및 부의 사회적 재분배를 달성하기 위해 다양한 방법으로 부과된다. 실제로는 사용자 세금이 부과되는 공공 서비스에 대한 다른 '관료제적 형식주의(red-tape charges)'가 있다. 때로는 정부가 균형 지불로 인한 수입이나 수출의 규제로 얻는 소득보다 외환 매입이나 판매가 숨겨진 세금이 효과가 있다.

통제된 외국 기업

미국 주주들이 소득이 미국으로 송금될 때까지 외상 수입에 대한 미국 세금을 지불하지 않는다는 규칙은 즉시 과세 소득의 창설에 의해 1962년에 개정되었다. 개정안은 조세 회피처에 위치한 운영 회사와 기반 회사 간의 계약을 사용하여(합의를 바탕으로) 조세납부를 회피하고 외국 소득의 본국 송환을 장려하기 위한 것이었다. 1986년의 세금 개혁법(Tax Reform Act)은 즉시 과세 소득의 기본 개념은 유지하였지만 과세, 예외의 축소 및 임계치의 상한 또는 하한에 따라 소득 범주를 확대하는 등 여러 가지 변화를 가져왔다.

즉시 과세 소득을 이해하려면 몇 가지 정의가 필요하다.

- 피지배 외국 기업(CFC)은 모기업을 포함한 미국 주주가 총투표권 또는 총가치의 50% 이상을 소유하고 있는 모든 외국 기업이다.
- 미국 주주는 피지배 외국 기업 투표권의 10% 이상을 소유한 미국인이다. 미국인은 미국 시민권자 또는 국내 거주자, 국내 기업 또는 국내 기업이 아닌 비거주 신탁 재산이다. 필요한 비율은 개인이 다른 가족, 신탁 등의 이름으로 등록된 주식을 소유한 것으로 간주되는 건설적인 소유권을 기반으로 한다.

이 정의에 따르면, 미국 기업의 50 % 이상 소유된 '종속회사'는 피지배 외국 기업(CFC)이 될 것이고, 미국 모기업은 통제된 외국 기업의 특정 미배분 소득(즉시 과세 소득)에 대하여 과세될 것이다.

즉시 과세 소득은 송금되지 않아도 즉시 미국의 과세 대상이 되며 현행 조세를 피하기 위해 해외로 쉽게 이전되는 유형의 소득이다. 즉시 과세 소득에는 (1) 배당금, 이자, 임대료, 로열티, 순외화 이익, 순상품 가치, 비영리 자산 매각 수입과 같은 외국 기업이 수령하는 **수동 소득**, (2) 미국 위험 보험 수입, (3) 금융 서비스 수입, (4) 운송 소득, (5) 석유 관련 수입, (6) 특정 관련 당 판매 및 서비스 수입 등이 있다.

즉시 과세 소득은 외국 기업이 외국 기업으로 간주되는 경우, 해당 피지배 외국 기업의 10% 이상을

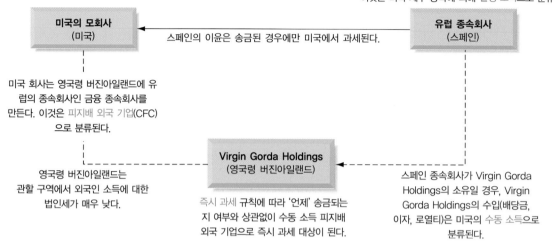

도표 15.4 외래 소득 및 즉시 과세 소득의 미국 과세

소유하고 있는 미국 주주는 피지배 외국 기업의 즉시 과세 소득을 (주주 총등급을) 주주 총소득에 포함 시켜야 한다고 규정하고 있다. 따라서 즉시 과세 소득은 미국으로 송금되지 않은 경우에도 (주주 수준의) 현재 미국 세금이 부과된다. 도표 15.4는 영국령 버진아일랜드(세금 목적으로만 소유하며 경제적 기능이 없는)에서 금융 종속회사를 사용하려고 하는 미국 기업이 어떻게 즉시 과세 소득 원칙에 따라 대해지는지를 보여준다.

국제 조세 관리

다국적 기업의 운영 목표는 결합된 세금 공제 후 소득의 극대화이다. 이는 다국적 기업의 효과적인 글로벌 세금 부담을 최소화할 것을 요구한다. 미국과 같은 전 세계 세무국에 편입된 다국적 기업은 국내 소득(영토적 과세)뿐만 아니라 전 세계 소득에 대해 과세되므로, 다국적 기업들은 운영하는 모든 국가에서 납세액을 최소화하기 위한 조세 구조와 전략을 고안하고 추진할 것이다. 이 절에서는 이러한 전략에 중점을 두고, 특히 미국계 다국적 기업의 사례에 대해 알아본다.

다음과 같은 세금 구조 및 전략은 불법이 아니지만 세금 부과를 줄이기 위한 매우 적극적인 노력으로 간주될 수 있는데 이는 조세 회피라고 불린다. 불법 활동을 탈세(tax evasion)라고 부르는 반면, 조세 회피(tax avoidance)는 대부분의 정부가 예상하는 것보다 훨씬 낮은 세금 감면을 위해 매우 적극적인 전략과 구조를 묘사하는 데 사용된다. 후자의 범주에는 역외 조세 회피처의 사용이 포함된다. 그러나 다국적 기업이 비재무적인 이해 관계나 회사의 책임을 공정하고 윤리적으로 추구하고 있는지는 여전히 의문으로 남아있다.

세금 회피에 사용되는 다양한 전략, 구조 및 관행이 있다. 대부분의 방법들은 높은 세금 관할 구역에서 과세 소득을 최소화하면서 과세 대상 이익을 낮은 과세 환경으로 이동시키는 것을 전제로 한다. 우리는 다섯 가지 국제 세금 관리 관행에 대해 논의할 것이다. 이는 부채 배분(allocation of debt), 해외 납부세액공제(foreign tax credit), 이전 가격(transfer pricing), 교차 신용(cross-crediting) 및 체크 더 박스(check-the-box) 등이다.

부채 배분과 이익 축소

다국적 기업은 다양한 세법 환경에서 세금 부채를 줄이기 위해 다양한 해외 종속회사에 대해 빚을 다르게 배분할 수 있다. 고세율 환경의 단위는 해당 국가에서 제공되는 이자 공제 조항을 극대화하기 위해 매우 높은 부채를 부담할 수 있다. 일반적으로 이익 축소라고 불리는 이 방법은 전형적으로 최소한의 자기 자본화를 위한 호스트 정부 요구 사항인 **과소 자본화 규칙**에 의해 제한된다.

미국은 과소 자본 부채 비율을 1.5 이상에서 1.0 이상으로, 순이자 이익은 조정 과세 소득(과세 소득 + 이자 + 감가상각)의 50%로 정의한다. 관련 기업에 지급되는 50%를 초과하는 이자 비용은 미국 세금 부채로 공제되지 않는다.

해외 납부세액공제 및 연기

대부분의 국가에서는 동일한 소득의 이중 과세를 방지하기 위해 호스트 국가에 납부한 소득세에 대해 해외 납부세액공제를 허용한다. 해외 납부세액공제를 계산하는 방법과 청구 금액은 나라마다 어떤 종류의 제한을 두는지에 따라 다르다. 일반적으로 해외 납부세액공제는 배당금, 로열티, 이자 및 부모에게 송금된 기타 소득에 대해 다른 국가에 지불되는 원천 징수세에도 적용된다. 부가가치세 및 기타 판매세는 해외 납부세액공제의 대상이 아니지만 일반적으로 세전 이익에서 비용으로 공제된다.

납부세액공제는 별개로 지불해야 할 세금을 직접 감면해주는 것을 의미한다. 세율 적용 전 과세 대상 소득을 줄이는 데 사용되는 비용인 **공제가능지출**과는 다르다. 100달러 납부세액공제는 100달러 전액을 납부할 수 있는 세금을 줄이는 반면, 100달러 공제가능지출은 과세 소득을 100달러마다 감면하는 데 $100 \times t$ 달러의 세금을 납부한다. 여기서 t는 세율이다. 달러 기준으로 납부세액공제는 공제가능지출보다 더욱 가치가 있다.

지불한 외국 세금에 대한 신용이 없다면, 호스트 정부에 의한 순차적 과세와 집정부에 의한 순차적 과세의 누적세율이 매우 높아질 것이다. 예를 들어, 다국적 기업의 지분을 소유한 해외 종속회사가 지방 소득세 이전에 10,000달러를 벌고 세후 소득 전부와 동등한 배당금을 지불한다고 가정해보자. 원천 징수세가 없다고 가정하면 호스트 국가 소득세율은 30%이고 부모세율은 35%이다. 세액 공제가 있는 경우와 없는 경우의 총과세는 도표 15.5에서 살펴볼 수 있다.

세액 공제가 허용되지 않는 경우, 30%의 호스트 국가 세금과 그다음에 남아있는 소득에 대한 35%의 자국 세금이 순차적으로 부과되어 54.5%의 세금이 원래 세전 소득의 백분율로 적용된다. 누적된 비율로 인해 많은 다국적 기업이 현지 회사에 비해 경쟁력이 떨어지게 된다. 세액 공제를 허용하는 효과

해외 납부세액공제

	해외 납부세액공제 없음	해외 납부세액공제 있음
세전 해외소득	$10,000	$10,000
적은 해외 세액공제 @30%	−3,000	−3,000
모회사에 배당금 지급 가능성	7,000	7,000
적은 모국가 추가 세금 제공 35%	−2,450	—
증분세(공제 후)	—	−500
세후 이익	$4,550	$6,500
총세금	$5,450	$3,500
효과적인 세율(납부 세금÷해외 소득)	54.5%	35%

는 원래의 세전 소득에 대한 총과세를 관할권 중 가장 높은 단일 세율로 제한한다. 도표 15.5에서 볼 수 있듯이 외국 세액 공제의 35%의 실질적인 전체 세율은 본국의 높은 세율과 동등하다. 자국에서 얻은 소득의 경우 납부할 세율은 국내 원천 소득이다. 도표 15.5의 세액 공제 제도에 따라 추가로 (자국에) 500달러를 납부 한 세율은 총세금(기존 3,000달러에 추가로 500달러를 더한 금액)을 최초 세금 환급 10,000달러의 35%만큼 가져오는 데 필요한 금액이다.

문제는 회사가 외국 기업의 이익을 모기업으로 송환할 경우 세금이 더 많이 발생한다는 것이다. 회사가 이 기간 동안 외국에 이윤을 남겨두면, 이연이라고 하는 것을 즐기게 되는데, 이는 외국 소득원에 소득세를 송금할 때까지 추가로 모국세를 이연할 수 있다. 글로벌 금융 실무 15.1에서 볼 수 있듯이, 이는 미국과 같은 일부 국가가 수익 송환에 대해 세금 인센티브를 정기적으로 제공하도록 동기를 부여했다.

글로벌 금융 실무 15.1

해외 이익 및 배당금 송금

미국에 본사를 둔 다국적 기업의 역외에서 송금되지 않은 이윤은 1조 달러가 되는 것으로 추정된다. 미국은 다른 나라들에 비해 기업소득세가 상대적으로 높기 때문에 본국으로 수익을 송금할 경우 미국에서 상당한 추가 세금이 부과될 것이다. 이익의 본국 송환을 촉진시키기 위해 미국 정부는 2004년 국토 투자법(Homeland Investment Act)을 통과시켰다. 이 법안은 2005년에 5.25%의 추가 세금 의무만으로 이윤을 송환할 수 있는 기회를 제공했다.

도표에서 볼 수 있듯이 분명 임시 세법 개정은 수익 송환을 촉진하는 결과를 보여주었다. 2005년의 배당금 송금은 전년도 600억 달러

에서 3,600억 달러 이상으로 급증했다. 임시 세금 개정이 만료된 후, 송환된 배당금은 원래 추세로 돌아왔다.

원래의 세금 공휴일(tax holiday)에 대한 명백한 정치적 동기는 미국 회사에 의한 미국의 일자리 창출이었다. 그러나 미국의 모회사는 일자리 창출이라는 원래 목적과 달리 배당금과 주식 환매를 통한 주주의 이익 추구 등 다양한 목적으로 본국 송환 수익을 사용하였다. 역외에서 벌어들인 기업 이익 1조 달러 이상을 본국으로 송금하려는 또 다른 세금 공휴일에 관한 논의가 진행됨에 따라 이와 동일한 논쟁이 다시 일어나고 있다.

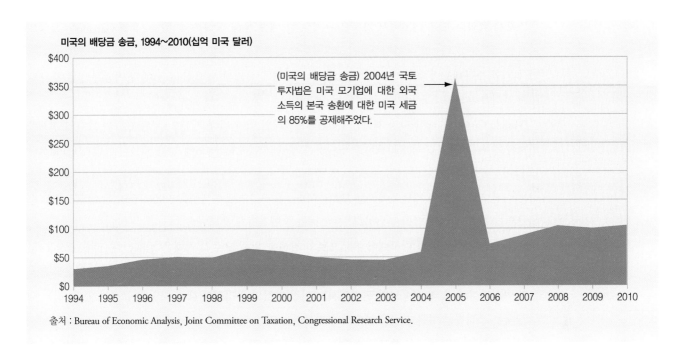

출처 : Bureau of Economic Analysis, Joint Committee on Taxation, Congressional Research Service.

이전 가격

이전 가격은 관계회사로부터 해외 종속회사로 이전된 제품, 서비스 및 기술의 가격 책정을 하는 것으로 외국 종속회사에서 자금을 이체하는 가장 중요한 방법이다. 이러한 비용은 종속회사 손익계산서의 매출 원가 구성 요소에 직접 반영된다. 이것은 다국적 기업에 매우 민감한 사항이다. 순수한 국내 기업들조차도 관련 단위 간 거래 가격을 책정하는 최선의 방법을 도출하기가 어렵다. 다국적 기업의 경우 관리자는 상충되는 고려 사항의 균형을 유지해야 한다. 여기에는 펀드 포지셔닝 및 소득세가 포함된다.

펀드 포지셔닝 효과. 특정 국가로 자금을 이체하고자 하는 모회사는 정부 규제가 허용하는 한도 내에서 해당 국가의 종속회사에 판매되는 제품에 대해 더 높은 가격을 부과할 수 있다. 해외 종속회사는 이전 가격 인하와 같은 역기술로 자금을 조달할 수 있다. 종속회사의 모회사나 자매 종속회사로부터의 수입에 대한 지불은 종속회사로부터의 자금 이체이다. 이전 가격이 높으면 판매 국가에 자금이 누적될 수 있다. 세계적으로 구성 요소를 여러 번 공급할 경우 자금을 이체하는 장치로서 회사 가족(corporate family) 내의 공급자 간에 전환하는 행위를 허가한다.

소득세 효과. 이전 가격 설정 시 주요 고려 사항은 소득세 효과이다. 회사의 글로벌 이윤이 이전 가격이 높은 소득세율을 가진 국가에서 과세 소득을 최소화하고 낮은 소득세율을 가진 국가에서 과세 소득을 극대화하도록 설정될 때 영향을 받을 수 있다. 높은 소득세율의 환경에서 종속회사의 과세 소득을 줄이려는 모회사는 종속회사 비용을 높이기 위해 이전 가격을 보다 높은 단계로 설정하여 과세 소득을 줄일 수 있다.

소득세 효과는 도표 15.6에서 가정을 근거로 한 예를 통해 살펴볼 수 있다. 유럽 Ganado는 독일의 기업 소득세율이 45%라고 가정할 때, 상대적으로 높은 세금 환경에서 운영되고 있다. 미국 Ganado는 미국 기업 소득세율이 35%라고 가정할 때, 미국에서 생산되어 유럽 Ganado에 판매되는 상품에 대해 이전 가격을 부과하도록 동기를 부여하는 상당히 낮은 세금 환경에 처해있다.

Ganado Corporation이 자사 제품을 1,700,000달러의 내부 판매 가격으로 '판매'하여 고수익 정책을 채택한 경우, 세전 순소득 800,000달러는 낮은 세율의 미국 Ganado에 높은 세율의 유럽 Ganado보다 더 많이 할당된다. (Ganado Corporation은 종속회사 자체가 아닌 개별 종속회사의 수익성을 직접 변경하는 이전 가격 정책을 채택해야하는 모회사이다.) 결과적으로 총세금은 30,000달러 감소하고 통합 순이익은 30,000~50,000달러 증가한다. 전체 매출은 일정하게 유지된다.

Ganado는 자연스럽게 미국에서 유럽으로의 판매를 위해 고수익 정책을 선호한다. 말할 필요도 없이, 정부 세무 당국은 이전 가격 조작을 통한 잠재적 소득 왜곡에 대하여 알고 있다. 상품에 대한 가격뿐만 아니라 수수료 및 사용료와 관련해서도 이전 가격의 합리성에 대한 다양한 규정이 있다. 정부 세무 당국은 부적절한 이전 가격을 분명하게 거부할 권리가 있다.

미국 국세청(IRS) 규정은 통제할 수 없는 가격, 재판매 가격 및 원가 가산 등 정상 가격을 설정하는 세

도표 15.6   유럽 Ganado의 순소득에 대한 높은 이전 가격의 영향(단위 : 수천 달러)

	미국 Ganado (종속회사)	유럽 Ganado (종속회사)	유럽과 미국의 결합
낮은 마크업 정책			
매출액	$1,400	$2,000	$2,000
매출원가*	(1,000)	(1,400)	(1,000)
매출 총이익	$ 400	$ 600	$1,000
적은 영업 비용	(100)	(100)	(200)
과세 소득	$ 300	$ 500	$ 800
적은 소득세	35% (105)	45% (225)	(330)
당기 순이익	$ 195	$ 275	$ 470
높은 마크업 정책			
매출액	$1,700	$2,000	$2,000
매출원가*	(1,000)	(1,700)	(1,000)
매출 총이익	$ 700	$ 300	$1,000
적은 영업 비용	(100)	(100)	(200)
과세 소득	$ 600	$ 200	$ 800
적은 소득세	35% (210)	45% (90)	(300)
당기 순이익	$ 390	$ 110	$ 500

* 미국 Ganado의 판매가격은 유럽 Ganado로 팔리는 제품의 원가가 된다.

가지 방법을 제공한다. 세 가지 방법 모두 OECD 재정사무국(Committee on Fiscal Affairs)에서 회원국에서의 사용을 권장하며, 많은 경우 세 가지 방법을 혼합하여 사용한다.

미국 국세법 482조는 이전 가격을 다루는 전형적인 법률이다. 이 권한하에 국세청(IRS)은 탈세를 방지하거나 적절한 소득 분배를 보다 명확하게 반영하기 위해 관련 기업 간에 총소득, 공제, 신용 또는 수당을 재할당할 수 있다. IRS가 수입을 재할당하는 데 있어 자의적이거나 부당하다는 것을 보여주는 증거 부담은 납세자 회사에 있다. 이 '무죄 추정' 접근법은 다국적 기업이 이전 가격의 논리 및 비용에 대한 정확한 문서를 보관해야 함을 의미한다. 가이드 라인에 따른 '올바른 가격'은 정상 가격을 반영한 것이다. 이는 비슷하지만 관련되지 않은 고객에게 동일한 재화나 용역을 판매하는 것이다.

관리 인센티브 및 평가. 기업이 분산된 이익 센터로 조직된 경우 센터 간 이전 가격으로 인해 경영 성과 평가가 중단될 수 있다. 이 문제는 다국적 기업의 문제만은 아니다. 국내 기업계에서도 '중앙 집권화 대 지방 분권화'에는 논쟁의 여지가 있다. 그러나 국내 사례의 경우, 기업 수준에서 약간의 조정을 통해 이익 센터가 기업의 이익을 위해 이익을 부분최적화(suboptimize)할 때 발생하는 왜곡의 일부를 완화 할 수 있다. 또한 대부분의 국내 사례에서 회사는 단일 (해당 국가의 경우) 통합 세금 신고서를 제출할 수 있으므로 관계회사 간의 비용 할당 문제는 세금 납부의 관점에서 큰 문제가 되지 않는다.

다국적 기업의 경우 비효율적인 의사소통 채널, 국제 가격에 영향을 미치는 고유한 변수를 고려해야 할 필요성 및 별도의 과세로 인하여 조정이 어렵다. 선의에도 불구하고 다른 나라의 관련 회사로부터 협상 가격으로 상품을 구매할 때 한 국가의 관리자는 회사 전체에 가장 적합한 것이 무엇인지를 아는 것이 어렵다는 것을 알게 된다. 기업 본사에서 이전 가격 및 소싱 대안을 수립하면 분산된 이익 센터 시스템의 주요 장점 중 하나가 사라지기 때문이다. 이 경우 현지 관리는 자체 이익을 위해 행동하는 인센티브를 잃게 된다.

도표 15.6은 이전 가격의 증가로 전 세계 소득이 증가하게 된 사례를 보여준다. Ganado Corporation의 소득은 195,000달러(195,000달러에서 390,000달러로) 상승한 반면, 유럽 Ganado의 소득은 165,000달러(275,000달러 − 110,000달러) 하락하여 순이익이 30,000달러가 되었다. 유럽 Ganado의 경영진은 '보통 이하의' 성과로 인해 보너스(또는 직무)를 상실해야 하는가? 보너스는 일반적으로 개별 관계회사의 수익성을 기준으로 회사 전반적인 공식에 의해 결정되지만, 이 경우 유럽 Ganado는 전반적인 이익을 위해 '희생'되었다. 임의로 이전 가격을 변경하면 측정 문제가 발생할 수 있다.

이윤을 높은 세율의 유럽 Ganado에서 미국의 낮은 세율의 Ganado Corporation으로 이전할 경우 한 회사 또는 두 회사의 다양한 현금흐름 및 성과 메트릭이 변경된다.

■ 지불 된 수입 관세(수입업자만)와 그에 따른 이익 수준
■ 현금 및 채권 금액의 변화로 인한 순 노출 자산 규모와 같은 외환 위험 측정
■ 현재 비율, 채권 회전율 및 재고 회전율과 같은 유동성 검사
■ 매출액 또는 총자산에 대한 매출을 총이익 비율로 측정한 운영 효율성

■ 소득세 납부

■ 순이익을 매출액 또는 자본 투자에 대비하여 측정한 수익성

■ 배당 성향 : 순이익이 변함에 따라 일정한 배당금이 다양한 지불금 비율로 표시될 것이다(또는 지불금 비율이 일정하게 유지되는 경우 이전 가격의 변경으로 배당금 금액이 변경됨).

■ 기존의 소유 지분과 이익 잉여금의 비율로 측정한 내부 성장률

합작투자기업 파트너에게 미치는 영향. 합작투자기업은 양도 가격 면에서 특별한 문제를 야기한다. 다국적 기업의 전반적인 관점에서 지역 이익을 극대화하여 지역 주주의 이익에 기여하는 것은 차선책이 될 수 있기 때문이다. 종종 충돌하는 이해 관계는 해소될 수 없다. 실제로 현지 합작 투자기업 파트너는 현지 기관의 이전 가격 정책에 대해 불만을 제기하면 잠재적인 '트로이 목마'로 간주될 수 있다.

교차 신용

미국과 같은 전 세계 세금 시스템에서 회사가 사용할 수 있는 가장 가치 있는 관리 방법 중 하나는 외국 세액 공제와 외국 세액 공제를 같은 기간에 교차 신용(cross-crediting)할 수 있는 능력이다. 미국의 다국적 기업이 상대적으로 미국보다 고세율 환경과 저세율 환경의 나라인 곳에서 이익을 내면, 외국 원천 소득이 능동적이거나 수동적인 '바스켓' 중 하나라면, 초과 소득 세액 공제는 다른 소득 세액 공제에 대해 교차 적립될 수 있다.

도표 15.7은 미국계 다국적 기업인 Ganado가 교차신용을 통해 두 해외 종속회사의 배당금 송금을 관리하는 방법을 보여준다. Ganado의 두 해외 종속회사의 배당금 송금은 각자 다른 2개의 상계 세무 신용 포지션을 만든다.

■ 독일(40%)의 기업 소득세율이 미국(35%)보다 높기 때문에 독일 Ganado에서 미국 모회사에 송금된 배당금은 해외 세액 공제를 초과하게 된다. 독일과 미국 간의 배당에 적용되는 원천징수세는 초과 크레딧의 금액만 증가시킨다.

■ 브라질(25%)의 기업 소득세율이 미국(35%)보다 낮기 때문에 브라질 Ganado에서 미국 부모에게 송금된 배당금은 적자 세액 공제를 초래한다. 브라질 송금에 대해 미국에 대한 배당금에 원천징수세가 적용된다면 적자 규모는 줄어들지만, 없앨 수는 없다.

Ganado의 경영진은 적자를 신용과 일치시키기 위해 두 번의 배당금 송금을 관리하려고 한다. 이를 수행하는 가장 간단한 방법은 각 해외 종속회사에서 배당되는 배당 금액을 조정하는 것이다. 적용 가능한 소득과 원천징수세가 모두 적용되면 독일 Ganado의 초과 소득 세액 공제액은 브라질 Ganado의 초과 국외 세금 감면액과 정확히 일치할 것이다. Ganado의 글로벌 세금 부채 관리에는 여러 가지 방법이 있다. 기업들은 저세율 환경에서 이윤을 내기 위해 글로벌 운영 구조를 구축하려고 노력하는데, 이를 자금 재배치라고 한다. 우리는 이 장의 끝에 있는 애플의 사례를 통해 자금 재배치에 대하여 살펴볼 것이다.

도표 15.7 Ganado의 외국 세액 공제에 대한 교차 신용

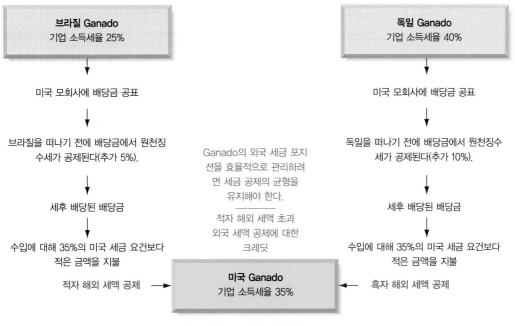

주 : Ganado는 미국 내 정부 수입과 국내외 소득에 대해 별도로 세금을 납부한다.

체크 더 박스와 혼성체

1997년 미국 재무부가 저세율 지역에서 미국 기반 다국적 기업의 이익 이전을 막으려 한 시도는 1997년 체크 더 박스 종속회사 특성화를 도입했을 때 크게 후퇴했다. 미국 재무부는 과세 단순화를 위해 다국적 기업이 종속회사를 단순히 '체크 더 박스' 방식으로 서류 제출 방식을 변경했는데, 이는 과세 목적으로 분류할 수 있도록 하는 하나의 양식이다.

제안된 상자 선택 사항 중 하나인 무시된 항목은 모회사의 결과와 통합되므로 조세 목적상 해당 항목을 '사라지게' 할 수 있었다. 이렇게 결합된 단위를 혼성체라고 한다. 결국 해외 단위 소유권을 계층화한 미국 다국적 기업이 다시 저세율 환경에서 수익을 재조정하고 근본적으로 그 수익을 영구적으로 연기할 수 있게 되었다. 2007년 미국 재무부는 이 과정을 현재 무시당한 기업의 세법에 대한 **룩 스루**(look-through) 규칙으로 규정했다. 이 장의 끝에 있는 사례에서 애플 컴퓨터가 이 구조를 어떻게 사용하는지 추가 세부 사항을 살펴볼 것이다.

조세 회피처와 국제역외금융센터

많은 다국적 기업에는 재투자 또는 본국 송환을 기다리는 기업 자금에 대해 조세 회피처 역할을 하는 외국 종속회사가 있다. 국제역외금융센터(International Offshore Financial Centre)라고 불리는 조세 피난처 종속회사는 부분적으로 모국의 일부가 허용하는 수입 해외 소득에 대한 과세 연기의 결과이다. 조세 회피처는 일반적으로 다음 요구 사항을 충족할 수 있는 국가에 설립된다.

■ 상주 회사가 받는 외국인 투자 또는 판매 소득에 대한 낮은 세금 및 모회사에 지급되는 배당금에 대한 낮은 배당 원천징수세

■ 자금을 현지 통화로 쉽게 변환할 수 있는 안정적인 통화. 이 요구 사항은 유로화 사용을 허용하고 촉진함으로써 충족시킬 수 있다.

■ 금융 서비스를 지원하는 시설. 예를 들어 효과적인 의사 소통, 전문적인 사무원 및 평판 좋은 금융 서비스

■ 국경 내에 외국인 소유 금융 및 서비스 시설 설립을 장려하는 안정적인 정부

도표 15.8은 세계의 주요 해외 금융 센터의 지도를 보여준다. 전형적인 조세 회피처 종속회사는 관련 해외 종속회사의 보통주를 소유한다. 전 세계에 세금 환급 종속회사들이 산재해있을 수 있다. 일반

| 도표 15.8 | **국제역외금융센터** |

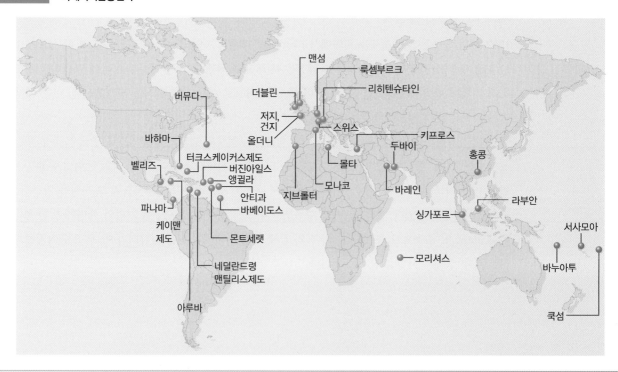

적으로 세금 환급 종속회사의 지분은 모회사가 100% 소유한다. 모든 자금 이체는 배당금과 주식 자금 조달을 포함하여 조세 회피처 종속회사를 통해 이루어질 수 있다. 따라서 해외 종속회사가 배당을 선언할 때 보통 지불할 수 있는 외래 수입에 대한 모국의 세금은 조세 회피처의 종속회사에서 모회사에 배당금을 지불할 때까지 계속 연기될 수 있다. 또한 이 세금은 해외 사업이 계속 성장하고 조세 회피처가 된 종속회사로부터 새로운 내부 자금조달을 요구할 경우 무기한 연기될 수 있다. 따라서 다국적 기업은 모국의 세금 계산서를 통해 외국 소득을 본국으로 송환할 필요 없이 해외 사업을 위한 기업 자금 풀을 운영할 수 있다.

미국 내 다국적 기업의 경우 해외 종속회사가 누릴 수 있는 과세 특권은 원래 세금 구멍이 아니었다(모회사에 배당금을 돌려줄 때까지는 외국인 소득에 대해 세금을 내지 않기 때문에 특권으로 간주된다). 오히려 미국 정부가 미국 기업의 해외 진출을 허용하고 이들 기업을 외국 경쟁 기업과 동등하게 배치하여, 유사한 유형의 세금 유예 및 수출 보조금도 누릴 수 있도록 허용하였다. 도표 15.9는 역외 금융센터의 주요 활동을 범주화한 것이다.

불행히도 일부 기업은 탈세 혐의에 대한 세금 이연이라는 최초의 의도를 왜곡하였다. 외국계 관계회사에서 구매하거나 판매한 재화 및 용역의 이전 가격은 거래로 인한 수입을 세급 환급 종속회사에 인위적으로 남겨두도록 조정되었다. 이 조작은 물리적으로 재화나 용역이 조세 피난처 국가에 진입하지는 않았지만 조세 회피처 종속회사를 통해 재화 또는 용역에 법적 권리를 전달함으로써 이루어졌다. 말할 필요도 없이, 수출입국 세무 당국은 거래에서 과세 소득이 없기 때문에 당황하였다.

1962년 미국 국세법(Internal Revenue Act of 1962)의 목적 중 하나는 세금 동기라기보다는 사업 및 경제적 동기를 위해 설립된 외국 제조 및 판매 종속회사에 대한 세금 연기 특권을 파괴하지 않고 '종이' 외국 기업의 세금 혜택을 제거하는 것이었다. 세금 동기가 제거되었지만, 일부 회사는 이 종속회사들이 해외 사업을 위한 금융 통제 센터로 유용하다고 판단했다.

도표 15.9　**역외금융센터의 활동**

역외금융센터는 외국 사용자에게 외국환 수입 대신 재무 관리 서비스를 제공한다. 고객에게는 매우 낮은 세율, 최소 행정 절차, 기밀 유지 및 재량권을 비롯하여 몇 가지 비교 우위가 있다. 이 환경은 부유한 국제 고객이 소득과 자산을 정치적·재정적 및 법적 위험으로부터 보호하면서 잠재 세액 부담을 최소화할 수 있도록 한다. 역외금융 서비스를 제공할 수 있는 많은 수단이 있다.

- 역외은행은 기업이나 은행의 외환 업무를 처리할 수 있다. 이러한 업무는 자본, 기업, 자본이득, 배당금 또는 이자율 세금 또는 교환 통제 등은 포함되지 않는다.
- 세금 면제가 되는 유한책임회사인 국제 비즈니스 기업은 주식, 채권 또는 기타 수단을 발행하여 사업을 운영하거나 자본을 조달한다.
- 세금을 최소화하고 위험을 관리하기 위해 설립된 역외 보험 회사
- 자산 관리 및 보호 : 취약한 은행 시스템 또는 불안정한 정치 체제를 가진 국가의 개인 및 기업이 국내 통화 및 은행의 붕괴를 방지하기 위해 자산을 역외로 유치할 수 있다.
- 세금 계획 : 다국적 기업이 역외이전센터(라우팅을 통해)의 이전 가격 거래를 통하여 세금을 최소화할 수 있다. 개인은 신탁 및 재단을 통하여 역외센터에서 제공하는 유리한 세금제도를 이용할 수 있다.

역외금융센터에서 제공하는 세금 양허 및 보안은 정당한 목적으로 사용될 수 있지만 자금세탁 및 탈세를 포함한 불법적인 목적으로도 사용되어 왔다.

구글 : 이익 재배치의 사례

> 그것이 자본주의입니다.
>
> − Eric Schmidt, 구글 최고경영자, 2012

(모든 직원들이) 악을 범하지 말라(Do no evil)라는 회사 행동 강령으로 유명한 인터넷 검색 엔진인 구글은 최근 몇 년간 글로벌 세무 전략에 대한 조사 대상이 되어왔다. 그것은 과세 이벤트가 발생한 곳이나 과세 대상 활동이 수행된 곳을 결정하기가 종종 어려워지는(점차 복잡해지는) 디지털 상거래 세계에서 모든 회사와 정부가 당면한 어려움을 대표한다.

구글의 역외 세금 전략인 Double-Irish-Dutch Sandwich는 아일랜드와 같은 저세율 환경에서 종속회사에 대한 지적 재산권의 상당 부분을 재배치한 다음(도표 15.10 참조), 다양한 다른 부문에 대한 서비스 및 간접비의 형태로 높은 이전 가격을 설정함으로써 버뮤다의 제로 세금 환경처럼 이익의 대부분을 배치하게 되었다. 이 회사는 미국 세무 당국과 수년간 협상을 진행했으며 결국 이전 가격 사전합의제도를 이끌어냈다. 아직 밝혀지지 않은 이 계약은 전 세계 세금을 최소화하는 데 사용되는 다양한 구글 소유 단위 간에 허용되는 이전 가격과 관행을 수립했다.

도표 15.10에서 볼 수 있듯이 구글의 구조의 핵심은 **영구적 시설(permanent establishment, PE)**로 알려져 있다. 영구적 시설 규정은 구글과 같은 회사가 아일랜드와 같은 저소득 국가에서 과세 표준을 고

도표 15.10 　**구글의 글로벌 세금 구조와 영국에서의 판매**

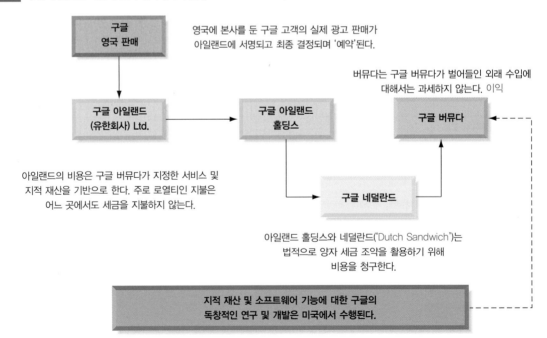

정할 수 있으며 프랑스처럼 세율이 높은 국가에서 많은 비즈니스를 창출할 수 있도록 하였다. 회사는 원칙적으로 '사업장의 위치'가 아니라 최종 계약서에 서명한 국가 또는 관할지인 '고객과의 비즈니스 거래를 마무리 짓는 곳'에 과세된다. 구글의 경우에는 유럽연합 전역의 판매가 아일랜드에서 마무리된 다는 의미이다. 미국의 상위 50개 소프트웨어, 인터넷 및 컴퓨터 하드웨어 회사 중 75%가 유사한 영구 적 시설 구조를 사용하여 세금을 피하는 것으로 추정된다.

이익 재할당(BEPS)

미국의 다국적 기업뿐만 아니라 전 세계 다국적 기업들이 세금 지불을 피하거나 연기하기 위해 점점 더 공격적으로 사용하는 구조와 전략은 G20 재무장관이 OECD와 공동으로 이익 재할당(BEPS)이라는 행동 계획을 수립하도록 촉구했다. 흥미롭게도 이것은 불법적인 행위를 막기 위한 노력이 아니며, 대 부분의 이윤 분배와 세제 부채 축소가 합법적이지만 세제 권력을 재확정하기 위해 세법과 관행을 바꾸 려는 새로운 시도를 모색하기 위한 것이다.

최근 몇 년 동안 구글, 애플 및 기타 여러 다국적 기업에 대한 논란은 이들이 전 세계에서 엄청난 이 익을 창출하고 있지만 어디에도, 누구에게도 기업 소득세를 거의 내지 않는다는 것이다. 한편 많은 다 국적 기업들은 20~30%까지 실효세율을 계속 지급하고 있다(통합 세전 소득의 비율). 이것이 사실이라 면 디지털 방식으로 전 세계에 제품과 자산을 이동시킬 수 없는 전통적인 제조사들은 특정 다국적 기 업에 편향되어 있다고 느낄것이다.

해외법인 국내 이전

해외법인 국내 이전(corporate inversion)은 회사 설립 국가의 변화이다. 목적은 일반적으로 영토 세법을 사용하는 나라를 저세율 관할 지역에 재통합함으로써 효과적인 글로벌 조세 부담을 줄이는 데 있다. 회사 운영을 완전히 변경할 수는 없고 본사는 원래 설립 국가에 남을 수 있지만, 회사는 새로운 고향을 갖게 될 것이고, 회사가 있던 나라는 현재 외국계 종속회사를 운영하는 국가 중 하나일 것이다.

대표적인 거래는 미국 법인과 버뮤다 같은 다른 나라에 있는 종속회사가 소유권을 교환하는 거래 이다. 교환의 결과로 미국 회사는 버뮤다 법인의 미국 종속회사가 된다. 회사의 통제에는 변화가 없으 며 법인 설립의 장소만 변화한다. 일상적으로 이것을 'naked inversion'이라고 부른다. 이러한 전환을 통해서 1990년대 말과 2000년대 초반 Ingersoll Rand, Tyco, Foster Wheeler 등이 성공하여 조세 부담 을 줄이는 데 인기를 누렸지만, 2002년 Stanley Works와 달리 미국은 2004년 미국 내 일자리 창출 법안 (American Jobs Creation Act, AJCA)을 통과시켜 다음과 같은 두 가지 중요한 방식으로 이전을 통제하 는 규칙을 변경했다.

첫째, 새로운 외국 모회사가 이전 모회사의 주주들에 의해 여전히 80% 이상 소유 및 관리되고 있다 면, 회사는 국내 또는 미국 법인 기업으로 계속 취급될 것이다. 즉, 회사는 전 세계 수입에 대해 계속

과세되고 미국의 '종속회사'는 효과적인 모기업으로 취급된다. 이를 80% 규칙(80% rule)이라고 한다.

둘째, 새로운 외국 모기업이 여전히 모회사의 주주들에 의해 60% 이상 80% 미만으로 통제되고 있는 경우, 신생 회사는 새 회사에 오래된 회사의 자산을 양도하는 것에 대한 이익(통행세)에 세금 공제가 허용되지 않는다. 이로 인해 소유 구조가 크게 달라졌을 때에도 재정적으로 매력 없는 자리바꿈이 되었다.

오늘날에는 다음과 같은 세 가지 기본 유형의 법인 이전이 사용된다. 즉, (1) 실질적인 사업상의 존재, (2) 더 큰 외국 회사와의 합병, (3) 더 작은 외국 회사와의 합병이다.

실질적인 사업상의 존재

기업 반전을 다루는 AJCA 요소는 세금 감면을 목적으로 하는 해외법인의 국내 이전을 저지하기 위해 특별히 구성되어 있다. 그러나 이 법안은 회사가 실제로 소득, 종업원 중 25%가 이동하는 '실질적인 사업상 존재'하고 있는 나라에서 재법인 설립이 이루어지면 문제가 되지 않는다. 따라서 대부분의 전통적인 조세 회피처가 포함되지 않는다.

더 큰 외국 회사와의 합병

두 번째 주요한 유형은 미국 회사가 큰 외국 회사와 합병되고 새로운 결합 법인이 외국에 통합될 때이다. 추가된 규정은 이전의 미국 소유권이 새로운 결합 법인에서 소수 지위(소유권이 50% 미만)여야 한다는 것이다. 한 가지 주목할만한 사례는 2011년 두 주요 심해 석유 시추 회사인 Ensco(영국)와 Pride(미국)의 합병이었다.

더 작은 외국 회사와의 합병

기업 반전의 세 번째 형태는 미국 법인이 종종 아일랜드, 영국 또는 룩셈부르크에 설립된 소규모 외국 기업과 합병하는 경우이다. 새로 창설된 회사의 지배력은 이전의 미국 주주들에게 남아있으므로 80%의 규칙을 충족시키지 못한다. 그러나 새로운 회사는 여전히 낮은 세금 관할 지역이기 때문에 새로운 세제 원칙에 대한 미국의 능력은 제한적이다. 2012년 Easton(미국)과 Cooper Industries(아일랜드)를 합병하여 새로운 아일랜드 기업을 창출한 것이 대표적인 사례이다.

지난 20년 동안 미국을 기반으로 한 다국적 기업의 급속한 진화에 따라, 전 세계 체제를 비롯하여 비교적 높은 미국의 법인세율과 글로벌 경쟁력에 대한 기업의 우려가 높아졌다. 더 많은 이전으로 인해 아일랜드와 같이 주요 선진국에 새로 합병된 법인이 생겨났으며 버뮤다, 케이만군도 또는 바하마와 같은 조세 회피처가 아닌 전 세계 조약 쇼핑 및 기업세 논쟁에 대한 긴장감이 커지고 있다. 2013년에 Applied Materials(미국)와 Tokyo Electron(일본)의 합병은 네덜란드에서 병합되고 재통합된 복잡한 사례 중 하나이다. 2002년에 계속적인 우려를 지적한 미국 상원 재정위원회 위원인 찰스 E. 그래슬리는 이렇게 말했다. "이 수용은 불법이 아니다. 그러나 그들은 분명 비도덕적이다."

요점

- 국가는 두 가지 기본 접근 방식 중 전 세계적인 접근법 또는 영토적 접근법 중 하나를 따라 조세 제도를 구성한다. 두 가지 접근법은 합병 및 원산지에 따라 외국 및 국내의 어느 회사와 수입이 호스트 국가 세무 당국에 과세 대상인지 결정하려는 시도이다.

- 조세 조약은 일반적으로 한 국가에서 다른 국가의 국민이 벌어들인 소득에 대해 세금을 부과할지 여부를 결정하는 것이다. 그리고 만일 부과한다면 어떻게 할 것인지까지도 결정한다. 조세 조약은 양국 간 협상으로, 양국 간 소득 유형에 따라 다른 비율이 적용된다.

- 이전 가격은 관련 회사 간의 재화, 서비스 및 기술 가격의 책정이다. 높은 또는 낮은 이전 가격은 소득세, 자금의 위치, 경영 인센티브 및 평가, 합작투자법인 파트너에게 영향을 미친다.

- 미국은 해외 수입과 국내 수입을 차별화한다. 각 항목은 개별적으로 과세되며, 한 항목의 세금 적립/크레딧은 다른 항목의 적자/크레딧에 사용될 수 없다.

- 미국 기반의 다국적 기업이 미국보다 높은 소득세를 부과하는 외국으로부터 수입을 받는 경우, 총공제 가능 세금은 해당 해외 소득에 대한 미국 과세를 초과하는 해외 납부세액공제를 유도한다.

- 다국적 기업은 재투자 또는 본국 송환을 기다리는 기업 자금에 대한 조세 회피처 역할을 하는 외국 종속회사를 보유하고 있다. 조세 회피처는 전형적으로 법인 세율이 낮고 안정적인 통화, 금융 서비스를 지원하는 시설 및 정부가 있는 국가에 있다.

- 미국에 본사를 둔 많은 회사들은 낮은 세금 환경에서 해외로 재통합함으로써 실효세율을 줄이기 위해 해외법인의 국내 이전을 하였다. 대안은 저세금 환경 중 하나에 통합된 회사를 인수한 후 새로운 합병 회사에 대한 법인 설립을 채택하는 것이다.

사례

애플의 Global iTax Strategy[1]

애플은 세금에 대해 속이지 않습니다. 애플은 자사의 지적 재산을 해외 조세 회피처로 옮긴 후 미국 세금을 피하기 위해 제품을 미국으로 다시 판매하기 위해 이를 사용하지 않습니다. 해외 사업장의 국내 자금조달을 위해 회전하는 대출을 하지 않습니다. 카리브해 섬에 자금을 묶어두지 않습니다. 케이만군도에 은행 계좌도 없습니다. 애플은 미국 이외의 국가에서 대부분의 제품을 판매하기 때문에 상당한 외화 현금을 보유하고 있습니다.

– 애플 CEO 팀 쿡,
2013년 미국 상원 상설 소위원회에서의 증언

세계에서 가장 크고 가장 수익성이 높은 회사의 경우 삶(적어도 공개적 평판)을 관리하기가 어렵다. 그리고 충분한 세금을 내지 않기 때문에 끊임없이 비판받고 있다. 애플도 그러한 걱정을 가진 회사이다. 애플은 글로벌 비즈니스에서 보다 적극적인 글로벌 세금 전략을 설계했다.

---

[1] Copyright © 2015 Thunderbird School of Global Management. 이 사례는 Michael H. Moffett 교수가 수업 중 토론을 목적으로 준비한 것으로, 효율적이거나 비효율적인 경영을 시사하지 않는다.

글로벌 운영 체제

애플은 다른 대형 다국적 기업과 유사하게 조직되어 있다. 본사는 캘리포니아주 쿠퍼티노에 있으며 미국 법인회사인 애플, Inc.이다. 도표 A에서 볼 수 있듯이 본질적으로 이곳에서 모든 글로벌 연구 개발이 수행되고 있으며 지적 재산권이 만들이지는 곳이다. 애플은 대부분의 제품 구성 및 조립을 계약한 제조업체에서 하지만 (주로 중국) 텍사스 오스틴의 생산 시설에서 애플 제품의자가 기술 엔진인 A5 시리즈의 모든 마이크로 프로세서를 제조한다. 제조된 최종 제품은 전 세계의 애플 유통 센터로 직접 배송된다.

미주 지역 외의 애플 판매는 아일랜드 자회사인 Apple Sales International(ASI)을 통해서 예약된다. ASI는 계약 제조사로부터 제품을 구매하여 제품에 대한 소유권을 획득한 후 국제 유통 회사인 Apple Distribution Internationa(ADI)에 재판매한다. 도표 A에서 볼 수 있듯이, ASI는 재판매를 통해서 큰 수익을 얻는다. ASI는 오늘날 세계무역에서 흔히 볼 수

있듯이 상품에 법적 권리를 행사할 수 있지만 상품이 아일랜드를 직접 지나치는 일은 없으며, 모든 소매업체와 마찬가지로 중국 제조업체에서 도표 A에서 열거된 것처럼 국내 판매용 유통센터로 직접 배송된다. 그런 다음 ASI는 아일랜드의 모회사인 Apple Operations Europe(AOE)에 배당금 형태로 모든 이익을 시급한나.

애플의 세무관리는 지적 재산권의 개발 및 소유에 대한 비용 분담 협약의 원칙부터 시작하여 일련의 구조를 기반으로 한다.

비용 분담

애플은 모회사인 애플과 아일랜드 자회사인 ASI 간의 비용 분담 협약을 체결하였다. 두 부서는 애플 제품의 개발 비용을 분담하고 결과적으로 발생하는 모든 지적 재산권의 경제적 권리를 공유하는 데 동의한다. 예를 들어, 2011년 애플의 전 세계 연구 개발(약 95%가 캘리포니아 쿠퍼티노에서 발생)에 대한 지출은 총 24억 달러이다. 애플과 ASI는 그해

애플의 국제 제품 가치의 흐름

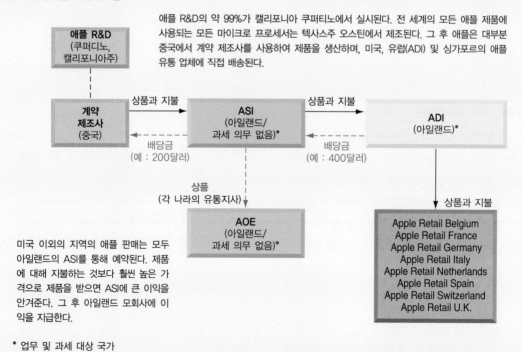

애플 R&D의 약 99%가 캘리포니아 쿠퍼티노에서 실시된다. 전 세계의 모든 애플 제품에 사용되는 모든 마이크로 프로세서는 텍사스주 오스틴에서 제조된다. 그 후 애플은 대부분 중국에서 계약 제조사를 사용하여 제품을 생산하며, 미국, 유럽(ADI) 및 싱가포르의 애플 유통 업체에 직접 배송된다.

미국 이외의 지역의 애플 판매는 모두 아일랜드의 ASI를 통해 예약된다. 제품에 대해 지불하는 것보다 훨씬 높은 가격으로 제품을 받으면 ASI에 큰 이익을 안겨준다. 그 후 아일랜드 모회사에 이익을 지급한다.

* 업무 및 과세 대상 국가

애플의 전 세계 판매량 기준으로 비용을 분할했다. 애플은 10억 달러로 약 40%, 역외는 60%(ASI는 14억 달러의 비용 지출)를 차지했다.

비용 공유와 그에 따른 지적 재산권 소유는 애플의 세금 전략의 핵심이다. 결과적으로, 지적 재산권 소유에 따라 ASI 에서 발생하는 이익은 아일랜드 법인으로 인하여 미국 세무 당국에 의해 즉시 과세되지 않는다. 이론적으로 ASI 또는 AOE는 아일랜드에서 세금을 납부해야 한다.

애플의 글로벌 구조

애플의 글로벌 구조는 도표 B.2에서 찾아볼 수 있다.[2] 애플

의 전 세계 판매액은 미국의 애플 Inc.과 아일랜드의 Apple Sales International(ASI)로 나뉜다. ASI는 유럽, 중동, 아시아, 아프리카, 인도 및 태평양 지역의 모든 애플 제품 판매를 담당한다.

애플의 세금 전략의 구조와 기능을 이해하는 열쇠는 AOI, AOE, ASI, ADI의 주요 외국 관계회사 및 아일랜드의 Apple Retail Europe을 통합한 것이다. 아일랜드의(세계 표준 기준) 법정 기업세율은 12%이다. 그러나 애플은 2003년 3월 이후로 아일랜드 정부와 2%도 안 되는 세율로 협상을 진행하였다.[3] 애플에 따르면, 이것은 아일랜드 정부가 애플의

도표 B 애플의 글로벌 조직 구조

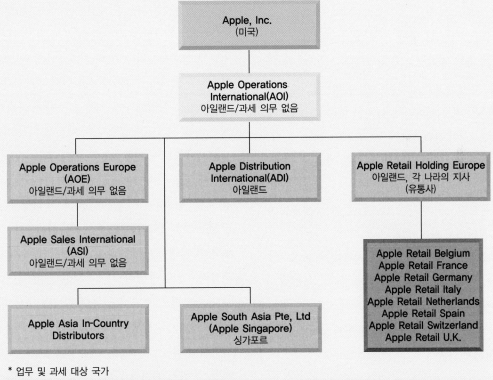

* 업무 및 과세 대상 국가

출처 : Permanent Subcommittee on Investigations, May 2013.

---

[2] Memorandum of the Permanent Subcommittee on Investigations, Re: *Offshore Profit Shifting and the U.S. Tax Code — Part 2 (Apple Inc.)*, U.S. Senate, May 21, 2013.

[3] 이것은 2013년 5월에 제시된 자료를 바탕으로 하는데, 대부분 2008~2011년 사이에 검출된 일이다.

과세소득을 계산하기로 결정한 방식으로 이루어진다.

도표 B에서 볼 수 있듯이, Apple Operations International (AOI)은 아메리카 대륙 밖의 모든 애플의 활동을 소유하고 통제하는 단일 법인체이다. AOI 자체는 오늘날 다국적 기업 관리의 세계화 및 디지털 구조에 대한 증거이다.

- AOI는 1980년에 아일랜드에 설립되었다. 그러나 애플은 아일랜드가 법인 설립 장소로 선택된 이유를 설명하는 문서를 찾을 수 없었다.
- AOI는 아일랜드 또는 기타 국가에서 세금 거주를 선언하지 않았다.
- 2013년 AOI는 지난 5년 동안 전 세계 어느 정부에도 기업소득세를 납부하지 않았다.
- AOI는 더블린이나 아일랜드에 실제로 존재하지 않으며 아일랜드인 직원도 없다.
- AOI에는 3명의 이사가 있다. 모두 AOI의 이사로 재직하면서 다른 애플 회사에서 일하고 있다. 2명은 캘리포니아에 거주하며, 1명은 아일랜드에 거주한다.
- AOI의 자산은 미국 네바다에 위치한 애플 종속회사인 Braeburn Capital이 관리한다.
- AOI의 실제 자산 보유액은 뉴욕의 은행 계좌에서 보유하고 있다.
- AOI의 총계정원장은 텍사스 오스틴에 있는 애플의 미국 서비스 센터에서 관리된다.
- 미국 상원의 소위원회에서 증언한 애플의 세무 국장은 AOI의 기능이 미국에서 관리되고 통제되고 있다고 생각한다고 말했다.
- 2009~2011년까지 전 세계 애플의 전체 순이익의 약 30%가 AOI에서 나왔다.

AOI는 단지 디지털 건설의 법적 실체이지만, 지구상 어느 곳에서든 세금 거주가 결여되어 있다는 것은 분명하다.[4]

세금 거주자

아일랜드 법률에 따라서, 아일랜드의 세금 거주자는 아일랜드에서 회사를 관리하거나 통제해야 한다. 하지만 (분명히) 위에서 언급한 세부 사항에 따르면 AOI는 그렇지 않다. 미국은 미국에서의 세금 면제를 위해 미국에 법인을 설립할 것을 요구한다. 하지만 AOI는 따르지 않아도 된다. 따라서 애플의 견해에 따르면 AOI는 지구 어디에서도 세금 면제가 없기 때문에 세금 면제를 확립한 적이 없다. 애플 경영진은 미국 상원 소위원회에서 AOI가 미국에서 실제로 관리되고 통제되는지 여부를 묻는 질문에 "… 그것에 대하여 결정된 답은 없습니다."라고 답했다.

AOI와 같은 Apple Sales International(ASI)은 어떤 곳에도 세금 거주를 하지 않는다(주민세를 납부하지 않는다). 도표 C를 보면 ASI는 2011년 세전 이익에서 220억 달러 중 1,000만 달러의 세금만을 납부한 것으로 나타났다. 이는 0.05% 미만의 실효세율이다. 2009~2011년 동안 ASI는 세전 이익이 380억 달러였고 총 2,100만 달러의 세금을 냈다. 흥미롭게도 ASI는 아일랜드의 세무 거주자는 아니지만 아일랜드에 기업세 신고를 제출했다(이 때문에 이 수치가 있다).

AOI나 ASI가 애플 Inc.과 독립적인 기업체인지가 계속 논란이 되고 있다. 2008년 애플 Inc., ASI 및 AOE는 수정 비용 분담 합의서에 서명했다. AOE의 서명자는 애플의 회계 담당자였다. ASI의 서명자는 애플의 COO인 팀 쿡이었다. AOE의 서명자는 애플의 CFO였다. 협상은 간단하고 효율적이라고 믿어져 왔다.

미국의 전 세계 세금 구조에 따르면 미국 회사의 해외 종속 회사는 미국 활동 소득(제공되는 생산, 판매 및 서비스의 적극적인 활동으로 인한 수입)에 대한 미국 세금 납부를 연기할 수 있는 권리가 있다. 그러나 소득이 이자, 로열티, 배당금과 같이 수동적인 경우 피지배 외국 기업(CFC)에 적용되

---

[4] 애플은 2012년에 아일랜드 종업원들을 재조정했다. 2,455명의 종업원이 아일랜드 내 5개의 사업부로 분산되었는데, 대부분 ADI로 배정되었다. 아일랜드에서 ASI의 채용은 0명에서 250명까지 증가하였다.

| 도표 C | Apple Sales International(ASI)이 지불한 글로벌 세금 | | | |

ASI(아일랜드)	2009	2010	2011	총계
세전 이익	40억 달러	120억 달러	220억 달러	380억 달러
글로벌 세금	400만 달러	700만 달러	1,000만 달러	2,100만 달러
세율	0.10%	0.06%	0.05%	0.06%

출처 : Apple Consolidating Financial Statements, APL-PSI-000130-232 (sealed exhibit).

는 수입 규정에 따라 미국 세무 당국에 의해 즉각적인 과세 대상이 된다. 따라서 법령에 따라 ASI 및 AOI에서 얻은 모든 수동 소득은 세무 당국에 의해 미국에서 즉시 과세 대상이 되어야 한다.[5] 사실 2009~2012년 사이에, AOI는 하위 계층 종속회사로부터 299억 달러의 소득을 배당금으로 받은 것으로 보도되었다. 일반적으로 이 배당금은 즉시 과세 법령에 따라 미국 세무 당국이 과세할 수 있다.

그러나 애플은 체크 더 박스(check-the-box)라고 불리는 것을 사용함으로써 세금 징수를 피했다. 1996년에 미국 세금 코드를 단순화하려는 시도로 재무부는 기업들이 조세 목적으로 외국 법인(예 : ASI 또는 AOE)을 설명하기 위해 세금 양식에 관련 없는 항목에 '체크 박스'를 허용하는 새로운 관행을 채택했다. 소위 무시된 실체다. 이로 인해 다국적 기업의 세금 신고가 크게 단순화되었다. 이처럼 실체를 무시한 상태는 미국의 다국적 기업들이 아일랜드나 룩셈부르크와 같은 낮은 관세 지역에 대규모의 수익성 종속회사를 설립할 수 있게 하였다. 애플의 경우, 미국 조세 규정은 단일 법인 내의 단위들 사이에서 이루어진 지불을 인식하지 못하기 때문에 조세 목적으로 AOI 아래의 도표 B에 표시된 모든 회사가 과세 대상으로 사라짐을 의미한다. 따라서 미국 세무 당국은 AOI만 평가하며, 애플 제품을 전 세계적으로 구매 및 재판매 할 때 수입은 활발한 것으로 간주된다. 따라서 본국 송환 당시까지의 이익에 대한 미국 세금을 면제할 수 있다.[6]

애플 납세

애플은 2012 회계 연도에 미국 재무부에 약 60억 달러의 세금을 납부한 미국 최대 기업소득세 납부자일 가능성이 높다. 이 지불금은 작년에 미국 재무부가 징수한 기업소득세 40달러당 1달러를 차지한다. 회사의 2012 회계 연도 총 미국 연방 실효 법인세율은 약 30.5%이다. 회사는 현재 회계 연도에 미국 재무부에 70억 달러 이상의 세금을 납부할 것으로 예상하였다. 미국 법에 따라 애플은 미국 내 판매 및 자사의 피지배 외국 기업('CFC') 투자 소득에 대해 미국 법인소득세를 납부한다. 여기에는 아일랜드 자회사인 Apple Operations International('AOI')도 포함된다.

– 2013년 5월 21일 미국 상원,
상설 소위원회 조사에서 애플 Inc.의 증언

애플은 실제로 많은 세금을 지불한다. 도표 D에서 볼 수 있듯이, 10K 제출 서류에 따르면 2011년 한 해에만 애플은 총 82억 8,300만 달러의 세금을 납부했다. 그러나 미국의 실효

---

[5] 이론적으로 애플은 (F 법령의 하위에 귀속되어야 하는) 두 종류의 소득을 가지고 있다. (1) 치외기반 기업 내 이익(FBCS)은 애플이 아일랜드에서 다른 이유 없이 오직 이익을 합치고 조정하기 위해서 ASI에 할당한 이익을 말한다. (2) 해외 개별 지주회사 이익(FPHC)은 아일랜드에서 배당, 특허권, 수수료, 이자 등으로 얻는 이익을 말한다.

[6] '체크 더 박스' 방식을 도입한 직후, 미국 과세 당국은 자신들의 실수를 즉각 깨달았다. 과세 당국은 나중에 법령을 개정한 것이 기업들이 미국 영토 내에서 영업활동 근거를 원해서였고, 심지어 법령 개정이 국제 영업활동과 과세 부담에 어떤 영향을 미칠 것인지에 대한 평가를 하지 않았다는 것을 인정했다. 과세 당국은 지속적으로 '체크 더 박스' 방식을 폐지하려고 노력하였으나 정치적인 반대로 결국 할 수 없었다.

도표 D	미국 세금에 대한 애플의 규정 = 2011년			
납세의무	연방	주	외국	총계
현재	$ 3,884	$ 762	$ 769	
이연	2,998	37	(167)	
순납부액	$ 6,882	$ 799	$ 602	$8,283
효율적인 세율	20.1%	2.3%	1.8%	24.2%

출처 : Apple 2011 Annual Report (Form 10-K).

세율은 연방 및 주정부가 합쳐 22.4%였으며, 미국 이외 지역에서 벌어들인 소득에 대한 실효세율은 1.8%였다. 법정 법인 세율이 35%에 불과하다는 점을 감안할 때 애플의 전략과 구조는 전 세계적으로 세금 감면을 위해 노력하고 있는 것처럼 보인다.

　미국 세제에 따른 전 세계적 과세 및 연기의 기본 원칙 중 하나는 다른 국가에서 벌어들인 기업 운영 및 이익이 해당 국가에서 세금을 납부하고 있다는 것이다. 그러나 연기 조항은 1962년 즉시 과세 소득 법령의 창설로 조세 회피처에 해외 이윤을 배치하고 법인세 납부를 영구히 연기하는 것을 방지하기 위해 중단되었다. 이 시점에서 지난 50년 동안 미국 세금 코드의 변경과 결합된 글로벌 비즈니스의 복잡성은 원래 의도한 바를 약화하였다고 결론 내릴 수 있다.

　애플은 미국 법인세제의 포괄적인 개혁을 지지합니다. 회사는 수입중립적이며, 모든 세금 관련 지출을 제거하고, 세율을 낮추며, 미국으로의 자본 이동을 자유롭게 허용하는

외국 수입에 대해 합리적인 세금을 이행할 수 있는 법인세 시스템의 (극적인) 단순화를 지지합니다. 애플은 이러한 포괄적인 개혁이 경제성장을 촉진할 것이라고 믿습니다. 애플이 미국의 법인세를 더 많이 내겠다고 하더라도 애플은 이 계획을 지지합니다.

－ 2013년 5월 21일 미국 상원,
상설 소위원회 조사에서 애플 Inc.의 증언

사례 문제

1. 애플의 글로벌 세금 전략의 가장 중요한 요소는 무엇인가?
2. 왜 아일랜드에 있는 대부분의 애플 사업체는 과세 대상 국을 갖고 있지 않는가?(주민세를 내지 않는가)
3. AOI(아일랜드 이외의 지역에서 애플의 전 세계 이익의 대부분 차지하는 아일랜드 종속회사)가 아일랜드나 미국에 세금을 내지 않는 이유는 무엇인가?

질문

1. **주요 목표.** 다국적 세금 계획의 주요 목적은 무엇인가?
2. **세금 윤리.**
   a. 조세 회피와 탈세에 관한 '세금 윤리'에 대해 토론하라.
   b. 저임금 국가에 투자하려는 다국적 기업의 결정이 내포하는 의미는 무엇인가? 다국적 기업은 어떻게 기업의 사회적 책임에 대한 비용 절감 결정을 내릴 수 있는가?

3. **조세 중립성.** 전 세계적인 차원에서 영토적인 세금방법으로 이동하려는 국가의 경향은 조세 중립을 초래하는가?

4. **과세 대상 다국적 기업에 대한 접근법.** 각 나라는 다국적 기업에 의해 발생한 소득에 대해 다양한 접근법을 채택한다. 각 세법의 주요 이점은 무엇인가? 이러한 접근법이 어떻게 다국적 기업의 경쟁력에 영향을 미치는지 설명하라.

5. **직접세 대 간접세.** 직접세 또는 간접세 중 어떤 세금이 빈곤층에게 더 많은 부담을 주는가?

6. **부가가치세 대 소득세.** 신흥 경제국에서 부가가치세에 대한 소득세의 중요성을 설명하라.

7. **부가가치세.** 다음 질문에 답하라.

   a. 소비세와 부가가치세를 비교하라.

   b. 판매 세금과 부가가치세는 국가의 주요 수입원이며 선진국에서 신흥 경제국에 비해 더 많은 수익을 거두고 있다. 국가 간 세금의 다른 수준을 부과하게 만드는 요인은 무엇인가?

8. **원천징수(원천세).** 원천징수 세금이란 무엇이며 정부는 왜 이 세금을 부과하는가?

9. **조세 조약.** 보통 조세 조약에 포함되는 것은 무엇인가?

10. **적극적인 그리고 수동적인 소득세.** 포트폴리오 수익은 적극적 또는 수동적 소득으로 과세되는가?

11. **세금 유형.** 세금은 직접세라고 하는 소득에 직접 적용되는 세금과 간접세라고 하는 회사의 측정 가능한 다른 성과 특성에 따라 분류된다. 다음 각 항목을 '직접세', '간접세' 또는 다른 것으로 식별하라.

    a. 일본 법인이 영업 이익에 지불하는 법인세

    b. 사우디아라비아에서 추출되어 세계 시장으로 수출되는 석유의 로열티

    c. 런던에 있는 은행 예금에 대해 미국 모회사가 받은 이자

    d. 멕시코에 있는 종속회사의 대출로 인하여 미국 모회사가 받은 이자

    e. 벨기에에서 미국 모회사가 벨기에의 100% 종속회사의 대출을 통해 얻은 원금 상환

    f. 미국 내에서 제조 및 판매되는 담배에 소비되는 소비세

    g. 시애틀에 있는 본사 건물에 부과되는 재산세

    h. 난민 구제를 위한 국제 적십자 위원회에 직접 기부

    i. 미국 모회사의 법인세에 대한 공제로 표시된 이연된 법인세로 표시됨

    j. 영국 모기업에 지급된 배당금에 대해 독일이 원천징수하는 원천징수세

12. **해외 납부세액공제.** 해외 납부세액공제란 무엇인가? 왜 국가들은 외국 원천 소득에 대해 세금을 공제하는가?

13. **이익 축소.** 이익 축소란 무엇이며, 다국적 기업이 이를 추구하는 방법의 예로는 무엇이 있는가?

14. **피지배 외국 기업.** 피지배 외국 기업이란 무엇이며, 글로벌 세제 관리에서 그 중요성은 무엇인가?

15. **이전 가격.** 이전 가격은 무엇이며 이를 정부가 통제할 수 있는가? 모회사의 다국적 기업이 이전 가격 설정에서 직면하는 어려움과 동기는 무엇인가?

16. **펀드 포지셔닝.** 펀드 포지셔닝이란 무엇인가?

17. **소득세 효과.** 소득세 효과란 무엇인가? 어떻게 하면 다국적 기업이 소득세 효과의 결과로 이전 가격을 변경할 수 있는가?

18. **올바른 이전 가격.** '올바른' 또는 적절한 이전 가격이란 무엇인가? 지방 당국은 어떻게 다국적 기업에 '올바른' 이전 가격을 부과할 수 있는가? 적절한 이전 가격을 이행하기 위한 주요 요건은 무엇인가?

19. **교차 신용.** 교차 신용을 정의하고 이것이 전 세계 세금 체계와 일관성이 있는지, 없는지에 대해 설명하라.

20. **이전 가격 결정의 목적.** 기업의 세금 부채를 계산하고 설정하는 것 외에 가격을 이전할 수 있는 다른 목적은 무엇인가?

21. **경영 성과 측정.** 다국적 기업 내에서 경영 성과를 측정할 때 이전 가격은 어떤 역할을 하는가? 기업 내에서 가격 관행을 이전하는 것이 성과 측정과 어떻게 충돌할 수 있는가?

22. **조세 회피와 피난처.** 세금 회피의 대표적인 예는 기업이 조세 회피처에 자금을 주차(유보)하는 경우이다. 이는 합법적인 것으로 간주되지만, 세금 회피가 (전적으로) 윤리적이라고 생각하는가?

23. **해외법인의 국내 이전.** 해외법인의 국내 이전은 무엇이며, 공공 및 민간 당사자 모두의 높은 비판 여론에도 불구하고 왜 많은 미국 기업들이 이를 추구하기를 원하는가?

문제

1. **TexManchester의 외국인 소득.** TexManchester는 영국 맨체스터에 본사를 둔 섬유 제조 회사이다. 이 회사는 전 세계 50개국에 리넨 및 의복 제품을 판매하고 있다. 전략팀은 회사의 5년 전략을 수립하고 있다. 그들은 아래 표에 설명된 2015~2020년의 보조 약정/배분을 분석하는 스프레드 시트(임박한 변경 포함)를 작성해야 한다.

기준값	2015	2020(예상)
a. 외국 기업소득세율	20%	45%
b. 미국 기업소득세율	21%	30%
c. 외국 배당 원천세율	12%	0%
d. 외국의 미국 소유권	100%	70%
e. 외국 회사의 배당률	100%	100%

   a. TexManchester의 소득에 대한 국내 세금과 외국 세금이 합쳐진 합계 세금 계산서를 계산하라(과세 소득이 3,400,000파운드인 경우).

   b. 영국에 있는 모기업이 수입에 대해 지불한 실효세율을 계산하라.

   c. 배당금에 대한 원천 징수세가 없다고 가정할 때 외국 기업세율이 45%일 경우 총 납세액과 실효세율을 계산하라.

   d. TexManchester 지사에서 수입을 얻은 경우 총세금 납부액과 실효세율을 계산하라.

2. **EcuAir(에콰도르).** MexAir는 에콰도르에 종속회사를 두고 있으며 멕시코에 본사를 둔 항공사이다. 자회사인 EcuAir는 모회사인 MexAir에 대한 전략 계획 보고서 작성을 방금 완료했다. 아래 표는 2012~2015년의 예상 수입 및 판매 대금의 예상치를 요약한 것이다.

EcuAir(에콰도르) 소득 항목(단위 : 백만 MXN)

	2012	2013	2014	2015
이자 및 세전이익(EBIT)	100,000	120,000	135,000	150,000
이자 비용 감소	(8,500)	(10,000)	(13,000)	(15,00)
세전 이익(EBT)	91,500	110,000	122,000	135,000

현재 에콰도르 법인 소득세율은 20%이다. 멕시코와 에콰도르 간 조세 조약으로 인해 에콰도르는 멕시코 투자자에게 송금된 배당금에 대해 원천징수세를 부과하지 않으며, 멕시코 법인 소득세율은 25%이다. 모회사는 매년 순이익의 50%를 배당금으로 송금하려고 한다.

   a. 에콰도르 종속회사가 2012~2015년 동안 배포할 수 있는 순수입은 얼마인가?

   b. 매년 멕시코 모회사에 보낼 것으로 예상되는 배당금 송금액은 얼마인가?

   c. 멕시코 세금 부채를 계산한 후, 매년 세금(에콰도르 및 멕시코의 총세금) 배당 총액은 얼마인가?

d. 연간 외국 원천 소득에 대한 실효세율은 얼마인가?

3. **독일의 Kraftstoff.** Kraftstoff는 Mercedes, BMW 및 Opel을 포함한 독일의 여러 대형 자동차 회사의 전자 연료 주입 기화기 어셈블리를 제조하는 독일계 회사이다. 독일의 많은 회사들과 마찬가지로 이 회사는 독일 내외부에 주식을 공개하고자 하는 경우 회사가 요구하는 공개 수준이 높아짐에 따라 재무 정책을 수정하고 있다. 세전 이익(EBT)은 483,500,000유로이다.

　　Kraftstoff의 가장 큰 문제점은 독일 법인 소득세 법안이 보유 여부(45%) 또는 주주 배당(30%)에 따라 소득에 다른 소득세율을 적용한다는 것이다.

a. Kraftstoff가 순이익의 50%를 배분할 계획이라면 총 순소득 및 법인세 총액은 어떻게 되는가?

b. Kraftstoff가 주주들에게 40%와 60%의 지불금 비율 중 하나를 선택하려 했다면, 주주들에게 두 가지 지불금 중 어느 것이 모두에게 가장 이익이 되는지 설득하기 위해 경영진이 사용하는 논리와 가치는 무엇인가?

4. **Gamboa의 세금 평균.** Gamboa, Inc.는 미국에 본사를 두고 있는 과일 및 채소 소매 전문 업체이다. 이 회사는 중앙아메리카의 과일 및 채소 소싱 자회사 및 미국 남동부 및 북동부 지역의 유통점과 수직적으로 통합되어 있다. Gamboa의 2개의 중앙아메리카 자회사는 벨리즈와 코스타리카에 있다.

　　회사 설립자의 딸인 마리아 감보아는 조만간 회사의 재무 관리를 맡을 준비가 되어있다. Gamboa의 많은 회사들과 마찬가지로, 시간과 비용을 고려하지 않고 재무 관리 분야에서 고도의 정교성을 보유하지 못했다. 그러나 마리아는 최근에 MBA를 마쳤으며 Gamboa의 비용을 절감하기 위해 미국 세법에 대한 전문 지식을 축적하고 있다. 그녀의 첫 관심사는 2개의 중미 지역 종속회사에서 발생하는 외국 세금 부채에 대한 **세금 평균**이다.

코스타리카 회사의 운영은 벨리즈보다 약간 더 유리하다. 코스타리카는 비교적 낮은 세율의 나라이기 때문이다. 코스타리카의 기업세는 30%이며, 외국 회사가 운영하는 배당금에 대한 원천징수세가 없다. 벨리즈는 40%의 높은 기업소득세율을 가지고 있으며, 외국인 투자자에게 배당되는 모든 배당금에 대해 10%의 원천징수세를 부과한다. 현재 미국 법인 소득세율은 35%이다.

	벨리즈	코스타리카
세전 이익(EBT)	$1,000,000	$1,500,000
기업소득세율	40%	30%
배당 원천징수세율	10%	0%

a. 마리아 감보아가 각 종속회사로부터 50%의 지불금을 지불한다고 가정하면, 벨리즈와 코스타리카의 외국 원천 소득에 대한 추가 세금은 얼마인가? 마리아가 두 단위의 세금 공제/부채를 평균으로 하는 경우 추가적으로 미국에 대한 세금은 얼마나 부과되는가?

b. 벨리즈 자회사의 지불금 비율을 50%로 유지하면서 마리아가 외국인 세법을 가장 효율적으로 관리하기 위해서는 코스타리카 자회사의 지불금을 어떻게 바꿔야 하는가?

c. 마리아가 외국 원천 소득에 대해 달성할 수 있는 최소 실효세율은 얼마인가?

Chinglish Dirk

다음 회사 사례를 사용하여 문제 5~7에 답하라.

　　Chinglish Dirk Company(홍콩)는 면도날을 자사 소유의 모회사인 Torrington Edge(영국)에 수출하는 회사이다. 홍콩의 세율은 16%이며 영국의 세율은 30%이다. Chinglish는 컨테이너당 수익을 계산한다(모든 값은 영국 파운드로 표시됨).

단위당 이전(판매) 가격 구성	Chinglish Dirk (영국 파운드)	Torrington Edge (영국 파운드)
직접 비용	£10,000	£16,100
	4,000	1,000
전체 비용	£14,000	£17,100
원하는 마크업	2,100	2,565
이전 가격(판매가)	£16,100	£19,665
손익계산서		
판매가	£16,100,000	£19,665,000
이전 총판매가	(14,000,000)	(17,100,000)
과세 소득	£2,100,000	£2,565,000
세금 감면	(336,000)	(769,500)
과세 후 이익	£1,764,000	£1,795,500

5. **Chinglish Dirk(A).** Torrington Edge의 기업 경영진은 다국적 기업의 이익을 재조정하는 방안을 고려하고 있다. Chinglish의 마크업이 20%로 증가하고 Torrington의 마크업이 10%로 감소한다면 Chinglish Dirk와 Torrington Edge의 수익은 어떻게 되며, 두 회사의 통합된 결과는 어떻게 되는가? 이 재배치가 통합 세금 납부에 미치는 영향은 무엇인가?

6. **Chinglish Dirk(B).** 이전 문제의 분석 결과를 바탕으로 하여 Torrington Edge의 기업 경영진은 홍콩에서 계속해서 이익을 재개하기를 원한다. 그러나 그것은 두 가지 제약에 직면하고 있다. 첫째, 영국의 최종 판매 가격은 경쟁력을 유지하려면 2만 파운드 이하여야 한다. 둘째, Torrington Edge의 원가 회세 직원과 협력하는 영국 세무 당국은 홍콩에서 허용되는 최대 이적 가격을 17,800파운드로 설정했다. Torrington Edge에서 어떤 마크업 조합을 권장하는가? 세후 및 총세금 납부의 통합 이익에 대한 재배치의 영향은 무엇인가?

7. **Chinglish Dirk(C).** 잠재적인 세금 재조정의 기회를 놓치지 않기 위해 Torrington Edge는 문제 4와 5의 구성 요소를 간접비 재분배와 결합하려고 한다. 간접비를 두 단위 사이에서 재할당할 수 있지만 여전히 단위당 총 5,000파운드를 유지하고 홍콩 단위당 최소 1,750파운드를 유지한다면 이 재조정이 세금 및 총세금 납부 후 연결 이익에 미치는 영향은 무엇인가?

인터넷 문제

1. **글로벌 세금.** TaxWorld.org와 같은 웹사이트는 비즈니스 수행에 대한 상세한 전문지식과 다양한 국가에서 비즈니스를 수행하는 데 관련된 세금 및 회계 요구 사항을 제공한다.

    국제 세무 자원　　www.taxworld.org/OtherSites/
    International/international.htm

2. **국제 납세자.** 미국 국세청(IRS)은 국제 납세자를 위해 상세한 지원 및 문서 요구 사항을 제공한다. 미국 내 소득 및 수익을 올릴 때 IRS 사이트를 사용하여 국제 주민 세금 부채에 대한 법률 규칙 및 규정을 찾으라.

    U.S. IRS Taxpayer　　www.irs.gov/businesses/small/
    international/index.html

3. **공식 정부 세무 당국.** 세법은 끊임없이 변화하고 있으며 따라서 다국적 기업의 세무 계획 및 관리 프로세스에는 국가별 세제 관행이 지속적으로 업데이트되어야 한다. 해당 국가와 관련된 특정 문제를 해결하려면 다음 정부 세무 사이트를 이용하라.

    홍콩에 대한 중국　　www.gov.hk/en/business/taxes/
    의 소유권 변경　　profittax/

    아일랜드의 국제　　www.revenue.ie
    금융 서비스 센터

4. **국제 비즈니스를 위한 세무 관행.** 주요 회계 법인 중 다수가 세금 및 회계 관행과 관련하여 국제 비즈니스 활동에 온라인 정보 및 자문 서비스를 제공한다. 다음 웹

사이트를 이용하여 세법 변경 및 관행에 관한 최신 정
보를 찾으라.

Ernst and Young	www.ey.com/tax/
Deloitte & Touche	www.deloitte.com/view/en_US/ us/Services/tax/index.htm
KPMG	www.kpmg.com
Price Waterhouse Coopers	www.pwc.com/us/en/tax-servies/ index.jhtml
Ernst & Young	www.eyi.com

제 16 장

국제무역금융

현명한 사람이 시작하고, 바보가 끝낸다.

– Niccolò Machiavelli

학습목표

- 국제무역이 회사의 공급사슬과 일반적인 가치 사슬을 어떻게 변화시키는지 알아본다.
- 수입 또는 수출 비즈니스 거래 시스템의 핵심 요소를 알아본다.
- 수입/수출의 세 가지 핵심 문서가 결합되어 발생하는 거래와 그에 따른 위험을 관리하는 방법을 알아본다.
- 수출 금융 지원을 위한 다양한 정부 프로그램에 대하여 알아본다.
- 주요 무역 금융 대안을 검토한다.
- 중장기 무역 금융을 위한 수출 장기 연불 어음/비소급적 할인 매입 금융의 사용을 평가한다.

이 장의 목적은 국제무역 수출입이 어떻게 조달되는지를 설명하는 것이다. 그 내용은 (단순하게) 다국적 기업과 수출입하는 국내 기업 모두에 직접적으로 실질적인 관련성이 있다.

이 장은 기존의 무역 관계의 유형에 대한 설명과 무역 딜레마에 대한 토론으로 시작된다. 수출업자는 수출하기 전에 지급받기를 원하고, 수입업자는 물품을 받을 때까지 돈을 지불하고 싶지 않다. 다음 절에서는 국제무역 거래의 핵심 요소에 대해 설명한다. 그다음에는 세 가지 핵심 무역 문서인 신용장, 환어음 및 선하증권을 탐색하고 이것이 국제 수입 및 수출의 다양한 위험을 관리하는 데 어떻게 사용되는지 알아본다. 이 장의 네 번째 절에서는 정부 수출 금융 프로그램에 대해 설명하고 그다음에 대안적인 무역 금융 수단 및 도구를 자세히 검토한다. 여섯 번째이자 마지막 절에서는 장기 미수금의 자금 조달을 위한 수출 장기 연불 어음/비소급적 할인 매입 금융의 사용에 대해 살펴본다. 이 장 제일 마지막은 브라질의 Crosswell International에 대한 사례로 수출, 경영, 마케팅 및 금융의 통합이 필요한 방법을 보여준다.

무역 관계

제1장에서 살펴보았듯이, 국내 기업의 가장 중요한 글로벌 활동은 재화와 용역의 수입과 수출이다. 이 장의 목적은 외국 공급자로부터 재화와 용역을 수입하고 외국 구매자에게 수출하기 시작하는 국내 기업의 **국제무역** 단계를 분석하는 것이다. Ganado의 경우, 이 무역 단계는 멕시코의 공급 업체와 캐나다의 바이어로부터 시작되었다.

무역 금융은 모든 기업이 수행하는 전통적인 가치 사슬 활동과 공통된 특징을 공유한다. 모든 회사는 자신의 상품 생산 또는 서비스 제공 프로세스에 투입물로 필요한 많은 재화와 용역을 공급 업체에서 찾아야 한다. Ganado의 구매 및 조달 부서는 각각의 잠재적 공급자가 요구되는 품질 사양과 신뢰할 수 있는 방식으로 제품을 생산할 수 있는지 여부, 공급 업체가 지속적인 경쟁력을 유지하기 위해 제품 및 프로세스 개선 과정에서 Ganado와 협력할 것인지 여부를 결정해야 한다. 모두 허용되는 가격 및 지불 조건을 충족해야 한다. 도표 16.1에서 볼 수 있듯이, 지속적인 비즈니스는 Ganado의 운영과 성공에 모두 중요하기 때문에 이같은 일련의 문제는 잠재 고객에게도 적용된다.

수출업과 수입업자와의 관계의 성격을 이해하는 것은 산업에서 활용되는 수출입 금융 방법을 이해하는 데 중요하다. 도표 16.2는 수입/수출 관계의 세 가지 범주, 즉 미확인 비제휴, 알려진 비제휴 및 사업 제휴의 개요를 제공한다.

■ Ganado가 이전에 사업을 수행하지 않은 외국 수입업자는 미확인 비제휴로 간주된다. 이 경우 양 당사자는 구체적인 판매 계약을 체결하고, 비즈니스 계약의 구체적인 책임과 기대도 (간략하게) 설명해야 한다. Ganado는 수입업자가 적절한 시기에 전액을 지불하지 않을 가능성에 대한 보호책도 찾아야 한다.

■ Ganado가 이전에 성공적으로 사업을 수행한 외국 수입업자는 알려진 비제휴로 간주된다. 이 경우

도표 16.1　**파이낸싱 거래 : 상품 및 자금의 흐름**

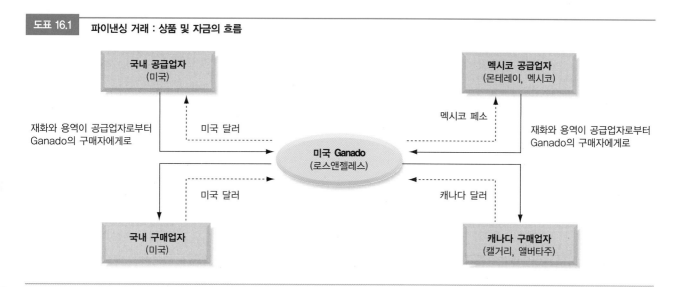

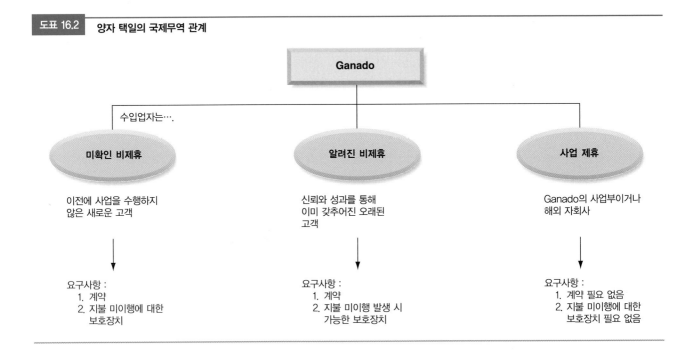

도표 16.2 양자 택일의 국제무역 관계

양 당사자는 여전히 세부적인 판매 계약을 체결할 수 있지만, 특정 조건, 선적 또는 서비스 조항 등은 정의상 상당히 완화될 수 있다. 관계의 깊이에 따라 Ganado는 계약 미완료에 대하여 제3자 보호를 요청하거나 공개 계좌로 사업을 수행할 수 있다.

■ 브라질 Ganado와 같이 Ganado의 자회사 사업 단위인 외국 수입업자는 **사업 제휴**(때때로 기업 내 무역)라고 할 수 있다. 두 사업체 모두 동일한 사업자(다국적 기업)에 속해있기 때문에, 가장 흔한 관행은 미납금에 대한 계약이나 보호 없이 무역 거래를 수행하는 것이다. 하지만 이것이 항상 사실은 아니다. 다양한 국제 비즈니스 상황에서 Ganado는 비즈니스 거래 조건을 자세히 설명하고 무역 거래 완료에 대한 정치적 또는 국가별 방해를 막을 가능성이 여전히 높다.

국제무역은 근본적인 딜레마를 해결해야 한다. 서로 사업하기를 원하는 수입업자와 수출업자를 상상해보라. 두 사람 사이의 거리 때문에 한 손으로는 물건을 넘겨주면서 동시에 다른 손으로는 지불할 수 없다. 수입업자는 도표 16.3의 상단에 있는 협약을 선호하고, 수출업자는 하단에 있는 협약을 선호한다.

외국 땅에서 낯선 사람을 신뢰하기를 꺼리는 근본적인 딜레마는 신용도가 높은 은행을 중개자로 사용함으로써 해결된다. 매우 단순한 예시가 도표 16.4에 설명되어 있다. 이 예시에서 수입업자는 수출업자가 은행을 신뢰한다는 것을 알고 은행이 지불할 약속을 얻는다. 은행의 지불 약속은 **신용장**(L/C)이라고 한다. 수출업자는 수입국에 상품을 발송한다. 상품에 대한 소유권은 **선하증권**(B/L)이라는 문서로 은행에 제공된다. 수출업자는 은행에 물품 대금을 지불하라고 요청하고 은행은 물품에 대한 대금을

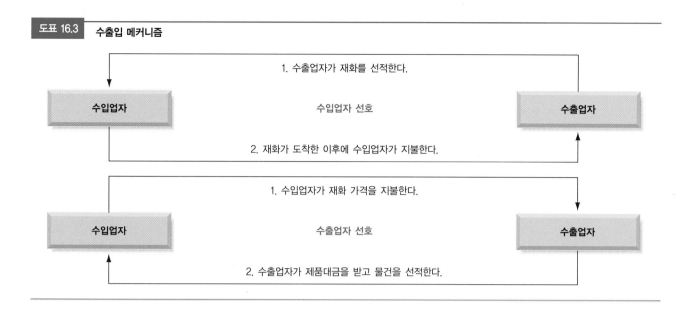

도표 16.3 **수출입 메커니즘**

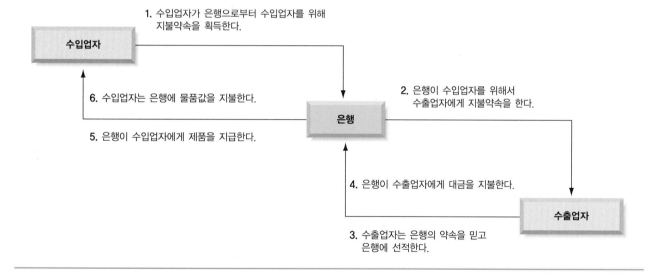

도표 16.4 **수출입 중개자인 은행**

지급한다. 지불을 요구하는 서류를 **일람불 환어음**이라고 한다. 상품에 대한 대금을 지불한 은행은 이제 은행이 신뢰하는 수입업자에게 소유권을 넘긴다. 이 시점이나 그 후 수입업자는 합의에 따라 은행에 상환한다.

다국적 기업의 재무 관리자는 이 세 가지 기본 문서를 이해해야 한다. 회사가 종종 비제휴 회사와 거래하며, 문서화 시스템이 출하가 자매 종속회사에 있을 때에도 발생할 수 있는 단기 자본의 원천을 제공하기 때문이다.

시스템의 이점

세 가지 핵심 문서와 상호작용에 대해서는 이 장의 뒷부분에서 자세히 설명한다. 이것들은 수입업자와 수출업자 모두를 미완료 및 외환 위험으로부터 보호하고 자금조달 수단을 제공하기 위해 수 세기에 걸쳐 개발되고 변형된 시스템이다.

미완료의 위험으로부터 보호

위에서 언급했듯, 일단 수입업자와 수출업자가 조건에 동의하면, 판매자는 보통 대금이 지불될 때까지 또는 적어도 지불 보증까지는 상품에 대한 법적 권리를 유지하기를 원한다. 하지만 구매자는 제품을 수령하기 전에 또는 적어도 상품을 수령하기 전에 대금을 지불하는 것을 꺼릴 것이다. 각각은 상대방이 거래의 일부분을 완료할 것이라는 보증을 원한다. 신용장, 선하증권 및 환어음은 언제든지 당사자 중 하나가 채무를 불이행하는 경우 누가 경제적 손실을 야기하는지를 결정하기 위해 주의 깊게 구성된 시스템의 일부이다.

외환 위험으로부터 보호

국제무역에서 외환 위험은 거래환노출로 인하여 발생한다. 거래가 수출업자의 통화로 지불되어야 하는 경우 수입업자는 외환 위험을 부담한다. 거래가 수입업자의 통화로 지불할 것을 요구하면, 수출업자가 외환 위험을 부담한다.

거래환노출은 제10장에서 설명된 방법에 의하여 헤지될 수 있지만, 헤지하기 위해서는 노출된 당사자가 특정 금액을 특정 날짜 또는 그 근처 날짜에 지불될 것을 확신해야 한다. 이 장에서 설명하는 세 가지 중요한 문서는 지불 금액과 시간을 모두 보장하므로 효과적인 헤지를 위한 토대가 된다.

국제무역이 일시적일 경우 미완료 및 외환 위험은 반복적인 선적 및 구매자와 판매자 간의 지속적인 관계가 없을 때 가장 중요한 요소이다. 수입/수출 관계가 매주 또는 매월 다른 나라의 최종 조립품 또는 소매점으로 선적되는 경우와 같이 반복되는 (성격의) 경우, 그리고 통화가 강하다고 간주되는 국가 간의 관계인 경우 수출업자는 정상적인 신용 점검 후에 일반 계좌로 수입업자에 청구서를 발송할 것이다.

무역 자금조달

대부분의 국제무역은 상품이 운송되는 동안 자금이 묶여있는 시간 지연을 포함한다. 미완료 및 환율 변동의 위험이 사라지면 은행은 운송 중인 재화를 조달하려고 한다. 은행은 상품의 품질이나 선적의 측면에 대한 질문에 노출되지 않고 주요 서류를 기반으로 판매 중인 제품은 물론 운송 중인 제품에 자금을 공급할 수 있다.

미완료 위험

국제무역 거래와 관련된 위험을 이해하기 위해서는 거래(에서 사건)의 순서를 이해하는 것이 도움이

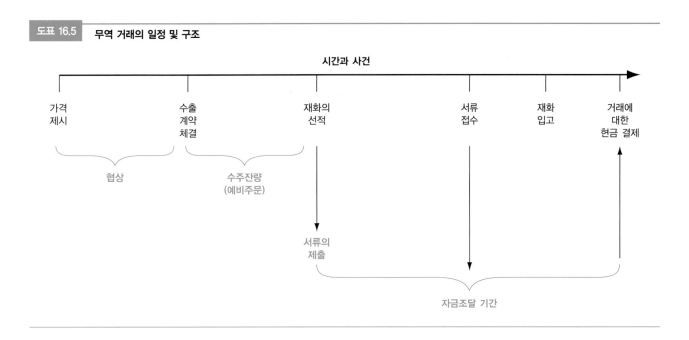

도표 16.5 무역 거래의 일정 및 구조

된다. 도표 16.5는 원칙적으로 단일 수출 거래와 관련된 일련의 사건(순서)을 보여준다.

재무 관리의 관점에서 국제무역 거래와 관련된 두 가지 주요 위험은 통화 위험(제10장에서 논의함)과 미완료 위험이다. 도표 16.5는 신용 관리의 전통적인 비즈니스 문제를 보여준다. 수출업자는 가격을 제시하고, 계약을 확정하고, 상품을 선적하며, 구매자의 신용 또는 제시된 문서에 기초하여 지불할 은행의 약속에 기초해 상품에 대한 물리적 통제를 상실한다. 수입업자의 채무 불이행 위험, 즉 미완료 위험은 도표 16.5에서 묘사된 바와 같이 자금조달 기간이 시작되는 즉시 나타난다.

많은 경우 외국 고객의 신용도를 분석하는 초기 작업은 국내 고객을 분석하는 절차와 유사하다. 만약 Ganado가 외국 고객에 대한 경험이 없지만 고객이 본국의 유명한 회사인 경우 해당 회사에 대한 은행 신용 보고서를 요청할 수 있다. Ganado는 아마도 외국 고객과 거래를 해본 경험이 있는 다른 기업들에 문의할 수도 있다. 이 조사에서 외국 고객(및 국가)을 완전히 신뢰할 수 있다면 Ganado는 국내 고객과 마찬가지로 신용 한도를 가진 일반 계좌로 출하할 것이다. 이는 무거운 문서나 은행 수수료가 없기 때문에 수출을 처리하는 데 비용이 가장 적게 드는 방법이다. 그러나 신규 또는 알려지지 않은 회사와 정기적인 거래 관계가 형성되기 전에 Ganado는 수출에 대한 미납 또는 수입 미완료 가능성에 직면해야 한다. 이 경우 신용할 수 있는 은행이 발행한 신용장을 사용함으로써 미납 위험을 줄일 수 있다.

핵심 문서

여기에서 설명하는 세 가지 핵심 문서(신용장, 환어음 및 선하증권)는 무역 거래 미완료의 위험으로부터 수입업자와 수출업자를 보호하기 위해 수 세기에 걸쳐 개발되고 수정된 시스템을 구성하며, 자금조달의 수단이다. 이 세 가지 중요한 거래 서류는 언제든지 당사자 중 한쪽이 불이행하면 누가 재정적 손실을 낳을지를 결정하는 신중하게 구성된 시스템의 일부이다.

신용장(L/C)

신용장(L/C)은 은행이 수입업자(신청자/구매자)의 요청에 따라 발급한 서류로, 은행이 수출업자(수령자)에게 신용장에 명시된 서류를 제출했을 때 지불할 것을 약속한다. L/C는 실제 상품이 아닌 문서에 대한 지불에 은행이 동의한 것이기 때문에 미완료의 위험을 줄인다. 세 당사자 간의 관계는 도표 16.6 에서 살펴볼 수 있다.

수령자(수출업자)와 신청자(수입업자)는 거래에 동의하고 수입업자는 해당 지역 은행에 신용장 발행을 신청한다. 수입업자의 은행은 신용장을 발행하고 수입업자의 신용도 평가를 기반으로 판매 계약을 삭감하거나 수입업자로부터 현금 예탁금 또는 기타 담보를 미리 요구할 수 있다. 수입업자의 은행은 거래 유형, 관련된 금액 및 신용장에 명시되어야 하는 환어음에 수반되어야 하는 서류를 알고 싶어 한다.

수입업자의 은행이 신청인의 신용 상태에 만족하면, 신용장에 포함된 지시 사항 및 조건에 따라 선적된 경우 상품을 지불할 것을 보장하는 신용장이 발행된다.

신용장의 본질은 발행 은행이 발행된 모든 신용장 초안에 동반해야 하는 **특정 서류**에 대한 지불 약속이다. 신용장은 기본 상업 거래를 보증하지 않는다. 사실 신용장은 판매 또는 기타 계약과는 별도의 거래이다. 진정한 신용장 거래를 구성하려면 발행 은행과 관련하여 다음 요소가 있어야 한다.

1. 발행 은행은 신용장 발급을 위한 수수료 또는 기타 유효한 비즈니스 고려 사항을 수령해야 한다.
2. 은행의 신용장에는 지정된 만료일 또는 만기가 있어야 한다.
3. 은행의 약속에는 명시된 최대 금액이 있어야 한다.

도표 16.6 **신용장의 이해관계**

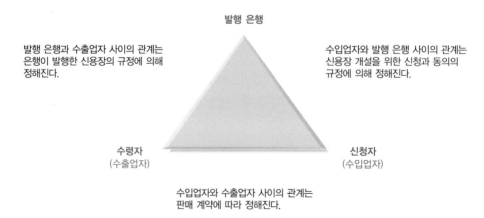

발행 은행과 수출업자 사이의 관계는 은행이 발행한 신용장의 규정에 의해 정해진다.

수입업자와 발행 은행 사이의 관계는 신용장 개설을 위한 신청과 동의의 규정에 의해 정해진다.

발행 은행

수령자
(수출업자)

신청자
(수입업자)

수입업자와 수출업자 사이의 관계는 판매 계약에 따라 정해진다.

4. 은행의 지불 의무는 특정 서류의 제출 시에만 발생해야 하며, 사실 또는 법적 분쟁 문제를 결정하기 위해 은행에 요청하지 않아야 한다.

5. 은행의 고객은 은행이 지불한 것과 동일한 조건으로 은행에 상환해야 하는 의무가 있다.

또한 상업용 신용장은 취소 가능 여부에 따라 분류된다.

■ **취소 불능 대 취소 가능.** 취소할 수 없는 신용장은 신용에 따라 작성된 초안을 존중하기 위해 발행 은행을 따라야 하며, 특히 수령자(수출업자)를 포함한 모든 당사자의 동의 없이 취소 또는 수정할 수 없다. 취소 가능한 신용장은 지불 전에 언제든지 취소하거나 수정할 수 있다. 이는 지불을 준비하는 수단으로 사용되기 위한 것이지 지불을 보장하기 위한 것이 아니다.

■ **확인 신용장 대 미확인 신용장.** 확인 신용장은 한 은행에 의해 발행되며 다른 은행에서 확인할 수 있다. 이 경우 확인 은행은 신용장에 따라 작성된 초안을 존중할 수 있다. 미확인 신용장은 발행 은행의 의무이다. 수출업자는 외국 은행의 지불 능력에 의문이 있을 경우 국내 은행이 확인한 외국 은행의 신용장을 원할 것이다. 이러한 의심은 수출업자가 외국 은행의 재정적 지위를 확신하지 못하거나 외국의 정치적 또는 경제적 상황이 불안정한 경우에 발생할 수 있다. 신용장의 본질은 도표 16.7에서 살펴볼 수 있다.

대부분의 상업용 신용장은 문서 형식으로 되어있고, 특정 문서는 조건에 따라 초안이 포함되어야 한다. 필요한 서류는 보통 선하증권(이 장의 뒷부분에서 자세히 설명함), 상업 송장 및 영사 송장, 보험 증서 또는 보험 증권, 포장 목록 등을 포함한다.

도표 16.7 **신용장의 본질**

> **동방은행**
> (발행 은행의 이름)
>
> 날짜 : 2012년 9월 18일
> 신용장 번호 : 123456
>
> 동방은행은 '존스회사'에 신용장 번호 123456에 따라 90일 이후에 미화 50만 달러를 신용하는 거부할 수 없는 신용장을 발행한다.
>
> 이 초안은 다음과 같은 서류들과 함께해야 한다.
> 1. 상업송장
> 2. 포장목록
> 3. 선하증권
> 4. 구매자의 보험증권
>
> 만기에 동방은행은 이 초안의 액면금액을 보유자에게 지불할 것이다.
>
> 승인된 서명

신용장의 장점과 단점. L/C의 가장 큰 장점은 위험을 감소시킨다는 것이다. 즉, 수출업자가 상업 회사의 약속에 반하지 않고 은행의 약속에 따라 판매할 수 있다. 은행은 (수입 회사보다) 외국환 조건과 규칙을 알 수 있기 때문에 수출업자는 판매를 위해 지불할 외환의 가용성에 대해 보다 안전한 위치에 있다. 수입국이 거래 과정에서 외환 규정을 변경해야 한다면, 정부는 국내 은행이 국제적인 평판을 잃을까 두려워 이미 신용 카드를 사용할 수 있도록 허가할 것이다. 물론 신용장이 수출국의 은행에 의해 확인되면 수출업자는 외화 거래가 차단되는 문제를 피할 수 있다.

수출업자는 취소 불가능한 신용장으로 뒷받침된 주문이 본국에서 사전 수출 금융을 얻는 것을 용이하게 한다는 것을 알 수 있다. 수출업자의 배송 평판이 좋으면 현지 은행에서 선적을 위해 상품을 가공하고 준비할 자금을 대출할 수 있다. 신용장의 조건에 따라 상품이 선적되면 사업 거래에 대한 지불이 이루어지며 수출 전 대출을 상환하기 위한 자금이 생성된다.

수입업자에 대한 신용장의 또 다른 이점은 현지 항구 또는 비행장에 서류가 도착할 때까지 그리고 신용 상태에 명시된 모든 조건이 충족되지 않는 한 수입업자가 자금을 지불할 필요가 없다는 것이다.

신용장의 가장 큰 단점은 신용장 발행을 위해 수입업자 은행이 부과하는 수수료와 신용장이 수입업자의 차용 한도를 은행과 축소할 가능성이다. 특히 수입업자가 좋은 신용 기록을 보유하고 있고 수입국의 경제적 또는 정치적 조건에 대해 우려할 필요가 없다면 수출업자가 수입업자로부터 자동으로 신용장을 요구하는 것이 경쟁력 있는 단점이 될 수 있다.

그러나 균형을 이루기 위해 신용장의 가치는 글로벌 금융 실무 16.1의 설명대로 상거래 시작 이래로 잘 확립되어 있다.

글로벌 금융 실무 16.1

피렌체 무역 금융의 성지

국제무역을 위한 상업은행은 이탈리아의 내륙 도시인 피렌체에서 시작되었다. 유럽과 지중해 전역에서 상거래가 성장하면서 13세기 후반과 14세기 초반에 베니스와 피렌체에서 은행 업무가 발전하기 시작했다.

상업이 아직 초기 단계에 있었고, 가톨릭 교회는 많은 돈을 빌려주는 등의 대외 거래를 금지하였다. '고리 대금'은 과도한 이자율을 부과하는 불법 활동을 의미하기도 하지만 이 용어는 원래 어떤 종류의 이자를 부과하는 것을 의미한다.

'플로린'은 1252년 피렌체에서 처음으로 만들어진 작은 금화로 이 도시의 이름을 딴 플로린은 다음 세기에 유럽 전역에서 무역 거래의 수단으로서 번영했다. 상인들은 벤치에서 거래를 했는데, 이는 막

대한 돈을 보관하는 안전한 장소라는 뜻의 '방코'라는 용어를 탄생시켰다.

그러나 동전은 무거웠으며 한 상인이 한 도시에서 다른 도시(나라)로 무역을 하기 위해 여행할 때 강탈당할 확률이 컸다. 그래서 상인들은 최초의 금융파생상품을 만들었다. 교환 편지에 대한 초안은 한 도시에서 다른 도시로 옮겨질 수 있었으며 집에서의 방코에서 고려한 플로린에 대한 크레딧으로 인정되었다. 지불은 3개월 이내에 보장되었다. 물론 은행 창설은 첫 번째 실패, 즉 파산으로 이어졌다.

처음부터 돈을 빌려준 것이든, 교환 편지의 타당성 또는 심지어 통화의 가치였든 간에, 모든 것은 이탈리아인들의 시간의 위험이나 불만과 관련된 도구 또는 활동이었다.

환어음

환어음은 영어로 'bill of exchange'(B/E)이며, 일반적으로 국제 상거래에서 지불을 위해 사용되는 도구이다. 환어음은 단순하게 말하자면 수출업자(판매자)가 지정한 시간에 지정된 금액을 지불하도록 수입업자(구매자) 또는 대리인에게 지시한 명령이다. 따라서 환어음은 수입업자로부터의 지불에 대한 수출업자의 공식 요구이다.

환어음을 시작하는 사람 또는 사업을 제작자(발행인 또는 발신자라고도 함)라고 한다. 일반적으로 제조업체는 상품을 판매하고 배송하는 수출업체이다. 환어음이 제출된 당사자는 **지급인**이다. 지급인은 초안을 존중해야 한다. 즉, 규정된 금액에 따라 요청된 금액을 지불해야 한다. 상업 거래에서 지급인이 매입자인 경우에는 환어음을 무역환어음이라고 부르고, 지급인이 매입자의 은행인 경우에는 은행환어음이라고 한다. 은행환어음은 일반적으로 신용장의 조건에 따라 작성된다. 환어음은 운송 수단으로 도출되거나 지급 대상자를 지정할 수 있다. 수취인으로 알려진 이 사람은 발행인 자신일 수도 있고 발행인과 다른 사람일 수도 있다.

양도성 증권. 제대로 시행이 된다면 환어음은 **양도성 증권**이 될 수 있다. 따라서 상품의 국제적 이동을 위한 편리한 자금조달 수단이 된다. 양도성 증권이 되려면 다음 요구 사항을 준수해야 한다[Uniform Commercial Code, Section 3104(1)].

1. 서면으로 작성자 또는 발행인이 서명해야 한다.
2. 확실한 금액을 지불하기 위한 무조건적인 약속이나 명령을 포함해야 한다.
3. 요구 시 또는 고정되거나 확인할 수 있는 미래 날짜에 지불해야 한다.
4. 주문 또는 무기명으로 지불해야 한다.

환어음이 위의 요구 사항에 따라 작성된 경우, 적절한 보증을 받아 환어음을 수령한 사람은 '적절한 때에 보유자'가 된다. 이것은 기본 거래에 대한 논쟁으로 인하여 지급인과 제조자 간의 개인적인 불일치에도 불구하고 지급인이 지급을 받을 수 있는 권한을 부여받은 법적 지위이다. 수취인이 환어음을 거절하면 이전 수취인 또는 수령인이 해당 금액을 지불해야 한다. 협상 가능한 수단을 보유한 당사자의 권리에 대한 (이 명확한) 정의는 개인 수표를 포함한 다양한 형태의 초안의 광범위한 수용에 크게 기여했다.

환어음의 종류. 환어음에는 **일람불 환어음**과 **일람불 정기불 환어음** 두 가지 종류가 있다. 일람불 환어음은 지급인에게 제출할 때 지불해야 한다. 지급인은 즉시 지불해야 하거나 환어음 인수를 거절해야 한다. 일람불 정기불 환어음은 기한부어음이라고도 부르는데, 지연 지불을 허가한다. 지급인에게 제시되며, 지급인은 서면으로 수락 통보서를 작성하거나 도장을 찍어 수락한다. 일단 수락되면, 환어음은 수락자(구매자)가 지불을 약속한다. 일람불 정기불 환어음이 은행에 인출되고 받아들여지면 은행 인수 어음이 된다. 사업체에 의해 받아들여질 때, 그것은 **수출 인수 어음**(T/A)이 된다.

환어음의 기간을 (어음) 기한(tenor)이라고 한다. 양도성 증권으로서 자격을 얻고 적절한 때에 소지자의 마음을 끌기 위해 환어음은 고정되거나 확인 가능한 미래의 날짜에 지불되어야 한다. 예를 들어, '일람불 환어음 60일 후'는 환어음이 수락되는 시점에 정확하게 설정되는 고정 날짜이다. 하지만 상품의 도착일을 미리 알 수 없기 때문에 '상품 도착 시' 지불은 결정할 수 없다. 실제로, 상품이 모두 도착할 것이라는 보장은 없다.

은행 인수 어음. 환어음이 은행에 접수되면 은행 인수 어음이 된다. 이와 같이 은행이 만기가 되면 환어음에 대한 지불을 한다는 것은 무조건적인 약속이다. 품질 면에서 볼 때 은행 인수 어음은 시장성 있는 양도성 예금증서(CD)와 거의 동일하다. 은행 인수 어음 보유자는 투자를 청산하기 위해 만기가 될 때까지 기다릴 필요가 없지만, 증권이 끊임없이 거래되는 화폐시장에서 인수 권리를 팔 수 있다. 할인 금액은 전적으로 수락에 서명한 은행의 신용등급 또는 은행 수락 여부를 재확인한 다른 은행에 유료로 달려있다. 다른 단기금융상품과 비교하여 은행 인수 어음을 위한 총비용 또는 모든 비용은 이 장의 뒷부분에서 살펴본다.

선하증권(B/L)

국제무역의 자금조달을 위한 세 번째 주요 문서는 **선하증권(B/L)**이다. 선하증권은 일반 운송업자가 상품을 운송함으로써 수출업자에게 발행된다. 영수증, 계약서 및 소유권 문서라는 세 가지 용도로 사용된다.

영수증으로서 선하증권은 운송인이 문서에 설명된 상품을 수령했음을 나타낸다. 운송인은 컨테이너에 내용물을 담고 있는지 확인할 책임이 없으므로 선하증권에 대한 상품 설명은 대개 짧고 간단하다. 선적 비용이 미리 선납된 경우 선하증권은 일반적으로 '유료 화물' 또는 '선불 화물'로 인증된다. 상품이 수신자 부담인 경우, 국내적인 경우보다 국제적으로는 일반적이진 않지만, 운송인은 화물이 지불될 때까지 물품에 대해 선취 특권을 유지한다.

계약서로서 선하증권은 운송인이 특정 요금에 대한 대가로 특정 운송 수단을 제공할 의무가 있음을 나타낸다. 일반 운송업자는 선하증권에 특별 조항을 삽입함으로써 과실에 대한 책임을 포기할 수 없다. 선하증권은 지정된 항구로 인도가 불가능한 경우 대체 항구를 명시하거나 화물이 수출업자의 비용으로 수출업자에게 반환될 것임을 명시할 수 있다.

소유권 문서로서 선하증권은 수입업자에게 상품이 출시되기 전에 지불이나 서면 약속을 얻기 위해 사용된다. 선하증권은 또한 선적 전이나 도중 그리고 수입업자가 최종 지불하기 전에 해당 지역 은행이 자금을 수출업자에게 송금할 수 있는 담보로 기능 할 수 있다.

선하증권은 일반적으로 수출업자의 명령에 따라 지급되며, 따라서 운송인에게 인도된 후 물품에 대한 소유권을 보유한다. 상품에 대한 소유권은 지불받을 때까지 수출업자와 함께 남아있다. 수출업자는 (양도성) 선하증권을 무기명으로(무기명 증권으로) 또는 지불하는 당사자(일반적으로 은행)로 승인한다. 가장 보편적인 절차는 승인하여 주문된 선하증권을 첨부하여 사전에 지불하는 것이다. 환어음을 지불한 후, 수출업자 은행은 서류를 은행 통관 채널을 통해 수입업자 은행에 전달한다. 수입업자의 은행은 지불 후 서류를 수입업자에게 보낸다(일람불 환어음). 인수 후(수입업자에게 보내지고 D/A로 표시된 일람불 정기불 환어음) 또는 지급 조건이 합의된 후(신용장 조항에 의거하여 수입업자 은행에서 작성된 환어음) 보낸다.

전형적인 무역 거래에 관한 문서

무역 거래는 다양한 방법으로 처리될 수 있지만, 다양한 문서의 상호 작용을 보여주는 가상의 예를 살펴보자. 이 거래는 Ganado가 캐나다 구매자로부터 주문을 받았다고 가정한다. Ganado의 경우, 선하증권을 요구하는 신용장하에서 재정 지원을 받는 수출업체가 될 것이며, 수출업체는 캐나다 구매자 은행이 승인한 일람불 정기불 환어음을 통해 이를 수집한다. 이러한 거래는 도표 16.8에 나와있는 것처럼 다음과 같이 진행된다.

1. 캐나다의 구매자(도표 16.8의 수입업자)는 Ganado(도표 16.8의 수출업자)에 Ganado가 신용장하에 선적할 의향이 있는지 물어본다.
2. Ganado는 신용장하에 운송하는 데 동의하며 가격 및 조건과 같은 관련 정보를 지정한다.

도표 16.8   일반적인 거래의 단계

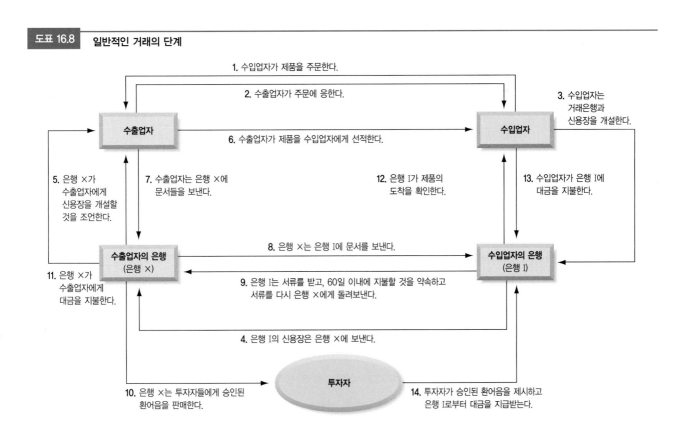

3. 캐나다 구매자는 Northland Bank(도표 16.8의 은행 I)에 Ganado로부터 구매하고자 하는 상품을 위해 발행할 신용장을 신청한다.

4. Northland Bank는 Ganado에 (호의적으로) 신용장을 발행하여 Ganado의 은행인 Southland Bank(도표 16.8의 은행 X)로 보낸다.

5. Southland Bank는 Ganado에 유리하게 신용장을 개설할 것을 조언한다. Southland Bank는 자체 보증을 문서에 추가하기 위해 신용장을 확인하거나 확인하지 않을 수 있다.

6. Ganado는 물품을 캐나다 구매자에게 발송한다.

7. Ganado는 일람불 정기불 환어음을 준비하고 Southland Bank에 제출한다. 이 환어음은 Northland Bank의 신용장에 따라서 Northland Bank에 인출하게(보내게) 되며, 선하증권을 포함하여 필요에 따라 다른 서류가 수반된다. Ganado는 서류상의 소유자인 Southland Bank와 거래할 때 물품에 대한 소유권을 부여하기 위해 선하증권을 무기명 주식으로 만든다.

8. Southland Bank는 Northland Bank의 수락을 위해 환어음과 서류를 제출한다. Northland Bank는 도장을 찍어 서명하고(은행의 수령으로) 문서를 소지하며 현재 승인된 환어음을 만기일(예 : 60일)에 지불하겠다고 약속한다.

9. Northland Bank는 승인된 환어음을 Southland Bank에 반환한다. 또한 Southland Bank는 Northland Bank에 환어음을 수락하고 할인하도록 요청할 수 있다. 이 경우, Northland Bank는 승인된 환어음을 Southland Bank에 반환하는 대신 할인 수수료를 적게 지불한다.

10. 현재 승인된 환어음을 받은 Southland Bank는 이제 은행 인수 어음을 받아 몇 가지 대안을 선택할 수 있다. Southland Bank는 이 환어음을 공개시장에서 투자자, 보통 단기간에 투자하기를 원하는 초과 현금을 가진 회사 또는 금융기관에 할인된 가격으로 판매할 수 있다. Southland Bank는 또한 자체 포트폴리오에서 인수 합병을 개최할 수 있다.

11. Southland Bank가 Northland Bank(9단계에서 언급한)와의 인수 합병을 할인하거나 현지 자금 시장에서 할인한다면, Southland Bank는 수익금을 Ganado로 이전하지 않는다. 또 다른 가능성은 Ganado가 자체적으로 승인을 받아 60일 동안 환어음을 보유하고 수집을 위해 제시하는 것이다. 그러나 일반적으로 수출업자는 수령이 만기되기를 기다리고 나중에 현금을 조금 더 받는 대신에 즉시 수락의 할인된 현금 가치를 받는 것을 선호한다.

12. Northland Bank는 캐나다 구매자에게 서류 도착 사실을 통보한다. Northland Bank는 캐나다 구매자가 60일 안에 상품을 지불하기로 동의하거나 증서를 작성하여 Northland Bank에서 기본 서류를 발급하여 캐나다 구매자가 즉시 선적물의 실제 소유권을 얻을 수 있도록 한다.

13. Northland Bank는 60일 후에 캐나다 구매자로부터 만기 수당을 받기 위해 기금을 받는다.

14. 수락 후 60일째 되는 날, 만기된 수령인은 지불금을 제시하고 그에 대한 액면가를 받는다. 소지자는 지불금을 Northland Bank에 직접 제출하거나 Southland Bank에 반환하고 Southland Bank에 일반 은행 채널을 통하여 수집할 수 있다.

이것은 신용장을 포함한 전형적인 거래이지만, 국제무역 거래는 거의 전형적이지 않다. 비즈니스, 특히 국제 비즈니스는 항상 경영진의 유연성과 창의성을 요구한다. 이 장의 마지막에서 살펴볼 사례는 실제 비즈니스 상황의 메커니즘을 적용한 것이다. 그 결과는 경영진에게 고질적인 도전 과제이다. 전략적 목표를 달성하기 위하여 언제, 어떤 절차에 따라 표준 절차를 절충해야 하는가?

수출 금융 지원을 위한 정부 프로그램들

대부분의 수출 지향 선진국의 정부는 자국의 수출업자에게 보조금을 지원하는 특별한 금융기관을 가지고 있다. 이러한 수출 금융기관은 민간 부문에서 일반적으로 제공되는 것보다 더 나은 조건을 제공한다. 따라서 국내 납세자는 고용을 창출하고 기술적 우위를 유지하기 위해 외국 구매자에게 판매 보조금을 지급하고 있다. 가장 중요한 기관은 대개 수출 신용 보험과 수출 금융을 위한 수출입은행이다.

수출 신용 보험

외국 선적에 대한 현금이나 신용장 지불을 주장하는 수출업자는 보다 유리한 신용 조건을 제공하는 다른 국가의 경쟁자에게 주문을 잃을 가능성이 있다. 더 나은 신용 조건은 종종 **수출 신용 보험**을 통해 가능하다. 외국 고객이 지불하는 것으로 정해진 경우, 수출자 또는 수출자의 은행에 보증금을 지급하여 보험 회사가 손실액의 상당 부분을 지불할 것이라는 보증을 제공한다. 수출 신용 보험의 입수 가능성 덕분에 상업은행은 수출을 위해 중장기적 자금조달(5~7년)을 기꺼이 제공한다. 수입업자는 부적격 위험과 관련한 지불을 위해 수출업자가 수출 신용 보험을 구매하는 것을 선호한다. 이러한 방식으로, 수입업자는 신용장을 발행하기 위해 지불할 필요가 없으며 신용 한도를 줄이지 않아도 된다.

신용 거래를 보장할 수 있는 기간을 길게 하여 수출을 늘리려는 국가 간의 경쟁은 신용 전쟁과 잘못된 신용 결정으로 이어질 수 있다. 이러한 불건전한 발달을 막기 위해 1934년에 여러 주요 무역국들이 모여 수출 신용 조건에 대한 자발적인 국제 이해를 구축하기 위해 세계수출보험연맹[베른 연합(Berne Union), 공식적으로 Union d'Assureurs des Credits Internationaux]을 창설했다. 세계수출보험연맹(베른 연합)은 무거운 자본재(5년), 경량 자본재(3년) 및 소비재(1년)와 같은 많은 항목에 대해 최대 신용 조건을 권장한다.

미국의 수출 신용 보험은 **해외신용보험협회(FCIA)**에서 제공한다. 이것은 수출입은행(다음 절에서 논의함)과 협력하여 운영되는 비상장 민간 상업보험회사협회이다. 해외신용보험협회는 상업적 및 정치적 위험으로 인해 해외 채무자가 미납할 위험으로부터 미국 수출업자를 보호하는 정책을 제공한다. 상업적 위험으로 인한 손실은 구매자의 지불 불이행 또는 지불 불능으로 인한 손실이다. 정치적 손실은 구매자 또는 판매자의 통제를 벗어나는 정부의 조치로 인해 발생한다.

수출입은행 및 수출 금융

수출입은행은 미국의 대외 무역을 촉진하기 위해 1934년에 설립된 미국 정부의 또 다른 독립 기관이다. 흥미롭게도, 수출입은행은 원래 소련에 수출을 용이하게 하기 위해 창안되었다. 1945년에 수출입은행은 "자금조달을 지원하고 미국과 다른 나라 또는 그 기관이나 국가 간에 수출입 및 물품 교환을 용이하게 하기 위해 재공포되었다."

수출입은행은 다양한 대출 보증 및 보험 프로그램을 통해 미국 수출 자금조달을 용이하게 한다. 수출입은행은 미국 은행이 외국 차용자에게 연장한 중기(181일~5년) 및 장기(5~10년) 수출 대출금의 상환을 보장한다. 수출입은행의 중장기 직접 대출 운영은 사적 자금 출자에 기반하고 있다. 기본적으로 수출입은행은 미국 상품 및 서비스 구매를 위해 미국 이외 지역의 차용자에게 달러를 대출한다. 이 대출금은 미국 공급 업체에 지급된다. 대출금은 수출입은행에 달러에 대한 이자로 상환된다. 수출입은행은 다음과 같은 목적으로 직접 대출에 (사적인) 참여를 요구한다. (1) 개인이 수출 금융의 사적 원천과 경쟁하기보다는 보완하도록 보장한다. (2) 보다 광범위하게 자원을 확산시킨다. (3) 민간 금융 기관이 계속해서 수출 신용을 제공할 수 있도록 보장한다.

수출입은행은 또한 임대 거래를 보장하고 대규모 자본 프로젝트에서 비미국 고객을 대상으로 엔지니어링, 계획 및 타당성 조사를 수행하는 미국 기업의 준비 비용을 지원한다. 그리고 미국 상품에 대한 자금조달에 도움이 필요한 수출업자, 은행 또는 기타 사람들을 위한 상담을 제공한다.

주요 무역 금융 대안

국제 매출 채권을 조달하기 위해 회사는 국내 매출 채권에 사용하는 것과 동일한 금융 수단과 국제무역 자금으로만 사용할 수 있는 특수 수단을 사용한다. 도표 16.9는 주요 단기 자금조달 수단과 비용을 나타낸다.

은행 인수 어음

이 장의 앞부분에서 설명한 은행 인수 어음은 국내 및 국제 매출 채권 모두에 자금을 제공할 수 있다. 도표 16.9는 은행 인수 어음이 다른 금융시장 계좌와 비교할 수 있는 수익률, 특히 시장성 있는 은행 예금 증서를 받는다는 것을 보여준다. 그러나 은행 인수 합병을 창출하고 할인하는 회사에 대한 모든 비용은 회사의 환어음을 수락한 은행이 위임한 수수료에 따라 달라진다.

국제무역 거래에서 창출된 은행가들의 첫 번째 주인은 수출업자가 될 것이며, 은행은 '승인된' 도장을 찍은 후 받아들인 환어음을 수령한다. 수출업자는 만기가 될 때까지 수락을 유지한 다음 수령할 수 있다. 3개월 동안 10만 달러의 승인을 받으면, 수출업자는 은행의 승인 수수료보다 1.5% 적은 액면가를 받게 된다.

| 도표 16.9 | 단기금융상품 및 국제무역 채권 |

도구(금융상품)	비용 혹은 3개월짜리 수익률
은행 인수 어음*	연 수익률 1.14%
무역 어음*	연 수익률 1.17%
팩터링	다양한 수익률, 하지만 은행 신용대출보다는 높은 금리
증권화	다양한 수익률, 하지만 은행 신용대출과 미숙한 금리
은행 신용대출	4.25%에 추가(수출 신용보험에 의해서 커버되는 근거보다 적게)
산업 어음*	연 수익률 1.15%

* 이 상품들은 수익률 1.17%의 3개월짜리 시장성 있는 양도성 예금증서와 경쟁한다.

수락 금액의 액면가	$100,000
3개월 동안 연간 수수료 1.5% 감소	− 375 (.015 × 3/12 × $100,000)
3개월 만에 수출업자가 받는 금액	$ 99,625

다른 방법으로 수출업자는 '할인된' 가격으로 은행에 판매할 수 있다(즉, 한 번에 자금을 수령하기 위해 은행에 깎인 가격을 넘긴다). 이 경우 수출업자는 인수 수수료와 은행 인수 승인을 위한 시장 할인율 모두에 영향을 받은 액면가를 받게 된다. 도표 16.9에 나와있는 할인율이 연간 1.14%라면 수출업자는 다음을 받게 된다.

수락 금액의 액면가	$100,000
3개월 동안 연간 수수료 1.5% 감소	− 375 (0.015 × 3/12 × $100,000)
3개월간 연간 할인율 1.14 %	− 285 (0.0114 × 3/12 × $100,000)
한 번에 수출업자가 받은 금액	$ 99,340

따라서 이 은행가의 승인에 대한 연간 비용의 모든 비용은 다음과 같다.

$$\frac{수수료 + 할인}{수익금} \times \frac{360}{90} = \frac{\$375 + \$285}{\$99,340} \times \frac{360}{90} = 0.0266 \text{ or } 2.66\%$$

할인 은행은 자체 포트폴리오에서 승인을 보유할 수 있으며 연간 할인율 1.14%를 받거나 수령시장에서 포트폴리오 투자자에게 이를 재판매할 수 있다. 은행가의 승인을 기다리는 투자자는 거래 자금을 제공한다.

무역 인수 어음

무역 인수 어음은 은행이 아닌 GMAC(General Motors Acceptance Corporation)와 같은 상업 회사라는 점을 제외하면 은행 수락과 유사하다. 무역 인수 어음의 비용은 인수하는 회사의 신용등급과 청구하는 수수료에 따라 다르다. 은행 인수 어음과 마찬가지로, 무역 인수 어음은 다른 금융시장 도구와 경쟁할 수 있는 수준으로 은행 및 다른 투자자에게 할인되어 판매된다(도표 16.9 참조).

팩터링

팩터(factor)로 알려진 특수화된 회사는 비청구 또는 상환 기준에 따라 할인 채권을 매입한다. 비상환 청구는 이 팩터가 구매한 채권의 신용, 정치 및 외환 위험을 전제로 한다는 것을 의미한다. 상환청구는 팩터가 회수할 수 없는 채권을 돌려줄 수 있음을 의미한다. 팩터는 각 채권의 신용도를 평가하는 비용과 위험을 부담해야 하기 때문에 대개 팩터 분해 비용이 상당히 높다. 이는 프라임 플러스 포인트를 빌리는 것 이상이다.

비상환청구의 팩터링에 대한 모든 비용은 구조상 인수와 유사하다. 팩터는 비상환청구의 위험(일반적으로 1.5~2.5%)과 초기 수익금에서 할인한 이자를 더한 금액을 수수료로 청구한다. 반면에, 비상환청구를 판매하는 회사는 고객의 신용도를 결정하는 비용을 피한다. 대차 대조표상의 미수금을 조달하기 위해 빌린 채무를 보여줄 필요도 없다. 또한 회사는 비상환청구에 대해 외환 및 정치적 위험을 피한다. 글로벌 금융 실무 16.2는 비용의 예를 제공한다.

증권화

금융 거래에 대한 수출 채권의 증권화는 은행 인수 금융 및 팩터링에 대한 매력적인 보완책이다. 회사는 개별 수출 채권 패키지를 기반으로 유가 증권을 창출하기 위해 설립된 법인에 판매함으로써 수출

글로벌 금융 실무 16.2

팩터링의 실행

세계적인 신용 위기와 (그 후) 글로벌 경기침체기에 심각한 손실을 입은 미국계 제조업체는 현금 부족으로 어려움을 겪고 있다. 매출, 이익 및 현금흐름이 감소했다. 회사는 현재 높은 수준의 부채에 고통받고 있다. 그러나 새로운 판매 계약이 몇 가지 있다. 가장 큰 신규 매출 중 하나인 일본 기업에 500만 달러를 판매하는 것을 고려 중이다. 채권은 90일 안에 만기가 된다. 팩터링 에이전트에게 연락한 후 다음 번호가 인용된다.

미수금의 액면 금액	$5,000,000
비상환 수수료(1.5%)	−75,000
인수 수수료(월 2.5% × 3개월)	−375,000
판매 대금(현재 수취)	$4,550,000

회사가 매출 채권을 인수하고자 한다면 액면 금액의 91%인 455만 달러를 순매수할 것이다. 처음에는 비용이 많이 드는 것처럼 보일 수 있지만, 회사는 지불금을 90일 동안 기다리지 않고 현금으로 변환한다. 그리고 매출채권 회수에 대한 책임을 지지 않는다. 회사가 초기 판매에서 팩터링 비용을 '인수'할 수 있다면 (모든 것이) 더 좋다. 또는 출하 후 처음 10일 동안 지불한 현금을 할인하자고 제안할 수 있다.

채권을 증권화할 수 있다. 이 기법의 장점은 수출 채권을 상환하지 않고 판매하기 때문에 수출 대차 대조표에서 수출 채권을 제거한다는 것이다.

미수금은 일반적으로 할인된 가격으로 판매된다. 할인의 크기는 네 가지 요소에 따라 다르다.

1. 수출업자의 역사적 수집 위험
2. 신용 보험 비용
3. 투자자에게 바람직한 현금흐름을 보장하는 비용
4. 융자 및 서비스 비용의 규모

상당한 신용 거래 내역과 채무 불이행 가능성이 있는 거래가 많은 경우 증권화가 비용 효율적이다. 대규모 수출업자는 자체적으로 증권화 법인을 설립할 수 있다. 초기 설치 비용은 높지만 기업은 이 법인을 지속적으로 사용할 수 있다. 반대로, 소규모 수출업자는 금융 기관이 제공하는 공통 증권화 법인을 사용할 수 있으므로 값비싼 설치 비용을 절약할 수 있다.

은행 신용 한도

회사의 은행 신용 한도는 일반적으로 고정된 상한(예 : 80%)의 미수금까지 자금을 조달하는 데 사용할 수 있다. 수출 채권은 은행 신용 대출에 포함될 수 있다. 그러나 외국 고객에 대한 신용 정보는 수집하고 평가하기가 더 어려울 수 있다. 회사가 수출 신용 보험으로 수출 채권을 취급하는 경우, 채권의 신용 위험을 크게 줄일 수 있다. 이 보험은 은행 신용 한도가 더 많은 수출 채권을 커버하고 해당 보험에 대한 이자율을 낮출 수 있게 한다. 물론 모든 외환 위험은 제10장에서 설명한 거래 노출 기법에 의해 처리되어야 한다.

은행 신용 한도를 사용하는 비용은 일반적으로 특정 회사의 신용 위험을 반영하기 위한 이자율 플러스 포인트이다. 보통 100포인트는 1%이다. 미국의 경우 차용인은 대출 기관에서 예금 잔액을 유지할 것으로 예상된다. 유럽 및 기타 많은 지역에서 대출은 당좌대월로 이루어진다. 당좌대월 계약은 회사가 자사의 신용 한도까지 은행 계좌를 초과로 인출할 수 있게 한다. 우대금리에 대한 이자는 차용한 당좌대월 금액에만 근거한다. 두 경우 모두, 신용 한도를 사용한 은행 차입의 (올인원) 가격은 도표 16.9에서 보는 바와 같이 인수 금융보다 높다.

상업 어음

회사는 국내 및 수출 채권을 포함하여 단기 자금조달 요구에 자금을 제공하기 위해 상업 어음, 즉 담보권 어음을 발행할 수 있다. 하지만 호의적인 신용 등급을 가진 대형 유명 기업만이 국내 또는 유로 상업 어음 시장에 접근할 수 있다. 도표 16.9에서 볼 수 있듯이, 상업 어음 금리는 수익률 곡선의 최하위에 위치해있다.

수출 장기 연불 어음/비소급적 할인 매입 금융

수출 장기 연불 어음/비소급적 할인 매입 금융은 수출업자가 수입회사 또는 해당 정부의 신용을 위험한 것으로 인식하는 경우 수입업자가 미지불의 위험을 제거하는 특수 기술이다. 이 기술의 이름은 '권리 포기 또는 포기'를 의미하는 프랑스어 *à forfait*에서 유래하였다.

Forfeiter의 역할

수출 장기 연불 어음/비소급적 할인 매입 금융의 핵심은 은행 보증 어음, 수출 환어음 또는 다른 국가의 수입업자로부터 받은 유사 서류의 수출자에 의한 비상환판매이다. 수출업자는 노트 또는 청구서를 forfaiter라는 전문 금융회사에 할인된 가격으로 판매함으로써 거래 당시 현금을 받는다. forfaiter는 거래를 시작하기 전에 전체 작업을 정렬한다. 수출 회사는 배달된 상품의 품질에 대한 책임이 있지만, 거래 당시에는 명확하고 무조건적인 현금 지불을 받는다. 수입업자의 미지불로 인한 모든 정치적 및 상업적 위험은 보증 은행이 부담한다. 현금흐름 문제를 완화하기 때문에 고객이 지불할 것으로 믿는 소규모 수출업체에는 매우 소중한 기법이 된다.

소련 시대에 이 기법에 대한 전문 지식은 동유럽인 '소비에트 블럭(Soviet Bloc)' 국가에 자본 장비 판매 자금조달을 목적으로 사용한 독일 및 오스트리아 은행에 집중되었다. 영국, 스칸디나비아반도, 이탈리아, 스페인, 프랑스의 수출업체들 또한 이 기술을 채택했지만 미국과 캐나다 수출업체들은 단순화와 복잡한 문서의 부재에 의심을 가져 기술을 채택하는 속도가 느렸다. 그럼에도 불구하고 일부 미국 기업은 현재 이 기술을 전문으로 하고 있으며, AFIA(Association of Forfaiters of the Americas)는 20명 이상의 회원을 보유하고 있다. AFIA는 아시아, 동유럽, 중동, 라틴아메리카 등 주요 수출 대상 지역에 자금을 지원한다.

전형적인 수출 장기 연불 어음/비소급적 할인 매입 금융 거래

전형적인 수출 장기 연불 어음/비소급적 할인 매입 금융 거래는 도표 16.10에서 제시한 것처럼 5명의 당사자를 포함한다. 프로세스는 다음과 같다.

1단계 : 계약. 수입업자와 수출업자는 일련의 수입에 대해 일정 기간(일반적으로 3~5년) 동안 지불 할 것을 동의한다. 그러나 이 기술을 사용한 기간은 짧게는 180일, 길게는 10년이 소요된다. 일반적으로 거래의 최소 크기는 100,000달러이다. 수입업자는 주기적으로 지불하기로 동의하며, 종종 납품 또는 프로젝트 완료에 대한 진행에 반대한다.

2단계 : 약속. forfaiter는 거래가 고정 할인율로 자금을 조달할 것을 약속하며, 수출업자가 해당 약정서나 다른 특정 용지를 인도자에게 전달할 때 지불해야 한다. 합의된 할인율은 유로마켓의 자금 비용(보통 거래의 평균 수명에 대한 런던은행 간 대출이자율)과 거래에서 감지된 위험을 반영하기 위해 런던은행 간 대출이자율 이상의 마진을 기준으로 한다. 이 위험 프리미엄은 거래 규모, 기한, 국가위험 및

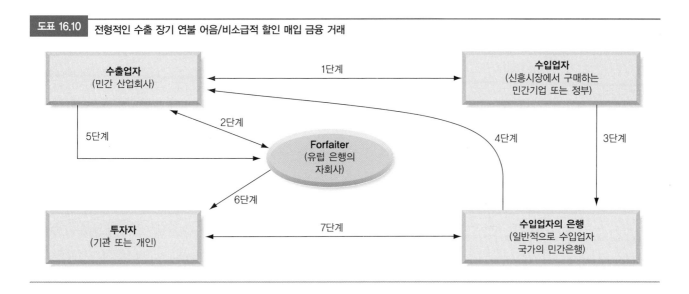

전형적인 수출 장기 연불 어음/비소급적 할인 매입 금융 거래

보증 기관의 품질에 영향을 받는다. 5년 계약(예 : 반기 10회 지급)의 경우 사용된 금리는 2.25%로 연간 런던은행 간 대출이자율 금리를 기준으로 한다. 이 할인율은 대개 거래의 송장 금액에 추가되므로 최종적으로 수입원이 자금조달 비용을 부담하게 된다. forfaiter는 재무 계약에 따라 발행된 실제 할인 서류를 수령할 때까지 금융 약정일로부터 연간 약 0.5~6.0%까지 추가 약정 수수료를 부과한다. 이 수수료는 일반적으로 송장 비용에 추가되어 수입업자에게 전달된다.

3단계 : 보증. 수입업자는 프로젝트 납품 또는 완성과 관련한 진행 상황에 대해 매 6개월 또는 12개월마다 성립되는 일련의 약속 어음을 발행하여 구매 비용을 지불할 의무가 있다. 이 약속 어음은 수입업자의 은행에 먼저 전달되어 그 은행이 보증한다(즉, 보증된다). 유럽에서는 이 무조건 보증을 'aval'이라고 부르며, 영어로는 'backing'으로 번역된다. 이 시점에서 수입업자의 은행은 이후의 모든 지폐 보유자의 입장에서 볼 때 주요 채무자가 된다. 은행의 용역 또는 보증은 취소 불능, 무조건적인 배분 가능 및 양도가 가능해야 한다. 미국 은행은 aval을 발행하지 않기 때문에 미국 거래는 기능적으로는 비슷하지만 번거로운 대기 신용장(L/C)으로 보장된다. 예를 들어 일반적으로 신용장은 한 번만 전송할 수 있다.

4단계 : 채권 전달. 현재 승인된 약속 어음은 수출업자에게 전달된다.

5단계 : 할인. 수출업자는 '비상환' 채권을 승인하고 합의된 수익금을 수령하면서 forfaiter와 할인한다. 일반적으로 수입은 서류가 제출된 날로부터 2일 후에 받게 된다. '비상환' 채권을 보증함으로써, 수출업자는 장래의 지불에 대한 책임을 스스로 해소하고 더 이상의 지불 어려움에 대해 걱정할 필요 없이 할인된 수익금을 받는다.

6단계 : 투자. forfeiting 은행은 만기가 될 때까지 지폐를 투자상품처럼 보유하고 국제 단기금융시장에 재할인한다. forfaiter에 의한 후속 판매는 일반적으로 무소구 조건(상환청구불가 조건)이다. 주요 재할인 시장은 라틴아메리카 비즈니스와 관련하여 발행된 증권에 대해 런던과 스위스, 뉴욕에 시장이 형성되어 있다.

7단계 : 만기. 만기가 되면, 채권을 보유한 투자자는 수입자가 또는 수입자 은행이 수령하도록 제시한다. 수입업자 은행의 약속은 문서에 가치를 부여하는 것이다.

사실상 forfaiter는 단기 금융의 대금업자와 같은 금융시장 회사이자 국가위험을 수반하는 금융 거래 패키지 전문가의 역할을 한다. 화폐시장의 회사로서, forfaiter는 할인 증권을 적절한 크기의 패키지로 나누고 만기의 선호도가 다른 여러 투자자에게 재판매한다. 국가의 위험 전문가로서 forfaiter는 수입자 또는 수입자 은행이 최종적으로 지급할 위험을 평가하고 수출업자와 수입업자 모두의 요구를 충족시키는 협상을 체결한다.

수출 장기 연불/비소급적 할인 매입 금융 기술의 성공은 상업 은행의 보증에 의존할 수 있다는 믿음에서 시작된다. 시중 은행은 정상적이고 선호하는 보증인이지만, 경우에 따라서는 정부 은행이나 정부 부처에 의한 보증도 허용된다. 때로는 대규모 상업 기업이 은행 보증 없이 채무자로 받아들여진다. 이 기법의 또 다른 측면은 보증 은행의 효력이 '대차대조표'의 의무로 인식된다는 것이다. 부채는 상업 은행의 재무 구조를 평가할 때 (다른 사람들이) 고려하지 않았을 가능성이 있다.

요점

- 국제무역은 세 가지 범주, 즉 미확인 비제휴, 알려진 비제휴 및 사업 제휴로 나뉜다.

- 종속회사 간의 국제무역 거래는 일반적으로 계약이나 외부 자금조달을 필요로 하지 않는다. 비제휴 당사자 간의 무역 거래는 일반적으로 신용장을 통해 가능한 계약 및 외부 자금조달을 필요로 한다.

- 국제무역 자금조달의 기본 절차는 신용장(L/C), 선하증권(B/L) 및 환어음의 세 가지 주요 문서 간의 상호 관계에 달려있다.

- 신용장은 은행이 수입업자의 신용으로 대체하고 특정 서류가 은행에 제출되면 비용을 지불할 것을 약속한다. 이제 수출업자는 수입업자의 약속보다는 은행의 약속에 의존할 수 있다.

- 수출업자는 일반적으로 선하증권을 수입자 은행의 지불금을 납부하는 환어음에 첨부하고 이 서류와 추가 서류를 자체 은행을 통해 수입자 은행에 제공한다.

- 서류가 주문된 경우, 수입업자의 은행은 일람불 환어음을 지불하거나 일람불 정기불 환어음을 수락한다. 후자의 경우, 은행은 장래에 지불할 것을 약속한다. 이 단계에서 수입업자 은행은 선하증권을 통해 상품에 대한 소유권을 획득하고 상품을 수입업자에게 제공한다.

- 외국시장 진출에 대한 총비용은 무역 금융의 거래 비용, 수출입 국가가 적용하는 수입 및 수출 관세 그리고 관세 및 해외시장 침투 비용을 포함한다.

- 무역 금융은 국내 미수금 융자와 동일한 금융 수단과 국제 교역을 지원하는 특수 수단을 사용한다. 단기 금융의 인기 있는 방안은 은행 인수 어음이다.

- 국내의 다른 단기 금융 수단으로는 무역 인수, 팩터링, 증권화, 은행 신용 대출(보통 수출 신용 보험 적용) 및 상업 어음 등이 있다.

사례

Crosswell International and Brazil[1]

Crosswell International은 아동용 기저귀를 비롯하여 미국의 건강 관리 제품을 취급하는 제조업체 및 유통업체이다. Crosswell은 브라질 전역의 건강 관리 제품 유통 업체 Material Hospitalar의 사장인 레오나르도 소사에게 접촉을 시도한다. 소사는 Crosswell의 주요 (기저귀) 제품인 Precious Diapers를 유통하는 데 관심이 있지만, 가격 및 지불 조건과 관련하여 허용되는 약정으로만 이 계약을 받아들일 수 있었다.

브라질로 수출

Crosswell의 수출 업무 매니저인 제프 마티유는 소사와의 논의를 통해서 수출 비용 및 가격 산정에 대한 예비적인 논의를 진행하였다. Crosswell은 전체 공급 및 가치 사슬이 소비자에게 도달할 때까지 모든 비용 및 가격 책정 과정을 필요로 하였다. Crosswell은 브라질에서 공략하는 시장(틈새)에서 참여하는 모든 계약에 브라질 시장의 모든 관련 당사자에게 공정하고 경쟁력을 가진 가격을 부과하는 것이 중요하다고 믿었다. 브라질에 소중한 기저귀 값을 매기는 첫 번째 시도는 도표 A에서 살펴볼 수 있다.

Crosswell은 마이애미의 부두에서 선측인도 방식(FAS)을 이용하여 브라질 판매점에 기본 기저귀 라인을 케이스당 34달러에 판매할 것을 제안한다. 즉, 판매자인 Crosswell은 기저귀를 마이애미 부두로 가져오는 것과 관련된 모든 비용을 충당하기로 동의한다. 기저귀를 선박, 실제 운송(화물) 및 관련 문서에 적재하는 비용은 케이스당 4.32달러이고, 1분당 38.32달러로 운영되는 소계를 CFR(운임 포함 가격)이라고 정한다. 마지막으로 최종 목적지인 수출 보험으로 운송되는 동안 잠재적인 상품 손실과 관련된 보험 비용은 케이스당 0.86달러이다. CIF(운임 및 보험료 포함가격) 총액은 케이스당 39.18달러 또는 실질적 케이스당 97.95브라질 헤알이며, 미국 달러(USD)당 2.50브라질 헤알(R)의 환율로 가정한다. 요약하면 CIF 비용 R$97.95은 브라질 도착 시 수입자에게 수출자가 부과하는 가격이며 다음과 같이 계산할 수 있다.

CIF(운임 및 보험료 포함가격)

= FAS(선측인도) + 화물 + 수출 보험

= ($34.00 + $4.32 + $0.86) × R$2.50/$

= R$97.95

항구 및 세관 창고를 통해 기저귀를 유통하는 실제 비용은 레오나르도 소사가 확인해야(계산해야) 한다. 도표 A에서 살펴볼 수 있는 다양한 수수료와 세금은 Precious Diapers의 완전 착륙 비용을 사례당 R$107.63로 인상한다. 이제 배포자는 케이스당 R$8.33의 창고 및 재고 비용을 부담하게 되어 R$115.96의 비용을 지불한다. 배포자는 20%(R$23.19)의 배포 서비스 마진을 추가하여 최종 소매 업체에 판매되는 가격을 사례당 R$139.15로 인상한다.

마지막으로, 소매업자(소비자 건강 관리 제품의 슈퍼마켓 또는 다른 소매 업체)는 케이스당 R$245.48의 최종 선반 가격에 도달하는 비용, 세금 및 마크업을 고객에게 제시한다.

이 (최종 소매 가격) 견적은 Crosswell 및 Material Hospitalar가 브라질 시장에서 Precious Ultra-Thin Diaper의 가격 경쟁력을 평가할 수 있고 추가 협상을 위한 기초를 제공한다.

Precious Ultra-Thin Diaper는 컨테이너를 통해 배송된다.

---

[1] Copyright © 1946 Thunderbird School of Global Management. 이 사례는 Michael H. Moffett 교수가 수업 중 토론을 목적으로 준비한 것으로, 효율적이거나 비효율적인 경영을 시사하지 않는다.

도표 A   Precious Diaper 라인의 브라질 수출 가격

Precious Ultra-Thin Diaper는 컨테이너를 통해 배송된다. 각 용기에는 기저귀 968박스가 들어있다. 아래의 가격은 케이스마다 계산하지만 일부 비용 및 수수료는 컨테이너당으로 산정한다.

수출 가격 & 브라질 가격	케이스당 가격	요금 & 계산
FAS(케이스당 선측인도), 마이애미	$34.00	
선박, 운송(하물) 및 문서	4.32	컨테이너당 $4,180/968 = $4.32
CFR(케이스당 운임 포함 가격), 브라질 항구(산투스)	$38.32	
수출 보험	0.86	CIF(운임 및 보험료 포함가격)의 2.25%
CIF(운임 및 보험료 포함가격) 브라질 항구	$39.18	
브라질 항구로의 CIF(운임 및 보험료 포함가격) 브라질 헤알(R)	R$97.95	2.50 Real/US$ × $39.18
브라질의 수입 비용		
수입 관세	1.96	CIF(운임 및 보험료 포함가격)의 2.00%
상선 보수 비용	2.70	화물의 25.00%
항구 저장 비용	1.27	CIF(운임 및 보험료 포함가격)의 1.30%
항구 운영 비용	0.01	컨테이너당 R$12
추가 운영 비용	0.26	저장고의 20%
세관 중계 수수료	1.96	CIF(운임 및 보험료 포함가격)의 2.00%
수입 수수료	0.05	컨테이너당 R$50
지역 교통비	1.47	CIF(운임 및 보험료 포함가격)의 1.50%
실제 배포자에 대한 총비용, 브라질 헤알(R)	R$107.63	
배포자의(distributor) 비용 & 가격		
저장 비용	1.47	CIF(운임 및 보험료 포함가격)의 1.50% × 월
기저귀 재고 자금조달 비용	6.86	CIF(운임 및 보험료 포함가격)의 7.00% × 월
배포자의 마진	23.19	가격의 20% + 저장 + 자금조달
소매자의 가격, 브라질 헤알(R)	R$139.15	
브라질 소매 비용 & 가격		
산업 제품 세금(IPT)	20.87	소매자 가격의 15%
상업 서비스 세금(MCS)	28.80	가격의 18% + IPT
소매 업체 비용 및 마크업	56.65	가격의 30% + IPT+ MCS
소비자 가격, 브라질 헤알(R)	R$245.48	

기저귀 소비자 가격	케이스당 기저귀 개수	기저귀당 단위 가격
작은 사이즈	352	R$0.70
중간 사이즈	256	R$0.96
큰 사이즈	192	R$1.28

각 용기에는 기저귀 968개가 들어있다. 도표 A의 비용과 가격은 경우마다 계산되지만 일부 비용과 수수료는 컨테이너별로 책정된다.

마티유는 레오나르도 소사에게 도표 A에 제시된 수출 가격 견적서, 소사가 브라질 시장에서 Crosswell의 제품 라인을 대표할 수 있는 잠재적 표현 협약 및 지불 및 신용 조건을 제공한다. Crosswell의 지불 및 신용 조건은 소사가 현금으로 전액 지불하거나 60일의 기간을 지정하는 일람후 정기불 환어음과 확정된 취소불능신용장을 송금하는 것이다.

Crosswell은 또한 소사의 재무제표, 은행 서류, 외국 상업 참조, 지역 판매 (세력에 대한) 설명 및 Precious Diaper 라인에 대한 판매 예측서를 요청한다. Crosswell은 이러한 (마지막) 요청을 통해 Material Hospitalar가 브라질 시장에서 신뢰할 수 있는 장기적인 파트너이자 회사의 대표가 될 수 있는지 평가한다. 뒤따르는 논의는 두 당사자의 공통점을 찾고 브라질 시장에서 Precious Diaper 제품 라인의 경쟁력을 높이기 위해 노력하는 데 초점을 맞추고 있다.

Crosswell의 제안

Crosswell은 Material Hospitalar에 초기 선적 시 적어도 기저귀 968건의 용기 중 10개에 대해 운임 및 보험료 포함가격 (CIF)으로 39.18달러를 미국 달러로 지급하는 조건을 제시한다. 총송장금액은 379,262.40달러이다. 지불 조건은 미국 은행의 Material Hospitalar에 확인된 신용장이 요구된다는 것이다. 지불은 60일의 일람후 정기불 환어음을 기반으로 하며 선적일에 다른 서류와 함께 은행의 수락 여부를 제시한다. 수출업자와 수출업자의 은행은 모두 선적일로부터 60일 이내에 수입업자나 수입업자의 은행으로부터 지불을 기대한다.

Crosswell이 기대하는 것은 무엇인가?

Material Hospitalar가 신용장을 취득한 것으로 가정하고 Crosswell의 미국 내 은행에서 확인한 경우, Crosswell은 도표 B에 설명된 대로 초기 계약(예 : 15일) 후에 상품을 출하한다.

Crosswell이 선적과 동시에 상품에 대한 물리적 통제를 상실한 경우, Crosswell은 선적 시 인수한 선하증권을 기타 필요한 서류와 함께 은행에 제출하여 지불을 요청한다. 수출

Crosswell의 브라질 수출에 대한 수출 지불 기한

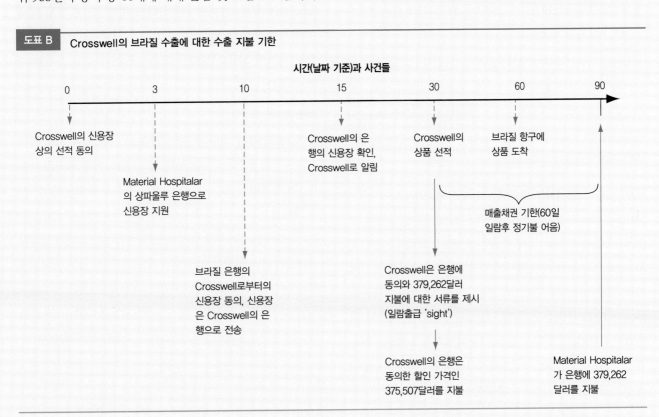

시간(날짜 기준)과 사건들

도표 C	브라질 시장의 경쟁사들의 기저귀 가격[단위 : 브라질 헤알(R)]			
		사이즈당 기저귀 가격		
회사 이름(나라)	브랜드	작은 사이즈	중간 사이즈	큰 사이즈
Kenko(일본)	Monica Plus	0.68	0.85	1.18
Proctor & Gamble(미국)	Pampers Uni	0.65	0.80	1.08
Johnson & Johnson(미국)	Sempre Seca Plus	0.65	0.80	1.08
Crosswell(미국)	Precious	0.70	0.96	1.40

은 확정된 신용장하에 있고, 모든 서류 또한 (차례대로) 준비되어 있기 때문에 Crosswell의 은행은 Crosswell에 두 가지 선택권을 줄 수 있다.

1. 일람후 정기불 환어음의 전체 기간인 60일을 기다렸다가 전체 지불액인 379,262.40달러를 받는다.
2. 오늘 금액의 할인된 가격을 받는다. 연 6.00%의 미국 달러 금리(60일당 1.00%)를 가정한 할인 금액은 $379,262.40/(1 + 0.01) = $379,262.40/1.01 = $375,507.33이다.

송장은 미국 달러로 되어있기 때문에, Crosswell은 통화가치 변동(통화 위험)에 대하여 걱정할 필요가 없다. 또한 Crosswell의 은행이 신용장을 확인했기 때문에 Material Hospitalar가 미래의 날짜에 지불할 수 있는 능력의 변화나 악화로부터 보호받을 수 있다.

Material Hospitalar가 기대하는 것은 무엇인가?

Material Hospitalar는 60일 또는 그 이전에 물품을 수령할 것이고, 유통 시스템을 통해 물품을 소매점으로 옮길 것이다. Material Hospitalar와 구매자(소매 업체) 사이의 지불 조건에 따라 현금이나 상품 지불 조건을 수령할 수 있다. Material Hospitalar는 브라질 은행에서 60일간의 일람후 정기불 환어음과 신용장을 통해서 상품을 구매했으므로 90일 후(출하 및 서류 제출은 30 + 60일의 시간 초안에 포함되어 있음) 총 379,262.40달러를 브라질 은행을 통해 지불하게 된다.

Material Hospitalar는 브라질 회사이며 미국 달러(외화)로 지불하기로 합의했기 때문에 거래의 통화 위험을 부담한다.

Crosswell과 Material Hospitalar의 걱정

그러나 두 회사는 브라질의 소비자 총액(케이스당 R$245.48, 기저귀당 R$ 0.70)이 너무 높다는 고민을 한다. 브라질의 프리미엄급 기저귀 시장의 경쟁자인 Kenko do Brasil(일본), Johnson and Johnson(미국), Procter and Gamble(미국)은 가격이 저렴하다(도표 C 참조). 경쟁 업체는 모두 국내에서 제조되므로 브라질 시장에서 Crosswell의 상륙 가격에 상당한 영향을 미치는 일련의 수입 관세를 피할 수 있다.

사례 문제

1. Crosswell의 브라질 시장 진출을 위한 가치 사슬에서 가격 책정, 액면가의 통화 및 금융은 어떻게 상호적으로 연관되어 있는가? 도표 B를 사용하여 요약할 수 있는가?
2. 소사가 Crosswell의 가치 사슬에 얼마나 중요한가? Sousa가 자신의 의무를 이행할 수 있는 능력에 대해 Crosswell이 우려하는 점은 무엇인가?
3. Crosswell이 시장에 침투한다면 가격을 낮추는 방법이 필요하다. 당신은 어떤 방법을(무엇을) 제안하겠는가?

질문

1. **비제휴 바이어.** 새로운 고객인 비제휴 외국 구매자에게 수출업자가 오랫동안 판매해온 비제휴 외국 구매자에게 수출하는 것과는 다른 문서를 사용하는 이유는 무엇인가?

2. **제휴된 무역 관계.** 제휴된 수출업자와 수입업자는 일부 유형의 무역 보호에 의지한다. 제휴된 회사와 비제휴 회사가 사용하는 무역 보호의 차이점은 무엇인가?

3. **회사 내부 거래.** 왜 지난 20년간 기업 내 무역량이 급증했는가? 기업 내 무역의 주요 장점과 단점은 무엇인가?

4. **대외 무역 문서.** 대외 무역 파트너의 위험을 줄이는 도구는 무엇인가?

5. **국제무역 거래 위험.** 국제무역 거래와 관련하여 두 가지 주요 위험은 무엇인가? 이러한 위험을 어떻게 관리할 수 있는가?

6. **신용장(L/C).** 신용장이란 무엇인가? 수출업체를 위한 가장 안전한 유형의 신용장은 무엇인가?

7. **신용장.** 확인된 신용장과 확인되지 않은 신용장의 차이점은 무엇인가?

8. **하드 드라이브 수출 문서화.** 말레이시아 페낭에서 미국 캘리포니아의 새너제이로 컴퓨터 하드 디스크 드라이브를 수출하는 단계를 환어음에 대한 지불을 승인하는 미확인 신용장을 사용하여 나열하라.

9. **수출 신용 보험.** 수출업자들은 수입 당사국으로부터 상당한 지불 불능 위험에 직면해있다. 이 위험을 완화하는 방법 중 하나는 수출 신용 보험이다. 수출 신용 보험이란 무엇인가? 장점과 단점은 무엇인가?

10. **정부의 무역 진흥 조치.** 각국 정부는 전반적인 수출 촉진 전략의 일환으로 수출 신용 보험을 제공하고 수출업자에게 자금을 제공함으로써 수출 및 국제 교역을 향상시키는 조치를 취했다. 이러한 조치의 경제적 효과와 사회 복지에 미치는 영향을 설명하라.

문제

1. **Nikken Microsystems(A).** Nikken Microsystems가 700,000유로에 Telecom España에 인터넷 서버를 판매했다고 가정한다. 지불은 3개월 이내에 완료되며 Telecom España Acceptance의 무역 수락을 통해 이루어진다. 승인 수수료는 채권 액면 금액의 연 1.0%이다. 이 승인은 연 4% 할인으로 판매될 것이다. 이 무역 금융 방법의 유로화에 대한 연간 비용 비율은 얼마인가?

2. **Nikken Microsystems(B).** Nikken Microsystems는 문제 1에 설명된 무역 거래에 대해 유로화가 아닌 영국 파운드를 선호한다고 가정한다. 두 가지 대안을 고려하고 있다. (1) 유로화 수락을 즉시 판매하고 유로를 즉시 교차점 비율로 파운드로 변환한다. 만기가 될 때까지

£0.72/€ 또는 (2) 유로화 수락을 유지하지만 처음에는 예상되는 유로 수익을 £0.75/€의 3개월 전방 환율로 달러로 판매한다.

   a. 대안 1의 할인된 무역 수용에서 영국 파운드로 즉시 받는 순수익은 얼마인가?

   b. 대안 2에서 3개월 동안 수령한 파운드 순수익은 얼마인가?

   c. 두 대안의 순수익을 동일하게 유지하는 손익분기점 투자율은 얼마인가?

   d. Nikken Microsystems는 어떤 대안을 선택해야 하는가?

3. **Timmico Co.(A).** Timmico Co.는 사우디아라비아에 자

동차와 화주를 수출하고 고객에게 유로화를 청구하는 한국의 자동차 회사이다. SaudiAutoImp는 Timmico의 상품 중 15,000,000유로를 244일 안에 지불할 예정이다. 지급금은 외환 은행이 발행한 은행 인수 승인을 받아 연간 3.625%의 수수료로 지급된다. Timmico Co.의 가중평균 자본비용은 12%이다. Timmico Co.가 만기까지 수락하는 경우 연간 비용의 총가격은 얼마인가?

4. **Timmico Co.(B)**. 문제 3의 사실을 가정하면 Saudi Investment Bank는 이제 Timmico Co.의 은행 인수 제안을 연간 7.5% 할인된 가격으로 (기꺼이) 구매할 용의가 있다. Timmico Co.가 연간 15,000,000유로의 채권을 조달하는 데 드는 모든 비용은 얼마인가?

5. **Alliasha-Toshiba**. Alliasha-Toshiba는 Toshiba-France에서 노트북을 구입하여 프랑스 고객에게 판매한다. 고객 중 한 곳은 Alliasha-Toshiba의 노트북을 도매 가격으로 구입하는 인쇄 서비스 회사인 Pret-a-Print이다. 최종 지불액은 Alliasha-Toshiba가 3개월 후에 지불해야 한다. Pret-a-Print는 Alliasha-Toshiba에서 175,000유로 상당의 노트북을 구입했으며, 판매 인센티브로 청구된 이자 없이 3개월 만에 35,000유로의 현금 결제 및 잔액을 지불했다. Alliasha-Toshiba는 Alliance Acceptance의 Pret-a-Print 채권을 갖게 된다. 3.5%의 제휴 수수료를 받고 BNP Paribas에 연 5% 할인으로 판매한다.

   a. Alliasha-Toshiba에 대한 연간 총비용 가격은 얼마인가?

   b. 현금 결제를 포함한 Alliasha-Toshiba의 순현금 수익은 얼마인가?

6. **Abdulla Oil(사우디아라비아)에서 수출 장기 연불 어음/비소급적 할인 매입 금융**. 사우디아라비아의 Abdulla Oil은 영국 런던의 BBB Drilling에서 5,000,000파운드의 석유 시추 장비를 구입했다. Abdullah Oil은 매년 5월에 이 구입 비용을 매년 500,000파운드로 지불해야 한다.

   스페인 제약 회사 BBVA 마드리드는 각각 5만 파운드의 할인권을 50만 파운드에 구입하기로 합의했다. Abdulla Oil이 지불한 예상 런던은행 간 대출이자율 금리에 200베이시스 포인트를 더한 할인율은 연간 약 9%이다. BBVA는 또한 금융 계약에 따라 발행된 실제 할인 채권을 수령할 때까지 Abdulla Oil에 금융 약정일로부터 연 3%의 추가 약정 수수료를 부과한다. 약속된 환어음 50만 파운드는 3월 1일에 연속 지급된다.

   Abdulla Oil이 발행한 약속된 환어음은 그들의 은행인 KSA 은행이 1.5%의 수수료를 받고 BBB Drilling으로 인도할 것이다. 이 시점에서 BBB Drilling은 채권을 보증하지 않고 채권자인 BBVA에 50만 파운드의 원금 총액을 할인한다. BBVA는 채권을 국제 자금시장의 투자자들에게 다시 의뢰하여 채권을 판매할 것이다. 만기가 도래하는 투자자는 KSA 은행에서 수령을 위해 선물을 제시한다. KSA 은행이 채무 불이행을 하면 투자자는 BBVA로부터 채권을 징수한다.

   a. Abdulla Oil의 2015년 3월 1일에 만기가 될 첫 50만 파운드 채권에 대한 연차 원가는 얼마인가?

   b. Abdulla Oil이 융자를 위해 상대적으로 비싼 대안을 사용한다면 그 동기는 무엇일까?

7. **BollyIndia Enterprises(A)**. BollyIndia Enterprises는 Brazilia Media Incorporated에 영화와 DVD를 1,000,000유로에 3개월 만에 지불할 예정으로 판매한다. BollyIndia Enterprises는 이 채권에 자금을 대주는 다음과 같은 대안을 가지고 있다. (1) 은행 신용 한도를 사용한다. 이자는 1년에 250베이시스 포인트를 더한 8%의 기본 금리이다. BollyIndia Enterprises는 대출 금액의 20%를 보상 균형으로 유지해야 한다. 은행의 보상 잔액에 대해서는 이자가 지급되지 않는다. (2) 은행 신용 한도를 사용하지만 수출 신용 보험을 1% 수수료로 구매한다. 위험 감소로 인해 은행 이자율은 포인트 없이 연 5%로 감소한다.

   a. 각 대안들의 연간 비용 백분율은 어떠한가?

b. 각 대안들의 장단점은 각각 무엇인가?

c. 당신은 어떤 대안을 추천할 것인가?

8. **BollyIndia Enterprises(B)**. BollyIndia Enterprises는 Brazilia Media Imports를 연간 18% 할인하고 비소구 조항에 3%의 수수료를 부과하는 방법을 사용하였다.

a. 이 팩터링 대안의 연간 비용 백분율은 얼마인가?

b. 문제 7의 대안에 비해 팩터링 대안의 장단점은 무엇인가?

9. **ThaiTenSport**. ThaiTenSport(방콕)은 새로 설립된 이집트의 테니스 클럽인 CairoPro Club에 200만 파운드 상당의 테니스 라켓을 판매하기 위한 입찰을 고려하고 있다. 납부 기한은 6개월이다. ThaiTenSport는 CairoPro Club에서 좋은 신용 정보를 찾을 수 없기 때문에 신용 위험을 보호하기를 원한다. 다음과 같은 자금조달 솔루션을 고려 중이다.

카이로에 있는 CairoPro의 이집트 은행은 CairoPro를 대신하여 신용장을 발급하고 6개월 만에 ThaiTenSport의 초안을 200만 파운드에 인수하기로 동의한다. 입회비는 ThaiTenSport가 2,000파운드를 지불하고 CairoPro의 사용 가능한 신용 한도를 200만 파운드로 줄인다. 은행가의 매수 2,000만 파운드는 머니 마켓에서 연간 3.75% 할인으로 판매될 것이다. 이 은행가의 인수 금융에 대한 ThaiTenSport의 연간 비용 백분율은 얼마인가?

10. **ThaiTenSport(B)**. 또한 ThaiTenSport는 태국 수출입은행으로부터 2%의 보험료로 수출 신용 보험을 구매할 수 있다. CairoPro로부터 받은 신용 한도액에서 연간 미지급 5%의 200만 파운드를 대출한다. 보상 은행 잔고는 필요하지 않다.

a. ThaiTenSport의 연간 총비용은 얼마인가?

b. CairoPro의 비용은 얼마인가?

c. 문제 9의 은행 인수 금융에 비해 이 대안의 장점과 단점은 무엇인가? 어떤 대안을 권하고 싶은가?

11. **VenezaCot Co.** 베네수엘라의 카라카스에 위치한

VenezaCot는 일본 도쿄의 JapoImp Co.로부터 50,000개의 면 타월을 주문받았다. 타월은 JapoImp Co.를 대신하여 일본 은행이 발행한 신용장 조건에 따라 일본으로 수출될 것이다. 신용장은 선적 금액인 800만 엔을 60일 후, 일본 은행은 신용장의 조건에 따라 VenezaCot Co.가 작성한 환어음을 승인한다.

2개월간의 은행 인수에 대한 현재 할인율은 연 7.5%이며 VenezaCot Co.의 가중평균 자본비용은 연간 28%로 추정한다. 할인시장에서 은행 인수를 위한 수수료는 액면 금액의 2.5%이다.

VenezaCot Co.가 만기까지 수령한 경우 얼마만큼 현금을 받을까? VenezaCot Co.가 만기일까지 수락을 받거나 일본 은행 인수 시장에서 즉시 할인할 것을 추천한다?

12. **Swishing Shoe Company**. 노스캐롤라이나주 더럼에 있는 Swishing Shoe Company는 잉글랜드의 Southampton Footware, Ltd.에서 운동화 50,000켤레를 주문했으며 영국 파운드화로 결제했다. 신발은 Southampton Footware를 대신하여 런던 은행에서 발급한 신용장 조건에 따라 Southampton Footware로 배송된다. 신용장은 런던 은행이 Southampton Footware가 신용장 조건에 따라 작성된 환어음을 수락한 후 120일 뒤에 발송물의 액면가인 400,000파운드를 지불하도록 명시하고 있다.

120일간의 은행 인수에 대한 런던의 현재 할인율은 연 12%이며 Southampton Footware는 가중평균 자본비용을 연간 18%로 추정한다. 할인시장에서 은행가의 인수를 판촉하는 수수료는 액면가의 2.0%이다.

a. 한 번에 은행가의 인수를 할인하는 것과 비교했을 때 Swishing Shoe Company가 만기 때 승인을 유지할 수 있는가?

b. Swishing Shoe Company는 이 거래에서 다른 위험을 부담하는가?

13. **해외 진출.** 영국은 영국으로 수입된 신발에 대해 10%의 수입 관세를 부과한다고 가정한다. 문제 12의 Swishing Shoe Company는 아일랜드에서 신발을 제조하여 영국으로 수입할 의무가 없음을 확인한다. Swishing이 노스 캐롤라이나에서 신발을 계속 수출하기로 결정한다면 아일랜드에서 제조할 때와 비교해서 어떤 요인을 고려해야 하는가?

인터넷 문제

1. **신용장 서비스.** 전 세계 상업 은행은 대외 무역 자금조달을 지원하기 위해 다양한 서비스를 제공한다. 많은 주요 다국적 은행(아래에 나열되어 있다)에 연락하여 어떤 유형의 신용장 서비스 및 기타 무역 금융 서비스를 제공할 수 있는지 결정하라.

Bank of America	www.bankamerica.com
Barclays	www.barclays.com
Deutsche Bank	www.deutschebank.com
Union Bank of Switzerland	www.unionbank.com
Swiss Bank Corporation	www.swissbank.com

2. **The Balanced World.** The Balanced World 웹사이트는 다양한 금융 문제에 대해 깊이 있고 폭넓게 토론하려는 사람들을 위한 소셜 네트워킹 사이트이다. 게시되고 논의되는 재무 및 재무 관리 주제의 범위에는 제한이 없다.

The Balanced World	www.thebalancedworld.com

해외투자와 투자 분석

제 17 장

해외직접투자와 정치적 위험

이 세상에는 죄인도 돈만 내면 여권 없이도 자유롭게 여행할 수 있다. 반대로 선량하지만 가난한 사람은 모든 국경에서 저지당하고 만다.

– Herman Melville, Chapter 9, The Sermon, in *Moby Dick*, 1851

- 핵심적인 경쟁우위들이 해외직접투자를 유지하기 위한 전략에 어떤 도움을 주는지를 설명한다.
- OLI 패러다임이 세계화 과정을 위한 이론적 토대를 어떻게 뒷받침하는지 보여준다.
- 다국적 기업(MNE)들의 해외투자 장소를 결정하는 동기 및 요소들을 탐구한다.
- 해외 투자의 유형을 비교, 대조한다.
- 신흥시장에서 기업경쟁을 일으키는 새로운 세력에 대해 설명한다.
- 언제, 어디서 정치적 위험이 발생하는지 예측할 수 있는 다양한 요인을 평가해본다.
- 이전 위험(transfer risk)의 유형과 다국적 기업들이 이러한 장애물들을 어떻게 완화시키는지 이해한다.
- 기업 특유의 정치적 위험으로 이어지는 문화적 · 제도적 요인을 살펴보고 평가하는 법을 배운다.
- 글로벌 특유의 위험(global specific risk)이 지닌 특수한 복잡성을 조사해본다.

해외직접투자(FDI)를 수행함으로써 이후 다국적 기업(MNE)으로 나아가기 위한 전략적인 결정은 자기 평가(self-evaluation)로부터 시작된다. 이러한 자기평가는 일련의 질문들을 조합하는데, 그 중에는 기업의 경쟁우위 속성이 무엇인지를 포함하여, 기업이 진출을 위해 사용하고 수용해야 하는 기업형태와 그에 걸맞는 리스크는 무엇인지, 그리고 기업이 직면하게 되는 정치적 리스크(거시 및 미시적 맥락 모두)는 무엇인지 등이 포함되어 있다. 이 장에서는 자기평가의 과정과 함께 해외직접투자 시 발생할 수 있는 다양한 위험을 측정하고 관리하는 방법을 알아볼 것이다. 이와 같은 국제적 탐구의 일환으로 신흥시장의 기업 간 경쟁 사례를 제시할 것인데, 이것은 얼마나 많은 수의 촉망받는 미래의 MNE들이 신흥시장으로부터 부상하고 있는지를 강조한다. 이 장은 보이지 않는 위험이 커져가는 시대 속에서 현대의 투자와 포트폴리오 이론에 대해 논의하는 사례 "전략적 포트폴리오 이론, 블랙 스완 그리고 '칠면조'가 되지 않는 것"으로 끝맺는다.

경쟁우위의 지속 및 이전

해외 투자 여부를 결정하는 과정 속에서, 경영진은 우선적으로 그 기업이 본국시장(home market)에서 효과적으로 경쟁할 수 있는 경쟁우위가 지속 가능한지 여부를 판단해야 한다. 경쟁우위는 이전이 가능하고, 기업 특유 요소여야 하며, 또한 해외 운영에서 발생할 수 있는 잠재적 난관들(외환 위험, 정치적 위험 그리고 늘어난 대리비용)을 보완할 수 있어야 한다.

해외 투자에 성공한 기업들을 관찰해본 근거에 의하면 MNE들이 향유하던 경쟁우위들 중에는 (1) MNE의 거대한 몸집에서 오는 규모와 범위의 경제, (2) 경영 및 마케팅 전문성, (3) 쉼 없는 연구 결과로 얻어진 첨단기술, (4) 재무안정성(financial strength), (5) 차별화된 상품 그리고 (6) 때때로 본국시장의 경쟁력 등이 있음을 알 수 있다.

규모와 범위의 경제

규모와 범위의 경제는 생산, 마케팅, 재정, 연구개발, 교통과 구매 면에서 발전될 수 있다. 이 모든 영역에서 일단 '규모가 크다'는 것은 상당한 경쟁우위를 가지는데, 그것이 국내에서 성장했든 국외였든 상관이 없다. 생산 경제는 대규모 자동화 공장과 장비 사용 혹은 글로벌 특화를 통해 생산을 합리적으로 수행할 수 있는 능력을 통해 구축된다.

한 예시로, 포드 같은 몇몇 자동차 제조사들은 먼저 비교우위를 고려해 입지선정을 하고, 그에 따라 엔진, 변속기, 본체를 각기 다른 국가에서 생산한 후 조립은 또 다른 국가에서 하는 방식으로 합리적인 제조과정을 도모한다. 마케팅 경제는 기업들의 몸집이 충분히 커서 효율적인 광고매체를 통한 해외 브랜드 정체성 창출이 가능하거나, 해외 유통망, 창고 및 서비스 시스템을 구축할 수 있을 때 발생한다. 금융 경제는 유로주식, 유로장기채권시장 같은 다양한 종류의 금융상품과 펀드 자원에 대한 접근으로부터 생긴다. 내부 R&D는 전형적으로 대기업들에 한정되어 있는데 이는 연구소와 실험 및 과학 부서 직원들을 보유하기 위해서는 최소 한계점을 넘어야 하기 때문이다. 운송 경제는 대량의 육로 또는 해운화물을 운송할 수 있는 기업들이 가능하다. 구매 경제는 수량할인과 시장 지배력으로부터 생긴다.

경영 및 마케팅 전문성

경영 전문성은 사람 그리고 기술에 관한 관점을 가지고 거대한 산업 조직을 운영할 수 있는 능력을 포함한다. 이러한 경영 전문성은 사업부 안에서 최신 분석기술 사용을 총괄한다. 경영 전문성은 해외시장에서의 사전 경험으로 얻어질 수 있는데, 다국적 기업들은 생산 시설을 건립하기 전에 해당 시장에 먼저 수출을 하는 양상이 관찰되었다는 경험적 연구가 많다. 그뿐 아니라 다국적 기업들은 수입, 인허가 혹은 FDI를 통해 원자재와 인적 자본을 다른 해외 국가들로부터 공급받는 사전 경험도 한다. 이런 방식으로, MNE는 소위 현지국가 기업들의 우월한 현지 지식을 부분적으로 극복해낸다.

첨단 기술

첨단 기술은 과학적 및 공학적 기술을 모두 포함한다. 이는 MNE들뿐만 아니라 산업화된 국가 기업들이 대부분 가지고 있는 이점인데, 바로 군사 및 우주 프로그램을 통한 새로운 기술의 파생효과에 지속적으로 접근할 수 있다는 것이다. MNE의 특징인 기술의 중요성은 실증적(경험적) 연구로부터 제공된 것이다.

재무안정성

기업들은 글로벌 비용과 자본 가용성을 이루거나 유지함으로써 재무안정성을 보여준다. 기업안정성은 기업들로 하여금 FDI와 여타 해외 활동에 자금을 지원할 수 있도록 하는 중요한 원가 경쟁력 변수이다. 유동적이고 세분화되지 않은 시장에 있는 MNE는 보통 이러한 특징에 의해 수혜를 받는다. 하지만 소규모 공업 국가나 신흥시장 국가에 있는 MNE도 해외 포트폴리오나 기업 투자자들을 노리는 선도 전략을 취할 수 있다.

중소 기업들은 종종 해외(혹은 국내) 투자자들이 관심을 보이는 특징들이 부족할 수 있다. 그들은 너무 작거나 매력적이지 않아서 자본의 글로벌 비용을 해결하기 힘들다. 이는 FDI를 위한 자금 지원 능력을 제한하고, 높은 한계자본비율과 높은 요구수익률이 발생할 수 있는 다수의 해외 프로젝트 수를 감소시킨다.

차별화된 상품

기업들은 차별화된 상품들을 생산 및 마케팅함으로써 기업 특유의 우위를 가진다. 차별화 상품들은 연구에 기반한 혁신 또는 브랜드 정체성을 얻기 위한 막대한 마케팅 지출을 통해 만들어진다. 연구와 마케팅 과정은 꾸준한 차별화 상품 생산으로 이어진다. 경쟁기업은 이러한 제품을 모방할 시 많은 어려움과 비용이 들며, 항상 시간적 지연문제에 직면하게 된다. 국내시장 속에서 차별화된 상품 개발에 성공한 기업들은 전 세계로 마케팅 범위를 확장하는 결정을 내릴 수 있는데, 이 결정은 이전의 막대한 연구 및 마케팅 지출에 따른 수익을 극대화하기 위함이다.

본국시장의 경쟁력

매우 경쟁력 있는 본국시장은 경쟁력이 부족한 본국시장에 비해 기업의 경쟁우위를 한층 더 선명하게 만들 수 있다. 이 현상은 '국가 경쟁우위'라고 알려져 있으며, 이 개념은 하버드의 Michael Porter에 의해 만들어졌고, 도표 17.1에 요약되어 있다.

특정 산업의 경쟁 속에서 기업의 성공은 부분적으로 그 산업에 적합한 생산 요인들(부지, 노동력, 자본과 기술)의 유용성에 의해 결정된다. 이러한 적절한 요소를 자연스럽게 제공하거나 만들 수 있도록 하는 국가들은 국내 또는 잠재적으로 해외에서도 모두 경쟁력 있는 기업들을 낳을 수 있을 것이다. 예를 들어, 본국시장에서 양질의 교육을 받은 노동 인구들은 특정 첨단 기술 산업에 종사하는 기업들에 경쟁우위를 제공한다. 본국시장의 수준 높고 까다로운 소비자들을 상대하면서 기업들은 마케팅, 생산

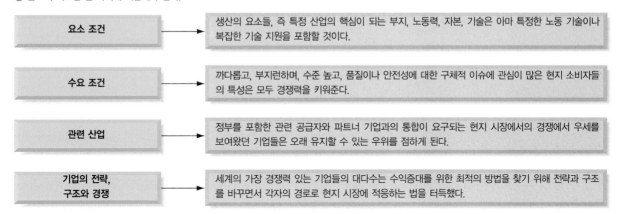

도표 17.1 국가 경쟁우위의 결정 요인들 : Porter의 수요

기업의 경쟁력은 고도로 경쟁적인 본국시장(home market)에서의 경쟁 경험에 기반하여 강력해질 수 있다. 본국 경쟁우위는 4개의 주요 요소들 중 반드시 최소한 한 가지에 기반해야 한다.

요소 조건	생산의 요소들, 즉 특정 산업의 핵심이 되는 부지, 노동력, 자본, 기술은 아마 특정한 노동 기술이나 복잡한 기술 지원을 포함할 것이다.
수요 조건	까다롭고, 부지런하며, 수준 높고, 품질이나 안전성에 대한 구체적 이슈에 관심이 많은 현지 소비자들의 특성은 모두 경쟁력을 키워준다.
관련 산업	정부를 포함한 관련 공급자와 파트너 기업과의 통합이 요구되는 현지 시장에서의 경쟁에서 우세를 보여왔던 기업들은 오래 유지할 수 있는 우위를 점하게 된다.
기업의 전략, 구조와 경쟁	세계의 가장 경쟁력 있는 기업들의 대다수는 수익증대를 위한 최적의 방법을 찾기 위해 전략과 구조를 바꾸면서 각자의 경로로 현지 시장에 적응하는 법을 터득했다.

출처 : Michael Porter가 "The Competitive Advantage of Nations," *Harvard Business Review*, March-April 1990에서 묘사한 개념에 기초함

과 품질 관리 능력을 연마할 수 있다. 한 예로 일본이 그러하다.

다수의 중대한 관련 산업과 공급자들에게 둘러싸인 산업에 속한 기업들은 이런 조연들 덕분에 더욱 더 경쟁력을 갖출 것이다. 예를 들면 샌프란시스코만 지역같이 초우량 센터들 속에 위치한 전자 회사(electronic firm)들은 지식의 선두에 있는 교육기관에 자주 접근하는 효율적이고 창의적인 공급자들이 주변에 넘쳐난다.

경쟁력 있는 본국시장은 기업들로 하여금 특화 산업과 국가 환경을 위해 운영 및 통제 전략을 정교하게 조정하도록 한다. 일본 기업들은 그들의 유명한 적기 공급 생산 방식의 재고 통제 시스템(just-in-time inventory control system)을 조직하고 실행하는 방법을 터득했다. 한 가지 비결은 다수의 협력업체와 공급업자를 최종 조립공정 근처에 위치하게 하고, 이들을 활용하는 것이다.

몇몇 사례에서는 본국시장이 큰 규모를 가지고 있거나 경쟁력이 없음에도 불구하고 그곳에 위치한 MNE가 해외 자회사들이 지원하는 세계적인 틈새시장을 개발한 모습을 볼 수 있다. 독과점 산업에서 세계적 경쟁은 국내경쟁을 대체한다. 예를 들어 스칸디나비아, 스위스, 네덜란드에 주재하는 무수한 MNE가 이 범주에 들어간다. 그중엔 Novo Nordisk(덴마크), Norske Hydro(노르웨이), Nokia(핀란드), L.M. Ericsson(스웨덴), Astra(스웨덴), ABB(스웨덴/스위스), Roche Holding(스위스), Royal Dutch Shell(네덜란드), Unilever(네덜란드), Philips(네덜란드) 등이 있다.

또한 신흥시장 국가들은 비록 경쟁력 있는 본국시장은 부족하지만 장차 세계적인 MNE가 되려는 기업들을 틈새시장에 배출하였다. 이 중에 몇몇은 석유, 농업, 광물과 같은 천연자원 분야에서의 전통적인 수출업자들이지만 MNE가 되어가는 과도기에 있다. 그들은 일반적으로 해외 판매 자회사, 합작

투자법인과 전략적 제휴로 시작한다. Petrobrás(브라질), YPF(아르헨티나)와 Cemex(멕시코)가 그 예이다. 또 다른 범주로는 최근에 전자통신산업에서 민영화된 기업이 있다. 예시로는 Telefonos de Mexico와 Telebrás(브라질)가 있다. 아직도 다른 기업들은 전자기기 부품 제조업으로 시작하지만 해외에서 생산하는 이행과정에 다다르고 있다. 삼성전자(대한민국)와 Acer Computer(대만)가 그 예시이다.

OLI 패러다임과 국제화

OLI 패러다임(Buckley & Casson, 1976; Dunning, 1977)은 MNE가 라이선스 계약, 합작투자, 전략적 제휴, 경영 계약이나 수출과 같은 대안적 유형들을 통해 해외시장에 기여하지 않고 대신 FDI를 선택하는 이유를 설명하기 위한 전반적인 틀을 짜보려는 시도이다.[1]

첫째, OLI의 'O'자가 해외직접투자에 성공할 시에 해외로 이전 가능한 '소유권 우위(ownership advantage)'를 뜻하듯이, OLI 패러다임은 반드시 기업은 우선적으로 모국시장에서 경쟁우위를 가져야 한다고 주장한다. 둘째, 기업은 해외시장의 구체적인 특징에 이끌린다. OLI의 'L'은 '입지적 우위(location advantages)'를 뜻하며 이는 시장에서 기업의 경쟁우위를 활용할 수 있게 해준다. 세 번째로, 기업은 경쟁력 있는 지위를 그 기업의 산업 속 가치 사슬(value chain) 전부를 관리함으로써 유지시킨다. OLI의 'I'는 '내부화 우위(internalization advantage)'를 뜻하며 이는 라이선스 계약이나 아웃소싱(outsourcing)보다는 해외직접투자로 이어진다.

독점적 우위

앞에서 설명했듯이 기업은 반드시 본국시장에서의 경쟁우위를 가져야 한다. 이런 경쟁우위는 기업 특유이며 모방하기 쉽지 않은, 그리고 해외 자회사에 이전 가능한 형태를 가져야 한다. 예를 들면 규모와 재무안정성은 다른 기업들에 의해 성취 가능한 것이기 때문에 반드시 기업 특유일 필요는 없다. 특정 종류의 기술은 구매가 가능하고, 라이선스 계약을 맺거나 모방할 수 있다. 심지어 차별화된 상품도 충분한 마케팅과 좋은 가격의 살짝 변형된 상품에 의해 그 우위를 잃을 수 있다.

입지 우위

전형적으로, FDI를 특정 입지로 끌어들이는 요인은 시장 불완전성이거나 진정한 비교우위이다. 이러한 요인으로는 저렴하지만 생산적인 노동 인구, 고유한 원자재들, 거대한 규모의 국내시장, 다른 경쟁자들에 대응하기 위한 방어적 투자나 기술적 우수성을 갖춘 중심지 등이 있다.

---

[1] Peter J. Buckley and Mark Casson, *The Future of the Multinational Enterprise*, London: McMillan, 1976; and John H. Dunning, "Trade Location of Economic Activity and the MNE: A Search for an Eclectic Approach," in *The International Allocation of Economic Activity*, Bertil Ohlin, Per-Ove Hesselborn, and Per Magnus Wijkman, eds., New York: Holmes and Meier, 1977, pp. 395-418.

내부화 우위

이론에 따르면 기업 특유의 경쟁우위를 유지하는 데 핵심적인 요소는 연구로 얻어진 전문지식을 통해 새로운 정보를 만들어낼 수 있는 인적 자본과 독점적 정보를 소유하는 것이다. 두말할 필요 없이 연구에 집중하는 대기업들을 말한다.

거래비용을 최소화하는 것은 내부화 전략의 성공을 결정하는 주요 요인이다. 완전 소유된 FDI는 비대칭적 정보, 신뢰의 부족, 해외 동업자나 공급자들 혹은 금융기관들을 감시해야 할 필요성으로부터 발생하는 대리인 비용을 줄여준다. 자기금융(self-financing)은 합작투자법인 동업자들에 의해 혹은 현지에서 자금을 조달받는 해외 자회사들에 대한 구체적인 부채계약을 주시할 필요성을 줄여준다. 만약 다국적 기업이 낮은 글로벌 비용과 높은 가용성을 가지고 있다면 굳이 더 높은 자본비용을 내야 하는 합작투자법인 동업자들, 유통업자들, 실시권자들(licensees)이나 현지 은행들과 공유할 이유가 있겠는가?

재무 전략

도표 17.2에서 나타내듯, 재무 전략은 FDI를 설명하는 데 있어 OLI 패러다임과 직접적으로 연관되어 있다. 선도적인 재무 전략은 MNE의 재무 관리자들에 의해 미리 형성될 수 있다. 이러한 전략은 낮은

도표 17.2 금융 요소들과 OLI 패러다임

	사전 재무 전략	사후 재무 전략
소유권 우위	• 경쟁력 있는 글로벌 자본조달 • 전략적인 교차상장 • 회계와 공시의 투명성 • 금융 관계의 유지 • 경쟁력 있는 신용등급 유지	
입지 우위	• 경쟁력 있는 글로벌 자본조달 • 경쟁력 있는 신용등급의 유지 • 조세와 재정 지원 협상	• 환율 활용 • 주가 활용 • 자본 통제에 대응 • 과세 최소화
내부화 우위	• 경쟁력 있는 신용등급 유지 • FDI를 통한 대리인비용의 절감	• 과세 최소화

출처 : 다음 자료에 기반해서 저자가 구성. "On the Treatment of Finance-Specific Factors Within the OLI Paradigm," by Lars Oxelheim, Arthur Stonehill, and Trond Randøy, *International Business Review* 10, 2001, pp. 381–398.

국제비용과 보다 훌륭한 자본가용성을 바탕으로 한 우위를 얻을 필요가 있다. 또 다른 사전적 재무 전략으로는 금융자회사들과 협상을 하거나, 자유로운 현금흐름을 증가시키기 위해 세금을 줄이거나, 해외직접투자를 통해 해외대리인비용을 줄이거나, 영업 및 거래 환노출을 줄이는 것 등이 있다.

도표 17.2에서 확인할 수 있는 바와 같이, 사후적인 재무 전략은 시장 결함을 찾아내는 것에 달려있다. 예를 들면, MNE는 어긋난 환율과 주가를 활용할 수 있다. 또 이것은 자본 통제에 대한 대응을 필요로 하는데, 이는 펀드의 자유로운 움직임을 막고 전 세계적으로 과세를 최소화하는 기회를 통한 대응을 말한다.

투자 장소 결정

처음으로 해외에 투자할 장소를 결정하는 판단은 해외에 재투자할 곳을 결정하는 일과는 사뭇 다르다. 이런 결정은 행동적 요인들로부터 영향을 받는다. 기업은 처음에는 소수 해외 투자 사례들을 통해 배우게 되고 이러한 학습은 차후의 투자에 영향을 끼친다.

이 이론에 의하면 기업은 자신의 경쟁우위를 자각하고 있어야 한다. 그다음에 기업은 시장 결함과 비교우위를 전 세계적으로 조사해야 하는데, 이는 새로운 투자에 있어서 위험 조정 수익률보다 큰 최소 요구투자수익률, 즉 기업의 **절사율**(hurdle rate)을 발생시킬 만큼 충분한 크기의 국가, 그래서 이에 따른 경쟁우위를 누릴 수 있을 것으로 전망되는 국가를 찾을 때까지 계속된다.

사실상 기업들은 기업의 행동 이론에서 묘사되어 있듯이 순차적으로 탐색하는 방식을 따르는 것으로 관찰되어 왔다. 인간의 이성은 사실에 근거한 합리적인 결정을 내리기 위해 필요한 모든 정보를 수집하고 처리하는 능력에 달려있다. 이러한 관찰은 다음에 나올 FDI의 두 가지 행동 이론인 행동주의와 국제 네트워크 이론에 내포되어 있다.

해외직접투자에 대한 행동주의

FDI 결정을 분석하는 행동주의는 소위 스웨덴 학파 경제학자들(Swedish School of Economists)에 의해 정형화되어 있다.[2] 스웨덴 학파는 초기의 해외투자 결정뿐 아니라 재투자 장소 결정 그리고 시간흐름에 따른 기업의 국제 활동 구조 변환 결정 또한 성공적으로 설명한다. 스웨덴 MNE의 국제화 과정에 기반하여, 이들 경제학자들은 기업들이 정서적으로 동떨어지지 않은 국가에 먼저 투자하는 경향을 관찰하였다. 가까운 정서적 거리감은 노르웨이, 덴마크, 핀란드, 독일과 영국처럼 스웨덴과 문화적, 법적, 제도적으로 비슷한 환경을 가진 국가들로 정의한다. 초기 투자는 불확실한 해외 환경의 위험을 최소화

---

[2] John Johansen, and F. Wiedersheim-Paul, "The Internationalization of the Firm: Four Swedish Case Studies," *Journal of Management Studies*, Vol. 12, No. 3, 1975; and John Johansen and Jan Erik Vahlne, "The Internationalization of the Firm: A Model of Knowledge Development and Increasing Foreign Market Commitments," *Journal of International Business Studies*, Vol. 8, No. 1, 1977.

하기 위해 규모가 크지 않았다. 스웨덴 기업들은 자신들의 초기 투자로부터 학습을 하고 나서 투자 규모 면에서 그리고 국가 간 정서적 거리 면에서 더 큰 위험을 기꺼이 감수하려 했다.

네트워크 관점에서 본 MNE

스웨덴 MNE가 성장하고 성숙해지면서, 종종 네트워크 접근법이라 일컬어지는 국제 활동의 특성도 발전했다. 오늘날 MNE는 모회사 자신뿐만 아니라 각각의 해외 자회사에 기반한 교점(node)을 지닌 국제 네트워크의 구성원으로 인식된다. 중앙집권화된(계급적인) 통제는 분권화된 통제로 대체되었다. 해외 자회사들은 확장된 자원 위임을 두고 자신들 또는 모회사와 경쟁을 함으로써, 전략 및 재투자 결정에 영향력을 행사한다.[3]

이러한 MNE의 다수는 경쟁상대인 내부 및 외부 네트워크와 정치적 연합을 맺게 되었다. 각 자회사(그리고 모회사)는 모국의 공급자 및 소비자 네트워크 안에 포함되어 있다. 또한 자신들의 산업에 기반한 글로벌 네트워크의 구성원이기도 하다. 마지막으로 명목상 모회사의 통제 아래에 있는 조직 네트워크의 구성원이기도 하다. 여전히 남아있는 복잡한 문제는 모회사 자체가 각기 다른 국가에 입지한 투자자들의 연합이 소유하는 초국가적 기업에 포함되어 있을 가능성이다.

해외 투자 유형

세계화 과정은 어느 곳에서 생산이 일어날지, 지적 재산을 누가 소유하거나 통제할 것인지, 또한 누가 실제 생산 시설을 소유할 것인지에 관한 일련의 결정들을 포함한다. 도표 17.3은 이 FDI 단계를 설명하는 로드맵을 제공한다.

수출 대 해외 생산

기업의 수출 활동을 제한하는 데에는 몇 가지 장점들이 있다. 수출은 FDI, 합작투자법인, 전략적 제휴와 라이선스 계약이 직면하는 고유의 위험이 전혀 없다. 정치적 위험은 최소 수준이다. 해외 사업부에 대한 감사나 평가와 같은 대리인비용도 피해간다. 선취(착수) 투자(front-end investment)의 총량은 일반적으로 다른 유형의 해외 투자들보다 적다. 하지만 외환 위험은 여전히 존재한다. 수출(그리고 수입)의 상당한 몫이 MNE와 해외 자회사들과 계열회사에 의해 없어진다는 사실은 다른 유형의 국제 활동과 비교해보았을 때 수출의 위험을 줄여준다.

또한 기업의 수출 활동을 제한하는 데에는 단점들도 존재한다. 기업은 직접투자 활동에 비해 연구개발 성과를 효과적으로 내재화하거나 활용하지 못한다. 또한 기업은 해외 생산과 유통에서 비용효과적인 모방자들과 세계의 경쟁자들에 의해 시장을 잃는 위험을 감수한다. 이런 기업들이 해외시장을 점령하게 되면 국내 수출업자의 고유 시장에 수출을 할 수 있을 만큼 강력한 힘을 얻는다. 방어적인 FDI

---

[3] Mats Forsgren, *Managing the Internationalization Process: The Swedish Case*, London: Routledge, 1989.

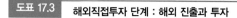

도표 17.3 해외직접투자 단계 : 해외 진출과 투자

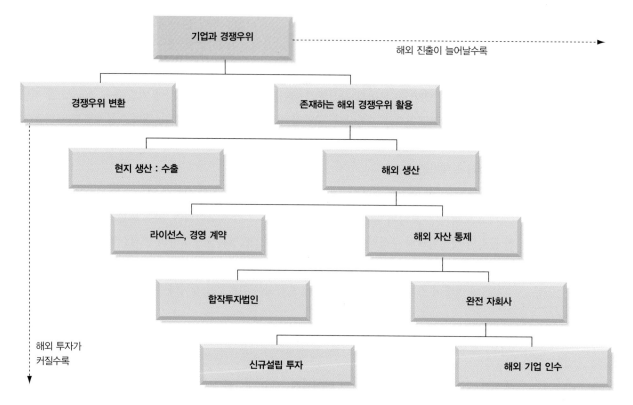

출처 : 다음 자료에서 각색. Gunter Dufey and R. Mirus, "Foreign Direct Investment: Theory and Strategic Considerations," unpublished, University of Michigan, 1985. 저자 허락으로 번각.

가 이러한 종류의 약탈적인 행동을 방지하거나 경쟁자가 시작하기 전에 해외시장을 선점하기 위해 실행된다는 것을 기억해야 한다.

라이선스 계약과 관리 계약

라이선스 계약은 국내 기업들에 굳이 규모가 큰 자금을 투입하지 않아도 해외시장에서 이윤을 얻을 수 있는 인기 있는 방법이다. 보통 해외 생산자가 현지 완전자회사(wholly owned locally)이므로, 정치적 위험이 최소화된다. 최근 많은 현지국들이 MNE로 하여금 서비스를 오직 FDI를 통해서만 판매하는 것보단 부분적으로('개별, 분산 판매 형태'로) 판매하게끔 요구하고 있다. 이런 국가들은 현지 회사들이 경영 전문지식, 제품 정보, 경영 계약을 통해 요소시장을 사고, 라이선스 계약을 통해 기술을 구매하길 원한다.

라이선스의 주요 단점은 비록 한계투자수익률이 더 높을지라도 라이선스 비용이 해외직접투자 편익보다 보통 더 낮다는 점이다. 또 다른 단점들은 다음과 같다.

- 품질 관리의 상실 가능성
- 제3국 시장의 잠재적 경쟁자 설립
- 현지 실시권자(local licensee)에 의한 기술 발전과 차후 기업의 본국시장으로의 진입 가능성
- 차후 FDI로 실시권자의 시장에 진입할 기회를 얻지 못할 가능성
- 기술 유출 위험성
- 높은 대리인 비용

MNE는 일반적으로 독립 회사들의 라이선스를 이용하지 않는다. 이와 대조적으로, MNE의 라이선스 계약 대부분은 그들의 해외 자회사나 합작투자법인들과 이루어져 왔다. 라이선스 비용은 전체 운영 사업부 간에 R&D 비용을 분산시키는 방법이며 배당금보다 현지국들이 더 납득할 수 있는 형태로 이윤을 송금시키는 수단이다.

관리 계약은 상당한 해외 투자나 노출 없이도 해외로부터 일부 현금흐름을 제공한다는 점에서 라이선스 계약과 유사한 면이 있다. 경영 계약은 경영자들의 송환(repatriation of managers)이 쉽기 때문에 정치적 위험을 줄일 수 있다. 글로벌 컨설팅, 엔지니어링 회사들은 관습적으로 그들의 해외 사업을 경영 계약에 기반하여 행해왔다.

라이선스와 경영 계약이 FDI와 비교하였을 때 더 비용효율적인지 여부는 일괄 판매되지 않는 서비스에 대해 유치국이 지불하는 가격에 달려있다. 만약 가격이 충분히 높으면, 특히 정치, 외환, 비즈니스 위험이 더 낮다는 관점에서 많은 기업들이 비일괄 판매 방식으로 시장 불완전성을 이용하기를 선호할 것이다. 아직도 MNE가 지속적으로 FDI를 선호하는 것이 관찰되기 때문에 우리는 일괄 판매되지 않는 서비스를 판매해서 얻는 수익이 아직까지도 매우 적다고 추정해야 한다. 이는 종종 경영 전문지식이 해외로 효율적으로 이전될 수 없는 조직 지원 요인들의 섬세한 배합에 의존하기 때문이다.

합작투자법인 대 완전소유 종속회사

합작투자법인(joint venture, JV)은 해외 사업에서 공유되는 소유권으로 정의된다. 모회사가 부분적으로 소유하는 해외 사업부는 통상적으로 해외 계열회사라고 일컬어진다. 모회사가 50% 혹은 그 이상으로 소유하고 통제를 하는 해외 사업부는 일반적으로 해외 자회사로 지정된다. 그러므로 합작투자법인은 전형적으로 해외 자회사가 아닌 해외 계열회사로 묘사된다.

MNE와 현지국 동업자 간의 합작투자법인은 MNE가 적합한 동업자를 찾는 한에서만 실행 가능성 있는 전략이다. 적합한 현지 동업자를 통해 얻을 수 있는 명백한 우위들은 다음과 같다.

- 현지 동업자는 현지 환경의 관습, 풍습, 제도를 이해하고 있다. MNE가 신규설립 완전자회사(100%-owned greenfield subsidiary)로서 이러한 지식들을 홀로 습득하려면 여러 해가 필요할 것이다(신규 설립 투자는 백지 상태로 시작하며 개발의 전례가 없다).
- 현지 동업자는 수뇌부뿐만 아니라 중간 계층에 대해서도 능숙한 경영을 제공할 수 있다.

- 만약 현지국이 소유권을 현지 기업들 혹은 투자자들과 함께 공유하기를 해외 기업들에 요구한다면 100% 해외 소유권(100% foreign ownership)은 합작투자법인을 대신할 이상적인 수단이 되지 못한다.
- 현지 동업자의 연결망과 명성은 유치국 자본시장과의 접속을 강화해줄 것이다.
- 현지 동업자는 현지 환경에서 혹은 전 세계적으로 활용할 수 있는 적절한 기술을 소유하고 있을 수도 있다.
- 만약 투자의 목적이 현지 시장을 겨냥한 것이었다면, 부분적으로 현지 기업이 가지고 있는 대중적인 이미지는 진출 기업의 잠재적 배출을 높여줄 수 있다.

이렇게 많은 우위가 있음에도 불구하고 합작투자법인들은 완전소유 자회사들보다 흔하지 않다. 이는 MNE가 특정한 중대 결정에 있어서 현지 동업자의 개입을 두려워하기 때문이다. 사실 현지 합작투자법인의 관점에서는 최선인 것이 전사적으로 다국적 경영에는 최선이 아닐 수 있다. 가장 중요하고 잠재적인 갈등이나 어려움은 다음과 같다.

- 만약 맞지 않는 동업자를 선택했을 때 정치적 위험은 줄어들기보다 높아진다. 현지 동업자는 신용 있고 도덕적이어야 한다. 그렇지 않다면 합작투자법인이 되면서 벤처는 엉망이 되어버릴 것이니 말이다.
- 현지 동업자와 해외 동업자는 현금배당의 필요성에 대해 또는 보유 중인 수익으로 성장하게끔 자금을 멜지 아니면 새로운 재원으로 지원할지에 관해 또한 상이한 관점을 가질 수 있다.
- 관련 회사들로부터 구매하거나 판매한 제품 및 부품에 대한 이전 가격(transfer pricing)은 이해관계의 충돌이 일어날 여지를 만든다.
- 금융을 통제하는 것은 또 다른 문제 영역이다. MNE는 한 나라에서 모은 값싸거나 이용 가능한 기금을 다른 국가에 있는 합작투자법인의 경영 지원에 사용하는 것을 정당화시키지 못한다.
- 글로벌 생산을 합리화할 수 있는 기업의 능력은 만약 이 합리화가 현지 합작투자법인 동업자들에게 불리하게 작용한다면 위태로워질 수 있다.
- 만약 기업이 해외에서 완전 소유된다면 필요하지 않지만, 그렇지 않다면 현지 성과의 재무공표는 현지에서 거래된 주식들과 함께 필수일 것이다. 이러한 공개는 공개하지 않는 경쟁자들이 전략을 수립하는 데 우위를 제공한다.

주식 평가는 어려운 일이다. 현지 동업자는 몫을 위해 얼마를 지불해야 할까? 모든 땅이 정부 소유인 국가에서 기술이나 부지의 가치는 얼마일까? 해외 및 현지 파트너들이 요구수익률에 대한 기대감이나 자본의 기회비용이 비슷하거나, 혹은 사업, 외환, 정치적 위험에 대한 프리미엄 인식이 동일할 가능성은 거의 없다. 벤처가 각 투자자의 포트폴리오 구성요소인 한, 포트폴리오 수익이나 변동에 대한 기여 정도는 상당히 다를 것이다.

전략적 제휴

전략적 제휴라는 용어는 각기 다른 관찰자들에게 각기 다른 의미를 전달한다. 국제 전략적 제휴 중 한 형태는 두 기업이 서로 소유권을 교환하는 것이다. 만약 기업의 주된 목적이 주식을 안정적이고 우호적으로 관리하는 것이라면 전략적 제휴는 인수방어가 될 수 있다. 만약 이것이 전부라면 그것은 포트폴리오 투자의 또 다른 형태일 뿐이다.

　좀 더 종합적인 전략적 제휴에서는 주식 거래뿐만 아니라 더 나아가 파트너들이 상품이나 서비스를 개발하거나 제조하기 위해 분리된 합작투자법인을 설립한다. 이러한 전략적 제휴의 무수한 사례들은 자동차, 전자, 통신기기와 항공 산업에서 찾아볼 수 있다. 이런 제휴는 R&D 비용이 천문학적이고 때를 맞춰 개선 제품을 출시하는 것이 중요한 첨단 기술 산업에 적절하다.

　협업의 세 번째 단계는 특정 시장에서 각 파트너가 서로를 대표하는 합작 마케팅과 서비스 계약을 체결하는 것을 포함한다. 몇몇 관찰자들은 이런 협의가 1920년대와 1930년대에 만연했던 기업 연합(카르텔)과 유사해지고 있다고 말한다. 기업 연합은 경쟁을 축소시킨다는 이유로 다수의 국제법과 국제 협상을 통해 금지되어 왔다.

실사례 : 신흥시장에서의 기업 경쟁

　　BCG(보스턴 컨설팅 그룹)은 이윤에 대한 규모, 낮은 레버리지에 대한 급속한 확장, 배당금에 대한 성장과 같이 보통 기업의 성장과 관련 있는 세 가지 협정을 처리하는 데 성공했다고 주장한다. 2005년부터 평균적으로 도전자들의 매출은 세계의 동시대 기업들보다 3배나 빠르게 증가했다. 또한 그들은 부채비율(debt-to-equity)을 3% 포인트까지 줄였고 매년 주가 배당률에서 높은 비율을 차지하였다.

　　　　　　　　　　　　　－ "Nipping at Their Heels: Firms from the Developing World Are Rapidly catching Up
　　　　　　　　　　　　　　　with Their Old-World Competitors," *The Economist*, 2011년 1월 22일, p. 80

민간, 공공, 새로운 기업, 오래된 기업, 스타트업, 성숙한 기업, 즉 모든 회사의 지도층들은 모두 최근 몇 년간 같은 위협에 대해 들어왔다. 바로 신흥시장 경쟁자들이 도래하고 있다는 것이다. 위협에도 불구하고 그들의 발전(혹은 너무 급진적인 발전)을 막는 다른 힘들이 있다. 즉, 합리적인 가격으로 충분한 자본을 모으는 능력, 더 크고 수익성 있는 시장에 대한 접근 능력, 인지도와 브랜드 정체성을 중요시하는 시장에서의 경쟁 그리고 범세계적인 접근 등이다. 하지만 대다수 시장 예언자들(권위자들과 컨설턴트들)은 현재 이런 새로운 경쟁자들이 이미 도래했다고 주장한다.

　이러한 분석들은 최근 BCG, 즉 보스턴 컨설팅 그룹[4]에 의해 제기되었다. BCG는 빠르게 발전하는 경제에 기반하여 설립된, 경제 질서를 뒤흔드는 이러한 기업들을 글로벌 도전자들이라고 칭했다. BCG

---

[4]　"Companies on the Move, Rising Stars from Rapidly Developing Economies Are Reshaping Global Industries," Boston Consulting Group, January 2011.

의 100대 글로벌 기업 리스트 기업들은 대부분 브라질, 러시아, 인도, 중국, 멕시코 출신인데 모두 혁신적이고 공격적이며 재무적으로도 탄탄한 것으로 증명되었다.

이러한 기업들이 창조한 가치는 주주들에게 매우 신뢰받고 있다. 글로벌 도전자들의 2005~2009년 사이 종합 주주 수익(TSR)은 22%였다. 산업 경제국에서 유사한 사업에 종사하는 세계의 또래 기업들, 공공기업들의 TSR은 그저 5%에 불과했다. 이런 기업들은 BCG에 의하면, 신흥 경생사(emerging player)들이 직면하는 세 가지 고전적인 상쇄문제를 해결함으로써 이러한 성과를 얻을 수 있었다고 한다. 이러한 전략적인 거래는 독특하게도 재무적 성격이 있다.

세 가지 상쇄

세 가지 상쇄는 경쟁력의 세 가지 금융적 차원, 즉 시장, 재무, 제시된 수익으로 특징지을 수 있다.

상쇄 #1 : 규모 대 이윤. 전통적인 사업적 사고는 월마트(Walmart) 같은 대규모 대형 상점 판매가 놀라울 정도로 낮은 가격이 요구되면서 결과적으로 규모 경쟁자들에게 낮은 이윤을 가져다준다고 추정한다. 통상적으로 고이윤 상품과 서비스들은 전문시장 부문으로 남겨놓는데, 이 시장은 서비스를 제공하는 것은 훨씬 비싸지만 더 높은 가격과 높은 이윤으로 보아 타당한 것으로 여겨진다. BCG는 글로벌 도전자들이 최신 기술과 선진국 시장에서의 경영을 결합하여 원자재와 노동력에 있어서 유난히 낮은 직접 비용으로 인해 규모와 이윤이라는 두 마리 토끼를 잡는 것이 가능하다고 주장한다.

상쇄 #2 : 급속한 확장 대 낮은 레버리지. 전 세계 대기업들이 항상 지지하는 핵심적 우위들 중 하나는 자본 접근성이다. 거대 시장경제, 즉 자본주의 경제에서 기업에 제공되는 우위는 풍족하고 여유 있는 자본에 대한 접근성이다. 신흥시장 출신 기업들은 자신들의 야망을 이뤄낼 자본을 갖고 있지 않아 종종 확장 노력을 저지당했다. 세계에서 가장 큰 자본시장, 특히 부채와 자기자본 제공자에 대한 접근이 가능해지고 나서야, 이들 기업들은 인접 국가 시장이나 지역 너머로 심각한 위협을 제기할 수 있다. 과거에는 접근이 높은 수준의 부채와 이와 연관된 리스크 그리고 높은 레버리지라는 부담을 뜻했다.

하지만 다시 한 번 더 글로벌 도전자들은 상쇄를 이겨냈고 더 위험한 재무 구조를 취하지 않으며 성장하기 위해 부채와 자기자본 모두 증가시키는 방법을 모색하였다. 런던과 뉴욕에서 종종 보이는 명백한 해결책은 적절한 자기자본을 증진적으로 확보하는 것이다.

상쇄 #3 : 성장 대 배당금. 금융 이론은 항상 성장 기업과 가치 기업이 투자자들에게 제공하는 기회와 위협의 핵심적인 차이를 강조해왔다. 성장 기업들은 전형적으로 더 작은 기업, 신생 기업, 새로운 기술이나 서비스에 기반한 독특한 사업 모델을 가진 회사들이다. 그들은 큰 상승 잠재력을 가지지만 더 많은 시간, 경험, 폭넓음이 필요하고, 가장 중요한 것으로 더 많은 자본이 필요하다. 이러한 기업에 투자하는 사람들은 위험이 높은 것을 인식하고 있으며 궁극적으로는 배당금 할당이 아닌 자본 이익으로부터 전망 있는 수익에 집중하여 위험을 감수한다. 투자자들은 또한 종종 작은 규모의 기업들이 사업 발달과 상응하여 거대한 주가 흐름을 빠르게 보여줄 것임을 알고 있다. 이를 위해 기업은 민첩하고 빨라야 하며 또한 부채가 많아서는 안 된다.

가치 기업들이란 성숙하고 오래되고 더 큰 규모로 안정되어 있으며 새로운 사업 개발과 새로운 시장 혹은 새로운 기술이 주가를 단기간에 큰 폭으로 변화시키는 일이 좀처럼 없는 글로벌 경쟁자들을 일컫는, 보다 정중한 용어이다. 이러한 기업의 투자자들은 대리인 이론에 따르면 수익을 발생시키기 위해 상당한 위험을 감수하며 '신뢰 경영'을 마다한다. 그러므로 그들은 기업이 성실함을 증명하기 위해 인위적인 재무 부담을 지기를 원한다. 이러한 재무 부담은 통상적으로 부채와 증가하는 배당금에 따른 이윤 분배를 상회한다. 양 요소들은 재무원칙으로서 역할을 하는데, 기업들로 하여금 서비스 부채에 대한 비용 및 현금흐름을 지속적으로 주시하게 하며 배당금을 공급할 수 있게 지속적으로 충분한 이윤을 산출할 것을 요구한다.

글로벌 도전자들은 더 강하고 지속적인 현금흐름을 보이는 보다 성숙한 기업들과 동일한 수준의 배당 수익과 성장하는 배당률에 따라 배당금을 지불하면서, 이러한 상쇄 문제를 의심의 여지없이 잘 이겨냈다. 아마도 이것은 잘 갖추어진 상당한 규모와 강력한 수익성을 고려해보았을 때 셋 중에서도 가장 손쉽게 성취할 수 있는 일이다.

계속되는 의문

만약 글로벌 도전자들이 전통적인 재무 상쇄문제를 이겨낼 수 있다면 과연 그들은 무수한 시장 출신 기업들에 안겨준 예전 기업의 전략적 공격을 극복할 수 있을까? The Economist에서는 "이 모든 것은 가히 인상적이지만 이러한 상쇄문제들이 해결되었다고 말할 수는 없다."라고 했다.[5]

많은 신흥시장 분석가들과 고속 성장 경제 분석가들은 이러한 기업들이 신흥시장을 이해할 뿐 아니라 지속적인 혁신을 보여주었으며 또한 재무적으로도 건실하게 유지되었다고 본다. 다른 이들은 이러한 세 가지 요인들은 인과적이기보다는 동시적인 것이라고 말한다. 하지만 확실한 것은 이러한 신예 글로벌 선수들이 저개발 그리고 서비스가 취약한 시장에서 떠오르고 있다는 것이다. 이 시장들은 그들의 급격한 발전에 거대한 토대를 제공한다.

이런 기업들에 의해 빠른 속도로 확산되고 있는 한 전략은 전략적 협업, 합작투자법인 혹은 주식 스왑 협정을 이용하는 것이다.[6] 이 형태들을 통해 기업은 경쟁 범위(competitive reach)를 획득하고, 글로벌 동업자를 얻으며 중대한 성장 없이도 시장과 기술에 접근할 수 있게 된다. 그러나 이러한 협업 활용에도 불구하고 이는 기업이 다각화된 글로벌 복합기업, 즉 각양각색의 시장에서 다양한 사업으로 성공적으로 성장할 수 있을지에 관한 지속적인 논쟁을 직접적으로 다루지는 않는다. 따라서 과거에는 사용되었던 전략이었지만 오늘날에 와서는 자주 이용되지 않는다.

---

[5] "Nipping at Their Heels: Firms from the Developing World Are Rapidly Catching Up with Their Old-World Competitors," *The Economist*, January 22, 2011, p. 80.

[6] "Big Emerging Market Mergers Create Global Competitors," Gordon Platt, *Global Finance*, July/August 2009.

정치적 위험 예측

다국적 기업이 정부 규제와 같이 기업의 입장에서 차별적이거나 부를 박탈해가는 정치적 위험을 어떻게 예측할 수 있을까? 우선 기업은 직면할 수 있는 정치적 위험들을 규정하고 분류할 수 있어야 한다.

정치적 위험의 규정과 분류

MNE가 정치적 위험을 식별, 가늠, 처리하기 위해선 위험을 규정하고 분류해야 한다. 거시적 수준에서 기업은 현지국의 해외 투자자들에 대한 정치적 안정성과 태도를 가늠해본다. 미시적 수준에서는 기업이 기업 특유의 활동이 기존 규제에 의해 검증된 현지국의 목적과 상충할 가능성이 있는지 여부를 분석한다. 하지만 가장 어려운 일은 현지국의 최우선 목적의 변화, 갱신된 우선순위를 실행하기 위한 새로운 규제 그리고 이러한 변화들이 기업 경영에 미칠 영향을 예측하는 것이다.

도표 17.4는 MNE가 직면하는 기업 특유, 국가 특유 혹은 세계 특유의 정치적 위험들을 추가적으로 분류하고 있다.

- 미시적 위험이라고도 불리는 기업 특유 위험은 프로젝트 혹은 기업 차원에서 MNE에 영향을 미치는 존재이다. MNE와 그의 유치국 정부의 목표갈등으로부터 발생하는 거버넌스 위험(governance risk)은 주된 정치적 기업 특유의 위험이다.

- 거시적 위험이라고도 알려진 국가 특유 위험은 프로젝트 혹은 기업 차원에서 MNE에 영향을 미치지만 국가 수준에서 발생하는 것이다. 국가 수준에서의 두 가지 주된 정치적 위험 범주는 이전 위험과 문화적·제도적 위험이다. 문화적·제도적 위험은 소유권 구조, 인적자본 규범, 종교적 유산,

---

도표 17.4　　**정치적 위험의 분류**

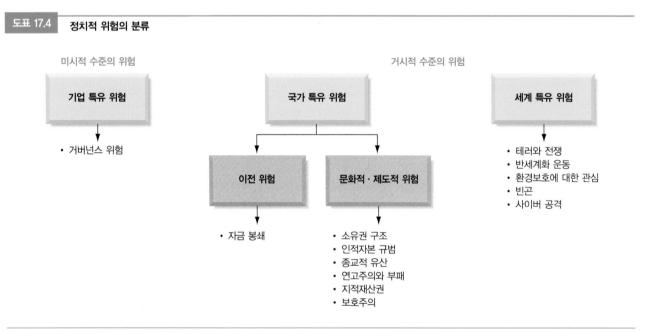

연고주의와 부패, 지적 재산권 그리고 보호주의로부터 발생한다.

■ 세계 특유 위험은 프로젝트 혹은 기업 차원에서 MNE에 영향을 미치지만 세계적인 수준에서 발생하는 존재이다. 예를 들면 테러, 반세계화 운동, 환경보호에 대한 관심, 빈곤과 사이버 공격 등이 있다.

이런 분류 방법은 경제학, 금융, 정치과학, 사회학, 법학 등과 같은 학문에 따라 위험을 분류한 전통적인 방법과 극명하게 다르다. 우리는 인식된 정치적 위험을 기존 위험을 다루는 현존하는 권위 있는 전략들과 연관시키기가 수월하기 때문에 우리의 분류 시스템을 선호한다.

기업 특유 위험(미시적 위험) 예측

다국적 기업의 관점에서 보면, 실제 목적이 특정 기업의 활동에 정치적 변화가 주는 영향을 예측하는 것이기 때문에 현지국의 정치적 안정성을 가늠하는 것은 단지 기업 특유 위험을 예측하는 첫 단계일 뿐이다. 사실 같은 국가 안에서 운영되는 다양한 해외 기업들은 현지국의 정책이나 규제의 변화에 대해 각기 다른 취약성을 가질 것이다. 통상적으로도 KFC 프랜차이즈가 포드(Ford) 제조 공장과 같은 위험을 겪을 것이라곤 생각되지 않는다.

정치적 위험에 대한 기업 특유 분석의 필요성은 전문 위험 분석가에 의해 기업 내부에서 착수하는 '맞춤형 연구'의 수요로 이어졌다. 이 수요는 외부 전문가들이 여타 일련의 국가에 존재하는 거시정치적 위험 수준에 심지어 동의조차 하지 않는다는 관찰에 따라 더욱 강력해졌다.

내부 정치적 위험 분석가들은 특정 국가의 거시적 위험 특성들을 고객 기업의 특성이나 취약성과 연관시킨다. 미네랄 추출 기업들, 제조 기업, 다국적 은행, 민간보험업자과 세계적 호텔 체인들은 모두 근본적으로 각기 다른 방식으로 정치적 영향을 받는 규제에 노출되어 있다. 심지어 가장 가능성 있는 기업 특유 분석으로도 MNE는 정치적 또는 경제적인 상황이 바뀌지 않을 것이라고 확신할 수 없다. 따라서 예측할 수 없는 변화로부터 받는 피해를 최소화하기 위해 사전에 방어적 조치를 계획해두는 것이 필수적이다.

국가 특유 위험(거시적 위험) 예측

거시정치적 위험 분석은 아직도 새로운 연구 주제 영역이다. 학계, 산업, 정부의 정치과학자들은 다국적 기업, 정부의 해외 정책 결정자들과 국방 업무 기획자들의 이익을 위한 **국가위험**을 연구한다.

정치적 위험 연구는 일반적으로 문제 국가의 역사적 안정성에 대한 분석, 현시적 혼란 혹은 불만 상태의 증거, 경제적 안정성 지표들 그리고 문화적 · 종교적 활동의 경향을 포함한다. 데이터는 주로 현지 신문 독해, 라디오 및 TV 방송 시청, 외교 소식통 출판물 독해, 뛰어난 전문 컨설턴트들의 지식 청취, 최근 현지국 경험이 있는 다른 사업가들과의 접촉, 마지막으로 현장 방문을 통해 모아진다.

이러한 인상적인 활동 목록에도 불구하고 기업, 외교부 그리고 군 수뇌부의 예측 실적은 그다지 좋지 않았다. 경제학이나 정치학에서 경향을 분석할 때, 미래에 일어날 동일한 경향의 확장을 예측해보는 것이 추세이다. 방향의 대격변을 예측할 수 있는 사람은 매우 드물다. 필리핀에서 일어난 페르디난드 마르코스의 타도를 누가 예측했는가? 정말로, 그 누가 소련과 동유럽 국가 공산주의의 붕괴를 예측했었는가? 그 누가 1998년 인도네시아 대통령 수하르토의 몰락을 예측했는가? 글로벌 금융 실무 17.1에 서술되어 있듯이, 2011년 이집트의 군중 운동은 인식된 취약성에 대한 시장의 반응과 위험을 기업에 다시 상기시켜 주었다.

국가위험을 예측하는 일이 어려움에도 불구하고 MNE는 반드시 미지의 위험에 스스로 대비하기 위해 계속 시도해야 한다. 많은 기구들이 정기적으로 국가위험 평가를 제공한다.

세계 특유 위험(거시적 위험) 예측

세계 특유 위험을 예측하는 것은 두 종류의 정치적 위험을 예측하는 것보다 훨씬 어렵다. 그 누구도 2001년 9월 11일에 일어난 미국 펜타곤 기습과 세계무역센터 기습을 예측하지 못하였다. 반면, 국제

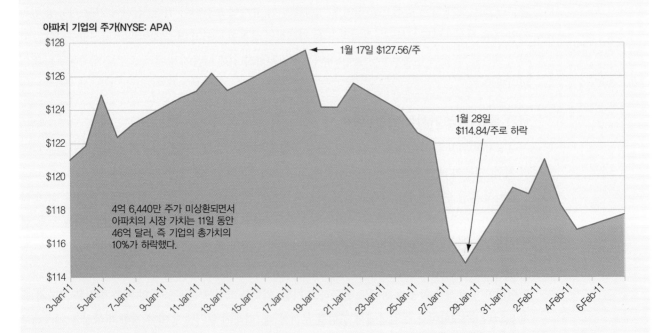

글로벌 금융 실무 17.1

아파치, 이집트 반대세력에 타격을 입다.

2011년 1월과 2월에 이집트에서 있었던 저항운동은 아파치(Apache) 기업(NYSE: APA)의 수십억 달러에 이르는 가치를 앗아갔다. 미국을 근간으로 한 유전 탐사와 생산 기업인 아파치는 이집트에 상당한 주식과 사업체들을 가지고 있었다. 2011년 초기에 이집트를 휩쓴 정치적 혼란은 일반 투자자들이 아파치 주식을 헐값에 내놓게 만들었다.

비록 실질적인 석유 및 가스 생산은 이 시기에 타격을 입지 않았지만, 아파치는 모든 외국인 노동자들을 이집트로부터 철수시켰다. 이집트는 2011년 아파치의 수익에서 대략 30%를, 총생산액의 26%를, 그리고 석유 및 천연가스의 추정 매장량의 13%를 차지하였다.

아파치 기업의 주가(NYSE: APA)

1월 17일 $127.56/주

1월 28일 $114.84/주로 하락

4억 6,440만 주가 미상환되면서 아파치의 시장 가치는 11일 동안 46억 달러, 즉 기업의 총가치의 10%가 하락했다.

적 테러의 여파로 미국 국토 안보가 강화되었고 아프가니스탄의 테러리스트 네트워크 파괴가 예측 가능해졌다. 그럼에도 불구하고 우리는 미래의 기습 테러를 예측하길 원한다. 미국 주재 다국적 기업은 알카에다에게 노출되었을 뿐만 아니라 반세계화, 환경 보호, 심지어 무정부주의와 같은 다양한 운동들을 촉진하기 위해 테러나 폭력을 행하려는 의지를 가진 예측 불가능한 다른 이익 단체들에도 노출되어 있다. 테러를 예측하기 위해서는 많은 것을 필요로 하기 때문에, 국가 특유의 지표들과 비슷하지만 서로 다른 종류의 테러리스트 위협, 그들의 위치, 잠재적인 목표 순위를 매기는 것에 충실한 여러 새로운 지표들이 등장할 것으로 기대된다.

기업 특유 정치적 위험 : 거버넌스 위험

MNE가 직면한 기업 특유 정치적 위험에는 외환 위험과 거버넌스 위험이 포함된다. 다양한 경영 및 외환 위험은 제10, 11, 12장에 자세히 서술되어 있다. 여기서는 거버넌스 위험에 대한 논의에 집중한다.

거버넌스 위험은 한 국가의 법적이고 정치적인 배경 내에서 MNE의 기업 운영을 효과적으로 관리하는 능력으로 측정된다. 하지만 MNE에 있어 거버넌스는 연결수익성과 구조적으로 유사한 대상이며, 반드시 다국적 기업 전체는 물론이고 개인 사업체들과 자회사들에 명시해줘야 한다.

자회사 수준에서 MNE에 가장 중대한 유형의 거버넌스 위험은 유치국 정부의 진짜 목적(bona fide objectives)들과 그 영향권 안에서 경영되는 사기업 사이에서 일어나는 목적 충돌로부터 발생한다. 정부는 통상적으로 시민들로 이루어진 지지층에 관심을 갖고 기업들은 소유주들이나 주주들로 이루어진 지지층에 관심을 갖는다. 이들 두 분리된 지지자 집단들의 합당한 니즈가 같을 필요는 없지만, 정부는 규칙을 설정한다. 결과적으로, 정부는 행정기능을 통해 사기업들의 활동을 제약한다.

역사적으로, MNE와 유치국 정부의 목적들 간 충돌은 기업이 경제 발전에 미치는 영향, 국권에 대한 인식된 침해, 중추 산업의 해외 통제, 지역 이익과의 독점권 및 거버넌스의 공유와 비공유, 현지국의 국제수지에 미치는 영향, 통화의 외환가치에 미치는 영향, 수출시장에 대한 통제, 국내 대 외국인 경영진과 노동자 이용, 국가 자원의 활용과 같은 쟁점에서부터 제기되었다. 이러한 충돌에 대한 태도들은 자유 기업 체제 대 국가 사회주의, 국수주의 혹은 국제주의 등에 관한 표방의 정도, 또는 적절한 경제 및 금융 행동을 결정하는 데 반영되는 종교적 견해에 관한 생각들로부터 종종 영향을 받곤 한다.

목적 충돌 관리에 접근하는 가장 좋은 방법은 사전에 문제들을 예측하고 합의를 성사시키는 것이다. 서로 다른 문화들은, 특히 사전 운영에 대해 협상을 했다면 사전 '계약'을 지키는 문제에 대한 질문에 각각 다른 윤리를 적용시킨다. 그럼에도 불구하고 상상할 수 있는 충돌 영역에 대한 사전 협상은 상충하는 목적들이 시간이 지나면서 발전할 수 있는 가능성을 간과하는 것보단 양측의 성공적인 미래를 위해 보다 더 나은 밑거름을 제공한다. 사전 협상은 종종 투자 계약에 대한 협상, 투자 보험과 투자보증 구매 그리고 해외 투자 결정 이후 사용될 위험 축소 경영 전략 디자인을 포함한다.

투자 계약

투자 계약은 해외 기업과 유치국 정부, 둘에 대해 구체적인 권리를 상세하게 설명한다. MNE의 존립은 종종 MNE가 특정 해외 입지를 추구하는 것처럼 개발을 추구하는 유치국 정부가 모색한다. 모든 단체들은 대안을 가지고 있기 때문에 협상은 적절하다. 투자 계약은 다음을 포함한 재무 및 경영 주제에 관한 정책들을 자세히 기술해야 한다.

- 배당금, 관리비, 저작권 사용료, 특허권 사용료, 대출 상환금같이 자금이 이동하는 기반은 소관에 명시되어야 한다.
- 이전 가격 설정 기준
- 제3국 시장에 수출할 수 있는 권리
- 학교, 병원과 퇴직 제도 같은 사회·경제적인 간접 프로젝트들을 수립하거나 재정적으로 지원할 의무
- 이자를 포함한 조세 방법, 조세 유형, 금리기준 산정 방법
- 특히 장기 대출을 위한 현지국 자본시장으로의 접근
- 100% 외국인 지분 참여 허가 대 필수적인 현지 소유권(합작투자) 참여
- 만약 있다면, 현지국 시장 판매에 적용 가능한 가격 통제
- 현지 대외구매 대 원자재와 부품 수입에 대한 요건
- 국외 거주자 경영, 기술직 직원들을 이용하는 것과 이 직원들과 그들의 개인 소유물을 과도한 청구나 수입 관세 없이 국가로 들여오는 것에 대한 허가
- 분쟁 중재를 위한 조항
- 계획된 주식 매각에 대한 조항. 이는 계속기업(going concern)이 어떻게 평가될 것이며 누구에게 매각될 것인지를 알려주는 것으로서 요구사항이어야 한다.

투자보험과 보증 : OPIC

MNE는 때때로 투자보험 및 보증 프로그램을 통해 정치적 위험을 유치국 공공기관에 이전시킬 수 있다. 많은 선진국은 자국민이 개발도상국에 투자하는 것을 보호하기 위해 이러한 프로그램을 가지고 있다.

예를 들면, 미국에서는 투자보험과 보증 프로그램이 정부가 소유한 해외민간투자공사(OPIC)에 의해 운영된다. 해외민간 투자회사의 목적은 덜 발달된 우방국들의 경제적·사회적 발전에 있어 미국의 민영자본과 기술 참여를 집결 및 촉진시키는 것이다. 그렇게 함으로써 미국의 개발 원조(developmental assistance)를 보완해주는 것이다. 해외민간투자공사는 보험 목적을 위해 각각 고유한 정의를 가진 네 가지 다른 유형의 정치적 위험에 대한 보험 커버리지(insurance coverage)를 제공한다.

1. 비교환성은 투자된 원초자금뿐만 아니라 수익, 저작권 사용료, 요금 또는 기타 소득을 달러로 환산

시키지 못하는 위험을 말한다.

2. **징발**(expropriation)이란 유치국 정부가 1년 동안 투자자나 해외 자회사가 재산 사용에 대해 실질적인 통제를 행사하지 못하게 하는 특별한 단계를 취하는 리스크이다.

3. **전쟁, 혁명, 내란 그리고 사회적 갈등 보상 커버리지**는 주로 보험을 든 물리적 자산의 손상에 적용되지만, 어떤 경우에는 전쟁으로 인해 대출을 상환하지 못하는 해외 지사에 적용되기도 한다.

4. **기업소득**(business income) 보상 커버리지는 외국 기업 자산에 직접적으로 손상을 입힌 정치적 폭력으로 인한 기업소득 손실에 대해 보상을 제공한다.

FDI 결정에 따른 전략 운영

투자 계약이 해외 투자자와 유치국 양쪽 모두에게 책임 및 의무를 발생시킴에도 불구하고 조건이 변경되면서 종종 계약들이 이런 변화를 고려하여 수정되기도 한다. 변경된 조건들은 경제 관련일 수도 있고 현지 정부 내의 정치적 변화에 따른 부산물일 수도 있다. 본래 계약의 법적 해석을 강하게 고수하는 기업들은 유치국 정부가 우선 정부에 의해 관리되지 않는 지역에 압력을 가한 뒤 그다음 해당 국가의 정치적 현실을 따르기 위해 계약을 다시 적용해야 함을 강조한다.

대부분의 MNE는 자신의 이익을 위해 수시로 바뀌는 유치국의 우선순위에 따라 조정되는 정책을 가능한 따른다. 이런 적응의 본질은 유치국의 우선순위를 예측하고 기업 활동이 현지국에 지속적인 가치가 있음을 보장하는 것이다. 이러한 접근은 자국 이익이라는 목적 안에서 현지 정부의 움직임을 합리적으로 추정하고 기업이 목적 충돌을 감소시키고자 노력한다는 생각에 근거를 두고 있다. 향후 협상의 위치는 생산, 로지스틱스, 금융, 조직 그리고 인사 정책을 세심하게 고려함으로써 향상될 수 있다.

로컬 소싱

유치국 정부는 해외 기업들이 현지 고용률을 높이고 부가가치 이익을 극대화하기 위해 현지에서 원자재와 부품들을 구매하도록 요구할 수 있다. 해외 기업이 유치국의 목적에 적응하는 관점에서 볼 때, 비록 로컬 소싱은 다른 요인들과 상쇄되어야 하지만 정치적 위험을 줄여준다. 현지 파업이나 다른 혼란들이 경영을 중단시킬 수도 있으며 품질 관리, 높은 현지가격, 신뢰할 수 없는 물류 일정과 같은 문제들이 중요하게 여겨진다. 종종 로컬 소싱을 통해 MNE는 재무 및 상업적 위험을 증가시키는 방법으로만 정치적 위험을 줄인다.

시설 입지

생산 시설들을 위험을 최소화할 수 있도록 배치할 수 있다. 각 생산 단계별 자연적 입지는 자원 지향적이거나, 자유롭게 이동할 수 있거나, 시장 지향적일 수 있다. 예를 들어 석유는 페르시아만, 러시아, 베네수엘라와 인도네시아 주변에서 추출된다. 이런 활동이 일어나는 장소는 다른 선택권이 없다. 석유 정제는 입지 자유형(footloose)으로서, 정제 시설은 다른 장소나 국가로 쉽게 옮길 수 있다. 가능하면 석유 회사들은 유전 근처에서 정제를 하는 것이 비용을 절감시킬 수 있음에도 불구하고 정제 공장을 정치적으로 안전한 서유럽이나 싱가포르, 퀴라소섬 같은 소규모 섬에 건설해왔다. 그들은 낮은 정치적 위험과 금융 노출을 높은 운송비 및 정제 비용과 맞바꾼 것이다.

통제

교통, 기술, 시장, 브랜드와 상표의 통제는 다수의 정치적 위험을 관리함에 있어서 핵심적 역할을 한다.

교통. 교통 통제는 정치적 위험을 줄이는 중요한 수단이 되어왔다. 국경을 넘나드는 송유관, 유조선, 광석 운반선, 냉동선과 철도는 국가와 회사 모두의 협상력에 영향을 주기 위해 때때로 통제되어 왔다.

기술. 핵심 특허와 공정을 통제하는 것은 정치적 위험을 줄이기 위한 방법이다. 만약 유치국이 공정을 처리할 수 있는 기술자가 없거나 기술을 지속적으로 전환하지 못해 공장을 운영하지 못한다면 해외 기업과의 투자 계약이 무효화된다. 기술 통제는 해외 기업이 꾸준하게 기술을 발전시킬 때 가장 효과적으로 작용한다.

시장. 시장 통제는 기업의 협상력을 높일 때 쓰이는 통상적인 전략이다. 석유수출기구(OPEC)가 1970년대에 회원국들에 받은 원유 가격을 높였던 것만큼 시장은 여전히 국제 석유 회사들에 의해 효과적으로 통제되고 있다. 석유 회사에 대한 석유수출기구의 수요는 회원국들이 지시를 내릴 수 있는 권한 정도로 제한하였다.

제조품에 대한 수출시장 통제 또한 MNE와 유치국 정부 간 협상에서 영향력의 원천이 된다. MNE는 생산 비용, 운송, 관세 장벽, 정치적 위험 노출 그리고 경쟁을 고려한 결정을 바탕으로 직접 선택한 자원을 세계시장에 제공하는 것을 선호한다. 글로벌 기업의 관점에서 장기적 이익을 극대화하는 판매 방식은 유치국의 관점에서 수출 또는 부가가치를 극대화할 수 있는 경우가 드물다. 몇몇은 동일한 공장이 유치국 소유이며 세계 통합 시스템에 속하지 않았더라면 유치국이 더 많은 상품이 수출할 것이라고 주장할 것이다. 반대로, 독립적인 현지 기업은 생산 측면에서 규모의 경제가 부족하며 해외에서의 마케팅 능력이 없기 때문에 결코 해외시장 점유율을 획득하지 못할 것이라는 주장도 있다.

브랜드 이름/상표. 브랜드 이름이나 상표에 대한 통제는 기술을 통제하는 것과 거의 동일한 효과를 가진다. 브랜드는 MNE에 실질적인 가치가 있을 수도 없을 수도 있지만, 소비자들의 눈에는 가치 있게 보이는 것에 대한 독점권을 부여한다. 세계적인 브랜드 이름으로 판매할 수 있는 것은 현지 기업들에 가치가 있으며 투자를 유지하는 데 중요한 협상 카드가 된다.

부족한 자산기반량

해외 자회사들은 부족한 자산기반과 많은 양의 현지 부채로 재정지원을 받을 수 있다. 만약 이 부채가 현지 소유 은행으로부터 대출받은 것이라면, 기업의 재무적 생존 능력을 약화시키는 현지 정부의 조치들이 현지 채권자 또한 위험에 처하게 만든다.

다면 대출

만약 기업이 해외 자원 부채로 자금을 조달해야 한다면, 기업은 유치국 은행뿐만 아니라 다수의 국가 은행들로부터 자금을 빌리고자 할 것이다. 예를 들어, 부채가 도쿄, 프랑크푸르트, 런던 그리고 뉴욕에 있는 은행들로부터 조달된다면, 수많은 외국에서 국내 기업들이 차입 자회사를 재정적으로 강하게 유지시키는 데 있어서 기득권을 갖게 된다. 만약 다국적 기업이 미국 소유이고, 해당 기업이 다른 나라에 자금을 빚지고 있다면, 미국 정부와 유치국 정부 간의 불화는 현지국이 해당 기업에 맞서도록 자극할 가능성이 적다.

국가 특유 위험 : 이전 위험

국가 특유 위험은 유치국에 주재하는 모든 국내 및 해외 기업들에 영향을 미친다. 도표 17.5는 특정 국가 입지로부터 발생하는 현대의 정치적 위험 대다수의 분류 체계를 보여준다. 가장 핵심적인 국가 특유 정치적 위험은 이전 위험, 문화적 위험 그리고 제도적 위험이다. 이 절에서는 이전 위험에 대해 중점적으로 다룬다.

자금 봉쇄

이전 위험이란 자금을 제약 없이 유치국 안으로 또는 밖으로 이전하는 일을 제한하는 것을 말한다. 정부가 외화가 부족하고 대출이나 새로운 해외 투자 유치를 통해 부가적인 자금을 확보하지 못할 때, 정부는 일반적으로 해외로 외화를 반출하는 것을 제한한다. 이 제한은 자금 봉쇄라고 일컬어진다. 이론적

도표 17.5 | **국가 특유 위험에 대한 경영 전략**

이전 위험

자금 봉쇄
- 자금 봉쇄 예측을 위한 사전 투자 전략
- 은행 연계 모회사 대출
- 비관련 수출 창조
- 특별 허가 얻기
- 강요된 재투자

문화적 · 제도적 위험

소유권 구조
- 합작투자법인

종교적 유산
- 현지국의 종교적 유산에 대한 이해와 존중

연고주의와 부패
- 고용인과 고객 모두에게 뇌물 수수 정책을 밝힘
- 현지 법률 조언가를 구함

인적 자본 규범
- 현지 경영과 채용

지적 재산
- 유치국 법원에서의 법적 대응
- 지적 재산권을 지키기 위한 세계 조약의 준수

보호무역주의
- 지역시장을 창조하려는 정부 활동을 지원

으로 이런 제한은 결코 해외 소유 기업을 차별하는 것이 아니다. 왜냐하면 제한은 모두에게 적용되고, 사실상 해외 기업들은 해외 독점으로 인해 오히려 더 유리한 위치에 있기 때문이다.

외화 부족의 규모에 따라 유치국 정부는 모든 해외 자금 이전에 대한 승인을 요구할 수 있으며, 따라서 희소한 외화 사용에 우선순위를 부여하는 권한을 예비할 수 있다. 매우 심각한 경우에는 정부가 다른 통화로의 환전을 막아 해외로 자금이 이전되는 것을 완벽하게 봉쇄한다. 이들 양자 사이에는 배당 금액, 부채 할부, 저작권 이용료와 서비스 이용료의 시기 및 규모를 제한하는 정책들이 존재한다.

MNE는 세 가지 단계로 잠재적 자금 봉쇄에 대응할 수 있다.

1. 투자에 앞서 기업은 투자 기대 수익률, 희망했던 현지 금융 구조 그리고 자회사들과의 최적의 관계에 자금 봉쇄가 미치는 영향을 분석할 수 있다.
2. 경영 과정에서 기업은 다양한 재포지셔닝 기술로 자금을 이동시키고자 할 수 있다.
3. 비유동성 자금들은 물가 상승이나 평가절로 인한 실제 가치 감소를 피하는 방식으로 현지 국가에 재투자되어야 한다.

자금 봉쇄를 예측하기 위한 사전 투자 전략

경영진은 자본예산 분석(capital budgeting analysis)에서 자금 봉쇄를 고려할 수 있다. 일시적인 자금 봉쇄는 일반적으로 기대된 순현재가치와 예상된 투자 내부 수익률을 감소시킨다. 투자 착수 여부는 동일한 위험 수준에서 자금 봉쇄를 포함한 기대 수익률이 투자에 요구되는 수익률을 초과하는지에 달려 있다. 또한 사전 투자 분석은 사모주, 스왑 협정, 현지 환노출을 줄이기 위한 기타 기법 대신 현지 대출을 재정적으로 지원함으로써 자금 봉쇄로 인한 파급을 최소화하는 가능성을 포함하며, 따라서 자금 송환의 필요성을 보여준다. 소싱과 판매 연계는 이동 봉쇄자금을 위한 잠재력을 극대화하기 위해 사전에 결정할 수 있다.

이동 봉쇄자금

외환이나 송금 제한을 하는 국가들 밖으로 자금을 이동시키기 위해 다국적 기업이 할 수 있는 일은 무엇이 있을까? 다음과 같은 최소 여섯 가지 자주 쓰이는 전략들이 있다.

1. 자금을 송환하는 대체 전달자를 제공
2. MNE 관련 단체 간에 책정된 상품과 서비스 가격 이전
3. 납입금 리딩 및 래깅(leading and lagging)
4. 은행 연계 모회사 대출(fronting loan) 계약
5. 비관련 수출(unrelated export)을 창조
6. 특별 허가 획득

은행 연계 모회사 대출. 은행 연계 모회사 대출은 주로 대형 국제 은행과 같은 금융중개기관을 통한 모회사와 자회사 간 대출이다. 은행 연계 모회사 대출은 제12장에서 말한 '상호 대출' 또는 '연속(back-to-back) 대출'과는 다르다. 후자는 은행 시스템 외부에 배치된 상업적 기업 간의 대출을 상쇄하는 것이다. 은행 연계 모회사 대출은 가끔 **연계금융**(link financing)이라고도 불린다.

직접적인 사내 대출에서는 모기업 혹은 자매 자회사가 대출을 원하는 자회사에 직접 대출한 뒤, 그 이후에 돈을 빌린 자회사가 원금과 이자를 갚는다. 이와 다르게, 은행 연계 모회사 대출은 '빌려주는' 모기업 혹은 자회사가 런던은행과 같은 곳에 예금하고, 은행이 같은 금액만큼 유치국의 돈을 원하는 기업에 빌려준다. 런던은행의 관점에서는 이 대출은 위험성이 없다. 왜냐하면 은행은 담보물 100%를 모기업의 착수금 형태로 가지기 때문이다. 사실상 은행은 모기업을 '대표'한다. 즉, 가장 중요한 자질이다. 일반적으로, 대출을 한 자회사가 은행에 내는 이자는 은행이 모회사에 지불하는 이자율보다 높아서 은행이 지출과 수익에서 이윤을 남기게 된다.

은행 연계 모회사 대출로 선택된 은행들은 주로 대여자와 대출자 둘 다의 사법권에서 벗어난 중립국에 위치한다. 은행 연계 모회사 대출의 사용은 모기업과 유치국 간에 정치적 위험이 발생할 경우 상환 가능성이 높아진다. 정부는 지역 자회사들이 그들의 모기업에 대출금을 상환하도록 허가하기보다 중립 지역에 위치한 거대 국제은행에 상환하는 것을 허가할 가능성이 높다. 국제 은행에 상환하지 않는 것은 그 나라의 국제적 신뢰 이미지를 손상시킬 수 있는 반면, 모기업에 대한 상환을 멈추는 것은 이미지에 미세한 손상을 줄 뿐이고 심지어 국내의 정치적 이득을 제공할 수도 있다.

비관련 수출 창조. 자금 봉쇄에 대한 또 다른 접근법은 자회사와 유치국 모두에게 이익을 주는 비관련 수출을 창조하는 것이다. 엄격한 거래 통제를 하는 주된 이유가 대체로 유치국이 경화를 지속적으로 벌 수 없게 하는 것이기 때문에, 현지 국가의 새로운 수출을 창조하기 위해 MNE가 하는 모든 수단은 현지 국가의 상황을 돕고 잠재적인 수단을 제공한다. 몇몇 새로운 수출품은 현재 가용 생산에서 아주 조금 또는 전혀 추가 투자 없이 만들어지는데, 특히 기존 작업과 비슷한 생산 라인을 가진 경우가 그러하다. 나머지 다른 새로운 수출품들은 새로운 재투자와 모금을 필요로 하는데, 자금이 이미 봉쇄된 자금들로 구성되었다면 기회비용 면에서는 손실이 거의 없다.

특별 허가. 만약 다른 모든 것이 실패하고 다국적 기업이 유치국의 경제발전에 중요한 사업에 투자하고 있다면, 기업은 봉쇄될 자금의 일부를 본국으로 송금하기 위한 특별 허가를 위해 합의를 볼 것이다. 전기 통신, 반도체 제조, 기기 장치, 제약 혹은 또 다른 연구와 첨단 산업들과 같은 '가치 있는' 산업에 속한 기업들은 선진 산업에 속한 기업보다 선호될 것이다. 부여받는 우선권의 양은 종종 두 당사자의 상대적인 협상력에 달려있다.

자기충족적 예언. 봉쇄자금에 대한 '탈출 경로'를 찾는 데 있어(또는 이 장에서 다룬 기법을 통해 자금을 배분하려고 할 때) MNE는 정치적 위험을 높이고 부분적 봉쇄에서 전체 봉쇄로의 변화를 야기할 수 있다. 이러한 자기충족적 순환의 가능성은 아무리 합법적이더라도 근본적인 정치적 동기에 의한 통제 의도를 좌절시킬 때마다 존재한다. 전 세계의 주의회의사당에서 MNE와 그들의 자회사는 지역 언론의 편집국 및 TV와 마찬가지로 항상 잠재적인 희생양이다.

강요된 재투자. 만약 자금이 정말로 외환으로부터 봉쇄당했다면 그 자금은 정의상 '재투자'되었다고 한다. 이와 같은 상황에서 기업은 반드시 주어진 위험 수준 허용 범위에서 수익률을 극대화시킬 수 있는 현지 기회를 탐색해야 한다.

만약 봉쇄가 일시적일 것 같으면 가장 확실한 대체 수단은 현지의 단기금융시장 상품에 투자를 하는 것이다. 안타깝게도, 많은 나라에서는 이러한 상품들이 충분한 양이나 충분한 유동성을 갖추지 못하고 있다. 어떤 경우에는 정부 단기 재정 증권, 은행 예금 그리고 다른 단기 상품들이 현지 물가상승률이나 환율 변화의 개연성에 비해 상대적으로 낮은 수익성을 띤다. 따라서 기업은 종종 봉쇄 시기 동안 실질 가치를 잃는다.

만약 채권, 은행 정기예금이나 타 기업 직접 차관과 같은 단기 포트폴리오 투자가 가능하지 않다면 추가적인 생산 시설에 투자하는 것이 유일한 대안이 될 수 있다. 종종 이런 투자는 비록 환율 통제가 부가적인 해외 투자에 역효과를 가져오더라도 유치국이 환율 통제를 거행함으로써 추구하는 것이다. 강요된 직접 재투자의 사례로는 페루를 예로 들 수 있는데, 페루 항공사들은 다른 항공사들을 위해 호텔과 정비 시설에 투자를 했다. 터키의 경우, 통조림 회사가 어획물을 포장하는 데 쓰이는 통조림을 제조하기 위해 공장을 건설하였다.

만약 추가적인 생산 시설 투자의 기회가 없다면, 자금은 현지 물가에 따라 상승이 예상되는 다른 자산을 획득하는 데 쓰일 수 있다. 전형적인 구매로는 부지, 사무실 건물 또는 글로벌 시장에 수출되는 상품들이 있다. 자금 봉쇄의 낮은 기회 비용을 생각해보면 심지어 재고 비축도 합리적인 투자일 수 있다.

국가 특유 위험 : 문화적 · 제도적 위험

신흥시장에 투자를 할 때, 최대 산업국에 주재하는 MNE는 문화적이고 제도적인 차이 때문에 심각한 위험과 마주하게 된다. 이러한 차이들은 다음과 같다.

- 허용되는 소유권 구조의 차이
- 인적 자원 규범의 차이
- 종교적 유산의 차이
- 유치국의 연고주의와 부패
- 지적 재산 권리의 보호
- 보호무역주의
- 법적 책임

소유권 구조

역사적으로, 많은 국가들은 MNE가 해외 자회사에 대한 소유권을 현지 기업이나 시민들과 공유할 것을 요구해왔다. 따라서 MNE가 몇몇 주최국에서 경영될 수 있는 유일한 방법은 합작투자였다. 과반수 현지 독점(majority local ownership)을 요구해오던 주요 국가로는 일본, 멕시코, 중국, 인도, 한국이 있었다. 이러한 요구는 주요 국가 및 다른 대다수 국가에 의해 훨씬 최근에 제거되거나 수정되어 왔다. 하지만 여전히 특정 산업의 기업들은 소유권으로부터 완전히 배제되거나 소수 소유주(minority owner)를 받아들여야 한다. 이런 산업들은 전형적으로 국가 방위, 농업, 금융이나 유치국에서 중요하게 여겨지는 기타 부문들과 관계되어 있다.

인적 자본 규범

MNE는 대부분 국외 거주자들을 채용하기보다 유치국 시민들을 특정 비율로 채용하라고 유치국들로부터 요구받는다. 유치국의 노동법과 조합규약으로 인해 현지 직원들을 해고하는 것은 매우 어렵다. 경기 순환에 따른 유연성의 부족은 MNE와 그 지역 경쟁자들 모두에게 영향을 미친다. 또한 국가 특유 위험으로 간주할 수 있다. 문화적 차이 또한 MNE의 채용 정책을 가로막을 수 있다. 예를 들어, 중동 국가에서는 여성 경영자가 그 지역 직원들이나 경영자들에 의해 받아들여지기 어렵다.

종교적 유산

일부 경우 지역의 정치적 태도와 그로 인한 사업 태도가 MNE의 사업 관행과 충돌하는 종교적 믿음과 얽혀있는 유치국 환경과 맞닥뜨릴 수 있다. 하지만 종교적 차이에도 불구하고 MNE는 신흥시장에서, 특히 석유, 천연가스, 미네랄, 목재와 같은 채굴 및 천연자원 산업에서 성공적으로 활동해왔다. MNE의 주요 전략은 유치국의 종교적 전통을 이해하고 존중하는 것이다.

연고주의와 부패

MNE는 여러 중요한 해외 투자 지역에서의 고질적인 **연고주의와 부패**를 다루어야 한다. 인도네시아는 지금은 물러난 수하르토 정부의 통치 아래 연고주의와 부패로 유명했다. 나이지리아, 케냐, 우간다 그리고 몇몇 다른 아프리카 국가들은 제2차 세계대전 후 그들의 식민 정부를 타도한 후에 연고주의와 부패의 역사가 이어져 왔다. 중국과 러시아는 최근 이러한 부패에 대한 강력한 탄압을 공표했다.

뇌물수수는 신흥시장에만 국한되지 않는다. 미국과 일본을 포함한 선진국에서도 문제가 된다. 사실 미국은 해외 정부에 뇌물을 수수한 미국 기업체 간부를 구속할 수 있는 뇌물수수 금지법이 있다. 이 법은 미국 항공기 제조업체가 일본의 고위 관료에게 뇌물 수수를 시도한 것에 대한 반발로 통과되었다.

MNE는 딜레마에 빠졌다. 만약 현지 경쟁업체들이 뇌물을 사용한다면 그들도 같은 방법을 써야 하는 것인가? 보편적인 대답은 절대 안 된다는 것이다. 대부분의 MNE는 글로벌 사업 수행에 따른 일련의 원칙과 관행을 따른다. 이러한 원칙과 윤리는 보편적이지 상황에 따라 바뀌는 것이 아니다. 그것이 사업을 잃는 걸 의미하더라도, 경쟁자들이 하든 하지 않든 MNE는 자체적인 원칙을 따라야 한다.

지적 재산권

일부 유치국의 악성 사업은 역사적으로 MNE와 개인 모두의 지적 재산권을 침해해왔다. 지적 재산권은 특허 기술과 저작권이 있는 창의적인 자료들에 대한 독점적 사용을 보장한다. 특허 기술의 예로는 독창적으로 제조된 물건, 가공 기술, 처방전이 필요한 의약품 등이 있다. 지적 재산권의 예로는 소프트웨어, 교육자료(교과서), 오락물(음악, 영화, 미술 등) 등이 있다.

지적 재산권을 보호하기 위한 TRIPS 협약은 대부분의 주요 국가에서 비준되어 있다. 유치국 정부가 지적 재산권 침해를 근절하기 위한 공식적인 조치를 다른 나라들에 강요할 만큼 강력한지는 두고 볼 일이다. 이 작업을 복잡하게 하는 것은 보호되고 있는 실제 아이템과 동일한 아이템의 원본 사이에 존재하는 가는 선, 즉 작은 차이이다.

보호무역주의

보호무역주의는 국가 정부가 관세나 다른 수입 제약과 같은 방법들을 동원하여 자신의 지정된 특정 산업들을 해외 경쟁으로부터 보호하기 위한 시도라고 정의된다. 보호되는 산업들은 주로 방위산업, 농업과 '유치'산업과 관련되어 있다.

방위산업. 미국이 자유시장의 강경한 지지자임에도 불구하고, 미국의 핵심 방위산업 공급업체를 사들이려는 해외 기업은 결코 환영받지 못할 것이다. 프랑스와 같은 다른 국가에서도 동일한 양상들이 보이는데, 프랑스는 항상 독자적인 방위 능력을 유지하고 싶어 했다.

농업. 농업은 또 다른 예민한 산업이다. 그 어떤 MNE도 일본으로부터 정미 기술(rice operation)과 같은 농업 자산을 사려고 시도할 만큼 어리석지는 않을 것이다. 일본은 자국민을 먹여 살릴 수 있는 독자적인 능력을 유지하기 위해 열심히 일해왔다. 농업은 대부분의 국가들이 자국민을 위해 보호하고 싶어하는 전형적인 '대지(Mother Earth)' 산업이다.

유치산업. 전통적인 보호무역론자들의 주장은 새롭게 떠오르는 '유치'산업들이 확고히 자리 잡기 전까지는 해외 경쟁으로부터 보호를 받아야 된다는 것이다. 유치산업 보호는 주로 수입을 제한하는 것을 목표로 하지만 MNE의 수입을 제한하는 것은 필수가 아니다. 사실 대부분의 유치국들은 MNE가 유치국 안에 존재하지 않는 새로운 산업에 운영체제를 구축하는 것을 권장한다. 때때로 유치국은 해외 MNE에 제한된 기간 동안 '유치산업'의 지위를 부여한다. 이 지위는 조세보조, 기반시설 건설, 직원 교육훈련 그리고 MNE의 시작을 돕는 기타 지원들로 이어질 수 있다. 유치국들은 특별히 해외 자회사들 또는 비관련 단체에 수출을 약속하는 MNE를 유치하는 것에 관심이 있다.

관세 및 비관세 장벽. 국가가 보호무역 장벽을 시행하는 전통적인 방법은 관세 및 비관세 규제들을 채택하는 것이다. 수많은 국제 협상과 조약은 지난 수십 년간 일반적인 관세 수준을 크게 낮추었다. 그러나 비관세 장벽은 여전히 대거 존재한다. 이러한 비관세 장벽들은 재무적 비용이 아닌 다른 요인들로 수

인도의 정치 바람의 변화와 소매 FDI 정책

국내 소매업자들을 실망으로 이끈 UPA 인도연합정부는 해외 슈퍼마켓들이 소매시장에 발을 디딜 수 있게 해줌으로써 2012년 9월에 있었던 의회 선거를 통과할 수 있었다. 하지만 무수한 가파른 로컬 소싱 규제가 제기되었고 엄격한 투자 제한이 실행되었다. 이런 조건들 아래에서 해외 소매업자들은 현지 동업자를 확보하고 난 뒤 현지 벤처를 51%까지 차지할 수 있게 허용되었다.

인도 의회의 반대파인 NDA의 엄청난 저항을 목격한 후, UPA는 인도의 35개 주 정부에 해외 소매업자에게 관할 구역 내 개방시장 진입을 허용할 것인지에 대한 결정권을 통째로 위임하였다. 하지만 인도 35개 주의 과반수에 가까운 수가 해외 소매업자들을 금지하기로 결정 내렸다.

테스코, 까르푸 그리고 월마트는 즉시 연간 소매업으로 4,000억 파운드의 수익을 거두는 무배달 현금판매 인도시장으로 다량의 주식을 얻기 위해 발을 내디뎠다. 하지만 2014년 5월 중순에 NDA가 총선에서 종합적인 승리를 거두자 모든 상황이 바뀌었다. 새 정부는 즉시 해외 소매업자에 대한 두 가지 추가적인 엄중한 조항을 선포했다. 첫째, 해외 소매업자들은 상품의 3분의 1을 인도의 소기업 및 중소기업에서 지원받아야 한다. 둘째 그들은 반드시 3년 동안 인도 안에서 최소 8,000만 파운드를 투자해야 하며 그중 반은 사회기반 시설에 투자해야 한다.

까르푸는 세계적으로 두 번째로 큰 소매 체인 슈퍼마켓이다. 까르푸의 경영진들은 인도에 투자하기 이전에 정치적인 상황을 좀 더 연구해야 했다는 것을 인정한다. 이것은 결국에는 FDI 벤처에 내재하는 정치적 위험이다.

입을 제한하고 건강, 안전이나 위생 요구사항의 형태로 공표되기 때문에 종종 식별하기 어렵다.

보호무역주의 관리 전략. MNE는 유치국의 보호무역주의를 극복하는 능력이 아주 부족하다. 하지만 MNE는 지역시장에 참여하여 보호무역주의를 줄이기 위한 노력에 열성적이다. 지역시장의 가장 좋은 예가 유럽연합(EU), 북미자유무역연합(NAFTA) 그리고 중남미자유무역연합(MERCOSUR)이다. 지역시장의 목적 중에는 관세 및 비관세 장벽과 같은 내부 무역 장벽의 제거와 고용을 목적으로 한 시민의 자유로운 이동도 포함된다.

법적 책임

좋은 의도에도 불구하고, MNE는 종종 예상치 못한 법적 책임과 마주하게 된다. 글로벌 금융 실무 17.2는 왜 프랑스의 다국적 소매업체인 까르푸가 잠재적인 법적 책임 및 연관된 재무적 책임에 의해 인도시장에서 퇴출되어야 했는지를 보여준다.

세계 특유 위험

MNE가 직면한 세계 특유 위험은 최근 몇 년간 선두에 서게 되었다. 도표 17.6은 이러한 위험의 몇 부분들을 요약해놓았으며 위험을 다루는 데 쓰일 수 있는 전략들을 보여준다. 가장 가시적인 최근 위험은 당연히 2001년 9월 11일 뉴욕 세계무역센터의 쌍둥이 빌딩에서 있었던 테러리스트의 공격이다. 많은 MNE는 세계무역센터에 중대한 경영진들이 있었고 직원들 중 사망자가 나와 고통스러웠다. 테러와 더불어 다른 세계 특유 위험은 반세계화 운동, 환경 우려, 신흥시장의 빈곤, 컴퓨터 정보 시스템에 감행되는 사이버 공격이 있다.

테러리즘과 전쟁

세계무역센터 공격과 그 여파에도 불구하고 아프가니스탄 전쟁은 전 세계적으로 거의 모든 이들에게 영향을 주었고 최근 다른 테러들도 일어났다. 더 많은 테러 활동이 미래에 일어날 것으로 전망된다. 특히 노출된 대상은 MNE의 해외 자회사들과 그 고용주들이다. 전에도 언급했듯이 해외 자회사들은 각자의 모국의 상징들이기 때문에 특히 전쟁, 민족적 갈등과 테러에 노출되어 있다.

위기 계획. 어느 MNE도 테러를 피해 갈 수단을 가지고 있지 않다. 헤징, 다각화, 보험 그리고 기타 어떤 것도 이에 부합하지 않는다. 그러므로 MNE는 테러와 싸우고 해외 자회사들(이제는 모기업마저도)을 지키는 일을 정부에 의존해야 한다. 이에 대해 정부는 반테러 입법에 대한 MNE의 금융적, 물질적 그리고 언어적 지원을 기대하고, 또 테러 조직의 (어디에 위치하든 간에) 제거에 대해서도 주도적인 이니셔티브를 기대할 것이다.

　MNE는 위험한 곳에 위치함으로써 손상을 입을 수 있다. 거의 매년 하나 이상의 현지 국가들이 민족적 갈등, 다른 국가와의 명백한 전쟁 혹은 테러 등 몇 가지 형태를 경험한다. 해외 MNE가 종종 '탄압'의 대상으로 지목되는데 이는 그들이 자신들의 모국을 대표하기 때문이다. 특히 미국을 대표하면 더더욱 그렇다.

도표 17.6　　**세계 특유 위험에 대한 경영 전략**

테러와 전쟁
• 테러 및 전쟁과 맞서려는 정부의 노력을 지원
• 위기 계획
• 국경 간 공급사슬 통합

반세계화 운동
• 무역 장벽을 줄이려는 정부의 노력을 지지
• MNE가 목표가 된다는 것을 인지

환경보호 관심
• 환경 우려에 예민함을 보이기
• 오염 통제를 위한 공평한 경쟁의 장을 유지하려는 정부의 노력을 지원

빈곤
• 상대적으로 봉급이 많고 안정적인 직업 제공
• 직업 안전성 기준을 엄격하게 수립

사이버 공격
• 인터넷 보안 노력 말고는 효과적인 전략이 없음
• 정부의 반사이버 공격 노력을 지지

다중의 주된 목적을 향한 MNE의 움직임 :
수익성, 지속 가능한 개발, 기업의 사회적 책임

국경 간 공급사슬 통합. 제조업 부문에서 효율성을 증가시키는 요소는 많은 다국적 기업들로 하여금 적기공급 생산방식(Just-In-Time, JIT), 즉 0에 근접한 재고 체계를 채택하도록 만들었다. 소위 재고 속도에 초점을 둔 채, 재고가 제조공정을 통해 이동하고 미리 도착하는 게 아니라 필요할 때에만 도착하는 속도는 생산 순환 자체에서 자본을 봉쇄하는 정도가 적으며 이들 다국적 기업들이 소득 및 현금흐름 증가를 유발하도록 한다. 그러나 이러한 잘 조율된 공급사슬 체계는 공급사슬 자체가 국경을 가로지르며 확장된다면 분명한 정치 리스크의 대상이 된다.

공급사슬 중단. 2001년 9월 11일에 있었던 테러 이후에 일어난 델 컴퓨터, 포드 자동차 회사, 애플 컴퓨터, 허먼밀러와 The Limited의 사례를 살펴보자. 공격의 즉각적인 결과는 미국 내부 및 외부로 모든 항공기의 이륙을 금지하는 조치였다. 이와 비슷하게, 멕시코와 캐나다 같은 미국의 육지 및 해안 국경도 폐쇄되었고 어떤 특정한 장소들은 수일이 지나도 재개방되지 않았다. 포드 자동차 회사는 9월 11일 이후 캐나다로부터 공급받던 핵심 자동차 입력장치가 부족하여 5개의 생산 공장을 폐쇄하였다.

델 컴퓨터는 가장 선망받고 높이 평가되는 실질적으로 통합된 공급사슬을 가지고 있었는데, 매일 진행되는 조립과 판매에 필요한 것들을 충족시키기 위해 멕시코와 캐나다의 컴퓨터 부품 및 하위 부품 공급자들과 제조업자들에게 의지하였다. 최근 몇 년간 델 기업은 3일도 안 되는 판매(전체 재고−상품 판매비용에 따라)를 수행하였다. 공급자들은 델의 주문 조달 시스템으로 전자적으로 통합되어 있으며 판매 수요에서 요구된 부품과 하위 부품들을 조달하였다. 하지만 항공 운송의 금지와 국경 폐쇄로 인해 기업은 말 그대로 거의 정지상태가 되었다. 마치 단일한 정치적 단위의 한 부분들인 것처럼 다양한 국가에 퍼져있는 사업부와 공급자들을 다룰 능력에 의지하는 기업의 공급사슬 의존도 때문이었다.

이런 최근에 얻은 교훈에 따라 많은 MNE는 이제 초국경 조업 중단이나 여타 초국경 정치적 사건들에 관한 고유의 생산사슬이 갖는 노출의 정도를 평가한다. 이러한 기업들은 JIT를 버리려는 것이 아니다. 지난 몇십 년 동안 JIT 방식을 사용함으로써 수많은 미국 기업들이 재고 운반 비용에서만 1년에 10억 달러를 아끼는 것으로 관찰되었다. 이 상당한 이득은 이제 9월 11일 이후의 생산사슬 방해 비용 및 위험과 비교된다. 미래에도 똑같은 운명을 맞닥뜨리는 것을 피하기 위해 제조업자들, 소매업자들과 공급자들은 이제 다수의 전략을 사용한다.

- **재고 관리** : 제조업자들과 기술자들은 이제 공급과 생산 라인 장애에 대비하여 완충 재고를 탑재하고자 한다. 반면에 소매업자들은 그들의 완충 재고 시기와 빈도를 재고해보아야 한다. 기업들은 전반적으로 축적해놓는 것보다는 상품이나 서비스의 가장 핵심적인 부분과 국제적 자원에서만 고유하게 얻을 수 있는 부품들에 집중한다.

- **자원 조달** : 제조업자들은 이제 상품의 핵심적 부품 조달처에 대한 선택의 폭이 넓어지고 있다. 조달 전략이 입지에 따라 달라야 하지만(예를 들어 멕시코가 연관된다면 캐나다와의 전략과는 매우 달라야 한다), 기업들은 초국경적 노출을 최소화하고 미래의 사업 중단으로 인한 잠재적 비용을 절

감시키기 위해 현존하는 공급자들과 더욱 가깝게 일하려고 시도 중이다.

■ **운송** : 소매업자들과 제조업자들은 모두 그들의 초국경 운송 계약을 재평가하고 있다. 비록 사용되는 운송의 유형이 가치, 부피 그리고 무게의 함수이지만 다수의 기업들은 이제 노조, 테러범이나 미래의 파산에 따른 운항 중단이 발생할 때 더 빠른 선적을 위한 고비용이 더 미약한 운송을 균형 잡아 주는지 여부를 재평가하고 있다.

반세계화 운동

지난 몇십 년 동안 몇몇 그룹에 의한 감소된 무역 장벽과 지역시장을 형성하려는 노력, 특히 NAFTA와 EU에 대해 커져가는 부정적 반응이 있었다. NAFTA는 멕시코에서 직업을 잃을 수 있는 노동 운동 부문에서 격렬한 반대가 있었다. EU 내부에서의 반대는 문화적 정체성의 상실, 새로운 멤버들이 들어옴에 따른 개별 국가 통제의 희석화, 브뤼셀에 있는 대규모 관료체제의 과도한 중앙집권화, 자신들의 고유한 화폐에 대한 규정을 포함하는 독립적인 통화정책의 상실에 초점을 맞춘다.

반세계화 운동은 시애틀에서 열린 2001년 세계무역기구의 연례회의 기간 동안 연이은 폭동으로 인해 더욱 가시화되었다. 하지만 반세계화 세력은 이러한 폭동이나 2001년 퀘벡과 프라하에서 있었던 추가 폭동들에만 책임이 있는 것은 아니다. 여타 환경운동가와 심지어 무정부주의자들과 같은 불만세력들이 운동을 더욱 가시화하기 위해 동참하였다. MNE는 반세계화에 맞설 도구를 가지고 있지 않다. 사실 MNE는 애초에 이 문제를 키워놓은 일로 비난받고 있다. 다시 말하자면, MNE는 이러한 위험들을 처리하기 위해 반드시 정부와 위기 계획에 의지해야 한다.

환경보호 관심

MNE는 환경 문제를 다른 국가들에 '수출'하는 것으로 비난받아 왔다. 비난의 내용은 본국 안에서의 오염 통제로 불만을 품은 MNE가 활동을 오염 통제가 보다 약한 국가로 이전했다는 것이다. 또 다른 비난은 MNE가 지구 온난화 문제에 기여한다는 것이다. 하지만 그 비난은 모든 국가의 모든 기업들에도 적용된다. 그것은 특정 산업의 생산 방식과 거대 자동차와 스포츠 기구와 같은 연료 효율적이지 않은 소비자들의 욕망에 기반한다.

다시 한 번 말하자면, 환경 문제를 처리하는 것은 법안을 통과시키고 오염 통제 기준을 실행하는 정부에 달려있다. 2001년 지구 온난화를 완화시켜 보려는 조약은 대부분의 국가에 의해 승인을 받았는데 매우 예외적으로 미국은 승인을 하지 않았다. 하지만 미국은 고유한 전략을 통해 지구 온난화와 맞서겠다고 약속하였다. 미국은 특히 자신들과 같은 가장 산업화된 국가들에 경제적 부담을 지우는 동안 신흥 개발국가들에는 제한 기준이 더 약하게 적용되는 세계 조약에 반대하였다.

빈곤

MNE는 극심한 소득 불균형에 의해 피해를 입은 국가들에 해외 자회사를 입지시켰다. 한쪽 극단은 양질의 교육을 받고 서로 잘 연결되어 있으며 매우 생산적인 사람들로 이루어진 엘리트 계층이다. 다른 쪽의 극단은 빈곤층에 위치하거나 그보다 더 아래에 속하는 사람들로 이루어진 거대한 계층이다. 그들은 교육의 기회가 적고 사회적 · 경제적 기반과 정치적 힘이 부족하다.

MNE는 엘리트 계층에게 경영을 맡기면서 격차에 오히려 기여하는 것일 수도 있다. 다른 한편으로는 MNE가 빈곤에서 빠져나오지 못하며 고용의 기회조차 없었을 뻔한 사람들에게 상대적으로 안정적이고 급여도 괜찮게 나오는 일자리를 창출했다고 볼 수도 있다. '노동력 착취 현장(sweat shop)'의 조건을 지지한다는 비난을 받음에도 불구하고, MNE는 현지 경쟁자들과 비교해서 손색이 없다.

사이버 공격

인터넷의 급성장은 모든 종류의 기관과 조직을 파괴하고 싶어 하는 전혀 새로운 종류의 디지털 테러리스트를 길러냈다. 국내 문제가 우선적으로 일어남에도 불구하고 사이버 공격은 근원과 구조에 있어서 수십 년 동안, 지금까지도 국제적인 문제이다. MNE는 내부 정보체계가 지닌 가시성과 복잡성을 이유로 원한을 품은 불만세력에 의한 사이버 공격을 혹독한 대가를 치르고서야 직면할 수 있다. SONY가 2014년 12월에 깨달았듯이 말이다.

우리는 MNE의 어떤 독특한 국제적 전략도 사이버 공격과 맞서는 데 쓰일 수 없다는 것을 안다. MNE는 국내 공격에 사용하는 것과 동일한 전략들을 해외 사이버 공격을 다루는 데 사용하고 있다. 다시 한 번 말하지만 MNE는 반드시 정부의 사이버 공격 통제에 의존해야 한다.

요점

- 해외 투자를 위해서 기업은 본국시장에서 지속 가능한 경쟁우위를 가지고 있어야 한다. 이는 해외 경영의 단점들을 극복할 수 있을 만큼 강하고 이전 가능해야 한다.

- 경쟁우위는 규모의 경제와 거대한 규모의 경영 및 마케팅 전문지식, 우월한 기술, 금융안정성, 차별화된 상품, 본국시장에서의 경쟁력에서 발생한다.

- OLI 패러다임은 MNE가 라이선스 계약, 합작투자법인, 전략적 제휴, 경영 계약 그리고 수출과 같은 해외시장을 위한 대체적인 유형 대신 FDI를 선택하는 이유를 설명하는 전반적인 틀을 위한 시도이다.

- 정치적 위험은 세 가지 수준으로 정의될 수 있다. 즉, 기업 특유, 국가 특유 혹은 세계 특유 위험이다.

- 가장 핵심적인 국가 특유 위험들은 봉쇄 자금 그리고 특정 문화적 및 제도적 위험으로 알려진 이전 위험이다.

- 문화 및 제도적 위험은 소유권 구조, 인적 자원 규범, 종교적 유산, 연고주의와 부패, 지적 재산권, 보호무역주의와 법적 책임의 면에서 본국 정책으로부터 발생된다.

- 문화 및 제도적 위험을 다루는 일은 MNE로 하여금 차이를 이해하고 현지국 법원에서 법적 대응을 하며, 지적 재산권 보호를 외치는 세계 조약을 지지하고 지역시장을 만들려는 정부의 노력을 지지하게끔 만든다.

■ MNE는 고용인과 자산을 세계 특유 위험으로부터 보호하기 위한 위기 계획을 세워야 한다. 하지만 중요한 몫은 여전히 세계 특유 위험으로부터 기업과 시민을 지켜야 하는 정부에 있다.

사례

전략적 포트폴리오 이론, 블랙 스완 그리고 '칠면조'가 되지 않는 것[7]

바꿔 말하면 투자자들은 투자보다 더 변덕스럽다. 경제적 현실은 사업으로 얻어진 수익을 지배하지만 블랙 스완은 그렇지 않다. 하지만 감정과 인식(금융 시스템 참가자들 사이의 희망, 욕망과 두려움의 변동)은 시장 내에서 얻어진 수익을 지배한다. 감정적 요인들은 경제적 현실의 중심 핵을 극대화하거나 극소화시킨다. 그리고 블랙 스완은 아무 때나 나타날 수 있다.

— John C. Bogle, The Vanguard Group의 설립자[8]

여타 이론들과 마찬가지로, 현대 **포트폴리오 이론**(Modern Portfolio Theory, MPT)은 무수한 비난의 대상이 되어왔다. 그 비난의 대다수는 이론의 근본적인 추정의 실패 혹은 이론과 그 추정이 적용되는 방식에 초점을 둔다. 궁극적으로, MPT는 1987년 암흑의 월요일, 2008년 미국의 신용위기 혹은 최근 유럽의 국가 부채에 대한 금융위기와 같은 동시대의 중대한 금융위기를 예측하지 못한 일로 비난받아 왔다.

현대 포트폴리오 이론에 대한 비판

현대 포트폴리오 이론은 Harry Markowitz의 창조물인데 그는 자산 포트폴리오 발명에 선형 계획법을 적용하였다.[9] Markowitz는 투자자 자신의 수익과 완전히 연관되지 않는 자산을 결합함으로써 포트폴리오 수익의 표준편차를 줄일 수 있다는 것을 증명했다. 이 이론은 투자자들이 같은 정보에 대해 모두 동시적으로 접근할 수 있는 기회를 가지게 된다고 본다. 이 이론은 모든 투자자들은 합리적이고 위험 회피적이며 더 높은 기대 수익으로 보상받을 수 있을 때만 추가적인 위험을 감수한다고 가정한다. 이 이론은 또한 비록 다양한 투자자들이 위험과 수익 사이에서 각자의 위험 회피적 특성에 따라 다양한 상쇄문제를 지닐지라도 모든 투자자들은 동일하게 합리적일 것이라고 가정한다. 포트폴리오 이론에 쓰이는 일반적인 위험 측정은 수익의 표준편차이며 시간에 따른 일반적 수익 배분을 가정한다.

예측할 수 있듯, 포트폴리오 이론에 대한 비판은 이론 이면에 있는 각각의 그리고 모든 가정을 향해있다. 예를 들어 행동경제학 분야에서는 투자자들이 반드시 합리적인 것은 아니라고 주장한다. 몇몇 경우에서 보면 도박사들은 위험을 산다. 모든 투자자들이 같은 정보에 대한 접근성을 갖는 것이 아니다. 내부 거래는 지속되며 몇몇 투자자들은 편견을 갖고 몇몇 투자자들은 시장 타이밍에 따라 정기적으로 시장을 선점한다. 심지어 수학마저도 비판받는데, 표준편차가 최소화시킬 위험의 적절한 측정 수단인지 혹은 표준 정규 분포가 적절한지에 대한 논란이 있다.

다우 지수가 23% 감소했던 1987년 10월 19일의 암울한 월요일(Black Monday)처럼, 근래에 있었던 다수의 주요 주식시장 붕괴는 포트폴리오 전략을 쓰는 공급업자들에 의해 '간과'되었다. 시장과 시간 흐름에 따른 수익률에 대한 통계

---

[8] "Black Monday and Black Swans," remarks by John C. Bogle, Founder and Former Chief Executive, The Vanguard Group, before the Risk Management Association, Boca Raton, Florida, October 11, 2007, p. 6.

[9] H.M. Markowitz, "Portfolio Selection," *Journal of Finance*, Vol. 7, March 1952, pp. 77–91.

연구는 종종 정규분포를 따르지 않는 수익률을 보인다. 그러나 전통적인 정규분포보다 평균과 큰 편차를 두게 되어있다. 이는 소위 팻 테일(fat tail, 미려골)의 증거가 된다. 프랙털 기하학의 아버지인 Benoit Mandelbrot의 연구 대다수는 금융시장이 팻 테일 분포를 드러낼 가능성을 중심으로 다룬다. 사실상 Mandelbrot의 분석은 암울한 월요일 사건이 정규분포(종형 곡선 혹은 가우스 모델)에 따르면 절대 일어나지 않을 불가능성을 지닌 20-시그마 사건이었음을 보여준다.[10] 그리고 만약 과거에 일어나지 않았던 일들은 미래에도 일어나지 않을 것이라고 포트폴리오 이론은 가중한다. 하지만 현실은 그렇지 않았다.

가장 거대한 견인력을 지녔던 주장과 비판은 포트폴리오 이론이 통상적으로 과거의 역사적인 데이터를 사용해왔으며 데이터에 적합하지 않은 분포를 가정해왔다는 것이다.

> 종형 곡선 가정을 완화시키거나 간헐적인 '급격한 변화(jump)'를 '조작하거나' 더함으로써 현대 포트폴리오 이론의 도구들을 개선하려는 시도는 충분하지 않을 것이다. 우리는 근본적으로 무작위 점프(random jump)가 주도하는 세계에 살고 있으며, 부작위 행보(random walk)를 위해 고안된 도구는 잘못된 문제를 지적한다. 이는 기체를 만지면서 고체로 특징짓고 그것을 '좋은 근사치'라고 부르는 것과 비슷하다.[11]

블랙 스완 이론

Nassim Nicholas Taleb는 2001년 행운에 속지 마라(*Fooled by Randomness*)라는 제목의 책을 출판하였다.[12] 그의 블랙 스완에 대한 분석을 소개하는 내용이었다. 주장은 꽤 단순하다. 호주와 검은 백조의 존재를 발견하기 전에는 모든 백조들은 흰색일 것이라고 여겨졌다. 검은 백조들은 한 번도 목격된 적이 없기 때문에 그들은 존재하지 않는 것이다. 하지만 이것이 검은 백조가 존재하지 않는다는 것을 의미하지는 않았다. Taleb는 이 전제를 금융시장에 적용시켰으며 특정한 사건이 한 번도 일어난 적이 없다고 해서 그 사건이 일어날 수 없다는 것을 뜻하지는 않는다고 주장하였다.

Taleb는 블랙 스완 사건이 희소성, 극단성 그리고 회고적 예측성(retrospective predictability) 순서대로 세 가지 근본에 의해 특징지어진다고 말했다.

1. **희소성** : 사건이 관찰자에게 충격적이거나 놀라운 것이다.
2. **극단성** : 사건은 중대한 영향이 있다.
3. **회고적 예측성** : 사건이 발생한 후에 그 사건은 뒤늦은 깨달음으로 합리화되며 예측 가능했던 것으로 밝혀졌다.

세 번째 주장이 인간의 지적 본성의 특성일지라도 토론되어야 할 근본적인 것은 첫 번째 요소이다. 만약 사건이 기록되지 않았으면 그 사건은 일어나지 않았다는 것을 의미하는가? 포트폴리오 이론은 입력된 자료들의 수학적인 분석이다. 그 결과는 투입물과 다르지 않다. 이론 자체가 가격 변동을 예측하지는 못한다. 이는 단순하게 예상된 수익률 수준에서 위험이 최소화되는 포트폴리오의 인지를 가능하게 한다.

Taleb는 역사적인 자료들이 하지 못하는 미래를 예측하는 비밀스러운 능력을 가지고 있다고 말하는 게 아니다. 오히려 투자자들은 포트폴리오, 즉 그들의 투자를 구조화시켜 극단적 상황들, 즉 가능한 사건들보다는 불가능해 보이는 사건들로부터 보호해야 한다고 말한다. 그는 소위 '투자적 겸손'을 피력하면서 우리가 사는 세상은 항상 우리가 살고 있다고 생각하는 세상인 것만은 아니라는 사실을 인정하며, 우

---

[10] 상세한 토론은 아래 참조. Richard L. Hudson and Benoit B. Mandelbrot, *The (Mis)Behavior of Markets: A Fractal View of Risk, Ruin, and Reward*, Basic Books, 2004.

[11] Benoit Mandelbrot and Nassim Taleb, "A focus on the exceptions that prove the rule," *The Financial Times*, March 23, 2006.

[12] Nassim Nicholas Taleb, *Fooled by Randomness: The Hidden Role of Chance in Life and in the Markets*, Random House, 2001. 그는 후일 자신의 전제를 금융 분야를 넘어서 다른 많은 분야로 확장시켰다. 다음 참조. *The Black Swan: The Impact of the Highly Improbable*, Random House, 2007.

리가 절대 이해하지 못할 부분이 있다는 것을 받아들여야 한다고 말한다.

불가능한 일들을 이끌어내는 것은 무엇인가?

무엇이 Mandelbrot와 Taleb가 말한 '임의점프'를 발생시키는가? John Maynard Keynes와 John Bogle을 비롯한 수많은 투자 이론가들은 지난 세기 동안 자기자본 수익률이 두 가지 근본적인 힘인 사업(enterprise, 시간의 흐름에 따른 경제적 혹은 사업적 수익률)과 투기(speculation, 시장에서의 개인의 심리 또는 감정)에 의해 발생된다고 주장해왔다. 우선 Keynes와 Bogle은 희망이 논리를 능가하는 것과 유사하게, 최종적으로 투기가 사업을 능가한다는 결론을 내렸다. 이것이 바로 Bogle이 도입 문장에서 말했던 "투자자들은 투자보다 더 변덕스럽다"라는 말의 의미이다.

모든 이들은 추측자들(Keynes의 표현을 빌리면)의 행동이나 시장 수익률의 점프(Mandelbrot의 표현에 의하면)가 예측하기 매우 어렵다는 것에 동의한다. 또한 사람이 할 수 있는 것은 불가능해 보이는 사건을 견뎌내는 것보다는 더 강건한 체계와 포트폴리오를 형성하여 예측 불가능한 일들로부터 자신을 보호하려고 노력하는 것밖에 없다. 하지만 대부분의 사람들은 또한 '점프'가 과도하게 희귀하며 시간이 주어진다면 유지 기간에 따라서 시장들이 더 근본적인 가치로 되돌아갈 수 있다는 것에 동의한다. 하지만 사건들은 사실상 지속적인 충격을 주진 못한다.

포트폴리오 이론은 여전히 가치 있는 도구이다. 이 이론은 투자자들이 종합적 위치에서 보는 것과 같이 위험과 예상 수익률의 근사적 가치를 얻게 해준다. 하지만 무엇이 더 나은지에 대한 명쾌한 대답이 없음에도 불구하고, 포트폴리오 이론은 실패투성이이다. 심지어 역사적으로 위대했던 시장 타이머들도 그들이 현대 포트폴리오 이론을 추종해왔지만 미래에 무엇이 일어날지 예측하는 데에는 주관적인 자료를 사용하였다고 고백했다. 심지어 Harry Markowitz는 포트폴리오 선택(Portfolio Selection)이라는 논문의 마지막 페이지에서 말하기를, "증권 선택에 있어서 우리는 반드시 합리적인 ρ_i와 σ_{ij}를 탐색하는 절차를 가져야 한다. 이런 절차들은 내 생각에는 통계적 기술과 실무자들의 판단을 종합해야 한다."라고 진술했다.

하지만 실무자의 판단은 확인하기가 어렵다. 우리는 통상적으로 과거에 기반해있을지라도 무엇이 일어날 것인지에 대한 예측이 필요하다. 명성 높은 경제학자이자 노벨상을 수상한 Kenneth Arrow는 제2차 세계대전 중에 어떻게 통계학자들이 기상 패턴을 예상하는 일을 맡게 되었는지를 이야기해준다.

> 통계학자들은 일기예보가 정확하다고 검증되었으며 이는 우연이 아니라는 것을 발견했다. 기상캐스터들은 스스로 확신에 차있었으며 일기예보가 지속되지 않기를 요구했다. 반응은 이와 가까웠다. "사령관은 일기예보가 쓸모없다는 것을 잘 알고 있다. 하지만 그는 목표를 계획하는 데 그것이 필요했다."[13]

Taleb는 블랙 스완 이론의 최근 판에서 사건은 특정 관찰자들에게 충격이 되며, 칠면조에게 충격적인 일은 도살자에게는 충격적이지 않다고 말한다. 남은 과제는 '칠면조'가 되지 않는 것이다.

사례 문제

1. 현대 포트폴리오 이론 이면의 주요 전제는 무엇인가?
2. 대다수의 MPT 비판론자들이 이론의 근본적인 문제라고 믿는 것은 무엇인가?
3. 당신은 당신의 돈을 투자하는 데 MPT를 어떻게 사용할 것인가?

---

13 "I Know a Hawk from a Handsaw," *Emminent Economists: Their Life Philosophies*, edited by Michael Szenberg, Cambridge University Press, 1992, p. 47.

질문

1. **다국적 기업으로의 진화.** 한 회사가 순수 국내회사에서 진정한 다국적 회사로 발전하려면 (1) 그 회사의 경쟁 우위, (2) 그 회사의 생산 입지, (3) 해외 기업 활동에 대한 거버넌스의 유형 그리고 (4) 해외로 얼만큼의 자본을 투자할 것인지를 고려해야 한다. 해외 기업 활동의 성공에 있어서 이 문제들이 어떻게 중요한지 설명하라.

2. **시장 불완전성.** MNE는 제품, 생산요소, 금융자산을 위해 국가 시장 불완전성의 이익을 취하려고 노력한다. 거대 기업들은 이러한 결함들을 활용하기가 더 쉽다. 그들의 주요 경쟁우위는 무엇인가?

3. **경쟁우위.** 회사들이 외국에 투자하기로 결정할 때, 그 결정은 현지국뿐만 아니라 회사의 경쟁우위에 기반한다. 회사와 현지국 모두 향유할만한 경쟁우위로는 무엇이 있는가?

4. **규모의 경제와 범위의 경제.** 규모의 경제와 범위의 경제가 MNE의 평균 비용을 줄인다고 인식된다. MNE는 잠재적 규모와 범위의 비경제를 피하기 위해서 과도한 확장을 피해야 하는가?

5. **본국시장의 경쟁력.** MNE가 수익성과 경쟁력을 제고시키는 방법 중 하나가 경쟁력 있는 국내시장에서 활동하는 것이다. 본국의 경쟁우위를 높일 수 있는 요소에는 무엇이 있는가?

6. **OLI 패러다임.** OLI 패러다임은 왜 MNE가 해외시장 진입의 대안으로 FDI를 선택하는지를 설명해준다. MNE의 금융전략이 어떻게 OLI 패러다임과 직접적으로 연결되는지 설명하라.

7. **OLI의 재무적 연계.** 재무전략은 OLI 패러다임과 직접적으로 연관되어 있다.
   a. 사전 재무전략이 어떻게 OLI와 연관되는지 설명하라.
   b. 사후 재무전략이 어떻게 OLI와 연관되는지 설명

하라.

8. **어디에 투자를 해야 하는가.** 해외 어디에 투자를 해야 하는지에 대한 결정은 행동 인자(behavioral factor)에 영향을 받는다.
   a. FDI의 행태적 접근방법을 설명하라.
   b. FDI에 대한 국제 네트워크 이론의 설명내용을 해설하라.

9. **해외 투자.** 한 회사의 신규 해외시장 투자와 생산운영 확장을 이끄는 요인에는 무엇이 있는가?

10. **라이선스 계약과 관리 계약 대 해외 생산.** 해외 생산과 비교했을 때 라이선스 계약과 관리 계약의 장단점은 무엇인가?

11. **해외시장의 MNE 진입.** MNE의 기술적 노하우에 대한 엄격한 통제를 요하는 최적의 해외시장 진입방식은 무엇인가? 설명하라.

12. **그린필드(개발 가능한) 투자 대 인수.** 표적시장의 현지 기업을 인수하는 것과 비교하여 해외 그린필드 직접 투자를 통해 해외시장을 운영하는 것의 장단점은 무엇인가?

13. **전략적 제휴.** 당사자들이 전략적 제휴를 구성하기 전에 고려해야 할 주요 장단점은 무엇인가?

14. **거버넌스 위험.** MNE가 새로운 국가로 확장함에 따라 생기는 통제위험을 다룰 수 있는 방법을 설명하라.

15. **유치국 정부의 투자 의무.** 유치국 정부들은 투자, 투자협정 그리고 투자 보험에 도움이 될 수 있도록 자주 투자 고문들과 함께한다. 각각의 문제에 대한 고문의 책임은 무엇인가?

16. **투자보험과 보증 : OPIC.** 다음 물음에 답하라.
   a. OPIC은 무엇인가?
   b. OPIC은 어떤 종류의 정치적 위험에 대처하기 위한 것인가?

17. **FDI 결정 이후의 운영 전략.** 다음의 운영 전략들은 정치적 위험으로 인한 피해를 줄일 수 있다고 여겨진다. 각각을 설명하고 각각 어떻게 피해를 감소시키는지 설명하라.

    a. 로컬 소싱

    b. 시설 입시

    c. 기술 통제

    d. 적은 자기자본기반

    e. 다중 자원(multiple-source) 대출

18. **정치적 위험.** 외국에 투자하기로 결정하기 전에 평가해야 하는 MNE의 거시적 · 미시적 정치적 위험에는 무엇이 있는가?

19. **자금 봉쇄.** MNE는 왜 이전 제한을 시행하는 나라에서 활동을 하며, 또 임박한 이전 위험(transfer risk)을 어떻게 관리할 수 있는가?

20. **국가 신용 위험.** 국가 신용 위험은 미시적 위험의 예인가, 거시적 위험의 예인가? 이것이 어떻게 MNE에 영향을 줄 수 있는가?

21. **시장 제도적 위험의 도래.** 신흥시장 경제가 주는 문화적 위험이 제도적 발전에 의해 줄어들 수 있다는 의견이 일반적이다. 이 의견에 동의하는지 동의하지 않는지 당신의 생각을 기술하라.

22. **MNE와 보호무역주의.** 다음 물음에 답하라.

    a. 개발도상국들이 국내시장을 보호하는 주요 이유가 무엇인가?

    b. 보호무역주의에 반하는 의견에는 무엇이 있는가?

    c. MNE가 보호받는 시장에서 활동하는 것이 바람직한가?

23. **정치적 위험.** MNE는 거시적, 즉 국가 특유 위험과 세계 정치적 위험 중 무엇을 더 걱정해야 하는가?

24. **정치적 위험의 완화.** MNE가 거시적, 즉 국가 특유 위험과 세계 정치적 위험 중 어떤 것을 관리하거나 완화하는 것이 더 실행 가능한지 설명하라.

25. **명성 위험.** MNE는 본국을 비롯한 전 세계 국가들의 현지 뇌물수수 금지법, 반미성년 노동법 그리고 부패방지법으로 인해 비윤리적인 거래가 금지되어 있다. 세계적 윤리의식의 향상됨에 따라 MNE는 부패에 취약한 공급자들에게 일감을 아웃소싱한다면 명성 위험을 키울 수 있다. MNE가 이러한 위험을 제어할 수 있는 방법을 논하라.

인터넷 문제

1. **국제 투명성 보고서.** Transparency International(TI)은 오늘날 비정부 부패척결 선두조직으로 많은 사람들에게 인정받고 있다. 최근 들어 TI는 개발현황을 분석하고 현재 진행 중인 문제들을 인식하며 개인과 조직에 잠재적 해법을 제시하는 그들만의 연간 조사를 소개했다. 이 분석의 한 차원은 Bribe Payers Index이다. TI의 웹사이트에 방문하여 Bribe Payers Index의 최신 버전을 살펴보자.

   Corruption Index   www.transparency .org/policy_research/surveys_indices/cpi

   Bribe Payers Index   www.transparency.org/policy_research/surveys_indices/bpi

2. **국가 신용등급 기준.** 신용위험 평가 그리고 세계채권시장에서 많은 수의 대출자들과 관련된 다른 유사한 위험에 대한 평가들도 국제적 위험평가를 위한 구조적 접근이 필요하다. 전 세계 주요 국가등급 평가(sovereign ratings)에 포함되어 있는 여러 위험들(로컬 통화위기, 채무불이행 위험, 통화위기, 이전 위험 등)을 구별하기 위해서 Standard and Poor's의 웹사이트를 이용하라. 그 웹페이지에는 설명이 깊이 있게 되어있다(아마 사이트

사용을 위해 무료 로그인을 해야 할 것이다).

Standard and   www.standardandpoors.com/
Poor's   ratings/sovereigns/ratings-list/en/

3. **Milken 자본접근 지수.** Milken Institute의 자본접근 지수(Capital Access Index, CAI)는 세계 자본시장에 MNE와 신흥시장 국가 정부가 얼마나 접근 가능한지를 평가하는 데 도움을 주는 지수 중 가장 최근의 것이다. 자본접근 지수에 따르면, 어느 나라가 지난 2년간 자본조달에 있어서 가장 큰 어려움을 겪었는가?

    Milken Institute   www.milken-inst.org

4. **해외민간투자공사.** 해외민간투자공사(OPIC)는 해외에 투자하는 미국 기업들에 장기의 정치적 위험 보험과 상환청구 프로젝트 파이낸싱 자원(recourse project financing)을 제공한다. 이 조직의 웹사이트를 이용해서 다음 물음에 답하라.

    a. 정확히 어떤 종류의 위험에 대해 해외민간투자공사는 보험을 제공할 것인가?

    b. 이 보험 보호에는 어떤 재정적 한계와 제한이 있는가?

    c. 해외민간투자공사의 커버리지 승인에 도움이 되기 위해서 프로젝트는 어떻게 구조화되어야 하는가?

    해외민간투자공사(OPIC)   www.opic.gov

5. **정치적 위험과 신흥시장.** 신흥시장의 현재 문제와 주제들을 세계은행의 정치적 위험 보험 블로그에서 찾아보라.

    Political Insurance Blog   blogs.worldbank.org/miga/
                                  category/tags/political-risk-
                                  insurance

제 18 장

다국적 자본예산과 해외인수

재무에 관한 한, 죄의 값에는 원천세가 없다는 것을 기억하라.

— Mae West(1892~1980), *Mae West on Sex, Health and ESP*, 1975

- 신규 해외 프로젝트를 평가하기 위해 국내 자본예산을 확장한다.
- 잠재적 해외투자에 관한 프로젝트의 관점과 모회사의 관점을 구분한다.
- 리스크 최소화를 위해 해외 프로젝트의 자본예산 분석을 조정한다.
- 자금을 모으고 규모가 큰 글로벌 프로젝트를 평가하기 위해 프로젝트 금융의 사용을 검토한다.
- 해외 인수합병의 원칙을 소개한다.

이 장은 보편적으로 다국적 자본예산이라 불리는 외국에서의 실제 생산자산 투자와 관련한 여러 문제와 원칙들을 자세히 다룬다. 이 장에서는 첫째, 해외 프로젝트 예산편성의 복잡성에 대해 설명한다. 둘째, Cemex of Mexico의 인도네시아 투자와 관련된 구체적인 예시를 사용하여 **프로젝트의 관점과 모회사의 관점**에서 프로젝트를 평가하며 도출되는 통찰력에 관해 다룬다. 이 사례는 또한 **실물옵션 분석** 내용도 포함하고 있다. 그다음으로 오늘날 이루어지고 있는 **프로젝트 금융** 사용이 논의될 것이며, 마지막 부분은 해외인수 단계에 대해 설명할 것이다. 이 장은 2013년 여름에 행해진 적대적 인수합병 시도에 관한 Elan과 Royalty Pharma의 사례로 마무리된다.

특정 국가에 투자를 하기로 한 원래의 결정이 여러 전략적, 행동적, 경제적 요인을 종합하여 이루어졌다 하더라도, 모든 재투자 결정이 그러하듯 구체적인 프로젝트는 전통적인 재무분석에 의해 정당화되어야 한다. 예를 들어, 생산의 효율화 기회는 미국 기업들이 해외에 투자할 수 있도록 존재할지 모르나 공장의 종류와 자본 및 노동자의 배합, 장비의 종류, 자금조달 방법, 그 외 프로젝트의 다양성은 전통적인 현금흐름 할인법으로 분석되어야 한다. 또한 기업 순이익과 타국에 있는 자회사로부터의 현금흐름, 모회사의 시장 가치와 관련하여 해외 개발사업이 미칠 영향을 고려해야 한다.

해외 프로젝트를 위한 다국적 자본예산은 몇몇 중요한 차이를 제외하면 기본적으로는 국내 자본예산과 같은 이론적 체계를 사용한다. 기초적인 단계는 다음과 같다.

- 초기 투자 자본을 확보한다. 아니면 위험에 처할 것이다.
- 투자의 종가 혹은 잔존가액 추정치를 포함하여 프로젝트가 진행됨에 따라 발생될 현금흐름을 추정한다.
- 예상되는 현금흐름의 현재 가치를 결정할 수 있는 적절한 할인율을 정한다.
- 잠재적 프로젝트들을 평가하고 순위를 매기기 위하여 순현재가치(net present value, NPV)나 내부수익률(internal rate of return, IRR)과 같은 전통적인 자본예산법을 사용한다.

해외 프로젝트 예산편성의 복잡성

해외 프로젝트의 자본예산은 국내의 경우보다 상당히 더 복잡하다. 더 큰 복잡성을 야기하는 요인을 크게 두 가지 범주로 나눠보면 현금흐름과 관리적 기대이다.

현금흐름

- 모회사의 현금흐름은 프로젝트의 현금흐름과 구분되어야 한다. 이 두 가지 유형의 흐름은 각각 다른 가치관에 기여한다.
- 모회사의 현금흐름은 주로 자금조달의 형태에 달려있다. 그러므로 국내 자본예산과는 달리 해외 활동은 자금조달 결정으로부터 현금흐름을 명확히 분리할 수 없다.
- 해외 자회사의 새로운 투자에 의해 생겨난 추가적인 현금흐름은 최종적으로 프로젝트가 한 자회사의 관점에서만 이익이고 세계적인 현금흐름에는 아무 도움도 되지 않으며, 그저 다른 자회사로부터 부분이나 전체를 가져온 것일지도 모른다.
- 자회사는 국가마다 상이한 세금 체계와 자금 이동에 대한 법적/정치적 제약, 현지 비즈니스 규범, 금융시장과 각종 제도의 기능 차이 때문에 자금 송금에 대해 명확하게 알고 있어야 한다.
- 비금융 결제는 라이선스 사용료 지불과 자회사로부터의 수출비용 지불 등을 포함해 자회사로부터 모회사로 현금흐름을 만들어낼 수 있다.

관리적 기대

- 경영자들은 경쟁 입지의 변화를 야기하며 결국 시간이 지남에 따라 현금흐름을 변화시킬 수 있는 잠재 가능성 때문에 상이한 인플레이션율을 예상해야 한다.
- 경영자들은 현지시장의 현금흐름의 가치에 미치는 직접적인 영향 때문에 예상치 못한 환율변화의 가능성을 염두에 두어야 한다.
- 분할된 국가 자본시장의 사용은 차익 거래 수익의 기회를 만들거나 추가적인 금융비용을 발생시킬

것이다.

■ 유치국 정부 대출 보조금의 사용은 자본 구조와 모회사의 할인을 목적으로 한 적절한 가중평균 자본비용을 결정할 수 있는 능력 등 양자 모두를 복잡하게 만든다.

■ 경영자는 정치적 위험을 반드시 평가해야 한다. 정치적 사건은 예상한 현금흐름의 가치나 유효성을 급격히 줄일 수도 있기 때문이다.

■ 종가는 유치국이나 모회사, 제3국 혹은 개인이나 공공 부문의 잠재적인 구매자가 프로젝트 가치에 대해 광범위하게 서로 다른 관점을 가지고 있을 수 있기 때문에 측정하기 더욱 어렵다.

똑같은 이론적 자본예산 체계가 서로 경쟁하고 있는 국내외 프로젝트를 선택하는 데 적용되기 때문에 공통 기준이 있다는 것은 매우 중요하다. 그러므로 모든 국외 문제의 복잡성은 예상 현금흐름이나 할인율의 조정을 통해 정확히 정의되어야 한다. 실제로 많은 기업들이 독단적으로 조정하긴 하지만, 쉽게 이용 가능한 정보나 이론적인 공제액 혹은 당연한 상식에 따라 독단적인 행동을 줄일 수 있고 더욱 합리적인 선택을 하게 만든다.

프로젝트 대 모회사의 평가

도표 18.1에 묘사된 것과 같이 해외직접투자를 고려해보자. 미국의 다국적 기업은 국외에 있는 해외 프로젝트에 자본을 투자하고 그 결과는 시간이 흘러 나타난다. 다른 모든 투자와 마찬가지로, 국내적으로나 세계적으로나 투자 수익률은 모회사의 성과를 기초로 발생한다. 초기 투자는 모회사 국가 혹은 해당 국가의 통화로 이루어졌다고 가정하면, 미국 달러는 도표에서 보여지는 것처럼 시간이 흘러 발생되는 수익이 평가를 위해 투자한 것과 같은 통화로 명시되어야 한다.

한 가지 강력한 이론적 논쟁이 모회사의 관점에서 해외 프로젝트를 분석하는 것과 관련하여 많은 지

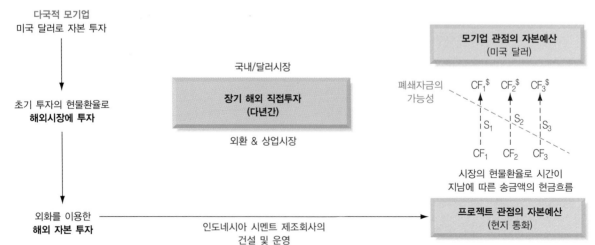

도표 18.1 다국적 자본예산 : 프로젝트와 모회사의 관점

지를 받고 있다. 모회사로의 현금흐름은 궁극적으로 주주 배당금과 세계 다른 곳에 대한 재투자, 회사 채무 이행, 회사의 많은 이익집단에 영향을 미치는 다른 목적에 근거한다. 그러나 모회사나 자매 자회사들에 유입되는 프로젝트 현금흐름의 대부분은 영업 현금흐름이라기보단 재무 현금흐름으로, 모회사의 관점은 자본예산의 기본 개념을 훼손한다. 다시 말해, 재무 현금흐름은 영업 현금흐름과 섞여서는 안 된다. 이들 두 가지는 거의 유사하기 때문에 보통 그 차이는 중요하지 않다. 하지만 몇몇 경우 이러한 현금흐름엔 분명한 차이가 존재할 것이다. 예를 들어 일시적으로 송환이 봉쇄되거나 강제로 재투자된 자금은 주주의 배당금이나 모회사의 분할상환금으로 이용이 불가능하다. 그러므로 주식 보유자들은 동결수익이 기업가치에 기여하는 것을 인지하지 못할 것이고, 채권자들은 이자 보상률을 계산하고 다른 채무권리금 상환 능력을 측정할 때 이러한 자금 사용을 기대하지 않을 것이다.

현지 관점에서 프로젝트 평가(**프로젝트 관점**)는 몇 가지 유용한 목적에도 부합한다. 해외 프로젝트의 실적을 평가할 때 같은 현지국에 있는 경쟁 프로젝트의 잠재 가능성과 관련하여, 현지 수익에 주의를 기울여야 한다. 만약 현지국 채권을 위한 자유시장이 존재한다면 거의 어떤 프로젝트든지 최소한 프로젝트의 경제 수명과 동일한 만기일까지 현지국 채권에서 이용 가능한 수익률과 동일한 현금 수익률을 낼 수 있어야 한다. 유치국의 채권은 보통 예상 인플레이션율과 동일한 프리미엄을 포함한 현지 시장의 무위험 수익률을 반영한다. 만약 프로젝트가 채권 수익률보다 더 큰 수익을 내지 못한다면 모회사는 더 위험한 프로젝트에 투자하기보단 유치국의 채권을 사야 한다.

다국적 기업은 현지 경쟁사들이 같은 프로젝트로 얻을 수 있는 것보다 더 큰 위험조정 수익을 얻을 수 있을 때만 투자해야 한다. 만일 해외 프로젝트에서 더 우세한 수익률을 내지 못한다면 주주들은 가능한 현지 기업의 주식을 사서 현지 프로젝트를 수행 하도록 하는 것이 더 좋을 것이다. 이런 이론적인 논쟁을 제외하고 지난 40년 동안 진행된 조사에서는 실제로 다국적 기업이 계속해서 모회사와 프로젝트의 관점에서 해외 투자를 평가하고 있다는 것을 보여준다.

여러 연구에 따르면 프로젝트 수익률에 대한 관심은 상장기업의 기업재무 목표로 보고된 주당 수익 극대화에 대한 강조를 반영한다. 공공 투자자들이 재무성과를 거의 보지 못한다는 것을 감안하면 비상장 회사 또한 통합 실적을 강조하는지는 확실치 않다. 제11장에서 설명한 재무제표 통합 관례는 해외 프로젝트 현금흐름과 수익률, 자산을 마치 모회사에 '반환된' 것처럼 재측정한다. 해외 수익이 봉쇄되어 있지 않는 한 남아있는 자회사들과 모회사의 수익과 함께 통합될 수 있다.[1] 일시적 자금 봉쇄의 경우일지라도 원숙한 다국적 기업들 중 일부는 재정적 고려에서 프로젝트를 배제시킬 필요가 없다. 그들은 세계의 비즈니스 기회를 장기적 관점에서 바라본다.

만약 자금이 봉쇄된 국가에서 재투자 기회가 최소한 예상 환율을 적용했을 때 모회사의 요구수익률과 동일하다면 미래 프로젝트의 현금흐름은 강제적 재투자 수익률에 의해 증가할 것이기 때문에 일시

---

[1] 미국 기업들은 지분을 50% 이상 소유한 해외 자회사의 재무제표를 반드시 통합해야 한다. 만약 모회사가 지분의 20~49%까지 소유하고 있는 회사라면 계열회사라고 부른다. 계열회사는 모회사의 소유주과 함께 비례적으로 배분하여 통합된다. 모회사가 20% 미만으로 소유하고 있는 자회사들에는 보통 통합되지 않는 투자가 행해진다.

적 송금 차단은 아마도 자금예산 결과에 실질적으로 거의 영향을 미치지 않을 것이다. 대형 다국적 기업들이 국내외 프로젝트 목록을 가지고 있기 때문에 프로젝트들이 거의 자금을 봉쇄하지 않는다면 기업 유동성은 악화되지 않는다. 대체 자금을 계획한 자금 사용에 이용할 수 있기 때문이다. 더 나아가 자금 봉쇄에 대한 장기적인 역사적 관점은 자금은 결코 영구적으로 봉쇄되지 않는다는 신념을 지지해 준다. 그러나 그런 자금이 풀리기를 기다리는 것은 답답한 일이며, 적어도 실질 단위의 가치를 부분적으로나마 보호하기 위해 유치국에 재투자를 해도 가끔씩 자금 봉쇄는 인플레이션이나 예상치 못한 환율 악화 때문에 그 가치를 잃어버린다.

결론적으로 대부분의 기업들은 해외 프로젝트를 모회사와 프로젝트 관점에서 모두 평가하는 것으로 나타났다. 모회사의 관점은 자본예산 이론상 전통적인 순현재가치의 의미에 더 가까운 결과를 내지만 위에서 설명했듯이 실제로는 거의 그렇지 않다. 프로젝트 평가는 연결 재무제표 주당수익률에 대한 효과를 추정한 근사치를 제공해주며, 이는 조사에 따르면 실무를 담당하는 경영자들의 주요 관심사이다. 다국적 자본예산이 보여주는 해외 복잡성을 설명하기 위해 이 책은 인도네시아 Cemex를 통해 가상의 시장 추구적인 해외직접투자에 관해 분석하고 있다.

예시 사례 : Cemex, 인도네시아에 진출하다[2]

멕시코의 시멘트 회사인 Cemex는 수마트라라는 인도네시아 섬에 시멘트 제조 공장 건설을 고려 중이다. Semen Indonesia 프로젝트('semen'은 인도네시아어로 '시멘트'라는 뜻이다)는 전체 설립투자 비용이 연간 200만 톤(mmt/y)인 완전소유 신규설립 투자이다. 아시아의 생산 기준으로 보면 큰 규모이겠지만 Cemex는 최신 시멘트 제조기술은 이 정도 생산 공장 규모일 때 가장 효과적일 것이라고 믿는다.

Cemex가 이 프로젝트를 진행하는 세 가지 강력한 이유가 있다. (1) 회사는 Cemex에 비교적 새로운 시장인 동남아시아 지역에 자기 소유의 생산 설비를 설립하고 싶어 한다. (2) 아시아의 사회기반 시설의 발전과 성장에 대한 장기적인 전망은 시간이 지날수록 매우 긍정적으로 나타나고 있다. (3) 최근 몇 년간 인도네시아 루피아(IDR 혹은 Rp)의 통화가치가 하락한 결과 수출제품 생산부지로서 인도네시아에 관한 긍정적인 시각이 나타나고 있다.

세계에서 세 번째로 큰 시멘트 제조회사인 Cemex는 신흥시장에 본사를 두었으나 글로벌 무대에서 경쟁하고 있는 다국적 기업이다. 이 기업은 기업 점유율과 자산 모두를 위해 글로벌 시장에서 경쟁한다. 석유와 같은 다른 상품시장과 같이 국제 시멘트 시장은 달러 기준 시장이다. 이러한 이유로 그리고 독일과 스위스에 있는 주요 경쟁사들과의 비교를 위해서 Cemex는 달러를 회사의 법화로 책정한다.

Cemex의 주식은 멕시코시티와 뉴욕(OTC: CMXSY)에 상장되어 있다. 기업은 미국 달러로 멕시코 밖에서 성공적으로 부채와 자기 자본을 포함한 자금을 키워왔다. 총교역량 대비 빠르게 오르고 있

---

[2] Cemex는 실제 기업이다. 그러나 여기에서 설명하는 신규설립 투자는 가정된 것이다.

는 미국 주식 거래량과 함께 기업의 투자자 기반은 점점 더 글로벌화되고 있다. 그 결과 기업의 비용과 자본 이용 가능성은 세계화되었고 미국 달러 투자자들이 대부분을 차지하고 있다. 궁극적으로 Semen Indonesia 프로젝트는 현금흐름과 자본 비용 모두 미국 달러로 평가될 것이다.

개요

인도네시아 Cemex의 잠재적 투자를 분석하는 첫 번째 단계는 Semen Indonesia를 위한 재무제표 서식을 모두 인도네시아 루피아(IDR)로 만드는 것이다. 그다음 단계는 프로젝트 관점과 모회사 관점에서 2개의 자본예산을 창출하는 것이다. Semen Indonesia는 첫해에 실질적인 생산공정을 시작하는 것을 포함해 공장을 세우는 데 1년밖에 걸리지 않을 것이다. 인도네시아 정부는 최근에 들어와서야 해외 소유를 허락하기 위해 중공업에 대한 규제를 철폐했다.

이런 분석은 모두 구매력평가(PPP)가 인도네시아 프로젝트의 수명을 위해 루피아의 달러 교환 환율을 고려한다는 가정하에 시행된다. 이것은 Cemex가 해외 투자를 위해 만든 표준 재무 가정이다. 그러므로 만일 처음 현물환율이 Rp10,000/$이고 인도네시아와 미국의 인플레이션율이 각각 연 30%와 3%라고 가정한다면 프로젝트의 수명에 따라 예상되는 현물환율은 통상적인 구매력평가 계산법을 따른다. 예를 들면 첫해 프로젝트의 예상된 환율은 다음과 같을 것이다.

$$\text{현물환율(첫해)} = \text{Rp10,000/US\$} \times \frac{1 + .30}{1 + .03} = \text{Rp12,621/US\$}$$

도표 18.2~18.5에서 보여주는 재무제표는 이 가정에 기초한다.

자본 투자. 공업국 어디서든 새 시멘트 제조 역량을 구축하는 비용이 현재 설비용량의 약 $150/톤으로 측정됨에도 불구하고 Cemex는 수마트라에 약 $110/톤로 최첨단 생산과 운반설비를 지을 수 있다고 믿었다(도표 18.2를 보라). 연간 2,000만 톤(mmt/y)의 용량과 Rp10,000/$인 당해년도 평균 환율을 가정해보자. 이 비용은 Rp22조(22억 달러)의 투자로 추정될 것이다. 이 모형은 만일 10년의 선행적인 통화가치 하락이 예정된다고 가정한다면 Rp1조 7,600억의 감가상각비 증가를 낳는 공장과 장비에 대한 Rp17조 6,000억 투자를 포함한다. 비교적 짧은 예정된 통화가치 하락은 해외 투자를 끌어들이기 위한 인도네시아 관세정책 중 하나이다.

자금조달. 이 거대한 투자의 50%는 Cemex의 순자산으로, 75%는 Cemex에서 그리고 25%는 인도네시아 정부가 체결한 은행 컨소시엄으로 이루어진 50%의 부채로 구성하여 출자될 것이다. Cemex가 소유한 미국 달러 기반의 가중평균 자본비용(WACC)은 현재 11.98%로 산정되었다. 루피아를 사용하는 현지 인도네시아 수준에서 프로젝트 그 자체의 WACC는 33.257%로 산정되었다. 이 계산의 세부사항에 관해서는 이 장의 뒷부분에서 논의된다.

달러표시 기준의 융자금은 구매력평가와 각각 연 3%와 30%인 미국 달러와 인도네시아의 인플레이션율을 가정할 때 해당 기간 동안 루피아 단위로 표기된다. 채무상환기간을 포함한 명확한 부채구조는

| 도표 18.2 | Semen Indonesia 프로젝트의 투자와 자금조달(000년도) |

투자

투자		자금조달	
환율, Rp/$	10,000	순수자본	11,000,000,000
설비용량비용($/톤)	$110	채무 :	11,000,000,000
설비용량	20,000	루피아 채무	2,750,000,000
달러 투자액	$2,200,000	루피아로 환전한 달러 채무	8,250,000,000
루피아 투자액	22,000,000,000	총액	22,000,000,000
공장장비 투자비율	80%		
공장과 장비(000s Rp)	17,600,000,000	주의 : 달러 채무 원금	$825,000
자본설비의 감가상각(년)	10.00		
연간 감가상각(백만)	(1,760,000)		
자본비용 : Cemex(멕시코)			
무위험이자율	6.000%	Cemex 베타	1.50
신용거래 할증료	2.000%	주식위험 프리미엄	7.000%
채무액수	8.000%	순자본비용	16.500%
법인소득세율	35.000%	순자본율	60.0%
세후 채무액수	5.200%	WACC	11.980%
부채 비율	40.0%		
자본비용 : Semen Indonesia(인도네시아)			
무위험이자율	33.000%	Semen Indonesia 베타	1.000
신용거래 할증료	2.000%	주식위험 프리미엄	6.000%
루피아 채무액수	35.000%	순자본비용	40.000%
인도네시아 법인소득세율	30.000%	순자본율	50.0%
세후 달러 채무액수	5.200%	WACC	33.257%
루피아 액수를 달러로 환산한 부채	38.835%		
루피아 액수를 달러로 환산한 세후 부채액수	27.184%		
부채율	50.0%		

미국 달러 대출 비용은 그 기간 동안 구매력평가와 미국 및 인도네시아 인플레이션율이 각각 3%라는 가정하에 루피아 단위로 명시되어 있다.

Semen Indonesia(Rp)	액수	자금조달 비율	비용	세후 비용	부품비
루피아 대출	2,750,000,000	12.5%	35.000%	24.500%	3.063%
Cemex 대출	8,250,000,000	37.5%	38.835%	27.184%	10.194%
총 채무액	11,000,000,000	50.0%			
순자산	11,000,000,000	50.0%	40.000%	40.000%	20.000%
총자본조달금	22,000,000,000	100.0%		WACC	33.257%

도표 18.3에 나와있다. 정부의 경제발전 인센티브 프로그램의 일환으로서 인도네시아 정부가 주관한 대출은 연 이자율 35%의 루피아로 전부 분할상환하는 8년 대출이다. 이자 지불은 조세채무와는 달리

도표 18.3	Semen Indonesia의 채무 원리금 상환 일정표와 외환손익					

현물환율(Rp/$)	10,000	12,621	15,930	20,106	25,376	32,028
프로젝트 해	0	1	2	3	4	5
인도네시아의 대출 @ 8년간 35%(수백만 루피아)						
대출 원금	2,750,000					
이자 납입		(962,500)	(928,921)	(883,590)	(822,393)	(739,777)
원금 납입		(95,939)	(129,518)	(174,849)	(236,046)	(318,662)
총액 납입		(1,058,439)	(1,058,439)	(1,058,439)	(1,058,439)	(1,058,439)
Cemex 대출 @ 5년간 10%(수백만 달러)						
대출 원금	825					
이자 납입		($82.50)	($68.99)	($54.12)	($37.77)	($19.78)
원금 납입		($135.13)	($148.65)	($163.51)	($179.86)	($197.85)
총액 납입		($217.63)	($217.63)	($217.63)	($217.63)	($217.63)
Rp로 바뀐 Cemex 대출의 예정 및 현재 현물환율(수백만 Rp) :						
Rp10,000/$ 예정 :						
이자 납입		(825,000)	(689,867)	(541,221)	(377,710)	(197,848)
원금 납입		(1,351,329)	(1,486,462)	(1,635,108)	(1,798,619)	(1,978,481)
총액 납입		(2,176,329)	(2,176,329)	(2,176,329)	(2,176,329)	(2,176,329)
실제 금액(현재 현물환율) :						
이자 납입		(1,041,262)	(1,098,949)	(1,088,160)	(958,480)	(633,669)
원금 납입		(1,705,561)	(2,367,915)	(3,287,494)	(4,564,190)	(6,336,691)
총액 납입		(2,746,823)	(3,466,864)	(4,375,654)	(5,522,670)	(6,970,360)
Cemex의 Rp 현금흐름(수백만 Rp) :						
총실제 현물환율	8,250,000	(2,746,823)	(3,466,864)	(4,375,654)	(5,522,670)	(6,970,360)
현금흐름의 IRR	38.835%					
Cemex 대출의 환차익(손)(수백만 Rp) :						
이자 환차익(손)		(216,262)	(409,082)	(546,940)	(580,770)	(435,821)
원금 환차익(손)		(354,232)	(881,453)	(1,652,385)	(2,765,571)	(4,358,210)
부채 총환차손		(570,494)	(1,290,535)	(2,199,325)	(3,346,341)	(4,794,031)

인도네시아 자회사에 해준 Cemex의 대출은 미국 달러로 액수가 매겨졌다. 그러므로 대출은 루피아가 아닌 미국 달러로 상환돼야 한다. 차관계약서를 쓸 당시 현물환율이 Rp10,000/$이다. 이 가정은 예정된 원리금의 상환을 루피아로 계산할 때 쓰인다. 그러나 루피아는 구매력평가에 의하면 가치 하락될 것으로 예상된다. 원금이 상환될 때 실질적인 환율은 원금과 이자 상환을 위한 미국 달러를 얻기 위해 더 많은 루피아가 필요할수록 환차손을 키운다. 채무 상환 시의 환차손은 인도네시아 손익계산서에 나타난다.

전면 세금공제될 수 있다.

그러나 부채의 대부분은 모회사인 Cemex로부터 온다. 자금조달 자회사로부터 자본을 모은 후 Cemex는 Semen Indonesia에 자본을 다시 빌려줄 것이다. 대출은 5년 만기에 연 이자율 10%로 미국 달러로 액수가 매겨진다. 부채는 인도네시아 기업의 루피아 수익으로 상환될 것이기 때문에 예상 달러 채무의 상환 비용이 회사의 손익계산서 서식에 포함될 수 있도록 재무제표 서식이 구성된다. 만일 루피아가 구매력평가의 예측을 따른다면 달러 대출은 루피아 단위로 세금 공제 전에 38.835%라는 효과적인 이자를 수반할 것이다. 이 비율은 전액 루피아로 달러 대출을 상환할 경우 결정되는 내부수익률에 의해 알 수 있다(도표 18.3 참조).

　　인도네시아 자회사로 Cemex가 제공한 대출은 미국 달러로 액수가 매겨졌다. 그러므로 대출은 루피아가 아닌 미국 달러로 상환되어야 할 것이다. 차관 계약 시 현물환율은 Rp10,000/$이다. 이것은 예정된 원리금 상환을 루피아로 계산할 때 쓰여진 가정이다. 그러나 구매력평가에 의하면 루피아는 일직선 모양의 가치 하락을 보일 것으로 예상된다. 그리고 다시 상환될 때 '실질적인' 환율은 채무 원리금 상환을 위한 미국 달러를 구하기 위해 더 많은 루피아가 필요할수록 환차손을 증가시킬 것이다. 채무상환의 환차손은 인도네시아 손익계산서에 나타날 것이다.

수익. 인도네시아의 기존 시멘트 제조공장과 아시아 위기로 인한 불황을 고려하면 모든 매출은 수출에 기반한다. 20mmt/y의 제조시설은 단지 40%의 능률을 이용해 가동시킬 것으로 기대한다(800만 미터 톤을 생산하며). 생산된 시멘트는 수출시장에 $58/톤(운송된다)로 팔린다. 또한 최소한 보수적인 기준치 분석에서 시간이 지날수록 받는 가격이 오르지 않는다고 가정한다는 점도 기억하라.

비용. 시멘트 제조 비용(인력, 원자재, 전력 등)은 연간 30% 정도로 인플레이션율이 높아지며 1년에 톤당 Rp115,000로 추정된다. 연간 톤당 Rp20,000의 추가적인 생산 비용 또한 인플레이션율을 높일 것으로 추정된다. 모든 수출 생산품에 따른 결과로 $2.00/톤의 대출금과 $10.00/톤의 운송비가 포함되어야 한다. 이런 비용들은 미국 달러로 표기된다는 것과 Semen Indonesia의 손익계산서를 위해 루피아 단위로 환산해야 한다는 점에 유의하라. 선적과 운송비용 모두 달러로 표시된 계약에 의해 관리되는 국제 서비스이기 때문에 이것은 사실이다. 그 결과 선적과 운송비용은 미국 달러 인플레이션율(3%)에 한해서 시간이 지날수록 상승할 것으로 기대된다.

　　Semen Indonesia의 손익계산서 서식은 도표 18.4에 나타나있다. 이것은 국내외를 포함해 어떤 기업이든지 그 수익성을 측정하는 전형적인 재무제표이다. 기준치 분석은 첫해의 이용률이 단 40%이고, 두 번째 해에는 50%, 그다음 해에는 60%라고 가정한다. 경영진은 국내에 있는 시멘트 제조공정이 단지 평균 40%의 능률밖에 내지 못했기 때문에 이러한 흐름은 불가피하다고 믿는다.

　　현행 기간 손실의 결과인 세금 공제는 내년도 조세 채무로 차기 이월된다. 배당금은 손실에 따른 결과로 운영 첫해에는 배분되지 않으며 2~5년 동안 50%의 비율로 배분된다.

　　재무분석 서식에서 추가 지출은 자회사가 매출의 2.0%를 모회사에 지불한 라이선스 비용과 연간 8.0%의 인도네시아에서의 운영을 위한 일반 경비 및 관리비(매년 1%씩 증가)를 포함한다. 외환손익은 모회사로부터 발행된 미국 달러로 액수가 매겨진 채무 상환과 관련이 있으며 도표 18.3의 하단에 나와 있다. 요약하면, 자회사의 운영은 시간이 지남에 따라 설비가동률과 함께 수익률을 증가시키며, 운영

도표 18.4	Semen Indonesia의 손익계산서 양식(수백만 루피아)					
환율(Rp/$)	10,000	12,621	15,930	20,106	25,376	32,028
프로젝트 해	0	1	2	3	4	5
판매량		8.00	10.00	12.00	12.00	12.00
판매가격(US$)		58.00	58.00	58.00	58.00	58.00
판매가격(Rp)		732,039	923,933	1,166,128	1,471,813	1,857,627
총수익		5,856,311	9,239,325	13,993,541	17,661,751	22,291,530
현금비용 절감		(920,000)	(1,495,000)	(2,332,200)	(3,031,860)	(3,941,418)
간접생산비용 절감		(160,000)	(260,000)	(405,600)	(527,280)	(685,464)
매입 수수료 절감		(201,942)	(328,155)	(511,922)	(665,499)	(865,149)
배송비용 절감		(1,009,709)	(1,640,777)	(2,559,612)	(3,327,495)	(4,325,744)
총생산비		(2,291,650)	(3,723,932)	(5,809,334)	(7,552,134)	(9,817,774)
매상 총이익		3,564,660	5,515,393	8,184,207	10,109,617	12,473,756
매상 총수익		*60.9%*	*59.7%*	*58.5%*	*57.2%*	*56.0%*
라이선스 비용 절감		(117,126)	(184,787)	(279,871)	(353,235)	(445,831)
일반 & 관리비 절감		(468,505)	(831,539)	(1,399,354)	(1,942,793)	(2,674,984)
EBITDA		(2,979,029)	(4,499,067)	(6,504,982)	(7,813,589)	(9,352,941)
감가상각 절감		(1,760,000)	(1,760,000)	(1,760,000)	(1,760,000)	(1,760,000)
EBIT		1,219,029	2,739,067	4,744,982	6,053,589	7,592,941
Cemex 채무 이자 절감		(825,000)	(689,867)	(541,221)	(377,710)	(197,848)
채무 환차손		(570,494)	(1,290,535)	(2,199,325)	(3,346,341)	(4,794,031)
지역 채무 이자 절감		(962,500)	(928,921)	(883,590)	(822,393)	(739,777)
EBT		(1,138,965)	(170,256)	(1,120,846)	(1,507,145)	(1,861,285)
수입세 절감(30%)		–	–	–	(395,631)	(558,386)
순이익		(1,138,965)	(170,256)	1,120,846	1,111,514	1,302,900
순이익(수백만 달러)		(90)	(11)	56	44	41
매출 이익률		*−19.4%*	*−1.8%*	*8.0%*	*6.3%*	*5.8%*
분배 배당금		–	–	560,423	555,757	651,450
유보이익		(1,138,965)	(170,256)	560,423	555,757	651,450

EBTA = 이자 및 세금, 감가상각비 전 이익(earnings before interest, taxes, depreciation, and amortization)

EBIT = 이자 및 세금 전 이익(earnings before interest and taxes)

EBT = 세금 전 이익(earnings before taxes)

현행 기간의 손실의 결과인 세금 공제는 내년의 조세 채무로 차기 이월된다. 배당금은 손실의 결과로 운영 첫해에는 배분되지 않으며 2000~2003년에 50%의 비율로 배분된다.

모든 계산은 정확하지만 소수 자리 때문에 더해지지 않은 것처럼 보일 수도 있다. 3년차 세납금은 0원이며 전년도의 이월결손금의 결과로 4년차에는 30%보다 낮다.

4년차에는 영리회계로 돌아설 것으로 기대된다.

인도네시아 자회사에 대한 Cemex의 대출은 미국 달러로 액수가 매겨졌다. 그러므로 대출은 루피아가 아닌 미국 달러로 상환되어야 할 것이다. 차관 계약 시 현물환율은 Rp10,000/$이다. 이것은 예정된 원리금의 상환을 루피아로 계산할 때 쓰여진 가정이다. 그러나 구매력평가에 의하면 루피아는 일직선 모양으로 가치 하락을 보일 것으로 예상된다. 그리고 다시 상환될 때 '실질적인' 환율은 채무 원리금 상환을 위한 미국 달러를 얻기 위해 더 많은 루피아가 필요할수록 환차손을 증가시킬 것이다. 채무상환의 환차손은 인도네시아 손익계산서에 나타날 것이다.

현행 기간 손실의 결과인 세금 공제는 내년도 조세 채무로 차기 이월된다. 배당금은 손실에 따른 결과로 운영 첫해에는 배분되지 않으며 2000~2003년에 50%의 비율로 배분된다. 모든 계산은 정확하지만 소수 자리 때문에 더해지지 않은 것처럼 보일 수도 있다. 3년차 세납금은 0원이며 전년도 이월결손금의 결과로 4년차에는 30%보다 낮아진다.

프로젝트 관점의 자본예산

프로젝트 관점에서 Semen Indonesia 프로젝트의 자본예산은 도표 18.5에 나타나있다. EBITDA(이자와 세금, 감가상각 전의 수익)와 재산출된 세금, 순운전자본의 변화(수취계정의 순부가세와 재고자산, 매출성장을 지원하기 위해 필요한 채무의 합), 자본투자 등을 합하면 잉여 **현금흐름**이라 불리는 순현금흐름이 발생한다.

EBT가 아닌 통화가치 하락과 이자지출 모두를 포함하는 EBIT가 자본예산에 사용된다는 점을 명심하라. 감가상각은 기업의 비현금 비용이며 따라서 긍정적인 현금흐름에 기여한다. 왜냐하면 자본예산은 할인율로 인해 현재가치로 할인될 현금흐름을 만들어내고 할인율은 부채비용, 즉 두 번이나 빼고 싶지 않은 이자를 포함하고 있기 때문이다. 그러므로 세금은 EBIT에 기초하여 재산출된다.[3] 할인에 사용되는 기업의 자본비용 또한 계산 시 채무 이자의 공제 가능성을 포함한다.

Rp22조의 초기 투자는 이런 수익을 지원하기 위해 투자된 총자본이다. 수취계정은 평균 50~55번 정도의 매출채권 회전율(DSO)을 보이며 재고자산은 평균 65~70번 정도의 DSO를 가지지만, 채무와 기업 간 신용 또한 인도네시아 시멘트 산업에서 114 DSO로 비교적 길다. Semen Indonesia는 매출성장 투자에 약 15 순DSO를 추가할 예정이다. 프로젝트 관점의 자본예산을 완성시키는 데 남은 요소들은 종가(아래에서 논의됨)와 33.257%의 할인율(기업의 가중평균 자본비용)이다.

종가. 프로젝트의 종가(terminal value, TV)는 5년 뒤부터 연간 시멘트 생산공장의 지속적 가치를 나타내며, 마지막 해(year 5)의 자세한 재무분석표는 도표 18.5에 나타나있다. 재무이론에 따르면 다른 모든 자산가치와 마찬가지로 이 가치는 수익 예정 자산의 모든 미래 잉여 현금흐름의 현재가치이다. TV는 Semen Indonesia가 다섯 번째 해에 생산하는 종신 순영업현금흐름(NOCF)과 그 순영업현금흐름의 추정 성장률(g) 그리고 기업의 가중평균 자본비용(k_{WACC})의 현재가치로 계산된다.

---

[3] 이것은 손익계산서와 자본예산 간의 차이를 가장 뚜렷하게 보여준다. 프로젝트의 손익계산서는 이자지출에 따른 결과로 처음 2년간 운영의 손해를 보여주며 환차손을 예측하고, 그래서 세금을 내지 않는다. 그러나 EBIT에 기초하여 만들어진 자본예산은 자본조달과 환율비용 전에 양(+)의 세납금을 계산한다.

도표 18.5	Semen Indonesia 자본예산 : 프로젝트 관점(수백만 루피아)					

환율(Rp/$)	10,000	12,621	15,930	20,106	25,376	32,028
프로젝트 해	0	1	2	3	4	5
EBIT		1,219,029	2,739,067	4,744,982	6,053,589	7,592,941
재정산된 적은 세금 @ 30%		(365,709)	(821,720)	(1,423,495)	(1,816,077)	(2,277,882)
가치 하락 추가		1,760,000	1,760,000	1,760,000	1,760,000	1,760,000
순영업현금흐름		2,613,320	3,677,347	5,081,487	5,997,512	7,075,059
순운전자본(NWC)의 변화 공제		(240,670)	(139,028)	(195,379)	(150,748)	(190,265)
초기 투자	(22,000,000)					
종가						21,274,102
잉여 현금흐름(FCF)	(22,000,000)	2,372,650	3,538,319	4,886,109	5,846,764	28,158,896
NPV @ 33.257%	(7,606,313)					
IRR	19.1%					

NWC = 순운전자본(net working capital), NPV = 순현재가치(net present value). 할인율은 Semen Indonesia의 가중평균 자본비용(WACC)인 33.257%. IRP = 내부수익률(internal rate of return)이며, 정확히 0값인 순현재가치를 산출하는 할인율이다. 도표에 나온 가치는 정확히 백만 루피아로 반올림한 것이다.

$$종가 = \frac{NOCF_5 (1 + g)}{k_{WACC} - g} = \frac{7,075,059 (1 + 0)}{.33257 - 0} = Rp21,274,102$$

혹은 Rp21,274,102조이다. g = 0이라는 가정, 즉 순영업현금흐름이 다섯 번째 해를 지나서도 성장하지 않을 것이라는 가정은 아마도 사실이 아니며 다만 그것은 미래 현금흐름을 추정할 때 Cemex가 현금흐름을 만들기 위한 신중한 가정이다. (만일 Semen Indonesia의 비즈니스가 인도네시아 경제와 함께 계속적으로 성장했다면 g는 틀림없이 1%나 2%일 것이다.) 프로젝트 관점에서 본 자본예산의 결과는 부정적인 순현재가치(NPV)와 33.257%의 자본비용에 비교할 때 겨우 19.1%에 그친 내부수익률(IRR)을 나타낸다. 이것은 프로젝트가 인도네시아 루피아로 현지 시장이나 인도네시아 투자자에게 줄 수 있는 수익이다.

Cemex로 현금흐름 송금

도표 18.6은 인도네시아의 유망한 투자 프로젝트로부터 Cemex가 획득한 현재 모든 누적 수익이다. 해당 부문에 설명되어 있듯이, **프로젝트와 모회사의 평가**에서는 해외 투자자의 프로젝트 수익에 대한 평가가 실질적인 잠재 현금흐름 경로를 통해 그 나라 통화로 되돌아온 실질적인 현금흐름에 달려있다. Cemex에 있어 이것은 프로젝트 기간 동안의 투자와 연계된 실제에 가까운 미국 달러 현금 유입과 유출, 적정 자본비용으로 할인된 세금공제 등의 차원에서 분석되어야 함을 의미한다.

도표 18.6	Semen Indonesia의 모회사로 수익(income) 송금(수백만 루피아와 미국 달러)					
환율(Rp/$)		10,000	12,621	15,930	20,106	25,376	32,028
프로젝트 해		0	1	2	3	4	5
배당금 송금							
배당금 지급(Rp)			–	–	560,423	555,757	651,450
인도네시아 원천세 공제			–	–	(84,063)	(83,364)	(97,717)
순배당금 송금(Rp)			–	–	476,360	472,393	553,732
순배당금 송금($)			–	–	23.69	18.62	17.29
라이선스료 송금							
송환된 라이선스료(Rp)			117,126	184,787	279,871	353,235	445,831
인도네시아 원천세 공제			(5,856)	(9,239)	(13,994)	(17,662)	(22,292)
순라이선스료 송금(Rp)			111,270	175,547	265,877	335,573	423,539
순라이선스료 송금($)			8.82	11.02	13.22	13.22	13.22
부채상환 송금							
예정된 이자 지급($)			82.50	68.99	54.12	37.77	19.78
인도네시아 원천세 공제 @ 10%			(8.25)	(6.90)	(5.41)	(3.78)	(1.98)
순송환이자($)			74.25	62.09	48.71	33.99	17.81
원금 납입 송금($)			135.13	148.65	163.51	179.86	197.85
총원금과 이자 송금			$209.38	$210.73	$212.22	$213.86	$215.65
자본예산 : 모회사 관점(수백만 미국 달러)							
배당금			$0.0	$0.0	$23.7	$18.6	$17.3
라이선스료			8.8	11.0	13.2	13.2	13.2
부채상환			209.4	210.7	212.2	213.9	215.7
총소득			$218.2	$221.8	$249.1	$245.7	$246.2
초기 투자		(1,925.0)					
종가							1,369.1
순현금흐름		($1,925.0)	$218.2	$221.8	$249.1	$245.7	$1,615.3
NPV @ 17.98%	17.98%	(595.6)					
IRR	7.21%						

순현재가치(NPV)는 기업 결정 가중평균 자본비용(WACC) 할인율과 해외투자 프리미엄을 합한 값으로 측정했다. 즉, 11.98% + 6.00% = 17.98%

모회사 관점에서의 자본예산은 두 가지 단계로 구성된다.

1. 첫 번째 단계로 개인적인 현금흐름과 경로를 통한 현금흐름, 즉 인도네시아 정부가 부과했고 미국 달러로 변환된 원천세에 따라 조정된 현금흐름을 분리시킨다. (국제송금에 관한 법정 원천세는 쌍무적인 조세 조약으로 결정되나, 각 기업은 조세당국과 더 낮은 세율로 협상할 수 있다. Semen Indonesia의 경우 배당금은 원천세 15%와 이자 10%, 라이선스료 5%가 부과될 것이다.) 인도네시

아에서 이미 세금을 냈기 때문에 멕시코는 소득 송환에 세금을 부과하지 않는다. (제16장에서 말했듯이 미국은 국외 원천소득의 송환에는 임시세를 부과한다.)

2. 실제 모회사 관점에서의 자본예산의 두 번째 단계는 Cemex의 입장에서(그리고 재정 형편에 따라) 제안된 Semen Indonesia 자회사의 순현재가치를 판단하기 위해 미국 달러로 된 세후 현금흐름을 초기 투자자금과 합친다. 이것은 도표 18.6에 나타나있으며 도표는 투자 프로젝트의 관점에서 증가하는 Cemex의 모든 소득을 보여준다. 이 모회사 관점에서의 자본예산이 갖는 특이점은 Cemex가 프로젝트에 투자한 자본 19억 2,500만 달러만이 초기 투자자본(11억 달러의 순자산과 8억 2,500만 달러의 부채)에 포함된다는 것이다. Rp20억 7,500만(2억 7,500만 달러)의 인도네시아 부채는 Cemex 모회사 관점에서의 자본예산에 포함되지 않는다.

모회사 관점에서의 자본예산

최종적으로 모든 추정된 현금흐름은 이제 모회사 관점에서의 자본예산을 진행하기 위해 준비되었으며 이는 도표 18.6의 하단에 상세히 나와있다. Semen Indonesia에 의해 이제 인도네시아에서의 공정과 배당금, 라이선스료, 부채상환, 종가에서 발생된 현금흐름은 세후 미국 달러 단위로 가치 평가된다.

자회사로 돌아온 프로젝트의 현금흐름을 평가하기 위해서는 Cemex가 이것을 반드시 기업의 자본비용으로 할인해야 한다. Cemex가 기업의 기능통화를 미국 달러로 생각한다는 것을 기억하면, 기업은 자본비용을 미국 달러로 계산한다. 제13장에서 설명했듯이 관례적인 가중평균 자본비용 공식은 다음과 같다.

$$k_{WACC} = k_e \frac{E}{V} + k_d (1 - t) \frac{D}{V}$$

k_e는 위험조정 자본비용이고, k_d는 세전 부채비용이며, t는 한계세율, E는 기업 순자산의 시장가치, D는 기업 부채의 시장가치, V는 기업 증권의 총시장가치이다($E + D$).

$$k_e = k_{rf} + (k_m - k_{rf}) \beta_{Cemex} = 6.00\% + (13.00\% - 6.00\%)1.5 = 16.50\%$$

Cemex의 자본비용은 자본자산가격 결정모형(CAPM)을 사용하여 계산된다.
이것은 미국 재무부에 의해 측정된 6.00%의 중간 채권 수익으로, 위험조정 자본비용(k_e)은 무위험이자율(k_{rf})에 기초하고, 미국 증권시장(k_m)의 예상 수익률은 13.00%이며, 시장에 비례하는 Cemex의 개별 위험도(β_{Cemex})는 1.5라고 추정한다. 그 결과는 Cemex의 자본 투자에 대한 필수 수익률인 자본비용 16.50%이다.

이 투자는 연계 재무제표를 사용하는 기업과 같은 부채/자산 비율로, 40% 부채(D/V)와 60% 자본(E/V)으로 모회사에 의해 내부적으로 자금조달될 것이다. Cemex의 현재 부채비용은 8.00%이고 실효세율은 35%이다. 자본비용이 다른 요소들과 합쳐질 때 Cemex의 가중평균 자본비용이 도출된다.

$$k_{WACC} = k_e \frac{E}{V} + k_d(1-t)\frac{D}{V} = (16.50\%)(.60) + (8.00\%)(1-.35)(.40) = 11.98\%$$

Cemex는 관례상 프로젝트 등급 매김을 목적으로 유망한 투자 현금흐름을 할인하기 위해 11.98%라는 가중평균 자본비용을 사용한다. 인도네시아 투자는 다양한 위험을 야기하지만 전형적인 국내 투자는 그렇지 않다.

만일 Cemex가 전사적 수준의 상대적 위험을 지닌 투자를 이행하고 있었다면 단순히 11.980%의 할인율이면 적당하다. 그러나 Cemex는 주로 신규 투자가 국내 투자에 따른 자본비용에 추가적으로 3%의 수익과 해외 프로젝트에 6% 이상의 수익을 실현하기를 요구한다(이것은 기업이 요구하는 범위이며 회사마다 다를 수 있다). 그러므로 Cemex로 송환되는 Semen Indonesia의 현금흐름 할인율은 11.98% + 6.00%, 즉 17.98%로 할인될 것이다. 프로젝트의 기본비용 분석은 7.21% IRR(내부수익률)의 부정적인 NPV(순현재가치)를 나타내는데, 이것은 모회사의 관점에서 허용할 수 없는 투자를 의미한다.

대부분의 기업은 사용자본비용을 상회하는 신규 투자자본을 요구한다. 그러므로 기업이 말 그대로 주주의 부를 늘릴 수 있는 잠재적 투자를 감별하기 위해 자본비용의 3~6%의 절사율을 요구하는 것은 이상한 것이 아니다. 순현재가치(NPV)가 0이라는 것은 투자가 '허용된다'는 것을 의미하지만 0값을 넘는 NPV 가치는 말 그대로 기업과 주주들의 가치를 더해줄 것으로 기대되는 현재 부의 가치이다. 해외 프로젝트의 경우 앞서 논의했듯이 대리인 비용과 환위험 및 비용을 조정해야 한다.

민감도 분석 : 프로젝트 관점

지금까지 프로젝트 조사 팀은 수익률을 예측하기 위해 '가장 가능성 있는' 추정들을 사용해왔다. 이제는 가장 가능성 있는 결과에 대한 민감도 분석을 받아야 할 시점이다. 같은 확률적 기법들이 비즈니스나 재정적 위험에 대한 민감도를 측정하는 데 쓰였던 것처럼 정치적 또는 외환 위험에 관해 결과물의 민감도를 측정하는 데 사용될 수 있다. 많은 결정권자들이 익숙한 비즈니스나 재정적 위험을 추측하는 것보다 익숙하지 않은 정치적 또는 외환 사건에 대한 확률을 추측해야 한다는 것에 더 많은 불편함을 느끼고 있다. 그러므로 정치적 또는 외환 위험에 대한 민감도는 다양한 '만일' 시나리오 속에서 순현재가치와 수익에 무슨 일이 일어날지 시뮬레이션으로 측정하는 것이 훨씬 더 보편적이다.

정치적 위험. 만일 인도네시아가 배당금 지불이나 라이선스료에 관해 Cemex에 제약을 가한다면 어떻게 될까? Cemex 관점에서 수익률에 대한 자금 봉쇄에 따른 영향은 언제 봉쇄가 일어나는지, 무엇이 인도네시아의 자금 봉쇄가 발생할 가능성을 강화시키는지, 언제 자금 봉쇄가 Cemex에 일어날지에 달려있다. 도표 18.6에서 Cemex 수익률의 효과를 추정하기 위해 자금 봉쇄를 다양한 시나리오로 시뮬레이션하고 현금흐름 분석을 다시 해볼 수 있다.

만일 인도네시아가 Semen Indonesia를 수용해야만 한다면 어떻게 될까? 수용의 효과는 다음과 같은 요소에 달려있을 것이다.

1. 수용한다면 기업이 운영을 시작한 업력에 따라
2. 인도네시아 정부가 보상을 얼마나 할지 그리고 수용 이후 얼마나 지불이 이루어질지에 따라
3. 인도네시아 대출기관에서 얼마나 대출을 오래 할 수 있을지 그리고 모회사인 Cemex가 모회사 보증 때문에 이 부채를 갚아야 할지에 따라
4. 수용(징발)에 따른 세금
5. 미래 현금흐름이 있을지 여부

   많은 수용은 결국 이전 소유주에 대한 보상의 형태를 띤다. 이 수용은 유치국 정부와 협상한 합의나 모국에 의한 정치적 위험 보험에 대한 지불로부터 기인할 수 있다. 합의점을 협상하는 것은 시간이 걸리며 최종 보상은 종종 여러 기간에 걸쳐 분할로 납입된다. 그러므로 보상의 현재가치는 종종 명목가치보다 훨씬 더 낮다. 그뿐 아니라 대부분의 합의는 기업의 시장가치보다는 수용이 이루어지는 시점의 장부 가격을 토대로 한다.

   수용에 따른 세금은 멕시코가 인지하는 자본 손실의 양과 시기에 따라 다르다. 이 손실은 주로 보상되지 않는 장부 가격에 근거한다. 문제는 세금 목적의 대손상각이 적절한 때에 관해, 특히 합의점을 찾는 협상이 지연될 때 종종 의심의 여지가 있다는 것이다. 어떤 면에서는 시간을 오래 끄는 협상에서 천천히 '죽을 때까지 피 흘리는 것'보다는 1960년대 초반에 쿠바에서 있었던 것처럼 보상을 바라지 않는 깔끔한 수용이 선호된다. 전자는 세금 절감액의 초기 사용과 수익에 대한 일회성 대손상각으로 이끄는 반면, 후자는 법적 비용과 그 외 다른 비용이 지속되고 세금 감세 수단이 없어 몇 년간 수익률을 떨어뜨리는 경향이 있다.

외환 위험. 프로젝트 조사 팀은 구매력평가 '비율'(기본비용 분석에 의하면 매년 약 20.767%)에서 인도네시아 루피아가 미국 달러에 비해 가치가 하락할 것이라고 추정했다.

   만약 루피아 가치 하락률이 더 크다면 어떻게 될까? 이 사건이 Cemex에 유입되는 달러로 된 추정 현금흐름의 가치를 더 떨어뜨릴 것이지만, 영업 환노출 분석은 더 싼 루피아가 Semen Indonesia를 더 경쟁력 있게 만들어 줄지를 결정하는 데 필요할 것이다. 예를 들어 Semen Indonesia의 대만 수출은 미국 달러로 진행되지만 달러 대비 루피아의 약세는 이러한 수출 판매에서 더 큰 루피아 수익을 낼 수 있다. 이것은 미국 달러를 이용하여 Semen Indonesia가 모회사로부터 구입한 수입부품에 대해 어느 정도 상쇄작용을 한다. Semen Indonesia는 통화 흐름에 대한 부분적인 자연적 헤지를 제공하며 외화로 된 현금흐름과 유출이 모두 발생하는 동시대 기업들을 대표한다.

   만일 루피아가 달러에 비해 시세가 오른다면 어떻게 될까? 같은 종류의 경제적 환노출 분석이 필요하다. 이런 특정한 경우 그 영향은 인도네시아의 지역 판매와 Semen Indonesia에 의해 Cemex에 지불되는 달러로 된 배당금과 라이선스료의 가치 모두에 긍정적일 것이다. 그러나 루피아의 가치상승은 Semen Indonesia의 판매를 줄이고 더 낮은 비용 구조를 가지고 있는 타국의 기업들과 인도네시아 내에서의 더한 경쟁으로 이어질 수 있다는 것을 기억하라.

그 외 다른 민감도 변수.　Cemex에 돌아가는 프로젝트의 수익률은 추정 종가의 변화와 설비가동률, Semen Indonesia에 의해 지불되는 라이선스료의 규모, 초기 프로젝트 비용의 규모, 현지에서 조달 된 운전자본의 양, 인도네시아와 멕시코의 세율 변화에 민감할 것이다. 이 변수들 중 몇 개는 Cemex의 통제하에 있기 때문에 Semen Indonesia 프로젝트가 기업의 가치를 향상시키고 받아들여질 수 있는 것도 여전히 가능하다.

민감도 분석 : 모회사 관점 측정

해외 프로젝트를 모회사의 시각에서 분석할 때, '해외' 장소에서 파생되는 추가적인 위험을 두 가지 방법으로 측정할 수 있다. 이는 할인율 조정이나 현금흐름 조정이다.

할인율 조정.　기업이 취할 수 있는 방법은 더 큰 외환 위험과 정치적 위험, 대리인 비용, 비대칭 정보, 해외 영업의 불확실한 인지를 반영하기 위해 국내 프로젝트에 사용되는 할인율과 비교하여 해외 프로젝트에 해당되는 할인율을 조정함으로써 모든 해외 리스크를 하나의 문제로 취급하는 것이다. 그러나 이러한 불확실성을 반영하기 위해 해외 프로젝트의 현금흐름에 적용하는 할인율 조정은 실제 위험 정도나 시간 흐름에 따른 위험과 비슷한 가능한 변화 대비 순현재가치의 비율을 불리하게 하지 않는다. 모든 리스크를 하나의 할인율로 합치는 것은 불확실한 미래에 대한 많은 정보를 버리게 만들 수도 있다.

환위험의 경우, 환율 변동은 영업 환노출로 인해 미래 현금흐름에 대해 잠재적인 영향력을 가지고

글로벌 금융 실무 18.1

인도 외환 개혁의 효력

1991년 인도의 재정 위기와 1993년 관리변동환율의 통합 이후 재정 부문의 개혁이 받아들여진 뒤부터 인도 무역과 해외 투자는 급등하였다. 1991~1993년까지 인도 루피화의 가치는 실제 가격의 30% 수준으로 서서히 떨어졌다. 연이은 개혁은 인도 경제에 대한 신뢰 구축과 자본 유입의 유도를 목표로 했다.

해외 무역에 지나치게 의존한 결과 환율은 비즈니스의 수익성과 영업을 결정하는 가장 중요한 요소 중 하나가 되었다. 환율 변동을 억제하기 위해서 인도의 연방준비은행(RBI)은 두 가지 방식의 개입 수단을 사용하여 통화 흐름에 제재를 가했다. RBI는 현장에서 외화를 거래하거나 선도시장을 이용하여 직접적으로, 외화의 수요와 공급 간의 부조화를 조정하기 위해 예비수요와 이자율을 이용하여 간접적으로 개입하였다. 통화 흐름에 있어서, 인도는 이자 지불과 같은 경상계정 책무의 자유 유출을 허락하였다. 이러한 경상계정의 자유 유출에도 불구하고 위계질서가 수립되었으며 수많은 제재가 적용되었다. 제

재는 대부분 기업의 자금 유출을 위해, 특히 투자자금 확보와 병합, 해외인수 등을 위해 완화되었다. 순위상 두 번째는 6개월 안에 진행되는 수출 송환의 책무가 있고 수입과 배당금 지불비용 제한의 책무가 있는 다른 회사가 위치한다. 마지막은 잠재 가격변동의 근원으로 고려되는 금융중개기관과 개인이다.

어떻게 외환 개혁이 인도의 기업 운영에 영향을 끼쳤을까? 답은 주로 구조적 요소에 달려있다. 인도 루피에 대한 하방 압력이 RBI가 그 이상의 제재와 외환 준비금의 고갈 없이는 억제할 수 없는 투기성을 자극했다. 또 다른 심각한 구조적 불균형은 저축, 투기, 문화 장식품 재원으로 금을 필요로 하는 니즈이다. 이것은 국민 저축 수준을 낮출 뿐 아니라 금 수입 계정이 경상계정 적자의 절반 이상을 차지하게 한다. FDI 규제가 실행되면서 기업 신뢰도는 특히 소매업에서 하락세를 띠고 있다. 이러한 모든 구조적 불균형에 대한 개혁 없이는 외환 개혁은 소용없을 것이다.

있다. 그러나 그 영향력의 방향은 어디서 상품이 팔리고 투입이 조달되는지에 따라 순현금유입을 증가 시킬 수도 있고 감소시킬 수도 있다. 예상보다 외화가 큰 폭으로 가치 하락된다는 가정하에 해외 프로 젝트에 적용 가능한 할인율을 올리는 방법은 프로젝트의 경쟁 입지에 대해 외환 평가절하가 미치는 가 능한 긍정적 영향을 무시하는 것이다. 판매량 증가는 현지 통화의 낮은 가치를 상쇄하고도 남을 것이 다. 이러한 할인율의 증가는 또한 외화의 가치 상승 가능성을 무시한다(양면적 위험).

현금흐름 조정. 두 번째 방법은 해외 리스크를 프로젝트의 예상 현금흐름 조정에 포함하는 것이다. 해 외 프로젝트의 할인율은 국내 프로젝트와 마찬가지로 전체적인 비즈니스와 재정적 위험만을 위해 위 험 조정된다. 시뮬레이션 준거 평가는 다른 미래 대안경제에서 프로젝트에서 모회사로의 시간 흐름에 따른 현금흐름을 추정하기 위해 시나리오 개발을 이용한다.

유망한 해외 투자에서 현금흐름의 양과 시기를 고려한 확실성은 셰익스피어에 따르면 '꿈과 같은 일'이다. 주요 투자 프로젝트에서 경제 예측의 복잡성으로 인해 분석가가 현금흐름 예측의 주관성을 이해하는 것은 무엇보다 중요하다. 분석에서의 겸손은 가치 있는 특성이다.

각각의 단점. 그러나 많은 경우 할인율을 조정하는 것이나 현금흐름을 조정하는 것은 최상의 선택이 다. 예를 들어 정치적 불확실성은 연간 현금흐름뿐만 아니라 전체적인 투자에 위협이 된다. 잠재적인 손실은 회복되지 않은 모회사 투자자금의 종가에 부분적으로 의존하는데, 어떻게 프로젝트가 자금조 달되는지와 정치적 위험 보험을 들었는지, 투자 수평선이 고려되었는지에 따라 다양할 것이다. 그뿐 아니라 만일 정치 풍토가 가까운 미래에 우호적이지 않을 것이라고 예상된다면 아마 어떤 투자도 허용 되지 않을 것이다. 정치적 불확실성은 보통 좀 더 먼 미래에 일어날 수 있지만 현재 예측할 수 없는 가 능한 반대 사건과 연관되어 있다. 그러므로 정치적 위험을 위한 할인율 조정은 먼 미래의 현금흐름에 는 많은 영향을 끼치지 않지만 초기 현금흐름에 많은 벌점을 준다.

투자자를 향한 반향. 예측된 정치 및 외환 위험을 제외하고 MNE는 가끔 해외 프로젝트를 진행하는 것 이 외환 위험에 대한 투자자들의 인식 때문에 기업의 전체적인 자본비용을 증가시킬 것이라는 점을 우 려한다. 이 우려는 만일 기업이 최근에 이라크나 이란, 러시아, 세르비아, 아프가니스탄에 중요한 투자 를 했다면 타당하게 들린다. 그러나 이 논증은 캐나다나 서유럽, 호주, 라틴아메리카, 굴지의 FDI가 존 재하는 아시아와 같은 산업 국가에서 균형적으로 진행되는 다양한 해외 투자에 관해서는 설득력을 잃 는다. 이들 국가는 일관된 기준으로 해외 투자를 대한다는 점에서 좋은 평판을 가지고 있으며, 경험적 증거에 따르면 이들 국가에 주재하는 해외 기업들은 자본비용이 증가하지 않는다는 사실을 확인시켜 준다. 사실 해외 프로젝트의 요구 수익률이 국내 프로젝트보다 더 낮을 수도 있다는 연구 결과도 있다.

MNE 관행. 지난 35년간 이루어진 MNE의 설문조사는 기업의 절반이 할인율을 조정하고 나머지 절반 은 현금흐름을 조정한다는 것을 보여준다. 최근 한 설문조사에서는 할인율 조정 사용이 증가한 것으로 나타났다. 그러나 해당 조사는 또한 해외 투자를 평가하는 데 있어 다원적 방법(할인율 조정, 현금흐름

조정, 실물옵션 분석, 질적인 기준)의 사용이 증가되고 있음을 나타냈다.[4]

포트폴리오 위험 측정

금융 분야는 구분된 두 가지 다른 위험에 대한 정의를 가지고 있다. 즉, (1) 개별 증권에 대한 위험(예상 수익에 대한 표준편차)과 (2) 포트폴리오의 구성요소(베타)로서 개별 증권에 대한 위험이다. 현지 또는 지역시장에 진입하기 위한(시장 추구) 해외 투자는 현지 시장의 수익과 더 많이 혹은 더 적게 연관이 있는 수익이 있을 것이다. 투자 관점에서 포트폴리오 준거 평가가 적절해 보일 것이다. 자원 추구나 생산 추구 동기를 가진 해외 투자는 제품이나 서비스 그리고 모회사의 시장이나 세계 다른 곳에 있는 사업부와 관련된 수익을 산출해낼 것이며 현지 시장과는 접점이 적을 것이다. Cemex가 Semen Indonesia에 제안한 투자는 시장 추구와 (수출을 위한) 생산 추구 모두에 해당된다. 유망한 해외 투자를 평가하기 위한 접근법을 결정하는 것은 MNE가 내리는 가장 중요한 분석적 결정 가운데 하나일 것이다. 투자의 허용 가능성은 기준에 따라 매우 다르게 변할 것이다.

현지 유치국 안에서 비교하는 경우 프로젝트의 실제 자금조달이나 모회사가 영향을 주는 차입 능력은 다국적 기업 소유주들과 현지 투자자들이 다를 것이기 때문에 이것들을 무시해야 한다. 추가적으로 현지 투자자들에게 프로젝트의 위험은 MNE가 시장 불완전성을 이용한 기회이기 때문에 해외 다국적 기업 소유주가 인식하는 것과는 다를 것이다. 게다가 현지 프로젝트는 다국적 기업의 소유권이 세계적으로 다각화된 프로젝트 포트폴리오 중 하나일 것이다. 만일 현지 투자자들이 투자 중이라면 국제적 다각화 없이 독립해야 할 것이다. 다각화가 위험을 줄이기 때문에 MNE는 현지 투자자들이 요구하는 것 보다 낮은 수익률을 요구할 수 있다.

그러므로 현지에서의 할인율은 독립적인 현지 투자자들이 해당 사업을 소유한다면 무엇을 요구할 것인지에 대한 판단에 근거한 가상 비율이어야 한다. 그 결과 현지 현금흐름의 현지 할인율을 적용하는 것은 절대적 평가라기보다는 독립적 현지 벤처기업으로서 프로젝트 가치에 대한 대략적인 측정을 제시해준다.

실물옵션 분석

Semen Indonesia(그리고 자본예산과 일반적인 평가)의 평가에 사용된 할인된 현금흐름(DCF) 접근법에 대한 오랜 비평이 존재한다. 오랫동안 진행된 투자와 후년의 현금흐름 수익 혹은 기업의 현재 비즈니스 활동의 전형적인 위험 수준보다 높은 위험 수준은 종종 전통적인 DCF 재무 분석에 의해 거부당한다. 더 중요한 것은 MNE가 경쟁적인 프로젝트를 평가할 때 전통적인 할인된 현금흐름 분석법은 일반적으로 개별 투자옵션이 제공하는 전략옵션을 사용할 수 없다는 것이다. 이것은 실물옵션 분석의 발전

---

[4] Tom Keck, Eric Levengood, and Al Longield, "Using Discounted Cash Flow Analysis in an International Setting: A Survey of Issues in Modeling the Cost of Capital," *Journal of Applied Corporate Finance*, Vol. 11, No. 3, Fall 1998, pp. 82–99.

을 가져온다. 실물옵션 분석은 자본예산 결정에 옵션이론을 적용하는 것이다.

실물옵션 분석은 투자가치에 대해 생각하는 다른 방법을 보여준다. 핵심은 의사결정의무 트리 분석과 순수옵션 준거 평가의 혼합이다. 이는 프로젝트를 추진할 입지에 관한 의사결정이 이루어지는 시점에서 매우 다른 가치 경로를 따르는 투자 프로젝트를 분석할 때 특히 유용한다. 이 넓은 범위의 잠재 수익은 실물옵션 이론의 중심이다. 이러한 넓은 범위의 가치는 변동이 심하며, 선물고정가격 이론(option pricing theory)의 기초 요소는 앞서 서술되었다.

실물옵션 평가는 또한 경영에 관한 수많은 의사결정을 분석할 수 있게 하며 실제로 많은 주요 자본 투자 프로젝트를 특징짓는다.

■ 분할 지불(defer) 옵션

■ 금지시키는 옵션

■ 생산량을 바꾸는 옵션

■ 스타트업이나 폐업(전환) 옵션

실물옵션 분석은 현금흐름을 긍정적인 방향으로 미래 가치 측면에서 다루는 반면, DCF는 미래 현금흐름을 부정적으로 다룬다(할인 기준으로). 실물옵션 분석은 매우 수명이 길거나 미래 예정일까지 시작하지 않는 잠재 투자 프로젝트와 관련해서 특히 강력한 장치이다. 실물옵션 분석은 의사결정을 지지하기 위해 시간 흐름에 따라 정보를 모으는 방법을 인정한다. 경영진은 자발적이고(조사) 수동적인(시장 조건 관찰) 지식 수집 모두로부터 학습하고 이 지식을 더 나은 결정을 내리는 데 사용한다.

프로젝트 금융

국제 금융에서 사용되는 더 특별한 구조 중 하나는 **프로젝트 금융**인데, 이것은 장기 주요 프로젝트와 큰 규모, 긴 기간, 일반적으로 고위험을 위한 자금조달 방식을 의미한다. 그러나 이것은 매우 보편적인 정의이다. 이 포괄적인 제목 안에는 다양한 형태와 구조가 존재하기 때문이다.

프로젝트 금융은 새로운 것이 아니다. 프로젝트 금융의 예시는 몇 세기 이전으로 돌아가는데, 네덜란드 동인도 회사 및 영국 동인도 회사와 같은 많은 유명한 초기 국제 비즈니스들을 포함한다. 이러한 기업의 수입업자들은 선적 처리 업자가 돌아오고 아시아 시장의 과일이 부두에서 지중해와 유럽상인에게 팔릴 때 벤처자금 투자와 같은 각 항해의 자금조달을 상환하며, 항해를 기반으로 아시아까지 무역 사업에 자본을 조달했다. 모든 것이 잘되면, 항해의 개인 주주들은 전액을 지급받는다.

프로젝트 금융은 오늘날 중국, 인도와 그 외 많은 신흥시장 내 대규모 기초설비 프로젝트 개발에 넓게 사용되고 있다. 각각의 개별 프로젝트가 독특한 성격을 가지고 있지만 대부분은 총자금조달의 60% 이상이 부채인 높은 차입 거래이다. 두 가지 이유에서 순자산은 프로젝트 금융의 작은 요소이다. 첫째, 단순한 투자 프로젝트의 규모는 종종 단일 투자자나 민간 투자자 집단이 투자 규모를 감당하지 못하게 한다. 둘째, 많은 이런 프로젝트들은 전기발전사업이나 댐 건설, 고속도로 건설, 에너지 탐사, 생산과 분배 등 전통적으로 정부가 지원하는 대상을 포함한다.

부채 수준은 부채 상환의 현금흐름에 거대한 짐이 된다. 그러므로 프로젝트 금융은 보통 수많은 추가적인 위험 감소 수준을 요구한다. 이러한 투자와 관련된 대출기관은 그것들이 상환될 것이라고 생각해야 한다. 은행원은 본질적으로 기업가가 아니며 프로젝트 금융으로부터 기업수익을 바라지 않는다. 프로젝트 금융은 성공을 위해 매우 중요한 다수의 기초 자산을 가지고 있다.

투자자로부터 프로젝트를 분리

프로젝트는 개인의 법적 실체로서 개인 투자자들의 법적 · 재정적 책임과는 분리되어 설립된다. 이것은 주식 투자자의 자산을 보호할 뿐만 아니라 채권자가 단일 프로젝트와 연계된 리스크와 부채 상환이 가능한 프로젝트 현금흐름 능력을 평가할 수 있고, 채무상환지급이 프로젝트에 의해 그리고 프로젝트로부터 (MNE 경영진의 결정으로 인한 것이 아닌) 자동적으로 할당될 것이라고 확신할 수 있는 통제된 플랫폼을 제공한다.

수명이 길고 자본 집약적인 단일 프로젝트

개별 프로젝트만이 분리 가능성이 있고 프로젝트 소유주의 재정적 지원 비율이 큰 것이 아니라 프로젝트의 영업 품목 또한 설립과 운영, 규모(능력)가 뛰어나다. 규모는 시작 시점에 정해지며, 프로젝트 수명이 흐름에 따라 바뀌는 일은 거의 없다.

제3자의 약속으로부터 현금흐름 예측성

석유 분야나 전력발전소는 만일 제3자의 약속이 있고 지불이 성립될 수 있다면 예측 가능한 현금흐름을 생산할 수 있는 동질상품을 생산한다. 수익 예측성 외에도 생산의 비재무적 비용은 시간이 지남에 따라 필요하다. 보통 인플레이션에 기반한 가격조정 조항에 관한 공급자와의 장기적인 계약을 통해 통제가 필요하다. 장기 계약의 순현금 유입의 예측성은 프로젝트가 채권 자금조달에 의존하면서도 재무위기(financial distress)로부터 여전히 안전한 재정적 구조를 가능케 하면서 개별 프로젝트가 지닌 비즈니스 위험의 대부분을 제거한다.

프로젝트 수익 흐름의 예측성은 프로젝트 자금조달의 증권화에 필수적이다. 충분한 현금흐름을 확실히 하기 위한 전형적인 계약규정은 보통 다음의 조항을 포함한다. 즉, 프로젝트 결과의 양과 질, 운영비와 채무 지불금을 감당할 수 있는 충분한 수익의 예측성을 향상시키는 가액방식, 불가항력이나 불리한 영업상황 등 계약에 중대한 변화를 야기하는 상황에 대한 명확한 명시 등이다.

한정된 수명의 한정된 프로젝트

장기 투자가 있어도 프로젝트에 모든 부채와 자본을 갖는 확실한 종료일이 있는 것은 매우 중요하다. 왜냐하면 프로젝트는 투자의 현금흐름이 다른 투자 대체재나 성장에 투자하지 않고 곧장 자본 구조의 이자를 지불하는 독자적 투자이며 다양한 투자자들은 한정된 기간 안에 프로젝트가 수익을 올릴 수 있을 것이라는 확언이 필요하기 때문이다. 거기에 자본의 가치 상승은 없으며 오직 현금흐름뿐이다.

프로젝트 금융의 예시는 지난 30년 동안 British Petroleum(BP)의 북해와 알레스카 횡단(Trans-Alaska) 파이프라인에 대한 관심으로 진행된 자본조달과 같은 일부 대규모 개별 투자를 포함한다. 알레스카 횡단 파이프라인은 오하이오의 Standard Oil과 Atlantic Richfield, Exxon, British Petroleum, Mobil Oil, Philips Petroleum, Union Oil, Amerada Hess와의 합작투자였다. 각각의 프로젝트 투자자금은 10억 달러 이상이었으며 한 기업이 단독으로 시도할 수 없는 설비투자의 표본이었다. 그러나 합작투자 합의를 통한 설비 자금으로 인해 보통 수준보다 높아진 위험도 관리할 수 있었다.

해외 합병과 인수

도표 18.7에 요약된 것처럼 인수합병(M&A)을 일으키는 요인은 거시적 요인(글로벌 경쟁 환경)과 미시적 요인(다양한 산업과 각 기업의 가치를 끌어내는 기업 수준의 힘과 행동)이 모두 존재한다. 글로벌 경쟁 환경 변화(기술적 변화, 규제정책 변화, 자본시장 변화)의 일차적 힘은 비즈니스 기회를 적극적으로 추구하는 MNE를 위한 새로운 비즈니스 기회를 만든다.

그러나 글로벌 경쟁 환경은 단지 개인 플레이어들이 경쟁하는 활동 무대일 뿐이다. MNE는 해외 합병과 인수를 다양한 이유에서 진행한다. 도표 18.7에서 보듯이 동력은 MNE의 글로벌 경쟁력을 향상시키고 방어하기 위한 그들의 전략적 대응이다.

신규 설립투자와는 반대로 해외 인수는 몇 가지 중요한 이점을 가지고 있다. 첫 번째이자 가장 중요한 점은 더 빠르다는 점이다. 신규 설립투자는 흔히 장기간의 물리적 건설과 조직 발전을 요구한다. 기

도표 18.7	해외 인수 이면의 원동력

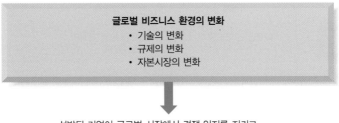

글로벌 비즈니스 환경의 변화
- 기술의 변화
- 규제의 변화
- 자본시장의 변화

선발된 기업이 글로벌 시장에서 경쟁 입지를 지키고
향상시킬 수 있는 비즈니스 기회를 창출

- 전략적 소유 자산 권한 획득
- 시장 지배력과 점유율 획득
- 현지/글로벌 운영과 다른 사업들 간의 시너지 발휘
- 기업의 규모 확장과 경쟁과 협상에서 큰 이익을 취득
- 다각화와 기업 위험을 분산
- 기업이 소유하고 있으며 다른 기업이 원하는 재무적 기회를 활용

존의 기업을 인수하면서 MNE는 사업을 위해 요구되는 시간을 줄일 수 있고 시장에 진입할 수 있는 경쟁적인 진입로를 이용할 수 있다. 두 번째로 인수는 현지 경쟁자들을 제거하면서 동시에 기술과 목표 시장의 브랜드 가치, 운송과 유통에서 경쟁우위를 얻을 수 있는 비용효율적인 방법일 수 있다. 세 번째로 해외 인수와 국제 경제, 정치, 외환 상황은 특별히 목표 기업을 과소평가하게 만들며 시장 불완전성을 초래할 수 있다.

그러나 해외 인수가 위험이 없지는 않다. 모든 국내와 해외 인수는 너무 많은 시술이나 초과 자본비용과 같은 문제가 있다. 기업 문화를 융화시키는 것도 힘들 수 있다. 사후 인수 과정 관리는 흔히 간접비에서 규모와 범위의 경제를 실현하기 위해 인원을 삭감하는 것이 특징이다. 이것은 개인이 직업을 유지하려는 시도를 하게 만들면서 기업에 비생산적인 영향을 끼친다. 국제적으로는 가격조정과 자금조달, 고용보장, 시장 세분화에 대한 유치국 정부의 개입이나 일반적인 국수주의 및 편애에서 발생하는 추가적인 어려움들이 있다. 사실 해외 인수를 성공적으로 마칠 수 있는 능력은 신흥시장에 진입할 때 치르는 MNE 스스로의 능력을 시험하는 것일지도 모른다.

해외 인수 과정

금융 분야에서는 가끔 인수를 주로 가치 평가 문제로 보기도 하지만 그것은 단순히 얼마를 지불할 건지 결정하는 것보다 훨씬 더 복잡하며 많은 과정을 가지고 있다. 도표 18.8에 묘사되어 있듯이 그 과정은 앞서 논의한 전략적 동학으로 시작한다.

세계 어디서든 기업의 인수 과정은 세 가지 공통 요소를 가지고 있다. 즉, (1) 목표의 인식과 평가, (2) 인수 제의 시행과 매입(입찰), (3) 인수 이행 사후 관리이다.

1단계 : 인식과 평가. 잠재적 인수 목표 기업을 인식하기 위해선 잘 정의된 기업 전략과 주목이 필요하다.

도표 18.8   **해외 인수 과정**

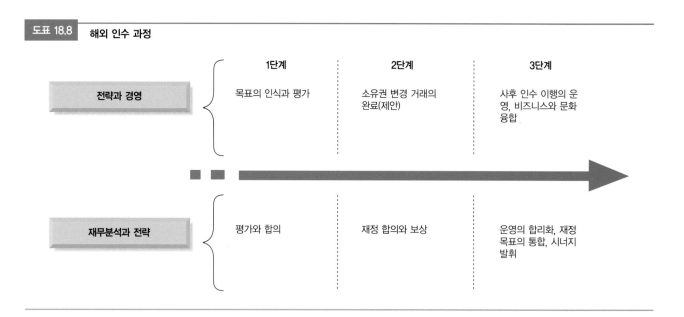

목표시장의 인식은 일반적으로 목표 기업을 식별하는 과정보다 선행된다. 선진시장 진입은 상장 기업에 비교적 명확한 시장과 공개되지 않은 재무 및 운영 자료를 제공하여 선택의 폭을 최대화시킨다. 이런 경우 목표 기업 운영진은 공공연히 주주가 제의를 거절할 것을 권유하지만 매수는 공개적으로 이루어진다. 만일 충분한 주주들이 제의를 받아들이면 인수 기업은 운영을 바꿀만한 영향력이나 통제권을 발휘할 수 있는 충분한 소유권을 얻을 것이다. 이처럼 상당히 대립적인 과정에서 주주들의 권리를 보호하는 것과 일치하는 행동을 계속 취할 것인지는 목표기업의 이사회에 달려있다. 이사회는 이 기간 동안 경영 활동이 일관되게 주주의 가치를 보호하고 형성하는지 확인하기 위해 철저한 경영 감독을 제공해야 할 것이다.

인식이 마무리되면 목표 기업의 평가 과정이 시작된다. 각각의 특징과 함께 다양한 평가기술이 오늘날 글로벌 비즈니스에 사용된다. 현금흐름 할인법(DCF)과 배수법(multiple, 이익과 현금흐름)과 같은 근본적인 방법론 이외에도 영업 품목의 가장 중요한 가치 요소에 집중하는 산업 특화된 방법들이 있다. 목표 기업을 위한 다양한 대체적 평가는 거래를 완료하기 위해 얼마의 비용이 지불되어야 하는지에 관한 더 완벽한 그림을 그리는 것뿐만 아니라 가격이 매력적인지 여부를 결정하는 것 또한 목표로 한다.

2단계 : 인수의 실행. 인수 목표 기업의 확인과 평가가 완료되었을 때, 목표의 소유와 운영에 관한 허가를 받는 것과 정부 규제기관으로부터 허가를 받는 것, 마지막으로 보상 방법을 결정하는 것(인수 전략의 완전한 실행) 등의 절차는 시간 소모가 크고 복잡할 수 있다.

목표 기업의 허가를 얻는 것은 비즈니스 역사상 가장 유명한 몇몇 인수에서 가장 중요한 부분이었다. 중요한 차이점은 인수가 지지되는지 혹은 목표 기업의 운영진으로부터 이루어지지 않는지 여부이다.

'일반적 거래'가 거의 없을지라도 많은 인수는 우호적인 절차를 통해 비교적 순조롭게 이루어진다. 인수하려는 기업은 목표 기업의 운영진에 접근하며 인수의 비즈니스적 논리로 그들을 설득하려 시도한다. (때때로 그들의 지지를 받는 것은 어렵지만 목표 기업 운영진이 교체되지 않을 것이라는 확언은 꽤나 설득력 있다!) 만일 목표 기업의 운영진이 협력적이라면 운영진은 주주들에게 인수하려는 기업의 제의를 받아들이길 권유할 수도 있다. 간혹 이 단계에서 일어나는 문제는 영향력 있는 주주가 원칙적으로나 가격에 기반해 제의를 거절할 수 있으며 그 때문에 운영진이 주주 가치를 쌓고 지키기 위한 적절한 절차를 밟지 않고 있다고 느낄 수 있다는 것이다.

인수가 목표 기업 운영진에게 지지받지 못할 때 인수 과정은 적대적 인수라 불리는 매우 다른 양상을 보인다. 인수 기업은 목표 기업의 지지 없이 바로 목표 기업의 주주에게 가서 인수를 추구하기로 선택할 수도 있다. 이 경우 목표 기업 운영진이 공공연히 주주에게 제의를 거절하라고 권유할지라도, 매수는 공개적으로 이루어진다. 만일 충분한 주주들이 제의를 받아들이면 인수 기업은 운영을 바꿀만한 영향력이나 통제권을 발휘할 수 있는 충분한 소유권을 얻을 것이다. 이처럼 상당히 대립적인 과정에서 주주들의 권리를 보호하는 것과 일치하는 행동을 계속 취할 것인지는 목표기업의 이사회에 달려있다.

1단계에서와 마찬가지로, 이사회는 이 기간 동안 경영활동이 주주 가치를 만들고 보호하는 것과 일관되는지 확인하기 위해 철저한 경영관리를 제공해야 할 것이다.

거래를 실행하면서 규제 승인은 그 자체로 주요 장애물이 된다는 것을 증명할 수도 있다. 인수에 있어서 목표 회사가 국가 안보를 위한 원천 산업에 속해있거나 주요 집중 산업이고 합병이 반경쟁적인 결과로 이어진다고 생각된다면 중대한 규제 승인의 대상이 될 수 있다.

2001년 미국에서 General Electric(미국)이 Honeywell International(이 기업 자체도 Honeywell U.S.와 Allied-Signal U.S.가 합병한 결과이다)에 제시한 인수 제안은 규제 승인 부분에서 분수령과 같은 역할을 하였다. General Electric이 제안한 Honeywell과의 인수는 유럽연합(EU)에서의 승인 추진 과정에서 경영진과 소유권 그리고 미국 규제기관으로부터의 승인을 필요로 했다. 카리스마 있는 최고 경영자 잭 웰치와 GE의 회장은 EU에서 마주칠 합병에 대한 반대 수준을 예상하지 못했다. 반경쟁적 효과를 줄이기 위해 합쳐진 회사 내에서 특정한 비즈니스를 매각하라는 몇 차례의 지속적인 EU의 요구 이후, 웰치는 청산이 가치 상승이라는 인수 혜택의 대부분을 없앨 것이라 말하면서 인수 승인에 대한 요청을 철회했다. 인수는 취소되었다. 두 MNE의 합병을 막기 위한 EU와 같은 강한 경제수역 규제기관의 힘이 규제 강도와 폭의 변화를 예견하면서 이 사건은 먼 훗날 해외 인수합병에 큰 영향을 끼치게 된다.

이 해외 인수의 두 번째 단계에서 마지막 활동인 보상 합의는 목표 기업의 주주에게 돈을 지불하는 것이다. 보통 목표 기업의 주주는 인수하려는 기업의 주식이나 현금으로 합의금을 지급받는다. 만일 주식 교환이 진행된다면 일반적으로 교환은 목표 기업의 주식과 인수 기업 주식의 비율로 결정되며 주주는 보통 세금을 공제받지 못한다(소유주식은 비과세 거래로 단순히 다른 주식으로 대체된다).

만약 목표 기업 주주에게 세금 공제 때문에 현금으로 지불한다면 자본손익(인수의 경우엔 이익을 바라며)을 야기하며 금액은 공개시장에 주식을 팔았을 때의 금액과 같다. 세금공제 때문에 주주들은 조세채무가 발생할 때 선택할 수 있도록 주식 교환을 더 수용하는 편이다.

합의 방식 결정에는 많은 요인이 작용한다. 현금 가능성, 인수 규모, 매입 호의, 인수 기업과 목표 기업의 상대적 평가 등이 결정에 영향을 미친다. 이 단계에서 일어나는 가장 파괴적인 힘 중의 하나는 규제의 지연과 두 기업의 주식에 대한 영향이다. 만일 규제기관이 오랫동안 승인을 지연시킨다면 주식 가격의 하락 가능성이 증가하고 주식 교환의 매력을 변화시킬 수 있다.

3단계 : 사후 인수 관리. 투자은행업 활동의 표제와 초점은 보통 인수 거래의 입찰과 평가에 집중되지만 인수의 성공과 실패를 결정하는 데 있어 거래 사후 관리가 세 가지 단계 중 가장 중요할 것이다. 인수 기업은 너무 많이 혹은 너무 적게 지출할 수 있지만 사후 거래가 효율적으로 관리되지 못한다면 투자에 대한 전체 수익은 낭비될 것이다. 사후 인수 관리는 거래에 대한 동기가 실현되어야 하는 단계이다. 더 효율적인 운영과 합병으로 인한 시너지 혹은 이전에는 인수 목표 범위 밖에 있었던 것의 이용 가능성과 자본의 유입 등이 거래 이후 효과적으로 실현되어야 한다. 그러나 가장 큰 문제는 항상 기업 문화의 융합이다.

기업 문화와 속성의 충돌은 해외 인수 합병에서 가장 큰 위험과 가장 큰 잠재적 소득문제를 야기시킨다. 비록 주식가격 프리미엄이나 가격/수익률로 손쉽게 측정할 순 없지만, 결국엔 주주의 마음에서 가치를 잃는다.

해외 인수의 통화 위험

해외 인수의 추구와 실행은 몇 가지 MNE의 외환 위험과 노출 문제를 제기한다. 도표 18.9에 묘사되어 있듯이 특정 해외 인수와 관련된 환노출의 본질은 입찰과 협상 과정 자체가 입찰, 자금조달, 거래(협상) 그리고 영업 단계로 진행되면서 변화된다. 해외 인수의 다양한 단계와 관련된 적절한 시기와 정보에 대한 여러 가지 위험은 환노출 관리를 어렵게 만든다. 도표 18.9에서 묘사되어 있듯이 여러 단계와 관련된 불확실성은 단계가 마무리되고 시간이 지나 계약과 합의가 이루어지면서 감소한다.

만일 외화로 명시되었다면 초기 입찰은 **상황조건부 환노출**을 발생시킨다. 상황조건부 환노출은 협상이 지속되고 규제 요청과 승인이 이루어진 뒤 시간이 지나 경쟁적 입찰이 일어나면서 정식 발생에 대한 확신으로 바뀐다. 대비책이 시행됨에도 불구하고 매입된 통화의 주식매입 선택권을 사용하는 것이

도표 18.9 **해외 인수의 통화 위험**

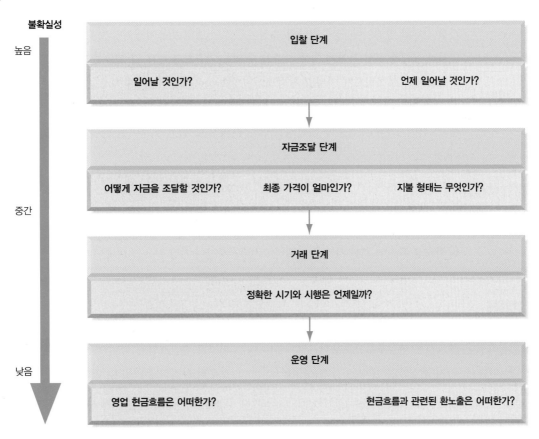

불확실성

높음

입찰 단계

일어날 것인가?　　　　　　　　　　언제 일어날 것인가?

자금조달 단계

어떻게 자금을 조달할 것인가?　　　최종 가격이 얼마인가?　　　지불 형태는 무엇인가?

중간

거래 단계

정확한 시기와 시행은 언제일까?

낮음

운영 단계

영업 현금흐름은 어떠한가?　　　　현금흐름과 관련된 환노출은 어떠한가?

노르웨이 Statoil의 스웨덴 Esso 인수

1986년 Statoil의 Svenska Esso(스웨덴에서 운영되는 Exxon의 완전소유 자회사) 인수는 시행된 것들 중에서 유례없이 어려움이 많았던 해외 인수 중 하나였다. 첫 번째, Statoil은 노르웨이의 국내 석유기업이었으며 정부 소유였고 타국의 개인 기업에 대한 비즈니스 입찰을 진행했다. 두 번째, 만일 입찰이 완료되었다면 제시된 인수의 재정지원은 앞으로 오랫동안 스웨덴에 대한 기업의 조세채무를 줄이며 Svenska Esso의 재정적 의무(부채 수준과 그에 따른 채무상환)를 증가시킨다. 제안된 국경 간 거래는 스웨덴 정부로부터 노르웨이 정부로의 가치 이전으로 특징된다.

입찰과 협상, 규제 승인에 대한 기간 확장으로 거래에 따른 환위험이 크고 광범위해졌다. 노르웨이 정유회사인 Statoil은 달러표시를 기준으로 하는 글로벌 석유산업이기 때문에 미국 달러를 기능통화로 사용하는 노르웨이 크로네(NOK) 기반 기업이다. Svenska Esso는 스웨덴의 법인단체이지만 Exxon이라는 미국 달러 기반 MNE의 완전

소유 자회사였으며 따라서 마지막 입찰과 판매에 대한 현금결제 또한 미국 달러 기반으로 이루어졌다.

1985년 3월 26일 Statoil과 Exxon은 Svenska Esso를 현재 환율 NOK9.50/\$일 때 2억 6,000만 달러 혹은 NOK24억 7,000만에 매각하는 것에 동의했다. (이것은 달러 대비 노르웨이 크로네가 가장 낮을 때이고 많은 통화 분석가들은 그 당시 달러가 매우 과대평가되었다고 믿었다) 매각은 스웨덴 정부의 승인 없이는 완료될 수 없었다. 승인절차(결과적으로 스웨덴의 국무총리인 올로프 팔메의 허가를 요청하는 것)는 9개월이 소요되었다. Statoil은 미국 달러를 운영자금으로 생각하기 때문에 매입가격 환노출을 방어하지 않았다. 합의 시점에 크로네는 NOK7.65/\$로 가치가 상승되어 최종 인수 가격은 노르웨이 크로네로 NOK19억 8,900만이었다. Statoil은 환노출을 방어하지 않은 결과 NOK4억 8,100만이라는 매입가격의 거의 20%를 절감할 수 있었다.

가장 간단한 방법이다. 명목원금의 옵션은 추정된 매입 비용이겠지만 보수성 때문에 만기일은 연장된 입찰과 규제와 협상 지연에 대해 허락될 수 있는 기간보다 매우 길 확률이 높다.

입찰자가 성공적으로 인수를 획득했다면 환노출은 조건부 환노출에서 거래 환노출로 진행된다. 정확한 거래 협의 시점에 관해서 다양한 불확실성이 남아있지만 환노출 발생에 대한 확실성은 대체로 제거된다. 선물계약과 매입통화 옵션의 조합은 해외 인수 실현과 관련된 환위험을 관리하는 데 사용될 것이다.

인수가 완료된 뒤 이제는 MNE의 자산과 해외 자회사가 된 해외 인수기업의 환위험과 환노출이 MNE를 향한 거래준거 현금흐름 환노출로부터 기업의 다국적 구조의 한 부분으로 바뀐다. 따라서 앞으로는 기업의 영업 환노출의 한 부분이 된다. 글로벌 금융 실무 18.2에 서술되어 있듯이 다국적 기업의 환노출 관리에 관한 사건은 언제나 그렇듯, 시간이 가장 큰 도전과제이다.

요점

- 모회사 현금흐름은 프로젝트 현금흐름으로부터 구분되어야 한다. 이들 두 가지 현금흐름 유형은 각각 상이한 가치관을 보여준다.

- 모회사 현금흐름은 보통 자금조달 형태에 달려있다. 그

러므로 현금흐름은 국내 자본예산처럼 자금조달 결정으로부터 완전히 분리될 수 없다.

- 세제가 다르고, 자금 이동에 대한 법적·정치적 제약이 상이하고, 현지 비즈니스 규범이 있으며, 금융시장과 기

관의 기능이 다르기 때문에 모회사로의 자금 송금은 명확하게 인지되어야 한다.

■ 해외 프로젝트가 프로젝트 관점에서 분석될 때, 위험 분석은 프로젝트 수행 과정과 연계된 환율 및 정치적 위험뿐만 아니라 민감도 사용에 초점을 두어야 한다.

■ 해외 프로젝트가 모회사 관점에서 분석될 때, '해외' 지역에서 발생하는 추가적인 위험은 할인율 조정 혹은 현금흐름 조정 등 최소 두 가지 방법으로 측정할 수 있다.

■ 실물옵션 분석은 투자가치에 대한 또 다른 사고방식이다. 핵심은 의사결정 트리 분석과 순수옵션 준거 평가의 혼합이다. 이는 지연이나 단념, 규모나 생산력의 수정, 프로젝트를 시작하거나 폐쇄할 수 있는 옵션을 검토할 수 있게 해준다.

■ 프로젝트 금융은 오늘날 많은 신흥시장의 대규모 사회기반 시설 프로젝트 개발에 널리 사용되고 있다. 각각의 프로젝트가 독특한 성격을 가지고 있지만 대부분은 총 자금조달의 60% 이상이 부채인 높은 차입 거래이다.

■ 세계 어디서든지 기업 인수 과정은 세 가지 공통 요소, 즉 (1) 목표 인식과 평가, (2) 소유권 이전 거래(입찰)의 실현, (3) 인수 이행 사후 관리로 구성된다.

■ 해외 인수 및 합병과 전략적 동맹은 모두 비슷한 도전과제에 직면한다. 즉, 해당 시장 선호에 맞춘 프로젝트에 기반하여 목표 기업을 평가해야 한다는 것이다. 이 기업 평가 과정은 전략과 경영, 금융의 요소를 모두 갖추고 있다.

사례

Elan과 Royalty Pharma[5]

우리는 Elan(ELN)과 오랫동안 함께해왔다. 우리는 항상 Elan의 과학과 과학자들에게 감사했고 때로는 과학, 특히 신경과학의 최후 보루가 되고자 오르막길을 오르다가, 기업이 지닌 가치를 생존에 필요한 양보다 적게 만들어 거의 파산 지경에 이르게 만든 예전 경영이나 관계된 사람들을 증오했다. 기업을 구해준 건 재발성 경감 다발성 경화증을 위한 최고의 치료제로 알고 있던 티사브리의 출시였다. 우리는 이 약이 아론의 지팡이처럼 모든 마법사들의 직원들을 집어삼킬 것이라 확신했다.

－ "Biogen Idec Pays Elan \$3.25 Billion for Tysabri:
Do We Leave, Or Stay?," *Seeking Alpha*,
February 6, 2013년 2월 6일

Elan의 주주들은(Elan Corporation, NYSE: ELN) 어려운 선택을 마주하게 되었다. Elan의 운영진은 비상장 회사인 Royalty Pharma(미국)의 적대적 매수로부터 회사를 지키기 위해 주주들에게 네 번이나 건의했다. 만일 주주들이 네 번의 건의 중 한 번이라도 찬성한다면 그것으로 Royalty Pharma의 제안을 없었던 것으로 할 수 있을 것이다. 이는 Elan을 독립적인 기업으로 만들고 계속 최근 몇 년 동안 자신감을 보이지 못했던 운영진의 통제하에 있게 해줄 것이다. 모든 투표는 2013년 6월 16일까지 이루어져야 했다.

시장참가자

Elan Corporation은 아일랜드 더블린에 본사를 두고 있는 글로벌 제약회사이다. Elan은 알츠하이머 병이나 파킨슨 병 그리고 다발성 경화증이나 크론병과 같은 자가면역질환을 포

---

5 Copyright © 2014 Thunderbird School of Global Management. All rights reserved. 이 사례는 Michael H. Moffett 교수가 수업 중 토론을 목적으로 준비한 것이다.

함하는 신경계 쪽 치료제의 발견과 개발, 마케팅에 주력하였다. 그러나 시간이 지날수록 기업은 주식을 매각하고 대부분의 영업활동을 접었다. 2013년 봄쯤에 Elan은 많은 양의 현금과 Biogen과 함께 개발한 '티사브리'라 불리는 다발성 경화증의 선두적인 치료제로부터 나오는 지속적인 저작권 수익금 능 두 자산밖에 없는 기업이었다.

Elan의 문제 해결 방법은 기업의 파트너인 Biogen에 티사브리에 대한 지분을 파는 것이었다. 2013년 2월 Elan은 현금 32억 9,000만 달러와 티사브리에 대한 지속적인 저작권 수익금에 대한 대가로 Biogen에 티사브리에 대한 권한 50%를 팔았다. 이전에 Elan은 티사브리 주식의 50%밖에 안 되는 수익을 벌었으며 저작권료 협정은 자산의 100%를 기반으로 하였다. 저작권료는 첫해에 전 세계 판매 금액의 12%, 그 이후에는 연 18%, 20억 달러 이상의 글로벌 매출에 대해서는 25%로 추가되어, 점진적으로 증가하는 구조였다.

Elan의 판매 협정에 잉크가 제대로 마르기도 전에 2013년 2월 미국의 사기업인 Royalty Pharma가 주식당 11달러로 Elan의 구매 가능 여부를 물어왔다. Elan은 이 제안을 공개적으로 인정했으며 여러 다른 전략적 선택과 함께 제안을 고려하고 있다고 밝혔다.

Royalty Pharma(RP)는 이미 알려지거나 늦은 단계의 제약품 저작권 수익을 얻는 비상장 회사(민간 자본 이익단체가 소유)다. 이 회사는 지식 자산의 소유주가 새로운 비즈니스 개발 기회를 추구하기 위한 비용을 얻는 일을 돕는다. RP는 자산 이자로 지불하는 비용이 시간이 지날수록 누적될 것이라는 위험을 받아들였다. RP는 저작권을 갖고 있었고, 이는 작동하지 않거나 시장 거래가 되지 않았다.

2013년 3월, 긴 기다림 끝에 RP는 Elan의 주주들에게 주당 11달러에 Elan을 인수하는 제안에 투표하도록 권장하는 제안서를 보냈다. 그 당시 Elan은 RP의 제안서를 '조건적이고 기회주의적'이라고 정의하며 답서를 보냈다.

Elan의 방어

Elan의 리더십은 왜 주식을 Royalty Pharma에 제공하지 않아야 하는지 설명하라는 주주들의 상당한 압력을 받게 되었다. 5월 Elan은 회사를 재정립하기 위해 새로운 계획들을 세분화하기 시작했다. 이 일이 진행되면서 Elan은 현재 두 자산 목록을 넘어서 기업의 다각화와 성장을 추구하는 4개의 복잡한 전략적 계획들을 설명했다. 현재 회사가 인수 제안을 수락할 시점에 있기 때문에 아일랜드의 증권법은 Elan의 4개의 제안서 모두 주주들의 승인을 받길 요구했다. 하지만 주도력이 순전히 방어적이라는 공공연한 인식을 고려해볼 때 승인이 이루어지기는 처음부터 어려워 보였다.

Royalty Pharma는 Elan의 지도부가 주주의 이익을 최선으로 생각하고 행동하는지 여부를 의심쩍어하는 편지로 공개적으로 대응했다. 그래서 제약회사는 공개 매입가를 주당 12.50달러에다 상황조건부 청구권(CVR)을 추가하여 제안했다. CVR은 만일 티사브리의 미래 판매 금액이 기업의 중요한 목표 지점까지 도달했을 때 주당 2.50달러까지 모든 주주가 미래에 주당 추가금을 받는다는 조건적인 요소이다. Royalty Pharma의 CVR 제안은 티사브리 판매 금액이 2015년까지 26억 달러와 2017년까지 31억 달러에 도달해야 했다. Royalty Pharma는 또한 주주가 Elan의 4개의 운영 제안서 중 하나라도 수락할 경우 인수 제안은 사라질 것이라는 점을 분명히 했다.

가치논쟁

2013년 5월 Elan은 현금 17억 8,700만 달러와 티사브리의 저작권료, 몇몇 남아있는 유망한 미시판물질, 비즈니스와 관련된 1억~2억 달러 사이의 연간 지출액으로 구성되어 있었다. Elan의 지도부는 연간 저작권료 수익과 현금을 새로운 비즈니스를 구성하는 데 사용하고 싶어 했다. Royalty Pharma는 단지 Elan을 매입하여 그 현금과 저작권료 자산을 빼앗고 Elan을 폐쇄시키고 싶어 했다.

Elan의 가치에 대한 논쟁은 티사브리의 저작권료 가치를 중심으로 이어졌다. 이것은 다가오는 10년 동안의 실제 판매액이 얼마일 것인지를 예측하는 것을 의미했다. 도표 A는 Royalty Pharma의 최신 인수 제안이 일선 합의(Street

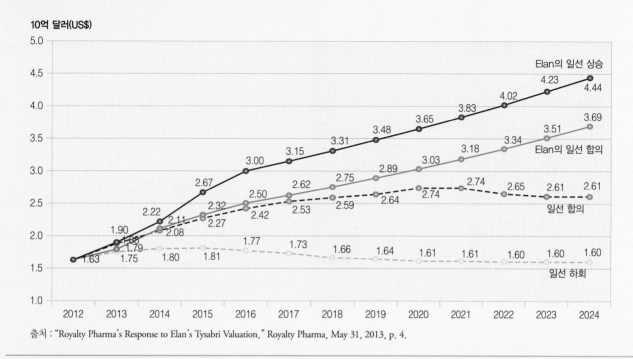

도표 A 티사브리의 세계 판매 예측

10억 달러(US$)

Elan의 일선 상승 · · · 4.44 / 4.23 / 4.02 / 3.83 / 3.65 / 3.48 / 3.31 / 3.15 / 3.00 / 2.67 / 2.22 / 1.90 / 1.63

Elan의 일선 합의 · · · 3.69 / 3.51 / 3.34 / 3.18 / 3.03 / 2.89 / 2.75 / 2.62 / 2.50 / 2.32 / 2.11 / 1.88

일선 합의 · · · 2.61 / 2.61 / 2.65 / 2.74 / 2.74 / 2.64 / 2.59 / 2.53 / 2.42 / 2.27 / 2.08 / 1.79

일선 하회 · · · 1.60 / 1.60 / 1.60 / 1.61 / 1.61 / 1.64 / 1.66 / 1.73 / 1.77 / 1.81 / 1.80 / 1.75

2012 2013 2014 2015 2016 2017 2018 2019 2020 2021 2022 2023 2024

출처 : "Royalty Pharma's Response to Elan's Tysabri Valuation," Royalty Pharma, May 31, 2013, p. 4.

Consensus) 수치에 기반한 것임에 반해 Elan의 가치 주장이 선별적으로 높다는 점에 주목하면서 Royalty Pharma의 매각 개요에 대한 논쟁을 나타내고 있다.

생물공학 제품의 저작권료 수익을 예측하는 것은 다른 모든 제품의 판매액을 예측하는 것과 크게 다르지 않다. 가격 조정, 경쟁, 규제, 정부 정책, 인구통계 변화와 조건 등 모든 것이 미래 글로벌 매출을 바꿀 수 있다. 그렇긴 하지만 뚜렷이 구별되는 중요한 요소가 몇 개 더 있다.

첫 번째, 티사브리는 2020년에 특허권이 만료될 예정이었다(원래 특허권 신청이 2000년에 이루어졌다). Royalty Pharma가 지지했던 일선 합의 예측은 티사브리의 글로벌 판매액을 해당 년도에 27억 4,000만 달러로 추정함으로써 최고 성수기라고 예측했다. 그 후 몇 년 동안 판매율은 하락하지만 지속적으로 이어질 것이다. 두 번째, 경쟁 상품은 벌써 시장에 진입하고 있었다. 봄에 Biogen은 마침내 다발성 경화증의 재발성 감퇴 형태의 치료를 위한 경구치료약에 대

해 FDA 승인을 받아냈다. 그것은 시장에 나오는 새로운 치료약 중 단지 하나일 뿐이었다. Royalty Pharma는 티사브리에 대한 공격적인 미래 판매 예측이 비현실적일 수 있다는 증거로서 지난 두 분기 동안 신규 환자의 유입이 쇠퇴하고 있다는 점을 일찌감치 지적했다.

그 외 다른 이유로 Royalty Pharma는 경영진과 함께할지 Royalty Pharma의 제안을 받아들일지 결정할 때 인수 목표 기업의 투자자들이 사용하기에 특히 더 중요한 것은 보수적인 판매예측이라고 논쟁했다. 도표 B에 나와있는 Royalty Pharma의 가치판단은 기업의 기초 분석에 이 판매 예측을 사용했다. Royalty Pharma의 Elan 가치판단은 다음과 같은 중요한 가정에 기초한다.

■ 가장 중요한 가치평가 항목인 티사브리의 전 세계 매출은 일선 합의에 기초한다.

■ Elan의 영업비용은 2013년 7,500만 달러로부터 매년 1~2%의 증가세로 비교적 고르게 유지될 것이다.

도표 B	Elan 평가 : 티사브리의 추가 현금 잠재 저작권료

미 백만 달러	이율	단위 2012	2013	2014	2015	2016	2017	2018	2019	2020	2021	2022	2023	2024
해외 판매		1,631	1,884	2,082	2,266	2,418	2,530	2,591	2,643	2,742	2,744	2,653	2,609	2,611
전년 대비 성장률			*15.5%*	*10.5%*	*8.8%*	*6.7%*	*4.6%*	*2.4%*	*2.0%*	*3.7%*	*0.1%*	*−3.3%*	*−1.7%*	*0.1%*
Elan에 지불한 로열티(저작권료)														
0~20억 달러 판매	**18%**		151	360	360	360	360	360	360	360	360	360	360	360
20억 달러 이상	**25%**			21	67	105	133	148	161	186	186	163	152	153
총저작권료			151	381	427	465	493	508	521	546	546	523	512	513
지출			(75)	(77)	(78)	(80)	(81)	(83)	(84)	(86)	(88)	(90)	(91)	(93)
세전 소득			76	304	349	385	412	425	437	460	458	433	421	420
세금 공제	1% 12.5%		(1)	(3)	(3)	(4)	(4)	(53)	(55)	(57)	(57)	(54)	(53)	(52)
당기순이익			75	300	345	381	407	372	382	402	401	379	369	367
가중평균 자본비용			7.5%	7.5%	7.5%	7.5%	7.5%	7.5%	7.5%	10.0%	10.0%	10.0%	10.0%	10.0%
할인계수			1.0000	0.9302	0.8653	0.8050	0.7488	0.6966	0.6480	0.5132	0.4665	0.4241	0.3855	0.3505
당기순이익의 현가			75	280	299	306	305	259	248	206	187	161	142	129
영구가치	**−2%**													2,999
할인계수														0.3505
영구가치의 현가														1,051
순현재가치(누적현가)			$3,647											
발행주식(수백만)			518											
주당 가치			$7.04											
현금			1,787											
주당 현금가치			$3.45											
Elan의 주당 총가치			$10.49											

(2%) 영구 성장률		총	주당	총 %	(4%)영구 성장률		총	주당	총 %
할인된 가치 2013~2020		$1,977	$3.82	54.2%	할인된 가치 2013~2020		$1,977	$3.82	56.8$
할인된 가치 2021~2024		$619	$1.19	17.0%	할인된 가치 2021~2024		$619	$1.19	17.8%
2024년 뒤의 영구가치	−2%	$1,051	$2.03	28.8%	2024년 뒤의 영구가치	−4%	$883	$1.70	25.4%
총 티사브리의 가치		$3,647	$7.04	100.0%	총 티사브리의 가치		$3,479	$6.72	100.0%
현금		$1,787	$3.45		현금		$1,787	$3.45	
총 Elan의 가치		$5,434	$10.49		총 Elan의 가치		$5,266	$10.17	

주 : "Royalty Pharma's Response to Elan's Tysabri Valuation," May 29, 2013, p. 12에 명시된 평가이다. 2013년에 처음 12개월 동안 지급된 저작권료는 12%였다. 영구 가치(종가)는 순매출이 10% 할인되어 영구적으로 매년 −2% 성장할 것이라 가정한다. 2013년 5월 29일 Elan이 명시한 대로 5억 1,800만 개의 발행주식이 있다고 가정한다. Elan의 이월결손금은 2017년에 실효세율을 1%로 낮춘다. 2018년 초반에 저작권료는 12.5%라는 아일랜드의 과세 대상이다. Royalty Pharma는 티사브리의 특허권이 만료되는 2020년 초반에 WACC가 7.50%에서 10.0%로 올라야 한다고 믿는다.

- Elan의 순영업손실과 아일랜드 법인은 2017년까지 연간 1%로 실효세율을 하락시켰다. 2017년 이후에 여전히 상대적으로 낮았지만 아일랜드 법인세율이 12.5%까지 상승했다.

- 할인율은 특허권이 만료되는 2017년까진 매년 7.5%일 것이며 그 이후에는 10%로 오를 것이다.

- 영구 가치(종가)는 할인율 12%와 미래 티사브리의 판매율이 떨어짐에 따라 매년 성장률이 −2% 또는 −4%일 것으로 가정하며 2024년의 수익에 기초한다.

- Elan의 가장 최근 회의에 의하면 2013년 5월 29일 현재 발행주식 5억 1,800만 주가 존재한다.

- Elan의 가장 최근 회의에 의하면 Elan의 총현금은 17억 8,700만 달러이다.

그 결과는 종가 쇠퇴 가정에 따라 주당 10.49달러나 10.17달러라는 기본 가치판단으로 나타났다. 대부분의 평가가 그렇듯이 최고 총매출은 모든 미래 프로젝트의 현금흐름을 야기하는 가장 큰 요소 중 하나이다. 5억 1,800만 주라는 발행주식 수 추정은 Elan이 2013년 5월 중반까지 추구했던 대량

주식 재구매 프로그램의 결과를 반영한다. Royalty 제약회사가 기업의 총평가를 3개의 부분으로 명확하게 분석했다는 점에 주목하라. 이는 (1) 특허권 기간, (2) 특허권 이후 기간, (3) 영구 가치이다. Royalty Pharma는 특허권 이후 기간은 실질적인 티사브리 판매 기간 가운데 매우 높은 위험을 나타낸다는 의견을 가지고 있다.

시장 평가

상장 회사인 Elan의 가치에 대한 논쟁에도 불구하고 시장은 무역이 발생하는 매일매일 의견을 내놓고 있다. Royalty Pharma가 관심을 보이기 이전 Elan은 주당 11달러에 거래되고 있었다. (다음 날 시장은 Royalty Pharma와 같이 타 기업의 인수를 원하는 기업과 인수가 일어날 확률로부터 효과적인 제시 가격이라 생각되는 가격으로 매입한다.) 2013년 Elan의 주가 흐름은 도표 C에서 볼 수 있다.

Elan의 운영진은 주주들에게 상황을 설명했다. Elan의 지도부가 추구하고자 했던 계획들은 주주들의 승인을 받아야 했다. 주주들의 임시주주총회(EGM)가 6월 17일 월요일에 열렸다. 회의에서 주주들의 투표(모든 투표는 전주 금요일

도표 C Elan의 주가

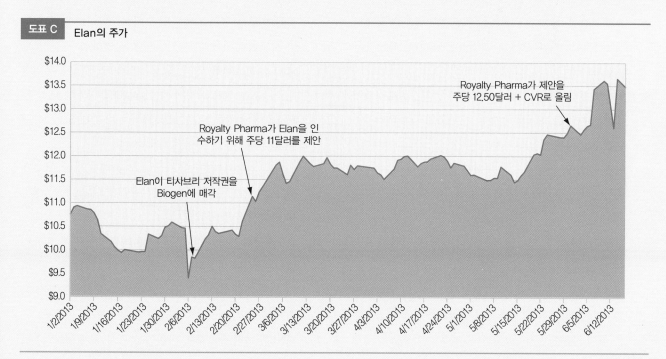

까지 마무리해야 했다) 결과가 공개될 예정이었다.

임시주주총회 날 전투가 벌어졌고 한 저널리스트의 말에 의하면 '꽤 안달 났다'. 한때 Elan의 이사회 구성원 중 한 명이었던 잭 슐러는 *Financial Times*의 사설에서 "난 켈리 마틴(Elan의 CEO)이나 다른 이사회 구성원들이 주주 이익에 기반해서 행동하는지 모르겠다. Elan의 주주들은 선택권은 오직 회사를 더 나은 매입가에 파는 것밖에 없다는 것을 깨닫기를 바란다."라고 하였다. Elan의 비상임 회장은 "나는 Elan의 주가가 슐러 씨가 떠난 이후로 3배가 되었다는 점에 주목한다. 이사회와 운영진은 가치 창출을 지속하는 데 집중할 것이며 우리 주주의 최고 이익을 위해 행동할 것이다."라고 대응했다.

주주들은 빨리 결정을 내려야 했다.

사례 문제

1. 도표 A에 나타난 티사브리의 판매 예측과 도표 B에 나타난 할인된 현금흐름 모델을 사용하여, Elan이 가치가 있다고 생각하는가?

2. Elan을 평가하는 데 있어 어떤 다른 점을 고려해야 한다고 생각하는가?

3. 당신은 주주들에게 무엇을 권고할 것인가? RP의 제안을 죽이고 있는 경영진의 제안을 승인하라고 할 것인가, 또는 RP의 제안 수용을 신속하게 처리하려는 주주들에게 제안에 대해 "아니요."라고 말하라고 할 것인가?

질문

1. **자본예산 이론적 구조.** 해외 프로젝트를 위한 자본예산은 국내 자본예산과 같은 이론적 구조를 사용한다. 국내 자본예산의 기본 단계는 무엇인가?

2. **해외 복잡성.** 해외 프로젝트를 위한 자본예산은 국내의 경우에 비해 더 복잡하다. 복잡성을 더하는 요소는 무엇인가?

3. **민감도 분석.** 민감도 분석이란 무엇인가? 투자결정에 내재된 다양한 형태의 위험을 평가하기 위해 MNE가 민감도 분석을 어떻게 사용하는가?

4. **관점과 NPV.** 프로젝트와 모회사 중 어떤 관점이 자본예산에서 순현재가치의 전통적 의미에 더 가까운 결과를 내는가?

5. **관점과 연결수익.** 어떤 관점이 연결주당 순이익의 효과에 더 가까운 결과를 내는가?

6. **영업과 재무 현금.** 흐름 자본 프로젝트는 영업 현금흐름과 재무 현금흐름 모두를 제공한다. 왜 영업 현금흐름은 국내 자본예산에서 선호되고 재무 현금흐름은 국제

프로젝트에서 중요한 고려대상인가?

7. **위험 조정 수익.** 제안된 해외 프로젝트의 예상 내부 수익률을 (a) 대안적 본국 제안서, (b) 동종 업종이나 위험 등급에 있는 현지 기업들의 수익, (c) 아니면 양쪽 모두와 비교해야 하는가? 본인의 답을 설명하라.

8. **MNE의 투자결정.** 잠재 해외 투자를 평가할 때 유치국의 인플레이션이 어떻게 MNE의 해당 국가에 대한 투자결정에 영향을 미치는가? 현금흐름 봉쇄 또한 MNE의 결정에 영향을 미칠까?

9. **주최국 인플레이션.** 유치국의 인플레이션이 어떻게 MNE의 운영에 영향을 줄까? 어떻게 MNE는 이 영향을 완화시킬 수 있을까?

10. **순수자본의 비용.** 해외 자회사는 독립적인 자본 비용이 없다. 그러나 비견되는 유치국 기업의 할인율을 측정하기 위해선 분석가는 가상의 자본비용을 계산하고자 노력해야 한다. 이것은 어떻게 이루어지는가?

11. **MNE와 국제 자본예산.** 자본예산 과정 중에 MNE가 마

주할 문제는 무엇인가?

12. **외환, 몰수, 정치적 위험.** 외환과 몰수, 정치적 위험의 가장 큰 차이점은 무엇인가?

13. **해외 인수와 합병.** 왜 해외 인수와 합병이 시행하기 어려운지 설명하라.

14. **투자 분석.** NPV, APV, 실물 옵션분석에 관하여 어떻게 이것들이 투자결정에 영향을 미치는지 설명하면서 세 가지 분석법을 비교 대조하라.

15. **인수 합병 비즈니스 분석.** MNE가 해외 인수 합병에서

실물옵션이나 전통적인 금융옵션 분석을 시행해야 하는가?

16. **해외 인수의 세 단계.** 해외인수의 세 단계는 무엇인가? 모든 단계를 관통하는 핵심 재무 요소는 무엇인가?

17. **해외 인수의 환위험.** 해외 인수를 진행하는 과정에서 일어나는 환위험은 무엇인가?

18. **상황조건부 환노출.** 해외 인수를 추구하고 수행하는 과정에서 일어나는 가장 큰 상황조건부 환노출은 무엇인가?

문제

1. **YummyYummies(방글라데시).** 그리스 기반의 개인 자산 기업인 ArtemisPrivEqui는 방글라데시 식품 가공 회사인 YummyYummies를 사기 위해 얼마를 내야 하는지 결정하려 한다. ArtemisPrivEqui는 YummyYummies가 내년(2016년)에 8,000만 방글라데시 타카(BDT)의 잉여 현금흐름을 산출해낼 것이며 이 잉여 현금흐름은 매년 10.0%라는 성장률로 지속적으로 무한정 성장할 것이라고 추정한다.

    그러나 ArtemisPrivEqui와 같은 개인 자산 기업은 회사의 장기 소유에는 관심이 없으며 방글라데시 기업을 3년째 되는 해에 그해 YummyYummies의 잉여 현금흐름의 약 10배 가격으로 팔려고 계획한다. 현물환율은 BDT78/€이다. 그러나 방글라데시의 인플레이션율은 매년 인플레이션율이 2.0%인 그리스 유로와 비교하면 매년 12%로 계속 비교적 높을 것이라고 예상된다. ArtemisPrivEqui는 YummyYummies와 같은 국제 투자에서 매년 적어도 15%의 수익률을 낼 수 있을 것으로 기대한다.

    a. 만일 방글라데시 타카가 3년이 넘는 투자 기간 동안 고정된 채로 있으면 YummyYummies의 가치는 얼마인가?

    b. 만일 방글라데시 타카가 구매력평가에 의하여 시간이 지날수록 그 가치가 변한다면 YummyYummies의 가치는 얼마인가?

2. **Finisterra, S.A.** 멕시코 바하칼리포르니아주에 위치해 있는 Finisterra, S.A.는 미국 캘리포니아주와 애리조나에서 유명한 냉동 멕시코 음식을 제조한다. 미국시장에 더 가까워지기 위해 Finisterra는 몇 개의 생산 공정을 캘리포니아 남쪽으로 옮기는 것을 고려하고 있다. 캘리포니아 영업은 첫해부터 시작할 것이며 다음과 같은 특징을 가질 것이다.

가정	가치
첫해 개당 판매가	$5.00
연간 판매가 증가	3.00%
첫해 물품의 초기 판매량	1,000,000
연간 판매량 증가	10.00%
첫해 개당 생산비용	$4.00
연간 개당 생산비용의 증가	4.00%
연간 일반 관리비	$100,000
연간 감가상각지출	$80,000
Finisterra의 WACC(페소)	16.00%
종가 할인율	20.00%

캘리포니아 영업은 연간 현금배당으로 Finisterra에 회계이익의 80%를 지불할 것이다. 멕시코 세금은 이미 지불한 유치국 세금 공제와 함께 해외 공제 전 배당금에서 계산될 것이다. 투자를 위해 첫해에 Finisterra가 지불해야 하는 최대 미국 달러 비용은 얼마인가?

3. **Emancipation Co.** 남아프리카의 Emancipation Co.은 다가오는 3년 동안 아일랜드 합작투자로부터 현금 배당금을 기대하고 있다. 2015년 12월 31일에 받기로 한 첫 번째 배당금은 1,000,000유로일 예정이다. 그리고 배당금은 그 뒤 두 해 동안 매년 15%씩 성장할 예정이다. 현재(2014년 12월 31일) 환율은 ZAR 13/€이다. Emancipation Co.의 가중평균 자본비용은 17.5%이다.

   a. 만약 유로가 남아프리카 랜드(ZAR)에 비해 매년 6%의 가치 상승이 예상된다면 예상 유료 배당금 흐름의 현재 가치는 얼마인가?

   b. 만약 유로가 랜드에 비해 매년 5%의 가치 하락이 예상된다면 예상 배당금 흐름의 현재 가치는 얼마인가?

4. **Branded Co.(이탈리아).** Branded Co.(이탈리아)는 세계 수출을 위해 베네수엘라에 완전소유 오트쿠튀르 제조 공장을 짓고자 베네수엘라 볼리바르 VEF 20,000,000를 투자하는 것을 고려 중이다. 5년 후 BrandVen이라는 자회사는 베네수엘라 투자자들에게 VEF 40,000,000에 팔릴 것이다. 베네수엘라 운영 손익계산서 양식은 매년 VEF 5,375,000의 현금흐름 산출과 아래와 같은 목록을 예측한다. 초기 투자는 2014년 12월 31일에 이루어질 것이며 현금흐름은 이어지는 매해 12월 31일에 발생할 것이다. 베네수엘라 BrandVen에 대한 연간 현금 배당금은 회계 수익의 75%에 해당될 것이다.

매출수입	15,000,000
현금운영지출 공제	(7,000,000)
총소득	8,000,000

감가상각 지출 공제	(500,000)
이자 및 세전 이익	7,500,000
베네수엘라의 세금 35% 공제	(2,625,000)
순수익	4,875,000
통화가치 하락비용 추가	500,000
연간 현금흐름	5,375,000

초기 투자는 2014년 12월 31일에 이루어질 것이며 현금흐름은 이어지는 매해 12월 31일에 발생할 것이다. 베네수엘라 BrandVen에 대한 연간 현금 배당금은 회계 수익의 75%에 해당될 것이다.

이탈리아 기업세율은 20%이며 베네수엘라 기업세율은 35%이다. 베네수엘라 세율이 이탈리아 세율보다 더 높으므로 Branded Co.에 지급되는 연간 배당금은 이탈리아에서 부가세를 내지 않을 것이다. 최종 판매에는 양도 소득세가 없다. Branded Co.는 국내 투자에 가중평균 자본비용 18%를 사용하지만 더 큰 위험 인식으로 인해 베네수엘라 투자에는 8%를 더 추가할 것이다. Branded Co.는 베네수엘라의 향후 6년간의 12월 31일 시점 볼리바르/유로 환율을 아래 목록과 같이 예측한다.

	VEF/€		VEF/€
2014	7	2017	7.5
2015	7.1	2018	7.6
2016	7.25	2019	7.75

이 투자의 순현재가치와 내부 수익률은 어떻게 되는가?

5. **Carloco Carpets Co.** 독일의 Carloco Carpets Co.는 직물에 쓰는 높은 등급의 염료를 생산한다. 지금까지 생산은 다른 기업에서 하도급을 받았으나 품질 관리를 이유로 Carloco는 중동에서 자사 제품을 생산하기로 결정했다. 분석은 이집트의 카이로와 요르단의 암만, 두 가지 선택으로 좁혀졌다. 당시에는 오직 세후 예상 현금흐름에 대한 다음과 같은 요약만이 가능했다. 다음 쪽의 도

문제 5.

카이로의 Carloco(세후)	2015	2016	2017	2018	2019	2020
순이집트 파운드 현금흐름	(15,000)	10,000	8,200	9,000	9,500	10,000
유로 현금 유출	—	(150)	(200)	(200)	(200)	—
암만의 Carloco(세후)						
순요르단 디나르 현금흐름	(5,000)	4,000	4,500	5,000	55,000	6,000
유로 현금 유출	—	(100)	(150)	(200)	(300)	—

문제 6.

가정	0	1	2	3
루마니아 레우 자본의 원입(RON)	62,500,000			
현물환율(RON/£)	6.25	6.20	6.15	6.10
물품 수요		150,000	175,000	200,000
개당 판매가		$3.00	£3.50	£3.75
고정 현금 영업 지출		£250,000	£275,000	£300,000
통화가치 하락		£150,000	£150,000	£150,000
운전자본의 투자(RON)	25,000,000			

표에서 보는 것과 같이 대부분의 영업 현금 유출은 이집트의 파운드나 요르단의 디나르로 이루어질 것이다.

이집트 파운드(EGP)는 현재 EGP8.40/€로 교환되고 있으며 요르단의 디나르(JOD)는 JOD0.78/€로 교환되고 있다. Carloco는 이집트 파운드가 유로에 비해 연간 5.0% 가치 상승하며 요르단 디나르는 유로에 비해 연간 3.0% 가치 하락할 것이라고 예상한다. 만일 Carloco Carpets Co.를 위한 가중평균 자본비용이 22.0%라면 어떤 프로젝트가 더 유망한가?

6. **ScotchOrganic Co.** 개인 회사인 ScotchOrganic Co.은 동유럽시장의 운송 비용을 줄이기 위해 루마니아에 투자를 고려하고 있다. 루마니아 레우(RON)로 된 투자원금은 RON6.25/£의 현재 투자 환율로 RON62,500,000 혹은 10,000,000파운드일 것이며 모든 것은 10년 동안 정액법에 의해 감가상각될 고정 자산이다. 추가적인 RON25,000,000가 운전자본을 위해 필요할 것이다.

ScotchOrganic Co.은 자본예산 목적으로 3년이 되는 해 연말에 계속기업으로서 모든 납세 후 고정 자산 단독의 순장부가액(운전자본을 제외하고)과 동일한 비용으로 매출을 추정했다. 모든 잉여 현금흐름은 스코틀랜드로 가능한 한 빠르게 송환될 것이다. 기업 평가에서 영국 파운드 예측은 위의 표에 나와있다.

다양한 제조비용은 판매금액의 75%로 예상하고 있다. 고려 기간 동안 파운드로 된 추가적인 자금은 투자될 필요가 없다. 루마니아는 어떤 종류의 자금 송환에 관해서도 제약을 가하지 않는다. 루마니아 기업의 세율은 20%이며 스코틀랜드의 세율은 25%이다. 두 국가 모두 타국에서 납부를 한 것에 대해서는 세금공제를 허가한다. ScotchOrganic Co.는 15%의 가중평균 자본비용을 사용하며 기업의 목표는 현재가치를 최대화하는 것이다. ScotchOrganic Co.에 있어 이 투자는 매력적인가?

Triple-A Linen, Inc.(영국)

다음 정보와 추정을 사용하여 문제 7~10번에 답하라.

영국 Triple-A Linen, Inc.은 이스라엘에 5년 안에 만료되는 수입허가로 매년 50,000개의 고품질 이불 세트를 수출하고 있다. 이스라엘에서 이불 세트는 한 세트에 이스라엘 셰켈로 80파운드와 동일한 가격에 팔린다. 영국의 직접 제조원가와 운송비는 모두 한 세트당 50파운드이다. 이스라엘에서 이런 이불시장은 성장하거나 축소되는 일 없이 안정적이며 Bang Linen이 시장의 대부분을 장악하고 있다.

이스라엘 정부는 제조공장을 열어 수입 이불을 현지 생산으로 대체할 수 있도록 Triple-A Linen을 초청했다. 만일 Triple-A Linen이 투자를 한다면 공장을 5년 동안 운영한 뒤 당시 판매액의 순장부가격에 순운전자본의 가치를 더하여 이스라엘 투자자들에게 건물과 장비를 팔 것이다. (순운전자본은 현재 자산에 현재 부채에 의한 자본조달금을 뺀 것이다.) Triple-A Linen은 모든 순수익과 감가상각 자금을 매년 영국에 송환할 수 있을 것이다. Triple-A Linen은 전통적으로 모든 해외 투자를 영국 파운드(GBP)로 평가한다.

- **투자.** Triple-A Linen의 2015년 파운드 예상 현금지출은 다음과 같다.

건물과 장비	£1,000,000
순운전자본	£1,000,000
총투자	£2,000,000

모든 투자 지출은 2018년에 이루어질 것이며 모든 영업 현금흐름은 2016~2020년 말에 발생할 것이다.

- **통화가치 하락과 투자회복.** 건물과 장비는 5년 동안 정액법에 의해 가치가 하락할 것이다. 5년이 되는 해 연말에 1,000,000파운드의 순운전자본이 영국으로 송환될 것이다. 공장의 잔여 순장부가치도 그럴 것이다.

- **이불의 판매가.** 현지 생산 이불은 한 세트당 이스라엘 셰켈로 80파운드와 동일한 가격에 팔린다.

- **이불 한 세트당 영업 지출.** 자재 구입은 다음과 같다.

이스라엘에서 자재 구매 (GBP와 등가)	세트당 30파운드
Triple AAA-UK에서 수입하는 자재	세트당 15파운드
총가변비용	세트당 45파운드

- **이전 가격.** 모기업이 판매하는 한 세트당 10파운드의 이전가격은 영국에서 제조상 발생하는 5파운드의 직간접 비용과 Triple-AAA에 지불하는 세금 공제 전 이윤으로 구성되어 있다.

- **세금.** 법인 소득세율은 이스라엘과 영국에서 모두 40%이다. 이스라엘 자회사의 미래 판매에 이스라엘이나 영국 모두 자본 이익이 없다.

- **할인율.** Triple-AAA 부품은 모든 국내외 프로젝트를 평가하기 위해 15%의 할인율을 사용한다.

건물과 장비	£1,000,000
순운전자본	£1,000,000
총투자	£2,000,000

7. **Triple-A Linen : 기준선 분석.** Triple-A Linen 부품을 이용하여 이스라엘의 제안 투자를 평가하라. Triple-A의 운영진은 기준선 분석을 GPB로 수행하길 바란다(또한 암묵적으로 프로젝트 수행 기간 동안 환율은 고정되어 있을 것이라 가정한다). 프로젝트 관점에서의 자본예산과 모회사 관점에서의 자본예산을 구현하라. 당신의 분석 결론은 무엇인가?

8. **Triple-A Linen : 수익성장 시나리오.** 이전 질문에 대한 분석 결과로 Triple-A는 매년 판매량을 평균 5% 성장시킬 수 있는지를 알고 싶어 한다. 이스라엘 인플레이션은 매년 평균 5%로 예상되며 따라서 판매가와 재료비는 매년 각각 7%와 6%의 상승이 타당하다고 생각된다. 이스라엘의 재료비는 오를 것으로 예상되지만 영국 기반 비용은 5년 기간 동안 변하지 않을 것으로 예상된다. 이 시나리오를 프로젝트와 모회사 관점 모두에서 평가하라. 수익성장 시나리오에 기반한 이 프로젝트는 허용

가능한가?

9. **Triple-A : 수익 성장과 판매가 시나리오.** 문제 8에서 사용된 추정에 더하여 Triple-A는 이제 5년째 말에 그해 기업 수익의 2배로 이스라엘 자회사를 매각할 수 있는 가능성을 평가하고자 한다. Triple-A는 6의 배수가 당시 기업 시장가치의 보수적 추정이라고 믿는다. 프로젝트와 모회사 관점의 자본예산을 평가하라.

10. **Triple-A : 수익 성장, 판매가, 환위험 시나리오.** Triple-A의 신입 분석가이자 최근 MBA를 졸업한 레일라 스미스는 이스라엘 셰켈(ILS) 가치로 우선 평가하고 영국 파운드로 현금흐름수익을 변환하지 않고, 이스라엘 프로젝트의 장래 이익과 현금흐름을 파운드로 평가하는 것은 근본적인 오류라고 믿는다. 그녀는 올바른 방법은 2015년 말의 현물환율 ILS4.80/GBP을 사용하고 구매력은 변할 것이라고 가정해야 한다고 믿는다. (그녀는 영국의 인플레이션이 매년 1%, 이스라엘이 매년 5%일 것이라고 가정한다.) 그녀는 또한 Triple-A가 이스라엘에서는 이스라엘 자본비용(그녀는 20%로 추정)을 반영한 위험조건 할인율과 모회사 관점에서 본 자본예산을 위한 위험조정 할인율(18%)을 사용해야 한다고 믿는다. 이는 위험한 통화 환경에서 추진되는 국제적 프로젝트는 다른 저위험 프로젝트보다 더 높은 기대수익을 요구한다는 가정에 기반한다. 이러한 가정과 변화는 Triple-A의 제안된 투자에 대한 관점을 어떻게 바꾸는가?

인터넷 문제

1. **자본 프로젝트와 EBRD.** 유럽부흥개발은행(EBRD)은 이전 소비에트 연합 시절 시장 지향 비즈니스 개발을 촉진시키기 위해 설립되었다. EBRD 웹사이트에 들어가 어떤 프로젝트와 비즈니스에 착수하고 있는지 살펴보자.

   유럽부흥개발은행   www.ebrd.com

2. **신흥시장 : 중국.** 전력발전사업과 같은 장기 투자 프로젝트는 해당 국가의 영업 비즈니스가 갖는 모든 특징에 대한 철저한 이해를 필요로 한다. 중국은 현재 투자와 세계 다국적 기업의 시장 침투 전략의 중심에 있다. 웹사이트(오른쪽에 나열된 것부터 시작하라)를 이용하여 중국의 영업 비즈니스에 대한 데이터 베이스를 구축하고 이 장에서 논의된 많은 요소들을 업데이트할 준비를 하라.

해외무역과 경제 협력부	English.mofcom.gov.cn
중국 투자신뢰와 투자기업	www.citic.com/wps/portal/ enlimited
중국 순투자 홈페이지	www.chinanet-online.com

3. **BeyondBrics : *Financial Times*의 신흥시장 허브.** 최신 데이터 베이스와 초청 사설을 보려면 신흥시장에 대한 FT의 블로그를 확인하라.

Financial Times의 신흥시장 블로그	blogs.ft.com/beyond-brics/

엄선된 각 장의 문제에 대한 해답

제1장 다국적 기업의 재무관리 : 기회와 어려움

10. a. 7.21유로

  b. 프랑스 = 35.6%, 스위스 = 6.2%, 영국 = 48.3%, 덴마크 = 9.9%

  c. 64.4%

13. 평가절상 사례 : 9.7%

  평가절하 사례 : −12.9%

제2장 국제통화체제

2. AUD 250.50

6. 12.1982

7. 14.16% 평가절하

제3장 국제수지

호주	2000	2001	2002	2003	2004	2005	2006	2007	2008	2009	2010	2011	2012	2013
3.1 호주의 상품수지는?(상품 수출−상품 수입)	−4,813	1,786	−5,431	−15,369	−18,031	−13,372	−9,596	−17,784	−4,915	−4,439	17,479	22,481	−12,186	4,390
3.2 호주의 서비스수지는?(서비스 대변−서비스 차변)	289	−259	−201	−433	−678	542	869	588	−3,098	−1,351	−4,345	−10,244	−12,371	−14,055
3.3 호주의 상품 및 서비스수지는?(상품수지 + 서비스수지)	−4,524	1,527	−5,632	−15,802	−18,709	−12,830	−8,727	−17,196	−8,013	−5,790	13,134	12,237	−24,557	−9,665
3.4 호주의 경상수지는?(상기 4개 수지, 즉 상품, 서비스, 소득, 경상이전의 합)	−15,103	−8,721	−17,385	−30,674	−40,066	−41,032	−41,504	−58,031	−47,786	−44,999	−37,177	−44,524	−48,738	−30,777

제4장 재무의 목적과 기업지배구조

1.　a. 11.905%

　　b. 32.083%

　　c. 배당률 = 7.083%, 자본이득 = 25%, 총주주수익률 = 32.083%

2.　a. 64.23%

　　b. 4.19%

　　c. 71.12%

제5장 외환시장

1.　a. 4.72

　　b. 21,243

10.　a. 26,143.79 수익

　　b. (26,086.96) 손실

제6장 국제평가조건

4.　a. 1.0941

　　b. 1.1155와 948.19

7.　CIA 잠정 수익이 −0.042%라는 것은 다케시에게 일본 엔화를 빌려서 더 높은 수익률 통화인 미국 달러화에 투자해야 한다고 말하는 것이다. 그러면 55,000이라는 CIA 수익을 벌 수 있다.

제7장 외환파생상품 : 선물과 옵션

1.　a. (49,080.00달러)

　　b. 38,920.00달러

　　c. (9,080.00달러)

4.　a. 시시는 싱가포르 달러로 콜(옵션)을 구매해야 한다.

　　b. 0.65046달러

　　c. 매출 총이익(gross profit) = 순이익(net profit) 0.05000달러 = 0.04954달러

　　d. 매출 총이익 = 순이익 0.15000달러 = 0.14954달러

제8장 이자율위험과 스왑

		3개월	6개월
1.	a. 매출 할인	6.07달러	23.26달러
	b. 단순 수익률	0.0607%	0.2331%
	c. 연간 수익률	0.2432%	0.4668%

3. a. 15년 모기지 : 1,662달러

    30년 모기지 : 1,261달러

    b. 1,957달러

    c. 15년 모기지 : (12,000달러)

    30년 모기지 : (12,000달러)

제9장 환율의 결정

1. 31.33%

3. 66.54%

6. −270.78%

제10장 거래 환노출

3. 외환 손실 921,400,000달러

9. 아무것도 안 할 경우 : 무엇이든 가능

    선도 : 216,049.38달러

    단기금융시장(money market) : 212,190.81달러

    은행이 연장을 허락할 경우 선도가 선호되는 선택임

제11장 환산 환노출

1. a. 환산 손실은 (2,400,000달러)

    b. 손실은 연결 재무제표에서 누적되고 자회사가 외환을 사용한다면 연결 이익(consolidated income)으로 가격전가되지 않는다.

5. 순노출은 480,000유로(349,116파운드)

제12장 영업 환노출

1. a. 9,984,000달러

    b. 월간 현금흐름에서 지불됨

3. 사례 1 : 동일한 위안 가격 : 360,000,000파운드

    사례 2 : 동일한 파운드 가격 : 648,000,000파운드(더 나음)

제13장 글로벌 자본의 비용과 가용성

3. a. 9.670%

    b. 9.040%

4. 국내 : 7.0210%

글로벌 : 4.7945%

제14장 글로벌 자기자본과 부채 조달

4. 4.5841

8. 10.026%

제15장 다국적 조세 관리

1. 사례 1 : 29.6%

   사례 2 : 45%

4. 36.4%

제16장 국제무역금융

3. 15.716%

5. a. 8.685%

   b. 172,025유로

제17장 해외직접투자와 정치적 위험

이 장에서는 수치 계산 문제가 없음

제18장 다국적 자본예산과 해외인수

1. a. 7,912,725달러

   b. 5,587,094달러

2. 누적 현가 = Ps28,442,771 또는 3,555,346달러

용어해설

가격재설정 위험(repricing risk) 금융계약의 기준이 되는 이자율이나 가격을 재설정함으로써 발생할 수 있는 손실 가능성

가중평균 자본비용(Weighted Average Cost of Capital, WACC) 자기자본비용과 타인자본비용의 가중평균. 신규 투자의 최소 요구 수익률

가치 기업(value firm) 대규모이고, 오래되었으며, 성숙기 상태의 기업으로 통상적으로 주가의 변동성이 낮은 기업

간접 개입(indirect intervention) 자국 통화가치에 영향을 미치기 위해 재정정책 당국 또는 통화정책 당국이 취하는 행위로 자국 통화를 매입하거나 매도하는 직접 개입 이외의 행위. 가장 일반적인 형태는 이자율을 변동시키는 것이다.

간접표기법(indirect quote) 외국 통화를 표시 통화로 하는 환율 표시법. 이 용어는 자국이 정의되는 경우에만 의미를 가진다.

감마(gamma) 기초자산 1단위 변화에 대한 옵션 델타의 민감도

강제 상장 폐지(forced delisting) 증권거래소의 상장 요건을 충족하지 못해 강제적으로 실행되는 상장 폐지. 시가총액 또는 거래대금 최소요건을 충족하지 못해 발생한다.

거래 상대방(counterparty) 스왑, 국제상호 직접대출(back-to-back loan)과 같은 쌍방 간 거래에서 상대편 거래 당사자

거래 환노출(transaction exposure) 결제가 이루어지지 않은 금융 권리나 금융 의무의 가치가 환율 변동으로 인해 변동할 가능성

거시경제 불확실성(macroeconomic uncertainty) 환율, 이자율, 물가상승률과 같은 거시경제 변수에 대한 영업 현금흐름의 민감도

거시적 위험(macro risk) 국가 특유 위험(country-specific risk)의 다른 표현

거주지 접근법(residential approach) 소득 발생 지역에 상관없이 기업의 모국에서 과세하는 접근법

게임의 규칙(rules of the game) 19세기, 20세기 초 금본위제하에서의 환율 결정 원칙을 지칭하는 용어. 당시 모든 국가들은 비공식적이기는 하지만, 자국 통화는 금에 대해서 고정 가격으로 교환하는 원칙을 따랐다.

견적 환노출(quotation exposure) 견적 제시 시점과 주문 확정 시점의 환율 변동으로 발생할 수 있는 환위험

경상계정(current account) 재화, 서비스, 이전 거래의 순유입을 표시하는 국제수지 계정

경쟁적 환노출(competitive exposure) 기대 현금흐름의 가치가 환율 변동으로 인해 변동될 가능성. 영업 환노출(operating exposure), 경제적 환노출(economic exposure)이라고 불리기도 한다.

경제적 환노출(economic exposure) 기대 현금흐름의 가치가 환율 변동으로 인해 변동될 가능성.

영업 환노출(operating exposure), 경쟁적 환노출(competitive exposure)이라고 불리기도 한다.

경화(hard currency) 향후 가치가 하락하지 않을 것으로 기대되는 통화

계약 헤지(contractual hedge) 선물환이나 외환옵션과 같은 금융 파생상품을 이용한 환위험 헤지

고인플레이션 국가(hyperinflation country) 물가상승률이 매우 높은 국가. 미국 FASB 52에서는 3년 물가상승률이 100% 이상일 때 고인플레이션 국가로 정의한다.

고정환율(fixed exchange rate) 미국 달러나 금 또는 IMF 특별인출권(SDR)과 같은 통화 바스켓과의 교환비율이 고정된 환율 체제

공공 부채(public debt) 정부나 지방행정기관의 부채

공매도[selling short(shorting)] 소유하고 있지 않는 증권의 매도. 증권 가격의 하락을 예상하고, 증권을 빌려서 매도하고, 예상과 같이 증권 가격이 하락하는 경우, 낮은 가격의 증권을 매수하여 증권을 상환함으로써 이익을 획득한다.

공식준비계정(official reserves account) 중앙은행이 보유하고 있는 준비금계정. 금, 특별인출권(SDR)과 주요 통화로 구성된다.

공정가치(fair value) 합리적인 판단력과 거래 의사가 있는 독립된 당사자 사이의 거래에서 자산이 교환되거나 부채가 결제될 수 있는 금액

공제가능지출(deductible expense) 세금납부액에서 공제가 인정되는 지출

과소 자본(hin capitalization) 자본보다는 부채에 과도하게 치우친 회사의 자본구조. 이자비용으로 조세부담을 최소화하기 위해 사용된다.

관리변동환율제(dirty float 또는 managed float) 환율이 시장에서 결정되도록 하되, 암묵적 또는 명시적 밴드가 있어서 밴드를 벗어날 경우 정부가 수시로 시장 개입을 하는 변동환율제

관세(tariff) 수입물품에 대해 부과하는 세금

교역조건(terms of trade) 무역으로부터 이득을 측정하기 위해 사용되는 수출가격과 수입가격의 비율

교차상장(cross-listing) 보통주를 2개 또는 그 이상의 거래소에 상장시키는 행위

교차환율(cross rate) 제3국과의 환율로부터 도출된 두 통화 간의 환율. 예를 들어, 유로/엔 환율은 널리 거래되고 있는 엔/달러 환율과 달러/유로 환율로부터 도출할 수 있다.

구매력평가(purchasing power parity, PPP) 국제적으로 거래되는 재화의 가격은 동일하기 때문에 환율은 두 국가의 물가의 비율로 결정된다는 환율결정이론

구매자 위험부담원칙(caveat emptor) 매수자가 위험을 사전에 인지할 의무가 있다는 뜻의 라틴어

국가부채(sovereign debt) 정부 또는 정부기관의 부채

국가신용 스프레드(sovereign spread) 정부의 해외 차입 시 발생하는 신용스프레드. 예를 들어, 베네수엘라 정부가 미국 달러를 차입할 때의 이자율과 미국 재무부 채권 이자율의 차이가 베네수엘라 국가신용 스프레드가 된다.

국가신용위험(sovereign credit risk) 해외의 투자대상국의 정부 또는 기업이 계약상의 의무를 불이행할 가능성

국가위험(country risk) 현지국 상황으로 고객이나 정부가 채무 상환을 하지 못하는 사건이 발생할 가능성. 국가위험은 정치적 위험(political risk)과 외환 위험(foreign exchange risk)으로 나뉜다.

국가 특유 위험(country-specific risk) 자금 봉쇄, 문화적 위험, 제도적 위험과 같이 다국적 기업의 손실을 야기할 수 있는 국가 차원의 위험

국유기업(state-owned enterprise, SOE) 정부에 의해 소유되고 통제되는 기업. 대개의 경우 상업활동을 위해 설립된다.

국적 접근법(national approach) 이익이 발생하는 장소와 관계없이 기업이 소재하고 있는 본국에서 과세하는 원칙

국제개발부흥은행[International Bank for Reconstruction and Development(IBRD 또는 World Bank)] 제2차 세계대전 이후 황폐화된 국가들의 재건 비용을 조달해주기 위해 만들어진 국제기구. 현재는 그 역할이 확장되어 빈곤 상태의 국가들을 구제하기 위한 역할도 수행하고 있다.

국제결제은행(Bank for International Settlements, BIS) 유럽의 중앙은행에 대한 은행 역할을 하는 스위스 바젤에 소재하고 있는 은행

국제금융의 삼자택일의 궁지(trilemma of international finance) 국제금융 시스템의 목표이기는 하지만, 동시에 달성이 불가능한 세 가지 목표. 세 가지 목표는 (1) 환율안정, (2) 통화정책의 독립성, (3) 자본의 자유로운 이동이다.

국제상호 직접대출(back-to-back loan) 다른 나라의 두 기업이 상대방 통화로 동시에 차입하고 상환하는 계약. 은행을 통해 누 대출이 이루어시기도 한다.

국제수지(balance of payment, BOP) 한 국가 거주자와 다른 국가 거주자 간의 재화, 서비스, 투자의 흐름을 요약한 국가 차원의 일종의 손익계산서

국제스왑파생상품협회(International Swaps and Derivatives Association, ISDA) 장외 파생상품 거래의 활성화를 위해 구성된 협회. 뉴욕에 소재하고 있다. ISDA에서는 파생상품의 국제 거래를 위한 표준 약관을 제정하고 있다.

국제 자본자산가격 결정모형(International CAPM, ICAPM) 개별 기업의 자본비용을 국내 자본자산가격 결정모형(domestic capital asset pricing model)과 달리 국제 시장포트폴리오를 기준으로 추정하는 모형

국제통화기금(International Monetary Fund, IMF) 환율과 국제수지를 감시함으로써 국제금융 체계를 감독하는 것을 위임받은 국제기구. 1944년에 창설되었다.

국제통화체제(international monetary system) 국제통화에 관한 각국의 기대가 수렴된 명시적인 또는 암묵적인 원리, 규범, 규칙, 의사결정의 절차 형태. 국제수지 불균형의 조정, 국제 유동성의 적정한 공급 및 국제 유동성의 가치의 안정을 목적으로 한다.

국제평가조건(international parity condition) 두 국가 간의 현물환율, 선물환율, 이자율, 물가상승률의 균형 관계

국제피셔효과(International Fisher effect) 두 국가의 이자율 차이가 현물환율의 변동으로 상쇄된다는 이론

글로벌 등록주식(global registered shares, GRS) 여러 국가의 거래소에 등록된 주식. 해당 국가의 주식처럼 해당 국가의 통화로 거래된다.

글로벌 주식예탁증서(Global Depositary Receipt, GDR) 미국 주식예탁증서(American Depositary Receipt, ADR)와 유사하게 외국 기업의 주식에 대해 여러 국가에서 은행에 의해 발행된 주식예탁증서. 실제 주식은 국제은행의 해외 지점에서 보유하고 있으며, 국내 주식으로서 매매된다. 해외에서는 주식예탁증서를 해당 국가의 주식처럼 매매할 수 있다.

금리평가(interest rate parity, IRP) 두 국가의 이자율 차이가 선물환 할증률로 상쇄된다는 이론

금본위제(gold standard) 중앙은행이 금하 대신 금화와의 교환비율을 고정하여 화폐를 발행하는 제도. 브레턴우즈 체제에서 미국 달러화가 금본위제를 채택하였다.

금융계정(financial account) 국제통화기금(IMF) 방식에 의한 국제수지 통계의 한 항목으로 대외 거래에 따른 금융기관의 대외 자산 및 부채의 증감을 표시하는 계정. 금융계정의 자산 항목은 해외예치금, 해외증권투자, 외화대출금 등이며, 부채는 주로 해외차입금, 외국인증권투자 등으로 구성된다. 여전히 많은 국가에서 사용되는 전통적인 방식에서는 금융계정의 항목이 자본계정에 포함된다.

금융파생상품(financial derivatives) 가치가 주식이나 통화와 같은 기초자산의 가격으로부터 파생되는 상품. 선물계약 또는 옵션계약 등이 이에 해당한다.

금환본위제(gold-exchange standard) 브레턴우즈 체제에서 채택한 환율체제. 미국 달러화와 금의 교환비율을 고정시키고, 나머지 국가는 미국 달러화에 대해 고정환율제를 채택함으로써 결과적으로 자국 통화의 가치를 금과 고정시켰다.

기능통화(functional currency) 국제기업이 국외에서 영업할 때 주로 사용하는 통화

기술적 분석(technical analysis) 가격과 거래량으로 미래 가격을 예측하는 분석

기업 내 무역(intrafirm trade) 동일 기업의 지점 간 무역

기업의 사회적 책임(corporate social responsibility, CSR) 환경 및 사회 지속성과 같은 사회적 규범에 일관되며, 합법적이고 윤리적인 경영을 추구하는 기업의 자율적 행위

기업지배구조(corporate governance) 조직의 성과와 전략적 방향 결정을 위한 이해관계자(stakeholder) 간의 관계, 절차

기업 특유 위험(firm-specific risk) 특정 기업에만 영향을 미치기 때문에 포트폴리오를 구성해도 분산할 수 없는 위험

기준율(reference rate) 차입 계약, 파생상품 계약 등에서 기준으로 사용되는 이자율

기준통화(base currency) 환율에서 물건 1단위의 역할을 하는 통화. 예를 들어, EUR1.00=USD1.0750에서는 유로가 기준통화이며, 통화의 역할을 하는 통화, 즉 미국 달러가 호가통화(quote currency)이다.

기초수지(basic balance) 무역수지, 이전수지, 자본수지의 합

기축통화(anchor currency) 각국 중앙은행이나 정부가 외환시장 개입에 사용하기 위해 준비된 통화자산으로 널리 사용되는 통화

기한(tenor) 계약이나 부채의 기간. 대출상환기간

내가격(in-the-money, ITM) 즉각 행사하면 수익을 얻을 수 있는 옵션의 상태. 내재가치가 0보다 큰 옵션의 상태

내부수익률(internal rate of return, IRR) 현금 유입의 현재가치와 현금 유출의 현재가치를 동일하게 만들어주도록 할인하는 이자율. 자본예산에서는 내부수익률을 사업의 투자수익률로 간주하여 투자의사결정을 내린다.

내재가치(intrinsic value) 옵션을 즉각 행사했을 때 얻을 수 있는 수익

네덜란드병(Dutch Disease) 천연가스나 석유와 같은 천연자원의 발견이나 발굴 결과 통화가치가 상승하는 과정을 지칭하는 용어. *The Economist*가 만든 용어이다. 통화가치 상승의 결과 다른 수출품의 경쟁력은 약화된다. 1959년 네덜란드에서 천연가스를 발견하면서 네덜란드 플로린에 미친 효과를 설명하기 위해 사용되었기 때문에 '네덜란드(Dutch)'라는 단어가 사용된다.

누적환산조정 계정(cumulative translation adjustment account, CTA account) 환산 과정에서 발생하는 이익과 손실을 수년간에 걸쳐 누적시키는 환산 재무상태표(translated balance sheet)의 계정

(뉴욕의) 은행 간 결제시스템(Clearinghouse Interbank Payments System, CHIPS) 회원들 간의 은행 간 외환 권리와 의무를 결제절차를 통해 청산시켜 주는 뉴욕에 소재하는 전산화된 청산시스템

다국적 기업(multinational enterprise, MNE) 자회사, 지점, 관계회사를 통해서 여러 국가에서 영업을 하는 기업

다국적 자본예산(multinational capital budgeting) 해외 투자 프로젝트에 대한 할인된 현금흐름 분석법(discounted cash flow analysis)

단기금융시장(money market) 만기 1년 이내의 단기금융상품을 거래하는 시장

단기금융시장 헤지(money market hedge) 환노출을 줄이기 위해 외화 차입, 외화 예금을 활용하는 헤지

단순스왑(plain-vanilla swap) 이자율스왑의 다른 표현. 일정 주기로 동일 통화 명목원금에 대한 고정이자와 변동이자를 교환하는 스왑 계약

단위통화(unit currency) 기준통화(base currency)의 다른 표현

달러화(dollarization) 한 국가의 공식 통화로 미국 달러를 사용하는 것을 말한다.

대리은행(correspondent bank) 다른 지역(국가)에 위치하면서 상대방 은행의 예금을 받고, 서비스를 제공하는 은행

대리인 이론(agency theory) 기업 경영과 전략을 수행하는 데 있어 주주와 대리인인 경영진 간의 이해를 일치시키기 위해 발생하는 비용과 위험. 대리인 문제(agency problem)라고 불리기도 한다.

대중주식보유량(free float) 일반 투자자들이 보유하고 있는 주식 수. 발행주식 수에서 인수회사(underwriter), 기업 경영진, 지배주주, 정부 등이 보유해서 유통이 제한된 주식 수를 차감한 수치

데킬라효과(tequila effect) 한 국가의 통화위기가 지리적, 심리적 근접성으로 인해 무관한 다른 나라로 전파되는 전염효과를 지칭하는 용어. 1994년 12월 멕시코 페소 위기가 다른 남미 국가에 전파되는 현상에서 이러한 용어가 만들어졌다.

델타(delta) 기초자산 변동에 대한 옵션 가격 민감도. 기초자산과 옵션으로 구성된 포트폴리오의 델타를 0으로 줄여주는 행위를 델타헤지(delta hedge)라고 부른다.

도덕적 해이(moral hazard) 보험이나 기관의 보호로 인해 정상적으로 부담해야 할 정도보다 과다하게 위험을 선택하는 행위

등가격(at-the-money, ATM) 행사가격(exercise price)과 기초자산 가격이 일치하는 상태의 옵션

등록채권(registered bond) 소유자 명의를 전산으로 기록한 정부채 또는 회사채

딤섬채권(Dim Sum Bond) 홍콩에서 발행된 중국 위안으로 표시된 채권

람다(lambda) 변동성 1단위 변화에 대한 옵션 프리미엄의 민감도

런던은행 간 대출이자율(London Interbank Offered Rate, LIBOR) 런던에서 은행들이 다른 은행들로부터 자금을 대여받는 금리. LIBOR는 국제 이자율 거래에서 기준금리로 사용된다.

로(rho) 이자율의 단위 변화에 대한 옵션 프리미엄의 민감도

롤오버 위험(roll-over risk) 단기 채무를 만기연장하지 못할 위험

롱포지션(long position) 자산의 가치가 상승하면 이익이 발생하는 포지션. 롱포지션의 반대는 쇼트포지션(매도포지션)이다.

마스트리히트 조약(Maastricht Treaty) 단일통화인 유로 도입의 계획과 일정을 명시한 유럽연합 12개국 간의 협정

만기수익률(yield to maturity) 채권의 현재 가격과 미래 현금흐름의 현재가치를 일치시켜 주는 이자율. 현재 가격으로 매수해서 만기까지 보유하며, 만기 이전의 현금흐름을 만기수익률로 재투자할 때 얻을 수 있는 수익률

매도호가(ask) 시장에서 딜러가 팔고자 하는 가격. 'offer price'라고 불리기도 한다.

매도호가(offer) 시장에서 딜러가 팔고자 하는 가격. 'ask'라고 불리기도 한다.

매수-매도 스프레드(bid-ask spread) 매도호가(ask)와 매수호가(bid)의 차이

매수호가(bid) 시장에서 딜러가 사고자 하는 가격. 'bid price'라고 불리기도 한다.

명목원금(notional principal) 파생상품 손익 계산을 위한 명목상의 계약의 총가치

명목환율(nominal exchange rate) 구매력 변화를 고려한 실질환율에 대비되는 용어로 시장에서 사용되는 환율. 구매력 변화를 고려하지 않았기 때문에 '명목'이라는 표현을 사용한다.

목표공모(directed public share issue) 한 국가의 투자자를 목표로 한 주식 발행. 이 경우 해당 국가의 증권회사에서 전량 또는 일부를 인수한다.

무역수지(balance of trade, BOT) 수출과 수입 간의 차이를 측정한 국제수지의 계정

무위험 금리차익거래(covered interest arbitrage, CIA) 선물환으로 환위험을 헤지하면서 양국 간의 이자율 차이로부터 무위험 차익을 획득하는 차익 거래. 그 구체적 과정은 다음과 같다. (1) 한 통화로 차입, (2) 차입한 자금을 현물환 시장에서 다른 나라의 통화로 교환, (3) 교환한 자금을 고정 이자율로 투자, (4) 선물환 매도를 통해 (1)의 차입에 대한 만기 상환 자금을 고정, (5) 선물환 매도에서 발생하는 자금으로 만기 상환, (6) (3)의 투자에서 발생한 원리금과 (5)에서의 상환액의 차이를 이익으로 획득

무위험이자율(risk-free rate of interest) 채무불이행 위험이 없는 자산에 대해 요구되는 수익률. 통상적으로는 (미국) 정부가 발행한 채권에 대한 이자율을 무위험이자율로 간주한다.

미결산계정(open account) 상품이 선적되거나 인도되었지만, 결제가 완료되지 않은 판매. 결제는 산업이나 국가 관행에 따라 30~90일 이후에 이루어진다.

미국 국세법 482조(Section 482) 이전 가격을 규제하는 미국 재무부 규정

미국 수출입은행(U.S. Export-Import Bank, Eximbank) 수출과 수입에 대해 금융을 제공하는 미국 정부기관

미국식 옵션(American option) 만기일 또는 그 이전에 행사될 수 있는 옵션

미국식 표기(American terms) 비미국 통화 1단위당 미국 달러로 표현되는 환율 호가법

미국 주식예탁증서(American Depositary Receipt, ADR) 해외 증권의 청구권을 대표하기 위해 미국 은행에서 발생하는 소유권 증서. 미국 증권시장에서는 실제 해외 증권의 거래 대신 미국 주식예탁증서가 거래된다.

미국증권거래위원회 규정 144A(SEC Rule 144A) SEC 등록 없이 적격 기관투자자(qualified institutional buyers, QIB)가 사모 발행된 증권을 매매하는 것을 허용한 규정

미국증권거래위원회 규정 415(SEC Rule 415) 표준화된 증권 발행을 하는 경우, 최초 투자설명서로 이후 발행을 할 수 있도록 허용한 SEC 규정. 최초로 투자설명서를 SEC에 등록하는

행위는 일괄등록(shelf registration)이라 한다.

미시적 위험(micro risk) 기업 특유 위험(firm-specific risk)의 다른 표현

바터(barter) 실물의 직접 교환으로 이루어지는 국제무역

배당수익률(dividend yield) 특정 기간 개시일 주가 대비 배당액

벌처펀드(vulture fund) 부실채권을 인수하는 데 특화된 펀드. 법적인 수단을 통해 회수하거나 담보를 획득한다.

범위선물환(range forward) 선물환율로부터 등거리의 행사가격을 가지는 풋옵션 매수와 콜옵션 매도의 결합포지션. 유연선물환(flexible forward), 실린더옵션(cylinder option), 옵션펜스(option fence), 미니맥스(mini-max), 제로코스트터널(zero-cost tunnel)이라고 불리기도 한다.

법정세율(statutory tax rate) 법에 정해진 바에 의해 부과되는 세금에 대한 세율

법정통화(legal tender) 법률상 강제 통용력과 지불 능력이 주어진 통화

베이시스 위험(basis risk) 기준 이자율이 불일치함으로써 발생하는 이자율 위험

베이시스 포인트(basis point) %의 1/100. 이자율 스프레드나 수익률 변동을 표현하기 위해 사용된다.

베타(beta) 그리스 문자에서 두 번째 문자로, 자본자산가격 결정모형에서 사용하는 위험 지표. 주어진 자산과 시장포트폴리오 간의 공분산을 시장포트폴리오의 분산으로 나누어 계산한다. 시장포트폴리오의 분산위험으로 표준화한 해당 자산의 공분산 위험 또는 시장포트폴리오 수익률 1% 포인트 변동에 대한 해당 자산 수익률의 민감도를 의미한다.

벤처캐피털리스트(Venture Capitalist, VC) 신생기업에 자본을 투자하거나 대출을 해주는 투자자나 펀드. 특히 독보적인 기술이나 지적재산권으로 인해 성장 잠재력이 큰 신생기업에 대한 자금 제공에 특화

변동성(volatility) 옵션 기초자산 수익률의 표준편차

변동이표율채권(floating-rate note, FRN) 이표율이 LIBOR와 같은 기준금리에 연동되어 매 이자지급 기간마다 정기적으로 재조정되는 채권

변동환율(flexible exchange rate) 고정환율과 달리 중앙은행에 의해 주기적으로 조정되는 환율

변동환율(floating exchange rate) 시장의 수요와 공급에 의해 정해지는 환율

보고통화(reporting currency) 재무제표 보고를 위한 통화. 대개의 경우, 모회사의 국적통화가 보고통화가 된다.

보증(aval) 제3자가 부채의 전액 지급을 약속하는 보증. 원 채무자가 의무를 이행하지 못하는 경우, 신용보증한 제3자가 원금과 이자를 지급할 의무를 가지게 된다.

보증금(collateral) 증거금(margin)의 다른 표현

보호주의(protectionism) 해외로부터의 수입을 억제하려는 정책 또는 태도

복수통화 바스켓(dual-currency basket) 자국 통화가치의 벤치마크로 사용하는 2개 통화의 포트폴리오

부가가치세(value-added tax) 제품이나 용역이 생산, 유통되는 모든 단계에서 기업이 새로 만들어내는 가치인 '부가가치'에 대해 부과하는 세금

북미자유무역협정(North American Free Trade Agreement, NAFTA) 미국, 캐나다, 멕시코 간에 체결된 자유무역과 투자를 허용하는 협정

분산(unbundling) 자회사에서 모회사로의 현금흐름을 로열티, 임대료, 배당 등의 형태로 분리하는 행위

불가능한 삼위일체(impossible trinity) 이상적인 통화는 자유로운 자본이동, 환율 안정 그리고 독자적인 통화정책이 필요하지만, 이 세 가지가 동시에 달성되는 통화체제는 없다는 이론

불독채(Bulldog) 외국인 차입자가 영국에서 발행하는 영국 파운드로 표시된 채권

브레턴우즈 협정(Bretton Woods Agreement) 전후 국제통화체제를 구축하기 위해 1944년에 모인 국제회담에서 의결된 협정. 여기에서 합의된 국제통화체제가 1945~1971년까지 유지되었다. 미국 뉴햄프셔 브레턴우즈에서 회담이 열렸기 때문에 브레턴우즈 협정이라고 불린다.

비교우위(comparative advantage) 상대적으로 더 효율적으로 생산할 수 있는 우위. 예를 들어, A국이 포도주와 옷감을 B국에 비해 비효율적으로 생산하더라도 포도주를 생산하는 데

있어 비효율성이 더 작다면, A국은 포도주에 비교우위를 가진다.

비교우위이론(Theory of Comparative Advantage) 한 국가가 다른 국가에 비해 모든 상품에 대해 절대우위(absolute advantage) 또는 절대열위(absolute disadvantage)를 가지고 있더라도, 상대적으로 우위를 가진 상품에 특화하여 생산한 후 교환하면 양국에 더 나은 결과를 도출할 수 있음을 주장하는 무역이론

비인도선물환(nondeliverable forward, NDF) 만기일에 두 통화의 교환 없이 선물환율과 현물환율의 차이로 계산된 차액을 약속한 통화로 결제하는 선물환 또는 선물 계약. 예를 들어 중국 위안화 비인도선물환의 경우, 위안화가 아닌 달러로 차액 결제가 이루어진다.

비제휴(unaffiliated) 독립적인 제3자 회사

비체계적 위험(unsystematic risk) 포트폴리오 분산투자를 통해 제거되지 못하는 위험

사모(private equity, PE) 비상장주식에 대한 투자. 사모펀드 (private equity fund, PEF)가 하는 투자를 지칭한다.

사모(private placement) 소수의 적격 기관투자자(QIB)에게 판매할 목적으로 증권을 발행하는 것

사무라이채권(Samurai bond) 외국 차입자에 의해 일본에서 발행된 엔 표시 채권

사베인스−옥슬리법(Sarbanes-Oxley Act) 미국 기업의 지배구조를 규제하기 위해 2002년에 통과된 법

사업설명서(prospectus) 증권 발행에 있어 수익률과 위험에 대해 서술한 문서. 투자설명서에는 사업 내용, 재무제표, 경영진 이력, 경영진의 보상, 현존하는 소송내역, 주요 자산 등의 주요 정보가 수록되어 있다.

사업 제휴(affiliated) 사업상 긴밀한 관계를 가지는 기업. 통상적으로 제휴기업에 대해 지분을 보유하나, 통제할 수 있을 정도의 지분 수준은 아니게 보유한다.

삼각 차익 거래(triangular arbitrage) 3국 간의 환율에 불균형이 존재하는 경우, 이로부터 무위험 차익을 획득하려는 거래

상계(netting) 자금흐름이나 외환 거래를 최소화하기 위해 기업 내의 지불과 수취를 상쇄시키는 행위

상대방 위험(counterparty risk) 거래 상대방이 거래 의무를 불이행할 위험

상대적 구매력평가(relative purchasing power parity) 현물환율이 균형이었다면, 두 국가의 물가상승률의 차이가 현물환율의 변동으로 상쇄된다는 이론

상업은행(merchant bank) 기업이나 정부의 자금 조달에 특화된 은행. 간접금융뿐만 아니라 직접금융도 주선한다. 유럽의 상업은행은 예금 수취와 대금 결제에 전문화된 결제은행 (clearing bank)과는 구분된다.

상업적 위험(commercial risk) 정치적 사건이 아닌 기업 사건으로 인해 외국인 채무자가 채무 상환을 하지 못할 위험

상품과 서비스 계정(balance on goods and services) 재화와 서비스의 수출과 수입 간의 차이를 측정한 국제수지의 계정

상황조건부 청구권(Contingent Value Right, CVR) 특정 사건이 발생하면 추가적인 현금이나 지분을 받을 수 있는 권리. 인수기업 또는 피인수기업 주주에게 제공된다. 상황조건부 청구권은 만기일과 특정 사건이 존재한다는 점에서 옵션과 비슷하다.

상황조건부 환노출(contingent foreign currency exposure) 다른 회사의 투자 결정, 낙찰자 결정 등 외부적 상황에 따라 최종적으로 환위험 발생 여부가 결정되는 환노출

선도이자율 계약(Forward rate agreement, FRA) 미래 정해진 일자에 명목원금에 대한 고정이자 지급을 약속하는 계약

선물계약(futures 또는 futures contract) 미래 정해진 일자에 정해진 가격으로 기초자산의 매매를 약속하는 계약. 장외시장에서 거래되는 선물환 계약(forward contract)과 달리 선물계약(futures contract)은 조직화된 거래소에서 거래된다.

선물환 거래(forward transaction) 미래 정해진 일자에 정해진 환율로 두 통화의 교환을 약속하는 계약. 결제일은 통상적으로 1개월, 2개월, 3개월 등이다.

선물환 계약(forward contract) 미래 정해진 일자에 정해진 환율로 두 통화의 교환을 약속하는 계약

선물환−등가격(Forward-ATM) 선물환율과 동일하게 설정된 옵션의 행사가격

선물환−선물환 스왑(forward-forward swap) 서로 다른 만기를 가진 2개의 선물환계약을 맞바꾸는 계약

선물환율(forward exchange rate 또는 forward rate) 미래 정해진 일자에 결제를 위한 환율. 선물환계약의 약정 환율

선물환 프리미엄(forward premium) 선물환율이 현물환율보다 높게 형성된 상태. 반대 경우가 선물환 할인이다.

선물환 할인(forward discount) 선물환율이 현물환율보다 낮게 형성된 상태. 반대 경우가 선물환 프리미엄이다.

선물환 헤지(forward hedge) 외화표시 거래 또는 자산, 부채의 가치를 보호하기 위해 선물환 계약을 사용하는 것

선측인도 방식(free alongside ship, FAS) 물품이 지정된 선적항에서 본선의 선측에 인도되면 그 이후 물품의 멸실이나 손상에 관한 모든 비용과 위험은 매수인이 부담하는 조건의 가격

선택적 헤징(selective hedging) 예외적인 노출이나 예외적인 환율 움직임 예측에 대해서만 실행하는 헤징

선하증권[bill of lading(B/L) 또는 order bill of lading] 운송업자와 화주 간의 운송 계약 증서. 선하증권은 화물의 영수증이기도 하며, 화주가 제3자에게 양도 가능하다.

선행(lead) 환율상의 이익을 위해 지급이나 수취를 앞당기는 행위

세계은행(World Bank) 국제개발부흥은행(International Bank for Reconstruction and Development, IBRD)

세계 특유 위험(global-specific risk) 테러, 글로벌화 반대 움직임, 환경문제, 빈곤문제, 사이버공격 등과 같이 국제적 수준에서 발생하는 정치적 위험

세금 도덕(tax morality) 다국적 기업이 현지국의 조세 관행을 따르는 것

세금 이연(tax deferral) 다국적 기업의 해외 소득에 대해 해당 소득이 모회사로 귀속될 때까지 과세를 이연시키는 것. 미국을 포함한 대부분의 국가가 다국적 기업의 해외 소득에 대해서 세금 이연을 적용하고 있다.

세금 중립성(tax neutrality) 다국적 기업의 국내 영업에 대한 조세와 해외 영업에 대한 조세를 동등하게 부과해야 한다는 원칙. 마찬가지 취지로 해외 자회사에 대한 조세와 현지 기업에 대한 조세도 동등하게 부과되어야 한다.

세금 징수(tax exposure) 자산가치의 변동이나 수입 흐름으로부터 조세 부담이 발생할 가능성

세타(theta) 잔존 만기의 변화에 대한 옵션 프리미엄 민감도

소지식 채권(bearer bond) 소유자 등록이 되지 않은 채권. 채권을 보유하고 있으면 소유권이 인정되며, 이표를 제시하면 이자를 수령할 수 있다. 소지식 채권의 장점은 판매 후 인도가 용이하고 채권 담보가 용이하지만, 무엇보다 정부가 소득세를 부과하기 힘들도록 소유자의 익명성을 보장한다는 것이다. 소지식 채권은 유럽에서는 일반적이지만, 미국에서는 더 이상 발행되지 않는다. 소지식 채권과 대비되는 방식의 채권이 등록채권(registered bond)이다.

송금(remittance) 지급, 증여, 저축을 위해서 거래 상대방에게 통화를 이전하는 행위

쇼트포지션(short position) 자산의 가치가 하락하면 이익이 발생하는 포지션. 쇼트포지션의 반대는 롱포지션(매수포지션)이다.

수요의 가격탄력성(price elasticity of demand) 재화 가격 1% 변화에 대한 수요량의 민감도

수입할당제(quota) 재화를 수입할 수 있는 한계. 강제적으로 주어질 수도 있고, 자발적으로 정할 수도 있다.

수주 환노출(backlog exposure) 계약시점과 인도시점 사이에 발생하는 환율 변동으로 인한 환노출

수출 신용 보험(export credit insurance) 해외 수입업자가 지불을 불이행할 때 발생하는 손실을 수출업자나 수출업자의 은행에 보전해주는 보험

수출 인수 어음(Trade Acceptance, T/A) 은행이 아닌 구매자나 수입업자에 의해 승인된 환어음

수출 장기 연불 어음 비소급적 할인 매입 금융(forfaiting 또는 forfeiting) 중장기 환어음을 소구권 없이 고정이자율로 할인, 매입하는 결제 기법. 동유럽으로 수출할 때 많이 사용된다.

순국제투자포지션(net international investment position, NIIP) 한 국가의 대외 자산과 대외 부채의 차이

순영업현금흐름(net operating cash flow, NOCF) 정규 영업활동을 통해서 창출되는 현금흐름. 기업이 창출하는 가치를 측정하는 지표이다. 순이익, 감가상각, 순운전자본의 변화의 합으로 계산된다.

순운전자본(net working capital, NWC) 운영 목적으로 사용되는

자금. 외상매출금 + 재고자산 − 외상매입금으로 계산된다.

순현재가치(net present value, NPV) 현금유입의 현재가치에서 현금유출의 현재가치를 차감한 수치. 순현재가치가 0보다 크면 신규 투자를 실행하고, 0보다 작으면 신규 투자를 실행하지 않는 방식으로 자본예산에 활용된다.

스왑 거래(swap 또는 swap transaction) 다른 만기의 외환이나 증권을 동시에 매수하고 매도하는 거래. 스왑거래에는 이자율 스왑(interest rate swap), 통화스왑(currency swap), 신용 스왑(credit swap) 등이 포함된다.

스왑률(swap rate) 선물환율과 현물환율의 차이. 선물환 계약은 대개의 경우 스왑률로 호가된다.

시가총액(market capitalization) 상장법인의 총시장가치. 발행주식 수에 주당 시장가격을 곱해서 산출된다.

시뇨리지 효과(seignorage) 정부 또는 중잉은행이 통화를 발행함으로써 얻는 수익

시장 유동성(market liquidity) 시장 가격에 영향을 주지 않으면서 증권을 발행할 수 있는 정도

시제법(temporal method) 화폐성/비화폐성법과 거의 비슷하나 재고자산 처리에서만 다르게 적용하는 외화자산, 부채 환산 방법. 시제법에서는 재고자산이 시장가치로 나타나있으면 현행환율을, 원가로 산정되어 있으면 역사적 환율을 적용한다.

신규설립 투자(greenfield investment) 해외 자회사를 신규로 설립하는 투자. 이미 존재하고 있는 기업을 인수, 합병하여 해외에 투자하는 방식과 대비된다.

신용스프레드(credit spread) 차입자의 신용위험을 보상하기 위해 차입자가 대출자에게 추가적으로 지불해야 하는 이자비용. 신용위험 프리미엄(credit risk premium)이라고 불리기도 한다.

신용위험(credit risk) 계약에 명시된 조건에 따르는 채무를 이행하지 못할 가능성

신용장(letter of credit, L/C) 은행이 지불을 보증하는 문서

신용화폐(fiat currency) 귀금속이나 실물로의 태환이 보증되는 태환화폐와 달리 정부의 신용에 의해 가치가 발생하는 화폐. 불환지폐라고 불리기도 한다.

실물옵션 분석(real option analysis) 자본예산 의사결정에 옵션 이론을 적용하는 것

실질환율(real exchange rate) 물가상승률의 차이를 조정한 환율. 실질실효환율(real effective exchange rate)이라고 불리기도 한다.

실효세율(effective tax rate) 세전 순익 대비 실제 납부 세액

암시장(black market) 불법적 시장

암호화화폐(cryptocurrency) 정보보안 과정(secure information process)과 암호화(cryptography) 기술을 이용하여 창출되고 교환되는 화폐. 널리 알려진 가상 화폐로는 비트코인(Bitcoin)이 있다. 암호화 기술을 이용하기 때문에 영어로는 'crypto'라는 표현이 들어간다.

양도성 예금증서(certificate of deposit, CD) 일정 기간의 자금 예치에 대해 은행이 발행하는 증서. 양도성 예금증서는 만기 전에 유통시장에서 매매할 수 있다는 장점이 있다.

양도성 증권(negotiable instrument) 소지인이 명기된 기일에 제시하면 지불할 것을 약속하는 증서. 발행자의 동의 없이 지불자는 소지인에게 명시된 금액을 지불할 의무를 가진다.

양키채(Yankee bond) 해외 차입자가 미국에서 발행하는 달러화로 표시된 채권

엔젤 투자자(angel investor) 소규모 신생기업(small business startup)에 자본을 제공하는 투자자

역사적 환율법(historical exchange rate) 자산이나 부채의 취득 시점의 환율을 적용하여 환산하는 방법

연결단기금융(bridge financing) 자본시장으로부터 중장기 고정금리 차입이 실행될 때까지 은행으로부터 제공받는 단기 차입

연결재무제표(consolidated financial statement) 모회사와 자회사를 하나의 회사로 간주하여 작성한 재무제표. 모회사와 자회사 간의 권리와 의무는 연결재무제표에서는 상계된다.

연고주의(nepotism) 계약 체결, 거래 가격 결정, 승진 등에 있어서 능력보다는 친족관계를 우선시하는 관행

연속연계결제(Continuous Linked Settlement, CLS) 회원들에게 외화결제 서비스를 제공하는 미국 금융기관

영업 현금흐름(operating cash flow) 영업활동에 의한 현금유입이나 현금유출. 영업 현금유출은 기업이 일정 기간 온전히 영업을 하기 위해 쓴 현금의 합계로, 판공비 지출, 대출이자, 법

인세 등이 있다. 이는 투자활동이나 재무활동을 위해 쓴 현금과 구분된다. 영업 현금유입에는 매출, 이익, 예금이자, 배당수입 등이 있다.

영업 환노출(operating exposure) 기대 현금흐름의 가치가 환율 변동으로 인해 변동될 가능성. 경제적 환노출(economic exposure), 경쟁적 환노출(competitive exposure)이라고 불리기도 한다.

영토적 접근법(territorial approach) 기업의 국적국이 아니라 기업의 소득 발생국에서 과세하는 과세 접근법

예상 환노출(anticipated exposure) 발생 가능성이 매우 높지만, 계약이 체결되지 않아 아직까지는 확실하지 않은 환노출

오버슈팅(overshooting) 가격이 일시적으로 급등락하였다가 적정가치로 서서히 수렴하는 현상. '과잉반응(overreaction)'이라고 불리기도 한다.

옵션칼라(option collar) 기초자산을 보유한 상태에서 콜옵션을 매도하고, 풋옵션을 매수함으로써 최대 이익과 최대 손실을 확정시키는 옵션거래전략

외가격(out-of-the-money, OTM) 옵션의 내재가치가 0이면서 시장가격이 행사가격과 다른 옵션

외국 세금 중립(foreign tax neutrality) 조세의 대상이 되는 수익이 발생한 장소(국내 또는 해외)와 무관하게 납세부담이 동일해야 한다는 원칙

외국채(foreign bond) 외국 기업이나 외국 정부가 해당국 국내시장에서 발행하는 해당국 통화로 표시된 채권

외국 통화(foreign currency) 국내에서 공식적으로 사용되는 통화를 제외한 통화

외화 환산(foreign currency translation) 한 통화로 표시된 재무제표를 다른 통화로 표시하는 것

외환딜러(또는 트레이더)[foreign exchange dealer(or trader)] 거래의 당사자로서 매도자로부터는 외환을 매수하고, 매수자로부터는 외환을 매도하는 개인이나 기업. 외환딜러는 두 거래를 통해 매도호가와 매수호가의 차이를 이익으로 취득한다.

외환브로커(foreign exchange broker) 외환 거래에 있어서 자신은 거래의 당사자가 되지 않고, 거래 쌍방을 연결시켜 주는 역할을 하는 개인이나 기업. 외환브로커는 중개의 대가로 수수료(commission)를 취득한다.

외환시장 개입(foreign currency intervention) 외환시장의 환율을 변화시킬 의도로 정부 또는 중앙은행이 하는 행위. 중앙은행이 자국 통화를 매입하거나 매도하는 직접 개입, 환율 변화를 의도하여 이자율을 조정하는 간접 개입이 있다.

외환시장 개입(foreign exchange intervention) 다른 거래 통화와의 상대적 통화가치를 관리하거나 고정시키려는 목적으로 관할 기관에 의한 매도와 매수로 이루어지는 활발한 환율시장 진입을 의미한다.

외환옵션(foreign currency option) 보유자에게 정해진 기간에 정해진 환율로 외화를 매입하거나 매도할 권리를 제공하는 금융파생상품

요구불 예금(demand deposit) 사전 고지 없이 언제나 인출하거나 송금이 가능한 은행예금. 정기예금은 이와는 달리 만기까지 인출이 불가능하다. 요구불 예금은 이자가 있다고 하더라도 정기예금보다 낮다.

운임 및 보험료 포함가격(cost, insurance, and freight, CIF) 선적 항구에서 목적 항구까지의 운송비용, 보험료 및 기타 비용을 포함하는 수출업자가 호가하는 가격

운임 포함 가격(cost and freight, CFR) 목적 항구까지의 운송비용을 포함하는 수출업자가 호가하는 가격

운전자본관리(working capital management) 기업의 운전자본(외상매출금 + 재고자산 − 외상매입금) 관리

원자재 통화(commodity currency) 특정 원자재의 수출 의존도가 높은 국가의 통화. 예를 들어, 칠레 페소는 구리에 의존하는 원자재 통화이다.

위기 계획(crisis planning) 위기 상황에 어떻게 대처해야 하는지 경영진과 종업원에게서 교육하는 과정

위안(Yuan, CNY) 중화인민공화국의 공식 화폐. 인민폐(renminbi)라고 불리기도 한다.

위험(risk) 실제 수익이 기대수익에서 벗어날 가능성. 개념상 손실만을 포함해야 하나, 실제로는 이익과 손실 양방향의 가능성을 모두 측정하는 경우가 일반적이다.

위험 금리차익거래(uncovered interest arbitrage, UIA) 저금리 국

가에서 차입하여 고금리 국가에 투자하되, 투자를 회수할 때 현물환 거래를 함으로써 환위험에 노출시키는 차익 거래. 선물환 거래로 환위험을 제거하지 않는다는 의미에서 '커버되지 않은(uncovered)'이라는 표현을 사용한다.

위험 분담(risk-sharing) 매수자와 매도자가 환율 변동으로 인한 손익을 분담하기로 하는 계약

유동성(liquidity) 자산을 시장가치 또는 그와 가깝게 현금화할 수 있는 능력

유럽식 옵션(European option) 만기일에만 행사가 가능한 옵션

유럽식 표기(European terms) 달러당 비미국 통화로 표시되는 환율 호가법

유럽연합(European Union, EU) 1994년 1월 1일자로 발효된 구 유럽경제공동체(European Economic Community, EEC)의 새로운 공식 명칭

유럽중앙은행(European Central Bank, ECB) 유럽경제통화동맹(European Monetary Union)의 통화정책을 수행하는 중앙은행. 유럽중앙은행의 목표는 유로의 안정성 유지와 물가 상승 억제이다.

유럽통화단위(European Currency Unit, ECU) 유로(euro)가 탄생하기 전, 유럽통화제도(European Monetary System)에서 외환보유고 기준통화(reserve currency numeraire)를 사용하기 위해 만든 통합 통화(composite currency)

유럽통화제도(European Monetary System, EMS) 1979년에 만들어진 15개 유럽 국가들의 환율체제이자 통화체제. 유럽통화제도는 유로화 탄생의 기반이 되었다.

유로(euro) 1999년 1월, 유럽연합(EU) 11개 회원국에 채용된 단일통화. 2014년 현재 18개국이 사용하고 있다.

유로달러예금(Eurodollar) 미국 이외의 국가에서 이루어지는 달러 표시 예금. 유로달러는 유로통화(eurocurrency)의 일종이다.

유로대출(eurocredit) 통화의 국가가 아닌 곳에서 이루어지는 은행 대출

유로상업어음(eurocommercial paper, ECP) 통화의 국가가 아닌 곳에서 발행된 단기채권. 만기는 30일, 60일, 90일, 120일, 180일, 270일, 360일이다.

유로은행(eurobank) 소재 국가의 통화가 아닌 통화로 표시된 예금을 수취하고, 대출을 하는 은행

유로장기채권(eurobond) 통화의 국가가 아닌 곳에서 발행된 채권. 예를 들어, 미국 외의 국가에서 발행된 달러로 표시된 채권

유로존(Eurozone) 유로화를 공식 통화로 하고 있는 국가들

유로주식(euroequity) 통화의 국가가 아닌 곳에서 발행되고 매출되는 주식. 국내시장 매출과 동시에 이루어지는 경우가 많다.

유로중기채권시장(euronote market) 통화의 국가가 아닌 곳에서 발행된 중기채권

유로통화(eurocurrency) 통화의 국가가 아닌 곳에서 이루어지는 예금

은행 연계 모회사 대출(fronting loan) 정치적 위험을 줄이기 위해 국제은행을 매개로 하여 모회사가 자회사에게 제공한 대출. 자회사가 모회사에 대해 상환하는 것을 막는 것보다 자회사가 국제은행에 대해 상환하는 것을 막는 것에 현지 정부는 부담을 더 많이 가진다.

은행 인수 어음(bankers' acceptance) 만기에 은행이 무조건 지불을 약속하는 증서. 은행이 발행한 신용장(L/C)의 조건에 따라 은행에 대해 발급된 증서의 인수를 은행이 하는 형태이다.

은행환어음(bank draft) 은행의 보유계정으로부터의 인출권을 제공하는 증서. 은행으로부터 지불이 보증된 일종의 수표이다.

이슬람 금융(Islamic finance) 샤리아(Sharia) 원칙을 준수하여 이슬람 경제권에서 통용될 수 있는 금융 및 은행 활동

이익 재할당(basis erosion and profit shifting, BEPS) 조세 부담을 줄이기 위해 고세율 국가에서 저세율 국가로 기업 이익을 재배치하는 행위

이익 축소(earnings stripping) "이익 재할당" 참조

이자율선물(interest rate futures) 이자율에 근거하여 현금흐름을 지급하거나 수취하는 선물계약

이자율스왑(interest rate swap) 명목원금에 대한 고정이자와 변동이자를 일정 기간마다 교환하는 파생상품

이자율위험(interest rate risk) 이자율의 변동으로부터 손익이 발

생할 가능성

이전 가격(transfer pricing) 관계 기업 사이에 원재료, 제품 및 용역을 공급하는 경우에 적용되는 가격. 다국적 기업의 지역 회사들 간에 이전 가격 조작이 특히 문제가 되는데, 법인세율이 낮은 나라에 보다 많은 이익이 발생하도록 하여 당해 그룹 전체로 볼 때 법인세 부담을 최소화하고 세후 이익을 극대화하려는 동기로 발생한다.

인민폐(renminbi, RMB) 중화인민공화국의 화폐 위안화(CNY, chinese Yuan)의 공식 명칭

인수도조건(Documents against Acceptance, D/A) 무역 거래 방식의 하나. 수출자가 기한부 환어음을 발행하여 추심은행을 통해 수입자에게 제시하면 수입자는 어음상에 'Accept'라는 표시와 함께 서명하고 환어음을 인수하고, 추심은행은 수입자에게 선적서류를 인도하면 추심은행은 어음의 지급만기일에 어음지급인(수입자)으로부터 대금을 지급받아 추심 의뢰은행에 송금하면 수출자가 대금을 영수한다.

일괄등록(shelf registration) 표준화된 증권 발행을 위해 투자설명서를 최초로 SEC에 등록하는 행위

일람불 정기불 환어음 또는 기한부어음(time draft 또는 usance draft) 지급인에게 제시된 후 일정 기간이 경과한 후에 지급되는 조건의 환어음. 수입업자가 수입품을 처분하고 그 판매대금으로 어음액을 결제할 수 있는 장점이 있다.

일람불 환어음(sight draft) 어음이 제시(present)되면 즉시 지불되는 조건의 환어음

일물일가의 법칙(law of one price) 두 시장의 재화나 서비스가 동일하고, 시장 간 이전에 제약이 없다면, 동일 재화나 서비스에 대한 두 시장의 가격은 동일해야 한다는 개념

일반적으로 인정되는 회계원칙(Generally Accepted Accounting Principles, GAAP) 미국 재무회계기준위원회(Financial Accounting Standards Board, FASB)가 제정한 미국 기업의 재무상태 및 경영성과 등에 대한 재무보고 시 신뢰성과 비교 가능성을 제고하기 위해 재무제표 등의 작성 시 따라야 할 기준 또는 원칙

일일정산(marked-to-market) 선물 계약의 가치가 변동함에 따른 손익을 매일 증거금 수준에 반영하는 것

입찰(tender) 매각이나 구매를 요청하는 행위

잉여 현금흐름(free cash flow) 영업 현금흐름에서 자본 지출(capital expenditure, capex)을 차감한 현금흐름

자국 통화(home currency) 모회사의 통화. 연결재무제표의 통화

자금결제일(value date) 외환 거래에서 자금의 결제가 이루어지는 날

자금 봉쇄(blocked funds) 외환통제(exchange control)로 인해 다른 통화로 자유로이 교환될 수 없는 통화의 자금

자금 세탁(money laundering) 비합법적으로 조성된 자금을 금융시스템 내에서 예금하는 과정

자금 재배치(repositioning of fund) 한 통화나 한 국가의 자금을 다른 통화나 다른 국가로 이동하는 행위. 다국적 기업은 자금재배치에 있어 다양한 정치적, 조세적, 외환, 유동성 제약에 직면한다.

자본계정(capital account) 국제수지계정 중 하나. IMF의 개정 형식에서 자본계정은 자본 이전(capital transfer), 비생산 비금융자산의 취득 및 처분을 측정한다. 많은 나라에서 사용하고 있는 전통적인 정의로는 자본계정은 국제 대출과 국제 투자를 측정한다. 전통적인 자본계정에서는 IMF의 정의를 금융계정으로 포괄한다.

자본 도피(capital flight) 정치적 위험으로 인해 자금이 국경 밖으로 나가는 것

자본비용(cost of capital) 현재 시장가격으로 조달할 때의 자본과 부채의 비용을 그 규모로 가중평균한 것. 퍼센트로 표현된다. 가중평균 자본비용(WACC)이라는 용어를 더 많이 사용한다.

자본 생애주기(capital lifecycle) 기업이 설립되어 성숙되는 과정에서 필요 자본의 형태, 만기, 규모가 변화하는 것을 지칭하는 용어

자본시장(capital market) 장기 채권, 주식 또는 이들에 대한 청구권이 매매되는 금융시장

자본예산(capital budgeting) 장기 자산이나 프로젝트의 투자 결정에 사용되는 분석적 접근법

자본 이동성(capital mobility) 사적 자본이 한 국가에서 다른 국가로 이동하는 데 있어서의 자유로운 정도

자본이득(capital gain) 주식, 채권, 기업, 부동산과 같은 자산의 매각으로 발생하는 이익 또는 손실

자본자산가격 결정모형(capital asset pricing model, CAPM) 자산 수익과 위험의 관계를 규정한 이론 모형. 여기에서 위험은 포트폴리오 변동성에 대한 해당 자산의 공헌인 베타로 정의된다. 자본자산가격 결정모형에서는 위험과 수익의 관계가 경쟁적이고 효율적인 금융시장에서 결정된다고 가정하고 있다.

자본 통제(capital control) 자본이 국경 밖으로 나가는 것에 대한 제한, 조세 부과, 금지 등을 정부가 강제하는 것

자산시장 접근법(asset market approach) 외국인이 해당 통화를 기꺼이 보유할 수준인지 여부로 적정 환율을 결정하는 방법

자생해외법인(self-sustaining foreign entity) 모회사의 지원 없이 현지에서 자력으로 영업하는 해외법인

자연적 헤지(natural hedge) 영업활동으로부터의 현금흐름을 이용해서 환노출을 줄이는 헤지

장외시장(over-the-counter market, OTC market) 주식, 채권, 상품선물, 파생금융상품과 같은 투자자산을 거래소를 거치지 않고 양 당사자가 직접 거래하는 시장

재무상태표 헤지(balance sheet hedge) 재무상태표상의 계정에 기록되는 자산 또는 부채로 환위험 또는 이자율위험을 제거하는 행위

재무제표 연결(consolidation) 다른 통화로 측정되는 자회사의 재무제표를 단일 보고통화 재무제표로 전환하는 다국적 기업 회계 절차

재무활동 현금흐름(financing cash flow) 이자 지급, 배당 지급과 같은 차입활동으로부터 발생하는 현금흐름. 양의 값이면 모자라는 자금을 은행에서 대출받았거나 새로운 투자를 하기 위해 은행에서 대출을 받았다는 뜻이며, 음의 값이면 은행 빚을 갚거나 주주에게 배당지급을 했다는 의미임

저평가된 통화(undervalued currency) 시장환율이 균형환율보다 낮은 통화. 예를 들어, 유로의 현재가치가 1.20달러이고, 구매력평가(PPP) 또는 다른 방법에 의한 균형환율이 1.30달러이라면 유로는 저평가 상태이다.

적격 기관투자자(qualified institutional buyer, QIB) 비관계기업에 1억 달러 이상을 투자할 수 있는 은행이나 저축기관을 제외한 기관투자자

전가 단계(pass-through period) 환율의 변동이 상품이나 서비스의 가격에 반영되는 데 걸리는 기간

전략적 제휴(strategic alliance) 인수, 합병 없이 시너지 효과를 향유 하기 위해 두 회사가 취한 공식적 관계

전략적 환노출(strategic exposure) 기대 현금흐름의 가치가 환율 변동으로 인해 변동될 가능성. 영업 환노출이라고 불리기도 한다.

전 세계적인 접근법(worldwide approach) 이익이 발생하는 장소와 관계없이 기업이 소재하고 있는 본국에서 과세하는 원칙

전신송금(wire transfer) 자금의 전자 이체

전염(contagion) 외국인 투자자의 심리에 의해 한 국가의 위기가 인접 국가 또는 비슷한 특성을 가진 국가로 전파되는 현상

전환채권(convertible bond) 사전에 정해진 수의 보통주로 전환될 수 있는 채권

절대 구매력평가(Absolute Purchasing Power Parity) 환율은 두 국가의 구매력을 동일하게 만들도록 결정된다는 이론

절대우위(absolute advantage) 같은 투입으로 더 많은 재화나 서비스를 생산할 수 있는 개인이나 국가의 능력

절사율(hurdle rate) 신규 투자에 있어서 최소한도로 요구되는 수익률. 자본과 부채의 자본비용(cost of capital)에 일정한 프리미엄이 부가되어 정해진다.

정상 가격(arm's length price) 서로 관련이 없는 매수자와 매도자가 기꺼이 거래를 할 수 있는 가격. 조세당국이 이전 가격(transfer price)의 적절성을 판단하기 위해 비교하는 가격이다. 자유시장 가격(free market price)이라고 불리기도 한다.

정서적 거리감(psychic distance) 문화, 법, 제도적 환경의 차이. 신규로 해외투자를 하는 기업은 정서적 거리감이 작은 국가에 투자하는 경향이 있다.

정치적 위험(political risk) 특정 국가의 정치적 사건으로 인해 손실을 입을 수 있는 가능성

제시호가(indication) 딜러가 거래에 참조가 되도록 제시하는 호가. 제시호가에 거래를 할 의무는 없다. 제시호가를 보고 거래의사를 밝히는 경우 확정호가(firm quotation)를 제시한다.

조세 조약(tax treaties) 국가 간의 이중 과세를 막기 위하여 체결하는 국제 협정

조세 회피처(tax haven) 세금이 면제되거나 현저히 경감되는 국가나 지역

종가(terminal value, TV) 구체적인 현금흐름을 보여주는 기간의 마지막에 프로젝트의 계속가치. 안정적인 영구 성장을 가정하고 해당 시점으로 현재가치화한 것이다.

종합 주주 수익(Total Shareholder Return, TSR) 자본차익률과 배당수익률의 합으로부터 도출되는 기업성과지표

주식발행(equity issuance) 상장 회사의 주식이 시장에 발행되는 것

주식상장(equity listing) 주식을 증권거래소에 일정한 자격이나 조건을 갖춘 거래 물건으로서 등록하는 일

주식위험 프리미엄(equity risk premium) 시장에서 기대하는 주식 수익률 중 무위험채권을 초과하는 부분

주식최초공개발행(Initial Public Offering, IPO) 기업의 소유권을 일반 대중에서 최초로 매각하는 행위. 기업은 자본을 조달하고, 기존 주주는 수익을 얻게 된다.

주식추가발행(follow-on offering, FO) IPO 이후 추가적으로 주식을 발행하는 행위

주주(shareholder) 상장법인의 주식 지분을 보유하고 있는 개인이나 기관

주주 부 극대화(shareholder wealth maximization, SWM) 기업의 목적을 주주의 투자가치를 극대화하는 것으로 설정하는 것

죽음의 골짜기(Valley of Death) 기술개발에 성공한 신생기업이 사업화에 필요한 자금을 조달하지 못해 겪는 고통의 과정을 일컫는 용어

준비통화(reserve currency) 중앙은행이나 정부가 외환시장 개입에 사용하기 위해 준비된 통화자산

즉시 과세 소득(subpart F income) 미국 세법에 따라 미국에 송금되지 않음에도 불구하고 미국에서 즉시 과세되는 해외 소득. 즉시 과세하지 않는 경우 역외지역으로 쉽게 이전이 가능한 종류의 소득에 대해 주로 적용된다.

증거금(margin) 금융 거래의 이행을 보증하기 위해 예치를 요구받는 증권 또는 현금

증권화(securitization) 은행 대출과 같은 유동성이 없는 자산을 증권으로 전환함으로써 위험을 일반 투자자에게 분산시키는 행위

지연(lag) 환율상의 이익을 위해 지급이나 수취를 뒤로 미루는 행위

지적 재산권(intellectual property rights) 인간의 창조적 활동 또는 경험 등을 통해 창출하거나 발견한 지식, 정보, 기술이나 표현, 표시 그 밖에 무형적인 것으로서 재산적 가치가 실현될 수 있는 지적 창작물에 부여된 재산에 관한 권리

지점(branch) 해외 종속회사(foreign subsidiary)와 달리 현지국에서 기업 설립이 되지 않은 해외 업무 부서

직접 개입(direct intervention) 자국 통화가치에 영향을 미치기 위해 재정정책 당국 또는 통화정책 당국이 자국 통화를 매입하거나 매도하는 행위

직접세(direct tax) 조세 부담자에게 직접 부과되는 세금

직접표기법(direct quote) 자국 통화를 표시 통화로 하는 환율 표시법. 이 용어는 자국이 정의되는 경우에만 의미를 가진다.

집단행동조항(collective action clause, CCA) 채권자의 과반수가 부채 재조정에 합의하면 법적으로 모든 채권자에게 적용되는 것을 허용하는 계약조항

징발(expropriation) 정부에 의한 개인 재산의 공식적인 점유. 국제법에 의해 외국인의 재산을 수용할 경우에는 해당 정부는 공정 시장가치로 태환통화로 즉각적으로 보상해야 한다.

차익 거래(arbitrage) 가격 차이로부터 무위험 이익을 얻기 위해 한 상품을 매수하면서 동시에 다른 상품은 매도하는 거래 전략

차익 거래자(arbitrager) 차익 거래를 하는 자

참여선물환(participating forward) 동일한 행사가격의 풋옵션 매수와 콜옵션 매도의 결합 포지션. 시장이 균형이면 프리미엄은 0이 된다. 무비용 옵션이라고 불리기도 한다.

채권발행수단(note issuance facility, nif) 단기채의 차환이 어려울 경우, 주관은행이 잔량을 인수하는 의무를 가지는 계약. 유로채 시장에서는 할인율이 LIBOR와 연계되어 있다.

채무삭감(haircut) 담보 자산의 시장가치보다 낮게 담보 자산의 가치를 인정하는 할인율

청구 환노출(billing exposure) 외상매입에 대한 약속어음 발행 시점과 현금 지급 시점 간의 시차 사이에 발생한 환율 변동으로 인한 환노출

청산소(clearinghouse) 회원들 간의 권리와 의무를 결제 절차를 통해 청산시켜 주는 기관

체계적 위험(systematic risk) 포트폴리오를 구성해서 분산할 수 없는 위험. 분산불가능 위험(undiversifiable risk), 시장 위험 (market risk)이라고 불리기도 한다.

초국가적 기업(transnational firm) 국가의 범주를 넘어서서 국적이 정의되지 않는 기업. 여러 국적의 주주가 소유하고 있으며, 여러 국가에서 사업을 영위하는 기업

총비용(all-in cost, AIC) 차입 의무에 연관되는 이자, 수수료를 포함한 총비용

최종대부자(lender-of-last-resort) 개별 금융기관 또는 금융시스템의 존립을 위해 최종적인 대부를 하는 기관. 일반적으로 중앙은행이 이 역할을 수행한다.

추가발행(seasoned offering) IPO 이후 추가적으로 주식을 발행하는 행위

캐리 트레이드(carry trade) 이자율이 낮은 국가에서 차입하여 높은 수익률이 기대되는 국가에 투자하는 전략. 통화 캐리 트레이드(currency carry trade)라고도 불리며, 환위험을 헤지하지 않는다.

커버된 헤지(covered transaction) 환위험을 포함한 위험을 헤지한 거래

케이블(Cable) 미국 달러와 영국 파운드 간의 환율(USD/GBP)

콜옵션(call option) 외환을 포함한 기초상품을 정해진 기간에 정해진 가격으로 살 수 있는 권리. 옵션 매입자에게는 의무가 없다.

크라우드펀딩(crowdfunding) 신생기업의 자금을 다수로부터 소규모로 조달하는 행위. 일반적으로 인터넷을 통해서 이루어진다.

크롤링 페그(crawling peg) 물가 상승을 반영하여 환율이 빈번히 조정되는 환율제도

태환통화(convertible currency) 정부의 통제 없이 다른 통화로 자유로이 교환될 수 있는 통화

통합해외법인(integrated foreign entity) 현금흐름과 사업이 모회사와 매우 밀접하여 사실상 모회사의 확장으로 영업하는 해외법인

통화가치 상승(appreciation) 변동환율제하에서 한 통화의 가치가 다른 통화에 대해 상승하는 것. 고정환율제하에서 한 통화의 가치를 다른 통화에 대해 상승시키는 것은 평가절상 (revaluation)이라고 한다.

통화가치 하락(depreciation) 변동환율제하에서 한 통화의 가치가 다른 통화에 대해 하락하는 것. 고정환율제하에서 한 통화의 가치를 다른 통화에 대해 하락시키는 것은 평가절하 (devaluation)라고 한다.

통화 계약 단계(currency contract period) 환율이 변동하더라도 기존 계약의 가격을 변경할 수 없는 기간

통화스왑(currency swap, cross-currency interest rate swap, 또는 cross-currency swap) 거래 쌍방이 거래 개시 시점에 다른 통화의 정해진 금액을 교환하고, 이후 일정 시점마다 이에 대한 이자를 교환하고, 만기에 원금을 교환하는 거래

통화위원회(currency board) 외환보유고 여유가 있을 때만 중앙은행의 통화 발행을 승인하는 위원회

통화전쟁(currency wars) 수출 경쟁력을 증대시키기 위해 경쟁적으로 자국의 통화가치를 하락시키는 상태

통화 전환(currency switching) 제3국의 거래상대방에게 결제하기 위해 수취 외화를 사용하는 것

통화조정조항(Currency Adjustment Clause, CAC) 환율 변동으로부터 발생하는 손익을 거래 쌍방 간에 나누는 방법을 규정한 계약 조항. 장기 공급계약(long-term supplier contract)에서 흔히 사용된다.

통화 현금흐름의 매칭(matching currency cash flows) 특정 통화에 대한 지속적인 현금유입(또는 현금유출)을 반대의 현금흐름을 발생시키는 계약을 통해 현금흐름을 상쇄시키는 환위험관리 전략

투기(speculation) 미래 가격에 대한 기대에 근거한 거래로 이익을 획득하려는 행위

투기등급(speculative grade) 투자등급(investment grade), 즉 BBB보다 아래의 신용등급. 이 신용등급의 부여는 채권자의 부도

가능성이 상당히 높음을 의미한다. .

투명성(transparency) 기업의 상황을 투자자가 파악할 수 있도록 정보를 제공하는 정도

투자 계약(investment agreement) 외국 기업과 유치국 정부 간에 책임과 권리를 명시한 협약

투자등급(investment grade) Moody's, Standard & Poors, Fitch와 같은 국제신용평가기관에서 상환능력이 상당히 존재한다고 평가하는 기업에 부여한 등급. BBB- 이상이면 투자등급으로 간주된다.

트랑셰(tranche) 동일 자산에 대해 권리 차이를 두어 유형을 달리한 증권. 국제금융에서는 지역을 기준으로 유형을 달리하여 해당 지역에 판매할 인수회사에 할당된 주식을 지칭한다.

트리핀 딜레마(또는 트리핀의 역설)(Triffin Dilemma 또는 Triffin Paradox) 준비통화가 유동성을 가지기 위해서는 준비통화 발행국의 적자가 늘어나고, 반대로 준비통화 발행국이 무역 흑자를 보면 준비통화로서 유동성을 가지지 못한다는 역설

특별인출권(Special Drawing Right, SDR) 국제통화기금(IMF) 가맹국이 국제수지 악화 때 담보 없이 필요한 만큼의 외화를 인출할 수 있는 권리 또는 통화. 5개 통화의 가중포트폴리오의 가치로 정의된다.

파이(phi) 외화 이자율의 변화에 대한 옵션 프리미엄 민감도

판다채권(Panda Bond) 외국인 차입자가 중국 시장에서 발행한 위안으로 표시된 채권

판매세(turnover tax) 부가가치세와 비슷하게 제품 판매에 부가되는 세금. 부가가치세는 생산단계별로 부가되는 부가가치에 세금이 부과되는 반면, 판매세는 최종 생산물에 대해서만 세금이 부과된다.

팩터링(factoring) 외상매출채권을 할인하여 매입함으로써 판매 기업에 제공되는 금융

평가절상(revaluation) 고정환율제하에서 중앙은행이나 정부가 자국 통화가치를 상승시키는 행위. 변동환율제하에서는 통화가치 상승(appreciation)이라고 한다.

평가절하(devaluation) 고정환율제하에서 중앙은행이나 정부가 자국 통화가치를 하락시키는 행위. 변동환율제하에서는 통화가치 하락(depreciation)이라고 한다.

평행 대출(parallel loan) 다른 나라의 두 기업이 상대방 통화로 동시에 차입하고 상환하는 계약. 은행을 통해 두 대출이 이루어지기도 한다. 국제상호 직접대출(back-to-back loan)로 불리기도 한다.

포인트(point) 호가된 가격의 가장 작은 가격의 변화

포트폴리오 투자(portfolio investment) 경영권 참가가 목적인 해외직접투자(FDI)와 달리 투자수익을 목적으로 해외 주식이나 채권을 매입하는 행위

풋옵션(put option) 사전에 정해진 기간이나 일자에 사전에 정해진 가격으로 기초자산을 매도할 수 있는 권리

프로젝트 금융(project financing) 장기 대규모 자본 투자 프로젝트에 대해서 자금을 제공하는 행위. 일반적으로 위험도 크다.

프리미엄(premium) 외환시장에서 선물환율이 현물환율보다 높은 상태. 선물환율이 현물환율보다 낮은 상태는 할인(discount)이라고 한다.

피셔효과(Fisher effect) 명목이자율은 실질이자율과 기대 물가상승률의 합으로 결정된다는 이론

피지배 외국 기업(controlled foreign corporation, CFC) 미국인 주주가 50% 이상의 지분을 가지고 있는 외국 법인. 미국 조세법에서는 피지배 외국 기업의 유보이익에 대해서는 조세할 수 있도록 규정하고 있다.

핍(pip) 'Percentage in Point'의 약자로 환율에서 가장 작은 가격의 변화. 대개의 경우에는 4개의 소수자리로 표시되는데 최소의 변화인 0.0001이 1 pip이 된다.

합성 선물환(synthetic forward) 선물환율과 동일한 풋옵션 매수와 콜옵션 매도 또는 풋옵션 매도와 콜옵션 매수의 결합 포지션. 선물환 매수 또는 선물환 매도와 동일한 손익 양태를 가지며, 시장이 균형이면 프리미엄은 0이 된다.

합작투자법인(joint venture, JV) 2개 이상의 기업, 개인, 정부기관이 공동으로 소유하는 사업법인. 다른 국적의 소유권자가 공동 사업을 진행할 때 흔히 이용된다.

핫머니(hot money) 단기적인 차익을 획득하기 위해 국제적으로 투자되는 자금. 막대한 자금이 신속히 유입되었다가 유출되는 특징을 가지고 있다.

해외 계열회사(foreign affiliate) 모회사의 지분이 50% 미만인 해

외사업단위

해외 납부세액공제(foreign tax credit) 해외에서 납부한 소득세만큼을 모국 소득세 납부 시 공제해주는 제도

해외민간투자공사(Overseas Private Investment Corporation, OPIC) 해외에서 발생하는 정치적 위험으로 인한 손실을 보전하는 보험을 제공하는 미국 정보 소유의 보험회사

해외법인 국내 이전(corporate inversion) 세율이 낮은 국가에서 세율이 높은 국가로 기업을 이전하는 행위. 미국에 대해서만 예외적으로 적용된다.

해외신용보험협회(Foreign Credit Insurance Association, FCIA) 미국의 민간 보험회사의 협회. 미국 수출입은행과 제휴하여 미국 기업에 수출신용보험을 제공한다.

해외인수(cross-border acquisition) 다른 국가에 소재하고 있는 회사를 매입하는 행위

해외 종속회사(foreign subsidiary) 모회사에서 50% 이상의 지분을 가지고 있는 해외의 법인. 법인화되지 않은 해외 업무를 하는 곳은 해외 지점(foreign branch)이라고 부른다.

해외직접투자(foreign direct investment, FDI) 모회사에서 관리할 목적으로 외국의 공장이나 설비와 같은 실물 자산을 취득하는 행위. 해외직접투자는 경영권 취득이 목적이라는 점에서 해외 포트폴리오 투자(foreign portfolio investment)와 구분된다.

행사가격(exercise price 또는 strike price) 옵션을 행사할 때 기초자산을 매입하거나 매도할 수 있는 사전에 약속된 가격

헤징(covering 또는 hedging) 선물환이나 단기금융시장을 이용하여 미래의 현물흐름을 확정하는 거래

현물환 거래(spot transaction) 현물일(spot date)에 결제가 이루어지는 외환 거래. 국제외환시장에서 현물일은 거래일로부터 2영업일 후이다.

현물환율(spot rate) 현물환 거래에서의 환율

현행환율법(current rate method) 해외 자회사의 재무제표를 모회사의 보고통화로 환산하는 방법 중의 하나. 현행환율법에서는 모든 외화 자산과 외화 부채를 현행환율로 환산한다.

협조대출(syndicated loan) 최소 2개 이상의 은행이 차관단(syndication)을 구성해 공통의 조건으로 일정 금액을 기업이나 국가 등에 융자하는 집단 대출

호가(quotation) 외환시장에서 딜러가 제시하는 사고자 하는 가격(매입호가, bid)과 팔고자 하는 가격(매도호가, ask)

호가 통화(price currency 또는 quote currency) 환율 호가에서 가격의 역할을 하는 통화. 유로(EUR, euro)는 통상적으로 EUR1.00 = USD1.0750의 형식으로 호가되는데, 이 경우 미국 달러가 호가 통화가 된다.

화폐성/비화폐성법(monetary/nonmonetary method) 해외 자회사의 재무제표를 모국 통화로 환산하는 방법 중 하나. 이 방법에서는 화폐성 항목은 현재 환율로, 비화폐성 항목은 역사적 환율로 환산한다. 화폐성 항목은 단시일 내에 지급하거나 받을 항목이며, 비화폐성 항목은 단시일 내에 지급하거나 받을 권리나 의무가 없는 항목이다.

화폐성 자산, 화폐성 부채(monetary asset 또는 liability) 화폐 또는 화폐로 전환이 쉬운 자산(외상매출금)과 부채(외상매입금). 화폐성 자산에서 화폐성 부채를 차감한 것을 화폐성 순자산(net monetary asset)이라고 한다.

환노출자산(exposed asset) 현지 통화 재무제표를 모국 통화 재무제표로 환산하는 과정에서 환율 변동으로 인해 가치 변동이 발생할 수 있는 자산

환산환노출(translation exposure) 범세계적인 회사가 연결 재무제표를 작성할 때 외화로 표시되어 있는 자산, 부채, 수익, 비용이 환율 변동으로 인해 변동될 가능성

환어음(bill of exchange, B/E) 수입자가 수출자에게 지불할 것을 요청하는 인도확인서

환어음(draft) 수입업자와 같은 일방이 발행인에게 정해진 시점에 정해진 금액을 지불할 것을 요청하는 증서. 개인 수표(personal check)도 일종의 어음이다.

환위험(currency risk) 환율 변화로부터 발생할 것으로 기대되는 현금흐름의 변동성

환위험(foreign exchange risk) 환율을 기대하지 않은 변화로 인해 외화로 표시된 현금흐름, 자산 및 부채의 가치가 변동할 가능성

환율(foreign exchange rate, currency exchange rate 또는 exchange rate) 다른 나라 통화 또는 금, 은 등의 실물과의 교환비율로

표시된 한 국가 통화의 가격

환율전가(exchange rate pass-through) 환율 변동에 대해 수입품 또는 수출품의 외화 가격을 변동시키는 정도

환율조정 메커니즘(Exchange Rate Mechanism, ERM) 유럽통화제도(EMS)의 회원 국가가 다른 회원 국가의 통화에 대해 환율을 일정한 범위 내에서 유지하도록 하는 조정체제

회계적 환노출(accounting exposure) 환산 환노출의 다른 표현

효율적 시장(efficient market) 모든 정보가 이미 가격에 반영되는 시장. 이 용어는 증권시장과 외환시장의 상태를 표현하는 데 자주 사용된다.

후버헤지(Hoover Hedge) 외화 표시 장기 투자나 외화 표시 장기 부채의 가치 보호를 위해 실행하는 헤지

BRIC 4개의 신흥시장 국가를 지칭하는 약어. 브라질(Brazil), 러시아(Russia), 인도(India), 중국(China)의 영문 이름 첫글자로 구성된다.

FIBOR(Frankfurt Interbank Offered Rate) 프랑크푸르트에서 은행들이 다른 은행들로부터 자금을 대여받는 금리

IMM(International Monetary Market) 통화선물, 통화옵션 등을 포함한 금융파생상품을 거래하기 위해 설립된 시카고상품거래소(CME)의 자회사

J 커브(J-curve) 자국 통화의 평가 절하나 급락 이후 무역수지의 조정경로를 지칭하는 용어. 중장기적으로 가격경쟁력 회복의 효과가 나타나기 전에 기체결 계약의 환산 효과로 인해 무역수지가 단기적으로 악화되는 형태가 'J'자와 비슷하여 붙여진 명칭

MIBOR(Madrid Interbank Offered Rate) 마드리드에서 은행들이 다른 은행들로부터 자금을 대여받는 금리

OLI 패러다임(OLI Paradigm) 다국적 기업이 수출, 경영계약, 전략적 제휴, 합작법인, 라이선싱보다 해외직접투자를 선택하는 이유를 설명하는 개념틀. OLI는 소유권 우위요인(Owership-specific advantage), 입지특유의 우위요인(Location-specific advantage), 내부화 우위요인(Internalization incentive advantage)의 약자

PIBOR(Paris Interbank Offered Rate) 파리에서 은행들이 다른 은행들로부터 자금을 대여받는 금리

SIBOR(Singapore Interbank Offered Rate) 싱가포르에서 은행들이 다른 은행들로부터 자금을 대여받는 금리

찾아보기

국가통화

국가	명칭	ISO-4217 코드	기호
가나	가나안 세디	GHS	₵
가봉	중앙아프리칸 CFA 프랑	XAF	CFA
가이아나	가이아나즈 달러	GYD	GY$
감비아	감비안 달라시	GMD	D
건지	브리티시 파운드	GBP	£
과들루프	유로	EUR	€
과테말라	과테말란 케찰	GTQ	Q
괌	미 달러	USD	$
국제통화기금(IMF)	특별인출권(SDR)	XDR	SDR
그레나다	동카리비안 달러	XCD	EC$
그레이트 브리튼	브리티시 파운드	GBP	£
그리스	유로	EUR	€
그린란드	데니시 크로네	DKK	Kr
기니	기니안 프랑	GNF	FG
기니비사우	서아프리칸 CFA 프랑	XOF	CFA
나미비아	나미비안 달러	NAD	N$
나우루	오스트레일리안 달러	AUD	$
남아프리카	남아프리카 랜드	ZAR	R
네덜란드	유로	EUR	€
네덜란드령 앤틸리스 제도	네덜란드 앤틸리안 굴덴	ANG	Naf
네팔	네팔리즈 루피	NPR	NRs
노르웨이	노르위전 크로네	NOK	kr
노퍽섬	오스트레일리안 달러	AUD	$
누벨칼레도니아	CFP 프랑	XPF	F
뉴질랜드	뉴질랜드 달러	NZD	NZ$
니우에	뉴질랜드 달러	NZD	NZ$
니제르	서아프리칸 CFA 프랑	XOF	CFA
니카라과	니카라콴 코르도바	NIO	C$
대만	뉴 타이완 달러	TWD	NT$
대한민국(남한)	대한민국(남한) 원	KRW	₩
덴마크	데니시 크로네	DKK	Kr
도미니카 공화국	도미니칸 페소	DOP	RD$
독일	유로	EUR	€
동티모르	미 달러	USD	$
라오스	라오 킵	LAK	KN
라트비아	라트비안 라츠	LVL	Ls
러시아	러시안 루블	RUB	R
레바논	레바논 파운드	LBP	ل.ل
레소토	레소토 로티	LSL	L, M(복수형)
레위니옹	유로	EUR	€
루마니아	루마니안 레우	RON	L
룩셈부르크	유로	EUR	€
르완다	르완단 프랑	RWF	RF
리베리아	리베리안 달러	LRD	L$
리비아	리비안 디나르	LYD	LD
리투아니아	리투아니안 리타스	LTL	Lt
리히텐슈타인	스위스 프랑	CHF	F
마다가스카르	말라가시 아리아	MGA	FMG
마르티니크	유로	EUR	€
마요트	유로	EUR	€
마카오	마카니즈 파타카	MOP	P
마케도니아	마케도니안 데나르	MKD	ден
말라위	말라위안 콰차	MWK	MK
말레이시아	말레이시안 링깃	MYR	RM
말리	서아프리칸 CFA 프랑	XOF	CFA
멘섬	브리티시 파운드	GBP	£
멕시코	멕시칸 페소	MXN	$
모나코	유로	EUR	€
모로코	모로칸 디르함	MAD	د.م
모리셔스	모리션 루피	MUR	Rs

국가	명칭	ISO-4217 코드	기호
모리타니	모리타니안 우기아	MRO	UM
모잠비크	모잠비칸 메티칼	MZN	MTn
몬트세라트	동카리비안 달러	XCD	EC$
몬테네그로	유로	EUR	€
몰도바	몰도반 레우	MDL	L
몰디브	몰디브 루피아	MVR	Rf
몰타	유로	EUR	€
몽골	몽골리안 투그리크	MNT	₮
미국	미 달러	USD	$
미국령 사모아	미 달러	USD	$
미드웨이 제도	미 달러	USD	$
미얀마(버마)	미얀마 차트	MMK	K
미크로네시아	미 달러	USD	$
바누아투	바누아투 바투	VUV	VT
바레인	바레이니 디나르	BHD	.ب.د
바베이도스	바베이디안 달러	BBD	Bds$
바티칸	유로	EUR	€
바하마	바하미안 달러	BSD	B$
방글라데시	방글라데시 타카	BDT	৳
버뮤다	버뮤디안 달러	BMD	BD$
버진 아일랜드	미 달러	USD	$
베냉	사아프리칸 CFA 프랑	XOF	CFA
베네수엘라	베네수엘란 볼리바르	VEB	Bs
베트남	베트나미즈 동	VND	đ
벨기에	유로	EUR	€
벨라루스	벨라루시안 루블	BYR	Br
벨리즈	벨리즈 달러	BZ	BZ$
보스니아헤르체고비나	마커	BAM	KM
볼리비아	볼리비안 볼리비아노	BOB	Bs.
부르키나파소	사아프리칸 CFA 프랑	XOF	CFA
부탄	부탄리즈 눌트룸	BTN	Nu.
북마리아나제도	미 달러	USD	$

국가	명칭	ISO-4217 코드	기호
북한	북한 원	KPW	W
불가리아	불가리안 베프	BGN	лв
브라질	브라질리안 헤알	BRL	R$
브루나이	브루나이 달러	BND	B$
사모아(미)	미 달러	USD	$
사모아(서)	사모안 탈라	WST	WS$
사우디아라비아	사우디 리얄	SAR	SR
산마리노	유로	EUR	€
상투메프린시페	상투메 프린시페 도브라	STD	Db
사하라	스페인, 모라서스, 모로코 참조		
세네갈	사아프리칸 CFA 프랑	XOF	CFA
세르비아	세르비안 디나르	RSD	din.
세이셸	세이셸 루피	SCR	SR
세인트루시아	동카리비안 달러	XCD	EC$
세인트 빈센트 그레나딘	동카리비안 달러	XCD	EC$
세인트 키츠네비스	동카리비안 달러	XCD	EC$
세인트 헬레나	세인트 헬레나 파운드	SHP	£
소말리아	소말리 실링	SOS	Sh.
솔로몬 제도	솔로몬 제도 달러	SBD	SI$
수단	수다니즈 파운드	SDG	
수리남	수리나미즈 달러	SRD	$
스리랑카	스리랑칸 루피	LKR	Rs
스발바르 얀마옌 제도	노르위전 크로네	NOK	kr
스와질란드	스와지 리랑게니	SZL	E
스웨덴	스웨디시 크로나	SEK	kr
스위스	스위스 프랑	CHF	Fr.
스페인	유로	EUR	€
슬로바키아	유로	EUR	€
슬로베니아	유로	EUR	€
시리아	시리안 파운드	SYP	ل.س
시에라리온	시에라리오네 리온	SLL	Le

국가	명칭	ISO-4217 코드	기호
싱가포르	싱가포르 달러	SGD	S$
아랍에미리트	아랍에미리트 디르함	AED	.د.إ
아루바	아루반 길더/플로린	AWG	ƒ
아르메니아	아르메니안 드람	AMD	֏
아르헨티나	아르헨티나 페소	ARS	
아이슬란드	아이슬란드 크로나	ISK	kr
아이티	아이티안 구르드	HTG	G
아일랜드	유로	EUR	€
아제르바이잔	아제르바이잔니 마나트	AZN	ман
아프가니스탄	아프간 아프가니	AFN	Af
안도라	유로	EUR	€
알바니아	알바니안 레	ALL	L
알제리	알제리안 디나르	DZD	دج
앙골라	앙골란 콴자	AOA	Kz
앤티가 바부다	동캐리비안 달러	XCD	EC$
앵귈라	동캐리비안 달러	XCD	EC$
에리트레아	에리트레안 나파	ERN	Nfa
에스토니아	에스토니안 크룬	EEK	KR
에콰도르	미 달러	USD	$
에티오피아	에티오피안 비르	ETB	Br
엘살바도르	미 달러	USD	$
영국	브리티시 파운드	GBP	£
영국령 인도양 식민지	브리티시 파운드	GBP	£
예멘	예멘니 리알	YER	ریال
오만	오마니 리알	OMR	ر.ع.
오스트레일리아(호주)	오스트레일리안 달러	AUD	$
오스트리아	유로	EUR	€
오트볼타	서아프리칸 CFA 프랑	XOF	CFA
온두라스	온두란 렘피라	HNL	L
요르단	요르다니안 디나르	JOD	د.ا
우간다	우간단 실링	UGX	USh
우루과이	우루과이안 페소	UYU	$U

국가	명칭	ISO-4217 코드	기호
우즈베키스탄	우즈베키스타니 숨	UZS	
우크라이나	우크라이난 흐리브냐	UAH	₴
월리스푸투나제도	CFP 프랑	XPF	F
웨이크섬	미 달러	USD	$
이라크	이라키 디나르	IQD	ع.د
이란	이라니안 리알	IRR	﷼
이스라엘	이스라엘리 뉴 셰켈	ILS	₪
이집트	이집션 파운드	EGP	£
이탈리아	유로	EUR	€
인도	인디안 루피	INR	₹
인도네시아	인도네시안 루피아	IDR	Rp
일본	재패니즈 옌	JPY	¥
자메이카	자메이칸 달러	JMD	J$
자이르	콩고민주공화국 참조		
잠비아	잠비안 크와차	ZMK	ZK
적도 기니	중앙아프리칸 CFA 프랑	GQE	CFA
조지아	조지안 라리	GEL	₾
존슨 제도	미 달러	USD	$
중국	차이니즈 렘민비	CNY	¥
중앙아프리카공화국	중앙아프리칸 CFA 프랑	XAF	CFA
지부티	지부티안 프랑	DJF	Fdj
지브롤터	지브롤터 파운드	GIP	£
짐바브웨	짐바브웨이안 달러	ZWD	Z$
차드	중앙아프리칸 CFA 프랑	XAF	CFA
체코 공화국	체코 코루나	CZK	Kč
칠레	칠리안 페소	CLP	$
카메룬	중앙아프리칸 CFA 프랑	XAF	CFA
카보베르데	카보베르데안 이스쿠두	CVE	Esc
카자흐스탄	카자흐스타니 텡게	KZT	〒
카타르	카타리 리얄	QAR	ر.ق
캄보디아	캄보디안 릴	KHR	៛
캄푸치아	캄보디안 릴	KHR	៛

국가	명칭	ISO-4217 코드	기호
캐나다	캐나디안 달러	CAD	$
케냐	케냔 실링	KES	KSh
케이맨 제도	케이맨 제도 달러	KYD	KY$
코모로	코모리안 프랑	KMF	
코스타리카	코스타리칸 콜론	CRC	₡
콩고 제도	오스트레일리안 달러	AUD	$
코트디부아르	서아프리칸 CFA 프랑	XOF	CFA
콜롬비아	콜롬비안 페소	COP	Col$
콩고	중앙아프리칸 CFA 프랑	XAF	CFA
콩고민주공화국	콩골리즈 프랑	CDF	F
쿠바	쿠반 페소	CUC	$
쿠웨이트	쿠웨이티 디나르	KWD	د.ك
북 제도	뉴질랜드 달러	NZD	NZ$
랜드(Dronning)	노르웨지안 크로네	NOK	kr
크로아티아	크로아티안 쿠나	HRK	kn
크리스마스섬	오스트레일리안 달러	AUD	$
키르기스스탄	키르기스스타니 솜	KGS	
키리바시	오스트레일리안 달러	AUD	$
타지키스탄	타지키스타니 소모니	TJS	sM
타히티	CFP 프랑	XPF	F
탄자니아	탄자니안 실링	TZS	Sh
태국	타이 바트	THB	฿
터크스 케이커스 제도	미 달러	USD	$
터키	터키시 뉴 리라	TRY	YTL
토고	서아프리칸 CFA 프랑	XOF	CFA
투르크메니스탄	투르크멘 마나토	TMT	m
투발루	오스트레일리안 달러	AUD	$
튀니지	튀니지안 디나르	TND	د.ت
트리니다드 토바고	트리니다드 토바고 달러	TTD	TT$
파나마	파나마니안 발보아	PAB	B./
파나마 운하 지대	미 달러	USD	$
파라과이	패러과이안 과라니	PYG	₲

국가	명칭	ISO-4217 코드	기호
파키스탄	파키스타니 루피	PKR	Rs.
파푸아뉴기니	파푸아뉴기니안 키나	PGK	K
팔라우	미 달러	USD	$
페로스 제도	대니시 크로네	DKK	Kr
페루	페루비안 누에보 솔	PEN	S/.
포르투갈	유로	EUR	€
포클랜드 제도	포클랜드 제도 파운드	FKP	£
폴란드	폴리시 즐로티	PLN	zł
푸에르토리코	미 달러	USD	$
프랑스	유로	EUR	€
프랑스령 기아나	유로	EUR	€
프랑스령 폴리네시아	CFP 프랑	XPF	F
피지	피지안 달러	FJD	FJ$
피트케언섬	뉴질랜드 달러	NZD	NZ$
핀란드	유로	EUR	€
필리핀	필리핀 페소	PHP	₱
허드 맥도널드 제도	오스트레일리안 달러	AUD	$
헝가리	헝가리안 포린트	HUF	Ft
홍콩	홍콩 달러	HKD	HK$

저자 소개

David K. Eiteman

UCLA의 John E. Anderson 경영대학원의 재무 명예교수이다. 또한 홍콩과학기술대학교, 쇼와음악대학교(일본), 싱가포르국립대학교, 다롄대학교(중국), 헬싱키상경대학(핀란드), 하와이대학교 마노아캠퍼스, 브래드퍼드대학교(영국), 크랜필드경영대학원(영국), IDEA(아르헨티나)에서 강의 및 연구직을 맡고 있다.

Eiteman 교수는 앤아버 소재 미시간대학교에서 경영학 B.B.A.(1952)를 받았고, 캘리포니아대학교 버클리캠퍼스에서 경제학 M.A.(1956)를, 노스웨스턴대학교에서 재무 Ph.D.(1959)를 받았다. 4권의 단독 또는 공동집필한 책이 있으며, 그 외 29개의 출판물이 있다.

Arthur I. Stonehill

24년(1966~1990) 동안 강의를 한 오리건주립대학교의 재무 및 국제경영 명예교수이다. 이후 1991~1997년 동안 하와이대학교 마노아캠퍼스와 코펜하겐경영대학에 분할 고용되었다. 그는 또한 캘리포니아대학교 버클리캠퍼스, 크랜필드경영대학원(영국), 노르웨이 소재 북유럽경영연구소(North European Management Institute)에서 강의 및 연구직을 맡았다.

Stonehill 교수는 예일대학교에서 역사 B.A.(1953)를 받았고, 하버드경영대학원에서 M.B.A.(1957)를, 캘리포니아대학교 버클리캠퍼스에서 경영학 Ph.D.(1965)를 받았다. 단독 또는 공동집필한 9권의 책이 있으며, 그 외 25개의 출판물이 있다.

Michael H. Moffett

1994년부터 애리조나주립대학교 선더버드글로벌 경영대학에서 재무 Continental Grain 교수로 재직 중이다. 또한 오리건주립대학교(1985~1993), 앤아버 소재 미시간대학교(1991~1993), 워싱턴 D.C. 소재 브루킹스연구소(Brookings Institution), 하와이대학교 마노아캠퍼스, 오르후스경영대학(덴마크), 헬싱키상경대학(핀란드), 유고슬라비아 공기업국제센터(International Centre for Public Enterprises), 콜로라도대학교 볼더캠퍼스에서 강의 및 연구직을 맡았다.

Moffett 교수는 텍사스대학교 오스틴캠퍼스에서 경제학 B.A.(1977)를 받았고, 콜로라도주립대학교에서 자원경제학 M.S.(1979)를, 콜로라도대학교 볼더캠퍼스에서 경제학 M.A.(1983)를, 동 대학교에서 경제학 Ph.D.(1985)를 받았다. 단독 또는 공동집필하거나 작업에 참여한 수많은 책과 논문, 사례연구, 그 외 출판물이 있다.

역자 소개

양오석
서울대학교에서 경영학 박사(국제경영, 국제재무 전공), 영국 워릭대학교에서 정치학 박사(국제정치경제전공)를 마쳤으며, 삼성경제연구소 수석연구원을 거쳐 현재 강원대학교 경영대학 경영회계학부에 재직 중이다. 관심 분야는 글로벌 기업재무, 은행의 국제화 전략, 해외직접투자, 국제금융, 국제경영, 전략경영, 유럽경제 및 금융정책분야 등이다.

강신애
서울대학교에서 경영학 박사(국제경영, 국제재무 전공)를 마쳤으며, 성균관대학교 연구교수를 거쳐 현재 서울과학기술대학교 기술경영융합대학 경영학과에 재직 중이다. 관심 분야는 글로벌 기업재무, 외국인투자, 기업지배구조 등이다.

권택호
서울대학교에서 경영학 박사(국제경영, 국제재무 전공)를 마쳤으며, 현재 충남대학교 경상대학 경영학부에 재직 중이다. 관심 분야는 환위험관리, 기업재무 등이다.

김수정
서울대학교에서 경영학 박사(국제경영, 국제재무 전공)를 마쳤으며, 현재 경희사이버대학교 자산관리학과에 재직 중이다. 관심 분야는 기업재무, 국제금융, 환위험관리 등이다.

김태중
서울대학교에서 경영학 박사(국제경영, 국제재무 전공)를 마쳤으며, 서울보증보험 자산운용팀, 한성대학교 무역학과 조교수를 거쳐 현재 충남대학교 경상대학 경영학부에 재직 중이다. 관심 분야는 파생상품을 이용한 위험관리, 국제금융시장론, 중소기업금융, 최고경영진 의사결정, 서비스기업의 글로벌화 등이다.

설원식
서울대학교에서 경영학 박사(국제경영, 국제재무 전공)를 마쳤으며, 현재 숙명여자대학교 경상대학 경영학부에 재직 중이다. 관심 분야는 국제 재무, 소유 및 지배구조, 금융기관, 해외직접투자, 벤처기업, ICT 산업, R&D 등이며, 다양한 분야에서 '평가'와 관련된 연구 및 컨설팅에 참여하고 있다.

정재만
서울대학교에서 경영학 박사(국제경영, 국제재무 전공)를 마쳤으며, 한림대학교 재무금융학과, 서울시립대학교 경영학부를 거쳐 현재 숭실대학교 금융학부에 재직 중이다. 관심 분야는 국제재무, 국제투자, 중국경제, 북한경제 등이다.

제정임
서울대학교에서 경영학 석 · 박사(국제재무 전공)를 마쳤으며, 미국 일리노이주립대학교(어바나샴페인 캠퍼스)에서 국제경영자과정(PIM)을 수료하였다. 경향신문과 국민일보 기자를 거쳐 현재 세명대학교 저널리즘스쿨 대학원 교수 및 저널리즘연구소장으로 재직 중이다. 금융발전심의위원, 언론중재위원 등을 역임했다. SBSCNBC 방송에서 인터뷰 프로그램인 〈제정임의 문답쇼 힘〉을 진행하고 있다. 학술적 관심 분야는 금융외환위기, 핀테크 등 금융혁신, 외환거래세, 금융규제 등이다.

최향미
서울대학교에서 경영학 박사(국제경영, 국제재무 전공)를 마쳤으며, 현재 충남대학교 경상대학 경영학부에 재직 중이다. 관심 분야는 글로벌 기업재무, 기업지배구조, 프로젝트 파이낸스, 에너지 파이낸스 등이다.